完胜资本①

公司投资、并购、融资、私募、上市

法律政策应用全书

（增订4版）

杨春宝 杨贵永 /编

中国法制出版社
CHINA LEGAL PUBLISHING HOUSE

修订说明

《完胜资本1——公司投资、并购、融资、私募、上市法律政策应用全书》出版后颇受读者的欢迎，稍稍出乎编者的意料，但这也从一个侧面反映了创业者、企业管理者对于投融资的关注程度。为了回馈广大读者，方便广大读者及时了解最新的法律政策，我们已经连续三次修订本书，此为增订4版。

当然，也有读者误将本书当做《完胜资本2——公司投融资模式流程完全操作指南》购回。对此，我们表示遗憾。当然，这两本书本就是配套出版的，如果将他们对照起来翻阅，一定会加深对投融资法律的理解，这也是我们的初衷。

近年来，随着投融资制度改革的深入，相关法律政策的废止、修订比较频繁，新的法律政策也不断颁布，因此，我们有必要对本书再次进行修订。

本次修订保留了原有的体例，以使本书与《完胜资本2——公司投融资模式流程完全操作指南》（该书也将同步修订出版）保持体例一致。我们重新审核了入选的法律政策，增补了一些重要法规以及2018年5月底前新颁布的法律法规，对已经修订的法规进行调整，同时，由于篇幅所限，舍弃了部分不太重要的法规规章。尽管我们逐一进行核对，但恐难免遗漏，甚至谬误，敬请广大读者批评指正。

杨春宝　杨贵永

2018年5月

修订说明

前　言

投资、并购、融资是公司经营运作中经常性的行为，其目的都是通过投资融资活动，壮大企业实力，促进公司更快更好地发展。投资、并购是公司业务扩张和规模扩展的重要方式，是公司发展的重要动力；而资金犹如公司的血液，对于公司的生存和发展是必不可少的，融资活动保证了公司正常经营、扩大投资等经营活动所必需的资金“血液”。可以说，任何公司的发展壮大，都离不开投资融资的双轮驱动。

投资与融资既是经济活动，也是一种法律行为。因此，公司既要防范投资融资活动所伴随的经营风险、市场风险、技术风险、财务风险等经济活动风险，还要努力防范经常会对公司投融资活动带来更严重影响的法律风险。而了解掌握投融资活动的相关法律政策规定，则是防范投融资活动法律风险的必要措施。

根据我们长期为公司投融资活动提供法律服务的经验，我们认为，面对我国纷繁复杂的投融资方面的法律政策规定，如果不是专业从事投融资法律服务的专业人士，要全面系统地了解掌握投融资方面的法律政策规定，实非易事。在公司投融资实务中，投融资又存在不同的形式，而每一种形式均对应适用不同的法律规定。鉴于此，我们编选本书时，根据投融资实务中存在的不同形式，分类编选相关的法律政策规定，以便于读者能更快系统地了解我国投融资方面的法律政策框架，并能根据不同的投融资形式了解掌握相应的法律政策。我们希望本书能为公司中高级管理人员、法务人员、从事投融资活动的专业人士及有兴趣于投融资活动的读者提供一本全面系统了解我国投融资法律政策的工具书，并通过本书，对公司的投融资活动法律风险的防控起到一定的指导保障作用。

本书由四个章节组成。第一章“常用基本法律”，选编了《民法总则》《合同法》《公司法》等规范公司投融资行为的基础性的法律规定。这些法律规定除适用于公司的投融资活动外，更多地会适用于公司的日常经营管理活动中。第二章“公司投资、并购法律政策”，则从项目投资、股权投资、公司并购重组及境外投资等不同的投资方式角度，相对独立地编选了不同的投资方式所对应适用的相关法律政策规定。公司融资，一般分为债权融资和股权融资两种形式，本书分别在第三章和

第四章编选相关法律、政策。第三章“公司债权融资法律政策”，分类编选了包括银行贷款、民间借贷、发行债券、项目融资、政策融资、融资租赁等方面的现行有效的债权融资方面的法律、法规、规章及规范性文件；第四章“公司股权融资法律政策”，则分类编选了私募股权融资及风险投资、引进外资、战略投资、境内上市、境外上市方面的法律政策规定。其中，私募股权投资及风险投资是近期资本市场上的热点，而这方面的法律政策规定却相对缺位，公司在通过私募基金、风险投资基金进行融资时，包括投资谈判、尽职调查、签订协议、融入资金和工商变更登记等方面，需以《公司法》《合同法》等方面的基本法律规定为依据，防范相应的法律风险。

鉴于本书篇幅限制，有一部分法规政策内容不能编选入本书，但为了便于读者对于公司投融资法律政策有更全面的了解，我们在本书的目录部分保留了这些法规政策的名称，在随书附送的电子版文件中，可以查找到这些法律政策的具体内容。

为了方便读者查找、阅读相关法律政策规定，我们在每个章节的开篇部分，加入了导读内容，介绍相关的投融资行为背景及相关法规的适用提示，希望这有助于读者朋友们更有效地了解掌握每个章节的架构及加深对相应章节内容的理解。读者如需更加深入地了解公司投融资模式、流程以及投融资活动中可能遇到的法律风险以及相应的应对策略，可以参阅《完胜资本2——公司投融资模式流程完全操作指南》，而对于企业运营的其他法律风险控制则可参阅杨春宝律师与程强律师合著的《公司全程法律风险防控实务操作与案例分析》。

虽然本书编选了截至目前公司投融资方面现行有效的绝大部分法律政策规定，但鉴于立法部门及政策制定部门会根据我国经济发展情况不时颁布、修订、调整相关法律政策，因此，提示读者朋友应关注这方面的法律政策调整变化，以保障法律政策的正确适用。

与复杂的公司投融资活动实务相比，本书对您提供的帮助也许是有限的。公司在开展投融资活动时，应尽量寻求实务经验丰富的专业人士提供帮助，以更好地保障投融资活动，防范法律风险。

本书的编选，仅是根据我们的理解及经验进行结构设计、划分类别、筛选内容，难免遗漏，甚至出现谬误之处，敬请广大读者朋友提出宝贵意见。

杨春宝　杨贵永

目　　录
Contents

第一章　常用基本法律

第二章　公司投资、并购法律政策

* 本目录中的时间为法律文件的公布时间或最后一次修正、修订的颁布时间。

三、公司并购、重组

四、境外投资

第三章　公司债权融资法律政策

三、境外借款

四、发行债券

（三）银行间债券市场非金融企业债务融资工具

五、项目融资

六、政策融资

七、融资租赁

第四章 公司股权融资法律政策

一、私募股权融资及风险投资

二、引进外资

(一)外商投资

三、战略投资

四、境内上市

五、境外上市

第一章　常用基本法律

1. 中华人民共和国民法总则

（2017年3月15日第十二届全国人民代表大会第五次会议通过　2017年3月15日中华人民共和国主席令第六十六号公布　自2017年10月1日起施行）

目　录

第一章　基本规定

第一条　【立法目的】为了保护民事主体的合法权益，调整民事关系，维护社会和经济秩序，适应中国特色社会主义发展要求，弘扬社会主义核心价值观，根据宪法，制定本法。

第二条　【调整对象】民法调整平等主体的自然人、法人和非法人组织之间的人身关系和财产关系。

第三条　【合法权益受法律保护原则】民事主体的人身权利、财产权利以及其他合法权益受法律保护，任何组织或者个人不得侵犯。

第四条　【平等原则】民事主体在民事活动中的法律地位一律平等。

第五条　【自愿原则】民事主体从事民事活动，应当遵循自愿原则，按照自己的意思设立、变更、终止民事法律关系。

第六条　【公平原则】民事主体从事民事活动，应当遵循公平原则，合理确定各方的权利和义务。

第七条　【诚信原则】民事主体从事民事活动，应当遵循诚信原则，秉持诚实，恪守承诺。

第八条　【公序良俗原则】民事主体从事民事活动，不得违反法律，不得违背公序良俗。

第九条　【绿色原则】民事主体从事民事活动，应当有利于节约资源、保护生态环境。

第十条　【法律适用】处理民事纠纷，应当依照法律；法律没有规定的，可以适用习惯，但是不得违背公序良俗。

第十一条 【特别法优先原则】其他法律对民事关系有特别规定的，依照其规定。

第十二条 【本法的空间效力】中华人民共和国领域内的民事活动，适用中华人民共和国法律。法律另有规定的，依照其规定。

第二章 自 然 人

第一节 民事权利能力和民事行为能力

第十三条 【自然人权利能力的起止】自然人从出生时起到死亡时止，具有民事权利能力，依法享有民事权利，承担民事义务。

第十四条 【自然人民事权利能力平等】自然人的民事权利能力一律平等。

第十五条 【出生时间和死亡时间】自然人的出生时间和死亡时间，以出生证明、死亡证明记载的时间为准；没有出生证明、死亡证明的，以户籍登记或者其他有效身份登记记载的时间为准。有其他证据足以推翻以上记载时间的，以该证据证明的时间为准。

第十六条 【胎儿利益保护】涉及遗产继承、接受赠与等胎儿利益保护的，胎儿视为具有民事权利能力。但是胎儿娩出时为死体的，其民事权利能力自始不存在。

第十七条 【完全民事行为能力人】十八周岁以上的自然人为成年人。不满十八周岁的自然人为未成年人。

第十八条 【视为完全民事行为能力人】成年人为完全民事行为能力人，可以独立实施民事法律行为。

十六周岁以上的未成年人，以自己的劳动收入为主要生活来源的，视为完全民事行为能力人。

第十九条 【限制民事行为能力人】八周岁以上的未成年人为限制民事行为能力人，实施民事法律行为由其法定代理人代理或者经其法定代理人同意、追认，但是可以独立实施纯获利益的民事法律行为或者与其年龄、智力相适应的民事法律行为。

第二十条 【无民事行为能力人】不满八周岁的未成年人为无民事行为能力人，由其法定代理人代理实施民事法律行为。

第二十一条 【无民事行为能力人实施民事法律行为】不能辨认自己行为的成年人为无民事行为能力人，由其法定代理人代理实施民事法律行为。

八周岁以上的未成年人不能辨认自己行为的，适用前款规定。

第二十二条 【成年限制民事行为能力人实施民事法律行为】不能完全辨认自己行为的成年人为限制民事行为能力人，实施民事法律行为由其法定代理人代理或者经其法定代理人同意、追认，但是可以独立实施纯获利益的民事法律行为或者与其智力、精神健康状况相适应的民事法律行为。

第二十三条 【法定代理人】无民事行为能力人、限制民事行为能力人的监护人是其法定代理人。

第二十四条 【民事行为能力的认定及恢复】不能辨认或者不能完全辨认自己行为的成年人，其利害关系人或者有关组织，可以向人民法院申请认定该成年人为无民事行为能力人或者限制民事行为能力人。

被人民法院认定为无民事行为能力人或者限制民事行为能力人的，经本人、利害关系人或者有关组织申请，人民法院可以根据其智力、精神健康恢复的状况，认定该成年人恢复为限制民事行为能力人或者完全民事行为能力人。

本条规定的有关组织包括：居民委员会、村民委员会、学校、医疗机构、妇女联合会、残疾人联合会、依法设立的老年人组织、民政部门等。

第二十五条 【自然人的住所】自然人以户籍登记或者其他有效身份登记记载的居所为住所；经常居所与住所不一致的，经常居所视为住所。

第二节 监 护

第二十六条 【父母子女间的扶养义务】父母对未成年子女负有抚养、教育和保护的义务。

成年子女对父母负有赡养、扶助和保护的义务。

第二十七条 【未成年人的监护人】父母是未成年子女的监护人。

未成年人的父母已经死亡或者没有监护能

力的，由下列有监护能力的人按顺序担任监护人：

（一）祖父母、外祖父母；

（二）兄、姐；

（三）其他愿意担任监护人的个人或者组织，但是须经未成年人住所地的居民委员会、村民委员会或者民政部门同意。

第二十八条　【成年人监护制度】无民事行为能力或者限制民事行为能力的成年人，由下列有监护能力的人按顺序担任监护人：

（一）配偶；

（二）父母、子女；

（三）其他近亲属；

（四）其他愿意担任监护人的个人或者组织，但是须经被监护人住所地的居民委员会、村民委员会或者民政部门同意。

第二十九条　【遗嘱指定监护制度】被监护人的父母担任监护人的，可以通过遗嘱指定监护人。

第三十条　【协议监护】依法具有监护资格的人之间可以协议确定监护人。协议确定监护人应当尊重被监护人的真实意愿。

第三十一条　【监护人的指定】对监护人的确定有争议的，由被监护人住所地的居民委员会、村民委员会或者民政部门指定监护人，有关当事人对指定不服的，可以向人民法院申请指定监护人；有关当事人也可以直接向人民法院申请指定监护人。

居民委员会、村民委员会、民政部门或者人民法院应当尊重被监护人的真实意愿，按照最有利于被监护人的原则在依法具有监护资格的人中指定监护人。

依照本条第一款规定指定监护人前，被监护人的人身权利、财产权利以及其他合法权益处于无人保护状态的，由被监护人住所地的居民委员会、村民委员会、法律规定的有关组织或者民政部门担任临时监护人。

监护人被指定后，不得擅自变更；擅自变更的，不免除被指定的监护人的责任。

第三十二条　【民政部门监护职责】没有依法具有监护资格的人的，监护人由民政部门担任，也可以由具备履行监护职责条件的被监护人住所地的居民委员会、村民委员会担任。

第三十三条　【成年人协商监护制度】具有完全民事行为能力的成年人，可以与其近亲属、其他愿意担任监护人的个人或者组织事先协商，以书面形式确定自己的监护人。协商确定的监护人在该成年人丧失或者部分丧失民事行为能力时，履行监护职责。

第三十四条　【监护人的职责】监护人的职责是代理被监护人实施民事法律行为，保护被监护人的人身权利、财产权利以及其他合法权益等。

监护人依法履行监护职责产生的权利，受法律保护。

监护人不履行监护职责或者侵害被监护人合法权益的，应当承担法律责任。

第三十五条　【监护人职责履行】监护人应当按照最有利于被监护人的原则履行监护职责。监护人除为维护被监护人利益外，不得处分被监护人的财产。

未成年人的监护人履行监护职责，在作出与被监护人利益有关的决定时，应当根据被监护人的年龄和智力状况，尊重被监护人的真实意愿。

成年人的监护人履行监护职责，应当最大程度地尊重被监护人的真实意愿，保障并协助被监护人实施与其智力、精神健康状况相适应的民事法律行为。对被监护人有能力独立处理的事务，监护人不得干涉。

第三十六条　【监护人资格的撤销】监护人有下列情形之一的，人民法院根据有关个人或者组织的申请，撤销其监护人资格，安排必要的临时监护措施，并按照最有利于被监护人的原则依法指定监护人：

（一）实施严重损害被监护人身心健康行为的；

（二）怠于履行监护职责，或者无法履行监护职责并且拒绝将监护职责部分或者全部委托给他人，导致被监护人处于危困状态的；

（三）实施严重侵害被监护人合法权益的其他行为的。

本条规定的有关个人和组织包括：其他依法具有监护资格的人，居民委员会、村民委员会、学校、医疗机构、妇女联合会、残疾人联合会、未成年人保护组织、依法设立的老年人组织、民政部门等。

前款规定的个人和民政部门以外的组织未及时向人民法院申请撤销监护人资格的，民政部门应当向人民法院申请。

第三十七条　【监护资格被撤销负担费用不免除】依法负担被监护人抚养费、赡养费、扶养费的父母、子女、配偶等，被人民法院撤销监护人资格后，应当继续履行负担的义务。

第三十八条　【监护人资格的恢复】被监护人的父母或者子女被人民法院撤销监护人资格后，除对被监护人实施故意犯罪的外，确有悔改表现的，经其申请，人民法院可以在尊重被监护人真实意愿的前提下，视情况恢复其监护人资格，人民法院指定的监护人与被监护人的监护关系同时终止。

第三十九条　【监护关系的终止】有下列情形之一的，监护关系终止：

（一）被监护人取得或者恢复完全民事行为能力；

（二）监护人丧失监护能力；

（三）被监护人或者监护人死亡；

（四）人民法院认定监护关系终止的其他情形。

监护关系终止后，被监护人仍然需要监护的，应当依法另行确定监护人。

第三节　宣告失踪和宣告死亡

第四十条　【宣告失踪】自然人下落不明满二年的，利害关系人可以向人民法院申请宣告该自然人为失踪人。

第四十一条　【下落不明日期的计算】自然人下落不明的时间从其失去音讯之日起计算。战争期间下落不明的，下落不明的时间自战争结束之日或者有关机关确定的下落不明之日起计算。

第四十二条　【失踪人的财产代管人】失踪人的财产由其配偶、成年子女、父母或者其他愿意担任财产代管人的人代管。

代管有争议，没有前款规定的人，或者前款规定的人无代管能力的，由人民法院指定的人代管。

第四十三条　【财产代管人职责】财产代管人应当妥善管理失踪人的财产，维护其财产权益。

失踪人所欠税款、债务和应付的其他费用，由财产代管人从失踪人的财产中支付。

财产代管人因故意或者重大过失造成失踪人财产损失的，应当承担赔偿责任。

第四十四条　【财产代管人的变更】财产代管人不履行代管职责、侵害失踪人财产权益或者丧失代管能力的，失踪人的利害关系人可以向人民法院申请变更财产代管人。

财产代管人有正当理由的，可以向人民法院申请变更财产代管人。

人民法院变更财产代管人的，变更后的财产代管人有权要求原财产代管人及时移交有关财产并报告财产代管情况。

第四十五条　【宣告失踪的撤销】失踪人重新出现，经本人或者利害关系人申请，人民法院应当撤销失踪宣告。

失踪人重新出现，有权要求财产代管人及时移交有关财产并报告财产代管情况。

第四十六条　【宣告死亡的条件】自然人有下列情形之一的，利害关系人可以向人民法院申请宣告该自然人死亡：

（一）下落不明满四年；

（二）因意外事件，下落不明满二年。

因意外事件下落不明，经有关机关证明该自然人不可能生存的，申请宣告死亡不受二年时间的限制。

第四十七条　【宣告死亡的优先适用】对同一自然人，有的利害关系人申请宣告死亡，有的利害关系人申请宣告失踪，符合本法规定的宣告死亡条件的，人民法院应当宣告死亡。

第四十八条　【宣告死亡的死亡日期确定】被宣告死亡的人，人民法院宣告死亡的判决作出之日视为其死亡的日期；因意外事件下落不明宣告死亡的，意外事件发生之日视为其死亡的日期。

第四十九条　【被宣告死亡的自然人实施法律行为的效力】自然人被宣告死亡但是并未死亡的，不影响该自然人在被宣告死亡期间实施的民事法律行为的效力。

第五十条　【死亡宣告的撤销】被宣告死亡的人重新出现，经本人或者利害关系人申请，人民法院应当撤销死亡宣告。

第五十一条　【宣告死亡人婚姻关系】被宣

告死亡的人的婚姻关系，自死亡宣告之日起消灭。死亡宣告被撤销的，婚姻关系自撤销死亡宣告之日起自行恢复，但是其配偶再婚或者向婚姻登记机关书面声明不愿意恢复的除外。

第五十二条　【宣告死亡人收养关系】被宣告死亡的人在被宣告死亡期间，其子女被他人依法收养的，在死亡宣告被撤销后，不得以未经本人同意为由主张收养关系无效。

第五十三条　【死亡宣告撤销后的财产返还】被撤销死亡宣告的人有权请求依照继承法取得其财产的民事主体返还财产。无法返还的，应当给予适当补偿。

利害关系人隐瞒真实情况，致使他人被宣告死亡取得其财产的，除应当返还财产外，还应当对由此造成的损失承担赔偿责任。

第四节　个体工商户和农村承包经营户

第五十四条　【个体工商户】自然人从事工商业经营，经依法登记，为个体工商户。个体工商户可以起字号。

第五十五条　【农村承包经营户】农村集体经济组织的成员，依法取得农村土地承包经营权，从事家庭承包经营的，为农村承包经营户。

第五十六条　【民事责任的承担】个体工商户的债务，个人经营的，以个人财产承担；家庭经营的，以家庭财产承担；无法区分的，以家庭财产承担。

农村承包经营户的债务，以从事农村土地承包经营的农户财产承担；事实上由农户部分成员经营的，以该部分成员的财产承担。

第三章　法　　人

第一节　一般规定

第五十七条　【法人】法人是具有民事权利能力和民事行为能力，依法独立享有民事权利和承担民事义务的组织。

第五十八条　【法人的成立】法人应当依法成立。

法人应当有自己的名称、组织机构、住所、财产或者经费。法人成立的具体条件和程序，依照法律、行政法规的规定。

设立法人，法律、行政法规规定须经有关机关批准的，依照其规定。

第五十九条　【法人的权利能力和行为能力】法人的民事权利能力和民事行为能力，从法人成立时产生，到法人终止时消灭。

第六十条　【法人民事责任】法人以其全部财产独立承担民事责任。

第六十一条　【法定代表人】依照法律或者法人章程的规定，代表法人从事民事活动的负责人，为法人的法定代表人。

法定代表人以法人名义从事的民事活动，其法律后果由法人承受。

法人章程或者法人权力机构对法定代表人代表权的限制，不得对抗善意相对人。

第六十二条　【法人及法定代表人的责任承担】法定代表人因执行职务造成他人损害的，由法人承担民事责任。

法人承担民事责任后，依照法律或者法人章程的规定，可以向有过错的法定代表人追偿。

第六十三条　【法人的住所】法人以其主要办事机构所在地为住所。依法需要办理法人登记的，应当将主要办事机构所在地登记为住所。

第六十四条　【变更登记】法人存续期间登记事项发生变化的，应当依法向登记机关申请变更登记。

第六十五条　【法人实际情况与登记事项不一致的处理】法人的实际情况与登记的事项不一致的，不得对抗善意相对人。

第六十六条　【登记信息的公示】登记机关应当依法及时公示法人登记的有关信息。

第六十七条　【法人合并、分立的责任承担】法人合并的，其权利和义务由合并后的法人享有和承担。

法人分立的，其权利和义务由分立后的法人享有连带债权，承担连带债务，但是债权人和债务人另有约定的除外。

第六十八条　【法人终止适用情形】有下列原因之一并依法完成清算、注销登记的，法人终止：

（一）法人解散；

（二）法人被宣告破产；

（三）法律规定的其他原因。

法人终止，法律、行政法规规定须经有关机

关批准的,依照其规定。

第六十九条 【法人解散】有下列情形之一的,法人解散:

(一)法人章程规定的存续期间届满或者法人章程规定的其他解散事由出现;

(二)法人的权力机构决议解散;

(三)因法人合并或者分立需要解散;

(四)法人依法被吊销营业执照、登记证书,被责令关闭或者被撤销;

(五)法律规定的其他情形。

第七十条 【法人清算】法人解散的,除合并或者分立的情形外,清算义务人应当及时组成清算组进行清算。

法人的董事、理事等执行机构或者决策机构的成员为清算义务人。法律、行政法规另有规定的,依照其规定。

清算义务人未及时履行清算义务,造成损害的,应当承担民事责任;主管机关或者利害关系人可以申请人民法院指定有关人员组成清算组进行清算。

第七十一条 【法人清算的法律适用】法人的清算程序和清算组职权,依照有关法律的规定;没有规定的,参照适用公司法的有关规定。

第七十二条 【清算期间法人的活动】清算期间法人存续,但是不得从事与清算无关的活动。

法人清算后的剩余财产,根据法人章程的规定或者法人权力机构的决议处理。法律另有规定的,依照其规定。

清算结束并完成法人注销登记时,法人终止;依法不需要办理法人登记的,清算结束时,法人终止。

第七十三条 【破产清算】法人被宣告破产的,依法进行破产清算并完成法人注销登记时,法人终止。

第七十四条 【法人分支机构及责任承担】法人可以依法设立分支机构。法律、行政法规规定分支机构应当登记的,依照其规定。

分支机构以自己的名义从事民事活动,产生的民事责任由法人承担;也可以先以该分支机构管理的财产承担,不足以承担的,由法人承担。

第七十五条 【法人设立时的责任承担】设立人为设立法人从事的民事活动,其法律后果由法人承受;法人未成立的,其法律后果由设立人承受,设立人为二人以上的,享有连带债权,承担连带债务。

设立人为设立法人以自己的名义从事民事活动产生的民事责任,第三人有权选择请求法人或者设立人承担。

第二节 营利法人

第七十六条 【营利法人】以取得利润并分配给股东等出资人为目的成立的法人,为营利法人。

营利法人包括有限责任公司、股份有限公司和其他企业法人等。

第七十七条 【营利法人的成立】营利法人经依法登记成立。

第七十八条 【营利法人营业执照】依法设立的营利法人,由登记机关发给营利法人营业执照。营业执照签发日期为营利法人的成立日期。

第七十九条 【营利法人章程】设立营利法人应当依法制定法人章程。

第八十条 【营利法人权力机构】营利法人应当设权力机构。

权力机构行使修改法人章程,选举或者更换执行机构、监督机构成员,以及法人章程规定的其他职权。

第八十一条 【营利法人执行机构】营利法人应当设执行机构。

执行机构行使召集权力机构会议,决定法人的经营计划和投资方案,决定法人内部管理机构的设置,以及法人章程规定的其他职权。

执行机构为董事会或者执行董事的,董事长、执行董事或者经理按照法人章程的规定担任法定代表人;未设董事会或者执行董事的,法人章程规定的主要负责人为其执行机构和法定代表人。

第八十二条 【营利法人监督机构】营利法人设监事会或者监事等监督机构的,监督机构依法行使检查法人财务,监督执行机构成员、高级管理人员执行法人职务的行为,以及法人章程规定的其他职权。

第八十三条 【出资人权利不得滥用原则】营利法人的出资人不得滥用出资人权利损害法人或者其他出资人的利益。滥用出资人权利给法人或者其他出资人造成损失的，应当依法承担民事责任。

营利法人的出资人不得滥用法人独立地位和出资人有限责任损害法人的债权人利益。滥用法人独立地位和出资人有限责任，逃避债务，严重损害法人的债权人利益的，应当对法人债务承担连带责任。

第八十四条 【不当利用关联关系的禁止】营利法人的控股出资人、实际控制人、董事、监事、高级管理人员不得利用其关联关系损害法人的利益。利用关联关系给法人造成损失的，应当承担赔偿责任。

第八十五条 【机构决议的撤销】营利法人的权力机构、执行机构作出决议的会议召集程序、表决方式违反法律、行政法规、法人章程，或者决议内容违反法人章程的，营利法人的出资人可以请求人民法院撤销该决议，但是营利法人依据该决议与善意相对人形成的民事法律关系不受影响。

第八十六条 【经营活动要求】营利法人从事经营活动，应当遵守商业道德，维护交易安全，接受政府和社会的监督，承担社会责任。

第三节 非营利法人

第八十七条 【非营利法人】为公益目的或者其他非营利目的成立，不向出资人、设立人或者会员分配所取得利润的法人，为非营利法人。

非营利法人包括事业单位、社会团体、基金会、社会服务机构等。

第八十八条 【事业单位法人资格】具备法人条件，为适应经济社会发展需要，提供公益服务设立的事业单位，经依法登记成立，取得事业单位法人资格；依法不需要办理法人登记的，从成立之日起，具有事业单位法人资格。

第八十九条 【事业单位法人组织机构、法定代表人】事业单位法人设理事会的，除法律另有规定外，理事会为其决策机构。事业单位法人的法定代表人依照法律、行政法规或者法人章程的规定产生。

第九十条 【社会团体法人资格】具备法人条件，基于会员共同意愿，为公益目的或者会员共同利益等非营利目的设立的社会团体，经依法登记成立，取得社会团体法人资格；依法不需要办理法人登记的，从成立之日起，具有社会团体法人资格。

第九十一条 【社会团体的章程、机构及法定代表人】设立社会团体法人应当依法制定法人章程。

社会团体法人应当设会员大会或者会员代表大会等权力机构。

社会团体法人应当设理事会等执行机构。理事长或者会长等负责人按照法人章程的规定担任法定代表人。

第九十二条 【捐助法人资格】具备法人条件，为公益目的以捐助财产设立的基金会、社会服务机构等，经依法登记成立，取得捐助法人资格。

依法设立的宗教活动场所，具备法人条件的，可以申请法人登记，取得捐助法人资格。法律、行政法规对宗教活动场所有规定的，依照其规定。

第九十三条 【捐助法人章程及机构】设立捐助法人应当依法制定法人章程。

捐助法人应当设理事会、民主管理组织等决策机构，并设执行机构。理事长等负责人按照法人章程的规定担任法定代表人。

捐助法人应当设监事会等监督机构。

第九十四条 【捐助人的权利】捐助人有权向捐助法人查询捐助财产的使用、管理情况，并提出意见和建议，捐助法人应当及时、如实答复。

捐助法人的决策机构、执行机构或者法定代表人作出决定的程序违反法律、行政法规、法人章程，或者决定内容违反法人章程的，捐助人等利害关系人或者主管机关可以请求人民法院撤销该决定，但是捐助法人依据该决定与善意相对人形成的民事法律关系不受影响。

第九十五条 【非营利法人剩余财产分配】为公益目的成立的非营利法人终止时，不得向出资人、设立人或者会员分配剩余财产。剩余财产应当按照法人章程的规定或者权力机构的决议用于公益目的；无法按照法人章程的规定或者权力机构的决议处理的，由主管机关主持转给宗旨相同或者相近的法人，并向社会公告。

第四节 特别法人

第九十六条 【特别法人】本节规定的机关

法人、农村集体经济组织法人、城镇农村的合作经济组织法人、基层群众性自治组织法人,为特别法人。

第九十七条 【机关法人】有独立经费的机关和承担行政职能的法定机构从成立之日起,具有机关法人资格,可以从事为履行职能所需要的民事活动。

第九十八条 【机关法人撤销后权利义务承担】机关法人被撤销的,法人终止,其民事权利和义务由继任的机关法人享有和承担;没有继任的机关法人的,由作出撤销决定的机关法人享有和承担。

第九十九条 【农村集体经济组织法人】农村集体经济组织依法取得法人资格。

法律、行政法规对农村集体经济组织有规定的,依照其规定。

第一百条 【合作经济组织法人】城镇农村的合作经济组织依法取得法人资格。

法律、行政法规对城镇农村的合作经济组织有规定的,依照其规定。

第一百零一条 【群众性自治组织法人】居民委员会、村民委员会具有基层群众性自治组织法人资格,可以从事为履行职能所需要的民事活动。

未设立村集体经济组织的,村民委员会可以依法代行村集体经济组织的职能。

第四章 非法人组织

第一百零二条 【非法人组织】非法人组织是不具有法人资格,但是能够依法以自己的名义从事民事活动的组织。

非法人组织包括个人独资企业、合伙企业、不具有法人资格的专业服务机构等。

第一百零三条 【非法人组织的登记与设立】非法人组织应当依照法律的规定登记。

设立非法人组织,法律、行政法规规定须经有关机关批准的,依照其规定。

第一百零四条 【非法人组织的债务承担】非法人组织的财产不足以清偿债务的,其出资人或者设立人承担无限责任。法律另有规定的,依照其规定。

第一百零五条 【非法人组织代表】非法人组织可以确定一人或者数人代表该组织从事民事活动。

第一百零六条 【非法人组织解散】有下列情形之一的,非法人组织解散:

(一)章程规定的存续期间届满或者章程规定的其他解散事由出现;

(二)出资人或者设立人决定解散;

(三)法律规定的其他情形。

第一百零七条 【非法人组织清算】非法人组织解散的,应当依法进行清算。

第一百零八条 【参照适用规定】非法人组织除适用本章规定外,参照适用本法第三章第一节的有关规定。

第五章 民事权利

第一百零九条 【人身自由与人格尊严】自然人的人身自由、人格尊严受法律保护。

第一百一十条 【民事主体的权利】自然人享有生命权、身体权、健康权、姓名权、肖像权、名誉权、荣誉权、隐私权、婚姻自主权等权利。

法人、非法人组织享有名称权、名誉权、荣誉权等权利。

第一百一十一条 【个人信息受法律保护】自然人的个人信息受法律保护。任何组织和个人需要获取他人个人信息的,应当依法取得并确保信息安全,不得非法收集、使用、加工、传输他人个人信息,不得非法买卖、提供或者公开他人个人信息。

第一百一十二条 【婚姻、家庭等人身权利】自然人因婚姻、家庭关系等产生的人身权利受法律保护。

第一百一十三条 【财产权利】民事主体的财产权利受法律平等保护。

第一百一十四条 【物权】民事主体依法享有物权。

物权是权利人依法对特定的物享有直接支配和排他的权利,包括所有权、用益物权和担保物权。

第一百一十五条 【物权客体】物包括不动产和动产。法律规定权利作为物权客体的,依照其规定。

第一百一十六条 【物权种类和内容】物权

的种类和内容，由法律规定。

第一百一十七条　【物的征收与征用】为了公共利益的需要，依照法律规定的权限和程序征收、征用不动产或者动产的，应当给予公平、合理的补偿。

第一百一十八条　【债权】民事主体依法享有债权。

债权是因合同、侵权行为、无因管理、不当得利以及法律的其他规定，权利人请求特定义务人为或者不为一定行为的权利。

第一百一十九条　【合同的法律约束力】依法成立的合同，对当事人具有法律约束力。

第一百二十条　【侵权责任】民事权益受到侵害的，被侵权人有权请求侵权人承担侵权责任。

第一百二十一条　【无因管理】没有法定的或者约定的义务，为避免他人利益受损失而进行管理的人，有权请求受益人偿还由此支出的必要费用。

第一百二十二条　【不当得利的返还】因他人没有法律根据，取得不当利益，受损失的人有权请求其返还不当利益。

第一百二十三条　【知识产权】民事主体依法享有知识产权。

知识产权是权利人依法就下列客体享有的专有的权利：

（一）作品；

（二）发明、实用新型、外观设计；

（三）商标；

（四）地理标志；

（五）商业秘密；

（六）集成电路布图设计；

（七）植物新品种；

（八）法律规定的其他客体。

第一百二十四条　【继承权】自然人依法享有继承权。

自然人合法的私有财产，可以依法继承。

第一百二十五条　【投资性权利】民事主体依法享有股权和其他投资性权利。

第一百二十六条　【其他民事权利和利益】民事主体享有法律规定的其他民事权利和利益。

第一百二十七条　【数据、网络虚拟财产】法律对数据、网络虚拟财产的保护有规定的，依照其规定。

第一百二十八条　【特殊群体民事权利】法律对未成年人、老年人、残疾人、妇女、消费者等的民事权利保护有特别规定的，依照其规定。

第一百二十九条　【民事权利的取得】民事权利可以依据民事法律行为、事实行为、法律规定的事件或者法律规定的其他方式取得。

第一百三十条　【依法行使民事权利】民事主体按照自己的意愿依法行使民事权利，不受干涉。

第一百三十一条　【权利义务一致】民事主体行使权利时，应当履行法律规定的和当事人约定的义务。

第一百三十二条　【民事权利不得滥用】民事主体不得滥用民事权利损害国家利益、社会公共利益或者他人合法权益。

第六章　民事法律行为

第一节　一般规定

第一百三十三条　【民事法律行为】民事法律行为是民事主体通过意思表示设立、变更、终止民事法律关系的行为。

第一百三十四条　【民事法律行为的成立】民事法律行为可以基于双方或者多方的意思表示一致成立，也可以基于单方的意思表示成立。

法人、非法人组织依照法律或者章程规定的议事方式和表决程序作出决议的，该决议行为成立。

第一百三十五条　【民事法律行为的形式】民事法律行为可以采用书面形式、口头形式或者其他形式；法律、行政法规规定或者当事人约定采用特定形式的，应当采用特定形式。

第一百三十六条　【民事法律行为的生效、变更与解除】民事法律行为自成立时生效，但是法律另有规定或者当事人另有约定的除外。

行为人非依法律规定或者未经对方同意，不得擅自变更或者解除民事法律行为。

第二节　意思表示

第一百三十七条　【意思表示的生效】以对话方式作出的意思表示，相对人知道其内容时生效。

以非对话方式作出的意思表示，到达相对人时生效。以非对话方式作出的采用数据电文形式的意思表示，相对人指定特定系统接收数据电文的，该数据电文进入该特定系统时生效；未指定特定系统的，相对人知道或者应当知道该数据电文进入其系统时生效。当事人对采用数据电文形式的意思表示的生效时间另有约定的，按照其约定。

第一百三十八条 【无相对人意思表示的生效】无相对人的意思表示，表示完成时生效。法律另有规定的，依照其规定。

第一百三十九条 【公告的生效】以公告方式作出的意思表示，公告发布时生效。

第一百四十条 【意思表示的表示方法】行为人可以明示或者默示作出意思表示。

沉默只有在有法律规定、当事人约定或者符合当事人之间的交易习惯时，才可以视为意思表示。

第一百四十一条 【意思表示的撤回】行为人可以撤回意思表示。撤回意思表示的通知应当在意思表示到达相对人前或者与意思表示同时到达相对人。

第一百四十二条 【意思表示的解释】有相对人的意思表示的解释，应当按照所使用的词句，结合相关条款、行为的性质和目的、习惯以及诚信原则，确定意思表示的含义。

无相对人的意思表示的解释，不能完全拘泥于所使用的词句，而应当结合相关条款、行为的性质和目的、习惯以及诚信原则，确定行为人的真实意思。

第三节 民事法律行为的效力

第一百四十三条 【民事法律行为的有效条件】具备下列条件的民事法律行为有效：

（一）行为人具有相应的民事行为能力；

（二）意思表示真实；

（三）不违反法律、行政法规的强制性规定，不违背公序良俗。

第一百四十四条 【无民事行为能力人实施的民事法律行为无效】无民事行为能力人实施的民事法律行为无效。

第一百四十五条 【限制民事行为能力人实施民事法律行为的效力】限制民事行为能力人实施的纯获利益的民事法律行为或者与其年龄、智力、精神健康状况相适应的民事法律行为有效；实施的其他民事法律行为经法定代理人同意或者追认后有效。

相对人可以催告法定代理人自收到通知之日起一个月内予以追认。法定代理人未作表示的，视为拒绝追认。民事法律行为被追认前，善意相对人有撤销的权利。撤销应当以通知的方式作出。

第一百四十六条 【虚假意思表示】行为人与相对人以虚假的意思表示实施的民事法律行为无效。

以虚假的意思表示隐藏的民事法律行为的效力，依照有关法律规定处理。

第一百四十七条 【重大误解】基于重大误解实施的民事法律行为，行为人有权请求人民法院或者仲裁机构予以撤销。

第一百四十八条 【欺诈】一方以欺诈手段，使对方在违背真实意思的情况下实施的民事法律行为，受欺诈方有权请求人民法院或者仲裁机构予以撤销。

第一百四十九条 【第三人欺诈】第三人实施欺诈行为，使一方在违背真实意思的情况下实施的民事法律行为，对方知道或者应当知道该欺诈行为的，受欺诈方有权请求人民法院或者仲裁机构予以撤销。

第一百五十条 【胁迫】一方或者第三人以胁迫手段，使对方在违背真实意思的情况下实施的民事法律行为，受胁迫方有权请求人民法院或者仲裁机构予以撤销。

第一百五十一条 【显失公平】一方利用对方处于危困状态、缺乏判断能力等情形，致使民事法律行为成立时显失公平的，受损害方有权请求人民法院或者仲裁机构予以撤销。

第一百五十二条 【撤销权消灭】有下列情形之一的，撤销权消灭：

（一）当事人自知道或者应当知道撤销事由之日起一年内、重大误解的当事人自知道或者应当知道撤销事由之日起三个月内没有行使撤销权；

（二）当事人受胁迫，自胁迫行为终止之日起一年内没有行使撤销权；

（三）当事人知道撤销事由后明确表示或者

以自己的行为表明放弃撤销权。

当事人自民事法律行为发生之日起五年内没有行使撤销权的，撤销权消灭。

第一百五十三条　【强制性规定及公序良俗的遵守】违反法律、行政法规的强制性规定的民事法律行为无效，但是该强制性规定不导致该民事法律行为无效的除外。

违背公序良俗的民事法律行为无效。

第一百五十四条　【恶意串通】行为人与相对人恶意串通，损害他人合法权益的民事法律行为无效。

第一百五十五条　【自始无效】无效的或者被撤销的民事法律行为自始没有法律约束力。

第一百五十六条　【部分无效】民事法律行为部分无效，不影响其他部分效力的，其他部分仍然有效。

第一百五十七条　【财产返还等责任承担】民事法律行为无效、被撤销或者确定不发生效力后，行为人因该行为取得的财产，应当予以返还；不能返还或者没有必要返还的，应当折价补偿。有过错的一方应当赔偿对方由此所受到的损失；各方都有过错的，应当各自承担相应的责任。法律另有规定的，依照其规定。

第四节　民事法律行为的附条件和附期限

第一百五十八条　【附条件民事法律行为】民事法律行为可以附条件，但是按照其性质不得附条件的除外。附生效条件的民事法律行为，自条件成就时生效。附解除条件的民事法律行为，自条件成就时失效。

第一百五十九条　【附条件民事法律行为的成就】附条件的民事法律行为，当事人为自己的利益不正当地阻止条件成就的，视为条件已成就；不正当地促成条件成就的，视为条件不成就。

第一百六十条　【附期限民事法律行为】民事法律行为可以附期限，但是按照其性质不得附期限的除外。附生效期限的民事法律行为，自期限届至时生效。附终止期限的民事法律行为，自期限届满时失效。

第七章　代　　理

第一节　一般规定

第一百六十一条　【代理】民事主体可以通过代理人实施民事法律行为。

依照法律规定、当事人约定或者民事法律行为的性质，应当由本人亲自实施的民事法律行为，不得代理。

第一百六十二条　【代理权限】代理人在代理权限内，以被代理人名义实施的民事法律行为，对被代理人发生效力。

第一百六十三条　【代理的类型】代理包括委托代理和法定代理。

委托代理人按照被代理人的委托行使代理权。法定代理人依照法律的规定行使代理权。

第一百六十四条　【代理人的责任】代理人不履行或者不完全履行职责，造成被代理人损害的，应当承担民事责任。

代理人和相对人恶意串通，损害被代理人合法权益的，代理人和相对人应当承担连带责任。

第二节　委托代理

第一百六十五条　【授权委托书】委托代理授权采用书面形式的，授权委托书应当载明代理人的姓名或者名称、代理事项、权限和期间，并由被代理人签名或者盖章。

第一百六十六条　【共同代理】数人为同一代理事项的代理人的，应当共同行使代理权，但是当事人另有约定的除外。

第一百六十七条　【违法代理】代理人知道或者应当知道代理事项违法仍然实施代理行为，或者被代理人知道或者应当知道代理人的代理行为违法未作反对表示的，被代理人和代理人应当承担连带责任。

第一百六十八条　【代理人的行为限制】代理人不得以被代理人的名义与自己实施民事法律行为，但是被代理人同意或者追认的除外。

代理人不得以被代理人的名义与自己同时代理的其他人实施民事法律行为，但是被代理的双方同意或者追认的除外。

第一百六十九条　【转委托代理】代理人需

要转委托第三人代理的,应当取得被代理人的同意或者追认。

转委托代理经被代理人同意或者追认的,被代理人可以就代理事务直接指示转委托的第三人,代理人仅就第三人的选任以及对第三人的指示承担责任。

转委托代理未经被代理人同意或者追认的,代理人应当对转委托的第三人的行为承担责任,但是在紧急情况下代理人为了维护被代理人的利益需要转委托第三人代理的除外。

第一百七十条 【职务代理的法律效力】执行法人或者非法人组织工作任务的人员,就其职权范围内的事项,以法人或者非法人组织的名义实施民事法律行为,对法人或者非法人组织发生效力。

法人或者非法人组织对执行其工作任务的人员职权范围的限制,不得对抗善意相对人。

第一百七十一条 【无权及越权代理】行为人没有代理权、超越代理权或者代理权终止后,仍然实施代理行为,未经被代理人追认的,对被代理人不发生效力。

相对人可以催告被代理人自收到通知之日起一个月内予以追认。被代理人未作表示的,视为拒绝追认。行为人实施的行为被追认前,善意相对人有撤销的权利。撤销应当以通知的方式作出。

行为人实施的行为未被追认的,善意相对人有权请求行为人履行债务或者就其受到的损害请求行为人赔偿,但是赔偿的范围不得超过被代理人追认时相对人所能获得的利益。

相对人知道或者应当知道行为人无权代理的,相对人和行为人按照各自的过错承担责任。

第一百七十二条 【表见代理】行为人没有代理权、超越代理权或者代理权终止后,仍然实施代理行为,相对人有理由相信行为人有代理权的,代理行为有效。

第三节 代理终止

第一百七十三条 【委托代理的终止】有下列情形之一的,委托代理终止:

(一)代理期间届满或者代理事务完成;

(二)被代理人取消委托或者代理人辞去委托;

(三)代理人丧失民事行为能力;

(四)代理人或者被代理人死亡;

(五)作为代理人或者被代理人的法人、非法人组织终止。

第一百七十四条 【被代理人死亡后代理行为有效的情形】被代理人死亡后,有下列情形之一的,委托代理人实施的代理行为有效:

(一)代理人不知道并且不应当知道被代理人死亡;

(二)被代理人的继承人予以承认;

(三)授权中明确代理权在代理事务完成时终止;

(四)被代理人死亡前已经实施,为了被代理人的继承人的利益继续代理。

作为被代理人的法人、非法人组织终止的,参照适用前款规定。

第一百七十五条 【法定代理的终止】有下列情形之一的,法定代理终止:

(一)被代理人取得或者恢复完全民事行为能力;

(二)代理人丧失民事行为能力;

(三)代理人或者被代理人死亡;

(四)法律规定的其他情形。

第八章 民事责任

第一百七十六条 【民事责任】民事主体依照法律规定和当事人约定,履行民事义务,承担民事责任。

第一百七十七条 【按份责任及平均责任】二人以上依法承担按份责任,能够确定责任大小的,各自承担相应的责任;难以确定责任大小的,平均承担责任。

第一百七十八条 【连带责任】二人以上依法承担连带责任的,权利人有权请求部分或者全部连带责任人承担责任。

连带责任人的责任份额根据各自责任大小确定;难以确定责任大小的,平均承担责任。实际承担责任超过自己责任份额的连带责任人,有权向其他连带责任人追偿。

连带责任,由法律规定或者当事人约定。

第一百七十九条 【承担民事责任的方式】承担民事责任的方式主要有:

(一)停止侵害;
(二)排除妨碍;
(三)消除危险;
(四)返还财产;
(五)恢复原状;
(六)修理、重作、更换;
(七)继续履行;
(八)赔偿损失;
(九)支付违约金;
(十)消除影响、恢复名誉;
(十一)赔礼道歉。

法律规定惩罚性赔偿的,依照其规定。

本条规定的承担民事责任的方式,可以单独适用,也可以合并适用。

第一百八十条　【不可抗力】因不可抗力不能履行民事义务的,不承担民事责任。法律另有规定的,依照其规定。

不可抗力是指不能预见、不能避免且不能克服的客观情况。

第一百八十一条　【正当防卫】因正当防卫造成损害的,不承担民事责任。

正当防卫超过必要的限度,造成不应有的损害的,正当防卫人应当承担适当的民事责任。

第一百八十二条　【紧急避险】因紧急避险造成损害的,由引起险情发生的人承担民事责任。

危险由自然原因引起的,紧急避险人不承担民事责任,可以给予适当补偿。

紧急避险采取措施不当或者超过必要的限度,造成不应有的损害的,紧急避险人应当承担适当的民事责任。

第一百八十三条　【公平责任】因保护他人民事权益使自己受到损害的,由侵权人承担民事责任,受益人可以给予适当补偿。没有侵权人、侵权人逃逸或者无力承担民事责任,受害人请求补偿的,受益人应当给予适当补偿。

第一百八十四条　【见义勇为】因自愿实施紧急救助行为造成受助人损害的,救助人不承担民事责任。

第一百八十五条　【侵害英烈权利的民事责任】侵害英雄烈士等的姓名、肖像、名誉、荣誉,损害社会公共利益的,应当承担民事责任。

第一百八十六条　【违约损害责任】因当事人一方的违约行为,损害对方人身权益、财产权益的,受损害方有权选择请求其承担违约责任或者侵权责任。

第一百八十七条　【民事责任优先】民事主体因同一行为应当承担民事责任、行政责任和刑事责任的,承担行政责任或者刑事责任不影响承担民事责任;民事主体的财产不足以支付的,优先用于承担民事责任。

第九章　诉讼时效

第一百八十八条　【诉讼时效期间】向人民法院请求保护民事权利的诉讼时效期间为三年。法律另有规定的,依照其规定。

诉讼时效期间自权利人知道或者应当知道权利受到损害以及义务人之日起计算。法律另有规定的,依照其规定。但是自权利受到损害之日起超过二十年的,人民法院不予保护;有特殊情况的,人民法院可以根据权利人的申请决定延长。

第一百八十九条　【分期履行债务诉讼时效起算时间】当事人约定同一债务分期履行的,诉讼时效期间自最后一期履行期限届满之日起计算。

第一百九十条　【对法定代理人请求权诉讼时效起算时间】无民事行为能力人或者限制民事行为能力人对其法定代理人的请求权的诉讼时效期间,自该法定代理终止之日起计算。

第一百九十一条　【未成年人性侵害请求权诉讼时效起算时间】未成年人遭受性侵害的损害赔偿请求权的诉讼时效期间,自受害人年满十八周岁之日起计算。

第一百九十二条　【时效届满及自愿履行】诉讼时效期间届满的,义务人可以提出不履行义务的抗辩。

诉讼时效期间届满后,义务人同意履行的,不得以诉讼时效期间届满为由抗辩;义务人已自愿履行的,不得请求返还。

第一百九十三条　【法院主动适用诉讼时效的禁止】人民法院不得主动适用诉讼时效的规定。

第一百九十四条　【诉讼时效中止】在诉讼时效期间的最后六个月内,因下列障碍,不能行

使请求权的,诉讼时效中止:

(一)不可抗力;

(二)无民事行为能力人或者限制民事行为能力人没有法定代理人,或者法定代理人死亡、丧失民事行为能力、丧失代理权;

(三)继承开始后未确定继承人或者遗产管理人;

(四)权利人被义务人或者其他人控制;

(五)其他导致权利人不能行使请求权的障碍。

自中止时效的原因消除之日起满六个月,诉讼时效期间届满。

第一百九十五条 【诉讼时效中断】有下列情形之一的,诉讼时效中断,从中断、有关程序终结时起,诉讼时效期间重新计算:

(一)权利人向义务人提出履行请求;

(二)义务人同意履行义务;

(三)权利人提起诉讼或者申请仲裁;

(四)与提起诉讼或者申请仲裁具有同等效力的其他情形。

第一百九十六条 【不适用诉讼时效的请求权】下列请求权不适用诉讼时效的规定:

(一)请求停止侵害、排除妨碍、消除危险;

(二)不动产物权和登记的动产物权的权利人请求返还财产;

(三)请求支付抚养费、赡养费或者扶养费;

(四)依法不适用诉讼时效的其他请求权。

第一百九十七条 【诉讼时效法定】诉讼时效的期间、计算方法以及中止、中断的事由由法律规定,当事人约定无效。

当事人对诉讼时效利益的预先放弃无效。

第一百九十八条 【仲裁时效】法律对仲裁时效有规定的,依照其规定;没有规定的,适用诉讼时效的规定。

第一百九十九条 【撤销权、解除权等权利的特殊适用】法律规定或者当事人约定的撤销权、解除权等权利的存续期间,除法律另有规定外,自权利人知道或者应当知道权利产生之日起计算,不适用有关诉讼时效中止、中断和延长的规定。存续期间届满,撤销权、解除权等权利消灭。

第十章 期间计算

第二百条 【期间】民法所称的期间按照公历年、月、日、小时计算。

第二百零一条 【期间起算的确定】按照年、月、日计算期间的,开始的当日不计入,自下一日开始计算。

按照小时计算期间的,自法律规定或者当事人约定的时间开始计算。

第二百零二条 【期间终止日的确定】按照年、月计算期间的,到期月的对应日为期间的最后一日;没有对应日的,月末日为期间的最后一日。

第二百零三条 【期间截止时间的确定】期间的最后一日是法定休假日的,以法定休假日结束的次日为期间的最后一日。

期间的最后一日的截止时间为二十四时;有业务时间的,停止业务活动的时间为截止时间。

第二百零四条 【期间的例外规定或约定】期间的计算方法依照本法的规定,但是法律另有规定或者当事人另有约定的除外。

第十一章 附 则

第二百零五条 【与期间计算有关的术语】民法所称的“以上”“以下”“以内”“届满”,包括本数;所称的“不满”“超过”“以外”,不包括本数。

第二百零六条 【施行日期】本法自2017年10月1日起施行。

2. 中华人民共和国合同法(节选总则部分)

(1999年3月15日第九届全国人民代表大会第二次会议通过 1999年3月15日中华人民共和国主席令第15号公布 自1999年10月1日起施行)

目 录

总 则

第一章 一般规定

第一条 【立法目的】为了保护合同当事人的合法权益,维护社会经济秩序,促进社会主义现代化建设,制定本法。

第二条 【合同的定义】本法所称合同是平等主体的自然人、法人、其他组织之间设立、变更、终止民事权利义务关系的协议。

婚姻、收养、监护等有关身份关系的协议,适用其他法律的规定。

第三条 【双方平等原则】合同当事人的法律地位平等,一方不得将自己的意志强加给另一方。

第四条 【合同自由原则】当事人依法享有自愿订立合同的权利,任何单位和个人不得非法干预。

第五条 【公平原则】当事人应当遵循公平原则确定各方的权利和义务。

第六条 【诚实信用原则】当事人行使权利、履行义务应当遵循诚实信用原则。

第七条 【合法与公序良俗原则】当事人订立、履行合同,应当遵守法律、行政法规,尊重社会公德,不得扰乱社会经济秩序,损害社会公共利益。

第八条 【依合同履行义务原则】依法成立的合同,对当事人具有法律约束力。当事人应当按照约定履行自己的义务,不得擅自变更或者解除合同。

依法成立的合同,受法律保护。

第二章 合同的订立

第九条 【订立合同的能力】当事人订立合同,应当具有相应的民事权利能力和民事行为能力。

当事人依法可以委托代理人订立合同。

第十条 【合同的形式】当事人订立合同,有书面形式、口头形式和其他形式。

法律、行政法规规定采用书面形式的,应当采用书面形式。当事人约定采用书面形式的,应当采用书面形式。

第十一条 【书面形式的定义】书面形式是指合同书、信件和数据电文(包括电报、电传、传真、电子数据交换和电子邮件)等可以有形地表现所载内容的形式。

第十二条 【合同条款与文本】合同的内容由当事人约定,一般包括以下条款:

(一)当事人的名称或者姓名和住所;
(二)标的;
(三)数量;
(四)质量;
(五)价款或者报酬;
(六)履行期限、地点和方式;
(七)违约责任;
(八)解决争议的方法。

当事人可以参照各类合同的示范文本订立合同。

第十三条 【订立合同的方式】当事人订立合同,采取要约、承诺方式。

第十四条 【要约的定义】要约是希望和他人订立合同的意思表示,该意思表示应当符合下列规定:

(一)内容具体确定;

(二)表明经受要约人承诺,要约人即受该意思表示约束。

第十五条 【要约邀请】要约邀请是希望他人向自己发出要约的意思表示。寄送的价目表、拍卖公告、招标公告、招股说明书、商业广告等为要约邀请。

商业广告的内容符合要约规定的,视为要约。

第十六条 【要约的生效】要约到达受要约人时生效。

采用数据电文形式订立合同,收件人指定特定系统接收数据电文的,该数据电文进入该特定系统的时间,视为到达时间;未指定特定系统的,该数据电文进入收件人的任何系统的首次时间,视为到达时间。

第十七条 【要约的撤回】要约可以撤回。撤回要约的通知应当在要约到达受要约人之前或者与要约同时到达受要约人。

第十八条 【要约的撤销】要约可以撤销。撤销要约的通知应当在受要约人发出承诺通知之前到达受要约人。

第十九条 【要约不得撤销的情形】有下列情形之一的,要约不得撤销:

(一)要约人确定了承诺期限或者以其他形式明示要约不可撤销;

(二)受要约人有理由认为要约是不可撤销的,并已经为履行合同作了准备工作。

第二十条 【要约的失效】有下列情形之一的,要约失效:

(一)拒绝要约的通知到达要约人;

(二)要约人依法撤销要约;

(三)承诺期限届满,受要约人未作出承诺;

(四)受要约人对要约的内容作出实质性变更。

第二十一条 【承诺的定义】承诺是受要约人同意要约的意思表示。

第二十二条 【承诺的方式】承诺应当以通知的方式作出,但根据交易习惯或者要约表明可以通过行为作出承诺的除外。

第二十三条 【承诺的期限】承诺应当在要约确定的期限内到达要约人。

要约没有确定承诺期限的,承诺应当依照下列规定到达:

(一)要约以对话方式作出的,应当即时作出承诺,但当事人另有约定的除外;

(二)要约以非对话方式作出的,承诺应当在合理期限内到达。

第二十四条 【承诺期限的起点】要约以信件或者电报作出的,承诺期限自信件载明的日期或者电报交发之日开始计算。信件未载明日期的,自投寄该信件的邮戳日期开始计算。要约以电话、传真等快速通讯方式作出的,承诺期限自要约到达受要约人时开始计算。

第二十五条 【承诺生效的效力】承诺生效时合同成立。

第二十六条 【承诺的生效】承诺通知到达要约人时生效。承诺不需要通知的,根据交易习惯或者要约的要求作出承诺的行为时生效。

采用数据电文形式订立合同的,承诺到达的时间适用本法第十六条第二款的规定。

第二十七条 【承诺的撤回】承诺可以撤回。撤回承诺的通知应当在承诺通知到达要约人之前或者与承诺通知同时到达要约人。

第二十八条 【新要约】受要约人超过承诺期限发出承诺的,除要约人及时通知受要约人该承诺有效的以外,为新要约。

第二十九条 【承诺迟延】受要约人在承诺期限内发出承诺,按照通常情形能够及时到达要约人,但因其他原因承诺到达要约人时超过承诺期限的,除要约人及时通知受要约人因承诺超过期限不接受该承诺的以外,该承诺有效。

第三十条 【对要约的实质性变更】承诺的内容应当与要约的内容一致。受要约人对要约的内容作出实质性变更的,为新要约。有关合同标的、数量、质量、价款或者报酬、履行期限、履行地点和方式、违约责任和解决争议方法等的变更,是对要约内容的实质性变更。

第三十一条 【对要约的非实质性变更】承诺对要约的内容作出非实质性变更的,除要约人及时表示反对或者要约表明承诺不得对要约的内容作出任何变更的以外,该承诺有效,合同的内容以承诺的内容为准。

第三十二条　【采用合同书形式的合同成立时间】当事人采用合同书形式订立合同的，自双方当事人签字或者盖章时合同成立。

第三十三条　【签订确认书与合同成立】当事人采用信件、数据电文等形式订立合同的，可以在合同成立之前要求签订确认书。签订确认书时合同成立。

第三十四条　【合同成立的地点】承诺生效的地点为合同成立的地点。

采用数据电文形式订立合同的，收件人的主营业地为合同成立的地点；没有主营业地的，其经常居住地为合同成立的地点。当事人另有约定的，按照其约定。

第三十五条　【采用合同书形式的合同成立地点】当事人采用合同书形式订立合同的，双方当事人签字或者盖章的地点为合同成立的地点。

第三十六条　【未采用书面形式的合同成立】法律、行政法规规定或者当事人约定采用书面形式订立合同，当事人未采用书面形式但一方已经履行主要义务，对方接受的，该合同成立。

第三十七条　【已履行主要义务的合同成立】采用合同书形式订立合同，在签字或者盖章之前，当事人一方已经履行主要义务，对方接受的，该合同成立。

第三十八条　【依国家指令订立合同】国家根据需要下达指令性任务或者国家订货任务的，有关法人、其他组织之间应当依照有关法律、行政法规规定的权利和义务订立合同。

第三十九条　【格式合同条款定义及要求】采用格式条款订立合同的，提供格式条款的一方应当遵循公平原则确定当事人之间的权利和义务，并采取合理的方式提请对方注意免除或者限制其责任的条款，按照对方的要求，对该条款予以说明。

格式条款是当事人为了重复使用而预先拟定，并在订立合同时未与对方协商的条款。

第四十条　【格式合同条款的无效】格式条款具有本法第五十二条和第五十三条规定情形的，或者提供格式条款一方免除其责任、加重对方责任、排除对方主要权利的，该条款无效。

第四十一条　【格式合同的解释】对格式条款的理解发生争议的，应当按照通常理解予以解释。对格式条款有两种以上解释的，应当作出不利于提供格式条款一方的解释。格式条款和非格式条款不一致的，应当采用非格式条款。

第四十二条　【缔约过失责任】当事人在订立合同过程中有下列情形之一，给对方造成损失的，应当承担损害赔偿责任：

（一）假借订立合同，恶意进行磋商；

（二）故意隐瞒与订立合同有关的重要事实或者提供虚假情况；

（三）有其他违背诚实信用原则的行为。

第四十三条　【保密义务】当事人在订立合同过程中知悉的商业秘密，无论合同是否成立，不得泄露或者不正当地使用。泄露或者不正当地使用该商业秘密给对方造成损失的，应当承担损害赔偿责任。

第三章　合同的效力

第四十四条　【合同的生效】依法成立的合同，自成立时生效。

法律、行政法规规定应当办理批准、登记等手续生效的，依照其规定。

第四十五条　【附条件合同的生效】当事人对合同的效力可以约定附条件。附生效条件的合同，自条件成就时生效。附解除条件的合同，自条件成就时失效。

当事人为自己的利益不正当地阻止条件成就的，视为条件已成就；不正当地促成条件成就的，视为条件不成就。

第四十六条　【附期限合同的生效】当事人对合同的效力可以约定附期限。附生效期限的合同，自期限届至时生效。附终止期限的合同，自期限届满时失效。

第四十七条　【限制行为能力人订立合同的处理】限制民事行为能力人订立的合同，经法定代理人追认后，该合同有效，但纯获利益的合同或者与其年龄、智力、精神健康状况相适应而订立的合同，不必经法定代理人追认。

相对人可以催告法定代理人在1个月内予以追认。法定代理人未作表示的，视为拒绝追认。合同被追认之前，善意相对人有撤销的权利。撤销应当以通知的方式作出。

第四十八条　【无权代理人订立合同的处理】行为人没有代理权、超越代理权或者代理权终止后以被代理人名义订立的合同,未经被代理人追认,对被代理人不发生效力,由行为人承担责任。

相对人可以催告被代理人在1个月内予以追认。被代理人未作表示的,视为拒绝追认。合同被追认之前,善意相对人有撤销的权利。撤销应当以通知的方式作出。

第四十九条 【表见代理订立的合同】行为人没有代理权、超越代理权或者代理权终止后以被代理人名义订立合同,相对人有理由相信行为人有代理权的,该代理行为有效。

第五十条 【法定代表人越权订立的合同】法人或者其他组织的法定代表人、负责人超越权限订立的合同,除相对人知道或者应当知道其超越权限的以外,该代表行为有效。

第五十一条 【无处分权人订立的合同】无处分权的人处分他人财产,经权利人追认或者无处分权的人订立合同后取得处分权的,该合同有效。

第五十二条 【合同无效的法定情形】有下列情形之一的,合同无效:

(一)一方以欺诈、胁迫的手段订立合同,损害国家利益;

(二)恶意串通,损害国家、集体或者第三人利益;

(三)以合法形式掩盖非法目的;

(四)损害社会公共利益;

(五)违反法律、行政法规的强制性规定。

第五十三条 【合同免责条款的无效】合同中的下列免责条款无效:

(一)造成对方人身伤害的;

(二)因故意或者重大过失造成对方财产损失的。

第五十四条 【可变更、可撤销的合同】下列合同,当事人一方有权请求人民法院或者仲裁机构变更或者撤销:

(一)因重大误解订立的;

(二)在订立合同时显失公平的。

一方以欺诈、胁迫的手段或者乘人之危,使对方在违背真实意思的情况下订立的合同,受损害方有权请求人民法院或者仲裁机构变更或者撤销。

当事人请求变更的,人民法院或者仲裁机构不得撤销。

第五十五条 【撤销权的消灭】有下列情形之一的,撤销权消灭:

(一)具有撤销权的当事人自知道或者应当知道撤销事由之日起1年内没有行使撤销权;

(二)具有撤销权的当事人知道撤销事由后明确表示或者以自己的行为放弃撤销权。

第五十六条 【合同无效或部分无效的效力】无效的合同或者被撤销的合同自始没有法律约束力。合同部分无效,不影响其他部分效力的,其他部分仍然有效。

第五十七条 【合同解决争议条款的独立性】合同无效、被撤销或者终止的,不影响合同中独立存在的有关解决争议方法的条款的效力。

第五十八条 【合同无效或被撤销的法律后果】合同无效或者被撤销后,因该合同取得的财产,应当予以返还;不能返还或者没有必要返还的,应当折价补偿。有过错的一方应当赔偿对方因此所受到的损失,双方都有过错的,应当各自承担相应的责任。

第五十九条 【恶意串通获取财产的返还】当事人恶意串通,损害国家、集体或者第三人利益的,因此取得的财产收归国家所有或者返还集体、第三人。

第四章 合同的履行

第六十条 【全面履行与附随义务】当事人应当按照约定全面履行自己的义务。

当事人应当遵循诚实信用原则,根据合同的性质、目的和交易习惯履行通知、协助、保密等义务。

第六十一条 【合同约定不明的补救】合同生效后,当事人就质量、价款或者报酬、履行地点等内容没有约定或者约定不明确的,可以协议补充;不能达成补充协议的,按照合同有关条款或者交易习惯确定。

第六十二条 【合同约定不明时的处理】当事人就有关合同内容约定不明确,依照本法第六十一条的规定仍不能确定的,适用下列规定:

(一)质量要求不明确的,按照国家标准、行业标准履行;没有国家标准、行业标准的,按照通常标准或者符合合同目的的特定标准履行。

（二）价款或者报酬不明确的，按照订立合同时履行地的市场价格履行；依法应当执行政府定价或者政府指导价的，按照规定履行。

（三）履行地点不明确，给付货币的，在接受货币一方所在地履行；交付不动产的，在不动产所在地履行；其他标的，在履行义务一方所在地履行。

（四）履行期限不明确的，债务人可以随时履行，债权人也可以随时要求履行，但应当给对方必要的准备时间。

（五）履行方式不明确的，按照有利于实现合同目的的方式履行。

（六）履行费用的负担不明确的，由履行义务一方负担。

第六十三条 【价格执行】执行政府定价或者政府指导价的，在合同约定的交付期限内政府价格调整时，按照交付时的价格计价。逾期交付标的物的，遇价格上涨时，按照原价格执行；价格下降时，按照新价格执行。逾期提取标的物或者逾期付款的，遇价格上涨时，按照新价格执行；价格下降时，按照原价格执行。

第六十四条 【由债务人向第三人履行债务的违约责任】当事人约定由债务人向第三人履行债务的，债务人未向第三人履行债务或者履行债务不符合约定，应当向债权人承担违约责任。

第六十五条 【由第三人向债权人履行债务的违约责任】当事人约定由第三人向债权人履行债务的，第三人不履行债务或者履行债务不符合约定，债务人应当向债权人承担违约责任。

第六十六条【同时履行抗辩权】当事人互负债务，没有先后履行顺序的，应当同时履行。一方在对方履行之前有权拒绝其履行要求。一方在对方履行债务不符合约定时，有权拒绝其相应的履行要求。

第六十七条 【先履行抗辩权】当事人互负债务，有先后履行顺序，先履行一方未履行的，后履行一方有权拒绝其履行要求。先履行一方履行债务不符合约定的，后履行一方有权拒绝其相应的履行要求。

第六十八条 【不安抗辩权】应当先履行债务的当事人，有确切证据证明对方有下列情形之一的，可以中止履行：

（一）经营状况严重恶化；

（二）转移财产、抽逃资金，以逃避债务；

（三）丧失商业信誉；

（四）有丧失或者可能丧失履行债务能力的其他情形。

当事人没有确切证据中止履行的，应当承担违约责任。

第六十九条 【不安抗辩权的行使】当事人依照本法第六十八条的规定中止履行的，应当及时通知对方。对方提供适当担保时，应当恢复履行。中止履行后，对方在合理期限内未恢复履行能力并且未提供适当担保的，中止履行的一方可以解除合同。

第七十条 【因债权人原因致使履行困难的处理】债权人分立、合并或者变更住所没有通知债务人，致使履行债务发生困难的，债务人可以中止履行或者将标的物提存。

第七十一条 【债务的提前履行】债权人可以拒绝债务人提前履行债务，但提前履行不损害债权人利益的除外。

债务人提前履行债务给债权人增加的费用，由债务人负担。

第七十二条 【债务的部分履行】债权人可以拒绝债务人部分履行债务，但部分履行不损害债权人利益的除外。

债务人部分履行债务给债权人增加的费用，由债务人负担。

第七十三条 【债权人的代位权】因债务人怠于行使其到期债权，对债权人造成损害的，债权人可以向人民法院请求以自己的名义代位行使债务人的债权，但该债权专属于债务人自身的除外。

代位权的行使范围以债权人的债权为限。债权人行使代位权的必要费用，由债务人负担。

第七十四条 【债权人的撤销权】因债务人放弃其到期债权或者无偿转让财产，对债权人造成损害的，债权人可以请求人民法院撤销债务人的行为。债务人以明显不合理的低价转让财产，对债权人造成损害，并且受让人知道该情形的，债权人也可以请求人民法院撤销债务人的行为。

撤销权的行使范围以债权人的债权为限。债权人行使撤销权的必要费用，由债务人负担。

第七十五条 【撤销权的期间】撤销权自债权人知道或者应当知道撤销事由之日起1年内行

使。自债务人的行为发生之日起5年内没有行使撤销权的，该撤销权消灭。

第七十六条 【当事人变化对合同履行的影响】合同生效后，当事人不得因姓名、名称的变更或者法定代表人、负责人、承办人的变动而不履行合同义务。

第五章 合同的变更和转让

第七十七条 【合同变更的条件】当事人协商一致，可以变更合同。

法律、行政法规规定变更合同应当办理批准、登记等手续的，依照其规定。

第七十八条 【合同变更内容不明的处理】当事人对合同变更的内容约定不明确的，推定为未变更。

第七十九条 【债权让与】债权人可以将合同的权利全部或者部分转让给第三人，但有下列情形之一的除外：

（一）根据合同性质不得转让；

（二）按照当事人约定不得转让；

（三）依照法律规定不得转让。

第八十条 【债权让与的通知义务】债权人转让权利的，应当通知债务人。未经通知，该转让对债务人不发生效力。

债权人转让权利的通知不得撤销，但经受让人同意的除外。

第八十一条 【从权利的转移】债权人转让权利的，受让人取得与债权有关的从权利，但该从权利专属于债权人自身的除外。

第八十二条 【债务人的抗辩权】债务人接到债权转让通知后，债务人对让与人的抗辩，可以向受让人主张。

第八十三条 【债权让与中的抵销权】债务人接到债权转让通知时，债务人对让与人享有债权，并且债务人的债权先于转让的债权到期或者同时到期的，债务人可以向受让人主张抵销。

第八十四条 【债务承担】债务人将合同的义务全部或者部分转移给第三人的，应当经债权人同意。

第八十五条 【承担人的抗辩】债务人转移义务的，新债务人可以主张原债务人对债权人的抗辩。

第八十六条 【从债的转移】债务人转移义务的，新债务人应当承担与主债务有关的从债务，但该从债务专属于原债务人自身的除外。

第八十七条 【合同转让形式要件】法律、行政法规规定转让权利或者转移义务应当办理批准、登记等手续的，依照其规定。

第八十八条 【概括转让】当事人一方经对方同意，可以将自己在合同中的权利和义务一并转让给第三人。

第八十九条 【概括转让的效力】权利和义务一并转让的，适用本法第七十九条、第八十一条至第八十三条、第八十五条至第八十七条的规定。

第九十条 【新当事人的概括承受】当事人订立合同后合并的，由合并后的法人或者其他组织行使合同权利，履行合同义务。当事人订立合同后分立的，除债权人和债务人另有约定的以外，由分立的法人或者其他组织对合同的权利和义务享有连带债权，承担连带债务。

第六章 合同的权利义务终止

第九十一条 【合同终止的原因】有下列情形之一的，合同的权利义务终止：

（一）债务已经按照约定履行；

（二）合同解除；

（三）债务相互抵销；

（四）债务人依法将标的物提存；

（五）债权人免除债务；

（六）债权债务同归于一人；

（七）法律规定或者当事人约定终止的其他情形。

第九十二条 【合同终止后的义务】合同的权利义务终止后，当事人应当遵循诚实信用原则，根据交易习惯履行通知、协助、保密等义务。

第九十三条 【合同约定解除】当事人协商一致，可以解除合同。

当事人可以约定一方解除合同的条件。解除合同的条件成就时，解除权人可以解除合同。

第九十四条 【合同的法定解除】有下列情形之一的，当事人可以解除合同：

（一）因不可抗力致使不能实现合同目的；

（二）在履行期限届满之前，当事人一方明

确表示或者以自己的行为表明不履行主要债务；

（三）当事人一方迟延履行主要债务，经催告后在合理期限内仍未履行；

（四）当事人一方迟延履行债务或者有其他违约行为致使不能实现合同目的；

（五）法律规定的其他情形。

第九十五条 【解除权消灭】法律规定或者当事人约定解除权行使期限，期限届满当事人不行使的，该权利消灭。

法律没有规定或者当事人没有约定解除权行使期限，经对方催告后在合理期限内不行使的，该权利消灭。

第九十六条 【解除权的行使】当事人一方依照本法第九十三条第二款、第九十四条的规定主张解除合同的，应当通知对方。合同自通知到达对方时解除。对方有异议的，可以请求人民法院或者仲裁机构确认解除合同的效力。

法律、行政法规规定解除合同应当办理批准、登记等手续的，依照其规定。

第九十七条 【合同解除的法律后果】合同解除后，尚未履行的，终止履行；已经履行的，根据履行情况和合同性质，当事人可以要求恢复原状、采取其他补救措施，并有权要求赔偿损失。

第九十八条 【结算、清理条款效力】合同的权利义务终止，不影响合同中结算和清理条款的效力。

第九十九条 【法定抵销】当事人互负到期债务，该债务的标的物种类、品质相同的，任何一方可以将自己的债务与对方的债务抵销，但依照法律规定或者按照合同性质不得抵销的除外。

当事人主张抵销的，应当通知对方。通知自到达对方时生效。抵销不得附条件或者附期限。

第一百条 【约定抵销】当事人互负债务，标的物种类、品质不相同的，经双方协商一致，也可以抵销。

第一百零一条 【提存的法定情形】有下列情形之一，难以履行债务的，债务人可以将标的物提存：

（一）债权人无正当理由拒绝受领；

（二）债权人下落不明；

（三）债权人死亡未确定继承人或者丧失民事行为能力未确定监护人；

（四）法律规定的其他情形。

标的物不适于提存或者提存费用过高的，债务人依法可以拍卖或者变卖标的物，提存所得的价款。

第一百零二条 【提存后的通知义务】标的物提存后，除债权人下落不明的以外，债务人应当及时通知债权人或者债权人的继承人、监护人。

第一百零三条 【提存的法律后果】标的物提存后，毁损、灭失的风险由债权人承担。提存期间，标的物的孳息归债权人所有。提存费用由债权人负担。

第一百零四条 【提存物的受领】债权人可以随时领取提存物，但债权人对债务人负有到期债务的，在债权人未履行债务或者提供担保之前，提存部门根据债务人的要求应当拒绝其领取提存物。

债权人领取提存物的权利，自提存之日起5年内不行使而消灭，提存物扣除提存费用后归国家所有。

第一百零五条 【债务免除】债权人免除债务人部分或者全部债务的，合同的权利义务部分或者全部终止。

第一百零六条 【混同】债权和债务同归于一人的，合同的权利义务终止，但涉及第三人利益的除外。

第七章 违约责任

第一百零七条 【违约责任】当事人一方不履行合同义务或者履行合同义务不符合约定的，应当承担继续履行、采取补救措施或者赔偿损失等违约责任。

第一百零八条 【预期违约】当事人一方明确表示或者以自己的行为表明不履行合同义务的，对方可以在履行期限届满之前要求其承担违约责任。

第一百零九条 【金钱债务的违约责任】当事人一方未支付价款或者报酬的，对方可以要求其支付价款或者报酬。

第一百一十条 【非金钱债务的违约责任】当事人一方不履行非金钱债务或者履行非金钱债务不符合约定的，对方可以要求履行，但有下列情形之一的除外：

（一）法律上或者事实上不能履行；

（二）债务的标的不适于强制履行或者履行费用过高；

（三）债权人在合理期限内未要求履行。

第一百一十一条 【瑕疵履行】质量不符合约定的，应当按照当事人的约定承担违约责任。对违约责任没有约定或者约定不明确，依照本法第六十一条的规定仍不能确定的，受损害方根据标的的性质以及损失的大小，可以合理选择要求对方承担修理、更换、重作、退货、减少价款或者报酬等违约责任。

第一百一十二条 【履行、补救措施后的损失赔偿】当事人一方不履行合同义务或者履行合同义务不符合约定的，在履行义务或者采取补救措施后，对方还有其他损失的，应当赔偿损失。

第一百一十三条 【损失赔偿额】当事人一方不履行合同义务或者履行合同义务不符合约定，给对方造成损失的，损失赔偿额应当相当于因违约所造成的损失，包括合同履行后可以获得的利益，但不得超过违反合同一方订立合同时预见到或者应当预见到的因违反合同可能造成的损失。

经营者对消费者提供商品或者服务有欺诈行为的，依照《中华人民共和国消费者权益保护法》的规定承担损害赔偿责任。

第一百一十四条 【违约金】当事人可以约定一方违约时应当根据违约情况向对方支付一定数额的违约金，也可以约定因违约产生的损失赔偿额的计算方法。

约定的违约金低于造成的损失的，当事人可以请求人民法院或者仲裁机构予以增加；约定的违约金过分高于造成的损失的，当事人可以请求人民法院或者仲裁机构予以适当减少。

当事人就迟延履行约定违约金的，违约方支付违约金后，还应当履行债务。

第一百一十五条 【定金】当事人可以依照《中华人民共和国担保法》约定一方向对方给付定金作为债权的担保。债务人履行债务后，定金应当抵作价款或者收回。给付定金的一方不履行约定的债务的，无权要求返还定金；收受定金的一方不履行约定的债务的，应当双倍返还定金。

第一百一十六条 【违约金与定金的选择】当事人既约定违约金，又约定定金的，一方违约时，对方可以选择适用违约金或者定金条款。

第一百一十七条 【不可抗力的法律后果】因不可抗力不能履行合同的，根据不可抗力的影响，部分或者全部免除责任，但法律另有规定的除外。当事人迟延履行后发生不可抗力的，不能免除责任。

本法所称不可抗力，是指不能预见、不能避免并不能克服的客观情况。

第一百一十八条 【不可抗力的通知与证明】当事人一方因不可抗力不能履行合同的，应当及时通知对方，以减轻可能给对方造成的损失，并应当在合理期限内提供证明。

第一百一十九条 【减损规则】当事人一方违约后，对方应当采取适当措施防止损失的扩大；没有采取适当措施致使损失扩大的，不得就扩大的损失要求赔偿。

当事人因防止损失扩大而支出的合理费用，由违约方承担。

第一百二十条 【双方违约的责任承担】当事人双方都违反合同的，应当各自承担相应的责任。

第一百二十一条 【第三人原因造成违约的责任承担】当事人一方因第三人的原因造成违约的，应当向对方承担违约责任。当事人一方和第三人之间的纠纷，依照法律规定或者按照约定解决。

第一百二十二条 【违约责任与侵权责任竞合】因当事人一方的违约行为，侵害对方人身、财产权益的，受损害方有权选择依照本法要求其承担违约责任或者依照其他法律要求其承担侵权责任。

第八章 其他规定

第一百二十三条 【其他规定的适用】其他法律对合同另有规定的，依照其规定。

第一百二十四条 【无名合同】本法分则或者其他法律没有明文规定的合同，适用本法总则的规定，并可以参照本法分则或者其他法律最相类似的规定。

第一百二十五条 【合同解释】当事人对合同条款的理解有争议的，应当按照合同所使用的词句、合同的有关条款、合同的目的、交易习惯以及诚实信用原则，确定该条款的真实意思。

合同文本采用两种以上文字订立并约定具有同等效力的，对各文本使用的词句推定具有相同含义。各文本使用的词句不一致的，应当根据合同的目的予以解释。

第一百二十六条　【涉外合同】涉外合同的当事人可以选择处理合同争议所适用的法律，但法律另有规定的除外。涉外合同的当事人没有选择的，适用与合同有最密切联系的国家的法律。

在中华人民共和国境内履行的中外合资经营企业合同、中外合作经营企业合同、中外合作勘探开发自然资源合同，适用中华人民共和国法律。

第一百二十七条　【合同监督】工商行政管理部门和其他有关行政主管部门在各自的职权范围内，依照法律、行政法规的规定，对利用合同危害国家利益、社会公共利益的违法行为，负责监督处理；构成犯罪的，依法追究刑事责任。

第一百二十八条　【解决合同争议的途径】当事人可以通过和解或者调解解决合同争议。

当事人不愿和解、调解或者和解、调解不成的，可以根据仲裁协议向仲裁机构申请仲裁。涉外合同的当事人可以根据仲裁协议向中国仲裁机构或者其他仲裁机构申请仲裁。当事人没有订立仲裁协议或者仲裁协议无效的，可以向人民法院起诉。当事人应当履行发生法律效力的判决、仲裁裁决、调解书；拒不履行的，对方可以请求人民法院执行。

第一百二十九条　【诉讼时效】因国际货物买卖合同和技术进出口合同争议提起诉讼或者申请仲裁的期限为4年，自当事人知道或者应当知道其权利受到侵害之日起计算。因其他合同争议提起诉讼或者申请仲裁的期限，依照有关法律的规定。

3. 中华人民共和国公司法

（1993年12月29日第八届全国人民代表大会常务委员会第五次会议通过　根据1999年12月25日第九届全国人民代表大会常务委员会第十三次会议《关于修改〈中华人民共和国公司法〉的决定》第一次修正　根据2004年8月28日第十届全国人民代表大会常务委员会第十一次会议《关于修改〈中华人民共和国公司法〉的决定》第二次修正　2005年10月27日第十届全国人民代表大会常务委员会第十八次会议修订　根据2013年12月28日全国人民代表大会常务委员会《关于修改〈中华人民共和国海洋环境保护法〉等七部法律的决定》第三次修正）

目　录

第十二章　法律责任

第十三章　附　则

第一章　总　则

第一条　【立法宗旨】为了规范公司的组织和行为，保护公司、股东和债权人的合法权益，维护社会经济秩序，促进社会主义市场经济的发展，制定本法。

第二条　【调整对象】本法所称公司是指依照本法在中国境内设立的有限责任公司和股份有限公司。

第三条　【公司界定及股东责任】公司是企业法人，有独立的法人财产，享有法人财产权。公司以其全部财产对公司的债务承担责任。

有限责任公司的股东以其认缴的出资额为限对公司承担责任；股份有限公司的股东以其认购的股份为限对公司承担责任。

第四条　【股东权利】公司股东依法享有资产收益、参与重大决策和选择管理者等权利。

第五条　【公司义务及权益保护】公司从事经营活动，必须遵守法律、行政法规，遵守社会公德、商业道德，诚实守信，接受政府和社会公众的监督，承担社会责任。

公司的合法权益受法律保护，不受侵犯。

第六条　【公司登记】设立公司，应当依法向公司登记机关申请设立登记。符合本法规定的设立条件的，由公司登记机关分别登记为有限责任公司或者股份有限公司；不符合本法规定的设立条件的，不得登记为有限责任公司或者股份有限公司。

法律、行政法规规定设立公司必须报经批准的，应当在公司登记前依法办理批准手续。

公众可以向公司登记机关申请查询公司登记事项，公司登记机关应当提供查询服务。

第七条　【营业执照】依法设立的公司，由公司登记机关发给公司营业执照。公司营业执照签发日期为公司成立日期。

公司营业执照应当载明公司的名称、住所、注册资本、经营范围、法定代表人姓名等事项。

公司营业执照记载的事项发生变更的，公司应当依法办理变更登记，由公司登记机关换发营业执照。

第八条　【公司名称】依照本法设立的有限责任公司，必须在公司名称中标明有限责任公司或者有限公司字样。

依照本法设立的股份有限公司，必须在公司名称中标明股份有限公司或者股份公司字样。

第九条　【公司形式变更】有限责任公司变更为股份有限公司，应当符合本法规定的股份有限公司的条件。股份有限公司变更为有限责任公司，应当符合本法规定的有限责任公司的条件。

有限责任公司变更为股份有限公司的，或者股份有限公司变更为有限责任公司的，公司变更前的债权、债务由变更后的公司承继。

第十条　【公司住所】公司以其主要办事机构所在地为住所。

第十一条　【公司章程】设立公司必须依法制定公司章程。公司章程对公司、股东、董事、监事、高级管理人员具有约束力。

第十二条　【经营范围】公司的经营范围由公司章程规定，并依法登记。公司可以修改公司章程，改变经营范围，但是应当办理变更登记。

公司的经营范围中属于法律、行政法规规定须经批准的项目，应当依法经过批准。

第十三条　【法定代表人】公司法定代表人依照公司章程的规定，由董事长、执行董事或者经理担任，并依法登记。公司法定代表人变更，应当办理变更登记。

第十四条　【分公司与子公司】公司可以设立分公司。设立分公司，应当向公司登记机关申请登记，领取营业执照。分公司不具有法人资格，其民事责任由公司承担。

公司可以设立子公司，子公司具有法人资格，依法独立承担民事责任。

第十五条　【转投资】公司可以向其他企业投资；但是，除法律另有规定外，不得成为对所投资企业的债务承担连带责任的出资人。

第十六条　【公司担保】公司向其他企业投资或者为他人提供担保，依照公司章程的规定，由董事会或者股东会、股东大会决议；公司章程对投资或者担保的总额及单项投资或者担保的数额有限额规定的，不得超过规定的限额。

公司为公司股东或者实际控制人提供担保的，必须经股东会或者股东大会决议。

前款规定的股东或者受前款规定的实际控制人支配的股东，不得参加前款规定事项的表决。该项表决由出席会议的其他股东所持表决权的过半数通过。

第十七条　【职工权益保护与职业教育】公司必须保护职工的合法权益，依法与职工签订劳动合同，参加社会保险，加强劳动保护，实现安全生产。

公司应当采用多种形式，加强公司职工的职业教育和岗位培训，提高职工素质。

第十八条　【工会】公司职工依照《中华人民共和国工会法》组织工会，开展工会活动，维护职工合法权益。公司应当为本公司工会提供必要的活动条件。公司工会代表职工就职工的劳动报酬、工作时间、福利、保险和劳动安全卫生等事项依法与公司签订集体合同。

公司依照宪法和有关法律的规定，通过职工代表大会或者其他形式，实行民主管理。

公司研究决定改制以及经营方面的重大问题、制定重要的规章制度时，应当听取公司工会的意见，并通过职工代表大会或者其他形式听取职工的意见和建议。

第十九条　【党组织】在公司中，根据中国共产党章程的规定，设立中国共产党的组织，开展党的活动。公司应当为党组织的活动提供必要条件。

第二十条　【股东禁止行为】公司股东应当遵守法律、行政法规和公司章程，依法行使股东权利，不得滥用股东权利损害公司或者其他股东的利益；不得滥用公司法人独立地位和股东有限责任损害公司债权人的利益。

公司股东滥用股东权利给公司或者其他股东造成损失的，应当依法承担赔偿责任。

公司股东滥用公司法人独立地位和股东有限责任，逃避债务，严重损害公司债权人利益的，应当对公司债务承担连带责任。

第二十一条　【禁止关联交易】公司的控股股东、实际控制人、董事、监事、高级管理人员不得利用其关联关系损害公司利益。

违反前款规定，给公司造成损失的，应当承担赔偿责任。

第二十二条　【公司决议的无效或被撤销】公司股东会或者股东大会、董事会的决议内容违反法律、行政法规的无效。

股东会或者股东大会、董事会的会议召集程序、表决方式违反法律、行政法规或者公司章程，或者决议内容违反公司章程的，股东可以自决议作出之日起六十日内，请求人民法院撤销。

股东依照前款规定提起诉讼的，人民法院可以应公司的请求，要求股东提供相应担保。

公司根据股东会或者股东大会、董事会决议已办理变更登记的，人民法院宣告该决议无效或者撤销该决议后，公司应当向公司登记机关申请撤销变更登记。

第二章　有限责任公司的设立和组织机构

第一节　设　立

第二十三条　【有限责任公司的设立条件】设立有限责任公司，应当具备下列条件：

（一）股东符合法定人数；

（二）有符合公司章程规定的全体股东认缴的出资额；

（三）股东共同制定公司章程；

（四）有公司名称，建立符合有限责任公司要求的组织机构；

（五）有公司住所。

第二十四条　【股东人数】有限责任公司由五十个以下股东出资设立。

第二十五条　【公司章程内容】有限责任公司章程应当载明下列事项：

（一）公司名称和住所；

（二）公司经营范围；

（三）公司注册资本；

（四）股东的姓名或者名称；

（五）股东的出资方式、出资额和出资时间；

（六）公司的机构及其产生办法、职权、议事规则；

（七）公司法定代表人；

（八）股东会会议认为需要规定的其他事项。

股东应当在公司章程上签名、盖章。

第二十六条　【注册资本】有限责任公司的注册资本为在公司登记机关登记的全体股东认缴的出资额。

法律、行政法规以及国务院决定对有限责任公司注册资本实缴、注册资本最低限额另有规定的，从其规定。

第二十七条 【出资方式】股东可以用货币出资，也可以用实物、知识产权、土地使用权等可以用货币估价并可以依法转让的非货币财产作价出资；但是，法律、行政法规规定不得作为出资的财产除外。

对作为出资的非货币财产应当评估作价，核实财产，不得高估或者低估作价。法律、行政法规对评估作价有规定的，从其规定。

第二十八条 【出资义务】股东应当按期足额缴纳公司章程中规定的各自所认缴的出资额。股东以货币出资的，应当将货币出资足额存入有限责任公司在银行开设的账户；以非货币财产出资的，应当依法办理其财产权的转移手续。

股东不按照前款规定缴纳出资的，除应当向公司足额缴纳外，还应当向已按期足额缴纳出资的股东承担违约责任。

第二十九条【设立登记】 股东认足公司章程规定的出资后，由全体股东指定的代表或者共同委托的代理人向公司登记机关报送公司登记申请书、公司章程等文件，申请设立登记。

第三十条 【出资不足的补充】有限责任公司成立后，发现作为设立公司出资的非货币财产的实际价额显著低于公司章程所定价额的，应当由交付该出资的股东补足其差额；公司设立时的其他股东承担连带责任。

第三十一条 【出资证明书】有限责任公司成立后，应当向股东签发出资证明书。

出资证明书应当载明下列事项：

（一）公司名称；

（二）公司成立日期；

（三）公司注册资本；

（四）股东的姓名或者名称、缴纳的出资额和出资日期；

（五）出资证明书的编号和核发日期。

出资证明书由公司盖章。

第三十二条 【股东名册】有限责任公司应当置备股东名册，记载下列事项：

（一）股东的姓名或者名称及住所；

（二）股东的出资额；

（三）出资证明书编号。

记载于股东名册的股东，可以依股东名册主张行使股东权利。

公司应当将股东的姓名或者名称向公司登记机关登记；登记事项发生变更的，应当办理变更登记。未经登记或者变更登记的，不得对抗第三人。

第三十三条 【股东查阅、复制权】股东有权查阅、复制公司章程、股东会会议记录、董事会会议决议、监事会会议决议和财务会计报告。

股东可以要求查阅公司会计账簿。股东要求查阅公司会计账簿的，应当向公司提出书面请求，说明目的。公司有合理根据认为股东查阅会计账簿有不正当目的，可能损害公司合法利益的，可以拒绝提供查阅，并应当自股东提出书面请求之日起十五日内书面答复股东并说明理由。公司拒绝提供查阅的，股东可以请求人民法院要求公司提供查阅。

第三十四条 【分红权与优先认购权】股东按照实缴的出资比例分取红利；公司新增资本时，股东有权优先按照实缴的出资比例认缴出资。但是，全体股东约定不按照出资比例分取红利或者不按照出资比例优先认缴出资的除外。

第三十五条 【不得抽逃出资】公司成立后，股东不得抽逃出资。

第二节 组织机构

第三十六条 【股东会的组成及地位】有限责任公司股东会由全体股东组成。股东会是公司的权力机构，依照本法行使职权。

第三十七条 【股东会职权】股东会行使下列职权：

（一）决定公司的经营方针和投资计划；

（二）选举和更换非由职工代表担任的董事、监事，决定有关董事、监事的报酬事项；

（三）审议批准董事会的报告；

（四）审议批准监事会或者监事的报告；

（五）审议批准公司的年度财务预算方案、决算方案；

（六）审议批准公司的利润分配方案和弥补亏损方案；

（七）对公司增加或者减少注册资本作出决议；

（八）对发行公司债券作出决议；

（九）对公司合并、分立、解散、清算或者变更公司形式作出决议；

（十）修改公司章程；

（十一）公司章程规定的其他职权。

对前款所列事项股东以书面形式一致表示同意的，可以不召开股东会会议，直接作出决定，并由全体股东在决定文件上签名、盖章。

第三十八条　【首次股东会会议】首次股东会会议由出资最多的股东召集和主持，依照本法规定行使职权。

第三十九条　【定期会议和临时会议】股东会会议分为定期会议和临时会议。

定期会议应当依照公司章程的规定按时召开。代表十分之一以上表决权的股东，三分之一以上的董事，监事会或者不设监事会的公司的监事提议召开临时会议的，应当召开临时会议。

第四十条　【股东会会议的召集与主持】有限责任公司设立董事会的，股东会会议由董事会召集，董事长主持；董事长不能履行职务或者不履行职务的，由副董事长主持；副董事长不能履行职务或者不履行职务的，由半数以上董事共同推举一名董事主持。

有限责任公司不设董事会的，股东会会议由执行董事召集和主持。

董事会或者执行董事不能履行或者不履行召集股东会会议职责的，由监事会或者不设监事会的公司的监事召集和主持；监事会或者监事不召集和主持的，代表十分之一以上表决权的股东可以自行召集和主持。

第四十一条　【股东会会议的通知与记录】召开股东会会议，应当于会议召开十五日前通知全体股东；但是，公司章程另有规定或者全体股东另有约定的除外。

股东会应当对所议事项的决定作成会议记录，出席会议的股东应当在会议记录上签名。

第四十二条　【股东的表决权】股东会会议由股东按照出资比例行使表决权；但是，公司章程另有规定的除外。

第四十三条　【股东会的议事方式和表决程序】股东会的议事方式和表决程序，除本法有规定的外，由公司章程规定。

股东会会议作出修改公司章程、增加或者减少注册资本的决议，以及公司合并、分立、解散或者变更公司形式的决议，必须经代表三分之二以上表决权的股东通过。

第四十四条　【董事会的组成】有限责任公司设董事会，其成员为三人至十三人；但是，本法第五十条另有规定的除外。

两个以上的国有企业或者两个以上的其他国有投资主体投资设立的有限责任公司，其董事会成员中应当有公司职工代表；其他有限责任公司董事会成员中可以有公司职工代表。董事会中的职工代表由公司职工通过职工代表大会、职工大会或者其他形式民主选举产生。

董事会设董事长一人，可以设副董事长。董事长、副董事长的产生办法由公司章程规定。

第四十五条　【董事任期】董事任期由公司章程规定，但每届任期不得超过三年。董事任期届满，连选可以连任。

董事任期届满未及时改选，或者董事在任期内辞职导致董事会成员低于法定人数的，在改选出的董事就任前，原董事仍应当依照法律、行政法规和公司章程的规定，履行董事职务。

第四十六条　【董事会职权】董事会对股东会负责，行使下列职权：

（一）召集股东会会议，并向股东会报告工作；

（二）执行股东会的决议；

（三）决定公司的经营计划和投资方案；

（四）制订公司的年度财务预算方案、决算方案；

（五）制订公司的利润分配方案和弥补亏损方案；

（六）制订公司增加或者减少注册资本以及发行公司债券的方案；

（七）制订公司合并、分立、解散或者变更公司形式的方案；

（八）决定公司内部管理机构的设置；

（九）决定聘任或者解聘公司经理及其报酬事项，并根据经理的提名决定聘任或者解聘公司副经理、财务负责人及其报酬事项；

（十）制定公司的基本管理制度；

（十一）公司章程规定的其他职权。

第四十七条　【董事会会议的召集与主持】董事会会议由董事长召集和主持；董事长不能履行职务或者不履行职务的，由副董事长召集和主持;副董事长不能履行职务或者不履行职务的,由半数以上董事共同推举一名董事召集和主持。

第四十八条 【董事会的议事方式和表决程序】董事会的议事方式和表决程序,除本法有规定的外,由公司章程规定。

董事会应当对所议事项的决定作成会议记录,出席会议的董事应当在会议记录上签名。

董事会决议的表决,实行一人一票。

第四十九条 【经理的设立与职权】有限责任公司可以设经理,由董事会决定聘任或者解聘。经理对董事会负责,行使下列职权:

(一)主持公司的生产经营管理工作,组织实施董事会决议;

(二)组织实施公司年度经营计划和投资方案;

(三)拟订公司内部管理机构设置方案;

(四)拟订公司的基本管理制度;

(五)制定公司的具体规章;

(六)提请聘任或者解聘公司副经理、财务负责人;

(七)决定聘任或者解聘除应由董事会决定聘任或者解聘以外的负责管理人员;

(八)董事会授予的其他职权。

公司章程对经理职权另有规定的,从其规定。

经理列席董事会会议。

第五十条 【执行董事】股东人数较少或者规模较小的有限责任公司,可以设一名执行董事,不设董事会。执行董事可以兼任公司经理。

执行董事的职权由公司章程规定。

第五十一条 【监事会的设立与组成】有限责任公司设监事会,其成员不得少于三人。股东人数较少或者规模较小的有限责任公司,可以设一至二名监事,不设监事会。

监事会应当包括股东代表和适当比例的公司职工代表,其中职工代表的比例不得低于三分之一,具体比例由公司章程规定。监事会中的职工代表由公司职工通过职工代表大会、职工大会或者其他形式民主选举产生。

监事会设主席一人,由全体监事过半数选举产生。监事会主席召集和主持监事会会议;监事会主席不能履行职务或者不履行职务的,由半数以上监事共同推举一名监事召集和主持监事会会议。

董事、高级管理人员不得兼任监事。

第五十二条 【监事的任期】监事的任期每届为三年。监事任期届满,连选可以连任。

监事任期届满未及时改选,或者监事在任期内辞职导致监事会成员低于法定人数的,在改选出的监事就任前,原监事仍应当依照法律、行政法规和公司章程的规定,履行监事职务。

第五十三条 【监事会或监事的职权(一)】监事会、不设监事会的公司的监事行使下列职权:

(一)检查公司财务;

(二)对董事、高级管理人员执行公司职务的行为进行监督,对违反法律、行政法规、公司章程或者股东会决议的董事、高级管理人员提出罢免的建议;

(三)当董事、高级管理人员的行为损害公司的利益时,要求董事、高级管理人员予以纠正;

(四)提议召开临时股东会会议,在董事会不履行本法规定的召集和主持股东会会议职责时召集和主持股东会会议;

(五)向股东会会议提出提案;

(六)依照本法第一百五十一条的规定,对董事、高级管理人员提起诉讼;

(七)公司章程规定的其他职权。

第五十四条 【监事会或监事的职权(二)】监事可以列席董事会会议,并对董事会决议事项提出质询或者建议。

监事会、不设监事会的公司的监事发现公司经营情况异常,可以进行调查;必要时,可以聘请会计师事务所等协助其工作,费用由公司承担。

第五十五条 【监事会的会议制度】监事会每年度至少召开一次会议,监事可以提议召开临时监事会会议。

监事会的议事方式和表决程序,除本法有规定的外,由公司章程规定。

监事会决议应当经半数以上监事通过。

监事会应当对所议事项的决定作成会议记录,出席会议的监事应当在会议记录上签名。

第五十六条 【监事履行职责所需费用的承担】监事会、不设监事会的公司的监事行使职权所必需的费用,由公司承担。

第三节 一人有限责任公司的特别规定

第五十七条 【一人公司的概念】一人有限责任公司的设立和组织机构，适用本节规定；本节没有规定的，适用本章第一节、第二节的规定。

本法所称一人有限责任公司，是指只有一个自然人股东或者一个法人股东的有限责任公司。

第五十八条 【一人公司的特殊要求】一个自然人只能投资设立一个一人有限责任公司。该一人有限责任公司不能投资设立新的一人有限责任公司。

第五十九条 【一人公司的登记注意事项】一人有限责任公司应当在公司登记中注明自然人独资或者法人独资，并在公司营业执照中载明。

第六十条 【一人公司的章程】一人有限责任公司章程由股东制定。

第六十一条 【一人公司的股东决议】一人有限责任公司不设股东会。股东作出本法第三十七条第一款所列决定时，应当采用书面形式，并由股东签名后置备于公司。

第六十二条 【一人公司的财会报告】一人有限责任公司应当在每一会计年度终了时编制财务会计报告，并经会计师事务所审计。

第六十三条 【一人公司的债务承担】一人有限责任公司的股东不能证明公司财产独立于股东自己的财产的，应当对公司债务承担连带责任。

第四节 国有独资公司的特别规定

第六十四条 【国有独资公司的概念】国有独资公司的设立和组织机构，适用本节规定；本节没有规定的，适用本章第一节、第二节的规定。

本法所称国有独资公司，是指国家单独出资、由国务院或者地方人民政府授权本级人民政府国有资产监督管理机构履行出资人职责的有限责任公司。

第六十五条 【国有独资公司的章程】国有独资公司章程由国有资产监督管理机构制定，或者由董事会制订报国有资产监督管理机构批准。

第六十六条 【国有独资公司股东权的行使】国有独资公司不设股东会，由国有资产监督管理机构行使股东会职权。国有资产监督管理机构可以授权公司董事会行使股东会的部分职权，决定公司的重大事项，但公司的合并、分立、解散、增加或者减少注册资本和发行公司债券，必须由国有资产监督管理机构决定；其中，重要的国有独资公司合并、分立、解散、申请破产的，应当由国有资产监督管理机构审核后，报本级人民政府批准。

前款所称重要的国有独资公司，按照国务院的规定确定。

第六十七条 【国有独资公司的董事会】国有独资公司设董事会，依照本法第四十六条、第六十六条的规定行使职权。董事每届任期不得超过三年。董事会成员中应当有公司职工代表。

董事会成员由国有资产监督管理机构委派；但是，董事会成员中的职工代表由公司职工代表大会选举产生。

董事会设董事长一人，可以设副董事长。董事长、副董事长由国有资产监督管理机构从董事会成员中指定。

第六十八条 【国有独资公司的经理】国有独资公司设经理，由董事会聘任或者解聘。经理依照本法第四十九条规定行使职权。

经国有资产监督管理机构同意，董事会成员可以兼任经理。

第六十九条 【国有独资公司高层人员的兼职禁止】国有独资公司的董事长、副董事长、董事、高级管理人员，未经国有资产监督管理机构同意，不得在其他有限责任公司、股份有限公司或者其他经济组织兼职。

第七十条 【国有独资公司的监事会】国有独资公司监事会成员不得少于五人，其中职工代表的比例不得低于三分之一，具体比例由公司章程规定。

监事会成员由国有资产监督管理机构委派；但是，监事会成员中的职工代表由公司职工代表大会选举产生。监事会主席由国有资产监督管理机构从监事会成员中指定。

监事会行使本法第五十三条第（一）项至第（三）项规定的职权和国务院规定的其他职权。

第三章 有限责任公司的股权转让

第七十一条 【股权转让】有限责任公司的

股东之间可以相互转让其全部或者部分股权。

股东向股东以外的人转让股权，应当经其他股东过半数同意。股东应就其股权转让事项书面通知其他股东征求同意，其他股东自接到书面通知之日起满三十日未答复的，视为同意转让。其他股东半数以上不同意转让的，不同意的股东应当购买该转让的股权；不购买的，视为同意转让。

经股东同意转让的股权，在同等条件下，其他股东有优先购买权。两个以上股东主张行使优先购买权的，协商确定各自的购买比例；协商不成的，按照转让时各自的出资比例行使优先购买权。

公司章程对股权转让另有规定的，从其规定。

第七十二条 【优先购买权】人民法院依照法律规定的强制执行程序转让股东的股权时，应当通知公司及全体股东，其他股东在同等条件下有优先购买权。其他股东自人民法院通知之日起满二十日不行使优先购买权的，视为放弃优先购买权。

第七十三条 【股权转让的变更记载】依照本法第七十一条、第七十二条转让股权后，公司应当注销原股东的出资证明书，向新股东签发出资证明书，并相应修改公司章程和股东名册中有关股东及其出资额的记载。对公司章程的该项修改不需再由股东会表决。

第七十四条 【异议股东股权收购请求权】有下列情形之一的，对股东会该项决议投反对票的股东可以请求公司按照合理的价格收购其股权：

（一）公司连续五年不向股东分配利润，而公司该五年连续盈利，并且符合本法规定的分配利润条件的；

（二）公司合并、分立、转让主要财产的；

（三）公司章程规定的营业期限届满或者章程规定的其他解散事由出现，股东会会议通过决议修改章程使公司存续的。

自股东会会议决议通过之日起六十日内，股东与公司不能达成股权收购协议的，股东可以自股东会会议决议通过之日起九十日内向人民法院提起诉讼。

第七十五条 【股东资格的继承】自然人股东死亡后，其合法继承人可以继承股东资格；但是，公司章程另有规定的除外。

第四章 股份有限公司的设立和组织机构

第一节 设 立

第七十六条 【股份有限公司的设立条件】设立股份有限公司，应当具备下列条件：

（一）发起人符合法定人数；

（二）有符合公司章程规定的全体发起人认购的股本总额或者募集的实收股本总额；

（三）股份发行、筹办事项符合法律规定；

（四）发起人制订公司章程，采用募集方式设立的经创立大会通过；

（五）有公司名称，建立符合股份有限公司要求的组织机构；

（六）有公司住所。

第七十七条 【设立方式】股份有限公司的设立，可以采取发起设立或者募集设立的方式。

发起设立，是指由发起人认购公司应发行的全部股份而设立公司。

募集设立，是指由发起人认购公司应发行股份的一部分，其余股份向社会公开募集或者向特定对象募集而设立公司。

第七十八条 【发起人的限制】设立股份有限公司，应当有二人以上二百人以下为发起人，其中须有半数以上的发起人在中国境内有住所。

第七十九条 【发起人的义务】股份有限公司发起人承担公司筹办事务。

发起人应当签订发起人协议，明确各自在公司设立过程中的权利和义务。

第八十条 【注册资本】股份有限公司采取发起设立方式设立的，注册资本为在公司登记机关登记的全体发起人认购的股本总额。在发起人认购的股份缴足前，不得向他人募集股份。

股份有限公司采取募集方式设立的，注册资本为在公司登记机关登记的实收股本总额。

法律、行政法规以及国务院决定对股份有限公司注册资本实缴、注册资本最低限额另有规定的，从其规定。

第八十一条 【公司章程】股份有限公司章

程应当载明下列事项：

（一）公司名称和住所；

（二）公司经营范围；

（三）公司设立方式；

（四）公司股份总数、每股金额和注册资本；

（五）发起人的姓名或者名称、认购的股份数、出资方式和出资时间；

（六）董事会的组成、职权和议事规则；

（七）公司法定代表人；

（八）监事会的组成、职权和议事规则；

（九）公司利润分配办法；

（十）公司的解散事由与清算办法；

（十一）公司的通知和公告办法；

（十二）股东大会会议认为需要规定的其他事项。

第八十二条　【出资方式】发起人的出资方式，适用本法第二十七条的规定。

第八十三条　【发起设立的程序】以发起设立方式设立股份有限公司的，发起人应当书面认足公司章程规定其认购的股份，并按照公司章程规定缴纳出资。以非货币财产出资的，应当依法办理其财产权的转移手续。

发起人不依照前款规定缴纳出资的，应当按照发起人协议承担违约责任。

发起人认足公司章程规定的出资后，应当选举董事会和监事会，由董事会向公司登记机关报送公司章程以及法律、行政法规规定的其他文件，申请设立登记。

第八十四条　【募集设立的发起人认购股份】以募集设立方式设立股份有限公司的，发起人认购的股份不得少于公司股份总数的百分之三十五；但是，法律、行政法规另有规定的，从其规定。

第八十五条　【募集股份的公告和认股书】发起人向社会公开募集股份，必须公告招股说明书，并制作认股书。认股书应当载明本法第八十六条所列事项，由认股人填写认购股数、金额、住所，并签名、盖章。认股人按照所认购股数缴纳股款。

第八十六条　【招股说明书】招股说明书应当附有发起人制订的公司章程，并载明下列事项：

（一）发起人认购的股份数；

（二）每股的票面金额和发行价格；

（三）无记名股票的发行总数；

（四）募集资金的用途；

（五）认股人的权利、义务；

（六）本次募股的起止期限及逾期未募足时认股人可以撤回所认股份的说明。

第八十七条　【股票承销】发起人向社会公开募集股份，应当由依法设立的证券公司承销，签订承销协议。

第八十八条　【代收股款】发起人向社会公开募集股份，应当同银行签订代收股款协议。

代收股款的银行应当按照协议代收和保存股款，向缴纳股款的认股人出具收款单据，并负有向有关部门出具收款证明的义务。

第八十九条　【验资及创立大会的召开】发行股份的股款缴足后，必须经依法设立的验资机构验资并出具证明。发起人应当自股款缴足之日起三十日内主持召开公司创立大会。创立大会由发起人、认股人组成。

发行的股份超过招股说明书规定的截止期限尚未募足的，或者发行股份的股款缴足后，发起人在三十日内未召开创立大会的，认股人可以按照所缴股款并加算银行同期存款利息，要求发起人返还。

第九十条　【创立大会的职权】发起人应当在创立大会召开十五日前将会议日期通知各认股人或者予以公告。创立大会应有代表股份总数过半数的发起人、认股人出席，方可举行。

创立大会行使下列职权：

（一）审议发起人关于公司筹办情况的报告；

（二）通过公司章程；

（三）选举董事会成员；

（四）选举监事会成员；

（五）对公司的设立费用进行审核；

（六）对发起人用于抵作股款的财产的作价进行审核；

（七）发生不可抗力或者经营条件发生重大变化直接影响公司设立的，可以作出不设立公司的决议。

创立大会对前款所列事项作出决议，必须经出席会议的认股人所持表决权过半数通过。

第九十一条　【不得任意抽回股本】发起人、认股人缴纳股款或者交付抵作股款的出资后，除未按期募足股份、发起人未按期召开创立大会或者创立大会决议不设立公司的情形外，不得抽回其股本。

第九十二条 【申请设立登记】董事会应于创立大会结束后三十日内，向公司登记机关报送下列文件，申请设立登记：

（一）公司登记申请书；

（二）创立大会的会议记录；

（三）公司章程；

（四）验资证明；

（五）法定代表人、董事、监事的任职文件及其身份证明；

（六）发起人的法人资格证明或者自然人身份证明；

（七）公司住所证明。

以募集方式设立股份有限公司公开发行股票的，还应当向公司登记机关报送国务院证券监督管理机构的核准文件。

第九十三条 【出资不足的补充】股份有限公司成立后，发起人未按照公司章程的规定缴足出资的，应当补缴；其他发起人承担连带责任。

股份有限公司成立后，发现作为设立公司出资的非货币财产的实际价额显著低于公司章程所定价额的，应当由交付该出资的发起人补足其差额；其他发起人承担连带责任。

第九十四条 【发起人的责任】股份有限公司的发起人应当承担下列责任：

（一）公司不能成立时，对设立行为所产生的债务和费用负连带责任；

（二）公司不能成立时，对认股人已缴纳的股款，负返还股款并加算银行同期存款利息的连带责任；

（三）在公司设立过程中，由于发起人的过失致使公司利益受到损害的，应当对公司承担赔偿责任。

第九十五条 【公司性质的变更】有限责任公司变更为股份有限公司时，折合的实收股本总额不得高于公司净资产额。有限责任公司变更为股份有限公司，为增加资本公开发行股份时，应当依法办理。

第九十六条 【重要资料的置备】股份有限公司应当将公司章程、股东名册、公司债券存根、股东大会会议记录、董事会会议记录、监事会会议记录、财务会计报告置备于本公司。

第九十七条 【股东的查阅、建议和质询权】股东有权查阅公司章程、股东名册、公司债券存根、股东大会会议记录、董事会会议决议、监事会会议决议、财务会计报告，对公司的经营提出建议或者质询。

第二节　股东大会

第九十八条 【股东大会的组成与地位】股份有限公司股东大会由全体股东组成。股东大会是公司的权力机构，依照本法行使职权。

第九十九条 【股东会的职权】本法第三十七条第一款关于有限责任公司股东会职权的规定，适用于股份有限公司股东大会。

第一百条 【年会和临时会】股东大会应当每年召开一次年会。有下列情形之一的，应当在两个月内召开临时股东大会：

（一）董事人数不足本法规定人数或者公司章程所定人数的三分之二时；

（二）公司未弥补的亏损达实收股本总额三分之一时；

（三）单独或者合计持有公司百分之十以上股份的股东请求时；

（四）董事会认为必要时；

（五）监事会提议召开时；

（六）公司章程规定的其他情形。

第一百零一条 【股东大会会议的召集与主持】股东大会会议由董事会召集，董事长主持；董事长不能履行职务或者不履行职务的，由副董事长主持；副董事长不能履行职务或者不履行职务的，由半数以上董事共同推举一名董事主持。

董事会不能履行或者不履行召集股东大会会议职责的，监事会应当及时召集和主持；监事会不召集和主持的，连续九十日以上单独或者合计持有公司百分之十以上股份的股东可以自行召集和主持。

第一百零二条 【股东大会会议】召开股东大会会议，应当将会议召开的时间、地点和审议的事项于会议召开二十日前通知各股东；临时股东大会应当于会议召开十五日前通知各股东；发行无记名股票的，应当于会议召开三十日前公告会议召开的时间、地点和审议事项。

单独或者合计持有公司百分之三以上股份

的股东，可以在股东大会召开十日前提出临时提案并书面提交董事会；董事会应当在收到提案后二日内通知其他股东，并将该临时提案提交股东大会审议。临时提案的内容应当属于股东大会职权范围，并有明确议题和具体决议事项。

股东大会不得对前两款通知中未列明的事项作出决议。

无记名股票持有人出席股东大会会议的，应当于会议召开五日前至股东大会闭会时将股票交存于公司。

第一百零三条　【股东表决权】股东出席股东大会会议，所持每一股份有一表决权。但是，公司持有的本公司股份没有表决权。

股东大会作出决议，必须经出席会议的股东所持表决权过半数通过。但是，股东大会作出修改公司章程、增加或者减少注册资本的决议，以及公司合并、分立、解散或者变更公司形式的决议，必须经出席会议的股东所持表决权的三分之二以上通过。

第一百零四条　【重要事项的股东大会决议权】本法和公司章程规定公司转让、受让重大资产或者对外提供担保等事项必须经股东大会作出决议的，董事会应当及时召集股东大会会议，由股东大会就上述事项进行表决。

第一百零五条　【董事、监事选举的累积投票制】股东大会选举董事、监事，可以依照公司章程的规定或者股东大会的决议，实行累积投票制。

本法所称累积投票制，是指股东大会选举董事或者监事时，每一股份拥有与应选董事或者监事人数相同的表决权，股东拥有的表决权可以集中使用。

第一百零六条　【出席股东大会的代理】股东可以委托代理人出席股东大会会议，代理人应当向公司提交股东授权委托书，并在授权范围内行使表决权。

第一百零七条　【股东大会会议记录】股东大会应当对所议事项的决定作成会议记录，主持人、出席会议的董事应当在会议记录上签名。会议记录应当与出席股东的签名册及代理出席的委托书一并保存。

第三节　董事会、经理

第一百零八条　【董事会组成、任期及职权】股份有限公司设董事会，其成员为五人至十九人。

董事会成员中可以有公司职工代表。董事会中的职工代表由公司职工通过职工代表大会、职工大会或者其他形式民主选举产生。

本法第四十五条关于有限责任公司董事任期的规定，适用于股份有限公司董事。

本法第四十六条关于有限责任公司董事会职权的规定，适用于股份有限公司董事会。

第一百零九条　【董事长的产生及职权】董事会设董事长一人，可以设副董事长。董事长和副董事长由董事会以全体董事的过半数选举产生。

董事长召集和主持董事会会议，检查董事会决议的实施情况。副董事长协助董事长工作，董事长不能履行职务或者不履行职务的，由副董事长履行职务；副董事长不能履行职务或者不履行职务的，由半数以上董事共同推举一名董事履行职务。

第一百一十条　【董事会会议的召集】董事会每年度至少召开两次会议，每次会议应当于会议召开十日前通知全体董事和监事。

代表十分之一以上表决权的股东、三分之一以上董事或者监事会，可以提议召开董事会临时会议。董事长应当自接到提议后十日内，召集和主持董事会会议。

董事会召开临时会议，可以另定召集董事会的通知方式和通知时限。

第一百一十一条　【董事会会议的议事规则】董事会会议应有过半数的董事出席方可举行。董事会作出决议，必须经全体董事的过半数通过。

董事会决议的表决，实行一人一票。

第一百一十二条　【董事会会议的出席及责任承担】董事会会议，应由董事本人出席；董事因故不能出席，可以书面委托其他董事代为出席，委托书中应载明授权范围。

董事会应当对会议所议事项的决定作成会议记录，出席会议的董事应当在会议记录上签名。

董事应当对董事会的决议承担责任。董事

会的决议违反法律、行政法规或者公司章程、股东大会决议，致使公司遭受严重损失的，参与决议的董事对公司负赔偿责任。但经证明在表决时曾表明异议并记载于会议记录的，该董事可以免除责任。

第一百一十三条 【经理的设立与职权】股份有限公司设经理，由董事会决定聘任或者解聘。

本法第四十九条关于有限责任公司经理职权的规定，适用于股份有限公司经理。

第一百一十四条 【董事兼任经理】公司董事会可以决定由董事会成员兼任经理。

第一百一十五条 【公司向高管人员借款禁止】公司不得直接或者通过子公司向董事、监事、高级管理人员提供借款。

第一百一十六条 【高管人员的报酬披露】公司应当定期向股东披露董事、监事、高级管理人员从公司获得报酬的情况。

第四节 监 事 会

第一百一十七条 【监事会的组成及任期】股份有限公司设监事会，其成员不得少于三人。

监事会应当包括股东代表和适当比例的公司职工代表，其中职工代表的比例不得低于三分之一，具体比例由公司章程规定。监事会中的职工代表由公司职工通过职工代表大会、职工大会或者其他形式民主选举产生。

监事会设主席一人，可以设副主席。监事会主席和副主席由全体监事过半数选举产生。监事会主席召集和主持监事会会议；监事会主席不能履行职务或者不履行职务的，由监事会副主席召集和主持监事会会议；监事会副主席不能履行职务或者不履行职务的，由半数以上监事共同推举一名监事召集和主持监事会会议。

董事、高级管理人员不得兼任监事。

本法第五十二条关于有限责任公司监事任期的规定，适用于股份有限公司监事。

第一百一十八条 【监事会的职权及费用】本法第五十三条、第五十四条关于有限责任公司监事会职权的规定，适用于股份有限公司监事会。

监事会行使职权所必需的费用，由公司承担。

第一百一十九条 【监事会的会议制度】监事会每六个月至少召开一次会议。监事可以提议召开临时监事会会议。

监事会的议事方式和表决程序，除本法有规定的外，由公司章程规定。

监事会决议应当经半数以上监事通过。

监事会应当对所议事项的决定作成会议记录，出席会议的监事应当在会议记录上签名。

第五节 上市公司组织机构的特别规定

第一百二十条 【上市公司的定义】本法所称上市公司，是指其股票在证券交易所上市交易的股份有限公司。

第一百二十一条 【特别事项的通过】上市公司在一年内购买、出售重大资产或者担保金额超过公司资产总额百分之三十的，应当由股东大会作出决议，并经出席会议的股东所持表决权的三分之二以上通过。

第一百二十二条 【独立董事】上市公司设独立董事，具体办法由国务院规定。

第一百二十三条 【董事会秘书】上市公司设董事会秘书，负责公司股东大会和董事会会议的筹备、文件保管以及公司股东资料的管理，办理信息披露事务等事宜。

第一百二十四条 【会议决议的关联关系董事不得表决】上市公司董事与董事会会议决议事项所涉及的企业有关联关系的，不得对该项决议行使表决权，也不得代理其他董事行使表决权。该董事会会议由过半数的无关联关系董事出席即可举行，董事会会议所作决议须经无关联关系董事过半数通过。出席董事会的无关联关系董事人数不足三人的，应将该事项提交上市公司股东大会审议。

第五章 股份有限公司的股份发行和转让

第一节 股 份 发 行

第一百二十五条 【股份及其形式】股份有限公司的资本划分为股份，每一股的金额相等。

公司的股份采取股票的形式。股票是公司签发的证明股东所持股份的凭证。

第一百二十六条 【股份发行的原则】股份的发行，实行公平、公正的原则，同种类的每一股份应当具有同等权利。

同次发行的同种类股票，每股的发行条件和价格应当相同；任何单位或者个人所认购的股份，每股应当支付相同价额。

第一百二十七条 【股票发行价格】股票发行价格可以按票面金额，也可以超过票面金额，但不得低于票面金额。

第一百二十八条 【股票的形式及载明的事项】股票采用纸面形式或者国务院证券监督管理机构规定的其他形式。

股票应当载明下列主要事项：

(一)公司名称；

(二)公司成立日期；

(三)股票种类、票面金额及代表的股份数；

(四)股票的编号。

股票由法定代表人签名，公司盖章。

发起人的股票，应当标明发起人股票字样。

第一百二十九条 【股票的种类】公司发行的股票，可以为记名股票，也可以为无记名股票。

公司向发起人、法人发行的股票，应当为记名股票，并应当记载该发起人、法人的名称或者姓名，不得另立户名或者以代表人姓名记名。

第一百三十条 【股东信息的记载】公司发行记名股票的，应当置备股东名册，记载下列事项：

(一)股东的姓名或者名称及住所；

(二)各股东所持股份数；

(三)各股东所持股票的编号；

(四)各股东取得股份的日期。

发行无记名股票的，公司应当记载其股票数量、编号及发行日期。

第一百三十一条 【其他种类的股份】国务院可以对公司发行本法规定以外的其他种类的股份，另行作出规定。

第一百三十二条 【向股东交付股票】股份有限公司成立后，即向股东正式交付股票。公司成立前不得向股东交付股票。

第一百三十三条 【发行新股的决议】公司发行新股，股东大会应当对下列事项作出决议：

(一)新股种类及数额；

(二)新股发行价格；

(三)新股发行的起止日期；

(四)向原有股东发行新股的种类及数额。

第一百三十四条 【发行新股的程序】公司经国务院证券监督管理机构核准公开发行新股时，必须公告新股招股说明书和财务会计报告，并制作认股书。

本法第八十七条、第八十八条的规定适用于公司公开发行新股。

第一百三十五条 【发行新股的作价方案】公司发行新股，可以根据公司经营情况和财务状况，确定其作价方案。

第一百三十六条 【发行新股的变更登记】公司发行新股募足股款后，必须向公司登记机关办理变更登记，并公告。

第二节 股份转让

第一百三十七条 【股份转让】股东持有的股份可以依法转让。

第一百三十八条 【股份转让的场所】股东转让其股份，应当在依法设立的证券交易场所进行或者按照国务院规定的其他方式进行。

第一百三十九条 【记名股票的转让】记名股票，由股东以背书方式或者法律、行政法规规定的其他方式转让；转让后由公司将受让人的姓名或者名称及住所记载于股东名册。

股东大会召开前二十日内或者公司决定分配股利的基准日前五日内，不得进行前款规定的股东名册的变更登记。但是，法律对上市公司股东名册变更登记另有规定的，从其规定。

第一百四十条 【无记名股票的转让】无记名股票的转让，由股东将该股票交付给受让人后即发生转让的效力。

第一百四十一条 【特定持有人的股份转让】发起人持有的本公司股份，自公司成立之日起一年内不得转让。公司公开发行股份前已发行的股份，自公司股票在证券交易所上市交易之日起一年内不得转让。

公司董事、监事、高级管理人员应当向公司申报所持有的本公司的股份及其变动情况，在任职期间每年转让的股份不得超过其所持有本公司股份总数的百分之二十五；所持本公司股份自公司股票上市交易之日起一年内不得转让。上述人员离职后半年内，不得转让其所持有的本公司股份。公司章程可以对公司董事、监事、高级管理人员转让其所持有的本公司股份作出其他限制性规定。

第一百四十二条 【本公司股份的收购及质押】公司不得收购本公司股份。但是，有下列情形之一的除外：

（一）减少公司注册资本；

（二）与持有本公司股份的其他公司合并；

（三）将股份奖励给本公司职工；

（四）股东因对股东大会作出的公司合并、分立决议持异议，要求公司收购其股份的。

公司因前款第（一）项至第（三）项的原因收购本公司股份的，应当经股东大会决议。公司依照前款规定收购本公司股份后，属于第（一）项情形的，应当自收购之日起十日内注销；属于第（二）项、第（四）项情形的，应当在六个月内转让或者注销。

公司依照第一款第（三）项规定收购的本公司股份，不得超过本公司已发行股份总额的百分之五；用于收购的资金应当从公司的税后利润中支出；所收购的股份应当在一年内转让给职工。

公司不得接受本公司的股票作为质押权的标的。

第一百四十三条 【记名股票丢失的救济】记名股票被盗、遗失或者灭失，股东可以依照《中华人民共和国民事诉讼法》规定的公示催告程序，请求人民法院宣告该股票失效。人民法院宣告该股票失效后，股东可以向公司申请补发股票。

第一百四十四条 【上市公司的股票交易】上市公司的股票，依照有关法律、行政法规及证券交易所交易规则上市交易。

第一百四十五条 【上市公司的信息公开】上市公司必须依照法律、行政法规的规定，公开其财务状况、经营情况及重大诉讼，在每会计年度内半年公布一次财务会计报告。

第六章 公司董事、监事、高级管理人员的资格和义务

第一百四十六条 【高管人员的资格禁止】有下列情形之一的，不得担任公司的董事、监事、高级管理人员：

（一）无民事行为能力或者限制民事行为能力；

（二）因贪污、贿赂、侵占财产、挪用财产或者破坏社会主义市场经济秩序，被判处刑罚，执行期满未逾五年，或者因犯罪被剥夺政治权利，执行期满未逾五年；

（三）担任破产清算的公司、企业的董事或者厂长、经理，对该公司、企业的破产负有个人责任的，自该公司、企业破产清算完结之日起未逾三年；

（四）担任因违法被吊销营业执照、责令关闭的公司、企业的法定代表人，并负有个人责任的，自该公司、企业被吊销营业执照之日起未逾三年；

（五）个人所负数额较大的债务到期未清偿。

公司违反前款规定选举、委派董事、监事或者聘任高级管理人员的，该选举、委派或者聘任无效。

董事、监事、高级管理人员在任职期间出现本条第一款所列情形的，公司应当解除其职务。

第一百四十七条 【董事、监事、高管人员的义务和禁止行为】董事、监事、高级管理人员应当遵守法律、行政法规和公司章程，对公司负有忠实义务和勤勉义务。

董事、监事、高级管理人员不得利用职权收受贿赂或者其他非法收入，不得侵占公司的财产。

第一百四十八条 【董事、高管人员的禁止行为】董事、高级管理人员不得有下列行为：

（一）挪用公司资金；

（二）将公司资金以其个人名义或者以其他个人名义开立账户存储；

（三）违反公司章程的规定，未经股东会、股东大会或者董事会同意，将公司资金借贷给他人或者以公司财产为他人提供担保；

（四）违反公司章程的规定或者未经股东会、股东大会同意，与本公司订立合同或者进行交易；

（五）未经股东会或者股东大会同意，利用职务便利为自己或者他人谋取属于公司的商业机会，自营或者为他人经营与所任职公司同类的业务；

（六）接受他人与公司交易的佣金归为己有；

（七）擅自披露公司秘密；

（八）违反对公司忠实义务的其他行为。

董事、高级管理人员违反前款规定所得的收入应当归公司所有。

第一百四十九条 【董事、监事、高管人员的损害赔偿责任】董事、监事、高级管理人员执行公司职务时违反法律、行政法规或者公司章程的规定，给公司造成损失的，应当承担赔偿责任。

第一百五十条 【董事、监事、高管人员对股东会、监事会的义务】股东会或者股东大会要求董事、监事、高级管理人员列席会议的，董事、监事、高级管理人员应当列席并接受股东的质询。

董事、高级管理人员应当如实向监事会或者不设监事会的有限责任公司的监事提供有关情况和资料，不得妨碍监事会或者监事行使职权。

第一百五十一条 【公司权益受损的股东救济】董事、高级管理人员有本法第一百四十九条规定的情形的，有限责任公司的股东、股份有限公司连续一百八十日以上单独或者合计持有公司百分之一以上股份的股东，可以书面请求监事会或者不设监事会的有限责任公司的监事向人民法院提起诉讼；监事有本法第一百四十九条规定的情形的，前述股东可以书面请求董事会或者不设董事会的有限责任公司的执行董事向人民法院提起诉讼。

监事会、不设监事会的有限责任公司的监事，或者董事会、执行董事收到前款规定的股东书面请求后拒绝提起诉讼，或者自收到请求之日起三十日内未提起诉讼，或者情况紧急、不立即提起诉讼将会使公司利益受到难以弥补的损害的，前款规定的股东有权为了公司的利益以自己的名义直接向人民法院提起诉讼。

他人侵犯公司合法权益，给公司造成损失的，本条第一款规定的股东可以依照前两款的规定向人民法院提起诉讼。

第一百五十二条 【股东权益受损的诉讼】董事、高级管理人员违反法律、行政法规或者公司章程的规定，损害股东利益的，股东可以向人民法院提起诉讼。

第七章 公司债券

第一百五十三条 【公司债券的概念和发行条件】本法所称公司债券，是指公司依照法定程序发行、约定在一定期限还本付息的有价证券。

公司发行公司债券应当符合《中华人民共和国证券法》规定的发行条件。

第一百五十四条 【公司债券募集办法】发行公司债券的申请经国务院授权的部门核准后，应当公告公司债券募集办法。

公司债券募集办法中应当载明下列主要事项：

（一）公司名称；

（二）债券募集资金的用途；

（三）债券总额和债券的票面金额；

（四）债券利率的确定方式；

（五）还本付息的期限和方式；

（六）债券担保情况；

（七）债券的发行价格、发行的起止日期；

（八）公司净资产额；

（九）已发行的尚未到期的公司债券总额；

（十）公司债券的承销机构。

第一百五十五条 【公司债券票面的记载事项】公司以实物券方式发行公司债券的，必须在债券上载明公司名称、债券票面金额、利率、偿还期限等事项，并由法定代表人签名，公司盖章。

第一百五十六条 【公司债券的分类】公司债券，可以为记名债券，也可以为无记名债券。

第一百五十七条 【公司债券存根簿】公司发行公司债券应当置备公司债券存根簿。

发行记名公司债券的，应当在公司债券存根簿上载明下列事项：

（一）债券持有人的姓名或者名称及住所；

（二）债券持有人取得债券的日期及债券的编号；

（三）债券总额，债券的票面金额、利率、还本付息的期限和方式；

（四）债券的发行日期。

发行无记名公司债券的，应当在公司债券存根簿上载明债券总额、利率、偿还期限和方式、发行日期及债券的编号。

第一百五十八条 【记名公司债券的登记结算】记名公司债券的登记结算机构应当建立债券登记、存管、付息、兑付等相关制度。

第一百五十九条 【公司债券转让】公司债券可以转让，转让价格由转让人与受让人约定。

公司债券在证券交易所上市交易的，按照证券交易所的交易规则转让。

第一百六十条 【公司债券的转让方式】记名公司债券，由债券持有人以背书方式或者法律、行政法规规定的其他方式转让；转让后由公司将受让人的姓名或者名称及住所记载于公司债券存根簿。

无记名公司债券的转让，由债券持有人将该债券交付给受让人后即发生转让的效力。

第一百六十一条 【可转换公司债券的发行】上市公司经股东大会决议可以发行可转换为股票的公司债券，并在公司债券募集办法中规定具体的转换办法。上市公司发行可转换为股票的公司债券，应当报国务院证券监督管理机构核准。

发行可转换为股票的公司债券，应当在债券上标明可转换公司债券字样，并在公司债券存根簿上载明可转换公司债券的数额。

第一百六十二条 【可转换公司债券的转换】发行可转换为股票的公司债券的，公司应当按照其转换办法向债券持有人换发股票，但债券持有人对转换股票或者不转换股票有选择权。

第八章 公司财务、会计

第一百六十三条 【公司财务与会计制度】公司应当依照法律、行政法规和国务院财政部门的规定建立本公司的财务、会计制度。

第一百六十四条 【财务会计报告】公司应当在每一会计年度终了时编制财务会计报告，并依法经会计师事务所审计。

财务会计报告应当依照法律、行政法规和国务院财政部门的规定制作。

第一百六十五条 【财务会计报告的公示】有限责任公司应当依照公司章程规定的期限将财务会计报告送交各股东。

股份有限公司的财务会计报告应当在召开股东大会年会的二十日前置备于本公司，供股东查阅；公开发行股票的股份有限公司必须公告其财务会计报告。

第一百六十六条 【法定公积金与任意公积金】公司分配当年税后利润时，应当提取利润的百分之十列入公司法定公积金。公司法定公积金累计额为公司注册资本的百分之五十以上的，可以不再提取。

公司的法定公积金不足以弥补以前年度亏损的，在依照前款规定提取法定公积金之前，应当先用当年利润弥补亏损。

公司从税后利润中提取法定公积金后，经股东会或者股东大会决议，还可以从税后利润中提取任意公积金。

公司弥补亏损和提取公积金后所余税后利润，有限责任公司依照本法第三十四条的规定分配；股份有限公司按照股东持有的股份比例分配，但股份有限公司章程规定不按持股比例分配的除外。

股东会、股东大会或者董事会违反前款规定，在公司弥补亏损和提取法定公积金之前向股东分配利润的，股东必须将违反规定分配的利润退还公司。

公司持有的本公司股份不得分配利润。

第一百六十七条 【股份有限公司资本公积金】股份有限公司以超过股票票面金额的发行价格发行股份所得的溢价款以及国务院财政部门规定列入资本公积金的其他收入，应当列为公司资本公积金。

第一百六十八条 【公积金的用途】公司的公积金用于弥补公司的亏损、扩大公司生产经营或者转为增加公司资本。但是，资本公积金不得用于弥补公司的亏损。

法定公积金转为资本时，所留存的该项公积金不得少于转增前公司注册资本的百分之二十五。

第一百六十九条 【聘用、解聘会计师事务所】公司聘用、解聘承办公司审计业务的会计师事务所，依照公司章程的规定，由股东会、股东大会或者董事会决定。

公司股东会、股东大会或者董事会就解聘会计师事务所进行表决时，应当允许会计师事务所陈述意见。

第一百七十条 【真实提供会计资料】公司应当向聘用的会计师事务所提供真实、完整的会计凭证、会计账簿、财务会计报告及其他会计资料，不得拒绝、隐匿、谎报。

第一百七十一条 【会计账簿】公司除法定的会计账簿外，不得另立会计账簿。

对公司资产，不得以任何个人名义开立账户

存储。

第九章 公司合并、分立、增资、减资

第一百七十二条 【公司的合并】公司合并可以采取吸收合并或者新设合并。

一个公司吸收其他公司为吸收合并,被吸收的公司解散。两个以上公司合并设立一个新的公司为新设合并,合并各方解散。

第一百七十三条 【公司合并的程序】公司合并,应当由合并各方签订合并协议,并编制资产负债表及财产清单。公司应当自作出合并决议之日起十日内通知债权人,并于三十日内在报纸上公告。债权人自接到通知书之日起三十日内,未接到通知书的自公告之日起四十五日内,可以要求公司清偿债务或者提供相应的担保。

第一百七十四条 【公司合并债权债务的承继】公司合并时,合并各方的债权、债务,应当由合并后存续的公司或者新设的公司承继。

第一百七十五条 【公司的分立】公司分立,其财产作相应的分割。

公司分立,应当编制资产负债表及财产清单。公司应当自作出分立决议之日起十日内通知债权人,并于三十日内在报纸上公告。

第一百七十六条 【公司分立前的债务承担】公司分立前的债务由分立后的公司承担连带责任。但是,公司在分立前与债权人就债务清偿达成的书面协议另有约定的除外。

第一百七十七条 【公司减资】公司需要减少注册资本时,必须编制资产负债表及财产清单。

公司应当自作出减少注册资本决议之日起十日内通知债权人,并于三十日内在报纸上公告。债权人自接到通知书之日起三十日内,未接到通知书的自公告之日起四十五日内,有权要求公司清偿债务或者提供相应的担保。

第一百七十八条 【公司增资】有限责任公司增加注册资本时,股东认缴新增资本的出资,依照本法设立有限责任公司缴纳出资的有关规定执行。

股份有限公司为增加注册资本发行新股时,股东认购新股,依照本法设立股份有限公司缴纳股款的有关规定执行。

第一百七十九条 【公司变更的登记】公司合并或者分立,登记事项发生变更的,应当依法向公司登记机关办理变更登记;公司解散的,应当依法办理公司注销登记;设立新公司的,应当依法办理公司设立登记。

公司增加或者减少注册资本,应当依法向公司登记机关办理变更登记。

第十章 公司解散和清算

第一百八十条 【公司解散原因】公司因下列原因解散:

(一)公司章程规定的营业期限届满或者公司章程规定的其他解散事由出现;

(二)股东会或者股东大会决议解散;

(三)因公司合并或者分立需要解散;

(四)依法被吊销营业执照、责令关闭或者被撤销;

(五)人民法院依照本法第一百八十二条的规定予以解散。

第一百八十一条 【修改公司章程】公司有本法第一百八十条第(一)项情形的,可以通过修改公司章程而存续。

依照前款规定修改公司章程,有限责任公司须经持有三分之二以上表决权的股东通过,股份有限公司须经出席股东大会会议的股东所持表决权的三分之二以上通过。

第一百八十二条 【司法强制解散公司】公司经营管理发生严重困难,继续存续会使股东利益受到重大损失,通过其他途径不能解决的,持有公司全部股东表决权百分之十以上的股东,可以请求人民法院解散公司。

第一百八十三条 【清算组的成立与组成】公司因本法第一百八十条第(一)项、第(二)项、第(四)项、第(五)项规定而解散的,应当在解散事由出现之日起十五日内成立清算组,开始清算。有限责任公司的清算组由股东组成,股份有限公司的清算组由董事或者股东大会确定的人员组成。逾期不成立清算组进行清算的,债权人可以申请人民法院指定有关人员组成清算组进行清算。人民法院应当受理该申请,并及时组织清算组进行清算。

第一百八十四条 【清算组的职权】清算组

在清算期间行使下列职权：

（一）清理公司财产，分别编制资产负债表和财产清单；

（二）通知、公告债权人；

（三）处理与清算有关的公司未了结的业务；

（四）清缴所欠税款以及清算过程中产生的税款；

（五）清理债权、债务；

（六）处理公司清偿债务后的剩余财产；

（七）代表公司参与民事诉讼活动。

第一百八十五条 【债权人申报债权】清算组应当自成立之日起十日内通知债权人，并于六十日内在报纸上公告。债权人应当自接到通知书之日起三十日内，未接到通知书的自公告之日起四十五日内，向清算组申报其债权。

债权人申报债权，应当说明债权的有关事项，并提供证明材料。清算组应当对债权进行登记。

在申报债权期间，清算组不得对债权人进行清偿。

第一百八十六条 【清算程序】清算组在清理公司财产、编制资产负债表和财产清单后，应当制定清算方案，并报股东会、股东大会或者人民法院确认。

公司财产在分别支付清算费用、职工的工资、社会保险费用和法定补偿金，缴纳所欠税款，清偿公司债务后的剩余财产，有限责任公司按照股东的出资比例分配，股份有限公司按照股东持有的股份比例分配。

清算期间，公司存续，但不得开展与清算无关的经营活动。公司财产在未依照前款规定清偿前，不得分配给股东。

第一百八十七条 【破产申请】清算组在清理公司财产、编制资产负债表和财产清单后，发现公司财产不足清偿债务的，应当依法向人民法院申请宣告破产。

公司经人民法院裁定宣告破产后，清算组应当将清算事务移交给人民法院。

第一百八十八条 【公司注销】公司清算结束后，清算组应当制作清算报告，报股东会、股东大会或者人民法院确认，并报送公司登记机关，申请注销公司登记，公告公司终止。

第一百八十九条 【清算组成员的义务与责任】清算组成员应当忠于职守，依法履行清算义务。

清算组成员不得利用职权收受贿赂或者其他非法收入，不得侵占公司财产。

清算组成员因故意或者重大过失给公司或者债权人造成损失的，应当承担赔偿责任。

第一百九十条 【公司破产】公司被依法宣告破产的，依照有关企业破产的法律实施破产清算。

第十一章 外国公司的分支机构

第一百九十一条 【外国公司的概念】本法所称外国公司是指依照外国法律在中国境外设立的公司。

第一百九十二条 【外国公司分支机构的设立程序】外国公司在中国境内设立分支机构，必须向中国主管机关提出申请，并提交其公司章程、所属国的公司登记证书等有关文件，经批准后，向公司登记机关依法办理登记，领取营业执照。

外国公司分支机构的审批办法由国务院另行规定。

第一百九十三条 【外国公司分支机构的设立条件】外国公司在中国境内设立分支机构，必须在中国境内指定负责该分支机构的代表人或者代理人，并向该分支机构拨付与其所从事的经营活动相适应的资金。

对外国公司分支机构的经营资金需要规定最低限额的，由国务院另行规定。

第一百九十四条 【外国公司分支机构的名称】外国公司的分支机构应当在其名称中标明该外国公司的国籍及责任形式。

外国公司的分支机构应当在本机构中置备该外国公司章程。

第一百九十五条 【外国公司分支机构的法律地位】外国公司在中国境内设立的分支机构不具有中国法人资格。

外国公司对其分支机构在中国境内进行经营活动承担民事责任。

第一百九十六条 【外国公司分支机构的活动原则】经批准设立的外国公司分支机构，在中国境内从事业务活动，必须遵守中国的法律，不得损害中国的社会公共利益，其合法权益受中国法律保护。

第一百九十七条　【外国公司分支机构的撤销与清算】外国公司撤销其在中国境内的分支机构时，必须依法清偿债务，依照本法有关公司清算程序的规定进行清算。未清偿债务之前，不得将其分支机构的财产移至中国境外。

第十二章　法律责任

第一百九十八条　【虚报注册资本的法律责任】违反本法规定，虚报注册资本、提交虚假材料或者采取其他欺诈手段隐瞒重要事实取得公司登记的，由公司登记机关责令改正，对虚报注册资本的公司，处以虚报注册资本金额百分之五以上百分之十五以下的罚款；对提交虚假材料或者采取其他欺诈手段隐瞒重要事实的公司，处以五万元以上五十万元以下的罚款；情节严重的，撤销公司登记或者吊销营业执照。

第一百九十九条　【虚假出资的法律责任】公司的发起人、股东虚假出资，未交付或者未按期交付作为出资的货币或者非货币财产的，由公司登记机关责令改正，处以虚假出资金额百分之五以上百分之十五以下的罚款。

第二百条　【抽逃出资的法律责任】公司的发起人、股东在公司成立后，抽逃其出资的，由公司登记机关责令改正，处以所抽逃出资金额百分之五以上百分之十五以下的罚款。

第二百零一条　【另立会计账簿的法律责任】公司违反本法规定，在法定的会计账簿以外另立会计账簿的，由县级以上人民政府财政部门责令改正，处以五万元以上五十万元以下的罚款。

第二百零二条　【提供虚假财会报告的法律责任】公司在依法向有关主管部门提供的财务会计报告等材料上作虚假记载或者隐瞒重要事实的，由有关主管部门对直接负责的主管人员和其他直接责任人员处以三万元以上三十万元以下的罚款。

第二百零三条　【违法提取法定公积金的法律责任】公司不依照本法规定提取法定公积金的，由县级以上人民政府财政部门责令如数补足应当提取的金额，可以对公司处以二十万元以下的罚款。

第二百零四条　【公司合并、分立、减资、清算中违法行为的法律责任】公司在合并、分立、减少注册资本或者进行清算时，不依照本法规定通知或者公告债权人的，由公司登记机关责令改正，对公司处以一万元以上十万元以下的罚款。

公司在进行清算时，隐匿财产，对资产负债表或者财产清单作虚假记载或者在未清偿债务前分配公司财产的，由公司登记机关责令改正，对公司处以隐匿财产或者未清偿债务前分配公司财产金额百分之五以上百分之十以下的罚款；对直接负责的主管人员和其他直接责任人员处以一万元以上十万元以下的罚款。

第二百零五条　【公司在清算期间违法经营活动的法律责任】公司在清算期间开展与清算无关的经营活动的，由公司登记机关予以警告，没收违法所得。

第二百零六条　【清算组违法活动的法律责任】清算组不依照本法规定向公司登记机关报送清算报告，或者报送清算报告隐瞒重要事实或者有重大遗漏的，由公司登记机关责令改正。

清算组成员利用职权徇私舞弊、谋取非法收入或者侵占公司财产的，由公司登记机关责令退还公司财产，没收违法所得，并可以处以违法所得一倍以上五倍以下的罚款。

第二百零七条　【资产评估、验资或者验证机构违法的法律责任】承担资产评估、验资或者验证的机构提供虚假材料的，由公司登记机关没收违法所得，处以违法所得一倍以上五倍以下的罚款，并可以由有关主管部门依法责令该机构停业、吊销直接责任人员的资格证书，吊销营业执照。

承担资产评估、验资或者验证的机构因过失提供有重大遗漏的报告的，由公司登记机关责令改正，情节较重的，处以所得收入一倍以上五倍以下的罚款，并可以由有关主管部门依法责令该机构停业、吊销直接责任人员的资格证书，吊销营业执照。

承担资产评估、验资或者验证的机构因其出具的评估结果、验资或者验证证明不实，给公司债权人造成损失的，除能够证明自己没有过错的外，在其评估或者证明不实的金额范围内承担赔偿责任。

第二百零八条 【公司登记机关违法的法律责任】公司登记机关对不符合本法规定条件的登记申请予以登记,或者对符合本法规定条件的登记申请不予登记的,对直接负责的主管人员和其他直接责任人员,依法给予行政处分。

第二百零九条 【公司登记机关的上级部门违法的法律责任】公司登记机关的上级部门强令公司登记机关对不符合本法规定条件的登记申请予以登记,或者对符合本法规定条件的登记申请不予登记的,或者对违法登记进行包庇的,对直接负责的主管人员和其他直接责任人员依法给予行政处分。

第二百一十条 【假冒公司名义的法律责任】未依法登记为有限责任公司或者股份有限公司,而冒用有限责任公司或者股份有限公司名义的,或者未依法登记为有限责任公司或者股份有限公司的分公司,而冒用有限责任公司或者股份有限公司的分公司名义的,由公司登记机关责令改正或者予以取缔,可以并处十万元以下的罚款。

第二百一十一条 【逾期开业、停业、不依法办理变更登记的法律责任】公司成立后无正当理由超过六个月未开业的,或者开业后自行停业连续六个月以上的,可以由公司登记机关吊销营业执照。

公司登记事项发生变更时,未依照本法规定办理有关变更登记的,由公司登记机关责令限期登记;逾期不登记的,处以一万元以上十万元以下的罚款。

第二百一十二条 【外国公司擅自设立分支机构的法律责任】外国公司违反本法规定,擅自在中国境内设立分支机构的,由公司登记机关责令改正或者关闭,可以并处五万元以上二十万元以下的罚款。

第二百一十三条 【吊销营业执照】利用公司名义从事危害国家安全、社会公共利益的严重违法行为的,吊销营业执照。

第二百一十四条 【民事赔偿优先】公司违反本法规定,应当承担民事赔偿责任和缴纳罚款、罚金的,其财产不足以支付时,先承担民事赔偿责任。

第二百一十五条 【刑事责任】违反本法规定,构成犯罪的,依法追究刑事责任。

第十三章 附 则

第二百一十六条 【本法相关用语的含义】本法下列用语的含义:

(一)高级管理人员,是指公司的经理、副经理、财务负责人,上市公司董事会秘书和公司章程规定的其他人员。

(二)控股股东,是指其出资额占有限责任公司资本总额百分之五十以上或者其持有的股份占股份有限公司股本总额百分之五十以上的股东;出资额或者持有股份的比例虽然不足百分之五十,但依其出资额或者持有的股份所享有的表决权已足以对股东会、股东大会的决议产生重大影响的股东。

(三)实际控制人,是指虽不是公司的股东,但通过投资关系、协议或者其他安排,能够实际支配公司行为的人。

(四)关联关系,是指公司控股股东、实际控制人、董事、监事、高级管理人员与其直接或者间接控制的企业之间的关系,以及可能导致公司利益转移的其他关系。但是,国家控股的企业之间不仅因为同受国家控股而具有关联关系。

第二百一十七条 【外资公司的法律适用】外商投资的有限责任公司和股份有限公司适用本法;有关外商投资的法律另有规定的,适用其规定。

第二百一十八条 【施行日期】本法自2006年1月1日起施行。

4. 中华人民共和国证券法

（1998年12月29日第九届全国人民代表大会常务委员会第六次会议通过　根据2004年8月28日第十届全国人民代表大会常务委员会第十一次会议《关于修改〈中华人民共和国证券法〉的决定》第一次修正　2005年10月27日第十届全国人民代表大会常务委员会第十八次会议修订　根据2013年6月29日第十二届全国人民代表大会常务委员会第三次会议《关于修改〈中华人民共和国文物保护法〉等十二部法律的决定》第二次修正　根据2014年8月31日第十二届全国人民代表大会常务委员会第十次会议《关于修改〈中华人民共和国保险法〉等五部法律的决定》第三次修正）

目　录

第一章　总　则

第一条　【立法宗旨】为了规范证券发行和交易行为，保护投资者的合法权益，维护社会经济秩序和社会公共利益，促进社会主义市场经济的发展，制定本法。

第二条　【适用范围】在中华人民共和国境内，股票、公司债券和国务院依法认定的其他证券的发行和交易，适用本法；本法未规定的，适用《中华人民共和国公司法》和其他法律、行政法规的规定。

政府债券、证券投资基金份额的上市交易，适用本法；其他法律、行政法规另有规定的，适用其规定。

证券衍生品种发行、交易的管理办法，由国务院依照本法的原则规定。

第三条　【公开、公平、公正原则】证券的发行、交易活动，必须实行公开、公平、公正的原则。

第四条　【平等、自愿、有偿、诚信原则】证券发行、交易活动的当事人具有平等的法律地位，应当遵守自愿、有偿、诚实信用的原则。

第五条　【守法原则】证券的发行、交易活动，必须遵守法律、行政法规；禁止欺诈、内幕交易和操纵证券市场的行为。

第六条　【分业经营、管理原则】证券业和银行业、信托业、保险业实行分业经营、分业管理，证券公司与银行、信托、保险业务机构分别设立。国家另有规定的除外。

第七条　【监管机构】国务院证券监督管理机构依法对全国证券市场实行集中统一监督管理。

国务院证券监督管理机构根据需要可以设立派出机构，按照授权履行监督管理职责。

第八条　【证券业协会】在国家对证券发行、交易活动实行集中统一监督管理的前提下，依法设立证券业协会，实行自律性管理。

第九条　【审计监督】国家审计机关依法对证券交易所、证券公司、证券登记结算机构、证券监督管理机构进行审计监督。

第二章　证券发行

第十条　【公开发行的定义及其核准】公开发行证券，必须符合法律、行政法规规定的条件，并依法报经国务院证券监督管理机构或者国务院授权的部门核准;未经依法核准,任何单位和个人不得公开发行证券。

有下列情形之一的,为公开发行:

(一)向不特定对象发行证券的;

(二)向特定对象发行证券累计超过二百人的;

(三)法律、行政法规规定的其他发行行为。

非公开发行证券,不得采用广告、公开劝诱和变相公开方式。

第十一条 【公开发行保荐人制度】发行人申请公开发行股票、可转换为股票的公司债券,依法采取承销方式的,或者公开发行法律、行政法规规定实行保荐制度的其他证券的,应当聘请具有保荐资格的机构担任保荐人。

保荐人应当遵守业务规则和行业规范,诚实守信,勤勉尽责,对发行人的申请文件和信息披露资料进行审慎核查,督导发行人规范运作。

保荐人的资格及其管理办法由国务院证券监督管理机构规定。

第十二条 【公开发行应报送的文件】设立股份有限公司公开发行股票,应当符合《中华人民共和国公司法》规定的条件和经国务院批准的国务院证券监督管理机构规定的其他条件,向国务院证券监督管理机构报送募股申请和下列文件:

(一)公司章程;

(二)发起人协议;

(三)发起人姓名或者名称,发起人认购的股份数、出资种类及验资证明;

(四)招股说明书;

(五)代收股款银行的名称及地址;

(六)承销机构名称及有关的协议。

依照本法规定聘请保荐人的,还应当报送保荐人出具的发行保荐书。

法律、行政法规规定设立公司必须报经批准的,还应当提交相应的批准文件。

第十三条 【公开发行新股的条件】公司公开发行新股,应当符合下列条件:

(一)具备健全且运行良好的组织机构;

(二)具有持续盈利能力,财务状况良好;

(三)最近三年财务会计文件无虚假记载,无其他重大违法行为;

(四)经国务院批准的国务院证券监督管理机构规定的其他条件。

上市公司非公开发行新股,应当符合经国务院批准的国务院证券监督管理机构规定的条件,并报国务院证券监督管理机构核准。

第十四条 【公开发行新股应报送的文件】公司公开发行新股,应当向国务院证券监督管理机构报送募股申请和下列文件:

(一)公司营业执照;

(二)公司章程;

(三)股东大会决议;

(四)招股说明书;

(五)财务会计报告;

(六)代收股款银行的名称及地址;

(七)承销机构名称及有关的协议。

依照本法规定聘请保荐人的,还应当报送保荐人出具的发行保荐书。

第十五条 【募集资金用途】公司对公开发行股票所募集资金,必须按照招股说明书所列资金用途使用。改变招股说明书所列资金用途,必须经股东大会作出决议。擅自改变用途而未作纠正的,或者未经股东大会认可的,不得公开发行新股。

第十六条 【公开发行债券的条件】公开发行公司债券,应当符合下列条件:

(一)股份有限公司的净资产不低于人民币三千万元,有限责任公司的净资产不低于人民币六千万元;

(二)累计债券余额不超过公司净资产的百分之四十;

(三)最近三年平均可分配利润足以支付公司债券一年的利息;

(四)筹集的资金投向符合国家产业政策;

(五)债券的利率不超过国务院限定的利率水平;

(六)国务院规定的其他条件。

公开发行公司债券筹集的资金,必须用于核准的用途,不得用于弥补亏损和非生产性支出。

上市公司发行可转换为股票的公司债券,除应当符合第一款规定的条件外,还应当符合本法关于公开发行股票的条件,并报国务院证券监督管理机构核准。

第十七条 【公开发行债券应报送的文件】

申请公开发行公司债券,应当向国务院授权的部门或者国务院证券监督管理机构报送下列文件:

(一)公司营业执照;

(二)公司章程;

(三)公司债券募集办法;

(四)资产评估报告和验资报告;

(五)国务院授权的部门或者国务院证券监督管理机构规定的其他文件。

依照本法规定聘请保荐人的,还应当报送保荐人出具的发行保荐书。

第十八条 【再次公开发行债券的限制】有下列情形之一的,不得再次公开发行公司债券:

(一)前一次公开发行的公司债券尚未募足;

(二)对已公开发行的公司债券或者其他债务有违约或者延迟支付本息的事实,仍处于继续状态;

(三)违反本法规定,改变公开发行公司债券所募资金的用途。

第十九条 【文件格式及报送方式】发行人依法申请核准发行证券所报送的申请文件的格式、报送方式,由依法负责核准的机构或者部门规定。

第二十条 【报送文件的要求】发行人向国务院证券监督管理机构或者国务院授权的部门报送的证券发行申请文件,必须真实、准确、完整。

为证券发行出具有关文件的证券服务机构和人员,必须严格履行法定职责,保证其所出具文件的真实性、准确性和完整性。

第二十一条 【披露申请文件】发行人申请首次公开发行股票的,在提交申请文件后,应当按照国务院证券监督管理机构的规定预先披露有关申请文件。

第二十二条 【股票发行审核委员会】国务院证券监督管理机构设发行审核委员会,依法审核股票发行申请。

发行审核委员会由国务院证券监督管理机构的专业人员和所聘请的该机构外的有关专家组成,以投票方式对股票发行申请进行表决,提出审核意见。

发行审核委员会的具体组成办法、组成人员任期、工作程序,由国务院证券监督管理机构规定。

第二十三条 【股票发行的绝对禁止事项】国务院证券监督管理机构依照法定条件负责核准股票发行申请。核准程序应当公开,依法接受监督。

参与审核和核准股票发行申请的人员,不得与发行申请人有利害关系,不得直接或者间接接受发行申请人的馈赠,不得持有所核准的发行申请的股票,不得私下与发行申请人进行接触。

国务院授权的部门对公司债券发行申请的核准,参照前两款的规定执行。

第二十四条 【核准期限】国务院证券监督管理机构或者国务院授权的部门应当自受理证券发行申请文件之日起三个月内,依照法定条件和法定程序作出予以核准或者不予核准的决定,发行人根据要求补充、修改发行申请文件的时间不计算在内;不予核准的,应当说明理由。

第二十五条 【证券发行申请公开】证券发行申请经核准,发行人应当依照法律、行政法规的规定,在证券公开发行前,公告公开发行募集文件,并将该文件置备于指定场所供公众查阅。

发行证券的信息依法公开前,任何知情人不得公开或者泄露该信息。

发行人不得在公告公开发行募集文件前发行证券。

第二十六条 【已核准证券发行决定的撤销】国务院证券监督管理机构或者国务院授权的部门对已作出的核准证券发行的决定,发现不符合法定条件或者法定程序,尚未发行证券的,应当予以撤销,停止发行。已经发行尚未上市的,撤销发行核准决定,发行人应当按照发行价并加算银行同期存款利息返还证券持有人;保荐人应当与发行人承担连带责任,但是能够证明自己没有过错的除外;发行人的控股股东、实际控制人有过错的,应当与发行人承担连带责任。

第二十七条 【投资风险承担】股票依法发行后,发行人经营与收益的变化,由发行人自行负责;由此变化引致的投资风险,由投资者自行负责。

第二十八条 【证券承销】发行人向不特定对象发行的证券,法律、行政法规规定应当由证券公司承销的,发行人应当同证券公司签订承销协议。证券承销业务采取代销或者包销方式。

证券代销是指证券公司代发行人发售证券,

在承销期结束时,将未售出的证券全部退还给发行人的承销方式。

证券包销是指证券公司将发行人的证券按照协议全部购入或者在承销期结束时将售后剩余证券全部自行购入的承销方式。

第二十九条 【自主选择承销公司】公开发行证券的发行人有权依法自主选择承销的证券公司。证券公司不得以不正当竞争手段招揽证券承销业务。

第三十条 【承销协议内容】证券公司承销证券,应当同发行人签订代销或者包销协议,载明下列事项:

(一)当事人的名称、住所及法定代表人姓名;

(二)代销、包销证券的种类、数量、金额及发行价格;

(三)代销、包销的期限及起止日期;

(四)代销、包销的付款方式及日期;

(五)代销、包销的费用和结算办法;

(六)违约责任;

(七)国务院证券监督管理机构规定的其他事项。

第三十一条 【承销公司的核查义务】证券公司承销证券,应当对公开发行募集文件的真实性、准确性、完整性进行核查;发现有虚假记载、误导性陈述或者重大遗漏的,不得进行销售活动;已经销售的,必须立即停止销售活动,并采取纠正措施。

第三十二条 【承销团承销】向不特定对象发行的证券票面总值超过人民币五千万元的,应当由承销团承销。承销团应当由主承销和参与承销的证券公司组成。

第三十三条 【承销期限】证券的代销、包销期限最长不得超过九十日。

证券公司在代销、包销期内,对所代销、包销的证券应当保证先行出售给认购人,证券公司不得为本公司预留所代销的证券和预先购入并留存所包销的证券。

第三十四条 【溢价发行】股票发行采取溢价发行的,其发行价格由发行人与承销的证券公司协商确定。

第三十五条 【发行失败】股票发行采用代销方式,代销期限届满,向投资者出售的股票数量未达到拟公开发行股票数量百分之七十的,为发行失败。发行人应当按照发行价并加算银行同期存款利息返还股票认购人。

第三十六条 【股票发行备案】公开发行股票,代销、包销期限届满,发行人应当在规定的期限内将股票发行情况报国务院证券监督管理机构备案。

第三章 证券交易

第一节 一般规定

第三十七条 【可交易证券的范围】证券交易当事人依法买卖的证券,必须是依法发行并交付的证券。

非依法发行的证券,不得买卖。

第三十八条 【限制性交易的期限】依法发行的股票、公司债券及其他证券,法律对其转让期限有限制性规定的,在限定的期限内不得买卖。

第三十九条 【交易场所】依法公开发行的股票、公司债券及其他证券,应当在依法设立的证券交易所上市交易或者在国务院批准的其他证券交易场所转让。

第四十条 【交易方式】证券在证券交易所上市交易,应当采用公开的集中交易方式或者国务院证券监督管理机构批准的其他方式。

第四十一条 【证券形式】证券交易当事人买卖的证券可以采用纸面形式或者国务院证券监督管理机构规定的其他形式。

第四十二条 【交易方式】证券交易以现货和国务院规定的其他方式进行交易。

第四十三条 【从业人员等持有、买卖、受赠股票的禁止】证券交易所、证券公司和证券登记结算机构的从业人员、证券监督管理机构的工作人员以及法律、行政法规禁止参与股票交易的其他人员,在任期或者法定限期内,不得直接或者以化名、借他人名义持有、买卖股票,也不得收受他人赠送的股票。

任何人在成为前款所列人员时,其原已持有的股票,必须依法转让。

第四十四条 【账户保密】证券交易所、证券公司、证券登记结算机构必须依法为客户开立的账户保密。

第四十五条　【审计人员等买卖股票的限制】为股票发行出具审计报告、资产评估报告或者法律意见书等文件的证券服务机构和人员，在该股票承销期内和期满后六个月内，不得买卖该种股票。

除前款规定外，为上市公司出具审计报告、资产评估报告或者法律意见书等文件的证券服务机构和人员，自接受上市公司委托之日起至上述文件公开后五日内，不得买卖该种股票。

第四十六条　【证券交易收费】证券交易的收费必须合理，并公开收费项目、收费标准和收费办法。

证券交易的收费项目、收费标准和管理办法由国务院有关主管部门统一规定。

第四十七条　【公司归入权】上市公司董事、监事、高级管理人员、持有上市公司股份百分之五以上的股东，将其持有的该公司的股票在买入后六个月内卖出，或者在卖出后六个月内又买入，由此所得收益归该公司所有，公司董事会应当收回其所得收益。但是，证券公司因包销购入售后剩余股票而持有百分之五以上股份的，卖出该股票不受六个月时间限制。

公司董事会不按照前款规定执行的，股东有权要求董事会在三十日内执行。公司董事会未在上述期限内执行的，股东有权为了公司的利益以自己的名义直接向人民法院提起诉讼。

公司董事会不按照第一款的规定执行的，负有责任的董事依法承担连带责任。

第二节　证券上市

第四十八条　【证券上市核准】申请证券上市交易，应当向证券交易所提出申请，由证券交易所依法审核同意，并由双方签订上市协议。

证券交易所根据国务院授权的部门的决定安排政府债券上市交易。

第四十九条　【上市保荐人制度】申请股票、可转换为股票的公司债券或者法律、行政法规规定实行保荐制度的其他证券上市交易，应当聘请具有保荐资格的机构担任保荐人。

本法第十一条第二款、第三款的规定适用于上市保荐人。

第五十条　【股票上市条件】股份有限公司申请股票上市，应当符合下列条件：

（一）股票经国务院证券监督管理机构核准已公开发行；

（二）公司股本总额不少于人民币三千万元；

（三）公开发行的股份达到公司股份总数的百分之二十五以上；公司股本总额超过人民币四亿元的，公开发行股份的比例为百分之十以上；

（四）公司最近三年无重大违法行为，财务会计报告无虚假记载。

证券交易所可以规定高于前款规定的上市条件，并报国务院证券监督管理机构批准。

第五十一条　【国家鼓励符合产业政策的股票上市】国家鼓励符合产业政策并符合上市条件的公司股票上市交易。

第五十二条　【股票上市应报送文件】申请股票上市交易，应当向证券交易所报送下列文件：

（一）上市报告书；

（二）申请股票上市的股东大会决议；

（三）公司章程；

（四）公司营业执照；

（五）依法经会计师事务所审计的公司最近三年的财务会计报告；

（六）法律意见书和上市保荐书；

（七）最近一次的招股说明书；

（八）证券交易所上市规则规定的其他文件。

第五十三条　【公告上市文件】股票上市交易申请经证券交易所审核同意后，签订上市协议的公司应当在规定的期限内公告股票上市的有关文件，并将该文件置备于指定场所供公众查阅。

第五十四条　【应公告的其他事项】签订上市协议的公司除公告前条规定的文件外，还应当公告下列事项：

（一）股票获准在证券交易所交易的日期；

（二）持有公司股份最多的前十名股东的名单和持股数额；

（三）公司的实际控制人；

（四）董事、监事、高级管理人员的姓名及其持有本公司股票和债券的情况。

第五十五条　【暂停上市】上市公司有下列情形之一的，由证券交易所决定暂停其股票上市交易：

(一)公司股本总额、股权分布等发生变化不再具备上市条件;

(二)公司不按照规定公开其财务状况,或者对财务会计报告作虚假记载,可能误导投资者;

(三)公司有重大违法行为;

(四)公司最近三年连续亏损;

(五)证券交易所上市规则规定的其他情形。

第五十六条 【终止上市】上市公司有下列情形之一的,由证券交易所决定终止其股票上市交易:

(一)公司股本总额、股权分布等发生变化不再具备上市条件,在证券交易所规定的期限内仍不能达到上市条件;

(二)公司不按照规定公开其财务状况,或者对财务会计报告作虚假记载,且拒绝纠正;

(三)公司最近三年连续亏损,在其后一个年度内未能恢复盈利;

(四)公司解散或者被宣告破产;

(五)证券交易所上市规则规定的其他情形。

第五十七条 【公司债券上市条件】公司申请公司债券上市交易,应当符合下列条件:

(一)公司债券的期限为一年以上;

(二)公司债券实际发行额不少于人民币五千万元;

(三)公司申请债券上市时仍符合法定的公司债券发行条件。

第五十八条 【公司债券上市应报送文件】申请公司债券上市交易,应当向证券交易所报送下列文件:

(一)上市报告书;

(二)申请公司债券上市的董事会决议;

(三)公司章程;

(四)公司营业执照;

(五)公司债券募集办法;

(六)公司债券的实际发行数额;

(七)证券交易所上市规则规定的其他文件。

申请可转换为股票的公司债券上市交易,还应当报送保荐人出具的上市保荐书。

第五十九条 【公告债券上市文件】公司债券上市交易申请经证券交易所审核同意后,签订上市协议的公司应当在规定的期限内公告公司债券上市文件及有关文件,并将其申请文件置备于指定场所供公众查阅。

第六十条 【暂停上市资格】公司债券上市交易后,公司有下列情形之一的,由证券交易所决定暂停其公司债券上市交易:

(一)公司有重大违法行为;

(二)公司情况发生重大变化不符合公司债券上市条件;

(三)发行公司债券所募集的资金不按照核准的用途使用;

(四)未按照公司债券募集办法履行义务;

(五)公司最近二年连续亏损。

第六十一条 【终止上市资格】公司有前条第(一)项、第(四)项所列情形之一经查实后果严重的,或者有前条第(二)项、第(三)项、第(五)项所列情形之一,在限期内未能消除的,由证券交易所决定终止其公司债券上市交易。

公司解散或者被宣告破产的,由证券交易所终止其公司债券上市交易。

第六十二条 【申请复核】对证券交易所作出的不予上市、暂停上市、终止上市决定不服的,可以向证券交易所设立的复核机构申请复核。

第三节 持续信息公开

第六十三条 【披露信息的要求】发行人、上市公司依法披露的信息,必须真实、准确、完整,不得有虚假记载、误导性陈述或者重大遗漏。

第六十四条 【公开发行公告文件】经国务院证券监督管理机构核准依法公开发行股票,或者经国务院授权的部门核准依法公开发行公司债券,应当公告招股说明书、公司债券募集办法。依法公开发行新股或者公司债券的,还应当公告财务会计报告。

第六十五条 【中期报告】上市公司和公司债券上市交易的公司,应当在每一会计年度的上半年结束之日起二个月内,向国务院证券监督管理机构和证券交易所报送记载以下内容的中期报告,并予公告:

(一)公司财务会计报告和经营情况;

(二)涉及公司的重大诉讼事项;

(三)已发行的股票、公司债券变动情况;

(四)提交股东大会审议的重要事项;

(五)国务院证券监督管理机构规定的其他事项。

第六十六条 【年度报告】上市公司和公司

债券上市交易的公司，应当在每一会计年度结束之日起四个月内，向国务院证券监督管理机构和证券交易所报送记载以下内容的年度报告，并予公告：

（一）公司概况；

（二）公司财务会计报告和经营情况；

（三）董事、监事、高级管理人员简介及其持股情况；

（四）已发行的股票、公司债券情况，包括持有公司股份最多的前十名股东的名单和持股数额；

（五）公司的实际控制人；

（六）国务院证券监督管理机构规定的其他事项。

第六十七条　【重大事件公告】发生可能对上市公司股票交易价格产生较大影响的重大事件，投资者尚未得知时，上市公司应当立即将有关该重大事件的情况向国务院证券监督管理机构和证券交易所报送临时报告，并予公告，说明事件的起因、目前的状态和可能产生的法律后果。

下列情况为前款所称重大事件：

（一）公司的经营方针和经营范围的重大变化；

（二）公司的重大投资行为和重大的购置财产的决定；

（三）公司订立重要合同，可能对公司的资产、负债、权益和经营成果产生重要影响；

（四）公司发生重大债务和未能清偿到期重大债务的违约情况；

（五）公司发生重大亏损或者重大损失；

（六）公司生产经营的外部条件发生的重大变化；

（七）公司的董事、三分之一以上监事或者经理发生变动；

（八）持有公司百分之五以上股份的股东或者实际控制人，其持有股份或者控制公司的情况发生较大变化；

（九）公司减资、合并、分立、解散及申请破产的决定；

（十）涉及公司的重大诉讼，股东大会、董事会决议被依法撤销或者宣告无效；

（十一）公司涉嫌犯罪被司法机关立案调查，公司董事、监事、高级管理人员涉嫌犯罪被司法机关采取强制措施；

（十二）国务院证券监督管理机构规定的其他事项。

第六十八条　【定期报告审核】上市公司董事、高级管理人员应当对公司定期报告签署书面确认意见。

上市公司监事会应当对董事会编制的公司定期报告进行审核并提出书面审核意见。

上市公司董事、监事、高级管理人员应当保证上市公司所披露的信息真实、准确、完整。

第六十九条　【虚假信息的责任】发行人、上市公司公告的招股说明书、公司债券募集办法、财务会计报告、上市报告文件、年度报告、中期报告、临时报告以及其他信息披露资料，有虚假记载、误导性陈述或者重大遗漏，致使投资者在证券交易中遭受损失的，发行人、上市公司应当承担赔偿责任；发行人、上市公司的董事、监事、高级管理人员和其他直接责任人员以及保荐人、承销的证券公司，应当与发行人、上市公司承担连带赔偿责任，但是能够证明自己没有过错的除外；发行人、上市公司的控股股东、实际控制人有过错的，应当与发行人、上市公司承担连带赔偿责任。

第七十条　【信息披露方式】依法必须披露的信息，应当在国务院证券监督管理机构指定的媒体发布，同时将其置备于公司住所、证券交易所，供社会公众查阅。

第七十一条　【对披露信息的监督】国务院证券监督管理机构对上市公司年度报告、中期报告、临时报告以及公告的情况进行监督，对上市公司分派或者配售新股的情况进行监督，对上市公司控股股东和信息披露义务人的行为进行监督。

证券监督管理机构、证券交易所、保荐人、承销的证券公司及有关人员，对公司依照法律、行政法规规定必须作出的公告，在公告前不得泄露其内容。

第七十二条　【暂停或终止上市的公告】证券交易所决定暂停或者终止证券上市交易的，应当及时公告，并报国务院证券监督管理机构备案。

第四节 禁止的交易行为

第七十三条 【内幕交易的禁止】禁止证券交易内幕信息的知情人和非法获取内幕信息的人利用内幕信息从事证券交易活动。

第七十四条 【知情人的范围】证券交易内幕信息的知情人包括：

（一）发行人的董事、监事、高级管理人员；

（二）持有公司百分之五以上股份的股东及其董事、监事、高级管理人员，公司的实际控制人及其董事、监事、高级管理人员；

（三）发行人控股的公司及其董事、监事、高级管理人员；

（四）由于所任公司职务可以获取公司有关内幕信息的人员；

（五）证券监督管理机构工作人员以及由于法定职责对证券的发行、交易进行管理的其他人员；

（六）保荐人、承销的证券公司、证券交易所、证券登记结算机构、证券服务机构的有关人员；

（七）国务院证券监督管理机构规定的其他人。

第七十五条 【内幕信息的范围】证券交易活动中，涉及公司的经营、财务或者对该公司证券的市场价格有重大影响的尚未公开的信息，为内幕信息。

下列信息皆属内幕信息：

（一）本法第六十七条第二款所列重大事件；

（二）公司分配股利或者增资的计划；

（三）公司股权结构的重大变化；

（四）公司债务担保的重大变更；

（五）公司营业用主要资产的抵押、出售或者报废一次超过该资产的百分之三十；

（六）公司的董事、监事、高级管理人员的行为可能依法承担重大损害赔偿责任；

（七）上市公司收购的有关方案；

（八）国务院证券监督管理机构认定的对证券交易价格有显著影响的其他重要信息。

第七十六条 【内幕信息利用的禁止】证券交易内幕信息的知情人和非法获取内幕信息的人，在内幕信息公开前，不得买卖该公司的证券，或者泄露该信息，或者建议他人买卖该证券。

持有或者通过协议、其他安排与他人共同持有公司百分之五以上股份的自然人、法人、其他组织收购上市公司的股份，本法另有规定的，适用其规定。

内幕交易行为给投资者造成损失的，行为人应当依法承担赔偿责任。

第七十七条 【操纵证券交易的禁止】禁止任何人以下列手段操纵证券市场：

（一）单独或者通过合谋，集中资金优势、持股优势或者利用信息优势联合或者连续买卖，操纵证券交易价格或者证券交易量；

（二）与他人串通，以事先约定的时间、价格和方式相互进行证券交易，影响证券交易价格或者证券交易量；

（三）在自己实际控制的账户之间进行证券交易，影响证券交易价格或者证券交易量；

（四）以其他手段操纵证券市场。

操纵证券市场行为给投资者造成损失的，行为人应当依法承担赔偿责任。

第七十八条 【虚假信息的禁止】禁止国家工作人员、传播媒介从业人员和有关人员编造、传播虚假信息，扰乱证券市场。

禁止证券交易所、证券公司、证券登记结算机构、证券服务机构及其从业人员，证券业协会、证券监督管理机构及其工作人员，在证券交易活动中作出虚假陈述或者信息误导。

各种传播媒介传播证券市场信息必须真实、客观，禁止误导。

第七十九条 【欺诈行为的禁止】禁止证券公司及其从业人员从事下列损害客户利益的欺诈行为：

（一）违背客户的委托为其买卖证券；

（二）不在规定时间内向客户提供交易的书面确认文件；

（三）挪用客户所委托买卖的证券或者客户账户上的资金；

（四）未经客户的委托，擅自为客户买卖证券，或者假借客户的名义买卖证券；

（五）为牟取佣金收入，诱使客户进行不必要的证券买卖；

（六）利用传播媒介或者通过其他方式提供、传播虚假或者误导投资者的信息；

（七）其他违背客户真实意思表示，损害客户利益的行为。

欺诈客户行为给客户造成损失的，行为人应当依法承担赔偿责任。

第八十条　【法人证券交易的禁止】禁止法人非法利用他人账户从事证券交易；禁止法人出借自己或者他人的证券账户。

第八十一条　【资金违规入市的禁止】依法拓宽资金入市渠道，禁止资金违规流入股市。

第八十二条　【挪用公款买卖证券的禁止】禁止任何人挪用公款买卖证券。

第八十三条　【国有企业买卖股票的要求】国有企业和国有资产控股的企业买卖上市交易的股票，必须遵守国家有关规定。

第八十四条　【对禁止交易行为的报告义务】证券交易所、证券公司、证券登记结算机构、证券服务机构及其从业人员对证券交易中发现的禁止的交易行为，应当及时向证券监督管理机构报告。

第四章　上市公司的收购

第八十五条　【上市公司收购方式】投资者可以采取要约收购、协议收购及其他合法方式收购上市公司。

第八十六条　【上市公司收购报告和公告】通过证券交易所的证券交易，投资者持有或者通过协议、其他安排与他人共同持有一个上市公司已发行的股份达到百分之五时，应当在该事实发生之日起三日内，向国务院证券监督管理机构、证券交易所作出书面报告，通知该上市公司，并予公告；在上述期限内，不得再行买卖该上市公司的股票。

投资者持有或者通过协议、其他安排与他人共同持有一个上市公司已发行的股份达到百分之五后，其所持该上市公司已发行的股份比例每增加或者减少百分之五，应当依照前款规定进行报告和公告。在报告期限内和作出报告、公告后二日内，不得再行买卖该上市公司的股票。

第八十七条　【报告和公告的内容】依照前条规定所作的书面报告和公告，应当包括下列内容：

（一）持股人的名称、住所；

（二）持有的股票的名称、数额；

（三）持股达到法定比例或者持股增减变化达到法定比例的日期。

第八十八条　【收购要约的发出】通过证券交易所的证券交易，投资者持有或者通过协议、其他安排与他人共同持有一个上市公司已发行的股份达到百分之三十时，继续进行收购的，应当依法向该上市公司所有股东发出收购上市公司全部或者部分股份的要约。

收购上市公司部分股份的收购要约应当约定，被收购公司股东承诺出售的股份数额超过预定收购的股份数额的，收购人按比例进行收购。

第八十九条　【收购报告书的公告】依照前条规定发出收购要约，收购人必须公告上市公司收购报告书，并载明下列事项：

（一）收购人的名称、住所；

（二）收购人关于收购的决定；

（三）被收购的上市公司名称；

（四）收购目的；

（五）收购股份的详细名称和预定收购的股份数额；

（六）收购期限、收购价格；

（七）收购所需资金额及资金保证；

（八）公告上市公司收购报告书时持有被收购公司股份数占该公司已发行的股份总数的比例。

收购人还应当将上市公司收购报告书同时提交证券交易所。

第九十条　【收购要约的期限】收购要约约定的收购期限不得少于三十日，并不得超过六十日。

第九十一条　【收购要约撤销的限制】在收购要约确定的承诺期限内，收购人不得撤销其收购要约。收购人需要变更收购要约的，必须及时公告，载明具体变更事项。

第九十二条　【收购要约的适用对象】收购要约提出的各项收购条件，适用于被收购公司的所有股东。

第九十三条　【要约收购的限制】采取要约收购方式的，收购人在收购期限内，不得卖出被收购公司的股票，也不得采取要约规定以外的形式和超出要约的条件买入被收购公司的股票。

第九十四条　【协议收购的方式及公告】采取协议收购方式的，收购人可以依照法律、行政法规的规定同被收购公司的股东以协议方式进行股份转让。

以协议方式收购上市公司时，达成协议后，收购人必须在三日内将该收购协议向国务院证券监督管理机构及证券交易所作出书面报告，并予公告。

在公告前不得履行收购协议。

第九十五条 【临时托管股票】采取协议收购方式的，协议双方可以临时委托证券登记结算机构保管协议转让的股票，并将资金存放于指定的银行。

第九十六条 【收购要约】采取协议收购方式的，收购人收购或者通过协议、其他安排与他人共同收购一个上市公司已发行的股份达到百分之三十时，继续进行收购的，应当向该上市公司所有股东发出收购上市公司全部或者部分股份的要约。但是，经国务院证券监督管理机构免除发出要约的除外。

收购人依照前款规定以要约方式收购上市公司股份，应当遵守本法第八十九条至第九十三条的规定。

第九十七条 【收购行为及后果】收购期限届满，被收购公司股权分布不符合上市条件的，该上市公司的股票应当由证券交易所依法终止上市交易；其余仍持有被收购公司股票的股东，有权向收购人以收购要约的同等条件出售其股票，收购人应当收购。

收购行为完成后，被收购公司不再具备股份有限公司条件的，应当依法变更企业形式。

第九十八条 【被收购股票转让的禁止】在上市公司收购中，收购人持有的被收购的上市公司的股票，在收购行为完成后的十二个月内不得转让。

第九十九条 【收购股票的法律后果】收购行为完成后，收购人与被收购公司合并，并将该公司解散的，被解散公司的原有股票由收购人依法更换。

第一百条 【收购情况报告及公告】收购行为完成后，收购人应当在十五日内将收购情况报告国务院证券监督管理机构和证券交易所，并予公告。

第一百零一条 【国有股份收购的批准】收购上市公司中由国家授权投资的机构持有的股份，应当按照国务院的规定，经有关主管部门批准。

国务院证券监督管理机构应当依照本法的原则制定上市公司收购的具体办法。

第五章 证券交易所

第一百零二条 【证券交易所的性质】证券交易所是为证券集中交易提供场所和设施，组织和监督证券交易，实行自律管理的法人。

证券交易所的设立和解散，由国务院决定。

第一百零三条 【章程】设立证券交易所必须制定章程。

证券交易所章程的制定和修改，必须经国务院证券监督管理机构批准。

第一百零四条 【名称】证券交易所必须在其名称中标明证券交易所字样。其他任何单位或者个人不得使用证券交易所或者近似的名称。

第一百零五条 【收入分配】证券交易所可以自行支配的各项费用收入，应当首先用于保证其证券交易场所和设施的正常运行并逐步改善。

实行会员制的证券交易所的财产积累归会员所有，其权益由会员共同享有，在其存续期间，不得将其财产积累分配给会员。

第一百零六条 【理事会】证券交易所设理事会。

第一百零七条 【总经理】证券交易所设总经理一人，由国务院证券监督管理机构任免。

第一百零八条 【任职限制】有《中华人民共和国公司法》第一百四十六条规定的情形或者下列情形之一的，不得担任证券交易所的负责人：

（一）因违法行为或者违纪行为被解除职务的证券交易所、证券登记结算机构的负责人或者证券公司的董事、监事、高级管理人员，自被解除职务之日起未逾五年；

（二）因违法行为或者违纪行为被撤销资格的律师、注册会计师或者投资咨询机构、财务顾问机构、资信评级机构、资产评估机构、验证机构的专业人员，自被撤销资格之日起未逾五年。

第一百零九条 【证券从业人员的禁止】因违法行为或者违纪行为被开除的证券交易所、证券登记结算机构、证券服务机构、证券公司的从业人员和被开除的国家机关工作人员，不得招聘为证券交易所的从业人员。

第一百一十条　【交易所会员资格】进入证券交易所参与集中交易的，必须是证券交易所的会员。

第一百一十一条　【委托交易方式】投资者应当与证券公司签订证券交易委托协议，并在证券公司开立证券交易账户，以书面、电话以及其他方式，委托该证券公司代其买卖证券。

第一百一十二条　【交易申报与证券过户登记】证券公司根据投资者的委托，按照证券交易规则提出交易申报，参与证券交易所场内的集中交易，并根据成交结果承担相应的清算交收责任；证券登记结算机构根据成交结果，按照清算交收规则，与证券公司进行证券和资金的清算交收，并为证券公司客户办理证券的登记过户手续。

第一百一十三条　【即时公布证券交易行情】证券交易所应当为组织公平的集中交易提供保障，公布证券交易即时行情，并按交易日制作证券市场行情表，予以公布。

未经证券交易所许可，任何单位和个人不得发布证券交易即时行情。

第一百一十四条　【技术性停牌和临时停市】因突发性事件而影响证券交易的正常进行时，证券交易所可以采取技术性停牌的措施；因不可抗力的突发性事件或者为维护证券交易的正常秩序，证券交易所可以决定临时停市。

证券交易所采取技术性停牌或者决定临时停市，必须及时报告国务院证券监督管理机构。

第一百一十五条　【异常交易】证券交易所对证券交易实行实时监控，并按照国务院证券监督管理机构的要求，对异常的交易情况提出报告。

证券交易所应当对上市公司及相关信息披露义务人披露信息进行监督，督促其依法及时、准确地披露信息。

证券交易所根据需要，可以对出现重大异常交易情况的证券账户限制交易，并报国务院证券监督管理机构备案。

第一百一十六条　【风险基金】证券交易所应当从其收取的交易费用和会员费、席位费中提取一定比例的金额设立风险基金。风险基金由证券交易所理事会管理。

风险基金提取的具体比例和使用办法，由国务院证券监督管理机构会同国务院财政部门规定。

第一百一十七条　【专用账户】证券交易所应当将收存的风险基金存入开户银行专门账户，不得擅自使用。

第一百一十八条　【相关规则的制定】证券交易所依照证券法律、行政法规制定上市规则、交易规则、会员管理规则和其他有关规则，并报国务院证券监督管理机构批准。

第一百一十九条　【回避】证券交易所的负责人和其他从业人员在执行与证券交易有关的职务时，与其本人或者其亲属有利害关系的，应当回避。

第一百二十条　【交易结果恒定】按照依法制定的交易规则进行的交易，不得改变其交易结果。对交易中违规交易者应负的民事责任不得免除；在违规交易中所获利益，依照有关规定处理。

第一百二十一条　【从业人员违反交易规则的责任】在证券交易所内从事证券交易的人员，违反证券交易所有关交易规则的，由证券交易所给予纪律处分；对情节严重的，撤销其资格，禁止其入场进行证券交易。

第六章　证券公司

第一百二十二条　【设立审批】设立证券公司，必须经国务院证券监督管理机构审查批准。未经国务院证券监督管理机构批准，任何单位和个人不得经营证券业务。

第一百二十三条　【证券公司的含义】本法所称证券公司是指依照《中华人民共和国公司法》和本法规定设立的经营证券业务的有限责任公司或者股份有限公司。

第一百二十四条　【设立条件】设立证券公司，应当具备下列条件：

（一）有符合法律、行政法规规定的公司章程；

（二）主要股东具有持续盈利能力，信誉良好，最近三年无重大违法违规记录，净资产不低于人民币二亿元；

（三）有符合本法规定的注册资本；

（四）董事、监事、高级管理人员具备任职资

格,从业人员具有证券从业资格;

(五)有完善的风险管理与内部控制制度;

(六)有合格的经营场所和业务设施;

(七)法律、行政法规规定的和经国务院批准的国务院证券监督管理机构规定的其他条件。

第一百二十五条 【业务范围】经国务院证券监督管理机构批准,证券公司可以经营下列部分或者全部业务:

(一)证券经纪;

(二)证券投资咨询;

(三)与证券交易、证券投资活动有关的财务顾问;

(四)证券承销与保荐;

(五)证券自营;

(六)证券资产管理;

(七)其他证券业务。

第一百二十六条 【名称】证券公司必须在其名称中标明证券有限责任公司或者证券股份有限公司字样。

第一百二十七条 【注册资本】证券公司经营本法第一百二十五条第(一)项至第(三)项业务的,注册资本最低限额为人民币五千万元;经营第(四)项至第(七)项业务之一的,注册资本最低限额为人民币一亿元;经营第(四)项至第(七)项业务中两项以上的,注册资本最低限额为人民币五亿元。证券公司的注册资本应当是实缴资本。

国务院证券监督管理机构根据审慎监管原则和各项业务的风险程度,可以调整注册资本最低限额,但不得少于前款规定的限额。

第一百二十八条 【设立申请的审查】国务院证券监督管理机构应当自受理证券公司设立申请之日起六个月内,依照法定条件和法定程序并根据审慎监管原则进行审查,作出批准或者不予批准的决定,并通知申请人;不予批准的,应当说明理由。

证券公司设立申请获得批准的,申请人应当在规定的期限内向公司登记机关申请设立登记,领取营业执照。

证券公司应当自领取营业执照之日起十五日内,向国务院证券监督管理机构申请经营证券业务许可证。未取得经营证券业务许可证,证券公司不得经营证券业务。

第一百二十九条 【须批准事项】证券公司设立、收购或者撤销分支机构,变更业务范围,增加注册资本且股权结构发生重大调整,减少注册资本,变更持有百分之五以上股权的股东、实际控制人,变更公司章程中的重要条款,合并、分立、停业、解散、破产,必须经国务院证券监督管理机构批准。

证券公司在境外设立、收购或者参股证券经营机构,必须经国务院证券监督管理机构批准。

第一百三十条 【风险控制指标的规定】国务院证券监督管理机构应当对证券公司的净资本,净资本与负债的比例,净资本与净资产的比例,净资本与自营、承销、资产管理等业务规模的比例,负债与净资产的比例,以及流动资产与流动负债的比例等风险控制指标作出规定。

证券公司不得为其股东或者股东的关联人提供融资或者担保。

第一百三十一条 【任职资格】证券公司的董事、监事、高级管理人员,应当正直诚实,品行良好,熟悉证券法律、行政法规,具有履行职责所需的经营管理能力,并在任职前取得国务院证券监督管理机构核准的任职资格。

有《中华人民共和国公司法》第一百四十六条规定的情形或者下列情形之一的,不得担任证券公司的董事、监事、高级管理人员:

(一)因违法行为或者违纪行为被解除职务的证券交易所、证券登记结算机构的负责人或者证券公司的董事、监事、高级管理人员,自被解除职务之日起未逾五年;

(二)因违法行为或者违纪行为被撤销资格的律师、注册会计师或者投资咨询机构、财务顾问机构、资信评级机构、资产评估机构、验证机构的专业人员,自被撤销资格之日起未逾五年。

第一百三十二条 【证券从业人员的禁止】因违法行为或者违纪行为被开除的证券交易所、证券登记结算机构、证券服务机构、证券公司的从业人员和被开除的国家机关工作人员,不得招聘为证券公司的从业人员。

第一百三十三条 【兼职禁止】国家机关工作人员和法律、行政法规规定的禁止在公司中兼职的其他人员,不得在证券公司中兼任职务。

第一百三十四条 【证券投资者保护基金】国家设立证券投资者保护基金。证券投资者保护基金由证券公司缴纳的资金及其他依法筹集的资金组成，其筹集、管理和使用的具体办法由国务院规定。

第一百三十五条 【交易风险准备金】证券公司从每年的税后利润中提取交易风险准备金，用于弥补证券交易的损失，其提取的具体比例由国务院证券监督管理机构规定。

第一百三十六条 【健全内部控制与实行分业操作】证券公司应当建立健全内部控制制度，采取有效隔离措施，防范公司与客户之间、不同客户之间的利益冲突。

证券公司必须将其证券经纪业务、证券承销业务、证券自营业务和证券资产管理业务分开办理，不得混合操作。

第一百三十七条 【自营业务】证券公司的自营业务必须以自己的名义进行，不得假借他人名义或者以个人名义进行。

证券公司的自营业务必须使用自有资金和依法筹集的资金。

证券公司不得将其自营账户借给他人使用。

第一百三十八条 【自主经营权】证券公司依法享有自主经营的权利，其合法经营不受干涉。

第一百三十九条 【交易结算金】证券公司客户的交易结算资金应当存放在商业银行，以每个客户的名义单独立户管理。具体办法和实施步骤由国务院规定。

证券公司不得将客户的交易结算资金和证券归入其自有财产。禁止任何单位或者个人以任何形式挪用客户的交易结算资金和证券。证券公司破产或者清算时，客户的交易结算资金和证券不属于其破产财产或者清算财产。非因客户本身的债务或者法律规定的其他情形，不得查封、冻结、扣划或者强制执行客户的交易结算资金和证券。

第一百四十条 【证券买卖委托书】证券公司办理经纪业务，应当置备统一制定的证券买卖委托书，供委托人使用。采取其他委托方式的，必须作出委托记录。

客户的证券买卖委托，不论是否成交，其委托记录应当按照规定的期限，保存于证券公司。

第一百四十一条 【证券代理买卖】证券公司接受证券买卖的委托，应当根据委托书载明的证券名称、买卖数量、出价方式、价格幅度等，按照交易规则代理买卖证券，如实进行交易记录；买卖成交后，应当按照规定制作买卖成交报告单交付客户。

证券交易中确认交易行为及其交易结果的对账单必须真实，并由交易经办人员以外的审核人员逐笔审核，保证账面证券余额与实际持有的证券相一致。

第一百四十二条 【融资融券服务】证券公司为客户买卖证券提供融资融券服务，应当按照国务院的规定并经国务院证券监督管理机构批准。

第一百四十三条 【全权委托的禁止】证券公司办理经纪业务，不得接受客户的全权委托而决定证券买卖、选择证券种类、决定买卖数量或者买卖价格。

第一百四十四条 【收益承诺的禁止】证券公司不得以任何方式对客户证券买卖的收益或者赔偿证券买卖的损失作出承诺。

第一百四十五条 【私下接受委托的禁止】证券公司及其从业人员不得未经过其依法设立的营业场所私下接受客户委托买卖证券。

第一百四十六条 【职务行为的责任承担】证券公司的从业人员在证券交易活动中，执行所属的证券公司的指令或者利用职务违反交易规则的，由所属的证券公司承担全部责任。

第一百四十七条 【资料保护义务】证券公司应当妥善保存客户开户资料、委托记录、交易记录和与内部管理、业务经营有关的各项资料，任何人不得隐匿、伪造、篡改或者毁损。上述资料的保存期限不得少于二十年。

第一百四十八条 【报送或提供有关信息、资料】证券公司应当按照规定向国务院证券监督管理机构报送业务、财务等经营管理信息和资料。国务院证券监督管理机构有权要求证券公司及其股东、实际控制人在指定的期限内提供有关信息、资料。

证券公司及其股东、实际控制人向国务院证券监督管理机构报送或者提供的信息、资料，必须真实、准确、完整。

第一百四十九条 【委托审计或评估】国务院证券监督管理机构认为有必要时，可以委托会计师事务所、资产评估机构对证券公司的财务状况、内部控制状况、资产价值进行审计或者评估。具体办法由国务院证券监督管理机构会同有关主管部门制定。

第一百五十条 【风险控制指标不合规定的责任】证券公司的净资本或者其他风险控制指标不符合规定的，国务院证券监督管理机构应当责令其限期改正；逾期未改正，或者其行为严重危及该证券公司的稳健运行、损害客户合法权益的，国务院证券监督管理机构可以区别情形，对其采取下列措施：

（一）限制业务活动，责令暂停部分业务，停止批准新业务；

（二）停止批准增设、收购营业性分支机构；

（三）限制分配红利，限制向董事、监事、高级管理人员支付报酬、提供福利；

（四）限制转让财产或者在财产上设定其他权利；

（五）责令更换董事、监事、高级管理人员或者限制其权利；

（六）责令控股股东转让股权或者限制有关股东行使股东权利；

（七）撤销有关业务许可。

证券公司整改后，应当向国务院证券监督管理机构提交报告。国务院证券监督管理机构经验收，符合有关风险控制指标的，应当自验收完毕之日起三日内解除对其采取的前款规定的有关措施。

第一百五十一条 【股东虚假出资、抽逃出资的责任】证券公司的股东有虚假出资、抽逃出资行为的，国务院证券监督管理机构应当责令其限期改正，并可责令其转让所持证券公司的股权。

在前款规定的股东按照要求改正违法行为、转让所持证券公司的股权前，国务院证券监督管理机构可以限制其股东权利。

第一百五十二条 【未能勤勉尽责的责任】证券公司的董事、监事、高级管理人员未能勤勉尽责，致使证券公司存在重大违法违规行为或者重大风险的，国务院证券监督管理机构可以撤销其任职资格，并责令公司予以更换。

第一百五十三条 【证券公司的责任】证券公司违法经营或者出现重大风险，严重危害证券市场秩序、损害投资者利益的，国务院证券监督管理机构可以对该证券公司采取责令停业整顿、指定其他机构托管、接管或者撤销等监管措施。

第一百五十四条 【可对直接责任人采取的措施】在证券公司被责令停业整顿、被依法指定托管、接管或者清算期间，或者出现重大风险时，经国务院证券监督管理机构批准，可以对该证券公司直接负责的董事、监事、高级管理人员和其他直接责任人员采取以下措施：

（一）通知出境管理机关依法阻止其出境；

（二）申请司法机关禁止其转移、转让或者以其他方式处分财产，或者在财产上设定其他权利。

第七章 证券登记结算机构

第一百五十五条 【证券登记结算机构】证券登记结算机构是为证券交易提供集中登记、存管与结算服务，不以营利为目的的法人。

设立证券登记结算机构必须经国务院证券监督管理机构批准。

第一百五十六条 【设立条件】设立证券登记结算机构，应当具备下列条件：

（一）自有资金不少于人民币二亿元；

（二）具有证券登记、存管和结算服务所必须的场所和设施；

（三）主要管理人员和从业人员必须具有证券从业资格；

（四）国务院证券监督管理机构规定的其他条件。

证券登记结算机构的名称中应当标明证券登记结算字样。

第一百五十七条 【职能】证券登记结算机构履行下列职能：

（一）证券账户、结算账户的设立；

（二）证券的存管和过户；

（三）证券持有人名册登记；

（四）证券交易所上市证券交易的清算和交收；

（五）受发行人的委托派发证券权益；

（六）办理与上述业务有关的查询；

（七）国务院证券监督管理机构批准的其他业务。

第一百五十八条 【运营方式及章程】证券

登记结算采取全国集中统一的运营方式。

证券登记结算机构章程、业务规则应当依法制定,并经国务院证券监督管理机构批准。

第一百五十九条　【证券存管】证券持有人持有的证券,在上市交易时,应当全部存管在证券登记结算机构。

证券登记结算机构不得挪用客户的证券。

第一百六十条　【证券登记结算机构的义务】证券登记结算机构应当向证券发行人提供证券持有人名册及其有关资料。

证券登记结算机构应当根据证券登记结算的结果,确认证券持有人持有证券的事实,提供证券持有人登记资料。

证券登记结算机构应当保证证券持有人名册和登记过户记录真实、准确、完整,不得隐匿、伪造、篡改或者毁损。

第一百六十一条　【保障措施】证券登记结算机构应当采取下列措施保证业务的正常进行:

(一)具有必备的服务设备和完善的数据安全保护措施;

(二)建立完善的业务、财务和安全防范等管理制度;

(三)建立完善的风险管理系统。

第一百六十二条　【原始凭证的保管】证券登记结算机构应当妥善保存登记、存管和结算的原始凭证及有关文件和资料。其保存期限不得少于二十年。

第一百六十三条　【证券结算风险基金】证券登记结算机构应当设立证券结算风险基金,用于垫付或者弥补因违约交收、技术故障、操作失误、不可抗力造成的证券登记结算机构的损失。

证券结算风险基金从证券登记结算机构的业务收入和收益中提取,并可以由结算参与人按照证券交易业务量的一定比例缴纳。

证券结算风险基金的筹集、管理办法,由国务院证券监督管理机构会同国务院财政部门规定。

第一百六十四条　【专项管理】证券结算风险基金应当存入指定银行的专门账户,实行专项管理。

证券登记结算机构以证券结算风险基金赔偿后,应当向有关责任人追偿。

第一百六十五条　【解散】证券登记结算机构申请解散,应当经国务院证券监督管理机构批准。

第一百六十六条　【证券账户】投资者委托证券公司进行证券交易,应当申请开立证券账户。证券登记结算机构应当按照规定以投资者本人的名义为投资者开立证券账户。

投资者申请开立账户,必须持有证明中国公民身份或者中国法人资格的合法证件。国家另有规定的除外。

第一百六十七条　【交收义务】证券登记结算机构为证券交易提供净额结算服务时,应当要求结算参与人按照货银对付的原则,足额交付证券和资金,并提供交收担保。

在交收完成之前,任何人不得动用用于交收的证券、资金和担保物。

结算参与人未按时履行交收义务的,证券登记结算机构有权按照业务规则处理前款所述财产。

第一百六十八条　【清算交收账户】证券登记结算机构按照业务规则收取的各类结算资金和证券,必须存放于专门的清算交收账户,只能按业务规则用于已成交的证券交易的清算交收,不得被强制执行。

第八章　证券服务机构

第一百六十九条　【证券服务机构的范围】投资咨询机构、财务顾问机构、资信评级机构、资产评估机构、会计师事务所从事证券服务业务,必须经国务院证券监督管理机构和有关主管部门批准。

投资咨询机构、财务顾问机构、资信评级机构、资产评估机构、会计师事务所从事证券服务业务的审批管理办法,由国务院证券监督管理机构和有关主管部门制定。

第一百七十条　【从业资格】投资咨询机构、财务顾问机构、资信评级机构从事证券服务业务的人员,必须具备证券专业知识和从事证券业务或者证券服务业务二年以上经验。认定其证券从业资格的标准和管理办法,由国务院证券监督管理机构制定。

第一百七十一条　【禁止行为】投资咨询机构及其从业人员从事证券服务业务不得有下列

行为：

（一）代理委托人从事证券投资；

（二）与委托人约定分享证券投资收益或者分担证券投资损失；

（三）买卖本咨询机构提供服务的上市公司股票；

（四）利用传播媒介或者通过其他方式提供、传播虚假或者误导投资者的信息；

（五）法律、行政法规禁止的其他行为。

有前款所列行为之一，给投资者造成损失的，依法承担赔偿责任。

第一百七十二条 【服务费用的收取】从事证券服务业务的投资咨询机构和资信评级机构，应当按照国务院有关主管部门规定的标准或者收费办法收取服务费用。

第一百七十三条 【按规定出具文件】证券服务机构为证券的发行、上市、交易等证券业务活动制作、出具审计报告、资产评估报告、财务顾问报告、资信评级报告或者法律意见书等文件，应当勤勉尽责，对所依据的文件资料内容的真实性、准确性、完整性进行核查和验证。其制作、出具的文件有虚假记载、误导性陈述或者重大遗漏，给他人造成损失的，应当与发行人、上市公司承担连带赔偿责任，但是能够证明自己没有过错的除外。

第九章 证券业协会

第一百七十四条 【证券业协会的性质】证券业协会是证券业的自律性组织，是社会团体法人。

证券公司应当加入证券业协会。

证券业协会的权力机构为全体会员组成的会员大会。

第一百七十五条 【章程】证券业协会章程由会员大会制定，并报国务院证券监督管理机构备案。

第一百七十六条 【职责】证券业协会履行下列职责：

（一）教育和组织会员遵守证券法律、行政法规；

（二）依法维护会员的合法权益，向证券监督管理机构反映会员的建议和要求；

（三）收集整理证券信息，为会员提供服务；

（四）制定会员应遵守的规则，组织会员单位的从业人员的业务培训，开展会员间的业务交流；

（五）对会员之间、会员与客户之间发生的证券业务纠纷进行调解；

（六）组织会员就证券业的发展、运作及有关内容进行研究；

（七）监督、检查会员行为，对违反法律、行政法规或者协会章程的，按照规定给予纪律处分；

（八）证券业协会章程规定的其他职责。

第一百七十七条 【理事会】证券业协会设理事会。理事会成员依章程的规定由选举产生。

第十章 证券监督管理机构

第一百七十八条 【设定目的】国务院证券监督管理机构依法对证券市场实行监督管理，维护证券市场秩序，保障其合法运行。

第一百七十九条 【监管机构职责】国务院证券监督管理机构在对证券市场实施监督管理中履行下列职责：

（一）依法制定有关证券市场监督管理的规章、规则，并依法行使审批或者核准权；

（二）依法对证券的发行、上市、交易、登记、存管、结算，进行监督管理；

（三）依法对证券发行人、上市公司、证券公司、证券投资基金管理公司、证券服务机构、证券交易所、证券登记结算机构的证券业务活动，进行监督管理；

（四）依法制定从事证券业务人员的资格标准和行为准则，并监督实施；

（五）依法监督检查证券发行、上市和交易的信息公开情况；

（六）依法对证券业协会的活动进行指导和监督；

（七）依法对违反证券市场监督管理法律、行政法规的行为进行查处；

（八）法律、行政法规规定的其他职责。

国务院证券监督管理机构可以和其他国家或者地区的证券监督管理机构建立监督管理合作机制，实施跨境监督管理。

第一百八十条 【有权采取的措施】国务院证券监督管理机构依法履行职责，有权采取下列措施：

（一）对证券发行人、上市公司、证券公司、证券投资基金管理公司、证券服务机构、证券交易所、证券登记结算机构进行现场检查；

（二）进入涉嫌违法行为发生场所调查取证；

（三）询问当事人和与被调查事件有关的单位和个人，要求其对与被调查事件有关的事项作出说明；

（四）查阅、复制与被调查事件有关的财产权登记、通讯记录等资料；

（五）查阅、复制当事人和与被调查事件有关的单位和个人的证券交易记录、登记过户记录、财务会计资料及其他相关文件和资料；对可能被转移、隐匿或者毁损的文件和资料，可以予以封存；

（六）查询当事人和与被调查事件有关的单位和个人的资金账户、证券账户和银行账户；对有证据证明已经或者可能转移或者隐匿违法资金、证券等涉案财产或者隐匿、伪造、毁损重要证据的，经国务院证券监督管理机构主要负责人批准，可以冻结或者查封；

（七）在调查操纵证券市场、内幕交易等重大证券违法行为时，经国务院证券监督管理机构主要负责人批准，可以限制被调查事件当事人的证券买卖，但限制的期限不得超过十五个交易日；案情复杂的，可以延长十五个交易日。

第一百八十一条　【监督程序】国务院证券监督管理机构依法履行职责，进行监督检查或者调查，其监督检查、调查的人员不得少于二人，并应当出示合法证件和监督检查、调查通知书。监督检查、调查的人员少于二人或者未出示合法证件和监督检查、调查通知书的，被检查、调查的单位有权拒绝。

第一百八十二条　【行为规范】国务院证券监督管理机构工作人员必须忠于职守，依法办事，公正廉洁，不得利用职务便利牟取不正当利益，不得泄露所知悉的有关单位和个人的商业秘密。

第一百八十三条　【协助义务】国务院证券监督管理机构依法履行职责，被检查、调查的单位和个人应当配合，如实提供有关文件和资料，不得拒绝、阻碍和隐瞒。

第一百八十四条　【公开原则】国务院证券监督管理机构依法制定的规章、规则和监督管理工作制度应当公开。

国务院证券监督管理机构依据调查结果，对证券违法行为作出的处罚决定，应当公开。

第一百八十五条　【信息共享机制】国务院证券监督管理机构应当与国务院其他金融监督管理机构建立监督管理信息共享机制。

国务院证券监督管理机构依法履行职责，进行监督检查或者调查时，有关部门应当予以配合。

第一百八十六条　【移送处理】国务院证券监督管理机构依法履行职责，发现证券违法行为涉嫌犯罪的，应当将案件移送司法机关处理。

第一百八十七条　【任职禁止】国务院证券监督管理机构的人员不得在被监管的机构中任职。

第十一章　法律责任

第一百八十八条　【擅自发行证券的责任】未经法定机关核准，擅自公开或者变相公开发行证券的，责令停止发行，退还所募资金并加算银行同期存款利息，处以非法所募资金金额百分之一以上百分之五以下的罚款；对擅自公开或者变相公开发行证券设立的公司，由依法履行监督管理职责的机构或者部门会同县级以上地方人民政府予以取缔。对直接负责的主管人员和其他直接责任人员给予警告，并处以三万元以上三十万元以下的罚款。

第一百八十九条　【骗取发行核准的责任】发行人不符合发行条件，以欺骗手段骗取发行核准，尚未发行证券的，处以三十万元以上六十万元以下的罚款；已经发行证券的，处以非法所募资金金额百分之一以上百分之五以下的罚款。对直接负责的主管人员和其他直接责任人员处以三万元以上三十万元以下的罚款。

发行人的控股股东、实际控制人指使从事前款违法行为的，依照前款的规定处罚。

第一百九十条　【擅自承销或代理买卖证券的责任】证券公司承销或者代理买卖未经核准擅自公开发行的证券的，责令停止承销或者代理买卖，没收违法所得，并处以违法所得一倍以上五倍以下的罚款；没有违法所得或者违法所得不足三十万元的，处以三十万元以上六十万元以下的罚款。给投资者造成损失的，应当与发行人承担连带赔偿责任。对直接负责的主管人员和其他直接责任人员给予警告,撤销任职资格或者证券从业资格,并处以三万元以上三十万元以下的罚款。

第一百九十一条 【违反证券承销业务规定的责任】证券公司承销证券,有下列行为之一的,责令改正,给予警告,没收违法所得,可以并处三十万元以上六十万元以下的罚款;情节严重的,暂停或者撤销相关业务许可。给其他证券承销机构或者投资者造成损失的,依法承担赔偿责任。对直接负责的主管人员和其他直接责任人员给予警告,可以并处三万元以上三十万元以下的罚款;情节严重的,撤销任职资格或者证券从业资格:

(一)进行虚假的或者误导投资者的广告或者其他宣传推介活动;

(二)以不正当竞争手段招揽承销业务;

(三)其他违反证券承销业务规定的行为。

第一百九十二条 【保荐人的责任】保荐人出具有虚假记载、误导性陈述或者重大遗漏的保荐书,或者不履行其他法定职责的,责令改正,给予警告,没收业务收入,并处以业务收入一倍以上五倍以下的罚款;情节严重的,暂停或者撤销相关业务许可。对直接负责的主管人员和其他直接责任人员给予警告,并处以三万元以上三十万元以下的罚款;情节严重的,撤销任职资格或者证券从业资格。

第一百九十三条 【违法信息披露的责任】发行人、上市公司或者其他信息披露义务人未按照规定披露信息,或者所披露的信息有虚假记载、误导性陈述或者重大遗漏的,责令改正,给予警告,并处以三十万元以上六十万元以下的罚款。对直接负责的主管人员和其他直接责任人员给予警告,并处以三万元以上三十万元以下的罚款。

发行人、上市公司或者其他信息披露义务人未按照规定报送有关报告,或者报送的报告有虚假记载、误导性陈述或者重大遗漏的,责令改正,给予警告,并处以三十万元以上六十万元以下的罚款。对直接负责的主管人员和其他直接责任人员给予警告,并处以三万元以上三十万元以下的罚款。

发行人、上市公司或者其他信息披露义务人的控股股东、实际控制人指使从事前两款违法行为的,依照前两款的规定处罚。

第一百九十四条 【擅自改变募集资金用途的责任】发行人、上市公司擅自改变公开发行证券所募集资金的用途的,责令改正,对直接负责的主管人员和其他直接责任人员给予警告,并处以三万元以上三十万元以下的罚款。

发行人、上市公司的控股股东、实际控制人指使从事前款违法行为的,给予警告,并处以三十万元以上六十万元以下的罚款。对直接负责的主管人员和其他直接责任人员依照前款的规定处罚。

第一百九十五条 【违法买卖股票的责任】上市公司的董事、监事、高级管理人员、持有上市公司股份百分之五以上的股东,违反本法第四十七条的规定买卖本公司股票的,给予警告,可以并处三万元以上十万元以下的罚款。

第一百九十六条 【非法开设证券交易所的责任】非法开设证券交易场所的,由县级以上人民政府予以取缔,没收违法所得,并处以违法所得一倍以上五倍以下的罚款;没有违法所得或者违法所得不足十万元的,处以十万元以上五十万元以下的罚款。对直接负责的主管人员和其他直接责任人员给予警告,并处以三万元以上三十万元以下的罚款。

第一百九十七条 【擅自设立证券公司或非法经营证券业务的责任】未经批准,擅自设立证券公司或者非法经营证券业务的,由证券监督管理机构予以取缔,没收违法所得,并处以违法所得一倍以上五倍以下的罚款;没有违法所得或者违法所得不足三十万元的,处以三十万元以上六十万元以下的罚款。对直接负责的主管人员和其他直接责任人员给予警告,并处以三万元以上三十万元以下的罚款。

第一百九十八条 【违法聘任人员的责任】违反本法规定,聘任不具有任职资格、证券从业资格的人员的,由证券监督管理机构责令改正,给予警告,可以并处十万元以上三十万元以下的罚款;对直接负责的主管人员给予警告,可以并处三万元以上十万元以下的罚款。

第一百九十九条 【禁止交易人员参与交易的责任】法律、行政法规规定禁止参与股票交易的人员,直接或者以化名、借他人名义持有、买卖股票的,责令依法处理非法持有的股票,没收违法所得，并处以买卖股票等值以下的罚款；属于国家工作人员的，还应当依法给予行政处分。

第二百条　【证券欺诈的责任】证券交易所、证券公司、证券登记结算机构、证券服务机构的从业人员或者证券业协会的工作人员，故意提供虚假资料，隐匿、伪造、篡改或者毁损交易记录，诱骗投资者买卖证券的，撤销证券从业资格，并处以三万元以上十万元以下的罚款；属于国家工作人员的，还应当依法给予行政处分。

第二百零一条　【违法买卖股票的责任】为股票的发行、上市、交易出具审计报告、资产评估报告或者法律意见书等文件的证券服务机构和人员，违反本法第四十五条的规定买卖股票的，责令依法处理非法持有的股票，没收违法所得，并处以买卖股票等值以下的罚款。

第二百零二条　【内幕交易的责任】证券交易内幕信息的知情人或者非法获取内幕信息的人，在涉及证券的发行、交易或者其他对证券的价格有重大影响的信息公开前，买卖该证券，或者泄露该信息，或者建议他人买卖该证券的，责令依法处理非法持有的证券，没收违法所得，并处以违法所得一倍以上五倍以下的罚款；没有违法所得或者违法所得不足三万元的，处以三万元以上六十万元以下的罚款。单位从事内幕交易的，还应当对直接负责的主管人员和其他直接责任人员给予警告，并处以三万元以上三十万元以下的罚款。证券监督管理机构工作人员进行内幕交易的，从重处罚。

第二百零三条　【操纵证券市场的责任】违反本法规定，操纵证券市场的，责令依法处理非法持有的证券，没收违法所得，并处以违法所得一倍以上五倍以下的罚款；没有违法所得或者违法所得不足三十万元的，处以三十万元以上三百万元以下的罚款。单位操纵证券市场的，还应当对直接负责的主管人员和其他直接责任人员给予警告，并处以十万元以上六十万元以下的罚款。

第二百零四条　【在限制转让期限内买卖证券的责任】违反法律规定，在限制转让期限内买卖证券的，责令改正，给予警告，并处以买卖证券等值以下的罚款。对直接负责的主管人员和其他直接责任人员给予警告，并处以三万元以上三十万元以下的罚款。

第二百零五条　【违法融资融券交易的责任】证券公司违反本法规定，为客户买卖证券提供融资融券的，没收违法所得，暂停或者撤销相关业务许可，并处以非法融资融券等值以下的罚款。对直接负责的主管人员和其他直接责任人员给予警告，撤销任职资格或者证券从业资格，并处以三万元以上三十万元以下的罚款。

第二百零六条　【编造、传播虚假信息的责任】违反本法第七十八条第一款、第三款的规定，扰乱证券市场的，由证券监督管理机构责令改正，没收违法所得，并处以违法所得一倍以上五倍以下的罚款；没有违法所得或者违法所得不足三万元的，处以三万元以上二十万元以下的罚款。

第二百零七条　【虚假陈述或信息误导的责任】违反本法第七十八条第二款的规定，在证券交易活动中作出虚假陈述或者信息误导的，责令改正，处以三万元以上二十万元以下的罚款；属于国家工作人员的，还应当依法给予行政处分。

第二百零八条　【法人违法买卖证券的责任】违反本法规定，法人以他人名义设立账户或者利用他人账户买卖证券的，责令改正，没收违法所得，并处以违法所得一倍以上五倍以下的罚款；没有违法所得或者违法所得不足三万元的，处以三万元以上三十万元以下的罚款。对直接负责的主管人员和其他直接责任人员给予警告，并处以三万元以上十万元以下的罚款。

证券公司为前款规定的违法行为提供自己或者他人的证券交易账户的，除依照前款的规定处罚外，还应当撤销直接负责的主管人员和其他直接责任人员的任职资格或者证券从业资格。

第二百零九条　【违法从事自营业务的责任】证券公司违反本法规定，假借他人名义或者以个人名义从事证券自营业务的，责令改正，没收违法所得，并处以违法所得一倍以上五倍以下的罚款；没有违法所得或者违法所得不足三十万元的，处以三十万元以上六十万元以下的罚款；情节严重的，暂停或者撤销证券自营业务许可。对直接负责的主管人员和其他直接责任人员给予警告，撤销任职资格或者证券从业资格，并处以三万元以上十万元以下的罚款。

第二百一十条　【违背客户委托交易的责任】证券公司违背客户的委托买卖证券、办理交易事项，或者违背客户真实意思表示，办理交易以外的其他事项的，责令改正，处以一万元以上十万元以下的罚款。给客户造成损失的，依法承担赔偿责任。

第二百一十一条 【擅自为客户买卖证券的责任】证券公司、证券登记结算机构挪用客户的资金或者证券，或者未经客户的委托，擅自为客户买卖证券的，责令改正，没收违法所得，并处以违法所得一倍以上五倍以下的罚款；没有违法所得或者违法所得不足十万元的，处以十万元以上六十万元以下的罚款；情节严重的，责令关闭或者撤销相关业务许可。对直接负责的主管人员和其他直接责任人员给予警告，撤销任职资格或者证券从业资格，并处以三万元以上三十万元以下的罚款。

第二百一十二条 【收益承诺的责任】证券公司办理经纪业务，接受客户的全权委托买卖证券的，或者证券公司对客户买卖证券的收益或者赔偿证券买卖的损失作出承诺的，责令改正，没收违法所得，并处以五万元以上二十万元以下的罚款，可以暂停或者撤销相关业务许可。对直接负责的主管人员和其他直接责任人员给予警告，并处以三万元以上十万元以下的罚款，可以撤销任职资格或者证券从业资格。

第二百一十三条 【违反秩序收购的责任】收购人未按照本法规定履行上市公司收购的公告、发出收购要约等义务的，责令改正，给予警告，并处以十万元以上三十万元以下的罚款；在改正前，收购人对其收购或者通过协议、其他安排与他人共同收购的股份不得行使表决权。对直接负责的主管人员和其他直接责任人员给予警告，并处以三万元以上三十万元以下的罚款。

第二百一十四条 【利用上市公司收购造成损失的责任】收购人或者收购人的控股股东，利用上市公司收购，损害被收购公司及其股东的合法权益的，责令改正，给予警告；情节严重的，并处以十万元以上六十万元以下的罚款。给被收购公司及其股东造成损失的，依法承担赔偿责任。对直接负责的主管人员和其他直接责任人员给予警告，并处以三万元以上三十万元以下的罚款。

第二百一十五条 【私下接受委托的责任】证券公司及其从业人员违反本法规定，私下接受客户委托买卖证券的，责令改正，给予警告，没收违法所得，并处以违法所得一倍以上五倍以下的罚款；没有违法所得或者违法所得不足十万元的，处以十万元以上三十万元以下的罚款。

第二百一十六条 【经营非上市证券交易的责任】证券公司违反规定，未经批准经营非上市证券的交易的，责令改正，没收违法所得，并处以违法所得一倍以上五倍以下的罚款。

第二百一十七条 【连续停业的责任】证券公司成立后，无正当理由超过三个月未开始营业的，或者开业后自行停业连续三个月以上的，由公司登记机关吊销其公司营业执照。

第二百一十八条 【擅自变更有关事项的责任】证券公司违反本法第一百二十九条的规定，擅自设立、收购、撤销分支机构，或者合并、分立、停业、解散、破产，或者在境外设立、收购、参股证券经营机构的，责令改正，没收违法所得，并处以违法所得一倍以上五倍以下的罚款；没有违法所得或者违法所得不足十万元的，处以十万元以上六十万元以下的罚款。对直接负责的主管人员给予警告，并处以三万元以上十万元以下的罚款。

证券公司违反本法第一百二十九条的规定，擅自变更有关事项的，责令改正，并处以十万元以上三十万元以下的罚款。对直接负责的主管人员给予警告，并处以五万元以下的罚款。

第二百一十九条 【越权行为的责任】证券公司违反本法规定，超出业务许可范围经营证券业务的，责令改正，没收违法所得，并处以违法所得一倍以上五倍以下的罚款；没有违法所得或者违法所得不足三十万元的，处以三十万元以上六十万元以下罚款；情节严重的，责令关闭。对直接负责的主管人员和其他直接责任人员给予警告，撤销任职资格或者证券从业资格，并处以三万元以上十万元以下的罚款。

第二百二十条 【混合操作的责任】证券公司对其证券经纪业务、证券承销业务、证券自营业务、证券资产管理业务，不依法分开办理，混合操作的，责令改正，没收违法所得，并处以三十万元以上六十万元以下的罚款；情节严重的，撤销相关业务许可。对直接负责的主管人员和其他直接责任人员给予警告，并处以三万元以上十万元以下的罚款；情节严重的，撤销任职资格或者证券从业资格。

第二百二十一条 【骗取许可证或其他严重违法行为的责任】提交虚假证明文件或者采取其他欺诈手段隐瞒重要事实骗取证券业务许可的，或者证券公司在证券交易中有严重违法行为，不再具备经营资格的，由证券监督管理机构撤销证券业务许可。

第二百二十二条 【报送、提供资料信息及违法提供融资或担保的责任】证券公司或者其股东、实际控制人违反规定，拒不向证券监督管理机构报送或者提供经营管理信息和资料，或者报送、提供的经营管理信息和资料有虚假记载、误导性陈述或者重大遗漏的，责令改正，给予警告，并处以三万元以上三十万元以下的罚款，可以暂停或者撤销证券公司相关业务许可。对直接负责的主管人员和其他直接责任人员，给予警告，并处以三万元以下的罚款，可以撤销任职资格或者证券从业资格。

证券公司为其股东或者股东的关联人提供融资或者担保的，责令改正，给予警告，并处以十万元以上三十万元以下的罚款。对直接负责的主管人员和其他直接责任人员，处以三万元以上十万元以下的罚款。股东有过错的，在按照要求改正前，国务院证券监督管理机构可以限制其股东权利；拒不改正的，可以责令其转让所持证券公司股权。

第二百二十三条 【制作、出具文件失实的责任】证券服务机构未勤勉尽责，所制作、出具的文件有虚假记载、误导性陈述或者重大遗漏的，责令改正，没收业务收入，暂停或者撤销证券服务业务许可，并处以业务收入一倍以上五倍以下的罚款。对直接负责的主管人员和其他直接责任人员给予警告，撤销证券从业资格，并处以三万元以上十万元以下的罚款。

第二百二十四条 【违法发行、承销债券的责任】违反本法规定，发行、承销公司债券的，由国务院授权的部门依照本法有关规定予以处罚。

第二百二十五条 【保存文件和资料的责任】上市公司、证券公司、证券交易所、证券登记结算机构、证券服务机构，未按照有关规定保存有关文件和资料的，责令改正，给予警告，并处以三万元以上三十万元以下的罚款；隐匿、伪造、篡改或者毁损有关文件和资料的，给予警告，并处以三十万元以上六十万元以下的罚款。

第二百二十六条 【擅自设立或违法经营的责任】未经国务院证券监督管理机构批准，擅自设立证券登记结算机构的，由证券监督管理机构予以取缔，没收违法所得，并处以违法所得一倍以上五倍以下的罚款。

投资咨询机构、财务顾问机构、资信评级机构、资产评估机构、会计师事务所未经批准，擅自从事证券服务业务的，责令改正，没收违法所得，并处以违法所得一倍以上五倍以下的罚款。

证券登记结算机构、证券服务机构违反本法规定或者依法制定的业务规则的，由证券监督管理机构责令改正，没收违法所得，并处以违法所得一倍以上五倍以下的罚款；没有违法所得或者违法所得不足十万元的，处以十万元以上三十万元以下的罚款；情节严重的，责令关闭或者撤销证券服务业务许可。

第二百二十七条 【不依法履行职责的责任】国务院证券监督管理机构或者国务院授权的部门有下列情形之一的，对直接负责的主管人员和其他直接责任人员，依法给予行政处分：

（一）对不符合本法规定的发行证券、设立证券公司等申请予以核准、批准的；

（二）违反规定采取本法第一百八十条规定的现场检查、调查取证、查询、冻结或者查封等措施的；

（三）违反规定对有关机构和人员实施行政处罚的；

（四）其他不依法履行职责的行为。

第二百二十八条 【滥用职权、玩忽职守的责任】证券监督管理机构的工作人员和发行审核委员会的组成人员，不履行本法规定的职责，滥用职权、玩忽职守，利用职务便利牟取不正当利益，或者泄露所知悉的有关单位和个人的商业秘密的，依法追究法律责任。

第二百二十九条 【违规审核同意的责任】证券交易所对不符合本法规定条件的证券上市申请予以审核同意的，给予警告，没收业务收入，并处以业务收入一倍以上五倍以下的罚款。对直接负责的主管人员和其他直接责任人员给予警告，并处以三万元以上三十万元以下的罚款。

第二百三十条 【阻碍监督管理的责任】拒绝、阻碍证券监督管理机构及其工作人员依法行使监督检查、调查职权未使用暴力、威胁方法的，依法给予治安管理处罚。

第二百三十一条 【刑事责任的承担】违反本法规定,构成犯罪的,依法追究刑事责任。

第二百三十二条 【民事赔偿优先】违反本法规定,应当承担民事赔偿责任和缴纳罚款、罚金,其财产不足以同时支付时,先承担民事赔偿责任。

第二百三十三条 【证券市场禁入】违反法律、行政法规或者国务院证券监督管理机构的有关规定,情节严重的,国务院证券监督管理机构可以对有关责任人员采取证券市场禁入的措施。

前款所称证券市场禁入,是指在一定期限内直至终身不得从事证券业务或者不得担任上市公司董事、监事、高级管理人员的制度。

第二百三十四条 【罚没所得上缴国库】依照本法收缴的罚款和没收的违法所得,全部上缴国库。

第二百三十五条 【复议或诉讼】当事人对证券监督管理机构或者国务院授权的部门的处罚决定不服的,可以依法申请行政复议,或者依法直接向人民法院提起诉讼。

第十二章 附 则

第二百三十六条 【本法的溯及力】本法施行前依照行政法规已批准在证券交易所上市交易的证券继续依法进行交易。

本法施行前依照行政法规和国务院金融行政管理部门的规定经批准设立的证券经营机构,不完全符合本法规定的,应当在规定的限期内达到本法规定的要求。具体实施办法,由国务院另行规定。

第二百三十七条 【审核费用】发行人申请核准公开发行股票、公司债券,应当按照规定缴纳审核费用。

第二百三十八条 【境外发行或上市的批准】境内企业直接或者间接到境外发行证券或者将其证券在境外上市交易,必须经国务院证券监督管理机构依照国务院的规定批准。

第二百三十九条 【特殊股票法律适用的例外】境内公司股票以外币认购和交易的,具体办法由国务院另行规定。

第二百四十条 【施行时间】本法自2006年1月1日起施行。

5. 中华人民共和国中外合资经营企业法

(1979年7月1日第五届全国人民代表大会第二次会议通过 根据1990年4月4日第七届全国人民代表大会第三次会议《关于修改〈中华人民共和国中外合资经营企业法〉的决定》第一次修正 根据2001年3月15日第九届全国人民代表大会第四次会议《关于修改〈中华人民共和国中外合资经营企业法〉的决定》第二次修正 根据2016年9月3日第十二届全国人民代表大会常务委员会第二十二次会议《关于修改〈中华人民共和国外资企业法〉等四部法律的决定》第三次修正)

第一条 【举办中外合资经营企业的宗旨、原则以及中外合营者资格】中华人民共和国为了扩大国际经济合作和技术交流,允许外国公司、企业和其他经济组织或个人(以下简称外国合营者),按照平等互利的原则,经中国政府批准,在中华人民共和国境内,同中国的公司、企业或其他经济组织(以下简称中国合营者)共同举办合营企业。

第二条 【中外合资经营企业法律地位】中国政府依法保护外国合营者按照经中国政府批准的协议、合同、章程在合营企业的投资、应分得的利润和其他合法权益。

合营企业的一切活动应遵守中华人民共和国法律、法规的规定。

国家对合营企业不实行国有化和征收；在特殊情况下，根据社会公共利益的需要，对合营企业可以依照法律程序实行征收，并给予相应的补偿。

第三条　【中外合资经营企业设立程序】合营各方签订的合营协议、合同、章程，应报国家对外经济贸易主管部门（以下称审查批准机关）审查批准。审查批准机关应在三个月内决定批准或不批准。合营企业经批准后，向国家工商行政管理主管部门登记，领取营业执照，开始营业。

第四条　【合营企业的组织形式、出资比例和资本转让】合营企业的形式为有限责任公司。

在合营企业的注册资本中，外国合营者的投资比例一般不低于百分之二十五。

合营各方按注册资本比例分享利润和分担风险及亏损。

合营者的注册资本如果转让必须经合营各方同意。

第五条　【合营各方出资方式】合营企业各方可以现金、实物、工业产权等进行投资。

外国合营者作为投资的技术和设备，必须确实是适合我国需要的先进技术和设备。如果有意以落后的技术和设备进行欺骗，造成损失的，应赔偿损失。

中国合营者的投资可包括为合营企业经营期间提供的场地使用权。如果场地使用权未作为中国合营者投资的一部分，合营企业应向中国政府缴纳使用费。

上述各项投资应在合营企业的合同和章程中加以规定，其价格（场地除外）由合营各方评议商定。

第六条　【合营企业组织机构及劳动管理】合营企业设董事会，其人数组成由合营各方协商，在合同、章程中确定，并由合营各方委派和撤换。董事长和副董事长由合营各方协商确定或由董事会选举产生。中外合营者的一方担任董事长的，由他方担任副董事长。董事会根据平等互利的原则，决定合营企业的重大问题。

董事会的职权是按合营企业章程规定，讨论决定合营企业的一切重大问题：企业发展规划、生产经营活动方案、收支预算、利润分配、劳动工资计划、停业，以及总经理、副总经理、总工程师、总会计师、审计师的任命或聘请及其职权和待遇等。

正副总经理（或正副厂长）由合营各方分别担任。

合营企业职工的录用、辞退、报酬、福利、劳动保护、劳动保险等事项，应当依法通过订立合同加以规定。

第七条　【合营企业职工依法建立工会及合营企业为工会提供必要活动条件】合营企业的职工依法建立工会组织，开展工会活动，维护职工的合法权益。

合营企业应当为本企业工会提供必要的活动条件。

第八条　【合营企业利润分配和税收优惠】合营企业获得的毛利润，按中华人民共和国税法规定缴纳合营企业所得税后，扣除合营企业章程规定的储备基金、职工奖励及福利基金、企业发展基金，净利润根据合营各方注册资本的比例进行分配。

合营企业依照国家有关税收的法律和行政法规的规定，可以享受减税、免税的优惠待遇。

外国合营者将分得的净利润用于在中国境内再投资时，可申请退还已缴纳的部分所得税。

第九条　【合营企业外汇管理和保险】合营企业应凭营业执照在国家外汇管理机关允许经营外汇业务的银行或其他金融机构开立外汇账户。

合营企业的有关外汇事宜，应遵照中华人民共和国外汇管理条例办理。

合营企业在其经营活动中，可直接向外国银行筹措资金。

合营企业的各项保险应向中国境内的保险公司投保。

第十条　【合营企业物资采购、产品销售和境外设立机构】合营企业在批准的经营范围内所需的原材料、燃料等物资，按照公平、合理的原则，可以在国内市场或者在国际市场购买。

鼓励合营企业向中国境外销售产品。出口产品可由合营企业直接或与其有关的委托机构向国外市场出售，也可通过中国的外贸机构出售。合营企业产品也可在中国市场销售。

合营企业需要时可在中国境外设立分支机构。

第十一条　【外国合营者利润和资金汇往国

外】外国合营者在履行法律和协议、合同规定的义务后分得的净利润，在合营企业期满或者中止时所分得的资金以及其他资金，可按合营企业合同规定的货币，按外汇管理条例汇往国外。

鼓励外国合营者将可汇出的外汇存入中国银行。

第十二条 【合营企业外籍职工收入汇往国外】 合营企业的外籍职工的工资收入和其他正当收入，按中华人民共和国税法缴纳个人所得税后，可按外汇管理条例汇往国外。

第十三条 【合营企业合营期限】合营企业的合营期限，按不同行业、不同情况，作不同的约定。有的行业的合营企业，应当约定合营期限；有的行业的合营企业，可以约定合营期限，也可以不约定合营期限。约定合营期限的合营企业，合营各方同意延长合营期限的，应在距合营期满六个月前向审查批准机关提出申请。审查批准机关应自接到申请之日起一个月内决定批准或不批准。

第十四条 【合营企业合同终止】合营企业如发生严重亏损、一方不履行合同和章程规定的义务、不可抗力等，经合营各方协商同意，报请审查批准机关批准，并向国家工商行政管理主管部门登记，可终止合同。如果因违反合同而造成损失的，应由违反合同的一方承担经济责任。

第十五条 【准入备案管理】举办合营企业不涉及国家规定实施准入特别管理措施的，对本法第三条、第十三条、第十四条规定的审批事项，适用备案管理。国家规定的准入特别管理措施由国务院发布或者批准发布。

第十六条 【合营各方争议解决方法】合营各方发生纠纷，董事会不能协商解决时，由中国仲裁机构进行调解或仲裁，也可由合营各方协议在其他仲裁机构仲裁。

合营各方没有在合同中订有仲裁条款的或者事后没有达成书面仲裁协议的，可以向人民法院起诉。

第十七条 【施行日期】本法自公布之日起生效。

6. 中华人民共和国中外合作经营企业法

（1988年4月13日第七届全国人民代表大会第一次会议通过　根据2000年10月31日第九届全国人民代表大会常务委员会第十八次会议《关于修改〈中华人民共和国中外合作经营企业法〉的决定》第一次修正　根据2016年9月3日第十二届全国人民代表大会常务委员会第二十二次会议《关于修改〈中华人民共和国外资企业法〉等四部法律的决定》第二次修正　根据2016年11月7日第十二届全国人民代表大会常务委员会第二十四次会议《关于修改〈中华人民共和国对外贸易法〉等十二部法律的决定》第三次修正　根据2017年11月4日第十二届全国人民代表大会常务委员会第三十次会议《关于修改〈中华人民共和国会计法〉等十一部法律的决定》第四次修正）

第一条 为了扩大对外经济合作和技术交流，促进外国的企业和其他经济组织或者个人（以下简称外国合作者）按照平等互利的原则，同中华人民共和国的企业或者其他经济组织（以下简称中国合作者）在中国境内共同举办中外合作经营企业（以下简称合作企业），特制定本法。

第二条 中外合作者举办合作企业，应当依照本法的规定，在合作企业合同中约定投资或者合作条件、收益或者产品的分配、风险和亏损的分担、经营管理的方式和合作企业终止时财产的归属等事项。

合作企业符合中国法律关于法人条件的规定的，依法取得中国法人资格。

第三条 国家依法保护合作企业和中外合作者的合法权益。

合作企业必须遵守中国的法律、法规，不得损害中国的社会公共利益。

国家有关机关依法对合作企业实行监督。

第四条 国家鼓励举办产品出口的或者技术先进的生产型合作企业。

第五条　申请设立合作企业，应当将中外合作者签订的协议、合同、章程等文件报国务院对外经济贸易主管部门或者国务院授权的部门和地方政府（以下简称审查批准机关）审查批准。审查批准机关应当自接到申请之日起四十五天内决定批准或者不批准。

第六条　设立合作企业的申请经批准后，应当自接到批准证书之日起三十天内向工商行政管理机关申请登记，领取营业执照。合作企业的营业执照签发日期，为该企业的成立日期。

合作企业应当自成立之日起三十天内向税务机关办理税务登记。

第七条　中外合作者在合作期限内协商同意对合作企业合同作重大变更的，应当报审查批准机关批准；变更内容涉及法定工商登记项目、税务登记项目的，应当向工商行政管理机关、税务机关办理变更登记手续。

第八条　中外合作者的投资或者提供的合作条件可以是现金、实物、土地使用权、工业产权、非专利技术和其他财产权利。

第九条　中外合作者应当依照法律、法规的规定和合作企业合同的约定，如期履行缴足投资、提供合作条件的义务。逾期不履行的，由工商行政管理机关限期履行；限期届满仍未履行的，由审查批准机关和工商行政管理机关依照国家有关规定处理。

中外合作者的投资或者提供的合作条件，由中国注册会计师或者有关机构验证并出具证明。

第十条　中外合作者的一方转让其在合作企业合同中的全部或者部分权利、义务的，必须经他方同意，并报审查批准机关批准。

第十一条　合作企业依照经批准的合作企业合同、章程进行经营管理活动。合作企业的经营管理自主权不受干涉。

第十二条　合作企业应当设立董事会或者联合管理机构，依照合作企业合同或者章程的规定，决定合作企业的重大问题。中外合作者的一方担任董事会的董事长、联合管理机构的主任的，由他方担任副董事长、副主任。董事会或者联合管理机构可以决定任命或者聘请总经理负责合作企业的日常经营管理工作。总经理对董事会或者联合管理机构负责。

合作企业成立后改为委托中外合作者以外的他人经营管理的，必须经董事会或者联合管理机构一致同意，并向工商行政管理机关办理变更登记手续。

第十三条　合作企业职工的录用、辞退、报酬、福利、劳动保护、劳动保险等事项，应当依法通过订立合同加以规定。

第十四条　合作企业的职工依法建立工会组织，开展工会活动，维护职工的合法权益。

合作企业应当为本企业工会提供必要的活动条件。

第十五条　合作企业必须在中国境内设置会计账簿，依照规定报送会计报表，并接受财政税务机关的监督。

合作企业违反前款规定，不在中国境内设置会计账簿的，财政税务机关可以处以罚款，工商行政管理机关可以责令停止营业或者吊销其营业执照。

第十六条　合作企业应当凭营业执照在国家外汇管理机关允许经营外汇业务的银行或者其他金融机构开立外汇账户。

合作企业的外汇事宜，依照国家有关外汇管理的规定办理。

第十七条　合作企业可以向中国境内的金融机构借款，也可以在中国境外借款。

中外合作者用作投资或者合作条件的借款及其担保，由各方自行解决。

第十八条　合作企业的各项保险应当向中国境内的保险机构投保。

第十九条　合作企业可以在经批准的经营范围内，进口本企业需要的物资，出口本企业生产的产品。合作企业在经批准的经营范围内所需的原材料、燃料等物资，按照公平、合理的原则，可以在国内市场或者在国际市场购买。

第二十条　合作企业依照国家有关税收的规定缴纳税款并可以享受减税、免税的优惠待遇。

第二十一条　中外合作者依照合作企业合同的约定，分配收益或者产品，承担风险和亏损。

中外合作者在合作企业合同中约定合作期满时合作企业的全部固定资产归中国合作者所有的，可以在合作企业合同中约定外国合作者在合作期限内先行回收投资的办法。

依照前款规定外国合作者在合作期限内先

行回收投资的，中外合作者应当依照有关法律的规定和合作企业合同的约定对合作企业的债务承担责任。

第二十二条 外国合作者在履行法律规定和合作企业合同约定的义务后分得的利润、其他合法收入和合作企业终止时分得的资金，可以依法汇往国外。

合作企业的外籍职工的工资收入和其他合法收入，依法缴纳个人所得税后，可以汇往国外。

第二十三条 合作企业期满或者提前终止时，应当依照法定程序对资产和债权、债务进行清算。中外合作者应当依照合作企业合同的约定确定合作企业财产的归属。

合作企业期满或者提前终止，应当向工商行政管理机关和税务机关办理注销登记手续。

第二十四条 合作企业的合作期限由中外合作者协商并在合作企业合同中订明。中外合作者同意延长合作期限的，应当在距合作期满一百八十天前向审查批准机关提出申请。审查批准机关应当自接到申请之日起三十天内决定批准或者不批准。

第二十五条 举办合作企业不涉及国家规定实施准入特别管理措施的，对本法第五条、第七条、第十条、第二十四条规定的审批事项，适用备案管理。国家规定的准入特别管理措施由国务院发布或者批准发布。

第二十六条 中外合作者履行合作企业合同、章程发生争议时，应当通过协商或者调解解决。中外合作者不愿通过协商、调解解决的，或者协商、调解不成的，可以依照合作企业合同中的仲裁条款或者事后达成的书面仲裁协议，提交中国仲裁机构或者其他仲裁机构仲裁。

中外合作者没有在合作企业合同中订立仲裁条款，事后又没有达成书面仲裁协议的，可以向中国法院起诉。

第二十七条 国务院对外经济贸易主管部门根据本法制定实施细则，报国务院批准后施行。

第二十八条 本法自公布之日起施行。

7. 中华人民共和国企业所得税法

（2007年3月16日第十届全国人民代表大会第五次会议通过 根据2017年2月24日第十二届全国人民代表大会常务委员会第二十六次会议《关于修改〈中华人民共和国企业所得税法〉的决定》修正）

目 录

第一章 总 则

第一条 【适用范围】在中华人民共和国境内，企业和其他取得收入的组织（以下统称企业）为企业所得税的纳税人，依照本法的规定缴纳企业所得税。

个人独资企业、合伙企业不适用本法。

第二条 【企业分类及其含义】企业分为居民企业和非居民企业。

本法所称居民企业，是指依法在中国境内成立，或者依照外国（地区）法律成立但实际管理机构在中国境内的企业。

本法所称非居民企业，是指依照外国（地区）法律成立且实际管理机构不在中国境内，但在中国境内设立机构、场所的，或者在中国境内未设立机构、场所，但有来源于中国境内所得的企业。

第三条 【缴纳企业所得税的所得范围】居民企业应当就其来源于中国境内、境外的所得缴纳企业所得税。

非居民企业在中国境内设立机构、场所的，应当就其所设机构、场所取得的来源于中国境内的所得，以及发生在中国境外但与其所设机构、场所有实际联系的所得，缴纳企业所得税。

非居民企业在中国境内未设立机构、场所的，或者虽设立机构、场所但取得的所得与其所设机构、场所没有实际联系的，应当就其来源于中国境内的所得缴纳企业所得税。

第四条　【税率】企业所得税的税率为25%。

非居民企业取得本法第三条第三款规定的所得，适用税率为20%。

第二章　应纳税所得额

第五条　【应纳税所得额的计算】企业每一纳税年度的收入总额，减除不征税收入、免税收入、各项扣除以及允许弥补的以前年度亏损后的余额，为应纳税所得额。

第六条　【企业收入总额】企业以货币形式和非货币形式从各种来源取得的收入，为收入总额。包括：

（一）销售货物收入；

（二）提供劳务收入；

（三）转让财产收入；

（四）股息、红利等权益性投资收益；

（五）利息收入；

（六）租金收入；

（七）特许权使用费收入；

（八）接受捐赠收入；

（九）其他收入。

第七条　【不征税收入项目】收入总额中的下列收入为不征税收入：

（一）财政拨款；

（二）依法收取并纳入财政管理的行政事业性收费、政府性基金；

（三）国务院规定的其他不征税收入。

第八条　【准予扣除的与收入有关的、合理的支出】企业实际发生的与取得收入有关的、合理的支出，包括成本、费用、税金、损失和其他支出，准予在计算应纳税所得额时扣除。

第九条　【准予扣除的公益性捐赠支出】企业发生的公益性捐赠支出，在年度利润总额12%以内的部分，准予在计算应纳税所得额时扣除；超过年度利润总额12%的部分，准予结转以后三年内，在计算应纳税所得额时扣除。

第十条　【不得扣除的支出事项】在计算应纳税所得额时，下列支出不得扣除：

（一）向投资者支付的股息、红利等权益性投资收益款项；

（二）企业所得税税款；

（三）税收滞纳金；

（四）罚金、罚款和被没收财物的损失；

（五）本法第九条规定以外的捐赠支出；

（六）赞助支出；

（七）未经核定的准备金支出；

（八）与取得收入无关的其他支出。

第十一条　【固定资产折旧扣除】在计算应纳税所得额时，企业按照规定计算的固定资产折旧，准予扣除。

下列固定资产不得计算折旧扣除：

（一）房屋、建筑物以外未投入使用的固定资产；

（二）以经营租赁方式租入的固定资产；

（三）以融资租赁方式租出的固定资产；

（四）已足额提取折旧仍继续使用的固定资产；

（五）与经营活动无关的固定资产；

（六）单独估价作为固定资产入账的土地；

（七）其他不得计算折旧扣除的固定资产。

第十二条　【无形资产摊销费用扣除】在计算应纳税所得额时，企业按照规定计算的无形资产摊销费用，准予扣除。

下列无形资产不得计算摊销费用扣除：

（一）自行开发的支出已在计算应纳税所得额时扣除的无形资产；

（二）自创商誉；

（三）与经营活动无关的无形资产；

（四）其他不得计算摊销费用扣除的无形资产。

第十三条　【可扣除的长期待摊费用范围】在计算应纳税所得额时，企业发生的下列支出作为长期待摊费用，按照规定摊销的，准予扣除：

（一）已足额提取折旧的固定资产的改建支出；

（二）租入固定资产的改建支出；

（三）固定资产的大修理支出；

（四）其他应当作为长期待摊费用的支出。

第十四条 【投资资产成本不得扣除】企业对外投资期间，投资资产的成本在计算应纳税所得额时不得扣除。

第十五条 【存货成本扣除】企业使用或者销售存货，按照规定计算的存货成本，准予在计算应纳税所得额时扣除。

第十六条 【转让资产净值扣除】企业转让资产，该项资产的净值，准予在计算应纳税所得额时扣除。

第十七条 【境外亏损不得抵减境内盈利】企业在汇总计算缴纳企业所得税时，其境外营业机构的亏损不得抵减境内营业机构的盈利。

第十八条 【年度亏损结转】企业纳税年度发生的亏损，准予向以后年度结转，用以后年度的所得弥补，但结转年限最长不得超过五年。

第十九条 【非居民企业应纳税所得额计算】非居民企业取得本法第三条第三款规定的所得，按照下列方法计算其应纳税所得额：

（一）股息、红利等权益性投资收益和利息、租金、特许权使用费所得，以收入全额为应纳税所得额；

（二）转让财产所得，以收入全额减除财产净值后的余额为应纳税所得额；

（三）其他所得，参照前两项规定的方法计算应纳税所得额。

第二十条 【具体办法的授权规定】本章规定的收入、扣除的具体范围、标准和资产的税务处理的具体办法，由国务院财政、税务主管部门规定。

第二十一条 【税收法律优先】在计算应纳税所得额时，企业财务、会计处理办法与税收法律、行政法规的规定不一致的，应当依照税收法律、行政法规的规定计算。

第三章 应纳税额

第二十二条 【应纳税额计算方法】企业的应纳税所得额乘以适用税率，减除依照本法关于税收优惠的规定减免和抵免的税额后的余额，为应纳税额。

第二十三条 【境外缴纳所得税额的抵免】企业取得的下列所得已在境外缴纳的所得税税额，可以从其当期应纳税额中抵免，抵免限额为该项所得依照本法规定计算的应纳税额；超过抵免限额的部分，可以在以后五个年度内，用每年度抵免限额抵免当年应抵税额后的余额进行抵补：

（一）居民企业来源于中国境外的应税所得；

（二）非居民企业在中国境内设立机构、场所，取得发生在中国境外但与该机构、场所有实际联系的应税所得。

第二十四条 【境外法定所得抵免】居民企业从其直接或者间接控制的外国企业分得的来源于中国境外的股息、红利等权益性投资收益，外国企业在境外实际缴纳的所得税税额中属于该项所得负担的部分，可以作为该居民企业的可抵免境外所得税税额，在本法第二十三条规定的抵免限额内抵免。

第四章 税收优惠

第二十五条 【重点扶持和鼓励发展的产业和项目所得税优惠】国家对重点扶持和鼓励发展的产业和项目，给予企业所得税优惠。

第二十六条 【免税收入】企业的下列收入为免税收入：

（一）国债利息收入；

（二）符合条件的居民企业之间的股息、红利等权益性投资收益；

（三）在中国境内设立机构、场所的非居民企业从居民企业取得与该机构、场所有实际联系的股息、红利等权益性投资收益；

（四）符合条件的非营利组织的收入。

第二十七条 【免征、减征所得】企业的下列所得，可以免征、减征企业所得税：

（一）从事农、林、牧、渔业项目的所得；

（二）从事国家重点扶持的公共基础设施项目投资经营的所得；

（三）从事符合条件的环境保护、节能节水项目的所得；

（四）符合条件的技术转让所得；

（五）本法第三条第三款规定的所得。

第二十八条 【小型微利企业、高新技术企业减征所得税】符合条件的小型微利企业，减按20%的税率征收企业所得税。

国家需要重点扶持的高新技术企业，减按

15%的税率征收企业所得税。

第二十九条 【民族自治地方企业缴纳企业所得税】民族自治地方的自治机关对本民族自治地方的企业应缴纳的企业所得税中属于地方分享的部分，可以决定减征或者免征。自治州、自治县决定减征或者免征的，须报省、自治区、直辖市人民政府批准。

第三十条 【加计扣除范围】企业的下列支出，可以在计算应纳税所得额时加计扣除：

（一）开发新技术、新产品、新工艺发生的研究开发费用；

（二）安置残疾人员及国家鼓励安置的其他就业人员所支付的工资。

第三十一条 【创业投资企业抵扣应纳税所得额】创业投资企业从事国家需要重点扶持和鼓励的创业投资，可以按投资额的一定比例抵扣应纳税所得额。

第三十二条 【企业加速折旧】企业的固定资产由于技术进步等原因，确需加速折旧的，可以缩短折旧年限或者采取加速折旧的方法。

第三十三条 【应纳税所得额的减计收入】企业综合利用资源，生产符合国家产业政策规定的产品所取得的收入，可以在计算应纳税所得额时减计收入。

第三十四条 【企业税额抵免】企业购置用于环境保护、节能节水、安全生产等专用设备的投资额，可以按一定比例实行税额抵免。

第三十五条 【税收优惠办法制定】本法规定的税收优惠的具体办法，由国务院规定。

第三十六条 【专项优惠政策】根据国民经济和社会发展的需要，或者由于突发事件等原因对企业经营活动产生重大影响的，国务院可以制定企业所得税专项优惠政策，报全国人民代表大会常务委员会备案。

第五章 源泉扣缴

第三十七条 【扣缴义务人源泉扣缴】对非居民企业取得本法第三条第三款规定的所得应缴纳的所得税，实行源泉扣缴，以支付人为扣缴义务人。税款由扣缴义务人在每次支付或者到期应支付时，从支付或者到期应支付的款项中扣缴。

第三十八条 【非居民企业境内取得工程作业、劳务所得源泉扣缴时的扣缴义务人】对非居民企业在中国境内取得工程作业和劳务所得应缴纳的所得税，税务机关可以指定工程价款或者劳务费的支付人为扣缴义务人。

第三十九条 【扣缴义务人无法履行扣缴义务时纳税人缴纳所得税】依照本法第三十七条、第三十八条规定应当扣缴的所得税，扣缴义务人未依法扣缴或者无法履行扣缴义务的，由纳税人在所得发生地缴纳。纳税人未依法缴纳的，税务机关可以从该纳税人在中国境内其他收入项目的支付人应付的款项中，追缴该纳税人的应纳税款。

第四十条 【扣缴义务人缴纳代扣方式】扣缴义务人每次代扣的税款，应当自代扣之日起七日内缴入国库，并向所在地的税务机关报送扣缴企业所得税报告表。

第六章 特别纳税调整

第四十一条 【企业与关联方之间应纳税收入或者所得额计算】企业与其关联方之间的业务往来，不符合独立交易原则而减少企业或者其关联方应纳税收入或者所得额的，税务机关有权按照合理方法调整。

企业与其关联方共同开发、受让无形资产，或者共同提供、接受劳务发生的成本，在计算应纳税所得额时应当按照独立交易原则进行分摊。

第四十二条 【预约定价安排】企业可以向税务机关提出与其关联方之间业务往来的定价原则和计算方法，税务机关与企业协商、确认后，达成预约定价安排。

第四十三条 【报送纳税申报表的附随义务及协助调查的责任】企业向税务机关报送年度企业所得税纳税申报表时，应当就其与关联方之间的业务往来，附送年度关联业务往来报告表。

税务机关在进行关联业务调查时，企业及其关联方，以及与关联业务调查有关的其他企业，应当按照规定提供相关资料。

第四十四条 【企业拒不提供、违规提供与关联方之间业务往来资料的处理】企业不提供与其关联方之间业务往来资料，或者提供虚假、不完整资料，未能真实反映其关联业务往来情况的,税务机关有权依法核定其应纳税所得额。

第四十五条 【设立在低税率国家(地区)企业的利润处理】由居民企业,或者由居民企业和中国居民控制的设立在实际税负明显低于本法第四条第一款规定税率水平的国家(地区)的企业,并非由于合理的经营需要而对利润不作分配或者减少分配的,上述利润中应归属于该居民企业的部分,应当计入该居民企业的当期收入。

第四十六条 【超标利息不得扣除】企业从其关联方接受的债权性投资与权益性投资的比例超过规定标准而发生的利息支出,不得在计算应纳税所得额时扣除。

第四十七条 【不合理安排减少所得税的调整】企业实施其他不具有合理商业目的的安排而减少其应纳税收入或者所得额的,税务机关有权按照合理方法调整。

第四十八条 【特别纳税调整补征税款应加收利息】税务机关依照本章规定作出纳税调整,需要补征税款的,应当补征税款,并按照国务院规定加收利息。

第七章 征收管理

第四十九条 【企业所得税的征收管理】企业所得税的征收管理除本法规定外,依照《中华人民共和国税收征收管理法》的规定执行。

第五十条 【居民企业纳税地点】除税收法律、行政法规另有规定外,居民企业以企业登记注册地为纳税地点;但登记注册地在境外的,以实际管理机构所在地为纳税地点。

居民企业在中国境内设立不具有法人资格的营业机构的,应当汇总计算并缴纳企业所得税。

第五十一条 【非居民企业纳税地点】非居民企业取得本法第三条第二款规定的所得,以机构、场所所在地为纳税地点。非居民企业在中国境内设立两个或者两个以上机构、场所的,经税务机关审核批准,可以选择由其主要机构、场所汇总缴纳企业所得税。

非居民企业取得本法第三条第三款规定的所得,以扣缴义务人所在地为纳税地点。

第五十二条 【禁止合并缴纳所得税】除国务院另有规定外,企业之间不得合并缴纳企业所得税。

第五十三条 【企业所得税纳税年度】企业所得税按纳税年度计算。纳税年度自公历1月1日起至12月31日止。

企业在一个纳税年度中间开业,或者终止经营活动,使该纳税年度的实际经营期不足十二个月的,应当以其实际经营期为一个纳税年度。

企业依法清算时,应当以清算期间作为一个纳税年度。

第五十四条 【缴纳企业所得税方式】企业所得税分月或者分季预缴。

企业应当自月份或者季度终了之日起十五日内,向税务机关报送预缴企业所得税纳税申报表,预缴税款。

企业应当自年度终了之日起五个月内,向税务机关报送年度企业所得税纳税申报表,并汇算清缴,结清应缴应退税款。

企业在报送企业所得税纳税申报表时,应当按照规定附送财务会计报告和其他有关资料。

第五十五条 【企业终止经营活动及清算时缴纳所得税】企业在年度中间终止经营活动的,应当自实际经营终止之日起六十日内,向税务机关办理当期企业所得税汇算清缴。

企业应当在办理注销登记前,就其清算所得向税务机关申报并依法缴纳企业所得税。

第五十六条 【货币计量单位】依照本法缴纳的企业所得税,以人民币计算。所得以人民币以外的货币计算的,应当折合成人民币计算并缴纳税款。

第八章 附 则

第五十七条 【已享受法定优惠的企业的过渡性措施】本法公布前已经批准设立的企业,依照当时的税收法律、行政法规规定,享受低税率优惠的,按照国务院规定,可以在本法施行后五年内,逐步过渡到本法规定的税率;享受定期减免税优惠的,按照国务院规定,可以在本法施行后继续享受到期满为止,但因未获利而尚未享受优惠的,优惠期限从本法施行年度起计算。

法律设置的发展对外经济合作和技术交流的特定地区内,以及国务院已规定执行上述地区特殊政策的地区内新设立的国家需要重点扶持的高新技术企业,可以享受过渡性税收优惠,具体办法由国务院规定。

国家已确定的其他鼓励类企业,可以按照国务院规定享受减免税优惠。

第五十八条 【本法与国际税收协定关系】中华人民共和国政府同外国政府订立的有关税收的协定与本法有不同规定的,依照协定的规定办理。

第五十九条 【实施条例的制定】国务院根据本法制定实施条例。

第六十条 【施行日期】本法自2008年1月1日起施行。1991年4月9日第七届全国人民代表大会第四次会议通过的《中华人民共和国外商投资企业和外国企业所得税法》和1993年12月13日国务院发布的《中华人民共和国企业所得税暂行条例》同时废止。

第二章　公司投资、并购法律政策

导 读

投资是公司业务扩张和规模扩展的重要方式。公司进行投资的具体方式既可以是公司现有业务的扩大再生产，也可以是投资建设新的项目，还可以是收购他人现有的项目，最近几年，境外投资也逐渐进入企业家们的视野。

公司自身的扩大再生产除了可能需要办理投资项目的核准或备案手续外，一般不会涉及太多法律问题。近年来，我国对公司的投资行为逐步从审批管理向核准及备案管理转变，国家发展和改革委员会、工业和信息化部等部门也陆续发布了一些产业政策，企业的投资行为必须遵守这些管理规定，否则就无法办理投资项目需要的环境、土地、规划、施工等一系列的手续。本章首先编选投资审批、核准、备案和产业政策方面的法律、政策，而环境、土地、规划、施工等管理规定则不在本章编选之列。

公司对外投资包括两种方式，一种是新设公司，包括新设全资子公司、新设控股子公司和新设参股公司等，另一种是实施并购，包括资产并购和股权并购。新设公司除了也可能需要办理投资项目的核准或备案手续外，一般还会涉及出资与分配、股权结构与股东权利、公司治理结构、解散与清算等诸多法律问题。本章在股权投资一节中编选了这方面的法律、法规和规范性文件。公司并购是项非常复杂的法律工程，其中的法律问题非常多，涉及的法律、法规自然也不少，但是，真正直接规范并购行为的法律法规却并不多，因此在具体实施并购行为时必须在律师、会计师等专业人士的指导和直接参与下进行，否则会面临太多的法律风险。

境外投资是项特殊的投资行为，不仅牵涉中国政府主管部门的核准，一般还会涉及投资目的地国家或地区的法律和政府监管。中国与境外投资相关的政府主管部门包括发展和改革部门、商务部门、外汇管理部门等多个部门。因此，进行境外投资必须充分了解我国和境外的法律法规，还须了解境外的政治、经济、文化、宗教等投资环境。本章编选了我国关于境外投资的法律法规，关于投资目的地国家或地区的法律必须求助于当地的律师。

一、项目投资

导 读

我国对于项目投资区别不同情况，分别进行审批管理、核准管理和备案管理。企业进行项目投资或者新设生产型的公司，首先需要确认所投资项目是否需要审批，是否需要核准，还是只需备案即可。只有需要利用国家财政性投资等政府投资项目才需要审批，而需要核准的项目是通过目录列举的，除此之外均应为备案管理。但是，在实践中，政府部门基于习惯性思维或者宏观调控的考虑，审批、核准与备案的界线似乎并不是很清晰，在具体实施时还需向相关政府主管部门咨询确认，以免在办理环境、土地、规划、施工等一系列的手续时遇到障碍。

本节同时编选了各类核准、备案的管理办法，这些管理办法规定了各种不同投资项目核准或者备案的权限、程序以及需要准备的文件等，可以在办理投资项目核准或者备案时参考。在具体办理前，建议查询相关政府部门网站并向其咨询、确认需要准备的文件，以提高办事效率。本节还提供了两份关于投资项目后评价的管理规定，可供企业评估或者总结投资项目的效果时参考。

此外，本节列举了产业指导目录和产业政策，这些也是项目投资需要特别关注的。由于我国产业政策和市场准入条件经常改变，本节没有全部全文收录，大部分只是列举了目录，旨在为相关行业投资者提供一份线索。关于这些产业政策和市场准入条件的最新版本一般可以在国家发展和改革委员会、工业和信息化部等部门的官方网站上找到。

(一)投资审批、核准和备案

1. 关于投资体制改革的决定(附《政府核准的投资项目目录》(2016年本))

(2004年7月16日国务院国发〔2004〕20号发布,自发布之日起施行)

改革开放以来,国家对原有的投资体制进行了一系列改革,打破了传统计划经济体制下高度集中的投资管理模式,初步形成了投资主体多元化、资金来源多渠道、投资方式多样化、项目建设市场化的新格局。但是,现行的投资体制还存在不少问题,特别是企业的投资决策权没有完全落实,市场配置资源的基础性作用尚未得到充分发挥,政府投资决策的科学化、民主化水平需要进一步提高,投资宏观调控和监管的有效性需要增强。为此,国务院决定进一步深化投资体制改革。

一、深化投资体制改革的指导思想和目标

(一)深化投资体制改革的指导思想是:按照完善社会主义市场经济体制的要求,在国家宏观调控下充分发挥市场配置资源的基础性作用,确立企业在投资活动中的主体地位,规范政府投资行为,保护投资者的合法权益,营造有利于各类投资主体公平、有序竞争的市场环境,促进生产要素的合理流动和有效配置,优化投资结构,提高投资效益,推动经济协调发展和社会全面进步。

(二)深化投资体制改革的目标是:改革政府对企业投资的管理制度,按照"谁投资、谁决策、谁收益、谁承担风险"的原则,落实企业投资自主权;合理界定政府投资职能,提高投资决策的科学化、民主化水平,建立投资决策责任追究制度;进一步拓宽项目融资渠道,发展多种融资方式;培育规范的投资中介服务组织,加强行业自律,促进公平竞争;健全投资宏观调控体系,改进调控方式,完善调控手段;加快投资领域的立法进程;加强投资监管,维护规范的投资和建设市场秩序。通过深化改革和扩大开放,最终建立起市场引导投资、企业自主决策、银行独立审贷、融资方式多样、中介服务规范、宏观调控有效的新型投资体制。

二、转变政府管理职能,确立企业的投资主体地位

(一)改革项目审批制度,落实企业投资自主权。彻底改革现行不分投资主体、不分资金来源、不分项目性质,一律按投资规模大小分别由各级政府及有关部门审批的企业投资管理办法。对于企业不使用政府投资建设的项目,一律不再实行审批制,区别不同情况实行核准制和备案制。其中,政府仅对重大项目和限制类项目从维护社会公共利益角度进行核准,其他项目无论规模大小,均改为备案制,项目的市场前景、经济效益、资金来源和产品技术方案等均由企业自主决策、自担风险,并依法办理环境保护、土地使用、资源利用、安全生产、城市规划等许可手续和减免税确认手续。对于企业使用政府补助、转贷、贴息投资建设的项目,政府只审批资金申请报告。各地区、各部门要相应改进管理办法,规范管理行为,不得以任何名义截留下放给企业的投资决策权利。

(二)规范政府核准制。要严格限定实行政府核准制的范围,并根据变化的情况适时调整。《政府核准的投资项目目录》(以下简称《目录》)由国务院投资主管部门会同有关部门研究提出,报国务院批准后实施。未经国务院批准,各地区、各部门不得擅自增减《目录》规定的范围。

企业投资建设实行核准制的项目,仅需向政府提交项目申请报告,不再经过批准项目建议书、可行性研究报告和开工报告的程序。政府对企业提交的项目申请报告,主要从维护经济安全、合理开发利用资源、保护生态环境、优化重大布局、保障公共利益、防止出现垄断等方面进行核准。对于外商投资项目，政府还要从市场准入、资本项目管理等方面进行核准。政府有关部门要制定严格规范的核准制度，明确核准的范围、内容、申报程序和办理时限，并向社会公布，提高办事效率，增强透明度。

（三）健全备案制。对于《目录》以外的企业投资项目，实行备案制，除国家另有规定外，由企业按照属地原则向地方政府投资主管部门备案。备案制的具体实施办法由省级人民政府自行制定。国务院投资主管部门要对备案工作加强指导和监督，防止以备案的名义变相审批。

（四）扩大大型企业集团的投资决策权。基本建立现代企业制度的特大型企业集团，投资建设《目录》内的项目，可以按项目单独申报核准，也可编制中长期发展建设规划，规划经国务院或国务院投资主管部门批准后，规划中属于《目录》内的项目不再另行申报核准，只须办理备案手续。企业集团要及时向国务院有关部门报告规划执行和项目建设情况。

（五）鼓励社会投资。放宽社会资本的投资领域，允许社会资本进入法律法规未禁入的基础设施、公用事业及其他行业和领域。逐步理顺公共产品价格，通过注入资本金、贷款贴息、税收优惠等措施，鼓励和引导社会资本以独资、合资、合作、联营、项目融资等方式，参与经营性的公益事业、基础设施项目建设。对于涉及国家垄断资源开发利用、需要统一规划布局的项目，政府在确定建设规划后，可向社会公开招标选定项目业主。鼓励和支持有条件的各种所有制企业进行境外投资。

（六）进一步拓宽企业投资项目的融资渠道。允许各类企业以股权融资方式筹集投资资金，逐步建立起多种募集方式相互补充的多层次资本市场。经国务院投资主管部门和证券监管机构批准，选择一些收益稳定的基础设施项目进行试点，通过公开发行股票、可转换债券等方式筹集建设资金。在严格防范风险的前提下，改革企业债券发行管理制度，扩大企业债券发行规模，增加企业债券品种。按照市场化原则改进和完善银行的固定资产贷款审批和相应的风险管理制度，运用银团贷款、融资租赁、项目融资、财务顾问等多种业务方式，支持项目建设。允许各种所有制企业按照有关规定申请使用国外贷款。制定相关法规，组织建立中小企业融资和信用担保体系，鼓励银行和各类合格担保机构对项目融资的担保方式进行研究创新，采取多种形式增强担保机构资本实力，推动设立中小企业投资公司，建立和完善创业投资机制。规范发展各类投资基金。鼓励和促进保险资金间接投资基础设施和重点建设工程项目。

（七）规范企业投资行为。各类企业都应严格遵守国土资源、环境保护、安全生产、城市规划等法律法规，严格执行产业政策和行业准入标准，不得投资建设国家禁止发展的项目；应诚信守法，维护公共利益，确保工程质量，提高投资效益。国有和国有控股企业应按照国有资产管理体制改革和现代企业制度的要求，建立和完善国有资产出资人制度、投资风险约束机制、科学民主的投资决策制度和重大投资责任追究制度。严格执行投资项目的法人责任制、资本金制、招标投标制、工程监理制和合同管理制。

三、完善政府投资体制，规范政府投资行为

（一）合理界定政府投资范围。政府投资主要用于关系国家安全和市场不能有效配置资源的经济和社会领域，包括加强公益性和公共基础设施建设，保护和改善生态环境，促进欠发达地区的经济和社会发展，推进科技进步和高新技术产业化。能够由社会投资建设的项目，尽可能利用社会资金建设。合理划分中央政府与地方政府的投资事权。中央政府投资除本级政权等建设外，主要安排跨地区、跨流域以及对经济和社会发展全局有重大影响的项目。

（二）健全政府投资项目决策机制。进一步完善和坚持科学的决策规则和程序，提高政府投资项目决策的科学化、民主化水平；政府投资项目一般都要经过符合资质要求的咨询中介机构的评估论证，咨询评估要引入竞争机制，并制定合理的竞争规则；特别重大的项目还应实行专家评议制度；逐步实行政府投资项目公示制度，广泛听取各方面的意见和建议。

（三）规范政府投资资金管理。编制政府投资的中长期规划和年度计划，统筹安排、合理使用各类政府投资资金，包括预算内投资、各类专项建设基金、统借国外贷款等。政府投资资金按项目安排，根据资金来源、项目性质和调控需要，可分别采取直接投资、资本金注入、投资补助、转贷和贷款贴息等方式。以资本金注入方式投入的，要确定出资人代表。要针对不同的资金类型和资金运用方式，确定相应的管理办法，逐步实现政府投资的决策程序和资金管理的科学化、制度化和规范化。

（四）简化和规范政府投资项目审批程序，合理划分审批权限。按照项目性质、资金来源和事权划分，合理确定中央政府与地方政府之间、国务院投资主管部门与有关部门之间的项目审批权限。对于政府投资项目，采用直接投资和资本金注入方式的，从投资决策角度只审批项目建议书和可行性研究报告，除特殊情况外不再审批开工报告，同时应严格政府投资项目的初步设计、概算审批工作；采用投资补助、转贷和贷款贴息方式的，只审批资金申请报告。具体的权限划分和审批程序由国务院投资主管部门会同有关方面研究制定，报国务院批准后颁布实施。

（五）加强政府投资项目管理，改进建设实施方式。规范政府投资项目的建设标准，并根据情况变化及时修订完善。按项目建设进度下达投资资金计划。加强政府投资项目的中介服务管理，对咨询评估、招标代理等中介机构实行资质管理，提高中介服务质量。对非经营性政府投资项目加快推行“代建制”，即通过招标等方式，选择专业化的项目管理单位负责建设实施，严格控制项目投资、质量和工期，竣工验收后移交给使用单位。增强投资风险意识，建立和完善政府投资项目的风险管理机制。

（六）引入市场机制，充分发挥政府投资的效益。各级政府要创造条件，利用特许经营、投资补助等多种方式，吸引社会资本参与有合理回报和一定投资回收能力的公益事业和公共基础设施项目建设。对于具有垄断性的项目，试行特许经营，通过业主招标制度，开展公平竞争，保护公众利益。已经建成的政府投资项目，具备条件的经过批准可以依法转让产权或经营权，以回收的资金滚动投资于社会公益等各类基础设施建设。

四、加强和改善投资的宏观调控

（一）完善投资宏观调控体系。国家发展和改革委员会要在国务院领导下会同有关部门，按照职责分工，密切配合、相互协作、有效运转、依法监督，调控全社会的投资活动，保持合理投资规模，优化投资结构，提高投资效益，促进国民经济持续快速协调健康发展和社会全面进步。

（二）改进投资宏观调控方式。综合运用经济的、法律的和必要的行政手段，对全社会投资进行以间接调控方式为主的有效调控。国务院有关部门要依据国民经济和社会发展中长期规划，编制教育、科技、卫生、交通、能源、农业、林业、水利、生态建设、环境保护、战略资源开发等重要领域的发展建设规划，包括必要的专项发展建设规划，明确发展的指导思想、战略目标、总体布局和主要建设项目等。按照规定程序批准的发展建设规划是投资决策的重要依据。各级政府及其有关部门要努力提高政府投资效益，引导社会投资。制定并适时调整国家固定资产投资指导目录、外商投资产业指导目录，明确国家鼓励、限制和禁止投资的项目。建立投资信息发布制度，及时发布政府对投资的调控目标、主要调控政策、重点行业投资状况和发展趋势等信息，引导全社会投资活动。建立科学的行业准入制度，规范重点行业的环保标准、安全标准、能耗水耗标准和产品技术、质量标准，防止低水平重复建设。

（三）协调投资宏观调控手段。根据国民经济和社会发展要求以及宏观调控需要，合理确定政府投资规模，保持国家对全社会投资的积极引导和有效调控。灵活运用投资补助、贴息、价格、利率、税收等多种手段，引导社会投资，优化投资的产业结构和地区结构。适时制定和调整信贷政策，引导中长期贷款的总量和投向。严格和规范土地使用制度，充分发挥土地供应对社会投资的调控和引导作用。

（四）加强和改进投资信息、统计工作。加强投资统计工作，改革和完善投资统计制度，进一步及时、准确、全面地反映全社会固定资产存量和投资的运行态势，并建立各类信息共享机制，为投资宏观调控提供科学依据。建立投资风险预警和防范体系，加强对宏观经济和投资运行的监测分析。

五、加强和改进投资的监督管理

（一）建立和完善政府投资监管体系。建立政府投资责任追究制度，工程咨询、投资项目决策、设计、施工、监理等部门和单位，都应有相应的责任约束，对不遵守法律法规给国家造成重大损失的，要依法追究有关责任人的行政和法律责任。完善政府投资制衡机制，投资主管部门、财政主管部门以及有关部门，要依据职能分工，对政府投资的管理进行相互监督。审计机关要依法全面履行职责，进一步加强对政府投资项目的审计监督，提高政府投资管理水平和投资效益。完善重大项目稽查制度，建立政府投资项目后评价制度，对政府投资项目进行全过程监管。建立政府投资项目的社会监督机制，鼓励公众和新闻媒体对政府投资项目进行监督。

（二）建立健全协同配合的企业投资监管体系。国土资源、环境保护、城市规划、质量监督、银行监管、证券监管、外汇管理、工商管理、安全生产监管等部门，要依法加强对企业投资活动的监管，凡不符合法律法规和国家政策规定的，不得办理相关许可手续。在建设过程中不遵守有关法律法规的，有关部门要责令其及时改正，并依法严肃处理。各级政府投资主管部门要加强对企业投资项目的事中和事后监督检查，对于不符合产业政策和行业准入标准的项目，以及不按规定履行相应核准或许可手续而擅自开工建设的项目，要责令其停止建设，并依法追究有关企业和人员的责任。审计机关依法对国有企业的投资进行审计监督，促进国有资产保值增值。建立企业投资诚信制度，对于在项目申报和建设过程中提供虚假信息、违反法律法规的，要予以惩处，并公开披露，在一定时间内限制其投资建设活动。

（三）加强对投资中介服务机构的监管。各类投资中介服务机构均须与政府部门脱钩，坚持诚信原则，加强自我约束，为投资者提供高质量、多样化的中介服务。鼓励各种投资中介服务机构采取合伙制、股份制等多种形式改组改造。健全和完善投资中介服务机构的行业协会，确立法律规范、政府监督、行业自律的行业管理体制。打破地区封锁和行业垄断，建立公开、公平、公正的投资中介服务市场，强化投资中介服务机构的法律责任。

（四）完善法律法规，依法监督管理。建立健全与投资有关的法律法规，依法保护投资者的合法权益，维护投资主体公平、有序竞争，投资要素合理流动、市场发挥配置资源的基础性作用的市场环境，规范各类投资主体的投资行为和政府的投资管理活动。认真贯彻实施有关法律法规，严格财经纪律，堵塞管理漏洞，降低建设成本，提高投资效益。加强执法检查，培育和维护规范的建设市场秩序。

附件：政府核准的投资项目目录（2016 年本）

二〇〇四年七月十六日

附件：

政府核准的投资项目目录（2016 年本）

一、农业水利

农业：涉及开荒的项目由省级政府核准。

水利工程：涉及跨界河流、跨省（区、市）水资源配置调整的重大水利项目由国务院投资主管部门核准，其中库容 10 亿立方米及以上或者涉及移民 1 万人及以上的水库项目由国务院核准。其余项目由地方政府核准。

二、能源

水电站：在跨界河流、跨省（区、市）河流上建设的单站总装机容量 50 万千瓦及以上项目由国务院投资主管部门核准，其中单站总装机容量 300 万千瓦及以上或者涉及移民 1 万人及以上的项目由国务院核准。其余项目由地方政府核准。

抽水蓄能电站：由省级政府按照国家制定的相关规划核准。

火电站（含自备电站）：由省级政府核准，其中燃煤燃气火电项目应在国家依据总量控制制定的建设规划内核准。

热电站（含自备电站）：由地方政府核准，其中抽凝式燃煤热电项目由省级政府在国家依据总量控制制定的建设规划内核准。

风电站：由地方政府在国家依据总量控制制定的建设规划及年度开发指导规模内核准。

核电站：由国务院核准。

电网工程：涉及跨境、跨省（区、市）输电的 ±500 千伏及以上直流项目，涉及跨境、跨省（区、市）输电的 500 千伏、750 千伏、1000 千伏交流项目，由国务院投资主管部门核准，其中 ±800 千伏及以上直流项目和1000千伏交流项目报国务院备案;不涉及跨境、跨省(区、市)输电的±500千伏及以上直流项目和500千伏、750千伏、1000千伏交流项目由省级政府按照国家制定的相关规划核准,其余项目由地方政府按照国家制定的相关规划核准。

煤矿:国家规划矿区内新增年生产能力120万吨及以上煤炭开发项目由国务院行业管理部门核准,其中新增年生产能力500万吨及以上的项目由国务院投资主管部门核准并报国务院备案;国家规划矿区内的其余煤炭开发项目和一般煤炭开发项目由省级政府核准。国家规定禁止建设或列入淘汰退出范围的项目,不得核准。

煤制燃料:年产超过20亿立方米的煤制天然气项目、年产超过100万吨的煤制油项目,由国务院投资主管部门核准。

液化石油气接收、存储设施(不含油气田、炼油厂的配套项目):由地方政府核准。

进口液化天然气接收、储运设施:新建(含异地扩建)项目由国务院行业管理部门核准,其中新建接收储运能力300万吨及以上的项目由国务院投资主管部门核准并报国务院备案。其余项目由省级政府核准。

输油管网(不含油田集输管网):跨境、跨省(区、市)干线管网项目由国务院投资主管部门核准,其中跨境项目报国务院备案。其余项目由地方政府核准。

输气管网(不含油气田集输管网):跨境、跨省(区、市)干线管网项目由国务院投资主管部门核准,其中跨境项目报国务院备案。其余项目由地方政府核准。

炼油:新建炼油及扩建一次炼油项目由省级政府按照国家批准的相关规划核准。未列入国家批准的相关规划的新建炼油及扩建一次炼油项目,禁止建设。

变性燃料乙醇:由省级政府核准。

三、交通运输

新建(含增建)铁路:列入国家批准的相关规划中的项目,中国铁路总公司为主出资的由其自行决定并报国务院投资主管部门备案,其他企业投资的由省级政府核准;地方城际铁路项目由省级政府按照国家批准的相关规划核准,并报国务院投资主管部门备案;其余项目由省级政府核准。

公路:国家高速公路网和普通国道网项目由省级政府按照国家批准的相关规划核准,地方高速公路项目由省级政府核准,其余项目由地方政府核准。

独立公(铁)路桥梁、隧道:跨境项目由国务院投资主管部门核准并报国务院备案。国家批准的相关规划中的项目,中国铁路总公司为主出资的由其自行决定并报国务院投资主管部门备案,其他企业投资的由省级政府核准;其余独立铁路桥梁、隧道及跨10万吨级及以上航道海域、跨大江大河(现状或规划为一级及以上通航段)的独立公路桥梁、隧道项目,由省级政府核准,其中跨长江干线航道的项目应符合国家批准的相关规划。其余项目由地方政府核准。

煤炭、矿石、油气专用泊位:由省级政府按国家批准的相关规划核准。

集装箱专用码头:由省级政府按国家批准的相关规划核准。

内河航运:跨省(区、市)高等级航道的千吨级及以上航电枢纽项目由省级政府按国家批准的相关规划核准,其余项目由地方政府核准。

民航:新建运输机场项目由国务院、中央军委核准,新建通用机场项目、扩建军民合用机场(增建跑道除外)项目由省级政府核准。

四、信息产业

电信:国际通信基础设施项目由国务院投资主管部门核准;国内干线传输网(含广播电视网)以及其他涉及信息安全的电信基础设施项目,由国务院行业管理部门核准。

五、原材料

稀土、铁矿、有色矿山开发:由省级政府核准。

石化:新建乙烯、对二甲苯(PX)、二苯基甲烷二异氰酸酯(MDI)项目由省级政府按照国家批准的石化产业规划布局方案核准。未列入国家批准的相关规划的新建乙烯、对二甲苯(PX)、二苯基甲烷二异氰酸酯(MDI)项目,禁止建设。

煤化工:新建煤制烯烃、新建煤制对二甲苯(PX)项目,由省级政府按照国家批准的相关规划核准。新建年产超过100万吨的煤制甲醇项目,由省级政府核准。其余项目禁止建设。

稀土:稀土冶炼分离项目、稀土深加工项目

由省级政府核准。

黄金:采选矿项目由省级政府核准。

六、机械制造

汽车:按照国务院批准的《汽车产业发展政策》执行。其中,新建中外合资轿车生产企业项目,由国务院核准;新建纯电动乘用车生产企业(含现有汽车企业跨类生产纯电动乘用车)项目,由国务院投资主管部门核准;其余项目由省级政府核准。

七、轻工

烟草:卷烟、烟用二醋酸纤维素及丝束项目由国务院行业管理部门核准。

八、高新技术

民用航空航天:干线支线飞机、6 吨/9 座及以上通用飞机和 3 吨及以上直升机制造、民用卫星制造、民用遥感卫星地面站建设项目,由国务院投资主管部门核准;6 吨/9 座以下通用飞机和 3 吨以下直升机制造项目由省级政府核准。

九、城建

城市快速轨道交通项目:由省级政府按照国家批准的相关规划核准。

城市道路桥梁、隧道:跨 10 万吨级及以上航道海域、跨大江大河(现状或规划为一级及以上通航段)的项目由省级政府核准。

其他城建项目:由地方政府自行确定实行核准或者备案。

十、社会事业

主题公园:特大型项目由国务院核准,其余项目由省级政府核准。

旅游:国家级风景名胜区、国家自然保护区、全国重点文物保护单位区域内总投资 5000 万元及以上旅游开发和资源保护项目,世界自然和文化遗产保护区内总投资 3000 万元及以上项目,由省级政府核准。

其他社会事业项目:按照隶属关系由国务院行业管理部门、地方政府自行确定实行核准或者备案。

十一、外商投资

《外商投资产业指导目录》中总投资(含增资)3 亿美元及以上限制类项目,由国务院投资主管部门核准,其中总投资(含增资)20 亿美元及以上项目报国务院备案。《外商投资产业指导目录》中总投资(含增资)3 亿美元以下限制类项目,由省级政府核准。

前款规定之外的属于本目录第一至十条所列项目,按照本目录第一至十条的规定执行。

十二、境外投资

涉及敏感国家和地区、敏感行业的项目,由国务院投资主管部门核准。

前款规定之外的中央管理企业投资项目和地方企业投资 3 亿美元及以上项目报国务院投资主管部门备案。

2. 企业投资项目核准和备案管理条例

(2016 年 10 月 8 日国务院第 149 次常务会议通过　2016 年 11 月 30 日中华人民共和国国务院令第 673 号公布　自 2017 年 2 月 1 日起施行)

第一条　为了规范政府对企业投资项目的核准和备案行为,加快转变政府的投资管理职能,落实企业投资自主权,制定本条例。

第二条　本条例所称企业投资项目(以下简称项目),是指企业在中国境内投资建设的固定资产投资项目。

第三条　对关系国家安全、涉及全国重大生产力布局、战略性资源开发和重大公共利益等项目,实行核准管理。具体项目范围以及核准机关、核准权限依照政府核准的投资项目目录执行。政府核准的投资项目目录由国务院投资主管部门会同国务院有关部门提出,报国务院批准后实施,并适时调整。国务院另有规定的,依照其规定。

对前款规定以外的项目,实行备案管理。除国务院另有规定的,实行备案管理的项目按照属地原则备案,备案机关及其权限由省、自治区、直辖市和计划单列市人民政府规定。

第四条　除涉及国家秘密的项目外,项目核准、备案通过国家建立的项目在线监管平台(以下简称在线平台)办理。

核准机关、备案机关以及其他有关部门统一使用在线平台生成的项目代码办理相关手续。

国务院投资主管部门会同有关部门制定在线平台管理办法。

第五条 核准机关、备案机关应当通过在线平台列明与项目有关的产业政策,公开项目核准的办理流程、办理时限等,并为企业提供相关咨询服务。

第六条 企业办理项目核准手续,应当向核准机关提交项目申请书;由国务院核准的项目,向国务院投资主管部门提交项目申请书。项目申请书应当包括下列内容:

(一)企业基本情况;

(二)项目情况,包括项目名称、建设地点、建设规模、建设内容等;

(三)项目利用资源情况分析以及对生态环境的影响分析;

(四)项目对经济和社会的影响分析。

企业应当对项目申请书内容的真实性负责。

法律、行政法规规定办理相关手续作为项目核准前置条件的,企业应当提交已经办理相关手续的证明文件。

第七条 项目申请书由企业自主组织编制,任何单位和个人不得强制企业委托中介服务机构编制项目申请书。

核准机关应当制定并公布项目申请书示范文本,明确项目申请书编制要求。

第八条 由国务院有关部门核准的项目,企业可以通过项目所在地省、自治区、直辖市和计划单列市人民政府有关部门(以下称地方人民政府有关部门)转送项目申请书,地方人民政府有关部门应当自收到项目申请书之日起5个工作日内转送核准机关。

由国务院核准的项目,企业通过地方人民政府有关部门转送项目申请书的,地方人民政府有关部门应当在前款规定的期限内将项目申请书转送国务院投资主管部门,由国务院投资主管部门审核后报国务院核准。

第九条 核准机关应当从下列方面对项目进行审查:

(一)是否危害经济安全、社会安全、生态安全等国家安全;

(二)是否符合相关发展建设规划、技术标准和产业政策;

(三)是否合理开发并有效利用资源;

(四)是否对重大公共利益产生不利影响。

项目涉及有关部门或者项目所在地地方人民政府职责的,核准机关应当书面征求其意见,被征求意见单位应当及时书面回复。

核准机关委托中介服务机构对项目进行评估的,应当明确评估重点;除项目情况复杂的,评估时限不得超过30个工作日。评估费用由核准机关承担。

第十条 核准机关应当自受理申请之日起20个工作日内,作出是否予以核准的决定;项目情况复杂或者需要征求有关单位意见的,经本机关主要负责人批准,可以延长核准期限,但延长的期限不得超过40个工作日。核准机关委托中介服务机构对项目进行评估的,评估时间不计入核准期限。

核准机关对项目予以核准的,应当向企业出具核准文件;不予核准的,应当书面通知企业并说明理由。由国务院核准的项目,由国务院投资主管部门根据国务院的决定向企业出具核准文件或者不予核准的书面通知。

第十一条 企业拟变更已核准项目的建设地点,或者拟对建设规模、建设内容等作较大变更的,应当向核准机关提出变更申请。核准机关应当自受理申请之日起20个工作日内,作出是否同意变更的书面决定。

第十二条 项目自核准机关作出予以核准决定或者同意变更决定之日起2年内未开工建设,需要延期开工建设的,企业应当在2年期限届满的30个工作日前,向核准机关申请延期开工建设。核准机关应当自受理申请之日起20个工作日内,作出是否同意延期开工建设的决定。开工建设只能延期一次,期限最长不得超过1年。国家对项目延期开工建设另有规定的,依照其规定。

第十三条 实行备案管理的项目,企业应当在开工建设前通过在线平台将下列信息告知备案机关:

(一)企业基本情况;

(二)项目名称、建设地点、建设规模、建设内容;

（三）项目总投资额；

（四）项目符合产业政策的声明。

企业应当对备案项目信息的真实性负责。

备案机关收到本条第一款规定的全部信息即为备案；企业告知的信息不齐全的，备案机关应当指导企业补正。

企业需要备案证明的，可以要求备案机关出具或者通过在线平台自行打印。

第十四条　已备案项目信息发生较大变更的，企业应当及时告知备案机关。

第十五条　备案机关发现已备案项目属于产业政策禁止投资建设或者实行核准管理的，应当及时告知企业予以纠正或者依法办理核准手续，并通知有关部门。

第十六条　核准机关、备案机关以及依法对项目负有监督管理职责的其他有关部门应当加强事中事后监管，按照谁审批谁监管、谁主管谁监管的原则，落实监管责任，采取在线监测、现场核查等方式，加强对项目实施的监督检查。

企业应当通过在线平台如实报送项目开工建设、建设进度、竣工的基本信息。

第十七条　核准机关、备案机关以及依法对项目负有监督管理职责的其他有关部门应当建立项目信息共享机制，通过在线平台实现信息共享。

企业在项目核准、备案以及项目实施中的违法行为及其处理信息，通过国家社会信用信息平台向社会公示。

第十八条　实行核准管理的项目，企业未依照本条例规定办理核准手续开工建设或者未按照核准的建设地点、建设规模、建设内容等进行建设的，由核准机关责令停止建设或者责令停产，对企业处项目总投资额1‰以上5‰以下的罚款；对直接负责的主管人员和其他直接责任人员处2万元以上5万元以下的罚款，属于国家工作人员的，依法给予处分。

以欺骗、贿赂等不正当手段取得项目核准文件，尚未开工建设的，由核准机关撤销核准文件，处项目总投资额1‰以上5‰以下的罚款；已经开工建设的，依照前款规定予以处罚；构成犯罪的，依法追究刑事责任。

第十九条　实行备案管理的项目，企业未依照本条例规定将项目信息或者已备案项目的信息变更情况告知备案机关，或者向备案机关提供虚假信息的，由备案机关责令限期改正；逾期不改正的，处2万元以上5万元以下的罚款。

第二十条　企业投资建设产业政策禁止投资建设项目的，由县级以上人民政府投资主管部门责令停止建设或者责令停产并恢复原状，对企业处项目总投资额5‰以上10‰以下的罚款；对直接负责的主管人员和其他直接责任人员处5万元以上10万元以下的罚款，属于国家工作人员的，依法给予处分。法律、行政法规另有规定的，依照其规定。

第二十一条　核准机关、备案机关及其工作人员在项目核准、备案工作中玩忽职守、滥用职权、徇私舞弊的，对负有责任的领导人员和直接责任人员依法给予处分；构成犯罪的，依法追究刑事责任。

第二十二条　事业单位、社会团体等非企业组织在中国境内投资建设的固定资产投资项目适用本条例，但通过预算安排的固定资产投资项目除外。

第二十三条　国防科技工业企业在中国境内投资建设的固定资产投资项目核准和备案管理办法，由国务院国防科技工业管理部门根据本条例的原则另行制定。

第二十四条　本条例自2017年2月1日起施行。

3. 企业投资项目核准和备案管理办法

(2017 年 3 月 8 日国家发展和改革委员会令第 2 号公布　自 2017 年 4 月 8 日起施行)

第一章　总　则

第一条　为落实企业投资自主权,规范政府对企业投资项目的核准和备案行为,实现便利、高效服务和有效管理,依法保护企业合法权益,依据《行政许可法》、《企业投资项目核准和备案管理条例》等有关法律法规,制定本办法。

第二条　本办法所称企业投资项目(以下简称项目),是指企业在中国境内投资建设的固定资产投资项目,包括企业使用自己筹措资金的项目,以及使用自己筹措的资金并申请使用政府投资补助或贷款贴息等的项目。

项目申请使用政府投资补助、贷款贴息的,应在履行核准或备案手续后,提出资金申请报告。

第三条　县级以上人民政府投资主管部门对投资项目履行综合管理职责。

县级以上人民政府其他部门依照法律、法规规定,按照本级政府规定职责分工,对投资项目履行相应管理职责。

第四条　根据项目不同情况,分别实行核准管理或备案管理。

对关系国家安全、涉及全国重大生产力布局、战略性资源开发和重大公共利益等项目,实行核准管理。其他项目实行备案管理。

第五条　实行核准管理的具体项目范围以及核准机关、核准权限,由国务院颁布的《政府核准的投资项目目录》(以下简称《核准目录》)确定。法律、行政法规和国务院对项目核准的范围、权限有专门规定的,从其规定。

《核准目录》由国务院投资主管部门会同有关部门研究提出,报国务院批准后实施,并根据情况适时调整。

未经国务院批准,各部门、各地区不得擅自调整《核准目录》确定的核准范围和权限。

第六条　除国务院另有规定外,实行备案管理的项目按照属地原则备案。

各省级政府负责制定本行政区域内的项目备案管理办法,明确备案机关及其权限。

第七条　依据本办法第五条第一款规定具有项目核准权限的行政机关统称项目核准机关。《核准目录》所称国务院投资主管部门是指国家发展和改革委员会;《核准目录》规定由省级政府、地方政府核准的项目,其具体项目核准机关由省级政府确定。

项目核准机关对项目进行的核准是行政许可事项,实施行政许可所需经费应当由本级财政予以保障。

依据国务院专门规定和省级政府规定具有项目备案权限的行政机关统称项目备案机关。

第八条　项目的市场前景、经济效益、资金来源和产品技术方案等,应当依法由企业自主决策、自担风险,项目核准、备案机关及其他行政机关不得非法干预企业的投资自主权。

第九条　项目核准、备案机关及其工作人员应当依法对项目进行核准或者备案,不得擅自增减审查条件,不得超出办理时限。

第十条　项目核准、备案机关应当遵循便民、高效原则,提高办事效率,提供优质服务。

项目核准、备案机关应当制定并公开服务指南,列明项目核准的申报材料及所需附件、受理方式、审查条件、办理流程、办理时限等;列明项目备案所需信息内容、办理流程等,提高工作透明度,为企业提供指导和服务。

第十一条　县级以上地方人民政府有关部门应当依照相关法律法规和本级政府有关规定,建立健全对项目核准、备案机关的监督制度,加强对项目核准、备案行为的监督检查。

各级政府及其有关部门应当依照相关法律法规及规定对企业从事固定资产投资活动实施监督管理。

任何单位和个人都有权对项目核准、备案、建设实施过程中的违法违规行为向有关部门检举。有关部门应当及时核实、处理。

第十二条　除涉及国家秘密的项目外，项目核准、备案通过全国投资项目在线审批监管平台（以下简称在线平台）实行网上受理、办理、监管和服务，实现核准、备案过程和结果的可查询、可监督。

第十三条　项目核准、备案机关以及其他有关部门统一使用在线平台生成的项目代码办理相关手续。

项目通过在线平台申报时，生成作为该项目整个建设周期身份标识的唯一项目代码。项目的审批信息、监管（处罚）信息，以及工程实施过程中的重要信息，统一汇集至项目代码，并与社会信用体系对接，作为后续监管的基础条件。

第十四条　项目核准、备案机关及有关部门应当通过在线平台公开与项目有关的发展规划、产业政策和准入标准，公开项目核准、备案等事项的办理条件、办理流程、办理时限等。

项目核准、备案机关应根据《政府信息公开条例》有关规定将核准、备案结果予以公开，不得违法违规公开重大工程的关键信息。

第十五条　企业投资建设固定资产投资项目，应当遵守国家法律法规，符合国民经济和社会发展总体规划、专项规划、区域规划、产业政策、市场准入标准、资源开发、能耗与环境管理等要求，依法履行项目核准或者备案及其他相关手续，并依法办理城乡规划、土地（海域）使用、环境保护、能源资源利用、安全生产等相关手续，如实提供相关材料，报告相关信息。

第十六条　对项目核准、备案机关实施的项目核准、备案行为，相关利害关系人有权依法申请行政复议或者提起行政诉讼。

第二章　项目核准的申请文件

第十七条　企业办理项目核准手续，应当按照国家有关要求编制项目申请报告，取得第二十二条规定依法应当附具的有关文件后，按照本办法第二十三条规定报送。

第十八条　组织编制和报送项目申请报告的项目单位，应当对项目申请报告以及依法应当附具文件的真实性、合法性和完整性负责。

第十九条　项目申请报告应当主要包括以下内容：

（一）项目单位情况；

（二）拟建项目情况，包括项目名称、建设地点、建设规模、建设内容等；

（三）项目资源利用情况分析以及对生态环境的影响分析；

（四）项目对经济和社会的影响分析。

第二十条　项目申请报告通用文本由国务院投资主管部门会同有关部门制定，主要行业的项目申请报告示范文本由相应的项目核准机关参照项目申请报告通用文本制定，明确编制内容、深度要求等。

第二十一条　项目申请报告可以由项目单位自行编写，也可以由项目单位自主委托具有相关经验和能力的工程咨询单位编写。任何单位和个人不得强制项目单位委托中介服务机构编制项目申请报告。

项目单位或者其委托的工程咨询单位应当按照项目申请报告通用文本和行业示范文本的要求编写项目申请报告。

工程咨询单位接受委托编制有关文件，应当做到依法、独立、客观、公正，对其编制的文件负责。

第二十二条　项目单位在报送项目申请报告时，应当根据国家法律法规的规定附具以下文件：

（一）城乡规划行政主管部门出具的选址意见书（仅指以划拨方式提供国有土地使用权的项目）；

（二）国土资源（海洋）行政主管部门出具的用地（用海）预审意见（国土资源主管部门明确可以不进行用地预审的情形除外）；

（三）法律、行政法规规定需要办理的其他相关手续。

第三章　项目核准的基本程序

第二十三条　地方企业投资建设应当分别由国务院投资主管部门、国务院行业管理部门核准的项目，可以分别通过项目所在地省级政府投资主管部门、行业管理部门向国务院投资主管部门、国务院行业管理部门转送项目申请报告。属于国务院投资主管部门核准权限的项目，项目所在地省级政府规定由省级政府行业管理部门转送的,可以由省级政府投资主管部门与其联合报送。

国务院有关部门所属单位、计划单列企业集团、中央管理企业投资建设应当由国务院有关部门核准的项目,直接向相应的项目核准机关报送项目申请报告,并附行业管理部门的意见。

企业投资建设应当由国务院核准的项目,按照本条第一、二款规定向国务院投资主管部门报送项目申请报告,由国务院投资主管部门审核后报国务院核准。新建运输机场项目由相关省级政府直接向国务院、中央军委报送项目申请报告。

第二十四条 企业投资建设应当由地方政府核准的项目,应当按照地方政府的有关规定,向相应的项目核准机关报送项目申请报告。

第二十五条 项目申报材料齐全、符合法定形式的,项目核准机关应当予以受理。

申报材料不齐全或者不符合法定形式的,项目核准机关应当在收到项目申报材料之日起5个工作日内一次告知项目单位补充相关文件,或对相关内容进行调整。逾期不告知的,自收到项目申报材料之日起即为受理。

项目核准机关受理或者不予受理申报材料,都应当出具加盖本机关专用印章并注明日期的书面凭证。对于受理的申报材料,书面凭证应注明项目代码,项目单位可以根据项目代码在线查询、监督核准过程和结果。

第二十六条 项目核准机关在正式受理项目申请报告后,需要评估的,应在4个工作日内按照有关规定委托具有相应资质的工程咨询机构进行评估。项目核准机关在委托评估时,应当根据项目具体情况,提出评估重点,明确评估时限。

工程咨询机构与编制项目申请报告的工程咨询机构为同一单位、存在控股、管理关系或者负责人为同一人的,该工程咨询机构不得承担该项目的评估工作。工程咨询机构与项目单位存在控股、管理关系或者负责人为同一人的,该工程咨询机构不得承担该项目单位的项目评估工作。

除项目情况复杂的,评估时限不得超过30个工作日。接受委托的工程咨询机构应当在项目核准机关规定的时间内提出评估报告,并对评估结论承担责任。项目情况复杂的,履行批准程序后,可以延长评估时限,但延长的期限不得超过60个工作日。

项目核准机关应当将项目评估报告与核准文件一并存档备查。

评估费用由委托评估的项目核准机关承担,评估机构及其工作人员不得收取项目单位的任何费用。

第二十七条 项目涉及有关行业管理部门或者项目所在地地方政府职责的,项目核准机关应当商请有关行业管理部门或地方人民政府在7个工作日内出具书面审查意见。有关行业管理部门或地方人民政府逾期没有反馈书面审查意见的,视为同意。

第二十八条 项目建设可能对公众利益构成重大影响的,项目核准机关在作出核准决定前,应当采取适当方式征求公众意见。

相关部门对直接涉及群众切身利益的用地(用海)、环境影响、移民安置、社会稳定风险等事项已经进行实质性审查并出具了相关审批文件的,项目核准机关可不再就相关内容重复征求公众意见。

对于特别重大的项目,可以实行专家评议制度。除项目情况特别复杂外,专家评议时限原则上不得超过30个工作日。

第二十九条 项目核准机关可以根据评估意见、部门意见和公众意见等,要求项目单位对相关内容进行调整,或者对有关情况和文件做进一步澄清、补充。

第三十条 项目违反相关法律法规,或者不符合发展规划、产业政策和市场准入标准要求的,项目核准机关可以不经过委托评估、征求意见等程序,直接作出不予核准的决定。

第三十一条 项目核准机关应当在正式受理申报材料后20个工作日内作出是否予以核准的决定,或向上级项目核准机关提出审核意见。项目情况复杂或者需要征求有关单位意见的,经本行政机关主要负责人批准,可以延长核准时限,但延长的时限不得超过40个工作日,并应当将延长期限的理由告知项目单位。

项目核准机关需要委托评估或进行专家评议的,所需时间不计算在前款规定的期限内。项目核准机关应当将咨询评估或专家评议所需时间书面告知项目单位。

第三十二条 项目符合核准条件的，项目核准机关应当对项目予以核准并向项目单位出具项目核准文件。项目不符合核准条件的，项目核准机关应当出具不予核准的书面通知，并说明不予核准的理由。

属于国务院核准权限的项目，由国务院投资主管部门根据国务院的决定向项目单位出具项目核准文件或者不予核准的书面通知。

项目核准机关出具项目核准文件或者不予核准的书面通知应当抄送同级行业管理、城乡规划、国土资源、水行政管理、环境保护、节能审查等相关部门和下级机关。

第三十三条 项目核准文件和不予核准书面通知的格式文本，由国务院投资主管部门制定。

第三十四条 项目核准机关应制定内部工作规则，不断优化工作流程，提高核准工作效率。

第四章 项目核准的审查及效力

第三十五条 项目核准机关应当从以下方面对项目进行审查：

（一）是否危害经济安全、社会安全、生态安全等国家安全；

（二）是否符合相关发展建设规划、产业政策和技术标准；

（三）是否合理开发并有效利用资源；

（四）是否对重大公共利益产生不利影响。

项目核准机关应当制定审查工作细则，明确审查具体内容、审查标准、审查要点、注意事项及不当行为需要承担的后果等。

第三十六条 除本办法第二十二条要求提供的项目申请报告附送文件之外，项目单位还应在开工前依法办理其他相关手续。

第三十七条 取得项目核准文件的项目，有下列情形之一的，项目单位应当及时以书面形式向原项目核准机关提出变更申请。原项目核准机关应当自受理申请之日起20个工作日内作出是否同意变更的书面决定：

（一）建设地点发生变更的；

（二）投资规模、建设规模、建设内容发生较大变化的；

（三）项目变更可能对经济、社会、环境等产生重大不利影响的；

（四）需要对项目核准文件所规定的内容进行调整的其他重大情形。

第三十八条 项目自核准机关出具项目核准文件或同意项目变更决定2年内未开工建设，需要延期开工建设的，项目单位应当在2年期限届满的30个工作日前，向项目核准机关申请延期开工建设。项目核准机关应当自受理申请之日起20个工作日内，作出是否同意延期开工建设的决定，并出具相应文件。开工建设只能延期一次，期限最长不得超过1年。国家对项目延期开工建设另有规定的，依照其规定。

在2年期限内未开工建设也未按照规定向项目核准机关申请延期的，项目核准文件或同意项目变更决定自动失效。

第五章 项目备案

第三十九条 实行备案管理的项目，项目单位应当在开工建设前通过在线平台将相关信息告知项目备案机关，依法履行投资项目信息告知义务，并遵循诚信和规范原则。

第四十条 项目备案机关应当制定项目备案基本信息格式文本，具体包括以下内容：

（一）项目单位基本情况；

（二）项目名称、建设地点、建设规模、建设内容；

（三）项目总投资额；

（四）项目符合产业政策声明。

项目单位应当对备案项目信息的真实性、合法性和完整性负责。

第四十一条 项目备案机关收到本办法第四十条规定的全部信息即为备案。项目备案信息不完整的，备案机关应当及时以适当方式提醒和指导项目单位补正。

项目备案机关发现项目属产业政策禁止投资建设或者依法应实行核准管理，以及不属于固定资产投资项目、依法应实施审批管理、不属于本备案机关权限等情形的，应当通过在线平台及时告知企业予以纠正或者依法申请办理相关手续。

第四十二条 项目备案相关信息通过在线

平台在相关部门之间实现互通共享。

项目单位需要备案证明的,可以通过在线平台自行打印或者要求备案机关出具。

第四十三条 项目备案后,项目法人发生变化,项目建设地点、规模、内容发生重大变更,或者放弃项目建设的,项目单位应当通过在线平台及时告知项目备案机关,并修改相关信息。

第四十四条 实行备案管理的项目,项目单位在开工建设前还应当根据相关法律法规规定办理其他相关手续。

第六章 监督管理

第四十五条 上级项目核准、备案机关应当加强对下级项目核准、备案机关的指导和监督,及时纠正项目管理中存在的违法违规行为。

第四十六条 项目核准和备案机关、行业管理、城乡规划(建设)、国家安全、国土(海洋)资源、环境保护、节能审查、金融监管、安全生产监管、审计等部门,应当按照谁审批谁监管、谁主管谁监管的原则,采取在线监测、现场核查等方式,依法加强对项目的事中事后监管。

项目核准、备案机关应当根据法律法规和发展规划、产业政策、总量控制目标、技术政策、准入标准及相关环保要求等,对项目进行监管。

城乡规划、国土(海洋)资源、环境保护、节能审查、安全监管、建设、行业管理等部门,应当履行法律法规赋予的监管职责,在各自职责范围内对项目进行监管。

金融监管部门应当加强指导和监督,引导金融机构按照商业原则,依法独立审贷。

审计部门应当依法加强对国有企业投资项目、申请使用政府投资资金的项目以及其他公共工程项目的审计监督。

第四十七条 各级地方政府有关部门应按照相关法律法规及职责分工,加强对本行政区域内项目的监督检查,发现违法违规行为的,应当依法予以处理,并通过在线平台登记相关违法违规信息。

第四十八条 对不符合法定条件的项目予以核准,或者超越法定职权予以核准的,应依法予以撤销。

第四十九条 各级项目核准、备案机关的项目核准或备案信息,以及国土(海洋)资源、城乡规划、水行政管理、环境保护、节能审查、安全监管、建设、工商等部门的相关手续办理信息、审批结果信息、监管(处罚)信息,应当通过在线平台实现互通共享。

第五十条 项目单位应当通过在线平台如实报送项目开工建设、建设进度、竣工的基本信息。

项目开工前,项目单位应当登录在线平台报备项目开工基本信息。项目开工后,项目单位应当按年度在线报备项目建设动态进度基本信息。项目竣工验收后,项目单位应当在线报备项目竣工基本信息。

第五十一条 项目单位有下列行为之一的,相关信息列入项目异常信用记录,并纳入全国信用信息共享平台:

(一)应申请办理项目核准但未依法取得核准文件的;

(二)提供虚假项目核准或备案信息,或者未依法将项目信息告知备案机关,或者已备案项目信息变更未告知备案机关的;

(三)违反法律法规擅自开工建设的;

(四)不按照批准内容组织实施的;

(五)项目单位未按本办法第五十条规定报送项目开工建设、建设进度、竣工等基本信息,或者报送虚假信息的;

(六)其他违法违规行为。

第七章 法律责任

第五十二条 项目核准、备案机关有下列情形之一的,由其上级行政机关责令改正,对负有责任的领导人员和直接责任人员由有关单位和部门依纪依法给予处分:

(一)超越法定职权予以核准或备案的;

(二)对不符合法定条件的项目予以核准的;

(三)对符合法定条件的项目不予核准的;

(四)擅自增减核准审查条件的,或者以备案名义变相审批、核准的;

(五)不在法定期限内作出核准决定的;

(六)不依法履行监管职责或者监督不力,造成严重后果的。

第五十三条 项目核准、备案机关及其工作人员,以及其他相关部门及其工作人员,在项目核准、备案以及相关审批手续办理过程中玩忽职守、滥用职权、徇私舞弊、索贿受贿的,对负有责任的领导人员和直接责任人员依法给予处分;构成犯罪的,依法追究刑事责任。

第五十四条　项目核准、备案机关,以及国土(海洋)资源、城乡规划、水行政管理、环境保护、节能审查、安全监管、建设等部门违反相关法律法规规定,未依法履行监管职责的,对直接负责的主管人员和其他直接责任人员,依法给予处分;构成犯罪的,依法追究刑事责任。

项目所在地的地方政府有关部门不履行企业投资监管职责的,对直接负责的主管人员和其他直接责任人员,依法给予处分。

第五十五条　企业以分拆项目、隐瞒有关情况或者提供虚假申报材料等不正当手段申请核准、备案的,项目核准机关不予受理或者不予核准、备案,并给予警告。

第五十六条　实行核准管理的项目,企业未依法办理核准手续开工建设或者未按照核准的建设地点、建设规模、建设内容等进行建设的,由核准机关责令停止建设或者责令停产,对企业处项目总投资额1‰以上5‰以下的罚款;对直接负责的主管人员和其他直接责任人员处2万元以上5万元以下的罚款,属于国家工作人员的,依法给予处分。项目应视情况予以拆除或者补办相关手续。

以欺骗、贿赂等不正当手段取得项目核准文件,尚未开工建设的,由核准机关撤销核准文件,处项目总投资额1‰以上5‰以下的罚款;已经开工建设的,依照前款规定予以处罚;构成犯罪的,依法追究刑事责任。

第五十七条　实行备案管理的项目,企业未依法将项目信息或者已备案项目信息变更情况告知备案机关,或者向备案机关提供虚假信息的,由备案机关责令限期改正;逾期不改正的,处2万元以上5万元以下的罚款。

第五十八条　企业投资建设产业政策禁止投资建设项目的,由县级以上人民政府投资主管部门责令停止建设或者责令停产并恢复原状,对企业处项目总投资额5‰以上10‰以下的罚款;对直接负责的主管人员和其他直接责任人员处5万元以上10万元以下的罚款,属于国家工作人员的,依法给予处分。法律、行政法规另有规定的,依照其规定。

第五十九条　项目单位在项目建设过程中不遵守国土(海洋)资源、城乡规划、环境保护、节能、安全监管、建设等方面法律法规和有关审批文件要求的,相关部门应依法予以处理。

第六十条　承担项目申请报告编写、评估任务的工程咨询评估机构及其人员、参与专家评议的专家,在编制项目申请报告、受项目核准机关委托开展评估或者参与专家评议过程中,违反从业规定,造成重大损失和恶劣影响的,依法降低或撤销工程咨询单位资格,取消主要责任人员的相关职业资格。

第八章　附　则

第六十一条　本办法所称省级政府包括各省、自治区、直辖市及计划单列市人民政府和新疆生产建设兵团。

第六十二条　外商投资项目和境外投资项目的核准和备案管理办法另行制定。

第六十三条　省级政府和国务院行业管理部门,可以按照《企业投资项目核准和备案管理条例》和本办法的规定,制订具体实施办法。

第六十四条　事业单位、社会团体等非企业组织在中国境内利用自有资金、不申请政府投资建设的固定资产投资项目,按照企业投资项目进行管理。

个人投资建设项目参照本办法的相关规定执行。

第六十五条　本办法由国家发展和改革委员会负责解释。

第六十六条　本办法自2017年4月8日起施行。《政府核准投资项目管理办法》(国家发展改革委令第11号)同时废止。

延伸阅读

上海市企业投资项目核准暂行办法

(2014年12月26日)

第一章 总 则

第一条 为进一步深化投资体制改革,规范政府对企业投资项目的核准行为,更好地发挥市场在资源配置中的决定性作用,进一步落实企业投资自主权,根据《国务院关于投资体制改革的决定》、国家发展改革委发布的《政府核准投资项目管理办法》,结合本市实际,制定本办法。

第二条 实行核准制的投资项目范围和项目核准机关的核准权限,由国务院颁布的《政府核准的投资项目目录》(以下简称"《目录》"),以及根据《目录》制定的《上海市政府核准的投资项目目录细则》(以下简称"《目录细则》")确定。根据情况变化,《目录细则》适时调整。

外商投资项目和境外投资项目的核准办法另行制定,其他各类企业在上海投资的固定资产投资项目按照本办法执行。

法律、法规另有规定的,从其规定。

第三条 本市企业投资项目核准机关(以下简称"项目核准机关")是指市发展改革委、市经济信息化委、区(县)投资主管部门以及市政府确定的机构。

市政府确定的机构,是指根据地方性法规、规章规定,对所属区域内项目实施核准的机构。

第四条 实行核准制的项目,项目单位应当按照国家有关要求编制项目申请报告,取得依法应当附具的有关文件后,按照规定报送项目核准机关。

在部分领域,试行项目申请报告的表格化管理。

第五条 项目核准机关对企业提交的项目申请报告,应当主要从合理利用资源、保护生态环境、优化规划布局、保障公共利益、防止出现垄断、维护经济安全等方面依法进行审查,做出是否予以核准的决定,并加强监督管理。

项目的市场前景、经济效益、资金来源、产品技术方案等均由企业自主决策、自担风险,项目核准机关不得干预企业的投资自主权。

第二章 项目申请报告的内容及编制

第六条 项目单位应当向项目核准机关报送项目申请报告(一式5份)。

项目申请报告应当由项目单位委托具备相应工程咨询资格的机构编制。其中,由国家发展改革委核准的项目,其项目申请报告由具备相应资格的甲级工程咨询机构编制。

第七条 项目申请报告主要包括以下内容:

(一)项目单位情况;

(二)拟建项目情况;

(三)资源利用和生态环境影响分析;

(四)经济和社会影响分析;

(五)按照本市有关规定需要说明的其他情况。

项目单位在向项目核准机关报送项目申请报告时,应当根据国家法律法规的规定附具以下材料:

(一)企业营业执照或者法人证书复印件,组织机构代码证复印件;

(二)规划部门出具的规划意见;

(三)土地部门出具的项目用地预审意见(不涉及新增用地,在已批准的建设用地范围内进行改扩建的项目,可以不进行用地预审);

(四)环保部门出具的环境影响评价文件审查意见;

(五)节能审查机关出具的节能审查意见;

(六)根据有关法律法规应当提交的其他材料。

项目单位应当对所有申报材料的真实性负责。

第八条 项目申请报告应当按照国家发展改革委关于项目申请报告通用文本的有关规定进行编写。属于本市核准权限的项目,项目核准机关应当制定并公开《办事指南》,列明项目核准的申报材料和所需附件、受理方式、审查条件、办理流程、办理时限等内容，提高工作透明度，为项目单位提供指导和服务。

第三章　核准程序

第九条　由国家项目核准机关核准的项目，按照国家有关规定执行。其中，国务院有关部门所属单位、计划单列企业集团和中央管理企业投资建设的项目，项目申请报告应当根据国家项目核准机关的要求，附具市发展改革委、本市行业管理部门的意见；其他项目，应当根据国家项目核准机关的要求，经市发展改革委、本市行业管理部门初审并提出意见。

由市发展改革委、市经济信息化委核准的项目，中央在沪企业、市属管理的企业可以直接向市发展改革委、市经济信息化委提交项目申请报告；其他企业应当向项目所在区（县）投资主管部门、市政府确定的机构提交项目申请报告，由区（县）投资主管部门、市政府确定的机构初审后报送市发展改革委、市经济信息化委核准。

由本市其他项目核准机关核准的项目，项目单位应当直接向项目核准机关提交项目申请报告。

第十条　申报材料不齐全或者不符合有关要求的，项目核准机关应当在收到申报材料后5个工作日内，一次告知项目单位补正。

项目核准机关做出受理或者不予受理申请的决定，应当出具加盖本行政机关专用印章和注明日期的书面意见。

第十一条　项目核准机关在正式受理申报材料后，如有必要进行评估的，应当在4个工作日内，通过竞争性方式或直接委托工程咨询机构进行评估。编制项目申请报告的工程咨询机构不得承担同一项目的评估工作。工程咨询机构与项目单位存在控股、管理关系或者负责人为同一人的，该工程咨询机构不得承担该项目单位的项目评估工作。

接受委托的咨询机构应当在项目核准机关规定的时间内，提出评估报告，并对评估结论承担责任。咨询机构在进行评估时，可以要求项目单位就有关问题进行说明。

评估费用由委托评估的项目核准机关承担，评估机构及其工作人员不得收取项目单位的任何费用。

第十二条　对涉及有关行业管理部门职能的项目，项目核准机关应当书面征求相关部门的意见。相关部门应当在收到征求意见函后7个工作日内，向项目核准机关提出书面审核意见。

第十三条　对于可能会对公众利益构成重大影响的项目，项目核准机关应当采取适当方式，征求公众意见。对特别重大的项目，可以实行专家评议制度。

第十四条　项目核准机关应当在受理项目申请报告后20个工作日内，做出对项目申请报告是否核准的决定，或者向上级项目核准机关提出意见。在20个工作日内不能做出核准决定的，经本机关负责人批准，可以延长10个工作日，并应当及时书面通知项目单位，说明延期理由。

项目核准机关委托咨询评估、征求公众意见和进行专家评议的，所需要时间不计算在前款规定的期限内。

第十五条　对同意核准的项目，项目核准机关应当按照国家颁布的项目核准文件格式文本要求，向项目单位出具项目核准文件，并抄送相关部门；对不同意核准的项目，项目核准机关应当向项目单位出具不予核准决定书并说明不予核准理由。

项目核准机关出具项目核准文件或者不予核准决定书应当抄送同级行业管理、城乡规划、国土资源、环境保护、节能审查等相关部门。

市级项目核准机关出具项目核准文件或者不予核准决定书，应当抄送项目初审机关、所在区（县）项目核准机关。

项目核准机关做出予以核准的决定，应当按照政府信息公开等规定，向社会公开。

第十六条　项目核准机关在出具项目核准文件的同时，应当将项目基本信息、核准文件文本等录入上海市固定资产投资项目管理信息系统。

第十七条　项目单位对项目核准机关的核准决定有异议的，可以依法提出行政复议或者行政诉讼。

第四章　项目核准的条件及效力

第十八条　项目核准机关应当根据以下条件，对项目进行审查：

（一）符合国家法律法规和宏观调控政策；

（二）符合国民经济和社会发展规划、城市总体规划、土地利用总体规划和地区发展规划；

（三）符合产业政策、技术政策和准入标准；

（四）合理开发并有效利用资源；

（五）不影响国家安全、经济安全和生态安全；

（六）对公众利益特别是项目建设地的公众利益不产生重大不利影响。

第十九条 项目单位依据项目核准文件，依法办理规划许可、土地使用、资源利用、安全生产、设备进口和减免税确认等相关手续。

第二十条 项目核准文件自印发之日起有效期2年。项目在核准文件有效期内未开工建设的，项目单位应当在核准文件有效期届满前的30个工作日之前，向原项目核准机关申请延期1年。

原项目核准机关应当在核准文件有效期届满前，做出是否准予延期的决定。

项目在核准文件有效期内未开工建设也未向原项目核准机关申请延期的，原项目核准文件自动失效。

第二十一条 已经核准的项目，有下列情形之一的，项目单位应当及时以书面形式向原项目核准机关提出调整申请。原项目核准机关应当根据项目具体情况，出具核准变更意见或者要求其重新办理核准手续：

（一）项目法人发生变更；

（二）建设地点发生变更；

（三）建设规模、建设内容发生较大变化的；

（四）项目变更可能对经济、社会、环境等产生重大不利影响的；

（五）需要对项目核准文件所规定的内容进行调整的其他情形。

第二十二条 对未按照规定取得规划意见、用地预审、环评审查、节能审查意见的项目，各级项目核准机关不得予以核准。

对应当报请项目核准机关核准或者核准变更而未申报的项目，或者虽然申报但未经核准的项目，规划、土地、建设管理、安全监管、水务、海关等部门不得办理相关手续。

第五章 监督管理和法律责任

第二十三条 项目核准机关及其工作人员违反本办法有关规定，有下列情形之一的，由其上级行政机关或者监察机关责令改正；情节严重的，对直接负责的主管人员和其他直接责任人员依法给予行政处分：

（一）超越法定职权予以核准的；

（二）对不符合法定条件的项目予以核准的；

（三）对符合法定条件的项目不予核准的；

（四）擅自增减核准审查条件的；

（五）不在法定期限内做出核准决定的；

（六）不依法履行行政监管职责或者监督不力，造成严重后果的。

第二十四条 项目核准机关工作人员在项目核准过程中索取或者收受他人财物或者谋取其他利益，构成犯罪的，依法追究刑事责任；尚不构成犯罪的，依法给予行政处分。

第二十五条 工程咨询评估机构及其人员、参与专家评议的专家，在编制项目申请报告、受项目核准机关委托开展评估或者参与专家评议过程中，不遵守国家法律法规和本办法规定的，依法追究其法律责任。

第二十六条 项目单位以隐瞒有关情况或者提供虚假申报材料等不正当手段申请核准的，项目核准机关不予以受理或者不予核准；已经取得项目核准文件的，一经发现，项目核准机关应当依法撤销该项目核准文件，已经开工建设的，有关部门依法责令其停止建设。

第二十七条 对属于实行核准制的范围但未依法取得项目核准文件而擅自开工建设的项目，以及未按照项目核准文件的要求进行建设的项目，一经发现，有关部门应当依法责令其停止建设或者限期整改。

第二十八条 相关单位或人员发生违法违规行为的，相应项目核准机关和有关部门应当将其不良信用记录归集到上海市公共信用信息平台。

第二十九条 项目核准机关负责会同行业管理、建设管理、规划、土地、环保、金融监管、安全监管等部门加强对核准项目的稽察和监管。相关部门应当加快建立完善项目信息互通共享机制和事中事后监管机制。

各区（县）政府投资管理、建设管理、规划、土地、环保等部门应当进一步增强项目核准管理和事中事后监管能力，依法合规、高效便捷为企业投资项目做好服务,并按要求做好项目信息的报送、共享等工作。

第六章 附 则

第三十条 事业单位、社会团体等投资的项目,按照本办法执行。

第三十一条 本办法自2015年1月1日起施行。

4. 关于改进和完善报请国务院审批或核准投资项目的管理办法

(2005年1月14日发改投资〔2005〕76号发布,自发布之日起施行)

一、对于《国家发展改革委核报国务院核准或审批的固定资产投资项目目录(试行)》(发改投资〔2004〕1927号文附件,以下简称《目录》)内符合按照国家有关规定批准的行业和专项发展建设规划以及产业政策要求,有关方面意见一致的项目,由国家发展改革委会同有关部门审批或核准,报国务院备案。报国务院备案时应附上国土资源部、环保总局、行业主管部门、其他有关部门、省级人民政府或其投资主管部门、银行等相关单位的意见和咨询机构的评估论证意见,以及国家发展改革委关于该项目符合发展建设规划和产业政策等情况的说明。

二、对于《目录》内属于下列情况之一的项目,由国家发展改革委会同有关部门提出审批或核准的初步意见,报请国务院审批或核准:

(一)发展建设规划以外的项目;

(二)产业政策限制发展的项目;

(三)符合第一条规定的条件,但性质特殊、影响重大的项目;

(四)有关方面意见不尽一致,但从经济和社会发展全局考虑仍有必要建设的项目;

(五)国务院明确要求报送国务院审批或核准的项目。

三、关于城市快速轨道交通规划及项目的审批或核准,分两类情况进行处理:一是对北京、上海、广州、深圳等财力较强、有城市快速轨道交通项目建设和运营管理经验的城市,其城市快速轨道交通规划及项目由国家发展改革委审批或核准,报国务院备案;二是对其他城市,其城市快速轨道交通规划由国家发展改革委核报国务院审批,具体项目由国家发展改革委审批或核准,报国务院备案。

四、对于《国务院关于投资体制改革的决定》发布之前已经国务院常务会议审议通过项目建议书的项目,原则上按上述规定办理,即对于《目录》内可行性研究报告或项目申请报告符合发展建设规划和产业政策的要求、有关方面意见一致的项目,以及《目录》外的项目,由国家发展改革委审批或核准后报国务院备案;对于《目录》内不符合上述条件或在可行性研究阶段对原方案的投资规模、土地使用、环境影响、资金来源等有较大调整的项目,由国家发展改革委核报国务院审批或核准。

五、要逐步建立和完善政府投资责任追究制度,建立健全协同配合的企业投资监管体系。与项目审批、核准、实施有关的单位要各司其职、各负其责:

(一)发展改革部门:对项目的审批(核准)以及向国务院提出审批(核准)的审查意见承担责任,着重对项目是否符合国家宏观调控政策、发展建设规划和产业政策,是否维护了经济安全和公众利益,资源开发利用和重大布局是否合理,是否有效防止出现垄断等负责。

(二)环境保护主管部门:对项目是否符合环境影响评价的法律法规要求,是否符合环境功能区划,拟采取的环保措施能否有效治理环境污染和防止生态破坏等负责。

(三)国土资源主管部门:对项目是否符合土地利用总体规划和国家供地政策,项目拟用地规模是否符合有关规定和控制要求,补充耕地方案是否可行等负责,对土地、矿产资源开发利用是否合理负责。

（四）城市规划主管部门：对项目是否符合城市规划要求、选址是否合理等负责。

（五）有关行业主管部门：对项目是否符合国家法律法规、行业发展建设规划以及行业管理的有关规定负责。

（六）其他有关主管部门：对项目是否符合国家法律法规和国务院的有关规定负责。

（七）金融机构：按照国家有关规定对申请贷款的项目独立审贷，对贷款风险负责。

（八）咨询机构：对咨询评估结论负责。

（九）项目（法人）单位：对项目的申报程序是否符合有关规定、申报材料是否真实、是否按照经审批或核准的建设内容进行建设负责，并承担投资项目的资金来源、技术方案、市场前景、经济效益等方面的风险。

5. 外商投资项目核准和备案管理办法

（2014年5月17日国家发展和改革委员会令第12号发布，根据2014年12月27日《国家发展和改革委员会关于修改〈境外投资项目核准和备案管理办法〉和〈外商投资项目核准和备案管理办法〉有关条款的决定》修改）

第一章 总 则

第一条 为进一步深化外商投资管理体制改革，根据《中华人民共和国行政许可法》、《指导外商投资方向规定》、《国务院关于投资体制改革的决定》及《政府核准的投资项目目录》（以下简称《核准目录》），特制定本办法。

第二条 本办法适用于中外合资、中外合作、外商独资、外商投资合伙、外商并购境内企业、外商投资企业增资及再投资项目等各类外商投资项目。

第二章 项目管理方式

第三条 外商投资项目管理分为核准和备案两种方式。

第四条 外商投资项目核准权限、范围按照国务院发布的《核准目录》执行。

本办法所称项目核准机关，是指《核准目录》中规定的具有项目核准权限的行政机关。

第五条 本办法第四条范围以外的外商投资项目由地方政府投资主管部门备案。

第六条 外商投资企业增资项目总投资以新增投资额计算，并购项目总投资以交易额计算。

第七条 外商投资涉及国家安全的，应当按照国家有关规定进行安全审查。

第三章 项目核准

第八条 拟申请核准的外商投资项目应按国家有关要求编制项目申请报告。项目申请报告应包括以下内容：

（一）项目及投资方情况；

（二）资源利用和生态环境影响分析；

（三）经济和社会影响分析。

外国投资者并购境内企业项目申请报告应包括并购方情况、并购安排、融资方案和被并购方情况、被并购后经营方式、范围和股权结构、所得收入的使用安排等。

第九条 国家发展和改革委员会根据实际需要，编制并颁布项目申请报告通用文本、主要行业的项目申请报告示范文本、项目核准文件格式文本。

对于应当由国家发展和改革委员会核准或者审核后报国务院核准的项目，国家发展和改革委员会制定并颁布《服务指南》，列明项目核准的申报材料和所需附件、受理方式、办理流程、办理时限等内容，为项目申报单位提供指导和服务。

第十条 项目申请报告应附以下文件：

（一）中外投资各方的企业注册证明材料及经审计的最新企业财务报表（包括资产负债表、利润表和现金流量表）、开户银行出具的资金信用证明；

（二）投资意向书，增资、并购项目的公司董事会决议；

（三）城乡规划行政主管部门出具的选址意见书（仅指以划拨方式提供国有土地使用权的项目）；

（四）国土资源行政主管部门出具的用地预审意见（不涉及新增用地，在已批准的建设用地范围内进行改扩建的项目，可以不进行用地预审）；

（五）环境保护行政主管部门出具的环境影响评价审批文件；

（六）节能审查机关出具的节能审查意见；

（七）以国有资产出资的，需由有关主管部门出具的确认文件；

（八）根据有关法律法规的规定应当提交的其他文件。

第十一条　按核准权限属于国家发展和改革委员会核准的项目，由项目所在地省级发展改革部门提出初审意见后，向国家发展和改革委员会报送项目申请报告；计划单列企业集团和中央管理企业可直接向国家发展和改革委员会报送项目申请报告，并附项目所在地省级发展改革部门的意见。

第十二条　项目申报材料不齐全或者不符合有关要求的，项目核准机关应当在收到申报材料后5个工作日内一次告知项目申报单位补正。

第十三条　对于涉及有关行业主管部门职能的项目，项目核准机关应当商请有关行业主管部门在7个工作日内出具书面审查意见。有关行业主管部门逾期没有反馈书面审查意见的，视为同意。

第十四条　项目核准机关在受理项目申请报告之日起4个工作日内，对需要进行评估论证的重点问题委托有资质的咨询机构进行评估论证，接受委托的咨询机构应在规定的时间内提出评估报告。

对于可能会对公共利益造成重大影响的项目，项目核准机关在进行核准时应采取适当方式征求公众意见。对于特别重大的项目，可以实行专家评议制度。

第十五条　项目核准机关自受理项目核准申请之日起20个工作日内，完成对项目申请报告的核准。如20个工作日内不能做出核准决定的，由本部门负责人批准延长10个工作日，并将延长期限的理由告知项目申报单位。

前款规定的核准期限，委托咨询评估和进行专家评议所需的时间不计算在内。

第十六条　对外商投资项目的核准条件是：

（一）符合国家有关法律法规和《外商投资产业指导目录》、《中西部地区外商投资优势产业目录》的规定；

（二）符合发展规划、产业政策及准入标准；

（三）合理开发并有效利用了资源；

（四）不影响国家安全和生态安全；

（五）对公众利益不产生重大不利影响；

（六）符合国家资本项目管理、外债管理的有关规定。

第十七条　对予以核准的项目，项目核准机关出具书面核准文件，并抄送同级行业管理、城乡规划、国土资源、环境保护、节能审查等相关部门；对不予核准的项目，应以书面说明理由，并告知项目申报单位享有依法申请行政复议或者提起行政诉讼的权利。

第四章　项目备案

第十八条　拟申请备案的外商投资项目需由项目申报单位提交项目和投资方基本情况等信息，并附中外投资各方的企业注册证明材料、投资意向书及增资、并购项目的公司董事会决议等其他相关材料；

第十九条　外商投资项目备案需符合国家有关法律法规、发展规划、产业政策及准入标准，符合《外商投资产业指导目录》、《中西部地区外商投资优势产业目录》。

第二十条　对不予备案的外商投资项目，地方投资主管部门应在7个工作日内出具书面意见并说明理由。

第五章　项目变更

第二十一条　经核准或备案的项目如出现下列情形之一的，需向原批准机关申请变更：

（一）项目地点发生变化；

（二）投资方或股权发生变化；

（三）项目主要建设内容发生变化；

（四）有关法律法规和产业政策规定需要变更的其他情况。

第二十二条 变更核准和备案的程序比照本办法前述有关规定执行。

第二十三条 经核准的项目若变更后属于备案管理范围的，应按备案程序办理；予以备案的项目若变更后属于核准管理范围的，应按核准程序办理。

第六章 监督管理

第二十四条 核准或备案文件应规定文件的有效期。在有效期内未开工建设的，项目申报单位应当在有效期届满前30个工作日向原核准和备案机关提出延期申请。在有效期内未开工建设且未提出延期申请的，原核准文件期满后自动失效。

第二十五条 对于未按规定权限和程序核准或者备案的项目，有关部门不得办理相关手续，金融机构不得提供信贷支持。

第二十六条 各级项目核准和备案机关要切实履行核准和备案职责，改进监督、管理和服务，提高行政效率，并按照相关规定做好项目核准及备案的信息公开工作。

第二十七条 各级发展改革部门应当会同同级行业管理、城乡规划、国土资源、环境保护、金融监管、安全生产监管等部门，对项目申报单位执行项目情况和外商投资项目核准或备案情况进行稽察和监督检查，加快完善信息系统，建立发展规划、产业政策、准入标准、诚信记录等信息的横向互通制度，严肃查处违法违规行为并纳入不良信用记录，实现行政审批和市场监管的信息共享。

第二十八条 国家发展和改革委员会要联合地方发展改革部门建立完善外商投资项目管理电子信息系统，实现外商投资项目可查询、可监督，提升事中事后监管水平。

第二十九条 省级发展改革部门每月10日前汇总整理上月本省项目核准及备案相关情况，包括项目名称、核准及备案文号、项目所在地、中外投资方、建设内容、资金来源(包括总投资、资本金等)等，报送国家发展和改革委员会。

第七章 法律责任

第三十条 项目核准和备案机关及其工作人员违反本办法有关规定的，由其上级行政机关或者监察机关责令改正；情节严重的，对直接负责的主管人员和其他直接责任人员依法给予行政处分。

第三十一条 项目核准和备案机关工作人员，在项目核准和备案过程中滥用职权谋取私利，构成犯罪的，依法追究刑事责任；尚不构成犯罪的，依法给予行政处分。

第三十二条 咨询评估机构及其人员、参与专家评议的专家，在编制项目申请报告、受项目核准机关委托开展评估或者参与专家评议过程中，不遵守国家法律法规和本办法规定的，依法追究相应责任。

第三十三条 项目申报单位以拆分项目或提供虚假材料等不正当手段申请核准或备案的，项目核准和备案机关不予受理或者不予核准及备案。已经取得项目核准或备案文件的，项目核准和备案机关应依法撤销该项目的核准或备案文件。已经开工建设的，依法责令其停止建设。相应的项目核准和备案机关及有关部门应当将其纳入不良信用记录，并依法追究有关责任人的法律责任。

第八章 附 则

第三十四条 具有项目核准职能的国务院行业管理部门和省级政府有关部门可以按照国家有关法律法规和本办法的规定，制定外商投资项目核准具体实施办法和相应的《服务指南》。

第三十五条 香港特别行政区、澳门特别行政区和台湾地区的投资者在祖国大陆举办的投资项目，参照本办法执行。

外国投资者以人民币在境内投资的项目，按照本办法执行。

第三十六条 法律、行政法规和国家对外商投资项目管理有专门规定的，按照有关规定执行。

第三十七条 本办法由国家发展和改革委员会负责解释。

第三十八条 本办法自2014年6月17日起施行。国家发展和改革委员会2004年10月9日发布的《外商投资项目核准暂行管理办法》(国家发展和改革委员会令第22号)同时废止。

6. 商务部关于改进外资审核管理工作的通知

（2014 年 6 月 17 日商务部发布，自发布之日起施行）

各省、自治区、直辖市、计划单列市及新疆生产建设兵团商务主管部门：

为贯彻落实《国务院关于印发注册资本登记制度改革方案的通知》（国发［2014］7 号，以下简称《通知》）和《国务院关于废止和修改部分行政法规的决定》（国务院令第 648 号，以下简称《决定》），商务部就部分外商投资管理工作提出改进措施，现通知如下：

一、关于外资审核

（一）取消对外商投资（含台、港、澳投资）的公司（以下简称公司）首次出资比例、货币出资比例和出资期限的限制或规定。

认缴出资额、出资方式、出资期限由公司投资者（股东、发起人）自主约定，并在合营（合作）合同、公司章程中载明。各级商务主管部门应在批复中对上述内容予以明确。

（二）除法律、行政法规以及国务院决定对特定行业注册资本最低限额另有规定外，取消公司最低注册资本的限制。

（三）《通知》所列《暂不实行注册资本认缴登记制的行业》的注册资本出资事项，在有关法律、行政法规以及国务院决定未修改前，暂按现行规定执行。

除上述暂不实行注册资本认缴登记制的行业外，不再审核公司注册资本的缴付情况。

（四）2014 年 3 月 1 日前批准的外商投资事项，投资者应继续按原合同、章程的约定履行出资义务；如需变更，投资者可向商务主管部门提出申请，各级商务主管部门应根据本通知的有关要求进行审核。

（五）公司注册资本和投资总额的比例仍需符合《关于中外合资经营企业注册资本与投资总额比例的暂行规定》及其他现行有效规定。《国家鼓励发展的内外资项目确认书》和《外商投资企业进口更新设备、技术和配件证明》的办理工作仍按《商务部关于办理外商投资企业〈国家鼓励发展的内外资项目确认书〉有关问题的通知》（商资发［2006］201 号）执行。

（六）《决定》废止了《中外合资经营企业合营各方出资的若干规定》及《〈中外合资经营企业合营各方出资的若干规定〉的补充规定》，修订了《中外合资经营企业法实施条例》、《中外合作经营企业法实施条例》和《外资企业法实施细则》关于注册资本出资的内容，各级商务主管部门应认真遵照执行。

二、关于外资统计

（七）根据《外商投资统计制度》，仍以实收资本为基础开展外资统计工作。商务部将在全口径外资管理信息系统“审批发证”项下的“投资各方及出资”模块中增加投资者出资进度及期限的内容。各级商务主管部门在发放批准证书时应在系统中录入相关内容，以此作为了解掌握投资者出资情况及汇总实际使用外资数据的基础。

（八）实际出资后，公司应当按照《公司法》、《中外合资经营企业法实施条例》、《中外合作经营企业法实施细则》等法律法规的要求向投资者签发出资证明书。出资证明书应载明：公司名称；成立日期；注册资本；投资者（股东）名称或姓名、出资方式、缴纳出资金额或提供合作条件的内容；缴纳出资日期；出资证明书的编号和核发日期。

（九）公司向投资者签发出资证明书后，应于 30 日内将加盖公章的出资证明书副本抄报所在地商务主管部门，并提供与出资内容相关的证明材料。

出资证明材料主要包括（但不限于）以下形式：

1. 投资者以现汇或跨境人民币出资的，企业需提交银行进账单（或具有同等证明效力的文件）及报文；

2. 以实物出资的，需提交实物移交与验收证明、作价依据、权属证明等；

3. 以无形资产出资的，需视情况提交专利证书、专利登记簿、商标注册证等，与无形资产出资有关的转让合同，评估报告、投资各方对资产价值的确认文件等；

4. 以境内人民币投资的，需提交利润来源企业的批准证书、产生利润年度财务报表、有关利润分配的董事会决议；或清算所得来源企业清算报告；或股权转让所得企业的批准证书、与股权转让相关的董事会决议。

各级商务主管部门按出资证明书载明的出资方式、出资金额及币种（或提供合作条件的内容）、出资时间等进行实际投资统计。

本通知执行过程中如有问题，请及时与商务部（外资司）联系。

商务部

2014年6月17日

延伸阅读

上海市发展和改革委员会、市商务委员会等关于外商投资项目核准和企业审批有关事项通知

（2009年11月6日上海市发展和改革委员会、市商务委员会等发布，自发布之日起施行）

本市各区（县）人民政府、市政府确定的机构：

为推进本市行政审批改革工作，营造更好的外商投资商务环境，实现本市成为“行政效率最高、行政透明度最高、行政收费最少”地区之一的目标，根据《国务院关于投资体制改革的决定》（国发〔2004〕20号）、《上海市外商投资项目核准暂行管理办法》（沪府发〔2008〕33号）等国家和本市有关法规以及市政府对市发展改革委和市商务委主要职责的规定，按照“依法合规、方便企业、促进发展”的原则，现就进一步明确本市外商投资项目核准和企业审批有关事项通知如下：

一、关于本市外商投资项目核准和企业审批工作

1. 为进一步提高行政审批效率，根据《上海市企业设立并联审批实施办法（试行）》（沪府办发〔2009〕43号），对本市权限内外商投资项目核准和企业设立审批实行并联审批，由市商务委统一接收申请材料，对按规定需要由市外商投资项目核准机关核准的项目送市发展改革委核准后，再由市商务委开展企业设立审批。对不需要项目核准的，按国家有关规定直接进行企业设立审批。

2. 对属于国家发展改革委、国务院核准的外商投资项目，由项目申请人直接向市发展改革委提出申请，经市发展改革委初审后转报国家发展改革委核准。

二、关于对各区（县）政府及市政府确定的机构的外商投资项目核准和企业审批工作

1. 各区（县）根据区（县）政府对各部门的职责定位开展权限内外商投资项目核准和企业设立审批工作。

2. 市政府确定的机构在权限内负责外商投资项目核准和企业设立审批。

三、关于信息共享

为了及时掌握全市外商投资动态，加强利用外资的发展战略研究，提高政府服务水平，充分发挥部门间的协同优势，根据本市企业登记注册并联审批工作要求，市发展改革委与市商务委各自的系统将统一纳入本市网上行政审批平台，实现即时信息传递和数据共享。各区（县）外资项目核准部门及市政府确定的机构和各区（县）商务主管部门也应通过所在区县网上行政审批平台实现信息共享，并与上一级平台实行对接。现阶段先通过每月上旬定期电子数据交换等方式实现数据共享。

各部门应加强配合，不断优化审批流程，提高工作效率，努力做好本市外商投资项目核准和企业设立审批工作。

本通知自下发之日起执行。

上海市发展和改革委员会

上海市商务委员会

二〇〇九年十一月六日

7. 国务院办公厅关于印发《自由贸易试验区外商投资准入特别管理措施(负面清单)(2017年版)》的通知

(2017年6月5日　国办发〔2017〕51号)

《自由贸易试验区外商投资准入特别管理措施(负面清单)(2017年版)》已经国务院同意,现印发给你们。此次修订进一步放宽外商投资准入,是实施新一轮高水平对外开放的重要举措。各地区、各部门要认真贯彻执行,增强服务意识,提高监管水平,有效防控风险。实施中的重大问题,要及时向国务院请示报告。

《自由贸易试验区外商投资准入特别管理措施(负面清单)(2017年版)》自2017年7月10日起实施。2015年4月8日印发的《自由贸易试验区外商投资准入特别管理措施(负面清单)》同时废止。

自由贸易试验区外商投资准入特别管理措施(负面清单)(2017年版)说　明

一、《自由贸易试验区外商投资准入特别管理措施(负面清单)(2017年版)》(以下简称《自贸试验区负面清单》)依据现行有关法律法规制定,已经国务院批准,现予以发布。负面清单列明了不符合国民待遇等原则的外商投资准入特别管理措施,适用于自由贸易试验区(以下简称自贸试验区)。

二、《自贸试验区负面清单》依据《国民经济行业分类》(GB/T 4754—2011)划分为15个门类、40个条目、95项特别管理措施,与上一版相比,减少了10个条目、27项措施。其中特别管理措施包括具体行业措施和适用于所有行业的水平措施。

三、《自贸试验区负面清单》中未列出的与国家安全、公共秩序、公共文化、金融审慎、政府采购、补贴、特殊手续、非营利组织和税收相关的特别管理措施,按照现行规定执行。自贸试验区内的外商投资涉及国家安全的,须按照《自由贸易试验区外商投资国家安全审查试行办法》进行安全审查。

四、《自贸试验区负面清单》之内的非禁止投资领域,须进行外资准入许可。《自贸试验区负面清单》之外的领域,在自贸试验区内按照内外资一致原则实施管理。

五、香港特别行政区、澳门特别行政区、台湾地区投资者在自贸试验区内投资参照《自贸试验区负面清单》执行。内地与香港特别行政区、澳门特别行政区关于建立更紧密经贸关系的安排及其补充协议,《海峡两岸经济合作框架协议》,我国签署的自贸协定中适用于自贸试验区并对符合条件的投资者有更优惠的开放措施的,按照相关协议或协定的规定执行。

自由贸易试验区外商投资准入特别管理措施(负面清单)(2017年版)

序号	领域	特别管理措施
一、农、林、牧、渔业		
(一)	种业	1.禁止投资中国稀有和特有的珍贵优良品种的研发、养殖、种植以及相关繁殖材料的生产(包括种植业、畜牧业、水产业的优良基因)。 2.禁止投资农作物、种畜禽、水产苗种转基因品种选育及其转基因种子(苗)生产。 3.农作物新品种选育和种子生产须由中方控股。 4.未经批准,禁止采集农作物种质资源。

续表

序号	领域	特别管理措施
（二）	渔业	5. 在中国境内及其管辖水域从事渔业活动，须经中国政府批准；不得注册登记中国籍渔业船舶。
二、采矿业		
（三）	专属经济区、大陆架和其他管辖海域勘探开发	6. 对中国专属经济区、大陆架和其他管辖海域的勘查、钻探、开发活动，须经中国政府批准。
（四）	石油和天然气开采及开采辅助活动	7. 投资石油、天然气、煤层气的勘探、开发，须通过与中国政府批准的具有对外合作专营权的油气公司签署产品分成合同方式进行。
（五）	有色金属矿和非金属矿采选和开采辅助活动	8. 禁止投资稀土勘查、开采及选矿；未经允许，禁止进入稀土矿区或取得矿山地质资料、矿石样品及生产工艺技术。 9. 禁止投资钨、钼、锡、锑、萤石的勘查、开采。 10. 禁止投资放射性矿产的勘查、开采、选矿。
（六）	金属矿及非金属矿采选	11. 石墨的勘查、开采。
三、制造业		
（七）	航空制造	12. 干线、支线飞机设计、制造与维修，须由中方控股；6吨9座（含）以上通用飞机设计、制造与维修，限于合资、合作；地面、水面效应飞机制造及无人机、浮空器设计与制造，须由中方控股。
（八）	船舶制造	13. 船舶（含分段）修理、设计与制造须由中方控股。
（九）	汽车制造	14. 汽车整车、专用汽车制造，中方股比不低于50%；同一家外商可在国内建立两家以下（含两家）生产同类（乘用车类、商用车类）整车产品的合资企业，如与中方合资伙伴联合兼并国内其他汽车生产企业可不受两家的限制。
（十）	通信设备制造	15. 卫星电视广播地面接收设施及关键件生产。
（十一）	有色金属冶炼和压延加工及放射性矿产冶炼、加工	16. 钨冶炼。 17. 稀土冶炼、分离限于合资、合作。 18. 禁止投资放射性矿产冶炼、加工。
（十二）	中药饮片加工及中成药生产	19. 禁止投资中药饮片的蒸、炒、炙、煅等炮制技术的应用及中成药保密处方产品的生产。
（十三）	核燃料及核辐射加工	20. 核燃料、核材料、铀产品以及相关核技术的生产经营和进出口由具有资质的中央企业实行专营。 21. 国有或国有控股企业才可从事放射性固体废物处置活动。
（十四）	其他制造业	22. 禁止投资象牙雕刻、虎骨加工、宣纸和墨锭生产等民族传统工艺。

续表

序号	领域	特别管理措施
四、电力、热力、燃气及水生产和供应业		
（十五）	核力发电	23. 核电站的建设、经营须由中方控股。
（十六）	管网设施	24. 城市人口50万以上的城市燃气、热力和供排水管网的建设、经营须由中方控股。 25. 电网的建设、经营须由中方控股。
五、批发和零售业		
（十七）	专营及特许经营	26. 禁止投资烟叶、卷烟、复烤烟叶及其他烟草制品的生产、批发、零售、进出口。 27. 对中央储备粮（油）实行专营制度。中国储备粮管理总公司具体负责中央储备粮（油）的收购、储存、经营和管理。 28. 对免税商品销售业务实行特许经营和集中统一管理。 29. 对彩票发行、销售实行特许经营，禁止在中华人民共和国境内发行、销售境外彩票。
六、交通运输、仓储和邮政业		
（十八）	铁路运输	30. 铁路干线路网的建设、经营须由中方控股。 31. 铁路旅客运输公司须由中方控股。
（十九）	水上运输	32. 水上运输公司（上海自贸试验区内设立的国际船舶运输企业除外）须由中方控股，且不得经营或以租用中国籍船舶或者舱位等方式变相经营国内水路运输业务及其辅助业务（包括国内船舶管理、国内船舶代理、国内水路旅客运输代理和国内水路货物运输代理业务等）。 33. 水路运输经营者不得使用外国籍船舶经营国内水路运输业务，但经中国政府批准，在国内没有能够满足所申请运输要求的中国籍船舶，并且船舶停靠的港口或者水域为对外开放的港口或者水域的情况下，水路运输经营者可以在中国政府规定的期限或者航次内，临时使用外国籍船舶经营中国港口之间的海上运输和拖航。 34. 国际、国内船舶代理企业外资股比不超过51%。
（二十）	航空客货运输	35. 公共航空运输企业须由中方控股，单一外国投资者（包括其关联企业）投资比例不超过25%。企业法定代表人须由中国籍公民担任。只有中国公共航空运输企业才能经营国内航空服务（国内载运权），并作为中国指定承运人提供定期和不定期国际航空服务。
（二十一）	通用航空服务	36. 通用航空企业限于合资，除专门从事农、林、渔作业的通用航空企业以外，其他通用航空企业须由中方控股。企业法定代表人须由中国籍公民担任。外籍航空器或者外籍人员使用中国航空器在中国境内进行通用航空飞行活动须取得批准。
（二十二）	机场与空中交通管理	37. 禁止投资和经营空中交通管制系统。 38. 民用机场的建设、经营须由中方相对控股。
（二十三）	邮政业	39. 禁止投资邮政企业和经营邮政服务。 40. 禁止投资经营信件的国内快递业务。

续表

序号	领域	特别管理措施
七、信息传输、软件和信息技术服务业		
（二十四）	电信	41. 电信公司限于从事中国入世承诺开放的电信业务，其中：增值电信业务（电子商务除外）外资比例不超过50%，基础电信业务经营者须为依法设立的专门从事基础电信业务的公司，且公司国有股权或股份不少于51%（上海自贸试验区原有区域〔28.8平方公里〕按既有政策执行）。
（二十五）	互联网和相关服务	42. 禁止投资互联网新闻信息服务、网络出版服务、网络视听节目服务、网络文化经营（音乐除外）、互联网公众发布信息服务（上述服务中，中国入世承诺中已开放的内容除外）。 43. 禁止从事互联网地图编制和出版活动（上述服务中，中国入世承诺中已开放的内容除外）。 44. 互联网新闻信息服务单位与外国投资者进行涉及互联网新闻信息服务业务的合作，应报经中国政府进行安全评估。
八、金融业		
（二十六）	银行服务	45. 境外投资者投资银行业金融机构，应为金融机构或特定类型机构。具体要求： （1）外商独资银行股东、中外合资银行外方股东应为金融机构，且外方唯一或者控股/主要股东应为商业银行； （2）投资中资商业银行、信托公司的应为金融机构； （3）投资农村商业银行、农村合作银行、农村信用（合作）联社、村镇银行的应为境外银行； （4）投资金融租赁公司的应为金融机构或融资租赁公司； （5）消费金融公司的主要出资人应为金融机构； （6）投资货币经纪公司的应为货币经纪公司； （7）投资金融资产管理公司的应为金融机构，且不得参与发起设立金融资产管理公司； （8）法律法规未明确的应为金融机构。 46. 境外投资者投资银行业金融机构须符合一定数额的总资产要求，具体要求如下： （1）取得银行控股权益的外国投资者，以及投资中资商业银行、农村商业银行、农村合作银行、村镇银行、贷款公司和其他银行的外国投资者，提出申请前1年年末总资产应不少于100亿美元； （2）投资农村信用（合作）联社、信托公司的外国投资者，提出申请前1年年末总资产应不少于10亿美元；（3）拟设分行的外国银行，提出申请前1年年末总资产应不少于200亿美元； （4）在中国境外注册的具有独立法人资格的融资租赁公司作为金融租赁公司发起人，最近1年年末总资产应不低于100亿元人民币或等值的可自由兑换货币； （5）法律法规未明确不适用的其他银行业金融机构的境外投资者，提出申请前1年年末总资产应不少于10亿美元。 47. 境外投资者投资货币经纪公司须从事货币经纪业务20年以上，并具有从事货币经纪业务所必需的全球机构网络和资讯通信网络等特定条件。

续表

序号	领域	特别管理措施
		48. 单个境外金融机构及被其控制或共同控制的关联方作为发起人或战略投资者向单个中资商业银行、农村商业银行、农村合作银行、农村信用(合作)联社、金融资产管理公司等银行业金融机构投资入股比例不得超过20%,多个境外金融机构及被其控制或共同控制的关联方作为发起人或战略投资者向单个中资商业银行、农村商业银行、农村合作银行、农村信用(合作)联社、金融资产管理公司等银行业金融机构投资入股比例合计不得超过25%。 49. 除符合股东机构类型要求和资质要求外,外资银行还受限于以下条件: (1)外国银行分行不可从事《中华人民共和国商业银行法》允许经营的"代理收付款项"、"从事银行卡业务",除可以吸收中国境内公民每笔不少于100万元人民币的定期存款外,外国银行分行不得经营对中国境内公民的人民币业务; (2)外国银行分行应当由总行无偿拨付不少于2亿元人民币或等值的自由兑换货币,营运资金的30%应以指定的生息资产形式存在,以定期存款形式存在的生息资产应当存放在中国境内3家或3家以下的中资银行; (3)外国银行分行营运资金加准备金等项之和中的人民币份额与其人民币风险资产的比例不可低于8%。
(二十七)	资本市场服务	50. 期货公司外资比例不超过49%。 51. 证券公司外资比例不超过49%。 52. 单个境外投资者持有(包括直接持有和间接控制)上市内资证券公司股份的比例不超过20%;全部境外投资者持有(包括直接持有和间接控制)上市内资证券公司股份的比例不超过25%。 53. 证券投资基金管理公司外资比例不超过49%。 54. 不得成为证券交易所的普通会员和期货交易所的会员。 55. 除中国政府另有规定的情况外,不得申请开立A股证券账户以及期货账户。
(二十八)	保险业	56. 寿险公司外资比例不超过50%;境内保险公司合计持有保险资产管理公司的股份不低于75%。 57. 向保险公司投资入股,全部外资股东出资或者持股比例占公司注册资本不足25%的,全部外资股东应为境外金融机构(通过证券交易所购买保险公司股票的除外),提出申请前1年年末总资产不少于20亿美元。 申请设立外资保险公司的外国保险公司,应当具备下列条件: (1)经营保险业务30年以上; (2)在中国境内已经设立代表机构2年以上; (3)提出设立申请前1年年末总资产不少于50亿美元。
九、租赁和商务服务业		
(二十九)	法律服务	58. 外国律师事务所只能以代表机构的方式进入中国,在华设立代表机构、派驻代表,须经中国司法行政部门许可。 59. 禁止从事中国法律事务,不得成为国内律师事务所合伙人。 60. 外国律师事务所驻华代表机构不得聘用中国执业律师,聘用的辅助人员不得为当事人提供法律服务。
(三十)	咨询与调查	61. 禁止投资社会调查。 62. 市场调查限于合资、合作,其中广播电视收听、收视调查须由中方控股。

续表

序号	领域	特别管理措施
十、科学研究和专业技术服务		
（三十一）	专业技术服务	63. 禁止投资大地测量、海洋测绘、测绘航空摄影、行政区域界线测绘，地形图、世界政区地图、全国政区地图、省级及以下政区地图、全国性教学地图、地方性教学地图和真三维地图编制，导航电子地图编制，区域性的地质填图、矿产地质、地球物理、地球化学、水文地质、环境地质、地质灾害、遥感地质等调查。 64. 测绘公司须由中方控股。 65. 禁止投资人体干细胞、基因诊断与治疗技术的开发和应用。 66. 禁止设立和运营人文社会科学研究机构。
十一、水利、环境和公共设施管理业		
（三十二）	野生动植物资源保护	67. 禁止投资国家保护的原产于中国的野生动植物资源开发。 68. 禁止采集或收购国家重点保护野生动植物和微生物资源。
十二、教育		
（三十三）	教育	69. 外国教育机构、其他组织或者个人不得单独设立以中国公民为主要招生对象的学校及其他教育机构（不包括非学制类职业技能培训）。 70. 外国教育机构可以同中国教育机构合作举办以中国公民为主要招生对象的教育机构，中外合作办学者可以合作举办各级各类教育机构，但是： （1）不得举办实施义务教育机构； （2）外国宗教组织、宗教机构、宗教院校和宗教教职人员不得在中国境内从事合作办学活动，中外合作办学机构不得进行宗教教育和开展宗教活动；不得在中国境内投资宗教教育机构； （3）普通高中教育机构、高等教育机构和学前教育须由中方主导（校长或者主要行政负责人应当具有中国国籍，在中国境内定居；理事会、董事会或者联合管理委员会的中方组成人员不得少于1/2；教育教学活动和课程教材须遵守我国相关法律法规及有关规定）。
十三、卫生和社会工作		
（三十四）	卫生	71. 医疗机构限于合资、合作。
十四、文化、体育和娱乐业		
（三十五）	广播电视播出、传输、制作、经营	72. 禁止投资设立和经营各级广播电台（站）、电视台（站）、广播电视频率频道和时段栏目、广播电视传输覆盖网（广播电视发射台、转播台〔包括差转台、收转台〕、广播电视卫星、卫星上行站、卫星收转站、微波站、监测台〔站〕及有线广播电视传输覆盖网等），禁止从事广播电视视频点播业务和卫星电视广播地面接收设施安装服务。 73. 禁止投资广播电视节目制作经营公司。 74. 对境外卫星频道落地实行审批制度。禁止投资电影及广播电视节目的引进业务，引进境外影视剧和以卫星传送方式引进其他境外电视节目由新闻出版广电总局指定的单位申报。 75. 对中外合作制作电视剧（含电视动画片）实行许可制度。

续表

序号	领域	特别管理措施
（三十六）	新闻出版、广播影视、金融信息	76. 禁止投资设立通讯社、报刊社、出版社以及新闻机构。 77. 外国新闻机构在中国境内设立常驻新闻机构、向中国派遣常驻记者，须经中国政府批准。 78. 外国通讯社在中国境内提供新闻的服务业务须由中国政府审批。 79. 禁止投资经营图书、报纸、期刊、音像制品和电子出版物的编辑、出版、制作业务；禁止经营报刊版面。但经中国政府批准，在确保合作中方的经营主导权和内容终审权并遵守中国政府批复的其他条件下，中外出版单位可进行新闻出版中外合作项目。 80. 中外新闻机构业务合作须中方主导，且须经中国政府批准。 81. 出版物印刷须由中方控股。 82. 未经中国政府批准，禁止在中国境内提供金融信息服务。 83. 境外传媒（包括外国和港澳台地区报社、期刊社、图书出版社、音像出版社、电子出版物出版公司以及广播、电影、电视等大众传播机构）不得在中国境内设立代理机构或编辑部。未经中国政府批准，不得设立办事机构，办事机构仅可从事联络、沟通、咨询、接待服务。
（三十七）	电影制作、发行、放映	84. 禁止投资电影制作公司、发行公司、院线公司，但经批准，允许中外企业合作摄制电影。 85. 电影院的建设、经营须由中方控股。放映电影片，应当符合中国政府规定的国产电影片与进口电影片放映的时间比例。放映单位年放映国产电影片的时间不得低于年放映电影片时间总和的2/3。
（三十八）	文物及非物质文化遗产保护	86. 禁止投资和经营文物拍卖的拍卖企业、文物购销企业。 87. 禁止投资和运营国有文物博物馆。 88. 禁止不可移动文物及国家禁止出境的文物转让、抵押、出租给外国人。 89. 禁止设立与经营非物质文化遗产调查机构。 90. 境外组织或个人在中国境内进行非物质文化遗产调查和考古调查、勘探、发掘，应采取与中国合作的形式并经专门审批许可。
（三十九）	文化娱乐	91. 禁止设立文艺表演团体。 92. 演出经纪机构须由中方控股（为设有自贸试验区的省市提供服务的除外）。
十五、所有行业		
（四十）	所有行业	93. 不得作为个体工商户、个人独资企业投资人、农民专业合作社成员，从事经营活动。 94.《外商投资产业指导目录》中的禁止类以及标注有“限于合资”、“限于合作”、“限于合资、合作”、“中方控股”、“中方相对控股”和有外资比例要求的项目，不得设立外商投资合伙企业。 95. 境内公司、企业或自然人以其在境外合法设立或控制的公司并购与其有关联关系的境内公司，涉及外商投资项目和企业设立及变更事项的，按现行规定办理。

自由贸易试验区外商投资准入特别管理措施（负面清单）（2017年版）比上一版减少的措施

大类	领域	比上一版减少的特别管理措施
采矿业	金属矿及非金属矿采选	1. 贵金属（金、银、铂族）勘查、开采，属于限制类。
		2. 锂矿开采、选矿，属于限制类。
制造业	航空制造	3. 3吨级及以上民用直升机设计与制造需中方控股。
		4. 6吨9座以下通用飞机设计、制造与维修限于合资、合作。
	船舶制造	5. 船用低、中速柴油机及曲轴制造，须由中方控股。
		6. 海洋工程装备（含模块）制造与修理，须由中方控股。
	汽车制造	7. 新建纯电动乘用车生产企业生产的产品须使用自有品牌，拥有自主知识产权和已授权的相关发明专利。
	轨道交通设备制造	8. 轨道交通运输设备制造限于合资、合作（与高速铁路、铁路客运专线、城际铁路配套的乘客服务设施和设备的研发、设计与制造，与高速铁路、铁路客运专线、城际铁路相关的轨道和桥梁设备研发、设计与制造，电气化铁路设备和器材制造，铁路客车排污设备制造等除外）。
		9. 城市轨道交通项目设备国产化比例须达到70%及以上。
	通信设备制造	10. 民用卫星设计与制造、民用卫星有效载荷制造须由中方控股。
	矿产冶炼和压延加工	11. 钼、锡（锡化合物除外）、锑（含氧化锑和硫化锑）等稀有金属冶炼属于限制类。
	医药制造	12. 禁止投资列入《野生药材资源保护管理条例》和《中国稀有濒危保护植物名录》的中药材加工。
交通运输业	道路运输	13. 公路旅客运输公司属于限制类。
	水上运输	14. 外轮理货属于限制类，限于合资、合作。
信息技术服务业	互联网和相关服务	15. 禁止投资互联网上网服务营业场所。
金融业	银行服务	16. 外国银行分行不可从事《中华人民共和国商业银行法》允许经营的“代理发行、代理兑付、承销政府债券”。
		17. 外资银行获准经营人民币业务须满足最低开业时间要求。
		18. 境外投资者投资金融资产管理公司须符合一定数额的总资产要求。
	保险业务	19. 非经中国保险监管部门批准，外资保险公司不得与其关联企业从事再保险的分出或者分入业务。
租赁和商务服务业	会计审计	20. 担任特殊普通合伙会计师事务所首席合伙人（或履行最高管理职责的其他职务），须具有中国国籍。
	统计调查	21. 实行涉外调查机构资格认定制度和涉外社会调查项目审批制度。
		22. 评级服务属于限制类。
	其他商务服务	23. 因私出入境中介机构法定代表人须为具有境内常住户口、具有完全民事行为能力的中国公民。

续表

大类	领域	比上一版减少的特别管理措施
教育	教育	24. 不得举办实施军事、警察、政治和党校等特殊领域教育机构。
文化、体育和娱乐业	新闻出版、广播影视、金融信息	25. 禁止从事美术品和数字文献数据库及其出版物等文化产品进口业务(上述服务中,中国入世承诺中已开放的内容除外)。
	文化娱乐	26. 演出经纪机构属于限制类,须由中方控股(由“为本省市提供服务的除外”调整为“为设有自贸试验区的省份提供服务的除外”)。
		27. 大型主题公园的建设、经营属于限制类。

* 注:《自由贸易试验区外商投资准入特别管理措施(负面清单)(2017 年版)》与上一版相比,共减少了 10 个条目、27 项措施。其中,减少的条目包括轨道交通设备制造、医药制造、道路运输、保险业务、会计审计、其他商务服务等 6 条,同时整合减少了 4 条。

8. 境外投资项目核准和备案管理办法

(2014 年 4 月 8 日国家发展和改革委员会令第 9 号颁布,根据 2014 年 12 月 27 日《国家发展和改革委员会关于修改〈境外投资项目核准和备案管理办法〉和〈外商投资项目核准和备案管理办法〉有关条款的决定》修改)

第一章　总　则

第一条　为促进和规范境外投资,加快境外投资管理职能转变,根据《中华人民共和国行政许可法》、《国务院关于投资体制改革的决定》和《国务院对确需保留的行政审批项目设定行政许可的决定》,特制定本办法。

第二条　本办法适用于中华人民共和国境内各类法人(以下简称“投资主体”)以新建、并购、参股、增资和注资等方式进行的境外投资项目,以及投资主体以提供融资或担保等方式通过其境外企业或机构实施的境外投资项目。

第三条　本办法所称境外投资项目是指投资主体通过投入货币、有价证券、实物、知识产权或技术、股权、债权等资产和权益或提供担保,获得境外所有权、经营管理权及其他相关权益的活动。

第四条　本办法所称中方投资额是指投资主体为境外投资项目投入的货币、有价证券、实物、知识产权或技术、股权、债权等资产和权益或提供担保的总额。

第五条　国家根据不同情况对境外投资项目分别实行核准和备案管理。

第六条　国家发展和改革委员会(以下简称“国家发展改革委”)会同有关部门加强对企业境外投资的宏观指导、投向引导和综合服务,并通过多双边投资合作和对话机制,为投资主体实施境外投资项目积极创造有利的外部环境。

第二章　核准和备案机关及权限

第七条　涉及敏感国家和地区、敏感行业的境外投资项目,由国家发展改革委核准。其中,中方投资额 20 亿美元及以上的,由国家发展改革委提出审核意见报国务院核准。

本办法所称敏感国家和地区包括:未建交和受国际制裁的国家,发生战争、内乱等国家和地区。

本办法所称敏感行业包括:基础电信运营,跨境水资源开发利用,大规模土地开发,输电干线、电网,新闻传媒等行业。

第八条 本办法第七条规定之外的境外投资项目实行备案管理。其中,中央管理企业实施的境外投资项目、地方企业实施的中方投资额3亿美元及以上境外投资项目,由国家发展改革委备案;地方企业实施的中方投资额3亿美元以下境外投资项目,由各省、自治区、直辖市及计划单列市和新疆生产建设兵团等省级政府投资主管部门备案。

第九条 对于境外投资项目前期工作周期长、所需前期费用(包括履约保证金、保函手续费、中介服务费、资源勘探费等)规模较大的,根据现行外汇管理规定的需要,投资主体可参照本办法第七、八条规定对项目前期费用申请核准或备案。经核准或备案的项目前期费用计入项目中方投资额。

第十条 中方投资额3亿美元及以上的境外收购或竞标项目,投资主体在对外开展实质性工作之前,应向国家发展改革委报送项目信息报告。国家发展改革委收到项目信息报告后,对符合国家境外投资政策的项目,在7个工作日内出具确认函。项目信息报告格式文本由国家发展改革委发布。

本办法所称境外收购项目,是指投资主体以协议、要约等方式收购境外企业全部或者部分股权、资产或其它权益的项目。境外竞标项目,是指投资主体参与境外公开或不公开的竞争性投标等方式获得境外企业全部或者部分股权、资产或其它权益的项目。

本办法所称对外开展实质性工作,境外收购项目是指对外签署约束性协议、提出约束性报价及向对方国家或地区政府审查部门提出申请,境外竞标项目是指对外正式投标。

第三章 核准和备案程序及条件

第十一条 由国家发展改革委核准或由国家发展改革委提出审核意见报国务院核准的境外投资项目,地方企业直接向所在地的省级政府发展改革部门提交项目申请报告,由省级政府发展改革部门提出审核意见后报送国家发展改革委;中央管理企业由集团公司或总公司向国家发展改革委报送项目申请报告。

第十二条 向国家发展改革委报送的项目申请报告主要包括项目名称、投资主体情况、项目必要性分析、背景及投资环境情况、项目实施内容、投融资方案、风险分析等内容。项目申请报告示范大纲由国家发展改革委发布。

项目申请报告应附以下附件:

(一)公司董事会决议或相关的出资决议;

(二)投资主体及外方资产、经营和资信情况的文件;

(三)银行出具的融资意向书;

(四)以有价证券、实物、知识产权或技术、股权、债权等资产权益出资的,按资产权益的评估价值或公允价值核定出资额,并应提交具备相应资质的会计师事务所、资产评估机构等中介机构出具的审计报告、资产评估报告及有权机构的确认函,或其他可证明有关资产权益价值的第三方文件;

(五)投标、并购或合资合作项目,应提交中外方签署的意向书或框架协议等文件。

第十三条 对于项目申请报告及附件不齐全或内容不符合规定要求的,国家发展改革委在5个工作日内一次性告知申报单位予以补正。

第十四条 涉及敏感国家和地区、敏感行业的境外投资项目,国家发展改革委在受理项目申请报告之日起3个工作日内征求有关部门意见,有关部门应当自收到征求意见函之日起7个工作日内出具书面意见。

第十五条 国家发展改革委在受理项目申请报告后,若确有必要,应在5个工作日内委托有资质的咨询机构进行评估。接受委托的咨询机构在规定时限内提出评估报告,并对评估结论承担责任。评估时限原则上不超过40个工作日。

评估费用由国家发展改革委承担,咨询机构及其工作人员不得收取申报单位或投资主体的任何费用。

第十六条 国家发展改革委自受理项目申请报告之日起,对于符合核准条件的境外投资项目在20个工作日内完成核准,或提出审核意见报国务院核准。如20个工作日不能做出核准决定或提出审核意见的,由国家发展改革委负责人批准延长10个工作日,并将延长期限的理由告知申报单位。

前款规定的核准期限,不包括委托咨询机构评估的时间。

第十七条　国家发展改革委对核准的项目将向申报单位出具书面核准文件；对不予核准的项目，将以书面决定的方式通知申报单位并说明理由，投资主体享有依法申请行政复议或者提起行政诉讼的权利。

第十八条　国家发展改革委核准项目的条件为：

（一）符合国家法律法规和产业政策、境外投资政策；

（二）符合互利共赢、共同发展的原则，不危害国家主权、安全和公共利益，不违反我国缔结或参加的国际条约；

（三）符合国家资本项目管理相关规定；

（四）投资主体具备相应的投资实力。

第十九条　属于国家发展改革委备案的项目，地方企业应填报境外投资项目备案申请表并附有关附件，直接提交所在地的省级政府发展改革部门，由省级政府发展改革部门报送国家发展改革委；中央管理企业由集团公司或总公司向国家发展改革委报送备案申请表及有关附件。

境外投资项目备案申请表格式文本及附件要求由国家发展改革委发布。

第二十条　对于备案申请表及附件不齐全或内容不符合规定要求的，国家发展改革委在5个工作日内一次性告知申报单位予以补正。

第二十一条　国家发展改革委在受理备案申请表之日起7个工作日内，对符合备案条件的境外投资项目出具备案通知书。对不予备案的境外投资项目，国家发展改革委将以书面决定的方式通知申报单位并说明理由，投资主体享有依法申请行政复议或者提起行政诉讼的权利。

第二十二条　国家发展改革委对申请备案的境外投资项目，主要从是否属于备案管理范围，是否符合相关法律法规、产业政策和境外投资政策，是否符合国家资本项目管理相关规定，是否危害国家主权、安全、公共利益，以及投资主体是否具备相应投资实力等进行审核。

第二十三条　对于已经核准或备案的境外投资项目，如出现下列情况之一的，应按照本办法第七、八条规定向国家发展改革委申请变更：

（一）项目规模和主要内容发生变化；

（二）投资主体或股权结构发生变化；

（三）中方投资额超过原核准或备案的20%及以上。

第四章　核准和备案文件效力

第二十四条　投资主体凭核准文件或备案通知书，依法办理外汇、海关、出入境管理和税收等相关手续。对于未按规定权限和程序核准或者备案的项目，有关部门不得办理相关手续，金融机构不得发放贷款。

第二十五条　投资主体实施需国家发展改革委核准或备案的境外投资项目，在对外签署具有最终法律约束效力的文件前，应当取得国家发展改革委出具的核准文件或备案通知书；或可在签署的文件中明确生效条件为依法取得国家发展改革委出具的核准文件或备案通知书。

第二十六条　核准文件和备案通知书应规定有效期，其中建设类项目核准文件和备案通知书有效期二年，其他项目核准文件和备案通知书有效期一年。

在有效期内投资主体未能完成办理本办法第二十四条所述相关手续的，应在有效期届满前30个工作日内申请延长有效期。

第五章　法律责任

第二十七条　国家发展改革委工作人员有下列行为之一的，责令其限期整改，并依据《行政机关公务员处分条例》等有关规定追究有关责任人的行政责任；构成犯罪的，由司法机关依法追究刑事责任。

（一）滥用职权、玩忽职守、徇私舞弊、索贿受贿的；

（二）违反本办法规定的程序和条件办理项目核准、备案的；

（三）其他违反本办法规定的行为。

第二十八条　投资主体应当对境外投资项目申请报告或项目备案申请表及附件的真实性、合法性负责。投资主体在境外投资项目申报过程中违反法律法规，隐瞒有关情况或提供虚假材料的，国家发展改革委将不予受理或不予核准、备案；已经取得核准文件或备案通知书的，国家发展改革委将撤销核准文件或备案通知书，并给予警告。

第二十九条　对于按照本办法规定投资主

体应申请办理核准或备案但未依法取得核准文件或备案通知书而擅自实施的项目,以及未按照核准文件或备案通知书内容实施的项目,一经发现,国家发展改革委将会同有关部门责令其停止项目实施,并提请或者移交有关机关依法追究有关责任人的法律和行政责任。

对于按照本办法第十条规定投资主体应报送项目信息报告但未获得信息报告确认函而对外开展实质性工作的,国家发展改革委将予以通报批评,责令其纠正。对于性质严重、给国家利益造成严重损害的,国家发展改革委将会同有关部门依法进行处罚,并提请或者移交有关机关依法追究有关责任人的法律和行政责任。

第六章 附 则

第三十条 各省级政府投资主管部门要加强对本地企业境外投资的引导和服务,并参照本办法规定制定相应的备案管理办法。国家发展改革委对省级政府投资主管部门境外投资项目备案工作进行指导和监督,并对发现的问题及时予以纠正。

第三十一条 投资主体在境外投资参股或设立股权投资基金,适用本办法。

自然人和其他组织在境外实施的投资项目,参照本办法规定另行制定具体管理办法。

第三十二条 投资主体在香港特别行政区、澳门特别行政区实施的投资项目,参照本办法执行。

投资主体在台湾地区实施的投资项目,参照本办法规定另行制定具体管理办法。

第三十三条 本办法由国家发展改革委负责解释。

第三十四条 本办法自2014年5月8日起施行。国家发展改革委于2004年10月颁布的《境外投资项目暂行管理办法》(第21号令)同时废止。

(二)投资产业政策

1. 促进产业结构调整暂行规定

(2005年12月2日国务院国发〔2005〕40号发布,自发布之日起施行)

第一章 总 则

第一条 为全面落实科学发展观,加强和改善宏观调控,引导社会投资,促进产业结构优化升级,根据国家有关法律、行政法规,制定本规定。

第二条 产业结构调整的目标:

推进产业结构优化升级,促进一、二、三产业健康协调发展,逐步形成农业为基础、高新技术产业为先导、基础产业和制造业为支撑、服务业全面发展的产业格局,坚持节约发展、清洁发展、安全发展,实现可持续发展。

第三条 产业结构调整的原则:

坚持市场调节和政府引导相结合。充分发挥市场配置资源的基础性作用,加强国家产业政策的合理引导,实现资源优化配置。

以自主创新提升产业技术水平。把增强自主创新能力作为调整产业结构的中心环节,建立以企业为主体、市场为导向、产学研相结合的技术创新体系,大力提高原始创新能力、集成创新能力和引进消化吸收再创新能力,提升产业整体技术水平。

坚持走新型工业化道路。以信息化带动工业化,以工业化促进信息化,走科技含量高、经济效益好、资源消耗低、环境污染少、安全有保障、人力资源优势得到充分发挥的发展道路,努力推进经济增长方式的根本转变。

促进产业协调健康发展。发展先进制造业,提高服务业比重和水平,加强基础设施建设,优化城乡区域产业结构和布局,优化对外贸易和利用外资结构,维护群众合法权益,努力扩大就业,推进经济社会协调发展。

第二章 产业结构调整的方向和重点

第四条 巩固和加强农业基础地位，加快传统农业向现代农业转变。加快农业科技进步，加强农业设施建设，调整农业生产结构，转变农业增长方式，提高农业综合生产能力。稳定发展粮食生产，加快实施优质粮食产业工程，建设大型商品粮生产基地，确保粮食安全。优化农业生产布局，推进农业产业化经营，加快农业标准化，促进农产品加工转化增值，发展高产、优质、高效、生态、安全农业。大力发展畜牧业，提高规模化、集约化、标准化水平，保护天然草场，建设饲料草场基地。积极发展水产业，保护和合理利用渔业资源，推广绿色渔业养殖方式，发展高效生态养殖业。因地制宜发展原料林、用材林基地，提高木材综合利用率。加强农田水利建设，改造中低产田，搞好土地整理。提高农业机械化水平，健全农业技术推广、农产品市场、农产品质量安全和动植物病虫害防控体系。积极推行节水灌溉，科学使用肥料、农药，促进农业可持续发展。

第五条 加强能源、交通、水利和信息等基础设施建设，增强对经济社会发展的保障能力。

坚持节约优先、立足国内、煤为基础、多元发展，优化能源结构，构筑稳定、经济、清洁的能源供应体系。以大型高效机组为重点优化发展煤电，在生态保护基础上有序开发水电，积极发展核电，加强电网建设，优化电网结构，扩大西电东送规模。建设大型煤炭基地，调整改造中小煤矿，坚决淘汰不具备安全生产条件和浪费破坏资源的小煤矿，加快实施煤矸石、煤层气、矿井水等资源综合利用，鼓励煤电联营。实行油气并举，加大石油、天然气资源勘探和开发利用力度，扩大境外合作开发，加快油气领域基础设施建设。积极扶持和发展新能源和可再生能源产业，鼓励石油替代资源和清洁能源的开发利用，积极推进洁净煤技术产业化，加快发展风能、太阳能、生物质能等。

以扩大网络为重点，形成便捷、通畅、高效、安全的综合交通运输体系。坚持统筹规划、合理布局，实现铁路、公路、水运、民航、管道等运输方式优势互补，相互衔接，发挥组合效率和整体优势。加快发展铁路、城市轨道交通，重点建设客运专线、运煤通道、区域通道和西部地区铁路。完善国道主干线、西部地区公路干线，建设国家高速公路网，大力推进农村公路建设。优先发展城市公共交通。加强集装箱、能源物资、矿石深水码头建设，发展内河航运。扩充大型机场，完善中型机场，增加小型机场，构建布局合理、规模适当、功能完备、协调发展的机场体系。加强管道运输建设。

加强水利建设，优化水资源配置。统筹上下游、地表地下水资源调配、控制地下水开采，积极开展海水淡化。加强防洪抗旱工程建设，以堤防加固和控制性水利枢纽等防洪体系为重点，强化防洪减灾薄弱环节建设，继续加强大江大河干流堤防、行蓄洪区、病险水库除险加固和城市防洪骨干工程建设，建设南水北调工程。加大人畜饮水工程和灌区配套工程建设改造力度。

加强宽带通信网、数字电视网和下一代互联网等信息基础设施建设，推进“三网融合”，健全信息安全保障体系。

第六条 以振兴装备制造业为重点发展先进制造业，发挥其对经济发展的重要支撑作用。

装备制造业要依托重点建设工程，通过自主创新、引进技术、合作开发、联合制造等方式，提高重大技术装备国产化水平，特别是在高效清洁发电和输变电、大型石油化工、先进适用运输装备、高档数控机床、自动化控制、集成电路设备、先进动力装备、节能降耗装备等领域实现突破，提高研发设计、核心元器件配套、加工制造和系统集成的整体水平。

坚持以信息化带动工业化，鼓励运用高技术和先进适用技术改造提升制造业，提高自主知识产权、自主品牌和高端产品比重。根据能源、资源条件和环境容量，着力调整原材料工业的产品结构、企业组织结构和产业布局，提高产品质量和技术含量。支持发展冷轧薄板、冷轧硅钢片、高浓度磷肥、高效低毒低残留农药、乙烯、精细化工、高性能差别化纤维。促进炼油、乙烯、钢铁、水泥、造纸向基地化和大型化发展。加强铁、铜、铝等重要资源的地质勘查，增加资源地质储量，实行合理开采和综合利用。

第七条 加快发展高技术产业，进一步增强高技术产业对经济增长的带动作用。

增强自主创新能力，努力掌握核心技术和关

键技术,大力开发对经济社会发展具有重大带动作用的高新技术,支持开发重大产业技术,制定重要技术标准,构建自主创新的技术基础,加快高技术产业从加工装配为主向自主研发制造延伸。按照产业聚集、规模化发展和扩大国际合作的要求,大力发展信息、生物、新材料、新能源、航空航天等产业,培育更多新的经济增长点。优先发展信息产业,大力发展集成电路、软件等核心产业,重点培育数字化音视频、新一代移动通信、高性能计算机及网络设备等信息产业群,加强信息资源开发和共享,推进信息技术的普及和应用。充分发挥我国特有的资源优势和技术优势,重点发展生物农业、生物医药、生物能源和生物化工等生物产业。加快发展民用航空、航天产业,推进民用飞机、航空发动机及机载系统的开发和产业化,进一步发展民用航天技术和卫星技术。积极发展新材料产业,支持开发具有技术特色以及可发挥我国比较优势的光电子材料、高性能结构和新型特种功能材料等产品。

第八条 提高服务业比重,优化服务业结构,促进服务业全面快速发展。坚持市场化、产业化、社会化的方向,加强分类指导和有效监管,进一步创新、完善服务业发展的体制和机制,建立公开、平等、规范的行业准入制度。发展竞争力较强的大型服务企业集团,大城市要把发展服务业放在优先地位,有条件的要逐步形成服务经济为主的产业结构。增加服务品种,提高服务水平,增强就业能力,提升产业素质。大力发展金融、保险、物流、信息和法律服务、会计、知识产权、技术、设计、咨询服务等现代服务业,积极发展文化、旅游、社区服务等需求潜力大的产业,加快教育培训、养老服务、医疗保健等领域的改革和发展。规范和提升商贸、餐饮、住宿等传统服务业,推进连锁经营、特许经营、代理制、多式联运、电子商务等组织形式和服务方式。

第九条 大力发展循环经济,建设资源节约和环境友好型社会,实现经济增长与人口资源环境相协调。坚持开发与节约并重、节约优先的方针,按照减量化、再利用、资源化原则,大力推进节能节水节地节材,加强资源综合利用,全面推行清洁生产,完善再生资源回收利用体系,形成低投入、低消耗、低排放和高效率的节约型增长方式。积极开发推广资源节约、替代和循环利用技术和产品,重点推进钢铁、有色、电力、石化、建筑、煤炭、建材、造纸等行业节能降耗技术改造,发展节能省地型建筑,对消耗高、污染重、危及安全生产、技术落后的工艺和产品实施强制淘汰制度,依法关闭破坏环境和不具备安全生产条件的企业。调整高耗能、高污染产业规模,降低高耗能、高污染产业比重。鼓励生产和使用节约性能好的各类消费品,形成节约资源的消费模式。大力发展环保产业,以控制不合理的资源开发为重点,强化对水资源、土地、森林、草原、海洋等的生态保护。

第十条 优化产业组织结构,调整区域产业布局。提高企业规模经济水平和产业集中度,加快大型企业发展,形成一批拥有自主知识产权、主业突出、核心竞争力强的大公司和企业集团。充分发挥中小企业的作用,推动中小企业与大企业形成分工协作关系,提高生产专业化水平,促进中小企业技术进步和产业升级。充分发挥比较优势,积极推动生产要素合理流动和配置,引导产业集群化发展。西部地区要加强基础设施建设和生态环境保护,健全公共服务,结合本地资源优势发展特色产业,增强自我发展能力。东北地区要加快产业结构调整和国有企业改革改组改造,发展现代农业,着力振兴装备制造业,促进资源枯竭型城市转型。中部地区要抓好粮食主产区建设,发展有比较优势的能源和制造业,加强基础设施建设,加快建立现代市场体系。东部地区要努力提高自主创新能力,加快实现结构优化升级和增长方式转变,提高外向型经济水平,增强国际竞争力和可持续发展能力。从区域发展的总体战略布局出发,根据资源环境承载能力和发展潜力,实行优化开发、重点开发、限制开发和禁止开发等有区别的区域产业布局。

第十一条 实施互利共赢的开放战略,提高对外开放水平,促进国内产业结构升级。加快转变对外贸易增长方式,扩大具有自主知识产权、自主品牌的商品出口,控制高能耗高污染产品的出口,鼓励进口先进技术设备和国内短缺资源。支持有条件的企业"走出去",在国际市场竞争中发展壮大,带动国内产业发展。提高加工贸易的产业层次,增强国内配套能力。大力发展服务贸易,继续开放服务市场,有序承接国际现代服务业转移。提高利用外资的质量和水平,着重引进先进技术、管理经验和高素质人才，注重引进技术的消化吸收和创新提高。吸引外资能力较强的地区和开发区，要着重提高生产制造层次，并积极向研究开发、现代物流等领域拓展。

第三章 产业结构调整指导目录

第十二条 《产业结构调整指导目录》是引导投资方向，政府管理投资项目，制定和实施财税、信贷、土地、进出口等政策的重要依据。

《产业结构调整指导目录》由发展改革委会同国务院有关部门依据国家有关法律法规制订，经国务院批准后公布。根据实际情况，需要对《产业结构调整指导目录》进行部分调整时，由发展改革委会同国务院有关部门适时修订并公布。

《产业结构调整指导目录》原则上适用于我国境内的各类企业。其中外商投资按照《外商投资产业指导目录》执行。《产业结构调整指导目录》是修订《外商投资产业指导目录》的主要依据之一。《产业结构调整指导目录》淘汰类适用于外商投资企业。《产业结构调整指导目录》和《外商投资产业指导目录》执行中的政策衔接问题由发展改革委会同商务部研究协商。

第十三条 《产业结构调整指导目录》由鼓励、限制和淘汰三类目录组成。不属于鼓励类、限制类和淘汰类，且符合国家有关法律、法规和政策规定的，为允许类。允许类不列入《产业结构调整指导目录》。

第十四条 鼓励类主要是对经济社会发展有重要促进作用，有利于节约资源、保护环境、产业结构优化升级，需要采取政策措施予以鼓励和支持的关键技术、装备及产品。按照以下原则确定鼓励类产业指导目录：

（一）国内具备研究开发、产业化的技术基础，有利于技术创新，形成新的经济增长点；

（二）当前和今后一个时期有较大的市场需求，发展前景广阔，有利于提高短缺商品的供给能力，有利于开拓国内外市场；

（三）有较高技术含量，有利于促进产业技术进步，提高产业竞争力；

（四）符合可持续发展战略要求，有利于安全生产，有利于资源节约和综合利用，有利于新能源和可再生能源开发利用、提高能源效率，有利于保护和改善生态环境；

（五）有利于发挥我国比较优势，特别是中西部地区和东北地区等老工业基地的能源、矿产资源与劳动力资源等优势；

（六）有利于扩大就业，增加就业岗位；

（七）法律、行政法规规定的其他情形。

第十五条 限制类主要是工艺技术落后，不符合行业准入条件和有关规定，不利于产业结构优化升级，需要督促改造和禁止新建的生产能力、工艺技术、装备及产品。按照以下原则确定限制类产业指导目录：

（一）不符合行业准入条件，工艺技术落后，对产业结构没有改善；

（二）不利于安全生产；

（三）不利于资源和能源节约；

（四）不利于环境保护和生态系统的恢复；

（五）低水平重复建设比较严重，生产能力明显过剩；

（六）法律、行政法规规定的其他情形。

第十六条 淘汰类主要是不符合有关法律法规规定，严重浪费资源、污染环境、不具备安全生产条件，需要淘汰的落后工艺技术、装备及产品。按照以下原则确定淘汰类产业指导目录：

（一）危及生产和人身安全，不具备安全生产条件；

（二）严重污染环境或严重破坏生态环境；

（三）产品质量低于国家规定或行业规定的最低标准；

（四）严重浪费资源、能源；

（五）法律、行政法规规定的其他情形。

第十七条 对鼓励类投资项目，按照国家有关投资管理规定进行审批、核准或备案；各金融机构应按照信贷原则提供信贷支持；在投资总额内进口的自用设备，除财政部发布的《国内投资项目不予免税的进口商品目录（2000 年修订）》所列商品外，继续免征关税和进口环节增值税，在国家出台不予免税的投资项目目录等新规定后，按新规定执行。对鼓励类产业项目的其他优惠政策，按照国家有关规定执行。

第十八条 对属于限制类的新建项目，禁止投资。投资管理部门不予审批、核准或备案，各金融机构不得发放贷款，土地管理、城市规划和建设、环境保护、质检、消防、海关、工商等部门不得办理有关手续。凡违反规定进行投融资建设的，要追究有关单位和人员的责任。

对属于限制类的现有生产能力，允许企业在一定期限内采取措施改造升级，金融机构按信贷原则继续给予支持。国家有关部门要根据产业结构优化升级的要求，遵循优胜劣汰的原则，实行分类指导。

第十九条 对淘汰类项目，禁止投资。各金融机构应停止各种形式的授信支持，并采取措施收回已发放的贷款；各地区、各部门和有关企业要采取有力措施，按规定限期淘汰。在淘汰期限内国家价格主管部门可提高供电价格。对国家明令淘汰的生产工艺技术、装备和产品，一律不得进口、转移、生产、销售、使用和采用。

对不按期淘汰生产工艺技术、装备和产品的企业，地方各级人民政府及有关部门要依据国家有关法律法规责令其停产或予以关闭，并采取妥善措施安置企业人员、保全金融机构信贷资产安全等；其产品属实行生产许可证管理的，有关部门要依法吊销生产许可证；工商行政管理部门要督促其依法办理变更登记或注销登记；环境保护管理部门要吊销其排污许可证；电力供应企业要依法停止供电。对违反规定者，要依法追究直接责任人和有关领导的责任。

第四章 附 则

第二十条 本规定自发布之日起施行。原国家计委、国家经贸委发布的《当前国家重点鼓励发展的产业、产品和技术目录（2000年修订）》、原国家经贸委发布的《淘汰落后生产能力、工艺和产品的目录（第一批、第二批、第三批）》和《工商投资领域制止重复建设目录（第一批）》同时废止。

第二十一条 对依据《当前国家重点鼓励发展的产业、产品和技术目录（2000年修订）》执行的有关优惠政策，调整为依据《产业结构调整指导目录》鼓励类目录执行。外商投资企业的设立及税收政策等执行国家有关外商投资的法律、行政法规规定。

2. 当前优先发展的高技术产业化重点领域指南（2011年度）

（2011年6月23日国家发展改革委、科技部、工业和信息化部、商务部、知识产权局公告2011年第10号发布，自发布之日起施行）

修订说明

2007年，国家发展改革委、科技部、商务部、知识产权局联合发布了《当前优先发展的高技术产业化重点领域指南（2007年度）》（国家发展改革委2007年第6号公告，以下简称《指南（2007年度）》），对指导各部门、各地方开展高技术产业化工作，促进产业结构调整、加快经济发展方式转变，引导社会资源投向等发挥了重要作用。为贯彻党的十七届五中全会精神，落实《国民经济和社会发展第十二个五年规划纲要》、《国家中长期科学和技术发展规划纲要（2006－2020）》，进一步发挥“指南”的指导作用，国家发展改革委、科技部、工业和信息化部、商务部、知识产权局，在充分分析国内外高技术发展现状及趋势，广泛征求意见的基础上，研究提出了《当前优先发展的高技术产业化重点领域指南（2011年度）》（以下简称《指南（2011年度）》）。《指南（2011年度）》确定了当前优先发展的信息、生物、航空航天、新材料、先进能源、现代农业、先进制造、节能环保和资源综合利用、海洋、高技术服务十大产业中的137项高技术产业化重点领域，其中，信息15项，生物17项，航空航天6项，新材料24项，先进能源13项，现代农业18项，先进制造21项，节能环保和资源综合利用9项，海洋6项，高技术服务8项。重点内容体现了发展高技术产业、大力培育发展战略性新兴产业，推进产业结构优化升级、促进经济发展方式转变，应对全球气候变化的新需求。与《指南（2007年度）》相比，《指南（2011年度）》新增了高技术服务产业和15项重点领域，删除了8项已基本实现产业化的重点领域，并对各领域下的具体内容进行了调整。

目 录

78. 林木、花卉新品种
79. 畜禽水产新品种
80. 新型设施农业技术
81. 安全高效、规模化畜禽清洁养殖技术
82. 安全高效淡水产品清洁养殖术
83. 农林节水技术与设备
84. 新型高效生物肥料
85. 新型安全饲料
86. 农业动物重大疫病预防控制
87. 水产疫病预防控制
88. 农林植物有害生物检疫、预防、控制
89. 数字化农林技术与装备
90. 农林产品加工技术与装备
91. 农林业生物质材料精深加工与利用
92. 农林业机械
93. 粮食储藏与流通

七、先进制造

94. 工业自动化
95. 网络化制造
96. 现代科学仪器设备
97. 新型传感器
98. 精密高效和成形设备
99. 激光加工技术及设备
100. 高精度数控机床及功能部件
101. 机器人
102. 大型石油化工成套设备
103. 关键机械基础件
104. 电力电子器件及变流装置
105. 汽车关键零部件
106. 高效节能内燃机
107. 数字化专用设备
108. 快速制造技术及设备
109. 大型构件制造技术及装备
110. 大型部件自动化柔性装配技术及装备
111. 核技术应用
112. 高技术船舶
113. 海洋工程装备
114. 轨道交通设备

八、节能环保和资源综合利用

115. 先进节能技术
116. 饮用水安全保障技术
117. 工业和城市节水、废水处理
118. 雨水、海水、苦咸水利用
119. 大气污染与温室气体排放控制
120. 固体废弃物的资源综合利用
121. 危险固体废弃物处置技术及设备
122. 环境自动监测系统
123. 生态环境建设与保护

九、海洋

124. 海洋监测技术与装备
125. 海洋生物活性物质及生物制品
126. 海水养殖良种繁育和育苗技术
127. 设施渔业和渔业工程装备
128. 海底资源环境监测、勘探技术与装备
129. 海洋环境保护与生态修复技术及装备

十、高技术服务

130. 信息技术服务
131. 电子商务服务
132. 数字内容服务
133. 研发设计服务
134. 生物技术服务
135. 检验检测服务
136. 知识产权服务
137. 科技成果转化服务

一、信　息

1. 网络设备

适用于下一代高速宽带信息网和三网融合应用的网络产品,物联网关键设备,基于IPv4/IPv6的高性能路由器/交换机,能够提供端到端服务质量(QoS)、支持多功能多业务、安全的网络技术及设备,Tbit以上大容量汇聚交换设备,软交换设备、网关,IP多媒体子系统(IMS)设备,流媒体系统设备,相应的网络测试设备,与物联网有关的分布式感知、拓扑控制、信息资源调度、协同计算等关键设备和产品。

2. 光传输设备

40Gbit/s、100Gbit/s超大容量密集波分复用(DWDM)设备,可重构光分差复用设备(ROADM)及波分复用系统用光交叉互连(OXC)设备,智能光网络传输设备(ASON),多业务传输设备,高速光器件(有源和无源)。

3. 接入网系统设备

宽带、有线、无线和卫星等多种接入技术、专用芯片及系统设备,包括10G无源光纤网

(xPON)接入、宽带光纤接入(FTTH)、同轴电缆接入、宽带无线城域网、近距离超高频无线通信等多种宽带接入技术及设备;适用于三网融合的统一身份认证与访问控制网关,以及接入网统一网管系统、专用芯片及设备;物联网感知技术及无线射频(RFID)产品。

4. 数字移动通信产品

3G 增强/长期演进型技术产品,新一代移动通信系统(含移动互联网)的网络设备、智能终端、专用芯片、操作系统、业务平台及应用软件,与新一代移动通信有关的设备关键配套件及测试仪器,宽带集群通信系统及设备。

5. 数字音视频产品

面向三网融合的数字音视频编解码(AVS、DRA 等)技术与数字电视音视频信号处理相关的关键设备、专用芯片、关键部件(数字高清成像器件和智能监控产品),机卡分离的数字有线电视前端、条件接收、中间件、一体化机产品,地面数字电视、数字和移动多媒体广播电视发射、接收产品及设备,卫星直播电视专用芯片及终端产品,3D 显示技术与设备,数字电影产品及设备,高密度数字激光视盘机及关键部件,数字摄录一体机及数码相机,与数字电视内容有关的数字版权管理、内容分发、安全保障等关键技术和设备,信息设备资源共享关联应用技术与产品,高档数字音响系统等家庭信息终端,4C(计算机、通信、消费电子、内容)融合产品等新型消费类电子产品。

6. 计算机及外部设备

高端服务器及配套软件,云计算模式下的新型终端、新型云计算结点、网络存储及海量存储设备,大容量高速率的移动存储器,固态硬盘(SSD)以及 PB 级海量存储管理集群文件系统,面向超大规模复杂数据的分级和虚拟化存储管理系统,光、磁盘驱动器,无线网卡和模式识别输入设备,生物特征识别及智能卡系统,激光打印机,新型专用打印机,自助服务终端产品,各类计算机外部设备关键部件。

7. 软件及应用系统

服务器操作系统、桌面操作系统和网络(云计算)操作系统,数据库管理系统和支撑软件,多媒体数据库以及检索系统;嵌入式操作系统、嵌入式软件开发平台等核心支撑软件;基础中间件,云计算资源自动调度管理中间件,面向应用的中间件;基于 Web 服务的核心软件,面向 Web 服务计算环境的网络系统软件,基于各种相关软件技术研究和软件开发平台研制的网构化软件生产平台。

高性能计算机应用软件和跨平台共性应用软件(CAD,图像处理等),虚拟现实与平台;网络搜索引擎,中文的全文检索,中文信息处理(含少数民族语言信息处理、中文和外文间的机器翻译),文字识别、语音合成与识别。分布式无线射频编码解析服务系统软件、编码解析安全管理系统软件,RFID 技术公共服务平台;物联网应用平台,信息组织、控制、处理技术和软件系统,RFID 与无线通信、传感技术、生物识别等技术融合系统。电子政务信息系统,包括政务办公和决策支持系统,政府综合监管系统、预警预报与应急响应系统、执法系统,公共服务系统,舆情监测分析系统,经济运行分析系统与监测预警系统,政务信息公开目录及交换体系,绩效评估分析体系,政府信息资源数据中心,安全认证及保障平台;电子商务信息系统,包括交易与服务、供应链管理、加密与电子认证、在线支付、信用管理、多式联运技术与系统及相关应用产品,物流信息服务技术与平台;社会信息化系统,包括社会保障、医疗保障系统、社区服务管理系统、教育培训系统、城市应急联动信息系统等;企业信息化系统,包括企业信息基础设施、协同设计与仿真、产品数据管理系统、企业资源管理系统等;工业软件,重要行业的管理和应用软件。

8. 信息安全产品与系统

适用于特殊领域的安全服务器,安全路由器,安全网络存储设备,计算机安全操作系统,安全数据库,操作系统与数据库安全管理系统防病毒和防攻击系统,入侵检测、防信息泄漏、后门发现和漏洞分析,加解密设备和芯片,安全协议,公钥基础结构(PKI)系统,组合公钥(CPK)系统,安全支付系统,电子防伪系统以及网络安全监控系统,虚拟专用网和无线网络领域的安全监管系统,等级保护管理,可信计算技术与产品,网络安全预警系统,内容安全和网络容灾类产品,信息系统安全测评系统、软件测评技术与系统,保障云计算、物联网、新一代信息网络以及面向三网融合的安全产品,多媒体内容监管系统。

9. 集成电路

高性能传感器及关键芯片、高速集成电路技

术及芯片、线宽65纳米以下的纳米级集成电路芯片制造、封装和测试,纳米级芯片设计平台(EDA工具)及配套IP库,设计、开发智能存储卡控制器芯片以及整机所需的各种专用集成电路芯片和系统级芯片,低功耗、高性能数字信号处理器(DSP),低功耗、高性能嵌入式中央处理器(CPU)及其系统级芯片,高性能多核32位/64位CPU。

10. 信息功能材料与器件

以氮化镓、碳化硅、氮化铝为代表的第三代(高温宽带隙)半导体材料与器件,蓝宝石晶片、石墨烯和碳纳米管混合材料,高k栅介质和金属栅极材料,新型微电子和光电子材料与器件,大尺寸光纤预制棒及配套材料,光子晶体材料与器件,硅基光电子材料与器件,半导体纳米结构材料与器件,光传感用光电子材料与高端核心器件,轧制印刷电路板及锂电池用高性能、低轮廓电子铜箔、IC引线框架铜带、封装基板材料、高频、高耐热性覆铜板、无铅焊料,高性能永磁软磁铁氧体材料与器件、低损耗电容器纸、8－12吋硅片生产设备的配套材料(超高纯石英材料)。

11. 电子专用设备、仪器和工模具

8－12英吋集成电路生产设备、封装测试设备,无线射频(RFID)封装设备,化合物半导体生产设备,碳化硅单晶材料生长设备,片式元件生产设备,半导体照明设备、光伏太阳能设备、新型显示专用设备、敏感元器件/传感器件生产设备,高频率器件生产设备,电力电子器件生产设备,超净设备,环境试验设备,高精度电子专用模具,终测仪、路测仪等电子专用测试仪器。

12. 新型显示器件

大屏幕高端LED显示、TFT－LCD、PDP、OLED显示、场致发光显示(FED)、激光显示、3.5－13.5英吋电容式触摸屏、电子纸、3D显示等新型显示技术及器件,新型显示面板生产、整机模组一体化设计、玻璃基板制造等关键技术,以及相关的驱动电路、光学引擎、彩色滤光片、偏光片、光学薄膜等配套材料,LED背光源、大屏幕液晶显示器(TFT－LCD)光掩膜用大尺寸掩膜板、TFT－LCD用靶材,等离子显示器(PDP)和有机发光二极管(OLED)用材料,高亮度LED外延片及芯片及封装技术。

13. 新型元器件

高档片式元器件,新型机电元件,微机电系统(MEMS),光集成和光电集成器件,半导体激光器件,光纤激光器件,高性能全固态激光器件,高性能敏感元器件及传感器,高端混合集成电路和高频器件,高密度多层印刷电路板和柔性电路板,小型精密无刷电动机,微型通讯电声器件,新型晶体器件,高精密电阻器件,超导滤波器,中大功率高压绝缘栅双极晶体管(IGBT)、快恢复二极管(FRD)芯片和模块,中小功率智能模块;高电压的金属氧化物半导体场效应管(MOSFET);大功率集成门极换流晶闸管(IGCT);6吋大功率晶闸管。

14. 汽车电子

汽油机和柴油机动力总成控制系统,电机控制系统,动力电池管理系统,自动变速控制系统,电控动力转向系统,主/被动安全控制系统,电子控制制动系统,关键元器件和车用集成电路芯片,关键车用传感器,车用总线网络系统、车辆维修诊断系统,车载雷达及相关图象处理软件、零事故智能交通系统,基于车载自动诊断系统(ODBⅢ)的远程车辆信息采集监控系统,车载综合信息系统,数字化仪表。

15. 民用雷达

半高层大气探测雷达(MST甚高频雷达和激光雷达),新一代天气雷达(双极化、双多基地和相控阵雷达),机载测风雷达,毫米波(3毫米)云雷达,海洋状态监测雷达,探地雷达,船用导航雷达,空管全固态一次雷达和S模式二次雷达、合成孔径雷达,通用航空机场雷达,机动多功能航管雷达,机场场面监视雷达,雷达综合应用平台,组网雷达数据分析与共享平台。

二、生　物

16. 生物反应及分离技术

高效生物反应器,高密度培养技术,佐剂、悬浮培养、发酵培养等生物制品产业化关键技术及动植物生物反应器技术,大规模高效分离技术、介质和设备,大型分离系统及在线检测控制装置,基因工程、细胞工程和蛋白质工程产品专用分离设备,生物过程参数传感器和自控系统。

17. 生物制造关键技术及重大产品

新型高效工业、食品、医药和环保等专用酶制剂,酶制剂质量评价技术及标准,以动植物为原料深加工药物中间体,功能性淀粉糖(醇),小品种高附加值的氨基酸和有机酸、生物防腐剂、生物絮凝剂等新型微生物制造的食品和大宗发酵制品，生物反应废液生物酶分解技术，抗生素和维生素的绿色生产技术。

18. 新型疫苗

预防流行性呼吸系统疾病、艾滋病、肝炎、结核病、布氏菌病、出血热、疟疾、钩虫病、血吸虫病、手足口病、肠道疾病、自然疫源性疾病等传染病和治疗肿瘤等慢病的联合疫苗、治疗性疫苗、口服疫苗、新型佐剂等，疫苗生产用清洁动物、细胞基质。

19. 重大疾病创新药物及关键技术

新型抗恶性肿瘤疾病、抗心脑血管疾病、糖尿病等内分泌疾病，抗肝炎、艾滋、结核等抗感染类疾病，抗老年性痴呆、帕金森氏症等神经退行性疾病及神经精神类疾病、非成瘾性镇痛、戒毒类等的创新药物、通用名大品种药物、特色药物。药物生产的绿色合成、手性拆分、晶型制备技术，药物生产在线质量控制技术，药物信息技术。

20. 生物技术药物及关键技术

基因工程药物、抗体药物、多肽药物、核酸药物等的规模化制备技术，蛋白质工程技术，聚乙二醇化学修饰技术，干细胞治疗相关技术，多肽药物大规模合成技术，治疗性抗体生产技术，科研用试剂关键技术及产品，医学实验动物。

21. 单克隆抗体系列产品与检测试剂

传染病早期检测诊断试剂及试剂盒，病毒细菌感染鉴别诊断试剂及试剂盒，新型系列肿瘤标记物检测试剂及试剂盒，出生缺陷早期筛查试剂及试剂盒，食品安全检测试剂及试剂盒，动植物疫病检测试剂及试剂盒。

22. 新型给药技术及药物新剂型

新型释药系统，包括缓释、控释、靶向给药技术，蛋白或多肽类药物的口服给药技术及制剂，药物控释纳米材料和药物新晶型制备技术，新型给药技术、装备和辅料，中药新剂型及其新型辅料。

23. 计划生育药具

生育调节药具，具有避孕和预防生殖道感染双重功能的避孕节育新技术，米非司酮新剂型，第三代甾体激素避孕药的缓释、控释新材料、新剂型，中药口服避孕药，妊娠和生殖检测技术，新型终止妊娠技术，新剂型避孕疫苗，新型医用高分子材料避孕套具和避孕制剂。

24. 中药材及饮片

道地和紧缺中药材优质种源繁育及规范化种植、养殖，重要、濒危野生中药材人工栽培，中药种质及活性成分资源库，中药饮片炮制技术和新型中药饮片生产技术和装备。

25. 中药制品

防治呼吸系统疾病、肿瘤、肝病、心脑血管疾病、免疫功能性疾病、胃肠道疾病、病毒性疾病、糖尿病、老年性疾病和妇科疾病等中药新药及预防保健产品。

26. 中药制药工艺及设备

中药有效成分提取制备技术及组装式生产自动化生产线，中药制药工艺参数在线检测和自动化控制系统，中药制药过程质量监控技术，中药材加工、制药技术和工艺装备。

27. 生物医学材料

骨、牙及关节系统用生物活性修复替换材料，牙用人工材料和体内植入物，组织工程血管、人工心瓣膜等心血管系统替换材料和制品，心血管支架，软骨、骨、肌腱、周围神经、皮肤、眼角膜等组织工程支架及干细胞或其他体细胞结构和功能性再生组织，用于微创手术的材料和结构，介入导管和器件，介入性治疗材料，血浆代用品，血液净化材料和体外循环装置，医学材料表面处理设备。

28. 新型医用精密诊断及治疗设备

肿瘤等重大疾病的新型诊疗设备，新型便携式诊疗设备，新型多功能激光治疗设备，微创手术及介入治疗设备，CT、彩超、磁共振、X射线等大型设备及成像材料和关键零部件，新型血液净化处理设备，新型急救、诊断、康复设备。

29. 医学信息技术及远程医疗

适用于个人、家庭、社区、农村基层诊所及医院的信息服务系统及带有相应信息化功能的便携式分析、监护、诊断及预防治疗仪器，病人信息数据库、专家系统，医学信息数据库、数字医学影像存储与传输系统，远程医疗诊断、监护和教育系统，社区卫生服务网络系统，数字医学信息处理专用软件。

30. 生物芯片

重大疾病、传染病、遗传病、地方病等诊断用芯片，食品安全、生物安全检测用芯片，研究用芯片，生物芯片数据获取、处理和分析设备及软件。

31. 生物材料及产品

利用生物质生产聚乳酸、聚羟基烷酸、聚氨基酸和聚有机酸等可降解材料，生物可降解聚酯，可降解高分子材料与淀粉共混的环境友好材料，新型炭质吸附材料，新型绿色生态可降解聚乳酸纤维、多元醇纤维，生物乙烯、1,3-丙二醇、丁醇系列产品，乳酸、丁二酸、琥珀酸以及各种具有特定性能的有机酸产品和医药中间体。

32. 功能性食品

辅助降血脂、降血压、降血糖功能食品，抗氧化与抗缺氧功能食品，减肥功能食品，特殊人群功能食品等，功能因子的绿色高效制备技术及生物活性稳态化加工技术；功能性食品有效成分检测和安全评价技术。

三、航空航天

33. 民用飞机

先进大型客机；新型先进支线客机，现有支线客机的改进改型；民用直升机和通用飞机（含无人驾驶飞行器），公务机、多用途通用飞机和专业用小型、超小型飞机（含无人驾驶飞机）；民用特种飞行器（含系留气球、飞艇）；综合航空电子、环境控制、安全及救生三大机载系统，民用航空发动机及重要部件；民用飞机及发动机标准件、工艺装备；训练用、工程用飞行模拟机系统，机场及地面保障设备。

34. 空中交通管理系统

民用航空卫星通信、导航、监视及航空交通管理系统（CNS/ATM）管制工作站系统、CNS/ATM网关系统、飞行流量管理系统和自动化管制系统等在内的成套空中交通管理设备，空域设计与评估系统，航空电信网（ATN）处理系统，自动终端信息服务（D-ATIS）系统，空中交通进离港排序辅助决策系统，空管监视数据融合处理系统，飞行计划集成系统，卫星导航地面增强系统，场面监视系统，自动相关监视系统和多点相关定位系统，空域预警光电搜索跟踪系统，远程大范围视频智能监控系统。

35. 新一代民用航空运输系统

行业综合性公共信息网络平台，安全管理系统，航空气象立体探测系统与客观预报系统，航空气象四维资料共享平台与决策支持系统，适航审定系统，机场安全检查系统，机场运行保障系统，大流量行李分拣及传送系统。

36. 卫星通信应用系统

通信卫星地面用户终端、便携式多媒体终端、卫星地面上行系统、卫星地面差放站以及采用卫星通信新技术（新协议）的高性价比地面通信系统，低轨数据采集卫星应用终端、应急减灾卫星通信系统，宽带/高频/激光卫星通信系统；C、Ku、Ka及L波段的转发器，与卫星固定通信业务、卫星移动通信业务、电视卫星直播业务（卫星数字音频广播）和互联网宽带接入等四大业务相关的地面终端设备及其关键配套件；移动中卫星通信设备；基于卫星直播技术的数字内容投递服务、天地一体化信息网络服务。

37. 星导航应用服务系统

卫星导航多模增强应用服务系统（含连续观测网络、实时通信网络、数据处理中心和公共服务平台），基于北斗兼容型多模卫星导航芯片、个人移动信息终端SOC芯片、RNSS授时接收机，基于位置信息的综合服务系统及其应用服务终端（与无线通信网络结合的全球导航卫星系统技术和室内定位技术），具有导航、通信、视听等多种功能车辆、船舶信息系统、个人导航信息终端，兼容型卫星导航接收机，卫星导航用芯片和嵌入式软件，基于BD-2的气象测风终端、高现势性导航电子地图，卫星导航时间频率原子钟；卫星导航高精度测地应用平台，导航、位置（三维地理信息）与授时综合信息服务；卫星导航应用产业化标准体系。

38. 卫星遥感应用系统

卫星遥感系统综合应用平台，形成基于自主数据源的高速全交换式地面接收系统、基于网格架构的卫星遥感数据处理像素工厂、面向服务的分发系统、模式类应用系统等共享平台，在国土测绘与监测、气象观测与服务、资源考察、城市规划管理与监测、交通运输、农林监测、地质勘探、环境监测及防灾减灾等领域的应用；城市空间信息服务；有效载荷国产化。

四、新材料

39. 纳米材料

纳米钨粉及纳米硬质合金材料、纳米膜材

料、纳米催化材料和纳米晶金属材料，材料表面纳米化技术，纳米能源材料与技术，纳米生物医用材料与技术，包括重大疾病早期诊断与治疗用纳米材料与器件，纳米环境材料与技术，纳米多孔气凝胶材料，纳米电子、光子、传感材料及器件，纳米材料与器件的制备、加工、计量、评价技术与装备。

40. 高性能、低成本钢铁材料

超细组织钢铁材料的轧制工艺、先进微合金化、高均质连铸坯及高洁净的冶炼工艺，高强度耐热合金钢及铸锻工艺和焊接技术，高强度轿车用钢、超超临界机组用钢、高性能工模具钢、960MPa以上高韧性工程机械用钢、耐腐蚀及耐高温、高压高强钢，经济型奥氏体及铁素体不锈钢，高质量大型轴承钢，高速铁路用钢，特殊品质高级无缝管。

41. 高性能镁、铝、钛合金材料

高性能铝合金、镁合金、钛合金、钨合金及其复合材料，钛合金及铝合金大型宽厚板，镁及镁合金的液态铸轧技术，镁、铝、钛、钨合金的线、棒、板、带、薄板、铸件、锻件、异型材等系列化产品的加工与焊接技术，大型复杂构件成形技术，着色、防腐技术及相关配套设备。

42. 特种功能材料

特种功能焊接材料、特种功能喷涂材料、特种功能密封材料、超导材料，智能材料，功能陶瓷、功能薄膜，气敏、湿敏、磁性液体、光敏材料、巨磁阻抗等传感材料，氢的制备及分离、储氢合金和储氢容器、太阳能电池、高性能二次锂电池和新型电容器等能量转换和储能材料，烯烃等聚合物及清洁生产所需催化材料，稀贵金属高纯材料，非晶材料，特种阳极材料，稀有金属粉末及制品，多孔材料及元器件，特种功能金属纤维及其制品，新型超硬材料及设备，贵金属催化剂。

43. 稀土材料

高纯度稀土氧化物和稀土单质的分离、提取技术，高性能稀土(永)磁性材料及其制品，稀土催化材料，稀土贮氢材料，稀土发光材料，稀土转换膜，超磁致伸缩材料，稀土光导纤维，稀土激光晶体和玻璃，稀土精密陶瓷材料，高性能稀土抛光材料，稀土磁光存储材料，稀土磁致冷材料，稀土生物功能材料，高性能稀土合金材料。

44. 高温结构材料

陶瓷－金属复合材料，高温过滤及净化用多孔陶瓷材料，连续陶瓷纤维及其复合材料，高性能、细晶氧化铝产品，低温烧结复相陶瓷、碳化硅陶瓷产品，单晶高温合金低成本制备技术，TiAl基和高熔点金属间化合物材料，粉末高温合金成型产品、复杂高温合金铸件。

45. 新型建筑节能材料

高性能外墙自保温墙体材料、功能墙体材料、热反射涂料、相变储能材料、外墙隔火防热材料，高效屋面保温材料，楼地面隔热保温材料，高性能节能玻璃和门窗，低辐射玻璃。

46. 重交通道路沥青

利用环烷基原油资源生产重交通道路沥青，用重油和含硫原油生产高质量的AH－70、AH－90等牌号的重交通道路沥青，抗紫外线、防冻道路改性沥青，路面再生及有机大分子废弃物在改性沥青中的应用。

47. 高分子材料及新型催化剂

新型工程塑料与塑料合金，新型特种工程塑料，阻燃改性塑料，通用塑料改性技术，汽车轻量化热塑性复合材料，农林等纤维素原料提取高分子材料－酶解木质素技术，氟塑料成形加工技术，聚烯烃催化剂、高效硝基苯加氢催化剂及原位聚合聚烯烃纳米复合材料催化剂，交联聚乙烯材料和电器用合成树脂材料，高性能聚芳醚酮类树脂材料，硅树脂、异戊橡胶、乙丙橡胶、硅橡胶材料及改性技术，邻甲酚环氧树脂，万吨级聚碳酸酯塑料、千吨级尼龙11塑料、万吨级通信和电力电缆用及油气输送用聚烯烃管材生产技术及设备，超低密度材料。

48. 复合材料

双金属材料及多金属复合材料，高性能铜合金复合材料，金属基复合材料，碳－碳复合材料，陶瓷基复合材料，先进树脂基复合材料及其低成本制备技术，新型特殊结构复合材料制备技术。绿色玻璃钢－热塑性复合材料制品，输气管道、轴承、渔船、汽车覆盖件用玻璃钢。高强高导铜基纳米陶瓷弥散增强复合材料。

49. 特种纤维材料高性能碳纤维、无碱玻璃纤维、氨纶纤维、芳纶纤维、芳砜纶纤维、超高分子量聚乙烯纤维、聚苯硫醚纤维、聚四氟乙烯纤维、聚酰亚胺纤维，陶瓷纤维，高性能、高感性、高功能和环保型纤维，晶须材料，低成本、高性能、特种用途玻璃纤维及其制品。

50. 环境友好材料

生态环境材料，环境友好及特殊用途光学玻璃材料，环保型可降解塑料，建筑与海洋防护用工程环保涂料，无机高分子絮凝剂，电子电器产品限用物质替代材料，可降解汽车内饰材料技术，材料的可循环回收技术，高分子材料环境友好技术，低碳型和环境友好型包装材料，建筑材料环境友好技术，环境友好材料的分析检测技术和方法及标准物质。

51. 膜材料及组件

功能高分子膜材料及成套装置，均相系列荷电膜及装备，聚烯烃类微滤膜及应用，纳米结构敏感膜、液体脱气膜、汽液相分离膜材料，模内转印（IMD）用膜材料，氯碱用膜材料，高性能复合纳米滤膜材料，无机分离催化膜材料，生物功能和仿生分离膜材料，海水、苦咸水及中水处理用反渗透膜材料及组件，陶瓷分离膜材料与技术，渗透气化和蒸汽渗透分离膜材料与技术。

52. 金属粉体材料及粉末冶金技术

超高温、高压惰性气体雾化制粉技术，超声振动雾化制粉技术，注射成形、温压成形、喷射成形等先进粉末冶金技术，系列化高性能粉末冶金产品，纳米粉末冶金材料，低成本触点材料，复合粉体材料，高性能镍基高温合金粉体材料。

53. 表面涂、镀层材料

环保型防腐涂料，环保型高性能工业涂料，高温陶瓷涂敷材料，高档汽车用金属颜料，水性重防腐涂料，耐高温抗强碱涂料，防火阻燃涂料，磁性热敏涂层材料，先进高能束表面改性技术，复合表面技术，锡系无铅可焊性电沉积环保工艺材料，超低表面能含氟表面保护材料与技术。

54. 盐湖及海水提锂、提镁技术

万吨级碳酸锂和高纯氯化锂技术，千吨级高纯度碳酸锂和单水氢氧化锂、万吨级氧化镁和高纯金属锂，电解镁、高纯镁砂、高纯度无水氯化镁和氢氧化镁技术，锂电池电解质、空调用溴化锂等相关产品，锂、钾盐精细加工工业过程二次资源的综合回收利用，锂、镁盐产品的绿色过程优化集成系统和技术。

55. 新型纺织材料及印染后整理技术

新型合成纤维与纯棉、丝绸、麻、竹等天然纤维复合面料，天然纤维素的绿色制浆技术和溶剂法纤维素纤维技术，新型纺丝技术，少水、少污染的清洁生产技术，微悬浮体染色技术，可降解上浆剂，数字喷射印花技术和自动制网技术，四分色印花技术，激光处理技术，等离子体处理技术，高附着力、高牢度的高档染料，高效短流程染色技术及配套的活性染料和助剂，生物酶加工技术，多功能染后整理技术，天然纤维织物的防皱整理技术以及环保型、功能性助染剂。

56. 高性能密封材料

轿车及中高档轻型车覆盖件、结构件及动力传动、减振、制动系统用密封材料，大型成套设备高压、液压、气动系统用密封件，电力设备高温、高压机械用密封件，石油化学工业用高速透平压缩机的非接触气膜密封件，金属磁流体密封件，高性能无石棉密封材料，高性能碳石墨密封材料，高性能无压烧结碳化硅材料，航空航天用聚硫密封剂材料。

57. 子午线轮胎生产技术和关键原材料

低碳、节能、安全、高性能子午线轮胎制造技术，异戊橡胶、杜仲橡胶生产技术及装备，新型环保、节能、高性能纤维（金属）骨架材料，5万吨/年节能、低耗、环保、高性能软质新工艺炭黑，高性能、低能耗特种炭黑，低耗、低排、绿色、高性能橡胶助剂。

58. 金属、无机非金属多孔复合催化材料

能源工业净化燃煤烟气用金属催化过滤材料，多孔过滤催化材料，金属多孔材料表面预处理技术，载体复合、催化剂活性组分附着等表面技术，金属复合催化材料的制备技术，催化过滤材料的制备技术，催化反应膜技术。

59. 油田用助剂

万吨级耐高温、耐盐聚合物驱油剂，驱油表面活性剂，万吨级钻井液用化学品，万吨级高效清防蜡剂和降凝降粘剂，千吨级高温原油破乳剂，千吨级石油压裂液增稠剂、采油和炼油缓蚀剂，千吨级采油用稠油降粘剂，千吨级高效杀菌剂，石油开采中的环境友好型高分子驱油材料，原油脱硫化氢剂。

60. 造纸用助剂

2万吨/年造纸专用增强剂，万吨级涂布纸用专用化学品，万吨级造纸用树脂障碍控制剂，2万吨/年高留着型淀粉表面施胶剂，5千吨级印刷适

应性改进剂，万吨级造纸增强填料石膏晶须产品，新型功能表面活性剂。

61. 新型选矿设备及药剂

铜矿、铁矿等大型金属矿山和铝土矿、钨矿、锡矿、钛矿及低品位的氧化锌矿、锶矿等难处理矿成套选矿设备，大型选矿、冶炼自动控制技术与装备，千米深井采矿技术与装备，大深度精细勘查技术与装备，数字矿山关键技术，高效低毒的捕收剂、调整剂、起泡剂等选矿药剂。

62. 核工程用特种材料

高纯海绵锆及核级锆与锆合金、锆合金的表面改性，核级不锈钢，耐晶间腐蚀和应力腐蚀的镍基合金，抗液体钠腐蚀材料，抗氢脆材料，抗高温热腐蚀低合金钢，高纯、抗辐照各向同性石墨，中子屏蔽用石墨，耐腐蚀、抗辐照脆化、具有良好焊接性能的高强度压力壳体钢，核二、核三级设备超厚超宽钢板和锻件，安全运行监测控制用低熔点材料。

五、先进能源

63. 动力电池及储能电池

高性能锂离子电池正极材料、隔膜材料、电解质材料制备技术，大容量锂动力电池成组技术与设备、电池管理系统设计与生产，大容量钠硫电池模块制备、储能系统、电网接入系统与控制技术，全钒液流储能电池制备、电池系统设计、集成与运行控制技术，质子交换膜燃料电池及关键材料制备技术，直接醇类燃料电池，中低温固体氧化物燃料电池及微型燃料电池。

64. 氢开发与利用

高效天然气制氢、化工、冶金副产煤气制氢，低能耗电解水制氢，生物质制氢、微生物制氢技术，高压容器贮氢、金属贮氢、化合物贮氢技术，氢加注设备和加氢站技术，超高纯度氢的制备技术，氢燃料发动机与发电系统技术。

65. 风能

兆瓦级以上风电机组关键零、部件技术，风电逆变系统的数字化实时控制技术，保护检测技术，风能监测与应用技术及装备，风电储能及电网稳定技术与设备，海上风电机组基础及安装技术和风电场运维管理运行技术，海上风电机组及核心零部件设计、制造技术。

66. 太阳能

高效率、低成本、新型太阳能光伏电池材料，太阳能晶硅冶炼用长寿命石墨材料，太阳能电池制造技术及装备，太阳能电池非玻璃封装技术，中、高温太阳能发电技术与设备，太阳能储热材料，光伏逆变并网系统技术，兆瓦级以上光伏太阳能并网发电系统，兆瓦级以上大规模太阳能高温热发电系统，风/光及其他能源互补发电系统，太阳能采暖与制冷系统与设备，太阳能与建筑一体化技术，薄膜太阳电池关键技术及装备，聚光、柔性等新型太阳电池技术及装备。

67. 生物质能

非粮作物生物燃料乙醇及副产品联产技术，农林生物质能源原料新品种及其配套生产技术，农业废弃物生产高值生物燃气技术，绿色生物柴油精制技术，生物质热解、气化燃料技术，生物航煤生产技术，生物质直燃、混燃和气化供热/发电技术，生物质气化制氢技术，生物质成型燃料生产、应用及系统集成技术，垃圾、垃圾填埋气和沼气发电技术，油料植物的高附加值利用技术，秸杆、芦苇、麻类高效降解与转化技术和设备，二氧化碳（CO_2）藻类转化技术。

68. 地热能与海洋能

水源、地源、空气源热泵与采暖、空调、热水联供系统技术，高温地热勘探、开发与利用技术及装备，深层干热岩发电技术，潮汐发电、波浪发电、海流发电并网技术及装备。

69. 石油勘探开发技术及设备

山地、沙漠、滩海、浅海和深海等复杂地区地球物理勘探技术，单点数字检波器技术，高密度、多波、时移地震技术，高精度电磁波勘探技术，地球物理采集、处理、解释软件系统，基于 GPU/CPU 协同并行地震处理系统，大型地震仪，可控震源，高性能数控、成像测井技术及装备，井间电磁波和声波测井技术，油藏平价随钻具或过钻具测井技术，特殊水平井、全过程欠平衡等钻井综合配套技术，地质导向钻井技术及装备，旋转地质导向钻井技术及设备，复杂结构井开发油气藏技术，复杂深井钻井技术及装备，气体钻井技术及装备，膨胀管技术及装备，大型压裂装备，凝析油气田、稠油、超稠油开发技术、三次采油复合驱工业化应用配套技术及装备，CO_2 强化驱油技术及设备，高含硫气田开发技术。

70. 油品加工技术及设备加氢裂化催化剂和相关技术,劣质原油和渣油加氢技术,催化裂化原料预加氢技术,煤液化油加氢提质技术,费-托合成油加氢改质技术,特种油品的加氢技术,电脱盐、常减压蒸馏等一次加工技术,催化裂化、焦化、重整、异构化、烷基化、S-Zorb 等二次加工技术,油品精制技术,润滑油加氢技术,生产超清洁汽柴油的油品加氢技术,油浆、石油焦的加工利用技术。

71. 长距离高压油气输送设备

输送压力10MPa 以上的输气设备,钢材、管材及施工机具的制造,管道监测与监测机器人,网络监测系统、控制系统和安全维护装备,天然气脱硫、脱 CO_2、脱水技术及设备,富气密相管道输送技术,液化天然气(LNG)及再气化技术与装备,稠油长距离管道输送技术,多种油品或原油顺序输送工艺及配套技术,油气管道破损检测及堵漏技术。

72. 煤炭高效安全生产、开发与转化利用

煤矿地质与资源条件适用型成套生产装备,大型矿井支护、采掘设备及自动化控制,短壁采煤技术,高效分选、配煤装备,水煤浆专用设备及高性能添加剂,大型微泡浮选柱、煤泥水高效澄清及控制技术,型煤加工及利用设备,煤矿瓦斯高效抽采技术及设备,煤矿用高性能抢险救灾装备,煤矿全矿井安全监控与预警系统,高精度煤田地质地球物理探测设备和煤矿地质灾害勘探技术装备,高效益、低成本的煤层气勘探技术,煤层气规模开发与采煤一体化技术,煤层气井上、井下联合抽采技术与装备,大型煤炭气化及煤基多联产系统装备技术,煤整体汽化联合循环技术(IGCC),高参数超超临界发电技术,煤炭(直接、间接)液化技术,煤制天然气技术,合成气制甲醇、制乙二醇技术,甲醇制低碳烯烃技术。

73. 高效低污染燃煤发电及水电技术系统

300MW、600MW 级超临界循环流化床锅炉及辅助设备,低氮氧化物燃烧技术,高效超超临界燃煤发电技术,100MW~200MW 级燃用中低热值煤气和高氢燃料燃气轮机及相关关键技术,复杂条件水电站开发关键技术。

74. 核电及核燃料循环

百万千瓦级先进压水堆核电站关键技术与成套设备,铀纯化转化、铀矿勘查和采冶、铀浓缩技术及关键设备,高性能燃料元件,铀钚混合氧化物燃料,先进乏燃料后处理技术,核辐射安全与监测技术,核设施退役与放射性废物处理和处置技术,快中子堆和高温气冷堆核电站技术及设备,模块化小型核能装置,核应急技术。

75. 电网输送及安全保障技术

复杂环境地区电网电气安全运行新技术,大型变压器,直流换流变压器,开关设备和电抗器,无功补偿设备,柔性输电系统及设备,变电站及电气设备的智能化,电子式互感器及核心元器件,状态评估及诊断装置,500 千伏以上直流输电技术及设备,1000 千伏交流长距离输电技术及设备,环保绝缘材料输变电设备,超大规模电网安全保障和防御体系及智能调度技术,可再生能源规模化及高密度多接入点分布式电源并网及控制技术,智能配电、用电技术,电动汽车充电设施与电网协调运行技术,电网与用户互动技术,安全高效施工技术及设备,电网环保与节能技术及设备,大规模储能系统。

六、现代农业

76. 农作物新品种

应用基因工程、分子育种、细胞工程、染色体工程、航天辐射工程和杂种优势利用工程等技术选育的高产、优质、高效、抗除草剂、抗病虫、抗逆的新品种,特色、名优、专用和功能性新品种,大宗粮棉油糖烟作物优良品种繁育和检测技术,水肥资源高效利用型新品种,草地、牧草新品种及其繁育技术。

77. 蔬菜、水果等园艺作物新品种

优质、耐贮运蔬菜专用品种,耐低温弱光、抗多种病害瓜菜、水果专用品种,优质、高产高山冷凉蔬菜新品种,适合旱区栽培的水肥资源高效利用型蔬菜优良品种,含有特殊功能成分的高营养性蔬菜、瓜果品种,果树矮化砧木及良种苗木繁育技术,名优水果绿色安全生产与经营技术(IFP、GAP 以及有机果园)。

78. 林木、花卉新品种

用材林、能源林、经济林树种及新品种,特有或珍稀种质资源、速生丰产优质用材林、生态保护与城市绿化种/苗,名贵花卉新品种及组织快繁技术,球根花卉种球繁育技术。

79. 畜禽水产新品种

高效、优质、抗逆、资源高效利用的畜禽、水产、特种经济动物新品种及生物工程快速育种与繁殖技术；转基因动物与生物反应器生产技术，地方品种、珍稀畜禽、重要经济鱼类、特种动物、资源昆虫等珍稀资源的挖掘、保存、创新与综合利用。

80. 新型设施农业技术

节能日光温室及连栋温室标准化建造技术，设施配套装备和环境测控技术，设施专用农林作物新品种及其高效节能配套栽培技术（包括高效设施无土栽培技术、病虫害综合防治技术、节水灌溉技术与设备等），高效节能植物工厂及其配套装备。

81. 安全高效、规模化畜禽清洁养殖技术

新型节耗成套畜禽标准化清洁生产养殖工艺和设备，畜禽舍与环境净化成套设备，新型节耗、减排添加剂及综合配套技术，农业废弃物无害化处理与资源化利用技术与装备，畜禽标准化健康养殖产业模式，精准饲养与全程管理数字化技术，草食家畜高效舍饲及补饲育肥技术，特色畜禽高效养殖技术及品牌化经营，新型饲草产品生产技术及其设备，草原（地）生态保护、虫鼠害防治技术。

82. 安全高效淡水产品清洁养殖技术

经济适用的工厂化循环水养殖技术及设备，池塘生态工程化、标准化养殖技术及设备，封闭型水生态维持系统及设施工程，鱼塘、陆基、滩涂集约式高效低排放养殖设施及生物治理综合技术。

83. 农林节水技术与设备

低成本、智能型高效节水灌溉关键技术及设备，低水头、智能型田间量配水技术与设备，移动机组式滴灌技术与装备，山区林果地表控制微灌技术及设备，田间自控式地下滴灌系统，自压软管灌溉及配套技术，移动式小型抗旱灌溉系统，小型低水头大流量水泵，高效环保节水生化制剂，新型环保覆盖材料，雨养农区雨水与径流集汇技术与装备。

84. 新型高效生物肥料

区域型工农业废弃物、城市生活垃圾治理及生产高效多功能生物肥料技术，快速腐熟秸秆生物技术，高效溶磷生物肥料技术，耐铵固氮生物肥料技术，高效解钾生物肥料技术，长残留除草剂降解生物肥料技术，土壤保水抗旱生物肥料技术，连作障碍防治生物肥料技术，高效载体灭菌技术与装备，生物肥料保活材料技术，草炭载体的替代技术，火山灰改良土壤技术，肥料缓释技术，果园专用肥料及其使用技术。

85. 新型安全饲料

饲用氨基酸添加剂、酶制剂、微生态制剂、植物提取添加剂、生物活性肽及抗菌肽、高活性生物发酵饲料、幼龄动物专用饲料、风味饲料添加剂生产技术及设备，高效渔用饲料配制技术及动物性饲料源替代技术，补充性饲料及低营养水平饲料配制及投喂技术。

86. 农业动物重大疫病预防控制

预防控制禽流感、口蹄疫、狂犬病、猪蓝耳病、新城疫、布氏杆菌病等重大动物疫病及人兽共患病的新型疫苗、诊断试剂、快速检测试剂盒、免疫增强剂以及消毒药物等，动物源性食品安全相关微生物的检测与风险分析技术，经济动物和野生动物疫源疫病监测技术，环境融合型畜禽疫病综合防治技术，高效、低毒、使用安全的新型兽医专用药物、中兽药（制剂）生产技术、兽用标准物质制备技术，兽药多残留快速检测技术、耐药性监控技术，佐剂、悬浮培养、发酵培养等兽用生物制品产业化关键技术。

87. 水产疫病预防控制

水产养殖生物主要疫病快速诊断与检疫试剂盒、免疫增强剂、抗病微生物制剂、病原感染阻断剂、非特异性免疫制剂，口服、浸泡型和注射型渔用疫苗，高效、低残留渔用药物新剂型、新制剂，禁用渔药替代药物。

88. 农林植物有害生物检疫、预防、控制

高效、低毒、低残留、环保型农药新产品（制剂）生产技术，智能施药、施肥技术及产品，农药残留快速检测技术及设备，农林作物有害生物及外来入侵生物检疫、监测、检测、快速鉴定、预警、预防和长效控制技术与产品，物种资源出入境快速查验及快速鉴定技术及装备，检疫检验隔离新技术与设施，食品中有毒、有害物质检疫检验、预防和控制技术与装备。

89. 数字化农林技术与装备

农林生产的专家智能决策系统、农林科技服务“110”系统、农林业信息服务云计算系统、农林科技服务业多媒体与3G技术，农业水土生物资源时空分布数字化技术，数字农林资源与环境监测无线传感与成像光谱技术，农林灾害监测预

报、森林生物量与碳汇计量、作物估产、粮食安全预警及宏观决策等领域配套应用的信息技术及装备，农林产品质量标准及安全生产全程质量监控与追溯信息系统，农林机械总线控制系统、智能化农机，基于“多网融合”的农业综合信息服务系统和低成本多功能信息服务终端，农业物联网技术与产品。

90. 农林产品加工技术与装备

农林产品精深加工与综合利用技术及设备，现代生物工程技术在农林产品加工中的应用及设备，食品非热保鲜加工、高效分离提取、质构重组和高效节能干燥技术与装备，食品包装新材料与新设备，基于减少营养损失和提高品质的果蔬加工新技术，果蔬加工中的节能减排技术，天然橡胶标准胶节能清洁生产技术，环氧化高性能轮胎专用天然橡胶技工技术，食品加工数字化监控与全程质量控制技术与设备，农林产品产地加工、产品保鲜、贮运包装技术与成套设备，农林副产品及加工副产物资源化高效利用与清洁生产技术及设备，农林产品新型功能性食品生产技术及设备，新型方便食品的生产技术及设备，非木质林产品精深加工生产技术，木材高效加工技术，木本粮油精深加工技术，农林特产资源精深加工技术与装备。

91. 农林业生物质材料精深加工与利用

新型木基复合工程材料的生产技术，实体木材的功能改进和深加工，新型结构用建材的生产技术，结构用木材单板层积材生产工艺、设备技术改造和在线检测控制技术；竹纤维提取与加工，重组装饰材及薄木生产技术，竹材精深加工和设备技术改造及其在线检测控制技术；结构用木质材料标准体系建设；特种功能木质活性炭清洁生产技术；生物质基功能高分子新材料生产技术；木材和人造板节能减排生产技术，木竹制品有害物质检测控制技术；渣纤维提取与加工，重组装饰材料及高性能甘蔗渣基木塑复合材料生产技术，甘蔗渣精深加工和设备技术改造及其在线检测控制技术。

92. 农林业机械

100马力以上大型拖拉机及配套农机具，50－80马力节能环保型水田拖拉机，高地隙拖拉机，多功能高效谷物、玉米、甘蔗收获机，高效植保机械，高效节能机泵设备，精确施肥滴灌技术装备，保护性耕作和播种复式作业机具，丘陵山地小型耕、种、收机械，水稻高效精密低损伤栽插成套技术设备及半喂入水稻收割机，油菜、棉花、茶叶、烟草、蔬菜全程机械化生产关键技术与装备，花生、马铃薯、大蒜等根茎类种植与收获机械，养殖环境控制与疫病防治机械，名优绿茶智能机械化加工关键技术与装备，农作物秸秆收集与贮运装备，移动式生物质成型燃料制造成套设备，造林抚育机械，森林防火与病虫害防治专用器械，高效节能降耗磨浆系统，农林产品冷链物流装备。

93. 粮食储藏与流通

现代粮食输送流通成套技术装备，粮食收购一体化快速检测技术，粮食节能干燥技术，粮食储藏品质监测技术，粮食储藏品质控制与处理技术，数字化粮食储藏技术，粮食绿色防护剂技术。

七、先进制造

94. 工业自动化

大型火电、石化、冶金、核电工程所需综合自动化系统，应用现场总线技术的检测与控制仪表，高性能智能化控制器，大型传动装置用高效、节能调速系统，数字化、智能化变送器和传感器，现场总线与无线网络集成的各种软件及硬件产品，智能化工业控制部件、控制器和执行机构，自动化测量仪表，工业无线控制、功能安全控制系统和设备。

95. 网络化制造

企业资源信息网及相应的企业核心信息、产品、图形语义和技术资源等分布式数据库，支持网络化制造的Web运行平台，具有行业和专业特点的网络化制造示范系统。

96. 现代科学仪器设备

近红外光谱仪、等离子体光谱仪、金属原位分析仪、辉光光谱仪、激光光谱仪等光谱分析仪器，气相色谱仪、液相色谱仪等色谱分析仪器，等离子体质谱仪、质谱联用仪等质谱分析仪器，新型pH计、电导仪、离子计、电位滴定仪等电化学分析仪器，微机控制材料试验机、材料图像分析仪、智能化电磁超声探伤仪等材料性能检测仪器，高性能工业X射线CT装置，环境保护、社会安全应急检测仪器和系统，全自动气象测量系统,二维色谱、阵列毛细管电泳、表面等离子体共振成像、激光诱导荧光等医学研究仪器,基于光纤传感技术的结构健康监测系统。

97. 新型传感器

高性能、多功能的位移、力敏、磁敏、光敏、热敏、气敏、湿敏、离子敏和生物敏型传感器以及红外传感器、光纤传感器,紫外传感器,声表面波传感器,微纳传感器,生物、医学研究急需的新型传感器,新型环保、气象、地震、海洋、大气环境监测传感器,工业过程控制传感器,汽车传感器,多传感器的集成与融合技术,结构健康监测传感器、腐蚀监测传感器。

98. 精密高效和成形设备

精密微细加工技术,特殊用途光学薄膜加工技术及设备,近净成形技术与装备,纳米精度高效光学加工技术及设备,大型数控锻压机床及生产线,高精度大型复合材料缠绕、铺带、铺丝设备及相关工艺过程分析、模拟和优化软件,高精度塑料加工成形设备。

99. 激光加工技术及设备

性能稳定的大功率激光器及其晶体,大功率光纤激光器,大型轧辊激光表面强化设备,激光精密加工技术和设备,激光切割技术和设备,激光焊接技术和设备,激光热处理和熔覆技术及设备,激光强化技术和装备,激光复合加工技术和装备,激光加工基础装置和系统,激光测量仪器和校准标准仪器。

100. 高精度数控机床及功能部件

高精密车、铣数控机床及加工中心,车铣(铣车)复合机床,高精度数控磨床,数控齿轮加工机床,重型、超重型数控机床,数控特种加工机床,数控专用机床及生产线,中高档数控系统和数字伺服控制器,大功率、高刚度电主轴及其伺服单元,直线电机、力矩电机及伺服控制器,高速滚珠丝杠副和导轨副,高速、精密、重载直线导轨,万能铣头,高速防护装置,刀库及自动换刀装置,全功能数控刀架、数控回转工作台,高精度数字化测量仪器,高速切削刀具。

101. 机器人

新型工业机器人及其在自动化生产线的应用,面向危险作业环境的应急救援、灭火、深海作业等机器人,面向人类健康的医疗机器人,面向社会公众的家用机器人、保安机器人、教育和娱乐机器人,面向残障人员、无障碍行动的辅助机器人。

102. 大型石油化工成套设备

重质、含酸、含硫原油加工成套技术与设备、百万吨级乙烯成套系统设计制造技术,精对苯二甲酸(PTA)成套系统设计制造技术,乙烯裂解炉,“三机”、冷箱、氢气压缩机、空气压缩机组、氧化反应器、回转干燥机、真空过滤机等关键设备的设计制造技术,煤化工成套设备设计制造技术。

103. 关键机械基础件

轿车三代轮毂轴承单元,冶金矿山设备重载荷专用轴承,数控机床用精密轴承,航空航天特殊轴承,大功率风力发电机增速器、发电机主轴轴承,长寿命工程机械轴承;工程机械用大流量高压柱塞泵/马达、高压液压阀,航空、船舶用比例、伺服元件和系统,高频电液伺服阀和比例阀,液力变矩器,核电站用核级泵和阀门,轨道交通用高可靠性气动元件及系统;清洁高效发电设备用关键密封,盾构机主轴密封;兆瓦级风电齿轮箱,大模数齿轮齿条传动装置,轨道交通专用齿轮箱,高强度紧固件;高应力弹簧;汽车覆盖件模具,多功能级进模,大型精密塑料模具,压铸模具。

104. 电力电子器件及变流装置

电机节能高压变频装置,大功率高端电机调速系统;新能源风电、光伏、储能等并网逆变器和高压直流输变电交流器,新型动态无功补偿及谐波治理装置,高精度、高性能的开关电源及不间断电源;轨道交通电气化、船舶推进、电动汽车用变流器及驱动装置。

105. 汽车关键零部件

无级变速器、自动变速器、电动转向装置、主动(半主动)悬架系统,防抱死制动系统/牵引控制系统/电子稳定装置,环保薄膜安全气囊,铝车身及零部件,智能前灯和中央照明系统,载重车用盘式制动器,商用车与越野车用空气悬架;启动/发电机/飞轮一体电机,驱动电机;42V电源系统,电子控制系统,混合动力汽车动力总成,环保冷酶汽车空调压缩机,汽车尾气处理系统及控制模块;商用车无内胎车轮,汽车再制造技术。

106. 高效节能内燃机

满足国家标准排放和节能的汽车用柴油机、汽油机,船舶、铁路机车、农业机械、工程机械、核电等配套用新一代柴油机,汽车配套用各种代用燃料发动机、混合动力车用发动机,电控直列式喷油泵、电控高压共轨喷射系统、电控高压单体泵以及各种新型喷油器、喷油嘴。

107. 数字化专用设备

平张纸多色高速胶印机、喷墨数字印刷机,卫星式柔板印刷机,高速卷筒纸胶印机、多色凹版印刷机,智能化多色双面印刷设备,基于光刻技术的压印设备,计算机CTP直接制版技术与设备,基于纳米材料的绿色制版技术及设备,数字化电子轴传动技术;数字式扫描制版打印一体化速印机,日产200吨及以上涤纶短纤维成套设备,高速粘胶长丝连续纺织机,剑杆织机和喷气织机,节能、环保染整设备、数字化喷印设备。

108. 快速制造技术及设备

激光快速原型成形机、紫外光固化成型机、三维打印机等激光快速成形技术和设备;多点数字化成形技术与装备,板材逐渐成形技术与装备,基于快速成型(RP)的铸造法直接制造金属零件的技术与装备,直接制作功能零件的技术与装备。

109. 大型构件制造技术及装备

重大装备中大型构件的冶炼、铸造、锻压、焊接、轧制、热处理及表面处理技术与装备,大型发电机组及民用航空喷气推进发动机等高效节能涡轮发动机组制造技术,大型构件热加工工艺模拟技术。

110. 大型部件自动化柔性装配技术及装备

面向数字化装配的结构设计、数字标工与数字量协调技术,数字化装配生产线,装配变形误差分析与容差分配技术,数字化装配仿真平台,数字化自动定位设备,数字化自动化制孔设备,柔性工装。

111. 核技术应用

辐照交联电线电缆、热缩材料、辐照材料、发泡材料、交联聚烯烃管材及附件、橡胶硫化、高分子PIC器件、绿色环保涂料,用辐射技术处理三废,电子束固化等辐射加工,医疗保健用品辐射灭菌消毒,同位素辐照设备、大功率辐照加速器、电子加速器及成套设备等辐射装置及成套设备,以同位素γ源和加速器为射线源的大型工业在线检测、危险物品的安全检测装备,同位素药物及辐射治疗。

112. 高技术船舶

30万吨以上超大型矿砂船和原油船、超大型集装箱船、液化石油气船、液化天然气船、化学品船、滚装船、大型疏浚船舶、冰区级船舶、豪华游艇及游船,全铝合金海峡运输船、海洋资源考察船、大型物探船、测量船、超大型半潜式运输船,大型船用柴油机、大型船舶动力系统、电力推进装置、大型甲板机械和舱室机械、导航和自动化装置。

113. 海洋工程装备

大型自升式钻井平台、半潜式平台、TPL平台、SPAR平台,钻井船,大型起重兼铺管船、超大型浮式生产储油装置,海洋平台中高压电站、平台升级及锁紧装置,海洋平台钻井模块及多功能深井钻机,海上稠油及边际油田开发装置,深水水下动力定位及采收系统,无人遥控潜器、载人潜器,海洋工程作业船及辅助船。

114. 轨道交通设备

350km/h及以上高速列车成套关键技术与设备,200km/h及以上动力分散式交流传动动车组,200km/h及以上交流传动客运电力机车,160km/h大功率交流传动货运电力机车,城市轨道交通车辆、大功率交流传动内燃机,交流电传动及其控制系统,机车、地铁网络控制及信号系统,高速铁路通信信号、牵引供电、列车控制、客运服务、防灾系统,高速轨道交通安全监测系统,高速铁路、城市轨道交通维修养护成套设备,路基/轨道/车辆姿态监控,重载铁路建设关键设备,中低速磁悬浮交通车辆、牵引供电系统、运行控制系统。

八、节能环保和资源综合利用

115. 先进节能技术

燃煤工业炉窑改造技术,节约和替代石油技术,流程工业能量系统优化技术与装备,工业余热余压利用技术,能量转换系统效能提高及改造技术,能量梯级利用技术,仿真节能控制技术,半导体照明与照明节能控制技术,建筑节能及节能改造技术,电机系统节能控制及改造技术,热电冷等联产联供技术。

116. 饮用水安全保障技术

灵敏、快速的水源地水质自动监测技术,水

质在线检测和预警技术，饮用水强化处理技术，高效安全消毒技术，微污染净化技术，高效控藻、除藻和藻毒素去除技术，管网水质在线检测技术，多功能自动化捞藻船及二次污染控制技术，多物种智能生物预警仪，管网水质稳定技术和直饮水净化技术，农村饮用水除氟、除砷技术与装置。

117. 工业和城市节水、废水处理

洗涤等废水循环利用技术及装备，供水管网防漏技术，高浓度有毒工业废水处理技术和设备，石油废水处理与分质回用技术，高效水处理药剂的研制与开发，工业、污泥安全处置与资源化技术，高含盐废水处理工艺与技术，城市污水、工业废水深度处理及资源化再生利用技术。

118. 雨水、海水、苦咸水利用

雨水收集利用与回渗技术与装置，海水、苦咸水淡化技术与装备，海水膜法低成本淡化技术及关键材料，规模化海水淡化热能设备和海水淡化设备，海水、卤水直接利用及综合利用技术与装备，耦合海水淡化技术，浓盐水浓缩结晶零排放技术与装备。

119. 大气污染与温室气体排放控制

机动车尾气排放控制用高性能蜂窝载体、满足国Ⅳ、国Ⅴ标准汽车净化器，高性能除尘滤料和高性能电、袋组合式除尘技术与设备，燃煤烟气脱硫、脱硝、脱汞或一体化的高效技术和装备，工业排放有毒废气控制技术与设备，选择性催化还原法（SCR）烟气脱硝催化剂及再生技术，室内空气污染物控制与削减技术，挥发性有机化合物（VOC）的控制技术，油库、加油站油气回收技术与设备，碳减排及碳转化利用技术，消耗臭氧层物质的低温室潜能替代技术及产品。

120. 固体废弃物的资源综合利用

垃圾分选、破碎、生化脱水等预处理和综合处理技术与装备，城市及农林固体废弃物处置及能源利用技术，厨余垃圾处理技术与配套设备，利用工业固体废弃物生产复合材料、工程结构制品等技术及设备，电厂粉煤灰及煤矿矸石、冶金废渣、低品位矿及尾矿废渣、建筑废弃物等资源回收与综合利用技术，废旧家电与电子产品、汽车等拆解、废弃物资源化处理成套设备，矿山尾矿资源生态型管理与综合利用技术，贵金属资源二次高效回收利用技术。

121. 危险固体废弃物处置技术及设备

危险废物高效、安全、可靠的收集、存储、运输与焚烧技术及设备，焚烧渣、飞灰熔融无害化等处置技术和设备，危险废物安全填埋处置技术及设备，危险废物固化技术、设备和固化药剂，医疗废物收运、高温消毒处理技术与设备，有害化学品处理技术，放射性废物处理与整备技术与装备，危险废物污染事故应急处理设备，电池回收和再利用技术及设备，废旧荧光灯管汞回收处理技术（MRT）及装备，利用水泥窑处置危险废弃物技术及装备。

122. 环境自动监测系统

水质及污染源在线监测系统备，水中微量有机污染物富集装置，持久性有机污染物采样、分析系统，环境遥感监测系统和量值溯源标准设备，空气质量及污染源在线监测系统，温室气体（GHG）排放监测技术与设备，污染事故应急监测等便携式现场快速测定仪及预警、警报仪器，大气中污染物在线检测系统，矿山安全监测、预警与防治技术，滑坡、崩塌、泥石流等地质灾害监控预警设备及系统。

123. 生态环境建设与保护

环保基础材料制备及其应用技术，水土流失及荒漠化防治技术，湿地恢复与利用技术，污染土壤修复、污染水体修复、衬泥治理及富营养化防治技术，面源污染控制技术，持久性有机污染物（POPs）替代技术及替代产品，重金属污染物农田治理改造技术与产品，垃圾填埋防渗材料、渗滤液处理、填埋气回收技术和设备，高效、节能、环保和可循环的新型制造工艺及装备，机电产品表面修复和再制造技术。

九、海　洋

124. 海洋监测技术与装备

特异、灵敏度高、抗污染、抗海洋生物附着和耐腐蚀的各类传感器，适合海洋动力和生态环境现场连续快速测量的浮标、潜标、海床基、岸基及智能化走航的平台技术，适应海上固定平台及船舶观测相关技术，经济型投弃式测量装备，海洋环境探测雷达技术及装备，海洋环境声学探测技术及装备，海洋突发性污损灾害事故应急监测等便携式现场快速测定仪和预警、警报专用技术及系统平台,海洋地震观测技术设备,海洋遥感技术,水下通讯和能源补充技术,海洋信息处理和应用技术。

125. 海洋生物活性物质及生物制品

源于海洋生物的抗菌、抗病毒、抗肿瘤、抗氧化、抗骨关节病、降血糖、减肥及心脑血管、神经系统等高效海洋新药物规模提取、纯化和合成,应用现代生物技术从海洋生物中获取海洋功能食品、酶制剂以及特异性诊断试剂等生物制品,大型藻类生物酿造、生物能源技术开发。

126. 海水养殖良种繁育和育苗技术

海洋生物优良种质挖掘与创制、及规模化繁育,海水养殖动物细胞工程和性控制技术育种、育苗和大规模海水养殖技术,海水养殖植物细胞工程育苗、育种技术,滩涂耐盐蔬菜、优良生物材质的规模培育与栽培技术,海水养殖病害控制技术,海洋生物资源养护与环境修复技术,基于生态工程的海洋牧场构建与海珍品养殖技术。

127. 设施渔业和渔业工程装备

远洋捕捞作业装备和选择性助渔仪器及设备;深水养殖用抗风浪网箱设施、配套设备及养殖技术,陆基集约式节能减排和工厂化循环水设施和养殖技术,池塘、滩涂等高效养殖和资源综合利用设备和技术。

128. 海底资源环境监测、勘探技术与装备

海底资源勘探、采样和评价技术与装备,水下组网技术,水下移动观测平台技术,海底极端环境监测、探查技术与装备,深海观察及运载技术与装备,海洋勘探、开采的防污与封闭装备。

129. 海洋环境保护与生态修复技术及装备

海洋环境污染防治与处理技术及装备,海洋环境污染处理材料与制剂,海洋生态系统功能修复与恢复技术。

十、高技术服务

130. 信息技术服务

信息技术咨询服务,信息系统工程监理服务,信息系统设计服务、集成实施服务等信息系统集成服务;信息系统托管服务;数据挖掘与管理服务,SaaS(软件即服务)、PaaS(平台及服务)和IaaS(基础设施即服务)等云计算服务,面向应用的高性能计算机软件研发和服务业务。数据恢复和灾备服务,信息安全防护、网络安全应急支援服务,云计算安全服务,信息安全风险评估与咨询服务,信息装备和软件安全评测服务,密码技术产品测试服务,信息系统等级保护安全方案设计服务。软件评测服务。基于固定宽带互联网、移动互联网的业务,IPv6商业化应用;三网融合应用服务,网络电视、手机电视、数字电视宽带上网等服务;基于宽带网络的信息增值服务;基于物联网技术等的智能城市管理、智能环保、智能交通等信息服务解决方案及服务平台。

131. 电子商务服务

面向行业、区域、企业及消费者的网络交易服务,应用具有自主知识产权的加密和认证技术的电子认证服务,在线支付服务,物流配送信息服务;网络信用信息及评估服务;网络身份管理与验证服务;网络信息管理与检测服务;网络交易安全保障服务;网络维权服务;电子商务系统技术支持服务。

132. 数字内容服务

基于三网融合的数字内容播控平台与集成分发服务体系,移动数字内容服务,数字影像、数字动漫、数字文学、数字学习及数字版权保护关键技术及应用服务体系;中华民族文化资源保护数字化技术服务,三维数字动漫/影视协同创作与网络交易服务;人口、地理、社保、教育培训、医疗卫生及高技术产业相关领域数字内容资源开发和多媒体互动应用服务。

133. 研发设计服务

面向科研开发的试验、测试、分析、评估等专业化服务,工程整体解决方案和产品系统化集成高端研发设计服务,面向装备制造、消费产品等工业设计专业服务,面向区域和专业领域的研发设计网络化协同公共服务平台开发与应用服务,人机工程设计、仿真测试系统、设计软件平台等研发设计工具开发和应用服务。

134. 生物技术服务

生物医药、生物农业、生物能源、生物制造、生物环保等领域的生物技术服务。创新药物和以生物芯片为代表的生物医学工程产品上市前全过程的技术开发与评价、产业工程技术、检测与标准技术服务等专业化服务;生物技术外包服务,健康管理技术支撑服务。依托基因工程、细胞工程、分子育种等现代生物技术的生物农业技

术服务。生物能源、生物基新材料研发服务和生物环保技术服务。

135. 检验检测服务

支持分析、测试、计量、检疫、认证、溯源等技术服务。特种设备安全与节能检测服务，质量安全风险监测预警与应急预警技术服务，生物安全检疫技术服务，基于产品检测分析的综合解决方案服务，检测仪器设备、检测试剂盒、试剂耗材的开发和研究。标准一致性（符合性）测试检验服务。标准信息分析及标准中创新技术的分析、应用和保护等标准咨询服务。

136. 知识产权服务

知识产权信息检索、专利技术分析、知识产权布局研究、知识产权风险预警、知识产权战略制定与管理咨询、法律事务等服务；知识产权数据加工、翻译、专题数据库建设等信息加工服务；知识产权申请、注册、登记等代理服务；知识产权的交易、推广、评估、投融资、证券化、托管、公证、培训等服务。

137. 科技成果转化服务

科技评估、科技招投标、科技情报咨询等科技信息服务；公共实验室、测试中心、中试基地、研发环境等技术支持服务；创业辅导、孵化器、大学科技园等科技成果转化平台服务；技术产权交易、技术经纪等中介服务，生产力促进中心等科技中介服务。

二、股权投资

导 读

本节收录的关于股权投资的法规是指一般工商企业新设公司时应当适用的法规,并不专指私募基金(PE)和风险投资(VC)应当适用的法规,有关私募基金(PE)和风险投资(VC)应当适用的法规在本书第四章"公司股权融资相关法律、政策"中收录。

我国关于股权投资的法律规定并不多,进行股权投资最主要的法律依据就是《公司法》,另外,还有一些关于出资、解散与清算的司法解释与部门规章。《公司法》是进行股权投资必须遵守的法律,同时,《公司法》又赋予公司较大的自由决定公司事务的权利。本节首先摘编了《公司法》中允许公司通过公司章程自由约定的条款,可供公司制作符合公司自身实际情况的章程时参考。很多公司采用工商局推荐的章程格式文本,其结果往往是陷入公司僵局难以自拔,必须引以为戒。进行股权投资,不同的出资比例决定了不同的关注重点,大股东关心控股权,小股东则需考虑如何在各个环节保障自身的权利,然而如果没有在章程中予以明确约定,就只能回到《公司法》寻求解决之道,但是《公司法》的规定只是原则性,此时才发现章程没有明确约定可能太晚了。此外,出资环节也是投资者进行股权投资时必须注意的重点,其中包括非货币出资的种类、比例、评估等事项,也包括虚假出资、抽逃出资等事项。

(一)公司章程

公司法(节选)

第十一条至第十三条、第十六条、第二十条、第二十二条、第二十五条、第三十三条、第三十七条、第三十九条、第四十一条、第四十二条至第四十六条、第四十八条、第四十九条、第五十条至第五十三条、第五十五条、第六十五条、第七十条、第七十一条、第七十五条、第七十六条、第八十一条、第八十三条、第八十六条、第九十条、第九十二条、第九十三条、第九十六条、第九十七条、第一百条、第一百零三条、第一百零四条、第一百零五条、第一百一十七条、第一百一十九条、第一百二十条、第一百四十一条、第一百四十七条、第一百八十条、第一百八十一条。

(二)公司治理结构

公司法(节选)

第十三条、第十六条、第二章第二节、第四章第二节至第四节、第六章。

(三)股东权利

1. 公司法(节选)

程序性权利：第四十二条、第四十三条、第一百零三条、第一百零四条；
实体性权利：第四条；
股东身份权：第三十一条、第三十二条；
股东知情权：第三十三条、第九十七条；
股东参与重大决策权：第三十六条、第三十七条、第十六条；
股东选择、监督管理权：第三十七条、第一百五十一条、第一百五十二条；
股东资产收益权：第三十四条、第一百八十六条、第七十六条；
股东关联交易审查权：第十六条、第二十一条；
股东提议、召集、主持股东临时会议权：第三十九条、第四十条；
股东决议撤销权：第二十二条；
股东退出权：第七十四条、第一百八十二条；
股东诉讼权与代位诉讼权：第一百五十一条、第一百五十二条。

2. 优先股试点管理办法

(2014年3月21日中国证券监督管理委员会令第97号颁布，自颁布之日起施行)

第一章　总　则

第一条　为规范优先股发行和交易行为，保护投资者合法权益，根据《公司法》、《证券法》、《国务院关于开展优先股试点的指导意见》及相关法律法规，制定本办法。

第二条　本办法所称优先股是指依照《公司法》，在一般规定的普通种类股份之外，另行规定的其他种类股份，其股份持有人优先于普通股股东分配公司利润和剩余财产，但参与公司决策管理等权利受到限制。

第三条　上市公司可以发行优先股，非上市公众公司可以非公开发行优先股。

第四条　优先股试点应当符合《公司法》、《证券法》、《国务院关于开展优先股试点的指导意见》和本办法的相关规定，并遵循公开、公平、公正的原则，禁止欺诈、内幕交易和操纵市场的行为。

第五条　证券公司及其他证券服务机构参与优先股试点，应当遵守法律法规及中国证券监督管理委员会(以下简称中国证监会)相关规定，遵循行业公认的业务标准和行为规范，诚实守信、勤勉尽责。

第六条 试点期间不允许发行在股息分配和剩余财产分配上具有不同优先顺序的优先股，但允许发行在其他条款上具有不同设置的优先股。

同一公司既发行强制分红优先股，又发行不含强制分红条款优先股的，不属于发行在股息分配上具有不同优先顺序的优先股。

第七条 相同条款的优先股应当具有同等权利。同次发行的相同条款优先股，每股发行的条件、价格和票面股息率应当相同；任何单位或者个人认购的股份，每股应当支付相同价额。

第二章 优先股股东权利的行使

第八条 发行优先股的公司除按《国务院关于开展优先股试点的指导意见》制定章程有关条款外，还应当按本办法在章程中明确优先股股东的有关权利和义务。

第九条 优先股股东按照约定的股息率分配股息后，有权同普通股股东一起参加剩余利润分配的，公司章程应明确优先股股东参与剩余利润分配的比例、条件等事项。

第十条 出现以下情况之一的，公司召开股东大会会议应通知优先股股东，并遵循《公司法》及公司章程通知普通股股东的规定程序。优先股股东有权出席股东大会会议，就以下事项与普通股股东分类表决，其所持每一优先股有一表决权，但公司持有的本公司优先股没有表决权：

（一）修改公司章程中与优先股相关的内容；

（二）一次或累计减少公司注册资本超过百分之十；

（三）公司合并、分立、解散或变更公司形式；

（四）发行优先股；

（五）公司章程规定的其他情形。

上述事项的决议，除须经出席会议的普通股股东（含表决权恢复的优先股股东）所持表决权的三分之二以上通过之外，还须经出席会议的优先股股东（不含表决权恢复的优先股股东）所持表决权的三分之二以上通过。

第十一条 公司股东大会可授权公司董事会按公司章程的约定向优先股支付股息。公司累计三个会计年度或连续两个会计年度未按约定支付优先股股息的，股东大会批准当年不按约定分配利润的方案次日起，优先股股东有权出席股东大会与普通股股东共同表决，每股优先股股份享有公司章程规定的一定比例表决权。

对于股息可累积到下一会计年度的优先股，表决权恢复直至公司全额支付所欠股息。对于股息不可累积的优先股，表决权恢复直至公司全额支付当年股息。公司章程可规定优先股表决权恢复的其他情形。

第十二条 优先股股东有权查阅公司章程、股东名册、公司债券存根、股东大会会议记录、董事会会议决议、监事会会议决议、财务会计报告。

第十三条 发行人回购优先股包括发行人要求赎回优先股和投资者要求回售优先股两种情况，并应在公司章程和招股文件中规定其具体条件。发行人要求赎回优先股的，必须完全支付所欠股息，但商业银行发行优先股补充资本的除外。优先股回购后相应减记发行在外的优先股股份总数。

第十四条 公司董事、监事、高级管理人员应当向公司申报所持有的本公司优先股及其变动情况，在任职期间每年转让的股份不得超过其所持本公司优先股股份总数的百分之二十五。公司章程可以对公司董事、监事、高级管理人员转让其所持有的本公司优先股股份作出其他限制性规定。

第十五条 除《国务院关于开展优先股试点的指导意见》规定的事项外，计算股东人数和持股比例时应分别计算普通股和优先股。

第十六条 公司章程中规定优先股采用固定股息率的，可以在优先股存续期内采取相同的固定股息率，或明确每年的固定股息率，各年度的股息率可以不同；公司章程中规定优先股采用浮动股息率的，应当明确优先股存续期内票面股息率的计算方法。

第三章 上市公司发行优先股

第一节 一般规定

第十七条 上市公司应当与控股股东或实际控制人的人员、资产、财务分开，机构、业务独立。

第十八条 上市公司内部控制制度健全,能够有效保证公司运行效率、合法合规和财务报告的可靠性,内部控制的有效性应当不存在重大缺陷。

第十九条 上市公司发行优先股,最近三个会计年度实现的年均可分配利润应当不少于优先股一年的股息。

第二十条 上市公司最近三年现金分红情况应当符合公司章程及中国证监会的有关监管规定。

第二十一条 上市公司报告期不存在重大会计违规事项。公开发行优先股,最近三年财务报表被注册会计师出具的审计报告应当为标准审计报告或带强调事项段的无保留意见的审计报告;非公开发行优先股,最近一年财务报表被注册会计师出具的审计报告为非标准审计报告的,所涉及事项对公司无重大不利影响或者在发行前重大不利影响已经消除。

第二十二条 上市公司发行优先股募集资金应有明确用途,与公司业务范围、经营规模相匹配,募集资金用途符合国家产业政策和有关环境保护、土地管理等法律和行政法规的规定。

除金融类企业外,本次募集资金使用项目不得为持有交易性金融资产和可供出售的金融资产、借予他人等财务性投资,不得直接或间接投资于以买卖有价证券为主要业务的公司。

第二十三条 上市公司已发行的优先股不得超过公司普通股股份总数的百分之五十,且筹资金额不得超过发行前净资产的百分之五十,已回购、转换的优先股不纳入计算。

第二十四条 上市公司同一次发行的优先股,条款应当相同。每次优先股发行完毕前,不得再次发行优先股。

第二十五条 上市公司存在下列情形之一的,不得发行优先股:

(一)本次发行申请文件有虚假记载、误导性陈述或重大遗漏;

(二)最近十二个月内受到过中国证监会的行政处罚;

(三)因涉嫌犯罪正被司法机关立案侦查或涉嫌违法违规正被中国证监会立案调查;

(四)上市公司的权益被控股股东或实际控制人严重损害且尚未消除;

(五)上市公司及其附属公司违规对外提供担保且尚未解除;

(六)存在可能严重影响公司持续经营的担保、诉讼、仲裁、市场重大质疑或其他重大事项;

(七)其董事和高级管理人员不符合法律、行政法规和规章规定的任职资格;

(八)严重损害投资者合法权益和社会公共利益的其他情形。

第二节 公开发行的特别规定

第二十六条 上市公司公开发行优先股,应当符合以下情形之一:

(一)其普通股为上证50指数成份股;

(二)以公开发行优先股作为支付手段收购或吸收合并其他上市公司;

(三)以减少注册资本为目的回购普通股的,可以公开发行优先股作为支付手段,或者在回购方案实施完毕后,可公开发行不超过回购减资总额的优先股。

中国证监会核准公开发行优先股后不再符合本条第(一)项情形的,上市公司仍可实施本次发行。

第二十七条 上市公司最近三个会计年度应当连续盈利。扣除非经常性损益后的净利润与扣除前的净利润相比,以孰低者作为计算依据。

第二十八条 上市公司公开发行优先股应当在公司章程中规定以下事项:

(一)采取固定股息率;

(二)在有可分配税后利润的情况下必须向优先股股东分配股息;

(三)未向优先股股东足额派发股息的差额部分应当累积到下一会计年度;

(四)优先股股东按照约定的股息率分配股息后,不再同普通股股东一起参加剩余利润分配。

商业银行发行优先股补充资本的,可就第(二)项和第(三)项事项另行约定。

第二十九条 上市公司公开发行优先股的,可以向原股东优先配售。

第三十条 除本办法第二十五条的规定外,上市公司最近三十六个月内因违反工商、税收、土地、环保、海关法律、行政法规或规章,受到行政处罚且情节严重的，不得公开发行优先股。

第三十一条 上市公司公开发行优先股，公司及其控股股东或实际控制人最近十二个月内应当不存在违反向投资者作出的公开承诺的行为。

第三节 其他规定

第三十二条 优先股每股票面金额为一百元。

优先股发行价格和票面股息率应当公允、合理，不得损害股东或其他利益相关方的合法利益，发行价格不得低于优先股票面金额。

公开发行优先股的价格或票面股息率以市场询价或证监会认可的其他公开方式确定。非公开发行优先股的票面股息率不得高于最近两个会计年度的年均加权平均净资产收益率。

第三十三条 上市公司不得发行可转换为普通股的优先股。但商业银行可根据商业银行资本监管规定，非公开发行触发事件发生时强制转换为普通股的优先股，并遵守有关规定。

第三十四条 上市公司非公开发行优先股仅向本办法规定的合格投资者发行，每次发行对象不得超过二百人，且相同条款优先股的发行对象累计不得超过二百人。

发行对象为境外战略投资者的，还应当符合国务院相关部门的规定。

第四节 发行程序

第三十五条 上市公司申请发行优先股，董事会应当按照中国证监会有关信息披露规定，公开披露本次优先股发行预案，并依法就以下事项作出决议，提请股东大会批准。

（一）本次优先股的发行方案；

（二）非公开发行优先股且发行对象确定的，上市公司与相应发行对象签订的附条件生效的优先股认购合同。认购合同应当载明发行对象拟认购优先股的数量、认购价格或定价原则、票面股息率或其确定原则，以及其他必要条款。认购合同应当约定发行对象不得以竞价方式参与认购，且本次发行一经上市公司董事会、股东大会批准并经中国证监会核准，该合同即应生效；

（三）非公开发行优先股且发行对象尚未确定的，决议应包括发行对象的范围和资格、定价原则、发行数量或数量区间。

上市公司的控股股东、实际控制人或其控制的关联人参与认购本次非公开发行优先股的，按照前款第（二）项执行。

第三十六条 上市公司独立董事应当就上市公司本次发行对公司各类股东权益的影响发表专项意见，并与董事会决议一同披露。

第三十七条 上市公司股东大会就发行优先股进行审议，应当就下列事项逐项进行表决：

（一）本次发行优先股的种类和数量；

（二）发行方式、发行对象及向原股东配售的安排；

（三）票面金额、发行价格或其确定原则；

（四）优先股股东参与分配利润的方式，包括：票面股息率或其确定原则、股息发放的条件、股息支付方式、股息是否累积、是否可以参与剩余利润分配等；

（五）回购条款，包括回购的条件、期间、价格及其确定原则、回购选择权的行使主体等（如有）；

（六）募集资金用途；

（七）公司与发行对象签订的附条件生效的优先股认购合同（如有）；

（八）决议的有效期；

（九）公司章程关于优先股股东和普通股股东利润分配、剩余财产分配、优先股表决权恢复等相关政策条款的修订方案；

（十）对董事会办理本次发行具体事宜的授权；

（十一）其他事项。

上述决议，须经出席会议的普通股股东（含表决权恢复的优先股股东）所持表决权的三分之二以上通过。已发行优先股的，还须经出席会议的优先股股东（不含表决权恢复的优先股股东）所持表决权的三分之二以上通过。上市公司向公司特定股东及其关联人发行优先股的，股东大会就发行方案进行表决时，关联股东应当回避。

第三十八条 上市公司就发行优先股事项召开股东大会，应当提供网络投票，还可以通过中国证监会认可的其他方式为股东参加股东大会提供便利。

第三十九条 上市公司申请发行优先股应当由保荐人保荐并向中国证监会申报，其申请、审核、核准、发行等相关程序参照《上市公司证券发行管理办法》和《证券发行与承销管理办法》的规定。发审委会议按照《中国证券监督管理委员会发行审核委员会办法》规定的特别程序，审核发行申请。

第四十条　上市公司发行优先股，可以申请一次核准，分次发行，不同次发行的优先股除票面股息率外，其他条款应当相同。自中国证监会核准发行之日起，公司应在六个月内实施首次发行，剩余数量应当在二十四个月内发行完毕。超过核准文件时限的，须申请中国证监会重新核准。首次发行数量应当不少于总发行数量的百分之五十，剩余各次发行的数量由公司自行确定，每次发行完毕后五个工作日内报中国证监会备案。

第四章　非上市公众公司非公开发行优先股

第四十一条　非上市公众公司非公开发行优先股应符合下列条件：

（一）合法规范经营；

（二）公司治理机制健全；

（三）依法履行信息披露义务。

第四十二条　非上市公众公司非公开发行优先股应当遵守本办法第二十三条、第二十四条、第二十五条、第三十二条、第三十三条的规定。

第四十三条　非上市公众公司非公开发行优先股仅向本办法规定的合格投资者发行，每次发行对象不得超过二百人，且相同条款优先股的发行对象累计不得超过二百人。

第四十四条　非上市公众公司拟发行优先股的，董事会应依法就具体方案、本次发行对公司各类股东权益的影响、发行优先股的目的、募集资金的用途及其他必须明确的事项作出决议，并提请股东大会批准。

董事会决议确定具体发行对象的，董事会决议应当确定具体的发行对象名称及其认购价格或定价原则、认购数量或数量区间等；同时应在召开董事会前与相应发行对象签订附条件生效的股份认购合同。董事会决议未确定具体发行对象的，董事会决议应当明确发行对象的范围和资格、定价原则等。

第四十五条　非上市公众公司股东大会就发行优先股进行审议，表决事项参照本办法第三十七条执行。发行优先股决议，须经出席会议的普通股股东（含表决权恢复的优先股股东）所持表决权的三分之二以上通过。已发行优先股的，还须经出席会议的优先股股东（不含表决权恢复的优先股股东）所持表决权的三分之二以上通过。非上市公众公司向公司特定股东及其关联人发行优先股的，股东大会就发行方案进行表决时，关联股东应当回避，公司普通股股东（不含表决权恢复的优先股股东）人数少于二百人的除外。

第四十六条　非上市公众公司发行优先股的申请、审核（豁免）、发行等相关程序应按照《非上市公众公司监督管理办法》等相关规定办理。

第五章　交易转让及登记结算

第四十七条　优先股发行后可以申请上市交易或转让，不设限售期。

公开发行的优先股可以在证券交易所上市交易。上市公司非公开发行的优先股可以在证券交易所转让，非上市公众公司非公开发行的优先股可以在全国中小企业股份转让系统转让，转让范围仅限合格投资者。交易或转让的具体办法由证券交易所或全国中小企业股份转让系统另行制定。

第四十八条　优先股交易或转让环节的投资者适当性标准应当与发行环节保持一致；非公开发行的相同条款优先股经交易或转让后，投资者不得超过二百人。

第四十九条　中国证券登记结算公司为优先股提供登记、存管、清算、交收等服务。

第六章　信息披露

第五十条　公司应当按照中国证监会有关信息披露规则编制募集优先股说明书或其他信息披露文件，依法履行信息披露义务。上市公司相关信息披露程序和要求参照《上市公司证券发行管理办法》和《上市公司非公开发行股票实施细则》及有关监管指引的规定。非上市公众公司非公开发行优先股的信息披露程序和要求参照

《非上市公众公司监督管理办法》及有关监管指引的规定。

第五十一条 发行优先股的公司披露定期报告时，应当以专门章节披露已发行优先股情况、持有公司优先股股份最多的前十名股东的名单和持股数额、优先股股东的利润分配情况、优先股的回购情况、优先股股东表决权恢复及行使情况、优先股会计处理情况及其他与优先股有关的情况，具体内容与格式由中国证监会规定。

第五十二条 发行优先股的上市公司，发生表决权恢复、回购普通股等事项，以及其他可能对其普通股或优先股交易或转让价格产生较大影响事项的，上市公司应当按照《证券法》第六十七条以及中国证监会的相关规定，履行临时报告、公告等信息披露义务。

第五十三条 发行优先股的非上市公众公司按照《非上市公众公司监督管理办法》及有关监管指引的规定履行日常信息披露义务。

第七章 回购与并购重组

第五十四条 上市公司可以非公开发行优先股作为支付手段，向公司特定股东回购普通股。上市公司回购普通股的价格应当公允、合理，不得损害股东或其他利益相关方的合法利益。

第五十五条 上市公司以减少注册资本为目的回购普通股公开发行优先股的，以及以非公开发行优先股为支付手段向公司特定股东回购普通股的，除应当符合优先股发行条件和程序，还应符合以下规定：

（一）上市公司回购普通股应当由董事会依法作出决议并提交股东大会批准；

（二）上市公司股东大会就回购普通股作出的决议，应当包括下列事项：回购普通股的价格区间，回购普通股的数量和比例，回购普通股的期限，决议的有效期，对董事会办理本次回购股份事宜的具体授权，其他相关事项。以发行优先股作为支付手段的，应当包括拟用于支付的优先股总金额以及支付比例；回购方案实施完毕之日起一年内公开发行优先股的，应当包括回购的资金总额以及资金来源；

（三）上市公司股东大会就回购普通股作出决议，必须经出席会议的普通股股东（含表决权恢复的优先股股东）所持表决权的三分之二以上通过；

（四）上市公司应当在股东大会作出回购普通股决议后的次日公告该决议；

（五）依法通知债权人；

本办法未做规定的应当符合中国证监会有关上市公司回购的其他规定。

第五十六条 上市公司收购要约适用于被收购公司的所有股东，但可以针对优先股股东和普通股股东提出不同的收购条件。

第五十七条 上市公司可以按照《上市公司重大资产重组管理办法》规定的条件发行优先股购买资产，同时应当遵守本办法第三十三条，以及第三十五条至第三十八条的规定，依法披露有关信息、履行相应程序。

第五十八条 上市公司发行优先股作为支付手段购买资产的，可以同时募集配套资金。

第五十九条 非上市公众公司发行优先股的方案涉及重大资产重组的，应当符合中国证监会有关重大资产重组的规定。

第八章 监管措施和法律责任

第六十条 公司及其控股股东或实际控制人，公司董事、监事、高级管理人员以及其他直接责任人员，相关市场中介机构及责任人员，以及优先股试点的其他市场参与者违反本办法规定的，依照《公司法》、《证券法》和中国证监会的有关规定处理；涉嫌犯罪的，依法移送司法机关，追究其刑事责任。

第六十一条 上市公司、非上市公众公司违反本办法规定，存在未按规定制定有关章程条款、不按照约定召集股东大会恢复优先股股东表决权等损害优先股股东和中小股东权益等行为的，中国证监会应当责令改正，对上市公司、非上市公众公司和其直接负责的主管人员和其他直接责任人员，可以采取相应的行政监管措施以及警告、三万元以下罚款等行政处罚。

第六十二条 上市公司违反本办法第二十二条第二款规定的，中国证监会可以责令改正，并在三十六个月内不受理该公司的公开发行证券申请。

第六十三条 上市公司、非上市公众公司向本办法规定的合格投资者以外的投资者非公开发行优先股，中国证监会应当责令改正，并可以自确认之日起在三十六个月内不受理该公司的发行优先股申请。

第六十四条 承销机构在承销非公开发行的优先股时，将优先股配售给不符合本办法合格投资者规定的对象的，中国证监会可以责令改正，并在三十六个月内不接受其参与证券承销。

第九章 附 则

第六十五条 本办法所称合格投资者包括：

（一）经有关金融监管部门批准设立的金融机构，包括商业银行、证券公司、基金管理公司、信托公司和保险公司等；

（二）上述金融机构面向投资者发行的理财产品，包括但不限于银行理财产品、信托产品、投连险产品、基金产品、证券公司资产管理产品等；

（三）实收资本或实收股本总额不低于人民币五百万元的企业法人；

（四）实缴出资总额不低于人民币五百万元的合伙企业；

（五）合格境外机构投资者（QFII）、人民币合格境外机构投资者（RQFII）、符合国务院相关部门规定的境外战略投资者；

（六）除发行人董事、高级管理人员及其配偶以外的，名下各类证券账户、资金账户、资产管理账户的资产总额不低于人民币五百万元的个人投资者；

（七）经中国证监会认可的其他合格投资者。

第六十六条 非上市公众公司首次公开发行普通股并同时非公开发行优先股的，其优先股的发行与信息披露应符合本办法中关于上市公司非公开发行优先股的有关规定。

第六十七条 注册在境内的境外上市公司在境外发行优先股，应当符合境外募集股份及上市的有关规定。

注册在境内的境外上市公司在境内发行优先股，参照执行本办法关于非上市公众公司发行优先股的规定，以及《非上市公众公司监督管理办法》等相关规定，其优先股可以在全国中小企业股份转让系统进行转让。

第六十八条 本办法下列用语含义如下：

（一）强制分红：公司在有可分配税后利润的情况下必须向优先股股东分配股息；

（二）可分配税后利润：发行人股东依法享有的未分配利润；

（三）加权平均净资产收益率：按照《公开发行证券的公司信息披露编报规则第9号——净资产收益率和每股收益的计算及披露》计算的加权平均净资产收益率；

（四）上证50指数：中证指数有限公司发布的上证50指数。

第六十九条 本办法中计算合格投资者人数时，同一资产管理机构以其管理的两只以上产品认购或受让优先股的，视为一人。

第七十条 本办法自公布之日起施行。

（四）股东出资与分配

1. 公司法（节选）

第二十六条至第二十九条、第三十条、第三十四条、第七十四条、第一百六十六条。

2. 中华人民共和国公司登记管理条例(节选)

(1994年6月24日中华人民共和国国务院令第156号公布,根据2005年12月18日《国务院关于修改〈中华人民共和国公司登记管理条例〉的决定》第一次修订,根据2014年2月19日《国务院关于废止和修改部分行政法规的决定》第二次修订,根据2016年2月6日《国务院关于修改部分行政法规的决定》第三次修订)

第九条 公司的登记事项包括:

(一)名称;

(二)住所;

(三)法定代表人姓名;

(四)注册资本;

(五)公司类型;

(六)经营范围;

(七)营业期限;

(八)有限责任公司股东或者股份有限公司发起人的姓名或者名称。

第十三条 公司的注册资本应当以人民币表示,法律、行政法规另有规定的除外。

第十四条 股东的出资方式应当符合《公司法》第二十七条的规定,但是,股东不得以劳务、信用、自然人姓名、商誉、特许经营权或者设定担保的财产等作价出资。

第二十条 设立有限责任公司,应当由全体股东指定的代表或者共同委托的代理人向公司登记机关申请设立登记。设立国有独资公司,应当由国务院或者地方人民政府授权的本级人民政府国有资产监督管理机构作为申请人,申请设立登记。法律、行政法规或者国务院决定规定设立有限责任公司必须报经批准的,应当自批准之日起90日内向公司登记机关申请设立登记;逾期申请设立登记的,申请人应当报批准机关确认原批准文件的效力或者另行报批。

申请设立有限责任公司,应当向公司登记机关提交下列文件:

(一)公司法定代表人签署的设立登记申请书;

(二)全体股东指定代表或者共同委托代理人的证明;

(三)公司章程;

(四)股东的主体资格证明或者自然人身份证明;

(五)载明公司董事、监事、经理的姓名、住所的文件以及有关委派、选举或者聘用的证明;

(六)公司法定代表人任职文件和身份证明;

(七)企业名称预先核准通知书;

(八)公司住所证明;

(九)国家工商行政管理总局规定要求提交的其他文件。

法律、行政法规或者国务院决定规定设立有限责任公司必须报经批准的,还应当提交有关批准文件。

第二十一条 设立股份有限公司,应当由董事会向公司登记机关申请设立登记。以募集方式设立股份有限公司的,应当于创立大会结束后30日内向公司登记机关申请设立登记。

申请设立股份有限公司,应当向公司登记机关提交下列文件:

(一)公司法定代表人签署的设立登记申请书;

(二)董事会指定代表或者共同委托代理人的证明;

(三)公司章程;

(四)发起人的主体资格证明或者自然人身份证明;

(五)载明公司董事、监事、经理姓名、住所的文件以及有关委派、选举或者聘用的证明;

(六)公司法定代表人任职文件和身份证明;

(七)企业名称预先核准通知书;

(八)公司住所证明;

(九)国家工商行政管理总局规定要求提交的其他文件。

以募集方式设立股份有限公司的,还应当提交创立大会的会议记录以及依法设立的验资机构出具的验资证明;以募集方式设立股份有限公司公开发行股票的,还应当提交国务院证券监督管理机构的核准文件。

法律、行政法规或者国务院决定规定设立股份有限公司必须报经批准的,还应当提交有关批准文件。

第三十一条 公司增加注册资本的,应当自变更决议或者决定作出之日起30日内申请变更登记。

公司减少注册资本的,应当自公告之日起45日后申请变更登记,并应当提交公司在报纸上登载公司减少注册资本公告的有关证明和公司债务清偿或者债务担保情况的说明。

第六十三条 虚报注册资本,取得公司登记的,由公司登记机关责令改正,处以虚报注册资本金额5%以上15%以下的罚款;情节严重的,撤销公司登记或者吊销营业执照。

第六十五条 公司的发起人、股东虚假出资,未交付或者未按期交付作为出资的货币或者非货币财产的,由公司登记机关责令改正,处以虚假出资金额5%以上15%以下的罚款。

第六十六条 公司的发起人、股东在公司成立后,抽逃出资的,由公司登记机关责令改正,处以所抽逃出资金额5%以上15%以下的罚款。

第六十七条 公司成立后无正当理由超过6个月未开业的,或者开业后自行停业连续6个月以上的,可以由公司登记机关吊销营业执照。

3. 公司注册资本登记管理规定

(2014年2月20日国家工商行政管理总局令第64号公布,自2014年3月1日起施行)

第一条 为规范公司注册资本登记管理,根据《中华人民共和国公司法》(以下简称《公司法》)、《中华人民共和国公司登记管理条例》(以下简称《公司登记管理条例》)等有关规定,制定本规定。

第二条 有限责任公司的注册资本为在公司登记机关依法登记的全体股东认缴的出资额。

股份有限公司采取发起设立方式设立的,注册资本为在公司登记机关依法登记的全体发起人认购的股本总额。

股份有限公司采取募集设立方式设立的,注册资本为在公司登记机关依法登记的实收股本总额。

法律、行政法规以及国务院决定规定公司注册资本实行实缴的,注册资本为股东或者发起人实缴的出资额或者实收股本总额。

第三条 公司登记机关依据法律、行政法规和国家有关规定登记公司的注册资本,对符合规定的,予以登记;对不符合规定的,不予登记。

第四条 公司注册资本数额、股东或者发起人的出资时间及出资方式应当符合法律、行政法规的有关规定。

第五条 股东或者发起人可以用货币出资,也可以用实物、知识产权、土地使用权等可以用货币估价并可以依法转让的非货币财产作价出资。

股东或者发起人不得以劳务、信用、自然人姓名、商誉、特许经营权或者设定担保的财产等作价出资。

第六条 股东或者发起人可以以其持有的在中国境内设立的公司(以下称股权所在公司)股权出资。

以股权出资的,该股权应当权属清楚、权能完整、依法可以转让。

具有下列情形的股权不得用作出资:

(一)已被设立质权;

(二)股权所在公司章程约定不得转让;

(三)法律、行政法规或者国务院决定规定,股权所在公司股东转让股权应当报经批准而未经批准;

(四)法律、行政法规或者国务院决定规定不得转让的其他情形。

第七条 债权人可以将其依法享有的对在中国境内设立的公司的债权,转为公司股权。

转为公司股权的债权应当符合下列情形之一:

(一)债权人已经履行债权所对应的合同义务,且不违反法律、行政法规、国务院决定或者公司章程的禁止性规定；

（二）经人民法院生效裁判或者仲裁机构裁决确认；

（三）公司破产重整或者和解期间，列入经人民法院批准的重整计划或者裁定认可的和解协议。

用以转为公司股权的债权有两个以上债权人的，债权人对债权应当已经作出分割。

债权转为公司股权的，公司应当增加注册资本。

第八条 股东或者发起人应当以自己的名义出资。

第九条 公司的注册资本由公司章程规定，登记机关按照公司章程规定予以登记。

以募集方式设立的股份有限公司的注册资本应当经验资机构验资。

公司注册资本发生变化，应当修改公司章程并向公司登记机关依法申请办理变更登记。

第十条 公司增加注册资本的，有限责任公司股东认缴新增资本的出资和股份有限公司的股东认购新股，应当分别依照《公司法》设立有限责任公司和股份有限公司缴纳出资和缴纳股款的有关规定执行。股份有限公司以公开发行新股方式或者上市公司以非公开发行新股方式增加注册资本的，还应当提交国务院证券监督管理机构的核准文件。

第十一条 公司减少注册资本，应当符合《公司法》规定的程序。

法律、行政法规以及国务院决定规定公司注册资本有最低限额的，减少后的注册资本应当不少于最低限额。

第十二条 有限责任公司依据《公司法》第七十四条的规定收购其股东的股权的，应当依法申请减少注册资本的变更登记。

第十三条 有限责任公司变更为股份有限公司时，折合的实收股本总额不得高于公司净资产额。有限责任公司变更为股份有限公司，为增加资本公开发行股份时，应当依法办理。

第十四条 股东出资额或者发起人认购股份、出资时间及方式由公司章程规定。发生变化的，应当修改公司章程并向公司登记机关依法申请办理公司章程或者公司章程修正案备案。

第十五条 法律、行政法规以及国务院决定规定公司注册资本实缴的公司虚报注册资本，取得公司登记的，由公司登记机关依照《公司登记管理条例》的相关规定予以处理。

第十六条 法律、行政法规以及国务院决定规定公司注册资本实缴的，其股东或者发起人虚假出资，未交付作为出资的货币或者非货币财产的，由公司登记机关依照《公司登记管理条例》的相关规定予以处理。

第十七条 法律、行政法规以及国务院决定规定公司注册资本实缴的，其股东或者发起人在公司成立后抽逃其出资的，由公司登记机关依照《公司登记管理条例》的相关规定予以处理。

第十八条 公司注册资本发生变动，公司未按规定办理变更登记的，由公司登记机关依照《公司登记管理条例》的相关规定予以处理。

第十九条 验资机构、资产评估机构出具虚假证明文件的，公司登记机关应当依照《公司登记管理条例》的相关规定予以处理。

第二十条 公司未按规定办理公司章程备案的，由公司登记机关依照《公司登记管理条例》的相关规定予以处理。

第二十一条 撤销公司变更登记涉及公司注册资本变动的，由公司登记机关恢复公司该次登记前的登记状态，并予以公示。

对涉及变动内容不属于登记事项的，公司应当通过企业信用信息公示系统公示。

第二十二条 外商投资的公司注册资本的登记管理适用本规定，法律另有规定的除外。

第二十三条 本规定自2014年3月1日起施行。2005年12月27日国家工商行政管理总局公布的《公司注册资本登记管理规定》、2009年1月14日国家工商行政管理总局公布的《股权出资登记管理办法》、2011年11月23日国家工商行政管理总局公布的《公司债权转股权登记管理办法》同时废止。

4. 最高人民法院关于适用《中华人民共和国公司法》若干问题的规定(三)

(2010年12月6日最高人民法院审判委员会第1504次会议通过,根据2014年2月17日最高人民法院审判委员会第1607次会议《关于修改关于适用〈中华人民共和国公司法〉若干问题的规定的决定》修正,最高人民法院2014年2月20日法释〔2014〕2号颁布,自2014年3月1日起施行)

为正确适用《中华人民共和国公司法》,结合审判实践,就人民法院审理公司设立、出资、股权确认等纠纷案件适用法律问题作出如下规定。

第一条　为设立公司而签署公司章程、向公司认购出资或者股份并履行公司设立职责的人,应当认定为公司的发起人,包括有限责任公司设立时的股东。

第二条　发起人为设立公司以自己名义对外签订合同,合同相对人请求该发起人承担合同责任的,人民法院应予支持。

公司成立后对前款规定的合同予以确认,或者已经实际享有合同权利或者履行合同义务,合同相对人请求公司承担合同责任的,人民法院应予支持。

第三条　发起人以设立中公司名义对外签订合同,公司成立后合同相对人请求公司承担合同责任的,人民法院应予支持。

公司成立后有证据证明发起人利用设立中公司的名义为自己的利益与相对人签订合同,公司以此为由主张不承担合同责任的,人民法院应予支持,但相对人为善意的除外。

第四条　公司因故未成立,债权人请求全体或者部分发起人对设立公司行为所产生的费用和债务承担连带清偿责任的,人民法院应予支持。

部分发起人依照前款规定承担责任后,请求其他发起人分担的,人民法院应当判令其他发起人按照约定的责任承担比例分担责任;没有约定责任承担比例的,按照约定的出资比例分担责任;没有约定出资比例的,按照均等份额分担责任。

因部分发起人的过错导致公司未成立,其他发起人主张其承担设立行为所产生的费用和债务的,人民法院应当根据过错情况,确定过错一方的责任范围。

第五条　发起人因履行公司设立职责造成他人损害,公司成立后受害人请求公司承担侵权赔偿责任的,人民法院应予支持;公司未成立,受害人请求全体发起人承担连带赔偿责任的,人民法院应予支持。

公司或者无过错的发起人承担赔偿责任后,可以向有过错的发起人追偿。

第六条　股份有限公司的认股人未按期缴纳所认股份的股款,经公司发起人催缴后在合理期间内仍未缴纳,公司发起人对该股份另行募集的,人民法院应当认定该募集行为有效。认股人延期缴纳股款给公司造成损失,公司请求该认股人承担赔偿责任的,人民法院应予支持。

第七条　出资人以不享有处分权的财产出资,当事人之间对于出资行为效力产生争议的,人民法院可以参照物权法第一百零六条的规定予以认定。

以贪污、受贿、侵占、挪用等违法犯罪所得的货币出资后取得股权的,对违法犯罪行为予以追究、处罚时,应当采取拍卖或者变卖的方式处置其股权。

第八条　出资人以划拨土地使用权出资,或者以设定权利负担的土地使用权出资,公司、其他股东或者公司债权人主张认定出资人未履行出资义务的,人民法院应当责令当事人在指定的合理期间内办理土地变更手续或者解除权利负担;逾期未办理或者未解除的,人民法院应当认定出资人未依法全面履行出资义务。

第九条　出资人以非货币财产出资,未依法评估作价,公司、其他股东或者公司债权人请求认定出资人未履行出资义务的,人民法院应当委托具有合法资格的评估机构对该财产评估作价。评估确定的价额显著低于公司章程所定价额的，人民法院应当认定出资人未依法全面履行出资义务。

第十条 出资人以房屋、土地使用权或者需要办理权属登记的知识产权等财产出资，已经交付公司使用但未办理权属变更手续，公司、其他股东或者公司债权人主张认定出资人未履行出资义务的，人民法院应当责令当事人在指定的合理期间内办理权属变更手续；在前述期间内办理了权属变更手续的，人民法院应当认定其已经履行了出资义务；出资人主张自其实际交付财产给公司使用时享有相应股东权利的，人民法院应予支持。

出资人以前款规定的财产出资，已经办理权属变更手续但未交付给公司使用，公司或者其他股东主张其向公司交付、并在实际交付之前不享有相应股东权利的，人民法院应予支持。

第十一条 出资人以其他公司股权出资，符合下列条件的，人民法院应当认定出资人已履行出资义务：

（一）出资的股权由出资人合法持有并依法可以转让；

（二）出资的股权无权利瑕疵或者权利负担；

（三）出资人已履行关于股权转让的法定手续；

（四）出资的股权已依法进行了价值评估。

股权出资不符合前款第（一）、（二）、（三）项的规定，公司、其他股东或者公司债权人请求认定出资人未履行出资义务的，人民法院应当责令该出资人在指定的合理期间内采取补正措施，以符合上述条件；逾期未补正的，人民法院应当认定其未依法全面履行出资义务。

股权出资不符合本条第一款第（四）项的规定，公司、其他股东或者公司债权人请求认定出资人未履行出资义务的，人民法院应当按照本规定第九条的规定处理。

第十二条 公司成立后，公司、股东或者公司债权人以相关股东的行为符合下列情形之一且损害公司权益为由，请求认定该股东抽逃出资的，人民法院应予支持：

（一）制作虚假财务会计报表虚增利润进行分配；

（二）通过虚构债权债务关系将其出资转出；

（三）利用关联交易将出资转出；

（四）其他未经法定程序将出资抽回的行为。

第十三条 股东未履行或者未全面履行出资义务，公司或者其他股东请求其向公司依法全面履行出资义务的，人民法院应予支持。

公司债权人请求未履行或者未全面履行出资义务的股东在未出资本息范围内对公司债务不能清偿的部分承担补充赔偿责任的，人民法院应予支持；未履行或者未全面履行出资义务的股东已经承担上述责任，其他债权人提出相同请求的，人民法院不予支持。

股东在公司设立时未履行或者未全面履行出资义务，依照本条第一款或者第二款提起诉讼的原告，请求公司的发起人与被告股东承担连带责任的，人民法院应予支持；公司的发起人承担责任后，可以向被告股东追偿。

股东在公司增资时未履行或者未全面履行出资义务，依照本条第一款或者第二款提起诉讼的原告，请求未尽公司法第一百四十七条第一款规定的义务而使出资未缴足的董事、高级管理人员承担相应责任的，人民法院应予支持；董事、高级管理人员承担责任后，可以向被告股东追偿。

第十四条 股东抽逃出资，公司或者其他股东请求其向公司返还出资本息、协助抽逃出资的其他股东、董事、高级管理人员或者实际控制人对此承担连带责任的，人民法院应予支持。

公司债权人请求抽逃出资的股东在抽逃出资本息范围内对公司债务不能清偿的部分承担补充赔偿责任、协助抽逃出资的其他股东、董事、高级管理人员或者实际控制人对此承担连带责任的，人民法院应予支持；抽逃出资的股东已经承担上述责任，其他债权人提出相同请求的，人民法院不予支持。

第十五条 出资人以符合法定条件的非货币财产出资后，因市场变化或者其他客观因素导致出资财产贬值，公司、其他股东或者公司债权人请求该出资人承担补足出资责任的，人民法院不予支持。但是，当事人另有约定的除外。

第十六条 股东未履行或者未全面履行出资义务或者抽逃出资，公司根据公司章程或者股东会决议对其利润分配请求权、新股优先认购权、剩余财产分配请求权等股东权利作出相应的合理限制，该股东请求认定该限制无效的，人民法院不予支持。

第十七条　有限责任公司的股东未履行出资义务或者抽逃全部出资，经公司催告缴纳或者返还，其在合理期间内仍未缴纳或者返还出资，公司以股东会决议解除该股东的股东资格，该股东请求确认该解除行为无效的，人民法院不予支持。

在前款规定的情形下，人民法院在判决时应当释明，公司应当及时办理法定减资程序或者由其他股东或者第三人缴纳相应的出资。在办理法定减资程序或者其他股东或者第三人缴纳相应的出资之前，公司债权人依照本规定第十三条或者第十四条请求相关当事人承担相应责任的，人民法院应予支持。

第十八条　有限责任公司的股东未履行或者未全面履行出资义务即转让股权，受让人对此知道或者应当知道，公司请求该股东履行出资义务、受让人对此承担连带责任的，人民法院应予支持；公司债权人依照本规定第十三条第二款向该股东提起诉讼，同时请求前述受让人对此承担连带责任的，人民法院应予支持。

受让人根据前款规定承担责任后，向该未履行或者未全面履行出资义务的股东追偿的，人民法院应予支持。但是，当事人另有约定的除外。

第十九条　公司股东未履行或者未全面履行出资义务或者抽逃出资，公司或者其他股东请求其向公司全面履行出资义务或者返还出资，被告股东以诉讼时效为由进行抗辩的，人民法院不予支持。

公司债权人的债权未过诉讼时效期间，其依照本规定第十三条第二款、第十四条第二款的规定请求未履行或者未全面履行出资义务或者抽逃出资的股东承担赔偿责任，被告股东以出资义务或者返还出资义务超过诉讼时效期间为由进行抗辩的，人民法院不予支持。

第二十条　当事人之间对是否已履行出资义务发生争议，原告提供对股东履行出资义务产生合理怀疑证据的，被告股东应当就其已履行出资义务承担举证责任。

第二十一条　当事人向人民法院起诉请求确认其股东资格的，应当以公司为被告，与案件争议股权有利害关系的人作为第三人参加诉讼。

第二十二条　当事人之间对股权归属发生争议，一方请求人民法院确认其享有股权的，应当证明以下事实之一：

（一）已经依法向公司出资或者认缴出资，且不违反法律法规强制性规定；

（二）已经受让或者以其他形式继受公司股权，且不违反法律法规强制性规定。

第二十三条　当事人依法履行出资义务或者依法继受取得股权后，公司未根据公司法第三十一条、第三十二条的规定签发出资证明书、记载于股东名册并办理公司登记机关登记，当事人请求公司履行上述义务的，人民法院应予支持。

第二十四条　有限责任公司的实际出资人与名义出资人订立合同，约定由实际出资人出资并享有投资权益，以名义出资人为名义股东，实际出资人与名义股东对该合同效力发生争议的，如无合同法第五十二条规定的情形，人民法院应当认定该合同有效。

前款规定的实际出资人与名义股东因投资权益的归属发生争议，实际出资人以其实际履行了出资义务为由向名义股东主张权利的，人民法院应予支持。名义股东以公司股东名册记载、公司登记机关登记为由否认实际出资人权利的，人民法院不予支持。

实际出资人未经公司其他股东半数以上同意，请求公司变更股东、签发出资证明书、记载于股东名册、记载于公司章程并办理公司登记机关登记的，人民法院不予支持。

第二十五条　名义股东将登记于其名下的股权转让、质押或者以其他方式处分，实际出资人以其对于股权享有实际权利为由，请求认定处分股权行为无效的，人民法院可以参照物权法第一百零六条的规定处理。

名义股东处分股权造成实际出资人损失，实际出资人请求名义股东承担赔偿责任的，人民法院应予支持。

第二十六条　公司债权人以登记于公司登记机关的股东未履行出资义务为由，请求其对公司债务不能清偿的部分在未出资本息范围内承担补充赔偿责任，股东以其仅为名义股东而非实际出资人为由进行抗辩的，人民法院不予支持。

名义股东根据前款规定承担赔偿责任后，向实际出资人追偿的，人民法院应予支持。

第二十七条 股权转让后尚未向公司登记机关办理变更登记,原股东将仍登记于其名下的股权转让、质押或者以其他方式处分,受让股东以其对于股权享有实际权利为由,请求认定处分股权行为无效的,人民法院可以参照物权法第一百零六条的规定处理。

原股东处分股权造成受让股东损失,受让股东请求原股东承担赔偿责任、对于未及时办理变更登记有过错的董事、高级管理人员或者实际控制人承担相应责任的,人民法院应予支持;受让股东对于未及时办理变更登记也有过错的,可以适当减轻上述董事、高级管理人员或者实际控制人的责任。

第二十八条 冒用他人名义出资并将该他人作为股东在公司登记机关登记的,冒名登记行为人应当承担相应责任;公司、其他股东或者公司债权人以未履行出资义务为由,请求被冒名登记为股东的承担补足出资责任或者对公司债务不能清偿部分的赔偿责任的,人民法院不予支持。

5. 最高人民法院关于适用《中华人民共和国公司法》若干问题的规定(四)

(2016年12月5日最高人民法院审判委员会第1702次会议通过 2017年8月25日最高人民法院公告公布 自2017年9月1日起施行 法释〔2017〕16号)

为正确适用《中华人民共和国公司法》,结合人民法院审判实践,现就公司决议效力、股东知情权、利润分配权、优先购买权和股东代表诉讼等案件适用法律问题作出如下规定。

第一条 公司股东、董事、监事等请求确认股东会或者股东大会、董事会决议无效或者不成立的,人民法院应当依法予以受理。

第二条 依据公司法第二十二条第二款请求撤销股东会或者股东大会、董事会决议的原告,应当在起诉时具有公司股东资格。

第三条 原告请求确认股东会或者股东大会、董事会决议不成立、无效或者撤销决议的案件,应当列公司为被告。对决议涉及的其他利害关系人,可以依法列为第三人。

一审法庭辩论终结前,其他有原告资格的人以相同的诉讼请求申请参加前款规定诉讼的,可以列为共同原告。

第四条 股东请求撤销股东会或者股东大会、董事会决议,符合公司法第二十二条第二款规定的,人民法院应当予以支持,但会议召集程序或者表决方式仅有轻微瑕疵,且对决议未产生实质影响的,人民法院不予支持。

第五条 股东会或者股东大会、董事会决议存在下列情形之一,当事人主张决议不成立的,人民法院应当予以支持:

(一)公司未召开会议的,但依据公司法第三十七条第二款或者公司章程规定可以不召开股东会或者股东大会而直接作出决定,并由全体股东在决定文件上签名、盖章的除外;

(二)会议未对决议事项进行表决的;

(三)出席会议的人数或者股东所持表决权不符合公司法或者公司章程规定的;

(四)会议的表决结果未达到公司法或者公司章程规定的通过比例的;

(五)导致决议不成立的其他情形。

第六条 股东会或者股东大会、董事会决议被人民法院判决确认无效或者撤销的,公司依据该决议与善意相对人形成的民事法律关系不受影响。

第七条 股东依据公司法第三十三条、第九十七条或者公司章程的规定,起诉请求查阅或者复制公司特定文件材料的,人民法院应当依法予以受理。

公司有证据证明前款规定的原告在起诉时不具有公司股东资格的,人民法院应当驳回起诉,但原告有初步证据证明在持股期间其合法权益受到损害,请求依法查阅或者复制其持股期间的公司特定文件材料的除外。

第八条 有限责任公司有证据证明股东存在下列情形之一的,人民法院应当认定股东有公司法第三十三条第二款规定的“不正当目的”：

（一）股东自营或者为他人经营与公司主营业务有实质性竞争关系业务的，但公司章程另有规定或者全体股东另有约定的除外；

（二）股东为了向他人通报有关信息查阅公司会计账簿，可能损害公司合法利益的；

（三）股东在向公司提出查阅请求之日前的三年内，曾通过查阅公司会计账簿，向他人通报有关信息损害公司合法利益的；

（四）股东有不正当目的的其他情形。

第九条 公司章程、股东之间的协议等实质性剥夺股东依据公司法第三十三条、第九十七条规定查阅或者复制公司文件材料的权利，公司以此为由拒绝股东查阅或者复制的，人民法院不予支持。

第十条 人民法院审理股东请求查阅或者复制公司特定文件材料的案件，对原告诉讼请求予以支持的，应当在判决中明确查阅或者复制公司特定文件材料的时间、地点和特定文件材料的名录。

股东依据人民法院生效判决查阅公司文件材料的，在该股东在场的情况下，可以由会计师、律师等依法或者依据执业行为规范负有保密义务的中介机构执业人员辅助进行。

第十一条 股东行使知情权后泄露公司商业秘密导致公司合法利益受到损害，公司请求该股东赔偿相关损失的，人民法院应当予以支持。

根据本规定第十条辅助股东查阅公司文件材料的会计师、律师等泄露公司商业秘密导致公司合法利益受到损害，公司请求其赔偿相关损失的，人民法院应当予以支持。

第十二条 公司董事、高级管理人员等未依法履行职责，导致公司未依法制作或者保存公司法第三十三条、第九十七条规定的公司文件材料，给股东造成损失，股东依法请求负有相应责任的公司董事、高级管理人员承担民事赔偿责任的，人民法院应当予以支持。

第十三条 股东请求公司分配利润案件，应当列公司为被告。

一审法庭辩论终结前，其他股东基于同一分配方案请求分配利润并申请参加诉讼的，应当列为共同原告。

第十四条 股东提交载明具体分配方案的股东会或者股东大会的有效决议，请求公司分配利润，公司拒绝分配利润且其关于无法执行决议的抗辩理由不成立的，人民法院应当判决公司按照决议载明的具体分配方案向股东分配利润。

第十五条 股东未提交载明具体分配方案的股东会或者股东大会决议，请求公司分配利润的，人民法院应当驳回其诉讼请求，但违反法律规定滥用股东权利导致公司不分配利润，给其他股东造成损失的除外。

第十六条 有限责任公司的自然人股东因继承发生变化时，其他股东主张依据公司法第七十一条第三款规定行使优先购买权的，人民法院不予支持，但公司章程另有规定或者全体股东另有约定的除外。

第十七条 有限责任公司的股东向股东以外的人转让股权，应就其股权转让事项以书面或者其他能够确认收悉的合理方式通知其他股东征求同意。其他股东半数以上不同意转让，不同意的股东不购买的，人民法院应当认定视为同意转让。

经股东同意转让的股权，其他股东主张转让股东应当向其以书面或者其他能够确认收悉的合理方式通知转让股权的同等条件的，人民法院应当予以支持。

经股东同意转让的股权，在同等条件下，转让股东以外的其他股东主张优先购买的，人民法院应当予以支持，但转让股东依据本规定第二十条放弃转让的除外。

第十八条 人民法院在判断是否符合公司法第七十一条第三款及本规定所称的“同等条件”时，应当考虑转让股权的数量、价格、支付方式及期限等因素。

第十九条 有限责任公司的股东主张优先购买转让股权的，应当在收到通知后，在公司章程规定的行使期间内提出购买请求。公司章程没有规定行使期间或者规定不明确的，以通知确定的期间为准，通知确定的期间短于三十日或者未明确行使期间的，行使期间为三十日。

第二十条 有限责任公司的转让股东，在其他股东主张优先购买后又不同意转让股权的，对其他股东优先购买的主张，人民法院不予支持，但公司章程另有规定或者全体股东另有约定的除外。其他股东主张转让股东赔偿其损失合理的，人民法院应当予以支持。

第二十一条 有限责任公司的股东向股东以外的人转让股权，未就其股权转让事项征求其他股东意见，或者以欺诈、恶意串通等手段，损害其他股东优先购买权，其他股东主张按照同等条件购买该转让股权的，人民法院应当予以支持，但其他股东自知道或者应当知道行使优先购买权的同等条件之日起三十日内没有主张，或者自股权变更登记之日起超过一年的除外。

前款规定的其他股东仅提出确认股权转让合同及股权变动效力等请求，未同时主张按照同等条件购买转让股权的，人民法院不予支持，但其他股东非因自身原因导致无法行使优先购买权，请求损害赔偿的除外。

股东以外的股权受让人，因股东行使优先购买权而不能实现合同目的的，可以依法请求转让股东承担相应民事责任。

第二十二条 通过拍卖向股东以外的人转让有限责任公司股权的，适用公司法第七十一条第二款、第三款或者第七十二条规定的“书面通知”“通知”“同等条件”时，根据相关法律、司法解释确定。

在依法设立的产权交易场所转让有限责任公司国有股权的，适用公司法第七十一条第二款、第三款或者第七十二条规定的“书面通知”“通知”“同等条件”时，可以参照产权交易场所的交易规则。

第二十三条 监事会或者不设监事会的有限责任公司的监事依据公司法第一百五十一条第一款规定对董事、高级管理人员提起诉讼的，应当列公司为原告，依法由监事会主席或者不设监事会的有限责任公司的监事代表公司进行诉讼。

董事会或者不设董事会的有限责任公司的执行董事依据公司法第一百五十一条第一款规定对监事提起诉讼的，或者依据公司法第一百五十一条第三款规定对他人提起诉讼的，应当列公司为原告，依法由董事长或者执行董事代表公司进行诉讼。

第二十四条 符合公司法第一百五十一条第一款规定条件的股东，依据公司法第一百五十一条第二款、第三款规定，直接对董事、监事、高级管理人员或者他人提起诉讼的，应当列公司为第三人参加诉讼。

一审法庭辩论终结前，符合公司法第一百五十一条第一款规定条件的其他股东，以相同的诉讼请求申请参加诉讼的，应当列为共同原告。

第二十五条 股东依据公司法第一百五十一条第二款、第三款规定直接提起诉讼的案件，胜诉利益归属于公司。股东请求被告直接向其承担民事责任的，人民法院不予支持。

第二十六条 股东依据公司法第一百五十一条第二款、第三款规定直接提起诉讼的案件，其诉讼请求部分或者全部得到人民法院支持的，公司应当承担股东因参加诉讼支付的合理费用。

第二十七条 本规定自2017年9月1日起施行。

本规定施行后尚未终审的案件，适用本规定；本规定施行前已经终审的案件，或者适用审判监督程序再审的案件，不适用本规定。

（五）公司的解散与清算

1. 公司法（节选）

第一百八十条、第一百八十二条至第一百九十条。

2. 最高人民法院关于适用《中华人民共和国公司法》若干问题的规定(二)

(2008年5月5日最高人民法院审判委员会第1447次会议通过,根据2014年2月17日最高人民法院审判委员会第1607次会议《关于修改关于适用〈中华人民共和国公司法〉若干问题的规定的决定》修正,最高人民法院2014年2月20日法释〔2014〕2号颁布,自2014年3月1日起施行)

为正确适用《中华人民共和国公司法》,结合审判实践,就人民法院审理公司解散和清算案件适用法律问题作出如下规定。

第一条　单独或者合计持有公司全部股东表决权百分之十以上的股东,以下列事由之一提起解散公司诉讼,并符合公司法第一百八十二条规定的,人民法院应予受理:

(一)公司持续两年以上无法召开股东会或者股东大会,公司经营管理发生严重困难的;

(二)股东表决时无法达到法定或者公司章程规定的比例,持续两年以上不能做出有效的股东会或者股东大会决议,公司经营管理发生严重困难的;

(三)公司董事长期冲突,且无法通过股东会或者股东大会解决,公司经营管理发生严重困难的;

(四)经营管理发生其他严重困难,公司继续存续会使股东利益受到重大损失的情形。

股东以知情权、利润分配请求权等权益受到损害,或者公司亏损、财产不足以偿还全部债务,以及公司被吊销企业法人营业执照未进行清算等为由,提起解散公司诉讼的,人民法院不予受理。

第二条　股东提起解散公司诉讼,同时又申请人民法院对公司进行清算的,人民法院对其提出的清算申请不予受理。人民法院可以告知原告,在人民法院判决解散公司后,依据公司法第一百八十三条和本规定第七条的规定,自行组织清算或者另行申请人民法院对公司进行清算。

第三条　股东提起解散公司诉讼时,向人民法院申请财产保全或者证据保全的,在股东提供担保且不影响公司正常经营的情形下,人民法院可予以保全。

第四条　股东提起解散公司诉讼应当以公司为被告。

原告以其他股东为被告一并提起诉讼的,人民法院应当告知原告将其他股东变更为第三人;原告坚持不予变更的,人民法院应当驳回原告对其他股东的起诉。

原告提起解散公司诉讼应当告知其他股东,或者由人民法院通知其参加诉讼。其他股东或者有关利害关系人申请以共同原告或者第三人身份参加诉讼的,人民法院应予准许。

第五条　人民法院审理解散公司诉讼案件,应当注重调解。当事人协商同意由公司或者股东收购股份,或者以减资等方式使公司存续,且不违反法律、行政法规强制性规定的,人民法院应予支持。当事人不能协商一致使公司存续的,人民法院应当及时判决。

经人民法院调解公司收购原告股份的,公司应当自调解书生效之日起六个月内将股份转让或者注销。股份转让或者注销之前,原告不得以公司收购其股份为由对抗公司债权人。

第六条　人民法院关于解散公司诉讼作出的判决,对公司全体股东具有法律约束力。

人民法院判决驳回解散公司诉讼请求后,提起该诉讼的股东或者其他股东又以同一事实和理由提起解散公司诉讼的,人民法院不予受理。

第七条　公司应当依照公司法第一百八十三条的规定,在解散事由出现之日起十五日内成立清算组,开始自行清算。

有下列情形之一,债权人申请人民法院指定清算组进行清算的,人民法院应予受理:

(一)公司解散逾期不成立清算组进行清算的;

(二)虽然成立清算组但故意拖延清算的;

（三）违法清算可能严重损害债权人或者股东利益的。

具有本条第二款所列情形，而债权人未提起清算申请，公司股东申请人民法院指定清算组对公司进行清算的，人民法院应予受理。

第八条 人民法院受理公司清算案件，应当及时指定有关人员组成清算组。

清算组成员可以从下列人员或者机构中产生：

（一）公司股东、董事、监事、高级管理人员；

（二）依法设立的律师事务所、会计师事务所、破产清算事务所等社会中介机构；

（三）依法设立的律师事务所、会计师事务所、破产清算事务所等社会中介机构中具备相关专业知识并取得执业资格的人员。

第九条 人民法院指定的清算组成员有下列情形之一的，人民法院可以根据债权人、股东的申请，或者依职权更换清算组成员：

（一）有违反法律或者行政法规的行为；

（二）丧失执业能力或者民事行为能力；

（三）有严重损害公司或者债权人利益的行为。

第十条 公司依法清算结束并办理注销登记前，有关公司的民事诉讼，应当以公司的名义进行。

公司成立清算组的，由清算组负责人代表公司参加诉讼；尚未成立清算组的，由原法定代表人代表公司参加诉讼。

第十一条 公司清算时，清算组应当按照公司法第一百八十五条的规定，将公司解散清算事宜书面通知全体已知债权人，并根据公司规模和营业地域范围在全国或者公司注册登记地省级有影响的报纸上进行公告。

清算组未按照前款规定履行通知和公告义务，导致债权人未及时申报债权而未获清偿，债权人主张清算组成员对因此造成的损失承担赔偿责任的，人民法院应依法予以支持。

第十二条 公司清算时，债权人对清算组核定的债权有异议的，可以要求清算组重新核定。清算组不予重新核定，或者债权人对重新核定的债权仍有异议，债权人以公司为被告向人民法院提起诉讼请求确认的，人民法院应予受理。

第十三条 债权人在规定的期限内未申报债权，在公司清算程序终结前补充申报的，清算组应予登记。

公司清算程序终结，是指清算报告经股东会、股东大会或者人民法院确认完毕。

第十四条 债权人补充申报的债权，可以在公司尚未分配财产中依法清偿。公司尚未分配财产不能全额清偿，债权人主张股东以其在剩余财产分配中已经取得的财产予以清偿的，人民法院应予支持；但债权人因重大过错未在规定期限内申报债权的除外。

债权人或者清算组，以公司尚未分配财产和股东在剩余财产分配中已经取得的财产，不能全额清偿补充申报的债权为由，向人民法院提出破产清算申请的，人民法院不予受理。

第十五条 公司自行清算的，清算方案应当报股东会或者股东大会决议确认；人民法院组织清算的，清算方案应当报人民法院确认。未经确认的清算方案，清算组不得执行。

执行未经确认的清算方案给公司或者债权人造成损失，公司、股东或者债权人主张清算组成员承担赔偿责任的，人民法院应依法予以支持。

第十六条 人民法院组织清算的，清算组应当自成立之日起六个月内清算完毕。

因特殊情况无法在六个月内完成清算的，清算组应当向人民法院申请延长。

第十七条 人民法院指定的清算组在清理公司财产、编制资产负债表和财产清单时，发现公司财产不足清偿债务的，可以与债权人协商制作有关债务清偿方案。

债务清偿方案经全体债权人确认且不损害其他利害关系人利益的，人民法院可依清算组的申请裁定予以认可。清算组依据该清偿方案清偿债务后，应当向人民法院申请裁定终结清算程序。

债权人对债务清偿方案不予确认或者人民法院不予认可的，清算组应当依法向人民法院申请宣告破产。

第十八条 有限责任公司的股东、股份有限公司的董事和控股股东未在法定期限内成立清算组开始清算，导致公司财产贬值、流失、毁损或者灭失，债权人主张其在造成损失范围内对公司债务承担赔偿责任的，人民法院应依法予以支持。

有限责任公司的股东、股份有限公司的董事和控股股东因怠于履行义务，导致公司主要财产、账册、重要文件等灭失，无法进行清算，债权人主张其对公司债务承担连带清偿责任的，人民法院应依法予以支持。

上述情形系实际控制人原因造成，债权人主张实际控制人对公司债务承担相应民事责任的，人民法院应依法予以支持。

第十九条 有限责任公司的股东、股份有限公司的董事和控股股东，以及公司的实际控制人在公司解散后，恶意处置公司财产给债权人造成损失，或者未经依法清算，以虚假的清算报告骗取公司登记机关办理法人注销登记，债权人主张其对公司债务承担相应赔偿责任的，人民法院应依法予以支持。

第二十条 公司解散应当在依法清算完毕后，申请办理注销登记。公司未经清算即办理注销登记，导致公司无法进行清算，债权人主张有限责任公司的股东、股份有限公司的董事和控股股东，以及公司的实际控制人对公司债务承担清偿责任的，人民法院应依法予以支持。

公司未经依法清算即办理注销登记，股东或者第三人在公司登记机关办理注销登记时承诺对公司债务承担责任，债权人主张其对公司债务承担相应民事责任的，人民法院应依法予以支持。

第二十一条 有限责任公司的股东、股份有限公司的董事和控股股东，以及公司的实际控制人为二人以上的，其中一人或者数人按照本规定第十八条和第二十条第一款的规定承担民事责任后，主张其他人员按照过错大小分担责任的，人民法院应依法予以支持。

第二十二条 公司解散时，股东尚未缴纳的出资均应作为清算财产。股东尚未缴纳的出资，包括到期应缴未缴的出资，以及依照公司法第二十六条和第八十条的规定分期缴纳尚未届满缴纳期限的出资。

公司财产不足以清偿债务时，债权人主张未缴出资股东，以及公司设立时的其他股东或者发起人在未缴出资范围内对公司债务承担连带清偿责任的，人民法院应依法予以支持。

第二十三条 清算组成员从事清算事务时，违反法律、行政法规或者公司章程给公司或者债权人造成损失，公司或者债权人主张其承担赔偿责任的，人民法院应依法予以支持。

有限责任公司的股东、股份有限公司连续一百八十日以上单独或者合计持有公司百分之一以上股份的股东，依据公司法第一百五十一条第三款的规定，以清算组成员有前款所述行为为由向人民法院提起诉讼的，人民法院应予受理。

公司已经清算完毕注销，上述股东参照公司法第一百五十一条第三款的规定，直接以清算组成员为被告、其他股东为第三人向人民法院提起诉讼的，人民法院应予受理。

第二十四条 解散公司诉讼案件和公司清算案件由公司住所地人民法院管辖。公司住所地是指公司主要办事机构所在地。公司办事机构所在地不明确的，由其注册地人民法院管辖。

基层人民法院管辖县、县级市或者区的公司登记机关核准登记公司的解散诉讼案件和公司清算案件；中级人民法院管辖地区、地级市以上的公司登记机关核准登记公司的解散诉讼案件和公司清算案件。

3. 中华人民共和国公司登记管理条例(节选)

(1994年6月24日中华人民共和国国务院令第156号公布,根据2005年12月18日《国务院关于修改〈中华人民共和国公司登记管理条例〉的决定》第一次修订,根据2014年2月19日《国务院关于废止和修改部分行政法规的决定》第二次修订,根据2016年2月6日《国务院关于修改部分行政法规的决定》第三次修订)

第六章　注销登记

第四十一条　公司解散,依法应当清算的,清算组应当自成立之日起10日内将清算组成员、清算组负责人名单向公司登记机关备案。

第四十二条　有下列情形之一的,公司清算组应当自公司清算结束之日起30日内向原公司登记机关申请注销登记:

(一)公司被依法宣告破产;

(二)公司章程规定的营业期限届满或者公司章程规定的其他解散事由出现,但公司通过修改公司章程而存续的除外;

(三)股东会、股东大会决议解散或者一人有限责任公司的股东、外商投资的公司董事会决议解散;

(四)依法被吊销营业执照、责令关闭或者被撤销;

(五)人民法院依法予以解散;

(六)法律、行政法规规定的其他解散情形。

第四十三条　公司申请注销登记,应当提交下列文件:

(一)公司清算组负责人签署的注销登记申请书;

(二)人民法院的破产裁定、解散裁判文书,公司依照《公司法》作出的决议或者决定,行政机关责令关闭或者公司被撤销的文件;

(三)股东会、股东大会、一人有限责任公司的股东、外商投资的公司董事会或者人民法院、公司批准机关备案、确认的清算报告;

(四)《企业法人营业执照》;

(五)法律、行政法规规定应当提交的其他文件。

国有独资公司申请注销登记,还应当提交国有资产监督管理机构的决定,其中,国务院确定的重要的国有独资公司,还应当提交本级人民政府的批准文件。

有分公司的公司申请注销登记,还应当提交分公司的注销登记证明。

第四十四条　经公司登记机关注销登记,公司终止。

4. 中华人民共和国企业破产法

(2006年8月27日第十届全国人民代表大会常务委员会第二十三次会议通过,2006年8月27日中华人民共和国主席令第54号公布,自2007年6月1日起施行)

目　录

第一章　总　则

第一条　【立法宗旨】为规范企业破产程序，公平清理债权债务，保护债权人和债务人的合法权益，维护社会主义市场经济秩序，制定本法。

第二条　【清理债务与重整】企业法人不能清偿到期债务，并且资产不足以清偿全部债务或者明显缺乏清偿能力的，依照本法规定清理债务。

企业法人有前款规定情形，或者有明显丧失清偿能力可能的，可以依照本法规定进行重整。

第三条　【破产案件的管辖】破产案件由债务人住所地人民法院管辖。

第四条　【程序的法律适用】破产案件审理程序，本法没有规定的，适用民事诉讼法的有关规定。

第五条　【破产程序的效力】依照本法开始的破产程序，对债务人在中华人民共和国领域外的财产发生效力。

对外国法院作出的发生法律效力的破产案件的判决、裁定，涉及债务人在中华人民共和国领域内的财产，申请或者请求人民法院承认和执行的，人民法院依照中华人民共和国缔结或者参加的国际条约，或者按照互惠原则进行审查，认为不违反中华人民共和国法律的基本原则，不损害国家主权、安全和社会公共利益，不损害中华人民共和国领域内债权人的合法权益的，裁定承认和执行。

第六条　【企业职工权益的保障与企业经营管理人员法律责任的追究】人民法院审理破产案件，应当依法保障企业职工的合法权益，依法追究破产企业经营管理人员的法律责任。

第二章　申请和受理

第一节　申　请

第七条　【申请主体】债务人有本法第二条规定的情形，可以向人民法院提出重整、和解或者破产清算申请。

债务人不能清偿到期债务，债权人可以向人民法院提出对债务人进行重整或者破产清算的申请。

企业法人已解散但未清算或者未清算完毕，资产不足以清偿债务的，依法负有清算责任的人应当向人民法院申请破产清算。

第八条　【破产申请书与证据】向人民法院提出破产申请，应当提交破产申请书和有关证据。

破产申请书应当载明下列事项：

（一）申请人、被申请人的基本情况；

（二）申请目的；

（三）申请的事实和理由；

（四）人民法院认为应当载明的其他事项。

债务人提出申请的，还应当向人民法院提交财产状况说明、债务清册、债权清册、有关财务会计报告、职工安置预案以及职工工资的支付和社会保险费用的缴纳情况。

第九条　【破产申请的撤回】人民法院受理破产申请前，申请人可以请求撤回申请。

第二节　受　理

第十条　【破产申请的受理】债权人提出破产申请的，人民法院应当自收到申请之日起五日内通知债务人。债务人对申请有异议的，应当自收到人民法院的通知之日起七日内向人民法院提出。人民法院应当自异议期满之日起十日内裁定是否受理。

除前款规定的情形外，人民法院应当自收到破产申请之日起十五日内裁定是否受理。

有特殊情况需要延长前两款规定的裁定受理期限的，经上一级人民法院批准，可以延长十五日。

第十一条　【裁定受理与债务人提交材料】人民法院受理破产申请的，应当自裁定作出之日起五日内送达申请人。

债权人提出申请的,人民法院应当自裁定作出之日起五日内送达债务人。债务人应当自裁定送达之日起十五日内,向人民法院提交财产状况说明、债务清册、债权清册、有关财务会计报告以及职工工资的支付和社会保险费用的缴纳情况。

第十二条 【裁定不受理与驳回申请】人民法院裁定不受理破产申请的,应当自裁定作出之日起五日内送达申请人并说明理由。申请人对裁定不服的,可以自裁定送达之日起十日内向上一级人民法院提起上诉。

人民法院受理破产申请后至破产宣告前,经审查发现债务人不符合本法第二条规定情形的,可以裁定驳回申请。申请人对裁定不服的,可以自裁定送达之日起十日内向上一级人民法院提起上诉。

第十三条 【指定管理人】人民法院裁定受理破产申请的,应当同时指定管理人。

第十四条 【通知债权人与公告】人民法院应当自裁定受理破产申请之日起二十五日内通知已知债权人,并予以公告。

通知和公告应当载明下列事项:

(一)申请人、被申请人的名称或者姓名;

(二)人民法院受理破产申请的时间;

(三)申报债权的期限、地点和注意事项;

(四)管理人的名称或者姓名及其处理事务的地址;

(五)债务人的债务人或者财产持有人应当向管理人清偿债务或者交付财产的要求;

(六)第一次债权人会议召开的时间和地点;

(七)人民法院认为应当通知和公告的其他事项。

第十五条 【债务人的有关人员的义务】自人民法院受理破产申请的裁定送达债务人之日起至破产程序终结之日,债务人的有关人员承担下列义务:

(一)妥善保管其占有和管理的财产、印章和账簿、文书等资料;

(二)根据人民法院、管理人的要求进行工作,并如实回答询问;

(三)列席债权人会议并如实回答债权人的询问;

(四)未经人民法院许可,不得离开住所地;

(五)不得新任其他企业的董事、监事、高级管理人员。

前款所称有关人员,是指企业的法定代表人;经人民法院决定,可以包括企业的财务管理人员和其他经营管理人员。

第十六条 【债务人个别清偿的无效】人民法院受理破产申请后,债务人对个别债权人的债务清偿无效。

第十七条 【债务人的债务人或者财产持有人的义务】人民法院受理破产申请后,债务人的债务人或者财产持有人应当向管理人清偿债务或者交付财产。

债务人的债务人或者财产持有人故意违反前款规定向债务人清偿债务或者交付财产,使债权人受到损失的,不免除其清偿债务或者交付财产的义务。

第十八条 【破产申请受理前成立的合同的继续履行与解除】人民法院受理破产申请后,管理人对破产申请受理前成立而债务人和对方当事人均未履行完毕的合同有权决定解除或者继续履行,并通知对方当事人。管理人自破产申请受理之日起二个月内未通知对方当事人,或者自收到对方当事人催告之日起三十日内未答复的,视为解除合同。

管理人决定继续履行合同的,对方当事人应当履行;但是,对方当事人有权要求管理人提供担保。管理人不提供担保的,视为解除合同。

第十九条 【保全措施解除与执行程序中止】人民法院受理破产申请后,有关债务人财产的保全措施应当解除,执行程序应当中止。

第二十条 【民事诉讼或仲裁的中止与继续】人民法院受理破产申请后,已经开始而尚未终结的有关债务人的民事诉讼或者仲裁应当中止;在管理人接管债务人的财产后,该诉讼或者仲裁继续进行。

第二十一条 【债务人的民事诉讼的管辖】人民法院受理破产申请后,有关债务人的民事诉讼,只能向受理破产申请的人民法院提起。

第三章 管 理 人

第二十二条 【管理人的指定与更换】管理人由人民法院指定。

债权人会议认为管理人不能依法、公正执行职务或者有其他不能胜任职务情形的，可以申请人民法院予以更换。

指定管理人和确定管理人报酬的办法，由最高人民法院规定。

第二十三条　【管理人的义务】管理人依照本法规定执行职务，向人民法院报告工作，并接受债权人会议和债权人委员会的监督。

管理人应当列席债权人会议，向债权人会议报告职务执行情况，并回答询问。

第二十四条　【管理人的资格】管理人可以由有关部门、机构的人员组成的清算组或者依法设立的律师事务所、会计师事务所、破产清算事务所等社会中介机构担任。

人民法院根据债务人的实际情况，可以在征询有关社会中介机构的意见后，指定该机构具备相关专业知识并取得执业资格的人员担任管理人。

有下列情形之一的，不得担任管理人：

（一）因故意犯罪受过刑事处罚；

（二）曾被吊销相关专业执业证书；

（三）与本案有利害关系；

（四）人民法院认为不宜担任管理人的其他情形。

个人担任管理人的，应当参加执业责任保险。

第二十五条　【管理人的职责】管理人履行下列职责：

（一）接管债务人的财产、印章和账簿、文书等资料；

（二）调查债务人财产状况，制作财产状况报告；

（三）决定债务人的内部管理事务；

（四）决定债务人的日常开支和其他必要开支；

（五）在第一次债权人会议召开之前，决定继续或者停止债务人的营业；

（六）管理和处分债务人的财产；

（七）代表债务人参加诉讼、仲裁或者其他法律程序；

（八）提议召开债权人会议；

（九）人民法院认为管理人应当履行的其他职责。

本法对管理人的职责另有规定的，适用其规定。

第二十六条　【第一次债权人会议前管理人行为的许可】在第一次债权人会议召开之前，管理人决定继续或者停止债务人的营业或者有本法第六十九条规定行为之一的，应当经人民法院许可。

第二十七条　【管理人的忠实义务】管理人应当勤勉尽责，忠实执行职务。

第二十八条　【管理人聘任工作人员与管理人的报酬】管理人经人民法院许可，可以聘用必要的工作人员。

管理人的报酬由人民法院确定。债权人会议对管理人的报酬有异议的，有权向人民法院提出。

第二十九条　【管理人的辞职】管理人没有正当理由不得辞去职务。管理人辞去职务应当经人民法院许可。

第四章　债务人财产

第三十条　【债务人财产】破产申请受理时属于债务人的全部财产，以及破产申请受理后至破产程序终结前债务人取得的财产，为债务人财产。

第三十一条　【受理破产申请前一年内行为的撤销】人民法院受理破产申请前一年内，涉及债务人财产的下列行为，管理人有权请求人民法院予以撤销：

（一）无偿转让财产的；

（二）以明显不合理的价格进行交易的；

（三）对没有财产担保的债务提供财产担保的；

（四）对未到期的债务提前清偿的；

（五）放弃债权的。

第三十二条　【受理破产申请前六个月内行为的撤销】人民法院受理破产申请前六个月内，债务人有本法第二条第一款规定的情形，仍对个别债权人进行清偿的，管理人有权请求人民法院予以撤销。但是，个别清偿使债务人财产受益的除外。

第三十三条　【无效行为】涉及债务人财产的下列行为无效：

(一)为逃避债务而隐匿、转移财产的;

(二)虚构债务或者承认不真实的债务的。

第三十四条 【追回因被撤销或无效行为取得的债务人的财产】因本法第三十一条、第三十二条或者第三十三条规定的行为而取得的债务人的财产,管理人有权追回。

第三十五条 【债务人的出资人缴纳出资】人民法院受理破产申请后,债务人的出资人尚未完全履行出资义务的,管理人应当要求该出资人缴纳所认缴的出资,而不受出资期限的限制。

第三十六条 【管理人员非正常收入和财产的追回】债务人的董事、监事和高级管理人员利用职权从企业获取的非正常收入和侵占的企业财产,管理人应当追回。

第三十七条 【管理人取回质物、留置物】人民法院受理破产申请后,管理人可以通过清偿债务或者提供为债权人接受的担保,取回质物、留置物。

前款规定的债务清偿或者替代担保,在质物或者留置物的价值低于被担保的债权额时,以该质物或者留置物当时的市场价值为限。

第三十八条 【权利人财产的取回】人民法院受理破产申请后,债务人占有的不属于债务人的财产,该财产的权利人可以通过管理人取回。但是,本法另有规定的除外。

第三十九条 【在途运输标的物的取回与交付】人民法院受理破产申请时,出卖人已将买卖标的物向作为买受人的债务人发运,债务人尚未收到且未付清全部价款的,出卖人可以取回在运途中的标的物。但是,管理人可以支付全部价款,请求出卖人交付标的物。

第四十条 【抵销权】债权人在破产申请受理前对债务人负有债务的,可以向管理人主张抵销。但是,有下列情形之一的,不得抵销:

(一)债务人的债务人在破产申请受理后取得他人对债务人的债权的;

(二)债权人已知债务人有不能清偿到期债务或者破产申请的事实,对债务人负担债务的;但是,债权人因为法律规定或者有破产申请一年前所发生的原因而负担债务的除外;

(三)债务人的债务人已知债务人有不能清偿到期债务或者破产申请的事实,对债务人取得债权的;但是,债务人的债务人因为法律规定或者有破产申请一年前所发生的原因而取得债权的除外。

第五章 破产费用和共益债务

第四十一条 【破产费用】人民法院受理破产申请后发生的下列费用,为破产费用:

(一)破产案件的诉讼费用;

(二)管理、变价和分配债务人财产的费用;

(三)管理人执行职务的费用、报酬和聘用工作人员的费用。

第四十二条 【共益债务】人民法院受理破产申请后发生的下列债务,为共益债务:

(一)因管理人或者债务人请求对方当事人履行双方均未履行完毕的合同所产生的债务;

(二)债务人财产受无因管理所产生的债务;

(三)因债务人不当得利所产生的债务;

(四)为债务人继续营业而应支付的劳动报酬和社会保险费用以及由此产生的其他债务;

(五)管理人或者相关人员执行职务致人损害所产生的债务;

(六)债务人财产致人损害所产生的债务。

第四十三条 【破产费用和共益债务的清偿】破产费用和共益债务由债务人财产随时清偿。

债务人财产不足以清偿所有破产费用和共益债务的,先行清偿破产费用。

债务人财产不足以清偿所有破产费用或者共益债务的,按照比例清偿。

债务人财产不足以清偿破产费用的,管理人应当提请人民法院终结破产程序。人民法院应当自收到请求之日起十五日内裁定终结破产程序,并予以公告。

第六章 债权申报

第四十四条 【债权人依法定程序行使权利】人民法院受理破产申请时对债务人享有债权的债权人,依照本法规定的程序行使权利。

第四十五条 【债权申报期限】人民法院受理破产申请后,应当确定债权人申报债权的期限。债权申报期限自人民法院发布受理破产申请公告之日起计算,最短不得少于三十日,最长不得超过三个月。

第四十六条　【未到期的债权与附利息的债权的算定】未到期的债权，在破产申请受理时视为到期。

附利息的债权自破产申请受理时起停止计息。

第四十七条　【附条件、附期限债权与未决债权的申报】附条件、附期限的债权和诉讼、仲裁未决的债权，债权人可以申报。

第四十八条　【申报债权的公示与异议】债权人应当在人民法院确定的债权申报期限内向管理人申报债权。

债务人所欠职工的工资和医疗、伤残补助、抚恤费用，所欠的应当划入职工个人账户的基本养老保险、基本医疗保险费用，以及法律、行政法规规定应当支付给职工的补偿金，不必申报，由管理人调查后列出清单并予以公示。职工对清单记载有异议的，可以要求管理人更正；管理人不予更正的，职工可以向人民法院提起诉讼。

第四十九条　【申报债权的书面说明】债权人申报债权时，应当书面说明债权的数额和有无财产担保，并提交有关证据。申报的债权是连带债权的，应当说明。

第五十条　【连带债权人申报债权】连带债权人可以由其中一人代表全体连带债权人申报债权，也可以共同申报债权。

第五十一条　【连带债务人申报债权】债务人的保证人或者其他连带债务人已经代替债务人清偿债务的，以其对债务人的求偿权申报债权。

债务人的保证人或者其他连带债务人尚未代替债务人清偿债务的，以其对债务人的将来求偿权申报债权。但是，债权人已经向管理人申报全部债权的除外。

第五十二条　【连带债务人的债权人申报债权】连带债务人数人被裁定适用本法规定的程序的，其债权人有权就全部债权分别在各破产案件中申报债权。

第五十三条　【解除合同后对方当事人申报债权】管理人或者债务人依照本法规定解除合同的，对方当事人以因合同解除所产生的损害赔偿请求权申报债权。

第五十四条　【受托人申报债权】债务人是委托合同的委托人，被裁定适用本法规定的程序，受托人不知该事实，继续处理委托事务的，受托人以由此产生的请求权申报债权。

第五十五条　【票据付款人申报债权】债务人是票据的出票人，被裁定适用本法规定的程序，该票据的付款人继续付款或者承兑的，付款人以由此产生的请求权申报债权。

第五十六条　【补充申报债权】在人民法院确定的债权申报期限内，债权人未申报债权的，可以在破产财产最后分配前补充申报；但是，此前已进行的分配，不再对其补充分配。为审查和确认补充申报债权的费用，由补充申报人承担。

债权人未依照本法规定申报债权的，不得依照本法规定的程序行使权利。

第五十七条　【债权表】管理人收到债权申报材料后，应当登记造册，对申报的债权进行审查，并编制债权表。

债权表和债权申报材料由管理人保存，供利害关系人查阅。

第五十八条　【债权表的核查、确认与异议】依照本法第五十七条规定编制的债权表，应当提交第一次债权人会议核查。

债务人、债权人对债权表记载的债权无异议的，由人民法院裁定确认。

债务人、债权人对债权表记载的债权有异议的，可以向受理破产申请的人民法院提起诉讼。

第七章　债权人会议

第一节　一般规定

第五十九条　【债权人会议的组成】依法申报债权的债权人为债权人会议的成员，有权参加债权人会议，享有表决权。

债权尚未确定的债权人，除人民法院能够为其行使表决权而临时确定债权额的外，不得行使表决权。

对债务人的特定财产享有担保权的债权人，未放弃优先受偿权利的，对于本法第六十一条第一款第七项、第十项规定的事项不享有表决权。

债权人可以委托代理人出席债权人会议，行使表决权。代理人出席债权人会议，应当向人民法院或者债权人会议主席提交债权人的授权委托书。

债权人会议应当有债务人的职工和工会的代表参加，对有关事项发表意见。

第六十条 【债权人会议主席】债权人会议设主席一人，由人民法院从有表决权的债权人中指定。

债权人会议主席主持债权人会议。

第六十一条 【债权人会议的职权】债权人会议行使下列职权：

（一）核查债权；

（二）申请人民法院更换管理人，审查管理人的费用和报酬；

（三）监督管理人；

（四）选任和更换债权人委员会成员；

（五）决定继续或者停止债务人的营业；

（六）通过重整计划；

（七）通过和解协议；

（八）通过债务人财产的管理方案；

（九）通过破产财产的变价方案；

（十）通过破产财产的分配方案；

（十一）人民法院认为应当由债权人会议行使的其他职权。

债权人会议应当对所议事项的决议作成会议记录。

第六十二条 【债权人会议的召开】第一次债权人会议由人民法院召集，自债权申报期限届满之日起十五日内召开。

以后的债权人会议，在人民法院认为必要时，或者管理人、债权人委员会、占债权总额四分之一以上的债权人向债权人会议主席提议时召开。

第六十三条 【通知债权人】召开债权人会议，管理人应当提前十五日通知已知的债权人。

第六十四条 【债权人会议的决议】债权人会议的决议，由出席会议的有表决权的债权人过半数通过，并且其所代表的债权额占无财产担保债权总额的二分之一以上。但是，本法另有规定的除外。

债权人认为债权人会议的决议违反法律规定，损害其利益的，可以自债权人会议作出决议之日起十五日内，请求人民法院裁定撤销该决议，责令债权人会议依法重新作出决议。

债权人会议的决议，对于全体债权人均有约束力。

第六十五条 【法院裁定事项】本法第六十一条第一款第八项、第九项所列事项，经债权人会议表决未通过的，由人民法院裁定。

本法第六十一条第一款第十项所列事项，经债权人会议二次表决仍未通过的，由人民法院裁定。

对前两款规定的裁定，人民法院可以在债权人会议上宣布或者另行通知债权人。

第六十六条 【债权人申请复议】债权人对人民法院依照本法第六十五条第一款作出的裁定不服的，债权额占无财产担保债权总额二分之一以上的债权人对人民法院依照本法第六十五条第二款作出的裁定不服的，可以自裁定宣布之日或者收到通知之日起十五日内向该人民法院申请复议。复议期间不停止裁定的执行。

第二节 债权人委员会

第六十七条 【债权人委员会的组成】债权人会议可以决定设立债权人委员会。债权人委员会由债权人会议选任的债权人代表和一名债务人的职工代表或者工会代表组成。债权人委员会成员不得超过九人。

债权人委员会成员应当经人民法院书面决定认可。

第六十八条 【债权人委员会的职权】债权人委员会行使下列职权：

（一）监督债务人财产的管理和处分；

（二）监督破产财产分配；

（三）提议召开债权人会议；

（四）债权人会议委托的其他职权。

债权人委员会执行职务时，有权要求管理人、债务人的有关人员对其职权范围内的事务作出说明或者提供有关文件。

管理人、债务人的有关人员违反本法规定拒绝接受监督的，债权人委员会有权就监督事项请求人民法院作出决定；人民法院应当在五日内作出决定。

第六十九条 【管理人行为的告知】管理人实施下列行为，应当及时报告债权人委员会：

（一）涉及土地、房屋等不动产权益的转让；

（二）探矿权、采矿权、知识产权等财产权的转让；

（三）全部库存或者营业的转让；

（四）借款；

（五）设定财产担保；

（六）债权和有价证券的转让；

（七）履行债务人和对方当事人均未履行完毕的合同；

（八）放弃权利；

（九）担保物的取回；

（十）对债权人利益有重大影响的其他财产处分行为。

未设立债权人委员会的，管理人实施前款规定的行为应当及时报告人民法院。

第八章　重　整

第一节　重整申请和重整期间

第七十条　【重整申请】债务人或者债权人可以依照本法规定，直接向人民法院申请对债务人进行重整。

债权人申请对债务人进行破产清算的，在人民法院受理破产申请后、宣告债务人破产前，债务人或者出资额占债务人注册资本十分之一以上的出资人，可以向人民法院申请重整。

第七十一条　【裁定重整与公告】人民法院经审查认为重整申请符合本法规定的，应当裁定债务人重整，并予以公告。

第七十二条　【重整期间】自人民法院裁定债务人重整之日起至重整程序终止，为重整期间。

第七十三条　【债务人自行管理与营业】在重整期间，经债务人申请，人民法院批准，债务人可以在管理人的监督下自行管理财产和营业事务。

有前款规定情形的，依照本法规定已接管债务人财产和营业事务的管理人应当向债务人移交财产和营业事务，本法规定的管理人的职权由债务人行使。

第七十四条　【管理人管理与营业】管理人负责管理财产和营业事务的，可以聘任债务人的经营管理人员负责营业事务。

第七十五条　【重整期间担保权的行使与借款】在重整期间，对债务人的特定财产享有的担保权暂停行使。但是，担保物有损坏或者价值明显减少的可能，足以危害担保权人权利的，担保权人可以向人民法院请求恢复行使担保权。

在重整期间，债务人或者管理人为继续营业而借款的，可以为该借款设定担保。

第七十六条　【重整期间的取回权】债务人合法占有的他人财产，该财产的权利人在重整期间要求取回的，应当符合事先约定的条件。

第七十七条　【重整期间对出资人收益分配与董事、监事、高级管理人员持股转让的限制】在重整期间，债务人的出资人不得请求投资收益分配。

在重整期间，债务人的董事、监事、高级管理人员不得向第三人转让其持有的债务人的股权。但是，经人民法院同意的除外。

第七十八条　【重整终止与破产宣告】在重整期间，有下列情形之一的，经管理人或者利害关系人请求，人民法院应当裁定终止重整程序，并宣告债务人破产：

（一）债务人的经营状况和财产状况继续恶化，缺乏挽救的可能性；

（二）债务人有欺诈、恶意减少债务人财产或者其他显著不利于债权人的行为；

（三）由于债务人的行为致使管理人无法执行职务。

第二节　重整计划的制定和批准

第七十九条　【重整计划草案的提交期限】债务人或者管理人应当自人民法院裁定债务人重整之日起六个月内，同时向人民法院和债权人会议提交重整计划草案。

前款规定的期限届满，经债务人或者管理人请求，有正当理由的，人民法院可以裁定延期三个月。

债务人或者管理人未按期提出重整计划草案的，人民法院应当裁定终止重整程序，并宣告债务人破产。

第八十条　【重整计划草案的制作主体】债务人自行管理财产和营业事务的，由债务人制作重整计划草案。

管理人负责管理财产和营业事务的，由管理人制作重整计划草案。

第八十一条　【重整计划草案的内容】重整计划草案应当包括下列内容：

（一）债务人的经营方案；

（二）债权分类；

（三）债权调整方案；

（四）债权受偿方案；

（五）重整计划的执行期限；

（六）重整计划执行的监督期限；

（七）有利于债务人重整的其他方案。

第八十二条　【债权分类与重整计划草案分组表决】下列各类债权的债权人参加讨论重整计划草案的债权人会议，依照下列债权分类，分组对重整计划草案进行表决：

（一）对债务人的特定财产享有担保权的债权；

（二）债务人所欠职工的工资和医疗、伤残补助、抚恤费用，所欠的应当划入职工个人账户的基本养老保险、基本医疗保险费用，以及法律、行政法规规定应当支付给职工的补偿金；

（三）债务人所欠税款；

（四）普通债权。

人民法院在必要时可以决定在普通债权组中设小额债权组对重整计划草案进行表决。

第八十三条　【不得减免的费用】重整计划不得规定减免债务人欠缴的本法第八十二条第一款第二项规定以外的社会保险费用；该项费用的债权人不参加重整计划草案的表决。

第八十四条　【重整计划草案的表决】人民法院应当自收到重整计划草案之日起三十日内召开债权人会议，对重整计划草案进行表决。

出席会议的同一表决组的债权人过半数同意重整计划草案，并且其所代表的债权额占该组债权总额的三分之二以上的，即为该组通过重整计划草案。

债务人或者管理人应当向债权人会议就重整计划草案作出说明，并回答询问。

第八十五条　【出资人代表列席会议与出资人组表决】债务人的出资人代表可以列席讨论重整计划草案的债权人会议。

重整计划草案涉及出资人权益调整事项的，应当设出资人组，对该事项进行表决。

第八十六条　【表决通过重整计划与重整程序终止】各表决组均通过重整计划草案时，重整计划即为通过。

自重整计划通过之日起十日内，债务人或者管理人应当向人民法院提出批准重整计划的申请。人民法院经审查认为符合本法规定的，应当自收到申请之日起三十日内裁定批准，终止重整程序，并予以公告。

第八十七条　【裁定批准重整计划与重整程序终止】部分表决组未通过重整计划草案的，债务人或者管理人可以同未通过重整计划草案的表决组协商。该表决组可以在协商后再表决一次。双方协商的结果不得损害其他表决组的利益。

未通过重整计划草案的表决组拒绝再次表决或者再次表决仍未通过重整计划草案，但重整计划草案符合下列条件的，债务人或者管理人可以申请人民法院批准重整计划草案：

（一）按照重整计划草案，本法第八十二条第一款第一项所列债权就该特定财产将获得全额清偿，其因延期清偿所受的损失将得到公平补偿，并且其担保权未受到实质性损害，或者该表决组已经通过重整计划草案；

（二）按照重整计划草案，本法第八十二条第一款第二项、第三项所列债权将获得全额清偿，或者相应表决组已经通过重整计划草案；

（三）按照重整计划草案，普通债权所获得的清偿比例，不低于其在重整计划草案被提请批准时依照破产清算程序所能获得的清偿比例，或者该表决组已经通过重整计划草案；

（四）重整计划草案对出资人权益的调整公平、公正，或者出资人组已经通过重整计划草案；

（五）重整计划草案公平对待同一表决组的成员，并且所规定的债权清偿顺序不违反本法第一百一十三条的规定；

（六）债务人的经营方案具有可行性。

人民法院经审查认为重整计划草案符合前款规定的，应当自收到申请之日起三十日内裁定批准，终止重整程序，并予以公告。

第八十八条　【重整程序的非正常终止】重整计划草案未获得通过且未依照本法第八十七条的规定获得批准，或者已通过的重整计划未获得批准的，人民法院应当裁定终止重整程序，并宣告债务人破产。

第三节　重整计划的执行

第八十九条　【重整计划的执行主体】重整计划由债务人负责执行。

人民法院裁定批准重整计划后，已接管财产和营业事务的管理人应当向债务人移交财产和营业事务。

第九十条　【重整计划执行的监督与报告】自人民法院裁定批准重整计划之日起，在重整计划规定的监督期内，由管理人监督重整计划的执行。

在监督期内，债务人应当向管理人报告重整计划执行情况和债务人财务状况。

第九十一条　【监督报告与监督期限的延长】监督期届满时，管理人应当向人民法院提交监督报告。自监督报告提交之日起，管理人的监督职责终止。

管理人向人民法院提交的监督报告，重整计划的利害关系人有权查阅。

经管理人申请，人民法院可以裁定延长重整计划执行的监督期限。

第九十二条　【重整计划的约束力】经人民法院裁定批准的重整计划，对债务人和全体债权人均有约束力。

债权人未依照本法规定申报债权的，在重整计划执行期间不得行使权利；在重整计划执行完毕后，可以按照重整计划规定的同类债权的清偿条件行使权利。

债权人对债务人的保证人和其他连带债务人所享有的权利，不受重整计划的影响。

第九十三条　【重整计划的终止】债务人不能执行或者不执行重整计划的，人民法院经管理人或者利害关系人请求，应当裁定终止重整计划的执行，并宣告债务人破产。

人民法院裁定终止重整计划执行的，债权人在重整计划中作出的债权调整的承诺失去效力。债权人因执行重整计划所受的清偿仍然有效，债权未受清偿的部分作为破产债权。

前款规定的债权人，只有在其他同顺位债权人同自己所受的清偿达到同一比例时，才能继续接受分配。

有本条第一款规定情形的，为重整计划的执行提供的担保继续有效。

第九十四条　【重整计划减免的债务不再清偿】按照重整计划减免的债务，自重整计划执行完毕时起，债务人不再承担清偿责任。

第九章　和　解

第九十五条　【和解申请】债务人可以依照本法规定，直接向人民法院申请和解；也可以在人民法院受理破产申请后、宣告债务人破产前，向人民法院申请和解。

债务人申请和解，应当提出和解协议草案。

第九十六条　【裁定和解】人民法院经审查认为和解申请符合本法规定的，应当裁定和解，予以公告，并召集债权人会议讨论和解协议草案。

对债务人的特定财产享有担保权的权利人，自人民法院裁定和解之日起可以行使权利。

第九十七条　【通过和解协议】债权人会议通过和解协议的决议，由出席会议的有表决权的债权人过半数同意，并且其所代表的债权额占无财产担保债权总额的三分之二以上。

第九十八条　【裁定认可和解协议并终止和解程序】债权人会议通过和解协议的，由人民法院裁定认可，终止和解程序，并予以公告。管理人应当向债务人移交财产和营业事务，并向人民法院提交执行职务的报告。

第九十九条　【和解协议的否决与宣告破产】和解协议草案经债权人会议表决未获得通过，或者已经债权人会议通过的和解协议未获得人民法院认可的，人民法院应当裁定终止和解程序，并宣告债务人破产。

第一百条　【和解协议的约束力】经人民法院裁定认可的和解协议，对债务人和全体和解债权人均有约束力。

和解债权人是指人民法院受理破产申请时对债务人享有无财产担保债权的人。

和解债权人未依照本法规定申报债权的，在和解协议执行期间不得行使权利；在和解协议执行完毕后，可以按照和解协议规定的清偿条件行使权利。

第一百零一条　【和解协议的影响】和解债权人对债务人的保证人和其他连带债务人所享有的权利，不受和解协议的影响。

第一百零二条　【债务人履行和解协议的义务】债务人应当按照和解协议规定的条件清偿债务。

**第一百零三条　【和解协议无效与宣告破

产】因债务人的欺诈或者其他违法行为而成立的和解协议,人民法院应当裁定无效,并宣告债务人破产。

有前款规定情形的,和解债权人因执行和解协议所受的清偿,在其他债权人所受清偿同等比例的范围内,不予返还。

第一百零四条 【终止执行和解协议与宣告破产】债务人不能执行或者不执行和解协议的,人民法院经和解债权人请求,应当裁定终止和解协议的执行,并宣告债务人破产。

人民法院裁定终止和解协议执行的,和解债权人在和解协议中作出的债权调整的承诺失去效力。和解债权人因执行和解协议所受的清偿仍然有效,和解债权未受清偿的部分作为破产债权。

前款规定的债权人,只有在其他债权人同自己所受的清偿达到同一比例时,才能继续接受分配。

有本条第一款规定情形的,为和解协议的执行提供的担保继续有效。

第一百零五条 【自行和解与破产程序终结】人民法院受理破产申请后,债务人与全体债权人就债权债务的处理自行达成协议的,可以请求人民法院裁定认可,并终结破产程序。

第一百零六条 【和解协议减免债务不再清偿】按照和解协议减免的债务,自和解协议执行完毕时起,债务人不再承担清偿责任。

第十章 破产清算

第一节 破产宣告

第一百零七条 【破产宣告】人民法院依照本法规定宣告债务人破产的,应当自裁定作出之日起五日内送达债务人和管理人,自裁定作出之日起十日内通知已知债权人,并予以公告。

债务人被宣告破产后,债务人称为破产人,债务人财产称为破产财产,人民法院受理破产申请时对债务人享有的债权称为破产债权。

第一百零八条 【破产宣告前的破产程序终结】破产宣告前,有下列情形之一的,人民法院应当裁定终结破产程序,并予以公告:

(一)第三人为债务人提供足额担保或者为债务人清偿全部到期债务的;

(二)债务人已清偿全部到期债务的。

第一百零九条 【别除权】对破产人的特定财产享有担保权的权利人,对该特定财产享有优先受偿的权利。

第一百一十条 【别除权的不完全实现与放弃】享有本法第一百零九条规定权利的债权人行使优先受偿权利未能完全受偿的,其未受偿的债权作为普通债权;放弃优先受偿权利的,其债权作为普通债权。

第二节 变价和分配

第一百一十一条 【破产财产变价方案】管理人应当及时拟订破产财产变价方案,提交债权人会议讨论。

管理人应当按照债权人会议通过的或者人民法院依照本法第六十五条第一款规定裁定的破产财产变价方案,适时变价出售破产财产。

第一百一十二条 【变价出售方式】变价出售破产财产应当通过拍卖进行。但是,债权人会议另有决议的除外。

破产企业可以全部或者部分变价出售。企业变价出售时,可以将其中的无形资产和其他财产单独变价出售。

按照国家规定不能拍卖或者限制转让的财产,应当按照国家规定的方式处理。

第一百一十三条 【破产财产的清偿顺序】破产财产在优先清偿破产费用和共益债务后,依照下列顺序清偿:

(一)破产人所欠职工的工资和医疗、伤残补助、抚恤费用,所欠的应当划入职工个人账户的基本养老保险、基本医疗保险费用,以及法律、行政法规规定应当支付给职工的补偿金;

(二)破产人欠缴的除前项规定以外的社会保险费用和破产人所欠税款;

(三)普通破产债权。

破产财产不足以清偿同一顺序的清偿要求的,按照比例分配。

破产企业的董事、监事和高级管理人员的工资按照该企业职工的平均工资计算。

第一百一十四条 【破产财产的分配方式】破产财产的分配应当以货币分配方式进行。但是,债权人会议另有决议的除外。

第一百一十五条 【破产财产的分配方案】管理人应当及时拟订破产财产分配方案,提交债权人会议讨论。

破产财产分配方案应当载明下列事项：

（一）参加破产财产分配的债权人名称或者姓名、住所；

（二）参加破产财产分配的债权额；

（三）可供分配的破产财产数额；

（四）破产财产分配的顺序、比例及数额；

（五）实施破产财产分配的方法。

债权人会议通过破产财产分配方案后，由管理人将该方案提请人民法院裁定认可。

第一百一十六条　【破产财产分配方案的执行】破产财产分配方案经人民法院裁定认可后，由管理人执行。

管理人按照破产财产分配方案实施多次分配的，应当公告本次分配的财产额和债权额。管理人实施最后分配的，应当在公告中指明，并载明本法第一百一十七条第二款规定的事项。

第一百一十七条　【附条件债权的分配】对于附生效条件或者解除条件的债权，管理人应当将其分配额提存。

管理人依照前款规定提存的分配额，在最后分配公告日，生效条件未成就或者解除条件成就的，应当分配给其他债权人；在最后分配公告日，生效条件成就或者解除条件未成就的，应当交付给债权人。

第一百一十八条　【未受领的破产财产的分配】债权人未受领的破产财产分配额，管理人应当提存。债权人自最后分配公告之日起满二个月仍不领取的，视为放弃受领分配的权利，管理人或者人民法院应当将提存的分配额分配给其他债权人。

第一百一十九条　【诉讼或仲裁未决债权的分配】破产财产分配时，对于诉讼或者仲裁未决的债权，管理人应当将其分配额提存。自破产程序终结之日起满二年仍不能受领分配的，人民法院应当将提存的分配额分配给其他债权人。

第三节　破产程序的终结

第一百二十条　【破产程序的终结及公告】破产人无财产可供分配的，管理人应当请求人民法院裁定终结破产程序。

管理人在最后分配完结后，应当及时向人民法院提交破产财产分配报告，并提请人民法院裁定终结破产程序。

人民法院应当自收到管理人终结破产程序的请求之日起十五日内作出是否终结破产程序的裁定。裁定终结的，应当予以公告。

第一百二十一条　【破产人的注销登记】管理人应当自破产程序终结之日起十日内，持人民法院终结破产程序的裁定，向破产人的原登记机关办理注销登记。

第一百二十二条　【管理人执行职务的终止】管理人于办理注销登记完毕的次日终止执行职务。但是，存在诉讼或者仲裁未决情况的除外。

第一百二十三条　【破产程序终结后的追加分配】自破产程序依照本法第四十三条第四款或者第一百二十条的规定终结之日起二年内，有下列情形之一的，债权人可以请求人民法院按照破产财产分配方案进行追加分配：

（一）发现有依照本法第三十一条、第三十二条、第三十三条、第三十六条规定应当追回的财产的；

（二）发现破产人有应当供分配的其他财产的。

有前款规定情形，但财产数量不足以支付分配费用的，不再进行追加分配，由人民法院将其上交国库。

第一百二十四条　【对未受偿债权的清偿责任】破产人的保证人和其他连带债务人，在破产程序终结后，对债权人依照破产清算程序未受清偿的债权，依法继续承担清偿责任。

第十一章　法律责任

第一百二十五条　【破产企业董事、监事和高级管理人员的法律责任】企业董事、监事或者高级管理人员违反忠实义务、勤勉义务，致使所在企业破产的，依法承担民事责任。

有前款规定情形的人员，自破产程序终结之日起三年内不得担任任何企业的董事、监事、高级管理人员。

第一百二十六条　【有义务列席债权人会议的债务人的有关人员的法律责任】有义务列席债权人会议的债务人的有关人员，经人民法院传唤，无正当理由拒不列席债权人会议的，人民法院可以拘传,并依法处以罚款。债务人的有关人员违反本法规定,拒不陈述、回答,或者作虚假陈述、回答的,人民法院可以依法处以罚款。

第一百二十七条 【不履行法定义务的直接责任人员的法律责任】债务人违反本法规定,拒不向人民法院提交或者提交不真实的财产状况说明、债务清册、债权清册、有关财务会计报告以及职工工资的支付情况和社会保险费用的缴纳情况的,人民法院可以对直接责任人员依法处以罚款。

债务人违反本法规定,拒不向管理人移交财产、印章和账簿、文书等资料的,或者伪造、销毁有关财产证据材料而使财产状况不明的,人民法院可以对直接责任人员依法处以罚款。

第一百二十八条 【债务人的法定代表人和其他直接责任人员的法律责任】债务人有本法第三十一条、第三十二条、第三十三条规定的行为,损害债权人利益的,债务人的法定代表人和其他直接责任人员依法承担赔偿责任。

第一百二十九条 【债务人的有关人员擅自离开住所地的法律责任】债务人的有关人员违反本法规定,擅自离开住所地的,人民法院可以予以训诫、拘留,可以依法并处罚款。

第一百三十条 【管理人的法律责任】管理人未依照本法规定勤勉尽责,忠实执行职务的,人民法院可以依法处以罚款;给债权人、债务人或者第三人造成损失的,依法承担赔偿责任。

第一百三十一条 【刑事责任】违反本法规定,构成犯罪的,依法追究刑事责任。

第十二章 附 则

第一百三十二条 【别除权适用的例外】本法施行后,破产人在本法公布之日前所欠职工的工资和医疗、伤残补助、抚恤费用,所欠的应当划入职工个人账户的基本养老保险、基本医疗保险费用,以及法律、行政法规规定应当支付给职工的补偿金,依照本法第一百一十三条的规定清偿后不足以清偿的部分,以本法第一百零九条规定的特定财产优先于对该特定财产享有担保权的权利人受偿。

第一百三十三条 【本法施行前国务院规定范围内企业破产的特别规定】在本法施行前国务院规定的期限和范围内的国有企业实施破产的特殊事宜,按照国务院有关规定办理。

第一百三十四条 【金融机构破产的特别规定】商业银行、证券公司、保险公司等金融机构有本法第二条规定情形的,国务院金融监督管理机构可以向人民法院提出对该金融机构进行重整或者破产清算的申请。国务院金融监督管理机构依法对出现重大经营风险的金融机构采取接管、托管等措施的,可以向人民法院申请中止以该金融机构为被告或者被执行人的民事诉讼程序或者执行程序。

金融机构实施破产的,国务院可以依据本法和其他有关法律的规定制定实施办法。

第一百三十五条 【企业法人以外组织破产的准用规定】其他法律规定企业法人以外的组织的清算,属于破产清算的,参照适用本法规定的程序。

第一百三十六条 【施行日期】本法自2007年6月1日起施行,《中华人民共和国企业破产法(试行)》同时废止。

5. 最高人民法院关于适用《中华人民共和国企业破产法》若干问题的规定(一)

(2011年8月29日由最高人民法院审判委员会第1527次会议通过,2011年9月9日法释〔2011〕22号发布,自2011年9月26日起施行)

为正确适用《中华人民共和国企业破产法》,结合审判实践,就人民法院依法受理企业破产案件适用法律问题作出如下规定。

第一条 债务人不能清偿到期债务并且具有下列情形之一的,人民法院应当认定其具备破产原因:

（一）资产不足以清偿全部债务；

（二）明显缺乏清偿能力。

相关当事人以对债务人的债务负有连带责任的人未丧失清偿能力为由，主张债务人不具备破产原因的，人民法院应不予支持。

第二条　下列情形同时存在的，人民法院应当认定债务人不能清偿到期债务：

（一）债权债务关系依法成立；

（二）债务履行期限已经届满；

（三）债务人未完全清偿债务。

第三条　债务人的资产负债表，或者审计报告、资产评估报告等显示其全部资产不足以偿付全部负债的，人民法院应当认定债务人资产不足以清偿全部债务，但有相反证据足以证明债务人资产能够偿付全部负债的除外。

第四条　债务人账面资产虽大于负债，但存在下列情形之一的，人民法院应当认定其明显缺乏清偿能力：

（一）因资金严重不足或者财产不能变现等原因，无法清偿债务；

（二）法定代表人下落不明且无其他人员负责管理财产，无法清偿债务；

（三）经人民法院强制执行，无法清偿债务；

（四）长期亏损且经营扭亏困难，无法清偿债务；

（五）导致债务人丧失清偿能力的其他情形。

第五条　企业法人已解散但未清算或者未在合理期限内清算完毕，债权人申请债务人破产清算的，除债务人在法定异议期限内举证证明其未出现破产原因外，人民法院应当受理。

第六条　债权人申请债务人破产的，应当提交债务人不能清偿到期债务的有关证据。债务人对债权人的申请未在法定期限内向人民法院提出异议，或者异议不成立的，人民法院应当依法裁定受理破产申请。

受理破产申请后，人民法院应当责令债务人依法提交其财产状况说明、债务清册、债权清册、财务会计报告等有关材料，债务人拒不提交的，人民法院可以对债务人的直接责任人员采取罚款等强制措施。

第七条　人民法院收到破产申请时，应当向申请人出具收到申请及所附证据的书面凭证。

人民法院收到破产申请后应当及时对申请人的主体资格、债务人的主体资格和破产原因，以及有关材料和证据等进行审查，并依据企业破产法第十条的规定作出是否受理的裁定。

人民法院认为申请人应当补充、补正相关材料的，应当自收到破产申请之日起五日内告知申请人。当事人补充、补正相关材料的期间不计入企业破产法第十条规定的期限。

第八条　破产案件的诉讼费用，应根据企业破产法第四十三条的规定，从债务人财产中拨付。相关当事人以申请人未预先交纳诉讼费用为由，对破产申请提出异议的，人民法院不予支持。

第九条　申请人向人民法院提出破产申请，人民法院未接收其申请，或者未按本规定第七条执行的，申请人可以向上一级人民法院提出破产申请。

上一级人民法院接到破产申请后，应当责令下级法院依法审查并及时作出是否受理的裁定；下级法院仍不作出是否受理裁定的，上一级人民法院可以径行作出裁定。

上一级人民法院裁定受理破产申请的，可以同时指令下级人民法院审理该案件。

6. 最高人民法院关于适用《中华人民共和国企业破产法》若干问题的规定（二）

（2013年7月29日最高人民法院审判委员会第1586次会议通过，2013年9月5日法释〔2013〕22号发布，自2013年9月16日起施行）

根据《中华人民共和国企业破产法》《中华人民共和国物权法》《中华人民共和国合同法》等相关法律，结合审判实践，就人民法院审理企业破产案件中认定债务人财产相关的法律适用问题，制定本规定。

第一条　除债务人所有的货币、实物外，债务人依法享有的可以用货币估价并可以依法转让的债权、股权、知识产权、用益物权等财产和财产权益,人民法院均应认定为债务人财产。

第二条 下列财产不应认定为债务人财产:

(一)债务人基于仓储、保管、承揽、代销、借用、寄存、租赁等合同或者其他法律关系占有、使用的他人财产;

(二)债务人在所有权保留买卖中尚未取得所有权的财产;

(三)所有权专属于国家且不得转让的财产;

(四)其他依照法律、行政法规不属于债务人的财产。

第三条 债务人已依法设定担保物权的特定财产,人民法院应当认定为债务人财产。

对债务人的特定财产在担保物权消灭或者实现担保物权后的剩余部分,在破产程序中可用以清偿破产费用、共益债务和其他破产债权。

第四条 债务人对按份享有所有权的共有财产的相关份额,或者共同享有所有权的共有财产的相应财产权利,以及依法分割共有财产所得部分,人民法院均应认定为债务人财产。

人民法院宣告债务人破产清算,属于共有财产分割的法定事由。人民法院裁定债务人重整或者和解的,共有财产的分割应当依据物权法第九十九条的规定进行;基于重整或者和解的需要必须分割共有财产,管理人请求分割的,人民法院应予准许。

因分割共有财产导致其他共有人损害产生的债务,其他共有人请求作为共益债务清偿的,人民法院应予支持。

第五条 破产申请受理后,有关债务人财产的执行程序未依照企业破产法第十九条的规定中止的,采取执行措施的相关单位应当依法予以纠正。依法执行回转的财产,人民法院应当认定为债务人财产。

第六条 破产申请受理后,对于可能因有关利益相关人的行为或者其他原因,影响破产程序依法进行的,受理破产申请的人民法院可以根据管理人的申请或者依职权,对债务人的全部或者部分财产采取保全措施。

第七条 对债务人财产已采取保全措施的相关单位,在知悉人民法院已裁定受理有关债务人的破产申请后,应当依照企业破产法第十九条的规定及时解除对债务人财产的保全措施。

第八条 人民法院受理破产申请后至破产宣告前裁定驳回破产申请,或者依据企业破产法第一百零八条的规定裁定终结破产程序的,应当及时通知原已采取保全措施并已依法解除保全措施的单位按照原保全顺位恢复相关保全措施。

在已依法解除保全的单位恢复保全措施或者表示不再恢复之前,受理破产申请的人民法院不得解除对债务人财产的保全措施。

第九条 管理人依据企业破产法第三十一条和第三十二条的规定提起诉讼,请求撤销涉及债务人财产的相关行为并由相对人返还债务人财产的,人民法院应予支持。

管理人因过错未依法行使撤销权导致债务人财产不当减损,债权人提起诉讼主张管理人对其损失承担相应赔偿责任的,人民法院应予支持。

第十条 债务人经过行政清理程序转入破产程序的,企业破产法第三十一条和第三十二条规定的可撤销行为的起算点,为行政监管机构作出撤销决定之日。

债务人经过强制清算程序转入破产程序的,企业破产法第三十一条和第三十二条规定的可撤销行为的起算点,为人民法院裁定受理强制清算申请之日。

第十一条 人民法院根据管理人的请求撤销涉及债务人财产的以明显不合理价格进行的交易的,买卖双方应当依法返还从对方获取的财产或者价款。

因撤销该交易,对于债务人应返还受让人已支付价款所产生的债务,受让人请求作为共益债务清偿的,人民法院应予支持。

第十二条 破产申请受理前一年内债务人提前清偿的未到期债务,在破产申请受理前已经到期,管理人请求撤销该清偿行为的,人民法院不予支持。但是,该清偿行为发生在破产申请受理前六个月内且债务人有企业破产法第二条第一款规定情形的除外。

第十三条 破产申请受理后,管理人未依据企业破产法第三十一条的规定请求撤销债务人无偿转让财产、以明显不合理价格交易、放弃债权行为的,债权人依据合同法第七十四条等规定提起诉讼,请求撤销债务人上述行为并将因此追回的财产归入债务人财产的,人民法院应予受理。

相对人以债权人行使撤销权的范围超出债权人的债权抗辩的,人民法院不予支持。

第十四条　债务人对以自有财产设定担保物权的债权进行的个别清偿,管理人依据企业破产法第三十二条的规定请求撤销的,人民法院不予支持。但是,债务清偿时担保财产的价值低于债权额的除外。

第十五条　债务人经诉讼、仲裁、执行程序对债权人进行的个别清偿,管理人依据企业破产法第三十二条的规定请求撤销的,人民法院不予支持。但是,债务人与债权人恶意串通损害其他债权人利益的除外。

第十六条　债务人对债权人进行的以下个别清偿,管理人依据企业破产法第三十二条的规定请求撤销的,人民法院不予支持:

(一)债务人为维系基本生产需要而支付水费、电费等的;

(二)债务人支付劳动报酬、人身损害赔偿金的;

(三)使债务人财产受益的其他个别清偿。

第十七条　管理人依据企业破产法第三十三条的规定提起诉讼,主张被隐匿、转移财产的实际占有人返还债务人财产,或者主张债务人虚构债务或者承认不真实债务的行为无效并返还债务人财产的,人民法院应予支持。

第十八条　管理人代表债务人依据企业破产法第一百二十八条的规定,以债务人的法定代表人和其他直接责任人员对所涉债务人财产的相关行为存在故意或者重大过失,造成债务人财产损失为由提起诉讼,主张上述责任人员承担相应赔偿责任的,人民法院应予支持。

第十九条　债务人对外享有债权的诉讼时效,自人民法院受理破产申请之日起中断。

债务人无正当理由未对其到期债权及时行使权利,导致其对外债权在破产申请受理前一年内超过诉讼时效期间的,人民法院受理破产申请之日起重新计算上述债权的诉讼时效期间。

第二十条　管理人代表债务人提起诉讼,主张出资人向债务人依法缴付未履行的出资或者返还抽逃的出资本息,出资人以认缴出资尚未届至公司章程规定的缴纳期限或者违反出资义务已经超过诉讼时效为由抗辩的,人民法院不予支持。

管理人依据公司法的相关规定代表债务人提起诉讼,主张公司的发起人和负有监督股东履行出资义务的董事、高级管理人员,或者协助抽逃出资的其他股东、董事、高级管理人员、实际控制人等,对股东违反出资义务或者抽逃出资承担相应责任,并将财产归入债务人财产的,人民法院应予支持。

第二十一条　破产申请受理前,债权人就债务人财产提起下列诉讼,破产申请受理时案件尚未审结的,人民法院应当中止审理:

(一)主张次债务人代替债务人直接向其偿还债务的;

(二)主张债务人的出资人、发起人和负有监督股东履行出资义务的董事、高级管理人员,或者协助抽逃出资的其他股东、董事、高级管理人员、实际控制人等直接向其承担出资不实或者抽逃出资责任的;

(三)以债务人的股东与债务人法人人格严重混同为由,主张债务人的股东直接向其偿还债务人对其所负债务的;

(四)其他就债务人财产提起的个别清偿诉讼。

债务人破产宣告后,人民法院应当依照企业破产法第四十四条的规定判决驳回债权人的诉讼请求。但是,债权人一审中变更其诉讼请求为追收的相关财产归入债务人财产的除外。

债务人破产宣告前,人民法院依据企业破产法第十二条或者第一百零八条的规定裁定驳回破产申请或者终结破产程序的,上述中止审理的案件应当依法恢复审理。

第二十二条　破产申请受理前,债权人就债务人财产向人民法院提起本规定第二十一条第一款所列诉讼,人民法院已经作出生效民事判决书或者调解书但尚未执行完毕的,破产申请受理后,相关执行行为应当依据企业破产法第十九条的规定中止,债权人应当依法向管理人申报相关债权。

第二十三条　破产申请受理后,债权人就债务人财产向人民法院提起本规定第二十一条第一款所列诉讼的,人民法院不予受理。

债权人通过债权人会议或者债权人委员会,

要求管理人依法向次债务人、债务人的出资人等追收债务人财产，管理人无正当理由拒绝追收，债权人会议依据企业破产法第二十二条的规定，申请人民法院更换管理人的，人民法院应予支持。

管理人不予追收，个别债权人代表全体债权人提起相关诉讼，主张次债务人或者债务人的出资人等向债务人清偿或者返还债务人财产，或者依法申请合并破产的，人民法院应予受理。

第二十四条 债务人有企业破产法第二条第一款规定的情形时，债务人的董事、监事和高级管理人员利用职权获取的以下收入，人民法院应当认定为企业破产法第三十六条规定的非正常收入：

（一）绩效奖金；

（二）普遍拖欠职工工资情况下获取的工资性收入；

（三）其他非正常收入。

债务人的董事、监事和高级管理人员拒不向管理人返还上述债务人财产，管理人主张上述人员予以返还的，人民法院应予支持。

债务人的董事、监事和高级管理人员因返还第一款第（一）项、第（三）项非正常收入形成的债权，可以作为普通破产债权清偿。因返还第一款第（二）项非正常收入形成的债权，依据企业破产法第一百一十三条第三款的规定，按照该企业职工平均工资计算的部分作为拖欠职工工资清偿；高出该企业职工平均工资计算的部分，可以作为普通破产债权清偿。

第二十五条 管理人拟通过清偿债务或者提供担保取回质物、留置物，或者与质权人、留置权人协议以质物、留置物折价清偿债务等方式，进行对债权人利益有重大影响的财产处分行为的，应当及时报告债权人委员会。未设立债权人委员会的，管理人应当及时报告人民法院。

第二十六条 权利人依据企业破产法第三十八条的规定行使取回权，应当在破产财产变价方案或者和解协议、重整计划草案提交债权人会议表决前向管理人提出。权利人在上述期限后主张取回相关财产的，应当承担延迟行使取回权增加的相关费用。

第二十七条 权利人依据企业破产法第三十八条的规定向管理人主张取回相关财产，管理人不予认可，权利人以债务人为被告向人民法院提起诉讼请求行使取回权的，人民法院应予受理。

权利人依据人民法院或者仲裁机关的相关生效法律文书向管理人主张取回所涉争议财产，管理人以生效法律文书错误为由拒绝其行使取回权的，人民法院不予支持。

第二十八条 权利人行使取回权时未依法向管理人支付相关的加工费、保管费、托运费、委托费、代销费等费用，管理人拒绝其取回相关财产的，人民法院应予支持。

第二十九条 对债务人占有的权属不清的鲜活易腐等不易保管的财产或者不及时变现价值将严重贬损的财产，管理人及时变价并提存变价款后，有关权利人就该变价款行使取回权的，人民法院应予支持。

第三十条 债务人占有的他人财产被违法转让给第三人，依据物权法第一百零六条的规定第三人已善意取得财产所有权，原权利人无法取回该财产的，人民法院应当按照以下规定处理：

（一）转让行为发生在破产申请受理前的，原权利人因财产损失形成的债权，作为普通破产债权清偿；

（二）转让行为发生在破产申请受理后的，因管理人或者相关人员执行职务导致原权利人损害产生的债务，作为共益债务清偿。

第三十一条 债务人占有的他人财产被违法转让给第三人，第三人已向债务人支付了转让价款，但依据物权法第一百零六条的规定未取得财产所有权，原权利人依法追回转让财产的，对因第三人已支付对价而产生的债务，人民法院应当按照以下规定处理：

（一）转让行为发生在破产申请受理前的，作为普通破产债权清偿；

（二）转让行为发生在破产申请受理后的，作为共益债务清偿。

第三十二条 债务人占有的他人财产毁损、灭失，因此获得的保险金、赔偿金、代偿物尚未交付给债务人，或者代偿物虽已交付给债务人但能与债务人财产予以区分的，权利人主张取回就此获得的保险金、赔偿金、代偿物的，人民法院应予支持。

保险金、赔偿金已经交付给债务人，或者代

偿物已经交付给债务人且不能与债务人财产予以区分的,人民法院应当按照以下规定处理:

(一)财产毁损、灭失发生在破产申请受理前的,权利人因财产损失形成的债权,作为普通破产债权清偿;

(二)财产毁损、灭失发生在破产申请受理后的,因管理人或者相关人员执行职务导致权利人损害产生的债务,作为共益债务清偿。

债务人占有的他人财产毁损、灭失,没有获得相应的保险金、赔偿金、代偿物,或者保险金、赔偿物、代偿物不足以弥补其损失的部分,人民法院应当按照本条第二款的规定处理。

第三十三条 管理人或者相关人员在执行职务过程中,因故意或者重大过失不当转让他人财产或者造成他人财产毁损、灭失,导致他人损害产生的债务作为共益债务,由债务人财产随时清偿不足弥补损失,权利人向管理人或者相关人员主张承担补充赔偿责任的,人民法院应予支持。

上述债务作为共益债务由债务人财产随时清偿后,债权人以管理人或者相关人员执行职务不当导致债务人财产减少给其造成损失为由提起诉讼,主张管理人或者相关人员承担相应赔偿责任的,人民法院应予支持。

第三十四条 买卖合同双方当事人在合同中约定标的物所有权保留,在标的物所有权未依法转移给买受人前,一方当事人破产的,该买卖合同属于双方均未履行完毕的合同,管理人有权依据企业破产法第十八条的规定决定解除或者继续履行合同。

第三十五条 出卖人破产,其管理人决定继续履行所有权保留买卖合同的,买受人应当按照原买卖合同的约定支付价款或者履行其他义务。

买受人未依约支付价款或者履行完毕其他义务,或者将标的物出卖、出质或者作出其他不当处分,给出卖人造成损害,出卖人管理人依法主张取回标的物的,人民法院应予支持。但是,买受人已经支付标的物总价款百分之七十五以上或者第三人善意取得标的物所有权或者其他物权的除外。

因本条第二款规定未能取回标的物,出卖人管理人依法主张买受人继续支付价款、履行完毕其他义务,以及承担相应赔偿责任的,人民法院应予支持。

第三十六条 出卖人破产,其管理人决定解除所有权保留买卖合同,并依据企业破产法第十七条的规定要求买受人向其交付买卖标的物的,人民法院应予支持。

买受人以其不存在未依约支付价款或者履行完毕其他义务,或者将标的物出卖、出质或者作出其他不当处分情形抗辩的,人民法院不予支持。

买受人依法履行合同义务并依据本条第一款将买卖标的物交付出卖人管理人后,买受人已支付价款损失形成的债权作为共益债务清偿。但是,买受人违反合同约定,出卖人管理人主张上述债权作为普通破产债权清偿的,人民法院应予支持。

第三十七条 买受人破产,其管理人决定继续履行所有权保留买卖合同的,原买卖合同中约定的买受人支付价款或者履行其他义务的期限在破产申请受理时视为到期,买受人管理人应当及时向出卖人支付价款或者履行其他义务。

买受人管理人无正当理由未及时支付价款或者履行完毕其他义务,或者将标的物出卖、出质或者作出其他不当处分,给出卖人造成损害,出卖人依据合同法第一百三十四条等规定主张取回标的物的,人民法院应予支持。但是,买受人已支付标的物总价款百分之七十五以上或者第三人善意取得标的物所有权或者其他物权的除外。

因本条第二款规定未能取回标的物,出卖人依法主张买受人继续支付价款、履行完毕其他义务,以及承担相应赔偿责任的,人民法院应予支持。对因买受人未支付价款或者未履行完毕其他义务,以及买受人管理人将标的物出卖、出质或者作出其他不当处分导致出卖人损害产生的债务,出卖人主张作为共益债务清偿的,人民法院应予支持。

第三十八条 买受人破产,其管理人决定解除所有权保留买卖合同,出卖人依据企业破产法第三十八条的规定主张取回买卖标的物的,人民法院应予支持。

出卖人取回买卖标的物,买受人管理人主张出卖人返还已支付价款的,人民法院应予支持。取回的标的物价值明显减少给出卖人造成损失的,出卖人可从买受人已支付价款中优先予以抵扣后,将剩余部分返还给买受人;对买受人已支付价款不足以弥补出卖人标的物价值减损损失形成的债权,出卖人主张作为共益债务清偿的,人民法院应予支持。

第三十九条 出卖人依据企业破产法第三十九条的规定,通过通知承运人或者实际占有人中止运输、返还货物、变更到达地,或者将货物交给其他收货人等方式,对在运途中标的物主张了取回权但未能实现,或者在货物未达管理人前已向管理人主张取回在运途中标的物,在买卖标的物到达管理人后,出卖人向管理人主张取回的,管理人应予准许。

出卖人对在运途中标的物未及时行使取回权,在买卖标的物到达管理人后向管理人行使在运途中标的物取回权的,管理人不应准许。

第四十条 债务人重整期间,权利人要求取回债务人合法占有的权利人的财产,不符合双方事先约定条件的,人民法院不予支持。但是,因管理人或者自行管理的债务人违反约定,可能导致取回物被转让、毁损、灭失或者价值明显减少的除外。

第四十一条 债权人依据企业破产法第四十条的规定行使抵销权,应当向管理人提出抵销主张。

管理人不得主动抵销债务人与债权人的互负债务,但抵销使债务人财产受益的除外。

第四十二条 管理人收到债权人提出的主张债务抵销的通知后,经审查无异议的,抵销自管理人收到通知之日起生效。

管理人对抵销主张有异议的,应当在约定的异议期限内或者自收到主张债务抵销的通知之日起三个月内向人民法院提起诉讼。无正当理由逾期提起的,人民法院不予支持。

人民法院判决驳回管理人提起的抵销无效诉讼请求的,该抵销自管理人收到主张债务抵销的通知之日起生效。

第四十三条 债权人主张抵销,管理人以下列理由提出异议的,人民法院不予支持:

(一)破产申请受理时,债务人对债权人负有的债务尚未到期;

(二)破产申请受理时,债权人对债务人负有的债务尚未到期;

(三)双方互负债务标的物种类、品质不同。

第四十四条 破产申请受理前六个月内,债务人有企业破产法第二条第一款规定的情形,债务人与个别债权人以抵销方式对个别债权人清偿,其抵销的债权债务属于企业破产法第四十条第(二)、(三)项规定的情形之一,管理人在破产申请受理之日起三个月内向人民法院提起诉讼,主张该抵销无效的,人民法院应予支持。

第四十五条 企业破产法第四十条所列不得抵销情形的债权人,主张以其对债务人特定财产享有优先受偿权的债权,与债务人对其不享有优先受偿权的债权抵销,债务人管理人以抵销存在企业破产法第四十条规定的情形提出异议的,人民法院不予支持。但是,用以抵销的债权大于债权人享有优先受偿权财产价值的除外。

第四十六条 债务人的股东主张以下列债务与债务人对其负有的债务抵销,债务人管理人提出异议的,人民法院应予支持:

(一)债务人股东因欠缴债务人的出资或者抽逃出资对债务人所负的债务;

(二)债务人股东滥用股东权利或者关联关系损害公司利益对债务人所负的债务。

第四十七条 人民法院受理破产申请后,当事人提起的有关债务人的民事诉讼案件,应当依据企业破产法第二十一条的规定,由受理破产申请的人民法院管辖。

受理破产申请的人民法院管辖的有关债务人的第一审民事案件,可以依据民事诉讼法第三十八条的规定,由上级人民法院提审,或者报请上级人民法院批准后交下级人民法院审理。

受理破产申请的人民法院,如对有关债务人的海事纠纷、专利纠纷、证券市场因虚假陈述引发的民事赔偿纠纷等案件不能行使管辖权的,可以依据民事诉讼法第三十七条的规定,由上级人民法院指定管辖。

第四十八条 本规定施行前本院发布的有关企业破产的司法解释,与本规定相抵触的,自本规定施行之日起不再适用。

三、公司并购、重组

导　读

公司并购一般是指兼并(Merger)和收购(Acquisition),简称M&A。兼并一般指一家公司吸收合并一家或多家公司,这就是我国公司法规定的吸收合并;收购一般指一家公司购买另一家或多家公司的股权(股份)或资产,以获得对这些公司的全部资产或部分资产的所有权,或者获得对这些公司的控制权。收购包括资产收购和股权收购,二者各有优劣,需根据投资者的需求和目标公司的具体情况确定收购方式。

从本质上说,公司并购是项十分复杂的法律活动,其中涉及很多法律问题,但是,我国直接规定公司并购的法律法规却很少,除了公司法之外,只有相关的公司并购的税务处理规定以及上市公司收购的规定。因此,公司并购必须在律师、会计师等专业人士的指导和直接参与下按照以下程序进行:并购前的战略决策准备、筛选目标公司、目标公司信息收集与初步调查、设计并购初步方案、达成并购意向、全面尽职调查、并购协议的谈判与签署、目标公司交割与接管、并购整合。

(一)一般规定

1. 公司法(节选)

第三十七条、第四十三条、第七十一条、第七十三条、第七十四条、第一百零三条、第一百四十二条、第一百七十二条至第一百七十四条、第一百七十九条。

2. 中华人民共和国公司登记管理条例(节选)

(1994年6月24日中华人民共和国国务院令第156号公布,根据2005年12月18日《国务院关于修改〈中华人民共和国公司登记管理条例〉的决定》第一次修订,根据2014年2月19日《国务院关于废止和修改部分行政法规的决定》第二次修订,根据2016年2月6日《国务院关于修改部分行政法规的决定》第三次修订)

第三十八条　因合并、分立而存续的公司,其登记事项发生变化的,应当申请变更登记;因合并、分立而解散的公司,应当申请注销登记;因合并、分立而新设立的公司,应当申请设立登记。

公司合并、分立的,应当自公告之日起45日后申请登记,提交合并协议和合并、分立决议或者决定以及公司在报纸上登载公司合并、分立公告的有关证明和债务清偿或者债务担保情况的说明。法律、行政法规或者国务院决定规定公司合并、分立必须报经批准的,还应当提交有关批准文件。

第三十九条 变更登记事项涉及《企业法人营业执照》载明事项的,公司登记机关应当换发营业执照。

第六十九条 公司在合并、分立、减少注册资本或者进行清算时,不按照规定通知或者公告债权人的,由公司登记机关责令改正,处以1万元以上10万元以下的罚款。

公司在进行清算时,隐匿财产,对资产负债表或者财产清单作虚假记载或者在未清偿债务前分配公司财产的,由公司登记机关责令改正,对公司处以隐匿财产或者未清偿债务前分配公司财产金额5%以上10%以下的罚款;对直接负责的主管人员和其他直接责任人员处以1万元以上10万元以下的罚款。

公司在清算期间开展与清算无关的经营活动的,由公司登记机关予以警告,没收违法所得。

第七十条 清算组不按照规定向公司登记机关报送清算报告,或者报送清算报告隐瞒重要事实或者有重大遗漏的,由公司登记机关责令改正。

清算组成员利用职权徇私舞弊、谋取非法收入或者侵占公司财产的,由公司登记机关责令退还公司财产,没收违法所得,并可以处以违法所得1倍以上5倍以下的罚款。

3. 非上市公众公司收购管理办法

(2014年6月23日中国证券监督管理委员会令第102号颁布,自2014年7月23日起施行)

第一章 总 则

第一条 为了规范非上市公众公司(以下简称公众公司)的收购及相关股份权益变动活动,保护公众公司和投资者的合法权益,维护证券市场秩序和社会公共利益,促进证券市场资源的优化配置,根据《证券法》、《公司法》、《国务院关于全国中小企业股份转让系统有关问题的决定》、《国务院关于进一步优化企业兼并重组市场环境的意见》及其他相关法律、行政法规,制定本办法。

第二条 股票在全国中小企业股份转让系统(以下简称全国股份转让系统)公开转让的公众公司,其收购及相关股份权益变动活动应当遵守本办法的规定。

第三条 公众公司的收购及相关股份权益变动活动,必须遵守法律、行政法规及中国证券监督管理委员会(以下简称中国证监会)的规定,遵循公开、公平、公正的原则。当事人应当诚实守信,遵守社会公德、商业道德,自觉维护证券市场秩序,接受政府、社会公众的监督。

第四条 公众公司的收购及相关股份权益变动活动涉及国家产业政策、行业准入、国有股份转让、外商投资等事项,需要取得国家相关部门批准的,应当在取得批准后进行。

第五条 收购人可以通过取得股份的方式成为公众公司的控股股东,可以通过投资关系、协议、其他安排的途径成为公众公司的实际控制人,也可以同时采取上述方式和途径取得公众公司控制权。

收购人包括投资者及其一致行动人。

第六条 进行公众公司收购,收购人及其实际控制人应当具有良好的诚信记录,收购人及其实际控制人为法人的,应当具有健全的公司治理机制。任何人不得利用公众公司收购损害被收购公司及其股东的合法权益。

有下列情形之一的,不得收购公众公司:

(一)收购人负有数额较大债务,到期未清偿,且处于持续状态;

(二)收购人最近2年有重大违法行为或者

涉嫌有重大违法行为；

（三）收购人最近2年有严重的证券市场失信行为；

（四）收购人为自然人的，存在《公司法》第一百四十六条规定的情形；

（五）法律、行政法规规定以及中国证监会认定的不得收购公众公司的其他情形。

第七条　被收购公司的控股股东或者实际控制人不得滥用股东权利损害被收购公司或者其他股东的合法权益。

被收购公司的控股股东、实际控制人及其关联方有损害被收购公司及其他股东合法权益的，上述控股股东、实际控制人在转让被收购公司控制权之前，应当主动消除损害；未能消除损害的，应当就其出让相关股份所得收入用于消除全部损害做出安排，对不足以消除损害的部分应当提供充分有效的履约担保或安排，并提交被收购公司股东大会审议通过，被收购公司的控股股东、实际控制人及其关联方应当回避表决。

第八条　被收购公司的董事、监事、高级管理人员对公司负有忠实义务和勤勉义务，应当公平对待收购本公司的所有收购人。

被收购公司董事会针对收购所做出的决策及采取的措施，应当有利于维护公司及其股东的利益，不得滥用职权对收购设置不适当的障碍，不得利用公司资源向收购人提供任何形式的财务资助。

第九条　收购人按照本办法第三章、第四章的规定进行公众公司收购的，应当聘请具有财务顾问业务资格的专业机构担任财务顾问，但通过国有股行政划转或者变更、因继承取得股份、股份在同一实际控制人控制的不同主体之间进行转让、取得公众公司向其发行的新股、司法判决导致收购人成为或拟成为公众公司第一大股东或者实际控制人的情形除外。

收购人聘请的财务顾问应当勤勉尽责，遵守行业规范和职业道德，保持独立性，对收购人进行辅导，帮助收购人全面评估被收购公司的财务和经营状况；对收购人的相关情况进行尽职调查，对收购人披露的文件进行充分核查和验证；对收购事项客观、公正地发表专业意见，并保证其所制作、出具文件的真实性、准确性和完整性。在收购人公告被收购公司收购报告书至收购完成后12个月内，财务顾问应当持续督导收购人遵守法律、行政法规、中国证监会的规定、全国股份转让系统相关规则以及公司章程，依法行使股东权利，切实履行承诺或者相关约定。

财务顾问认为收购人利用收购损害被收购公司及其股东合法权益的，应当拒绝为收购人提供财务顾问服务。

第十条　公众公司的收购及相关股份权益变动活动中的信息披露义务人，应当依法严格履行信息披露和其他法定义务，并保证所披露的信息及时、真实、准确、完整，不得有虚假记载、误导性陈述或者重大遗漏。

信息披露义务人应当在全国股份转让系统指定的信息披露平台（以下简称指定网站）依法披露信息；在其他媒体上进行披露的，披露内容应当一致，披露时间不得早于指定网站的披露时间。在相关信息披露前，信息披露义务人及知悉相关信息的人员负有保密义务，禁止利用该信息进行内幕交易和从事证券市场操纵行为。

信息披露义务人依法披露前，相关信息已在媒体上传播或者公司股票转让出现异常的，公众公司应当立即向当事人进行查询，当事人应当及时予以书面答复，公众公司应当及时披露。

第十一条　中国证监会依法对公众公司的收购及相关股份权益变动活动进行监督管理。

全国股份转让系统应当制定业务规则，为公众公司的收购及相关股份权益变动活动提供服务，对相关证券转让活动进行实时监控，监督公众公司的收购及相关股份权益变动活动的信息披露义务人切实履行信息披露义务。

中国证券登记结算有限责任公司应当制定业务规则，为公众公司的收购及相关股份权益变动活动所涉及的证券登记、存管、结算等事宜提供服务。

第二章　权益披露

第十二条　投资者在公众公司中拥有的权益，包括登记在其名下的股份和虽未登记在其名下但该投资者可以实际支配表决权的股份。投资者及其一致行动人在公众公司中拥有的权益应当合并计算。

第十三条　有下列情形之一的，投资者及其一致行动人应当在该事实发生之日起2日内编制并披露权益变动报告书，报送全国股份转让系统，同时通知该公众公司；自该事实发生之日起至披露后2日内，不得再行买卖该公众公司的股票。

（一）通过全国股份转让系统的做市方式、竞价方式进行证券转让，投资者及其一致行动人拥有权益的股份达到公众公司已发行股份的10%；

（二）通过协议方式，投资者及其一致行动人在公众公司中拥有权益的股份拟达到或者超过公众公司已发行股份的10%。

投资者及其一致行动人拥有权益的股份达到公众公司已发行股份的10%后，其拥有权益的股份占该公众公司已发行股份的比例每增加或者减少5%（即其拥有权益的股份每达到5%的整数倍时），应当依照前款规定进行披露。自该事实发生之日起至披露后2日内，不得再行买卖该公众公司的股票。

第十四条 投资者及其一致行动人通过行政划转或者变更、执行法院裁定、继承、赠与等方式导致其直接拥有权益的股份变动达到前条规定比例的，应当按照前条规定履行披露义务。

投资者虽不是公众公司的股东，但通过投资关系、协议、其他安排等方式进行收购导致其间接拥有权益的股份变动达到前条规定比例的，应当按照前条规定履行披露义务。

第十五条 因公众公司向其他投资者发行股份、减少股本导致投资者及其一致行动人拥有权益的股份变动出现本章规定情形的，投资者及其一致行动人免于履行披露义务。公众公司应当自完成增加股本、减少股本的变更登记之日起2日内，就因此导致的公司股东拥有权益的股份变动情况进行披露。

第三章 控制权变动披露

第十六条 通过全国股份转让系统的证券转让，投资者及其一致行动人拥有权益的股份变动导致其成为公众公司第一大股东或者实际控制人，或者通过投资关系、协议转让、行政划转或者变更、执行法院裁定、继承、赠与、其他安排等方式拥有权益的股份变动导致其成为或拟成为公众公司第一大股东或者实际控制人且拥有权益的股份超过公众公司已发行股份10%的，应当在该事实发生之日起2日内编制收购报告书，连同财务顾问专业意见和律师出具的法律意见书一并披露，报送全国股份转让系统，同时通知该公众公司。

收购公众公司股份需要取得国家相关部门批准的，收购人应当在收购报告书中进行明确说明，并持续披露批准程序进展情况。

第十七条 以协议方式进行公众公司收购的，自签订收购协议起至相关股份完成过户的期间为公众公司收购过渡期（以下简称过渡期）。在过渡期内，收购人不得通过控股股东提议改选公众公司董事会，确有充分理由改选董事会的，来自收购人的董事不得超过董事会成员总数的1/3；被收购公司不得为收购人及其关联方提供担保；被收购公司不得发行股份募集资金。

在过渡期内，被收购公司除继续从事正常的经营活动或者执行股东大会已经作出的决议外，被收购公司董事会提出拟处置公司资产、调整公司主要业务、担保、贷款等议案，可能对公司的资产、负债、权益或者经营成果造成重大影响的，应当提交股东大会审议通过。

第十八条 按照本办法进行公众公司收购后，收购人成为公司第一大股东或者实际控制人的，收购人持有的被收购公司股份，在收购完成后12个月内不得转让。

收购人在被收购公司中拥有权益的股份在同一实际控制人控制的不同主体之间进行转让不受前述12个月的限制。

第十九条 在公众公司收购中，收购人做出公开承诺事项的，应同时提出所承诺事项未能履行时的约束措施，并公开披露。

全国股份转让系统应当对收购人履行公开承诺行为进行监督和约束，对未能履行承诺的收购人及时采取自律监管措施。

第二十条 公众公司控股股东、实际控制人向收购人协议转让其所持有的公众公司股份的，应当对收购人的主体资格、诚信情况及收购意图进行调查，并在其权益变动报告书中披露有关调查情况。

被收购公司控股股东、实际控制人及其关联方未清偿其对公司的负债，未解除公司为其负债提供的担保，或者存在损害公司利益的其他情形的，被收购公司董事会应当对前述情形及时披露，并采取有效措施维护公司利益。

第四章 要约收购

第二十一条 投资者自愿选择以要约方式收购公众公司股份的，可以向被收购公司所有股东发出收购其所持有的全部股份的要约（以下简称全面要约），也可以向被收购公司所有股东发出收购其所持有的部分股份的要约（以下简称部分要约）。

第二十二条 收购人自愿以要约方式收购公众公司股份的，其预定收购的股份比例不得低于该公众公司已发行股份的5%。

第二十三条 公众公司应当在公司章程中约定在公司被收购时收购人是否需要向公司全体股东发出全面要约收购，并明确全面要约收购的触发条件以及相应制度安排。

收购人根据被收购公司章程规定需要向公司全体股东发出全面要约收购的，对同一种类股票的要约价格，不得低于要约收购报告书披露日前6个月内取得该种股票所支付的最高价格。

第二十四条 以要约方式进行公众公司收购的，收购人应当公平对待被收购公司的所有股东。

第二十五条 以要约方式收购公众公司股份的，收购人应当聘请财务顾问，并编制要约收购报告书，连同财务顾问专业意见和律师出具的法律意见书一并披露，报送全国股份转让系统，同时通知该公众公司。

要约收购需要取得国家相关部门批准的，收购人应当在要约收购报告书中进行明确说明，并持续披露批准程序进展情况。

第二十六条 收购人可以采用现金、证券、现金与证券相结合等合法方式支付收购公众公司的价款。收购人聘请的财务顾问应当说明收购人具备要约收购的能力。收购人应当在披露要约收购报告书的同时，提供以下至少一项安排保证其具备履约能力：

（一）将不少于收购价款总额的20%作为履约保证金存入中国证券登记结算有限责任公司指定的银行等金融机构；收购人以在中国证券登记结算有限责任公司登记的证券支付收购价款的，在披露要约收购报告书的同时，将用于支付的全部证券向中国证券登记结算有限责任公司申请办理权属变更或锁定；

（二）银行等金融机构对于要约收购所需价款出具的保函；

（三）财务顾问出具承担连带担保责任的书面承诺。如要约期满，收购人不支付收购价款，财务顾问应当承担连带责任，并进行支付。

收购人以证券支付收购价款的，应当披露该证券的发行人最近2年经审计的财务会计报表、证券估值报告，并配合被收购公司或其聘请的独立财务顾问的尽职调查工作。收购人以未在中国证券登记结算有限责任公司登记的证券支付收购价款的，必须同时提供现金方式供被收购公司的股东选择，并详细披露相关证券的保管、送达被收购公司股东的方式和程序安排。

第二十七条 被收购公司董事会应当对收购人的主体资格、资信情况及收购意图进行调查，对要约条件进行分析，对股东是否接受要约提出建议，并可以根据自身情况选择是否聘请独立财务顾问提供专业意见。

被收购公司决定聘请独立财务顾问的，可以聘请为其提供督导服务的主办券商为独立财务顾问，但存在影响独立性、财务顾问业务受到限制等不宜担任独立财务顾问情形的除外。被收购公司也可以同时聘请其他机构为其提供顾问服务。

第二十八条 收购要约约定的收购期限不得少于30日，并不得超过60日；但是出现竞争要约的除外。

收购期限自要约收购报告书披露之日起开始计算。要约收购需要取得国家相关部门批准的，收购人应将取得的本次收购的批准情况连同律师出具的专项核查意见一并在取得全部批准后2日内披露，收购期限自披露之日起开始计算。

在收购要约约定的承诺期限内，收购人不得撤销其收购要约。

第二十九条 采取要约收购方式的，收购人披露后至收购期限届满前，不得卖出被收购公司的股票，也不得采取要约规定以外的形式和超出要约的条件买入被收购公司的股票。

第三十条 收购人需要变更收购要约的，应当重新编制并披露要约收购报告书，报送全国股份转让系统,同时通知被收购公司。变更后的要约收购价格不得低于变更前的要约收购价格。

收购要约期限届满前15日内,收购人不得变更收购要约;但是出现竞争要约的除外。

出现竞争要约时,发出初始要约的收购人变更收购要约距初始要约收购期限届满不足15日的,应当延长收购期限,延长后的要约期应当不少于15日,不得超过最后一个竞争要约的期满日,并按规定比例追加履约保证能力。

发出竞争要约的收购人最迟不得晚于初始要约收购期限届满前15日披露要约收购报告书,并应当根据本办法的规定履行披露义务。

第三十一条 在要约收购期间,被收购公司董事不得辞职。

第三十二条 同意接受收购要约的股东(以下简称预受股东),应当委托证券公司办理预受要约的相关手续。

在要约收购期限届满前2日内,预受股东不得撤回其对要约的接受。在要约收购期限内,收购人应当每日披露已预受收购要约的股份数量。

在要约收购期限届满后2日内,收购人应当披露本次要约收购的结果。

第三十三条 收购期限届满,发出部分要约的收购人应当按照收购要约约定的条件购买被收购公司股东预受的股份,预受要约股份的数量超过预定收购数量时,收购人应当按照同等比例收购预受要约的股份;发出全面要约的收购人应当购买被收购公司股东预受的全部股份。

第五章 监管措施与法律责任

第三十四条 公众公司董事未履行忠实勤勉义务,利用收购谋取不当利益的,中国证监会采取监管谈话、出具警示函等监管措施,情节严重的,有权认定其为不适当人选。涉嫌犯罪的,依法移交司法机关追究其刑事责任。

第三十五条 收购人在收购要约期限届满时,不按照约定支付收购价款或者购买预受股份的,自该事实发生之日起2年内不得收购公众公司;涉嫌操纵证券市场的,中国证监会对收购人进行调查,依法追究其法律责任。

前款规定的收购人聘请的财务顾问没有充分证据表明其勤勉尽责的,中国证监会视情节轻重,自确认之日起采取3个月至12个月内不接受该机构出具的相关专项文件、12个月至36个月内不接受相关签字人员出具的专项文件的监管措施,并依法追究其法律责任。

第三十六条 公众公司控股股东和实际控制人在转让其对公司的控制权时,未清偿其对公司的负债,未解除公司为其提供的担保,或者未对其损害公司利益的其他情形作出纠正的,且被收购公司董事会未对前述情形及时披露并采取有效措施维护公司利益的,中国证监会责令改正,在改正前收购人应当暂停收购活动。

被收购公司董事会未能依法采取有效措施促使公司控股股东、实际控制人予以纠正,或者在收购完成后未能促使收购人履行承诺、安排或者保证的,中国证监会有权认定相关董事为不适当人选。

第三十七条 公众公司的收购及相关股份权益变动活动中的信息披露义务人,未按照本办法的规定履行信息披露以及其他相关义务,或者信息披露文件中有虚假记载、误导性陈述或者重大遗漏的,中国证监会采取责令改正、监管谈话、出具警示函、责令暂停或者终止收购等监管措施;情节严重的,比照《证券法》第一百九十三条、第二百一十三条进行行政处罚,并可以采取市场禁入的措施;涉嫌犯罪的,依法移送司法机关追究刑事责任。

第三十八条 投资者及其一致行动人规避法定程序和义务,变相进行公众公司收购,或者外国投资者规避管辖的,中国证监会采取责令改正、出具警示函、责令暂停或者停止收购等监管措施;情节严重的,进行行政处罚,并可以采取市场禁入的措施;涉嫌犯罪的,依法移交司法机关追究其刑事责任。

第三十九条 为公众公司收购出具审计报告、法律意见书和财务顾问报告的证券服务机构或者证券公司及其专业人员,未依法履行职责的,中国证监会采取责令改正、监管谈话、出具警示函等监管措施;情节严重的,比照《证券法》第二百二十三条进行行政处罚,并可以采取市场禁入的措施;涉嫌犯罪的,依法移送司法机关追究刑事责任。

第四十条 任何知悉收购信息的人员在相关信息依法披露前,泄露该信息、买卖或者建议他人买卖相关公司股票的，比照《证券法》第二百零二条予以处罚；涉嫌犯罪的，依法移送司法机关追究刑事责任。

第四十一条　编造、传播虚假收购信息，操纵证券市场或者进行欺诈活动的，比照《证券法》第二百零三条、二百零七条予以处罚；涉嫌犯罪的，依法移送司法机关追究刑事责任。

第四十二条　中国证监会将公众公司的收购及相关股份权益变动活动中的当事人的违法行为和整改情况记入诚信档案。

第六章　附　则

第四十三条　本办法所称一致行动人、公众公司控制权及持股比例计算等参照《上市公司收购管理办法》的相关规定。

第四十四条　为公众公司收购提供服务的财务顾问的业务许可、业务规则和法律责任等，按照《上市公司并购重组财务顾问业务管理办法》的相关规定执行。

第四十五条　做市商持有公众公司股份相关权益变动信息的披露，由中国证监会另行规定。

第四十六条　股票不在全国股份转让系统公开转让的公众公司收购及相关股份权益变动的信息披露内容比照本办法的相关规定执行。

第四十七条　本办法自2014年7月23日起施行。

《非上市公众公司收购管理办法》起草说明

非上市公众公司（以下简称公众公司）的收购一般是指取得或巩固对公众公司的控制权，通常会对公众公司的生产经营活动产生较大影响。为了规范公众公司的收购及相关股份权益变动活动，保护公众公司和投资者的合法权益，维护证券市场秩序和社会公共利益，促进证券市场资源的优化配置，依照《公司法》、《证券法》、《国务院关于全国中小企业股份转让系统有关问题的决定》（国发[2013]49号）、《国务院关于进一步促进企业兼并重组若干政策措施的意见》（国发[2014]14号）及其他相关法律法规的规定，我们制定了《非上市公众公司收购管理办法》（以下简称《收购办法》）及配套的信息披露内容与格式指引。现说明如下：

一、总体原则

公众公司收购的交易对象形式上是公司股份，而实质上是公司控制权。与公司董事会、监事会、股东大会各司其职、相互制衡的内部治理结构相比，公众公司收购能对公司管理者形成外部约束，是公司外部治理的重要方式。公众公司收购监管制度的建立，一方面是为了规范引导收购活动，提高收购质量，发挥收购优化市场资源配置功能，有效推动产业结构调整和产业升级，促进实体经济发展；另一方面是为了保护投资者合法权益，避免不诚信的收购行为，防范和减少内幕交易的发生。这与上市公司收购的监管原理是一致的。并且，境外成熟资本市场的收购监管基本不对公众公司和上市公司进行严格区分。因此，公众公司收购监管制度仍需坚持和沿用上市公司监管制度中已经被实践证明的、成熟且行之有效的做法和基本制度。

公众公司具有自身的特点，与上市公司相比，公众公司多以中小微企业为主，收购机会可能更多，所涉及的资产金额可能更小，收购监管制度安排应简便、灵活、高效，体现鼓励公众公司收购的精神。公众公司具有数量多、情况差异大、监管难度较高等特点，收购监管要求不宜过多、过高或者整齐划一，应具有适应性、适当性和有效性。此外，全国中小企业股份转让系统（以下简称全国股份转让系统）的制度安排和投资者结构也与交易所市场有所不同。因此，公众公司收购监管应坚持“鼓励收购、降低成本、强化信披、提高效率”的原则，建立适度的制度安排。

我们深入研究了公众公司与上市公司、交易所市场与全国股份转让系统的差异及其对收购活动可能产生的影响，在此基础上形成了公众公司收购监管制度。

二、主要内容

在参考上市公司监管制度的基础上，我们结合公众公司和全国股份转让系统的特点制定了公众公司收购监管制度。《收购办法》共六章四十七条，分为总则、权益披露、控制权变动披露、要约收购、监管措施与法律责任和附则。

（一）沿用或借鉴的上市公司收购监管制度

1. 收购人准入资格要求

收购主要涉及公司股权结构调整，目标大多指向公司控制权变动，核心内容是“股东准入”。健康的市场必须摒除虚假交易和滥用市场机制行为。我国是新兴加转轨市场，市场约束不强，需要市场准入规定。对收购人资格的限制，实际上就是明确市场准入条件，有利于市场的健康发展和长期稳定。上市公司的实践证明不限制收购人资格对市场损害极大。

《收购办法》规定，收购人及其实际控制人应当具有良好诚信记录，其为法人的应当具有健全的公司治理机制。收购人负有数额较大且到期未清偿债务、最近2年有重大违法行为或者涉嫌有重大违法行为、最近2年有严重的证券市场失信行为等情形的，不得收购公众公司。考虑到全国股份转让系统的公开转让说明书中关于重大违法违规行为的时间要求也为最近2年，因此收购人的准入年限要求与挂牌准入的标准保持一致。

2. 充分发挥财务顾问等中介机构作用

上市公司收购监管建立了财务顾问对收购人事前把关、事中跟踪、事后持续督导的制度，实践效果较好。《收购办法》借鉴了上市公司的相关规定，在第一大股东或实际控制人变更时及要约收购时，要求收购人必须聘请具有财务顾问业务资格的专业机构担任财务顾问，但国有股行政划转或者变更、因继承取得股份以及股份在同一实际控制人控制的不同主体之间进行转让、取得公众公司向其发行的新股、司法继承等情形除外。财务顾问应保持独立性，对收购人进行辅导和尽职调查，并在收购完成后12个月内持续督导收购人遵纪守法、切实履行承诺及相关约定。关注收购人是否对公众公司有不当行为，防范收购人侵害公众公司和中小股东的合法权益。经财务顾问的核查，筛除不符合条件的收购人。

3. 控股股东或实际控制人退出的要求

目前公众公司股权相对比较集中，控股股东或实际控制人通常决定公司的经营发展，其退出会对公司产生较大影响。我们针对此类收购活动提出较为严格的要求：控股股东、实际控制人向收购人协议转让其所持有的公众公司股份的，应当对收购人的主体资格、诚信情况及收购意图进行调查，并在其权益变动报告书中披露有关调查情况。控股股东、实际控制人及其关联方在转让被收购公司控制权之前有损害被收购公司及其他股东合法权益的，被收购公司董事会应当及时披露，并采取有效措施维护公司利益。这些都与上市公司的相关规定保持一致。

4. 收购人的股份限售要求

通过公众公司收购，收购人成为公司第一大股东或者实际控制人的，其收购目的应当是看好公司的长期发展，而不是为了获取股权的短期价差收益。故制度设计上应要求控制权在一定期限内保持稳定，《收购办法》规定进行公众公司收购后，收购人成为公司第一大股东或者实际控制人的，其持有的被收购公司股份在收购完成后12个月内不得转让。

5. 违法违规的处罚

违法违规处罚是监管制度中的重要一环，对于收购中的虚假披露、内幕交易、操纵市场和失信行为具有重要的威慑作用。考虑到公众公司收购不设行政许可，事前监管大大减少，这就需要相应加强事中监管和事后处罚力度。因此，违法违规处罚与上市公司基本保持一致，中国证监会可以采取监管谈话、出具警示函、责令暂停或者停止收购、认定不适当人选及市场禁入等监管措施，并将当事人的违法行为和整改情况记入诚信档案，情节严重的，还将比照《证券法》的规定进行行政处罚。

（二）修改的监管制度

1. 不设行政许可，以信息披露为核心，强化自律监管

全国股份转让系统实行了较为严格的投资者适当性制度，未来发展方向将是一个以合格投资者为主的市场。投资者具备投资决策能力，具有较强的风险识别和承受能力，具备一定维护自身权利的意识和手段。全国股份转让系统交易不活跃，尚未形成连续的交易，收购行为对市场等造成的影响可能较上市公司略轻。因此《收购办法》不设行政许可，充分地发挥市场约束机制。公众公司收购监管专注于构建以信息披露为核心的监管体系，推动并实现收购活动市场化。在行政监管“往后退”的同时，强化全国股份转让系统的自律监管职责，全国股份转让系统对相关证券转让活动进行实时监控，监督公众公司收购及

相关股份权益变动活动的信息披露义务人切实履行信息披露义务。

2. 调整权益变动的披露要求和触发比例

挂牌公司大部分以个人直接持股为主，根据对全国股份转让系统716家挂牌公司的统计结果，平均股东人数为33.62人，第一大股东为个人的为82.12%，且第一大股东平均持股比例为51.3%，股权结构相对集中且简单。基于公众公司的股权结构高度集中、股东人数少、股权流动性差等特点，我们将触发权益变动的披露标准从5%适当提高到10%，对于持股10%以上的权益拥有人，增减触及5%的倍数披露权益变动报告书，使披露时点更加明确，有利于市场执行。

而且我们将公司控制权是否变更作为披露的重要依据，控制权未发生变更的，每增减5%披露权益变动报告书；控制权发生变更且拥有权益10%以上的，披露收购报告书。同时，我们在权益变动和控制权变更披露中涵盖了协议收购和间接收购的相关内容，不再另行规定。

3. 自主约定是否实行强制全面要约收购制度

《国务院关于进一步促进企业兼并重组若干政策措施的意见》中明确了非上市公众公司收购不实施强制全面要约收购制度，但我们把收购人是否需要实施全面要约收购的权利交由公司自行决定，采取自治的方式在公司章程中约定，在公司收购时收购人是否需要向公司全体股东发出全面要约收购。公司章程中约定收购人需要发出全面要约收购的，应明确全面要约收购的触发条件、要约价格的确定标准以及相应制度安排，同时对要约价格提出原则性规定，如果收购人在要约收购书披露日前6个月内取得过该股票的，对同一种类股票的要约价格不得低于前6个月内收购人取得该种股票所支付的最高价格，以体现公平对待所有股东的原则。

4. 调整自愿要约收购制度

对于收购人自愿进行要约收购（包括全面要约收购），在具体制度上我们做了适当调整，主要包括：

（1）针对要约收购，不严格限制收购价格。考虑到自愿要约都是主动性要约，真实收购股票为意图，为达到收购目的，自然会提出合理的收购价格；且全国股份转让系统的投资者具有一定的投资经验和较强的风险识别能力，我们不限制要约收购价格，仅要求公平对待其他股东。

（2）需要变更收购要约的，变更后的要约收购价格不得低于变更前的要约收购价格。收购人的要约收购应当以真实收购为意图，在发出公告后应受到要约的约束，公司股价已经反映收购行为对公司的影响，且被收购公司的股东根据最新的股票价格做出相应决策，如允许收购人降低要约收购价格，将明显损害投资者的利益，有操纵市场之嫌，且容易导致收购失败。因此，我们要求变更后的要约收购价格不得低于变更前的要约收购价格。

（3）不强制要求被收购公司聘请独立财务顾问。被收购公司董事会应当对收购人的主体资格、资信情况及收购意图进行调查，对股东是否接受要约提出建议，并可以根据自身情况决定是否聘请独立财务顾问。被收购公司决定聘请的，可以聘请为其提供督导服务的主办券商为独立财务顾问，但存在影响独立性、财务顾问业务受到限制等不宜担任独立财务顾问情形的除外。被收购公司也可以同时聘请其他机构为其提供顾问服务。

（4）收购人可以采用现金、证券、现金与证券相结合等合法方式支付收购公众公司的价款。为鼓励公众公司收购活动并降低收购人成本，支付方式不局限于现金，为创新留下空间。此外，为保护投资者合法权益，避免不诚信的收购行为，财务顾问应当承担连带责任。财务顾问没有充分证据表明其勤勉尽责的，中国证监会依法追究责任并可视情节轻重，自确认之日起采取3个月至12个月内不接受其出具的相关专项文件、12个月至36个月内不接受相关签字人员出具的专项文件的监管措施。

（5）采用多种形式保证履约能力。为减少收购人成本，收购人履约保证能力除在指定银行等金融机构存入20%履约保证金外，增加了证券、银行等金融机构出具的保函和财务顾问担保并承担连带责任等履约保证形式。

5. 简化披露内容

除要约收购或者收购活动导致第一大股东或实际控制人发生变更的，其他收购只需要披露权益变动报告书，简要披露收购人的基本情况、持股数量和比例、持股性质、权益取得方式等信息，不需要披露持股目的、前6个月买卖公众公司股份情况、持有达到或超过5%的其他公众公司和上市公司股份情况等。收购报告书和要约收购报告书也大幅减少披露内容，重点强化客观性事实披露，如：收购人的基本情况、财务资料、前6个月买卖公司股份情况、前24个月与公司及关联方之间的重大交易等；弱化主观性分析信息，如对公司的影响分析等。收购报告书和要约收购报告书的规定不足20项，较上市公司的相关要求减少超过一半。

6. 加强责任主体的自我约束和市场自律监管

我们借鉴了新股发行制度改革的做法，对于相关责任主体作出公开承诺的，要求同时披露未能履行承诺时的约束措施。全国股份转让系统应对收购人履行公开承诺行为进行监督和约束，并对未能履行承诺的，及时采取自律监管措施。加强责任主体的自我约束和市场自律监管，减少行政监管的介入。

7. 管理层收购暂不做明确规定

管理层收购是一类比较特殊的收购方式，其制度设计应充分考虑公众公司的特点和实际需要。从上市公司实践来看，管理层收购的案例不是很多，且大多为国有企业。公众公司以民营企业为主，目前这类公司的管理层与股东基本高度重合，管理层收购的意愿不强烈。所以，按照“简单起步、急用先行”的原则，建议《收购办法》暂时不做明确要求，如果监管初期出现此类收购，可以按照一般收购活动对待，在实践中逐步积累经验，不断探索完善，形成适合公众公司特点的管理层收购制度。

4. 国务院关于促进企业兼并重组的意见

（2010年8月28日国发〔2010〕27号发布，自发布之日起施行）

各省、自治区、直辖市人民政府，国务院各部委、各直属机构：

为深入贯彻落实科学发展观，切实加快经济发展方式转变和结构调整，提高发展质量和效益，现就加快调整优化产业结构、促进企业兼并重组提出以下意见：

一、充分认识企业兼并重组的重要意义

近年来，各行业、各领域企业通过合并和股权、资产收购等多种形式积极进行整合，兼并重组步伐加快，产业组织结构不断优化，取得了明显成效。但一些行业重复建设严重、产业集中度低、自主创新能力不强、市场竞争力较弱的问题仍很突出。在资源环境约束日益严重、国际间产业竞争更加激烈、贸易保护主义明显抬头的新形势下，必须切实推进企业兼并重组，深化企业改革，促进产业结构优化升级，加快转变发展方式，提高发展质量和效益，增强抵御国际市场风险能力，实现可持续发展。各地区、各有关部门要把促进企业兼并重组作为贯彻落实科学发展观，保持经济平稳较快发展的重要任务，进一步统一思想，正确处理局部与整体、当前与长远的关系，切实抓好促进企业兼并重组各项工作部署的贯彻落实。

二、主要目标和基本原则

（一）主要目标。

通过促进企业兼并重组，深化体制机制改革，完善以公有制为主体、多种所有制经济共同发展的基本经济制度。加快国有经济布局和结构的战略性调整，健全国有资本有进有退的合理流动机制，鼓励和支持民营企业参与竞争性领域国有企业改革、改制和改组，促进非公有制经济和中小企业发展。兼并重组企业要转换经营机制，完善公司治理结构，建立现代企业制度，加强和改善内部管理，加强技术改造，推进技术进步和自主创新，淘汰落后产能，压缩过剩产能，促进节能减排，提高市场竞争力。

进一步贯彻落实重点产业调整和振兴规划，做强做大优势企业。以汽车、钢铁、水泥、机械制造、电解铝、稀土等行业为重点，推动优势企业实施强强联合、跨地区兼并重组、境外并购和投资合作，提高产业集中度，促进规模化、集约化经营，加快发展具有自主知识产权和知名品牌的骨干企业，培养一批具有国际竞争力的大型企业集团，推动产业结构优化升级。

（二）基本原则。

1. 发挥企业的主体作用。充分尊重企业意愿，充分调动企业积极性，通过完善相关行业规划和政策措施，引导和激励企业自愿、自主参与兼并重组。

2. 坚持市场化运作。遵循市场经济规则，充分发挥市场机制的基础性作用，规范行政行为，由企业通过平等协商、依法合规开展兼并重组，防止“拉郎配”。

3. 促进市场有效竞争。统筹协调，分类指导，促进提高产业集中度，促进大中小企业协调发展，促进各种所有制企业公平竞争和优胜劣汰，形成结构合理、竞争有效、规范有序的市场格局。

4. 维护企业与社会和谐稳定。严格执行相关法律法规和规章制度，妥善解决企业兼并重组中资产债务处置、职工安置等问题，依法维护债权人、债务人以及企业职工等利益主体的合法权益，促进企业、社会的和谐稳定。

三、消除企业兼并重组的制度障碍

（一）清理限制跨地区兼并重组的规定。为优化产业布局、进一步破除市场分割和地区封锁，要认真清理废止各种不利于企业兼并重组和妨碍公平竞争的规定，尤其要坚决取消各地区自行出台的限制外地企业对本地企业实施兼并重组的规定。

（二）理顺地区间利益分配关系。在不违背国家有关政策规定的前提下，地区间可根据企业资产规模和盈利能力，签订企业兼并重组后的财税利益分成协议，妥善解决企业兼并重组后工业增加值等统计数据的归属问题，实现企业兼并重组成果共享。

（三）放宽民营资本的市场准入。切实向民营资本开放法律法规未禁入的行业和领域，并放宽在股权比例等方面的限制。加快垄断行业改革，鼓励民营资本通过兼并重组等方式进入垄断行业的竞争性业务领域，支持民营资本进入基础设施、公共事业、金融服务和社会事业相关领域。

四、加强对企业兼并重组的引导和政策扶持

（一）落实税收优惠政策。研究完善支持企业兼并重组的财税政策。对企业兼并重组涉及的资产评估增值、债务重组收益、土地房屋权属转移等给予税收优惠，具体按照财政部、税务总局《关于企业兼并重组业务企业所得税处理若干问题的通知》（财税〔2009〕59 号）、《关于企业改制重组若干契税政策的通知》（财税〔2008〕175 号）等规定执行。

（二）加强财政资金投入。在中央国有资本经营预算中设立专项资金，通过技改贴息、职工安置补助等方式，支持中央企业兼并重组。鼓励地方人民政府通过财政贴息、信贷奖励补助等方式，激励商业银行加大对企业兼并重组的信贷支持力度。有条件的地方可设立企业兼并重组专项资金，支持本地区企业兼并重组，财政资金投入要优先支持重点产业调整和振兴规划确定的企业兼并重组。

（三）加大金融支持力度。商业银行要积极稳妥开展并购贷款业务，扩大贷款规模，合理确定贷款期限。鼓励商业银行对兼并重组后的企业实行综合授信。鼓励证券公司、资产管理公司、股权投资基金以及产业投资基金等参与企业兼并重组，并向企业提供直接投资、委托贷款、过桥贷款等融资支持。积极探索设立专门的并购基金等兼并重组融资新模式，完善股权投资退出机制，吸引社会资金参与企业兼并重组。通过并购贷款、境内外银团贷款、贷款贴息等方式支持企业跨国并购。

（四）支持企业自主创新和技术进步。支持有条件的企业建立企业技术中心，提高研发水平和自主创新能力，加快科技成果向现实生产力转化。大力支持兼并重组企业技术改造和产品结构调整，优先安排技术改造资金，对符合国家产业政策的技术改造项目优先立项。鼓励和引导企业通过兼并重组淘汰落后产能，切实防止以兼并重组为名盲目扩张产能和低水平重复建设。

（五）充分发挥资本市场推动企业重组的作用。进一步推进资本市场企业并购重组的市场化改革，健全市场化定价机制，完善相关规章及配套政策，支持企业利用资本市场开展兼并重组，促进行业整合和产业升级。支持符合条件的企业通过发行股票、债券、可转换债等方式为兼并重组融资。鼓励上市公司以股权、现金及其他金融创新方式作为兼并重组的支付手段，拓宽兼并重组融资渠道，提高资本市场兼并重组效率。

（六）完善相关土地管理政策。兼并重组涉及的划拨土地符合划拨用地条件的，经所在地县级以上人民政府批准可继续以划拨方式使用；不符合划拨用地条件的，依法实行有偿使用，划拨土地使用权价格可依法作为土地使用权人的权益。重点产业调整和振兴规划确定的企业兼并重组项目涉及的原生产经营性划拨土地，经省级以上人民政府国土资源部门批准，可以国家作价出资（入股）方式处置。

（七）妥善解决债权债务和职工安置问题。兼并重组要严格依照有关法律规定和政策妥善分类处置债权债务关系，落实清偿责任，确保债权人、债务人的合法利益。研究债务重组政策措施，支持资产管理公司、创业投资企业、股权投资基金、产业投资基金等机构参与被兼并企业的债务处置。切实落实相关政策规定，积极稳妥解决职工劳动关系、社会保险关系接续、拖欠职工工资等问题。制定完善相关政策措施，继续支持国有企业实施主辅分离、辅业改制和分流安置富余人员。认真落实积极的就业政策，促进下岗失业人员再就业，所需资金从就业专项资金中列支。

（八）深化企业体制改革和管理创新。鼓励兼并重组企业进行公司制、股份制改革，建立健全规范的法人治理结构，转换企业经营机制，创新管理理念、管理机制和管理手段，加强和改善生产经营管理，促进自主创新，提高企业市场竞争力。

五、改进对兼并重组的管理和服务

（一）做好信息咨询服务。加快引进和培养熟悉企业并购业务特别是跨国并购业务的专门人才，建立促进境内外并购活动的公共服务平台，拓宽企业兼并重组信息交流渠道，加强市场信息、战略咨询、法律顾问、财务顾问、资产评估、产权交易、融资中介、独立审计和企业管理等咨询服务，推动企业兼并重组中介服务加快专业化、规范化发展。

（二）加强风险监控。督促企业严格执行兼并重组的有关法律法规和政策，规范操作程序，加强信息披露，防范道德风险，确保兼并重组操作规范、公开、透明。深入研究企业兼并重组中可能出现的各种矛盾和问题，加强风险评估，妥善制定相应的应对预案和措施，切实维护企业、社会和谐稳定。有效防范和打击内幕交易和市场操纵行为，防止恶意收购，防止以企业兼并重组之名甩包袱、偷逃税款、逃废债务，防止国有资产流失。充分发挥境内银行、证券公司等金融机构在跨国并购中的咨询服务作用，指导和帮助企业制定境外并购风险防范和应对方案，保护企业利益。

（三）维护公平竞争和国家安全。完善相关管理办法，加强和完善对重大的企业兼并重组交易的管理，对达到经营者集中法定申报标准的企业兼并重组，依法进行经营者集中审查。进一步完善外资并购管理规定，建立健全外资并购国内企业国家安全审查制度，鼓励和规范外资以参股、并购方式参与国内企业改组改造和兼并重组，维护国家安全。

六、加强对企业兼并重组工作的领导

建立健全组织协调机制，加强对企业兼并重组工作的领导。由工业和信息化部牵头，发展改革委、财政部、人力资源社会保障部、国土资源部、商务部、人民银行、国资委、税务总局、工商总局、银监会、证监会等部门参加，成立企业兼并重组工作协调小组，统筹协调企业兼并重组工作，研究解决推进企业兼并重组工作中的重大问题，细化有关政策和配套措施，落实重点产业调整和振兴规划的相关要求，协调有关地区和企业做好组织实施。各地区要努力营造企业跨地区、跨行业、跨所有制兼并重组的良好环境，指导督促企业切实做好兼并重组有关工作。

附件：促进企业兼并重组任务分工表

国务院

二〇一〇年八月二十八日

附件：

促进企业兼并重组任务分工表

序号	工作任务	牵头单位	参加单位
1	清理取消阻碍企业兼并重组的规定。	工业和信息化部	各省、自治区、直辖市人民政府
2	放宽民营资本的市场准入。	工业和信息化部	发展改革委、国土资源部、工商总局、银监会等
3	完善和落实企业兼并重组的税收优惠政策。	财政部	税务总局
4	鼓励商业银行开展并购贷款业务，扩大贷款规模。鼓励商业银行对兼并重组后的企业实行综合授信。通过并购贷款、境内外银团贷款、贷款贴息等方式支持企业跨国并购。	银监会、人民银行	发展改革委、工业和信息化部、财政部
5	积极探索设立专门并购基金等兼并重组融资新模式，完善股权投资退出机制。支持符合条件的企业通过发行股票、债券、可转换债等为兼并重组融资。	证监会、发展改革委	工业和信息化部、财政部
6	在中央国有资本经营预算中设立专项资金，支持中央企业兼并重组。	财政部	国资委、发展改革委、工业和信息化部、商务部
7	鼓励地方人民政府通过财政贴息、信贷奖励补助等方式，激励商业银行加大对企业兼并重组的信贷支持力度。有条件的地方可设立企业兼并重组专项资金。	各省、自治区、直辖市人民政府	
8	进一步推进资本市场企业并购重组的市场化改革，健全市场化定价机制，完善相关规章及配套政策，支持企业利用资本市场开展兼并重组。鼓励上市公司以股权、现金及其他金融创新方式作为兼并重组的支付手段。	证监会	发展改革委、财政部、商务部、人民银行、银监会
9	完善土地使用优惠政策。	国土资源部	财政部
10	加大对兼并重组企业技术改造支持力度。支持有条件的企业建立企业技术中心。鼓励和引导企业通过兼并重组淘汰落后产能，切实防止以兼并重组为名盲目扩张产能和低水平重复建设。	发展改革委、工业和信息化部	财政部

续表

序号	工作任务	牵头单位	参加单位
11	研究债务重组政策措施,支持资产管理公司、创业投资企业、股权投资基金、产业投资基金等机构参与被兼并企业的债务处置。	财政部	发展改革委、人民银行、国资委、银监会
12	制订完善相关政策措施,继续支持国有企业实施主辅分离、辅业改制和分流安置富余人员。	财政部、国资委	人力资源社会保障部
13	落实积极的就业政策,促进下岗失业人员再就业。	人力资源社会保障部、财政部,各省、自治区、直辖市人民政府	国资委
14	建立促进境内外并购活动的公共服务平台	工业和信息化部	发展改革委、商务部、证监会
15	发挥境内银行、证券公司等金融机构在跨国并购中的咨询服务作用,指导和帮助企业制定境外并购风险防范和应对方案。	商务部	银监会、证监会、工业和信息化部、发展改革委等
16	督促企业严格执行有关法律法规和政策,规范操作程序,加强信息披露。有效防范和打击内幕交易和市场操纵行为,防止恶意收购,防止以企业兼并重组之名甩包袱、偷逃税款、逃废债务,防止国有资产流失。	工业和信息化部	发展改革委、财政部、商务部、国资委、人民银行、税务总局、工商总局、银监会、证监会
17	深入研究企业兼并重组中可能出现的各种矛盾和问题,加强风险评估,制定相应的应对预案。	工业和信息化部	发展改革委、财政部、人力资源社会保障部、商务部、人民银行、国资委、银监会、证监会
18	对达到经营者集中法定申报标准的企业兼并重组,依法进行经营者集中审查。	商务部	发展改革委、工业和信息化部、国资委等
19	完善相关管理办法,加强和完善对重大的企业兼并重组交易的管理。	工业和信息化部	发展改革委、财政部、商务部、国资委、证监会
20	建立企业兼并重组工作部际协调机制。	工业和信息化部	发展改革委、财政部、人力资源社会保障部、国土资源部、商务部、人民银行、国资委、税务总局、工商总局、银监会、证监会等

5. 关于加快推进重点行业企业兼并重组的指导意见

（2013 年 1 月 22 日工信部联产业〔2013〕16 号发布，自发布之日起施行）

各省、自治区、直辖市、新疆生产建设兵团工业和信息化主管部门、发展改革委、财政厅（局）、人力资源社会保障厅（局）、国土资源厅（局）、商务厅（局）、人民银行中心支行、国资委（局）、国家税务局、地方税务局、工商部门、银监局、证监局：

推进企业兼并重组是推动工业转型升级、加快转变发展方式的重要举措，是提升我国经济国际竞争力、进一步完善社会主义基本经济制度的必然选择，有利于提高资源配置效率，调整优化产业结构，培育发展具有国际竞争力的大企业大集团。《国民经济和社会发展第十二个五年规划纲要》、《国务院关于促进企业兼并重组的意见》（国发〔2010〕27 号）、《工业转型升级规划（2011－2015 年）》（国发〔2011〕47 号）提出，要以汽车、钢铁、水泥、船舶、电解铝、稀土、电子信息、医药等行业为重点，推进企业兼并重组。为贯彻落实国务院部署要求，现就加快推进重点行业企业兼并重组提出以下意见：

一、指导思想和基本要求

（一）指导思想。以邓小平理论、“三个代表”重要思想、科学发展观为指导，以产业结构调整为主线，以规模效益显著的行业为重点，坚持市场化运作，发挥企业主体作用，充分发挥政府引导作用，提高产业集中度和资源配置效率，增强国际竞争力，推动重点行业健康有序发展，加快经济结构调整和发展方式转变。

（二）基本要求

——坚持市场化运作，发挥企业主体作用。充分发挥市场的基础性作用，遵循经济规律和市场准则，尊重企业意愿，由企业通过平等协商，自愿自主地开展兼并重组。

——完善政策措施，发挥政府引导作用。完善相关行业规划和政策措施，努力营造有利于企业兼并重组的政策环境。完善企业兼并重组服务管理体系，努力消除制约企业兼并重组的体制机制障碍，规范行政行为。

——推动体制创新，加快转型升级。支持企业通过兼并重组完善治理结构，增强技术优势，开展管理创新，加强品牌建设，淘汰落后产能，培育国际竞争力，推进转型升级。

——实行分类指导，促进大中小企业协调发展。结合行业自身特点和企业实际情况实行分类指导，促进各种所有制企业公平竞争和优胜劣汰，促进大中小企业协调发展，形成结构合理、有效竞争、规范有序的市场格局。

——加强统筹兼顾，维护企业、社会和谐稳定。严格执行相关法律法规和产业政策，兼顾国家、地方、企业和职工的利益，依法维护债权人、债务人和企业职工等利益主体的合法权益，促进企业、社会和谐稳定。

二、主要目标和重点任务

通过推进企业兼并重组，提高产业集中度，促进规模化、集约化经营，提高市场竞争力，培育一批具有国际竞争力的大型企业集团，推动产业结构优化升级；进一步推动企业转换经营机制，加强和改善内部管理，完善公司治理结构，建立现代企业制度；加快国有经济布局和结构的战略性调整，促进非公有制经济和中小企业发展，完善以公有制为主体、多种所有制经济共同发展的基本经济制度。

推动重点行业企业兼并重组，要以产业政策为引导、以产业发展的重点关键领域为切入点，鼓励大型骨干企业开展跨地区、跨所有制兼并重组；鼓励企业通过兼并重组延伸产业链，组成战略联盟；鼓励企业“走出去”，参与全球资源整合与经营，提升国际化经营能力，增强国际竞争力。

（一）汽车行业。到 2015 年，前 10 家整车企业产业集中度达到 90%，形成 3－5 家具有核心竞争力的大型汽车企业集团。

推动整车企业横向兼并重组。鼓励汽车企业通过兼并重组方式整合要素资源，优化产品系列，降低经营成本，提高产能利用率，大力推动自主品牌发展，培育企业核心竞争力，实现规模化、集约化发展。

推动零部件企业兼并重组。支持零部件骨干企业通过兼并重组扩大规模，与整车生产企业建立长期战略合作关系，发展战略联盟，实现专业化分工和协作化生产。

支持大型汽车企业通过兼并重组向服务领域延伸。完善汽车行业服务体系，以品牌营销为主体，大力发展研发、采购、现代物流、汽车金融、信息服务和商务服务，实现服务业与制造业融合发展。

支持参与全球资源整合与经营。鼓励汽车企业“走出去”，把握时机开展跨国并购，在全球范围内优化资源配置，发展并完善全球生产和服务网络，提升国际化经营能力，增强国际竞争力。

（二）钢铁行业。到2015年，前10家钢铁企业集团产业集中度达到60%左右，形成3－5家具有核心竞争力和较强国际影响力的企业集团，6－7家具有较强区域市场竞争力的企业集团。

重点支持大型钢铁企业集团开展跨地区、跨所有制兼并重组。积极支持区域优势钢铁企业兼并重组。大幅减少企业数量，提高钢铁产业集中度。支持重组后的钢铁企业开展技术改造、淘汰落后产能、优化区域布局，提高市场竞争力。鼓励钢铁企业参与国外钢铁企业的兼并重组。

鼓励钢铁企业延伸产业链。重点支持钢铁企业参与国内现有矿山资源、焦化企业的整合，鼓励钢铁企业重组符合环保要求的国内废钢加工配送企业。

（三）水泥行业。到2015年，前10家水泥企业产业集中度达到35%，形成3－4家熟料产能1亿吨以上，矿山、骨料、商品混凝土、水泥基材料制品等产业链完整，核心竞争力和国际影响力强的建材企业集团。

重点支持优势骨干水泥企业开展跨地区、跨所有制兼并重组。坚持集约化发展的原则，鼓励企业通过合并、股权收购、资产收购、资产置换、债务重组等多种方式，实施强强联合、兼并改造困难企业和中小企业，实现产能合理布局。

鼓励水泥企业延伸产业链。鼓励水泥企业在做强做大主业的基础上兼并重组上下游关联企业，优化物流配送，整合发展预拌砂浆、商品混凝土及建筑预制构件产业。鼓励具有科技研发优势的建材企业集团，以并购、产业联盟等多种方式整合资源，融合咨询、测试、科研、技术开发、工程设计、安装调试、工程承包等业务，促进运营服务及生产一体化发展。

支持重组企业整合内部资源，走以内涵为主的发展之路。鼓励将企业兼并重组与改组、改制、技术改造、加强管理相结合。鼓励企业创新商业模式，发展电子商务。

（四）船舶行业。到2015年，前10家造船企业造船完工量占全国总量的70%以上，进入世界造船前10强企业超过5家。形成5－6个具有国际影响力的海洋工程装备总承包商和一批专业化分包商。形成若干具有较强国际竞争力的品牌修船企业。

积极推进以大型骨干造船企业为龙头的跨地区、跨行业、跨所有制的兼并重组，优化资源配置，发展拥有国际竞争力的企业集团，提高产业集中度。促进优势企业通过兼并重组等方式扩大高端产品制造能力。鼓励上下游企业组成战略联盟，进行产业链整合。推进骨干企业开展境外并购。鼓励中小型造船企业面向细分市场实施差异化竞争，向“专、精、特、新”的方向发展，在优势领域形成特色和品牌。引导船用低中速柴油机和甲板机械等配套企业以资本、产品为纽带，加大专业化重组力度。

（五）电解铝行业。到2015年，形成若干家具有核心竞争力和国际影响力的电解铝企业集团，前10家企业的冶炼产量占全国的比例达到90%。支持具有经济、技术和管理优势的企业兼并重组落后企业，支持开展跨地区、跨行业、跨所有制兼并重组。鼓励优势企业强强联合，积极推进上下游企业联合重组，鼓励“煤（水）－电－铝”及“矿山－冶炼－加工－应用”一体化经营，实现规模化、集约化发展，培育3－5家具有较强国际竞争力的大型企业集团。

（六）稀土行业。贯彻落实《国务院关于促进稀土行业持续健康发展的若干意见》（国发〔2011〕12号）有关要求，支持大企业以资本为纽带，通过联合、兼并、重组等方式，大力推进资源整合，大幅度减少稀土开采和冶炼分离企业数量，提高产业集中度，基本形成以大型企业为主导的行业格局。

（七）电子信息行业。到2015年，形成5－8家销售收入过1000亿元的大型骨干企业，努力培育销售收入过5000亿元的大企业。以资本为纽带推进资源整合及产业融合，加快发展和形成一批掌握关键核心技术、创新能力突出、品牌知名度高、国际竞争力强的跨国大公司。

支持龙头骨干企业开展并购，大力推动产业链整合，提高产业链管理及运作水平，强化产业链整体竞争力。积极推进制造业向服务延伸，推动产品制造与软件和信息服务融合、制造业与运营业融合，大量催生新产品、新业态，鼓励引导商业模式创新。引导并加快产业链垂直整合进程，促进资源优化重组。

（八）医药行业。到2015年，前100家企业的销售收入占全行业的50%以上，基本药物主要品种销量前20家企业所占市场份额达到80%，实现基本药物生产的规模化和集约化。鼓励研发和生产、原料药和制剂、中药材和中成药企业之间的上下游整合，完善产业链，提高资源配置效率。鼓励同类产品企业强强联合、优势企业兼并其他企业，促进资源向优势企业集中，实现规模化、集约化经营，提高产业集中度。培育形成一批具有国际竞争力和对行业发展有较强带动作用的大型企业集团。

（九）农业产业化龙头企业。贯彻落实《国务院关于支持农业产业化龙头企业发展的意见》（国发〔2012〕10号），支持农业产业化龙头企业通过兼并重组、收购、控股等方式，组建大型企业集团。培育壮大龙头企业，打造一批自主创新能力强、加工水平高、处于行业领先地位的大型龙头企业。引导龙头企业向优势产区集中，形成一批相互配套、功能互补、联系紧密的龙头企业集群，培育壮大区域主导产业，增强区域经济发展实力。

三、积极引导企业稳妥开展兼并重组

（一）科学制定方案。引导企业根据自身发展战略规划，按照国家产业政策要求，确定兼并重组目标企业。选择目标企业要有利于实现资源的优势互补，有利于最大限度地发挥资源的协同效应。结合宏观经济状况和行业、企业情况，做好尽职调查，认真调研、反复讨论，科学制定兼并重组方案。

（二）加强风险防控。企业要有步骤有计划地实施兼并重组，深入研究兼并重组中可能出现的矛盾和问题，高度重视企业兼并重组中面临的市场、财务、职工安置等方面的风险，以及跨国并购中的风险。加强风险管理，识别风险因素，评估风险强度，妥善制定相应的应对预案和措施，构建完善的风险管理体系。

（三）加强重组后整合。企业要高度重视重组后各种要素资源的整合，加强人员、文化、管理的融合。以兼并重组为契机，深化管理体制改革，积极开展公司制、股份制改造，进一步完善公司治理结构。结合实际，在人事、财务、采购、销售、生产、研发等环节开展业务流程再造，优化土地、资金、技术、人才等生产要素配置，创新管理模式，实现优势互补、深度融合。

（四）加强组织协调。各地区要根据实际建立企业兼并重组工作协调机制，加强对企业兼并重组的组织领导，统筹协调本地区企业兼并重组工作。各地工业和信息化主管部门要发挥牵头作用，加强与发展改革、财政、人力资源社会保障、国土资源、商务、人民银行、国资、税务、工商、银监、证监等部门的配合，协调解决兼并重组企业面临的实际问题，积极推动本地区企业兼并重组。充分发挥协调机制作用，深入调查研究，努力解决企业兼并重组中的问题，及时反映需要国家有关部门协调解决的问题。工业和信息化部将会同相关部门，积极协调解决各地反映的问题。各地区可根据实际，选择本地区优先支持的企业兼并重组重点行业，研究出台具体的支持政策。

（五）落实政策措施。各地区要认真贯彻落实《国务院关于促进企业兼并重组的意见》，以及在财政、税收、金融服务、债权债务、职工安置、土地、矿产资源配置等方面促进企业兼并重组的政策措施，支持企业开展兼并重组。各地工业和信息化、发展改革、财政、人力资源社会保障、国土资源、商务、国资、工商等部门要结合本地区实际，研究出台促进企业兼并重组的具体措施，优先支持兼并重组企业开展技术改造，鼓励企业加强和创新管理，提升企业综合竞争力。对通过兼并重组淘汰落后产能的企业，中央财政淘汰落后产能奖励资金给予重点支持，加大奖励力度。

（六）营造良好环境。坚持市场化运作，充分尊重企业意愿，充分调动企业积极性，引导和激励企业自愿自主开展兼并重组。认真清理、修订、废止各种不利于企业兼并重组的政策、规定和做法，尤其要坚决取消各地自行出台的限制外地企业对本地区企业实施兼并重组的规定。积极探索跨地区企业兼并重组地区间利益共享机制。在不违背国家有关政策规定的前提下,地区间可根据企业资产规模和盈利能力,签订企业兼并重组后的财税利益分成协议,妥善解决企业兼并重组后增加值等统计数据的归属问题,实现企业兼并重组成果共享。

(七)做好管理服务。各地区有关部门要督促企业严格执行兼并重组的有关法律法规和国家产业政策,规范操作程序,加强信息披露,防控内幕交易,防范道德风险。鼓励外资以参股、并购等方式参与国内企业改组改造和兼并重组,加强外资并购境内企业安全审查,维护国家安全。对达到经营者集中法定申报标准的企业兼并重组,要依法进行经营者集中反垄断审查。各地区要加强对企业兼并重组的指导服务,研究制定推动本地区企业兼并重组实施意见,把兼并重组与企业改制、管理创新、技术改造、淘汰落后等结合起来。拓宽企业兼并重组信息交流渠道,建立促进企业兼并重组的公共服务平台。推动企业兼并重组中介服务专业化、规范化发展,重点引进和培养熟悉企业并购业务,特别是跨国并购业务的专门人才,积极为企业提供市场信息、战略咨询、法律顾问、财务顾问、土地估价、资产评估、产权交易、融资中介、独立审计和企业管理等中介服务。认真做好典型经验的总结推广工作,加强宣传引导。

7. 最高人民法院关于审理与企业改制相关的民事纠纷案件若干问题的规定

(2002年12月3日由最高人民法院审判委员会第1259次会议通过,2003年1月3日法释〔2003〕1号公布,自2003年2月1日起施行)

为了正确审理与企业改制相关的民事纠纷案件,根据《中华人民共和国民法通则》、《中华人民共和国公司法》、《中华人民共和国全民所有制工业企业法》、《中华人民共和国合同法》、《中华人民共和国民事诉讼法》等法律、法规的规定,结合审判实践,制定本规定。

一、案件受理

第一条 人民法院受理以下平等民事主体间在企业产权制度改造中发生的民事纠纷案件:

(一)企业公司制改造中发生的民事纠纷;

(二)企业股份合作制改造中发生的民事纠纷;

(三)企业分立中发生的民事纠纷;

(四)企业债权转股权纠纷;

(五)企业出售合同纠纷;

(六)企业兼并合同纠纷;

(七)与企业改制相关的其他民事纠纷。

第二条 当事人起诉符合本规定第一条所列情形,并符合民事诉讼法第一百零八条规定的起诉条件的,人民法院应当予以受理。

第三条 政府主管部门在对企业国有资产进行行政性调整、划转过程中发生的纠纷,当事人向人民法院提起民事诉讼的,人民法院不予受理。

二、企业公司制改造

第四条 国有企业依公司法整体改造为国有独资有限责任公司的,原企业的债务,由改造后的有限责任公司承担。

第五条 企业通过增资扩股或者转让部分产权,实现他人对企业的参股,将企业整体改造为有限责任公司或者股份有限公司的,原企业债务由改造后的新设公司承担。

第六条 企业以其部分财产和相应债务与他人组建新公司,对所转移的债务债权人认可的,由新组建的公司承担民事责任;对所转移的债务未通知债权人或者虽通知债权人,而债权人不予认可的,由原企业承担民事责任。原企业无力偿还债务,债权人就此向新设公司主张债权的,新设公司在所接收的财产范围内与原企业承担连带民事责任。

第七条　企业以其优质财产与他人组建新公司,而将债务留在原企业,债权人以新设公司和原企业作为共同被告提起诉讼主张债权的,新设公司应当在所接收的财产范围内与原企业共同承担连带责任。

三、企业股份合作制改造

第八条　由企业职工买断企业产权,将原企业改造为股份合作制的,原企业的债务,由改造后的股份合作制企业承担。

第九条　企业向其职工转让部分产权,由企业与职工共同组建股份合作制企业的,原企业的债务由改造后的股份合作制企业承担。

第十条　企业通过其职工投资增资扩股,将原企业改造为股份合作制企业的,原企业的债务由改造后的股份合作制企业承担。

第十一条　企业在进行股份合作制改造时,参照公司法的有关规定,公告通知了债权人。企业股份合作制改造后,债权人就原企业资产管理人(出资人)隐瞒或者遗漏的债务起诉股份合作制企业的,如债权人在公告期间内申报过该债权,股份合作制企业在承担民事责任后,可再向原企业资产管理人(出资人)追偿。如债权人在公告期内未申报过该债权,则股份合作制企业不承担民事责任,人民法院可告知债权人另行起诉原企业资产管理人(出资人)。

四、企业分立

第十二条　债权人向分立后的企业主张债权,企业分立时对原企业的债务承担有约定,并经债权人认可的,按照当事人的约定处理;企业分立时对原企业债务承担没有约定或者约定不明,或者虽然有约定但债权人不予认可的,分立后的企业应当承担连带责任。

第十三条　分立的企业在承担连带责任后,各分立的企业间对原企业债务承担有约定的,按照约定处理;没有约定或者约定不明的,根据企业分立时的资产比例分担。

五、企业债权转股权

第十四条　债权人与债务人自愿达成债权转股权协议,且不违反法律和行政法规强制性规定的,人民法院在审理相关的民事纠纷案件中,应当确认债权转股权协议有效。

政策性债权转股权,按照国务院有关部门的规定处理。

第十五条　债务人以隐瞒企业资产或者虚列企业资产为手段,骗取债权人与其签订债权转股权协议,债权人在法定期间内行使撤销权的,人民法院应当予以支持。

债权转股权协议被撤销后,债权人有权要求债务人清偿债务。

第十六条　部分债权人进行债权转股权的行为,不影响其他债权人向债务人主张债权。

六、国有小型企业出售

第十七条　以协议转让形式出售企业,企业出售合同未经有审批权的地方人民政府或其授权的职能部门审批的,人民法院在审理相关的民事纠纷案件时,应当确认该企业出售合同不生效。

第十八条　企业出售中,当事人双方恶意串通,损害国家利益的,人民法院在审理相关的民事纠纷案件时,应当确认该企业出售行为无效。

第十九条　企业出售中,出卖人实施的行为具有合同法第五十四条规定的情形,买受人在法定期限内行使撤销权的,人民法院应当予以支持。

第二十条　企业出售合同约定的履行期限届满,一方当事人拒不履行合同,或者未完全履行合同义务,致使合同目的不能实现,对方当事人要求解除合同并要求赔偿损失的,人民法院应当予以支持。

第二十一条　企业出售合同约定的履行期限届满,一方当事人未完全履行合同义务,对方当事人要求继续履行合同并要求赔偿损失的,人民法院应当予以支持。双方当事人均未完全履行合同义务的,应当根据当事人的过错,确定各自应当承担的民事责任。

第二十二条　企业出售时,出卖人对所售企业的资产负债状况、损益状况等重大事项未履行如实告知义务,影响企业出售价格,买受人就此向人民法院起诉主张补偿的,人民法院应当予以支持。

第二十三条 企业出售合同被确认无效或者被撤销的，企业售出后买受人经营企业期间发生的经营盈亏，由买受人享有或者承担。

第二十四条 企业售出后，买受人将所购企业资产纳入本企业或者将所购企业变更为所属分支机构的，所购企业的债务，由买受人承担。但买卖双方另有约定，并经债权人认可的除外。

第二十五条 企业售出后，买受人将所购企业资产作价入股与他人重新组建新公司，所购企业法人予以注销的，对所购企业出售前的债务，买受人应当以其所有财产，包括在新组建公司中的股权承担民事责任。

第二十六条 企业售出后，买受人将所购企业重新注册为新的企业法人，所购企业法人被注销的，所购企业出售前的债务，应当由新注册的企业法人承担。但买卖双方另有约定，并经债权人认可的除外。

第二十七条 企业售出后，应当办理而未办理企业法人注销登记，债权人起诉该企业的，人民法院应当根据企业资产转让后的具体情况，告知债权人追加责任主体，并判令责任主体承担民事责任。

第二十八条 出售企业时，参照公司法的有关规定，出卖人公告通知了债权人。企业售出后，债权人就出卖人隐瞒或者遗漏的原企业债务起诉买受人的，如债权人在公告期内申报过该债权，买受人在承担民事责任后，可再行向出卖人追偿。如债权人在公告期内未申报过该债权，则买受人不承担民事责任。人民法院可告知债权人另行起诉出卖人。

第二十九条 出售企业的行为具有合同法第七十四条规定的情形，债权人在法定期限内行使撤销权的，人民法院应当予以支持。

七、企业兼并

第三十条 企业兼并协议自当事人签字盖章之日起生效。需经政府主管部门批准的，兼并协议自批准之日起生效；未经批准的，企业兼并协议不生效。但当事人在一审法庭辩论终结前补办报批手续的，人民法院应当确认该兼并协议有效。

第三十一条 企业吸收合并后，被兼并企业的债务应当由兼并方承担。

第三十二条 企业进行吸收合并时，参照公司法的有关规定，公告通知了债权人。企业吸收合并后，债权人就被兼并企业原资产管理人（出资人）隐瞒或者遗漏的企业债务起诉兼并方的，如债权人在公告期内申报过该笔债权，兼并方在承担民事责任后，可再行向被兼并企业原资产管理人（出资人）追偿。如债权人在公告期间内未申报过该笔债权，则兼并方不承担民事责任。人民法院可告知债权人另行起诉被兼并企业原资产管理人（出资人）。

第三十三条 企业新设合并后，被兼并企业的债务由新设合并后的企业法人承担。

第三十四条 企业吸收合并或新设合并后，被兼并企业应当办理而未办理工商注销登记，债权人起诉被兼并企业的，人民法院应当根据企业兼并后的具体情况，告知债权人追加责任主体，并判令责任主体承担民事责任。

第三十五条 以收购方式实现对企业控股的，被控股企业的债务，仍由其自行承担。但因控股企业抽逃资金、逃避债务，致被控股企业无力偿还债务的，被控股企业的债务则由控股企业承担。

八、附　则

第三十六条 本规定自 2003 年 2 月 1 日起施行。在本规定施行前，本院制定的有关企业改制方面的司法解释与本规定相抵触的，不再适用。

8. 最高人民法院关于人民法院为企业兼并重组提供司法保障的指导意见

（2014年6月3日法发〔2014〕7号发布，自发布之日起施行）

各省、自治区、直辖市高级人民法院，解放军军事法院，新疆维吾尔自治区高级人民法院生产建设兵团分院：

企业兼并重组是调整优化产业结构，淘汰落后产能，化解过剩产能，提高经济发展质量和效益的重要手段，也是转变经济发展方式，提升我国综合经济实力的有效途径。当前，我国经济处于增长速度换档期、结构调整阵痛期，同时也是推进企业兼并重组的重要机遇期。党的十八大和十八届三中全会部署了全面深化改革的各项任务，国务院《关于进一步优化企业兼并重组市场环境的意见》（国发〔2014〕14号，以下简称《意见》）明确了推动企业兼并重组的主要目标、基本原则和相关措施。企业兼并重组是今后一个时期推进企业改革的重要任务。各级人民法院要充分认识司法审判工作在企业兼并重组中的重要职能作用，依法有序推进企业兼并重组工作的顺利进行。

一、坚持围绕中心服务大局，以法治方式保障企业兼并重组工作依法有序推进

1. 要自觉将司法审判工作置于党和国家全局工作中，积极回应企业兼并重组工作的司法需求。企业兼并重组工作是党中央、国务院在新时期深化经济体制改革、转变经济发展方式、调整优化产业结构的重要举措。随着中央和地方各级政府部门关于企业兼并重组任务的逐步落实，一些纠纷将不可避免地通过诉讼程序进入人民法院。各级人民法院要充分认识到企业兼并重组涉及的矛盾复杂、主体广泛和利益重大，要强化大局意识和责任意识，紧密结合党的十八大、十八届三中全会精神和《意见》要求，依法充分发挥人民法院的职能作用，切实保障企业兼并重组工作的稳步推进。

2. 要正确处理贯彻党的方针政策与严格执法的关系，实现企业兼并重组法律效果和社会效果的有机统一。党的十八大和十八届三中全会作出的重大战略部署是我国在新的历史起点上全面深化改革的科学指南和行动纲领。党的方针政策和国家法律都是人民根本意志的反映，二者在本质上是一致的。不断完善和发展中国特色社会主义制度，推进国家治理体系和治理能力现代化，对人民法院正确贯彻党的方针政策与严格执法提出了更高的要求。人民法院要从强化国家战略的高度深刻认识为转变经济发展方式、调整优化产业结构提供司法保障的重大意义，通过严格执行法律，公正高效地审理案件，实现兼并重组案件审理法律效果和社会效果的有机统一。

3. 要高度重视企业兼并重组工作，依法保障企业兼并重组政策的顺利实施。企业兼并重组不仅关涉企业自身，还广泛涉及依法平等保护非公经济、防止国有资产流失、维护金融安全、职工再就业和生活保障以及社会稳定等一系列问题。人民法院要提前研判、分类评估、适时介入，依法保障企业兼并重组工作有序进行。要加强与政府部门沟通，根据需要推动建立企业兼并重组工作协调机制，实现信息共享、程序通畅。在案件审理执行中发现的重大性、苗头性问题，要及时向有关职能部门反馈或者提出司法建议。

4. 要依法及时受理审理兼并重组相关案件，通过司法审判化解企业兼并重组中的各类纠纷。人民法院要依法及时受理审理企业兼并重组过程中出现的合同效力认定、股权转让、投资权益确认、民间融资、金融债权保障、职工权益维护、企业清算、企业重整、经济犯罪等案件，无法定理由不得拒绝受理，不得拖延审理。

5. 要按照利益衡平原则，依法妥善处理各种利益冲突。企业兼并重组广泛涉及参与兼并重组的各方企业、出资人、债权人、企业职工等不同主体的切身利益，在此期间的利益博弈与权利冲突无法回避。人民法院要注意透过个案的法律关系，分析利益冲突实质，识别其背后的利益主体和利益诉求，依法确定利益保护的优先位序。

法律法规没有明文规定的情形下,在个体利益冲突中应当优先寻找共同利益,尽可能实现各方的最大利益;在个体利益与集体利益、社会公共利益,地方利益与全局利益等不同主体利益的并存与冲突中,要在保护集体利益、社会公共利益和全局利益的同时兼顾个体利益、地方利益。坚决克服地方保护主义、行业及部门保护主义对司法审判工作的不当干扰。

二、强化商事审判理念,充分发挥市场在资源配置中的决定性作用

6. 依法认定兼并重组行为的效力,促进资本合法有序流转。要严格依照合同法第五十二条关于合同效力的规定,正确认定各类兼并重组合同的效力。结合当事人间交易方式和市场交易习惯,准确认定兼并重组中预约、意向协议、框架协议等的效力及强制执行力。要坚持促进交易进行,维护交易安全的商事审判理念,审慎认定企业估值调整协议、股份转换协议等新类型合同的效力,避免简单以法律没有规定为由认定合同无效。要尊重市场主体的意思自治,维护契约精神,恰当认定兼并重组交易行为与政府行政审批的关系。要处理好公司外部行为与公司内部意思自治之间的关系。要严格依照公司法第二十二条的规定,从会议召集程序、表决方式、决议内容等是否违反法律、行政法规或公司章程方面,对兼并重组中涉及的企业合并、分立、新股发行、重大资产变化等决议的法律效力进行审查。对交叉持股表决方式、公司简易合并等目前尚无明确法律规定的问题,应结合个案事实和行为结果,审慎确定行为效力。

7. 树立平等保护意识,鼓励、支持和引导非公经济积极参与企业兼并重组。非公经济是社会主义市场经济的重要组成部分,要依法保障非公经济平等使用生产要素,公开公平参与市场竞争。要统一适用法律规则,优化非公经济投资的司法环境,促进公平、竞争、自由的市场环境形成。要积极配合市场准入负面清单管理方式的实施,推动非公经济进入法律法规未禁入的行业和领域。保护各种所有制企业在投融资、税收、土地使用和对外贸易等方面享受同等待遇,提升非公经济参与国有企业混合所有制兼并重组的动力。要充分尊重企业的经营自主权,反对各种形式的强制交易,最大限度地激发非公经济的活力和创造力。

8. 正确适用公司资本法律规则,消除对出资行为的不当限制。要准确把握修改后的公司法中公司资本制度的立法精神,正确认识公司资本的作用与功能,支持企业正常合理的资金运用行为。要按照新修改的公司法有关放宽资本结构的精神审慎处理股东出资问题。职工持股会、企业工会等组织代为持有投资权益是目前部分企业资本结构中的特殊形态,企业兼并重组中涉及投资权益变动的,人民法院要依法协调好名义股东与实际出资人间的利益关系。除法律法规有明确规定外,要注重方便企业设立和发展,在企业资本数额设定、投资义务履行期限等方面要充分尊重投资者的约定和选择,保障投资者顺利搭建重组平台。

9. 促进融资方式的多元化,有效解决企业兼并重组的资金瓶颈。对于符合条件的企业发行优先股、定向发行可转换债券作为兼并重组支付方式,要依法确认其效力。审慎处理发行定向权证等衍生品作为支付方式问题。积极支持上市公司兼并重组中股份定价机制改革,依法保障非上市公司兼并重组中的股份协商定价。要依法督促企业尤其是上市公司规范履行信息披露义务,增强市场主体投资信心,切实保障中小投资者合法权益。同时,要积极配合金融监管部门依法履职。

三、加强国有资产保护,依法保障企业资产的稳定与安全

10. 依法正确审理国有企业兼并重组案件,实现国有资产的保值增值。要正确认识国有企业深化改革与企业兼并重组之间的关系,切实保障有条件的国有企业改组为国有资本投资公司,不断增强国有经济的控制力和影响力。在现行法律框架范围内支持有利于企业壮大规模、增强实力的企业发展模式。要注意防范企业借管理者收购、合并报表等形式侵占、私分国有资产。严格遵循评估、拍卖法律规范,通过明晰和落实法律责任促进中介服务机构专业化、规范化发展,提升关键领域、薄弱环节的服务能力,防范和避免企业兼并重组过程中的国有资产流失。

11. 依法规制关联交易,严厉禁止不当利益输送。严格防范以关联交易的方式侵吞国有资产。要依照公司法等法律法规的规定依法妥当处理企业兼并重组中的关联交易行为。公司股东、董事、高级管理人员与公司之间从事的交易，符合法律法规规定的关联交易程序规则且不损害公司利益的，应当认定行为有效。对公司大股东、实际控制人或者公司董事等公司内部人员在兼并重组中利用特殊地位将不良资产注入公司，或者与公司进行不公平交易从而损害公司利益的行为，应当严格追究其法律责任。

12. 严厉打击企业兼并重组中的违法犯罪行为。各级人民法院要充分发挥刑事审判职能，坚持依法从严惩处的方针，严厉打击国有企业兼并重组中的贪污贿赂、挪用公款、滥用职权、非法经营等犯罪行为，依法严厉惩处非国有企业兼并重组中的职务侵占、挪用企业资金等犯罪行为，维护企业资产安全，同时，要努力挽回相关主体的经济损失。

四、维护金融安全，有效防控各类纠纷可能引发的区域性、系统性金融风险

13. 依法保障金融债权，有效防范通过不当兼并重组手段逃废债务。对涉及兼并重组的企业合并、分立案件，要明确合并分立前后不同企业的责任关系、责任承担方式及诉讼时效，避免因兼并重组导致金融债权落空。要依法快审快执涉兼并重组企业的金融借款案件，降低商业银行等金融机构的并购贷款风险，实现兼并重组中并购贷款融资方式可持续进行。要引导当事人充分运用民事诉讼法中的担保物权实现程序，减轻债权人的诉讼维权成本，促进担保物权快捷和便利地实现。

14. 加强民间金融案件审理，有效化解金融风险。要妥善审理兼并重组引发的民间融资纠纷，依法保护合法的借贷利息，坚决遏制以兼并重组为名的民间高利贷和投机化倾向，有效降低企业融资成本。依法支持和规范金融机构在企业兼并重组领域的金融创新行为，依法审慎认定金融创新产品的法律效力。在审判执行工作中要注意发现和防范因诉讼纠纷引发的区域性、系统性风险，切实避免金融风险在金融领域和实体经济领域的相互传导。严厉打击和制裁非法吸收或变相吸收公众存款、集资诈骗等金融违法犯罪行为，为企业兼并重组创造良好的融资环境。

五、完善市场退出机制，促进企业资源的优化整合

15. 依法审理企业清算、破产案件，畅通企业退出渠道。要充分发挥企业清算程序和破产程序在淘汰落后企业或产能方面的法律功能，依法受理企业清算、破产案件，督促市场主体有序退出。人民法院判决解散企业后应当告知有关人员依法及时组织企业清算。企业解散后债权人或股东向人民法院提出强制清算申请的，人民法院应当审查并依法受理。公司清算中发现符合破产清算条件的，应当及时转入破产清算。当事人依法主张有关人员承担相应清算责任的，人民法院应予支持。

16. 有效发挥破产重整程序的特殊功能，促进企业资源的流转利用。要积极支持符合产业政策调整目标、具有重整希望和可能的企业进行破产重整。通过合法高效的破产重整程序，帮助企业压缩和合并过剩产能，优化资金、技术、人才等生产要素配置。要注重结合企业自身特点，及时指定重整案件管理人，保障企业业务流程再造和技术升级改造。在企业重整计划的制定和批准上，要着眼建立健全防范和化解过剩产能长效机制，防止借破产重整逃避债务、不当耗费社会资源，避免重整程序空转。

17. 遵循企业清算破产案件审判规律，完善审判工作机制。审理企业清算和破产案件，既是认定事实和适用法律的过程，也是多方积极协调、整体推进的系统工程。有条件的人民法院可以成立企业清算破产案件审判庭或者合议庭，专门审理兼并重组中的企业清算破产案件。要高度重视企业清算破产案件法官的培养和使用，结合实际努力探索科学合理的企业清算破产案件绩效考评机制，充分调动审判人员依法审理企业清算破产案件的积极性。

18. 认真总结破产案件审判经验，逐步完善企业破产配套制度。上市公司破产重整中涉及行政许可的，应当按照行政许可法和最高人民法院《关于审理上市公司破产重整案件工作座谈会纪要》的精神，做好司法程序与行政许可程序的衔接。要协调好企业破产法律程序与普通执行程序就债务人企业财产采取的保全执行措施间的关系，维护债务人企业财产的稳定和完整。要积极协调解决破产程序中企业税款债权问题，要在与税务机关积极沟通的基础上结合实际依法减免相应税款。要适应经济全球化趋势，加快完善企业跨境清算、重整司法制度。

六、充分保障职工合法权益，全力维护社会和谐稳定

19. 依法保护劳动者合法权益，切实保障民生。实现改革发展成果更多更公平惠及全体人民是我们各项事业的出发点和落脚点。企业职工虽然不是企业兼并重组协议的缔约方，但其是利益攸关方。人民法院在审判执行中要及时发现和注意倾听兼并重组企业职工的利益诉求，依法保障企业职工的合法权益，引导相关企业积极承担社会责任，有效防范兼并重组行为侵害企业职工的合法权益。

20. 建立大要案通报制度，制定必要的风险处置预案。对于众多债权人向同一债务企业集中提起的系列诉讼案件、企业破产清算案件、群体性案件等可能存在影响社会和谐稳定因素的案件，人民法院要及时启动大要案工作机制，特别重大的案件要及时向地方党委和上级人民法院报告。上级人民法院要及时指导下级人民法院开展工作，对各方矛盾突出、社会关注度高的案件要作出必要的预判和预案，增强司法处置的前瞻性和针对性。

21. 加强司法新闻宣传，创造良好的社会舆论环境。要高度重视舆论引导和网络宣传工作，针对企业兼并重组审判工作中涉及到的敏感热点问题逐一排查，周密部署。要进一步推进司法公开，有力推动司法审判工作与外界舆论环境的良性互动，着力打造有利于企业兼并重组司法工作顺利开展的社会舆论环境。

当前，我国经济体制改革正向纵深发展。各级人民法院要进一步深入学习习近平总书记一系列重要讲话精神，牢牢坚持司法为民公正司法，坚持迎难而上，勇于担当，为优化企业兼并重组司法环境，保障经济社会持续健康发展，推进法治中国、美丽中国建设作出新的更大贡献。

最高人民法院

2014年6月3日

9. 关于做好公司合并分立登记支持企业兼并重组的意见

（2011年11月28日工商企字〔2011〕226号发布，自发布之日起施行）

各省、自治区、直辖市及计划单列市、副省级市工商行政管理局、市场监督管理局：

为贯彻落实《国务院关于促进企业兼并重组的意见》（国发〔2010〕27号），规范公司合并分立登记，促进公司通过兼并重组优化产业结构，现提出以下意见。

一、进一步增强做好公司合并分立登记支持企业兼并重组的责任感

按照中央加快转变经济发展方式的决策部署，各行业、各领域的企业兼并重组步伐不断加快。公司合并分立作为兼并重组的重要方式之一，有助于完善公司治理结构，促进公司扩大规模，提升市场竞争力；有助于加强资源整合、强强联合，淘汰落后产能，形成规模化、集约化经营，推动产业结构优化升级。

做好公司合并分立登记，既是工商行政管理部门作为企业登记机关的基本职能，也是工商行政管理部门服务经济科学发展的必然要求，对于支持企业兼并重组，促进经济发展方式加快转变和经济结构战略性调整具有十分重要的作用。各级工商行政管理部门要从国家经济战略的高度，把支持和服务公司合并分立作为贯彻落实科学发展观的重要任务，进一步增强责任感，充分发挥市场主体准入职能作用，坚持依法行政与服务企业发展的有机统一，更加自觉、主动、积极为企业兼并重组提供优质高效的服务。

二、进一步提供良好的公司合并分立登记服务

（一）支持公司采取多种方式合并分立重组。公司合并可以采取两种形式：一种是吸收合并，指一个公司吸收其他公司后存续，被吸收公司解散；另一种是新设合并，指两个或者两个以上公司归并为一个新公司，原有各公司解散。

公司分立可以采取两种形式：一种是存续分立，指一个公司分出一个或者一个以上新公司，原公司存续；另一种是解散分立，指一个公司分为两个或者两个以上新公司，原公司解散。

（二）支持各类企业合并分立重组。支持依

法设立的内资公司按照本意见办理合并、分立登记。外商投资的公司分立，存续或者新设的公司属于内资公司的，可以参照有关法律、行政法规、规章和本意见办理登记。

（三）支持公司自行选择重组公司类型。合并、分立后存续或者新设的公司，只要符合《公司法》规定的条件，可以选择有限责任公司或者股份有限公司类型。

（四）支持公司同时办理重组登记。因公司合并、分立申请办理公司登记，自公告刊登之日起45日后，申请人可以同时申请办理公司注销、设立或者变更登记。其中，不属于同一登记机关管辖的，相关登记机关应当加强登记衔接。需要层级衔接的，上级登记机关要主动协调；需要区域衔接的，先收到有关咨询、申请的登记机关要主动协调。

（五）支持公司自主约定注册资本数额。因合并而存续或者新设的公司，其注册资本、实收资本数额由合并协议约定，但不得高于合并前各公司的注册资本之和、实收资本之和。合并各方之间存在投资关系的，计算合并前各公司的注册资本之和、实收资本之和时，应当扣除投资所对应的注册资本、实收资本数额。

因分立而存续或者新设的公司，其注册资本、实收资本数额由分立决议或者决定约定，但分立后公司注册资本之和、实收资本之和不得高于分立前公司的注册资本、实收资本。

（六）支持公司自主约定股东出资份额。因合并、分立而存续或者新设的公司，其股东（发起人）的出资比例、认缴或者实缴的出资额，由合并协议、分立决议或者决定约定。法律、行政法规或者国务院决定规定公司合并、分立涉及出资比例、认缴或者实缴的出资额必须报经批准的，应当经过批准。

合并、分立前注册资本未足额缴纳的公司，合并、分立后存续或者新设公司的注册资本应当根据合并协议、分立决议或者决定的约定，按照合并、分立前规定的出资期限缴足。

（七）支持分公司办理隶属关系变更。因合并而解散或者分立的公司有分公司的，应当在合并协议、分立决议或者决定中载明其分公司的处置方案。处置方案中载明分公司注销的，应当在公司合并、分立前办理分公司注销登记；处置方案中载明分公司归属于存续或者新设的公司的，可以按照分公司名称变更程序办理分公司隶属关系的变更登记。

（八）支持有限责任公司股权承继。因合并而解散或者分立的公司持有其他有限责任公司股权的，应当在合并协议、分立决议或者决定中载明其持有股权的处置方案。处置方案中载明通过股权转让或者减资方式退出的，应当在公司合并、分立前办理股权所在有限责任公司的股东转让股权或者注册资本、实收资本变更登记；处置方案中载明股权归属于存续或者新设的公司的，可以在公司合并、分立后办理股权所在有限责任公司的股东变更登记。

（九）支持公司一次性申请多项变更登记。公司合并分立时增加股东、增加注册资本等其他登记事项变更的，只要符合《公司法》、《公司登记管理条例》等法律法规和公司章程的规定，可以一并提交相关登记申请，并按照总局内资企业登记材料规范的要求提交申请材料。

三、进一步提高支持企业兼并重组的服务效能

（一）积极开展宣传，努力提高社会认知度。各地工商行政管理部门要充分利用各种媒体平台，宣传公司合并分立登记扶持政策对服务经济发展方式转变和经济结构调整的重要意义和积极作用，提高社会对公司合并分立登记规范的认可度，营造良好的舆论环境和企业发展环境。

（二）认真组织学习，提高工作人员业务水平。各地工商行政管理部门要组织企业登记人员深入学习公司合并分立的相关规定，有计划、分步骤地开展培训活动。通过培训，全面提升企业登记人员的理论认识和业务水平，切实做到深刻理解、综合运用。

（三）建立协调机制，精心组织工作实施。公司合并分立登记中，涉及不同地区、不同层级登记机关的，各登记机关之间要加强协调，尽可能优化工商内部办事流程，缩短办事时间，提高服务效率，把做好公司合并分立登记，支持企业兼并重组的要求落到实处。

按照规范公司合并分立登记的要求，总局同时补充制定了有关登记提交材料规范和《内资公司合并分立登记文书规范》，随本意见下发，请一并遵照执行。

各地在办理公司合并分立登记以及支持企业兼并重组工作中遇到的新情况、新问题，要注意收集汇总，及时上报总局。

附件：1. 公司合并分立登记提交材料规范（补充）（略）

2. 内资公司合并分立登记文书规范（略）

国家工商行政管理总局

2011 年 11 月 28 日

10. 国家税务总局关于企业重组业务企业所得税征收管理若干问题的公告

（2015 年 6 月 24 日国家税务总局公告 2015 年第 48 号公布）

根据《中华人民共和国企业所得税法》及其实施条例、《中华人民共和国税收征收管理法》及其实施细则、《国务院关于取消非行政许可审批事项的决定》（国发〔2015〕27 号）、《财政部 国家税务总局关于企业重组业务企业所得税处理若干问题的通知》（财税〔2009〕59 号）和《财政部 国家税务总局关于促进企业重组有关企业所得税处理问题的通知》（财税〔2014〕109 号）等有关规定，现对企业重组业务企业所得税征收管理若干问题公告如下：

一、按照重组类型，企业重组的当事各方是指：

（一）债务重组中当事各方，指债务人、债权人。

（二）股权收购中当事各方，指收购方、转让方及被收购企业。

（三）资产收购中当事各方，指收购方、转让方。

（四）合并中当事各方，指合并企业、被合并企业及被合并企业股东。

（五）分立中当事各方，指分立企业、被分立企业及被分立企业股东。

上述重组交易中，股权收购中转让方、合并中被合并企业股东和分立中被分立企业股东，可以是自然人。

当事各方中的自然人应按个人所得税的相关规定进行税务处理。

二、重组当事各方企业适用特殊性税务处理的（指重组业务符合财税〔2009〕59 号文件和财税〔2014〕109 号文件第一条、第二条规定条件并选择特殊性税务处理的，下同），应按如下规定确定重组主导方：

（一）债务重组，主导方为债务人。

（二）股权收购，主导方为股权转让方，涉及两个或两个以上股权转让方，由转让被收购企业股权比例最大的一方作为主导方（转让股权比例相同的可协商确定主导方）。

（三）资产收购，主导方为资产转让方。

（四）合并，主导方为被合并企业，涉及同一控制下多家被合并企业的，以净资产最大的一方为主导方。

（五）分立，主导方为被分立企业。

三、财税〔2009〕59 号文件第十一条所称重组业务完成当年，是指重组日所属的企业所得税纳税年度。

企业重组日的确定，按以下规定处理：

1. 债务重组，以债务重组合同（协议）或法院裁定书生效日为重组日。

2. 股权收购，以转让合同（协议）生效且完成股权变更手续日为重组日。关联企业之间发生股权收购，转让合同（协议）生效后 12 个月内尚未完成股权变更手续的，应以转让合同（协议）生效日为重组日。

3. 资产收购，以转让合同（协议）生效且当事各方已进行会计处理的日期为重组日。

4. 合并，以合并合同（协议）生效、当事各方已进行会计处理且完成工商新设登记或变更登记日为重组日。按规定不需要办理工商新设或变更登记的合并，以合并合同（协议）生效且当事各方已进行会计处理的日期为重组日。

5. 分立，以分立合同（协议）生效、当事各方已进行会计处理且完成工商新设登记或变更登记日为重组日。

四、企业重组业务适用特殊性税务处理的，

除财税〔2009〕59 号文件第四条第（一）项所称企业发生其他法律形式简单改变情形外，重组各方应在该重组业务完成当年，办理企业所得税年度申报时，分别向各自主管税务机关报送《企业重组所得税特殊性税务处理报告表及附表》（详见附件 1）和申报资料（详见附件 2）。合并、分立中重组一方涉及注销的，应在尚未办理注销税务登记手续前进行申报。

重组主导方申报后，其他当事方向其主管税务机关办理纳税申报。申报时还应附送重组主导方经主管税务机关受理的《企业重组所得税特殊性税务处理报告表及附表》（复印件）。

五、企业重组业务适用特殊性税务处理的，申报时，应从以下方面逐条说明企业重组具有合理的商业目的：

（一）重组交易的方式；

（二）重组交易的实质结果；

（三）重组各方涉及的税务状况变化；

（四）重组各方涉及的财务状况变化；

（五）非居民企业参与重组活动的情况。

六、企业重组业务适用特殊性税务处理的，申报时，当事各方还应向主管税务机关提交重组前连续 12 个月内有无与该重组相关的其他股权、资产交易情况的说明，并说明这些交易与该重组是否构成分步交易，是否作为一项企业重组业务进行处理。

七、根据财税〔2009〕59 号文件第十条规定，若同一项重组业务涉及在连续 12 个月内分步交易，且跨两个纳税年度，当事各方在首个纳税年度交易完成时预计整个交易符合特殊性税务处理条件，经协商一致选择特殊性税务处理的，可以暂时适用特殊性税务处理，并在当年企业所得税年度申报时提交书面申报资料。

在下一纳税年度全部交易完成后，企业应判断是否适用特殊性税务处理。如适用特殊性税务处理的，当事各方应按本公告要求申报相关资料；如适用一般性税务处理的，应调整相应纳税年度的企业所得税年度申报表，计算缴纳企业所得税。

八、企业发生财税〔2009〕59 号文件第六条第（一）项规定的债务重组，应准确记录应予确认的债务重组所得，并在相应年度的企业所得税汇算清缴时对当年确认额及分年结转额的情况做出说明。

主管税务机关应建立台账，对企业每年申报的债务重组所得与台账进行比对分析，加强后续管理。

九、企业发生财税〔2009〕59 号文件第七条第（三）项规定的重组，居民企业应准确记录应予确认的资产或股权转让收益总额，并在相应年度的企业所得税汇算清缴时对当年确认额及分年结转额的情况做出说明。

主管税务机关应建立台账，对居民企业取得股权的计税基础和每年确认的资产或股权转让收益进行比对分析，加强后续管理。

十、适用特殊性税务处理的企业，在以后年度转让或处置重组资产（股权）时，应在年度纳税申报时对资产（股权）转让所得或损失情况进行专项说明，包括特殊性税务处理时确定的重组资产（股权）计税基础与转让或处置时的计税基础的比对情况，以及递延所得税负债的处理情况等。

适用特殊性税务处理的企业，在以后年度转让或处置重组资产（股权）时，主管税务机关应加强评估和检查，将企业特殊性税务处理时确定的重组资产（股权）计税基础与转让或处置时的计税基础及相关的年度纳税申报表比对，发现问题的，应依法进行调整。

十一、税务机关应对适用特殊性税务处理的企业重组做好统计和相关资料的归档工作。各省、自治区、直辖市和计划单列市国家税务局、地方税务局应于每年 8 月底前将《企业重组所得税特殊性税务处理统计表》（详见附件 3）上报税务总局（所得税司）。

十二、本公告适用于 2015 年度及以后年度企业所得税汇算清缴。《国家税务总局关于发布〈企业重组业务企业所得税管理办法〉的公告》（国家税务总局公告 2010 年第 4 号）第三条、第七条、第八条、第十六条、第十七条、第十八条、第二十二条、第二十三条、第二十四条、第二十五条、第二十七条、第三十二条同时废止。

本公告施行时企业已经签订重组协议，但尚未完成重组的，按本公告执行。

特此公告。

国家税务总局

2015 年 6 月 24 日

11. 企业重组业务企业所得税管理办法*

(2010年7月26日国家税务总局公告2010年第4号发布,自2010年1月1日起施行)

第一章 总则及定义

第一条 为规范和加强对企业重组业务的企业所得税管理,根据《中华人民共和国企业所得税法》(以下简称《税法》)及其实施条例(以下简称《实施条例》)、《中华人民共和国税收征收管理法》及其实施细则(以下简称《征管法》)、《财政部 国家税务总局关于企业重组业务企业所得税处理若干问题的通知》(财税〔2009〕59号)(以下简称《通知》)等有关规定,制定本办法。

第二条 本办法所称企业重组业务,是指《通知》第一条所规定的企业法律形式改变、债务重组、股权收购、资产收购、合并、分立等各类重组。

第三条 企业发生各类重组业务,其当事各方,按重组类型,分别指以下企业:

(一)债务重组中当事各方,指债务人及债权人。

(二)股权收购中当事各方,指收购方、转让方及被收购企业。

(三)资产收购中当事各方,指转让方、受让方。

(四)合并中当事各方,指合并企业、被合并企业及各方股东。

(五)分立中当事各方,指分立企业、被分立企业及各方股东。

第四条 同一重组业务的当事各方应采取一致税务处理原则,即统一按一般性或特殊性税务处理。

第五条 《通知》第一条第(四)项所称实质经营性资产,是指企业用于从事生产经营活动、与产生经营收入直接相关的资产,包括经营所用各类资产、企业拥有的商业信息和技术、经营活动产生的应收款项、投资资产等。

第六条 《通知》第二条所称控股企业,是指由本企业直接持有股份的企业。

第七条 《通知》中规定的企业重组,其重组日的确定,按以下规定处理:

(一)债务重组,以债务重组合同或协议生效日为重组日。

(二)股权收购,以转让协议生效且完成股权变更手续日为重组日。

(三)资产收购,以转让协议生效且完成资产实际交割日为重组日。

(四)企业合并,以合并企业取得被合并企业资产所有权并完成工商登记变更日期为重组日。

(五)企业分立,以分立企业取得被分立企业资产所有权并完成工商登记变更日期为重组日。

第八条 重组业务完成年度的确定,可以按各当事方适用的会计准则确定,具体参照各当事方经审计的年度财务报告。由于当事方适用的会计准则不同导致重组业务完成年度的判定有差异时,各当事方应协商一致,确定同一个纳税年度作为重组业务完成年度。

第九条 本办法所称评估机构,是指具有合法资质的中国资产评估机构。

第二章 企业重组一般性税务处理管理

第十条 企业发生《通知》第四条第(一)项规定的由法人转变为个人独资企业、合伙企业等非法人组织,或将登记注册地转移至中华人民共和国境外(包括港澳台地区),应按照《财政部 国家税务总局关于企业清算业务企业所得税处理若干问题的通知》(财税〔2009〕60号)规定进行

---

* 本法规中"第三条、第七条、第八条、第十六条、第十七条、第十八条、第二十二条、第二十三条、第二十四条、第二十五条、第二十七条、第三十二条"已被国家税务总局公告2015年第48号——关于企业重组业务企业所得税征收管理若干问题的公告废止、本篇法规中"第三十六条"已被国家税务总局公告2017年第37号——关于非居民企业所得税源泉扣缴有关问题的公告宣布废止。

清算。

企业在报送《企业清算所得纳税申报表》时，应附送以下资料：

（一）企业改变法律形式的工商部门或其他政府部门的批准文件；

（二）企业全部资产的计税基础以及评估机构出具的资产评估报告；

（三）企业债权、债务处理或归属情况说明；

（四）主管税务机关要求提供的其他资料证明。

第十一条　企业发生《通知》第四条第（二）项规定的债务重组，应准备以下相关资料，以备税务机关检查。

（一）以非货币资产清偿债务的，应保留当事各方签订的清偿债务的协议或合同，以及非货币资产公允价格确认的合法证据等；

（二）债权转股权的，应保留当事各方签订的债权转股权协议或合同。

第十二条　企业发生《通知》第四条第（三）项规定的股权收购、资产收购重组业务，应准备以下相关资料，以备税务机关检查。

（一）当事各方所签订的股权收购、资产收购业务合同或协议；

（二）相关股权、资产公允价值的合法证据。

第十三条　企业发生《通知》第四条第（四）项规定的合并，应按照财税〔2009〕60号文件规定进行清算。

被合并企业在报送《企业清算所得纳税申报表》时，应附送以下资料：

（一）企业合并的工商部门或其他政府部门的批准文件；

（二）企业全部资产和负债的计税基础以及评估机构出具的资产评估报告；

（三）企业债务处理或归属情况说明；

（四）主管税务机关要求提供的其他资料证明。

第十四条　企业发生《通知》第四条第（五）项规定的分立，被分立企业不再继续存在，应按照财税〔2009〕60号文件规定进行清算。

被分立企业在报送《企业清算所得纳税申报表》时，应附送以下资料：

（一）企业分立的工商部门或其他政府部门的批准文件；

（二）被分立企业全部资产的计税基础以及评估机构出具的资产评估报告；

（三）企业债务处理或归属情况说明；

（四）主管税务机关要求提供的其他资料证明。

第十五条　企业合并或分立，合并各方企业或分立企业涉及享受《税法》第五十七条规定中就企业整体（即全部生产经营所得）享受的税收优惠过渡政策尚未期满的，仅就存续企业未享受完的税收优惠，按照《通知》第九条的规定执行；注销的被合并或被分立企业未享受完的税收优惠，不再由存续企业承继；合并或分立而新设的企业不得再承继或重新享受上述优惠。合并或分立各方企业按照《税法》的税收优惠规定和税收优惠过渡政策中就企业有关生产经营项目的所得享受的税收优惠承继问题，按照《实施条例》第八十九条规定执行。

第三章　企业重组特殊性税务处理管理

第十六条　企业重组业务，符合《通知》规定条件并选择特殊性税务处理的，应按照《通知》第十一条规定进行备案；如企业重组各方需要税务机关确认，可以选择由重组主导方向主管税务机关提出申请，层报省税务机关给予确认。

采取申请确认的，主导方和其他当事方不在同一省（自治区、市）的，主导方省税务机关应将确认文件抄送其他当事方所在地省税务机关。

省税务机关在收到确认申请时，原则上应在当年度企业所得税汇算清缴前完成确认。特殊情况，需要延长的，应将延长理由告知主导方。

第十七条　企业重组主导方，按以下原则确定：

（一）债务重组为债务人；

（二）股权收购为股权转让方；

（三）资产收购为资产转让方；

（四）吸收合并为合并后拟存续的企业，新设合并为合并前资产较大的企业；

（五）分立为被分立的企业或存续企业。

第十八条　企业发生重组业务，按照《通知》第五条第（一）项要求，企业在备案或提交确认申请时，应从以下方面说明企业重组具有合理的商

业目的:

(一)重组活动的交易方式。即重组活动采取的具体形式、交易背景、交易时间、在交易之前和之后的运作方式和有关的商业常规;

(二)该项交易的形式及实质。即形式上交易所产生的法律权利和责任,也是该项交易的法律后果。另外,交易实际上或商业上产生的最终结果;

(三)重组活动给交易各方税务状况带来的可能变化;

(四)重组各方从交易中获得的财务状况变化;

(五)重组活动是否给交易各方带来了在市场原则下不会产生的异常经济利益或潜在义务;

(六)非居民企业参与重组活动的情况。

第十九条 《通知》第五条第(三)和第(五)项所称"企业重组后的连续12个月内",是指自重组日起计算的连续12个月内。

第二十条 《通知》第五条第(五)项规定的原主要股东,是指原持有转让企业或被收购企业20%以上股权的股东。

第二十一条 《通知》第六条第(四)项规定的同一控制,是指参与合并的企业在合并前后均受同一方或相同的多方最终控制,且该控制并非暂时性的。能够对参与合并的企业在合并前后均实施最终控制权的相同多方,是指根据合同或协议的约定,对参与合并企业的财务和经营政策拥有决定控制权的投资者群体。在企业合并前,参与合并各方受最终控制方的控制在12个月以上,企业合并后所形成的主体在最终控制方的控制时间也应达到连续12个月。

第二十二条 企业发生《通知》第六条第(一)项规定的债务重组,根据不同情形,应准备以下资料:

(一)发生债务重组所产生的应纳税所得额占该企业当年应纳税所得额50%以上的,债务重组所得要求在5个纳税年度的期间内,均匀计入各年度应纳税所得额的,应准备以下资料:

1. 当事方的债务重组的总体情况说明(如果采取申请确认的,应为企业的申请,下同),情况说明中应包括债务重组的商业目的;

2. 当事各方所签订的债务重组合同或协议;

3. 债务重组所产生的应纳税所得额、企业当年应纳税所得额情况说明;

4. 税务机关要求提供的其他资料证明。

(二)发生债权转股权业务,债务人对债务清偿业务暂不确认所得或损失,债权人对股权投资的计税基础以原债权的计税基础确定,应准备以下资料:

1. 当事方的债务重组的总体情况说明。情况说明中应包括债务重组的商业目的;

2. 双方所签订的债转股合同或协议;

3. 企业所转换的股权公允价格证明;

4. 工商部门及有关部门核准相关企业股权变更事项证明材料;

5. 税务机关要求提供的其他资料证明。

第二十三条 企业发生《通知》第六条第(二)项规定的股权收购业务,应准备以下资料:

(一)当事方的股权收购业务总体情况说明,情况说明中应包括股权收购的商业目的;

(二)双方或多方所签订的股权收购业务合同或协议;

(三)由评估机构出具的所转让及支付的股权公允价值;

(四)证明重组符合特殊性税务处理条件的资料,包括股权比例,支付对价情况,以及12个月内不改变资产原来的实质性经营活动和原主要股东不转让所取得股权的承诺书等;

(五)工商等相关部门核准相关企业股权变更事项证明材料;

(六)税务机关要求的其他材料。

第二十四条 企业发生《通知》第六条第(三)项规定的资产收购业务,应准备以下资料:

(一)当事方的资产收购业务总体情况说明,情况说明中应包括资产收购的商业目的;

(二)当事各方所签订的资产收购业务合同或协议;

(三)评估机构出具的资产收购所体现的资产评估报告;

(四)受让企业股权的计税基础的有效凭证;

(五)证明重组符合特殊性税务处理条件的资料,包括资产收购比例,支付对价情况,以及12个月内不改变资产原来的实质性经营活动、原主要股东不转让所取得股权的承诺书等;

(六)工商部门核准相关企业股权变更事项证明材料;

（七）税务机关要求提供的其他材料证明。

第二十五条 企业发生《通知》第六条第（四）项规定的合并，应准备以下资料：

（一）当事方企业合并的总体情况说明。情况说明中应包括企业合并的商业目的；

（二）企业合并的政府主管部门的批准文件；

（三）企业合并各方当事人的股权关系说明；

（四）被合并企业的净资产、各单项资产和负债及其账面价值和计税基础等相关资料；

（五）证明重组符合特殊性税务处理条件的资料，包括合并前企业各股东取得股权支付比例情况、以及12个月内不改变资产原来的实质性经营活动、原主要股东不转让所取得股权的承诺书等；

（六）工商部门核准相关企业股权变更事项证明材料；

（七）主管税务机关要求提供的其他资料证明。

第二十六条 《通知》第六条第（四）项所规定的可由合并企业弥补的被合并企业亏损的限额，是指按《税法》规定的剩余结转年限内，每年可由合并企业弥补的被合并企业亏损的限额。

第二十七条 企业发生《通知》第六条第（五）项规定的分立，应准备以下资料：

（一）当事方企业分立的总体情况说明。情况说明中应包括企业分立的商业目的；

（二）企业分立的政府主管部门的批准文件；

（三）被分立企业的净资产、各单项资产和负债账面价值和计税基础等相关资料；

（四）证明重组符合特殊性税务处理条件的资料，包括分立后企业各股东取得股权支付比例情况、以及12个月内不改变资产原来的实质性经营活动、原主要股东不转让所取得股权的承诺书等；

（五）工商部门认定的分立和被分立企业股东股权比例证明材料；分立后，分立和被分立企业工商营业执照复印件；分立和被分立企业分立业务账务处理复印件；

（六）税务机关要求提供的其他资料证明。

第二十八条 根据《通知》第六条第（四）项第2目规定，被合并企业合并前的相关所得税事项由合并企业承继，以及根据《通知》第六条第（五）项第2目规定，企业分立，已分立资产相应的所得税事项由分立企业承继，这些事项包括尚未确认的资产损失、分期确认收入的处理以及尚未享受期满的税收优惠政策承继处理问题等。其中，对税收优惠政策承继处理问题，凡属于依照《税法》第五十七条规定中就企业整体（即全部生产经营所得）享受税收优惠过渡政策的，合并或分立后的企业性质及适用税收优惠条件未发生改变的，可以继续享受合并前各企业或分立前被分立企业剩余期限的税收优惠。合并前各企业剩余的税收优惠年限不一致的，合并后企业每年度的应纳税所得额，应统一按合并日各合并前企业资产占合并后企业总资产的比例进行划分，再分别按相应的剩余优惠计算应纳税额。合并前各企业或分立前被分立企业按照《税法》的税收优惠规定以及税收优惠过渡政策中就有关生产经营项目所得享受的税收优惠承继处理问题，按照《实施条例》第八十九条规定执行。

第二十九条 适用《通知》第五条第（三）项和第（五）项的当事各方应在完成重组业务后的下一年度的企业所得税年度申报时，向主管税务机关提交书面情况说明，以证明企业在重组后的连续12个月内，有关符合特殊性税务处理的条件未发生改变。

第三十条 当事方的其中一方在规定时间内发生生产经营业务、公司性质、资产或股权结构等情况变化，致使重组业务不再符合特殊性税务处理条件的，发生变化的当事方应在情况发生变化的30天内书面通知其他所有当事方。主导方在接到通知后30日内将有关变化通知其主管税务机关。

上款所述情况发生变化后60日内，应按照《通知》第四条的规定调整重组业务的税务处理。原交易各方应各自按原交易完成时资产和负债的公允价值计算重组业务的收益或损失，调整交易完成纳税年度的应纳税所得额及相应的资产和负债的计税基础，并向各自主管税务机关申请调整交易完成纳税年度的企业所得税年度申报表。逾期不调整申报的，按照《征管法》的相关规定处理。

第三十一条 各当事方的主管税务机关应当对企业申报或确认适用特殊性税务处理的重组业务进行跟踪监管，了解重组企业的动态变化情况。发现问题，应及时与其他当事方主管税务机关沟通联系，并按照规定给予调整。

第三十二条 根据《通知》第十条规定，若同一项重组业务涉及在连续12个月内分步交易，且跨两个纳税年度，当事各方在第一步交易完成时预计整个交易可以符合特殊性税务处理条件，可以协商一致选择特殊性税务处理的，可在第一步交易完成后，适用特殊性税务处理。主管税务机关在审核有关资料后，符合条件的，可以暂认可适用特殊性税务处理。第二年进行下一步交易后，应按本办法要求，准备相关资料确认适用特殊性税务处理。

第三十三条 上述跨年度分步交易，若当事方在首个纳税年度不能预计整个交易是否符合特殊性税务处理条件，应适用一般性税务处理。在下一纳税年度全部交易完成后，适用特殊性税务处理的，可以调整上一纳税年度的企业所得税年度申报表，涉及多缴税款的，各主管税务机关应退税，或抵缴当年应纳税款。

第三十四条 企业重组的当事各方应该取得并保管与该重组有关的凭证、资料，保管期限按照《征管法》的有关规定执行。

第四章 跨境重组税收管理

第三十五条 发生《通知》第七条规定的重组，凡适用特殊性税务处理规定的，应按照本办法第三章相关规定执行。

第三十六条 发生《通知》第七条第（一）、（二）项规定的重组，适用特殊税务处理的，应按照《国家税务总局关于印发〈非居民企业所得税源泉扣缴管理暂行办法〉的通知》（国税发〔2009〕3号）和《国家税务总局关于加强非居民企业股权转让所得企业所得税管理的通知》（国税函〔2009〕698号）要求，准备资料。

第三十七条 发生《通知》第七条第（三）项规定的重组，居民企业应向其所在地主管税务机关报送以下资料：

（一）当事方的重组情况说明，申请文件中应说明股权转让的商业目的；

（二）双方所签订的股权转让协议；

（三）双方控股情况说明；

（四）由评估机构出具的资产或股权评估报告。报告中应分别列示涉及的各单项被转让资产和负债的公允价值；

（五）证明重组符合特殊性税务处理条件的资料，包括股权或资产转让比例，支付对价情况，以及12个月内不改变资产原来的实质性经营活动、不转让所取得股权的承诺书等；

（六）税务机关要求的其他材料。

12. 关于企业重组业务企业所得税处理若干问题的通知

（2009年4月30日财政部、国家税务总局财税〔2009〕59号发布，根据2014年12月25日《财政部、国家税务总局关于促进企业重组有关企业所得税处理问题的通知》修正）

各省、自治区、直辖市、计划单列市财政厅（局）、国家税务局、地方税务局，新疆生产建设兵团财务局：

根据《中华人民共和国企业所得税法》第二十条和《中华人民共和国企业所得税法实施条例》（国务院令第512号）第七十五条规定，现就企业重组所涉及的企业所得税具体处理问题通知如下：

一、本通知所称企业重组，是指企业在日常经营活动以外发生的法律结构或经济结构重大改变的交易，包括企业法律形式改变、债务重组、股权收购、资产收购、合并、分立等。

（一）企业法律形式改变，是指企业注册名称、住所以及企业组织形式等的简单改变，但符合本通知规定其他重组的类型除外。

（二）债务重组，是指在债务人发生财务困难的情况下，债权人按照其与债务人达成的书面协议或者法院裁定书，就其债务人的债务作出让步的事项。

（三）股权收购，是指一家企业（以下称为收购企业）购买另一家企业（以下称为被收购企业）的股权，以实现对被收购企业控制的交易。收购企业支付对价的形式包括股权支付、非股权支付或两者的组合。

（四）资产收购，是指一家企业（以下称为受让企业）购买另一家企业（以下称为转让企业）实质经营性资产的交易。受让企业支付对价的形式包括股权支付、非股权支付或两者的组合。

（五）合并，是指一家或多家企业（以下称为被合并企业）将其全部资产和负债转让给另一家现存或新设企业（以下称为合并企业），被合并企业股东换取合并企业的股权或非股权支付，实现两个或两个以上企业的依法合并。

（六）分立，是指一家企业（以下称为被分立企业）将部分或全部资产分离转让给现存或新设的企业（以下称为分立企业），被分立企业股东换取分立企业的股权或非股权支付，实现企业的依法分立。

二、本通知所称股权支付，是指企业重组中购买、换取资产的一方支付的对价中，以本企业或其控股企业的股权、股份作为支付的形式；所称非股权支付，是指以本企业的现金、银行存款、应收款项、本企业或其控股企业股权和股份以外的有价证券、存货、固定资产、其他资产以及承担债务等作为支付的形式。

三、企业重组的税务处理区分不同条件分别适用一般性税务处理规定和特殊性税务处理规定。

四、企业重组，除符合本通知规定适用特殊性税务处理规定的外，按以下规定进行税务处理：

（一）企业由法人转变为个人独资企业、合伙企业等非法人组织，或将登记注册地转移至中华人民共和国境外（包括港澳台地区），应视同企业进行清算、分配，股东重新投资成立新企业。企业的全部资产以及股东投资的计税基础均应以公允价值为基础确定。

企业发生其他法律形式简单改变的，可直接变更税务登记，除另有规定外，有关企业所得税纳税事项（包括亏损结转、税收优惠等权益和义务）由变更后企业承继，但因住所发生变化而不符合税收优惠条件的除外。

（二）企业债务重组，相关交易应按以下规定处理：

1. 以非货币资产清偿债务，应当分解为转让相关非货币性资产、按非货币性资产公允价值清偿债务两项业务，确认相关资产的所得或损失。

2. 发生债权转股权的，应当分解为债务清偿和股权投资两项业务，确认有关债务清偿所得或损失。

3. 债务人应当按照支付的债务清偿额低于债务计税基础的差额，确认债务重组所得；债权人应当按照收到的债务清偿额低于债权计税基础的差额，确认债务重组损失。

4. 债务人的相关所得税纳税事项原则上保持不变。

（三）企业股权收购、资产收购重组交易，相关交易应按以下规定处理：

1. 被收购方应确认股权、资产转让所得或损失。

2. 收购方取得股权或资产的计税基础应以公允价值为基础确定。

3. 被收购企业的相关所得税事项原则上保持不变。

（四）企业合并，当事各方应按下列规定处理：

1. 合并企业应按公允价值确定接受被合并企业各项资产和负债的计税基础。

2. 被合并企业及其股东都应按清算进行所得税处理。

3. 被合并企业的亏损不得在合并企业结转弥补。

（五）企业分立，当事各方应按下列规定处理：

1. 被分立企业对分立出去资产应按公允价值确认资产转让所得或损失。

2. 分立企业应按公允价值确认接受资产的计税基础。

3. 被分立企业继续存在时，其股东取得的对价应视同被分立企业分配进行处理。

4. 被分立企业不再继续存在时，被分立企业及其股东都应按清算进行所得税处理。

5. 企业分立相关企业的亏损不得相互结转弥补。

五、企业重组同时符合下列条件的，适用特殊性税务处理规定：

（一）具有合理的商业目的，且不以减少、免除或者推迟缴纳税款为主要目的。

（二）被收购、合并或分立部分的资产或股权比例符合本通知规定的比例。

（三）企业重组后的连续12个月内不改变重组资产原来的实质性经营活动。

（四）重组交易对价中涉及股权支付金额符合本通知规定比例。

（五）企业重组中取得股权支付的原主要股东，在重组后连续12个月内，不得转让所取得的股权。

六、企业重组符合本通知第五条规定条件的，交易各方对其交易中的股权支付部分，可以按以下规定进行特殊性税务处理：

（一）企业债务重组确认的应纳税所得额占该企业当年应纳税所得额50%以上，可以在5个纳税年度的期间内，均匀计入各年度的应纳税所得额。

企业发生债权转股权业务，对债务清偿和股权投资两项业务暂不确认有关债务清偿所得或损失，股权投资的计税基础以原债权的计税基础确定。企业的其他相关所得税事项保持不变。

（二）股权收购，收购企业购买的股权不低于被收购企业全部股权的50%，且收购企业在该股权收购发生时的股权支付金额不低于其交易支付总额的85%，可以选择按以下规定处理：

1. 被收购企业的股东取得收购企业股权的计税基础，以被收购股权的原有计税基础确定。

2. 收购企业取得被收购企业股权的计税基础，以被收购股权的原有计税基础确定。

3. 收购企业、被收购企业的原有各项资产和负债的计税基础和其他相关所得税事项保持不变。

（三）资产收购，受让企业收购的资产不低于转让企业全部资产的75%，且受让企业在该资产收购发生时的股权支付金额不低于其交易支付总额的85%，可以选择按以下规定处理：

1. 转让企业取得受让企业股权的计税基础，以被转让资产的原有计税基础确定。

2. 受让企业取得转让企业资产的计税基础，以被转让资产的原有计税基础确定。

（四）企业合并，企业股东在该企业合并发生时取得的股权支付金额不低于其交易支付总额的85%，以及同一控制下且不需要支付对价的企业合并，可以选择按以下规定处理：

1. 合并企业接受被合并企业资产和负债的计税基础，以被合并企业的原有计税基础确定。

2. 被合并企业合并前的相关所得税事项由合并企业承继。

3. 可由合并企业弥补的被合并企业亏损的限额 = 被合并企业净资产公允价值 × 截至合并业务发生当年年末国家发行的最长期限的国债利率。

4. 被合并企业股东取得合并企业股权的计税基础，以其原持有的被合并企业股权的计税基础确定。

（五）企业分立，被分立企业所有股东按原持股比例取得分立企业的股权，分立企业和被分立企业均不改变原来的实质经营活动，且被分立企业股东在该企业分立发生时取得的股权支付金额不低于其交易支付总额的85%，可以选择按以下规定处理：

1. 分立企业接受被分立企业资产和负债的计税基础，以被分立企业的原有计税基础确定。

2. 被分立企业已分立出去资产相应的所得税事项由分立企业承继。

3. 被分立企业未超过法定弥补期限的亏损额可按分立资产占全部资产的比例进行分配，由分立企业继续弥补。

4. 被分立企业的股东取得分立企业的股权（以下简称"新股"），如需部分或全部放弃原持有的被分立企业的股权（以下简称"旧股"），"新股"的计税基础应以放弃"旧股"的计税基础确定。如不需放弃"旧股"，则其取得"新股"的计税基础可从以下两种方法中选择确定：直接将"新股"的计税基础确定为零；或者以被分立企业分立出去的净资产占被分立企业全部净资产的比例先调减原持有的"旧股"的计税基础，再将调减的计税基础平均分配到"新股"上。

（六）重组交易各方按本条（一）至（五）项规定对交易中股权支付暂不确认有关资产的转让所得或损失的，其非股权支付仍应在交易当期确认相应的资产转让所得或损失，并调整相应资产的计税基础。

非股权支付对应的资产转让所得或损失 =（被转让资产的公允价值 - 被转让资产的计税基础）×（非股权支付金额 ÷ 被转让资产的公允价值）

七、企业发生涉及中国境内与境外之间（包括港澳台地区)的股权和资产收购交易,除应符合本通知第五条规定的条件外,还应同时符合下列条件,才可选择适用特殊性税务处理规定:

(一)非居民企业向其100%直接控股的另一非居民企业转让其拥有的居民企业股权,没有因此造成以后该项股权转让所得预提税负担变化,且转让方非居民企业向主管税务机关书面承诺在3年(含3年)内不转让其拥有受让方非居民企业的股权;

(二)非居民企业向与其具有100%直接控股关系的居民企业转让其拥有的另一居民企业股权;

(三)居民企业以其拥有的资产或股权向其100%直接控股的非居民企业进行投资;

(四)财政部、国家税务总局核准的其他情形。

八、本通知第七条第(三)项所指的居民企业以其拥有的资产或股权向其100%直接控股关系的非居民企业进行投资,其资产或股权转让收益如选择特殊性税务处理,可以在10个纳税年度内均匀计入各年度应纳税所得额。

九、在企业吸收合并中,合并后的存续企业性质及适用税收优惠的条件未发生改变的,可以继续享受合并前该企业剩余期限的税收优惠,其优惠金额按存续企业合并前一年的应纳税所得额(亏损计为零)计算。

在企业存续分立中,分立后的存续企业性质及适用税收优惠的条件未发生改变的,可以继续享受分立前该企业剩余期限的税收优惠,其优惠金额按该企业分立前一年的应纳税所得额(亏损计为零)乘以分立后存续企业资产占分立前该企业全部资产的比例计算。

十、企业在重组发生前后连续12个月内分步对其资产、股权进行交易,应根据实质重于形式原则将上述交易作为一项企业重组交易进行处理。

十一、企业发生符合本通知规定的特殊性重组条件并选择特殊性税务处理的,当事各方应在该重组业务完成当年企业所得税年度申报时,向主管税务机关提交书面备案资料,证明其符合各类特殊性重组规定的条件。企业未按规定书面备案的,一律不得按特殊重组业务进行税务处理。

十二、对企业在重组过程中涉及的需要特别处理的企业所得税事项,由国务院财政、税务主管部门另行规定。

十三、本通知自2008年1月1日起执行。

财政部　国家税务总局

二〇〇九年四月三十日

13. 国家税务总局关于纳税人资产重组有关增值税问题的公告

(2011年2月18日国家税务总局公告2011年第13号发布,自2011年3月1日起施行)

根据《中华人民共和国增值税暂行条例》及其实施细则的有关规定,现将纳税人资产重组有关增值税问题公告如下:

纳税人在资产重组过程中,通过合并、分立、出售、置换等方式,将全部或者部分实物资产以及与其相关联的债权、负债和劳动力一并转让给其他单位和个人,不属于增值税的征税范围,其中涉及的货物转让,不征收增值税。

本公告自2011年3月1日起执行。此前未作处理的,按照本公告的规定执行。《国家税务总局关于转让企业全部产权不征收增值税问题的批复》(国税函〔2002〕420号)、《国家税务总局关于纳税人资产重组有关增值税政策问题的批复》(国税函〔2009〕585号)、《国家税务总局关于中国直播卫星有限公司转让全部产权有关增值税问题的通知》(国税函〔2010〕350号)同时废止。

特此公告。

二〇一一年二月十八日

14. 国家税务总局关于纳税人资产重组有关增值税问题的公告

（2013年11月19日国家税务总局公告2013年第66号发布，自2013年12月1日起施行）

现将纳税人资产重组有关增值税问题公告如下：

纳税人在资产重组过程中，通过合并、分立、出售、置换等方式，将全部或者部分实物资产以及与其相关联的债权、负债经多次转让后，最终的受让方与劳动力接收方为同一单位和个人的，仍适用《国家税务总局关于纳税人资产重组有关增值税问题的公告》（国家税务总局公告2011年第13号）的相关规定，其中货物的多次转让行为均不征收增值税。资产的出让方需将资产重组方案等文件资料报其主管税务机关。

本公告自2013年12月1日起施行。纳税人此前已发生并处理的事项，不再做调整；未处理的，按本公告规定执行。

特此公告。

国家税务总局

2013年11月19日

15. 国家税务总局关于个人投资者收购企业股权后将原盈余积累转增股本个人所得税问题的公告

（2013年5月7日国家税务总局公告2013年第23号发布，自2013年6月7日起施行）

根据《中华人民共和国个人所得税法》及有关规定，对个人投资者收购企业股权后，将企业原有盈余积累转增股本有关个人所得税问题公告如下：

一、1名或多名个人投资者以股权收购方式取得被收购企业100%股权，股权收购前，被收购企业原账面金额中的“资本公积、盈余公积、未分配利润”等盈余积累未转增股本，而在股权交易时将其一并计入股权转让价格并履行了所得税纳税义务。股权收购后，企业将原账面金额中的盈余积累向个人投资者（新股东，下同）转增股本，有关个人所得税问题区分以下情形处理：

（一）新股东以不低于净资产价格收购股权的，企业原盈余积累已全部计入股权交易价格，新股东取得盈余积累转增股本的部分，不征收个人所得税。

（二）新股东以低于净资产价格收购股权的，企业原盈余积累中，对于股权收购价格减去原股本的差额部分已经计入股权交易价格，新股东取得盈余积累转增股本的部分，不征收个人所得税；对于股权收购价格低于原所有者权益的差额部分未计入股权交易价格，新股东取得盈余积累转增股本的部分，应按照“利息、股息、红利所得”项目征收个人所得税。

新股东以低于净资产价格收购企业股权后转增股本，应按照下列顺序进行，即：先转增应税的盈余积累部分，然后再转增免税的盈余积累部分。

二、新股东将所持股权转让时，其财产原值为其收购企业股权实际支付的对价及相关税费。

三、企业发生股权交易及转增股本等事项后，应在次月15日内，将股东及其股权变化情况、股权交易前原账面记载的盈余积累数额、转增股本数额及扣缴税款情况报告主管税务机关。

四、本公告自发布后30日起施行。此前尚未处理的涉税事项按本公告执行。

特此公告。

国家税务总局

2013年5月7日

16. 国家税务总局关于企业混合性投资业务企业所得税处理问题的公告

（2013 年 7 月 15 日国家税务总局公告 2013 年第 41 号发布，自 2013 年 9 月 1 日起施行）

根据《中华人民共和国企业所得税法》及其实施条例（以下简称税法）的规定，现就企业混合性投资业务企业所得税处理问题公告如下：

一、企业混合性投资业务，是指兼具权益和债权双重特性的投资业务。同时符合下列条件的混合性投资业务，按本公告进行企业所得税处理：

（一）被投资企业接受投资后，需要按投资合同或协议约定的利率定期支付利息（或定期支付保底利息、固定利润、固定股息，下同）；

（二）有明确的投资期限或特定的投资条件，并在投资期满或者满足特定投资条件后，被投资企业需要赎回投资或偿还本金；

（三）投资企业对被投资企业净资产不拥有所有权；

（四）投资企业不具有选举权和被选举权；

（五）投资企业不参与被投资企业日常生产经营活动。

二、符合本公告第一条规定的混合性投资业务，按下列规定进行企业所得税处理：

（一）对于被投资企业支付的利息，投资企业应于被投资企业应付利息的日期，确认收入的实现并计入当期应纳税所得额；被投资企业应于应付利息的日期，确认利息支出，并按税法和《国家税务总局关于企业所得税若干问题的公告》（2011 年第 34 号）第一条的规定，进行税前扣除。

（二）对于被投资企业赎回的投资，投资双方应于赎回时将赎价与投资成本之间的差额确认为债务重组损益，分别计入当期应纳税所得额。

三、本公告自 2013 年 9 月 1 日起执行。此前发生的已进行税务处理的混合性投资业务，不再进行纳税调整。

特此公告。

国家税务总局

2013 年 7 月 15 日

17. 商业银行并购贷款风险管理指引

（2015 年 2 月 10 日　银监发〔2015〕5 号）

第一章　总　则

第一条　为规范商业银行并购贷款经营行为，提高商业银行并购贷款风险管理能力，加强商业银行对经济结构调整和资源优化配置的支持力度，促进银行业公平竞争，维护银行业合法稳健运行，根据《中华人民共和国银行业监督管理法》、《中华人民共和国商业银行法》等法律法规，制定本指引。

第二条　本指引所称商业银行是指依照《中华人民共和国商业银行法》设立的商业银行法人机构。

第三条　本指引所称并购，是指境内并购方企业通过受让现有股权、认购新增股权，或收购资产、承接债务等方式以实现合并或实际控制已设立并持续经营的目标企业或资产的交易行为。

并购可由并购方通过其专门设立的无其他业务经营活动的全资或控股子公司（以下称子公司）进行。

第四条　本指引所称并购贷款，是指商业银行向并购方或其子公司发放的，用于支付并购交易价款和费用的贷款。

第五条　开办并购贷款业务的商业银行法

人机构应当符合以下条件：

（一）有健全的风险管理和有效的内控机制；

（二）资本充足率不低于10%；

（三）其他各项监管指标符合监管要求；

（四）有并购贷款尽职调查和风险评估的专业团队。

商业银行开办并购贷款业务前，应当制定并购贷款业务流程和内控制度，并向监管机构报告。商业银行开办并购贷款业务后，如发生不能持续满足上述条件之一的情况，应当停止办理新的并购贷款业务。

第六条 商业银行开办并购贷款业务应当遵循依法合规、审慎经营、风险可控、商业可持续的原则。

第七条 商业银行应制定并购贷款业务发展策略，充分考虑国家产业、土地、环保等相关政策，明确发展并购贷款业务的目标、客户范围、风险承受限额及其主要风险特征，合理满足企业兼并重组融资需求。

第八条 商业银行应按照管理强度高于其他贷款种类的原则建立相应的并购贷款管理制度和管理信息系统，确保业务流程、内控制度以及管理信息系统能够有效地识别、计量、监测和控制并购贷款的风险。

商业银行应按照监管要求建立并购贷款统计制度，做好并购贷款的统计、汇总、分析等工作。

第九条 银监会及其派出机构依法对商业银行并购贷款业务实施监督管理，发现商业银行不符合业务开办条件或违反本指引有关规定，不能有效控制并购贷款风险的，可根据有关法律法规采取责令商业银行暂停并购贷款业务等监管措施。

第二章 风险评估

第十条 商业银行应在全面分析战略风险、法律与合规风险、整合风险、经营风险以及财务风险等与并购有关的各项风险的基础上评估并购贷款的风险。商业银行并购贷款涉及跨境交易的，还应分析国别风险、汇率风险和资金过境风险等。

第十一条 商业银行评估战略风险，应从并购双方行业前景、市场结构、经营战略、管理团队、企业文化和股东支持等方面进行分析，包括但不限于以下内容：

（一）并购双方的产业相关度和战略相关性，以及可能形成的协同效应；

（二）并购双方从战略、管理、技术和市场整合等方面取得额外回报的机会；

（三）并购后的预期战略成效及企业价值增长的动力来源；

（四）并购后新的管理团队实现新战略目标的可能性；

（五）并购的投机性及相应风险控制对策；

（六）协同效应未能实现时，并购方可能采取的风险控制措施或退出策略。

第十二条 商业银行评估法律与合规风险，包括但不限于分析以下内容：

（一）并购交易各方是否具备并购交易主体资格；

（二）并购交易是否按有关规定已经或即将获得批准，并履行必要的登记、公告等手续；

（三）法律法规对并购交易的资金来源是否有限制性规定；

（四）担保的法律结构是否合法有效并履行了必要的法定程序；

（五）借款人对还款现金流的控制是否合法合规；

（六）贷款人权利能否获得有效的法律保障；

（七）与并购、并购融资法律结构有关的其他方面的合规性。

第十三条 商业银行评估整合风险，包括但不限于分析并购双方是否有能力通过以下方面的整合实现协同效应：

（一）发展战略整合；

（二）组织整合；

（三）资产整合；

（四）业务整合；

（五）人力资源及文化整合。

第十四条 商业银行评估经营及财务风险，包括但不限于分析以下内容：

（一）并购后企业经营的主要风险，如行业发展和市场份额是否能保持稳定或增长趋势，公司治理是否有效，管理团队是否稳定并且具有足够能力，技术是否成熟并能提高企业竞争力，财务管理是否有效等；

（二）并购双方的未来现金流及其稳定程度；

（三）并购股权（或资产）定价高于目标企业股权（或资产）合理估值的风险；

（四）并购双方的分红策略及其对并购贷款还款来源造成的影响；

（五）并购中使用的债务融资工具及其对并购贷款还款来源造成的影响；

（六）汇率和利率等因素变动对并购贷款还款来源造成的影响。

商业银行应当综合考虑上述风险因素，根据并购双方经营和财务状况、并购融资方式和金额等情况，合理测算并购贷款还款来源，审慎确定并购贷款所支持的并购项目的财务杠杆率，确保并购的资金来源中含有合理比例的权益性资金，防范高杠杆并购融资带来的风险。

第十五条　商业银行应在全面分析与并购有关的各项风险的基础上，建立审慎的财务模型，测算并购双方未来财务数据，以及对并购贷款风险有重要影响的关键财务杠杆和偿债能力指标。

第十六条　商业银行应在财务模型测算的基础上，充分考虑各种不利情形对并购贷款风险的影响。不利情形包括但不限于：

（一）并购双方的经营业绩（包括现金流）在还款期内未能保持稳定或增长趋势；

（二）并购双方的治理结构不健全，管理团队不稳定或不能胜任；

（三）并购后并购方与目标企业未能产生协同效应；

（四）并购方与目标企业存在关联关系，尤其是并购方与目标企业受同一实际控制人控制的情形。

第十七条　商业银行应在全面评估并购贷款风险的基础上，确认并购交易的真实性，综合判断借款人的还款资金来源是否充足，还款来源与还款计划是否匹配，借款人是否能够按照合同约定支付贷款利息和本金等，并提出并购贷款质量下滑时可采取的应对措施或退出策略，形成贷款评审报告。

第三章　风险管理

第十八条　商业银行全部并购贷款余额占同期本行一级资本净额的比例不应超过50%。

第十九条　商业银行应按照本行并购贷款业务发展策略，分别按单一借款人、集团客户、行业类别、国家或地区对并购贷款集中度建立相应的限额控制体系，并向银监会或其派出机构报告。

第二十条　商业银行对单一借款人的并购贷款余额占同期本行一级资本净额的比例不应超过5%。

第二十一条　并购交易价款中并购贷款所占比例不应高于60%。

第二十二条　并购贷款期限一般不超过七年。

第二十三条　商业银行应具有与本行并购贷款业务规模和复杂程度相适应的熟悉并购相关法律、财务、行业等知识的专业人员。

第二十四条　商业银行应在内部组织并购贷款尽职调查和风险评估的专业团队，对本指引第十一条到第十七条的内容进行调查、分析和评估，并形成书面报告。

前款所称专业团队的负责人应有3年以上并购从业经验，成员可包括但不限于并购专家、信贷专家、行业专家、法律专家和财务专家等。

第二十五条　商业银行应在并购贷款业务受理、尽职调查、风险评估、合同签订、贷款发放、贷后管理等主要业务环节以及内部控制体系中加强专业化的管理与控制。

第二十六条　商业银行受理的并购贷款申请应符合以下基本条件：

（一）并购方依法合规经营，信用状况良好，没有信贷违约、逃废银行债务等不良记录；

（二）并购交易合法合规，涉及国家产业政策、行业准入、反垄断、国有资产转让等事项的，应按相关法律法规和政策要求，取得有关方面的批准和履行相关手续；

（三）并购方与目标企业之间具有较高的产业相关度或战略相关性，并购方通过并购能够获得目标企业的研发能力、关键技术与工艺、商标、特许权、供应或分销网络等战略性资源以提高其核心竞争能力。

第二十七条　商业银行可根据并购交易的复杂性、专业性和技术性，聘请中介机构进行有关调查并在风险评估时使用该中介机构的调查报告。

有前款所述情形的,商业银行应建立相应的中介机构管理制度,并通过书面合同明确中介机构的法律责任。

第二十八条 并购方与目标企业存在关联关系的,商业银行应当加强贷前调查,了解和掌握并购交易的经济动机、并购双方整合的可行性、协同效应的可能性等相关情况,核实并购交易的真实性以及并购交易价格的合理性,防范关联企业之间利用虚假并购交易套取银行信贷资金的行为。

第二十九条 商业银行原则上应要求借款人提供充足的能够覆盖并购贷款风险的担保,包括但不限于资产抵押、股权质押、第三方保证,以及符合法律规定的其他形式的担保。以目标企业股权质押时,商业银行应采用更为审慎的方法评估其股权价值和确定质押率。

第三十条 商业银行应根据并购贷款风险评估结果,审慎确定借款合同中贷款金额、期限、利率、分期还款计划、担保方式等基本条款的内容。

第三十一条 商业银行应在借款合同中约定保护贷款人利益的关键条款,包括但不限于:

(一)对借款人或并购后企业重要财务指标的约束性条款;

(二)对借款人特定情形下获得的额外现金流用于提前还款的强制性条款;

(三)对借款人或并购后企业的主要或专用账户的监控条款;

(四)确保贷款人对重大事项知情权或认可权的借款人承诺条款。

第三十二条 商业银行应通过本指引第三十一条所述的关键条款约定在并购双方出现以下情形时可采取的风险控制措施:

(一)重要股东的变化;

(二)经营战略的重大变化;

(三)重大投资项目变化;

(四)营运成本的异常变化;

(五)品牌、客户、市场渠道等的重大不利变化;

(六)产生新的重大债务或对外担保;

(七)重大资产出售;

(八)分红策略的重大变化;

(九)担保人的担保能力或抵质押物发生重大变化;

(十)影响企业持续经营的其他重大事项。

第三十三条 商业银行应在借款合同中约定提款条件以及与贷款支付使用相关的条款,提款条件应至少包括并购方自筹资金已足额到位和并购合规性条件已满足等内容。

商业银行应按照借款合同约定,加强对贷款资金的提款和支付管理,做好资金流向监控,防范关联企业借助虚假并购交易套取贷款资金,确保贷款资金不被挪用。

第三十四条 商业银行应在借款合同中约定,借款人有义务在贷款存续期间定期报送并购双方、担保人的财务报表以及贷款人需要的其他相关资料。

第三十五条 商业银行在贷款存续期间,应加强贷后检查,及时跟踪并购实施情况,定期评估并购双方未来现金流的可预测性和稳定性,定期评估借款人的还款计划与还款来源是否匹配,对并购交易或者并购双方出现异常情况的,及时采取有效措施保障贷款安全。

并购方与目标企业存在关联关系的,商业银行应加大贷后管理力度,特别是应确认并购交易得到实际执行以及并购方对目标企业真正实施整合。

第三十六条 商业银行在贷款存续期间,应密切关注借款合同中关键条款的履行情况。

第三十七条 商业银行应按照不低于其他贷款种类的频率和标准对并购贷款进行风险分类和计提拨备。

第三十八条 并购贷款出现不良时,商业银行应及时采取贷款清收、保全,以及处置抵质押物、依法接管企业经营权等风险控制措施。

第三十九条 商业银行应明确并购贷款业务内部报告的内容、路线和频率,并应至少每年对并购贷款业务的合规性和资产价值变化进行内部检查和独立的内部审计,对其风险状况进行全面评估。当出现并购贷款集中度趋高、贷款风险分类趋降等情形时,商业银行应提高内部报告、检查和评估的频率。

第四十条 商业银行在并购贷款的不良贷款额或不良率上升时应加强对以下内容的报告、检查和评估:

（一）并购贷款担保的方式、构成和覆盖贷款本息的情况；

（二）针对不良贷款所采取的清收和保全措施；

（三）处置质押股权的情况；

（四）依法接管企业经营权的情况；

（五）并购贷款的呆账核销情况。

第四章　附　则

第四十一条　商业银行贷款支持已获得目标企业控制权的并购方企业，为维持对目标企业的控制权而受让或者认购目标企业股权的，适用本指引。

第四十二条　政策性银行、外国银行分行和企业集团财务公司开办并购贷款业务的，参照本指引执行。

第四十三条　本指引所称并购双方是指并购方与目标企业。

第四十四条　本指引由中国银监会负责解释。

第四十五条　本指引自印发之日起施行。《中国银监会关于印发〈商业银行并购贷款风险管理指引〉的通知》（银监发〔2008〕84号）同时废止。

18. 住房和城乡建设部关于建设工程企业资质管理资产考核有关问题的通知

（2016年6月16日　建市〔2016〕122号）

各省、自治区住房城乡建设厅，直辖市建委，北京市规划委，新疆生产建设兵团建设局，国务院有关部门建设司（局），有关中央企业：

根据《国务院关于第一批清理规范89项国务院部门行政审批中介服务事项的决定》（国发〔2015〕58号）和《国务院办公厅关于加快推进落实注册资本登记制度改革有关事项的通知》（国办函〔2015〕14号）的有关要求，住房城乡建设部决定对以下规范性文件作出如下修改：

一、将《关于颁发〈海洋工程勘察资质分级标准〉的通知》（建设〔2001〕217号）中的“工商注册资金”、“注册资金”统一修改为“净资产”。

删除附件一第六条。

二、将《关于印发〈工程设计资质标准〉的通知》（建市〔2007〕86号）中的“注册资本”统一修改为“净资产”。

三、删除《关于印发〈工程监理企业资质管理规定实施意见〉的通知》（建市〔2007〕190号）第六条第二十九款。

删除附件1、附件2中的“注册资本”和“注册资本金”。

四、将《关于印发〈建设工程勘察设计资质管理规定实施意见〉的通知》（建市〔2007〕202号）中的“注册资本”统一修改为“净资产”。

将第六条第三十四款第二项修改为“2. 净资产《标准》中的净资产以企业申请资质前一年度或当期合法的财务报表中净资产指标为准考核”。

五、删除《关于印发〈工程建设项目招标代理机构资格认定办法实施意见〉的通知》（建市〔2007〕230号）第一条第一款第四项。

将第一条第二款第三项修改为“企业上一年度合法的财务报告（含资产负债表、损益表及报表说明）的复印件”。

删除第五条第十九款。

删除附件1中的“注册资本”。

六、将《住房城乡建设部关于印发〈工程勘察资质标准〉的通知》（建市〔2013〕9号）中的“实缴注册资本”统一修改为“净资产”。

七、将《住房城乡建设部关于建设工程企业发生重组、合并、分立等情况资质核定有关问题的通知》（建市〔2014〕79号）第一条中的“经审核注册资本金和注册人员等指标满足资质标准要求的”修改为“经审核净资产和注册人员等指标满足资质标准要求的”。

中华人民共和国住房和城乡建设部

2016年6月16日

(二)上市公司收购、重组

1. 证券法(节选)

第八十五条至第一百零一条。

2. 上市公司收购管理办法

(2006年5月17日中国证券监督管理委员会令第35号公布,根据2008年8月27日中国证券监督管理委员会《关于修改〈上市公司收购管理办法〉第六十三条的决定》第一次修订,根据2012年2月14日中国证券监督管理委员会《关于修改〈上市公司收购管理办法〉第六十二条及第六十三条的决定》第二次修订,根据2014年10月23日中国证券监督管理委员会《关于修改〈上市公司收购管理办法〉的决定》第三次修订)

第一章　总　则

第一条　为了规范上市公司的收购及相关股份权益变动活动,保护上市公司和投资者的合法权益,维护证券市场秩序和社会公共利益,促进证券市场资源的优化配置,根据《证券法》、《公司法》及其他相关法律、行政法规,制定本办法。

第二条　上市公司的收购及相关股份权益变动活动,必须遵守法律、行政法规及中国证券监督管理委员会(以下简称中国证监会)的规定。当事人应当诚实守信,遵守社会公德、商业道德,自觉维护证券市场秩序,接受政府、社会公众的监督。

第三条　上市公司的收购及相关股份权益变动活动,必须遵循公开、公平、公正的原则。

上市公司的收购及相关股份权益变动活动中的信息披露义务人,应当充分披露其在上市公司中的权益及变动情况,依法严格履行报告、公告和其他法定义务。在相关信息披露前,负有保密义务。

信息披露义务人报告、公告的信息必须真实、准确、完整,不得有虚假记载、误导性陈述或者重大遗漏。

第四条　上市公司的收购及相关股份权益变动活动不得危害国家安全和社会公共利益。

上市公司的收购及相关股份权益变动活动涉及国家产业政策、行业准入、国有股份转让等事项,需要取得国家相关部门批准的,应当在取得批准后进行。

外国投资者进行上市公司的收购及相关股份权益变动活动的,应当取得国家相关部门的批准,适用中国法律,服从中国的司法、仲裁管辖。

第五条　收购人可以通过取得股份的方式成为一个上市公司的控股股东,可以通过投资关系、协议、其他安排的途径成为一个上市公司的实际控制人,也可以同时采取上述方式和途径取得上市公司控制权。

收购人包括投资者及与其一致行动的他人。

第六条　任何人不得利用上市公司的收购损害被收购公司及其股东的合法权益。

有下列情形之一的,不得收购上市公司:

(一)收购人负有数额较大债务,到期未清偿,且处于持续状态;

(二)收购人最近3年有重大违法行为或者涉嫌有重大违法行为;

(三)收购人最近3年有严重的证券市场失信行为;

(四)收购人为自然人的,存在《公司法》第一百四十六条规定情形;

(五)法律、行政法规规定以及中国证监会认定的不得收购上市公司的其他情形。

第七条　被收购公司的控股股东或者实际

控制人不得滥用股东权利损害被收购公司或者其他股东的合法权益。

被收购公司的控股股东、实际控制人及其关联方有损害被收购公司及其他股东合法权益的，上述控股股东、实际控制人在转让被收购公司控制权之前，应当主动消除损害；未能消除损害的，应当就其出让相关股份所得收入用于消除全部损害做出安排，对不足以消除损害的部分应当提供充分有效的履约担保或安排，并依照公司章程取得被收购公司股东大会的批准。

第八条　被收购公司的董事、监事、高级管理人员对公司负有忠实义务和勤勉义务，应当公平对待收购本公司的所有收购人。

被收购公司董事会针对收购所做出的决策及采取的措施，应当有利于维护公司及其股东的利益，不得滥用职权对收购设置不适当的障碍，不得利用公司资源向收购人提供任何形式的财务资助，不得损害公司及其股东的合法权益。

第九条　收购人进行上市公司的收购，应当聘请在中国注册的具有从事财务顾问业务资格的专业机构担任财务顾问。收购人未按照本办法规定聘请财务顾问的，不得收购上市公司。

财务顾问应当勤勉尽责，遵守行业规范和职业道德，保持独立性，保证其所制作、出具文件的真实性、准确性和完整性。

财务顾问认为收购人利用上市公司的收购损害被收购公司及其股东合法权益的，应当拒绝为收购人提供财务顾问服务。

财务顾问不得教唆、协助或者伙同委托人编制或披露存在虚假记载、误导性陈述或者重大遗漏的报告、公告文件，不得从事不正当竞争，不得利用上市公司的收购谋取不正当利益。

第十条　中国证监会依法对上市公司的收购及相关股份权益变动活动进行监督管理。

中国证监会设立由专业人员和有关专家组成的专门委员会。专门委员会可以根据中国证监会职能部门的请求，就是否构成上市公司的收购、是否有不得收购上市公司的情形以及其他相关事宜提供咨询意见。中国证监会依法做出决定。

第十一条　证券交易所依法制定业务规则，为上市公司的收购及相关股份权益变动活动组织交易和提供服务，对相关证券交易活动进行实时监控，监督上市公司的收购及相关股份权益变动活动的信息披露义务人切实履行信息披露义务。

证券登记结算机构依法制定业务规则，为上市公司的收购及相关股份权益变动活动所涉及的证券登记、存管、结算等事宜提供服务。

第二章　权 益 披 露

第十二条　投资者在一个上市公司中拥有的权益，包括登记在其名下的股份和虽未登记在其名下但该投资者可以实际支配表决权的股份。投资者及其一致行动人在一个上市公司中拥有的权益应当合并计算。

第十三条　通过证券交易所的证券交易，投资者及其一致行动人拥有权益的股份达到一个上市公司已发行股份的5%时，应当在该事实发生之日起3日内编制权益变动报告书，向中国证监会、证券交易所提交书面报告，通知该上市公司，并予公告；在上述期限内，不得再行买卖该上市公司的股票。

前述投资者及其一致行动人拥有权益的股份达到一个上市公司已发行股份的5%后，通过证券交易所的证券交易，其拥有权益的股份占该上市公司已发行股份的比例每增加或者减少5%，应当依照前款规定进行报告和公告。在报告期限内和作出报告、公告后2日内，不得再行买卖该上市公司的股票。

第十四条　通过协议转让方式，投资者及其一致行动人在一个上市公司中拥有权益的股份拟达到或者超过一个上市公司已发行股份的5%时，应当在该事实发生之日起3日内编制权益变动报告书，向中国证监会、证券交易所提交书面报告，通知该上市公司，并予公告。

投资者及其一致行动人拥有权益的股份达到一个上市公司已发行股份的5%后，其拥有权益的股份占该上市公司已发行股份的比例每增加或者减少达到或者超过5%的，应当依照前款规定履行报告、公告义务。

前两款规定的投资者及其一致行动人在作出报告、公告前，不得再行买卖该上市公司的股票。相关股份转让及过户登记手续按照本办法第四章及证券交易所、证券登记结算机构的规定办理。

第十五条 投资者及其一致行动人通过行政划转或者变更、执行法院裁定、继承、赠与等方式拥有权益的股份变动达到前条规定比例的，应当按照前条规定履行报告、公告义务，并参照前条规定办理股份过户登记手续。

第十六条 投资者及其一致行动人不是上市公司的第一大股东或者实际控制人，其拥有权益的股份达到或者超过该公司已发行股份的5%，但未达到20%的，应当编制包括下列内容的简式权益变动报告书：

（一）投资者及其一致行动人的姓名、住所；投资者及其一致行动人为法人的，其名称、注册地及法定代表人；

（二）持股目的，是否有意在未来12个月内继续增加其在上市公司中拥有的权益；

（三）上市公司的名称、股票的种类、数量、比例；

（四）在上市公司中拥有权益的股份达到或者超过上市公司已发行股份的5%或者拥有权益的股份增减变化达到5%的时间及方式；

（五）权益变动事实发生之日前6个月内通过证券交易所的证券交易买卖该公司股票的简要情况；

（六）中国证监会、证券交易所要求披露的其他内容。

前述投资者及其一致行动人为上市公司第一大股东或者实际控制人，其拥有权益的股份达到或者超过一个上市公司已发行股份的5%，但未达到20%的，还应当披露本办法第十七条第一款规定的内容。

第十七条 投资者及其一致行动人拥有权益的股份达到或者超过一个上市公司已发行股份的20%但未超过30%的，应当编制详式权益变动报告书，除须披露前条规定的信息外，还应当披露以下内容：

（一）投资者及其一致行动人的控股股东、实际控制人及其股权控制关系结构图；

（二）取得相关股份的价格、所需资金额、资金来源，或者其他支付安排；

（三）投资者、一致行动人及其控股股东、实际控制人所从事的业务与上市公司的业务是否存在同业竞争或者潜在的同业竞争，是否存在持续关联交易；存在同业竞争或者持续关联交易的，是否已做出相应的安排，确保投资者、一致行动人及其关联方与上市公司之间避免同业竞争以及保持上市公司的独立性；

（四）未来12个月内对上市公司资产、业务、人员、组织结构、公司章程等进行调整的后续计划；

（五）前24个月内投资者及其一致行动人与上市公司之间的重大交易；

（六）不存在本办法第六条规定的情形；

（七）能够按照本办法第五十条的规定提供相关文件。

前述投资者及其一致行动人为上市公司第一大股东或者实际控制人的，还应当聘请财务顾问对上述权益变动报告书所披露的内容出具核查意见，但国有股行政划转或者变更、股份转让在同一实际控制人控制的不同主体之间进行、因继承取得股份的除外。投资者及其一致行动人承诺至少3年放弃行使相关股份表决权的，可免于聘请财务顾问和提供前款第（七）项规定的文件。

第十八条 已披露权益变动报告书的投资者及其一致行动人在披露之日起6个月内，因拥有权益的股份变动需要再次报告、公告权益变动报告书的，可以仅就与前次报告书不同的部分作出报告、公告；自前次披露之日起超过6个月的，投资者及其一致行动人应当按照本章的规定编制权益变动报告书，履行报告、公告义务。

第十九条 因上市公司减少股本导致投资者及其一致行动人拥有权益的股份变动出现本办法第十四条规定情形的，投资者及其一致行动人免于履行报告和公告义务。上市公司应当自完成减少股本的变更登记之日起2个工作日内，就因此导致的公司股东拥有权益的股份变动情况作出公告；因公司减少股本可能导致投资者及其一致行动人成为公司第一大股东或者实际控制人的，该投资者及其一致行动人应当自公司董事会公告有关减少公司股本决议之日起3个工作日内，按照本办法第十七条第一款的规定履行报告、公告义务。

第二十条 上市公司的收购及相关股份权益变动活动中的信息披露义务人依法披露前，相关信息已在媒体上传播或者公司股票交易出现异常的，上市公司应当立即向当事人进行查询，当事人应当及时予以书面答复，上市公司应当及时作出公告。

第二十一条 上市公司的收购及相关股份权益变动活动中的信息披露义务人应当在至少一家中国证监会指定媒体上依法披露信息；在其他媒体上进行披露的，披露内容应当一致，披露时间不得早于指定媒体的披露时间。

第二十二条 上市公司的收购及相关股份权益变动活动中的信息披露义务人采取一致行动的，可以以书面形式约定由其中一人作为指定代表负责统一编制信息披露文件，并同意授权指定代表在信息披露文件上签字、盖章。

各信息披露义务人应当对信息披露文件中涉及其自身的信息承担责任；对信息披露文件中涉及的与多个信息披露义务人相关的信息，各信息披露义务人对相关部分承担连带责任。

第三章 要约收购

第二十三条 投资者自愿选择以要约方式收购上市公司股份的，可以向被收购公司所有股东发出收购其所持有的全部股份的要约（以下简称全面要约），也可以向被收购公司所有股东发出收购其所持有的部分股份的要约（以下简称部分要约）。

第二十四条 通过证券交易所的证券交易，收购人持有一个上市公司的股份达到该公司已发行股份的30%时，继续增持股份的，应当采取要约方式进行，发出全面要约或者部分要约。

第二十五条 收购人依照本办法第二十三条、第二十四条、第四十七条、第五十六条的规定，以要约方式收购一个上市公司股份的，其预定收购的股份比例均不得低于该上市公司已发行股份的5%。

第二十六条 以要约方式进行上市公司收购的，收购人应当公平对待被收购公司的所有股东。持有同一种类股份的股东应当得到同等对待。

第二十七条 收购人为终止上市公司的上市地位而发出全面要约的，或者向中国证监会提出申请但未取得豁免而发出全面要约的，应当以现金支付收购价款；以依法可以转让的证券（以下简称证券）支付收购价款的，应当同时提供现金方式供被收购公司股东选择。

第二十八条 以要约方式收购上市公司股份的，收购人应当编制要约收购报告书，聘请财务顾问，通知被收购公司，同时对要约收购报告书摘要作出提示性公告。

本次收购依法应当取得相关部门批准的，收购人应当在要约收购报告书摘要中作出特别提示，并在取得批准后公告要约收购报告书。

第二十九条 前条规定的要约收购报告书，应当载明下列事项：

（一）收购人的姓名、住所；收购人为法人的，其名称、注册地及法定代表人，与其控股股东、实际控制人之间的股权控制关系结构图；

（二）收购人关于收购的决定及收购目的，是否拟在未来12个月内继续增持；

（三）上市公司的名称、收购股份的种类；

（四）预定收购股份的数量和比例；

（五）收购价格；

（六）收购所需资金额、资金来源及资金保证，或者其他支付安排；

（七）收购要约约定的条件；

（八）收购期限；

（九）公告收购报告书时持有被收购公司的股份数量、比例；

（十）本次收购对上市公司的影响分析，包括收购人及其关联方所从事的业务与上市公司的业务是否存在同业竞争或者潜在的同业竞争，是否存在持续关联交易；存在同业竞争或者持续关联交易的，收购人是否已作出相应的安排，确保收购人及其关联方与上市公司之间避免同业竞争以及保持上市公司的独立性；

（十一）未来12个月内对上市公司资产、业务、人员、组织结构、公司章程等进行调整的后续计划；

（十二）前24个月内收购人及其关联方与上市公司之间的重大交易；

（十三）前6个月内通过证券交易所的证券交易买卖被收购公司股票的情况；

（十四）中国证监会要求披露的其他内容。

收购人发出全面要约的，应当在要约收购报告书中充分披露终止上市的风险、终止上市后收购行为完成的时间及仍持有上市公司股份的剩余股东出售其股票的其他后续安排；收购人发出以终止公司上市地位为目的的全面要约，无须披露前款第（十）项规定的内容。

第三十条 收购人按照本办法第四十七条拟收购上市公司股份超过30%，须改以要约方式进行收购的，收购人应当在达成收购协议或者做出类似安排后的3日内对要约收购报告书摘要作出提示性公告，并按照本办法第二十八条、第二十九条的规定履行公告义务，同时免于编制、公告上市公司收购报告书；依法应当取得批准的，应当在公告中特别提示本次要约须取得相关批准方可进行。

未取得批准的，收购人应当在收到通知之日起2个工作日内，公告取消收购计划，并通知被收购公司。

第三十一条 收购人自作出要约收购提示性公告起60日内，未公告要约收购报告书的，收购人应当在期满后次一个工作日通知被收购公司，并予公告；此后每30日应当公告一次，直至公告要约收购报告书。

收购人作出要约收购提示性公告后，在公告要约收购报告书之前，拟自行取消收购计划的，应当公告原因；自公告之日起12个月内，该收购人不得再次对同一上市公司进行收购。

第三十二条 被收购公司董事会应当对收购人的主体资格、资信情况及收购意图进行调查，对要约条件进行分析，对股东是否接受要约提出建议，并聘请独立财务顾问提出专业意见。在收购人公告要约收购报告书后20日内，被收购公司董事会应当公告被收购公司董事会报告书与独立财务顾问的专业意见。

收购人对收购要约条件做出重大变更的，被收购公司董事会应当在3个工作日内公告董事会及独立财务顾问就要约条件的变更情况所出具的补充意见。

第三十三条 收购人作出提示性公告后至要约收购完成前，被收购公司除继续从事正常的经营活动或者执行股东大会已经作出的决议外，未经股东大会批准，被收购公司董事会不得通过处置公司资产、对外投资、调整公司主要业务、担保、贷款等方式，对公司的资产、负债、权益或者经营成果造成重大影响。

第三十四条 在要约收购期间，被收购公司董事不得辞职。

第三十五条 收购人按照本办法规定进行要约收购的，对同一种类股票的要约价格，不得低于要约收购提示性公告日前6个月内收购人取得该种股票所支付的最高价格。

要约价格低于提示性公告日前30个交易日该种股票的每日加权平均价格的算术平均值的，收购人聘请的财务顾问应当就该种股票前6个月的交易情况进行分析，说明是否存在股价被操纵、收购人是否有未披露的一致行动人、收购人前6个月取得公司股份是否存在其他支付安排、要约价格的合理性等。

第三十六条 收购人可以采用现金、证券、现金与证券相结合等合法方式支付收购上市公司的价款。收购人以证券支付收购价款的，应当提供该证券的发行人最近3年经审计的财务会计报告、证券估值报告，并配合被收购公司聘请的独立财务顾问的尽职调查工作。收购人以在证券交易所上市的债券支付收购价款的，该债券的可上市交易时间应当不少于一个月。收购人以未在证券交易所上市交易的证券支付收购价款的，必须同时提供现金方式供被收购公司的股东选择，并详细披露相关证券的保管、送达被收购公司股东的方式和程序安排。

收购人聘请的财务顾问应当对收购人支付收购价款的能力和资金来源进行充分的尽职调查，详细披露核查的过程和依据，说明收购人是否具备要约收购的能力。收购人应当在作出要约收购提示性公告的同时，提供以下至少一项安排保证其具备履约能力：

（一）以现金支付收购价款的，将不少于收购价款总额的20%作为履约保证金存入证券登记结算机构指定的银行；收购人以在证券交易所上市交易的证券支付收购价款的，将用于支付的全部证券交由证券登记结算机构保管，但上市公司发行新股的除外；

（二）银行对要约收购所需价款出具保函；

（三）财务顾问出具承担连带保证责任的书面承诺，明确如要约期满收购人不支付收购价款，财务顾问进行支付。

第三十七条 收购要约约定的收购期限不得少于30日，并不得超过60日；但是出现竞争要约的除外。

在收购要约约定的承诺期限内，收购人不得撤销其收购要约。

第三十八条　采取要约收购方式的，收购人作出公告后至收购期限届满前，不得卖出被收购公司的股票，也不得采取要约规定以外的形式和超出要约的条件买入被收购公司的股票。

第三十九条　收购要约提出的各项收购条件，适用于被收购公司的所有股东。

收购人需要变更收购要约的，必须及时公告，载明具体变更事项，并通知被收购公司。

第四十条　收购要约期限届满前15日内，收购人不得变更收购要约；但是出现竞争要约的除外。

出现竞争要约时，发出初始要约的收购人变更收购要约距初始要约收购期限届满不足15日的，应当延长收购期限，延长后的要约期应当不少于15日，不得超过最后一个竞争要约的期满日，并按规定追加履约保证。

发出竞争要约的收购人最迟不得晚于初始要约收购期限届满前15日发出要约收购的提示性公告，并应当根据本办法第二十八条和第二十九条的规定履行公告义务。

第四十一条　要约收购报告书所披露的基本事实发生重大变化的，收购人应当在该重大变化发生之日起2个工作日内作出公告，并通知被收购公司。

第四十二条　同意接受收购要约的股东（以下简称预受股东），应当委托证券公司办理预受要约的相关手续。收购人应当委托证券公司向证券登记结算机构申请办理预受要约股票的临时保管。证券登记结算机构临时保管的预受要约的股票，在要约收购期间不得转让。

前款所称预受，是指被收购公司股东同意接受要约的初步意思表示，在要约收购期限内不可撤回之前不构成承诺。在要约收购期限届满3个交易日前，预受股东可以委托证券公司办理撤回预受要约的手续，证券登记结算机构根据预受要约股东的撤回申请解除对预受要约股票的临时保管。在要约收购期限届满前3个交易日内，预受股东不得撤回其对要约的接受。在要约收购期限内，收购人应当每日在证券交易所网站上公告已预受收购要约的股份数量。

出现竞争要约时，接受初始要约的预受股东撤回全部或者部分预受的股份，并将撤回的股份售予竞争要约人的，应当委托证券公司办理撤回预受初始要约的手续和预受竞争要约的相关手续。

第四十三条　收购期限届满，发出部分要约的收购人应当按照收购要约约定的条件购买被收购公司股东预受的股份，预受要约股份的数量超过预定收购数量时，收购人应当按照同等比例收购预受要约的股份；以终止被收购公司上市地位为目的的，收购人应当按照收购要约约定的条件购买被收购公司股东预受的全部股份；未取得中国证监会豁免而发出全面要约的收购人应当购买被收购公司股东预受的全部股份。

收购期限届满后3个交易日内，接受委托的证券公司应当向证券登记结算机构申请办理股份转让结算、过户登记手续，解除对超过预定收购比例的股票的临时保管；收购人应当公告本次要约收购的结果。

第四十四条　收购期限届满，被收购公司股权分布不符合上市条件，该上市公司的股票由证券交易所依法终止上市交易。在收购行为完成前，其余仍持有被收购公司股票的股东，有权在收购报告书规定的合理期限内向收购人以收购要约的同等条件出售其股票，收购人应当收购。

第四十五条　收购期限届满后15日内，收购人应当向证券交易所提交关于收购情况的书面报告，并予以公告。

第四十六条　除要约方式外，投资者不得在证券交易所外公开求购上市公司的股份。

第四章　协议收购

第四十七条　收购人通过协议方式在一个上市公司中拥有权益的股份达到或者超过该公司已发行股份的5%，但未超过30%的，按照本办法第二章的规定办理。

收购人拥有权益的股份达到该公司已发行股份的30%时，继续进行收购的，应当依法向该上市公司的股东发出全面要约或者部分要约。符合本办法第六章规定情形的，收购人可以向中国证监会申请免除发出要约。

收购人拟通过协议方式收购一个上市公司的股份超过30%的，超过30%的部分，应当改以要约方式进行；但符合本办法第六章规定情形的，收购人可以向中国证监会申请免除发出要约。收购人在取得中国证监会豁免后，履行其收购协议；未取得中国证监会豁免且拟继续履行其收购协议的，或者不申请豁免的，在履行其收购协议前，应当发出全面要约。

第四十八条 以协议方式收购上市公司股份超过30%，收购人拟依据本办法第六章的规定申请豁免的，应当在与上市公司股东达成收购协议之日起3日内编制上市公司收购报告书，提交豁免申请，委托财务顾问向中国证监会、证券交易所提交书面报告，通知被收购公司，并公告上市公司收购报告书摘要。

收购人自取得中国证监会的豁免之日起3日内公告其收购报告书、财务顾问专业意见和律师出具的法律意见书；收购人未取得豁免的，应当自收到中国证监会的决定之日起3日内予以公告，并按照本办法第六十一条第二款的规定办理。

第四十九条 依据前条规定所作的上市公司收购报告书，须披露本办法第二十九条第（一）项至第（六）项和第（九）项至第（十四）项规定的内容及收购协议的生效条件和付款安排。

已披露收购报告书的收购人在披露之日起6个月内，因权益变动需要再次报告、公告的，可以仅就与前次报告书不同的部分作出报告、公告；超过6个月的，应当按照本办法第二章的规定履行报告、公告义务。

第五十条 收购人公告上市公司收购报告书时，应当提交以下备查文件：

（一）中国公民的身份证明，或者在中国境内登记注册的法人、其他组织的证明文件；

（二）基于收购人的实力和从业经验对上市公司后续发展计划可行性的说明，收购人拟修改公司章程、改选公司董事会、改变或者调整公司主营业务的，还应当补充其具备规范运作上市公司的管理能力的说明；

（三）收购人及其关联方与被收购公司存在同业竞争、关联交易的，应提供避免同业竞争等利益冲突、保持被收购公司经营独立性的说明；

（四）收购人为法人或者其他组织的，其控股股东、实际控制人最近2年未变更的说明；

（五）收购人及其控股股东或实际控制人的核心企业和核心业务、关联企业及主营业务的说明；收购人或其实际控制人为两个或两个以上的上市公司控股股东或实际控制人的，还应当提供其持股5%以上的上市公司以及银行、信托公司、证券公司、保险公司等其他金融机构的情况说明；

（六）财务顾问关于收购人最近3年的诚信记录、收购资金来源合法性、收购人具备履行相关承诺的能力以及相关信息披露内容真实性、准确性、完整性的核查意见；收购人成立未满3年的，财务顾问还应当提供其控股股东或者实际控制人最近3年诚信记录的核查意见。

境外法人或者境外其他组织进行上市公司收购的，除应当提交第一款第（二）项至第（六）项规定的文件外，还应当提交以下文件：

（一）财务顾问出具的收购人符合对上市公司进行战略投资的条件、具有收购上市公司的能力的核查意见；

（二）收购人接受中国司法、仲裁管辖的声明。

第五十一条 上市公司董事、监事、高级管理人员、员工或者其所控制或者委托的法人或者其他组织，拟对本公司进行收购或者通过本办法第五章规定的方式取得本公司控制权（以下简称管理层收购）的，该上市公司应当具备健全且运行良好的组织机构以及有效的内部控制制度，公司董事会成员中独立董事的比例应当达到或者超过1/2。公司应当聘请具有证券、期货从业资格的资产评估机构提供公司资产评估报告，本次收购应当经董事会非关联董事作出决议，且取得2/3以上的独立董事同意后，提交公司股东大会审议，经出席股东大会的非关联股东所持表决权过半数通过。独立董事发表意见前，应当聘请独立财务顾问就本次收购出具专业意见，独立董事及独立财务顾问的意见应当一并予以公告。

上市公司董事、监事、高级管理人员存在《公司法》第一百四十八条规定情形，或者最近3年有证券市场不良诚信记录的，不得收购本公司。

第五十二条 以协议方式进行上市公司收购的，自签订收购协议起至相关股份完成过户的期间为上市公司收购过渡期（以下简称过渡期）。在过渡期内，收购人不得通过控股股东提议改选上市公司董事会，确有充分理由改选董事会的，来自收购人的董事不得超过董事会成员的1/3；被收购公司不得为收购人及其关联方提供担保；被收购公司不得公开发行股份募集资金，不得进行重大购买、出售资产及重大投资行为或者与收购人及其关联方进行其他关联交易，但收购人为挽救陷入危机或者面临严重财务困难的上市公司的情形除外。

第五十三条 上市公司控股股东向收购人协议转让其所持有的上市公司股份的，应当对收购人的主体资格、诚信情况及收购意图进行调查，并在其权益变动报告书中披露有关调查情况。

控股股东及其关联方未清偿其对公司的负债，未解除公司为其负债提供的担保，或者存在损害公司利益的其他情形的，被收购公司董事会应当对前述情形及时予以披露，并采取有效措施维护公司利益。

第五十四条 协议收购的相关当事人应当向证券登记结算机构申请办理拟转让股份的临时保管手续，并可以将用于支付的现金存放于证券登记结算机构指定的银行。

第五十五条 收购报告书公告后，相关当事人应当按照证券交易所和证券登记结算机构的业务规则，在证券交易所就本次股份转让予以确认后，凭全部转让款项存放于双方认可的银行账户的证明，向证券登记结算机构申请解除拟协议转让股票的临时保管，并办理过户登记手续。

收购人未按规定履行报告、公告义务，或者未按规定提出申请的，证券交易所和证券登记结算机构不予办理股份转让和过户登记手续。

收购人在收购报告书公告后30日内仍未完成相关股份过户手续的，应当立即作出公告，说明理由；在未完成相关股份过户期间，应当每隔30日公告相关股份过户办理进展情况。

第五章 间接收购

第五十六条 收购人虽不是上市公司的股东，但通过投资关系、协议、其他安排导致其拥有权益的股份达到或者超过一个上市公司已发行股份的5%未超过30%的，应当按照本办法第二章的规定办理。

收购人拥有权益的股份超过该公司已发行股份的30%的，应当向该公司所有股东发出全面要约；收购人预计无法在事实发生之日起30日内发出全面要约的，应当在前述30日内促使其控制的股东将所持有的上市公司股份减持至30%或者30%以下，并自减持之日起2个工作日内予以公告；其后收购人或者其控制的股东拟继续增持的，应当采取要约方式；拟依据本办法第六章的规定申请豁免的，应当按照本办法第四十八条的规定办理。

第五十七条 投资者虽不是上市公司的股东，但通过投资关系取得对上市公司股东的控制权，而受其支配的上市公司股东所持股份达到前条规定比例、且对该股东的资产和利润构成重大影响的，应当按照前条规定履行报告、公告义务。

第五十八条 上市公司实际控制人及受其支配的股东，负有配合上市公司真实、准确、完整披露有关实际控制人发生变化的信息的义务；实际控制人及受其支配的股东拒不履行上述配合义务，导致上市公司无法履行法定信息披露义务而承担民事、行政责任的，上市公司有权对其提起诉讼。实际控制人、控股股东指使上市公司及其有关人员不依法履行信息披露义务的，中国证监会依法进行查处。

第五十九条 上市公司实际控制人及受其支配的股东未履行报告、公告义务的，上市公司应当自知悉之日起立即作出报告和公告。上市公司就实际控制人发生变化的情况予以公告后，实际控制人仍未披露的，上市公司董事会应当向实际控制人和受其支配的股东查询，必要时可以聘请财务顾问进行查询，并将查询情况向中国证监会、上市公司所在地的中国证监会派出机构（以下简称派出机构）和证券交易所报告；中国证监会依法对拒不履行报告、公告义务的实际控制人进行查处。

上市公司知悉实际控制人发生较大变化而未能将有关实际控制人的变化情况及时予以报告和公告的，中国证监会责令改正，情节严重的，认定上市公司负有责任的董事为不适当人选。

第六十条 上市公司实际控制人及受其支配的股东未履行报告、公告义务，拒不履行第五十八条规定的配合义务，或者实际控制人存在不得收购上市公司情形的，上市公司董事会应当拒绝接受受实际控制人支配的股东向董事会提交的提案或者临时议案，并向中国证监会、派出机构和证券交易所报告。中国证监会责令实际控制人改正，可以认定实际控制人通过受其支配的股东所提名的董事为不适当人选；改正前，受实际控制人支配的股东不得行使其持有股份的表决权。上市公司董事会未拒绝接受实际控制人及受其支配的股东所提出的提案的，中国证监会可以认定负有责任的董事为不适当人选。

第六章 豁免申请

第六十一条 符合本办法第六十二条、第六十三条规定情形的，投资者及其一致行动人可以向中国证监会申请下列豁免事项：

（一）免于以要约收购方式增持股份；

（二）存在主体资格、股份种类限制或者法律、行政法规、中国证监会规定的特殊情形的，可以申请免于向被收购公司的所有股东发出收购要约。

未取得豁免的，投资者及其一致行动人应当在收到中国证监会通知之日起30日内将其或者其控制的股东所持有的被收购公司股份减持到30%或者30%以下；拟以要约以外的方式继续增持股份的，应当发出全面要约。

第六十二条 有下列情形之一的，收购人可以向中国证监会提出免于以要约方式增持股份的申请：

（一）收购人与出让人能够证明本次股份转让是在同一实际控制人控制的不同主体之间进行，未导致上市公司的实际控制人发生变化；

（二）上市公司面临严重财务困难，收购人提出的挽救公司的重组方案取得该公司股东大会批准，且收购人承诺3年内不转让其在该公司中所拥有的权益；

（三）中国证监会为适应证券市场发展变化和保护投资者合法权益的需要而认定的其他情形。

收购人报送的豁免申请文件符合规定，并且已经按照本办法的规定履行报告、公告义务的，中国证监会予以受理；不符合规定或者未履行报告、公告义务的，中国证监会不予受理。中国证监会在受理豁免申请后20个工作日内，就收购人所申请的具体事项做出是否予以豁免的决定；取得豁免的，收购人可以完成本次增持行为。

第六十三条 有下列情形之一的，投资者可以向中国证监会提出免于发出要约的申请，中国证监会自收到符合规定的申请文件之日起10个工作日内未提出异议的，相关投资者可以向证券交易所和证券登记结算机构申请办理股份转让和过户登记手续；中国证监会不同意其申请的，相关投资者应当按照本办法第六十一条的规定办理：

（一）经政府或者国有资产管理部门批准进行国有资产无偿划转、变更、合并，导致投资者在一个上市公司中拥有权益的股份占该公司已发行股份的比例超过30%；

（二）因上市公司按照股东大会批准的确定价格向特定股东回购股份而减少股本，导致投资者在该公司中拥有权益的股份超过该公司已发行股份的30%；

（三）中国证监会为适应证券市场发展变化和保护投资者合法权益的需要而认定的其他情形。

有下列情形之一的，相关投资者可以免于按照前款规定提交豁免申请，直接向证券交易所和证券登记结算机构申请办理股份转让和过户登记手续：

（一）经上市公司股东大会非关联股东批准，投资者取得上市公司向其发行的新股，导致其在该公司拥有权益的股份超过该公司已发行股份的30%，投资者承诺3年内不转让本次向其发行的新股，且公司股东大会同意投资者免于发出要约；

（二）在一个上市公司中拥有权益的股份达到或者超过该公司已发行股份的30%的，自上述事实发生之日起一年后，每12个月内增持不超过该公司已发行的2%的股份；

（三）在一个上市公司中拥有权益的股份达到或者超过该公司已发行股份的50%的，继续增加其在该公司拥有的权益不影响该公司的上市地位；

（四）证券公司、银行等金融机构在其经营范围内依法从事承销、贷款等业务导致其持有一个上市公司已发行股份超过30%，没有实际控制该公司的行为或者意图，并且提出在合理期限内向非关联方转让相关股份的解决方案；

（五）因继承导致在一个上市公司中拥有权益的股份超过该公司已发行股份的30%；

（六）因履行约定购回式证券交易协议购回上市公司股份导致投资者在一个上市公司中拥有权益的股份超过该公司已发行股份的30%，并且能够证明标的股份的表决权在协议期间未发生转移；

（七）因所持优先股表决权依法恢复导致投资者在一个上市公司中拥有权益的股份超过该公司已发行股份的30%。

相关投资者应在前款规定的权益变动行为完成后3日内就股份增持情况做出公告，律师应就相关投资者权益变动行为发表符合规定的专项核查意见并由上市公司予以披露。相关投资者按照前款第（二）项、第（三）项规定采用集中竞价方式增持股份，每累计增持股份比例达到该公司已发行股份的1%的，应当在事实发生之日通知上市公司，由上市公司在次一交易日发布相关股东增持公司股份的进展公告。相关投资者按照前款第（三）项规定采用集中竞价方式增持股份的，每累计增持股份比例达到上市公司已发行股份的2%的，在事实发生当日和上市公司发布相关股东增持公司股份进展公告的当日不得再行增持股份。前款第（二）项规定的增持不超过2%的股份锁定期为增持行为完成之日起6个月。

第六十四条　收购人提出豁免申请的，应当聘请律师事务所等专业机构出具专业意见。

第七章　财务顾问

第六十五条　收购人聘请的财务顾问应当履行以下职责：

（一）对收购人的相关情况进行尽职调查；

（二）应收购人的要求向收购人提供专业化服务，全面评估被收购公司的财务和经营状况，帮助收购人分析收购所涉及的法律、财务、经营风险，就收购方案所涉及的收购价格、收购方式、支付安排等事项提出对策建议，并指导收购人按照规定的内容与格式制作申报文件；

（三）对收购人进行证券市场规范化运作的辅导，使收购人的董事、监事和高级管理人员熟悉有关法律、行政法规和中国证监会的规定，充分了解其应当承担的义务和责任，督促其依法履行报告、公告和其他法定义务；

（四）对收购人是否符合本办法的规定及申报文件内容的真实性、准确性、完整性进行充分核查和验证，对收购事项客观、公正地发表专业意见；

（五）接受收购人委托，向中国证监会报送申报材料，根据中国证监会的审核意见，组织、协调收购人及其他专业机构予以答复；

（六）与收购人签订协议，在收购完成后12个月内，持续督导收购人遵守法律、行政法规、中国证监会的规定、证券交易所规则、上市公司章程，依法行使股东权利，切实履行承诺或者相关约定。

第六十六条　收购人聘请的财务顾问就本次收购出具的财务顾问报告，应当对以下事项进行说明和分析，并逐项发表明确意见：

（一）收购人编制的上市公司收购报告书或者要约收购报告书所披露的内容是否真实、准确、完整；

（二）本次收购的目的；

（三）收购人是否提供所有必备证明文件，根据对收购人及其控股股东、实际控制人的实力、从事的主要业务、持续经营状况、财务状况和诚信情况的核查，说明收购人是否具备主体资格，是否具备收购的经济实力，是否具备规范运作上市公司的管理能力，是否需要承担其他附加义务及是否具备履行相关义务的能力，是否存在不良诚信记录；

（四）对收购人进行证券市场规范化运作辅导的情况，其董事、监事和高级管理人员是否已经熟悉有关法律、行政法规和中国证监会的规定，充分了解应承担的义务和责任，督促其依法履行报告、公告和其他法定义务的情况；

（五）收购人的股权控制结构及其控股股东、实际控制人支配收购人的方式；

（六）收购人的收购资金来源及其合法性，是否存在利用本次收购的股份向银行等金融机构质押取得融资的情形；

（七）涉及收购人以证券支付收购价款的，应当说明有关该证券发行人的信息披露是否真实、准确、完整以及该证券交易的便捷性等情况；

（八）收购人是否已经履行了必要的授权和批准程序；

（九）是否已对收购过渡期间保持上市公司稳定经营作出安排，该安排是否符合有关规定；

（十）对收购人提出的后续计划进行分析，收购人所从事的业务与上市公司从事的业务存在同业竞争、关联交易的，对收购人解决与上市公司同业竞争等利益冲突及保持上市公司经营独立性的方案进行分析，说明本次收购对上市公司经营独立性和持续发展可能产生的影响；

（十一）在收购标的上是否设定其他权利，是否在收购价款之外还作出其他补偿安排；

（十二）收购人及其关联方与被收购公司之间是否存在业务往来，收购人与被收购公司的董事、监事、高级管理人员是否就其未来任职安排达成某种协议或者默契；

（十三）上市公司原控股股东、实际控制人及其关联方是否存在未清偿对公司的负债、未解除公司为其负债提供的担保或者损害公司利益的其他情形；存在该等情形的，是否已提出切实可行的解决方案；

（十四）涉及收购人拟提出豁免申请的，应当说明本次收购是否属于可以得到豁免的情形，收购人是否作出承诺及是否具备履行相关承诺的实力。

第六十七条　上市公司董事会或者独立董事聘请的独立财务顾问，不得同时担任收购人的财务顾问或者与收购人的财务顾问存在关联关系。独立财务顾问应当根据委托进行尽职调查，对本次收购的公正性和合法性发表专业意见。独立财务顾问报告应当对以下问题进行说明和分析，发表明确意见：

（一）收购人是否具备主体资格；

（二）收购人的实力及本次收购对被收购公司经营独立性和持续发展可能产生的影响分析；

（三）收购人是否存在利用被收购公司的资产或者由被收购公司为本次收购提供财务资助的情形；

（四）涉及要约收购的，分析被收购公司的财务状况，说明收购价格是否充分反映被收购公司价值，收购要约是否公平、合理，对被收购公司社会公众股股东接受要约提出的建议；

（五）涉及收购人以证券支付收购价款的，还应当根据该证券发行人的资产、业务和盈利预测，对相关证券进行估值分析，就收购条件对被收购公司的社会公众股股东是否公平合理、是否接受收购人提出的收购条件提出专业意见；

（六）涉及管理层收购的，应当对上市公司进行估值分析，就本次收购的定价依据、支付方式、收购资金来源、融资安排、还款计划及其可行性、上市公司内部控制制度的执行情况及其有效性、上述人员及其直系亲属在最近24个月内与上市公司业务往来情况以及收购报告书披露的其他内容等进行全面核查，发表明确意见。

第六十八条　财务顾问应当在财务顾问报告中作出以下承诺：

（一）已按照规定履行尽职调查义务，有充分理由确信所发表的专业意见与收购人公告文件的内容不存在实质性差异；

（二）已对收购人公告文件进行核查，确信公告文件的内容与格式符合规定；

（三）有充分理由确信本次收购符合法律、行政法规和中国证监会的规定，有充分理由确信收购人披露的信息真实、准确、完整，不存在虚假记载、误导性陈述和重大遗漏；

（四）就本次收购所出具的专业意见已提交其内核机构审查，并获得通过；

（五）在担任财务顾问期间，已采取严格的保密措施，严格执行内部防火墙制度；

（六）与收购人已订立持续督导协议。

第六十九条　财务顾问在收购过程中和持续督导期间，应当关注被收购公司是否存在为收购人及其关联方提供担保或者借款等损害上市公司利益的情形，发现有违法或者不当行为的，应当及时向中国证监会、派出机构和证券交易所报告。

第七十条　财务顾问为履行职责，可以聘请其他专业机构协助其对收购人进行核查，但应当对收购人提供的资料和披露的信息进行独立判断。

第七十一条　自收购人公告上市公司收购报告书至收购完成后12个月内，财务顾问应当通过日常沟通、定期回访等方式，关注上市公司的经营情况，结合被收购公司定期报告和临时公告的披露事宜，对收购人及被收购公司履行持续督导职责：

（一）督促收购人及时办理股权过户手续，并依法履行报告和公告义务；

（二）督促和检查收购人及被收购公司依法规范运作；

（三）督促和检查收购人履行公开承诺的情况；

（四）结合被收购公司定期报告，核查收购人落实后续计划的情况，是否达到预期目标，实施效果是否与此前的披露内容存在较大差异，是否实现相关盈利预测或者管理层预计达到的目标；

（五）涉及管理层收购的，核查被收购公司定期报告中披露的相关还款计划的落实情况与事实是否一致；

（六）督促和检查履行收购中约定的其他义务的情况。

在持续督导期间，财务顾问应当结合上市公司披露的季度报告、半年度报告和年度报告出具持续督导意见，并在前述定期报告披露后的15日内向派出机构报告。

在此期间，财务顾问发现收购人在上市公司收购报告书中披露的信息与事实不符的，应当督促收购人如实披露相关信息，并及时向中国证监会、派出机构、证券交易所报告。财务顾问解除委托合同的，应当及时向中国证监会、派出机构作出书面报告，说明无法继续履行持续督导职责的理由，并予公告。

第八章 持续监管

第七十二条 在上市公司收购行为完成后12个月内，收购人聘请的财务顾问应当在每季度前3日内就上一季度对上市公司影响较大的投资、购买或者出售资产、关联交易、主营业务调整以及董事、监事、高级管理人员的更换、职工安置、收购人履行承诺等情况向派出机构报告。

收购人注册地与上市公司注册地不同的，还应当将前述情况的报告同时抄报收购人所在地的派出机构。

第七十三条 派出机构根据审慎监管原则，通过与承办上市公司审计业务的会计师事务所谈话、检查财务顾问持续督导责任的落实、定期或者不定期的现场检查等方式，在收购完成后对收购人和上市公司进行监督检查。

派出机构发现实际情况与收购人披露的内容存在重大差异的，对收购人及上市公司予以重点关注，可以责令收购人延长财务顾问的持续督导期，并依法进行查处。

在持续督导期间，财务顾问与收购人解除合同的，收购人应当另行聘请其他财务顾问机构履行持续督导职责。

第七十四条 在上市公司收购中，收购人持有的被收购公司的股份，在收购完成后12个月内不得转让。

收购人在被收购公司中拥有权益的股份在同一实际控制人控制的不同主体之间进行转让不受前述12个月的限制，但应当遵守本办法第六章的规定。

第九章 监管措施与法律责任

第七十五条 上市公司的收购及相关股份权益变动活动中的信息披露义务人，未按照本办法的规定履行报告、公告以及其他相关义务的，中国证监会责令改正，采取监管谈话、出具警示函、责令暂停或者停止收购等监管措施。在改正前，相关信息披露义务人不得对其持有或者实际支配的股份行使表决权。

第七十六条 上市公司的收购及相关股份权益变动活动中的信息披露义务人在报告、公告等文件中有虚假记载、误导性陈述或者重大遗漏的，中国证监会责令改正，采取监管谈话、出具警示函、责令暂停或者停止收购等监管措施。在改正前，收购人对其持有或者实际支配的股份不得行使表决权。

第七十七条 投资者及其一致行动人取得上市公司控制权而未按照本办法的规定聘请财务顾问，规避法定程序和义务，变相进行上市公司的收购，或者外国投资者规避管辖的，中国证监会责令改正，采取出具警示函、责令暂停或者停止收购等监管措施。在改正前，收购人不得对其持有或者实际支配的股份行使表决权。

第七十八条 收购人未依照本办法的规定履行相关义务或者相应程序擅自实施要约收购的，中国证监会责令改正，采取监管谈话、出具警示函、责令暂停或者停止收购等监管措施；在改正前，收购人不得对其持有或者支配的股份行使表决权。

发出收购要约的收购人在收购要约期限届

满,不按照约定支付收购价款或者购买预受股份的,自该事实发生之日起 3 年内不得收购上市公司,中国证监会不受理收购人及其关联方提交的申报文件。

存在前二款规定情形,收购人涉嫌虚假披露、操纵证券市场的,中国证监会对收购人进行立案稽查,依法追究其法律责任;收购人聘请的财务顾问没有充分证据表明其勤勉尽责的,自收购人违规事实发生之日起 1 年内,中国证监会不受理该财务顾问提交的上市公司并购重组申报文件,情节严重的,依法追究法律责任。

第七十九条 上市公司控股股东和实际控制人在转让其对公司的控制权时,未清偿其对公司的负债,未解除公司为其提供的担保,或者未对其损害公司利益的其他情形作出纠正的,中国证监会责令改正、责令暂停或者停止收购活动。

被收购公司董事会未能依法采取有效措施促使公司控股股东、实际控制人予以纠正,或者在收购完成后未能促使收购人履行承诺、安排或者保证的,中国证监会可以认定相关董事为不适当人选。

第八十条 上市公司董事未履行忠实义务和勤勉义务,利用收购谋取不当利益的,中国证监会采取监管谈话、出具警示函等监管措施,可以认定为不适当人选。

上市公司章程中涉及公司控制权的条款违反法律、行政法规和本办法规定的,中国证监会责令改正。

第八十一条 为上市公司收购出具资产评估报告、审计报告、法律意见书和财务顾问报告的证券服务机构或者证券公司及其专业人员,未依法履行职责的,中国证监会责令改正,采取监管谈话、出具警示函等监管措施。

前款规定的证券服务机构及其从业人员被责令改正的,在改正前,不得接受新的上市公司并购重组业务。

第八十二条 中国证监会将上市公司的收购及相关股份权益变动活动中的当事人的违法行为和整改情况记入诚信档案。

违反本办法的规定构成证券违法行为的,依法追究法律责任。

第十章 附 则

第八十三条 本办法所称一致行动,是指投资者通过协议、其他安排,与其他投资者共同扩大其所能够支配的一个上市公司股份表决权数量的行为或者事实。

在上市公司的收购及相关股份权益变动活动中有一致行动情形的投资者,互为一致行动人。如无相反证据,投资者有下列情形之一的,为一致行动人:

(一)投资者之间有股权控制关系;

(二)投资者受同一主体控制;

(三)投资者的董事、监事或者高级管理人员中的主要成员,同时在另一个投资者担任董事、监事或者高级管理人员;

(四)投资者参股另一投资者,可以对参股公司的重大决策产生重大影响;

(五)银行以外的其他法人、其他组织和自然人为投资者取得相关股份提供融资安排;

(六)投资者之间存在合伙、合作、联营等其他经济利益关系;

(七)持有投资者 30% 以上股份的自然人,与投资者持有同一上市公司股份;

(八)在投资者任职的董事、监事及高级管理人员,与投资者持有同一上市公司股份;

(九)持有投资者 30% 以上股份的自然人和在投资者任职的董事、监事及高级管理人员,其父母、配偶、子女及其配偶、配偶的父母、兄弟姐妹及其配偶、配偶的兄弟姐妹及其配偶等亲属,与投资者持有同一上市公司股份;

(十)在上市公司任职的董事、监事、高级管理人员及其前项所述亲属同时持有本公司股份的,或者与其自己或者其前项所述亲属直接或者间接控制的企业同时持有本公司股份;

(十一)上市公司董事、监事、高级管理人员和员工与其所控制或者委托的法人或者其他组织持有本公司股份;

(十二)投资者之间具有其他关联关系。

一致行动人应当合并计算其所持有的股份。投资者计算其所持有的股份,应当包括登记在其名下的股份,也包括登记在其一致行动人名下的股份。

投资者认为其与他人不应被视为一致行动人的，可以向中国证监会提供相反证据。

第八十四条　有下列情形之一的，为拥有上市公司控制权：

（一）投资者为上市公司持股50%以上的控股股东；

（二）投资者可以实际支配上市公司股份表决权超过30%；

（三）投资者通过实际支配上市公司股份表决权能够决定公司董事会半数以上成员选任；

（四）投资者依其可实际支配的上市公司股份表决权足以对公司股东大会的决议产生重大影响；

（五）中国证监会认定的其他情形。

第八十五条　信息披露义务人涉及计算其拥有权益比例的，应当将其所持有的上市公司已发行的可转换为公司股票的证券中有权转换部分与其所持有的同一上市公司的股份合并计算，并将其持股比例与合并计算非股权类证券转为股份后的比例相比，以二者中的较高者为准；行权期限届满未行权的，或者行权条件不再具备的，无需合并计算。

前款所述二者中的较高者，应当按下列公式计算：

（一）投资者持有的股份数量/上市公司已发行股份总数

（二）（投资者持有的股份数量＋投资者持有的可转换为公司股票的非股权类证券所对应的股份数量）/（上市公司已发行股份总数＋上市公司发行的可转换为公司股票的非股权类证券所对应的股份总数）

前款所称“投资者持有的股份数量”包括投资者拥有的普通股数量和优先股恢复的表决权数量，“上市公司已发行股份总数”包括上市公司已发行的普通股总数和优先股恢复的表决权总数。

第八十六条　投资者因行政划转、执行法院裁决、继承、赠与等方式取得上市公司控制权的，应当按照本办法第四章的规定履行报告、公告义务。

第八十七条　权益变动报告书、收购报告书、要约收购报告书、被收购公司董事会报告书、要约收购豁免申请文件等文件的内容与格式，由中国证监会另行制定。

第八十八条　被收购公司在境内、境外同时上市的，收购人除应当遵守本办法及中国证监会的相关规定外，还应当遵守境外上市地的相关规定。

第八十九条　外国投资者收购上市公司及在上市公司中拥有的权益发生变动的，除应当遵守本办法的规定外，还应当遵守外国投资者投资上市公司的相关规定。

第九十条　本办法自2006年9月1日起施行。中国证监会发布的《上市公司收购管理办法》（证监会令第10号）、《上市公司股东持股变动信息披露管理办法》（证监会令第11号）、《关于要约收购涉及的被收购公司股票上市交易条件有关问题的通知》（证监公司字〔2003〕16号）和《关于规范上市公司实际控制权转移行为有关问题的通知》（证监公司字〔2004〕1号）同时废止。

3. 上市公司重大资产重组管理办法

（2014年7月7日中国证券监督管理委员会令第109号公布，根据2016年9月8日中国证券监督管理委员会《关于修改〈上市公司重大资产重组管理办法〉的决定》修订）

第一章　总　则

第一条　为了规范上市公司重大资产重组行为，保护上市公司和投资者的合法权益，促进上市公司质量不断提高，维护证券市场秩序和社会公共利益，根据《公司法》、《证券法》等法律、行政法规的规定，制定本办法。

第二条　本办法适用于上市公司及其控股或者控制的公司在日常经营活动之外购买、出售资产或者通过其他方式进行资产交易达到规定的比例，导致上市公司的主营业务、资产、收入发生重大变化的资产交易行为（以下简称重大资产重组）。

上市公司发行股份购买资产应当符合本办法的规定。

上市公司按照经中国证券监督管理委员会（以下简称中国证监会）核准的发行证券文件披露的募集资金用途，使用募集资金购买资产、对外投资的行为，不适用本办法。

第三条 任何单位和个人不得利用重大资产重组损害上市公司及其股东的合法权益。

第四条 上市公司实施重大资产重组，有关各方必须及时、公平地披露或者提供信息，保证所披露或者提供信息的真实、准确、完整，不得有虚假记载、误导性陈述或者重大遗漏。

第五条 上市公司的董事、监事和高级管理人员在重大资产重组活动中，应当诚实守信、勤勉尽责，维护公司资产的安全，保护公司和全体股东的合法权益。

第六条 为重大资产重组提供服务的证券服务机构和人员，应当遵守法律、行政法规和中国证监会的有关规定，遵循本行业公认的业务标准和道德规范，严格履行职责，对其所制作、出具文件的真实性、准确性和完整性承担责任。

前款规定的证券服务机构和人员，不得教唆、协助或者伙同委托人编制或者披露存在虚假记载、误导性陈述或者重大遗漏的报告、公告文件，不得从事不正当竞争，不得利用上市公司重大资产重组谋取不正当利益。

第七条 任何单位和个人对所知悉的重大资产重组信息在依法披露前负有保密义务。

禁止任何单位和个人利用重大资产重组信息从事内幕交易、操纵证券市场等违法活动。

第八条 中国证监会依法对上市公司重大资产重组行为进行监督管理。

中国证监会审核上市公司重大资产重组或者发行股份购买资产的申请，可以根据上市公司的规范运作和诚信状况、财务顾问的执业能力和执业质量，结合国家产业政策和重组交易类型，作出差异化的、公开透明的监管制度安排，有条件地减少审核内容和环节。

第九条 鼓励依法设立的并购基金、股权投资基金、创业投资基金、产业投资基金等投资机构参与上市公司并购重组。

第十条 中国证监会在发行审核委员会中设立上市公司并购重组审核委员会（以下简称并购重组委），并购重组委以投票方式对提交其审议的重大资产重组或者发行股份购买资产申请进行表决，提出审核意见。

第二章 重大资产重组的原则和标准

第十一条 上市公司实施重大资产重组，应当就本次交易符合下列要求作出充分说明，并予以披露：

（一）符合国家产业政策和有关环境保护、土地管理、反垄断等法律和行政法规的规定；

（二）不会导致上市公司不符合股票上市条件；

（三）重大资产重组所涉及的资产定价公允，不存在损害上市公司和股东合法权益的情形；

（四）重大资产重组所涉及的资产权属清晰，资产过户或者转移不存在法律障碍，相关债权债务处理合法；

（五）有利于上市公司增强持续经营能力，不存在可能导致上市公司重组后主要资产为现金或者无具体经营业务的情形；

（六）有利于上市公司在业务、资产、财务、人员、机构等方面与实际控制人及其关联人保持独立，符合中国证监会关于上市公司独立性的相关规定；

（七）有利于上市公司形成或者保持健全有效的法人治理结构。

第十二条 上市公司及其控股或者控制的公司购买、出售资产，达到下列标准之一的，构成重大资产重组：

（一）购买、出售的资产总额占上市公司最近一个会计年度经审计的合并财务会计报告期末资产总额的比例达到50%以上；

（二）购买、出售的资产在最近一个会计年度所产生的营业收入占上市公司同期经审计的合并财务会计报告营业收入的比例达到50%以上；

（三）购买、出售的资产净额占上市公司最近一个会计年度经审计的合并财务会计报告期末净资产额的比例达到50%以上，且超过5000万元人民币。

购买、出售资产未达到前款规定标准,但中国证监会发现存在可能损害上市公司或者投资者合法权益的重大问题的,可以根据审慎监管原则,责令上市公司按照本办法的规定补充披露相关信息、暂停交易、聘请独立财务顾问或者其他证券服务机构补充核查并披露专业意见。

第十三条 上市公司自控制权发生变更之日起60个月内,向收购人及其关联人购买资产,导致上市公司发生以下根本变化情形之一的,构成重大资产重组,应当按照本办法的规定报经中国证监会核准:

(一)购买的资产总额占上市公司控制权发生变更的前一个会计年度经审计的合并财务会计报告期末资产总额的比例达到100%以上;

(二)购买的资产在最近一个会计年度所产生的营业收入占上市公司控制权发生变更的前一个会计年度经审计的合并财务会计报告营业收入的比例达到100%以上;

(三)购买的资产在最近一个会计年度所产生的净利润占上市公司控制权发生变更的前一个会计年度经审计的合并财务会计报告净利润的比例达到100%以上;

(四)购买的资产净额占上市公司控制权发生变更的前一个会计年度经审计的合并财务会计报告期末净资产额的比例达到100%以上;

(五)为购买资产发行的股份占上市公司首次向收购人及其关联人购买资产的董事会决议前一个交易日的股份的比例达到100%以上;

(六)上市公司向收购人及其关联人购买资产虽未达到本款第(一)至第(五)项标准,但可能导致上市公司主营业务发生根本变化;

(七)中国证监会认定的可能导致上市公司发生根本变化的其他情形。

上市公司实施前款规定的重大资产重组,应当符合下列规定:

(一)符合本办法第十一条、第四十三条规定的要求;

(二)上市公司购买的资产对应的经营实体应当是股份有限公司或者有限责任公司,且符合《首次公开发行股票并上市管理办法》规定的其他发行条件;

(三)上市公司及其最近3年内的控股股东、实际控制人不存在因涉嫌犯罪正被司法机关立案侦查或涉嫌违法违规正被中国证监会立案调查的情形,但是,涉嫌犯罪或违法违规的行为已经终止满3年,交易方案能够消除该行为可能造成的不良后果,且不影响对相关行为人追究责任的除外;

(四)上市公司及其控股股东、实际控制人最近12个月内未受到证券交易所公开谴责,不存在其他重大失信行为;

(五)本次重大资产重组不存在中国证监会认定的可能损害投资者合法权益,或者违背公开、公平、公正原则的其他情形。

上市公司通过发行股份购买资产进行重大资产重组的,适用《证券法》和中国证监会的相关规定。

本条第一款所称控制权,按照《上市公司收购管理办法》第八十四条的规定进行认定。上市公司股权分散,董事、高级管理人员可以支配公司重大的财务和经营决策的,视为具有上市公司控制权。

创业板上市公司自控制权发生变更之日起,向收购人及其关联人购买资产,不得导致本条第一款规定的任一情形。

上市公司自控制权发生变更之日起,向收购人及其关联人购买的资产属于金融、创业投资等特定行业的,由中国证监会另行规定。

第十四条 计算本办法第十二条、第十三条规定的比例时,应当遵守下列规定:

(一)购买的资产为股权的,其资产总额以被投资企业的资产总额与该项投资所占股权比例的乘积和成交金额二者中的较高者为准,营业收入以被投资企业的营业收入与该项投资所占股权比例的乘积为准,资产净额以被投资企业的净资产额与该项投资所占股权比例的乘积和成交金额二者中的较高者为准;出售的资产为股权的,其资产总额、营业收入以及资产净额分别以被投资企业的资产总额、营业收入以及净资产额与该项投资所占股权比例的乘积为准。

购买股权导致上市公司取得被投资企业控股权的,其资产总额以被投资企业的资产总额和成交金额二者中的较高者为准,营业收入以被投资企业的营业收入为准,净利润以被投资企业扣除非经常性损益前后的净利润的较高者为准,资产净额以被投资企业的净资产额和成交金额二者中的较高者为准；出售股权导致上市公司丧失被投资企业控股权的，其资产总额、营业收入以及资产净额分别以被投资企业的资产总额、营业收入以及净资产额为准。

（二）购买的资产为非股权资产的，其资产总额以该资产的账面值和成交金额二者中的较高者为准，资产净额以相关资产与负债的账面值差额和成交金额二者中的较高者为准；出售的资产为非股权资产的，其资产总额、资产净额分别以该资产的账面值、相关资产与负债账面值的差额为准；该非股权资产不涉及负债的，不适用第十二条第一款第（三）项规定的资产净额标准。

（三）上市公司同时购买、出售资产的，应当分别计算购买、出售资产的相关比例，并以二者中比例较高者为准。

（四）上市公司在12个月内连续对同一或者相关资产进行购买、出售的，以其累计数分别计算相应数额。已按照本办法的规定编制并披露重大资产重组报告书的资产交易行为，无须纳入累计计算的范围。中国证监会对本办法第十三条第一款规定的重大资产重组的累计期限和范围另有规定的，从其规定。

交易标的资产属于同一交易方所有或者控制，或者属于相同或者相近的业务范围，或者中国证监会认定的其他情形下，可以认定为同一或者相关资产。

第十五条 本办法第二条所称通过其他方式进行资产交易，包括：

（一）与他人新设企业、对已设立的企业增资或者减资；

（二）受托经营、租赁其他企业资产或者将经营性资产委托他人经营、租赁；

（三）接受附义务的资产赠与或者对外捐赠资产；

（四）中国证监会根据审慎监管原则认定的其他情形。

上述资产交易实质上构成购买、出售资产，且按照本办法规定的标准计算的相关比例达到50%以上的，应当按照本办法的规定履行相关义务和程序。

第三章 重大资产重组的程序

第十六条 上市公司与交易对方就重大资产重组事宜进行初步磋商时，应当立即采取必要且充分的保密措施，制定严格有效的保密制度，限定相关敏感信息的知悉范围。上市公司及交易对方聘请证券服务机构的，应当立即与所聘请的证券服务机构签署保密协议。

上市公司关于重大资产重组的董事会决议公告前，相关信息已在媒体上传播或者公司股票交易出现异常波动的，上市公司应当立即将有关计划、方案或者相关事项的现状以及相关进展情况和风险因素等予以公告，并按照有关信息披露规则办理其他相关事宜。

第十七条 上市公司应当聘请独立财务顾问、律师事务所以及具有相关证券业务资格的会计师事务所等证券服务机构就重大资产重组出具意见。

独立财务顾问和律师事务所应当审慎核查重大资产重组是否构成关联交易，并依据核查确认的相关事实发表明确意见。重大资产重组涉及关联交易的，独立财务顾问应当就本次重组对上市公司非关联股东的影响发表明确意见。

资产交易定价以资产评估结果为依据的，上市公司应当聘请具有相关证券业务资格的资产评估机构出具资产评估报告。

证券服务机构在其出具的意见中采用其他证券服务机构或者人员的专业意见的，仍然应当进行尽职调查，审慎核查其采用的专业意见的内容，并对利用其他证券服务机构或者人员的专业意见所形成的结论负责。

第十八条 上市公司及交易对方与证券服务机构签订聘用合同后，非因正当事由不得更换证券服务机构。确有正当事由需要更换证券服务机构的，应当披露更换的具体原因以及证券服务机构的陈述意见。

第十九条 上市公司应当在重大资产重组报告书的管理层讨论与分析部分，就本次交易对上市公司的持续经营能力、未来发展前景、当年每股收益等财务指标和非财务指标的影响进行详细分析。

第二十条 重大资产重组中相关资产以资

产评估结果作为定价依据的，资产评估机构应当按照资产评估相关准则和规范开展执业活动；上市公司董事会应当对评估机构的独立性、评估假设前提的合理性、评估方法与评估目的的相关性以及评估定价的公允性发表明确意见。

相关资产不以资产评估结果作为定价依据的，上市公司应当在重大资产重组报告书中详细分析说明相关资产的估值方法、参数及其他影响估值结果的指标和因素。上市公司董事会应当对估值机构的独立性、估值假设前提的合理性、估值方法与估值目的的相关性发表明确意见，并结合相关资产的市场可比交易价格、同行业上市公司的市盈率或者市净率等通行指标，在重大资产重组报告书中详细分析本次交易定价的公允性。

前二款情形中，评估机构、估值机构原则上应当采取两种以上的方法进行评估或者估值；上市公司独立董事应当出席董事会会议，对评估机构或者估值机构的独立性、评估或者估值假设前提的合理性和交易定价的公允性发表独立意见，并单独予以披露。

第二十一条　上市公司进行重大资产重组，应当由董事会依法作出决议，并提交股东大会批准。

上市公司董事会应当就重大资产重组是否构成关联交易作出明确判断，并作为董事会决议事项予以披露。

上市公司独立董事应当在充分了解相关信息的基础上，就重大资产重组发表独立意见。重大资产重组构成关联交易的，独立董事可以另行聘请独立财务顾问就本次交易对上市公司非关联股东的影响发表意见。上市公司应当积极配合独立董事调阅相关材料，并通过安排实地调查、组织证券服务机构汇报等方式，为独立董事履行职责提供必要的支持和便利。

第二十二条　上市公司应当在董事会作出重大资产重组决议后的次一工作日至少披露下列文件：

（一）董事会决议及独立董事的意见；

（二）上市公司重大资产重组预案。

本次重组的重大资产重组报告书、独立财务顾问报告、法律意见书以及重组涉及的审计报告、资产评估报告或者估值报告至迟应当与召开股东大会的通知同时公告。上市公司自愿披露盈利预测报告的，该报告应当经具有相关证券业务资格的会计师事务所审核，与重大资产重组报告书同时公告。

本条第一款第（二）项及第二款规定的信息披露文件的内容与格式另行规定。

上市公司应当在至少一种中国证监会指定的报刊公告董事会决议、独立董事的意见，并应当在证券交易所网站全文披露重大资产重组报告书及其摘要、相关证券服务机构的报告或者意见。

第二十三条　上市公司股东大会就重大资产重组作出的决议，至少应当包括下列事项：

（一）本次重大资产重组的方式、交易标的和交易对方；

（二）交易价格或者价格区间；

（三）定价方式或者定价依据；

（四）相关资产自定价基准日至交割日期间损益的归属；

（五）相关资产办理权属转移的合同义务和违约责任；

（六）决议的有效期；

（七）对董事会办理本次重大资产重组事宜的具体授权；

（八）其他需要明确的事项。

第二十四条　上市公司股东大会就重大资产重组事项作出决议，必须经出席会议的股东所持表决权的2/3以上通过。

上市公司重大资产重组事宜与本公司股东或者其关联人存在关联关系的，股东大会就重大资产重组事项进行表决时，关联股东应当回避表决。

交易对方已经与上市公司控股股东就受让上市公司股权或者向上市公司推荐董事达成协议或者默契，可能导致上市公司的实际控制权发生变化的，上市公司控股股东及其关联人应当回避表决。

上市公司就重大资产重组事宜召开股东大会，应当以现场会议形式召开，并应当提供网络投票和其他合法方式为股东参加股东大会提供便利。除上市公司的董事、监事、高级管理人员、单独或者合计持有上市公司5%以上股份的股东以外，其他股东的投票情况应当单独统计并予以披露。

第二十五条 上市公司应当在股东大会作出重大资产重组决议后的次一工作日公告该决议,以及律师事务所对本次会议的召集程序、召集人和出席人员的资格、表决程序以及表决结果等事项出具的法律意见书。

属于本办法第十三条规定的交易情形的,上市公司还应当按照中国证监会的规定委托独立财务顾问在作出决议后 3 个工作日内向中国证监会提出申请。

第二十六条 上市公司全体董事、监事、高级管理人员应当公开承诺,保证重大资产重组的信息披露和申请文件不存在虚假记载、误导性陈述或者重大遗漏。

重大资产重组的交易对方应当公开承诺,将及时向上市公司提供本次重组相关信息,并保证所提供的信息真实、准确、完整,如因提供的信息存在虚假记载、误导性陈述或者重大遗漏,给上市公司或者投资者造成损失的,将依法承担赔偿责任。

前二款规定的单位和个人还应当公开承诺,如本次交易因涉嫌所提供或者披露的信息存在虚假记载、误导性陈述或者重大遗漏,被司法机关立案侦查或者被中国证监会立案调查的,在案件调查结论明确之前,将暂停转让其在该上市公司拥有权益的股份。

第二十七条 中国证监会依照法定条件和程序,对上市公司属于本办法第十三条规定情形的交易申请作出予以核准或者不予核准的决定。

中国证监会在审核期间提出反馈意见要求上市公司作出书面解释、说明的,上市公司应当自收到反馈意见之日起 30 日内提供书面回复意见,独立财务顾问应当配合上市公司提供书面回复意见。逾期未提供的,上市公司应当在到期日的次日就本次交易的进展情况及未能及时提供回复意见的具体原因等予以公告。

第二十八条 股东大会作出重大资产重组的决议后,上市公司拟对交易对象、交易标的、交易价格等作出变更,构成对原交易方案重大调整的,应当在董事会表决通过后重新提交股东大会审议,并及时公告相关文件。

中国证监会审核期间,上市公司按照前款规定对原交易方案作出重大调整的,还应当按照本办法的规定向中国证监会重新提出申请,同时公告相关文件。

中国证监会审核期间,上市公司董事会决议撤回申请的,应当说明原因,予以公告;上市公司董事会决议终止本次交易的,还应当按照公司章程的规定提交股东大会审议。

第二十九条 上市公司重大资产重组属于本办法第十三条规定的交易情形的,应当提交并购重组委审核。

第三十条 上市公司在收到中国证监会关于召开并购重组委工作会议审核其申请的通知后,应当立即予以公告,并申请办理并购重组委工作会议期间直至其表决结果披露前的停牌事宜。

上市公司收到并购重组委关于其申请的表决结果的通知后,应当在次一工作日公告表决结果并申请复牌。公告应当说明,公司在收到中国证监会作出的予以核准或者不予核准的决定后将再行公告。

第三十一条 上市公司收到中国证监会就其申请作出的予以核准或者不予核准的决定后,应当在次一工作日予以公告。

中国证监会予以核准的,上市公司应当在公告核准决定的同时,按照相关信息披露准则的规定补充披露相关文件。

第三十二条 上市公司重大资产重组完成相关批准程序后,应当及时实施重组方案,并于实施完毕之日起3 个工作日内编制实施情况报告书,向证券交易所提交书面报告,并予以公告。

上市公司聘请的独立财务顾问和律师事务所应当对重大资产重组的实施过程、资产过户事宜和相关后续事项的合规性及风险进行核查,发表明确的结论性意见。独立财务顾问和律师事务所出具的意见应当与实施情况报告书同时报告、公告。

第三十三条 自完成相关批准程序之日起 60 日内,本次重大资产重组未实施完毕的,上市公司应当于期满后次一工作日将实施进展情况报告,并予以公告;此后每30 日应当公告一次,直至实施完毕。属于本办法第十三条、第四十四条规定的交易情形的,自收到中国证监会核准文件之日起超过 12 个月未实施完毕的,核准文件失效。

第三十四条　上市公司在实施重大资产重组的过程中，发生法律、法规要求披露的重大事项的，应当及时作出公告；该事项导致本次交易发生实质性变动的，须重新提交股东大会审议，属于本办法第十三条规定的交易情形的，还须重新报经中国证监会核准。

第三十五条　采取收益现值法、假设开发法等基于未来收益预期的方法对拟购买资产进行评估或者估值并作为定价参考依据的，上市公司应当在重大资产重组实施完毕后3年内的年度报告中单独披露相关资产的实际盈利数与利润预测数的差异情况，并由会计师事务所对此出具专项审核意见；交易对方应当与上市公司就相关资产实际盈利数不足利润预测数的情况签订明确可行的补偿协议。

预计本次重大资产重组将摊薄上市公司当年每股收益的，上市公司应当提出填补每股收益的具体措施，并将相关议案提交董事会和股东大会进行表决。负责落实该等具体措施的相关责任主体应当公开承诺，保证切实履行其义务和责任。

上市公司向控股股东、实际控制人或者其控制的关联人之外的特定对象购买资产且未导致控制权发生变更的，不适用本条前二款规定，上市公司与交易对方可以根据市场化原则，自主协商是否采取业绩补偿和每股收益填补措施及相关具体安排。

第三十六条　上市公司重大资产重组发生下列情形的，独立财务顾问应当及时出具核查意见，并予以公告：

（一）上市公司完成相关批准程序前，对交易对象、交易标的、交易价格等作出变更，构成对原重组方案重大调整，或者因发生重大事项导致原重组方案发生实质性变动的；

（二）上市公司完成相关批准程序后，在实施重组过程中发生重大事项，导致原重组方案发生实质性变动的。

第三十七条　独立财务顾问应当按照中国证监会的相关规定，对实施重大资产重组的上市公司履行持续督导职责。持续督导的期限自本次重大资产重组实施完毕之日起，应当不少于一个会计年度。实施本办法第十三条规定的重大资产重组，持续督导的期限自中国证监会核准本次重大资产重组之日起，应当不少于3个会计年度。

第三十八条　独立财务顾问应当结合上市公司重大资产重组当年和实施完毕后的第一个会计年度的年报，自年报披露之日起15日内，对重大资产重组实施的下列事项出具持续督导意见，并予以公告：

（一）交易资产的交付或者过户情况；

（二）交易各方当事人承诺的履行情况；

（三）已公告的盈利预测或者利润预测的实现情况；

（四）管理层讨论与分析部分提及的各项业务的发展现状；

（五）公司治理结构与运行情况；

（六）与已公布的重组方案存在差异的其他事项。

独立财务顾问还应当结合本办法第十三条规定的重大资产重组实施完毕后的第二、三个会计年度的年报，自年报披露之日起15日内，对前款第（二）至（六）项事项出具持续督导意见，并予以公告。

第四章　重大资产重组的信息管理

第三十九条　上市公司筹划、实施重大资产重组，相关信息披露义务人应当公平地向所有投资者披露可能对上市公司股票交易价格产生较大影响的相关信息（以下简称股价敏感信息），不得有选择性地向特定对象提前泄露。

第四十条　上市公司的股东、实际控制人以及参与重大资产重组筹划、论证、决策等环节的其他相关机构和人员，应当及时、准确地向上市公司通报有关信息，并配合上市公司及时、准确、完整地进行披露。上市公司获悉股价敏感信息的，应当及时向证券交易所申请停牌并披露。

第四十一条　上市公司及其董事、监事、高级管理人员，重大资产重组的交易对方及其关联方，交易对方及其关联方的董事、监事、高级管理人员或者主要负责人，交易各方聘请的证券服务机构及其从业人员，参与重大资产重组筹划、论证、决策、审批等环节的相关机构和人员，以及因直系亲属关系、提供服务和业务往来等知悉或者可能知悉股价敏感信息的其他相关机构和人员，在重大资产重组的股价敏感信息依法披露前负有保密义务,禁止利用该信息进行内幕交易。

第四十二条 上市公司筹划重大资产重组事项,应当详细记载筹划过程中每一具体环节的进展情况,包括商议相关方案、形成相关意向、签署相关协议或者意向书的具体时间、地点、参与机构和人员、商议和决议内容等,制作书面的交易进程备忘录并予以妥当保存。参与每一具体环节的所有人员应当即时在备忘录上签名确认。

上市公司预计筹划中的重大资产重组事项难以保密或者已经泄露的,应当及时向证券交易所申请停牌,直至真实、准确、完整地披露相关信息。停牌期间,上市公司应当至少每周发布一次事件进展情况公告。

上市公司股票交易价格因重大资产重组的市场传闻发生异常波动时,上市公司应当及时向证券交易所申请停牌,核实有无影响上市公司股票交易价格的重组事项并予以澄清,不得以相关事项存在不确定性为由不履行信息披露义务。

第五章 发行股份购买资产

第四十三条 上市公司发行股份购买资产,应当符合下列规定:

(一)充分说明并披露本次交易有利于提高上市公司资产质量、改善财务状况和增强持续盈利能力,有利于上市公司减少关联交易、避免同业竞争、增强独立性;

(二)上市公司最近一年及一期财务会计报告被注册会计师出具无保留意见审计报告;被出具保留意见、否定意见或者无法表示意见的审计报告的,须经注册会计师专项核查确认,该保留意见、否定意见或者无法表示意见所涉及事项的重大影响已经消除或者将通过本次交易予以消除;

(三)上市公司及其现任董事、高级管理人员不存在因涉嫌犯罪正被司法机关立案侦查或涉嫌违法违规正被中国证监会立案调查的情形,但是,涉嫌犯罪或违法违规的行为已经终止满3年,交易方案有助于消除该行为可能造成的不良后果,且不影响对相关行为人追究责任的除外;

(四)充分说明并披露上市公司发行股份所购买的资产为权属清晰的经营性资产,并能在约定期限内办理完毕权属转移手续;

(五)中国证监会规定的其他条件。

上市公司为促进行业的整合、转型升级,在其控制权不发生变更的情况下,可以向控股股东、实际控制人或者其控制的关联人之外的特定对象发行股份购买资产。所购买资产与现有主营业务没有显著协同效应的,应当充分说明并披露本次交易后的经营发展战略和业务管理模式,以及业务转型升级可能面临的风险和应对措施。

特定对象以现金或者资产认购上市公司非公开发行的股份后,上市公司用同一次非公开发行所募集的资金向该特定对象购买资产的,视同上市公司发行股份购买资产。

第四十四条 上市公司发行股份购买资产的,除属于本办法第十三条第一款规定的交易情形外,可以同时募集部分配套资金,其定价方式按照现行相关规定办理。

上市公司发行股份购买资产应当遵守本办法关于重大资产重组的规定,编制发行股份购买资产预案、发行股份购买资产报告书,并向中国证监会提出申请。

第四十五条 上市公司发行股份的价格不得低于市场参考价的90%。市场参考价为本次发行股份购买资产的董事会决议公告日前20个交易日、60个交易日或者120个交易日的公司股票交易均价之一。本次发行股份购买资产的董事会决议应当说明市场参考价的选择依据。

前款所称交易均价的计算公式为:董事会决议公告日前若干个交易日公司股票交易均价=决议公告日前若干个交易日公司股票交易总额/决议公告日前若干个交易日公司股票交易总量。

本次发行股份购买资产的董事会决议可以明确,在中国证监会核准前,上市公司的股票价格相比最初确定的发行价格发生重大变化的,董事会可以按照已经设定的调整方案对发行价格进行一次调整。

前款规定的发行价格调整方案应当明确、具体、可操作,详细说明是否相应调整拟购买资产的定价、发行股份数量及其理由,在首次董事会决议公告时充分披露,并按照规定提交股东大会审议。股东大会作出决议后,董事会按照已经设定的方案调整发行价格的,上市公司无需按照本办法第二十八条的规定向中国证监会重新提出申请。

第四十六条 特定对象以资产认购而取得的上市公司股份，自股份发行结束之日起12个月内不得转让；属于下列情形之一的，36个月内不得转让：

（一）特定对象为上市公司控股股东、实际控制人或者其控制的关联人；

（二）特定对象通过认购本次发行的股份取得上市公司的实际控制权；

（三）特定对象取得本次发行的股份时，对其用于认购股份的资产持续拥有权益的时间不足12个月。

属于本办法第十三条第一款规定的交易情形的，上市公司原控股股东、原实际控制人及其控制的关联人，以及在交易过程中从该等主体直接或间接受让该上市公司股份的特定对象应当公开承诺，在本次交易完成后36个月内不转让其在该上市公司中拥有权益的股份；除收购人及其关联人以外的特定对象应当公开承诺，其以资产认购而取得的上市公司股份自股份发行结束之日起24个月内不得转让。

第四十七条 上市公司申请发行股份购买资产，应当提交并购重组委审核。

第四十八条 上市公司发行股份购买资产导致特定对象持有或者控制的股份达到法定比例的，应当按照《上市公司收购管理办法》（证监会令第108号）的规定履行相关义务。

上市公司向控股股东、实际控制人或者其控制的关联人发行股份购买资产，或者发行股份购买资产将导致上市公司实际控制权发生变更的，认购股份的特定对象应当在发行股份购买资产报告书中公开承诺：本次交易完成后6个月内如上市公司股票连续20个交易日的收盘价低于发行价，或者交易完成后6个月期末收盘价低于发行价的，其持有公司股票的锁定期自动延长至少6个月。

前款规定的特定对象还应当在发行股份购买资产报告书中公开承诺：如本次交易因涉嫌所提供或披露的信息存在虚假记载、误导性陈述或者重大遗漏，被司法机关立案侦查或者被中国证监会立案调查的，在案件调查结论明确以前，不转让其在该上市公司拥有权益的股份。

第四十九条 中国证监会核准上市公司发行股份购买资产的申请后，上市公司应当及时实施。向特定对象购买的相关资产过户至上市公司后，上市公司聘请的独立财务顾问和律师事务所应当对资产过户事宜和相关后续事项的合规性及风险进行核查，并发表明确意见。上市公司应当在相关资产过户完成后3个工作日内就过户情况作出公告，公告中应当包括独立财务顾问和律师事务所的结论性意见。

上市公司完成前款规定的公告、报告后，可以到证券交易所、证券登记结算公司为认购股份的特定对象申请办理证券登记手续。

第五十条 换股吸收合并涉及上市公司的，上市公司的股份定价及发行按照本章规定执行。

上市公司发行优先股用于购买资产或者与其他公司合并，中国证监会另有规定的，从其规定。

上市公司可以向特定对象发行可转换为股票的公司债券、定向权证用于购买资产或者与其他公司合并。

第六章 重大资产重组后申请发行新股或者公司债券

第五十一条 经中国证监会审核后获得核准的重大资产重组实施完毕后，上市公司申请公开发行新股或者公司债券，同时符合下列条件的，本次重大资产重组前的业绩在审核时可以模拟计算：

（一）进入上市公司的资产是完整经营实体；

（二）本次重大资产重组实施完毕后，重组方的承诺事项已经如期履行，上市公司经营稳定、运行良好；

（三）本次重大资产重组实施完毕后，上市公司和相关资产实现的利润达到盈利预测水平。

上市公司在本次重大资产重组前不符合中国证监会规定的公开发行证券条件，或者本次重组导致上市公司实际控制人发生变化的，上市公司申请公开发行新股或者公司债券，距本次重组交易完成的时间应当不少于一个完整会计年度。

第五十二条 本办法所称完整经营实体，应当符合下列条件：

（一）经营业务和经营资产独立、完整，且在最近两年未发生重大变化；

（二）在进入上市公司前已在同一实际控制人之下持续经营两年以上；

（三）在进入上市公司之前实行独立核算，或者虽未独立核算，但与其经营业务相关的收入、费用在会计核算上能够清晰划分；

（四）上市公司与该经营实体的主要高级管理人员签订聘用合同或者采取其他方式，就该经营实体在交易完成后的持续经营和管理作出恰当安排。

第七章 监督管理和法律责任

第五十三条 未依照本办法的规定履行相关义务或者程序，擅自实施重大资产重组的，由中国证监会责令改正，并可以采取监管谈话、出具警示函等监管措施；情节严重的，可以责令暂停或者终止重组活动，处以警告、罚款，并可以对有关责任人员采取市场禁入的措施。

未经中国证监会核准擅自实施本办法第十三条第一款规定的重大资产重组，交易尚未完成的，中国证监会责令上市公司补充披露相关信息、暂停交易并按照本办法第十三条的规定报送申请文件；交易已经完成的，可以处以警告、罚款，并对有关责任人员采取市场禁入的措施；涉嫌犯罪的，依法移送司法机关追究刑事责任。

上市公司重大资产重组因定价显失公允、不正当利益输送等问题损害上市公司、投资者合法权益的，由中国证监会责令改正，并可以采取监管谈话、出具警示函等监管措施；情节严重的，可以责令暂停或者终止重组活动，处以警告、罚款，并可以对有关责任人员采取市场禁入的措施。

第五十四条 上市公司或者其他信息披露义务人未按照本办法规定报送重大资产重组有关报告，或者报送的报告有虚假记载、误导性陈述或者重大遗漏的，由中国证监会责令改正，依照《证券法》第一百九十三条予以处罚；情节严重的，可以责令暂停或者终止重组活动，并可以对有关责任人员采取市场禁入的措施；涉嫌犯罪的，依法移送司法机关追究刑事责任。

第五十五条 上市公司或者其他信息披露义务人未按照规定披露重大资产重组信息，或者所披露的信息存在虚假记载、误导性陈述或者重大遗漏的，由中国证监会责令改正，依照《证券法》第一百九十三条规定予以处罚；情节严重的，可以责令暂停或者终止重组活动，并可以对有关责任人员采取市场禁入的措施；涉嫌犯罪的，依法移送司法机关追究刑事责任。

重大资产重组或者发行股份购买资产的交易对方未及时向上市公司或者其他信息披露义务人提供信息，或者提供的信息有虚假记载、误导性陈述或者重大遗漏的，按照前款规定执行。

第五十六条 重大资产重组涉嫌本办法第五十三条、第五十四条、第五十五条规定情形的，中国证监会可以责令上市公司作出公开说明、聘请独立财务顾问或者其他证券服务机构补充核查并披露专业意见，在公开说明、披露专业意见之前，上市公司应当暂停重组；上市公司涉嫌前述情形被司法机关立案侦查或者被中国证监会立案调查的，在案件调查结论明确之前应当暂停重组。

涉嫌本办法第五十四条、第五十五条规定情形，被司法机关立案侦查或者被中国证监会立案调查的，有关单位和个人应当严格遵守其所作的公开承诺，在案件调查结论明确之前，不得转让其在该上市公司拥有权益的股份。

第五十七条 上市公司董事、监事和高级管理人员未履行诚实守信、勤勉尽责义务，或者上市公司的股东、实际控制人及其有关负责人员未按照本办法的规定履行相关义务，导致重组方案损害上市公司利益的，由中国证监会责令改正，并可以采取监管谈话、出具警示函等监管措施；情节严重的，处以警告、罚款，并可以对有关人员采取认定为不适当人选、市场禁入的措施；涉嫌犯罪的，依法移送司法机关追究刑事责任。

第五十八条 为重大资产重组出具财务顾问报告、审计报告、法律意见、资产评估报告、估值报告及其他专业文件的证券服务机构及其从业人员未履行诚实守信、勤勉尽责义务，违反行业规范、业务规则，或者未依法履行报告和公告义务、持续督导义务的，由中国证监会责令改正，并可以采取监管谈话、出具警示函、责令公开说明、责令参加培训、责令定期报告、认定为不适当人选等监管措施；情节严重的，依照《证券法》第二百二十六条予以处罚。

前款规定的证券服务机构及其从业人员所制作、出具的文件存在虚假记载、误导性陈述或者重大遗漏的，由中国证监会责令改正，依照《证券法》第二百二十三条予以处罚；情节严重的，可以采取市场禁入的措施；涉嫌犯罪的，依法移送司法机关追究刑事责任。

存在前二款规定情形的，在按照中国证监会的要求完成整改之前，不得接受新的上市公司并购重组业务。

第五十九条　重大资产重组实施完毕后，凡因不属于上市公司管理层事前无法获知且事后无法控制的原因，上市公司所购买资产实现的利润未达到资产评估报告或者估值报告预测金额的80%，或者实际运营情况与重大资产重组报告书中管理层讨论与分析部分存在较大差距的，上市公司的董事长、总经理以及对此承担相应责任的会计师事务所、财务顾问、资产评估机构、估值机构及其从业人员应当在上市公司披露年度报告的同时，在同一报刊上作出解释，并向投资者公开道歉；实现利润未达到预测金额50%的，中国证监会可以对上市公司、相关机构及其责任人员采取监管谈话、出具警示函、责令定期报告等监管措施。

第六十条　任何知悉重大资产重组信息的人员在相关信息依法公开前，泄露该信息、买卖或者建议他人买卖相关上市公司证券、利用重大资产重组散布虚假信息、操纵证券市场或者进行欺诈活动的，中国证监会依照《证券法》第二百零二条、第二百零三条、第二百零七条予以处罚；涉嫌犯罪的，依法移送司法机关追究刑事责任。

第八章　附　则

第六十一条　本办法自2014年11月23日起施行。2008年4月16日发布并于2011年8月1日修改的《上市公司重大资产重组管理办法》（证监会令第73号）、2008年11月11日发布的《关于破产重整上市公司重大资产重组股份发行定价的补充规定》（证监会公告〔2008〕44号）同时废止。

4. 关于规范上市公司重大资产重组若干问题的规定

（2008年4月16日公布　根据2016年9月9日中国证券监督管理委员会《关于修改〈关于规范上市公司重大资产重组若干问题的规定〉的决定》修订　中国证券监督管理委员会公告〔2016〕17号）

第一条　上市公司拟实施重大资产重组的，全体董事应当严格履行诚信义务，切实做好信息保密及停复牌工作。

重大资产重组的首次董事会决议经表决通过后，上市公司应当在决议当日或者次一工作日的非交易时间向证券交易所申请公告。董事会应当按照《上市公司重大资产重组管理办法》及相关的信息披露准则编制重大资产重组预案或者报告书，并将该预案或者报告书作为董事会决议的附件，与董事会决议同时公告。

重大资产重组的交易对方应当承诺，保证其所提供信息的真实性、准确性和完整性，保证不存在虚假记载、误导性陈述或者重大遗漏，并声明承担个别和连带的法律责任。该等承诺和声明应当与上市公司董事会决议同时公告。

第二条　上市公司首次召开董事会审议重大资产重组事项的，应当在召开董事会的当日或者前一日与相应的交易对方签订附条件生效的交易合同。交易合同应当载明本次重大资产重组事项一经上市公司董事会、股东大会批准并经中国证监会核准，交易合同即应生效。

重大资产重组涉及发行股份购买资产的，交易合同应当载明特定对象拟认购股份的数量或者数量区间、认购价格或者定价原则、限售期，以及目标资产的基本情况、交易价格或者定价原则、资产过户或交付的时间安排和违约责任等条款。

第三条　发行股份购买资产的首次董事会决议公告后，董事会在6个月内未发布召开股东大会通知的，上市公司应当重新召开董事会审议发行股份购买资产事项，并以该次董事会决议公告日作为发行股份的定价基准日。

发行股份购买资产事项提交股东大会审议未获批准的，上市公司董事会如再次作出发行股份购买资产的决议，应当以该次董事会决议公告日作为发行股份的定价基准日。

第四条 上市公司拟实施重大资产重组的，董事会应当就本次交易是否符合下列规定作出审慎判断，并记载于董事会决议记录中：

（一）交易标的资产涉及立项、环保、行业准入、用地、规划、建设施工等有关报批事项的，应当在重大资产重组预案和报告书中披露是否已取得相应的许可证书或有关主管部门的批复文件；本次交易行为涉及有关报批事项的，应当在重大资产重组预案和报告书中详细披露已向有关主管部门报批的进展情况和尚需呈报批准的程序。重大资产重组预案和报告书中应当对报批事项可能无法获得批准的风险作出特别提示。

（二）上市公司拟购买资产的，在本次交易的首次董事会决议公告前，资产出售方必须已经合法拥有标的资产的完整权利，不存在限制或者禁止转让的情形。

上市公司拟购买的资产为企业股权的，该企业应当不存在出资不实或者影响其合法存续的情况；上市公司在交易完成后成为持股型公司的，作为主要标的资产的企业股权应当为控股权。

上市公司拟购买的资产为土地使用权、矿业权等资源类权利的，应当已取得相应的权属证书，并具备相应的开发或者开采条件。

（三）上市公司购买资产应当有利于提高上市公司资产的完整性（包括取得生产经营所需要的商标权、专利权、非专利技术、采矿权、特许经营权等无形资产），有利于上市公司在人员、采购、生产、销售、知识产权等方面保持独立。

（四）本次交易应当有利于上市公司改善财务状况、增强持续盈利能力，有利于上市公司突出主业、增强抗风险能力，有利于上市公司增强独立性、减少关联交易、避免同业竞争。

第五条 上市公司拟实施重大资产重组的，董事会、交易对方、证券服务机构及相关人员应当严格遵守《关于规范上市公司信息披露及相关各方行为的通知》（证监公司字〔2007〕128号）的相关规定，切实履行信息披露等义务和程序。

重大资产重组的首次董事会决议公告后，上市公司董事会和交易对方非因充分正当事由，撤销、中止重组方案或者对重组方案作出实质性变更（包括但不限于变更主要交易对象、变更主要标的资产等）的，中国证监会将依据有关规定对上市公司、交易对方、证券服务机构等单位和相关人员采取监管措施，并依法追究法律责任。

5. 关于规范国有股东与上市公司进行资产重组有关事项的通知

（2009年6月24日国务院国有资产监督管理委员会国资发产权〔2009〕124号发布，自发布之日起施行）

国务院各部委、各直属机构，各省、自治区、直辖市及计划单列市和新疆生产建设兵团国资委，各中央企业，上海证券交易所、深圳证券交易所、中国证券登记结算有限责任公司：

为规范国有股东与上市公司资产重组行为，保护各类投资者权益，维护证券市场健康发展，根据《中华人民共和国公司法》、《中华人民共和国证券法》、《中华人民共和国企业国有资产法》及《企业国有资产监督管理暂行条例》（国务院令第378号）等法律法规规定，现就国有股东与上市公司进行资产重组所涉及的有关事项通知如下：

一、本通知所称国有股东与上市公司资产重组是指国有股东或潜在国有股东（经本次资产重组后成为上市公司国有股东的，以下统称为国有股东）向上市公司注入、购买或置换资产并涉及国有股东所持上市公司股份发生变化的情形。

国有股东向上市公司注入、购买或置换资产不涉及国有股东所持上市公司股份发生变化的，按相关规定办理。

二、国有股东与上市公司进行资产重组，应遵循以下原则：

（一）有利于促进国有资产保值增值，符合国有股东发展战略；

（二）有利于提高上市公司质量和核心竞争力；

（三）标的资产权属清晰，资产交付或转移不存在法律障碍；

（四）标的资产定价应当符合市场化原则，有利于维护各类投资者合法权益。

三、国有股东与上市公司进行资产重组应当做好可行性论证，认真分析本次重组对国有股东、上市公司及资本市场的影响，并提出可行性报告。如涉及国有股东人员安置、土地使用权处置、债权债务处理等相关问题，国有股东应当制订解决方案。

四、国有股东与上市公司进行资产重组的，应当与上市公司充分协商。国有股东与上市公司就资产重组事项进行协商时，应当采取必要且充分的保密措施，制定严格的保密制度和责任追究制度。国有股东聘请中介机构的，应当与所聘请的中介机构签署保密协议。

五、国有股东与上市公司进行资产重组的相关事项在依法披露前，市场出现相关传闻，或上市公司证券及其衍生品种出现异常交易时，国有股东应当积极配合上市公司依法履行信息披露义务；必要时，应督促上市公司向证券交易所申请股票停牌。如上市公司证券及其衍生品种价格明显异动，对本次资产重组产生重大影响的，国有股东应当调整资产重组方案，必要时应当中止本次重组事项，且国有股东在3个月内不得重新启动。

六、国有股东与上市公司进行资产重组，应当按照有关法律法规，以及企业章程规定履行内部决策程序。

七、国有股东就本次资产重组事项进行内部决策后，应当按照相关规定书面通知上市公司，由上市公司依法披露，并申请股票停牌。同时，将可行性研究报告报省级或省级以上国有资产监督管理机构预审核。

国有股东为中央单位的，由中央单位通过集团母公司报国务院国有资产监督管理机构。国有股东为地方单位的，由地方单位通过集团母公司报省级国有资产监督管理机构。

国有股东为公司制企业，且本次重组事项需由股东会（股东大会）作出决议的，应当按照有关法律法规规定，在国有资产监督管理机构出具意见后，提交股东会（股东大会）审议。

八、国有资产监督管理机构收到国有股东关于本次资产重组的书面报告后，应当在10个工作日内出具意见，并及时通知国有股东，由国有股东书面通知上市公司依法披露。在中国证监会及证券交易所规定的股票停牌期内，国有股东与上市公司资产重组的方案未能获得国有资产监督管理机构同意的，上市公司股票须立即复牌，国有股东3个月内不得重新启动该事项。

九、国有股东与上市公司进行资产重组的方案经上市公司董事会审议通过后，国有股东应当在上市公司股东大会召开日前不少于20个工作日，按规定程序将相关方案报省级或省级以上国有资产监督管理机构审核。国有资产监督管理机构在上市公司股东大会召开前5个工作日出具批复文件。

十、国有股东对上市公司进行资产重组的，应当向国有资产监督管理机构报送以下材料：

（一）关于本次资产重组的请示及方案；

（二）上市公司董事会决议；

（三）本次资产重组涉及相关资产的审计报告、评估报告及作价依据；

（四）国有股东上一年度的审计报告；

（五）上市公司基本情况、最近一期的年度报告或中期报告；

（六）律师事务所出具的法律意见书；

（七）国有资产监督管理机构要求的其他材料。

十一、国有股东与上市公司进行资产重组的方案应主要包括以下内容：

（一）本次资产重组的原因及目的；

（二）本次资产重组涉及的资产范围、业务情况及近三年损益情况、未来盈利预测及其依据；

（三）本次资产重组所涉及相关资产作价的说明；

（四）本次资产重组对国有股东及上市公司权益、盈利水平及未来发展的影响。

十二、国有股东违反本规定的，国有资产监督管理机构应当责令其整改，并按照监管权限，直接或责成相关方面对相关责任人员给予相应处分；造成国有资产损失的，应追究赔偿责任，涉嫌犯罪的，依法移送司法机关处理。

社会中介机构在国有股东与上市公司资产重组中违规执业的，国有资产监督管理机构应当将有关情况通报其行业主管部门；情节严重的，国有资产监督管理机构可通报企业3年内不得聘请该中介机构从事相关业务。

国有资产监督管理机构工作人员违反本通知有关规定，造成国有资产重大损失的，应当对直接负责的主管人员和其他相关责任人员依法给予行政处分；涉嫌犯罪的，依法移送司法机关处理。

国务院国有资产监督管理委员会
二〇〇九年六月二十四日

7. 公开发行证券的公司信息披露内容与格式准则第26号——上市公司重大资产重组(2017年修订)

(2017年9月21日　中国证券监督管理委员会公告〔2017〕14号)

第一章　总　则

第一条　为规范上市公司重大资产重组的信息披露行为，根据《证券法》、《上市公司重大资产重组管理办法》(证监会令第127号，以下简称《重组办法》)及其他相关法律、行政法规及部门规章的规定，制定本准则。

第二条　上市公司进行《重组办法》规定的资产交易行为(以下简称重大资产重组)，应当按照本准则编制重大资产重组报告书(以下简称重组报告书)等信息披露文件，并按《重组办法》等相关规定予以披露。

上市公司进行需向中国证券监督管理委员会(以下简称中国证监会)申请行政许可的资产交易行为，还应当按照本准则的要求制作和报送申请文件。上市公司未按照本准则的要求制作、报送申请文件的，中国证监会可不予受理或者要求其重新制作、报送。

第三条　本准则的规定是对上市公司重大资产重组信息披露或申请文件的最低要求。不论本准则是否有明确规定，凡对上市公司股票及其衍生品交易价格可能产生较大影响或对投资者做出投资决策有重大影响的信息，均应披露或提供。

本准则某些具体要求对当次重大资产重组确实不适用的，上市公司可根据实际情况，在不影响内容完整性的前提下予以适当调整，但应当在披露或申请时作出说明。

中国证监会、证券交易所可以根据监管实际需要，要求上市公司补充披露其他有关信息或提供其他有关文件。

第四条　由于涉及国家机密、商业秘密(如核心技术的保密资料、商业合同的具体内容等)等特殊原因，本准则规定的某些信息或文件确实不便披露或提供的，上市公司可以不予披露或提供，但应当在相关章节中详细说明未按本准则要求进行披露或提供的原因。中国证监会认为需要披露或提供的，上市公司应当披露或提供。

第五条　重大资产重组有关各方应当及时、公平地披露或提供信息，披露或提供的所有信息应当真实、准确、完整，所描述的事实应当有充分、客观、公正的依据，所引用的数据应当注明资料来源，不得有虚假记载、误导性陈述或者重大遗漏。

上市公司全体董事、监事、高级管理人员及相关证券服务机构及其人员应当按要求在所披露或提供的有关文件上发表声明，确保披露或提供文件的真实性、准确性和完整性。

交易对方应当按要求在所披露或申请的有关文件上发表声明，确保为本次重组所提供的信息的真实性、准确性和完整性。

第六条　重大资产重组信息披露文件应当便于投资者阅读，在充分披露的基础上做到逻辑清晰、简明扼要，具有可读性和可理解性。

重大资产重组信息披露文件和申请文件(如涉及)应当作为备查文件，供投资者查阅。

第二章 重组预案

第七条 上市公司编制的重组预案应当至少包括以下内容：

（一）重大事项提示、重大风险提示。

（二）本次交易的背景和目的。

（三）本次交易的方案概况。方案介绍中应当披露本次交易是否构成《重组办法》第十三条规定的交易情形（以下简称重组上市）及其判断依据。

（四）上市公司基本情况，包括公司设立情况及曾用名称，最近六十个月的控制权变动情况，最近三年的主营业务发展情况和主要财务指标（包括总资产、净资产、营业收入、利润总额、净利润、经营活动产生的现金流量净额、资产负债率、毛利率、每股收益等，下同），以及控股股东、实际控制人概况。

（五）交易对方基本情况。交易对方为法人的，应当披露其名称、注册地、法定代表人，与其控股股东、实际控制人之间的产权控制关系结构图，最近三年主要业务发展状况和最近两年主要财务指标，按产业类别划分的下属企业名目等；交易对方为自然人的，应当按照本准则第十五条第（二）项的相关要求披露；交易对方为其他主体的，应当披露其名称、性质及相关协议安排，如为合伙企业，还应当比照第十五条第（一）项相关要求，披露合伙企业及其相关的产权及控制关系、主要合伙人及其他关联人、下属企业名目等情况。

（六）交易标的基本情况，包括报告期（本准则所述报告期指最近两年及一期，如属于重组上市的情形，报告期指最近三年及一期）主要财务指标、主营业务、评估或估值的情况及拟定价等；相关证券服务机构未完成审计、评估或估值、盈利预测审核（如涉及）的，上市公司全体董事应当声明保证相关数据的真实性和合理性，并作出“相关资产经审计的财务数据、评估或估值结果、以及经审核的盈利预测数据（如涉及）将在重大资产重组报告书中予以披露”的特别提示。

上市公司在交易完成后将成为持股型公司的，应当披露作为主要交易标的的企业股权是否为控股权；交易标的为有限责任公司股权的，应当披露是否已取得该公司其他股东的同意或者符合公司章程规定的转让前置条件。

交易标的涉及土地使用权、矿业权等资源类权利的，应当披露是否已取得相应的权属证书、是否已具备相应的开发或开采条件、以及土地出让金、矿业权价款等费用的缴纳情况。

交易标的涉及立项、环保、行业准入、用地、规划、施工建设等有关报批事项的，应当披露是否已取得相应的许可证书或相关主管部门的批复文件。

交易标的未取得许可证书或相关主管部门的批复文件，未披露历史沿革及是否存在出资瑕疵或影响其合法存续的情况等相关信息的（如涉及），上市公司应作出“标的资产××许可证书或相关主管部门的批复文件尚未取得，××事项尚未披露，本次重组存在重大不确定性”的特别提示。

（七）非现金支付方式情况（如涉及）。上市公司发行股份购买资产的，应当披露发行股份的定价及依据、本次发行股份购买资产的董事会决议明确的发行价格调整方案等相关信息。上市公司通过发行优先股、向特定对象发行可转换为股票的公司债券、定向权证等非现金支付方式购买资产的，应当比照前述要求披露相关信息。

交易方案涉及吸收合并的，应当披露换股价格及确定方法、本次吸收合并的董事会决议明确的换股价格调整方案、异议股东权利保护安排、债权人权利保护安排等相关信息。

交易方案涉及募集配套资金的，应当披露募集配套资金的预计金额及占交易总金额的比例、股份发行情况、用途及必要性等相关信息。

（八）本次交易对上市公司的影响，包括但不限于主营业务、盈利能力、关联交易、同业竞争和股权结构的预计变化情况。

（九）本次交易行为涉及有关报批事项的，应当详细说明已向有关主管部门报批的进展情况和尚需呈报批准的程序，并对可能无法获得批准的风险作出特别提示。

（十）本次交易存在其他重大不确定性因素的，应当对相关风险作出充分说明和特别提示。

（十一）上市公司的控股股东及其一致行动人对本次重组的原则性意见，及控股股东及其一致行动人、董事、监事、高级管理人员自本次重组复牌之日起至实施完毕期间的股份减持计划。上市公司披露为无控股股东的,应当比照前述要求,披露第一大股东及持股5%以上股东的意见及减持计划。

(十二)保护投资者合法权益的相关安排。

(十三)本次交易涉及的相关主体买卖上市公司股票的自查情况。

(十四)相关证券服务机构对重组预案已披露内容发表的核查意见。

第三章　重组报告书

第一节　封面、目录、释义

第八条　上市公司应当在重组报告书全文文本封面列明重组报告书的标题。重组报告书标题应明确具体交易形式,包括但不限于:××股份有限公司重大资产购买报告书、××股份有限公司重大资产出售报告书、××股份有限公司重大资产置换报告书、××股份有限公司发行股份购买资产报告书或××股份有限公司吸收合并××公司报告书。

资产重组采取两种以上交易形式组合的,应当在标题中列明,如"××股份有限公司重大资产置换及发行股份购买资产报告书";发行股份购买资产同时募集配套资金的,应当在标题中标明"并募集配套资金",如"××股份有限公司发行股份购买资产并募集配套资金报告书";资产重组构成关联交易的,还应当在标题中标明"暨关联交易"的字样,如"××股份有限公司重大资产购买暨关联交易报告书"。

同时,封面中应当载明以下内容:

(1)上市公司的名称、股票上市地点、股票简称、股票代码;

(2)交易对方的名称或姓名;

(3)独立财务顾问名称;

(4)重组报告书签署日期。

第九条　重组报告书的目录应当标明各章、节的标题及相应的页码,内容编排应当符合通行的中文惯例。

第十条　上市公司应当在重组报告书中对可能造成投资者理解障碍及有特定含义的术语作出释义,释义应当在目录次页排印。

第二节　重大事项提示

第十一条　上市公司应当在重组报告书扉页中,遵循重要性和相关性原则,以简明扼要的方式,就与本次重组有关的重大事项,进行"重大事项提示"。包括但不限于:(一)本次重组方案简要介绍。

(二)按《重组办法》规定计算的相关指标、本次重组是否构成关联交易(如构成关联交易,应披露构成关联交易的原因、涉及董事和股东的回避表决安排)、是否构成重组上市及判断依据。

(三)如披露本次交易不构成重组上市,但交易完成后,持有上市公司5%以上股份的股东或者实际控制人持股情况或者控制公司的情况以及上市公司的业务构成都将发生较大变化,应当披露未来六十个月上市公司是否存在维持或变更控制权、调整主营业务的相关安排、承诺、协议等,如存在,应当详细披露主要内容。

(四)本次重组支付方式、募集配套资金安排简要介绍(如涉及)。

(五)交易标的评估或估值情况简要介绍。

(六)本次重组对上市公司影响的简要介绍,列表披露本次重组对上市公司股权结构的影响及对上市公司主要财务指标的影响。

(七)本次重组已履行的和尚未履行的决策程序及报批程序,本次重组方案实施前尚需取得的有关批准。涉及并联审批的,应当明确取得批准前不得实施本次重组方案。

(八)列表披露本次重组相关方作出的重要承诺。

(九)上市公司的控股股东及其一致行动人对本次重组的原则性意见,及控股股东及其一致行动人、董事、监事、高级管理人员自本次重组复牌之日起至实施完毕期间的股份减持计划。上市公司披露为无控股股东的,应当比照前述要求,披露第一大股东及持股5%以上股东的意见及减持计划。

(十)本次重组对中小投资者权益保护的安排,包括但不限于股东大会表决情况、网络投票安排、并购重组摊薄当期每股收益的填补回报安排等。

(十一)其他需要提醒投资者重点关注的事项。

第三节　重大风险提示

第十二条　上市公司应当在重组报告书扉页中针对本次重组的实际情况，遵循重要性和相关性原则，在第十三节“风险因素”基础上，选择若干可能直接或间接对本次重组及重组后上市公司生产经营状况、财务状况和持续盈利能力等产生严重不利影响的风险因素，进行“重大风险提示”。

第四节　本次交易概况

第十三条　介绍本次重组的交易概况，包括但不限于：

（一）交易背景及目的；

（二）本次交易决策过程和批准情况；

（三）本次交易具体方案；

（四）本次重组对上市公司的影响。

第五节　交易各方

第十四条　上市公司基本情况，包括公司设立情况及曾用名称，最近六十个月的控制权变动情况，最近三年的重大资产重组情况、主营业务发展情况和主要财务指标，以及控股股东、实际控制人概况。

上市公司是否因涉嫌犯罪被司法机关立案侦查或者涉嫌违法违规被中国证监会立案调查，最近三年是否受到行政处罚或者刑事处罚，如存在，应当披露相关情况，并说明对本次重组的影响。构成重组上市的，还应当说明上市公司及其最近三年内的控股股东、实际控制人是否存在因涉嫌犯罪正被司法机关立案侦查或涉嫌违法违规被中国证监会立案调查的情形，如存在，涉嫌犯罪或违法违规的行为终止是否已满三年，交易方案是否能够消除该行为可能造成的不良后果，是否影响对相关行为人追究责任。上市公司及其控股股东、实际控制人最近十二个月内是否受到证券交易所公开谴责，是否存在其他重大失信行为。

第十五条　交易对方情况：

（一）交易对方为法人的，应当披露其名称、企业性质、注册地、主要办公地点、法定代表人、注册资本、统一社会信用代码、历史沿革、经营范围，最近三年注册资本变化情况、主要业务发展状况和最近两年主要财务指标，最近一年简要财务报表并注明是否已经审计。

以方框图或者其他有效形式，全面披露交易对方相关的产权及控制关系，包括交易对方的主要股东或权益持有人、股权或权益的间接控制人及各层之间的产权关系结构图，直至自然人、国有资产管理部门或者股东之间达成某种协议或安排的其他机构；以文字简要介绍交易对方的主要股东及其他关联人的基本情况；列示交易对方按产业类别划分的下属企业名目。

交易对方成立不足一个完整会计年度、没有具体经营业务或者是专为本次交易而设立的，则应当按照上述要求披露交易对方的实际控制人或者控股公司的相关资料。

（二）交易对方为自然人的，应当披露其姓名（包括曾用名）、性别、国籍、身份证号码、住所、通讯地址、是否取得其他国家或者地区的居留权、最近三年的职业和职务，并注明每份职业的起止日期和任职单位，是否与任职单位存在产权关系，以及其控制的企业和关联企业的基本情况。

（三）交易对方为其他主体的，应当披露其名称、性质及相关协议安排，并比照本条第（一）项相关要求，披露该主体的基本情况及其相关产权及控制关系，以及该主体下属企业名目等情况。如为合伙企业，应当穿透披露至最终出资人，同时还应披露合伙人、最终出资人与参与本次交易的其他有关主体的关联关系（如有）；交易完成后合伙企业成为上市公司第一大股东或持股5%以上股东的，还应当披露最终出资人的资金来源，合伙企业利润分配、亏损负担及合伙事务执行（含表决权行使）的有关协议安排，本次交易停牌前六个月内及停牌期间合伙人入伙、退伙、转让财产份额、有限合伙人与普通合伙人转变身份的情况及未来存续期间内的类似变动安排（如有）。如为契约型私募基金、券商资产管理计划、基金专户及基金子公司产品、信托计划、理财产品、保险资管计划、专为本次交易设立的公司等，应当比照对合伙企业的上述要求进行披露。

（四）交易对方为多个主体的，应当披露交易对方之间是否存在关联关系及其情况说明。

（五）交易对方与上市公司之间是否存在关联关系及其情况说明，交易对方向上市公司推荐董事或者高级管理人员的情况。

（六）交易对方及其主要管理人员最近五年内受过行政处罚（与证券市场明显无关的除外）、刑事处罚、或者涉及与经济纠纷有关的重大民事诉讼或者仲裁的，应当披露处罚机关或者受理机构的名称、处罚种类、诉讼或者仲裁结果，以及日期、原因和执行情况。

（七）交易对方及其主要管理人员最近五年的诚信情况，包括但不限于：交易对方及其主要管理人员未按期偿还大额债务、未履行承诺、被中国证监会采取行政监管措施或受到证券交易所纪律处分的情况等。

第六节　交易标的

第十六条　交易标的为完整经营性资产的（包括股权或其他构成可独立核算会计主体的经营性资产），应当披露：

（一）该经营性资产的名称、企业性质、注册地、主要办公地点、法定代表人、注册资本、成立日期、统一社会信用代码。

（二）该经营性资产的历史沿革，包括设立情况、历次增减资或股权转让情况、是否存在出资瑕疵或影响其合法存续的情况。

该经营性资产最近三年增减资及股权转让的原因、作价依据及其合理性，股权变动相关方的关联关系，是否履行必要的审议和批准程序，是否符合相关法律法规及公司章程的规定，是否存在违反限制或禁止性规定而转让的情形。

（三）该经营性资产的产权或控制关系，包括其主要股东或权益持有人及持有股权或权益的比例、公司章程中可能对本次交易产生影响的主要内容或相关投资协议、高级管理人员的安排、是否存在影响该资产独立性的协议或其他安排（如让渡经营管理权、收益权等）。

（四）该经营性资产及其对应的主要资产的权属状况、对外担保情况及主要负债、或有负债情况，说明产权是否清晰，是否存在抵押、质押等权利限制，是否涉及诉讼、仲裁、司法强制执行等重大争议或者存在妨碍权属转移的其他情况。

该经营性资产是否因涉嫌犯罪被司法机关立案侦查或者涉嫌违法违规被中国证监会立案调查，是否受到行政处罚或者刑事处罚，如存在，应当披露相关情况，并说明对本次重组的影响。

（五）最近三年主营业务发展情况。如果该经营性资产的主营业务和产品（或服务）分属不同行业，则应按不同行业分别披露相关信息。

（六）报告期经审计的财务指标。除主要财务指标外，还应包括扣除非经常性损益的净利润，同时说明报告期非经常性损益的构成及原因，扣除非经常性损益后净利润的稳定性，非经常性损益（如财政补贴）是否具备持续性。

（七）交易标的为企业股权的，应当披露该企业是否存在出资瑕疵或影响其合法存续的情况；上市公司在交易完成后将成为持股型公司的，应当披露作为主要交易标的的企业股权是否为控股权；交易标的为有限责任公司股权的，应当披露是否已取得该公司其他股东的同意或者符合公司章程规定的股权转让前置条件。

（八）该经营性资产的权益最近三年曾进行与交易、增资或改制相关的评估或估值的，应当披露相关评估或估值的方法、评估或估值结果及其与账面值的增减情况，交易价格、交易对方和增资改制的情况，并列表说明该经营性资产最近三年评估或估值情况与本次重组评估或估值情况的差异原因。

（九）该经营性资产的下属企业构成该经营性资产最近一期经审计的资产总额、营业收入、净资产额或净利润来源20%以上且有重大影响的，应参照上述要求披露该下属企业的相关信息。

第十七条　交易标的不构成完整经营性资产的，应当披露：

（一）相关资产的名称、类别；

（二）相关资产的权属状况，包括产权是否清晰，是否存在抵押、质押等权利限制，是否涉及诉讼、仲裁、司法强制执行等重大争议或者存在妨碍权属转移的其他情况；

（三）相关资产最近三年的运营情况和报告期经审计的财务数据，包括但不限于资产总额、资产净额、可准确核算的收入或费用额；

（四）相关资产在最近三年曾进行评估、估值或者交易的，应当披露评估或估值结果、交易价格、交易对方等情况，并列表说明相关资产最近三年评估或估值情况与本次重组评估或估值情况的差异原因。

第十八条　交易标的涉及土地使用权、矿业权等资源类权利的，应当披露是否已取得相应的权属证书、是否已具备相应的开发或开采条件、以及土地出让金、矿业权价款等费用的缴纳情况。

交易标的涉及立项、环保、行业准入、用地、规划、施工建设等有关报批事项的，应当披露是否已取得相应的许可证书或相关主管部门的批复文件。

交易标的未取得许可证书或相关主管部门的批复文件的（如涉及），上市公司应作出“标的资产××许可证书或相关主管部门的批复文件尚未取得，本次重组存在重大不确定性”的特别提示。

第十九条　交易标的涉及许可他人使用自己所有的资产，或者作为被许可方使用他人资产的，应当简要披露许可合同的主要内容，包括许可人、被许可人、许可使用的具体资产内容、许可方式、许可年限、许可使用费等，以及合同履行情况；充分说明本次重组对上述许可合同效力的影响，该等资产对交易标的持续经营的影响，并就许可的范围、使用的稳定性、协议安排的合理性等进行说明。

第二十条　资产交易涉及债权债务转移的，应当披露该等债权债务的基本情况、已取得债权人书面同意的情况，说明未获得同意部分的债务金额、债务形成原因、到期日，并对该部分债务的处理做出妥善安排，说明交易完成后上市公司是否存在偿债风险和其他或有风险及应对措施。

第二十一条　资产交易涉及重大资产购买的，上市公司应当根据重要性原则，结合行业特点，披露拟购买资产主营业务的具体情况，包括：

（一）主要产品（或服务）所处行业的主管部门、监管体制、主要法律法规及政策等。

（二）主要产品（或服务）的用途及报告期的变化情况。如从事多种产品（或服务）生产经营的，产品（或服务）分类的口径应当前后一致。如产品（或服务）分属不同行业，则应按不同行业分别披露相关信息。

（三）主要产品的工艺流程图或主要服务的流程图。

（四）主要经营模式（通常包括采购模式、生产模式、销售模式）、盈利模式和结算模式。

（五）列表披露报告期各期主要产品（或服务）的产能、产量、期初及期末库存、销量、销售收入，产品（或服务）的主要消费群体、销售价格的变动情况；报告期各期向前五名客户合计的销售额占当期销售总额的百分比，向单个客户的销售比例超过总额的50%或严重依赖于少数客户的，应当披露其名称及销售比例。如该客户为交易对方及其关联方，则应当披露产品最终实现销售的情况。受同一实际控制人控制的销售客户，应当合并计算销售额。

（六）报告期主要产品的原材料和能源及其供应情况，主要原材料和能源的价格变动趋势、主要原材料和能源占成本的比重；报告期各期向前五名供应商合计的采购额占当期采购总额的百分比，向单个供应商的采购比例超过总额的50%或严重依赖于少数供应商的，应当披露其名称及采购比例。受同一实际控制人控制的供应商，应当合并计算采购额。

（七）报告期董事、监事、高级管理人员和核心技术人员，其他主要关联方或持有拟购买资产5%以上股份的股东在前五名供应商或客户中所占的权益。如无，亦应明确说明。

（八）如在境外进行生产经营，应当对有关业务活动进行地域性分析；如在境外拥有资产，应当详细披露该资产的资产规模、所在地、经营管理和盈利情况等具体内容。

（九）存在高危险、重污染情况的，应当披露安全生产和污染治理制度及执行情况、因安全生产及环境保护原因受到处罚的情况、最近三年相关费用成本支出及未来支出的情况，说明是否符合国家关于安全生产和环境保护的要求。

（十）主要产品和服务的质量控制情况，包括质量控制标准、质量控制措施、出现的质量纠纷等。

（十一）主要产品生产技术所处的阶段，如处于基础研究、试生产、小批量生产或大批量生产阶段。

（十二）报告期核心技术人员特点分析及变动情况。

第二十二条　资产交易涉及重大资产购买的，上市公司还应当列表披露与拟购买资产业务相关的主要固定资产、无形资产及特许经营权的具体情况，包括：

（一）生产经营所使用的主要生产设备、房屋建筑物及其取得和使用情况、成新率或尚可使用

年限;

（二）商标、专利、非专利技术、土地使用权、水面养殖权、探矿权、采矿权等主要无形资产的数量、取得方式和时间、使用情况、使用期限或保护期、最近一期期末账面价值,以及上述资产对拟购买资产生产经营的重要程度;

（三）拥有的特许经营权的情况,主要包括特许经营权的取得情况,特许经营权的期限、费用标准,以及对拟购买资产持续生产经营的影响。

第二十三条 资产交易涉及重大资产购买的,还应当披露拟购买资产报告期的会计政策及相关会计处理:

（一）收入成本的确认原则和计量方法;

（二）比较分析会计政策和会计估计与同行业或同类资产之间的差异及对拟购买资产利润的影响;

（三）财务报表编制基础,确定合并报表时的重大判断和假设,合并财务报表范围、变化情况及变化原因;

（四）报告期存在资产转移剥离调整的,还应披露资产转移剥离调整的原则、方法和具体剥离情况,及对拟购买资产利润产生的影响;

（五）拟购买资产的重大会计政策或会计估计与上市公司存在较大差异的,报告期发生变更的或者按规定将要进行变更的,应当分析重大会计政策或会计估计的差异或变更对拟购买资产利润产生的影响;

（六）行业特殊的会计处理政策。

第七节　交易标的评估或估值

第二十四条 重大资产重组中相关资产以资产评估结果或估值报告结果作为定价依据的,应当至少披露以下信息:

（一）评估或估值的基本情况（包括账面价值、所采用的评估或估值方法、评估或估值结果、增减值幅度,下同）,分析评估或估值增减值主要原因、不同评估或估值方法的评估或估值结果的差异及其原因、最终确定评估或估值结论的理由。

（二）对评估或估值结论有重要影响的评估或估值假设,如宏观和外部环境假设及根据交易标的自身状况所采用的特定假设等。

（三）选用的评估或估值方法和重要评估或估值参数以及相关依据。具体如下:

1. 收益法:具体模型、未来预期收益现金流、折现率确定方法、评估或估值测算过程、非经营性和溢余资产的分析与确认等。

2. 市场法:具体模型、价值比率的选取及理由、可比对象或可比案例的选取原则、调整因素和流动性折扣的考虑测算等。

3. 资产基础法:主要资产的评估或估值方法及选择理由、评估或估值结果等,如:房地产企业的存货、矿产资源类企业的矿业权、生产型企业的主要房屋和关键设备等固定资产以及对未来经营存在重大影响的在建工程、科技创新企业的核心技术等无形资产、持股型企业的长期股权投资等。主要资产采用收益法、市场法评估或估值的,应参照上述收益法或市场法的相关要求进行披露。

（四）引用其他评估机构或估值机构报告内容（如矿业权评估报告、土地估价报告等）、特殊类别资产（如珠宝、林权、生物资产等）相关第三方专业鉴定等资料的,应对其相关专业机构、业务资质、签字评估师或鉴定师、评估或估值情况进行必要披露。

（五）存在评估或估值特殊处理、对评估或估值结论有重大影响事项,应当进行说明并分析其对评估或估值结论的影响;存在前述情况或因评估或估值程序受限造成评估报告或估值报告使用受限的,应提请报告使用者关注。

（六）评估或估值基准日至重组报告书签署日的重要变化事项及其对评估或估值结果的影响。

（七）该交易标的的下属企业构成该交易标的的最近一期经审计的资产总额、营业收入、净资产额或净利润来源 20% 以上且有重大影响的,应参照上述要求披露。交易标的涉及其他长期股权投资的,应当列表披露评估或估值的基本情况。

第二十五条 上市公司董事会应当对本次交易标的的评估或估值的合理性以及定价的公允性做出分析。包括但不限于:

（一）对资产评估机构或估值机构的独立性、假设前提的合理性、评估或估值方法与目的的相关性发表意见。

（二）结合报告期及未来财务预测的相关情

况(包括各产品产销量、销售价格、毛利率、净利润等)、所处行业地位、行业发展趋势、行业竞争及经营情况等,详细说明评估或估值依据的合理性。如果未来预测与报告期财务情况差异较大的,应当分析说明差异的原因及其合理性。

(三)分析交易标的后续经营过程中政策、宏观环境、技术、行业、重大合作协议、经营许可、技术许可、税收优惠等方面的变化趋势、董事会拟采取的应对措施及其对评估或估值的影响。

(四)结合交易标的经营模式,分析报告期变动频繁且影响较大的指标(如成本、价格、销量、毛利率等方面)对评估或估值的影响,并进行敏感性分析。

(五)分析说明交易标的与上市公司现有业务是否存在显著可量化的协同效应;如有,说明对未来上市公司业绩的影响;交易定价中是否考虑了上述协同效应。

(六)结合交易标的的市场可比交易价格、同行业上市公司的市盈率或者市净率等指标,分析交易定价的公允性。

(七)说明评估或估值基准日至重组报告书披露日交易标的发生的重要变化事项,分析其对交易作价的影响。

(八)如交易定价与评估或估值结果存在较大差异,分析说明差异的原因及其合理性。

第二十六条　上市公司独立董事对评估机构或者估值机构的独立性、评估或者估值假设前提的合理性和交易定价的公允性发表的独立意见。

第八节　本次交易主要合同

第二十七条　上市公司应当披露本次交易合同的主要内容,包括但不限于:

(一)资产出售或购买协议:

1. 合同主体、签订时间;

2. 交易价格及定价依据;

3. 支付方式(一次或分次支付的安排或特别条款、股份发行条款等);

4. 资产交付或过户的时间安排;

5. 交易标的自定价基准日至交割日期间损益的归属;

6. 与资产相关的人员安排;

7. 合同的生效条件和生效时间;

8. 合同附带的任何形式的保留条款、补充协议和前置条件;

9. 违约责任条款。

(二)业绩补偿协议(如有)。

(三)募集配套资金股份认购协议(如有)。

(四)其他重要协议。

第九节　交易的合规性分析

第二十八条　上市公司应当对照《重组办法》第十一条,逐项说明本次交易是否符合《重组办法》的规定。

第二十九条　独立财务顾问和律师对本次交易是否符合《重组办法》的规定发表的明确意见。

其他证券服务机构出具的相关报告的结论性意见。

第十节　管理层讨论与分析

第三十条　上市公司董事会就本次交易对上市公司的影响进行的讨论与分析。该讨论与分析的内容应当着重于董事会已知的、从一般性财务报告分析难以取得且对上市公司未来经营具有影响的重大事项。

第三十一条　本次交易前上市公司财务状况和经营成果的讨论与分析;上市公司主要资产或利润构成在本次交易前一年发生重大变动的,应当详细说明具体变动情况及原因。

第三十二条　结合上市公司情况,对交易标的行业特点和经营情况的讨论与分析:

(一)行业特点:

1. 行业竞争格局和市场化程度,行业内主要企业及其市场份额,市场供求状况及变动原因,行业利润水平的变动趋势及变动原因等;

2. 影响行业发展的有利和不利因素,如产业政策,技术替代,行业发展瓶颈,国际市场冲击等;

3. 进入该行业的主要障碍;

4. 行业技术水平及技术特点,经营模式,周期性,区域性或季节性特征等;

5. 所处行业与上、下游行业之间的关联性,上、下游行业发展状况对该行业及其发展前景的有利和不利影响;

6. 交易标的的出口业务比例较大的,还应当披露产品进口国的有关进口政策、贸易摩擦对出口业务的影响、以及进口国同类产品的竞争格局等情况。

（二）核心竞争力及行业地位：

技术及管理水平、产品（或服务）的市场占有率最近三年的变化情况及未来变化趋势等简要情况。

（三）财务状况分析：

1. 资产、负债的主要构成，分析说明主要资产减值准备提取和商誉减值的确认情况是否与资产实际状况相符；报告期资产结构、负债结构发生重大变化的，还应当分析说明导致变化的主要因素；

2. 报告期流动比率、速动比率、资产负债率、息税折旧摊销前利润及利息保障倍数的变动趋势。交易标的报告期经营活动产生的现金流量净额为负数或者远低于当期净利润的，应当分析原因；

3. 报告期应收账款周转率、存货周转率等反映资产周转能力的财务指标的变动趋势，并结合市场发展、行业竞争状况、生产模式及物流管理、销售模式及赊销政策等情况，分析说明交易标的的资产周转能力；

4. 最近一期末持有金额较大的交易性金融资产、可供出售的金融资产、借与他人款项、委托理财等财务性投资的，应当分析其投资目的、对交易标的资金安排的影响、投资期限、交易标的的对投资的监管方案、投资的可回收性及减值准备的计提是否充足。

（四）盈利能力分析：

1. 基于交易标的报告期营业收入的分部数据，结合交易标的具体情况，分别按各产品（或服务）类别及各业务、各地区的收入构成，分析营业收入增减变化的情况及原因；营业收入存在季节性波动的，应当分析季节性因素对各季度经营成果的影响；

2. 结合交易标的所从事主营业务、采用的经营模式及行业竞争情况，分析报告期利润的主要来源、可能影响盈利能力连续性和稳定性的主要因素；

3. 结合利润构成及资产周转能力等说明盈利能力的驱动要素及其可持续性；

4. 按照利润表项目逐项分析报告期经营成果变化的原因，对于变动幅度较大的项目应当重点说明；

5. 列表披露报告期交易标的综合毛利率、分行业毛利率的数据及变动情况；报告期发生重大变化的，还应当用数据说明相关因素对毛利率变动的影响程度；

6. 报告期非经常性损益、投资收益以及少数股东损益对经营成果有重大影响的，应当分析原因及对盈利稳定性的影响。

（五）交易标的报告期财务指标变化较大或报告期财务数据不足以真实、准确、完整反映交易标的经营状况的情况下，应当披露反映标的资产经营状况的其他信息。

第三十三条 就本次交易对上市公司的持续经营能力、未来发展前景、当期每股收益等财务指标和非财务指标的影响进行详细分析：

（一）本次交易对上市公司的持续经营能力影响的分析：

1. 从本次交易完成后的规模效应、产业链整合、运营成本、销售渠道、技术或资产整合等方面，分析本次交易对上市公司盈利能力驱动因素及持续经营能力的影响；

2. 本次交易完成后形成多主业的，结合财务指标分析说明未来各业务构成、经营发展战略和业务管理模式、对上市公司持续经营能力的影响；

3. 结合本次交易完成后将从事的新业务的市场情况、风险因素等，分析说明上市公司未来经营中的优势和劣势；

4. 结合本次交易完成后的资产、负债的主要构成及行业分析说明交易后上市公司资产负债率是否处于合理水平；同时结合上市公司的现金流量状况、可利用的融资渠道及授信额度及或有负债（如担保、诉讼、承诺）等情况，分析说明上市公司的财务安全性。

（二）本次交易对上市公司未来发展前景影响的分析：

1. 结合本次交易在业务、资产、财务、人员、机构等方面的整合计划，分析对上市公司未来发展的影响；

2. 交易当年和未来两年拟执行的发展计划，包括提高竞争能力、市场和业务开拓等方面。

（三）本次交易对上市公司当期每股收益等

财务指标和非财务指标影响的分析：

1. 分析本次交易对上市公司主要财务指标及反映上市公司未来持续经营能力的其他重要非财务指标（如每股储量、每股产能或每股用户数等）的影响；如预计交易后将摊薄上市公司当年每股收益的，根据《重组办法》第三十五条披露填补每股收益的具体措施；

2. 预计本次交易对上市公司未来资本性支出的影响，及上市公司为满足该等资本性支出初步拟定的融资计划；

3. 结合本次交易职工安置方案及执行情况，分析其对上市公司的影响；

4. 结合本次交易成本（包括但不限于交易税费、中介机构费用等）的具体情况，分析其对上市公司的影响。

第十一节　财务会计信息

第三十四条　交易标的为完整经营性资产的，报告期的简要财务报表。

第三十五条　依据交易完成后的资产、业务架构编制的上市公司最近一年及一期的简要备考财务报表。

第三十六条　上市公司或相关资产盈利预测的主要数据（如有，包括主营业务收入、利润总额、净利润等）。

第十二节　同业竞争和关联交易

第三十七条　交易标的在报告期是否存在关联交易、关联交易的具体内容、必要性及定价公允性。

第三十八条　本次交易完成后，上市公司与实际控制人及其关联企业之间是否存在同业竞争或关联交易、同业竞争或关联交易的具体内容和拟采取的具体解决或规范措施。

第十三节　风险因素

第三十九条　上市公司应以简明扼要的方式，遵循重要性原则，对本次重组及重组后上市公司的相关风险予以揭示，并进行定量分析，无法进行定量分析的，应有针对性地作出定性描述。

第四十条　上市公司应披露的风险包括但不限于以下内容：

（一）本次重组审批风险。本次重组尚未履行的决策程序及报批程序未能获得批准的风险。

（二）交易标的权属风险。如抵押、质押等权利限制，诉讼、仲裁或司法强制执行等重大争议或者妨碍权属转移的其他情形，可能导致本次重组存在潜在不利影响和风险等。

（三）债权债务转移风险。资产交易涉及债权债务转移的，未获得债权人同意的债务可能给上市公司带来的偿债风险或其他或有风险。

（四）交易标的评估或估值风险。本次评估或估值存在报告期变动频繁且对评估或估值影响较大的指标，该指标的预测对本次评估或估值的影响，进而对交易价格公允性的影响等。

（五）交易标的对上市公司持续经营影响的风险。由于政策、市场、技术、汇率等因素引起的风险：

1. 政策风险。交易标的经营环境和法律环境发生变化导致的政策风险，如财政、金融、税收（如所得税优惠、出口退税等）、贸易、土地使用、产业政策（如属国家限制发展的范围）、行业管理、环境保护等，或可能因重组后生产经营情况发生变化不能继续适用原有的相关政策引致的风险。

2. 市场风险。交易标的主要产品或服务的市场前景、行业经营环境的变化、商业周期或产品生命周期的影响、市场饱和或市场分割、过度依赖单一市场、市场占有率下降和市场竞争的风险等。

3. 经营风险。经营模式发生变化，经营业绩不稳定，主要产品或主要原材料价格波动，过度依赖某一重要原材料、产品（或服务），经营场所过度集中或分散，非经常性损益或投资收益金额较大等。

4. 技术风险。交易标的涉及的技术不成熟、技术尚未产业化、技术缺乏有效保护或保护期限短或保护期限到期、缺乏核心技术或核心技术依赖他人、产品或技术的快速更新换代可能导致现有产品或技术面临被淘汰、核心技术人员流失及核心技术失密等风险。

5. 可能严重影响上市公司持续经营的其他因素，如自然灾害、安全生产、汇率变化、外贸环境等。

（六）整合风险。上市公司管理水平不能适

应重组后上市公司规模扩张或业务变化的风险,交易标的与上市公司原有业务、资产、财务、人员、机构等方面的整合风险。

(七)业务转型风险。上市公司所购买资产与现有主营业务没有显著协同效应的,涉及的业务转型升级可能面临的风险。

(八)财务风险。本次重组导致上市公司财务结构发生重大变化的风险。

上市公司和相关各方应全面、审慎评估可能对本次重组以及重组后上市公司产生重大不利影响的所有因素,如有除上述风险之外的因素,应予以充分披露。

第十四节 其他重要事项

第四十一条 本次交易完成后,上市公司是否存在资金、资产被实际控制人或其他关联人占用的情形;上市公司是否存在为实际控制人或其他关联人提供担保的情形。

第四十二条 上市公司负债结构是否合理,是否存在因本次交易大量增加负债(包括或有负债)的情况。

第四十三条 上市公司在最近十二个月内曾发生资产交易的,应当说明与本次交易的关系。

第四十四条 本次交易对上市公司治理机制的影响。

第四十五条 本次交易后上市公司的现金分红政策及相应的安排、董事会对上述情况的说明。

第四十六条 本次交易涉及的相关主体买卖上市公司股票的自查情况。

第四十七条 其他能够影响股东及其他投资者做出合理判断的、有关本次交易的所有信息。

上市公司已披露的媒体说明会、对证券交易所问询函的回复中有关本次交易的信息,应当在重组报告书相应章节进行披露。

第四十八条 独立财务顾问和律师事务所对本次交易出具的结论性意见。

第四十九条 本次交易所聘请的独立财务顾问、律师事务所、会计师事务所、资产评估机构(如有)、估值机构(如有)等专业机构名称、法定代表人、住所、联系电话、传真,以及有关经办人员的姓名。

第五十条 中国证监会要求披露的其他信息。

第五十一条 上市公司应当在重组报告书的显著位置载明:

"本公司及全体董事、监事、高级管理人员保证本报告书内容的真实、准确、完整,对报告书的虚假记载、误导性陈述或重大遗漏负连带责任"。

第十五节 重组上市

第五十二条 上市公司重大资产重组构成重组上市的,除应按第一节至第十四节规定编制重组报告书外,还应当按照《公开发行证券的公司信息披露内容与格式准则第1号——招股说明书》(以下简称《1号准则》)相关章节的要求,对重组报告书的相关内容加以补充。

需要补充披露的内容包括但不限于:

(一)在"风险因素"部分,补充《1号准则》"风险因素"相关内容;

(二)在"交易标的"部分,补充《1号准则》"发行人基本情况""业务与技术""董事、监事、高级管理人员与核心技术人员"相关内容;

(三)在"交易的合规性分析"部分,逐项说明上市公司购买的资产对应的经营实体是否符合《首次公开发行股票并上市管理办法》(以下简称《首发办法》)规定的发行条件,证券服务机构应当对上市公司购买的资产对应的经营实体是否符合《首发办法》规定的发行条件发表明确的结论性意见;

(四)在"管理层讨论与分析"部分,补充《1号准则》"管理层讨论与分析""业务发展目标"相关内容;

(五)在"财务会计信息"部分,补充《1号准则》"财务会计信息"相关内容;

(六)在"同业竞争和关联交易"部分,补充《1号准则》"同业竞争与关联交易"相关内容;

(七)在"其他重要事项"部分,补充《1号准则》"公司治理""股利分配政策""其他重要事项"相关内容。

第五十三条 上市公司重大资产重组构成重组上市的,上市公司控股股东、实际控制人、董事、监事、高级管理人员及交易对方应当公开承诺:如本次交易所提供或披露的信息涉嫌虚假记载、误导性陈述或者重大遗漏，被司法机关立案侦查或者被中国证监会立案调查的，在形成调查结论以前，不转让在该上市公司拥有权益的股份，并于收到立案稽查通知的两个交易日内将暂停转让的书面申请和股票账户提交上市公司董事会，由董事会代其向证券交易所和登记结算公司申请锁定；未在两个交易日内提交锁定申请的，授权董事会核实后直接向证券交易所和登记结算公司报送本人或本单位的身份信息和账户信息并申请锁定；董事会未向证券交易所和登记结算公司报送本人或本单位的身份信息和账户信息的，授权证券交易所和登记结算公司直接锁定相关股份。如调查结论发现存在违法违规情节，本人或本单位承诺锁定股份自愿用于相关投资者赔偿安排。

第十六节　非现金支付方式

第五十四条　上市公司拟发行股份购买资产的，重组报告书中还应当包括以下内容：

（一）在第六节规定的“交易标的”部分后，加入第七节“发行股份情况”，其以下各部分依次顺延。在“发行股份情况”部分应当披露以下内容：

1. 上市公司发行股份的价格、定价原则及合理性分析。上市公司应当披露按照《重组办法》第四十五条计算的董事会就发行股份购买资产作出决议公告日前二十个交易日、六十个交易日或者一百二十个交易日的公司股票交易均价，以及发行股份市场参考价的选择依据及理由，并进行合理性分析。

2. 本次发行股份购买资产的董事会决议明确的发行价格调整方案。发行价格调整方案应当建立在大盘和同行业因素调整基础上，触发发行价格调整的情形应当明确、具体、可操作，并充分说明理由。如出现上市公司发行价格的调整，还应当说明调整程序、是否相应调整交易标的的定价及理由、发行股份数量的变化情况等。

3. 上市公司拟发行股份的种类、每股面值。

4. 上市公司拟发行股份的数量、占发行后总股本的比例。

5. 特定对象所持股份的转让或交易限制，股东关于锁定所持股份的相关承诺。

上市公司发行股份购买资产的，控股股东、实际控制人、董事、监事、高级管理人员及交易对方应当按照本准则第五十三条要求作出公开承诺。

6. 上市公司发行股份前后主要财务数据（如每股收益、每股净资产等）和其他重要经济指标的对照表。

7. 本次发行股份前后上市公司的股权结构，说明本次发行股份是否导致上市公司控制权发生变化。

（二）在第七节规定的“交易标的评估或估值”部分，披露董事会结合股份发行价对应的市盈率、市净率水平以及本次发行对上市公司盈利能力、持续发展能力的影响等对股份发行定价合理性所作的分析。

（三）在第九节规定的“交易的合规性分析”部分，逐项说明是否符合《重组办法》第四十三条的规定。

第五十五条　上市公司拟发行优先股购买资产的，重组报告书中除包括第五十四条第（二）项、第（三）项规定的内容外，还应在“发行股份情况”部分，比照第五十四条第（一）项相关要求，并结合《公开发行证券的公司信息披露内容与格式准则第 34 号——发行优先股募集说明书》第四节、第六节第三十五条相关要求，披露相关信息。

如本次优先股发行涉及公司章程的，还应披露公司章程相应修订情况。

第五十六条　上市公司拟通过向特定对象发行可转换为股票的公司债券、定向权证等其他支付方式购买资产的，应当比照上述要求，披露相关内容。

第十七节　换股吸收合并

第五十七条　换股吸收合并涉及上市公司的，重组报告书还应当在第六节规定的“交易标的”部分后，加入第七节“换股吸收合并方案”，其以下各部分依次顺延。“换股吸收合并方案”部分应当比照第五十四条相关要求进行披露，此外还应当包括以下内容：

（一）换股各方名称；

（二）换股价格及确定方法；

（三）本次换股吸收合并的董事会决议明确的换股价格调整方案；

（四）本次换股吸收合并对异议股东权利保护的相关安排，如为提供现金选择权，应当披露其安排,包括定价及定价原则、被提供现金选择权的股东范围(异议股东或全体股东)、现金选择权提供方、与换股价格的差异及差异原因;

(五)本次换股吸收合并涉及的债权债务处置及债权人权利保护的相关安排;

(六)本次换股吸收合并涉及的相关资产过户或交付的安排;

(七)本次换股吸收合并涉及的员工安置。

第五十八条 上市公司发行优先股、向特定对象发行可转换为股票的公司债券、定向权证用于与其他公司合并的,应当比照上述要求,披露相关内容。

第十八节 募集配套资金

第五十九条 上市公司发行股份购买资产同时募集部分配套资金的,在重组报告书"发行股份情况"部分还应当披露以下内容:

(一)募集配套资金的金额及占交易总金额的比例。

(二)募集配套资金的股份发行情况。比照第五十四条相关要求,披露上市公司募集配套资金的股份发行情况,包括发行股份的种类、每股面值、定价原则、发行数量及占本次交易前总股本的比例、占发行后总股本的比例。

(三)募集配套资金的用途。包括具体用途、资金安排、测试依据、使用计划进度和预期收益,如募集配套资金用于投资项目的,应当披露项目是否取得相应的许可证书或者有关主管部门的批复文件。

(四)募集配套资金的必要性。结合行业特点、资金用途、前次募集资金使用效率、上市公司及交易标的现有生产经营规模、财务状况、是否有利于提高重组项目的整合绩效等方面,说明募集配套资金的必要性及配套金额是否与之相匹配。

(五)其他信息。本次募集配套资金管理和使用的内部控制制度,募集配套资金使用的分级审批权限、决策程序、风险控制措施及信息披露程序;本次募集配套资金失败的补救措施;对交易标的采取收益法评估时,预测现金流中是否包含了募集配套资金投入带来的收益。

第十九节 重组报告书摘要

第六十条 编制重组报告书摘要的目的是为向公众提供有关本次重组的简要情况,摘要内容必须忠实于重组报告书全文,不得出现与全文相矛盾之处。上市公司编制的重组报告书摘要应当至少包括以下内容:

(一)本准则第三章第一节到第四节部分的内容。

(二)上市公司应当在重组报告书摘要的显著位置载明:

"本重大资产重组报告书摘要的目的仅为向公众提供有关本次重组的简要情况,并不包括重大资产重组报告书全文的各部分内容。重大资产重组报告书全文同时刊载于×××网站;备查文件的查阅方式为:×××。"

"本公司及董事会全体成员保证重大资产重组报告书及其摘要内容的真实、准确、完整,对报告书及其摘要的虚假记载、误导性陈述或重大遗漏负连带责任"。

第四章 证券服务机构报告

第一节 独立财务顾问报告

第六十一条 上市公司应当披露由证券经营机构按照本准则及有关业务准则的规定出具的独立财务顾问报告。独立财务顾问应当至少就以下事项发表明确的结论性意见:

(一)结合对本准则第三章规定的内容进行核查的实际情况,逐项说明本次重组是否符合《重组办法》第十一条的规定;拟发行股份购买资产的,还应当结合核查的实际情况,逐项说明是否符合《重组办法》第四十三条的规定。

(二)本次交易是否构成重组上市,如构成,上市公司购买的资产对应的经营实体是否为股份有限公司或者有限责任公司,是否符合《首发办法》规定的其他发行条件,上市公司及其最近三年内的控股股东、实际控制人是否存在因涉嫌犯罪正被司法机关立案侦查或涉嫌违法违规被中国证监会立案调查的情形,如存在,涉嫌犯罪或违法违规的行为终止是否已满三年,交易方案是否能够消除该行为可能造成的不良后果,是否影响对相关行为人追究责任。上市公司及其控股股东、实际控制人最近十二个月内是否受到证券交易所公开谴责，是否存在其他重大失信行为。本次重大资产重组是否存在中国证监会认定的可能损害投资者合法权益，或者违背公开、公平、公正原则的其他情形。

（三）对本次交易所涉及的资产定价和股份定价（如涉及）进行全面分析，说明定价是否合理。

（四）本次交易根据资产评估结果定价，应当对所选取的评估方法的适当性、评估假设前提的合理性、重要评估参数取值的合理性发表明确意见；本次交易不以资产评估结果作为定价依据的，应当对相关资产的估值方法、参数选择的合理性及其他影响估值结果的指标和因素发表明确意见。

（五）结合上市公司管理层讨论与分析以及盈利预测（如有），分析说明本次交易完成后上市公司的盈利能力和财务状况、本次交易是否有利于上市公司的持续发展、是否存在损害股东合法权益的问题。

（六）对交易完成后上市公司的市场地位、经营业绩、持续发展能力、公司治理机制进行全面分析。

（七）对交易合同约定的资产交付安排是否可能导致上市公司交付现金或其他资产后不能及时获得对价的风险、相关的违约责任是否切实有效，发表明确意见。

（八）对本次重组是否构成关联交易进行核查，并依据核查确认的相关事实发表明确意见。涉及关联交易的，还应当充分分析本次交易的必要性及本次交易是否损害上市公司及非关联股东的利益。

（九）交易对方与上市公司根据《重组办法》第三十五条的规定，就相关资产实际盈利数不足利润预测数的情况签订补偿协议或提出填补每股收益具体措施的，独立财务顾问应当对补偿安排或具体措施的可行性、合理性发表意见（如有）。

第二节　法律意见书

第六十二条　上市公司应当披露由律师事务所按照本准则及有关业务准则的规定出具的法律意见书。律师事务所应当对照中国证监会的各项规定，在充分核查验证的基础上，至少就上市公司本次重组涉及的以下法律问题和事项发表明确的结论性意见：

（一）上市公司和交易对方是否具备相应的主体资格、是否依法有效存续。

（二）本次交易是否构成重组上市，如构成，上市公司购买的资产对应的经营实体是否为股份有限公司或者有限责任公司，是否符合《首发办法》规定的其他发行条件，上市公司及其最近三年内的控股股东、实际控制人是否存在因涉嫌犯罪正被司法机关立案侦查或涉嫌违法违规被中国证监会立案调查的情形，如存在，涉嫌犯罪或违法违规的行为终止是否已满三年，交易方案是否能够消除该行为可能造成的不良后果，是否影响对相关行为人追究责任。上市公司及其控股股东、实际控制人最近十二个月内是否受到证券交易所公开谴责，是否存在其他重大失信行为。本次重大资产重组是否存在中国证监会认定的可能损害投资者合法权益，或者违背公开、公平、公正原则的其他情形。

（三）本次交易是否已履行必要的批准或授权程序，相关的批准和授权是否合法有效；本次交易是否构成关联交易；构成关联交易的，是否已依法履行必要的信息披露义务和审议批准程序；本次交易涉及的须呈报有关主管部门批准的事项是否已获得有效批准；本次交易的相关合同和协议是否合法有效。

（四）交易标的（包括标的股权所涉及企业的主要资产）的权属状况是否清晰，权属证书是否完备有效；尚未取得完备权属证书的，应说明取得权属证书是否存在法律障碍；交易标的是否存在产权纠纷或潜在纠纷，如有，应说明对本次交易的影响；交易标的是否存在抵押、担保或其他权利受到限制的情况，如有，应说明对本次交易的影响。

（五）本次交易所涉及的债权债务的处理及其他相关权利、义务的处理是否合法有效，其实施或履行是否存在法律障碍和风险。

（六）上市公司、交易对方和其他相关各方是否已履行法定的披露和报告义务，是否存在应当披露而未披露的合同、协议、安排或其他事项。

（七）本次交易是否符合《重组办法》和相关规范性文件规定的原则和实质性条件。

（八）参与上市公司本次交易活动的证券服务机构是否具备必要的资格。

（九）本次交易是否符合相关法律、法规、规章和规范性文件的规定，是否存在法律障碍，是否存在其他可能对本次交易构成影响的法律问题和风险。

第三节 相关财务资料

第六十三条 上市公司应当披露本次交易所涉及的相关资产的财务报告和审计报告。经审计的最近一期财务资料在财务报告截止日后六个月内有效，特别情况下可申请适当延长，但延长时间至多不超过一个月。

有关财务报告和审计报告应当按照与上市公司相同的会计制度和会计政策编制。如不能披露完整财务报告，应当解释原因，并出具对相关资产财务状况和/或经营成果的说明及审计报告。

上市公司拟进行《重组办法》第十三条规定的重大资产重组的，还应当披露依据重组完成后的资产架构编制的上市公司最近一年及一期的备考财务报告和审计报告。其他重大资产重组，应当披露最近一年及一期的备考财务报告和审阅报告。

交易标的的财务资料虽处于前款所述有效期内，但截至重组报告书披露之日，该等资产的财务状况和经营成果发生重大变动的，应当补充披露最近一期的相关财务资料（包括该等资产的财务报告、备考财务资料等）。

第六十四条 根据《重组办法》第二十二条规定，披露盈利预测报告。

盈利预测报告数据包含了非经常性损益项目的，应当特别说明。

第四节 资产评估报告及估值报告

第六十五条 上市公司重大资产重组以评估值为交易标的定价依据的，应当披露相关资产的资产评估报告。

上市公司重大资产重组不以资产评估结果作为定价依据的，应当披露相关资产的估值报告；估值报告中应包括但不限于以下内容：估值目的、估值对象和估值范围、价值类型、估值基准日、估值假设、估值依据、估值方法、估值参数及其他影响估值结果的指标和因素、估值结论、特别事项说明、估值报告日等；估值人员需在估值报告上签字并由所属机构加盖公章。

资产评估机构或估值机构为本次重组而出具的评估或估值资料中应明确声明在评估或估值基准日后××月内（最长十二个月）有效。

第五章 二级市场自查报告

第六十六条 上市公司董事会应当就本次重组申请股票停止交易前或首次作出决议前（孰早）六个月至重组报告书披露之前一日止，上市公司及其董事、监事、高级管理人员，交易对方及其董事、监事、高级管理人员（或主要负责人），相关专业机构及其他知悉本次重大资产交易内幕信息的法人和自然人，以及上述相关人员的直系亲属买卖该上市公司股票及其他相关证券情况进行自查，并制作自查报告。

法人的自查报告中应当列明法人的名称、股票账户、有无买卖股票行为并盖章确认；自然人的自查报告应当列明自然人的姓名、职务、身份证号码、股票账户、有无买卖股票行为，并经本人签字确认。

前述法人及自然人在本条第一款规定的期限内存在买卖上市公司股票行为的，当事人应当书面说明其买卖股票行为是否利用了相关内幕信息；上市公司及相关方应当书面说明相关申请事项的动议时间，买卖股票人员是否参与决策，买卖行为与本次申请事项是否存在关联关系；律师事务所应当对相关当事人及其买卖行为进行核查，对该行为是否涉嫌内幕交易、是否对本次交易构成法律障碍发表明确意见。

第六章 重组实施情况报告书

第六十七条 上市公司编制的重大资产重组实施情况报告书应当至少披露以下内容：

（一）本次重组的实施过程，相关资产过户或交付、相关债权债务处理以及证券发行登记等事宜的办理状况；

（二）相关实际情况与此前披露的信息是否存在差异（包括相关资产的权属情况及历史财务数据是否如实披露、相关盈利预测或者管理层预计达到的目标是否实现、控股股东及其一致行动人、董事、监事、高级管理人员等特定主体自本次重组复牌之日起至实施完毕期间的股份减持情况是否与计划一致等)；

(三)董事、监事、高级管理人员的更换情况及其他相关人员的调整情况；

(四)重组实施过程中，是否发生上市公司资金、资产被实际控制人或其他关联人占用的情形，或上市公司为实际控制人及其关联人提供担保的情形；

(五)相关协议及承诺的履行情况；

(六)相关后续事项的合规性及风险；

(七)其他需要披露的事项。

独立财务顾问应当对前款所述内容逐项进行核查，并发表明确意见。律师事务所应当对前款所述内容涉及的法律问题逐项进行核查，并发表明确意见。

第七章　重大资产重组申请文件格式和报送方式

第六十八条　向中国证监会初次报送申请文件的，应当提供一份书面材料(原件)、三份电子版(非加密的 Word 等可编辑、可索引模式)及两份重组报告书(复印件)；按照中国证监会要求提交补充材料的，应当提供一份书面材料(原件)、三份电子版(非加密的 Word 等可编辑、可索引模式)。其中书面材料按规定报送原件，如不能提供原件，应当由上市公司聘请的律师事务所提供鉴证意见，或由出文单位盖章，以保证与原件一致。如原出文单位不再存续，可由承继其职权的单位或做出撤销决定的单位出文证明文件的真实性。

第六十九条　申请文件所有需要签名处，均应为签名人亲笔签名，不得以名章、签名章等代替。

申请文件中需要由律师鉴证的文件，律师应在该文件首页注明“以下第××页至第××页与原件一致”，并签名和签署鉴证日期，律师事务所应在该文件首页加盖公章，并在第××页至第××页侧面以公章加盖骑缝章。

第七十条　上市公司应当根据中国证监会对申请文件的反馈意见提供补充材料。相关证券服务机构应对反馈意见相关问题进行尽职调查或补充出具专业意见。

上市公司重大资产重组申请获得中国证监会核准的，上市公司及相关证券服务机构应当根据中国证监会的审核情况重新修订重组报告书及相关证券服务机构的报告或意见，并作出补充披露。上市公司及相关证券服务机构应当在修订的重组报告书及相关证券服务机构报告或意见的首页就补充或修改的内容作出特别提示。

第七十一条　申请文件的纸张应当采用幅面为 209×295 毫米规格的纸张(标准 A4 纸张规格)。

第七十二条　申请文件的封面应当标有“××股份有限公司重大资产重组申请文件”字样及重大资产重组报告书标题，侧面应当标注“××股份有限公司重大资产重组申请文件原件”字样。申请文件的扉页应当附有上市公司董事会秘书、联系人、独立财务顾问及其他专业机构的联系人姓名、电话、传真及其他方便的联系方式。

第七十三条　申请文件章与章之间、章与节之间应当有明显的分隔标识。

第七十四条　申请文件中的页码应当与目录中的页码相符。例如，第四部分 4-1 的页码标注为 4-1-1，4-1-2，4-1-3，……4-1-n。

第八章　附　则

第七十五条　本准则由中国证监会负责解释。

第七十六条　本准则自公布之日起施行。

附件：上市公司重大资产重组申请文件目录

0-0 重大资产重组申请文件目录及交易各方和中介机构联系表(包含独立财务顾问、律师事务所、会计师事务所、资产评估机构、估值机构等证券服务机构及其签字人员的名单，包括名称/姓名、组织机构代码、统一社会信用代码/公民身份证号码或其他身份信息)

0-1 并购重组方案概况表

0-2 关于书面文件与电子文件一致的承诺函

0-3 关于本次重大资产重组申报文件不适用内容的说明

第一部分　上市公司重大资产重组报告书及相关文件

1-1重大资产重组报告书

1-2重大资产重组的董事会决议和股东大会决议

1-3上市公司独立董事意见

1-4公告的其他相关信息披露文件

第二部分 独立财务顾问和律师事务所出具的文件

2-1独立财务顾问报告

2-2法律意见书

2-3关于本次交易产业政策和交易类型的独立财务顾问核查意见

第三部分 本次重大资产重组涉及的财务信息相关文件

3-1本次重大资产重组涉及的拟购买资产最近两年及一期的财务报告和审计报告(确实无法提供的,应当说明原因及相关资产的财务状况和经营成果)

3-2本次重大资产重组涉及的拟购买资产的评估报告及评估说明,或者估值报告

3-3本次重大资产重组涉及的拟出售资产最近两年及一期的财务报告和审计报告(确实无法提供的,应当说明原因及相关资产的财务状况和经营成果)

3-4本次重大资产重组涉及的拟出售资产的评估报告及评估说明,或者估值报告

3-5根据本次重大资产重组完成后的架构编制的上市公司最近一年及一期的备考财务报告及其审阅报告

3-6盈利预测报告和审核报告(如有)

3-7上市公司董事会、注册会计师关于上市公司最近一年及一期的非标准保留意见审计报告的补充意见(如有)

3-8交易对方最近一年的财务报告和审计报告(如有)

第四部分 关于重组上市的申请文件要求

4-1内部控制鉴证报告

4-2标的资产最近三年及一期的财务报告和审计报告

4-3标的资产最近三年原始报表及其与申报财务报表的差异比较表及会计师事务所出具的意见

4-4标的资产最近三年及一期非经常性损益明细表及会计师事务所出具的专项说明

4-5标的资产最近三年及一期的纳税证明文件

4-6根据本次重大资产重组完成后的架构编制的上市公司最近一年及一期的备考财务报告及其审计报告

第五部分 本次重大资产重组涉及的有关协议、合同、决议及承诺函

5-1重大资产重组的协议或合同

5-2涉及本次重大资产重组的其他重要协议或合同

5-3交易对方与上市公司就相关资产实际盈利数不足利润预测数的情况签订的补偿协议(如有)

5-4交易对方内部权力机关批准本次交易事项的相关决议

5-5涉及本次重大资产重组的承诺函

5-6涉及本次重大资产重组的媒体说明会召开情况、对证券交易所问询函的回复等已披露信息

第六部分 本次重大资产重组的其他文件

6-1有关部门对重大资产重组的审批、核准或备案文件

6-2债权人同意函(如有)

6-3关于同意职工安置方案的职工代表大会决议或相关文件(涉及职工安置问题的)

6-4交易对方的营业执照复印件

6-5拟购买资产的权属证明文件

6-6与拟购买资产生产经营有关的资质证明或批准文件

6-7上市公司全体董事和独立财务顾问、律师事务所、会计师事务所、资产评估机构、估值机构等证券服务机构及其签字人员对重大资产重组申请文件真实性、准确性和完整性的承诺书

6-8独立财务顾问、律师事务所、会计师事务所、资产评估机构、估值机构等证券服务机构对上市公司重大资产重组报告书援引其出具的结论性意见的同意书

6-9上市公司与交易对方就重大资产重组事宜采取的保密措施及保密制度的说明,并提供与所聘请的证券服务机构签署的保密协议及交易进程备忘录

6-10上市公司、交易对方和相关证券服务机构以及其他知悉本次重大资产重组内幕信息

的单位和自然人在董事会就本次重组申请股票停止交易前或第一次作出决议前（孰早）六个月至重大资产重组报告书披露之前一日止，买卖该上市公司股票及其他相关证券情况的自查报告，并提供证券登记结算机构就前述单位及自然人二级市场交易情况出具的证明文件

6－11 上市公司及其控股股东、实际控制人、董事、监事和高级管理人员，构成收购人的交易对方、本次重组证券服务机构及其主办人名单，包括名称/姓名、组织机构代码、统一社会信用代码/公民身份证号码或其他身份信息

6－12 本次重大资产重组前十二个月内上市公司购买、出售资产的说明及专业机构意见（如有）

6－13 资产评估结果备案或核准文件（如有）

6－14 中国证监会要求提供的其他文件

延伸阅读

关于发布《上市公司筹划重大事项停复牌业务指引》的通知

（2016 年 5 月 27 日　上证发〔2016〕19 号）

各上市公司：

为规范上市公司办理重大事项的停复牌业务，提高停牌期间信息披露的有效性，根据相关法律法规和《上海证券交易所股票上市规则》等规定，上海证券交易所（以下简称本所）制定了《上市公司筹划重大事项停复牌业务指引》（见附件），现予以发布，自发布之日起施行。本所 2014 年 11 月 25 日发布的《关于规范上市公司筹划非公开发行股份停复牌及相关事项的通知》（上证发〔2014〕78 号）、2015 年 1 月 8 日发布的《上市公司重大资产重组信息披露及停复牌业务指引》（上证发〔2015〕5 号）第三章“重组筹划及停牌”的有关规定同时废止。

特此通知。

附件：上市公司筹划重大事项停复牌业务指引

上海证券交易所

二〇一六年五月二十七日

上市公司筹划重大事项停复牌业务指引

第一章　一般要求

第一条　为了规范上市公司筹划重大资产重组、非公开发行等重大事项期间股票及其衍生品种的停复牌行为，维护证券市场秩序，保障投资者的知情权和交易权，根据中国证监会《上市公司重大资产重组管理办法》（以下简称《重组办法》）、《上市公司证券发行管理办法》以及《上海证券交易所股票上市规则》（以下简称《股票上市规则》）等规定，制定本指引。

第二条　上市公司应当审慎行使停牌权利，不得以申请停牌代替公司及相关方履行信息保密义务。

第三条　上市公司申请办理停复牌、延期复牌等业务，应当按要求履行董事会、股东大会决策程序。筹划事项涉及关联交易的，关联方应当严格遵守回避表决制度。

公司应当在非交易时间办理停牌申请，并向上海证券交易所（以下简称本所）提交下列文件：

（一）停牌申请，申请应当经公司董事长或其授权董事签字确认，并加盖公司公章；

（二）停牌公告，公告应当说明停牌理由、筹划事项的具体类型以及预计复牌的时间；

（三）本所要求提供的其他文件。

第四条　上市公司在停牌期间应当充分保障投资者的知情权，分阶段详细披露筹划事项的进展情况，避免笼统、模板式的信息披露。

第五条　上市公司及其控股股东、实际控制人、董事、监事、高级管理人员、中介机构等相关各方，应当在停牌期间积极推进筹划事项，缩短停牌时间，保障投资者的正常交易权利。

第六条　上市公司申请复牌，应当向本所提交复牌申请和复牌公告。复牌申请和复牌公告应当包括以下内容：

（一）公司股票及其衍生品种的复牌安排；

（二）复牌时间；

（三）停牌期间筹划事项的进展情况，及其对公司的影响。

如涉及重大资产重组、关联交易、对外投资等事项，公司还应当按照《重组办法》、《股票上市规则》等规定履行相关审议程序和信息披露义务。

第七条 上市公司终止筹划重大事项申请复牌的，应当详细披露终止的原因、决策程序、对公司的影响以及后续安排等事项，并充分提示风险。

第八条 上市公司筹划重大事项涉及发行股份，停牌期间公司或其现任董事、高级管理人员因涉嫌犯罪被司法机关立案侦查或因涉嫌违法违规被中国证监会立案调查的，公司应当及时申请复牌，同时披露是否继续推进发行股份事项及上述事项对公司的影响。

第九条 当证券市场交易出现极端异常情况，本所可以根据中国证监会的决定或市场实际情况，暂停办理上市公司停牌申请，维护市场交易的连续性和流动性，保护投资者的交易权。

第二章 筹划重大资产重组

第十条 上市公司因筹划重大资产重组申请停牌的，除符合本章第十三条规定可申请延期复牌的情形之外，应当在3个月内公布预案并申请复牌。

公司无法确定筹划事项是否构成重大资产重组，且预计筹划信息难以保密的，可以向本所申请停牌，同时承诺在停牌后10个交易日内确定是否构成重大资产重组，并在停牌期间及时披露相关论证进展情况。

公司获悉股东、实际控制人筹划涉及本公司的重大资产重组事项时，应当按照上述要求及时向本所申请停牌。

第十一条 上市公司预计无法在停牌期满1个月内披露重大资产重组预案，拟申请延期复牌的，应当披露以下内容：

（一）交易对方类型，如控股股东、实际控制人、第三方以及是否构成关联交易等；

（二）交易方式，如发行股份购买资产、现金购买或出售资产、资产置换或其他交易方式；

（三）标的资产的行业类型，如涉及多个标的资产，需分别披露所处的行业，如后续披露的标的资产行业与此前不一致，需说明不一致的具体原因。

第十二条 上市公司预计无法在停牌期满2个月内披露重大资产重组预案，拟申请延期复牌的，应当在原定复牌期限届满前召开董事会审议延期复牌议案，并在议案审议通过后披露以下内容：

（一）标的资产的具体情况，如标的资产名称、主营业务，其控股股东及实际控制人名称等。涉及海外上市公司且其股票或衍生品种处于交易状态，可暂缓披露标的资产及其控股股东、实际控制人名称；

（二）交易方式及其对公司的影响，如是否导致控制权发生变更、是否构成借壳上市、是否发行股份及募集配套资金等；

（三）与现有或潜在交易对方沟通、协商的情况，如是否已与交易对方签订重组框架或意向协议，或对已签订的重组框架或意向协议作出重大修订或变更；

（四）对标的资产开展尽调、审计、评估工作的具体情况，如财务顾问具体名称，各中介机构的进场时间、进展情况等；

（五）上市公司是否需要取得国有资产管理部门等有权部门关于重组事项的前置审批意见及目前进展情况。

第十三条 上市公司预计无法在停牌期满3个月内披露重大资产重组预案，符合以下条件之一的，可以申请延期复牌：

（一）预案披露前需国有资产管理部门或国防科技管理部门事前审批，且取得其书面证明文件（相关部门对预案事前审批要求已有明文规定的，无需提供证明文件）；

（二）国有资产管理部门以公开征集受让方的形式转让下属上市公司部分股权或控制权，并要求受让方在取得股权或控制权之后即通过重大资产重组向上市公司注入其所拥有的资产或业务，且取得国有资产管理部门书面证明文件；

（三）涉及海外收购，且对价支付方式为发行股份购买资产；

（四）属于重大无先例事项；

（五）本所认定的其他情形。

第十四条 符合第十三条规定情形之一，上市公司拟申请延期复牌的，应当在原定复牌期限届满前召开董事会、股东大会，审议申请延期复牌的议案。

公司应在股东大会前召开投资者说明会，说明重组最新进展及延期复牌原因。

公司股东大会审议申请延期复牌议案时，股东及其一致行动人以认购、受让、出让公司股权或者与公司进行资产买卖等方式参与重组事项相关交易的，应当回避表决。

第十五条　上市公司延期复牌议案未获股东大会审议通过，应当及时披露股东大会决议公告，并申请最迟不晚于原定复牌期限届满之日起5个交易日内复牌。公司应当在复牌前披露重大资产重组预案，或者终止筹划本次重大资产重组事项。

公司延期复牌议案获得股东大会审议通过，应当在延期复牌公告中披露以下内容：

（一）重组框架协议；

（二）继续停牌的原因；

（三）财务顾问关于公司继续停牌原因符合本所规定的核查意见；

（四）独立董事关于公司继续停牌原因符合本所规定的核查意见；

（五）尚待完成的工作及具体时间表；

（六）预计复牌时间；

（七）召开投资者说明会的情况。

第十六条　上市公司预计无法在停牌期满4个月内披露重大资产重组预案，拟申请延期复牌的，应当披露以下内容：

（一）具体复牌时间；

（二）财务顾问关于公司停牌期间重组进展信息披露的真实性、继续停牌的合理性、5个月内复牌可行性的专项核查意见。

第十七条　除重大资产重组事项依法依规须经事前审批或者属重大无先例之外，上市公司筹划重大资产重组累计停牌时间不得超过5个月。

公司连续筹划重大资产重组事项，合计停牌时间不得超过5个月。

第十八条　上市公司以筹划重大事项为由申请停牌，后转入筹划重大资产重组停牌的，或者以筹划非公开发行股份为由申请停牌，后改为筹划重大资产重组的，应当自初始停牌之日起计算停牌时间，适用本章规定。

第十九条　本所对上市公司直通披露的重大资产重组预案事后审核问询所需的停牌时间，不计入公司重大资产重组停牌时间。

第二十条　上市公司筹划重大资产重组停牌期间出现更换重组标的，除符合第十三条规定的延期复牌条件的，应当在3个月内披露预案并复牌。

上市公司筹划重大资产重组停牌届满3个月后，不得更换重组标的并继续停牌。

第二十一条　上市公司以筹划重大资产重组停牌为由申请停牌的，应当在停牌后2个交易日内披露截至停牌前1个交易日公司前10大股东的名称及持股数量、前10大流通股股东的名称及持股数量、股东总人数。

第二十二条　上市公司筹划重大资产重组停牌期间，应当认真编制交易进程备忘录。

筹划事项出现下列重大进展或重大变化，公司应当及时予以披露：

（一）与中介机构签订重组服务协议等书面文件；

（二）与交易对方签订重组框架或意向协议，或对已签订的重组框架或意向协议作出重大修订或变更；

（三）取得有权部门关于重组事项的前置审批意见等；

（四）尽调、审计、评估等工作取得阶段性进展；

（五）筹划事项出现终止风险，如交易双方对价格产生严重分歧、市场出现大幅波动、税收政策及标的资产行业政策发生重大变化，可能导致交易失败；

（六）更换、增加、减少重组标的；

（七）更换财务顾问等中介机构；

（八）其他重大进展或重大变化。

第三章　筹划非公开发行股份

第二十三条　上市公司以筹划非公开发行股份为由申请停牌的，除符合本章规定可申请延期复牌的情形之外，应当在10个交易日内披露方案并申请复牌。

第二十四条　上市公司筹划非公开发行期

间出现以下情形之一的，可以申请第一次延期复牌，延期时间不超过5个交易日：

（一）募集资金拟收购的资产交易金额特别巨大，进行审计、评估且工作量较大；

（二）募集资金拟收购的资产涉及海外收购；

（三）须事先取得有权部门批准的相关事项尚未获批；

（四）重大无先例事项需要在披露发行方案前予以明确或解决。

公司审计或评估机构应当详细说明本条第一款第（一）项所涉审计、评估项目的预计金额、地域分布及权属确认等事项，同时就是否因工作量较大难以在停牌期间内完成审计或者评估工作发表专项意见，并予以披露。

公司财务顾问应当详细说明本条第一款第（二）项所涉海外收购项目的预计金额、地域分布及其他尽职调查难点事项，同时就是否因工作量较大难以在停牌期间内完成核查工作发表专项意见，并予以披露。

本条第一款第（三）项规定的待批准事项，是指非公开发行方案、股份认购对象或者募集资金投向项目。公司应当披露前述事项确需事前审批的法律规定或有权审批部门的专项说明。

第二十五条 上市公司预计无法在第一次延期复牌期间内披露发行方案的，应当在期限届满前召开董事会会议，审议是否申请第二次延期复牌不超过20天的议案。

公司董事会审议第二次延期复牌议案时，如认为延期复牌时间需要超过20天的，应当在董事会决议时，发出召开股东大会通知，提交股东大会审议20天后申请第三次延期复牌的议案。

公司召开股东大会审议申请延期复牌的时间不得超过2个月，但非公开发行事项依法须经事前审批或者属重大无先例的除外。

第二十六条 上市公司召开股东大会审议申请第三次延期复牌议案时，拟参与认购本次非公开发行股份的关联股东应当回避表决。公司在股东大会召开前披露非公开发行方案的，可以取消股东大会。

公司股东大会审议未通过申请第三次延期复牌议案的，公司应当及时披露股东大会决议公告，终止筹划本次非公开发行，或者在第二次延期复牌期限届满前披露非公开发行方案。

公司股东大会审议通过申请第三次延期复牌议案的，公司应当及时披露股东大会决议公告，并在股东大会决议确定的停牌期间届满前披露非公开发行方案。

第二十七条 上市公司在停牌期间未能披露发行方案的，应当在停牌期限届满之前向本所申请复牌，同时披露终止筹划非公开发行公告，并承诺1个月内不再筹划同一事项。

公司在股东大会决议确定的停牌期间未披露发行方案的，除应当终止筹划本次非公开发行外，还应当承诺2个月内不再筹划同一事项。

公司在披露发行方案后终止非公开发行事项的，应当承诺公告后1个月内不再筹划同一事项。

公司应当在公告终止非公开发行相关事项后的2个交易日内召开投资者说明会，向投资者详细说明筹划过程及终止原因。

第二十八条 上市公司以筹划重大事项为由申请停牌，停牌后确定筹划非公开发行的，应当自初始停牌之日起计算停牌时间，适用本章规定。

公司以筹划重大资产重组为由申请停牌，后改为筹划非公开发行的，停牌时间不得超过10个交易日。

第四章 筹划其他重大事项

第二十九条 上市公司筹划控制权变更、重大合同以及须提交股东大会审议的购买或出售资产、对外投资等事项的，原则上应当分阶段披露。确需申请停牌的，应当同时披露停牌原因和筹划事项的具体类型。

公司申请紧急停牌，当日暂无法按前款规定披露停牌原因的，应当在次日补充披露。

第三十条 上市公司根据第二十九条规定申请停牌的，停牌时间原则上不得超过5个交易日。确有必要的，经董事会审议通过后，可以申请延期复牌不超过5个交易日，公司筹划事项依法须经事前审批或属重大无先例的除外。

第三十一条 上市公司筹划第二十九条规定之外的其他重大事项，原则上应当分阶段披露筹划进展，不得仅以筹划事项结果尚不确定为由申请停牌。

第五章　停复牌监管

第三十二条　为上市公司筹划重大事项提供服务的证券公司、会计事务所及律师事务所等中介机构，应当勤勉尽责，及时开展尽职调查以及审计、评估等工作，客观公正地发表专业意见。

第三十三条　上市公司长期停牌后更换重组标的的，本所视情况对其采取监管措施或予以纪律处分。

第三十四条　上市公司违反本指引等有关规定，滥用停牌权利或者不履行相应决策程序和信息披露义务，损害投资者合法权益的，本所可以交易所公告等形式，向市场说明情况，并对公司实施复牌处理。

第三十五条　上市公司及相关方有拖延复牌时间、违反承诺以及信息披露不真实、不准确、不完整等行为的，本所将采取监管措施或予以纪律处分；发现违法违规行为线索的，提请中国证监会及其派出机构核查。

第三十六条　本所认为必要的，可以要求公司或者相关方聘请保荐人、财务顾问等中介机构，对公司停牌事由和停牌时间是否合理、重大事项的终止原因是否属实等事项发表意见，并对外披露。

第六章　附　则

第三十七条　本指引由本所负责解释。

第三十八条　本指引自发布之日起施行。本所2014年11月25日发布的《关于规范上市公司筹划非公开发行股份停复牌及相关事项的通知》(上证发〔2014〕78号)、2015年1月8日发布的《上市公司重大资产重组信息披露及停复牌业务指引》(上证发〔2015〕5号)第三章“重组筹划及停牌”的有关规定同时废止。

四、境外投资

导 读

近年来,境外投资越来越多地为广大投资者所关注。中国境内企业赴境外投资的整个过程通常涉及两个方面:一是根据中国关于境外投资的法律及管理制度完成必须的核准、登记及备案手续;二是完成在境外投资目的地国家(或地区)设立投资实体所要求的法律程序。

就中国的法律规定而言,境外投资需按照国家发展和改革委员会规定的程序和要求办理境外投资项目的核准、备案,同时,还需按照商务部的相关规定办理境外投资的核准、登记。此外,还需遵守国家外汇管理局关于境外投资外汇管理和对外担保的规定。如果境外投资的目的是设立特殊目的公司以实现境外上市融资,还需按照有关设立特殊目的公司的规定办理相关核准、登记手续。

需要指出的是,无论国家发展和改革委员会还是国家商务部,其关于境外投资的管理规定均只针对境内企业,并不涉及个人的境外投资行为。

境外投资包括新设公司和境外并购,无论哪种形式的境外投资均比境内投资复杂得多,应当在境内外专业人士的共同指导和帮助下进行。

(一)项目核准、备案

1. 境外投资项目核准和备案管理办法

(参见本书P107)

2. 大陆企业赴台湾地区投资管理办法

(2010年11月9日国家发展改革委、商务部、国务院台办发改外资〔2010〕2661号发布,自发布之日起施行)

第一条 为进一步鼓励、引导和规范大陆企业赴台湾地区直接投资,实现两岸经济互利共赢,推动两岸关系和平发展,特制定本办法。

第二条 鼓励和支持大陆企业积极稳妥地

赴台湾地区投资,形成互补互利的格局。大陆企业赴台湾地区投资应遵循互利共赢和市场经济原则。

第三条 大陆企业赴台湾地区投资,应主动适应两岸经济和产业发展特点,结合自身优势和企业发展战略,精心选择投资领域和项目;认真了解并遵守当地法律法规,尊重当地风俗习惯,注重环境保护,善尽必要的社会责任。

第四条 大陆投资主体赴台湾地区投资,应符合以下条件:

(一)在大陆依法注册、经营的企业法人;

(二)具备投资所申报项目的行业背景、资金、技术和管理实力;

(三)有利于两岸关系和平发展,不危害国家安全、统一。

第五条 大陆企业赴台湾地区投资项目,地方企业向所在地省级发展改革委提出申请,由省级发展改革委初审后,报国家发展改革委核准。中央企业直接向国家发展改革委申请核准。

第六条 大陆企业赴台湾地区投资设立企业或非企业法人,由商务部核准。地方企业由所在地省级商务主管部门初审后向商务部提出申请;中央企业直接向商务部提出申请。

第七条 国家发展改革委按照《境外投资项目核准暂行管理办法》(国家发展改革委令第21号)对赴台投资项目进行核准,并在审核时征求国务院台办的意见,国家发展改革委的核准文件抄送商务部、国务院台办等有关部门。

第八条 对已经国家发展改革委核准的赴台投资项目,商务部核准时不再征求国务院台办的意见。

第九条 大陆企业赴台湾地区投资设立企业或非企业法人,商务部收到申请后,征求国务院台办意见。在征得国务院台办同意后,商务部按照《境外投资管理办法》(商务部令2009年第5号)进行核准,并颁发《企业境外投资证书》或《企业境外机构证书》。

第十条 大陆企业凭相关部门的投资项目和企业设立(含机构)核准文件、《企业境外投资证书》或《企业境外机构证书》,办理相关人员赴台审批、外汇登记等相关手续。

第十一条 赴台湾地区投资设立的企业或非企业法人在当地注册后,大陆企业应于15个工作日内将有关注册文件报国家发展改革委、商务部和国务院台办备案。

第十二条 对获得核准的赴台湾地区投资,大陆企业可凭核准文件和《企业境外投资证书》或《企业境外机构证书》享受国家有关政策支持。

第十三条 大陆企业如获得服务提供者等相关认证后,可享受两岸签署的有关协议项下给予的待遇。

第十四条 国家发展改革委、商务部、国务院台办加强大陆企业赴台湾地区投资的引导和服务,通过对外投资合作信息服务系统、投资指南等渠道,为企业提供有效指导。

第十五条 国家发展改革委、商务部、国务院台办加强对大陆企业赴台湾地区投资的培训工作,特别是政策、人员和投资环境等方面的培训,提高企业赴台湾地区投资的针对性和可操作性。

第十六条 鼓励各有关协会、商会、咨询机构加强对台湾地区投资环境、市场信息和产业发展状况的研究分析,发布研究和发展报告,为大陆企业赴台湾地区投资提供参考。

第十七条 大陆企业在台湾地区的投资如变更或终止,应按照《境外投资项目核准暂行管理办法》、《境外投资管理办法》办理相关手续。

第十八条 大陆企业通过境外企业到台湾地区投资,应按规定到国家发展改革委履行核准手续,到商务部履行备案手续。

第十九条 大陆企业如违反规定在台湾地区投资,国家发展改革委、商务部将会同国务院台办按有关规定予以处罚。

第二十条 本办法自发布之日起生效。国家发展改革委和国务院台办发布的《关于大陆企业赴台湾地区投资项目管理有关规定的通知》(发改外资〔2008〕3503号)、商务部和国务院台办发布的《关于大陆企业赴台湾地区投资或设立非企业法人有关事项的通知》(商合发〔2009〕219号)同时废止。

3. 关于印发鼓励和引导民营企业积极开展境外投资的实施意见的通知

（2012年6月29日发改外资〔2012〕1905号发布，自发布之日起施行）

国务院有关部门、直属机构，全国工商联，各省、自治区、直辖市及计划单列市、副省级省会城市、新疆生产建设兵团发展改革委、外事办公室、工业和信息化厅（局）、财政厅（局）、商务厅（局）、人民银行分行、各地海关、工商行政管理局（市场监督管理局）、质检局、银监局、证监局、保监局、外汇局：

为贯彻落实《国务院关于鼓励和引导民间投资健康发展的若干意见》（国发〔2010〕13号），充分发挥民营企业在境外投资中的重要作用，鼓励和引导民营企业积极开展境外投资，我们研究制定了《关于鼓励和引导民营企业积极开展境外投资的实施意见》，现印发你们，请在工作中认真贯彻执行。

关于鼓励和引导民营企业积极开展境外投资的实施意见

当前我国正处于民营企业境外投资加快发展的重要阶段。为贯彻落实《国务院关于鼓励和引导民间投资健康发展的若干意见》（国发〔2010〕13号），充分发挥民营企业在境外投资中的重要作用，引导民营企业更好地利用"两个市场、两种资源"，加快提升国际化经营水平，推进形成我国民间资本参与国际合作竞争的新优势，推动民营企业境外投资又好又快发展，现提出以下实施意见：

一、大力加强对民营企业境外投资的宏观指导

（一）加强规划指导和统筹协调。充分发挥民营企业在境外投资中的重要作用，结合贯彻落实"十二五"规划和国务院办公厅转发发展改革委等部门关于加快培育国际合作竞争新优势的指导意见，引导民营企业有重点、有步骤地开展境外投资。加强跨部门的沟通协调，对民营企业开展境外投资进行专题研究，协调解决民营企业开展境外投资的重大问题。

（二）做好境外投资的投向引导。完善境外投资产业和国别导向政策，支持国内有条件的民营企业通过多种方式到具备条件的国家和地区开展境外能源资源开发，加强民营企业境外高新技术和先进制造业投资，促进国内战略性新兴产业发展，推动国内产业转型升级和结构调整。支持有实力的民营企业积极开展境外基础设施、农业和服务业投资合作。支持有条件的民营企业"走出去"建立海外分销中心、展示中心等营销网络和物流服务网络，鼓励和引导民营企业利用国际营销网络、使用自有品牌加快开拓国际市场。

（三）促进企业提高自主决策水平。引导民营企业根据国家经济发展需要和自身发展战略，按照商业原则和国际通行规则开展优势互补、互利共赢的境外投资活动。指导民营企业认真做好境外投资风险防范工作，积极稳妥开展境外投资。

（四）指导民营企业规范境外经营行为。加强民营企业境外投资企业文化建设，引导境外投资企业遵守当地法律法规，注重环境资源保护，尊重当地社会习俗，保障当地员工的合法权益，履行必要的社会责任。鼓励民营企业积极开展公共外交活动，加强对外沟通交流，树立中国企业依法经营、重信守诺、服务社会的良好形象。引导企业加强境外投资的协调合作，避免无序竞争和恶意竞争。

二、切实完善对民营企业境外投资的政策支持

（五）落实和完善财税支持政策。充分发挥现行专项政策的作用，加大对民营企业的支持力度。积极落实好企业境外缴纳所得税税额抵免政策，鼓励民营企业开展境外投资。

（六）加大金融保险支持力度。鼓励国内银行为民营企业境外投资提供流动资金贷款、银团

贷款、出口信贷、并购贷款等多种方式信贷支持，积极探索以境外股权、资产等为抵（质）押提供项目融资。推动保险机构积极为民营企业境外投资项目提供保险服务，创新业务品种，提高服务水平。拓展民营企业境外投资的融资渠道，支持重点企业在境外发行人民币和外币债券，鼓励符合条件的企业在境内外资本市场上市融资，指导和推动有条件的企业和机构成立涉外股权投资基金，发挥股权投资基金对促进企业境外投资的积极作用。

（七）深化海关通关制度改革。推动建立以企业分类管理和风险处置为基础的通关作业新模式，对符合条件的高资信民营企业的货物办理快速验放手续。深入推进区域通关一体化建设，研究扩大“属地申报，口岸验放”通关模式适用范围。调整海关相关作业制度和作业流程，推动监管证件联网核查，逐步建立起口岸部门间信息共享、联合监管的合作机制，启动通关作业无纸化改革试点工作。

三、简化和规范对民营企业境外投资的管理

（八）健全境外投资法规制度。根据境外投资形势需要，抓紧研究制定境外投资领域专门法规，完善现行有关境外投资管理的部门规章，加强部门规章的统筹与协调，积极引导民营企业开展境外投资，继续扩大人民币在企业境外投资中的使用。

（九）简化和改善境外投资管理。根据国务院关于投资体制改革的精神，结合民营企业境外投资发展新情况、新形势，简化审核程序，进一步推进境外投资便利化。

（十）改进和完善外汇管理政策。采取综合措施提升境外投资外汇汇出便利化水平。取消境外放款购付汇核准，企业办理相关登记手续后直接在银行办理资金购付汇。实行境外直接投资中债权投资与股权投资分类登记，为民营企业债权投资资金回流提供方便。为便于民营企业的境外关联公司获得融资，在境内机构提供对外担保时，允许与担保当事人存在直接利益关系的境内个人为该笔担保项下债务提供共同担保。

四、全面做好民营企业境外投资的服务保障

（十一）提升经济外交服务水平。加强外交工作为民营企业境外投资的服务和保障，积极利用多双边高层交往和对话磋商机制，创造民营企业境外投资有利的政治环境。驻外机构要加强与国内主管部门的沟通与配合，加强对当地中资企业的信息服务、风险预警和领事保护，积极帮助企业解决境外投资中遇到的困难和问题。继续推进与有关国家的领事磋商和领事条约谈判，进一步商签便利企业人员往来的签证协定，促进民营企业境外投资相关人员出入境便利化。

（十二）健全多双边投资保障机制。充分发挥好目前我国与有关国家和地区已签署的双边投资保护协定、避免双重征税协定以及其他投资促进和保障协定作用，进一步扩大商签双边投资保护协定和避免双重征税协定的国家范围，为民营企业境外投资合作营造稳定、透明的外部环境。加强与有关重点国家的投资合作和对话机制建设，积极为民营企业境外投资创造有利条件和解决实际问题。指导民营企业应对海外反垄断审查和诉讼。

（十三）提高境外投资通关服务水平。研究引入专业担保公司、机构参与提供海关税费担保，减轻民营企业融资困难。积极推广和优化全国海关税费电子支付系统，为民营企业提供准确、快捷、方便的税费网上缴纳和纳税期限内14天的银行担保服务。继续加大出口绿色通道和直通放行制度推广力度，使更多的民营企业享受绿色通道和直通放行制度带来的便利。全面推进检验检疫信息化建设和检验检疫窗口标准化建设，进一步提高办事效率和服务水平。

（十四）全面提升信息和中介等服务。有关部门定期发布对外投资合作国别（地区）投资环境和产业指引，帮助民营企业了解投资目标国的政治、经济、法律、社会和人文环境及相关政策。以现有各类工业园区、产业集聚区和国家新型工业化产业示范基地等为依托，充分发挥现有各类公共服务平台的作用，强化为民营企业境外投资合作的综合服务。支持行业商（协）会积极发挥境外投资服务和促进作用。积极发挥境外中介机构作用，大力培育和支持国内中介机构。鼓励国内各类勘测、设计、施工、装备企业和认证认可机构为民营企业境外投资提供技术服务和支持。

（十五）引导民营企业实施商标国际化战略。引导民营企业通过品牌培育争创驰名商标、著名商标，切实加强对商标专用权的保护。加强对民营企业马德里国际商标注册的指导、宣传和培训，引导民营企业增强商标国际注册和保护意识，开展国际认证。建立健全海外商标维权机制，畅通海外维权投诉和救助渠道。加强商标国际注册统计工作，建立商标国际注册和维权数据库。

五、加强风险防范，保障境外人员和资产安全

（十六）健全境外企业管理机制。境内投资主体要加强对境外投资企业的监督和管理，健全内部风险防控制度，加强对境外企业在资金调拨、融资、股权和其他权益转让、再投资及担保等方面的约束和监督，加强对境外员工的安全教育和所在国法律法规、文化风俗等知识培训，防范境外经营和安全风险。

（十七）完善重大风险防范机制。有关部门进一步建立健全国别重大风险评估和预警机制，加强动态信息收集和反馈，及时警示和通报有关国家政治、经济和社会重大风险，提出应对预案，采取有效措施化解风险。在境外民营企业遭受重大损失时，通过法律、经济、外交等手段切实维护合法权益。

（十八）强化境外人员和财产安全保障。发挥境外中国公民和机构安全保护工作部际联席会议机制的作用，完善境外安全风险预警机制和突发安全事件应急处理机制，及时妥善解决和处置各类安全问题。提高民营企业安全意识和保障能力。加强境外安全生产监管工作。

以上实施意见自发布之日起施行。

（二）企业设立

1. 境外投资管理办法

（2014年9月6日商务部令2014年第3号公布，自2014年10月6日起施行）

第一章　总　则

第一条　为了促进和规范境外投资，提高境外投资便利化水平，根据《国务院关于投资体制改革的决定》、《国务院对确需保留的行政审批项目设定行政许可的决定》及相关法律规定，制定本办法。

第二条　本办法所称境外投资，是指在中华人民共和国境内依法设立的企业（以下简称企业）通过新设、并购及其他方式在境外拥有非金融企业或取得既有非金融企业所有权、控制权、经营管理权及其他权益的行为。

第三条　企业开展境外投资，依法自主决策、自负盈亏。

第四条　企业境外投资不得有以下情形：

（一）危害中华人民共和国国家主权、安全和社会公共利益，或违反中华人民共和国法律法规；

（二）损害中华人民共和国与有关国家（地区）关系；

（三）违反中华人民共和国缔结或者参加的国际条约、协定；

（四）出口中华人民共和国禁止出口的产品和技术。

第五条　商务部和各省、自治区、直辖市、计划单列市及新疆生产建设兵团商务主管部门（以下称省级商务主管部门）负责对境外投资实施管理和监督。

第二章　备案和核准

第六条　商务部和省级商务主管部门按照企业境外投资的不同情形，分别实行备案和核准管理。

企业境外投资涉及敏感国家和地区、敏感行业的，实行核准管理。

企业其他情形的境外投资，实行备案管理。

第七条　实行核准管理的国家是指与中华人民共和国未建交的国家、受联合国制裁的国家。必要时，商务部可另行公布其他实行核准管理的国家和地区的名单。

实行核准管理的行业是指涉及出口中华人民共和国限制出口的产品和技术的行业、影响一国（地区）以上利益的行业。

第八条　商务部和省级商务主管部门应当依法办理备案和核准，提高办事效率，提供优质服务。

商务部和省级商务主管部门通过“境外投资管理系统”（以下简称“管理系统”）对企业境外投资进行管理，并向获得备案或核准的企业颁发《企业境外投资证书》（以下简称《证书》，样式见附件1）。《证书》由商务部和省级商务主管部门分别印制并盖章，实行统一编码管理。

《证书》是企业境外投资获得备案或核准的凭证，按照境外投资最终目的地颁发。

第九条　对属于备案情形的境外投资，中央企业报商务部备案；地方企业报所在地省级商务主管部门备案。

中央企业和地方企业通过“管理系统”按要求填写并打印《境外投资备案表》（以下简称《备案表》，样式见附件2），加盖印章后，连同企业营业执照复印件分别报商务部或省级商务主管部门备案。

《备案表》填写如实、完整、符合法定形式，且企业在《备案表》中声明其境外投资无本办法第四条所列情形的，商务部或省级商务主管部门应当自收到《备案表》之日起3个工作日内予以备案并颁发《证书》。企业不如实、完整填报《备案表》的，商务部或省级商务主管部门不予备案。

第十条　对属于核准情形的境外投资，中央企业向商务部提出申请，地方企业通过所在地省级商务主管部门向商务部提出申请。

企业申请境外投资核准需提交以下材料：

（一）申请书，主要包括投资主体情况、境外企业名称、股权结构、投资金额、经营范围、经营期限、投资资金来源、投资具体内容等；

（二）《境外投资申请表》（样式见附件3），企业应当通过“管理系统”按要求填写打印，并加盖印章；

（三）境外投资相关合同或协议；

（四）有关部门对境外投资所涉的属于中华人民共和国限制出口的产品或技术准予出口的材料；

（五）企业营业执照复印件。

第十一条　核准境外投资应当征求我驻外使（领）馆（经商处室）意见。涉及中央企业的，由商务部征求意见；涉及地方企业的，由省级商务主管部门征求意见。征求意见时，商务部和省级商务主管部门应当提供投资事项基本情况等相关信息。驻外使（领）馆（经商处室）应当自接到征求意见要求之日起7个工作日内回复。

第十二条　商务部应当在受理中央企业核准申请后20个工作日内（包含征求驻外使（领）馆（经商处室）意见的时间）作出是否予以核准的决定。申请材料不齐全或者不符合法定形式的，商务部应当在3个工作日内一次告知申请企业需要补正的全部内容。逾期不告知的，自收到申请材料之日起即为受理。中央企业按照商务部的要求提交全部补正申请材料的，商务部应当受理该申请。

省级商务主管部门应当在受理地方企业核准申请后对申请是否涉及本办法第四条所列情形进行初步审查，并在15个工作日内（包含征求驻外使（领）馆（经商处室）意见的时间）将初步审查意见和全部申请材料报送商务部。申请材料不齐全或者不符合法定形式的，省级商务主管部门应当在3个工作日内一次告知申请企业需要补正的全部内容。逾期不告知的，自收到申请材料之日起即为受理。地方企业按照省级商务主管部门的要求提交全部补正申请材料的，省级商务主管部门应当受理该申请。商务部收到省级商务主管部门的初步审查意见后，应当在15个工作日内做出是否予以核准的决定。

第十三条　对予以核准的境外投资，商务部出具书面核准决定并颁发《证书》；因存在本办法第四条所列情形而不予核准的，应当书面通知申请企业并说明理由，告知其享有依法申请行政复议或者提起行政诉讼的权利。企业提供虚假材料申请核准的，商务部不予核准。

第十四条　两个以上企业共同开展境外投资的，应当由相对大股东在征求其他投资方书面同意后办理备案或申请核准。如果各方持股比例相等，应当协商后由一方办理备案或申请核准。如投资方不属同一行政区域，负责办理备案或核准的商务部或省级商务主管部门应当将备案或核准结果告知其他投资方所在地商务主管部门。

第十五条 企业境外投资经备案或核准后，原《证书》载明的境外投资事项发生变更的，企业应当按照本章程序向原备案或核准的商务部或省级商务主管部门办理变更手续。

第十六条 自领取《证书》之日起2年内，企业未在境外开展投资的，《证书》自动失效。如需再开展境外投资，应当按照本章程序重新办理备案或申请核准。

第十七条 企业终止已备案或核准的境外投资，应当在依投资目的地法律办理注销等手续后，向原备案或核准的商务部或省级商务主管部门报告。原备案或核准的商务部或省级商务主管部门根据报告出具注销确认函。

终止是指原经备案或核准的境外企业不再存续或企业不再拥有原经备案或核准的境外企业的股权等任何权益。

第十八条 《证书》不得伪造、涂改、出租、出借或以任何其他形式转让。已变更、失效或注销的《证书》应当交回原备案或核准的商务部或省级商务主管部门。

第三章 规范和服务

第十九条 企业应当客观评估自身条件、能力，深入研究投资目的地投资环境，积极稳妥开展境外投资，注意防范风险。境内外法律法规和规章对资格资质有要求的，企业应当取得相关证明文件。

第二十条 企业应当要求其投资的境外企业遵守投资目的地法律法规、尊重当地风俗习惯，履行社会责任，做好环境、劳工保护、企业文化建设等工作，促进与当地的融合。

第二十一条 企业对其投资的境外企业的冠名应当符合境内外法律法规和政策规定。未按国家有关规定获得批准的企业，其境外企业名称不得使用"中国"、"中华"等字样。

第二十二条 企业应当落实人员和财产安全防范措施，建立突发事件预警机制和应急预案。在境外发生突发事件时，企业应当在驻外使(领)馆和国内有关主管部门的指导下，及时、妥善处理。

企业应当做好外派人员的选审、行前安全、纪律教育和应急培训工作，加强对外派人员的管理，依法办理当地合法居留和工作许可。

第二十三条 企业应当要求其投资的境外企业中方负责人当面或以信函、传真、电子邮件等方式及时向驻外使(领)馆(经商处室)报到登记。

第二十四条 企业应当向原备案或核准的商务部或省级商务主管部门报告境外投资业务情况、统计资料，以及与境外投资相关的困难、问题，并确保报送情况和数据真实准确。

第二十五条 企业投资的境外企业开展境外再投资，在完成境外法律手续后，企业应当向商务主管部门报告。涉及中央企业的，中央企业通过"管理系统"填报相关信息，打印《境外中资企业再投资报告表》(以下简称《再投资报告表》，样式见附件4)并加盖印章后报商务部；涉及地方企业的，地方企业通过"管理系统"填报相关信息，打印《再投资报告表》并加盖印章后报省级商务主管部门。

第二十六条 商务部负责对省级商务主管部门的境外投资管理情况进行检查和指导。省级商务主管部门应当每半年向商务部报告本行政区域内境外投资的情况。

第二十七条 商务部会同有关部门为企业境外投资提供权益保障、投资促进、风险预警等服务。

商务部发布《对外投资合作国别(地区)指南》、国别产业指引等文件，帮助企业了解投资目的地投资环境；加强对企业境外投资的指导和规范，会同有关部门发布环境保护等指引，督促企业在境外合法合规经营；建立对外投资与合作信息服务系统，为企业开展境外投资提供数据统计、投资机会、投资障碍、风险预警等信息。

第四章 法律责任

第二十八条 企业以提供虚假材料等不正当手段办理备案并取得《证书》的，商务部或省级商务主管部门撤销该企业境外投资备案，给予警告，并依法公布处罚决定。

第二十九条 企业提供虚假材料申请核准的，商务部给予警告，并依法公布处罚决定。该企业在一年内不得再次申请该项核准。

企业以欺骗、贿赂等不正当手段获得境外投资核准的，商务部撤销该企业境外投资核准，给予警告，并依法公布处罚决定。该企业在三年内不得再次申请该项核准；构成犯罪的，依法追究刑事责任。

第三十条　企业开展境外投资过程中出现本办法第四条所列情形的，应当承担相应的法律责任。

第三十一条　企业伪造、涂改、出租、出借或以任何其他形式转让《证书》的，商务部或省级商务主管部门给予警告；构成犯罪的，依法追究刑事责任。

第三十二条　境外投资出现第二十八至三十一条规定的情形以及违反本办法其他规定的企业，三年内不得享受国家有关政策支持。

第三十三条　商务部和省级商务主管部门有关工作人员不依照本办法规定履行职责、滥用职权、索取或者收受他人财物或者谋取其他利益，构成犯罪的，依法追究刑事责任；尚不构成犯罪的，依法给予行政处分。

第五章　附　　则

第三十四条　省级商务主管部门可依照本办法制定相应的工作细则。

第三十五条　本办法所称中央企业系指国务院国有资产监督管理委员会履行出资人职责的企业及其所属企业、中央管理的其他单位。

第三十六条　事业单位法人开展境外投资、企业在境外设立分支机构参照本办法执行。

第三十七条　企业赴香港、澳门、台湾地区投资参照本办法执行。

第三十八条　本办法由商务部负责解释。

第三十九条　本办法自2014年10月6日起施行。商务部2009年发布的《境外投资管理办法》（商务部令2009年第5号）同时废止。

附件：1. 企业境外投资证书（样式）（略）
2. 境外投资备案表（样式）（略）
3. 境外投资申请表（样式）（略）
4. 境外中资企业再投资报告表（样式）（略）

2. 企业境外投资管理办法

（2017年12月26日国家发展和改革委员会令第11号公布　自2018年3月1日起施行）

第一章　总　　则

第一条　为加强境外投资宏观指导，优化境外投资综合服务，完善境外投资全程监管，促进境外投资持续健康发展，维护我国国家利益和国家安全，根据《中华人民共和国行政许可法》《国务院关于投资体制改革的决定》《国务院对确需保留的行政审批项目设定行政许可的决定》等法律法规，制定本办法。

第二条　本办法所称境外投资，是指中华人民共和国境内企业（以下称“投资主体”）直接或通过其控制的境外企业，以投入资产、权益或提供融资、担保等方式，获得境外所有权、控制权、经营管理权及其他相关权益的投资活动。

前款所称投资活动，主要包括但不限于下列情形：

（一）获得境外土地所有权、使用权等权益；

（二）获得境外自然资源勘探、开发特许权等权益；

（三）获得境外基础设施所有权、经营管理权等权益；

（四）获得境外企业或资产所有权、经营管理权等权益；

（五）新建或改扩建境外固定资产；

（六）新建境外企业或向既有境外企业增加投资；

（七）新设或参股境外股权投资基金；

（八）通过协议、信托等方式控制境外企业或资产。

本办法所称企业，包括各种类型的非金融企业和金融企业。

本办法所称控制，是指直接或间接拥有企业半数以上表决权，或虽不拥有半数以上表决权，但能够支配企业的经营、财务、人事、技术等重要事项。

第三条 投资主体依法享有境外投资自主权，自主决策、自担风险。

第四条 投资主体开展境外投资，应当履行境外投资项目（以下称“项目”）核准、备案等手续，报告有关信息，配合监督检查。

第五条 投资主体开展境外投资，不得违反我国法律法规，不得威胁或损害我国国家利益和国家安全。

第六条 国家发展和改革委员会（以下称“国家发展改革委”）在国务院规定的职责范围内，履行境外投资主管部门职责，根据维护我国国家利益和国家安全的需要，对境外投资进行宏观指导、综合服务和全程监管。

第七条 国家发展改革委建立境外投资管理和服务网络系统（以下称“网络系统”）。投资主体可以通过网络系统履行核准和备案手续、报告有关信息；涉及国家秘密或不适宜使用网络系统的事项，投资主体可以另行使用纸质材料提交。网络系统操作指南由国家发展改革委发布。

第二章 境外投资指导和服务

第八条 投资主体可以就境外投资向国家发展改革委咨询政策和信息、反映情况和问题、提出意见和建议。

第九条 国家发展改革委在国务院规定的职责范围内，会同有关部门根据国民经济和社会发展需要制定完善相关领域专项规划及产业政策，为投资主体开展境外投资提供宏观指导。

第十条 国家发展改革委在国务院规定的职责范围内，会同有关部门加强国际投资形势分析，发布境外投资有关数据、情况等信息，为投资主体提供信息服务。

第十一条 国家发展改革委在国务院规定的职责范围内，会同有关部门参与国际投资规则制定，建立健全投资合作机制，加强政策交流和协调，推动有关国家和地区为我国企业开展投资提供公平环境。

第十二条 国家发展改革委在国务院规定的职责范围内，推动海外利益安全保护体系和能力建设，指导投资主体防范和应对重大风险，维护我国企业合法权益。

第三章 境外投资项目核准和备案

第一节 核准、备案的范围

第十三条 实行核准管理的范围是投资主体直接或通过其控制的境外企业开展的敏感类项目。核准机关是国家发展改革委。

本办法所称敏感类项目包括：

（一）涉及敏感国家和地区的项目；

（二）涉及敏感行业的项目。

本办法所称敏感国家和地区包括：

（一）与我国未建交的国家和地区；

（二）发生战争、内乱的国家和地区；

（三）根据我国缔结或参加的国际条约、协定等，需要限制企业对其投资的国家和地区；

（四）其他敏感国家和地区。

本办法所称敏感行业包括：

（一）武器装备的研制生产维修；

（二）跨境水资源开发利用；

（三）新闻传媒；

（四）根据我国法律法规和有关调控政策，需要限制企业境外投资的行业。

敏感行业目录由国家发展改革委发布。

第十四条 实行备案管理的范围是投资主体直接开展的非敏感类项目，也即涉及投资主体直接投入资产、权益或提供融资、担保的非敏感类项目。

实行备案管理的项目中，投资主体是中央管理企业（含中央管理金融企业、国务院或国务院所属机构直接管理的企业，下同）的，备案机关是国家发展改革委；投资主体是地方企业，且中方投资额3亿美元及以上的，备案机关是国家发展改革委；投资主体是地方企业，且中方投资额3亿美元以下的，备案机关是投资主体注册地的省级政府发展改革部门。

本办法所称非敏感类项目，是指不涉及敏感国家和地区且不涉及敏感行业的项目。

本办法所称中方投资额，是指投资主体直接以及通过其控制的境外企业为项目投入的货币、证券、实物、技术、知识产权、股权、债权等资产、权益以及提供融资、担保的总额。

本办法所称省级政府发展改革部门，包括各省、自治区、直辖市及计划单列市人民政府发展改革部门和新疆生产建设兵团发展改革部门。

第十五条　投资主体可以向核准、备案机关咨询拟开展的项目是否属于核准、备案范围，核准、备案机关应当及时予以告知。

第十六条　两个以上投资主体共同开展的项目，应当由投资额较大一方在征求其他投资方书面同意后提出核准、备案申请。如各方投资额相等，应当协商一致后由其中一方提出核准、备案申请。

第十七条　对项目所需前期费用（包括履约保证金、保函手续费、中介服务费、资源勘探费等）规模较大的，投资主体可以参照本办法第十三条、第十四条规定对项目前期费用提出核准、备案申请。经核准或备案的项目前期费用计入项目中方投资额。

第二节　核准的程序和时限

第十八条　实行核准管理的项目，投资主体应当通过网络系统向核准机关提交项目申请报告并附具有关文件。其中，投资主体是中央管理企业的，由其集团公司或总公司向核准机关提交；投资主体是地方企业的，由其直接向核准机关提交。

第十九条　项目申请报告应当包括以下内容：

（一）投资主体情况；

（二）项目情况，包括项目名称、投资目的地、主要内容和规模、中方投资额等；

（三）项目对我国国家利益和国家安全的影响分析；

（四）投资主体关于项目真实性的声明。

项目申请报告的通用文本以及应当附具的文件（以下称“附件”）清单由国家发展改革委发布。

第二十条　项目申请报告可以由投资主体自行编写，也可以由投资主体自主委托具有相关经验和能力的中介服务机构编写。

第二十一条　项目申请报告和附件齐全、符合法定形式的，核准机关应当予以受理。

项目申请报告或附件不齐全、不符合法定形式的，核准机关应当在收到项目申请报告之日起5个工作日内一次性告知投资主体需要补正的内容。逾期不告知的，自收到项目申请报告之日起即为受理。

核准机关受理或不予受理项目申请报告，都应当通过网络系统告知投资主体。投资主体需要受理或不予受理凭证的，可以通过网络系统自行打印或要求核准机关出具。

第二十二条　项目涉及有关部门职责的，核准机关应当商请有关部门在7个工作日内出具书面审查意见。有关部门逾期没有反馈书面审查意见的，视为同意。

第二十三条　核准机关在受理项目申请报告后，如确有必要，应当在4个工作日内委托咨询机构进行评估。除项目情况复杂的，评估时限不得超过30个工作日。项目情况复杂的，经核准机关同意，可以延长评估时限，但延长的时限不得超过60个工作日。

核准机关应当将咨询机构进行评估所需的时间告知投资主体。

接受委托的咨询机构应当在规定时限内提出评估报告，并对评估结论承担责任。

评估费用由核准机关承担，咨询机构及其工作人员不得收取投资主体任何费用。

第二十四条　核准机关可以结合有关单位意见、评估意见等，建议投资主体对项目申请报告有关内容进行调整，或要求投资主体对有关情况或材料作进一步澄清、补充。

第二十五条　核准机关应当在受理项目申请报告后20个工作日内作出是否予以核准的决定。项目情况复杂或需要征求有关单位意见的，经核准机关负责人批准，可以延长核准时限，但延长的核准时限不得超过10个工作日，并应当将延长时限的理由告知投资主体。

前款规定的核准时限，包括征求有关单位意见的时间，不包括咨询机构评估的时间。

第二十六条　核准机关对项目予以核准的条件为：

（一）不违反我国法律法规；

（二）不违反我国有关发展规划、宏观调控政策、产业政策和对外开放政策；

（三）不违反我国缔结或参加的国际条约、协定；

（四）不威胁、不损害我国国家利益和国家安全。

第二十七条 对符合核准条件的项目，核准机关应当予以核准，并向投资主体出具书面核准文件。

对不符合核准条件的项目，核准机关应当出具不予核准书面通知，并说明不予核准的理由。

第二十八条 项目违反有关法律法规、违反有关规划或政策、违反有关国际条约或协定、威胁或损害我国国家利益和国家安全的，核准机关可以不经过征求意见、委托评估等程序，直接作出不予核准的决定。

第三节 备案的程序和时限

第二十九条 实行备案管理的项目，投资主体应当通过网络系统向备案机关提交项目备案表并附具有关文件。其中，投资主体是中央管理企业的，由其集团公司或总公司向备案机关提交；投资主体是地方企业的，由其直接向备案机关提交。

项目备案表格式文本及附件清单由国家发展改革委发布。

第三十条 项目备案表和附件齐全、符合法定形式的，备案机关应当予以受理。

项目备案表或附件不齐全、项目备案表或附件不符合法定形式、项目不属于备案管理范围、项目不属于备案机关管理权限的，备案机关应当在收到项目备案表之日起5个工作日内一次性告知投资主体。逾期不告知的，自收到项目备案表之日起即为受理。

备案机关受理或不予受理项目备案表，都应当通过网络系统告知投资主体。投资主体需要受理或不予受理凭证的，可以通过网络系统自行打印或要求备案机关出具。

第三十一条 备案机关在受理项目备案表之日起7个工作日内向投资主体出具备案通知书。

备案机关发现项目违反有关法律法规、违反有关规划或政策、违反有关国际条约或协定、威胁或损害我国国家利益和国家安全的，应当在受理项目备案表之日起7个工作日内向投资主体出具不予备案书面通知，并说明不予备案的理由。

第四节 核准、备案的效力、变更和延期

第三十二条 属于核准、备案管理范围的项目，投资主体应当在项目实施前取得项目核准文件或备案通知书。

本办法所称项目实施前，是指投资主体或其控制的境外企业为项目投入资产、权益（已按照本办法第十七条办理核准、备案的项目前期费用除外）或提供融资、担保之前。

第三十三条 属于核准、备案管理范围的项目，投资主体未取得有效核准文件或备案通知书的，外汇管理、海关等有关部门依法不予办理相关手续，金融企业依法不予办理相关资金结算和融资业务。

第三十四条 已核准、备案的项目，发生下列情形之一的，投资主体应当在有关情形发生前向出具该项目核准文件或备案通知书的机关提出变更申请：

（一）投资主体增加或减少；

（二）投资地点发生重大变化；

（三）主要内容和规模发生重大变化；

（四）中方投资额变化幅度达到或超过原核准、备案金额的20%，或中方投资额变化1亿美元及以上；

（五）需要对项目核准文件或备案通知书有关内容进行重大调整的其他情形。

核准机关应当在受理变更申请之日起20个工作日内作出是否同意变更核准的书面决定。备案机关应当在受理变更申请之日起7个工作日内作出是否同意变更备案的书面决定。

第三十五条 核准文件、备案通知书有效期2年。确需延长有效期的，投资主体应当在有效期届满的30个工作日前向出具该项目核准文件或备案通知书的机关提出延长有效期的申请。

核准机关应当在受理延期申请之日起20个工作日内作出是否同意延长核准文件有效期的书面决定。备案机关应当在受理延期申请之日起7个工作日内作出是否同意延长备案通知书有效期的书面决定。

第三十六条 核准、备案机关应当依法履行职责，严格按照规定权限、程序、时限等要求实施核准、备案行为，提高行政效能，提供优质服务。

第三十七条 对核准、备案机关实施的核

准、备案行为,相关利害关系人有权依法申请行政复议或提起行政诉讼。

第三十八条 对不符合本办法规定条件的项目予以核准、备案,或违反本办法规定权限和程序予以核准、备案的,应当依法予以撤销。

第三十九条 核准、备案机关应当按照《政府信息公开条例》规定将核准、备案有关信息予以公开。

第四章 境外投资监管

第四十条 国家发展改革委和省级政府发展改革部门根据境外投资有关法律法规和政策,按照本办法第十三条、第十四条规定的分工,联合同级政府有关部门建立协同监管机制,通过在线监测、约谈函询、抽查核实等方式对境外投资进行监督检查,对违法违规行为予以处理。

第四十一条 倡导投资主体创新境外投资方式、坚持诚信经营原则、避免不当竞争行为、保障员工合法权益、尊重当地公序良俗、履行必要社会责任、注重生态环境保护、树立中国投资者良好形象。

第四十二条 投资主体通过其控制的境外企业开展大额非敏感类项目的,投资主体应当在项目实施前通过网络系统提交大额非敏感类项目情况报告表,将有关信息告知国家发展改革委。

投资主体提交的大额非敏感类项目情况报告表内容不完整的,国家发展改革委应当在收到之日起5个工作日内一次性告知投资主体需要补正的内容。逾期不告知的,视作内容完整。大额非敏感类项目情况报告表格式文本由国家发展改革委发布。

本办法所称大额非敏感类项目,是指中方投资额3亿美元及以上的非敏感类项目。

第四十三条 境外投资过程中发生外派人员重大伤亡、境外资产重大损失、损害我国与有关国家外交关系等重大不利情况的,投资主体应当在有关情况发生之日起5个工作日内通过网络系统提交重大不利情况报告表。重大不利情况报告表格式文本由国家发展改革委发布。

第四十四条 属于核准、备案管理范围的项目,投资主体应当在项目完成之日起20个工作日内通过网络系统提交项目完成情况报告表。项目完成情况报告表格式文本由国家发展改革委发布。

前款所称项目完成,是指项目所属的建设工程竣工、投资标的股权或资产交割、中方投资额支出完毕等情形。

第四十五条 国家发展改革委、省级政府发展改革部门可以就境外投资过程中的重大事项向投资主体发出重大事项问询函。投资主体应当按照重大事项问询函载明的问询事项和时限要求提交书面报告。

国家发展改革委、省级政府发展改革部门认为确有必要的,可以公示重大事项问询函及投资主体提交的书面报告。

第四十六条 投资主体按照本办法第四十二条、第四十三条、第四十四条、第四十五条规定提交有关报告表或书面报告后,需要凭证的,可以通过网络系统自行打印提交完成凭证。

第四十七条 国家发展改革委、省级政府发展改革部门可以根据其掌握的国际国内经济社会运行情况和风险状况,向投资主体或利益相关方发出风险提示,供投资主体或利益相关方参考。

第四十八条 投资主体应当对自身通过网络系统和线下提交的各类材料的真实性、合法性、完整性负责,不得有虚假、误导性陈述和重大遗漏。

第四十九条 有关部门和单位、驻外使领馆等发现企业违反本办法规定的,可以告知核准、备案机关。公民、法人或其他组织发现企业违反本办法规定的,可以据实向核准、备案机关举报。

国家发展改革委建立境外投资违法违规行为记录,公布并更新企业违反本办法规定的行为及相应的处罚措施,将有关信息纳入全国信用信息共享平台、国家企业信用信息公示系统、“信用中国”网站等进行公示,会同有关部门和单位实施联合惩戒。

第五章 法律责任

第五十条 国家发展改革委工作人员有下列行为之一的,责令其限期改正,并依法追究有关责任人的行政责任;构成犯罪的,依法追究刑事责任:

(一) 滥用职权、玩忽职守、徇私舞弊、索贿受贿的；

（二）违反本办法规定程序和条件办理项目核准、备案的；

（三）其他违反本办法规定的行为。

第五十一条 投资主体通过恶意分拆项目、隐瞒有关情况或提供虚假材料等手段申请核准、备案的，核准、备案机关不予受理或不予核准、备案，对投资主体及主要责任人处以警告。

第五十二条 投资主体通过欺骗、贿赂等不正当手段取得项目核准文件或备案通知书的，核准、备案机关应当撤销该核准文件或备案通知书，对投资主体及主要责任人处以警告；构成犯罪的，依法追究刑事责任。

第五十三条 属于核准、备案管理范围的项目，投资主体有下列行为之一的，由核准、备案机关责令投资主体中止或停止实施该项目并限期改正，对投资主体及有关责任人处以警告；构成犯罪的，依法追究刑事责任：

（一）未取得核准文件或备案通知书而擅自实施的；

（二）应当履行核准、备案变更手续，但未经核准、备案机关同意而擅自实施变更的。

第五十四条 投资主体有下列行为之一的，由国家发展改革委或投资主体注册地的省级政府发展改革部门责令投资主体限期改正；情节严重或逾期不改正的，对投资主体及有关责任人处以警告：

（一）未按本办法第四十二条、第四十三条、第四十四条、第四十五条规定报告有关信息的；

（二）违反本办法第四十八条规定的。

第五十五条 投资主体在境外投资过程中实施不正当竞争行为、扰乱境外投资市场秩序的，由国家发展改革委或投资主体注册地的省级政府发展改革部门责令投资主体中止或停止开展该项目并限期改正，对投资主体及主要责任人处以警告。

第五十六条 境外投资威胁我国国家利益和国家安全的，由国家发展改革委或投资主体注册地的省级政府发展改革部门责令投资主体中止实施项目并限期改正。

境外投资损害我国国家利益和国家安全的，由国家发展改革委或投资主体注册地的省级政府发展改革部门责令投资主体停止实施项目、限期改正并采取补救措施，对投资主体及有关责任人处以警告；构成犯罪的，依法追究刑事责任。

投资主体按照本办法第四十三条规定及时提交重大不利情况报告表并主动改正的，可以减轻或免除本条规定的行政处罚。

第五十七条 金融企业为属于核准、备案管理范围但未取得核准文件或备案通知书的项目提供融资、担保的，由国家发展改革委通报该违规行为并商请有关金融监管部门依法依规处罚该金融企业及有关责任人。

第六章 附 则

第五十八条 各省级政府发展改革部门要加强对本地企业境外投资的指导、服务和监管，可以按照本办法的规定制定具体实施办法。

第五十九条 国家发展改革委对省级政府发展改革部门的境外投资管理工作进行指导和监督，对发现的问题及时予以纠正。

第六十条 核准、备案机关及其工作人员，以及被核准机关征求意见、受核准机关委托进行评估的单位及其工作人员，依法对投资主体根据本办法提交的材料负有保守商业秘密的义务。

第六十一条 事业单位、社会团体等非企业组织对境外开展投资参照本办法执行。

第六十二条 投资主体直接或通过其控制的企业对香港、澳门、台湾地区开展投资的，参照本办法执行。

投资主体通过其控制的香港、澳门、台湾地区企业对境外开展投资的，参照本办法执行。

第六十三条 境内自然人通过其控制的境外企业或香港、澳门、台湾地区企业对境外开展投资的，参照本办法执行。

境内自然人直接对境外开展投资不适用本办法。境内自然人直接对香港、澳门、台湾地区开展投资不适用本办法。

第六十四条 法律、行政法规对境外投资管理有专门规定的，从其规定。

第六十五条 本办法由国家发展改革委负责解释。

第六十六条 本办法自2018年3月1日起施行。《境外投资项目核准和备案管理办法》（国家发展和改革委员会令第9号）同时废止。

3. 境外投资开办企业核准工作细则

（2005年10月17日商合发〔2005〕527号发布，自发布之日起施行）

第一条　根据《中华人民共和国行政许可法》、《国务院对确需保留的行政审批项目设定行政许可的决定》及相关法律法规，为更好地执行《关于境外投资开办企业核准事项的规定》（商务部令2004年第16号，以下简称《规定》），促进境外投资核准工作规范、科学、透明、高效，特制定本细则。

第二条　各省级商务主管部门受商务部委托，应按照《规定》和本细则，开展对国内企业境外投资的核准工作。

第三条　关于投资东道国（地区）的投资环境，在核准中应重点把握以下方面：

（一）政局与社会稳定，不处于战争或社会动乱状态；

（二）经济运行正常，未出现经济危机，汇率和税制稳定；

（三）法律法规健全，有明确的鼓励和保护外商投资的法规及政策；

（四）具备水电气及交通、通讯等基础设施及能源供应条件；

（五）有相应的劳动力资源。

第四条　关于东道国（地区）的安全状况，在核准中应重点把握以下方面：

（一）未发生过大规模的针对外商投资的国有化和征收行动，不是恐怖主义活动猖獗的地区，外商投资企业与人员的财产和生命安全能够得到保障；

（二）金融与外汇政策稳定，外商投资企业的利润汇出有法律保障；

（三）没有频繁的政党、激进组织或团体干扰企业的经营活动，社会治安状况较好；

（四）投资所在地不存在国家主权争议。

第五条　关于东道国（地区）与我国的政治经济关系，在核准中应重点把握以下方面：

（一）是否与我国建立外交关系；

（二）是否是我国的贸易伙伴，对我国有无贸易歧视；

（三）对我国公民出入境是否有不公平的特殊限制。

第六条　关于符合我国境外投资导向政策与否，在核准中应重点把握以下几个方面：

（一）符合我国境外投资国别产业导向目录确定的方向；

（二）能够带动国内具有比较优势的产品、设备、技术和服务等出口和劳务输出；

（三）能够利用国外先进技术和先进管理经验，提高企业的技术研发能力和国际竞争力；

（四）有助于企业实施品牌战略，创立国际名牌。

第七条　关于在东道国（地区）的合理布局，在核准中应重点把握以下方面：

（一）我国企业在东道国同一行业的投资是否过度集中；

（二）境外企业的生产能力是否与东道国的市场容量相匹配，其产品是否属于投资目标国过度竞争的领域。

第八条　关于境外投资涉及履行有关国际协定义务，在核准中应重点把握以下方面：

（一）与核不扩散有关的国际协定；

（二）与禁止研制与销售毒品有关的国际协定；

（三）与环境保护和濒危动植物保护有关的国际协定；

（四）与食品安全有关的国际协定；

（五）与知识产权保护有关的国际协定。

第九条　关于东道国保障外国投资者合法权益，在核准中应重点把握以下方面：

（一）是否与我国签订了双边投资保护协定；

（二）是否与我国签订了避免双重征税协定；

（三）是否有随意查抄、无端罚没当地中资企业的情况。

第十条　对以并购方式进行境外投资的，还应重点把握：

（一）是否涉及东道国敏感产业领域或其法

规限制投资的行业；

（二）是否考虑了相关的法律问题；

（三）是否考虑了东道国的政治与安全风险及企业的财务风险问题；

（四）是否考虑了东道国工会组织、企业社会责任和文化融合问题。

第十一条 下列领域为我国禁止的境外投资：

（一）危害国家主权、安全和社会公共利益的；

（二）运用我国禁止出口的特有工艺或者技术的；

（三）我国法律所禁止经营的领域；

（四）外国法律以及我国缔结或参加的国际条约禁止投资的领域；

（五）从事跨国犯罪的。

第十二条 对符合导向的境外投资，国家予以鼓励并在外交、税收、外汇、海关、信贷、保险等方面予以政策支持；对禁止类的境外投资，国家不予核准，并将采取措施予以制止。

第十三条 本细则由商务部负责解释。

第十四条 本细则自发布之日起施行。

4. 商务部关于调整境外投资核准有关事项的通知

（2007年12月19日商合字〔2007〕112号发布，自2008年1月1日起施行）

各省、自治区、直辖市、计划单列市及新疆生产建设兵团商务主管部门：

为推进境外投资便利化进程，提高工作效率，商务部将扩大委托各省、自治区、直辖市及计划单列市商务主管部门（以下称地方商务主管部门）核准地方企业境外设立分支机构的国别范围，并简化核准工作程序。现将有关事项通知如下：

一、境外分支机构（以下称境外机构）系指国内企业在境外设立的非企业法人，即代表处、办事处、项目部和分公司等。

二、商务部委托地方商务主管部门核准地方企业在除未建交国家及伊拉克、阿富汗、朝鲜以外的国家（地区）设立境外机构。

三、在未建交国家及伊拉克、阿富汗、朝鲜设立境外机构的，地方商务主管部门转报商务部核准后，向所申请的地方企业颁发批准证书；在其他国家（地区）设立境外机构的，地方商务主管部门核准后直接向所申请的地方企业颁发批准证书。

四、《中国企业境外机构批准证书》编号按照以下原则执行：区位代码十年度＋5位排序数字。如北京市为1100200800001。

五、地方商务主管部门应要求地方企业规范所设境外机构的名称。地方企业在递交申请时，所设境外机构的名称应含有代表处、办事处、项目部或分公司等字样。

六、为便于及时掌握境外机构设立情况，地方商务主管部门每季度末须将批准设立的境外机构情况以正式文件形式上报商务部。

七、申请设立境外机构的其他注意事项参照《关于境外投资开办企业核准事项的规定》（商务部2004年16号令）执行。

八、本通知自2008年1月1日起施行。

中华人民共和国商务部办公厅

二〇〇七年十二月十九日

5. 商务部关于规范境外中资企业及机构冠名有关事项的通知

（2006年1月22日商务部发布，自发布之日起施行）

各省、自治区、直辖市、计划单列市及新疆生产建设兵团商务主管部门：

为了规范境外中资企业及机构的名称，根据相关法律法规及《关于境外投资开办企业核准事项的规定》（商务部令 2004 年第 16 号），现将有关事项通知如下：

一、境外中资企业（机构）的冠名不应违反我国相关法律法规和规章，不得有损我国对外形象和整体利益，同时应符合当地法律法规的规定及民族、宗教习俗。

二、境外中资企业（机构）的冠名不应对国内其它企业、国外企业和投资东道国其他中资企业构成权益侵害。

三、未经中央政府批准，境外中资企业（机构）中外文名称不得冠以“中国”、“中华”、“国家”等字样。

四、境外中资企业（机构）冠名中涉及行业、组织形式、经营活动性质等内容的表述应与其业务实际相符。

五、境外中资企业（机构）名称发生变更，应按《关于境外投资开办企业核准事项的规定》（商务部令 2004 年第 16 号）第十一条的规定履行有关手续。

六、境外中资企业（机构）在当地注册名称应与批准证书中名称一致。

请各省级商务主管部门按照本通知要求，在境外投资开办企业核准工作中严格执行。

特此通知

二〇〇六年一月二十二日

（三）外汇、外债管理

1. 境内机构境外直接投资外汇管理规定

（2009 年 7 月 13 日国家外汇管理局汇发〔2009〕30 号发布，自 2009 年 8 月 1 日起施行）

第一章　总　则

第一条　为促进和便利境内机构境外直接投资活动，规范境外直接投资外汇管理，促进我国国际收支基本平衡，根据《中华人民共和国外汇管理条例》等相关法规，制定本规定。

第二条　本规定所称境外直接投资是指境内机构经境外直接投资主管部门核准，通过设立（独资、合资、合作）、并购、参股等方式在境外设立或取得既有企业或项目所有权、控制权或经营管理权等权益的行为。

第三条　国家外汇管理局及其分支机构（以下简称外汇局）对境内机构境外直接投资的外汇收支、外汇登记实施监督管理。

第四条　境内机构可以使用自有外汇资金、符合规定的国内外汇贷款、人民币购汇或实物、无形资产及经外汇局核准的其他外汇资产来源等进行境外直接投资。境内机构境外直接投资所得利润也可留存境外用于其境外直接投资。

上款所称自有外汇资金包括：经常项目外汇账户、外商投资企业资本金账户等账户内的外汇资金。

第五条　国家外汇管理局可以根据我国国际收支形势和境外直接投资情况，对境内机构境外直接投资外汇资金来源范围、管理方式及其境外直接投资所得利润留存境外的相关政策进行调整。

第二章　境外直接投资外汇登记和资金汇出

第六条　外汇局对境内机构境外直接投资及其形成的资产、相关权益实行外汇登记及备案制度。

境内机构在向所在地外汇局办理境外直接投资外汇登记时，应说明其境外投资外汇资金来源情况。

第七条　境内机构境外直接投资获得境外直接投资主管部门核准后，持下列材料到所在地外汇局办理境外直接投资外汇登记：

（一）书面申请并填写《境外直接投资外汇登记申请表》（格式见附件 1）；

（二）外汇资金来源情况的说明材料；

（三）境内机构有效的营业执照或注册登记证明及组织机构代码证；

（四）境外直接投资主管部门对该项投资的核准文件或证书；

（五）如果发生前期费用汇出的，提供相关说明文件及汇出凭证；

（六）外汇局要求的其他材料。

外汇局审核上述材料无误后，在相关业务系统中登记有关情况，并向境内机构颁发境外直接投资外汇登记证。境内机构应凭其办理境外直接投资项下的外汇收支业务。

多个境内机构共同实施一项境外直接投资的，由境内机构所在地外汇局分别向相关境内机构颁发境外直接投资外汇登记证，并在相关业务系统中登记有关情况。

第八条 境内机构应凭境外直接投资主管部门的核准文件和境外直接投资外汇登记证，在外汇指定银行办理境外直接投资资金汇出手续。外汇指定银行进行真实性审核后为其办理。

外汇指定银行为境内机构办理境外直接投资资金汇出的累计金额，不得超过该境内机构事先已经外汇局在相关业务系统中登记的境外直接投资外汇资金总额。

第九条 境内机构应在如下情况发生之日起60天内，持境外直接投资外汇登记证、境外直接投资主管部门的核准或者备案文件及相关真实性证明材料到所在地外汇局办理境外直接投资外汇登记、变更或备案手续：

（一）境内机构将其境外直接投资所得利润以及其所投资境外企业减资、转股、清算等所得资本项下外汇收入留存境外，用于设立、并购或参股未登记的境外企业的，应就上述直接投资活动办理境外直接投资外汇登记手续；

（二）已登记境外企业发生名称、经营期限、合资合作伙伴及合资合作方式等基本信息变更，或发生增资、减资、股权转让或置换、合并或分立等情况，境内机构应就上述变更情况办理境外直接投资外汇登记变更手续；

（三）已登记境外企业发生长期股权或债权投资、对外担保等不涉及资本变动的重大事项的，境内机构应就上述重大事项办理境外直接投资外汇备案手续。

第十条 境内机构持有的境外企业股权因转股、破产、解散、清算、经营期满等原因注销的，境内机构应在取得境外直接投资主管部门相关证明材料之日起60天内，凭相关材料到所在地外汇局办理注销境外直接投资外汇登记手续。

第十一条 境内机构可以按照《中华人民共和国外汇管理条例》和其他相关规定，向境外直接投资企业提供商业贷款或融资性对外担保。

第十二条 境内机构在外汇管制国家或地区投资的，可按规定在其他非外汇管制国家或地区开立专用外汇账户，用于与该项投资相关外汇资金的收付。

第三章 境外直接投资前期费用汇出

第十三条 境外直接投资前期费用是指境内机构在境外投资设立项目或企业前，需要向境外支付的与境外直接投资有关的费用，包括但不限于：

（一）收购境外企业股权或境外资产权益，按项目所在地法律规定或出让方要求需缴纳的保证金；

（二）在境外项目招投标过程中，需支付的投标保证金；

（三）进行境外直接投资前，进行市场调查、租用办公场地和设备、聘用人员，以及聘请境外中介机构提供服务所需的费用。

第十四条 境内机构向境外汇出的前期费用，一般不得超过境内机构已向境外直接投资主管部门申请的境外直接投资总额（以下简称境外直接投资总额）的15%（含），并持下列材料向所在地外汇局申请：

（一）书面申请（包括境外直接投资总额、各方出资额、出资方式，以及所需前期费用金额、用途和资金来源说明等）；

（二）境内机构有效的营业执照或注册登记证明及组织机构代码证；

（三）境内机构参与投标、并购或合资合作项目的相关文件（包括中外方签署的意向书、备忘录或框架协议等）；

（四）境内机构已向境外直接投资主管部门报送的书面申请；

（五）境内机构出具的前期费用使用书面承

诺函；

（六）外汇局要求的其他相关材料。

对于汇出的境外直接投资前期费用确需超过境外直接投资总额15%的，境内机构应当持上述材料向所在地国家外汇管理局分局（含外汇管理部）提出申请。

外汇指定银行凭外汇局出具的核准件为境内机构办理购付汇手续，并及时向外汇局反馈有关信息。

第十五条 境内机构已汇出境外的前期费用，应列入境内机构境外直接投资总额。外汇指定银行在办理境内机构境外直接投资资金汇出时，应扣减已汇出的前期费用金额。

第十六条 境内机构自汇出前期费用之日起6个月内仍未完成境外直接投资项目核准程序的，应将境外账户剩余资金调回原汇出资金的境内外汇账户。所汇回的外汇资金如属人民币购汇的，可持原购汇凭证，到外汇指定银行办理结汇。

所在地外汇局负责监督境内机构调回剩余的前期费用。如确因前期工作需要，经原作出核准的外汇局核准，上述6个月的期限可适当延长，但最长不超过12个月。

第四章 境外直接投资项下资金汇入及结汇

第十七条 境内机构将其所得的境外直接投资利润汇回境内的，可以保存在其经常项目外汇账户或办理结汇。

外汇指定银行在审核境内机构的境外直接投资外汇登记证、境外企业的相关财务报表及其利润处置决定、上年度年检报告书等相关材料无误后，为境内机构办理境外直接投资利润入账或结汇手续。

第十八条 境内机构因所设境外企业减资、转股、清算等所得资本项下外汇收入，通过资产变现专用外汇账户办理入账，或经外汇局批准留存境外。资产变现专用外汇账户的开立及入账经所在地外汇局按照相关规定核准，账户内资金的结汇，按照有关规定直接向外汇指定银行申请办理。

第十九条 境内机构将其境外直接投资的企业股权全部或者部分转让给其他境内机构的，相关资金应在境内以人民币支付。股权出让方应到所在地外汇局办理境外直接投资外汇登记的变更或注销手续，股权受让方应到所在地外汇局办理受让股权的境外直接投资外汇登记手续。

第五章 附 则

第二十条 境内机构（金融机构除外）应按照境外投资联合年检的相关规定参加年检。多个境内机构共同实施一项境外直接投资的，应分别到所在地外汇局参加外汇年检。

第二十一条 境内机构在香港特别行政区、澳门特别行政区和台湾地区进行直接投资的，参照本规定进行管理。

第二十二条 境内金融机构境外直接投资外汇管理，参照本规定执行。相关监管部门对境内金融机构境外直接投资的资金运用另有规定的，从其规定。

第二十三条 境内机构办理境外直接投资项下外汇收支及外汇登记等业务，应按相关规定通过相关业务系统办理。

外汇指定银行应将境外直接投资项下外汇收支信息通过相关业务系统向外汇局反馈。

第二十四条 境内机构违反本规定的，外汇局根据《中华人民共和国外汇管理条例》及其他相关规定进行处罚；构成犯罪的，依法追究刑事责任。

第二十五条 本规定由国家外汇管理局负责解释。

第二十六条 本规定自二OO九年八月一日起施行。附件2所列其他规范性文件同时废止。以前规定与本规定不一致的，按本规定执行。

附件1：境外直接投资外汇登记申请表（略）

附件2：

废止文件目录

1.《关于发布〈境外投资外汇管理办法实施细则〉的通知》（〔90〕汇管投字第381号）

2.《境外投资外汇风险及外汇资金来源审查的审批规范》（1993年9月20日 国家外汇管理局发布）

3.《关于对境外投资外汇风险审查和外汇资

金来源审查书面结论统一规范的通知》(〔91〕汇管投字第434号)

4.《关于〈境外投资外汇管理办法〉的补充通知》(〔95〕汇资函字第163号)

5.《关于部分项目免缴境外投资汇回利润保证金的通知》(汇发〔1999〕287号)

6.《国家外汇管理局关于简化境外投资外汇资金来源审查有关问题的通知》(汇发〔2003〕43号)

7.《国家外汇管理局关于扩大境外投资外汇管理改革试点有关问题的通知》(汇发〔2005〕35号)

8.《国家外汇管理局关于调整部分境外投资外汇管理政策的通知》(汇发〔2006〕27号)

9.《国家外汇管理局关于下放境外投资外汇资金来源审查权限的通知》(汇发〔2007〕47号)

2. 国家外汇管理局关于进一步简化和改进直接投资外汇管理政策的通知

(2015年2月13日　汇发〔2015〕13号)

国家外汇管理局各省、自治区、直辖市分局、外汇管理部,深圳、大连、青岛、厦门、宁波市分局;各中资外汇指定银行:

为进一步深化资本项目外汇管理改革,促进和便利企业跨境投资资金运作,规范直接投资外汇管理业务,提升管理效率,国家外汇管理局决定在总结前期部分地区试点经验的基础上,在全国范围内进一步简化和改进直接投资外汇管理政策。现就有关事项通知如下:

一、取消境内直接投资项下外汇登记核准和境外直接投资项下外汇登记核准两项行政审批事项

改由银行按照本通知及所附《直接投资外汇业务操作指引》(见附件)直接审核办理境内直接投资项下外汇登记和境外直接投资项下外汇登记(以下合称直接投资外汇登记),国家外汇管理局及其分支机构(以下简称外汇局)通过银行对直接投资外汇登记实施间接监管。

(一)本通知实施后,已经取得外汇局金融机构标识码且在所在地外汇局开通资本项目信息系统的银行可直接通过外汇局资本项目信息系统为境内外商投资企业、境外投资企业的境内投资主体(以下简称相关市场主体)办理直接投资外汇登记。

(二)银行及其分支机构应在所在地外汇局的指导下开展直接投资外汇登记等相关业务,并在权限范围内履行审核、统计监测和报备责任。

(三)相关市场主体可自行选择注册地银行办理直接投资外汇登记,完成直接投资外汇登记后,方可办理后续直接投资相关账户开立、资金汇兑等业务(含利润、红利汇出或汇回)。

二、简化部分直接投资外汇业务办理手续

(一)简化境内直接投资项下外国投资者出资确认登记管理。取消境内直接投资项下外国投资者非货币出资确认登记和外国投资者收购中方股权出资确认登记。将外国投资者货币出资确认登记调整为境内直接投资货币出资入账登记,外国投资者以货币形式(含跨境现汇和人民币)出资的,由开户银行在收到相关资本金款项后直接通过外汇局资本项目信息系统办理境内直接投资货币出资入账登记,办理入账登记后的资本金方可使用。

(二)取消境外再投资外汇备案。境内投资主体设立或控制的境外企业在境外再投资设立或控制新的境外企业无需办理外汇备案手续。

(三)取消直接投资外汇年检,改为实行存量权益登记。相关市场主体应于每年9月30日(含)前,自行或委托会计师事务所、银行通过外汇局资本项目信息系统报送上年末境内直接投资和(或)境外直接投资存量权益(以下合称直接投资存量权益)数据。

对于未按前款规定办理的相关市场主体,外汇局在资本项目信息系统中对其进行业务管控,银行不得为其办理资本项下外汇业务。在按要求补报并向外汇局出具说明函说明合理理由后,外汇局取消业务管控,对涉嫌违反外汇管理规定的,依法进行行政处罚。

参加外汇局直接投资存量权益抽样调查的

外商投资企业等相关市场主体应按照直接投资存量权益抽样调查制度要求，按季度向注册地外汇局报送相关信息。

三、银行应提高办理直接投资外汇登记的合规意识

（一）银行应制定直接投资外汇登记业务的内部管理规章制度，并留存备查。内部管理规章制度应当至少包括以下内容：

1. 直接投资外汇登记业务操作规程，包括业务受理、材料合规性和真实性审核等业务流程和操作标准；

2. 直接投资外汇登记业务风险管理制度，包括合规性风险审查、经办复核和分级审核制度等；

3. 直接投资外汇登记业务统计报告制度，包括数据采集渠道和操作程序等。

（二）银行自行对已经取得外汇局金融机构标识码的分支机构开展直接投资外汇登记进行业务准入管理。

（三）银行应严格按照本通知及所附《直接投资外汇业务操作指引》的要求，认真履行真实性审核义务，通过外汇局资本项目信息系统办理直接投资外汇登记业务，并应完整保存相关登记资料备查。

（四）银行在办理直接投资外汇登记业务过程中，如遇规定不明确、数据不准确或发现异常情况的，应及时向相关市场主体注册地外汇局反馈。

四、外汇局应强化对银行的培训指导和事后监管

（一）外汇局应加强对银行的培训指导和事后监管，及时掌握其直接投资外汇业务办理和相关数据、报表及其它资料报送情况，对银行办理直接投资外汇登记合规性及内控制度的执行情况开展事后核查和检查，全面了解银行办理直接投资外汇登记的情况，发现异常情况要及时上报，对违规问题要及时纠正、处理。

（二）银行未按规定要求履行直接投资外汇登记审核、统计、报告责任的，外汇局除按外汇管理有关规定对其处罚外，还可暂停该银行办理直接投资外汇登记。对违规情节特别严重或暂停期内未能进行有效整改的，外汇局可停止该银行办理直接投资外汇登记。

本通知自2015年6月1日起实施。本通知实施后，之前规定与本通知内容不一致的，以本通知为准。外商投资企业资本金结汇管理方式改革试点地区继续按照《国家外汇管理局关于在部分地区开展外商投资企业外汇资本金结汇管理方式改革试点有关问题的通知》（汇发〔2014〕36号）等有关规定实行意愿结汇政策。国家外汇管理局各分局、外汇管理部接到本通知后，应及时转发辖内中心支局、支局、城市商业银行、农村商业银行、外资银行、农村合作银行；各中资银行接到通知后，应及时转发所辖各分支机构。执行中如遇问题，请及时向国家外汇管理局资本项目管理司反映。

附件：直接投资外汇业务操作指引（略）

国家外汇管理局

2015年2月13日

（四）其他规定

1. 境外投资财务管理暂行办法

（1996年7月1日财政部发布，自发布之日起施行）

第一条 为了规范境外投资的财务管理，提高境外投资的经济效益，维护国家利益和投资单位的合法权益，制定本办法。

第二条 本办法适用于进行境外投资的机构、部门、国有企业、事业单位以及国家控股的有限责任公司和股份有限公司（以下简称投资单位）。

本办法所称境外投资是指投资单位在中华人民共和国国外和香港、澳门及台湾地区投资设立独资、合资、合作企业（统称境外企业）和购买股票等投资行为。

第三条 境外投资的财务管理实行“统一政

策,分级管理”的原则。财政部统一制定境外投资的财务管理制度,各级主管财政机关负责对本级境外投资的财务工作进行管理和监督。

第四条 主管财政机关对境外投资财务管理履行以下职责:

(一)制定境外投资的财务管理制度或实施办法;

(二)配合国有资产管理部门考核监督境外企业国有资产的安全完整、保值增值;

(三)审批投资单位境外投资经营情况的年度财务报告;(已失效)①

(四)负责确定境外投资收益的分配并收缴应上交财政的投资收益;

(五)检查监督投资单位境外投资的财务活动;

(六)办理各级人民政府授权管理境外投资的其他事项。

第五条 投资单位对境外投资财务管理履行以下职责:

(一)按规定向主管财政机关报送《境外国有资产产权登记表》,并建立境外投资财务关系;

(二)了解境外企业驻在国(或地区,下同)的有关法律规定,贯彻执行我国境外投资的财务管理制度;

(三)根据主管财政机关制定的境外投资财务管理制度或实施办法,制定本单位境外投资的具体财务管理办法;

(四)按规定审批独资或控股(或拥有实际控制权,下同)境外企业的重要财务事项,向主管财政机关报告所属境外企业的重大财务问题;

(五)考核所属境外企业的财务状况和经营成果,并向主管财政机关报送年度财务报告;

(六)及时上缴应交财政的投资收益。

第六条 投资单位在向国有资产管理部门办理境外国有资产产权登记手续时,须将经国有资产管理部门审定合格的《境外国有资产产权登记表》报送同级主管财政机关。主管财政机关收到投资单位报送的《境外国有资产产权登记表》后,统一编入境外投资财务管理档案,据此建立境外投资财务管理关系。

下级财政机关每半年向上一级财政机关报送一次“境外投资财务管理基本情况表”,报表格式由财政部另行制定。

第七条 投资单位可以用现金、实物和无形资产向境外投资,经国家授权机关批准,也可以用购买股票的形式向境外投资。

属于国家指令经营的进出口商品、应收外汇帐款、应收回国内的国外资产、国家专项储备物资等不得用于境外投资,但按国家有关规定经批准的除外。

第八条 投资单位经国务院和国务院授权部门批准进行境外投资,如确需将国有资产以个人名义进行产权注册的,必须经省、自治区、直辖市人民政府或中央主管部门批准后,由投资单位(委托人)与境外国有资产产权的注册人(受托人)签定《境外国有资产以个人名义持股委托协议书》或《境外国有资产以个人名义拥有物业产权委托协议书》,并经委托人所在地公证机关公证。否则,一律不得将国有资产以个人名义在境外进行产权注册。

以个人名义持有境外国有股份的,应于境外注册产权前,在国内办理委托协议书公证;以个人名义拥有在境外购置的国有物业产权的,应于境外办妥产权注册之后一个月内,在国内办理委托协议书公证。公证文件副本须报主管财政机关和国有资产管理部门备案。

第九条 主管财政机关应配合国有资产管理部门制定境外企业国有资产保值增值指标考核制度,并配合国有资产管理部门定期对境外企业国有资产进行考核监督。

投资单位对其所属境外企业的国有资产,必须明确法定代表人及其对国有资产的安全、完整、保值、增值应承担的责任。投资单位需采取措施加强对所属境外企业资产的管理和监督,并应将境外企业国有资产出售、转让等重要财务事项报告主管财政机关。

第十条 投资单位对境外企业发生的迁移、合并、分立、终止、撤资、撤股、资本变更以及购建固定资产、出售长期资产、以不动产作抵押申请

---

① 该项已被《财政部关于废止、停止执行、修改部分涉及企业资产与财务行政审批事项的通知》(发布日期:2001年11月5日 实施日期:2001年11月5日)停止执行。

贷款等事项,应当建立必要的审批制度;对经批准经营外汇、期货、有价证券和房地产等风险性业务以及对外长期投资等事项,要合理确定经营限额并实行授权经营,必要时应建立审批制度。

第十一条 除国家允许经营担保业务的金融机构外,投资单位应严格控制境外独资和控股企业对外提供担保,如确需对外提供担保的,应当按以下规定执行:

(一)境外母公司对所属全资子公司可自行决定提供担保,但对非全资子公司应当根据出资比例提供担保;

(二)为其他中资企业提供担保前,除按规定经批准外,还必须取得被担保人的资信证明,签署具有法律效力的反担保协议书;

(三)为其他企业提供担保前,除按规定经批准外,还必须取得被担保人的财产抵押,并签署具有法律效力的抵押担保协议,提供担保的金额不得超过抵押财产重估价的60%。

第十二条 投资单位对境外企业发生的超过企业总资产10%或超过100万美元的损失以及对国家和投资者利益有重大影响的事项,应当及时报告主管财政机关和国有资产管理部门。

第十三条 投资单位必须要求所属境外独资和控股企业,对一切财务往来和现金收支建立必要的“联签”制度,所有会计凭证除经办人签字外,必须有企业负责人或者被授权的负责人签字,在企业任职的直系亲属必须回避,不得联签。

第十四条 投资单位必须要求所属独资和控股的境外企业建立和完善帐户管理制度,在资信可靠的银行开设帐户,并将开设帐户(或取消、变更)的情况报国内备案。境外企业开设的帐户不得转借个人或者其他单位使用。

第十五条 投资单位负责所属境外企业的工资管理工作,根据国家有关规定并结合实际情况,制定工资管理制度和实施办法,并按要求备案。所制定的工资制度应符合驻在国的法律规定,明确责、权、利关系,建立和完善考核奖惩办法。

第十六条 投资单位应当对派往所属境外独资或控股企业的负责人建立离任审计制度。境外企业财会人员发生变动时,应在规定时间内编制交接清单、办理交接手续,交接清单应当有交接双方和企业主要负责人或者被授权负责人签字。

第十七条 投资单位的境外投资收益包括:

(一)境外独资企业的税后利润;

(二)境外合资、合作企业中方分得的利润(包括股息、红利等);

(三)直接购买外国公司股票分得的股息、红利等;

(四)其他境外投资收益。

第十八条 对投资单位的境外投资收益按照以下规定进行分配和上缴;

(一)投资单位属于实行独立经济核算的国有企业(或者组织)的,其境外投资收益按企业所得税征收的有关规定进行纳税调整,税后所得额的10%(或5%)由投资单位汇总上交主管财政机关;

(二)投资单位属于国家控股的有限责任公司和股份有限公司的,其境外投资收益并入投资单位的利润总额,按照有关规定进行分配;

(三)投资单位属于不缴纳企业所得税的政府机构、部门或社会团体、事业单位等其他组织的,其境外投资收益的20%,由境外企业直接汇缴主管财政机关。

应缴财政的境外投资收益,必须在主管财政机关批复境外投资年度财务报告后的三个月内上交。

第十九条 经主管财政机关批准,投资单位在报送《境外国有资产产权登记表》后的一定期限内,可以免交应上缴财政的境外投资收益,具体免交期限由主管财政机关确定。

投资单位应当将免交的境外投资收益用于支持境外企业的发展。

对投资单位上交财政的境外投资收益,在三至五年内,由主管财政机关用于支持境外企业的发展。

第二十条 投资单位要会同有关部门对连续三年发生亏损或者发生严重亏损的独资或控股的境外企业进行检查,并根据情况采取相应措施。

第二十一条 投资单位对拥有控股权的境外投资,按驻益法进行核算;对不具有控股权的境外投资,按成本法进行核算。

第二十二条 投资单位应督促境外企业及时报送年度财务报告。

境外投资年度财务报告包括年度会计报表和财务情况说明书,其中年度会计报表为资产负债表、损益表以及其他有关附表。

国家授权投资的机构、部门直接进行境外投资的,其年度财务报告由境外企业直接报送国内主管财政机关;国有企业、事业单位或者国家控股的有限责任公司和股份有限公司进行境外投资的,其年度财务报告由投资单位汇总或者合并后报送主管财政机关,如按规定编制合并报表的,应将境外投资财务报告作为附件报送。

年度财务报告应于6月30日以前报送主管财政机关。有关财务报告编报的具体问题,财政部另行规定。

第二十三条 投资单位在其境外企业清算完毕后,应当向主管财政机关报送清算机构出具的经当地注册会计师验证的清算报告,并及时收回应当归其所有的财产。

第二十四条 投资单位应当制定本单位境外投资的具体财务管理办法,并督促或协同独资和控股的境外企业,按照驻在国法律和我国有关规定,建立健全企业内部财务管理和会计核算制度。

第二十五条 投资单位对规模较大的独资和控股的境外企业应当选派财会主管人员以及具有较高素质的财会人员。

第二十六条 派驻境外企业的财会人员,应当了解驻在国的经济法规,维护国家利益和投资单位的合法权益,建立和完善企业内部财务管理和会计核算制度,定期分析企业财务状况和经营成果,及时向投资单位或国内主管财政机关报送财务报告,反映重要财务问题。

第二十七条 投资单位违反本办法,有下列情形之一的,主管财政机关除令其限期纠正外,还可视情节轻重,按违反财政法规的规定进行处罚,并取消免交境外投资收益的优惠:

(一)不向主管财政机关报送《境外国有资产产权登记表》的;

(二)未按规定报送财务报告的;

(三)对境外投资发生严重损失等重要财务问题,不向主管财政机关报告的;

(四)未按规定上交投资收益的;

(五)其他违反本《办法》的行为。

第二十八条 投资单位有关责任人员、境外企业中方法定代表以及其他外派人员因失职或者违法行为而导致国有资产重大损失的,主管财政机关可建议其所在单位给予行政处罚,情节严重的,移送司法机关处理。

第二十九条 投资单位对主管财政机关的处罚不服的,可以依法申请行政复议,或者向人民法院起诉。

第三十条 对坚持国家财政经济政策、严格执行本办法的单位和个人,主管财政机关可根据具体情况给予表彰或者奖励。

第三十一条 主管财政机关有权对投资单位执行本办法的情况进行检查监督。

主管财政机关工作人员在监督境外投资的财务管理工作中有玩忽职守、徇私舞弊的,由主管财政机关给予行政处分。情节严重的,移送司法机关处理。

第三十二条 本办法发布以前的有关境外投资财务管理规定与本办法有抵触的,以本办法为准。

第三十三条 投资单位应当在本办法发布后三个月内,向主管财政机关补报本办法发布前已办理的《境外国有资产产权登记表》。

第三十四条 本办法由财政部负责解释。

第三十五条 本办法自1996年7月1日起执行。

2. 境外直接投资人民币结算试点管理办法

(2011年1月6日中国人民银行公告〔2011〕第1号发布,自发布之日起施行)

第一条 为配合跨境贸易人民币结算试点,便利境内机构以人民币开展境外直接投资,规范银行业金融机构(以下简称银行)办理境外直接投资人民币结算业务,根据《中华人民共和国中国人民银行法》等法律、行政法规,制定本办法。

第二条 本办法所称境外直接投资是指境

内机构经境外直接投资主管部门核准，使用人民币资金通过设立、并购、参股等方式在境外设立或取得企业或项目全部或部分所有权、控制权或经营管理权等权益的行为。

本办法所称境内机构是指在跨境贸易人民币结算试点地区内登记注册的非金融企业。

本办法所称前期费用是指境内机构在境外设立项目或企业前，需要向境外支付的与境外直接投资有关的费用。

第三条　中国人民银行和国家外汇管理局根据本办法对境外直接投资人民币结算试点实施管理。

第四条　境内机构办理人民币境外直接投资应当获得境外直接投资主管部门的核准。在办理有关境外直接投资核准时，境内机构应当明确拟用人民币投资的金额。

第五条　境外直接投资前期费用汇出或未发生过前期费用汇出的境外直接投资，境内机构应当向所在地外汇局递交以下材料，办理前期费用汇出或境外直接投资登记手续。

（一）书面申请书；

（二）境外直接投资主管部门的核准文件及其复印件或向境外直接投资主管部门提交的境外直接投资申请文件复印件；

（三）境内机构的营业执照、组织机构代码证等复印件。

境内机构所在地外汇局应当在收到相关申请材料之日起3天内完成相关信息登记手续。

发生过前期费用汇出的境外直接投资，境内机构应当在获得境外直接投资主管部门核准的30天内向所在地外汇局报送有关信息。

第六条　境内机构按照本办法第五条第一款办理前期费用汇出或境外直接投资登记手续后，可以到银行办理境外直接投资人民币资金汇出或前期费用人民币资金汇出。

银行在办理境外直接投资人民币结算业务时，应当根据有关审慎监管规定，要求境内机构提交境外直接投资主管部门的核准证书或文件等相关材料，并认真审核。在审核过程中，银行可登入人民币跨境收付信息管理系统和直接投资外汇管理信息系统查询有关信息。

第七条　审核境内机构向境外直接投资主管部门提交的申请文件和境内机构的组织机构代码证等相关材料后，银行可以为境内机构办理境外直接投资人民币前期费用汇出。境内机构累计汇出的前期费用原则上不得超过其向境外直接投资主管部门申报的中方投资总额的15%。如确因境外并购等业务需要，前期费用超过15%的，应当向所在地外汇局说明并提交相关证明材料。

第八条　银行应当按照《人民币银行结算账户管理办法》（中国人民银行令〔2003〕第5号发布）等规定，通过境内机构的人民币银行结算账户为其办理境外直接投资人民币资金的结算，并向人民币跨境收付信息管理系统报送有关人民币资金跨境收付信息。

第九条　人民币境外直接投资相关业务需要同时使用外汇资金的，境内机构和银行应当按照外汇管理相关规定，办理境外直接投资外汇资金汇出入手续。在办理外汇资金汇出入手续时，银行应当登入直接投资外汇管理信息系统进行业务审核，确保相关业务的合规性。

第十条　银行为境内机构办理的境外直接投资汇出的人民币资金和外汇资金之和，不得超过境外直接投资主管部门核准的境外直接投资总额。

境内机构已经汇出境外的人民币前期费用，应当列入其境外直接投资总额。银行在为该境内机构办理境外直接投资人民币资金汇出时，应当扣减已汇出的人民币前期费用金额。银行应当向人民币跨境收付信息管理系统报送人民币前期费用跨境支付信息。

第十一条　自汇出人民币前期费用之日起6个月内仍未获得境外直接投资主管部门核准的，境内机构应当将剩余资金调回原汇出资金的境内人民币账户。银行应当督促境内机构将剩余资金调回原汇出资金的境内人民币账户。对拒不调回的，银行应当向所在地人民银行备案。

第十二条　境内机构可以将其所得的境外直接投资利润以人民币汇回境内。经审核境内机构提交的境外投资企业董事会利润处置决议等材料，银行可以为该境内机构办理境外直接投资人民币利润入账手续，并应当向人民币跨境收付信息管理系统报送人民币利润汇回信息。

第十三条　境内机构因境外投资企业增资、减资、转股、清算等人民币收支，可以凭境外直接投资主管部门的核准文件到银行直接办理人民币资金汇出入手续。在办理上述业务时,银行应当向人民币跨境收付信息管理系统报送有关人民币跨境收付信息。

第十四条 已登记境外企业发生名称、经营期限、合资合作伙伴及合资合作方式等基本信息变更,或发生增资、减资、股权转让或置换、合并或分立清算等情况,境内机构应当在发生之日起30天内将上述变更情况报送所在地外汇局。

第十五条 银行可以按照有关规定向境内机构在境外投资的企业或项目发放人民币贷款。通过本银行的境外分行或境外代理银行发放人民币贷款的,银行可以向其境外分行调拨人民币资金或向境外代理银行融出人民币资金,并在15天内向所在地人民银行备案。在办理上述业务时,银行应当向人民币跨境收付信息管理系统报送有关人民币跨境收付信息。

第十六条 在办理境外直接投资人民币结算业务时,银行和境内机构应当按照《国际收支统计申报办法》等有关规定办理国际收支申报。

第十七条 银行应当认真履行信息报送义务,及时、准确、完整地向人民币跨境收付信息管理系统报送与境外直接投资相关的各类人民币跨境收付信息。

第十八条 银行在办理境外直接投资人民币结算业务时,应当按照《中华人民共和国反洗钱法》和中国人民银行的有关规定,切实履行反洗钱和反恐融资义务,预防利用人民币境外直接投资进行洗钱、恐怖融资等违法犯罪活动。银行应当收集境内机构境外直接投资目的地的反洗钱和反恐融资信息,评估境外直接投资目的地的洗钱和恐怖融资风险,并采取适当的风险管理措施。

第十九条 中国人民银行与国家外汇管理局、境外直接投资主管部门建立信息共享机制,加大事后监督检查力度,有效监管人民币境外直接投资业务活动。

人民币跨境收付信息管理系统每日向直接投资外汇管理信息系统传输境外直接投资相关的人民币跨境收付信息,直接投资外汇管理信息系统每日向人民币跨境收付信息管理系统传输境外直接投资相关的外汇跨境收付信息。

第二十条 中国人民银行会同国家外汇管理局对银行、境内机构的人民币境外直接投资业务活动进行现场检查和非现场检查,督促银行切实履行交易真实性审核、信息报送、反洗钱等职责,监督境内机构依法开展业务活动。

第二十一条 银行、境内机构违反本办法有关规定的,中国人民银行会同国家外汇管理局可以依法进行通报批评或处罚;情节严重的,可以禁止银行、境内机构继续开展跨境人民币业务。

第二十二条 银行在办理境外直接投资人民币结算业务时违反有关审慎监管规定的,由有关部门依法进行处罚;违反有关反洗钱、反恐融资和人民币银行结算账户管理规定的,由中国人民银行依法进行处罚。

第二十三条 境内金融机构的境外直接投资人民币结算业务管理,参照本办法执行。相关监管部门对境内金融机构人民币境外直接投资另有规定的,从其规定。

第二十四条 本办法由中国人民银行负责解释。

第二十五条 本办法自发布之日起施行。此前颁布的有关规定与本办法不一致的,按照本办法执行。

3. 关于规范境外中资企业撤销手续的通知

(2007年12月19日商务部商合字〔2007〕111号发布,自发布之日起施行)

各省、自治区、直辖市、计划单列市及新疆生产建设兵团商务主管部门,各中央企业:

为加强对境外中资企业及机构的管理,规范境外中资企业及机构撤销手续,现将有关事项通知如下:

一、境外企业及机构的撤销遵循企业自主的原则,由其投资主体或主办单位自主决定。

二、境外企业及机构应按所在国的法律法规办理撤销手续,妥善处理好资产及有关债权债务等事宜,以免产生纠纷,造成损失。有关情况应及时告知我驻外使(领)馆经商处(室)。

三、境外企业及机构在境外办妥撤销手续后,应由其投资主体或主办单位向国内商务主管部门备案,并交回境外企业或机构批准证书(以下称批准证书)。

四、地方企业撤销境外企业或机构的,由其投资主体或主办单位向地方商务主管部门备案,并将原批准证书交回;地方商务主管部门出具备案函(抄送商务部合作司),企业据此向外汇管理等部门办理相关手续。

五、中央企业撤销境外企业或机构的,由其投资主体或主办单位通过中央企业总部向商务部(合作司)备案,并将原批准证书交回;商务部(合作司)出具备案函,企业据此向外汇管理等部门办理相关手续。

附件:国内商务主管部门备案函参考样式(略)

中华人民共和国商务部办公厅

二〇〇七年十二月十九日

4. 关于对国家鼓励的境外投资重点项目给予信贷支持政策的通知

(2004 年 10 月 27 日国家发展和改革委员会、中国进出口银行发改外资〔2004〕2345 号发布,自发布之日起施行)

各省、自治区、直辖市及计划单列市、副省级省会城市人民政府,新疆生产建设兵团,国务院各部门、各直属机构,各中央管理的企业:

自国家发展改革委、中国进出口银行下发《关于对国家鼓励的境外投资重点项目给予信贷支持有关问题的通知》(发改外资〔2003〕226 号)以来,为国内企业对外投资提供了信贷支持,有效地鼓励和促进了企业“走出去”,取得了良好成果。根据《国务院关于投资体制改革的决定》(国发〔2004〕20 号)和《境外投资项目核准暂行管理办法》(发展改革委令第 21 号),对发改外资〔2003〕226 号文件有关内容需进行适当调整,现就有关事项通知如下:

一、国家发展改革委和中国进出口银行共同建立境外投资信贷支持机制。根据国家境外投资发展规划,中国进出口银行在每年的出口信贷计划中,专门安排一定规模的信贷资金(以下称“境外投资专项贷款”)用于支持国家鼓励的境外投资重点项目。境外投资专项贷款享受中国进出口银行出口信贷优惠利率。

二、境外投资专项贷款主要用于支持下列境外投资重点项目:

(一)能弥补国内资源相对不足的境外资源开发类项目;

(二)能带动国内技术、产品、设备等出口和劳务输出的境外生产型项目和基础设施项目;

(三)能利用国际先进技术、管理经验和专业人才的境外研发中心项目;

(四)能提高企业国际竞争力、加快开拓国际市场的境外企业收购和兼并项目。

三、拟申请使用境外投资专项贷款的项目,须按《国务院关于投资体制改革的决定》和《境外投资项目核准暂行管理办法》的规定获得核准,并由中国进出口银行遵循独立审贷的原则对项目的贷款条件进行审查。

四、申请使用境外投资专项贷款的程序如下:

(一)在中华人民共和国境内注册的企业法人(以下称“境内投资主体”)按规定向国家发展改革委或省级发展改革部门上报项目申请报告,并抄送中国进出口银行总行及相应的营业性分支机构。同时,境内投资主体向中国进出口银行提出贷款申请;

(二)中国进出口银行就项目使用境外投资专项贷款问题出具意见函,作为国家发展改革委或省级发展改革部门审核项目申请报告的参考依据;

(三)国家发展改革委或省级发展改革部门对项目进行审核,并将审核意见抄送中国进出口银行。项目获得核准后,由中国进出口银行对项目的贷款条件进行最终确定。

对国别风险较大的项目，要求境内投资主体充分利用现有的境外投资保险机制，办理有关投保手续，积极规避境外投资风险。

五、国家发展改革委对符合使用境外投资专项贷款条件的项目，加强政策指导，强化必要协调，加快核准进度。同时，促成有关单位完善境外投资风险保障机制，进一步做好境外投资保险工作。

六、中国进出口银行对境外投资专项贷款依照有关规定加快贷款审查速度，并视具体情况提供以下便利：

（一）根据贷款企业信用等级和境外投资项目的经济效益情况授予一定的信用放款额度；

（二）对风险小、投资收益稳定且效益较好的项目，可考虑直接对境外项目公司提供贷款，由项目的境内投资主体提供担保和/或以项目形成的资产或其他权益作为抵押；

（三）对一些投资期较长的战略性项目，可视情况适当延长贷款期限。

七、中国进出口银行还将对拟使用境外投资专项贷款的项目，提供与项目相关的投标保函、履约保函、预付款保函、质量保函以及国际结算等方面的金融服务，并根据境内投资主体和项目情况在反担保和保证金方面给予一定优惠。

八、本通知由国家发展改革委和中国进出口银行负责解释，自发布之日起执行。国家发展改革委的发改外资〔2003〕226号文件自本通知发布之日起失效。

国家发展和改革委员会
中国进出口银行
二〇〇四年十月二十七日

11. 境外中资企业机构和人员安全管理规定

（2010年8月13日商合发〔2010〕313号发布，自发布之日起施行）

第一章　总　则

第一条　为进一步加强新形势下境外中资企业机构和人员安全保护工作，保障“走出去”战略的顺利实施，制订本规定。

第二条　本规定所称“境外中资企业机构和人员”，是指对外投资合作企业在境外设立的企业、机构和派出的人员。

第三条　各地商务主管部门会同外事、发展改革、公安、安全监管部门负责本地区对外投资合作企业的安全管理。各地国有资产管理部门指导本地区国有对外投资合作企业的安全管理。各地工商联协助政府有关部门指导本地区对外投资合作民营企业的安全管理。各驻外使领馆负责对驻在国中资企业机构和人员的安全管理进行指导和监督。

第四条　对外承包工程质量和安全生产管理依照有关规定执行。

第二章　境外安全教育和培训

第五条　对外投资合作企业要按照“谁派出，谁负责”的原则，对派出人员在出国前开展境外安全教育和应急培训，提高安全防范意识和能力，增强安全管理综合能力。实行项目总包合同的对外投资合作企业，应对参与合作的分包单位的境外安全教育和培训工作负总责。未经安全培训的人员一律不得派出。

第六条　对外投资合作企业要制订派出人员行为守则，规范驻外人员行为方式，要求派出人员遵守当地法律法规，尊重当地风俗习惯。

第七条　各地商务主管部门会同外事、发展改革、公安、国有资产管理、安全监管部门和工商联对本地区对外投资合作企业的境外安全教育培训工作进行监督检查。各驻外使领馆负责对驻在国中资企业机构定期进行安全培训监督检查。

第三章　境外安全风险防范

第八条　对外投资合作企业要制订境外安

全管理制度,建立境外安全突发事件应急处置机制,指导派出企业机构制订安全防范措施和应急预案。

第九条　对外投资合作企业应要求其境外中资企业机构认真履行社会责任,做好环境保护、解决当地就业、积极参与公益事业等工作,为其开展对外投资合作营造良好的外部环境。

第十条　商务部会同外交部、发展改革委和公安部建立对外投资合作境外安全风险监测和预警机制,定期向对外投资合作企业通报境外安全信息,及时发布境外安全预警。外交部负责向驻外使领馆通报安全预警信息。

第十一条　各地商务主管部门会同外事、发展改革、公安、安全监管部门指导本地区对外投资合作企业完善境外安全管理制度并监督检查。国有资产管理部门指导国有对外投资合作企业完善境外安全管理制度并监督检查。工商联配合有关部门指导对外投资合作民营企业完善境外安全管理制度。

第十二条　各驻外使领馆要加强对驻在国政治经济形势、民族宗教矛盾、社会治安状况、恐怖主义活动等信息的收集、评估和预警,并及时报送外交部、商务部等相关部门;与驻在国政府有关部门建立经常性沟通渠道,及时获取安全信息。

第十三条　各驻外使领馆要加强对境外中资企业机构和人员安全工作的一线指导和管理,及时传达国内的指示要求,通报相关安全信息,定期到企业和项目现场进行安全巡查。

第十四条　各驻外使领馆要指导境外中资企业商(协)会帮助会员企业制订安全风险防范措施,增强风险防范和处置能力。

第十五条　商务部根据需要会同外交部、发展改革委、公安部、国资委、安全监管总局和工商联组成境外安全巡查工作组,对境外重点项目进行安全检查和指导,排查项目安全隐患,检查相关应急预案制定和实施情况,协助解决存在的问题。各地商务主管部门也可根据需要会同外事、发展改革、公安、国有资产管理、安全监管部门和工商联开展境外安全巡查。

第四章　境外安全突发事件应急处置

第十六条　境外安全突发事件是指境外发生的对境外中资企业机构和人员生命和财产安全构成威胁或造成损失的事件,包括战争、政变、恐怖袭击、绑架、治安犯罪、自然灾害、安全生产事故和公共卫生事件等。

第十七条　境外安全形势发生异常时,境外中资企业机构应及时向我驻外使领馆报告。境外安全突发事件发生后,境外中资企业机构应立即向我驻外使领馆报告,在使领馆指导下妥善处置。具体程序如下:

(一)境外中资企业机构做好事发现场处置工作,及时救助伤员,向当地警方报警。

(二)境外中资企业机构了解并准确报告突发事件详情,包括:

1. 事件涉及单位或项目情况;

2. 事件发生的时间、地点及现场情况;

3. 事件简要经过及原因的初步判断;

4. 事件已经造成或可能造成的伤亡人数(包括失踪人数),人员姓名、籍贯、国内联系单位、家属联系方式;初步估计的直接经济损失;

5. 已经采取的措施;

6. 其他应该报告的内容。

(三)驻外使领馆负责指导境外中资企业机构开展具体处置工作,提供必要领事保护,及时与驻在国政府主管部门交涉,要求保护境外中资企业机构和人员的安全。境外中资企业商(协)会要积极协助解决境外安全突发事件。在未建交国家和地区发生的突发事件,由代管驻外机构负责指导协调。

(四)境外安全突发事件的处置情况应及时报送对外投资合作企业注册地省级人民政府,中央企业报送国资委,抄报外交部、商务部、发展改革委、公安部和安全监管总局,必要时请国内派工作组赴前方指导协调。重大境外安全突发事件的处置由外交部会同商务部、发展改革委、公安部、国资委、安全监管总局和工商联等部门在境外中国公民和机构安全保护工作部际联席会议的统一领导下进行。

(五)地方商务、外事、发展改革、公安、国有资产管理和安全监管部门应按照所在地省级人民政府、商务部、外交部、发展改革委、公安部、安全监管总局和驻外使领馆的要求,协助处理境外安全突发事件;根据需要派员参加有关工作组赴境外开展工作,或协助受害人家属赴事发国家

(地区)处理有关事宜;组织相关企业处理善后、索赔、安置、抚恤、撤离等后续工作。

第五章 高风险国家和地区的管理

第十八条 各地商务主管部门会同外事、发展改革、公安、国有资产管理和安全监管部门对本地区企业赴高风险国家和地区开展对外投资合作从严管理。高风险国家和地区名单由外交部会同商务部、公安部等有关部门确定,并根据情况进行调整。

第十九条 对在高风险国家和地区开展对外投资合作,商务和发展改革部门要严格进行审核,并征求驻外使领馆的意见。

第二十条 各地公安部门要对赴高风险国家和地区的人员进行提醒。

第二十一条 对外投资合作企业在高风险国家和地区开展对外投资合作前,应聘请专业安全机构进行安全风险评估。对外投资合作企业根据安全风险评估报告细化境外安保方案,最大程度降低境外安全风险。

第二十二条 对外投资合作企业在高风险国家和地区开展业务时,应建立完整的境外安全制度以确保境外经营活动的安全,包括境外安全管理规定、境外安全成本预算、境外突发事件应急处置预案等。

第二十三条 在高风险国家和地区开展对外投资合作的企业,应严格遵守有关管理规定,及时到驻外使领馆报到登记,并接受驻外使领馆的指导和管理。

第二十四条 境外中资企业机构和项目驻地必须配备必要的安全保卫设施,并可根据当地安全形势雇佣当地保安或武装警察,以增强安全防护能力,提高安全防护水平。

第六章 安全责任

第二十五条 各地商务、外事、发展改革、公安、国有资产管理和安全监管部门,驻外使领馆,对外投资合作企业要建立境外安全联络员制度,指定一名境外安全负责人和一名安全信息联络员,专职负责境外安全工作。

第二十六条 各地商务、外事、发展改革、公安、国有资产管理和安全监管部门的境外安全负责人和安全信息联络员名单及联系方式分别报商务部、外交部、发展改革委、公安部、国资委和安全监管总局;驻外使领馆和中央企业的境外安全负责人和安全信息联络员名单及联系方式报外交部、商务部、国资委和安全监管总局;地方对外投资合作企业境外安全负责人和安全信息联络员名单及联系方式报地方商务主管部门。境外安全负责人和安全信息联络员应保持24小时通讯畅通。

第二十七条 对外投资合作企业应当建立健全境外安全工作责任制。对外投资合作企业负责人是境外安全的第一责任人,要切实履行职责。

第二十八条 各地商务、发展改革和安全监管部门应指导对外投资合作企业将境外安全防范和突发事件处置工作列入企业和负责人考核的内容。对于因安全教育、风险防范和应急处置等方面存在明显疏漏而发生安全事件的企业,相关部门要依法给予处罚并追究有关领导和人员的责任;对于因主观故意而引发安全事件的企业,对直接责任人应追究刑事责任。

第七章 附 则

第二十九条 本规定由商务部会同外交部、发展改革委、公安部、国资委、安全监管总局和全国工商联负责解释。

第三十条 本规定自发布之日起施行。

(五)特殊目的公司

1. 国家外汇管理局关于境内居民通过特殊目的公司境外投融资及返程投资外汇管理有关问题的通知

(2014年7月4日国家外汇管理局汇发〔2014〕37号发布,自发布之日起施行)

国家外汇管理局各省、自治区、直辖市分局、外汇管理部,深圳、大连、青岛、厦门、宁波市分局;各中资外汇指定银行:

为充分发挥市场在资源配置中的决定性作用,支持国家“走出去”战略的实施,充分利用国际国内两种资源、两个市场,进一步简化和便利境内居民通过特殊目的公司从事投融资活动所涉及的跨境资本交易,切实服务实体经济发展,有序提高跨境资本和金融交易可兑换程度,根据《中华人民共和国外汇管理条例》等规定,现就境内居民通过特殊目的公司境外投融资及返程投资外汇管理有关问题通知如下:

一、本通知所称“特殊目的公司”,是指境内居民(含境内机构和境内居民个人)以投融资为目的,以其合法持有的境内企业资产或权益,或者以其合法持有的境外资产或权益,在境外直接设立或间接控制的境外企业。

本通知所称“返程投资”,是指境内居民直接或间接通过特殊目的公司对境内开展的直接投资活动,即通过新设、并购等方式在境内设立外商投资企业或项目(以下简称外商投资企业),并取得所有权、控制权、经营管理权等权益的行为。

本通知所称“境内机构”,是指中国境内依法设立的企业事业法人以及其他经济组织;“境内居民个人”是指持有中国境内居民身份证、军人身份证件、武装警察身份证件的中国公民,以及虽无中国境内合法身份证件、但因经济利益关系在中国境内习惯性居住的境外个人。

本通知所称“控制”,是指境内居民通过收购、信托、代持、投票权、回购、可转换债券等方式取得特殊目的公司的经营权、收益权或者决策权。

二、国家外汇管理局及其分支机构(以下简称外汇局)对境内居民设立特殊目的公司实行登记管理。境内居民个人设立的特殊目的公司登记及相关外汇管理,按本通知执行。境内机构设立的特殊目的公司登记及相关外汇管理,按现行规定和本通知执行。

三、境内居民以境内外合法资产或权益向特殊目的公司出资前,应向外汇局申请办理境外投资外汇登记手续。境内居民以境内合法资产或权益出资的,应向注册地外汇局或者境内企业资产或权益所在地外汇局申请办理登记;境内居民以境外合法资产或权益出资的,应向注册地外汇局或者户籍所在地外汇局申请办理登记。

境内居民个人应提交以下真实性证明材料办理境外投资外汇登记手续:

(一)书面申请与《境内居民个人境外投资外汇登记表》。

(二)个人身份证明文件。

(三)特殊目的公司登记注册文件及股东或实际控制人证明文件(如股东名册、认缴人名册等)。

(四)境内外企业权力机构同意境外投融资的决议书(企业尚未设立的,提供权益所有人同意境外投融资的书面说明)。

(五)境内居民个人直接或间接持有的拟境外投融资境内企业资产或权益,或者合法持有境外资产或权益的证明文件。

(六)在前述材料不能充分说明交易的真实性或申请材料之间的一致性时,要求提供的补充材料。

境内机构按《国家外汇管理局关于发布〈境内机构境外直接投资外汇管理规定〉的通知》(汇发〔2009〕30号)等相关规定办理境外投资外汇登记手续。

境内居民办理境外投资外汇登记后,方可办理后续业务。

四、境内居民及其设立的特殊目的公司,不得危害我国国家主权、安全和社会公共利益;不得违反我国法律法规;不得损害我国与有关国家(地区)关系;不得违反我国对外缔结的国际条约;不得涉及我国禁止出口的技术或产品。

境外特殊目的公司登记不具有证明其投融资行为已符合行业主管部门合法合规的效力。

五、已登记境外特殊目的公司发生境内居民个人股东、名称、经营期限等基本信息变更,或发生境内居民个人增资、减资、股权转让或置换、合并或分立等重要事项变更后,应及时到外汇局办理境外投资外汇变更登记手续。

境内居民境外投资外汇变更登记完成后,方可办理后续业务(含利润、红利汇回)。

六、非上市特殊目的公司以本企业股权或期权等为标的,对其直接或间接控制的境内企业的董事、监事、高级管理人员及其他与公司具有雇佣或劳动关系的员工进行权益激励的,相关境内居民个人在行权前可提交以下材料到外汇局申请办理特殊目的公司外汇登记手续:

(一)书面申请与《境内居民个人境外投资外汇登记表》。

(二)已登记的特殊目的公司的境外投资外汇业务登记凭证。

(三)相关境内企业出具的个人与其雇佣或劳动关系证明材料。

(四)特殊目的公司或其实际控制人出具的能够证明所涉权益激励真实性的证明材料。

(五)在前述材料不能充分说明交易的真实性或申请材料之间的一致性时,要求提供的补充材料。

境内居民个人参与境外上市公司股权激励计划按相关外汇管理规定办理。

七、特殊目的公司完成境外融资后,融资资金如调回境内使用的,应遵守中国外商投资和外债管理等相关规定。返程投资设立的外商投资企业应按照现行外商直接投资外汇管理规定办理相关外汇登记手续,并应如实披露股东的实际控制人等有关信息。

八、境内居民从特殊目的公司获得的利润、红利调回境内的,应按照经常项目外汇管理规定办理;资本变动外汇收入调回境内的,应按照资本项目外汇管理规定办理。

九、因转股、破产、解散、清算、经营期满、身份变更等原因造成境内居民不再持有已登记的特殊目的公司权益的,或者不再属于需要办理特殊目的公司登记的,应提交相关真实性证明材料及时到外汇局办理变更或注销登记手续。

十、境内居民直接或间接控制的境内企业,可在真实、合理需求的基础上按现行规定向其已登记的特殊目的公司放款。

十一、境内居民可在真实、合理需求的基础上购汇汇出资金用于特殊目的公司设立、股份回购或退市等。

十二、本通知实施前,境内居民以境内外合法资产或权益已向特殊目的公司出资但未按规定办理境外投资外汇登记的,境内居民应向外汇局出具说明函说明理由。外汇局根据合法性、合理性等原则办理补登记,对涉嫌违反外汇管理规定的,依法进行行政处罚。

十三、境内居民与境外特殊目的公司之间的跨境收支,应按现行规定办理国际收支统计申报。

十四、外汇局定期分析境内居民通过特殊目的公司境外投融资及返程投资整体情况,密切关注其对国际收支的影响,并加强对境内居民通过特殊目的公司境外投融资及返程投资的事中、事后监管。

十五、境内居民或其直接、间接控制的境内企业通过虚假或构造交易汇出资金用于特殊目的公司,外汇局根据《中华人民共和国外汇管理条例》第三十九条进行处罚。

境内居民未按规定办理相关外汇登记、未如实披露返程投资企业实际控制人信息、存在虚假承诺等行为,外汇局根据《中华人民共和国外汇管理条例》第四十八条第(五)项进行处罚。

在境内居民未按规定办理相关外汇登记、未如实披露返程投资企业实际控制人信息或虚假承诺的情况下,若发生资金流出,外汇局根据《中华人民共和国外汇管理条例》第三十九条进行处罚;若发生资金流入或结汇,根据《中华人民共和国外汇管理条例》第四十一条进行处罚。

境内居民与特殊目的公司相关跨境收支未按规定办理国际收支统计申报的,外汇局根据《中华人民共和国外汇管理条例》第四十八条第(一)项进行处罚。

十六、本通知自发布之日起实施。《国家外汇管理局关于境内居民通过境外特殊目的公司融资及返程投资外汇管理有关问题的通知》(汇发〔2005〕75 号)同时废止。之前相关规定与本通知内容不一致的,以本通知为准。

国家外汇管理局各分局、外汇管理部接到本通知后,应及时转发辖内中心支局、支局、城市商业银行、农村商业银行、外资银行、农村合作银行;各中资银行接到通知后,应及时转发所辖各分支机构。执行中如遇问题,请及时向国家外汇管理局资本项目管理司反馈。

附件:1. 返程投资外汇管理所涉业务操作指引(略)

2. 资本项目直接投资外汇业务申请表(略)

国家外汇管理局

2014 年 7 月 4 日

第三章　公司债权融资法律政策

导　读

按大类来分,企业的融资方式有两类:债权融资和股权融资。股权融资是指公司的股东愿意让出企业部分所有权,通过增资的方式引进新的股东的融资方式。股权融资所获得的资金,企业无须还本付息,但新股东将与老股东同样分享企业的赢利与增长。股权融资的特点决定了其用途的广泛性,既可以充实企业的营运资金,也可以用于企业的投资活动。而债权融资,是指资金提供方与接受资金方(融资方)成立债权债务关系,而非投资与被投资的关系。融资方需依照约定的还款期限,向资金提供方还本付息,资金提供方的权利是依照约定的期限收回资金及取得利息。债权融资的特点决定了其用途主要是解决企业营运资金短缺的问题,而不是用于资本项下的开支。

债权融资产生的结果是增加了企业的负债或者增加了企业的或有负债,按融资渠道的不同主要分为银行贷款、民间借贷、发行债券、项目融资、政策融资、融资租赁等。

相对于股权融资,债权融资的风险要高得多,主要表现在:

1. 资金不能如数偿还的风险。在债权融资方式下,资金不能偿还的损失是由企业自身负担的,企业必须将所借资金全部如数偿还,才能保证企业经营能够持续进行下去。

2. 资金不能按期偿还的风险。在债权融资的条件下,举债必须偿还,而且必须按期偿还,这也是西方企业重视现金流量计划的原因之一。当企业不能按期偿债时,将面临承担违约责任、丧失信誉,甚至变卖资产乃至破产的风险。

因此,在实际的融资操作中,作为融资主体的企业必须考虑到期能否还本付息,以防止融资风险的发生。如果企业预期难以还本付息,应当考虑转向股权融资(当然,股权融资也并不是件轻松的事)。

债权融资除了考量经济方面,也应当重视融资合法性。银行贷款、民间借贷、发行债券、项目融资、政策融资、融资租赁这些债权融资途径各有利弊,公司需要根据自身情况,结合融资规模、成本等因素决定以何种途径进行融资。本章分类汇编了现行有效的债权融资方面的法律、行政法规、部门规章及规范性文件,对于有意进行债权融资的公司或有一定的参考借鉴价值。

一、银行贷款

导 读

资金是企业经济活动的持续推动力。银行就像一个资金“蓄水池”，随时准备向符合条件的企业提供他们所需要的各种期限和数额的资金。目前，银行贷款仍然是企业主要的融资来源。

银行发放贷款，是以能够安全收回全部本金和利息为前提。因此，决定是否贷款、审核贷款条件时，银行会慎之又慎。根据《贷款通则》第17条的规定，借款人申请贷款，应当符合以下条件：

1. 作为借款人的公司，应当符合《公司法》以及《公司登记管理条例》关于公司法律主体资格的规定，还应当通过工商部门办理年检；

2. 贷款公司应具有偿还贷款的能力。包括公司应有按期还本付息的能力，原应付贷款利息和到期贷款已清偿；没有清偿的，已经做了银行认可的偿还计划；

3. 公司已开立基本账户或一般存款账户；

4. 公司的资产负债率符合银行的要求；

5. 申请中期、长期贷款的，新建项目的企业法人所有者权益与项目所需总投资的比例不低于国家规定的投资项目的资本金比例。

对于符合上述条件的申请贷款公司，通过既定的贷款程序，即：借款申请、信用等级评估、贷款调查、贷款审批、签订借款合同及履行借款合同，公司就可成功融入贷款资金。

能否向银行提供适当的担保，是影响公司能否成功向银行贷款的一个重要因素。银行贷款的担保方式，有保证、抵押、质押。关于保证，适用的法律规定主要是担保法和担保法司法解释；关于抵押、质押，除了适用担保法和担保法司法解释外，还应优先适用物权法关于担保物权的有关规定。如果关于抵押、质押，物权法与担保法以及担保法司法解释有不同规定的，虽然担保法是关于担保的特别法，一般认为应优先适用，但鉴于物权法是新法，实际上是对担保法及司法解释的修改，因此，对于物权法颁布后的实践和案件，应当适用物权法。《物权法》第178条对此作了明确规定。

1. 中华人民共和国合同法（节选借款合同部分）

（1999年3月15日第九届全国人民代表大会第二次会议通过，1999年3月15日中华人民共和国主席令第15号公布，自1999年10月1日起施行）

第十二章　借款合同

第一百九十六条　【借款合同的定义】借款合同是借款人向贷款人借款，到期返还借款并支付利息的合同。

第一百九十七条　【合同形式及主要条款】借款合同采用书面形式，但自然人之间借款另有约定的除外。

借款合同的内容包括借款种类、币种、用途、数额、利率、期限和还款方式等条款。

第一百九十八条　【合同的担保】订立借款合同，贷款人可以要求借款人提供担保。担保依照《中华人民共和国担保法》的规定。

第一百九十九条　【借款人提供真实情况义务】订立借款合同，借款人应当按照贷款人的要求提供与借款有关的业务活动和财务状况的真实情况。

第二百条　【利息的预先扣除】借款的利息不得预先在本金中扣除。利息预先在本金中扣除的，应当按照实际借款数额返还借款并计算利息。

第二百零一条　【贷款人违约责任】贷款人未按照约定的日期、数额提供借款，造成借款人损失的，应当赔偿损失。

借款人未按照约定的日期、数额收取借款的，应当按照约定的日期、数额支付利息。

第二百零二条　【贷款人的检查、监督权】贷款人按照约定可以检查、监督借款的使用情况。借款人应当按照约定向贷款人定期提供有关财务会计报表等资料。

第二百零三条　【借款用途的限制】借款人未按照约定的借款用途使用借款的，贷款人可以停止发放借款、提前收回借款或者解除合同。

第二百零四条　【利率】办理贷款业务的金融机构贷款的利率，应当按照中国人民银行规定的贷款利率的上下限确定。

第二百零五条　【利息的支付】借款人应当按照约定的期限支付利息。对支付利息的期限没有约定或者约定不明确，依照本法第六十一条的规定仍不能确定，借款期间不满1年的，应当在返还借款时一并支付；借款期间1年以上的，应当在每届满1年时支付，剩余期间不满1年的，应当在返还借款时一并支付。

第二百零六条　【借款的返还期限】借款人应当按照约定的期限返还借款。对借款期限没有约定或者约定不明确，依照本法第六十一条的规定仍不能确定的，借款人可以随时返还；贷款人可以催告借款人在合理期限内返还。

第二百零七条　【逾期利息】借款人未按照约定的期限返还借款的，应当按照约定或者国家有关规定支付逾期利息。

第二百零八条　【提前偿还借款的利息计算】借款人提前偿还借款的，除当事人另有约定的以外，应当按照实际借款的期间计算利息。

第二百零九条　【借款展期】借款人可以在还款期限届满之前向贷款人申请展期。贷款人同意的，可以展期。

第二百一十条　【自然人借款合同的生效时间】自然人之间的借款合同，自贷款人提供借款时生效。

第二百一十一条　【自然人借款合同的利率】自然人之间的借款合同对支付利息没有约定或者约定不明确的，视为不支付利息。

自然人之间的借款合同约定支付利息的，借款的利率不得违反国家有关限制借款利率的规定。

2. 中华人民共和国商业银行法(节选)

(1995年5月10日第八届全国人民代表大会常务委员会第十三次会议通过,根据2003年12月27日第十届全国人民代表大会常务委员会第六次会议《关于修改〈中华人民共和国商业银行法〉的决定》第一次修正,根据2015年8月29日第十二届全国人民代表大会常务委员会第十六次会议《关于修改〈中华人民共和国商业银行法〉的决定》第二次修正)

第三十五条　商业银行贷款,应当对借款人的借款用途、偿还能力、还款方式等情况进行严格审查。

商业银行贷款,应当实行审贷分离、分级审批的制度。

第三十六条　商业银行贷款,借款人应当提供担保。商业银行应当对保证人的偿还能力,抵押物、质物的权属和价值以及实现抵押权、质权的可行性进行严格审查。

经商业银行审查、评估,确认借款人资信良好,确能偿还贷款的,可以不提供担保。

第三十七条　商业银行贷款,应当与借款人订立书面合同。合同应当约定贷款种类、借款用途、金额、利率、还款期限、还款方式、违约责任和双方认为需要约定的其他事项。

第三十八条　商业银行应当按照中国人民银行规定的贷款利率的上下限,确定贷款利率。

第三十九条　商业银行贷款,应当遵守下列资产负债比例管理的规定:

(一)资本充足率不得低于百分之八;

(二)流动性资产余额与流动性负债余额的比例不得低于百分之二十五;

(三)对同一借款人的贷款余额与商业银行资本余额的比例不得超过百分之十;

(四)国务院银行业监督管理机构对资产负债比例管理的其他规定。

本法施行前设立的商业银行,在本法施行后,其资产负债比例不符合前款规定的,应当在一定的期限内符合前款规定。具体办法由国务院规定。

第四十条　商业银行不得向关系人发放信用贷款;向关系人发放担保贷款的条件不得优于其他借款人同类贷款的条件。

前款所称关系人是指:

(一)商业银行的董事、监事、管理人员、信贷业务人员及其近亲属;

(二)前项所列人员投资或者担任高级管理职务的公司、企业和其他经济组织。

第四十一条　任何单位和个人不得强令商业银行发放贷款或者提供担保。商业银行有权拒绝任何单位和个人强令要求其发放贷款或者提供担保。

第四十二条　借款人应当按期归还贷款的本金和利息。

借款人到期不归还担保贷款的,商业银行依法享有要求保证人归还贷款本金和利息或者就该担保物优先受偿的权利。商业银行因行使抵押权、质权而取得的不动产或者股权,应当自取得之日起二年内予以处分。

借款人到期不归还信用贷款的,应当按照合同约定承担责任。

第四十七条　商业银行不得违反规定提高或者降低利率以及采用其他不正当手段,吸收存款,发放贷款。

第七十四条　商业银行有下列情形之一,由国务院银行业监督管理机构责令改正,有违法所得的,没收违法所得,违法所得五十万元以上的,并处违法所得一倍以上五倍以下罚款;没有违法所得或者违法所得不足五十万元的,处五十万元以上二百万元以下罚款;情节特别严重或者逾期不改正的,可以责令停业整顿或者吊销其经营许可证;构成犯罪的,依法追究刑事责任:

(一)未经批准设立分支机构的;

(二)未经批准分立、合并或者违反规定对变更事项不报批的;

(三)违反规定提高或者降低利率以及采用其他不正当手段,吸收存款,发放贷款的;

(四)出租、出借经营许可证的;

（五）未经批准买卖、代理买卖外汇的；

（六）未经批准买卖政府债券或者发行、买卖金融债券的；

（七）违反国家规定从事信托投资和证券经营业务、向非自用不动产投资或者向非银行金融机构和企业投资的；

（八）向关系人发放信用贷款或者发放担保贷款的条件优于其他借款人同类贷款的条件的。

第七十五条 商业银行有下列情形之一，由国务院银行业监督管理机构责令改正，并处二十万元以上五十万元以下罚款；情节特别严重或者逾期不改正的，可以责令停业整顿或者吊销其经营许可证；构成犯罪的，依法追究刑事责任：

（一）拒绝或者阻碍国务院银行业监督管理机构检查监督的；

（二）提供虚假的或者隐瞒重要事实的财务会计报告、报表和统计报表的；

（三）未遵守资本充足率、资产流动性比例、同一借款人贷款比例和国务院银行业监督管理机构有关资产负债比例管理的其他规定的。

第八十二条 借款人采取欺诈手段骗取贷款，构成犯罪的，依法追究刑事责任。

第八十四条 商业银行工作人员利用职务上的便利，索取、收受贿赂或者违反国家规定收受各种名义的回扣、手续费，构成犯罪的，依法追究刑事责任；尚不构成犯罪的，应当给予纪律处分。

有前款行为，发放贷款或者提供担保造成损失的，应当承担全部或者部分赔偿责任。

第八十六条 商业银行工作人员违反本法规定玩忽职守造成损失的，应当给予纪律处分；构成犯罪的，依法追究刑事责任。

违反规定徇私向亲属、朋友发放贷款或者提供担保造成损失的，应当承担全部或者部分赔偿责任。

第八十八条 单位或者个人强令商业银行发放贷款或者提供担保的，应当对直接负责的主管人员和其他直接责任人员或者个人给予纪律处分；造成损失的，应当承担全部或者部分赔偿责任。

商业银行的工作人员对单位或者个人强令其发放贷款或者提供担保未予拒绝的，应当给予纪律处分；造成损失的，应当承担相应的赔偿责任。

3. 贷款通则

（1996年6月28日中国人民银行令1996年第2号发布，自1996年8月1日起施行）

目　录

第一章　总　则

第一条 为了规范贷款行为，维护借贷双方的合法权益，保证信贷资产的安全，提高贷款使用的整体效益，促进社会经济的持续发展，根据《中华人民共和国中国人民银行法》、《中华人民共和国商业银行法》等有关法律规定，制定本通则。

第二条 本通则所称贷款人，系指在中国境内依法设立的经营贷款业务的中资金融机构。

本通则所称借款人，系指从经营贷款业务的中资金融机构取得贷款的法人、其他经济组织、个体工商户和自然人。

本通则中所称贷款系指贷款人对借款人提

供的并按约定的利率和期限还本付息的货币资金。

本通则中的贷款币种包括人民币和外币。

第三条 贷款的发放和使用应当符合国家的法律、行政法规和中国人民银行发布的行政规章，应当遵循效益性、安全性和流动性的原则。

第四条 借款人与贷款人的借贷活动应当遵循平等、自愿、公平和诚实信用的原则。

第五条 贷款人开展贷款业务，应当遵循公平竞争、密切协作的原则，不得从事不正当竞争。

第六条 中国人民银行及其分支机构是实施《贷款通则》的监管机关。

第二章 贷款种类

第七条 自营贷款、委托贷款和特定贷款：

自营贷款，系指贷款人以合法方式筹集的资金自主发放的贷款，其风险由贷款人承担，并由贷款人收回本金和利息。

委托贷款，系指由政府部门、企事业单位及个人等委托人提供资金，由贷款人（即受托人）根据委托人确定的贷款对象、用途、金额期限、利率等代为发放、监督使用并协助收回的贷款。贷款人（受托人）只收取手续费，不承担贷款风险。

特定贷款，系指国务院批准并对贷款可能造成的损失采取相应补救措施后责成国有独资商业银行发放的贷款。

第八条 短期贷款、中期贷款和长期贷款：

短期贷款，系指贷款期限在1年以内（含1年）的贷款。

中期贷款，系指贷款期限在1年以上（不含1年）5年以下（含5年）的贷款。

长期贷款，系指贷款期限在5年（不含5年）以上的贷款。

第九条 信用贷款、担保贷款和票据贴现：

信用贷款，系指以借款人的信誉发放的贷款。

担保贷款，系指保证贷款、抵押贷款、质押贷款。

保证贷款，系指按《中华人民共和国担保法》规定的保证方式以第三人承诺在借款人不能偿还贷款时，按约定承担一般保证责任或者连带责任而发放的贷款。

抵押贷款，系指按《中华人民共和国担保法》规定的抵押方式以借款人或第三人的财产作为抵押物发放的贷款。

质押贷款，系指按《中华人民共和国担保法》规定的质押方式以借款人或第三人的动产或权利作为质物发放的贷款。

票据贴现，系指贷款人以购买借款人未到期商业票据的方式发放的贷款。

第十条 除委托贷款以外，贷款人发放贷款，借款人应当提供担保。贷款人应当对保证人的偿还能力，抵押物、质物的权属和价值以及实现抵押权、质权的可行性进行严格审查。

经贷款审查、评估，确认借款人资信良好，确能偿还贷款的，可以不提供担保。

第三章 贷款期限和利率

第十一条 贷款期限：

贷款限期根据借款人的生产经营周期、还款能力和贷款人的资金供给能力由借贷双方共同商议后确定，并在借款合同中载明。

自营贷款期限最长一般不得超过10年，超过10年应当报中国人民银行备案。

票据贴现的贴现期限最长不得超过6个月，贴现期限为从贴现之日起到票据到期日止。

第十二条 贷款展期：

不能按期归还贷款的，借款人应当在贷款到期日之前，向贷款人申请贷款展期。是否展期由贷款人决定。申请保证贷款、抵押贷款、质押贷款展期的，还应当由保证人、抵押人、出质人出具同意的书面证明。已有约定的，按照约定执行。

短期贷款展期期限累计不得超过原贷款期限；中期贷款展期期限累计不得超过原贷款期限的一半；长期贷款展期期限累计不得超过3年。国家另有规定者除外。借款人未申请展期或申请展期未得到批准，其贷款从到期日次日起，转入逾期贷款帐户。

第十三条 贷款利率的确定：

贷款人应当按照中国人民银行规定的贷款利率上下限，确定每笔贷款利率，并在借款合同中载明。

第十四条 贷款利率的计收：

贷款人和借款人应当按借款合同和中国人

民银行有关计息规定按期计收或交付利息。

贷款的展期期限加上原期限达到新的利率期限档次时，从展期之日起，贷款利息按新的期限档次利率计收。

逾期贷款按规定计收罚息。

第十五条 贷款的贴息：

根据国家政策，为了促进某些产业和地区经济的发展，有关部门可以对贷款补贴利息。

对有关部门贴息的贷款，承办银行应当自主审查发放，并根据本通则有关规定严格管理。

第十六条 贷款停息、减息、缓息和免息：

除国务院决定外，任何单位和个人无权决定停息、减息、缓息和免息。贷款人应当依据国务院决定，按照职责权限范围具体办理停息、减息、缓息和免息。

第四章 借款人

第十七条 借款人应当是经工商行政管理机关（或主管机关）核准登记的企（事）业法人、其他经济组织、个体工商户或具有中华人民共和国国籍的具有完全民事行为能力的自然人。

借款人申请贷款，应当具备产品有市场、生产经营有效益、不挤占挪用贷款资金、恪守信用等基本条件，并且应当符合以下要求：

一、有按期还本付息的能力，原应付贷款利息和到期贷款已清偿；没有清偿的，已经做了贷款人认可的偿还计划。

二、除自然人和不需要经工商部门核准登记的事业法人外，应当经过工商部门办理年检手续。

三、已开立基本帐户或一般存款帐户。

四、除国务院规定外，有限责任公司和股份有限公司对外股本权益性投资累计额未超过其净资产总额的50%。

五、借款人的资产负债率符合贷款人的要求。

六、申请中期、长期贷款的，新建项目的企业法人所有者权益与项目所需总投资的比例不低于国家规定的投资项目的资本金比例。

第十八条 借款人的权利：

一、可以自主向主办银行或者其他银行的经办机构申请贷款并依条件取得贷款；

二、有权按合同约定提取和使用全部贷款；

三、有权拒绝借款合同以外的附加条件；

四、有权向贷款人的上级和中国人民银行反映、举报有关情况；

五、在征得贷款人同意后，有权向第三人转让债务。

第十九条 借款人的义务：

一、应当如实提供贷款人要求的资料（法律规定不能提供者除外），应当向贷款人如实提供所有开户行、帐号及存贷款余额情况，配合贷款人的调查、审查和检查；

二、应当接受贷款人对其使用信贷资金情况和有关生产经营、财务活动的监督；

三、应当按借款合同约定用途使用贷款；

四、应当按借款合同约定及时清偿贷款本息；

五、将债务全部或部分转让给第三人的，应当取得贷款人的同意；

六、有危及贷款人债权安全情况时，应当及时通知贷款人，同时采取保全措施。

第二十条 对借款人的限制：

一、不得在一个贷款人同一辖区内的两个或两个以上同级分支机构取得贷款。

二、不得向贷款人提供虚假的或者隐瞒重要事实的资产负债表、损益表等。

三、不得用贷款从事股本权益性投资，国家另有规定的除外。

四、不得用贷款在有价证券、期货等方面从事投机经营。

五、除依法取得经营房地产资格的借款人以外，不得用贷款经营房地产业务；依法取得经营房地产资格的借款人，不得用贷款从事房地产投机。

六、不得套取贷款用于借贷牟取非法收入。

七、不得违反国家外汇管理规定使用外币贷款。

八、不得采取欺诈手段骗取贷款。

第五章 贷款人

第二十一条 贷款人必须经中国人民银行批准经营贷款业务，持有中国人民银行颁发的《金融机构法人许可证》或《金融机构营业许可证》,并经工商行政管理部门核准登记。

第二十二条　贷款人的权利:

根据贷款条件和贷款程序自主审查和决定贷款,除国务院批准的特定贷款外,有权拒绝任何单位和个人强令其发放贷款或者提供担保。

一、要求借款人提供与借款有关的资料;

二、根据借款人的条件,决定贷与不贷、贷款金额、期限和利率等;

三、了解借款人的生产经营活动和财务活动;

四、依合同约定从借款人帐户上划收贷款本金和利息;

五、借款人未能履行借款合同规定义务的,贷款人有权依合同约定要求借款人提前归还贷款或停止支付借款人尚未使用的贷款;

六、在贷款将受或已受损失的,可依据合同规定,采取使贷款免受损失的措施。

第二十三条　贷款人的义务:

一、应当公布所经营的贷款的种类、期限和利率,并向借款人提供咨询。

二、应当公开贷款审查的资信内容和发放贷款的条件。

三、贷款人应当审议借款人的借款申请,并及时答复贷与不贷。短期贷款答复时间不得超过1个月,中期、长期贷款答复时间不得超过六个月;国家另有规定者除外。

四、应当对借款人债务、财务、生产、经营情况保密,但对依法查询者除外。

第二十四条　对贷款人的限制:

一、贷款的发放必须严格执行《中华人民共和国商业银行法》第三十九条关于资产负债比例管理的有关规定,第四十条关于不得向关系人发放信用贷款、向关系人发放担保贷款的条件不得优于其他借款人同类贷款条件的规定。

二、借款人有下列情形之一者,不得对其发放贷款:

(一)不具备本通则第四章第十七条所规定的资格和条件的;

(二)生产、经营或投资国家明文禁止的产品、项目的;

(三)违反国家外汇管理规定的;

(四)建设项目按国家规定应当报有关部门批准而未取得批准文件的;

(五)生产经营或投资项目未取得环境保护部门许可的;

(六)在实行承包、租赁、联营、合并(兼并)、合作、分立、产权有偿转让、股份制改造等体制变更过程中,未清偿原有贷款债务、落实原有贷款债务或提供相应担保的;

(七)有其他严重违法经营行为的。

三、未经中国人民银行批准,不得对自然人发放外币币种的贷款。

四、自营贷款和特定贷款,除按中国人民银行规定计收利息之外,不得收取其他任何费用;委托贷款,除按中国人民银行规定计收手续费之外,不得收取其他任何费用。

五、不得给委托人垫付资金,国家另有规定的除外。

六、严格控制信用贷款,积极推广担保贷款。

第六章　贷款程序

第二十五条　贷款申请:

借款人需要贷款,应当向主办银行或者其他银行的经办机构直接申请。

借款人应当填写包括借款金额、借款用途、偿还能力及还款方式等主要内容的《借款申请书》并提供以下资料:

一、借款人及保证人基本情况;

二、财政部门或会计(审计)事务所核准的上年度财务报告,以及申请借款前一期的财务报告;

三、原有不合理占用的贷款的纠正情况;

四、抵押物、质物清单和有处分权人的同意抵押、质押的证明及保证人拟同意保证的有关证明文件;

五、项目建议书和可行性报告;

六、贷款人认为需要提供的其他有关资料。

第二十六条　对借款人的信用等级评估:

应当根据借款人的领导者素质、经济实力、资金结构、履约情况、经营效益和发展前景等因素,评定借款人的信用等级。评级可由贷款人独立进行,内部掌握,也可由有权部门批准的评估机构进行。

第二十七条　贷款调查:

贷款人受理贷款人申请后,应当对借款人的

信用等级以及借款的合法性、安全性、盈利性等情况进行调查，核实抵押物、质物、保证人情况，测定贷款的风险度。

第二十八条 贷款审批：

贷款人应当建立审贷分离、分级审批的贷款管理制度。审查人员应当对调查人员提供的资料进行核实、评定，复测贷款风险度，提出意见，按规定权限报批。

第二十九条 签订借款合同：

所有贷款应当由贷款人与借款人签订借款合同。借款合同应当约定借款种类，借款用途、金额、利率，借款期限，还款方式，借、贷双方的权利、义务，违约责任和双方认为需要约定的其他事项。

保证贷款应当由保证人与贷款人签订保证合同，或保证人在借款合同上载明与贷款人协商一致的保证条款，加盖保证人的法人公章，并由保证人的法定代表人或其授权代理人签署姓名。抵押贷款、质押贷款应当由抵押人、出质人与贷款人签订抵押合同、质押合同，需要办理登记的，应依法办理登记。

第三十条 贷款发放：

贷款人要按借款合同规定按期发放贷款。贷款人不按合同约定按期发放贷款的，应偿还违约金。借款人不按合同约定用款的，应偿付违约金。

第三十一条 贷后检查：

贷款发放后，贷款人应当对借款人执行借款合同情况及借款人的经营情况进行追踪调查和检查。

第三十二条 贷款归还：

借款人应当按照借款合同规定按时足额归还贷款本息。

贷款人在短期贷款到期1个星期之前、中长期贷款到期1个月之前，应当向借款人发送还本付息通知单；借款人应当及时筹备资金，按时还本付息。

贷款人对逾期的贷款要及时发出催收通知单，做好逾期贷款本息的催收工作。

贷款人对不能按借款合同约定期限归还的贷款，应当按规定加罚利息；对不能归还或者不能落实还本付息事宜的，应当督促归还或者依法起诉。

借款人提前归还贷款，应当与贷款人协商。

第七章 不良贷款监管

第三十三条 贷款人应当建立和完善贷款的质量监管制度，对不良贷款进行分类、登记、考核和催收。

第三十四条 不良贷款系指呆帐贷款、呆滞贷款、逾期贷款。

呆帐贷款，系指按财政部有关规定列为呆帐的贷款。

呆滞贷款，系指按财政部有关规定，逾期（含展期后到期）超过规定年限以上仍未归还的贷款，或虽未逾期或逾期不满规定年限但生产经营已终止、项目已停建的贷款（不含呆帐贷款）。

逾期贷款，系指借款合同约定到期（含展期后到期）未归还的贷款（不含呆滞贷款和呆帐贷款）。

第三十五条 不良贷款的登记：

不良贷款由会计、信贷部门提供数据，由稽核部门负责审核并按规定权限认定，贷款人应当按季填报不良贷款情况表。在报上级行的同时，应当报中国人民银行当地分支机构。

第三十六条 不良贷款的考核：

贷款人的呆帐贷款、呆滞贷款、逾期贷款不得超过中国人民银行规定的比例。贷款人应当对所属分支机构下达和考核呆帐贷款、呆滞贷款和逾期贷款的有关指标。

第三十七条 不良贷款的催收和呆帐贷款的冲销：

信贷部门负责不良贷款的催收，稽核部门负责对催收情况的检查。贷款人应当按照国家有关规定提取呆帐准备金，并按照呆帐冲销的条件和程序冲销呆帐贷款。

未经国务院批准，贷款人不得豁免贷款。除国务院批准外，任何单位和个人不得强令贷款人豁免贷款。

第八章 贷款管理责任制

第三十八条 贷款管理实行行长（经理、主任，下同）负责制。

贷款实行分级经营管理。各级行长应当在授权范围内对贷款的发放和收回负全部责任。

行长可以授权副行长或贷款管理部门负责审批贷款，副行长或贷款管理部门负责人应当对行长负责。

第三十九条 贷款人各级机构应当建立有行长或副行长（经理、主任，下同）和有关部门负责人参加的贷款审查委员会（小组），负责贷款的审查。

第四十条 建立审贷分离制：

贷款调查评估人员负责贷款调查评估，承担调查失误和评估失准的责任；贷款审查人员负责贷款风险的审查，承担审查失误的责任；贷款发放人员负责贷款的检查和清收，承担检查失误、清收不力的责任。

第四十一条 建立贷款分级审批制：

贷款人应当根据业务量大小、管理水平和贷款风险度确定各级分支机构的审批权限，超过审批权限的贷款，应当报上级审批。各级分支机构应当根据贷款种类、借款人的信用等级和抵押物、质物、保证人等情况确定每一笔贷款的风险度。

第四十二条 建立和健全信贷工作岗位责任制：

各级贷款管理部门应将贷款管理的每一个环节的管理责任落实到部门、岗位、个人，严格划分各级信贷工作人员的职责。

第四十三条 贷款人对大额借款人建立驻厂信贷员制度。

第四十四条 建立离职审计制：

贷款管理人员在调离原工作岗位时，应当对其在任职期间和权限内所发放的贷款风险情况进行审计。

第九章 贷款债权保全和清偿的管理

第四十五条 借款人不得违反法律规定，借兼并、破产或者股份制改造等途径，逃避银行债务，侵吞信贷资金；不得借承包、租赁等途径逃避贷款人的信贷监管以及偿还贷款本息的责任。

第四十六条 贷款人有权参与处于兼并、破产或股份制改造等过程中的借款人的债务重组，应当要求借款人落实贷款还本付息事宜。

第四十七条 贷款人应当要求实行承包、租赁经营的借款人，在承包、租赁合同中明确落实原贷款债务的偿还责任。

第四十八条 贷款人对实行股份制改造的借款人，应当要求其重新签订借款合同，明确原贷款债务的清偿责任。

对实行整体股份制改造的借款人，应当明确其所欠贷款债务由改造后公司全部承担；对实行部分股份制改造的借款人，应当要求改造后的股份公司按占用借款人的资本金或资产的比例承担原借款人的贷款债务。

第四十九条 贷款人对联营后组成新的企业法人的借款人，应当要求其依据所占用的资本金或资产的比例将贷款债务落实到新的企业法人。

第五十条 贷款人对合并（兼并）的借款人，应当要求其在合并（兼并）前清偿贷款债务或提供相应的担保。

借款人不清偿贷款债务或未提供相应担保，贷款人应当要求合并（兼并）企业或合并后新成立的企业承担归还原借款人贷款的义务，并与之重新签订有关合同或协议。

第五十一条 贷款人对与外商合资（合作）的借款人，应当要求其继续承担合资（合作）前的贷款归还责任，并要求其将所得收益优先归还贷款。借款人用已作为贷款抵押、质押的财产与外商合资（合作）时必须征求贷款人同意。

第五十二条 贷款人对分立的借款人，应当要求其在分立前清偿贷款债务或提供相应的担保。

借款人不清偿贷款债务或未提供相应担保，贷款人应当要求分立后的各企业，按照分立时所占资本或资产比例或协议，对原借款人所欠贷款承担清偿责任。对设立子公司的借款人，应当要求其子公司按所得资本或资产的比例承担和偿还母公司相应的贷款债务。

第五十三条 贷款人对产权有偿转让或申请解散的借款人，应当要求其在产权转让或解散前必须落实贷款债务的清偿。

第五十四条 贷款人应当按照有关法律参与借款人破产财产的认定与债权债务的处置，对于破产借款人已设定财产抵押、质押或其他担保的贷款债权，贷款人依法享有优先受偿权；无财产担保的贷款债权按法定程序和比例受偿。

第十章　贷款管理特别规定

第五十五条　建立贷款主办行制度：

借款人应按中国人民银行的规定与其开立基本帐户的贷款人建立贷款主办行关系。

借款人发生企业分立、股份制改造、重大项目建设等涉及信贷资金使用和安全的重大经济活动，事先应当征求主办行的意见。一个借款人只能有一个贷款主办行，主办行应当随基本帐户的变更而变更。

主办行不包资金，但应当按规定有计划地对借款人提供贷款，为借款人提供必要的信息咨询、代理等金融服务。

贷款主办行制度与实施办法，由中国人民银行另行规定。

第五十六条　银团贷款应当确定一个贷款人为牵头行，并签订银团贷款协议，明确各贷款人的权利和义务，共同评审贷款项目。牵头行应当按协议确定的比例监督贷款的偿还。银团贷款管理办法由中国人民银行另行规定。

第五十七条　特定贷款管理：

国有独资商业银行应当按国务院规定发放和管理特定贷款。

特定贷款管理办法另行规定。

第五十八条　非银行金融机构贷款的种类、对象、范围，应当符合中国人民银行规定。

第五十九条　贷款人发放异地贷款，或者接受异地存款，应当报中国人民银行当地分支机构备案。

第六十条　信贷资金不得用于财政支出。

第六十一条　各级行政部门和企事业单位、供销合作社等合作经济组织、农村合作基金会和其他基金会，不得经营存贷款等金融业务。企业之间不得违反国家规定办理借贷或者变相借贷融资业务。

第十一章　罚　则

第六十二条　贷款人违反资产负债比例管理有关规定发放贷款的，应当依照《中华人民共和国商业银行法》第七十五条，由中国人民银行责令改正，处以罚款，有违法所得的没收违法所得，并且应当依照第七十六条对直接负责的主管人员和其他直接责任人员给予处罚。

第六十三条　贷款人违反规定向关系人发放信用贷款或者发放担保贷款的条件优于其他借款人同类贷款条件的，应当依照《中华人民共和国商业银行法》第七十四条处罚，并且应当依照第七十六条对有关直接责任人员给予处罚。

第六十四条　贷款人的工作人员对单位或者个人强令其发放贷款或者提供担保未予拒绝的，应当依照《中华人民共和国商业银行法》第八十五条给予纪律处分，造成损失的应当承担相应的赔偿责任。

第六十五条　贷款人的有关责任人员违反本通则有关规定，应当给予纪律处分和罚款；情节严重或屡次违反的，应当调离工作岗位，取消任职资格；造成严重经济损失或者构成其他经济犯罪的，应当依照有关法律规定追究刑事责任。

第六十六条　贷款人有下列情形之一，由中国人民银行责令改正；逾期不改正的，中国人民银行可以处以5千元以上1万元以下罚款：

一、没有公布所经营贷款的种类、期限、利率的；

二、没有公开贷款条件和发放贷款时要审查的内容的；

三、没有在规定期限内答复借款人贷款申请的。

第六十七条　贷款人有下列情形之一，由中国人民银行责令改正；有违法所得的，没收违法所得，并处以违法所得1倍以上3倍以下罚款；没有违法所得的，处以五万元以上三十万元以下罚款；构成犯罪的，依法追究刑事责任：

一、贷款人违反规定代垫委托贷款资金的；

二、未经中国人民银行批准，对自然人发放外币贷款的；

三、贷款人违反中国人民银行规定，对自营贷款或者特定贷款在计收利息之外收取其他任何费用的，或者对委托贷款在计收手续费之外收取其他任何费用的。

第六十八条　任何单位和个人强令银行发放贷款或者提供担保的，应当依照《中华人民共和国商业银行法》第八十五条，对直接负责的主管人员和其他直接责任人员或者个人给予纪律处分；造成经济损失的，承担全部或者部分赔偿责任。

第六十九条　借款人采取欺诈手段骗取贷款，构成犯罪的，应当依照《中华人民共和国商业银行法》第八十条等法律规定处以罚款并追究刑事责任。

第七十条　借款人违反本通则第九章第四十二条规定，蓄意通过兼并、破产或者股份制改造等途径侵吞信贷资金的，应当依据有关法律规定承担相应部分赔偿责任并处以罚款；造成贷款人重大经济损失的，应当依照有关法律规定追究直接责任人员的刑事责任。

借款人违反本通则第九章其他条款规定，致使贷款债务落空，由贷款人停止发放新贷款，并提前收回原发放的贷款。造成信贷资产损失的，借款人及其主管人员或其他个人，应当承担部分或全部赔偿责任。在未履行赔偿责任之前，其他任何贷款人不得对其发放贷款。

第七十一条　借款人有下列情形之一，由贷款人对其部分或全部贷款加收利息；情节特别严重的，由贷款人停止支付借款人尚未使用的贷款，并提前收回部分或全部贷款：

一、不按借款合同规定用途使用贷款的。

二、用贷款进行股本权益性投资的。

三、用贷款在有价证券、期货等方面从事投机经营的。

四、未依法取得经营房地产资格的借款人用贷款经营房地产业务的；依法取得经营房地产资格的借款人，用贷款从事房地产投机的。

五、不按借款合同规定清偿贷款本息的。

六、套取贷款相互借贷牟取非法收入的。

第七十二条　借款人有下列情形之一，由贷款人责令改正。情节特别严重或逾期不改正的，由贷款人停止支付借款人尚未使用的贷款，并提前收回部分或全部贷款：

一、向贷款人提供虚假或者隐瞒重要事实的资产负债表、损益表等资料的；

二、不如实向贷款人提供所有开户行、帐号及存贷款余额等资料的；

三、拒绝接受贷款人对其使用信贷资金情况和有关生产经营、财务活动监督的。

第七十三条　行政部门、企事业单位、股份合作经济组织、供销合作社、农村合作基金会和其他基金会擅自发放贷款的；企业之间擅自办理借贷或者变相借贷的，由中国人民银行对出借方按违规收入处以1倍以上至5倍以下罚款，并由中国人民银行予以取缔。

第七十四条　当事人对中国人民银行处罚决定不服的，可按《中国人民银行行政复议办法（试行）》的规定申请复议，复议期间仍按原处罚执行。

第十二章　附　则

第七十五条　国家政策性银行、外资金融机构（含外资、中外合资、外资金融机构的分支机构等）的贷款管理办法，由中国人民银行另行制定。

第七十六条　有关外国政府贷款、出口信贷、外商贴息贷款、出口信贷项下的对外担保以及与上述贷款配套的国际商业贷款的管理办法，由中国人民银行另行制定。

第七十七条　贷款人可根据本通则制定实施细则，报中国人民银行备案。

第七十八条　本通则自实施之日起，中国人民银行和各贷款人在此以前制定的各种规定，与本通则有抵触者，以本通则为准。

第七十九条　本通则由中国人民银行负责解释。

第八十条　本通则自一九九六年八月一日起施行。

4. 公司法（节选）

第十六条、第一百零四条、第一百二十一条。

5. 中华人民共和国物权法(节选)

(2007年3月16日第十届全国人民代表大会第五次会议通过,2007年3月16日中华人民共和国主席令第62号公布,自2007年10月1日起施行)

第四编 担保物权

第十五章 一般规定

第一百七十条 【担保物权】担保物权人在债务人不履行到期债务或者发生当事人约定的实现担保物权的情形,依法享有就担保财产优先受偿的权利,但法律另有规定的除外。

第一百七十一条 【担保物权适用范围、反担保】债权人在借贷、买卖等民事活动中,为保障实现其债权,需要担保的,可以依照本法和其他法律的规定设立担保物权。

第三人为债务人向债权人提供担保的,可以要求债务人提供反担保。反担保适用本法和其他法律的规定。

第一百七十二条 【担保合同】设立担保物权,应当依照本法和其他法律的规定订立担保合同。担保合同是主债权债务合同的从合同。主债权债务合同无效,担保合同无效,但法律另有规定的除外。

担保合同被确认无效后,债务人、担保人、债权人有过错的,应当根据其过错各自承担相应的民事责任。

第一百七十三条 【担保范围】担保物权的担保范围包括主债权及其利息、违约金、损害赔偿金、保管担保财产和实现担保物权的费用。当事人另有约定的,按照约定。

第一百七十四条 【担保物上的代位性】担保期间,担保财产毁损、灭失或者被征收等,担保物权人可以就获得的保险金、赔偿金或者补偿金等优先受偿。被担保债权的履行期未届满的,也可以提存该保险金、赔偿金或者补偿金等。

第一百七十五条 【未经担保人同意的债务转移】第三人提供担保,未经其书面同意,债权人允许债务人转移全部或者部分债务的,担保人不再承担相应的担保责任。

第一百七十六条 【物的担保与人的担保之关系】被担保的债权既有物的担保又有人的担保的,债务人不履行到期债务或者发生当事人约定的实现担保物权的情形,债权人应当按照约定实现债权;没有约定或者约定不明确,债务人自己提供物的担保的,债权人应当先就该物的担保实现债权;第三人提供物的担保的,债权人可以就物的担保实现债权,也可以要求保证人承担保证责任。提供担保的第三人承担担保责任后,有权向债务人追偿。

第一百七十七条 【担保物权消灭的情形】有下列情形之一的,担保物权消灭:

(一)主债权消灭;

(二)担保物权实现;

(三)债权人放弃担保物权;

(四)法律规定担保物权消灭的其他情形。

第一百七十八条 【担保法与物权法效力衔接】担保法与本法的规定不一致的,适用本法。

第十六章 抵押权

第一节 一般抵押权

第一百七十九条 【抵押权】为担保债务的履行,债务人或者第三人不转移财产的占有,将该财产抵押给债权人的,债务人不履行到期债务或者发生当事人约定的实现抵押权的情形,债权人有权就该财产优先受偿。

前款规定的债务人或者第三人为抵押人,债权人为抵押权人,提供担保的财产为抵押财产。

第一百八十条 【抵押财产的范围】债务人或者第三人有权处分的下列财产可以抵押:

(一)建筑物和其他土地附着物;

(二)建设用地使用权;

(三)以招标、拍卖、公开协商等方式取得的荒地等土地承包经营权;

（四）生产设备、原材料、半成品、产品；

（五）正在建造的建筑物、船舶、航空器；

（六）交通运输工具；

（七）法律、行政法规未禁止抵押的其他财产。

抵押人可以将前款所列财产一并抵押。

第一百八十一条　【浮动抵押】经当事人书面协议，企业、个体工商户、农业生产经营者可以将现有的以及将有的生产设备、原材料、半成品、产品抵押，债务人不履行到期债务或者发生当事人约定的实现抵押权的情形，债权人有权就实现抵押权时的动产优先受偿。

第一百八十二条　【建筑物及建设用地使用权一并抵押】以建筑物抵押的，该建筑物占用范围内的建设用地使用权一并抵押。以建设用地使用权抵押的，该土地上的建筑物一并抵押。

抵押人未依照前款规定一并抵押的，未抵押的财产视为一并抵押。

第一百八十三条　【乡镇、村企业的建筑物和建设用地使用权抵押】乡镇、村企业的建设用地使用权不得单独抵押。以乡镇、村企业的厂房等建筑物抵押的，其占用范围内的建设用地使用权一并抵押。

第一百八十四条　【不得抵押的财产】下列财产不得抵押：

（一）土地所有权；

（二）耕地、宅基地、自留地、自留山等集体所有的土地使用权，但法律规定可以抵押的除外；

（三）学校、幼儿园、医院等以公益为目的的事业单位、社会团体的教育设施、医疗卫生设施和其他社会公益设施；

（四）所有权、使用权不明或者有争议的财产；

（五）依法被查封、扣押、监管的财产；

（六）法律、行政法规规定不得抵押的其他财产。

第一百八十五条　【抵押合同】设立抵押权，当事人应当采取书面形式订立抵押合同。

抵押合同一般包括下列条款：

（一）被担保债权的种类和数额；

（二）债务人履行债务的期限；

（三）抵押财产的名称、数量、质量、状况、所在地、所有权归属或者使用权归属；

（四）担保的范围。

第一百八十六条　【禁止流押】抵押权人在债务履行期届满前，不得与抵押人约定债务人不履行到期债务时抵押财产归债权人所有。

第一百八十七条　【不动产抵押】以本法第一百八十条第一款第一项至第三项规定的财产或者第五项规定的正在建造的建筑物抵押的，应当办理抵押登记。抵押权自登记时设立。

第一百八十八条　【动产抵押】以本法第一百八十条第一款第四项、第六项规定的财产或者第五项规定的正在建造的船舶、航空器抵押的，抵押权自抵押合同生效时设立；未经登记，不得对抗善意第三人。

第一百八十九条　【动产浮动抵押登记】企业、个体工商户、农业生产经营者以本法第一百八十一条规定的动产抵押的，应当向抵押人住所地的工商行政管理部门办理登记。抵押权自抵押合同生效时设立；未经登记，不得对抗善意第三人。

依照本法第一百八十一条规定抵押的，不得对抗正常经营活动中已支付合理价款并取得抵押财产的买受人。

第一百九十条　【抵押权和租赁的关系】订立抵押合同前抵押财产已出租的，原租赁关系不受该抵押权的影响。抵押权设立后抵押财产出租的，该租赁关系不得对抗已登记的抵押权。

第一百九十一条　【抵押财产转让】抵押期间，抵押人经抵押权人同意转让抵押财产的，应当将转让所得的价款向抵押权人提前清偿债务或者提存。转让的价款超过债权数额的部分归抵押人所有，不足部分由债务人清偿。

抵押期间，抵押人未经抵押权人同意，不得转让抵押财产，但受让人代为清偿债务消灭抵押权的除外。

第一百九十二条　【抵押权不得单独转让或为其他债权担保】抵押权不得与债权分离而单独转让或者作为其他债权的担保。债权转让的，担保该债权的抵押权一并转让，但法律另有规定或者当事人另有约定的除外。

第一百九十三条　【抵押财产价值保全】抵押人的行为足以使抵押财产价值减少的，抵押权人有权要求抵押人停止其行为。抵押财产价值减少的，抵押权人有权要求恢复抵押财产的价值,或者提供与减少的价值相应的担保。抵押人不恢复抵押财产的价值也不提供担保的,抵押权人有权要求债务人提前清偿债务。

第一百九十四条　【抵押权、抵押权顺位的放弃及抵押权变更】抵押权人可以放弃抵押权或者抵押权的顺位。抵押权人与抵押人可以协议变更抵押权顺位以及被担保的债权数额等内容,但抵押权的变更,未经其他抵押权人书面同意,不得对其他抵押权人产生不利影响。

债务人以自己的财产设定抵押,抵押权人放弃该抵押权、抵押权顺位或者变更抵押权的,其他担保人在抵押权人丧失优先受偿权益的范围内免除担保责任,但其他担保人承诺仍然提供担保的除外。

第一百九十五条　【抵押权的实现】债务人不履行到期债务或者发生当事人约定的实现抵押权的情形,抵押权人可以与抵押人协议以抵押财产折价或者以拍卖、变卖该抵押财产所得的价款优先受偿。协议损害其他债权人利益的,其他债权人可以在知道或者应当知道撤销事由之日起一年内请求人民法院撤销该协议。

抵押权人与抵押人未就抵押权实现方式达成协议的,抵押权人可以请求人民法院拍卖、变卖抵押财产。

抵押财产折价或者变卖的,应当参照市场价格。

第一百九十六条　【浮动抵押财产确定】依照本法第一百八十一条规定设定抵押的,抵押财产自下列情形之一发生时确定:

(一)债务履行期届满,债权未实现;

(二)抵押人被宣告破产或者被撤销;

(三)当事人约定的实现抵押权的情形;

(四)严重影响债权实现的其他情形。

第一百九十七条　【抵押物孳息】债务人不履行到期债务或者发生当事人约定的实现抵押权的情形,致使抵押财产被人民法院依法扣押的,自扣押之日起抵押权人有权收取该抵押财产的天然孳息或者法定孳息,但抵押权人未通知应当清偿法定孳息的义务人的除外。

前款规定的孳息应当先充抵收取孳息的费用。

第一百九十八条　【抵押财产变现价款超过或不足债权数额】抵押财产折价或者拍卖、变卖后,其价款超过债权数额的部分归抵押人所有,不足部分由债务人清偿。

第一百九十九条　【同一物上的抵押权受偿顺序】同一财产向两个以上债权人抵押的,拍卖、变卖抵押财产所得的价款依照下列规定清偿:

(一)抵押权已登记的,按照登记的先后顺序清偿;顺序相同的,按照债权比例清偿;

(二)抵押权已登记的先于未登记的受偿;

(三)抵押权未登记的,按照债权比例清偿。

第二百条　【建设用地使用权抵押的特别规定】建设用地使用权抵押后,该土地上新增的建筑物不属于抵押财产。该建设用地使用权实现抵押权时,应当将该土地上新增的建筑物与建设用地使用权一并处分,但新增建筑物所得的价款,抵押权人无权优先受偿。

第二百零一条　【土地承包经营权或者乡镇、村企业的建设用地使用权抵押特别规定】依照本法第一百八十条第一款第三项规定的土地承包经营权抵押的,或者依照本法第一百八十三条规定以乡镇、村企业的厂房等建筑物占用范围内的建设用地使用权一并抵押的,实现抵押权后,未经法定程序,不得改变土地所有权的性质和土地用途。

第二百零二条　【抵押权行使期间】抵押权人应当在主债权诉讼时效期间行使抵押权;未行使的,人民法院不予保护。

第二节　最高额抵押权

第二百零三条　【最高额抵押的概念】为担保债务的履行,债务人或者第三人对一定期间内将要连续发生的债权提供担保财产的,债务人不履行到期债务或者发生当事人约定的实现抵押权的情形,抵押权人有权在最高债权额限度内就该担保财产优先受偿。

最高额抵押权设立前已经存在的债权,经当事人同意,可以转入最高额抵押担保的债权范围。

第二百零四条　【主债权及最高额抵押权转让】最高额抵押担保的债权确定前,部分债权转让的,最高额抵押权不得转让,但当事人另有约定的除外。

第二百零五条　【协议变更】最高额抵押担保的债权确定前,抵押权人与抵押人可以通过协议变更债权确定的期间、债权范围以及最高债权额，但变更的内容不得对其他抵押权人产生不利影响。

第二百零六条　【债权确定】有下列情形之一的，抵押权人的债权确定：

（一）约定的债权确定期间届满；

（二）没有约定债权确定期间或者约定不明确，抵押权人或者抵押人自最高额抵押权设立之日起满二年后请求确定债权；

（三）新的债权不可能发生；

（四）抵押财产被查封、扣押；

（五）债务人、抵押人被宣告破产或者被撤销；

（六）法律规定债权确定的其他情形。

第二百零七条　【最高额抵押适用依据】最高额抵押权除适用本节规定外，适用本章第一节一般抵押权的规定。

第十七章　质　权

第一节　动产质权

第二百零八条　【动产质押】为担保债务的履行，债务人或者第三人将其动产出质给债权人占有的，债务人不履行到期债务或者发生当事人约定的实现质权的情形，债权人有权就该动产优先受偿。

前款规定的债务人或者第三人为出质人，债权人为质权人，交付的动产为质押财产。

第二百零九条　【不得出质的动产】法律、行政法规禁止转让的动产不得出质。

第二百一十条　【质押合同】设立质权，当事人应当采取书面形式订立质权合同。

质权合同一般包括下列条款：

（一）被担保债权的种类和数额；

（二）债务人履行债务的期限；

（三）质押财产的名称、数量、质量、状况；

（四）担保的范围；

（五）质押财产交付的时间。

第二百一十一条　【禁止流质】质权人在债务履行期届满前，不得与出质人约定债务人不履行到期债务时质押财产归债权人所有。

第二百一十二条　【交付生效】质权自出质人交付质押财产时设立。

第二百一十三条　【质物的孳息】质权人有权收取质押财产的孳息，但合同另有约定的除外。

前款规定的孳息应当先充抵收取孳息的费用。

第二百一十四条　【质物使用、处分的限制】质权人在质权存续期间，未经出质人同意，擅自使用、处分质押财产，给出质人造成损害的，应当承担赔偿责任。

第二百一十五条　【质权人的保管义务】质权人负有妥善保管质押财产的义务；因保管不善致使质押财产毁损、灭失的，应当承担赔偿责任。

质权人的行为可能使质押财产毁损、灭失的，出质人可以要求质权人将质押财产提存，或者要求提前清偿债务并返还质押财产。

第二百一十六条　【质物保全】因不能归责于质权人的事由可能使质押财产毁损或者价值明显减少，足以危害质权人权利的，质权人有权要求出质人提供相应的担保；出质人不提供的，质权人可以拍卖、变卖质押财产，并与出质人通过协议将拍卖、变卖所得的价款提前清偿债务或者提存。

第二百一十七条　【转质】质权人在质权存续期间，未经出质人同意转质，造成质押财产毁损、灭失的，应当向出质人承担赔偿责任。

第二百一十八条　【质权放弃】质权人可以放弃质权。债务人以自己的财产出质，质权人放弃该质权的，其他担保人在质权人丧失优先受偿权益的范围内免除担保责任，但其他担保人承诺仍然提供担保的除外。

第二百一十九条　【质物返还、质权实现】债务人履行债务或者出质人提前清偿所担保的债权的，质权人应当返还质押财产。

债务人不履行到期债务或者发生当事人约定的实现质权的情形，质权人可以与出质人协议以质押财产折价，也可以就拍卖、变卖质押财产所得的价款优先受偿。

质押财产折价或者变卖的，应当参照市场价格。

第二百二十条　【出质人请求及时行使质权】出质人可以请求质权人在债务履行期届满后及时行使质权；质权人不行使的，出质人可以请求人民法院拍卖、变卖质押财产。

出质人请求质权人及时行使质权,因质权人怠于行使权利造成损害的,由质权人承担赔偿责任。

第二百二十一条 【质物变现价款超出或不足债权数额】质押财产折价或者拍卖、变卖后,其价款超过债权数额的部分归出质人所有,不足部分由债务人清偿。

第二百二十二条 【最高额质权】出质人与质权人可以协议设立最高额质权。

最高额质权除适用本节有关规定外,参照本法第十六章第二节最高额抵押权的规定。

第二节 权利质权

第二百二十三条 【可以出质的权利范围】债务人或者第三人有权处分的下列权利可以出质:

(一)汇票、支票、本票;

(二)债券、存款单;

(三)仓单、提单;

(四)可以转让的基金份额、股权;

(五)可以转让的注册商标专用权、专利权、著作权等知识产权中的财产权;

(六)应收账款;

(七)法律、行政法规规定可以出质的其他财产权利。

第二百二十四条 【以票据权利等出质的权利质权的设立】以汇票、支票、本票、债券、存款单、仓单、提单出质的,当事人应当订立书面合同。质权自权利凭证交付质权人时设立;没有权利凭证的,质权自有关部门办理出质登记时设立。

第二百二十五条 【以票据权利等出质的权利质权的实现】汇票、支票、本票、债券、存款单、仓单、提单的兑现日期或者提货日期先于主债权到期的,质权人可以兑现或者提货,并与出质人协议将兑现的价款或者提取的货物提前清偿债务或者提存。

第二百二十六条 【以基金份额、股权出质的权利质权】以基金份额、股权出质的,当事人应当订立书面合同。以基金份额、证券登记结算机构登记的股权出质的,质权自证券登记结算机构办理出质登记时设立;以其他股权出质的,质权自工商行政管理部门办理出质登记时设立。

基金份额、股权出质后,不得转让,但经出质人与质权人协商同意的除外。出质人转让基金份额、股权所得的价款,应当向质权人提前清偿债务或者提存。

第二百二十七条 【以知识产权出质的权利质权】以注册商标专用权、专利权、著作权等知识产权中的财产权出质的,当事人应当订立书面合同。质权自有关主管部门办理出质登记时设立。

知识产权中的财产权出质后,出质人不得转让或者许可他人使用,但经出质人与质权人协商同意的除外。出质人转让或者许可他人使用出质的知识产权中的财产权所得的价款,应当向质权人提前清偿债务或者提存。

第二百二十八条 【以应收账款出质的权利质权】以应收账款出质的,当事人应当订立书面合同。质权自信贷征信机构办理出质登记时设立。

应收账款出质后,不得转让,但经出质人与质权人协商同意的除外。出质人转让应收账款所得的价款,应当向质权人提前清偿债务或者提存。

第二百二十九条 【权利质权的适用依据】权利质权除适用本节规定外,适用本章第一节动产质权的规定。

第十八章 留置权

第二百三十条 【留置权】债务人不履行到期债务,债权人可以留置已经合法占有的债务人的动产,并有权就该动产优先受偿。

前款规定的债权人为留置权人,占有的动产为留置财产。

第二百三十一条 【可留置的动产】债权人留置的动产,应当与债权属于同一法律关系,但企业之间留置的除外。

第二百三十二条 【不得留置的动产】法律规定或者当事人约定不得留置的动产,不得留置。

第二百三十三条 【可分物的留置】留置财产为可分物的,留置财产的价值应当相当于债务的金额。

第二百三十四条 【留置权人的保管义务】留置权人负有妥善保管留置财产的义务;因保管不善致使留置财产毁损、灭失的,应当承担赔偿责任。

第二百三十五条 【留置物的孳息】留置权

人有权收取留置财产的孳息。

前款规定的孳息应当先充抵收取孳息的费用。

第二百三十六条　【留置权的实现】留置权人与债务人应当约定留置财产后的债务履行期间;没有约定或者约定不明确的,留置权人应当给债务人两个月以上履行债务的期间,但鲜活易腐等不易保管的动产除外。债务人逾期未履行的,留置权人可以与债务人协议以留置财产折价,也可以就拍卖、变卖留置财产所得的价款优先受偿。

留置财产折价或者变卖的,应当参照市场价格。

第二百三十七条　【债务人请求行使留置权】债务人可以请求留置权人在债务履行期届满后行使留置权;留置权人不行使的,债务人可以请求人民法院拍卖、变卖留置财产。

第二百三十八条　【留置物变现价款超出或不足债权数额】留置财产折价或者拍卖、变卖后,其价款超过债权数额的部分归债务人所有,不足部分由债务人清偿。

第二百三十九条　【留置权优先】同一动产上已设立抵押权或者质权,该动产又被留置的,留置权人优先受偿。

第二百四十条　【留置权消灭】留置权人对留置财产丧失占有或者留置权人接受债务人另行提供担保的,留置权消灭。

6. 中华人民共和国担保法

(1995 年 6 月 30 日第八届全国人民代表大会常务委员会第十四次会议通过,1995 年 6 月 30 日主席令第 50 号公布,自 1995 年 10 月 1 日起施行)

目　录

第一章　总　则

第一条　【立法目的】为促进资金融通和商品流通,保障债权的实现,发展社会主义市场经济,制定本法。

第二条　【适用范围及担保方式】在借贷、买卖、货物运输、加工承揽等经济活动中,债权人需要以担保方式保障其债权实现的,可以依照本法规定设定担保。

本法规定的担保方式为保证、抵押、质押、留置和定金。

第三条　【担保活动基本原则】担保活动应当遵循平等、自愿、公平、诚实信用的原则。

第四条　【反担保】第三人为债务人向债权人提供担保时,可以要求债务人提供反担保。

反担保适用本法担保的规定。

第五条[①] **【担保合同与主合同的关系以及担保合同无效后的法律后果】**担保合同是主合同

① 《物权法》第一百七十二条:"设立担保物权,应当依照本法和其他法律的规定订立担保合同。担保合同是主债权债务合同的从合同。主债权债务合同无效,担保合同无效,但法律另有规定的除外。　担保合同被确认无效后,债务人、担保人、债权人有过错的,应当根据其过错各自承担相应的民事责任。"取消了当事人通过合同约定改变担保合同从属性的机会。

的从合同，主合同无效，担保合同无效。担保合同另有约定的，按照约定。

担保合同被确认无效后，债务人、担保人、债权人有过错的，应当根据其过错各自承担相应的民事责任。

第二章　保　证

第一节　保证和保证人

第六条　【保证的定义】本法所称保证，是指保证人和债权人约定，当债务人不履行债务时，保证人按照约定履行债务或者承担责任的行为。

第七条　【保证人的资格和范围】具有代为清偿债务能力的法人、其他组织或者公民，可以作保证人。

第八条　【国家机关作为保证人的禁止与例外】国家机关不得为保证人，但经国务院批准为使用外国政府或者国际经济组织贷款进行转贷的除外。

第九条　【公益法人作为保证人的禁止】学校、幼儿园、医院等以公益为目的的事业单位、社会团体不得为保证人。

第十条　【企业法人分支机构、职能部门作为保证人的禁止与例外】企业法人的分支机构、职能部门不得为保证人。

企业法人的分支机构有法人书面授权的，可以在授权范围内提供保证。

第十一条　【强令提供担保的禁止】任何单位和个人不得强令银行等金融机构或者企业为他人提供保证；银行等金融机构或者企业对强令其为他人提供保证的行为，有权拒绝。

第十二条　【共同保证】同一债务有两个以上保证人的，保证人应当按照保证合同约定的保证份额，承担保证责任。没有约定保证份额的，保证人承担连带责任，债权人可以要求任何一个保证人承担全部保证责任，保证人都负有担保全部债权实现的义务。已经承担保证责任的保证人，有权向债务人追偿，或者要求承担连带责任的其他保证人清偿其应当承担的份额。

第二节　保证合同和保证方式

第十三条　【保证合同的订立】保证人与债权人应当以书面形式订立保证合同。

第十四条　【一时保证与最高额保证】保证人与债权人可以就单个主合同分别订立保证合同，也可以协议在最高债权额限度内就一定期间连续发生的借款合同或者某项商品交易合同订立一个保证合同。

第十五条　【保证合同的内容】保证合同应当包括以下内容：

（一）被保证的主债权种类、数额；

（二）债务人履行债务的期限；

（三）保证的方式；

（四）保证担保的范围；

（五）保证的期间；

（六）双方认为需要约定的其他事项。

保证合同不完全具备前款规定内容的，可以补正。

第十六条　【保证的方式】保证的方式有：

（一）一般保证；

（二）连带责任保证。

第十七条　【一般保证及先诉抗辩权】当事人在保证合同中约定，债务人不能履行债务时，由保证人承担保证责任的，为一般保证。

一般保证的保证人在主合同纠纷未经审判或者仲裁，并就债务人财产依法强制执行仍不能履行债务前，对债权人可以拒绝承担保证责任。

有下列情形之一的，保证人不得行使前款规定的权利：

（一）债务人住所变更，致使债权人要求其履行债务发生重大困难的；

（二）人民法院受理债务人破产案件，中止执行程序的；

（三）保证人以书面形式放弃前款规定的权利的。

第十八条　【连带责任保证】当事人在保证合同中约定保证人与债务人对债务承担连带责任的，为连带责任保证。

连带责任保证的债务人在主合同规定的债务履行期届满没有履行债务的，债权人可以要求债务人履行债务，也可以要求保证人在其保证范围内承担保证责任。

第十九条　【保证方式没有约定或约定不明的推定】当事人对保证方式没有约定或者约定不明确的，按照连带责任保证承担保证责任。

第二十条 【保证人的一般抗辩权】一般保证和连带责任保证的保证人享有债务人的抗辩权。债务人放弃对债务的抗辩权的,保证人仍有权抗辩。

抗辩权是指债权人行使债权时,债务人根据法定事由,对抗债权人行使请求权的权利。

第三节 保证责任

第二十一条 【保证范围】保证担保的范围包括主债权及利息、违约金、损害赔偿金和实现债权的费用。保证合同另有约定的,按照约定。

当事人对保证担保的范围没有约定或者约定不明确的,保证人应当对全部债务承担责任。

第二十二条 【债权让与对保证责任的影响】保证期间,债权人依法将主债权转让给第三人的,保证人在原保证担保的范围内继续承担保证责任。保证合同另有约定的,按照约定。

第二十三条 【债务承担对保证责任的影响】保证期间,债权人许可债务人转让债务的,应当取得保证人书面同意,保证人对未经其同意转让的债务,不再承担保证责任。

第二十四条 【债的变更对保证责任的影响】债权人与债务人协议变更主合同的,应当取得保证人书面同意,未经保证人书面同意的,保证人不再承担保证责任。保证合同另有约定的,按照约定。

第二十五条 【一般保证的保证期间】一般保证的保证人与债权人未约定保证期间的,保证期间为主债务履行期届满之日起六个月。

在合同约定的保证期间和前款规定的保证期间,债权人未对债务人提起诉讼或者申请仲裁的,保证人免除保证责任;债权人已提起诉讼或者申请仲裁的,保证期间适用诉讼时效中断的规定。

第二十六条 【连带责任的保证期间】连带责任保证的保证人与债权人未约定保证期间的,债权人有权自主债务履行期届满之日起六个月内要求保证人承担保证责任。

在合同约定的保证期间和前款规定的保证期间,债权人未要求保证人承担保证责任的,保证人免除保证责任。

第二十七条 【最高额保证的保证期间】保证人依照本法第十四条规定就连续发生的债权作保证,未约定保证期间的,保证人可以随时书面通知债权人终止保证合同,但保证人对于通知到债权人前所发生的债权,承担保证责任。

第二十八条①　【保证担保与物的担保并存时保证责任的承担】同一债权既有保证又有物的担保的,保证人对物的担保以外的债权承担保证责任。

债权人放弃物的担保的,保证人在债权人放弃权利的范围内免除保证责任。

第二十九条 【企业法人的分支机构订立的无效保证合同的处理】企业法人的分支机构未经法人书面授权或者超出授权范围与债权人订立保证合同的,该合同无效或者超出授权范围的部分无效,债权人和企业法人有过错的,应当根据其过错各自承担相应的民事责任;债权人无过错的,由企业法人承担民事责任。

第三十条 【保证责任的免除】有下列情形之一的,保证人不承担民事责任:

(一)主合同当事人双方串通,骗取保证人提供保证的;

(二)主合同债权人采取欺诈、胁迫等手段,使保证人在违背真实意思的情况下提供保证的。

第三十一条 【保证人的追偿权】保证人承担保证责任后,有权向债务人追偿。

第三十二条 【保证人追偿权的预先行使】人民法院受理债务人破产案件后,债权人未申报债权的,保证人可以参加破产财产分配,预先行使追偿权。

---

① 《物权法》第一百七十六条:“被担保的债权既有物的担保又有人的担保的,债务人不履行到期债务或者发生当事人约定的实现担保物权的情形,债权人应当按照约定实现债权;没有约定或者约定不明确,债务人自己提供物的担保的,债权人应当先就该物的担保实现债权;第三人提供物的担保的,债权人可以就物的担保实现债权,也可以要求保证人承担保证责任。提供担保的第三人承担担保责任后,有权向债务人追偿。”否定物保优先于人保,确定意思自治优先。

第三章 抵 押

第一节 抵押和抵押物

第三十三条[①] **【抵押、抵押人、抵押权人和抵押物】**本法所称抵押，是指债务人或者第三人不转移对本法第三十四条所列财产的占有，将该财产作为债权的担保。债务人不履行债务时，债权人有权依照本法规定以该财产折价或者以拍卖、变卖该财产的价款优先受偿。

前款规定的债务人或者第三人为抵押人，债权人为抵押权人，提供担保的财产为抵押物。

第三十四条[②] **【抵押财产的范围】**下列财产可以抵押：

（一）抵押人所有的房屋和其他地上定着物；

（二）抵押人所有的机器、交通运输工具和其他财产；

（三）抵押人依法有权处分的国有的土地使用权、房屋和其他地上定着物；

（四）抵押人依法有权处分的国有的机器、交通运输工具和其他财产；

（五）抵押人依法承包并经发包方同意抵押的荒山、荒沟、荒丘、荒滩等荒地的土地使用权；

（六）依法可以抵押的其他财产。

抵押人可以将前款所列财产一并抵押。

第三十五条[③] **【超额抵押之禁止】**抵押人所担保的债权不得超出其抵押物的价值。

财产抵押后，该财产的价值大于所担保债权的余额部分，可以再次抵押，但不得超出其余额部分。

第三十六条 【设定抵押时房屋与土地使用权间的关系】以依法取得的国有土地上的房屋抵押的，该房屋占用范围内的国有土地使用权同时抵押。

以出让方式取得的国有土地使用权抵押的，应当将抵押时该国有土地上的房屋同时抵押。

乡（镇）、村企业的土地使用权不得单独抵押。以乡（镇）、村企业的厂房等建筑物抵押的，其占用范围内的土地使用权同时抵押。

第三十七条 【不得设定抵押的财产】下列财产不得抵押：

（一）土地所有权；

（二）耕地、宅基地、自留地、自留山等集体所有的土地使用权，但本法第三十四条第（五）项、第三十六条第三款规定的除外；

（三）学校、幼儿园、医院等以公益为目的的事业单位、社会团体的教育设施、医疗卫生设施和其他社会公益设施；

（四）所有权、使用权不明或者有争议的财产；

（五）依法被查封、扣押、监管的财产；

（六）依法不得抵押的其他财产。

第二节 抵押合同和抵押物登记

第三十八条 【抵押合同的订立】抵押人和抵押权人应当以书面形式订立抵押合同。

第三十九条 【抵押合同内容】抵押合同应当包括以下内容：

（一）被担保的主债权种类、数额；

（二）债务人履行债务的期限；

（三）抵押物的名称、数量、质量、状况、所在地、所有权权属或者使用权权属；

（四）抵押担保的范围；

（五）当事人认为需要约定的其他事项。

抵押合同不完全具备前款规定内容的，可以补正。

第四十条 【抵押合同的禁止】订立抵押合同时，抵押权人和抵押人在合同中不得约定在债务履行期届满抵押权人未受清偿时，抵押物的所

---

① 《物权法》第一百七十条："担保物权人在债务人不履行到期债务或者发生当事人约定的实现担保物权的情形，依法享有就担保财产优先受偿的权利，但法律另有规定的除外。"扩大了行使担保物权的条件。

② 《物权法》第一百八十条："债务人或者第三人有权处分的下列财产可以抵押：（一）建筑物和其他土地附着物；（二）建设用地使用权；（三）以招标、拍卖、公开协商等方式取得的荒地等土地承包经营权；（四）生产设备、原材料、半成品、产品；（五）正在建造的建筑物、船舶、航空器；（六）交通运输工具；（七）法律、行政法规未禁止抵押的其他财产。抵押人可以将前款所列财产一并抵押。"变"所有"为"有权处分"，扩大了抵押物的范围。

③ 《物权法》第十三条："登记机构不得有下列行为：（一）要求对不动产进行评估；（二）以年检等名义进行重复登记；（三）超出登记职责范围的其他行为。"间接取消了被担保的债权不得超出抵押物的价值的不合理规定。

有权转移为债权人所有。

第四十一条①　**【抵押物登记及其效力】**当事人以本法第四十二条规定的财产抵押的，应当办理抵押物登记，抵押合同自登记之日起生效。

第四十二条　【抵押物登记机关】办理抵押物登记的部门如下：

（一）以无地上定着物的土地使用权抵押的，为核发土地使用权证书的土地管理部门；

（二）以城市房地产或者乡（镇）、村企业的厂房等建筑物抵押的，为县级以上地方人民政府规定的部门；

（三）以林木抵押的，为县级以上林木主管部门；

（四）以航空器、船舶、车辆抵押的，为运输工具的登记部门；

（五）以企业的设备和其他动产抵押的，为财产所在地的工商行政管理部门。

第四十三条　【抵押物的自愿登记】当事人以其他财产抵押的，可以自愿办理抵押物登记，抵押合同自签订之日起生效。

当事人未办理抵押物登记的，不得对抗第三人。当事人办理抵押物登记的，登记部门为抵押人所在地的公证部门。

第四十四条　【办理抵押物登记应提交的文件】办理抵押物登记，应当向登记部门提供下列文件或者其复印件：

（一）主合同和抵押合同；

（二）抵押物的所有权或者使用权证书。

第四十五条　【抵押登记资料的公开】登记部门登记的资料，应当允许查阅、抄录或者复印。

第三节　抵押的效力

第四十六条　【抵押担保的范围】抵押担保的范围包括主债权及利息、违约金、损害赔偿金和实现抵押权的费用。抵押合同另有约定的，按照约定。

第四十七条　【抵押权对抵押物所生孳息的效力】债务履行期届满，债务人不履行债务致使抵押物被人民法院依法扣押的，自扣押之日起抵押权人有权收取由抵押物分离的天然孳息以及抵押人就抵押物可以收取的法定孳息。抵押权人未将扣押抵押物的事实通知应当清偿法定孳息的义务人的，抵押权的效力不及于该孳息。

前款孳息应当先充抵收取孳息的费用。

第四十八条　【抵押权对抵押物上已存在的租赁权的效力】抵押人将已出租的财产抵押的，应当书面告知承租人，原租赁合同继续有效。

第四十九条②　**【抵押权的效力对抵押物处分权的影响】**抵押期间，抵押人转让已办理登记的抵押物的，应当通知抵押权人并告知受让人转让物已经抵押的情况；抵押人未通知抵押权人或者未告知受让人的，转让行为无效。

转让抵押物的价款明显低于其价值的，抵押权人可以要求抵押人提供相应的担保；抵押人不提供的，不得转让抵押物。

抵押人转让抵押物所得的价款，应当向抵押权人提前清偿所担保的债权或者向与抵押权人约定的第三人提存。超过债权数额的部分，归抵押人所有，不足部分由债务人清偿。

第五十条　【抵押权转移的从属性】抵押权不得与债权分离而单独转让或者作为其他债权的担保。

第五十一条③　**【抵押权人在抵押权受侵害时的权利】**抵押人的行为足以使抵押物价值减少的，抵押权人有权要求抵押人停止其行为。抵押物价值减少时，抵押权人有权要求抵押人恢复抵押物的价值，或者提供与减少的价值相当的担保。

---

① 《物权法》第十五条："当事人之间订立有关设立、变更、转让和消灭不动产物权的合同，除法律另有规定或者合同另有约定外，自合同成立时生效；未办理物权登记的，不影响合同效力。"区分合同行为和物权行为。《物权法》第一百八十八条："以本法第一百八十条第一款第四项、第六项规定的财产或者第五项规定的正在建造的船舶、航空器抵押的，抵押权自抵押合同生效时设立；未经登记，不得对抗善意第三人。"关于车辆、船舶、航空器抵押由登记生效主义变为登记对抗主义。

② 《物权法》第一百九十一条："抵押期间，抵押人经抵押权人同意转让抵押财产的，应当将转让所得的价款向抵押权人提前清偿债务或者提存。转让的价款超过债权数额的部分归抵押人所有，不足部分由债务人清偿。抵押期间，抵押人未经抵押权人同意，不得转让抵押财产，但受让人代为清偿债务消灭抵押权的除外。"限制了抵押人的权利。

③ 《物权法》第一百九十三条："抵押人的行为足以使抵押财产价值减少的，抵押权人有权要求抵押人停止其行为。抵押财产价值减少的，抵押权人有权要求恢复抵押财产的价值，或者提供与减少的价值相应的担保。抵押人不恢复抵押财产的价值也不提供担保的，抵押权人有权要求债务人提前清偿债务。"增加抵押人不作为时抵押权人的提前清偿请求权。

抵押人对抵押物价值减少无过错的，抵押权人只能在抵押人因损害而得到的赔偿范围内要求提供担保。抵押物价值未减少的部分，仍作为债权的担保。

第五十二条 【抵押权消灭的从属性】抵押权与其担保的债权同时存在，债权消灭的，抵押权也消灭。

第四节 抵押权的实现

第五十三条[①] 【抵押权实现的条件和方式】债务履行期届满抵押权人未受清偿的，可以与抵押人协议以抵押物折价或者以拍卖、变卖该抵押物所得的价款受偿；协议不成的，抵押权人可以向人民法院提起诉讼。

抵押物折价或者拍卖、变卖后，其价款超过债权数额的部分归抵押人所有，不足部分由债务人清偿。

第五十四条 【抵押权的次序】同一财产向两个以上债权人抵押的，拍卖、变卖抵押物所得的价款按照以下规定清偿：

（一）抵押合同以登记生效的，按照抵押物登记的先后顺序清偿；顺序相同的，按照债权比例清偿；

（二）抵押合同自签订之日起生效的，该抵押物已登记的，按照本条第（一）项规定清偿；未登记的，按照合同生效时间的先后顺序清偿，顺序相同的，按照债权比例清偿。抵押物已登记的先于未登记的受偿。

第五十五条 【房地产抵押权的实现】城市房地产抵押合同签订后，土地上新增的房屋不属于抵押物。需要拍卖该抵押的房地产时，可以依法将该土地上新增的房屋与抵押物一同拍卖，但对拍卖新增房屋所得，抵押权人无权优先受偿。

依照本法规定以承包的荒地的土地使用权抵押的，或者以乡（镇）、村企业的厂房等建筑物占用范围内的土地使用权抵押的，在实现抵押权后，未经法定程序不得改变土地集体所有和土地用途。

第五十六条 【划拨国有土地使用权后抵押权的实现】拍卖划拨的国有土地使用权所得的价款，在依法缴纳相当于应缴纳的土地使用权出让金的款额后，抵押权人有优先受偿权。

第五十七条 【物上保证人的追偿权】为债务人抵押担保的第三人，在抵押权人实现抵押权后，有权向债务人追偿。

第五十八条 【抵押物灭失的法律后果】抵押权因抵押物灭失而消灭。因灭失所得的赔偿金，应当作为抵押财产。

第五节 最高额抵押

第五十九条 【最高额抵押的定义】本法所称最高额抵押，是指抵押人与抵押权人协议，在最高债权额限度内，以抵押物对一定期间内连续发生的债权作担保。

第六十条 【最高额抵押适用范围】借款合同可以附最高额抵押合同。

债权人与债务人就某项商品在一定期间内连续发生交易而签订的合同，可以附最高额抵押合同。

第六十一条 【最高额抵押的主债权转让的禁止】最高额抵押的主合同债权不得转让。

第六十二条 【最高额抵押的法律适用】最高额抵押除适用本节规定外，适用本章其他规定。

第四章 质 押

第一节 动产质押

第六十三条 【动产质押的定义】本法所称动产质押，是指债务人或者第三人将其动产移交债权人占有，将该动产作为债权的担保。债务人不履行债务时，债权人有权依照本法规定以该动产折价或者以拍卖、变卖该动产的价款优先受偿。

① 《物权法》第一百九十五条："债务人不履行到期债务或者发生当事人约定的实现抵押权的情形，抵押权人可以与抵押人协议以抵押财产折价或者以拍卖、变卖该抵押财产所得的价款优先受偿。协议损害其他债权人利益的，其他债权人可以在知道或者应当知道撤销事由之日起一年内请求人民法院撤销该协议。抵押权人与抵押人未就抵押权实现方式达成协议的，抵押权人可以请求人民法院拍卖、变卖抵押财产。抵押财产折价或者变卖的，应当参照市场价格。"增加了抵押权实现侵害其他债权人利益时的救济措施。

前款规定的债务人或者第三人为出质人，债权人为质权人，移交的动产为质物。

第六十四条①　**【质押合同的订立及其生效】**出质人和质权人应当以书面形式订立质押合同。

质押合同自质物移交于质权人占有时生效。

第六十五条　【质押合同内容】质押合同应当包括以下内容：

(一)被担保的主债权种类、数额；

(二)债务人履行债务的期限；

(三)质物的名称、数量、质量、状况；

(四)质押担保的范围；

(五)质物移交的时间；

(六)当事人认为需要约定的其他事项。

质押合同不完全具备前款规定内容的，可以补正。

第六十六条　【留质契约的禁止】出质人和质权人在合同中不得约定在债务履行期届满质权人未受清偿时，质物的所有权转移为质权人所有。

第六十七条　【质押担保的范围】质押担保的范围包括主债权及利息、违约金、损害赔偿金、质物保管费用和实现质权的费用。质押合同另有约定的，按照约定。

第六十八条　【质物孳息的收取权】质权人有权收取质物所生的孳息。质押合同另有约定的，按照约定。

前款孳息应当先充抵收取孳息的费用。

第六十九条　【质物的保管义务】质权人负有妥善保管质物的义务。因保管不善致使质物灭失或者毁损的，质权人应当承担民事责任。

质权人不能妥善保管质物可能致使其灭失或者毁损的，出质人可以要求质权人将质物提存，或者要求提前清偿债权而返还质物。

第七十条　【质权人的物上代位权】质物有损坏或者价值明显减少的可能，足以危害质权人权利的，质权人可以要求出质人提供相应的担保。出质人不提供的，质权人可以拍卖或者变卖质物，并与出质人协议将拍卖或者变卖所得的价款用于提前清偿所担保的债权或者向与出质人约定的第三人提存。

第七十一条　【质权人返还质物的义务、质权人的优先受偿权及质权的实现】债务履行期届满债务人履行债务的，或者出质人提前清偿所担保的债权的，质权人应当返还质物。

债务履行期届满质权人未受清偿的，可以与出质人协议以质物折价，也可以依法拍卖、变卖质物。

质物折价或者拍卖、变卖后，其价款超过债权数额的部分归出质人所有，不足部分由债务人清偿。

第七十二条　【物上保证人的追偿权】为债务人质押担保的第三人，在质权人实现质权后，有权向债务人追偿。

第七十三条　【质物灭失的法律后果】质权因质物灭失而消灭。因灭失所得的赔偿金，应当作为出质财产。

第七十四条　【质权消灭的从属性】质权与其担保的债权同时存在，债权消灭的，质权也消灭。

第二节　权利质押

第七十五条　【可以质押的权利】下列权利可以质押：

(一)汇票、支票、本票、债券、存款单、仓单、提单；

(二)依法可以转让的股份、股票；

(三)依法可以转让的商标专用权，专利权、著作权中的财产权；

(四)依法可以质押的其他权利。

第七十六条　【证券债权质押的设定】以汇票、支票、本票、债券、存款单、仓单、提单出质的，应当在合同约定的期限内将权利凭证交付质权人。质押合同自权利凭证交付之日起生效。

第七十七条　【证券债权质权的效力】以载明兑现或者提货日期的汇票、支票、本票、债券、存款单、仓单、提单出质的，汇票、支票、本票、债券、存款单、仓单、提单兑现或者提货日期先于债务履行期的，质权人可以在债务履行期届满前兑现或者提货，并与出质人协议将兑现的价款或者提取的货物用于提前清偿所担保的债权或者向

① 《物权法》第二百一十二条："质权自出质人交付质押财产时设立。"区分合同行为和物权行为。

与出质人约定的第三人提存。

第七十八条① 【**股权质权的设定及股权质权的效力**】以依法可以转让的股票出质的，出质人与质权人应当订立书面合同，并向证券登记机构办理出质登记。质押合同自登记之日起生效。

股票出质后，不得转让，但经出质人与质权人协商同意的可以转让。出质人转让股票所得的价款应当向质权人提前清偿所担保的债权或者向与质权人约定的第三人提存。

以有限责任公司的股份出质的，适用公司法股份转让的有关规定。质押合同自股份出质记载于股东名册之日起生效。

第七十九条② 【**知识产权质权的设定**】以依法可以转让的商标专用权，专利权、著作权中的财产权出质的，出质人与质权人应当订立书面合同，并向其管理部门办理出质登记。质押合同自登记之日起生效。

第八十条 【**知识产权质权的效力**】本法第七十九条规定的权利出质后，出质人不得转让或者许可他人使用，但经出质人与质权人协商同意的可以转让或者许可他人使用。出质人所得的转让费、许可费应当向质权人提前清偿所担保的债权或者向与质权人约定的第三人提存。

第八十一条 【**权利质押的法律适用**】权利质押除适用本节规定外，适用本章第一节的规定。

第五章 留 置

第八十二条 【**留置与留置权**】本法所称留置，是指依照本法第八十四条的规定，债权人按照合同约定占有债务人的动产，债务人不按照合同约定的期限履行债务的，债权人有权依照本法规定留置该财产，以该财产折价或者以拍卖、变卖该财产的价款优先受偿。

第八十三条 【**留置担保的范围**】留置担保的范围包括主债权及利息、违约金、损害赔偿金，留置物保管费用和实现留置权的费用。

第八十四条③ 【**留置的适用范围**】因保管合同、运输合同、加工承揽合同发生的债权，债务人不履行债务的，债权人有留置权。

法律规定可以留置的其他合同，适用前款规定。

当事人可以在合同中约定不得留置的物。

第八十五条 【**留置物的价值**】留置的财产为可分物的，留置物的价值应当相当于债务的金额。

第八十六条 【**留置物的保管义务**】留置权人负有妥善保管留置物的义务。因保管不善致使留置物灭失或者毁损的，留置权人应当承担民事责任。

第八十七条 【**留置权的实现**】债权人与债务人应当在合同中约定，债权人留置财产后，债务人应当在不少于两个月的期限内履行债务。债权人与债务人在合同中未约定的，债权人留置债务人财产后，应当确定两个月以上的期限，通知债务人在该期限内履行债务。

债务人逾期仍不履行的，债权人可以与债务人协议以留置物折价，也可以依法拍卖、变卖留置物。

留置物折价或者拍卖、变卖后，其价款超过债权数额的部分归债务人所有，不足部分由债务人清偿。

第八十八条 【**留置权的消灭**】留置权因下列原因消灭：

（一）债权消灭的；

（二）债务人另行提供担保并被债权人接受的。

第六章 定 金

第八十九条 【**定金及其法律效力**】当事人可以约定一方向对方给付定金作为债权的担保。债务人履行债务后，定金应当抵作价款或者收

---

① 《物权法》第二百二十四条："以汇票、支票、本票、债券、存款单、仓单、提单出质的，当事人应当订立书面合同。质权自权利凭证交付质权人时设立；没有权利凭证的，质权自有关部门办理出质登记时设立。"有限责任公司股份质押以工商部门登记为准。

② 《物权法》第二百二十七条："以注册商标专用权、专利权、著作权等知识产权中的财产权出质的，当事人应当订立书面合同。质权自有关主管部门办理出质登记时设立。"区分合同行为和物权行为。

③ 《物权法》第二百三十条："债务人不履行到期债务，债权人可以留置已经合法占有的债务人的动产，并有权就该动产优先受偿。前款规定的债权人为留置权人，占有的动产为留置财产。"扩大了留置权的范围。

回。给付定金的一方不履行约定的债务的,无权要求返还定金;收受定金的一方不履行约定的债务的,应当双倍返还定金。

第九十条　【定金的成立】定金应当以书面形式约定。当事人在定金合同中应当约定交付定金的期限。定金合同从实际交付定金之日起生效。

第九十一条　【定金的数额】定金的数额由当事人约定,但不得超过主合同标的额的百分之二十。

第七章　附　则

第九十二条　【动产与不动产】本法所称不动产是指土地以及房屋、林木等地上定着物。

本法所称动产是指不动产以外的物。

第九十三条　【担保合同的表现形式】本法所称保证合同、抵押合同、质押合同、定金合同可以是单独订立的书面合同,包括当事人之间的具有担保性质的信函、传真等,也可以是主合同中的担保条款。

第九十四条　【担保物折价或变卖的价格确定】抵押物、质物、留置物折价或者变卖,应当参照市场价格。

第九十五条　【本法适用的例外】海商法等法律对担保有特别规定的,依照其规定。

第九十六条　【生效日期】本法自 1995 年 10 月 1 日起施行。

7. 关于调整固定资产投资项目资本金比例的通知

(2009 年 5 月 25 日国务院国发〔2009〕27 号发布,自发布之日起施行)

各省、自治区、直辖市人民政府,国务院各部委、各直属机构:

固定资产投资项目资本金制度既是宏观调控手段,也是风险约束机制。该制度自 1996 年建立以来,对改善宏观调控、促进结构调整、控制企业投资风险、保障金融机构稳健经营、防范金融风险发挥了积极作用。为应对国际金融危机,扩大国内需求,有保有压,促进结构调整,有效防范金融风险,保持国民经济平稳较快增长,国务院决定对固定资产投资项目资本金比例进行适当调整。现就有关事项通知如下:

一、各行业固定资产投资项目的最低资本金比例按以下规定执行:

钢铁、电解铝项目,最低资本金比例为 40%。

水泥项目,最低资本金比例为 35%。

煤炭、电石、铁合金、烧碱、焦炭、黄磷、玉米深加工、机场、港口、沿海及内河航运项目,最低资本金比例为 30%。

铁路、公路、城市轨道交通、化肥(钾肥除外)项目,最低资本金比例为 25%。

保障性住房和普通商品住房项目的最低资本金比例为 20%,其他房地产开发项目的最低资本金比例为 30%。

其他项目的最低资本金比例为 20%。

二、经国务院批准,对个别情况特殊的国家重大建设项目,可以适当降低最低资本金比例要求。属于国家支持的中小企业自主创新、高新技术投资项目,最低资本金比例可以适当降低。外商投资项目按现行有关法规执行。

三、金融机构在提供信贷支持和服务时,要坚持独立审贷,切实防范金融风险。要根据借款主体和项目实际情况,参照国家规定的资本金比例要求,对资本金的真实性、投资收益和贷款风险进行全面审查和评估,自主决定是否发放贷款以及具体的贷款数量和比例。

四、自本通知发布之日起,凡尚未审批可行性研究报告、核准项目申请报告、办理备案手续的投资项目,以及金融机构尚未贷款的投资项目,均按照本通知执行。已经办理相关手续但尚未开工建设的投资项目,参照本通知执行。

五、国家将根据经济形势发展和宏观调控需要,适时调整固定资产投资项目最低资本金比例。

六、本通知自发布之日起执行。

国务院

二〇〇九年五月二十五日

8. 最高人民法院关于适用《中华人民共和国担保法》若干问题的解释

（2000年9月29日最高人民法院审判委员会第1133次会议通过，2000年12月8日法释〔2000〕44号公布，自2000年12月13日起施行）

为了正确适用《中华人民共和国担保法》（以下简称担保法），结合审判实践经验，对人民法院审理担保纠纷案件适用法律问题作出如下解释。

一、关于总则部分的解释

第一条 当事人对由民事关系产生的债权，在不违反法律、法规强制性规定的情况下，以担保法规定的方式设定担保的，可以认定为有效。

第二条 反担保人可以是债务人，也可以是债务人之外的其他人。

反担保方式可以是债务人提供的抵押或者质押，也可以是其他人提供的保证、抵押或者质押。

第三条 国家机关和以公益为目的的事业单位、社会团体违反法律规定提供担保的，担保合同无效。因此给债权人造成损失的，应当根据担保法第五条第二款的规定处理。

第四条 董事、经理违反《中华人民共和国公司法》第六十条的规定，以公司资产为本公司的股东或者其他个人债务提供担保的，担保合同无效。除债权人知道或者应当知道的外，债务人、担保人应当对债权人的损失承担连带赔偿责任。

第五条 以法律、法规禁止流通的财产或者不可转让的财产设定担保的，担保合同无效。

以法律、法规限制流通的财产设定担保的，在实现债权时，人民法院应当按照有关法律、法规的规定对该财产进行处理。

第六条 有下列情形之一的，对外担保合同无效：

（一）未经国家有关主管部门批准或者登记对外担保的；

（二）未经国家有关主管部门批准或者登记，为境外机构向境内债权人提供担保的；

（三）为外商投资企业注册资本、外商投资企业中的外方投资部分的对外债务提供担保的；

（四）无权经营外汇担保业务的金融机构、无外汇收入的非金融性质的企业法人提供外汇担保的；

（五）主合同变更或者债权人将对外担保合同项下的权利转让，未经担保人同意和国家有关主管部门批准的，担保人不再承担担保责任。但法律、法规另有规定的除外。

第七条 主合同有效而担保合同无效，债权人无过错的，担保人与债务人对主合同债权人的经济损失，承担连带赔偿责任；债权人、担保人有过错的，担保人承担民事责任的部分，不应超过债务人不能清偿部分的二分之一。

第八条 主合同无效而导致担保合同无效，担保人无过错的，担保人不承担民事责任；担保人有过错的，担保人承担民事责任的部分，不应超过债务人不能清偿部分的三分之一。

第九条 担保人因无效担保合同向债权人承担赔偿责任后，可以向债务人追偿，或者在承担赔偿责任的范围内，要求有过错的反担保人承担赔偿责任。

担保人可以根据承担赔偿责任的事实对债务人或者反担保人另行提起诉讼。

第十条 主合同解除后，担保人对债务人应当承担的民事责任仍应承担担保责任。但是，担保合同另有约定的除外。

第十一条 法人或者其他组织的法定代表人、负责人超越权限订立的担保合同，除相对人知道或者应当知道其超越权限的以外，该代表行为有效。

第十二条 当事人约定的或者登记部门要求登记的担保期间，对担保物权的存续不具有法律约束力。

担保物权所担保的债权的诉讼时效结束后，

担保权人在诉讼时效结束后的二年内行使担保物权的，人民法院应当予以支持。①

二、关于保证部分的解释

第十三条　保证合同中约定保证人代为履行非金钱债务的，如果保证人不能实际代为履行，对债权人因此造成的损失，保证人应当承担赔偿责任。

第十四条　不具有完全代偿能力的法人、其他组织或者自然人，以保证人身份订立保证合同后，又以自己没有代偿能力要求免除保证责任的，人民法院不予支持。

第十五条　担保法第七条规定的其他组织主要包括：

（一）依法登记领取营业执照的独资企业、合伙企业；

（二）依法登记领取营业执照的联营企业；

（三）依法登记领取营业执照的中外合作经营企业；

（四）经民政部门核准登记的社会团体；

（五）经核准登记领取营业执照的乡镇、街道、村办企业。

第十六条　从事经营活动的事业单位、社会团体为保证人的，如无其他导致保证合同无效的情况，其所签定的保证合同应当认定为有效。

第十七条　企业法人的分支机构未经法人书面授权提供保证的，保证合同无效。因此给债权人造成损失的，应当根据担保法第五条第二款的规定处理。

企业法人的分支机构经法人书面授权提供保证的，如果法人的书面授权范围不明，法人的分支机构应当对保证合同约定的全部债务承担保证责任。

企业法人的分支机构经营管理的财产不足以承担保证责任的，由企业法人承担民事责任。

企业法人的分支机构提供的保证无效后应当承担赔偿责任的，由分支机构经营管理的财产承担。企业法人有过错的，按照担保法第二十九条的规定处理。

第十八条　企业法人的职能部门提供保证的，保证合同无效。债权人知道或者应当知道保证人为企业法人的职能部门的，因此造成的损失由债权人自行承担。

债权人不知保证人为企业法人的职能部门，因此造成的损失，可以参照担保法第五条第二款的规定和第二十九条的规定处理。

第十九条　两个以上保证人对同一债务同时或者分别提供保证时，各保证人与债权人没有约定保证份额的，应当认定为连带共同保证。

连带共同保证的保证人以其相互之间约定各自承担的份额对抗债权人的，人民法院不予支持。

第二十条　连带共同保证的债务人在主合同规定的债务履行期届满没有履行债务的，债权人可以要求债务人履行债务，也可以要求任何一个保证人承担全部保证责任。

连带共同保证的保证人承担保证责任后，向债务人不能追偿的部分，由各连带保证人按其内部约定的比例分担。没有约定的，平均分担。

第二十一条　按份共同保证的保证人按照保证合同约定的保证份额承担保证责任后，在其履行保证责任的范围内对债务人行使追偿权。

第二十二条　第三人单方以书面形式向债权人出具担保书，债权人接受且未提出异议的，保证合同成立。

主合同中虽然没有保证条款，但是，保证人在主合同上以保证人的身份签字或者盖章的，保证合同成立。

第二十三条　最高额保证合同的不特定债权确定后，保证人应当对在最高债权额限度内就一定期间连续发生的债权余额承担保证责任。

第二十四条　一般保证的保证人在主债权履行期间届满后，向债权人提供了债务人可供执行财产的真实情况的，债权人放弃或者怠于行使权利致使该财产不能被执行，保证人可以请求人民法院在其提供可供执行财产的实际价值范围内免除保证责任。

第二十五条　担保法第十七条第三款第

---

① 《物权法》第二百零二条："抵押权人应当在主债权诉讼时效期间行使抵押权；未行使的，人民法院不予保护。"时间上短于《担保法解释》的规定。

(一)项规定的债权人要求债务人履行债务发生的重大困难情形,包括债务人下落不明、移居境外,且无财产可供执行。

第二十六条 第三人向债权人保证监督支付专款专用的,在履行了监督支付专款专用的义务后,不再承担责任。未尽监督义务造成资金流失的,应当对流失的资金承担补充赔偿责任。

第二十七条 保证人对债务人的注册资金提供保证的,债务人的实际投资与注册资金不符,或者抽逃转移注册资金的,保证人在注册资金不足或者抽逃转移注册资金的范围内承担连带保证责任。

第二十八条 保证期间,债权人依法将主债权转让给第三人的,保证债权同时转让,保证人在原保证担保的范围内对受让人承担保证责任。但是保证人与债权人事先约定仅对特定的债权人承担保证责任或者禁止债权转让的,保证人不再承担保证责任。

第二十九条 保证期间,债权人许可债务人转让部分债务未经保证人书面同意的,保证人对未经其同意转让部分的债务,不再承担保证责任。但是,保证人仍应当对未转让部分的债务承担保证责任。

第三十条 保证期间,债权人与债务人对主合同数量、价款、币种、利率等内容作了变动,未经保证人同意的,如果减轻债务人的债务的,保证人仍应当对变更后的合同承担保证责任;如果加重债务人的债务的,保证人对加重的部分不承担保证责任。

债权人与债务人对主合同履行期限作了变动,未经保证人书面同意的,保证期间为原合同约定的或者法律规定的期间。

债权人与债务人协议变动主合同内容,但并未实际履行的,保证人仍应当承担保证责任。

第三十一条 保证期间不因任何事由发生中断、中止、延长的法律后果。

第三十二条 保证合同约定的保证期间早于或者等于主债务履行期限的,视为没有约定,保证期间为主债务履行期届满之日起六个月。

保证合同约定保证人承担保证责任直至主债务本息还清时为止等类似内容的,视为约定不明,保证期间为主债务履行期届满之日起二年。

第三十三条 主合同对主债务履行期限没有约定或者约定不明的,保证期间自债权人要求债务人履行义务的宽限期届满之日起计算。

第三十四条 一般保证的债权人在保证期间届满前对债务人提起诉讼或者申请仲裁的,从判决或者仲裁裁决生效之日起,开始计算保证合同的诉讼时效。

连带责任保证的债权人在保证期间届满前要求保证人承担保证责任的,从债权人要求保证人承担保证责任之日起,开始计算保证合同的诉讼时效。

第三十五条 保证人对已经超过诉讼时效期间的债务承担保证责任或者提供保证的,又以超过诉讼时效为由抗辩的,人民法院不予支持。

第三十六条 一般保证中,主债务诉讼时效中断,保证债务诉讼时效中断;连带责任保证中,主债务诉讼时效中断,保证债务诉讼时效不中断。

一般保证和连带责任保证中,主债务诉讼时效中止的,保证债务的诉讼时效同时中止。

第三十七条 最高额保证合同对保证期间没有约定或者约定不明的,如最高额保证合同约定有保证人清偿债务期限的,保证期间为清偿期限届满之日起六个月。没有约定债务清偿期限的,保证期间自最高额保证终止之日或自债权人收到保证人终止保证合同的书面通知到达之日起六个月。

第三十八条 同一债权既有保证又有第三人提供物的担保的,债权人可以请求保证人或者物的担保人承担担保责任。当事人对保证担保的范围或者物的担保的范围没有约定或者约定不明的,承担了担保责任的担保人,可以向债务人追偿,也可以要求其他担保人清偿其应当分担的份额。①

① 《物权法》第一百七十六条:"被担保的债权既有物的担保又有人的担保的,债务人不履行到期债务或者发生当事人约定的实现担保物权的情形,债权人应当按照约定实现债权;没有约定或者约定不明确,债务人自己提供物的担保的,债权人应当先就该物的担保实现债权;第三人提供物的担保的,债权人可以就物的担保实现债权,也可以要求保证人承担保证责任。提供担保的第三人承担担保责任后,有权向债务人追偿。"否定物保优先于人保,确定意思自治优先。

同一债权既有保证又有物的担保的，物的担保合同被确认无效或者被撤销，或者担保物因不可抗力的原因灭失而没有代位物的，保证人仍应当按合同的约定或者法律的规定承担保证责任。

债权人在主合同履行期届满后怠于行使担保物权，致使担保物的价值减少或者毁损、灭失的，视为债权人放弃部分或者全部物的担保。保证人在债权人放弃权利的范围内减轻或者免除保证责任。

第三十九条 主合同当事人双方协议以新贷偿还旧贷，除保证人知道或者应当知道的外，保证人不承担民事责任。

新贷与旧贷系同一保证人的，不适用前款的规定。

第四十条 主合同债务人采取欺诈、胁迫等手段，使保证人在违背真实意思的情况下提供保证的，债权人知道或者应当知道欺诈、胁迫事实的，按照担保法第三十条的规定处理。

第四十一条 债务人与保证人共同欺骗债权人，订立主合同和保证合同的，债权人可以请求人民法院予以撤销。因此给债权人造成损失的，由保证人与债务人承担连带赔偿责任。

第四十二条 人民法院判决保证人承担保证责任或者赔偿责任的，应当在判决书主文中明确保证人享有担保法第三十一条规定的权利。判决书中未予明确追偿权的，保证人只能按照承担责任的事实，另行提起诉讼。

保证人对债务人行使追偿权的诉讼时效，自保证人向债权人承担责任之日起开始计算。

第四十三条 保证人自行履行保证责任时，其实际清偿额大于主债权范围的，保证人只能在主债权范围内对债务人行使追偿权。

第四十四条 保证期间，人民法院受理债务人破产案件的，债权人既可以向人民法院申报债权，也可以向保证人主张权利。

债权人申报债权后在破产程序中未受清偿的部分，保证人仍应当承担保证责任。债权人要求保证人承担保证责任的，应当在破产程序终结后六个月内提出。

第四十五条 债权人知道或者应当知道债务人破产，既未申报债权也未通知保证人，致使保证人不能预先行使追偿权的，保证人在该债权在破产程序中可能受偿的范围内免除保证责任。

第四十六条 人民法院受理债务人破产案件后，债权人未申报债权的，各连带共同保证的保证人应当作为一个主体申报债权，预先行使追偿权。

三、关于抵押部分的解释

第四十七条 以依法获准尚未建造的或者正在建造中的房屋或者其他建筑物抵押的，当事人办理了抵押物登记，人民法院可以认定抵押有效。

第四十八条 以法定程序确认为违法、违章的建筑物抵押的，抵押无效。

第四十九条 以尚未办理权属证书的财产抵押的，在第一审法庭辩论终结前能够提供权利证书或者补办登记手续的，可以认定抵押有效。

当事人未办理抵押物登记手续的，不得对抗第三人。

第五十条 以担保法第三十四条第一款所列财产一并抵押的，抵押财产的范围应当以登记的财产为准。抵押财产的价值在抵押权实现时予以确定。

第五十一条 抵押人所担保的债权超出其抵押物价值的，超出的部分不具有优先受偿的效力。

第五十二条 当事人以农作物和与其尚未分离的土地使用权同时抵押的，土地使用权部分的抵押无效。

第五十三条 学校、幼儿园、医院等以公益为目的的事业单位、社会团体，以其教育设施、医疗卫生设施和其他社会公益设施以外的财产为自身债务设定抵押的，人民法院可以认定抵押有效。

第五十四条 按份共有人以其共有财产中享有的份额设定抵押的，抵押有效。

共同共有人以其共有财产设定抵押，未经其他共有人的同意，抵押无效。但是，其他共有人知道或者应当知道而未提出异议的视为同意，抵押有效。

第五十五条 已经设定抵押的财产被采取查封、扣押等财产保全或者执行措施的，不影响抵押权的效力。

第五十六条 抵押合同对被担保的主债权

种类、抵押财产没有约定或者约定不明，根据主合同和抵押合同不能补正或者无法推定的，抵押不成立。

法律规定登记生效的抵押合同签订后，抵押人违背诚实信用原则拒绝办理抵押登记致使债权人受到损失的，抵押人应当承担赔偿责任。

第五十七条 当事人在抵押合同中约定，债务履行期届满抵押权人未受清偿时，抵押物的所有权转移为债权人所有的内容无效。该内容的无效不影响抵押合同其他部分内容的效力。

债务履行期届满后抵押权人未受清偿时，抵押权人和抵押人可以协议以抵押物折价取得抵押物。但是，损害顺序在后的担保物权人和其他债权人利益的，人民法院可以适用合同法第七十四条、第七十五条的有关规定。

第五十八条 当事人同一天在不同的法定登记部门办理抵押物登记的，视为顺序相同。

因登记部门的原因致使抵押物进行连续登记的，抵押物第一次登记的日期，视为抵押登记的日期，并依此确定抵押权的顺序。

第五十九条 当事人办理抵押物登记手续时，因登记部门的原因致使其无法办理抵押物登记，抵押人向债权人交付权利凭证的，可以认定债权人对该财产有优先受偿权。但是，未办理抵押物登记的，不得对抗第三人。

第六十条 以担保法第四十二条第（二）项规定的不动产抵押的，县级以上地方人民政府对登记部门未作规定，当事人在土地管理部门或者房产管理部门办理了抵押物登记手续，人民法院可以确认其登记的效力。

第六十一条 抵押物登记记载的内容与抵押合同约定的内容不一致的，以登记记载的内容为准。

第六十二条 抵押物因附合、混合或者加工使抵押物的所有权为第三人所有的，抵押权的效力及于补偿金；抵押物所有人为附合物、混合物或者加工物的所有人的，抵押权的效力及于附合物、混合物或者加工物；第三人与抵押物所有人为附合物、混合物或者加工物的共有人的，抵押权的效力及于抵押人对共有物享有的份额。

第六十三条 抵押权设定前为抵押物的从物的，抵押权的效力及于抵押物的从物。但是，抵押物与其从物为两个以上的人分别所有时，抵押权的效力不及于抵押物的从物。

第六十四条 债务履行期届满，债务人不履行债务致使抵押物被人民法院依法扣押的，自扣押之日起抵押权人收取的由抵押物分离的天然孳息和法定孳息，按照下列顺序清偿：

（一）收取孳息的费用；

（二）主债权的利息；

（三）主债权。

第六十五条 抵押人将已出租的财产抵押的，抵押权实现后，租赁合同在有效期内对抵押物的受让人继续有效。

第六十六条 抵押人将已抵押的财产出租的，抵押权实现后，租赁合同对受让人不具有约束力。

抵押人将已抵押的财产出租时，如果抵押人未书面告知承租人该财产已抵押的，抵押人对出租抵押物造成承租人的损失承担赔偿责任；如果抵押人已书面告知承租人该财产已抵押的，抵押权实现造成承租人的损失，由承租人自己承担。

第六十七条① 抵押权存续期间，抵押人转让抵押物未通知抵押权人或者未告知受让人的，如果抵押物已经登记的，抵押权人仍可以行使抵押权；取得抵押物所有权的受让人，可以代替债务人清偿其全部债务，使抵押权消灭。受让人清偿债务后可以向抵押人追偿。

如果抵押物未经登记的，抵押权不得对抗受让人，因此给抵押权人造成损失的，由抵押人承担赔偿责任。

第六十八条 抵押物依法被继承或者赠与的，抵押权不受影响。

第六十九条 债务人有多个普通债权人的，在清偿债务时，债务人与其中一个债权人恶意串通，将其全部或者部分财产抵押给该债权人，因此丧失了履行其他债务的能力，损害了其他债权人的合法权益，受损害的其他债权人可以请求人

---

① 《物权法》第一百九十一条："抵押期间，抵押人经抵押权人同意转让抵押财产的，应当将转让所得的价款向抵押权人提前清偿债务或者提存。转让的价款超过债权数额的部分归抵押人所有，不足部分由债务人清偿。抵押期间，抵押人未经抵押权人同意，不得转让抵押财产，但受让人代为清偿债务消灭抵押权的除外。"限制了抵押人的权利。

民法院撤销该抵押行为。

第七十条　抵押人的行为足以使抵押物价值减少的,抵押权人请求抵押人恢复原状或提供担保遭到拒绝时,抵押权人可以请求债务人履行债务,也可以请求提前行使抵押权。

第七十一条　主债权未受全部清偿的,抵押权人可以就抵押物的全部行使其抵押权。

抵押物被分割或者部分转让的,抵押权人可以就分割或者转让后的抵押物行使抵押权。

第七十二条　主债权被分割或者部分转让的,各债权人可以就其享有的债权份额行使抵押权。

主债务被分割或者部分转让的,抵押人仍以其抵押物担保数个债务人履行债务。但是,第三人提供抵押的,债权人许可债务人转让债务未经抵押人书面同意的,抵押人对未经其同意转让的债务,不再承担担保责任。

第七十三条　抵押物折价或者拍卖、变卖该抵押物的价款低于抵押权设定时约定价值的,应当按照抵押物实现的价值进行清偿。不足清偿的剩余部分,由债务人清偿。

第七十四条　抵押物折价或者拍卖、变卖所得的价款,当事人没有约定的,按下列顺序清偿:

(一)实现抵押权的费用;

(二)主债权的利息;

(三)主债权。

第七十五条　同一债权有两个以上抵押人的,债权人放弃债务人提供的抵押担保的,其他抵押人可以请求人民法院减轻或者免除其应当承担的担保责任。

同一债权有两个以上抵押人的,当事人对其提供的抵押财产所担保的债权份额或者顺序没有约定或者约定不明的,抵押权人可以就其中任一或者各个财产行使抵押权。

抵押人承担担保责任后,可以向债务人追偿,也可以要求其他抵押人清偿其应当承担的份额。

第七十六条　同一动产向两个以上债权人抵押的,当事人未办理抵押物登记,实现抵押权时,各抵押权人按照债权比例受偿。

第七十七条　同一财产向两个以上债权人抵押的,顺序在先的抵押权与该财产的所有权归属一人时,该财产的所有权人可以以其抵押权对抗顺序在后的抵押权。

第七十八条　同一财产向两个以上债权人抵押的,顺序在后的抵押权所担保的债权先到期的,抵押权人只能就抵押物价值超出顺序在先的抵押担保债权的部分受偿。

顺序在先的抵押权所担保的债权先到期的,抵押权实现后的剩余价款应予提存,留待清偿顺序在后的抵押担保债权。

第七十九条　同一财产法定登记的抵押权与质权并存时,抵押权人优先于质权人受偿。

同一财产抵押权与留置权并存时,留置权人优先于抵押权人受偿。

第八十条　在抵押物灭失、毁损或者被征用的情况下,抵押权人可以就该抵押物的保险金、赔偿金或者补偿金优先受偿。

抵押物灭失、毁损或者被征用的情况下,抵押权所担保的债权未届清偿期的,抵押权人可以请求人民法院对保险金、赔偿金或补偿金等采取保全措施。

第八十一条　最高额抵押权所担保的债权范围,不包括抵押物因财产保全或者执行程序被查封后或债务人、抵押人破产后发生的债权。

第八十二条　当事人对最高额抵押合同的最高限额、最高额抵押期间进行变更,以其变更对抗顺序在后的抵押权人的,人民法院不予支持。

第八十三条　最高额抵押权所担保的不特定债权,在特定后,债权已届清偿期的,最高额抵押权人可以根据普通抵押权的规定行使其抵押权。

抵押权人实现最高额抵押权时,如果实际发生的债权余额高于最高限额的,以最高限额为限,超过部分不具有优先受偿的效力;如果实际发生的债权余额低于最高限额的,以实际发生的债权余额为限对抵押物优先受偿。

四、关于质押部分的解释

(一)动产质押

第八十四条　出质人以其不具有所有权但合法占有的动产出质的,不知出质人无处分权的质权人行使质权后,因此给动产所有人造成损失的，由出质人承担赔偿责任。

第八十五条 债务人或者第三人将其金钱以特户、封金、保证金等形式特定化后，移交债权人占有作为债权的担保，债务人不履行债务时，债权人可以以该金钱优先受偿。

第八十六条 债务人或者第三人未按质押合同约定的时间移交质物的，因此给质权人造成损失的，出质人应当根据其过错承担赔偿责任。

第八十七条 出质人代质权人占有质物的，质押合同不生效；质权人将质物返还于出质人后，以其质权对抗第三人的，人民法院不予支持。

因不可归责于质权人的事由而丧失对质物的占有，质权人可以向不当占有人请求停止侵害、恢复原状、返还质物。

第八十八条 出质人以间接占有的财产出质的，质押合同自书面通知送达占有人时视为移交。占有人收到出质通知后，仍接受出质人的指示处分出质财产的，该行为无效。

第八十九条 质押合同中对质押的财产约定不明，或者约定的出质财产与实际移交的财产不一致的，以实际交付占有的财产为准。

第九十条 质物有隐蔽瑕疵造成质权人其他财产损害的，应由出质人承担赔偿责任。但是，质权人在质物移交时明知质物有瑕疵而予以接受的除外。

第九十一条 动产质权的效力及于质物的从物。但是，从物未随同质物移交质权人占有的，质权的效力不及于从物。

第九十二条 按照担保法第六十九条的规定将质物提存的，质物提存费用由质权人负担；出质人提前清偿债权的，应当扣除未到期部分的利息。

第九十三条 质权人在质权存续期间，未经出质人同意，擅自使用、出租、处分质物，因此给出质人造成损失的，由质权人承担赔偿责任。

第九十四条 质权人在质权存续期间，为担保自己的债务，经出质人同意，以其所占有的质物为第三人设定质权的，应当在原质权所担保的债权范围之内，超过的部分不具有优先受偿的效力。转质权的效力优于原质权。

质权人在质权存续期间，未经出质人同意，为担保自己的债务，在其所占有的质物上为第三人设定质权的无效。质权人对因转质而发生的损害承担赔偿责任。

第九十五条 债务履行期届满质权人未受清偿的，质权人可以继续留置质物，并以质物的全部行使权利。出质人清偿所担保的债权后，质权人应当返还质物。

债务履行期届满，出质人请求质权人及时行使权利，而质权人怠于行使权利致使质物价格下跌的，由此造成的损失，质权人应当承担赔偿责任。

第九十六条 本解释第五十七条、第六十二条、第六十四条、第七十一条、第七十二条、第七十三条、第七十四条、第八十条之规定，适用于动产质押。

（二）权利质押

第九十七条 以公路桥梁、公路隧道或者公路渡口等不动产收益权出质的，按照担保法第七十五条第（四）项的规定处理。

第九十八条 以汇票、支票、本票出质，出质人与质权人没有背书记载“质押”字样，以票据出质对抗善意第三人的，人民法院不予支持。

第九十九条 以公司债券出质的，出质人与质权人没有背书记载“质押”字样，以债券出质对抗公司和第三人的，人民法院不予支持。

第一百条 以存款单出质的，签发银行核押后又受理挂失并造成存款流失的，应当承担民事责任。

第一百零一条 以票据、债券、存款单、仓单、提单出质的，质权人再转让或者质押的无效。

第一百零二条 以载明兑现或者提货日期的汇票、支票、本票、债券、存款单、仓单、提单出质的，其兑现或者提货日期后于债务履行期的，质权人只能在兑现或者提货日期届满时兑现款项或者提取货物。

第一百零三条 以股份有限公司的股份出质的，适用《中华人民共和国公司法》有关股份转让的规定。

以上市公司的股份出质的，质押合同自股份出质向证券登记机构办理出质登记之日起生效。

以非上市公司的股份出质的，质押合同自股份出质记载于股东名册之日起生效。

第一百零四条 以依法可以转让的股份、股票出质的，质权的效力及于股份、股票的法定孳息。

第一百零五条　以依法可以转让的商标专用权，专利权、著作权中的财产权出质的，出质人未经质权人同意而转让或者许可他人使用已出质权利的，应当认定为无效。因此给质权人或者第三人造成损失的，由出质人承担民事责任。

第一百零六条　质权人向出质人、出质债权的债务人行使质权时，出质人、出质债权的债务人拒绝的，质权人可以起诉出质人和出质债权的债务人，也可以单独起诉出质债权的债务人。

五、关于留置部分的解释

第一百零七条　当事人在合同中约定排除留置权，债务履行期届满，债权人行使留置权的，人民法院不予支持。

第一百零八条　债权人合法占有债务人交付的动产时，不知债务人无处分该动产的权利，债权人可以按照担保法第八十二条的规定行使留置权。

第一百零九条　债权人的债权已届清偿期，债权人对动产的占有与其债权的发生有牵连关系，债权人可以留置其所占有的动产。

第一百一十条　留置权人在债权未受全部清偿前，留置物为不可分物的，留置权人可以就其留置物的全部行使留置权。

第一百一十一条　债权人行使留置权与其承担的义务或者合同的特殊约定相抵触的，人民法院不予支持。

第一百一十二条　债权人的债权未届清偿期，其交付占有标的物的义务已届履行期的，不能行使留置权。但是，债权人能够证明债务人无支付能力的除外。

第一百一十三条　债权人未按担保法第八十七条规定的期限通知债务人履行义务，直接变价处分留置物的，应当对此造成的损失承担赔偿责任。债权人与债务人按照担保法第八十七条的规定在合同中约定宽限期的，债权人可以不经通知，直接行使留置权。

第一百一十四条　本解释第六十四条、第八十条、第八十七条、第九十一条、第九十三条的规定，适用于留置。

六、关于定金部分的解释

第一百一十五条　当事人约定以交付定金作为订立主合同担保的，给付定金的一方拒绝订立主合同的，无权要求返还定金；收受定金的一方拒绝订立合同的，应当双倍返还定金。

第一百一十六条　当事人约定以交付定金作为主合同成立或者生效要件的，给付定金的一方未支付定金，但主合同已经履行或者已经履行主要部分的，不影响主合同的成立或者生效。

第一百一十七条　定金交付后，交付定金的一方可以按照合同的约定以丧失定金为代价而解除主合同，收受定金的一方可以双倍返还定金为代价而解除主合同。对解除主合同后责任的处理，适用《中华人民共和国合同法》的规定。

第一百一十八条　当事人交付留置金、担保金、保证金、订约金、押金或者订金等，但没有约定定金性质的，当事人主张定金权利的，人民法院不予支持。

第一百一十九条　实际交付的定金数额多于或者少于约定数额，视为变更定金合同；收受定金一方提出异议并拒绝接受定金的，定金合同不生效。

第一百二十条　因当事人一方迟延履行或者其他违约行为，致使合同目的不能实现，可以适用定金罚则。但法律另有规定或者当事人另有约定的除外。

当事人一方不完全履行合同的，应当按照未履行部分所占合同约定内容的比例，适用定金罚则。

第一百二十一条　当事人约定的定金数额超过主合同标的额百分之二十的，超过的部分，人民法院不予支持。

第一百二十二条　因不可抗力、意外事件致使主合同不能履行的，不适用定金罚则。因合同关系以外第三人的过错，致使主合同不能履行的，适用定金罚则。受定金处罚的一方当事人，可以依法向第三人追偿。

七、关于其他问题的解释

第一百二十三条　同一债权上数个担保物权并存时，债权人放弃债务人提供的物的担保的，其他担保人在其放弃权利的范围内减轻或者免除担保责任。

第一百二十四条 企业法人的分支机构为他人提供保证的，人民法院在审理保证纠纷案件中可以将该企业法人作为共同被告参加诉讼。但是商业银行、保险公司的分支机构提供保证的除外。

第一百二十五条 一般保证的债权人向债务人和保证人一并提起诉讼的，人民法院可以将债务人和保证人列为共同被告参加诉讼。但是，应当在判决书中明确在对债务人财产依法强制执行后仍不能履行债务时，由保证人承担保证责任。

第一百二十六条 连带责任保证的债权人可以将债务人或者保证人作为被告提起诉讼，也可以将债务人和保证人作为共同被告提起诉讼。

第一百二十七条 债务人对债权人提起诉讼，债权人提起反诉的，保证人可以作为第三人参加诉讼。

第一百二十八条 债权人向人民法院请求行使担保物权时，债务人和担保人应当作为共同被告参加诉讼。

同一债权既有保证又有物的担保的，当事人发生纠纷提起诉讼的，债务人与保证人、抵押人或者出质人可以作为共同被告参加诉讼。

第一百二十九条 主合同和担保合同发生纠纷提起诉讼的，应当根据主合同确定案件管辖。担保人承担连带责任的担保合同发生纠纷，债权人向担保人主张权利的，应当由担保人住所地的法院管辖。

主合同和担保合同选择管辖的法院不一致的，应当根据主合同确定案件管辖。

第一百三十条 在主合同纠纷案件中，对担保合同未经审判，人民法院不应当依据对主合同当事人所作出的判决或者裁定，直接执行担保人的财产。

第一百三十一条 本解释所称“不能清偿”指对债务人的存款、现金、有价证券、成品、半成品、原材料、交通工具等可以执行的动产和其他方便执行的财产执行完毕后，债务仍未能得到清偿的状态。

第一百三十二条 在案件审理或者执行程序中，当事人提供财产担保的，人民法院应当对该财产的权属证书予以扣押，同时向有关部门发出协助执行通知书，要求其在规定的时间内不予办理担保财产的转移手续。

第一百三十三条 担保法施行以前发生的担保行为，适用担保行为发生时的法律、法规和有关司法解释。

担保法施行以后因担保行为发生的纠纷案件，在本解释公布施行前已经终审，当事人申请再审或者按审判监督程序决定再审的，不适用本解释。

担保法施行以后因担保行为发生的纠纷案件，在本解释公布施行后尚在一审或二审阶段的，适用担保法和本解释。

第一百三十四条 最高人民法院在担保法施行以前作出的有关担保问题的司法解释，与担保法和本解释相抵触的，不再适用。

二、民间借贷

导　读

由于银行信贷门槛较高,且借贷政策向国有企业、大型企业倾斜,许多中小企业贷款困难,资金短缺。因此,通过民间借贷方式,向持有富余资金的企业或个人进行融资,是目前相当盛行的一种企业融资方式。

长期以来,在贷款专营的观念下,行政监管部门对于民间借贷的合法性始终持否定态度,即使在市场经济获得长足发展后,司法机关也仅仅有条件地认可自然人与自然人之间借贷,以及企业与自然人之间的借贷;对于实践中经常存在的企业之间的借贷,相关部门的有关规定和司法实践都认为是非法的、无效的,法律后果是返还本金,追缴利息,并由中国人民银行对出借方按违规收入处以1倍以上至5倍以下罚款。

2015年9月1日起施行的《最高人民法院关于审理民间借贷案件适用法律若干问题的规定》(下称民间借贷司法解释)彻底否定了权力垄断下的计划经济时代错误观念,对民间借贷的效力进行了全新定义。民间借贷司法解释明确:(1)法人之间、其他组织之间以及它们相互之间为生产、经营需要订立的民间借贷合同有效,存在合同法第52条以及该司法解释规定的情形除外;(2)法人或者其他组织在本单位内部通过借款形式向职工筹集资金,用于本单位生产、经营的有效(即职工集资有效),存在合同法第52条以及该司法解释规定的情形除外;(3)借款人或者出借人的借贷行为涉嫌犯罪,或者已经生效的判决认定构成犯罪,当事人提起民事诉讼的,民间借贷合同并不当然无效,法院应当根据合同法第52条以及该司法解释规定的内容确定民间借贷合同的效力。民间借贷合同应当被认定为无效的情形,包括:(1)套取金融机构信贷资金又高利转贷给借款人,且借款人事先知道或者应当知道的;(2)以向其他企业借贷或者向本单位职工集资取得的资金又转贷给借款人牟利,且借款人事先知道或者应当知道的;(3)出借人事先知道或者应当知道借款人借款用于违法犯罪活动仍然提供借款的;(4)违背社会公序良俗的;(5)其他违反法律、行政法规效力性强制性规定的。

民间借贷的利率一般不超过年利率24%,如果借贷双方约定的利率超过年利率36%,则超过年利率36%部分的利息应当被认定无效,借款人有权请求出借人返还已支付的超过年利率 36% 部分的利息。若借款人自愿支付的利息超过年利率 24% 但未超过年利率 36%,其不能要求返还该部分已经支付的利息。

民间借贷(包括集资)须远离非法集资。非法集资是指企业未经有权机关批准,违反国家有关的法律、法规,向社会公众募集资金的行为。不同的部门对非法集资有不同的定义,有关"非法集资"行为的认定和规范,散见于相关的金融法律法规之中。在我国,非法集资案件高发频发,防范和处置非法集资是一项长期、复杂、艰巨的系统性工程。除了国务院建立由银监会牵头的处置非法集资部际联席会议制度外,更将非法集资入罪,我国刑法第 176 条规定了非法吸收公众存款或者变相吸收公众存款罪,此外还有集资诈骗犯罪、欺诈发行股票、债券罪和擅自发行股票、公司、企业债券罪。

因此,对于通过民间借贷方式融资的公司而言,一定要严格把握合法借贷与非法集资的界限,以防触犯相关法律规定。具体来说,民间借贷与非法集资的区别主要表现在以下几个方面:

(1)借贷目的不同。民间借贷主要是生活原因或是生产经营所需短期的借贷行为;而非法集资是以违法的形式进行的一种资本运作,目的是为了逃避法律和金融的有效监管。

(2)借款的对象不同。民间借贷主要为"一对一"的借款模式,行为指向特定的对象。即使在一个借款人向多数人借款的情况下,每一笔借款也都是独立存在的;而非法集资的集资对象却是指向不特定的多数人。行为人或者面向社会不特定对象发放吸收存款的公告,或通过其他的方式使社会不特定对象知道其吸收存款的消息,即使有时只吸收了为数不多的几个对象的存款,但如果主要是针对不特定的人的,其吸收的存款数额或造成的危害结果又达到了法律规定的犯罪标准,那么也构成非法吸收公众存款罪。

(3)承担的法律后果不同。民间借贷是一种典型的民事行为,债权债务关系受民法、合同法的约束,当事人违反民间借贷合同,将承担民事责任;非法集资是对于我国强制性规定的违反,轻者将承担某种行政责任,重则须承担更为严厉的刑事责任。

1. 最高人民法院关于审理民间借贷案件适用法律若干问题的规定

（2015 年 6 月 23 日最高人民法院审判委员会第 1655 次会议通过，2015 年 8 月 6 日最高人民法院公告公布，自 2015 年 9 月 1 日起施行，法释〔2015〕18 号）

为正确审理民间借贷纠纷案件，根据《中华人民共和国民法通则》《中华人民共和国物权法》《中华人民共和国担保法》《中华人民共和国合同法》《中华人民共和国民事诉讼法》《中华人民共和国刑事诉讼法》等相关法律之规定，结合审判实践，制定本规定。

第一条 本规定所称的民间借贷，是指自然人、法人、其他组织之间及其相互之间进行资金融通的行为。

经金融监管部门批准设立的从事贷款业务的金融机构及其分支机构，因发放贷款等相关金融业务引发的纠纷，不适用本规定。

第二条 出借人向人民法院起诉时，应当提供借据、收据、欠条等债权凭证以及其他能够证明借贷法律关系存在的证据。

当事人持有的借据、收据、欠条等债权凭证没有载明债权人，持有债权凭证的当事人提起民间借贷诉讼的，人民法院应予受理。被告对原告的债权人资格提出有事实依据的抗辩，人民法院经审理认为原告不具有债权人资格的，裁定驳回起诉。

第三条 借贷双方就合同履行地未约定或者约定不明确，事后未达成补充协议，按照合同有关条款或者交易习惯仍不能确定的，以接受货币一方所在地为合同履行地。

第四条 保证人为借款人提供连带责任保证，出借人仅起诉借款人的，人民法院可以不追加保证人为共同被告；出借人仅起诉保证人的，人民法院可以追加借款人为共同被告。

保证人为借款人提供一般保证，出借人仅起诉保证人的，人民法院应当追加借款人为共同被告；出借人仅起诉借款人的，人民法院可以不追加保证人为共同被告。

第五条 人民法院立案后，发现民间借贷行为本身涉嫌非法集资犯罪的，应当裁定驳回起诉，并将涉嫌非法集资犯罪的线索、材料移送公安或者检察机关。

公安或者检察机关不予立案，或者立案侦查后撤销案件，或者检察机关作出不起诉决定，或者经人民法院生效判决认定不构成非法集资犯罪，当事人又以同一事实向人民法院提起诉讼的，人民法院应予受理。

第六条 人民法院立案后，发现与民间借贷纠纷案件虽有关联但不是同一事实的涉嫌非法集资等犯罪的线索、材料的，人民法院应当继续审理民间借贷纠纷案件，并将涉嫌非法集资等犯罪的线索、材料移送公安或者检察机关。

第七条 民间借贷的基本案件事实必须以刑事案件审理结果为依据，而该刑事案件尚未审结的，人民法院应当裁定中止诉讼。

第八条 借款人涉嫌犯罪或者生效判决认定其有罪，出借人起诉请求担保人承担民事责任的，人民法院应予受理。

第九条 具有下列情形之一，可以视为具备合同法第二百一十条关于自然人之间借款合同的生效要件：

（一）以现金支付的，自借款人收到借款时；

（二）以银行转账、网上电子汇款或者通过网络贷款平台等形式支付的，自资金到达借款人账户时；

（三）以票据交付的，自借款人依法取得票据权利时；

（四）出借人将特定资金账户支配权授权给借款人的，自借款人取得对该账户实际支配权时；

（五）出借人以与借款人约定的其他方式提供借款并实际履行完成时。

第十条 除自然人之间的借款合同外，当事人主张民间借贷合同自合同成立时生效的，人民法院应予支持，但当事人另有约定或者法律、行政法规另有规定的除外。

第十一条 法人之间、其他组织之间以及它们相互之间为生产、经营需要订立的民间借贷合同,除存在合同法第五十二条、本规定第十四条规定的情形外,当事人主张民间借贷合同有效的,人民法院应予支持。

第十二条 法人或者其他组织在本单位内部通过借款形式向职工筹集资金,用于本单位生产、经营,且不存在合同法第五十二条、本规定第十四条规定的情形,当事人主张民间借贷合同有效的,人民法院应予支持。

第十三条 借款人或者出借人的借贷行为涉嫌犯罪,或者已经生效的判决认定构成犯罪,当事人提起民事诉讼的,民间借贷合同并不当然无效。人民法院应当根据合同法第五十二条、本规定第十四条之规定,认定民间借贷合同的效力。

担保人以借款人或者出借人的借贷行为涉嫌犯罪或者已经生效的判决认定构成犯罪为由,主张不承担民事责任的,人民法院应当依据民间借贷合同与担保合同的效力、当事人的过错程度,依法确定担保人的民事责任。

第十四条 具有下列情形之一,人民法院应当认定民间借贷合同无效:

(一)套取金融机构信贷资金又高利转贷给借款人,且借款人事先知道或者应当知道的;

(二)以向其他企业借贷或者向本单位职工集资取得的资金又转贷给借款人牟利,且借款人事先知道或者应当知道的;

(三)出借人事先知道或者应当知道借款人借款用于违法犯罪活动仍然提供借款的;

(四)违背社会公序良俗的;

(五)其他违反法律、行政法规效力性强制性规定的。

第十五条 原告以借据、收据、欠条等债权凭证为依据提起民间借贷诉讼,被告依据基础法律关系提出抗辩或者反诉,并提供证据证明债权纠纷非民间借贷行为引起的,人民法院应当依据查明的案件事实,按照基础法律关系审理。

当事人通过调解、和解或者清算达成的债权债务协议,不适用前款规定。

第十六条 原告仅依据借据、收据、欠条等债权凭证提起民间借贷诉讼,被告抗辩已经偿还借款,被告应当对其主张提供证据证明。被告提供相应证据证明其主张后,原告仍应就借贷关系的成立承担举证证明责任。

被告抗辩借贷行为尚未实际发生并能作出合理说明,人民法院应当结合借贷金额、款项交付、当事人的经济能力、当地或者当事人之间的交易方式、交易习惯、当事人财产变动情况以及证人证言等事实和因素,综合判断查证借贷事实是否发生。

第十七条 原告仅依据金融机构的转账凭证提起民间借贷诉讼,被告抗辩转账系偿还双方之前借款或其他债务,被告应当对其主张提供证据证明。被告提供相应证据证明其主张后,原告仍应就借贷关系的成立承担举证证明责任。

第十八条 根据《关于适用〈中华人民共和国民事诉讼法〉的解释》第一百七十四条第二款之规定,负有举证证明责任的原告无正当理由拒不到庭,经审查现有证据无法确认借贷行为、借贷金额、支付方式等案件主要事实,人民法院对其主张的事实不予认定。

第十九条 人民法院审理民间借贷纠纷案件时发现有下列情形,应当严格审查借贷发生的原因、时间、地点、款项来源、交付方式、款项流向以及借贷双方的关系、经济状况等事实,综合判断是否属于虚假民事诉讼:

(一)出借人明显不具备出借能力;

(二)出借人起诉所依据的事实和理由明显不符合常理;

(三)出借人不能提交债权凭证或者提交的债权凭证存在伪造的可能;

(四)当事人双方在一定期间内多次参加民间借贷诉讼;

(五)当事人一方或者双方无正当理由拒不到庭参加诉讼,委托代理人对借贷事实陈述不清或者陈述前后矛盾;

(六)当事人双方对借贷事实的发生没有任何争议或者诉辩明显不符合常理;

(七)借款人的配偶或合伙人、案外人的其他债权人提出有事实依据的异议;

(八)当事人在其他纠纷中存在低价转让财产的情形;

(九)当事人不正当放弃权利;

(十)其他可能存在虚假民间借贷诉讼的情形。

第二十条 经查明属于虚假民间借贷诉讼,原告申请撤诉的,人民法院不予准许,并应当根据民事诉讼法第一百一十二条之规定,判决驳回其请求。

诉讼参与人或者其他人恶意制造、参与虚假诉讼，人民法院应当依照民事诉讼法第一百一十一条、第一百一十二条和第一百一十三条之规定，依法予以罚款、拘留；构成犯罪的，应当移送有管辖权的司法机关追究刑事责任。

单位恶意制造、参与虚假诉讼的，人民法院应当对该单位进行罚款，并可以对其主要负责人或者直接责任人员予以罚款、拘留；构成犯罪的，应当移送有管辖权的司法机关追究刑事责任。

第二十一条　他人在借据、收据、欠条等债权凭证或者借款合同上签字或者盖章，但未表明其保证人身份或者承担保证责任，或者通过其他事实不能推定其为保证人，出借人请求其承担保证责任的，人民法院不予支持。

第二十二条　借贷双方通过网络贷款平台形成借贷关系，网络贷款平台的提供者仅提供媒介服务，当事人请求其承担担保责任的，人民法院不予支持。

网络贷款平台的提供者通过网页、广告或者其他媒介明示或者有其他证据证明其为借贷提供担保，出借人请求网络贷款平台的提供者承担担保责任的，人民法院应予支持。

第二十三条　企业法定代表人或负责人以企业名义与出借人签订民间借贷合同，出借人、企业或者其股东能够证明所借款项用于企业法定代表人或负责人个人使用，出借人请求将企业法定代表人或负责人列为共同被告或者第三人的，人民法院应予准许。

企业法定代表人或负责人以个人名义与出借人签订民间借贷合同，所借款项用于企业生产经营，出借人请求企业与个人共同承担责任的，人民法院应予支持。

第二十四条　当事人以签订买卖合同作为民间借贷合同的担保，借款到期后借款人不能还款，出借人请求履行买卖合同的，人民法院应当按照民间借贷法律关系审理，并向当事人释明变更诉讼请求。当事人拒绝变更的，人民法院裁定驳回起诉。

按照民间借贷法律关系审理作出的判决生效后，借款人不履行生效判决确定的金钱债务，出借人可以申请拍卖买卖合同标的物，以偿还债务。就拍卖所得的价款与应偿还借款本息之间的差额，借款人或者出借人有权主张返还或补偿。

第二十五条　借贷双方没有约定利息，出借人主张支付借期内利息的，人民法院不予支持。

自然人之间借贷对利息约定不明，出借人主张支付利息的，人民法院不予支持。除自然人之间借贷的外，借贷双方对借贷利息约定不明，出借人主张利息的，人民法院应当结合民间借贷合同的内容，并根据当地或者当事人的交易方式、交易习惯、市场利率等因素确定利息。

第二十六条　借贷双方约定的利率未超过年利率24%，出借人请求借款人按照约定的利率支付利息的，人民法院应予支持。

借贷双方约定的利率超过年利率36%，超过部分的利息约定无效。借款人请求出借人返还已支付的超过年利率36%部分的利息的，人民法院应予支持。

第二十七条　借据、收据、欠条等债权凭证载明的借款金额，一般认定为本金。预先在本金中扣除利息的，人民法院应当将实际出借的金额认定为本金。

第二十八条　借贷双方对前期借款本息结算后将利息计入后期借款本金并重新出具债权凭证，如果前期利率没有超过年利率24%，重新出具的债权凭证载明的金额可认定为后期借款本金；超过部分的利息不能计入后期借款本金。约定的利率超过年利率24%，当事人主张超过部分的利息不能计入后期借款本金的，人民法院应予支持。

按前款计算，借款人在借款期间届满后应当支付的本息之和，不能超过最初借款本金与以最初借款本金为基数，以年利率24%计算的整个借款期间的利息之和。出借人请求借款人支付超过部分的，人民法院不予支持。

第二十九条　借贷双方对逾期利率有约定的，从其约定，但以不超过年利率24%为限。

未约定逾期利率或者约定不明的，人民法院可以区分不同情况处理：

（一）既未约定借期内的利率，也未约定逾期利率，出借人主张借款人自逾期还款之日起按照年利率6%支付资金占用期间利息的，人民法院应予支持；

（二）约定了借期内的利率但未约定逾期利率，出借人主张借款人自逾期还款之日起按照借期内的利率支付资金占用期间利息的，人民法院应予支持。

第三十条 出借人与借款人既约定了逾期利率，又约定了违约金或者其他费用，出借人可以选择主张逾期利息、违约金或者其他费用，也可以一并主张，但总计超过年利率24%的部分，人民法院不予支持。

第三十一条 没有约定利息但借款人自愿支付，或者超过约定的利率自愿支付利息或违约金，且没有损害国家、集体和第三人利益，借款人又以不当得利为由要求出借人返还的，人民法院不予支持，但借款人要求返还超过年利率36%部分的利息除外。

第三十二条 借款人可以提前偿还借款，但当事人另有约定的除外。

借款人提前偿还借款并主张按照实际借款期间计算利息的，人民法院应予支持。

第三十三条 本规定公布施行后，最高人民法院于1991年8月13日发布的《关于人民法院审理借贷案件的若干意见》同时废止；最高人民法院以前发布的司法解释与本规定不一致的，不再适用。

2. 最高人民法院关于对企业借贷合同借款方逾期不归还借款的应如何处理的批复

（1996年9月23日法复〔1996〕15号发布，自发布之日起施行）

四川省高级人民法院：

你院《关于企业拆借合同期限届满后借款方不归还本金是否计算逾期利息及如何判决的请示》（川高法〔1995〕223号）收悉。经研究，答复如下：

企业借贷合同违反有关金融法规，属无效合同。对于合同期限届满后，借款方逾期不归还本金，当事人起诉到人民法院的，人民法院除应按照最高人民法院法（经）发〔1990〕27号《关于审理联营合同纠纷案件若干问题的解答》第四条第二项的有关规定判决外，对自双方当事人约定的还款期满之日起，至法院判决确定借款人返还本金期满期间内的利息，应当收缴，该利息按借贷双方原约定的利率计算，如果双方当事人对借款利息未约定，按同期银行贷款利率计算。借款人未按判决确定的期限归还本金的，应当依照《中华人民共和国民事诉讼法》第二百二十九条的规定加倍支付迟延履行期间的利息。①

中华人民共和国最高人民法院

一九九六年九月二十三日

3. 国务院办公厅关于依法惩处非法集资有关问题的通知

（2007年7月25日国务院办公厅国办发明电〔2007〕34号发布，自发布之日起施行）

各省、自治区、直辖市人民政府，国务院各部委、各直属机构：

近年来，非法集资在我国许多地区重新抬头，并向多领域和职业化发展。2006年，全国公安机关立案侦查的非法集资案件1999起，涉案总价值296亿元。2007年1至3月，仅非法吸收公

① 本条已根据《最高人民法院关于调整司法解释等文件中引用〈中华人民共和国民事诉讼法〉条文序号的决定》（发布日期：2008年12月16日，施行日期：2008年12月31日）调整。

众存款、集资诈骗两类案件就立案342起,涉案总价值59.8亿元,分别较去年同期上升101.2%和482.3%。若不采取切实有效措施予以治理整顿,势必造成更大的社会危害。为了维护正常的经济社会秩序,保护人民群众的合法权益,促进国民经济又好又快发展,经国务院同意,现就依法惩处非法集资有关问题通知如下:

一、充分认识非法集资的社会危害性,坚决遏制非法集资案件高发势头

非法集资涉及面广,危害极大。一是扰乱了社会主义市场经济秩序。非法集资活动以高回报为诱饵,以骗取资金为目的,破坏了金融秩序,影响金融市场的健康发展。二是严重损害群众利益,影响社会稳定。非法集资有很强的欺骗性,容易蔓延,犯罪分子骗取群众资金后,往往大肆挥霍或迅速转移、隐匿,使受害者(多数是下岗工人、离退休人员)损失惨重,极易引发群体事件,甚至危害社会稳定。三是损害了政府的声誉和形象。非法集资活动往往以"响应国家林业政策"、"支持生态环境保护"等为名,行违法犯罪之实,既影响了国家政策的贯彻执行,又严重损害了政府的声誉和形象。

为切实做好依法惩处非法集资工作,国务院批准建立了由银监会牵头的"处置非法集资部际联席会议"(以下简称"联席会议")制度。地方各级人民政府、有关部门务必统一思想,提高认识,共同做好工作。要把思想和行动统一到国务院的部署和要求上来,统一到维护国家经济安全、社会稳定与构建和谐社会的大局上来,充分认识非法集资的危害性,加强组织领导,周密部署,果断处置,有效遏制非法集资案件高发势头。

二、当前非法集资的主要形式和特征

非法集资情况复杂,表现形式多样。有的打着"支持地方经济发展"、"倡导绿色、健康消费"等旗号,有的引用产权式返租、电子商务、电子黄金、投资基金等新概念,手段隐蔽,欺骗性很强。从目前案发情况看,非法集资大致可划分为债权、股权、商品营销、生产经营等四大类。2006年,以生产经营合作为名的非法集资涉案价值占全部非法集资案件涉案价值的60%以上,需要引起高度关注。

非法集资的主要特征:一是未经有关监管部门依法批准,违规向社会(尤其是向不特定对象)筹集资金。如未经批准吸收社会资金;未经批准公开、非公开发行股票、债券等。二是承诺在一定期限内给予出资人货币、实物、股权等形式的投资回报。有的犯罪分子以提供种苗等形式吸收资金,承诺以收购或包销产品等方式支付回报;有的则以商品销售的方式吸收资金,以承诺返租、回购、转让等方式给予回报。三是以合法形式掩盖非法集资目的。为掩饰其非法目的,犯罪分子往往与受害者签订合同,伪装成正常的生产经营活动,最大限度地实现其骗取资金的最终目的。

三、地方人民政府要切实担负起依法惩处非法集资的责任,确保社会稳定

省级人民政府要把依法惩处非法集资列入重要工作议程,加快建立健全本地区依法惩处非法集资的工作机制和工作制度,做好相关工作。一是加强监测预警。要对本地区的非法集资问题保持高度警惕,进行全程监测,主动排查风险,做到早发现,早预警,防患于未然。二是及时调查取证。发现问题后,要组织当地银监、公安、工商等部门提前介入,开展调查取证工作。对社会影响大、性质恶劣的非法集资案件,要采取适当预防措施,控制涉案人员和资产,保护证据,防止事态扩大和失控。同时,要制定风险处置预案,防止引发群体性事件。三是果断处置。对于事实清楚且可以定性的非法集资,要果断采取措施,依法妥善处置;难以定性的,要及时上报"联席会议"组织认定。涉及多个地区的,有关省级人民政府之间要加强沟通协调,共同做好相关工作。省级人民政府要及时总结经验,依据国家法律法规,参照各行业主管、监管部门的政策规定,制定本地区相关规章,为依法惩处非法集资工作提供法制保障。

四、有关部门要加强协调,认真做好依法惩处非法集资工作

依法惩处非法集资工作政策性强,情况复杂,有关方面要加强协调,齐抓共管。有关部门要逐步建立健全反应灵敏、配合密切、应对有力的工作机制,增强工作的针对性和有效性。行业主管、监管部门要将防控本行业非法集资作为监督管理的重要内容,指定专门机构和人员负责,建立日常信息沟通渠道和工作协调机制,认真做好非法集资情况的监测预警工作。一旦发现非法集资苗头,应及时商省级人民政府依法妥善处置,并通报"联席会议"。要抓紧制定和完善本行业防范、监控和处置非法集资的规章及行业标准。"联席会议"要加大工作力度,对近年来非法集资案件进行深入分析,集中力量查处典型案件,严惩首恶,教育协从,维护人民群众的权益。银监会作为"联席会议"的牵头部门,要主动与有关部门和地方人民政府加强沟通,切实做好组织协调工作。

要坚持预防为主的方针,加大工作力度,加强宣传教育,改善金融服务,逐步构建疏堵并举、防治结合的综合治理长效机制。对于近年来非法集资案件多发的行业,要主动开展风险排查,防止风险进一步积聚。有关行业主管、监管部门要尽快公布举报电话、信箱和电子邮箱,通过有奖举报等方式鼓励公众参与,在门户网站上开辟专门的投资者教育园地,探索建立风险提示和预警的长效机制。要加强对广告的监督管理,依法落实广告审查制度,加强监督检查,对检查发现、群众举报、媒体披露的线索要及时调查核实,对发布非法集资广告的当事人和有关责任人要严肃查处。

五、加强舆论引导和法制宣传,提高公众对非法集资的识别能力

银监会要牵头制订宣传教育规划,充分利用报刊、电视、广播、互联网等传媒手段,宣传依法惩处非法集资的法律法规,通报非法集资的新形式和新特点,提示风险,提高社会公众的风险意识和识别能力,引导其远离非法集资。要加大对典型案件的公开报道力度,以专栏文章、专题节目等方式揭露犯罪分子的惯用伎俩,震慑犯罪分子,形成对非法集资的强大舆论攻势。要在广大农村、城市街道、社区、车站等公共场所设置宣传栏,张贴宣传画,扩大覆盖面,强化宣传效果。要按照国务院的统一部署,组织协调相关部门开展宣传教育活动,正确引导社会舆论。地方人民政府要进一步根据本地区的特点,加强舆论引导和法制宣传。

国务院办公厅

二〇〇七年七月二十五日

4. 关于小额贷款公司试点的指导意见

(2008年5月4日中国银行业监督管理委员会、中国人民银行银监发〔2008〕23号发布,自发布之日起施行)

各银监局,中国人民银行上海总部、各分行、营业管理部、各省会(首府)城市中心支行、副省级城市中心支行:

为全面落实科学发展观,有效配置金融资源,引导资金流向农村和欠发达地区,改善农村地区金融服务,促进农业、农民和农村经济发展,支持社会主义新农村建设,现就小额贷款公司试点事项提出如下指导意见:

一、小额贷款公司的性质

小额贷款公司是由自然人、企业法人与其他社会组织投资设立,不吸收公众存款,经营小额贷款业务的有限责任公司或股份有限公司。

小额贷款公司是企业法人,有独立的法人财产,享有法人财产权,以全部财产对其债务承担民事责任。小额贷款公司股东依法享有资产收益、参与重大决策和选择管理者等权利,以其认缴的出资额或认购的股份为限对公司承担责任。

小额贷款公司应执行国家金融方针和政策,在法律、法规规定的范围内开展业务,自主经营,自负盈亏,自我约束,自担风险,其合法的经营活动受法律保护,不受任何单位和个人的干涉。

二、小额贷款公司的设立

小额贷款公司的名称应由行政区划、字号、行业、组织形式依次组成,其中行政区划指县级行政区划的名称,组织形式为有限责任公司或股份有限公司。

小额贷款公司的股东需符合法定人数规定。有限责任公司应由50个以下股东出资设立;股份有限公司应有2—200名发起人,其中须有半数以上的发起人在中国境内有住所。

小额贷款公司的注册资本来源应真实合法，全部为实收货币资本，由出资人或发起人一次足额缴纳。有限责任公司的注册资本不得低于500万元，股份有限公司的注册资本不得低于1000万元。单一自然人、企业法人、其他社会组织及其关联方持有的股份，不得超过小额贷款公司注册资本总额的10%。

申请设立小额贷款公司，应向省级政府主管部门提出正式申请，经批准后，到当地工商行政管理部门申请办理注册登记手续并领取营业执照。此外，还应在五个工作日内向当地公安机关、中国银行业监督管理委员会派出机构和中国人民银行分支机构报送相关资料。

小额贷款公司应有符合规定的章程和管理制度，应有必要的营业场所、组织机构、具备相应专业知识和从业经验的工作人员。

出资设立小额贷款公司的自然人、企业法人和其他社会组织，拟任小额贷款公司董事、监事和高级管理人员的自然人，应无犯罪记录和不良信用记录。

小额贷款公司在当地税务部门办理税务登记，并依法缴纳各类税费。

三、小额贷款公司的资金来源

小额贷款公司的主要资金来源为股东缴纳的资本金、捐赠资金，以及来自不超过两个银行业金融机构的融入资金。

在法律、法规规定的范围内，小额贷款公司从银行业金融机构获得融入资金的余额，不得超过资本净额的50%。融入资金的利率、期限由小额贷款公司与相应银行业金融机构自主协商确定，利率以同期“上海银行间同业拆放利率”为基准加点确定。

小额贷款公司应向注册地中国人民银行分支机构申领贷款卡。向小额贷款公司提供融资的银行业金融机构，应将融资信息及时报送所在地中国人民银行分支机构和中国银行业监督管理委员会派出机构，并应跟踪监督小额贷款公司融资的使用情况。

四、小额贷款公司的资金运用

小额贷款公司在坚持为农民、农业和农村经济发展服务的原则下自主选择贷款对象。小额贷款公司发放贷款，应坚持“小额、分散”的原则，鼓励小额贷款公司面向农户和微型企业提供信贷服务，着力扩大客户数量和服务覆盖面。同一借款人的贷款余额不得超过小额贷款公司资本净额的5%。在此标准内，可以参考小额贷款公司所在地经济状况和人均GDP水平，制定最高贷款额度限制。

小额贷款公司按照市场化原则进行经营，贷款利率上限放开，但不得超过司法部门规定的上限，下限为人民银行公布的贷款基准利率的0.9倍，具体浮动幅度按照市场原则自主确定。有关贷款期限和贷款偿还条款等合同内容，均由借贷双方在公平自愿的原则下依法协商确定。

五、小额贷款公司的监督管理

凡是省级政府能明确一个主管部门（金融办或相关机构）负责对小额贷款公司的监督管理，并愿意承担小额贷款公司风险处置责任的，方可在本省（区、市）的县域范围内开展组建小额贷款公司试点。

小额贷款公司应建立发起人承诺制度，公司股东应与小额贷款公司签订承诺书，承诺自觉遵守公司章程，参与管理并承担风险。

小额贷款公司应按照《公司法》要求建立健全公司治理结构，明确股东、董事、监事和经理之间的权责关系，制定稳健有效的议事规则、决策程序和内审制度，提高公司治理的有效性。小额贷款公司应建立健全贷款管理制度，明确贷前调查、贷时审查和贷后检查业务流程和操作规范，切实加强贷款管理。小额贷款公司应加强内部控制，按照国家有关规定建立健全企业财务会计制度，真实记录和全面反映其业务活动和财务活动。

小额贷款公司应按照有关规定，建立审慎规范的资产分类制度和拨备制度，准确进行资产分类，充分计提呆账准备金，确保资产损失准备充足率始终保持在100%以上，全面覆盖风险。

小额贷款公司应建立信息披露制度，按要求向公司股东、主管部门、向其提供融资的银行业金融机构、有关捐赠机构披露经中介机构审计的财务报表和年度业务经营情况、融资情况、重大事项等信息，必要时应向社会披露。

小额贷款公司应接受社会监督，不得进行任何形式的非法集资。从事非法集资活动的，按照国务院有关规定，由省级人民政府负责处置。对于跨省份非法集资活动的处置，需要由处置非法集资部际联席会议协调的，可由省级人民政府请求处置非法集资部际联席会议协调处置。其他违反国家法律法规的行为，由当地主管部门依据有关法律法规实施处罚；构成犯罪的，依法追究刑事责任。

中国人民银行对小额贷款公司的利率、资金流向进行跟踪监测，并将小额贷款公司纳入信贷征信系统。小额贷款公司应定期向信贷征信系统提供借款人、贷款金额、贷款担保和贷款偿还等业务信息。

六、小额贷款公司的终止

小额贷款公司法人资格的终止包括解散和破产两种情况。小额贷款公司可因下列原因解散：(一)公司章程规定的解散事由出现；(二)股东大会决议解散；(三)因公司合并或者分立需要解散；(四)依法被吊销营业执照、责令关闭或者被撤销；(五)人民法院依法宣布公司解散。小额贷款公司解散，依照《公司法》进行清算和注销。

小额贷款公司被依法宣告破产的，依照有关企业破产的法律实施破产清算。

小额贷款公司依法合规经营，没有不良信用记录的，可在股东自愿的基础上，按照《村镇银行组建审批指引》和《村镇银行管理暂行规定》规范改造为村镇银行。

七、其他

中国银行业监督管理委员会派出机构和中国人民银行分支机构，要密切配合当地政府，创造性地开展工作，加强对小额贷款公司工作的政策宣传。同时，积极开展小额贷款培训工作，有针对性的对小额贷款公司及其客户进行相关培训。

本指导意见未尽事宜，按照《中华人民共和国公司法》、《中华人民共和国合同法》等法律法规执行。

本指导意见由中国银行业监督管理委员会和中国人民银行负责解释。

请各银监局和人民银行上海总部、各分行、营业管理部、各省会(首府)城市中心支行、副省级城市中心支行联合将本指导意见转发至银监分局、人民银行地市中心支行、县(市)支行和相关单位。

中国银行业监督管理委员会
中国人民银行
二〇〇八年五月四日

三、境外借款

导 读

境内公司的境外借款，包括中国境内公司向境外银行和其他金融机构借款，以及向境外企业、其他机构和自然人借款，而且该借款以外币表示。境外借款融资应符合我国关于外债管理、对外担保等法规规定。

我国对中资企业和外商投资企业境外借款实行区别管理。《外债管理暂行办法》规定，中资企业举借中长期国际商业贷款须经国家发改委批准，举借短期国际商业贷款实行余额管理，余额由国家外汇管理局核定；外商投资企业在审批部门批准的项目总投资与注册资金之间的差额内，可以自行举借外债，无需批准。但无论中资企业，还是外商投资企业举借外债，均须在外汇管理部门办理外债登记。国际商业贷款合同和担保合同须经登记后方能生效。

根据《跨境担保外汇管理规定》的规定，境内机构对境内借款人履行境外借款合同进行担保，应当符合国家外汇管路部门关于对外担保的审批、管理和登记规定。《境内机构对外担保管理办法》对于担保人的条件、担保范围、担保的审批程序及对外保证、对外抵押、对外质押各种担保种类及相关事项作出了明确具体的规定。

1. 境内机构借用国际商业贷款管理办法

（1997年12月16日国家外汇管理局批准，1997年9月24日〔97〕汇证发字第06号发布，自1998年1月1日起施行）

第一章　总　则

第一条　为完善对国际商业贷款的管理，根据《中华人民共和国外汇管理条例》和国务院有关规定，特制定本办法。

第二条　本办法所称"国际商业贷款"是指境内机构向中国境外的金融机构、企业、个人或者其他经济组织以及在中国境内的外资金融机构筹借的，以外国货币承担契约性偿还义务的款项。出口信贷、国际融资租赁、以外汇方式偿还的补偿贸易、境外机构和个人外汇存款（不包括在经批准经营离岸业务银行中的外汇存款）、项目融资、90天以上的贸易项下融资以及其他形式的外汇贷款视同国际商业贷款管理。

第三条　中国人民银行是境内机构借用国际商业贷款的审批机关。

中国人民银行授权国家外汇管理局及其分局（以下简称外汇局）具体负责对境内机构借用国际商业贷款的审批、监督和管理。

第四条　境内机构借用国际商业贷款应当经外汇局批准。未经外汇局批准而擅自对外签订的国际商业贷款协议无效。外汇局不予办理外债登记。银行不得为其开立外债专用帐户。借款本息不准擅自汇出。

第五条　对外借用国际商业贷款的境内机构仅限于：

（一）经国家外汇管理局批准经营外汇借款业务的中资金融机构；

（二）经国务院授权部门批准的非金融企业法人。

第六条　金融机构借用国际商业贷款应当符合中国人民银行关于金融机构外汇资产负债比例管理的规定。

第七条　对外直接借用国际商业贷款的非金融企业法人应当具备以下条件：

（一）最近3年连续盈利，有进出口业务许可，并属国家鼓励行业；

（二）具有完善的财务管理制度；

（三）贸易型非金融企业法人的净资产与总资产的比例不得低于15%；非贸易型的非金融企业法人的净资产与总资产的比例不得低于30%；

（四）借用国际商业贷款与对外担保余额之和不得超过其净资产等值外汇的50%；

（五）外汇借款与外汇担保余额之和不超过其上年度的创汇额。

第八条　境内机构应当凭自身资信对外借用国际商业贷款，并自行承担对外偿还责任。

第九条　境内机构对外借用国际商业贷款应当加强成本控制。其借款总成本不得高于国际金融市场相同信用级别借款机构的同期借款总成本。

外汇局对境内机构借用国际商业贷款的成本控制予以监督和指导。

第十条　借用国际商业贷款的境内机构应当按照国家外汇管理局的规定，于每季初10日内向外汇局报送上季度对外借款情况报表和年度国际商业贷款使用情况报告。

第十一条　外汇局有权检查境内机构筹借、使用和偿还国际商业贷款的情况。借款机构应当予以配合，提交有关文件和资料。

第十二条　未经外汇局批准，境内机构不得将借用的国际商业贷款存放境外、在境外直接支付或者转换人民币使用。

第二章　中长期国际商业贷款

第十三条　本办法所称"中长期国际商业贷款"是指1年期以上（不含1年）的国际商业贷款，包括1年期以上的远期信用证。

第十四条　境内机构借用中长期国际商业贷款，应当列入国家利用外资计划。

第十五条　境内机构借用中长期国际商业贷款，应当提交以下全部或者部分资料向外汇局申请：

（一）纳入国家利用外资计划的证明文件；

（二）借款项目立项批准文件；

（三）贷款条件意向书，包括债权人名称、贷款币种、金额、期限及宽限期、利率、费用、提前还款意向和其他金融条件；

（四）还款资金来源及还款计划，外汇担保情况；

（五）经会计师事务所验证的最近3年外汇或者人民币资产负债表及其他财务报表；

（六）外汇局要求提交的其他资料。

金融机构分支机构对外借用中长期国际商业贷款，除依前款规定外，还应当提交其总行（总公司）授权的有关文件。

第十六条　在京的全国性机构对外借用国际商业贷款，直接报送国家外汇管理局审批。非在京的全国性机构和地方性机构对外借款，由所在地外汇局审核后，报国家外汇管理局审批。

全国性、地方性金融机构的分支机构应当经总行（总公司）授权，方可按此程序报批。

第三章　短期国际商业贷款

第十七条　本办法所称"短期国际商业贷款"是指1年期以内（含1年）的国际商业贷款，包括同业外汇拆借、出口押汇、打包放款、90天以上、365天以下的远期信用证等。

第十八条　短期国际商业贷款不得用于长期项目投资、固定资产贷款和其他不正当用途。

第十九条　外汇局对境内机构借用短期国际商业贷款实行余额管理。

第二十条　境内机构的短期国际商业贷款余额控制指标（以下简称'短贷指标'）由外汇局按年度进行核定。

境内机构借用短期国际商业贷款余额不得超过核定的指标。

第二十一条　全国性金融机构和非金融企业法人的短贷指标，由国家外汇管理局核定下达。

地方性金融机构和非金融企业法人的短贷指标，由所在地外汇局在国家外汇管理局核定下达的短贷指标内进行审批。

第二十二条　经国家外汇管理局批准经营国际结算业务的中资金融机构应当制定远期信用证管理办法，报外汇局核准。

中资金融机构应当按照外汇局核准的远期信用证管理办法，开立远期信用证。

中资金融机构对外开立的90天以上、365天以下远期信用证，不占用其短贷指标。

第二十三条　非金融企业法人向境内外资金融机构申请开立90天以上、365天以下的远期信用证，占用其短贷指标。

第二十四条　境内机构向外汇局申请短贷指标，应当提交以下全部或者部分资料：

（一）申请文件（包括资金需求、资信状况、资金用途等内容）；

（二）会计师事务所验证的上年度资产负债表和损益表；

（三）信贷机构出具的贷款承诺意向书；

（四）上年度外汇收支情况；

（五）外汇局要求提交的其他资料。

第二十五条　不实行短贷指标余额管理的非金融企业法人借用短期国际商业贷款，应当逐笔报外汇局批准，并占用所在地的短贷指标。

第四章　项目融资

第二十六条　本办法所称"项目融资"是指以境内建设项目的名义在境外筹措外汇资金，并仅以项目自身预期收入和资产对外承担债务偿还责任的融资方式。它应当具有以下性质：

（一）债权人对于建设项目以外的资产和收入没有追索权；

（二）不需要境内机构以建设项目以外的资产、权益和收入进行抵押、质押或者偿债；

（三）不需要境内机构提供任何形式的融资担保。

第二十七条　项目融资的对外融资规模纳入国家借用国际商业贷款指导性计划。

第二十八条　项目融资条件应当具有竞争性，并应当经国家外汇管理局审批或者审核。其中地方上报的项目融资的融资条件由所在地外汇局初审后，报国家外汇管理局审批或者审核。

第二十九条　项目融资条件报外汇局审批或者审核时，项目公司应当提交以下文件：

（一）申请文件，包括项目融资的方式、金额、市场，以及贷款的期限、利率、各项费用等融资条件；

（二）国家计委批准的项目可行性研究报告或者其他文件；

（三）项目融资纳入国家借用国际商业贷款指导性计划的证明文件；

（四）项目融资协议；

（五）与项目融资相关的具有保证性质的文件；

（六）其他必要文件。

第五章 境内机构的海外分支机构借用国际商业贷款

第三十条 本办法所称“中资金融机构的海外分支机构”（以下简称海外分行）是指我国中资金融机构在境外依照当地法律设立的非独立法人的分支机构。

第三十一条 中资金融机构应当根据其海外分行的营运资金、资产负债比例及当年业务量等项指标，确定每个海外分行的境外融资总量，并于每年2月底之前报国家外汇管理局备案。海外分行一次性筹借等值5000万美元以上（含5000万美元）的国际商业贷款，应当事先由其总行（总公司）报国家外汇管理局批准。

第三十二条 海外分行在境外融资应当纳入其总行（总公司）资产负债比例管理。

海外分行在境外所筹资金只能用于海外业务发展。未经国家外汇管理局批准，不得调入境内使用。

第三十三条 中资企业在境外设立的非经营性质的办事处或者代表处等机构不得在境外融资。

第三十四条 中资企业在境外设立的分公司及其他经营机构，经总（母）公司授权，以总（母）公司名义对外借款，视为总（母）公司的对外借款，其总（母）公司应当按照本办法的有关规定在境内办理有关报批手续。

第六章 法律责任

第三十五条 境内机构未经批准，擅自借用国际商业贷款或者未按照本办法第四十二条规定办理保值业务的，由外汇局给予警告，通报批评，并处10万元以上50万元以下的人民币罚款；构成犯罪的，依法追究刑事责任。

第三十六条 境内机构未经批准，擅自将借用的国际商业贷款存放境外或者在境外直接支付；未经批准，擅自将借用的国际商业贷款转换为人民币的，由外汇局责令改正，给予警告，通报批评，并处违法金额30%以上5倍以下的人民币罚款；构成犯罪的，依法追究刑事责任。

第三十七条 境内机构的海外分支机构违反本办法第三十一条、三十三条、三十四条的规定，擅自在境外融资的，由外汇局对境内机构处以警告，通报批评，并处10万元以上50万元以下的人民币罚款。

第三十八条 中资金融机构的海外分支机构违反本办法第三十二条的规定，擅自将在境外所筹资金调入境内使用的，由外汇局责令改正，对境内中资金融机构处以警告，通报批评，并处10万元以上50万元以下的人民币罚款。

第三十九条 境内机构向外汇局报送虚假、无效的文件和资料，骗取外汇局批准的，由外汇局收回批准文件，并对其按第三十五条的规定处罚。构成犯罪的，依法追究刑事责任。

第四十条 境内机构未按照本办法的规定报送报表和资料，或者不接受和配合外汇局检查的，由外汇局处以警告，通报批评，并处1万元以上3万元以下的人民币罚款。

第七章 附 则

第四十一条 境内机构签订国际商业贷款协议后，应当根据外债统计监测规定向外汇局办理外债登记，并按照有关规定办理还款手续。

第四十二条 对外借款的境内机构应当遵循以下原则，根据国际市场汇率和利率的变化，在不扩大外债规模、不延长债务期限的条件下，切实防范外债风险：

（一）借低还高应当报国家外汇管理局审批；

（二）经批准经营自营或者代客外汇买卖业务的中资金融机构，可以为自身债务或者接受其他境内机构的委托进行国际商业贷款的保值业务；

（三）其他中资机构委托境外金融机构或者境内外资金融机构对其借用的国际商业贷款进

行保值,应当经外汇局批准;

(四)外商投资企业可以自行委托境外金融机构或者境内外资金融机构办理国际商业贷款的保值业务。

第四十三条 境内机构办理国际商业贷款保值业务后,应当按照外债统计监测规定办理外债登记变更手续。

第四十四条 借用国际商业贷款的帐户管理,适用外汇帐户管理规定。

第四十五条 境内机构向中资金融机构海外分支机构借用外汇贷款,适用本办法。

第四十六条 飞机融资租赁及借用国际商业贷款支付飞机融资租赁的预付款,适用本办法。

第四十七条 境内机构以固定成本向境外转让已经建成项目的经营权或者收益权,适用本办法对项目融资的管理规定。

第四十八条 中资银行从事离岸业务借用的国际商业贷款,按照本办法对海外分行的管理规定执行。

第四十九条 境内机构向中资银行离岸业务部门借用的外汇贷款,视同国际商业贷款管理。

第五十条 本办法第一、二、三、八、九、十、十一、十二、十三、十七、十八、三十五、三十六、三十七、三十九、四十、四十一、四十二(四)、四十三、四十四、四十五、四十六、四十七、四十九、五十一、五十二条和第四章的规定适用于外商投资企业,其余条款不适用于外商投资企业。

第五十一条 本办法由国家外汇管理局负责解释。

第五十二条 本办法自1998年1月1日起施行。1991年9月26日中国人民银行批准、国家外汇管理局发布的《境内机构借用国际商业贷款管理办法》、1995年7月14日中国人民银行发布的《关于境内机构进行项目融资有关事宜的通知》、1996年4月17日国家外汇管理局发布的《经营外汇业务的中资银行海外分支机构境外融资管理规定》、1997年1月16日国家外汇管理局发布的《关于加强对中资企业境外机构融资管理的通知》同时废止。

2. 外债管理暂行办法

(2003年1月8日国家发展计划委员会、财政部、国家外汇管理局令第28号发布,自2003年3月1日起施行)

第一章 总 则

第一条 为加强外债管理,规范举借外债行为,提高外债资金使用效益,防范外债风险,制定本办法。

第二条 本办法所称“外债”,是指境内机构对非居民承担的以外币表示的债务。

第三条 本办法所称“境内机构”,是指在中国境内依法设立的常设机构,包括但不限于政府机关、金融境内机构、企业、事业单位和社会团体。

第四条 本办法所称“非居民”,是指中国境外的机构、自然人及其在中国境内依法设立的非常设机构。

第五条 按照债务类型划分,外债分为外国政府贷款、国际金融组织贷款和国际商业贷款。

(一)外国政府贷款,是指中国政府向外国政府举借的官方信贷;

(二)国际金融组织贷款,是指中国政府向世界银行、亚洲开发银行、联合国农业发展基金会和其他国际性、地区性金融机构举借的非商业性信贷;

(三)国际商业贷款,是指境内机构向非居民举借的商业性信贷。包括:

1. 向境外银行和其他金融机构借款;
2. 向境外企业、其他机构和自然人借款;
3. 境外发行中长期债券(含可转换债券)和短期债券(含商业票据、大额可转让存单等);
4. 买方信贷、延期付款和其它形式的贸易融资；

5. 国际融资租赁；

6. 非居民外币存款；

7. 补偿贸易中用现汇偿还的债务；

8. 其它种类国际商业贷款。

第六条 按照偿还责任划分，外债分为主权外债和非主权外债。

（一）主权外债，是指由国务院授权机构代表国家举借的、以国家信用保证对外偿还的外债。

（二）非主权外债，是指除主权外债以外的其它外债。

第七条 本办法所称"对外担保"，是指境内机构依据《中华人民共和国担保法》，以保证、抵押或质押方式向非居民提供的担保。

对外担保形成的潜在对外偿还义务为或有外债。

第八条 国家对各类外债和或有外债实行全口径管理。举借外债、对外担保、外债资金的使用和偿还须符合国家有关法律、法规和本办法的规定。

第九条 国家发展计划委员会、财政部和国家外汇管理局是外债管理部门。

第二章 举借外债和对外担保

第十条 国家发展计划委员会会同有关部门根据国民经济和社会发展需要，以及国际收支状况和外债承受能力，制定国家借用外债计划，合理确定全口径外债的总量和结构调控目标。

第十一条 国家根据外债类型、偿还责任和债务人性质，对举借外债实行分类管理。

第十二条 国际金融组织贷款和外国政府贷款由国家统一对外举借。

国家发展计划委员会会同财政部等有关部门制定世界银行、亚洲开发银行、联合国农业发展基金会和外国政府贷款备选项目规划，财政部根据规划组织对外谈判、磋商、签订借款协议和对国内债务人直接或通过有关金融机构转贷。其中，世界银行、亚洲开发银行、联合国农业发展基金会和重点国别外国政府贷款备选项目规划须经国务院批准。

第十三条 财政部代表国家在境外发行债券由财政部报国务院审批，并纳入国家借用外债计划。其他任何境内机构在境外发行中长期债券均由国家发展计划委员会会同国家外汇管理局审核后报国务院审批；在境外发行短期债券由国家外汇管理局审批，其中设定滚动发行的，由国家外汇管理局会同国家发展计划委员会审批。

第十四条 国家对国有商业银行举借中长期国际商业贷款实行余额管理，余额由国家发展计划委员会会同有关部门审核后报国务院审批。

第十五条 境内中资企业等机构举借中长期国际商业贷款，须经国家发展计划委员会批准。

第十六条 国家对境内中资机构举借短期国际商业贷款实行余额管理，余额由国家外汇管理局核定。

第十七条 国家对境内外资金融机构举借外债实行总量控制，具体办法另行制定。

第十八条 外商投资企业举借的中长期外债累计发生额和短期外债余额之和应当控制在审批部门批准的项目总投资和注册资本之间的差额以内。

在差额范围内，外商投资企业可自行举借外债。超出差额的，须经原审批部门重新核定项目总投资。

第十九条 境内机构对外担保应当遵守国家法律、法规和外汇管理部门的有关规定。

第二十条 境内机构不得为非经营性质的境外机构提供担保。

第二十一条 未经国务院批准，任何政府机关、社会团体、事业单位不得举借外债或对外担保。

第二十二条 境内机构对外签订借款合同或担保合同后，应当依据有关规定到外汇管理部门办理登记手续。国际商业贷款借款合同或担保合同须经登记后方能生效。

第三章 外债资金使用

第二十三条 外债资金应当主要用于经济发展和存量外债的结构调整。

第二十四条 国际金融组织贷款和外国政府贷款等中长期国外优惠贷款重点用于基础性和公益性建设项目，并向中西部地区倾斜。

第二十五条 中长期国际商业贷款重点用

于引进先进技术和设备,以及产业结构和外债结构调整。

第二十六条　境内企业所借中长期外债资金,应当严格按照批准的用途合理使用,不得挪作他用。确需变更用途的,应当按照原程序报批。

第二十七条　境内企业所借短期外债资金主要用作流动资金,不得用于固定资产投资等中长期用途。

第二十八条　使用外债资金的固定资产投资项目应当实行项目法人责任制,由项目法人对外债资金的使用效益负责。

依据《中华人民共和国招标投标法》和国外贷款机构有关规定需要进行招标采购的,应当严格按照规定执行。

第二十九条　外债管理部门负责对外债资金使用进行管理和监督。

第三十条　国家发展计划委员会依据《国家重大建设项目稽察办法》的规定,向使用外债资金的国家重大建设项目派出稽察特派员,对项目的实施和资金使用情况进行稽察。

第四章　外债偿还和风险管理

第三十一条　主权外债由国家统一对外偿还。主权外债资金由财政部直接或通过金融机构转贷给国内债务人的,国内债务人应当对财政部或转贷金融机构承担偿还责任。

第三十二条　非主权外债由债务人自担风险、自行偿还。

第三十三条　债务人可以用自有外汇资金偿还外债,也可经外汇管理部门核准用人民币购汇偿还外债。

第三十四条　债务人无法偿还的外债,有担保人的,应当由担保人负责偿还。

第三十五条　担保人按照担保合同规定需要履行对外代偿义务时,应当到外汇管理部门办理对外担保履约核准手续。

第三十六条　债务人应当加强外债风险管理,适时调整和优化债务结构。

在不扩大原有外债规模的前提下,经国家发展计划委员会核准,债务人可以通过借入低成本外债、偿还高成本外债等方式,降低外债成本,优化债务结构,其中,涉及主权外债的,需经财政部核准。

第三十七条　债务人可以保值避险为目的,委托具有相关资格的金融机构运用金融工具规避外债的汇率和利率风险。

第五章　外债监管

第三十八条　外债管理部门根据国家法律、法规和本办法有关规定,对外债和对外担保实施监管。

第三十九条　外债管理部门履行监管职责时,有权要求债务人和相关单位提供有关资料,检查有关帐目和资产。

第四十条　境内机构举借外债或对外担保时,未履行规定的审批手续或未按规定进行登记的,其对外签订的借款合同或担保合同不具有法律约束力。

第四十一条　不以借款合同或担保合同等形式体现,但在实质上构成对外偿还义务或潜在对外偿还义务的对外借款或担保,须按照本办法纳入外债监管。

第四十二条　禁止违反利益共享、风险共担原则,以保证外商直接投资固定回报等方式变相举借外债。

第四十三条　未经外债管理部门批准,境外中资企业不得将其自身承担的债务风险和偿债责任转移到境内。

第四十四条　经营外汇业务的金融机构在为境内机构开立外汇、外债帐户和处理外汇资金往来业务时,发现违反本办法规定的行为,应当及时向有关外债管理部门报告,并协助外债管理部门进行调查。

第四十五条　外债管理部门应当掌握外债动态,建立和完善全口径外债监测预警机制。

第四十六条　国家外汇管理局负责外债的统计监测,定期公布外债统计数据。

第四十七条　境内机构违反本办法规定举借外债或对外担保的,由其主管部门对直接负责的主管人员和其他直接责任人员依法给予相应的行政处分。构成犯罪的,依法追究刑事责任。

第四十八条　外债管理部门的工作人员徇私舞弊、滥用职权或玩忽职守,由其所在部门依法给予行政处分。构成犯罪的,依法追究刑事责任。

第六章 附 则

第四十九条 境内机构向香港、澳门特别行政区和台湾地区的机构举借债务或提供担保,比照本办法进行管理。

第五十条 外债管理部门应当依据本办法,制定和完善有关实施细则。

第五十一条 本办法由国家发展计划委员会、财政部和国家外汇管理局负责解释。

第五十二条 本办法自2003年3月1日起施行。

3. 外债登记管理办法

(2013年4月28日国家外汇管理局汇发〔2013〕19号发布,根据2015年5月4日《国家外汇管理局关于废止和修改涉及注册资本登记制度改革相关规范性文件的通知》修订)

第一章 总 则

第一条 为准确、及时、完整统计外债信息,规范外债资金流出入的管理,防范外债风险,根据《中华人民共和国外汇管理条例》(以下简称《外汇管理条例》)和《外债统计监测暂行规定》,制定本办法。

第二条 债务人应按照国家有关规定借用外债,并办理外债登记。

第三条 国家外汇管理局及其分支局(以下简称外汇局)负责外债的登记、账户、使用、偿还以及结售汇等管理、监督和检查,并对外债进行统计和监测。

国家外汇管理局负责全口径外债的统计监测,并定期公布外债情况。

第四条 国家外汇管理局根据国际统计标准,结合我国实际情况,确定外债统计范围和统计方法。

外债统计方法包括债务人登记和抽样调查等。

第五条 国家外汇管理局可根据国际收支变化情况,对外债登记范围和管理方式进行调整。

第二章 外债登记

第六条 外债登记是指债务人按规定借用外债后,应按照规定方式向所在地外汇局登记或报送外债的签约、提款、偿还和结售汇等信息。根据债务人类型实行不同的外债登记方式。

外债借款合同发生变更时,债务人应按照规定到外汇局办理外债签约变更登记。

外债未偿余额为零且债务人不再发生提款时,债务人应按照规定到外汇局办理外债注销登记手续。

第七条 债务人为财政部门,应在每月初10个工作日内逐笔向所在地外汇局报送外债的签约、提款、结汇、购汇、偿还和账户变动等信息。

第八条 债务人为境内银行,应通过外汇局相关系统逐笔报送其借用外债信息。

第九条 债务人为财政部门、银行以外的其他境内债务人(以下简称非银行债务人),应在规定时间内到所在地外汇局办理外债签约逐笔登记或备案手续。

第十条 对于不通过境内银行办理资金收付的,非银行债务人在发生外债提款额、还本付息额和未偿余额变动后,持相关证明材料到所在地外汇局办理备案手续。

第三章 外债账户、资金使用和结售汇管理

第十一条 境内银行借用外债,可直接在境内、外银行开立相关账户,直接办理与其外债相关的提款和偿还等手续。

第十二条 非银行债务人在办理外债签约登记后,可直接向境内银行申请开立外债账户。

非银行债务人可开立用于办理提款和还款

的外债专用账户，也可根据实际需要开立专门用于外债还款的还本付息专用账户。

第十三条　根据非银行债务人申请，银行在履行必要的审核程序后，可直接为其开立、关闭外债账户以及办理外债提款、结售汇和偿还等手续。

第十四条　外商投资企业借用的外债资金可以结汇使用。

除另有规定外，境内金融机构和中资企业借用的外债资金不得结汇使用。

第十五条　债务人在办理外债资金结汇时，应遵循实需原则，持规定的证明文件直接到银行办理。

银行应按照有关规定审核证明文件后，为债务人办理结汇手续。

第十六条　债务人借款合同中约定的外债资金用途应当符合外汇管理规定。

短期外债原则上只能用于流动资金，不得用于固定资产投资等中长期用途。

第十七条　债务人购汇偿还外债，应遵循实需原则。

银行应按照有关规定审核证明文件后，为债务人办理购付汇手续。

第四章　外保内贷外汇管理

第十八条　符合规定的债务人向境内金融机构借款时，可以接受境外机构或个人提供的担保（以下简称外保内贷）。

境内债权人应按相关规定向所在地外汇局报送相关数据。

发生境外担保履约的，债务人应到所在地外汇局办理外债登记。

第十九条　外商投资企业办理境内借款接受境外担保的，可直接与境外担保人、债权人签订担保合同。

发生境外担保履约的，其担保履约额应纳入外商投资企业外债规模管理。

第二十条　中资企业办理境内借款接受境外担保的，应事前向所在地外汇局申请外保内贷额度。

中资企业可在外汇局核定的额度内直接签订担保合同。

第五章　对外转让不良资产外汇管理

第二十一条　境内机构对外转让不良资产，应按规定获得批准。

第二十二条　对外转让不良资产获得批准后，境外投资者或其代理人应到外汇局办理对外转让不良资产备案手续。

第二十三条　受让不良资产的境外投资者或其代理人通过清收、再转让等方式取得的收益，经外汇局核准后可汇出。

第六章　罚　则

第二十四条　外债资金非法结汇的，依照《外汇管理条例》第四十一条进行处罚。

第二十五条　有擅自对外借款或在境外发行债券等违反外债管理行为的，依照《外汇管理条例》第四十三条进行处罚。

第二十六条　违反规定，擅自改变外债或外债结汇资金用途的，依照《外汇管理条例》第四十四条进行处罚。

第二十七条　有下列情形之一的，依照《外汇管理条例》第四十八条进行处罚：

（一）未按照规定进行涉及外债国际收支申报的；

（二）未按照规定报送外债统计报表等资料的；

（三）未按照规定提交外债业务有效单证或者提交的单证不真实的；

（四）违反外债账户管理规定的；

（五）违反外债登记管理规定的。

第二十八条　金融机构有下列情形之一的，依照《外汇管理条例》第四十七条进行处罚：

（一）违反规定办理外债资金收付的；

（二）违反规定办理外债项下结汇、售汇业务的。

第二十九条　其他违反本办法的行为，按《外汇管理条例》法律责任有关规定进行处罚。

第七章　附　则

第三十条　银行应按照外汇管理相关规定，将非银行债务人的外债账户、提款、使用、偿还及结售汇等信息报送外汇局。

第三十一条 外汇局利用抽样调查等方式，采集境内企业对外贸易中产生的预收货款、延期付款等企业间贸易信贷信息。

境内企业与境外企业间发生贸易信贷的，无需按照本办法规定办理外债登记。

第三十二条 债务人可按照有关规定签订以锁定外债还本付息风险为目的、与汇率或利率相关的保值交易合同，并直接到银行办理交割。

第三十三条 本办法由国家外汇管理局负责解释。

第三十四条 本办法自2013年5月13日起实施。

4. 跨境担保外汇管理规定

（2014年5月12日国家外汇管理局汇发〔2014〕29号发布，自2014年6月1日起施行）

第一章 总 则

第一条 为完善跨境担保外汇管理，规范跨境担保项下收支行为，促进跨境担保业务健康有序发展，根据《中华人民共和国物权法》、《中华人民共和国担保法》及《中华人民共和国外汇管理条例》等法律法规，特制定本规定。

第二条 本规定所称的跨境担保是指担保人向债权人书面作出的、具有法律约束力、承诺按照担保合同约定履行相关付款义务并可能产生资金跨境收付或资产所有权跨境转移等国际收支交易的担保行为。

第三条 按照担保当事各方的注册地，跨境担保分为内保外贷、外保内贷和其他形式跨境担保。

内保外贷是指担保人注册地在境内、债务人和债权人注册地均在境外的跨境担保。

外保内贷是指担保人注册地在境外、债务人和债权人注册地均在境内的跨境担保。

其他形式跨境担保是指除前述内保外贷和外保内贷以外的其他跨境担保情形。

第四条 国家外汇管理局及其分支局（以下简称外汇局）负责规范跨境担保产生的各类国际收支交易。

第五条 境内机构提供或接受跨境担保，应当遵守国家法律法规和行业主管部门的规定，并按本规定办理相关外汇管理手续。

担保当事各方从事跨境担保业务，应当恪守商业道德，诚实守信。

第六条 外汇局对内保外贷和外保内贷实行登记管理。

境内机构办理内保外贷业务，应按本规定要求办理内保外贷登记；经外汇局登记的内保外贷，发生担保履约的，担保人可自行办理；担保履约后应按本规定要求办理对外债权登记。

境内机构办理外保内贷业务，应符合本规定明确的相关条件；经外汇局登记的外保内贷，债权人可自行办理与担保履约相关的收款；担保履约后境内债务人应按本规定要求办理外债登记手续。

第七条 境内机构提供或接受其他形式跨境担保，应符合相关外汇管理规定。

第二章 内保外贷

第八条 担保人办理内保外贷业务，在遵守国家法律法规、行业主管部门规定及外汇管理规定的前提下，可自行签订内保外贷合同。

第九条 担保人签订内保外贷合同后，应按以下规定办理内保外贷登记。

担保人为银行的，由担保人通过数据接口程序或其他方式向外汇局报送内保外贷业务相关数据。

担保人为非银行金融机构或企业（以下简称非银行机构）的，应在签订担保合同后15个工作日内到所在地外汇局办理内保外贷签约登记手续。担保合同主要条款发生变更的，应当办理内保外贷签约变更登记手续。

外汇局按照真实、合规原则对非银行机构担保人的登记申请进行程序性审核并办理登记手续。

第十条 银行、非银行金融机构作为担保人提供内保外贷，按照行业主管部门规定，应具有相应担保业务经营资格。

第十一条 内保外贷项下资金用途应当符合以下规定：

（一）内保外贷项下资金仅用于债务人正常经营范围内的相关支出，不得用于支持债务人从事正常业务范围以外的相关交易，不得虚构贸易背景进行套利，或进行其他形式的投机性交易。

（二）未经外汇局批准，债务人不得通过向境内进行借贷、股权投资或证券投资等方式将担保项下资金直接或间接调回境内使用。

第十二条 担保人办理内保外贷业务时，应对债务人主体资格、担保项下资金用途、预计的还款资金来源、担保履约的可能性及相关交易背景进行审核，对是否符合境内外相关法律法规进行尽职调查，并以适当方式监督债务人按照其申明的用途使用担保项下资金。

第十三条 内保外贷项下担保人付款责任到期、债务人清偿担保项下债务或发生担保履约后，担保人应办理内保外贷登记注销手续。

第十四条 如发生内保外贷履约，担保人为银行的，可自行办理担保履约项下对外支付。

担保人为非银行机构的，可凭担保登记文件直接到银行办理担保履约项下购汇及对外支付。在境外债务人偿清因担保人履约而对境内担保人承担的债务之前，未经外汇局批准，担保人须暂停签订新的内保外贷合同。

第十五条 内保外贷业务发生担保履约的，成为对外债权人的境内担保人或反担保人应当按规定办理对外债权登记手续。

第十六条 境内个人可作为担保人并参照非银行机构办理内保外贷业务。

第三章 外保内贷

第十七条 境内非金融机构从境内金融机构借用贷款或获得授信额度，在同时满足以下条件的前提下，可以接受境外机构或个人提供的担保，并自行签订外保内贷合同：

（一）债务人为在境内注册经营的非金融机构；

（二）债权人为在境内注册经营的金融机构；

（三）担保标的为金融机构提供的本外币贷款（不包括委托贷款）或有约束力的授信额度；

（四）担保形式符合境内、外法律法规。

未经批准，境内机构不得超出上述范围办理外保内贷业务。

第十八条 境内债务人从事外保内贷业务，由发放贷款或提供授信额度的境内金融机构向外汇局集中报送外保内贷业务相关数据。

第十九条 外保内贷业务发生担保履约的，在境内债务人偿清其对境外担保人的债务之前，未经外汇局批准，境内债务人应暂停签订新的外保内贷合同；已经签订外保内贷合同但尚未提款或尚未全部提款的，未经所在地外汇局批准，境内债务人应暂停办理新的提款。

境内债务人因外保内贷项下担保履约形成的对外负债，其未偿本金余额不得超过其上年度末经审计的净资产数额。

境内债务人向债权人申请办理外保内贷业务时，应真实、完整地向债权人提供其已办理外保内贷业务的债务违约、外债登记及债务清偿情况。

第二十条 外保内贷业务发生境外担保履约的，境内债务人应到所在地外汇局办理短期外债签约登记及相关信息备案手续。外汇局在外债签约登记环节对债务人外保内贷业务的合规性进行事后核查。

第四章 物权担保的外汇管理

第二十一条 外汇局不对担保当事各方设定担保物权的合法性进行审查。担保当事各方应自行确认担保合同内容符合境内外相关法律法规和行业主管部门的规定。

第二十二条 担保人与债权人之间因提供抵押、质押等物权担保而产生的跨境收支和交易事项，已存在限制或程序性外汇管理规定的，应当符合规定。

第二十三条 当担保人与债权人分属境内、境外，或担保物权登记地（或财产所在地、收益来源地）与担保人、债权人的任意一方分属境内、境外时，境内担保人或境内债权人应按下列规定办理相关外汇管理手续：

（一）当担保人、债权人注册地或担保物权登记地（或财产所在地、收益来源地）至少有两项分属境内外时，担保人实现担保物权的方式应当符合相关法律规定。

(二)除另有明确规定外,担保人或债权人申请汇出或收取担保财产处置收益时,可直接向境内银行提出申请;在银行审核担保履约真实性、合规性并留存必要材料后,担保人或债权人可以办理相关购汇、结汇和跨境收支。

(三)相关担保财产所有权在担保人、债权人之间发生转让,按规定需要办理跨境投资外汇登记的,当事人应办理相关登记或变更手续。

第二十四条 担保人为第三方债务人向债权人提供物权担保,构成内保外贷或外保内贷的,应当按照内保外贷或外保内贷相关规定办理担保登记手续,并遵守相关规定。

经外汇局登记的物权担保因任何原因而未合法设立,担保人应到外汇局注销相关登记。

第五章 附 则

第二十五条 境内机构提供或接受除内保外贷和外保内贷以外的其他形式跨境担保,在符合境内外法律法规和本规定的前提下,可自行签订跨境担保合同。除外汇局另有明确规定外,担保人、债务人不需要就其他形式跨境担保到外汇局办理登记或备案。

境内机构办理其他形式跨境担保,可自行办理担保履约。担保项下对外债权债务需要事前审批或核准,或因担保履约发生对外债权债务变动的,应按规定办理相关审批或登记手续。

第二十六条 境内债务人对外支付担保费,可按照服务贸易外汇管理有关规定直接向银行申请办理。

第二十七条 担保人、债务人不得在明知或者应知担保履约义务确定发生的情况下签订跨境担保合同。

第二十八条 担保人、债务人、债权人向境内银行申请办理与跨境担保相关的购付汇或收结汇业务时,境内银行应当对跨境担保交易的背景进行尽职审查,以确定该担保合同符合中国法律法规和本规定。

第二十九条 外汇局对跨境担保合同的核准、登记或备案情况以及本规定明确的其他管理事项与管理要求,不构成跨境担保合同的生效要件。

第三十条 外汇局定期分析内保外贷和外保内贷整体情况,密切关注跨境担保对国际收支的影响。

第三十一条 外汇局对境内机构跨境担保业务进行核查和检查,担保当事各方、境内银行应按照外汇局要求提供相关资料。对未按本规定及相关规定办理跨境担保业务的,外汇局根据《中华人民共和国外汇管理条例》进行处罚。

第三十二条 国家外汇管理局可出于保障国际收支平衡的目的,对跨境担保管理方式适时进行调整。

第三十三条 本规定由国家外汇管理局负责解释。

四、发行债券

导　读

企业债券是一种重要的直接融资工具。在国外成熟的资本市场,发行债券融资是企业融资的最主要手段,企业通过债券融资的比重往往大于通过股票、信贷等其他方式融资的比重。

虽然都属于直接融资方式,都是企业筹集长期资金的重要方式,但相对于股票融资而言,发行债券具有明显的优势:债券利息允许在所得税前支付,利用“税盾”原理,一般可以使公司负担的债券成本低于股票成本;另外,由于债券持有人仅是债权人,不会产生稀释所有权的问题,可以较好保护股东控制权。债券融资中,无论发行公司盈利多少,债券持有人一般只收取固定的利息,不参与公司盈利分配。

在我国,企业债券与公司债券是两个不同的法律概念,1993 年 8 月颁布实施的《企业债券管理条例》和 2006 年修改颁布实施的公司法分别对企业债券和公司债券的发行做出了明确的规定。是发行企业债券,还是发行公司债券进行融资,需根据企业的类型、规模、融资数额、信用基础及监管要求等因素进行决定。

本节的相关法规根据企业债券、公司债券的分类进行汇编。

近几年,非金融企业通过银行间债券市场进行债务融资发展迅猛,已成为企业债券发行和交易的一个主要场所,为了便于读者增进对于银行间债券市场非金融企业债务融资工具的认识和理解,本节也将银行间债券市场非金融企业债务融资工具相关规范单独汇编。

(一)企业债券

导 读

根据《企业债券管理条例》规定,企业债券是指企业依照法定程序发行、约定在一定期限内还本付息的有价证券。实践中,能够发行企业债券的主要是国有独资企业或国有控股企业等大型国有企业,发债数额一般不低于10亿元,几乎都有政府信用支持,同时还有资信良好的银行、大型国有集团作为保证人进行担保,使得我国的企业债券实质上具有很高的信用级别。

企业债券的发行,需要遵守《企业债券管理条例》等法规的规定。需要特别指出的是,作为企业债券的审批机关,国家发展改革委不断根据市场情况发布新的审批要求和程序规定,当然,总体上是趋于宽松的。

企业债券发行结束后,符合条件的企业债券,经过一定的程序安排,可以进入银行间债券市场交易流通。企业债券进入银行间债券市场交易流通的,银行间债券市场投资者均可投资交易。

企业债券发行后,符合《证券法》《企业债券管理条例》及上海、深圳证券交易所企业债券上市规则规定的条件,经过证券交易所的申请核准、办理企业债券转托管及企业债券登记手续后,企业债券发行企业与上海、深圳证券交易所签订上市协议,在证券交易所上市交易。

1. 企业债券管理条例

(1993年8月2日中华人民共和国国务院令第121号发布,根据2011年1月8日《国务院关于废止和修改部分行政法规的决定》修订)

第一章　总　则

第一条　为了加强对企业债券的管理,引导资金的合理流向,有效利用社会闲散资金,保护投资者的合法权益,制定本条例。

第二条　本条例适用于中华人民共和国境内具有法人资格的企业(以下简称企业)在境内发行的债券。但是,金融债券和外币债券除外。

除前款规定的企业外,任何单位和个人不得发行企业债券。

第三条　企业进行有偿筹集资金活动,必须通过公开发行企业债券的形式进行。但是,法律和国务院另有规定的除外。

第四条　发行和购买企业债券应当遵循自

愿、互利、有偿的原则。

第二章　企业债券

第五条　本条例所称企业债券，是指企业依照法定程序发行、约定在一定期限内还本付息的有价证券。

第六条　企业债券的票面应当载明下列内容：

（一）企业的名称、住所；

（二）企业债券的面额；

（三）企业债券的利率；

（四）还本期限和方式；

（五）利息的支付方式；

（六）企业债券发行日期和编号；

（七）企业的印记和企业法定代表人的签章；

（八）审批机关批准发行的文号、日期。

第七条　企业债券持有人有权按照约定期限取得利息、收回本金，但是无权参与企业的经营管理。

第八条　企业债券持有人对企业的经营状况不承担责任。

第九条　企业债券可以转让、抵押和继承。

第三章　企业债券的管理

第十条　国家计划委员会会同中国人民银行、财政部、国务院证券委员会拟订全国企业债券发行的年度规模和规模内的各项指标，报国务院批准后，下达各省、自治区、直辖市、计划单列市人民政府和国务院有关部门执行。

未经国务院同意，任何地方、部门不得擅自突破企业债券发行的年度规模，并不得擅自调整年度规模内的各项指标。

第十一条　企业发行企业债券必须按照本条例的规定进行审批；未经批准的，不得擅自发行和变相发行企业债券。

中央企业发行企业债券，由中国人民银行会同国家计划委员会审批；地方企业发行企业债券，由中国人民银行省、自治区、直辖市、计划单列市分行会同同级计划主管部门审批。

第十二条　企业发行企业债券必须符合下列条件：

（一）企业规模达到国家规定的要求；

（二）企业财务会计制度符合国家规定；

（三）具有偿债能力；

（四）企业经济效益良好，发行企业债券前连续3年盈利；

（五）所筹资金用途符合国家产业政策。

第十三条　企业发行企业债券应当制订发行章程。

发行章程应当包括下列内容：

（一）企业的名称、住所、经营范围、法定代表人；

（二）企业近3年的生产经营状况和有关业务发展的基本情况；

（三）财务报告；

（四）企业自有资产净值；

（五）筹集资金的用途；

（六）效益预测；

（七）发行对象、时间、期限、方式；

（八）债券的种类及期限；

（九）债券的利率；

（十）债券总面额；

（十一）还本付息方式；

（十二）审批机关要求载明的其他事项。

第十四条　企业申请发行企业债券，应当向审批机关报送下列文件：

（一）发行企业债券的申请书；

（二）营业执照；

（三）发行章程；

（四）经会计师事务所审计的企业近3年的财务报告；

（五）审批机关要求提供的其他材料。

企业发行企业债券用于固定资产投资，按照国家有关规定需要经有关部门审批的，还应当报送有关部门的审批文件。

第十五条　企业发行企业债券应当公布经审批机关批准的发行章程。

企业发行企业债券，可以向经认可的债券评信机构申请信用评级。

第十六条　企业发行企业债券的总面额不得大于该企业的自有资产净值。

第十七条　企业发行企业债券用于固定资产投资的，依照国家有关固定资产投资的规定办理。

第十八条　企业债券的利率不得高于银行

相同期限居民储蓄定期存款利率的40%。

第十九条 任何单位不得以下列资金购买企业债券：

（一）财政预算拨款；

（二）银行贷款；

（三）国家规定不得用于购买企业债券的其他资金。

办理储蓄业务的机构不得将所吸收的储蓄存款用于购买企业债券。

第二十条 企业发行企业债券所筹资金应当按照审批机关批准的用途，用于本企业的生产经营。

企业发行企业债券所筹资金不得用于房地产买卖、股票买卖和期货交易等与本企业生产经营无关的风险性投资。

第二十一条 企业发行企业债券，应当由证券经营机构承销。

证券经营机构承销企业债券，应当对发行债券的企业的发行章程和其他有关文件的真实性、准确性、完整性进行核查。

第二十二条 企业债券的转让，应当在经批准的可以进行债券交易的场所进行。

第二十三条 非证券经营机构和个人不得经营企业债券的承销和转让业务。

第二十四条 单位和个人所得的企业债券利息收入，按照国家规定纳税。

第二十五条 中国人民银行及其分支机构和国家证券监督管理机构，依照规定的职责，负责对企业债券的发行和交易活动，进行监督检查。

第四章 法律责任

第二十六条 未经批准发行或者变相发行企业债券的，以及未通过证券经营机构发行企业债券的，责令停止发行活动，退还非法所筹资金，处以相当于非法所筹资金金额5%以下的罚款。

第二十七条 超过批准数额发行企业债券的，责令退还超额发行部分或者核减相当于超额发行金额的贷款额度，处以相当于超额发行部分5%以下的罚款。

第二十八条 超过本条例第十八条规定的最高利率发行企业债券的，责令改正，处以相当于所筹资金金额5%以下的罚款。

第二十九条 用财政预算拨款、银行贷款或者国家规定不得用于购买企业债券的其他资金购买企业债券的，以及办理储蓄业务的机构用所吸收的储蓄存款购买企业债券的，责令收回该资金，处以相当于所购买企业债券金额5%以下的罚款。

第三十条 未按批准用途使用发行企业债券所筹资金的，责令改正，没收其违反批准用途使用资金所获收益，并处以相当于违法使用资金金额5%以下的罚款。

第三十一条 非证券经营机构和个人经营企业债券的承销或者转让业务的，责令停止非法经营，没收非法所得，并处以承销或者转让企业债券金额5%以下的罚款。

第三十二条 本条例第二十六条、第二十七条、第二十八条、第二十九条、第三十条、第三十一条规定的处罚，由中国人民银行及其分支机构决定。

第三十三条 对有本条例第二十六条、第二十七条、第二十八条、第二十九条、第三十条、第三十一条所列违法行为的单位的法定代表人和直接责任人员，由中国人民银行及其分支机构给予警告或者处以1万元以上10万元以下的罚款；构成犯罪的，依法追究刑事责任。

第三十四条 地方审批机关违反本条例规定，批准发行企业债券的，责令改正，给予通报批评，根据情况相应核减该地方企业债券的发行规模。

第三十五条 企业债券监督管理机关的工作人员玩忽职守、徇私舞弊的，给予行政处分；构成犯罪的，依法追究刑事责任。

第三十六条 发行企业债券的企业违反本条例规定，给他人造成损失的，应当依法承担民事赔偿责任。

第五章 附 则

第三十七条 企业发行短期融资券，按照中国人民银行有关规定执行。

第三十八条 本条例由中国人民银行会同国家计划委员会解释。

第三十九条 本条例自发布之日起施行。1987年3月27日国务院发布的《企业债券管理暂行条例》同时废止。

2. 关于进一步改进和加强企业债券管理工作的通知

（2004年6月21日国家发展和改革委员会发改财金〔2004〕第1134号发布，自发布之日起施行）

各省、自治区、直辖市及计划单列市、新疆生产建设兵团发展改革委（计委），国务院有关部门、中央直接管理的企业：

改革开放以来，随着社会主义市场经济体制的逐步建立和金融改革的深化，我国企业债券市场不断发展，为促进国民经济和加快重点项目建设发挥了积极作用。为了贯彻落实《国务院关于推进资本市场改革开放和稳定发展的若干意见》（国发〔2004〕3号），继续推进我国企业债券市场的改革创新和稳步发展，为国民经济全面协调可持续发展服务，必须进一步做好企业债券发行和监督管理工作，在逐步扩大发行规模的同时，不断完善和规范发行程序，加强和改进债券管理，防范和化解兑付风险。根据《公司法》、《证券法》、《企业债券管理条例》和国务院有关文件的规定，现就有关问题通知如下：

一、企业债券是资本市场重要的融资手段，发行企业债券是企业有效利用社会资金、开展直接融资的重要渠道。企业在境内发行债券，应当按照《公司法》、《证券法》、《企业债券管理条例》等法律法规和国务院有关文件规定的条件和程序，报经国家发展和改革委员会（简称“国家发展改革委”）批准。

在中华人民共和国境内注册登记的具有法人资格的企业均可申请发行企业债券。适用《公司法》关于发行公司债券有关规定的企业，按照《公司法》的要求申请发行公司债券。

金融债券和证券公司发行债券按照其他有关规定执。

二、国家发展改革委依照规定的职责和国务院确定的企业债券发行总规模，会同有关部门，批准企业发行债券，并对其相关行为进行监督管理。

未经国家发展改革委批准，任何单位和个人不得擅自发行或者变相发行企业债券。

企业发行债券不得突破批准的发行规模；募集的资金必须用于批准的用途，不得擅自挪作他用。

三、根据《企业债券管理条例》，国家发展改革委按照先核定企业债券发行规模、再批准企业债券发行方案的方式，组织和实施企业债券发行审批工作。

（一）企业申请发行企业债券应符合下列条件：

1. 所筹资金用途符合国家产业政策和行业发展规划；

2. 净资产规模达到规定的要求；

3. 经济效益良好，近三个会计年度连续盈利；

4. 现金流状况良好，具有较强的到期偿债能力；

5. 近三年没有违法和重大违规行为；

6. 前一次发行的企业债券已足额募集；

7. 已经发行的企业债券没有延迟支付本息的情形；

8. 企业发行债券余额不得超过其净资产的40%。用于固定资产投资项目的，累计发行额不得超过该项目总投资的20%；

9. 符合国家发展改革委根据国家产业政策、行业发展规划和宏观调控需要确定的企业债券重点支持行业、最低净资产规模以及发债规模的上、下限；

10. 符合相关法律法规的规定。

（二）批准企业债券发行规模，按照以下程序进行：

1. 企业根据国家发展改革委的通知或公告，按照企业债券发行规模申请材料目录及其规定的格式（见附件一、二、三），提出债券发行规模申请。中央直接管理的企业向国家发展改革委申请；其他企业通过省级发展改革部门或国务院行业主管部门审核后，统一由省级发展改革部门或国务院行业主管部门向国家发展改革委申请（省级发展改革部门是指各省、自治区、直辖市、计划单列市及新疆生产建设兵团发展改革部门,下同)。

2. 国家发展改革委根据市场情况和已下达债券发行规模发行情况,不定期受理企业债券发行规模申请,并按照国家产业政策和有关法律法规及国务院有关文件规定的发债条件,对企业的发债规模申请进行审核,符合发债条件的,核定发行规模和资金用途,报经国务院同意后,统一下达发债规模并通知有关事项。中央直接管理的企业由国家发展改革委下达;其他企业由国家发展改革委下达给省级发展改革部门或国务院行业主管部门后,再由省级发展改革部门或国务院行业主管部门下达给企业。

发行人应在企业债券发行规模下达之日起一年内发行。

(三)批准企业债券发行方案,按照以下程序进行:

1. 企业债券发行人获准发债规模后,按照公开发行企业债券(公司债券)申请材料目录及其规定格式(见附件四、五、六),上报企业债券发行方案。中央直接管理的企业向国家发展改革委申请;其他企业经省级发展改革部门或国务院行业主管部门审核后,由省级发展改革部门或国务院行业主管部门向国家发展改革委申请。

2. 国家发展改革委受理企业债券发行方案后,根据法律法规及国务院有关文件规定的发债条件,以及国家发展改革委下达规模通知的要求,对企业债券发行方案申请材料进行审核,提出反馈意见,通知发行人及主承销商补充和修改申报材料。

3. 发行人及主承销商根据国家发展改革委提出的反馈意见,对企业债券发行方案及申报材料进行修改和调整,并出具文件进行说明。

4. 国家发展改革委分别会签中国人民银行、中国证监会后,印发企业债券发行批准文件,并抄送各营业网点所在地省级发展改革部门等有关单位。中央直接管理的企业由国家发展改革委批复;其他企业由国家发展改革委批复给省级发展改革部门或国务院行业主管部门后,再由省级发展改革部。门或国务院行业主管部门批复给企业。

企业债券须在批准文件印发之日起两个月内开始发行。

四、按照《证券法》的规定,企业债券发行规模和发行方案的审批期限合计为三个月,从国家发展改革委受理企业债券发行规模申请材料开始计算,其间企业根据国家发展改革委的反馈意见补充和修改申报材料的时间、企业获准发债规模后编制企业债券发行方案的时间(至国家发展改革委受理发行方案止)、国家发展改革委上报国务院的时间除外。

五、企业发行债券的募集资金投向应符合国家产业政策和行业发展规划,用于本企业的生产经营。用于固定资产投资项目的,该项目应符合国家有关固定资产投资项目的管理程序;不得用于房地产买卖和股票、期货交易等风险性投资。

六、为了防范和化解企业债券兑付风险,发行人应当切实做好企业债券发行的担保工作,按照《担保法》的有关规定,聘请其他独立经济法人依法进行担保,并按照规定格式以书面形式出具担保函(见附件七)。以保证方式提供担保的,担保人应当承担连带责任。

七、为进一步推动企业债券市场规范化发展,保护投资者权益,参与企业债券发行的中介机构应具有从事企业债券发行业务的资格,遵纪守法,勤勉尽责,出具的文件必须真实、准确、完整,不得有虚假材料、误导性陈述和重大遗漏。

(一)发行人应当聘请有资格的信用评级机构对其发行的企业债券进行信用评级,其中至少有一家信用评级机构承担过2000年以后下达企业债券发行规模的企业债券评级业务。

(二)发行人及其担保人提供的最近三年财务报表(包括资产负债表、利润和利润分配表、现金流量表)应当经具有从业资格的会计师事务所进行审计。

(三)企业债券发行申请材料应当由具有从业资格的律师事务所进行资格审查和提供法律认证。

(四)发行企业债券应当由具有承销资格的证券经营机构承销,企业不得自行销售企业债券。主承销商由企业自主选择。需要组织承销团的,由主承销商组织承销团。承销商承销企业债券,可以采取代销、余额包销或全额包销方式,承销方式由发行人和主承销商协商确定。

1. 企业债券承销团的主承销商和副主承销

商除具有规定的资格外，还应符合以下条件：

（1）已经承担过 2000 年以后下达规模的企业债券发行主承销商、或累计承担过 3 次以上副主承销商的金融机构方可担任主承销商；

（2）已经承担过 2000 年以后下达规模的企业债券发行副主承销商、或累计承担过 3 次以上分销商的金融机构方可担任副主承销商。

（3）企业集团财务公司可以承销本集团发行的企业债券，但不宜作为主承销商。

2. 承销商应当承担以下职责和义务：

（1）承销企业债券；

（2）代理发行人兑付企业债券本息；

（3）代理或者协助企业债券持有人进行企业债券交易；

（4）主承销商对发行人申请材料的真实性、准确性、完整性进行核查，督促企业及时履行信息披露义务；

（5）企业或者其担保人不履行债务时，主承销商应代理企业债券持有人进行追偿。

3. 企业债券发行采用包销方式的，各承销商包销的企业债券金额原则上不得超过其上年末净资产的三分之一。

4. 承销商的承销佣金以发行企业债券总面额为基数，严格按超额累退费率计收，不得擅自调高或降低收费标准（具体标准见附件八）。

5. 为防止企业债券发行过程中不利于市场健康发展的现象发生，企业债券发行应按照公正、公平、公开的原则进行，改革和完善发行方式，提高工作透明度。严禁名义承销、虚假销售行为。

八、企业债券利率由发行人和承销机构按照《企业债券管理条例》等法律法规，根据企业债券信用等级和市场情况提出，国家发展改革委商有关部门批准。

九、企业债券发行可以采取无记名实物券、实名制记帐式、无纸化电子记帐式等多种发行方式。

无记名实物券企业债券应当在指定的有价证券印制单位印制。

实名制记帐式企业债券应当按照有关规定进行债权登记托管。托管人为实名制记帐式企业债券的法定债权登记人，在企业债券发行结束后负责对企业债券进行债权管理、权益监护和代理兑付，并负责向投资者提供有关信息服务。

十、为进一步推动企业债券流通市场的发展，提高企业债券的流动性，分散风险，保护投资者利益，鼓励企业债券在经国家批准的交易场所依法进行交易。

十一、为保证企业债券按期兑付，维护企业债券市场健康有序发展，发行人、担保人应制定切实可行的偿债计划并认真执行，确保企业债券本息按期兑付。主承销商应监督发行人、担保人偿债计划的执行情况，各承销商应切实履行代理兑付企业债券本息的职责。

（一）发行人应当在债券本金兑付首日 60 日前向国家发展改革委及省级发展改革部门报告兑付方案，并于兑付首日 5 个工作日前通过指定媒体公布兑付事项。

（二）发行人应当在企业债券付息首日 5 个工作日前通过指定媒体公布付息事项。

（三）企业债券本息兑付首日 5 个工作日前，发行人应当将兑付资金全额划入指定帐户。实名制记帐式企业债券划入托管人指定的帐户；无记名实物券企业债券划入主承销商指定的帐户。

（四）发行人不能按照规定期限履行兑付义务的，主承销商应当及时通知担保人履行担保义务。

（五）主承销商应当在企业债券，发行和兑付工作结束后 15 个工作日内，将企业债券发行、兑付情况报国家发展改革委及省级发展改革部门。

各地发展改革部门应主动取得各级人民政府及其有关部门的支持，督促发行人、担保人、承销商、托管人做好企业债券兑付工作，协调解决企业债券兑付中出现的问题，维护社会稳定。

十二、为充分维护投资者权益，各发行人及其他企业债券参与主体要重视企业债券信息披露工作，最大限度地向企业债券投资者披露发行人、担保人的重大信息，便于投资者及时做出投资或避险选择。

（一）发行人应当通过指定媒体，在债券发行首日 3 日前公告企业债券发行公告或公司债券募集说明书。发行公告和募集说明书应当真实、准确、完整，不得有虚假记载、误导性陈述或者重大遗漏。

（二）发行人应当在债券存续期间的每一会计年度结束之日 起 4 个月内，向国家发展改革委及省级发展改革部门报送发行人、担保人经审计的年度财务报告，并公开披露。

（三）在企业债券存续期内，发行人、担保人发生可能影响企业债券兑付的重大事项时，发行人应当及时向国家发展改革委报告，并公开披露。

（四）在企业债券存续期内，发行人应当委托原信用评级机构每年至少进行一次跟踪评级，并于信用评级机构出具企业债券跟踪评级结果之后十五日内，将跟踪评级结果报国家发展改革委及省级发展改革部门，并公开披露。

十三、为了进一步加强企业债券监督管理工作，国家发展改革委依法对企业债券的发行、托管、兑付、信息披露、募集资金使用等以及在证券交易所之外其他合法交易等相关事项进行监督管理，维护企业债券市场秩序。

（一）国家发展改革委根据工作需要授权省级发展改革部门对本行政区域内企业债券发行及其相关活动进行监督检查，省级发展改革部门应当及时将监督检查结果报告国家发展改革委。

（二）在企业债券发行过程中，各承销商面向社会公开零售企业债券的所有营业网点及每个营业网点的承销份额，均须在各营业网点所在地省级发展改革部门备案，并自觉接受当地省级发展改革部门的监督检查。

（三）国家发展改革委和省级发展改革部门在履行监督检查职责时，有关单位和当事人应给予积极配合，对违法违规行为的，依法制止，责令纠正。涉嫌犯罪的，移送司法机关处理。

二〇〇四年六月二十一日

附：10个附件（略）

3. 关于有效防范企业债担保风险的意见

（2007年10月12日中国银行业监督管理委员会银监发〔2007〕75号发布，自发布之日起施行）

各银监局，各政策性银行、国有商业银行、股份制商业银行，邮政储蓄银行，银监会直接监管的信托公司、财务公司、租赁公司：

近年来，企业债券发行规模快速增长，债券品种和发行主体日益多样化，对构建多层次资本市场、提高金融资源配置效率、深化国有企业改革起到了重要作用。但部分银行存在忽视企业信用风险、盲目为企业发债提供担保的问题。为有效防范企业债券发行担保风险，保障银行资产安全，现就有关问题提出以下意见：

一、严格区分直接融资和间接融资市场不同的利益主体，防止侵害存款人利益

债券市场是直接融资市场，与以银行作为中介的间接融资市场有本质区别。直接融资市场以企业信用为基础，需保护投资人利益；间接融资市场以银行信用为基础，主要保护存款人利益。企业发债强调的是企业资信和还款能力，应与银行授信严格区分。按照我国现行债券发行审批要求，发债企业须聘请其他独立经济法人依法对企业债进行担保，担保人应承担连带担保责任。若银行为企业债券提供担保，一旦债券到期不能偿付，银行将代为承担偿付责任，这实质掩盖了债券真实风险，以银行信用代替或补充了企业信用。一方面，这可能引发发债企业和债券投资者双方的道德风险，难以建立市场化定价机制，不利于培育发债主体和投资者风险意识，有悖于国家大力发展债券市场、促进直接融资的初衷。另一方面，银行为企业发债提供担保，担保费率远低于贷款利率，而承担的信用风险却与贷款无异，甚至因缺乏严格的审批程序和有效的监控措施会高于贷款风险。还要间接承担额外的交易对手风险以及市场风险。银行担保保护了债券投资人利益，却使债券市场的各类风险转移至银行系统，可能损害银行股东利益和存款人资金安全。

二、充分认识企业债担保风险，防止偿债风险的跨业转移

现阶段我国债券市场尚不发达，债券发行人信用水平不高，债券发行申请、审批、债券资金运用监督、信息披露等制度有待健全，债券到期偿付风险较高，各银行应充分认识为企业债提供担保的风险。一是目前企业债发行市场化程度不高，中介机构发展相对滞后，部分评级公司的专业性、公信力不强，相关法律审查、会计审计的独立性不够，难以准确评判企业债真实风险和发挥有效监督。二是发债企业信息披露要求得不到有效落实，担保银行对发债企业资金使用和经营情况缺乏有效监控手段，企业一旦改变债券资金用途或发生其他影响偿债能力的事件，银行难以及时采取有效措施化解风险。如部分企业发债所筹资金违规流入股市和房市，增大了银行担保风险。三是个别银行未将对客户的担保纳入统一授信管理，未按照《商业银行授信尽职工作指引》要求对被担保企业进行严格审查，甚至存在为维持客户关系放松担保条件要求等问题，需要引起高度关注。

三、加强债券担保管理，健全或有负债风险问责制

以项目债为主的企业债券，债券期限较长，一般为5至10年，长的可达20年，多投放于较大的固定资产投资项目、技术改造项目，还款来源通常为项目租金收入、经营收入，受国家宏观调控政策、地区经济发展等因素影响较大，项目能否如期建成和按期偿还债券本息均存在较大风险，银行履行偿付责任概率较高。

各银行（公司总部）要进一步完善融资类担保业务的授权授信制度，将该类业务审批权限上收至各银行总行（公司总部）。即日起要一律停止对以项目债为主的企业债进行担保，对其他用途的企业债券、公司债券、信托计划、保险公司收益计划、券商专项资产管理计划等其他融资性项目原则上不再出具银行担保；已经办理担保的，要采取逐步退出措施，及时追加必要的资产保全措施。

四、加强担保等表外业务的授信管理，严格责任追究

各银行应当按照《商业银行授权授信管理暂行办法》要求，将担保等表外或有负债业务纳入统一授信管理，严格准入条件，严格担保审查，严格授权制度。对未纳入授信统一额度管理的客户，不得办理担保业务。对银行违反规定办理企业债担保业务的，或因未达到尽职要求形成风险的，银行监管部门将严厉追究有关机构和责任人责任。

各银监局要将本意见转发至辖内各银监分局和城市商业银行、农村商业银行、农村合作银行、城乡信用社；各政策性银行、国有商业银行、股份制商业银行要立即将本意见转发至各分支机构。

二〇〇七年十月十二日

4. 中央企业债券发行管理暂行办法

（2008年4月3日国有资产监督管理委员会国资发产权〔2008〕70号发布，自发布之日起施行）

第一条　为加强对国务院国有资产监督管理委员会（以下简称国资委）履行出资人职责企业（以下简称中央企业）的监督管理，规范中央企业债券发行行为，防范和控制企业债务风险，根据《中华人民共和国公司法》、《中华人民共和国证券法》和《企业国有资产监督管理暂行条例》（国务院令第378号）等有关法律、行政法规，制定本办法。

第二条　中央企业公开发行企业债券、公司债券等中长期债券（以下统称债券）应当符合国家有关法律法规的规定，并按本办法的规定履行相应的决策程序。

中央企业发行前款规定以外的其他债券，按照有关法律、行政法规的规定，由中央企业董事会或总经理办公会议决定。

第三条　中央企业应当加强风险防范意识，建立健全有关债券发行的风险防范和控制制度。

中央企业发行债券或为其他企业发行债券提供担保，应当符合国资委有关风险控制的相关规定。

第四条 中央企业应当按照突出主业发展的原则,做好债券发行事项的可行性研究,可行性研究报告应当包括下列主要内容:

(一)宏观经济环境、债券市场环境、企业所处行业状况、同行业企业近期债券发行情况;

(二)企业产权结构、生产经营、财务状况和发展规划,本企业已发行债券情况;

(三)筹集资金的规模、用途和效益预测,发行债券对企业财务状况和经营业绩的影响,企业偿债能力分析;

(四)风险控制机制和流程,可能出现的风险及应对方案。

第五条 中央企业在可行性研究基础上制订债券发行方案。国有独资企业的债券发行方案由总经理办公会议审议,并形成书面意见;公司制企业的债券发行方案由董事会负责制订。

第六条 中央企业中的国有独资企业和国有独资公司发行债券,由国资委依照法定程序作出决定。

国有独资企业、国有独资公司应当向国资委报送下列文件资料:

(一)债券发行申请;

(二)债券发行可行性研究报告;

(三)债券发行方案(国有独资企业同时附送总经理办公会议审议意见);

(四)企业章程及产权登记证;

(五)具有相应资质的会计师事务所出具的近三个会计年度的审计报告;

(六)国资委要求提供的其他材料。

第七条 中央企业中的国有控股或参股公司的发行债券,由其股东会(股东大会)作出决议;公司在召开股东会(股东大会)前,应当按照《中华人民共和国公司法》和公司章程的有关规定,将债券发行方案及相关材料报送包括国资委在内的全体股东,国资委出具意见后,由其股东代表在股东会(股东大会)上行使表决权,并及时将审议情况报告国资委。

国有控股或参股公司向国资委报送的文件资料比照第六条第二款的规定执行。

第八条 国资委根据国有经济布局和结构调整的总体要求,主要从企业主业发展资金需求、企业法人治理结构、资产负债水平、风险防范和控制机制建设等方面,对中央企业债券发行事项进行审核,并作出决定或出具意见。

第九条 国资委作出同意发行债券的决定、股东会(股东大会)作出同意发行债券的决议后,中央企业按规定向国家有关主管部门报送发行债券的申请。

第十条 国家有关主管部门对企业债券发行作出核准或不予核准的决定5日内,中央企业应将有关情况报告国资委。

中央企业应当在债券发行工作结束15日内及兑付工作结束15日内,将发行情况、兑付情况书面报告国资委。

债券存续期内,发生可能影响债券持有人实现其债权的重大事项时,中央企业应当及时向国资委报告。

第十一条 中央企业发行债券未按本办法规定履行相关决策程序的,国资委将按照《企业国有资产监督管理暂行条例》等有关规定,追究企业及其相关责任人员的责任。

第十二条 中央企业应当根据本办法精神,制订各级子企业的债券发行事项管理工作规范。

第十三条 国资委建立中央企业债券发行情况统计报告制度,中央企业应将本企业及各级子企业已发行债券、还本付息等情况随同年度决算一并报国资委。

(二)公司债券

导　读

《公司法》第 153 条第 1 款规定:“本法所称公司债券,是指公司依照法定程序发行、约定在一定期限还本付息的有价证券。”根据《公司法》和《证券法》规定,公司债券由股份有限公司或有限责任公司发行,对发债主体的限制较企业债券宽松,范围较企业债券扩大,无论是否国有公司,只要符合法定条件,都可以发行公司债券。

根据《公司债券发行与交易管理办法》,任何公司制法人均可以发行公司债券,而且公司除可以公开发行公司债券并在证券交易所、全国中小企业股份转让系统交易或转让外,还可以非公开发行公司债券并按照该办法规定承销或自行销售、或在证券交易所、全国中小企业股份转让系统、机构间私募产品报价与服务系统、证券公司柜台转让。随着中国企业向海外融资和人民币国际化的步伐,境内企业还可以海外发行债券,包括中国企业向海外发行外币债券和人民币债券。

公司债券没有强制要求担保措施,公司债券的信用级别将取决于发债公司的资产状况、经营管理水平、持续盈利能力等,因此,不同公司债券的信用级别也会相差很多。

1. 公司法(节选)

第三十八条、第四十七条、第一百五十四条至第一百六十三条。

2. 证券法(节选)

第二条、第十六条至第十八条、第二十三条、第五十七条至第六十一条、第六十五条、第六十六条、第六十九条、第二百二十四条、第二百三十七条。

3. 公司债券发行与交易管理办法

(2015年1月15日中国证券监督管理委员会令第113号公布,自公布之日起施行)

第一章 总 则

第一条 为了规范公司债券的发行、交易或转让行为,保护投资者的合法权益和社会公共利益,根据《证券法》、《公司法》和其他相关法律法规,制定本办法。

第二条 在中华人民共和国境内,公开发行公司债券并在证券交易所、全国中小企业股份转让系统交易或转让,非公开发行公司债券并按照本办法规定承销或自行销售、或在证券交易所、全国中小企业股份转让系统、机构间私募产品报价与服务系统、证券公司柜台转让的,适用本办法。

法律法规和中国证券监督管理委员会(以下简称中国证监会)另有规定的,从其规定。

本办法所称公司债券,是指公司依照法定程序发行、约定在一定期限还本付息的有价证券。

第三条 公司债券可以公开发行,也可以非公开发行。

第四条 发行人及其他信息披露义务人应当及时、公平地履行披露义务,所披露或者报送的信息必须真实、准确、完整,不得有虚假记载、误导性陈述或者重大遗漏。

第五条 发行人及其控股股东、实际控制人应当诚实守信,发行人的董事、监事、高级管理人员应当勤勉尽责,维护债券持有人享有的法定权利和债券募集说明书约定的权利。

第六条 债券募集说明书及其他信息披露文件所引用的审计报告、资产评估报告、评级报告,应当由具有从事证券服务业务资格的机构出具。

债券募集说明书所引用的法律意见书,应当由律师事务所出具,并由两名执业律师和所在律师事务所负责人签署。

第七条 为公司债券发行提供服务的承销机构、资信评级机构、受托管理人、会计师事务所、资产评估机构、律师事务所等专业机构和人员应当勤勉尽责,严格遵守执业规范和监管规则,按规定和约定履行义务。

第八条 发行人、承销机构及其相关工作人员在发行定价和配售过程中,不得有违反公平竞争、进行利益输送、直接或间接谋取不正当利益以及其他破坏市场秩序的行为。

第九条 中国证监会对公司债券发行的核准或者中国证券业协会按照本办法对公司债券发行的备案,不表明其对发行人的经营风险、偿债风险、诉讼风险以及公司债券的投资风险或收益等作出判断或者保证。公司债券的投资风险,由投资者自行承担。

第十条 中国证监会依法对公司债券的公开发行、非公开发行及其交易或转让活动进行监督管理。

证券自律组织可依照相关规定对公司债券的上市交易或转让、非公开发行及转让、承销、尽职调查、信用评级、受托管理及增信等进行自律管理。

证券自律组织应当制定相关业务规则，明确公司债券承销、备案、上市交易或转让、信息披露、投资者适当性管理、持有人会议及受托管理等具体规定，报中国证监会批准。

第二章　发行和交易转让

第一节　一般规定

第十一条　发行公司债券，发行人应当依照《公司法》或者公司章程相关规定对以下事项作出决议：

（一）发行债券的数量；

（二）发行方式；

（三）债券期限；

（四）募集资金的用途；

（五）决议的有效期；

（六）其他按照法律法规及公司章程规定需要明确的事项。

发行公司债券，如果对增信机制、偿债保障措施作出安排的，也应当在决议事项中载明。

第十二条　上市公司、股票公开转让的非上市公众公司发行的公司债券，可以附认股权、可转换成相关股票等条款。上市公司、股票公开转让的非上市公众公司股东可以发行附可交换成上市公司或非上市公众公司股票条款的公司债券。商业银行等金融机构可以按照有关规定发行附减记条款的公司债券。

上市公司发行附认股权、可转换成股票条款的公司债券，应当符合《上市公司证券发行管理办法》、《创业板上市公司证券发行管理暂行办法》的相关规定。

股票公开转让的非上市公众公司发行附认股权、可转换成股票条款的公司债券，由中国证监会另行规定。

第十三条　发行人全体董事、监事、高级管理人员应当在债券募集说明书上签字，承诺不存在虚假记载、误导性陈述或者重大遗漏，并承担相应的法律责任，但是能够证明自己没有过错的除外。

第十四条　本办法所称合格投资者，应当具备相应的风险识别和承担能力，知悉并自行承担公司债券的投资风险，并符合下列资质条件：

（一）经有关金融监管部门批准设立的金融机构，包括证券公司、基金管理公司及其子公司、期货公司、商业银行、保险公司和信托公司等，以及经中国证券投资基金业协会（以下简称基金业协会）登记的私募基金管理人；

（二）上述金融机构面向投资者发行的理财产品，包括但不限于证券公司资产管理产品、基金及基金子公司产品、期货公司资产管理产品、银行理财产品、保险产品、信托产品以及经基金业协会备案的私募基金；

（三）净资产不低于人民币一千万元的企事业单位法人、合伙企业；

（四）合格境外机构投资者（QFII）、人民币合格境外机构投资者（RQFII）；

（五）社会保障基金、企业年金等养老基金，慈善基金等社会公益基金；

（六）名下金融资产不低于人民币三百万元的个人投资者；

（七）经中国证监会认可的其他合格投资者。

前款所称金融资产包括银行存款、股票、债券、基金份额、资产管理计划、银行理财产品、信托计划、保险产品、期货权益等；理财产品、合伙企业拟将主要资产投向单一债券，需要穿透核查最终投资者是否为合格投资者并合并计算投资者人数，具体标准由基金业协会规定。

证券自律组织可以在本办法规定的基础上，设定更为严格的合格投资者资质条件。

第十五条　公开发行公司债券，募集资金应当用于核准的用途；非公开发行公司债券，募集资金应当用于约定的用途。除金融类企业外，募集资金不得转借他人。

发行人应当指定专项账户，用于公司债券募集资金的接收、存储、划转与本息偿付。

第二节　公开发行及交易

第十六条　公开发行公司债券，应当符合《证券法》、《公司法》的相关规定，经中国证监会核准。

第十七条　存在下列情形之一的，不得公开发行公司债券：

（一）最近三十六个月内公司财务会计文件

存在虚假记载,或公司存在其他重大违法行为;

(二)本次发行申请文件存在虚假记载、误导性陈述或者重大遗漏;

(三)对已发行的公司债券或者其他债务有违约或者迟延支付本息的事实,仍处于继续状态;

(四)严重损害投资者合法权益和社会公共利益的其他情形。

第十八条 资信状况符合以下标准的公司债券可以向公众投资者公开发行,也可以自主选择仅面向合格投资者公开发行:

(一)发行人最近三年无债务违约或者迟延支付本息的事实;

(二)发行人最近三个会计年度实现的年均可分配利润不少于债券一年利息的 1.5 倍;

(三)债券信用评级达到 AAA 级;

(四)中国证监会根据投资者保护的需要规定的其他条件。

未达到前款规定标准的公司债券公开发行应当面向合格投资者;仅面向合格投资者公开发行的,中国证监会简化核准程序。

第十九条 公开发行公司债券,应当委托具有从事证券服务业务资格的资信评级机构进行信用评级。

第二十条 发行人应当按照中国证监会信息披露内容与格式的有关规定编制和报送公开发行公司债券的申请文件。

第二十一条 中国证监会受理申请文件后,依法审核公开发行公司债券的申请,自受理发行申请文件之日起三个月内,作出是否核准的决定,并出具相关文件。

发行申请核准后,公司债券发行结束前,发行人发生重大事项,导致可能不再符合发行条件的,应当暂缓或者暂停发行,并及时报告中国证监会。影响发行条件的,应当重新履行核准程序。

承销机构应当勤勉履行核查义务,发现发行人存在前款规定情形的,应当立即停止承销,并督促发行人及时履行报告义务。

第二十二条 公开发行公司债券,可以申请一次核准,分期发行。自中国证监会核准发行之日起,发行人应当在十二个月内完成首期发行,剩余数量应当在二十四个月内发行完毕。

公开发行公司债券的募集说明书自最后签署之日起六个月内有效。采用分期发行方式的,发行人应当在后续发行中及时披露更新后的债券募集说明书,并在每期发行完成后五个工作日内报中国证监会备案。

第二十三条 公开发行的公司债券,应当在依法设立的证券交易所上市交易,或在全国中小企业股份转让系统或者国务院批准的其他证券交易场所转让。

第二十四条 证券交易所、全国中小企业股份转让系统应当对公开发行公司债券的上市交易或转让实施分类管理,实行差异化的交易机制,建立相应的投资者适当性管理制度,健全风险控制机制。

证券交易所、全国中小企业股份转让系统应当根据债券资信状况的变化及时调整交易机制和投资者适当性安排。

第二十五条 公开发行公司债券申请上市交易或转让的,应当在发行前根据证券交易所、全国中小企业股份转让系统的相关规则,明确交易机制和交易环节投资者适当性安排。发行环节和交易环节的投资者适当性要求应当保持一致。

第三节 非公开发行及转让

第二十六条 非公开发行的公司债券应当向合格投资者发行,不得采用广告、公开劝诱和变相公开方式,每次发行对象不得超过二百人。

第二十七条 发行人、承销机构应当按照中国证监会、证券自律组织规定的投资者适当性制度,了解和评估投资者对非公开发行公司债券的风险识别和承担能力,确认参与非公开发行公司债券认购的投资者为合格投资者,并充分揭示风险。

第二十八条 非公开发行公司债券是否进行信用评级由发行人确定,并在债券募集说明书中披露。

第二十九条 非公开发行公司债券,承销机构或依照本办法第三十三条规定自行销售的发行人应当在每次发行完成后五个工作日内向中国证券业协会备案。

中国证券业协会在材料齐备时应当及时予以备案。备案不代表中国证券业协会实行合规性审查，不构成市场准入，也不豁免相关主体的违规责任。

第三十条　非公开发行公司债券，可以申请在证券交易所、全国中小企业股份转让系统、机构间私募产品报价与服务系统、证券公司柜台转让。

第三十一条　非公开发行的公司债券仅限于合格投资者范围内转让。转让后，持有同次发行债券的合格投资者合计不得超过二百人。

第三十二条　发行人的董事、监事、高级管理人员及持股比例超过百分之五的股东，可以参与本公司非公开发行公司债券的认购与转让，不受本办法第十四条关于合格投资者资质条件的限制。

第四节　发行与承销管理

第三十三条　发行公司债券应当由具有证券承销业务资格的证券公司承销。

取得证券承销业务资格的证券公司、中国证券金融股份有限公司及中国证监会认可的其他机构非公开发行公司债券可以自行销售。

第三十四条　承销机构承销公司债券，应当依据本办法以及中国证监会、中国证券业协会有关尽职调查、风险控制和内部控制等相关规定，制定严格的风险管理制度和内部控制制度，加强定价和配售过程管理。

第三十五条　承销机构承销公司债券，应当依照《证券法》相关规定采用包销或者代销方式。

第三十六条　发行人和主承销商应当签订承销协议，在承销协议中界定双方的权利义务关系，约定明确的承销基数。采用包销方式的，应当明确包销责任。

公开发行公司债券，依照法律、行政法规的规定应由承销团承销的，组成承销团的承销机构应当签订承销团协议，由主承销商负责组织承销工作。公司债券发行由两家以上承销机构联合主承销的，所有担任主承销商的承销机构应当共同承担主承销责任，履行相关义务。承销团由三家以上承销机构组成的，可以设副主承销商，协助主承销商组织承销活动。

承销团成员应当按照承销团协议及承销协议的约定进行承销活动，不得进行虚假承销。

第三十七条　公司债券公开发行的价格或利率以询价或公开招标等市场化方式确定。

发行人和主承销商应当协商确定公开发行的定价与配售方案并予公告，明确价格或利率确定原则、发行定价流程和配售规则等内容。

第三十八条　发行人和承销机构不得操纵发行定价、暗箱操作；不得以代持、信托等方式谋取不正当利益或向其他相关利益主体输送利益；不得直接或通过其利益相关方向参与认购的投资者提供财务资助；不得有其他违反公平竞争、破坏市场秩序等行为。

第三十九条　公开发行公司债券的，发行人和主承销商应当聘请律师事务所对发行过程、配售行为、参与认购的投资者资质条件、资金划拨等事项进行见证，并出具专项法律意见书。公开发行的公司债券上市后十个工作日内，主承销商应当将专项法律意见随同承销总结报告等文件一并报中国证监会。

第四十条　发行人和承销机构在推介过程中不得夸大宣传，或以虚假广告等不正当手段诱导、误导投资者，不得披露除债券募集说明书等信息以外的发行人其他信息。

承销机构应当保留推介、定价、配售等承销过程中的相关资料，并按相关法律法规规定存档备查，包括推介宣传材料、路演现场录音等，如实、全面反映询价、定价和配售过程。相关推介、定价、配售等的备查资料应当按中国证券业协会的规定制作并妥善保管。

第四十一条　中国证券业协会应当制定非公开发行公司债券承销业务的风险控制管理规定，根据市场风险状况对承销业务范围进行限制并动态调整。

第三章　信息披露

第四十二条　发行人及其他信息披露义务人应当按照中国证监会及证券自律组织的相关规定履行信息披露义务。

第四十三条　公开发行公司债券的发行人应当按照规定及时披露债券募集说明书，并在债券存续期内披露中期报告和经具有从事证券服务业务资格的会计师事务所审计的年度报告。

非公开发行公司债券的发行人信息披露的时点、内容，应当按照募集说明书的约定履行，相关信息披露文件应当由受托管理人向中国证券业协会备案。

第四十四条 公司债券募集资金的用途应当在债券募集说明书中披露。

发行人应当在定期报告中披露公开发行公司债券募集资金的使用情况。

非公开发行公司债券的,应当在债券募集说明书中约定募集资金使用情况的披露事宜。

第四十五条 公开发行公司债券的发行人应当及时披露债券存续期内发生可能影响其偿债能力或债券价格的重大事项。重大事项包括:

(一)发行人经营方针、经营范围或生产经营外部条件等发生重大变化;

(二)债券信用评级发生变化;

(三)发行人主要资产被查封、扣押、冻结;

(四)发行人发生未能清偿到期债务的违约情况;

(五)发行人当年累计新增借款或对外提供担保超过上年末净资产的百分之二十;

(六)发行人放弃债权或财产,超过上年末净资产的百分之十;

(七)发行人发生超过上年末净资产百分之十的重大损失;

(八)发行人作出减资、合并、分立、解散及申请破产的决定;

(九)发行人涉及重大诉讼、仲裁事项或受到重大行政处罚;

(十)保证人、担保物或者其他偿债保障措施发生重大变化;

(十一)发行人情况发生重大变化导致可能不符合公司债券上市条件;

(十二)发行人涉嫌犯罪被司法机关立案调查,发行人董事、监事、高级管理人员涉嫌犯罪被司法机关采取强制措施;

(十三)其他对投资者作出投资决策有重大影响的事项。

第四十六条 资信评级机构为公开发行公司债券进行信用评级,应当符合以下规定:

(一)按照规定或约定将评级信息告知发行人,并及时向市场公布首次评级报告、定期和不定期跟踪评级报告;

(二)在债券有效存续期间,应当每年至少向市场公布一次定期跟踪评级报告;

(三)应充分关注可能影响评级对象信用等级的所有重大因素,及时向市场公布信用等级调整及其他与评级相关的信息变动情况,并向证券交易所或其他证券交易场所报告。

第四十七条 公开发行公司债券的发行人及其他信息披露义务人应当将披露的信息刊登在其债券交易场所的互联网网站,同时将披露的信息或信息摘要刊登在至少一种中国证监会指定的报刊,供公众查阅。

第四章 债券持有人权益保护

第四十八条 发行公司债券的,发行人应当为债券持有人聘请债券受托管理人,并订立债券受托管理协议;在债券存续期限内,由债券受托管理人按照规定或协议的约定维护债券持有人的利益。

发行人应当在债券募集说明书中约定,投资者认购或持有本期公司债券视作同意债券受托管理协议、债券持有人会议规则及债券募集说明书中其他有关发行人、债券持有人权利义务的相关约定。

第四十九条 债券受托管理人由本次发行的承销机构或其他经中国证监会认可的机构担任。债券受托管理人应当为中国证券业协会会员。为本次发行提供担保的机构不得担任本次债券发行的受托管理人。

债券受托管理人应当勤勉尽责,公正履行受托管理职责,不得损害债券持有人利益。

对于债券受托管理人在履行受托管理职责时可能存在的利益冲突情形及相关风险防范、解决机制,发行人应当在债券募集说明书及债券存续期间的信息披露文件中予以充分披露,并同时在债券受托管理协议中载明。

第五十条 公开发行公司债券的受托管理人应当履行下列职责:

(一)持续关注发行人和保证人的资信状况、担保物状况、增信措施及偿债保障措施的实施情况,出现可能影响债券持有人重大权益的事项时,召集债券持有人会议;

(二)在债券存续期内监督发行人募集资金的使用情况;

(三)对发行人的偿债能力和增信措施的有

效性进行全面调查和持续关注，并至少每年向市场公告一次受托管理事务报告；

（四）在债券存续期内持续督导发行人履行信息披露义务；

（五）预计发行人不能偿还债务时，要求发行人追加担保，并可以依法申请法定机关采取财产保全措施；

（六）在债券存续期内勤勉处理债券持有人与发行人之间的谈判或者诉讼事务；

（七）发行人为债券设定担保的，债券受托管理协议可以约定担保财产为信托财产，债券受托管理人应在债券发行前或债券募集说明书约定的时间内取得担保的权利证明或其他有关文件，并在担保期间妥善保管；

（八）发行人不能偿还债务时，可以接受全部或部分债券持有人的委托，以自己名义代表债券持有人提起民事诉讼、参与重组或者破产的法律程序。

第五十一条　受托管理人因涉嫌债券承销活动中违法违规正在接受中国证监会调查或出现中国证监会认定的其他不再适合担任受托管理人情形的，在依据本办法第五十五条第（三）项变更受托管理人之前，中国证监会可以临时指定中证中小投资者服务中心有限责任公司承担受托管理职责，直至债券持有人会议选任出新的受托管理人为止。

第五十二条　非公开发行公司债券的，债券受托管理人应当按照债券受托管理协议的约定履行职责。

第五十三条　受托管理人为履行受托管理职责，有权代表债券持有人查询债券持有人名册及相关登记信息、专项账户中募集资金的存储与划转情况。证券登记结算机构应当予以配合。

第五十四条　发行公司债券，应当在债券募集说明书中约定债券持有人会议规则。债券持有人会议规则应当公平、合理。

债券持有人会议规则应当明确债券持有人通过债券持有人会议行使权利的范围，债券持有人会议的召集、通知、决策机制和其他重要事项。

债券持有人会议按照本办法的规定及会议规则的程序要求所形成的决议对全体债券持有人有约束力。

第五十五条　存在下列情形的，债券受托管理人应当召集债券持有人会议：

（一）拟变更债券募集说明书的约定；

（二）拟修改债券持有人会议规则；

（三）拟变更债券受托管理人或受托管理协议的主要内容；

（四）发行人不能按期支付本息；

（五）发行人减资、合并、分立、解散或者申请破产；

（六）保证人、担保物或者其他偿债保障措施发生重大变化；

（七）发行人、单独或合计持有本期债券总额百分之十以上的债券持有人书面提议召开；

（八）发行人管理层不能正常履行职责，导致发行人债务清偿能力面临严重不确定性，需要依法采取行动的；

（九）发行人提出债务重组方案的；

（十）发生其他对债券持有人权益有重大影响的事项。

在债券受托管理人应当召集而未召集债券持有人会议时，单独或合计持有本期债券总额百分之十以上的债券持有人有权自行召集债券持有人会议。

第五十六条　发行人可采取内外部增信机制、偿债保障措施，提高偿债能力，控制公司债券风险。

内外部增信机制、偿债保障措施包括但不限于下列方式：

（一）第三方担保；

（二）商业保险；

（三）资产抵押、质押担保；

（四）限制发行人债务及对外担保规模；

（五）限制发行人对外投资规模；

（六）限制发行人向第三方出售或抵押主要资产；

（七）设置债券回售条款。

公司债券增信机构可以成为中国证券业协会会员。

第五十七条　发行人应当在债券募集说明书中约定构成债券违约的情形、违约责任及其承担方式以及公司债券发生违约后的诉讼、仲裁或其他争议解决机制。

第五章 监督管理和法律责任

第五十八条 对违反法律法规及本办法规定的机构和人员,中国证监会可采取责令改正、监管谈话、出具警示函、责令公开说明、责令参加培训、责令定期报告、认定为不适当人选、暂不受理与行政许可有关的文件等相关监管措施;依法应予行政处罚的,依照《证券法》、《行政处罚法》等法律法规和中国证监会的有关规定进行处罚;涉嫌犯罪的,依法移送司法机关,追究其刑事责任。

第五十九条 发行人、承销机构向不符合规定条件的投资者发行公司债券的,中国证监会可以对发行人、承销机构及其直接负责的主管人员和其他直接责任人员采取本办法第五十八条规定的相关监管措施;情节严重的,处以警告、罚款。

第六十条 非公开发行公司债券,发行人违反本办法第十五条规定的,中国证监会可以对发行人及其直接负责的主管人员和其他直接责任人员采取本办法第五十八条规定的相关监管措施;情节严重的,处以警告、罚款。

第六十一条 承销机构承销未经核准擅自公开发行的公司债券的,中国证监会可以采取十二至三十六个月暂不受理其证券承销业务有关文件等监管措施;对其直接负责的主管人员和其他直接责任人员,可以采取本办法第五十八条规定的相关监管措施。

第六十二条 除中国证监会另有规定外,承销或自行销售非公开发行公司债券未按规定进行备案的,中国证监会可以对承销机构及其直接负责的主管人员和其他直接责任人员采取本办法第五十八条规定的相关监管措施;情节严重的,处以警告、罚款。

第六十三条 承销机构在承销公司债券过程中,有下列行为之一的,中国证监会可以对承销机构及其直接负责的主管人员和其他直接责任人员采取本办法第五十八条规定的相关监管措施;情节严重的,可以对承销机构采取三至十二个月暂不受理其证券承销业务有关文件的监管措施:

(一)以不正当竞争手段招揽承销业务;

(二)从事本办法第三十八条规定禁止的行为;

(三)从事本办法第四十条规定禁止的行为;

(四)未按本办法及相关规定要求披露有关文件;

(五)未按照事先披露的原则和方式配售公司债券,或其他未依照披露文件实施的行为;

(六)未按照本办法及相关规定要求保留推介、定价、配售等承销过程中相关资料;

(七)其他违反承销业务规定的行为。

第六十四条 发行人有下列行为之一的,中国证监会可以对发行人及其直接负责的主管人员和其他直接责任人员采取本办法第五十八条规定的相关监管措施:

(一)从事本办法第三十八条规定禁止的行为;

(二)从事本办法第四十条规定禁止的行为;

(三)其他违反承销业务规定的行为。

第六十五条 非公开发行公司债券,发行人及其他信息披露义务人未按规定披露信息,或者所披露的信息存在虚假记载、误导性陈述或者重大遗漏的,依照《证券法》和中国证监会有关规定处理,对发行人、其他信息披露义务人及其直接负责的主管人员和其他直接责任人员可以采取本办法第五十八条规定的相关监管措施;情节严重的,处以警告、罚款。

第六十六条 发行人、债券受托管理人等违反本办法规定,损害债券持有人权益的,中国证监会可以对发行人、受托管理人及其直接负责的主管人员和其他直接责任人员采取本办法第五十八条规定的相关监管措施;情节严重的,处以警告、罚款。

第六十七条 发行人的控股股东滥用公司法人独立地位和股东有限责任,损害债券持有人利益的,应当依法对公司债务承担连带责任。

第六章 附 则

第六十八条 公开发行公司债券,应当由中国证券登记结算有限责任公司统一登记。

公开发行公司债券的结算业务及非公开发行公司债券的登记结算业务,应当由中国证券登记结算有限责任公司或中国证监会认可的其他机构办理。

其他机构办理公司债券登记结算业务的，应当将登记、结算数据报送中国证券登记结算有限责任公司。

第六十九条　本办法规定的发行人不包括地方政府融资平台公司。

第七十条　证券公司和其他金融机构次级债券的发行、交易或转让，适用本办法。境外注册公司在中国证监会监管的债券交易场所的债券发行、交易或转让，参照适用本办法。

第七十一条　本办法所称证券自律组织包括证券交易所、全国中小企业股份转让系统、中国证券业协会以及中国证监会认定的其他自律组织。

第七十二条　在区域性股权交易市场非公开发行与转让公司债券的管理办法，由中国证监会另行规定。

第七十三条　本办法自公布之日起施行。《证券公司债券管理暂行办法》（证监会令第15号）、《关于修订〈证券公司债券管理暂行办法〉的决定》（证监会令第25号）、《关于发布〈证券公司债券管理暂行办法〉五个配套文件的通知》（证监发行字〔2003〕106号）、《公司债券发行试点办法》（证监会令第49号）、《关于实施〈公司债券发行试点办法〉有关事项的通知》（证监发〔2007〕112号）、《关于创业板上市公司非公开发行债券有关事项的公告》（证监会公告〔2011〕29号）同时废止。

4. 上市公司股东发行可交换公司债券试行规定

（2008年10月17日中国证券监督管理委员会公告〔2008〕41号公布，自公布之日起施行）

为规范上市公司股东发行可交换公司债券的行为，根据《公司债券发行试点办法》，就有关事项规定如下：

一、持有上市公司股份的股东，可以经保荐人保荐，向中国证监会申请发行可交换公司债券。

可交换公司债券是指上市公司的股东依法发行、在一定期限内依据约定的条件可以交换成该股东所持有的上市公司股份的公司债券。

二、申请发行可交换公司债券，应当符合下列规定：

（一）申请人应当是符合《公司法》、《证券法》规定的有限责任公司或者股份有限公司；

（二）公司组织机构健全，运行良好，内部控制制度不存在重大缺陷；

（三）公司最近一期末的净资产额不少于人民币3亿元；

（四）公司最近3个会计年度实现的年均可分配利润不少于公司债券一年的利息；

（五）本次发行后累计公司债券余额不超过最近一期末净资产额的40%；

（六）本次发行债券的金额不超过预备用于交换的股票按募集说明书公告日前20个交易日均价计算的市值的70%，且应当将预备用于交换的股票设定为本次发行的公司债券的担保物；

（七）经资信评级机构评级，债券信用级别良好；

（八）不存在《公司债券发行试点办法》第八条规定的不得发行公司债券的情形。

三、预备用于交换的上市公司股票应当符合下列规定：

（一）该上市公司最近一期末的净资产不低于人民币15亿元，或者最近3个会计年度加权平均净资产收益率平均不低于6%。扣除非经常性损益后的净利润与扣除前的净利润相比，以低者作为加权平均净资产收益率的计算依据；

（二）用于交换的股票在提出发行申请时应当为无限售条件股份，且股东在约定的换股期间转让该部分股票不违反其对上市公司或者其他股东的承诺；

（三）用于交换的股票在本次可交换公司债券发行前，不存在被查封、扣押、冻结等财产权利被限制的情形，也不存在权属争议或者依法不得转让或设定担保的其他情形。

四、可交换公司债券的期限最短为一年，最长为6年，面值每张人民币100元，发行价格由上市公司股东和保荐人通过市场询价确定。

募集说明书可以约定赎回条款，规定上市公司股东可以按事先约定的条件和价格赎回尚未换股的可交换公司债券。

募集说明书可以约定回售条款，规定债券持有人可以按事先约定的条件和价格将所持债券回售给上市公司股东。

五、可交换公司债券自发行结束之日起12个月后方可交换为预备交换的股票，债券持有人对交换股票或者不交换股票有选择权。

公司债券交换为每股股份的价格应当不低于公告募集说明书日前20个交易日公司股票均价和前一个交易日的均价。募集说明书应当事先约定交换价格及其调整、修正原则。若调整或修正交换价格，将造成预备用于交换的股票数量少于未偿还可交换公司债券全部换股所需股票的，公司必须事先补充提供预备用于交换的股票，并就该等股票设定担保，办理相关登记手续。

六、可交换公司债券的发行程序，按照《公司债券发行试点办法》第三章的规定办理。

债券受托管理和债券持有人权益保护事项，按照《公司债券发行试点办法》第四章的规定办理。

可交换公司债券的信用评级事项，按照《公司债券发行试点办法》第二章第十条的规定办理。

除用预备交换的股票设定担保外，发行人为本次发行的公司债券另行提供担保的，按照《公司债券发行试点办法》第二章第十一条的规定办理。

七、预备用于交换的股票及其孳息(包括资本公积转增股本、送股、分红、派息等)，是本次发行可交换公司债券的担保物，用于对债券持有人交换股份和本期债券本息偿付提供担保。

在可交换公司债券发行前，公司债券受托管理人应当与上市公司股东就预备用于交换的股票签订担保合同，按照证券登记结算机构的业务规则设定担保，办理相关登记手续，将其专户存放，并取得担保权利证明文件。

当债券持有人按照约定条件交换股份时，从作为担保物的股票中提取相应数额用于支付；债券持有人部分或者全部未选择换股且上市公司股东到期未能清偿债务时，作为担保物的股票及其孳息处分所得的价款优先用于清偿对债券持有人的负债。

八、可交换公司债券持有人申请换股的，应当通过其托管证券公司向证券交易所发出换股指令，指令视同为债券受托管理人与发行人认可的解除担保指令。

九、申请发行可交换公司债券，应当按照本规定的要求编制申请文件，按照《证券法》的规定持续公开信息。编制募集说明书除应参照《公开发行证券的公司信息披露内容与格式准则第23号—公开发行公司债券募集说明书》(证监发行字〔2007〕224号)外，还应参照上市公司发行可转换公司债券募集说明书摘要的有关要求披露上市公司的重要信息。

十、拥有上市公司控制权的股东发行可交换公司债券的，应当合理确定发行方案，不得通过本次发行直接将控制权转让给他人。持有可交换公司债券的投资者因行使换股权利增持上市公司股份的，或者因持有可交换公司债券的投资者行使换股权利导致拥有上市公司控制权的股东发生变化的，相关当事人应当履行《上市公司收购管理办法》(证监会令第35号)规定的义务。

十一、可交换公司债券的上市交易、换股、回售、赎回、登记结算等事项，按照证券交易所和证券登记结算机构的有关规定办理。

十二、本规定未尽事项，按照中国证监会的其他有关规定办理。

十三、本规定自公布之日起施行。

附录：

发行可交换公司债券申请文件目录

一、相关责任人签署的募集说明书；

二、保荐人出具的发行保荐书；

三、发行人关于就预备用于交换的股票在证券登记结算机构设定担保并办理相关登记手续的承诺；

四、评级机构出具的债券资信评级报告；

五、公司债券受托管理协议和公司债券持有人会议规则；

六、本期债券担保合同(如有)、抵押财产的资产评估文件(如有)；

七、其他重要文件。

5. 关于规范上市公司国有股东发行可交换公司债券及国有控股上市公司发行证券有关事项的通知

（2009年6月24日国有资产监督管理委员会国资发产权〔2009〕125号发布，自发布之日起施行）

国务院各部委、各直属机构，各省、自治区、直辖市及计划单列市和新疆生产建设兵团国资委，各中央企业，上海证券交易所、深圳证券交易所、中国证券登记结算有限责任公司：

为规范上市公司国有股东发行可交换公司债券及国有控股上市公司发行证券行为，维护证券市场健康发展，根据《中华人民共和国公司法》、《中华人民共和国证券法》、《中华人民共和国企业国有资产法》，以及《企业国有资产监督管理暂行条例》（国务院令第378号）等法律法规规定，现就有关问题通知如下：

一、本通知所称上市公司国有股东发行的可交换公司债券是指上市公司国有股东依法发行、在一定期限内依据约定的条件可以交换成该股东所持特定上市公司股份的公司债券。

本通知所称国有控股上市公司发行证券包括上市公司采用公开方式向原股东配售股份、向不特定对象公开募集股份，采用非公开方式向特定对象发行股份以及发行（分离交易）可转换公司债券等。

二、上市公司国有股东发行可交换公司债券应当遵守有关法律法规及规章制度的规定，符合国有资产监督管理机构对上市公司最低持股比例的要求；应当做好可行性研究，严格履行内部决策程序，合理把握市场时机，并建立健全有关债券发行的风险防范和控制机制；募集资金的投向应当符合国家相关产业政策及企业主业发展规划。

三、上市公司国有股东发行的可交换公司债券交换为上市公司每股股份的价格应不低于债券募集说明书公告日前1个交易日、前20个交易日、前30个交易日该上市公司股票均价中的最高者。

四、上市公司国有股东发行的可交换公司债券，其利率应当在参照同期银行贷款利率、银行票据利率、同行业其他企业发行的债券利率，以及标的公司股票每股交换价格、上市公司未来发展前景等因素的前提下，通过市场询价合理确定。

五、国有股东发行可交换公司债券，该股东单位为国有独资公司的，由公司董事会负责制订债券发行方案，并由国有资产监督管理机构依照法定程序作出决定；国有股东为其他类型公司制企业的，债券发行方案在董事会审议后，应当在公司股东会（股东大会）召开前不少于20个工作日，按照规定程序将发行方案报省级或省级以上国有资产监督管理机构审核，国有资产监督管理机构应在公司股东会（股东大会）召开前5个工作日出具批复意见。

国有股东为中央单位的，由中央单位通过集团母公司报国务院国有资产监督管理机构审核；国有股东为地方单位的，由地方单位通过集团母公司报省级国有资产监督管理机构审核。

六、上市公司国有股东发行可交换公司债券的，应当向国有资产监督管理机构报送以下材料：

（一）国有股东发行可交换公司债券的请示；

（二）国有股东发行可交换公司债券的方案及内部决议；

（三）国有股东发行可交换公司债券的风险评估论证情况、偿本付息的具体方案及债务风险的应对预案；

（四）国有控股股东发行可交换公司债券对其控股地位影响的分析；

（五）国有股东为发行可交换公司债券设定担保的股票质押备案表；

（六）国有股东基本情况、营业执照、公司章程及产权登记文件；

（七）国有股东最近一个会计年度的审计报告；

（八）上市公司基本情况、最近一期年度报告及中期报告；

（九）国有资产监督管理机构要求提供的其他材料。

七、国有控股上市公司发行证券应当遵守有关法律、行政法规及规章制度的规定，有利于提高上市公司的核心竞争力，完善法人治理结构，有利于维护上市公司全体投资者的合法权益，募集资金的投向应当符合国家相关产业政策及公司发展规划。

八、国有控股上市公司发行证券，涉及国有股东或经本次认购上市公司增发股份后成为上市公司股东的潜在国有股东，以资产认购所发行证券的，应当按照国务院国有资产监督管理机构关于规范国有股东与上市公司进行资产重组的有关规定开展相关工作。

九、国有控股股东应当协助上市公司根据国家有关产业政策规定、资本市场状况，以及上市公司发展需要，就发行证券事项进行充分的可行性研究，并严格按照国家有关法律法规要求，规范运作。

十、国有控股股东应当在上市公司董事会审议通过证券发行方案后，按照规定程序在上市公司股东大会召开前不少于20个工作日，将该方案逐级报省级或省级以上国有资产监督管理机构审核。国有资产监督管理机构在上市公司相关股东大会召开前5个工作日出具批复意见。

国有资产监督管理机构关于国有控股上市公司发行证券的审核程序按照本通知第五条第二款的规定办理。

十一、国有控股上市公司拟发行证券的，国有控股股东应当向国有资产监督管理机构报送以下材料：

（一）国有控股上市公司拟发行证券情况的请示；

（二）上市公司董事会关于本次发行证券的决议；

（三）上市公司拟发行证券的方案；

（四）国有控股股东基本情况、认购股份情况及其上一年度审计报告；

（五）国有控股股东关于上市公司发行证券对其控股地位影响的分析；

（六）上市公司基本情况、最近一期的年度报告及中期报告；

（七）上市公司前次募集资金使用情况的报告及本次募集资金使用方向是否符合国家相关政策规定；

（八）上市公司发行可转换债券的风险评估论证情况、偿本付息的具体方案及发生债务风险的应对预案；

（九）律师事务所出具的法律意见书；

（十）国有资产监督管理机构要求提供的其他材料。

十二、国有控股股东在上市公司召开股东大会时，应当按照国有资产监督管理机构出具的批复意见，对上市公司拟发行证券的方案进行表决。

上市公司股东大会召开前未获得国有资产监督管理机构批复的，国有控股股东应当按照有关法律法规规定，提议上市公司延期召开股东大会。

十三、上市公司证券发行完毕后，国有控股股东应持国有资产监督管理机构的批复，到证券登记结算机构办理相关股份变更手续。

国务院国有资产监督管理委员会
二〇〇九年六月二十四日

延伸阅读

上海证券交易所公司债券上市规则

（2015年5月29日上海证券交易所发布，自发布之日起施行）

第一章 总 则

1.1 为加强公司债券上市管理，促进公司债券市场健康发展，保护投资者合法权益，根据《证券法》、中国证监会《公司债券发行与交易管理办法》等相关法律、行政法规、规章及《上海证券交易所章程》，制定本规则。

1.2　公开发行的公司债券在上海证券交易所（以下简称“本所”）上市交易，适用本规则。法律、行政法规、规章和本所业务规则另有规定的，从其规定。

本规则所称公司债券（以下简称“债券”），是指公司依照法定程序发行、约定在一定期限还本付息的有价证券。

企业债券、国务院授权部门核准的其他债券及境外注册公司发行的债券的上市交易，参照本规则执行。可转换为股票的公司债券的上市交易，不适用本规则。

1.3　本所对债券上市交易实行分类管理，采取差异化的交易机制，并实行投资者适当性制度。

本所可以根据市场情况和债券资信状况的变化，调整债券分类标准、交易机制以及投资者适当性安排。

1.4　发行人及其控股股东、实际控制人应当诚实守信，发行人的董事、监事、高级管理人员应当勤勉尽责，维护债券持有人享有的法定权利和债券募集说明书约定的权利。增信机构应当按照相关规定和约定，履行增信义务。

1.5　发行人、受托管理人、资信评级机构等信息披露义务人应当根据法律、行政法规、规章、其他规范性文件、本规则及本所其他规定，及时、公平地履行信息披露义务，并保证所披露的信息真实、准确、完整，不得有虚假记载、误导性陈述或者重大遗漏。

1.6　为债券发行、上市提供服务的承销机构、受托管理人、资信评级机构、会计师事务所、律师事务所、资产评估机构等专业机构（以下简称“专业机构”）及其相关人员应当勤勉尽责，严格遵守执业规范和监管规则，按规定和约定履行义务。

1.7　本所依据法律、行政法规、规章、其他规范性文件、本规则及本所其他规定，对债券发行人、增信机构、专业机构、投资者及其相关人员进行自律监管。

1.8　债券在本所上市，不表明本所对发行人的经营风险、偿债风险、诉讼风险以及债券的投资风险或者收益等作出判断或保证。债券投资的风险，由投资者自行承担。

1.9　债券的登记和结算，由登记结算机构按其业务规则办理。

第二章　债券上市

第一节　上市条件

2.1.1　发行人申请债券上市，应当符合下列条件：

（一）符合《证券法》规定的上市条件；

（二）经有权部门核准并依法完成发行；

（三）申请债券上市时仍符合法定的债券发行条件；

（四）债券持有人符合本所投资者适当性管理规定；

（五）本所规定的其他条件。

本所可以根据市场情况，调整债券上市条件。

2.1.2　债券符合第2.1.1条规定上市条件的，本所根据其资信状况实行分类管理。债券符合下列条件且面向公众投资者公开发行的，公众投资者和符合本所规定的合格投资者可以参与交易：

（一）发行人最近三年无债务违约或者延迟支付本息的事实；

（二）发行人最近三个会计年度实现的年均可分配利润不少于债券一年利息的1.5倍；

（三）债券信用评级达到AAA级；

（四）中国证监会及本所根据投资者保护的需要规定的其他条件。

债券不符合前款规定的条件，或者符合前款规定的条件但发行人自主选择仅面向合格投资者公开发行的，仅限合格投资者参与交易。

2.1.3　债券上市期间发生下列情形之一的，仅限合格投资者参与交易：

（一）债券信用评级下调至低于AAA级；

（二）发行人发生债务违约、延迟支付本息，或者其他可能对债券还本付息产生重大影响的事件；

（三）本所认定的其他情形。

债券发生上述情形需调整投资者范围的，本所及时向市场披露。已经持有该债券的公众投资者，可以选择卖出或者继续持有。

2.1.4 债券申请在本所上市的,发行人应当在发行前根据相关部门规章、本规则及本所其他相关规则的规定,明确交易机制和投资者适当性安排。

2.1.5 债券仅面向合格投资者公开发行并申请上市的,发行人应当在发行前向本所提交上市预审核申请及相关文件。本所对债券是否符合上市条件进行预审核,并出具预审核意见。

第二节 上市申请

2.2.1 申请债券上市,应向本所提交下列文件:

(一)债券上市申请书;

(二)有权部门核准债券发行的文件;

(三)发行人出具的申请债券上市的决议;

(四)承销机构出具的关于本次债券符合上市条件的意见书;

(五)公司章程;

(六)公司营业执照复印件;

(七)债券募集说明书、财务报告和审计报告、评级报告、法律意见书、债券持有人会议规则、受托管理协议、担保文件(如有)、发行结果公告等债券发行文件;

(八)上市公告书;

(九)债券实际募集数额的证明文件;

(十)本所要求的其他文件。

发行人为上市公司的,可免于提交上述第(五)、第(六)项文件。

2.2.2 根据本规则第 2.1.5 条规定已提交且无变化的材料,申请上市时可以不再提交。

分期发行的债券,可以仅提交有更新内容的申请文件。

2.2.3 发行人及其相关人员应当确保向本所提交的文件内容真实、准确、完整,不存在虚假记载、误导性陈述或重大遗漏,并确保提交的电子件、传真件、复印件等与原件一致。

第三节 上市审核

2.3.1 本所收到上市申请后,对债券上市申请进行审核,并在 5 个交易日内作出同意上市或者不予上市的决定。本所审核同意的,发行人应当在上市前与本所签订上市协议,明确双方的权利义务和有关事项。

2.3.2 债券发行人在提出上市申请至其债券上市交易期间,发生重大事项的,应当及时报告本所。

2.3.3 债券上市交易前,发行人应当在本所网站披露债券募集说明书、上市公告书等文件,并将上市公告书、核准文件及有关上市申请文件备置于指定场所供公众查阅。

2.3.4 发行人对本所作出的不予上市决定不服的,可以按照本所相关规定申请复核。

第三章 信息披露及持续性义务

第一节 一般规定

3.1.1 发行人的全体董事或具有同等职责的人员应当保证发行人所披露的信息真实、准确、完整,并承担个别和连带法律责任;无法保证或对此存在异议的,应当单独发表意见并陈述理由。

3.1.2 信息披露义务人应当制定信息披露事务管理制度,并指定专人负责信息披露相关事宜,按照规定或约定履行信息披露义务。

3.1.3 信息披露义务人及其他知情人在信息正式披露前,应当确保将该信息的知悉者控制在最小范围内,在公告前不得泄露其内容,不得进行内幕交易、操纵市场等不正当行为。

3.1.4 本所根据有关法律、行政法规、规章、其他规范性文件、本规则及本所其他规定,对信息披露义务人的信息披露文件进行完备性核对,对其内容的真实性不承担责任。

本所对定期报告实行事后完备性核对;对临时报告依不同情况实行事前或者事后完备性核对。

定期报告和临时报告出现错误、遗漏或者误导的,本所可以要求信息披露义务人说明并予以公告,信息披露义务人应当按照本所的要求办理。

3.1.5 信息披露义务人披露的信息应当在本所网站及以本所认可的其他方式予以披露,且披露时间不得晚于在其他交易场所、媒体或者其他场合公开披露的时间。信息披露义务人不得以新闻发布或者答记者问等形式代替信息披露义务。

3.1.6　拟披露的信息存在不确定性、属于临时性商业秘密或者具有本所认可的其他情形，及时披露可能会损害其利益或者误导投资者，且符合以下条件的，信息披露义务人可以向本所申请暂缓披露，说明暂缓披露的理由和期限：

（一）拟披露的信息未泄漏；

（二）有关内幕信息知情人已书面承诺保密；

（三）债券交易未发生异常波动。

本所同意的，信息披露义务人可以暂缓披露相关信息。暂缓披露的期限一般不超过两个月。

暂缓披露的原因已经消除或者暂缓披露的期限届满的，信息披露义务人应当及时披露。

3.1.7　信息披露义务人有充分理由认为披露有关信息内容会损害企业利益，且不公布也不会导致债券市场价格重大变动的，或者认为根据国家有关法律法规不得披露的事项，应当向本所报告，并陈述不宜披露的理由；经本所同意，可不予披露。

3.1.8　信息披露义务人可以自愿披露与投资决策有关的信息。自愿披露应当符合信息披露有关要求，遵守有关监管规定。

3.1.9　信息披露义务人应当在规定期限内如实报告或回复本所就相关事项提出的问询，不得以有关事项存在不确定性或者需要保密等为由不履行报告或回复本所问询的义务。

信息披露义务人未在规定期限内回复本所问询，或者未按照本规则的规定和本所的要求进行报告，或者存在本所认为必要的其他情形的，本所可以以交易所公告等形式，向市场说明有关情况。

第二节　定期报告

3.2.1　债券存续期间，发行人应当披露的定期报告包括年度报告、中期报告。

3.2.2　发行人应当在每一会计年度结束之日起4个月内和每一会计年度的上半年结束之日起2个月内，分别向本所提交并披露上一年度年度报告和本年度中期报告。定期报告应当至少记载以下内容：

（一）发行人概况；

（二）发行人经营情况、上半年财务会计状况或者经具有从事证券服务业务资格的会计师事务所审计的年度财务报告；

（三）已发行的未到期债券及其变动情况，包括但不限于募集资金使用情况、债券跟踪评级情况、增信措施及其变化情况、债券兑付兑息情况、偿债保障措施执行情况、报告期内债券持有人会议召开情况等；

（四）受托管理人在履行受托管理职责时可能存在的利益冲突情形及相关风险防范、解决机制（如有）；

（五）涉及发行人的重大诉讼事项以及其他可能影响债券按期偿付的重大事项；

（六）法律、行政法规、规章和本所要求披露的其他事项。

3.2.3　发行人应当按时披露定期报告。因故无法按时披露的，应当提前10个交易日披露定期报告延期披露公告，说明延期披露的原因，以及是否存在影响债券偿付本息能力的情形和风险。

第三节　临时报告

3.3.1　债券存续期间，发生下列可能影响发行人偿债能力或者债券价格的重大事项，或者存在关于发行人及其债券的重大市场传闻的，发行人应当及时向本所提交并披露临时报告，说明事件的起因、目前的状态和可能产生的后果。重大事项包括：

（一）发行人经营方针、经营范围或者生产经营外部条件等发生重大变化；

（二）债券信用评级发生变化；

（三）发行人主要资产被查封、扣押、冻结；

（四）发行人发生未能清偿到期债务的违约情况；

（五）发行人当年累计新增借款或者对外提供担保超过上年末净资产的20%；

（六）发行人放弃债权或者财产，超过上年末净资产的10%；

（七）发行人发生超过上年末净资产10%的重大损失；

（八）发行人作出减资、合并、分立、解散及申请破产的决定；

（九）发行人涉及重大诉讼、仲裁事项或者受到重大行政处罚；

（十）保证人、担保物或者其他偿债保障措施发生重大变化；

（十一）发行人情况发生重大变化导致可能不符合债券上市条件；

（十二）发行人涉嫌犯罪被司法机关立案调查，发行人董事、监事、高级管理人员涉嫌犯罪被司法机关采取强制措施；

（十三）其他对投资者作出投资决策有重大影响的事项。

（十四）法律、行政法规、规章的规定或中国证监会、本所规定的其他事项。

发行人应当及时披露重大事项的进展及其对发行人偿债能力可能产生的影响。

3.3.2 债券存续期间，发行人应当聘请资信评级机构进行定期和不定期跟踪信用评级。跟踪评级报告应当同时向发行人和本所提交，并由发行人和资信评级机构及时向市场披露。

3.3.3 发行人和资信评级机构至少于年度报告披露之日起的两个月内披露上一年度的债券信用跟踪评级报告。评级报告原则上在非交易时间披露。

3.3.4 资信评级机构应当充分关注可能影响评级对象信用评级的各种重大因素，及时开展不定期跟踪评级，及时披露跟踪评级结果。

3.3.5 发行人应当在债权登记日前，披露付息或者本金兑付等有关事宜。

3.3.6 债券附利率调整条款的，发行人应当在利率调整日前，及时披露利率调整相关事宜。

3.3.7 债券附赎回条款的，发行人应当在满足债券赎回条件后及时发布公告，明确披露是否行使赎回权。行使赎回权的，发行人应当在赎回期结束前发布赎回提示性公告。

赎回完成后，发行人应当及时披露债券赎回的情况及其影响。

3.3.8 债券附回售条款的，发行人应当在满足债券回售条件后及时发布回售公告，并在回售期结束前发布回售提示性公告。

回售完成后，发行人应当及时披露债券回售情况及其影响。

3.3.9 债券附发行人续期选择权的，发行人应当于续期选择权行权年度按照约定及时披露其是否行使续期选择权。

第四章 专业机构职责

4.1 专业机构及其相关人员提交或出具文件应当真实、准确、完整和及时，不存在虚假记载、误导性陈述或重大遗漏。

4.2 发行人披露的信息涉及资信评级、审计、法律、资产评估等事项的，应当由资信评级机构、会计师事务所、律师事务所和资产评估机构等机构出具书面意见。资信评级机构、会计师事务所及资产评估机构应当具备相关监管部门认定的业务资格。

4.3 承销机构应当履行以下职责：

（一）在债券发行中按照本所投资者适当性管理规定遴选符合条件的投资者；

（二）协助发行人申请债券上市，承诺债券上市符合本所相关规定；按照行业规范要求，对发行人债券发行、上市相关情况进行全面核查，出具核查意见，并对其应承担的责任作出安排和承诺；

（三）督导发行人履行有关承诺、信息披露等义务；

（四）配合受托管理人履行受托管理职责，协助债券持有人维护法定或者约定的权利；

（五）本所规定的其他职责。

组成承销团承销债券的，前款规定的职责主要由主承销履行。

4.4 债券存续期间，受托管理人应当按照规定或者约定履行受托管理职责，维护债券持有人的利益。本规则对受托管理人职责未作规定的，按照中国证监会及中国证券业协会的有关规定执行。

4.5 资信评级机构应当按照规定和约定对发行人或者债券进行定期和不定期跟踪信用评级，并按要求及时披露跟踪评级报告。

4.6 会计师事务所、签字注册会计师及其相关人员应当恪守职业道德和执业规范，按照审计准则和其他业务规则出具审计报告等相关书面意见。

4.7 律师事务所、签字律师及其相关人员应当恪守职业道德和执业规范，按照业务规则审慎履行核查和验证义务，出具法律意见书等相关书面意见。

4.8 资产评估机构应当恪守职业道德和执业规范，按照资产评估准则的相关规定，出具资产评估报告等相关书面意见。

4.9 专业机构及其相关人员应当及时制作

工作底稿，完整保存债券发行、上市业务相关工作记录以及相关资料。本所可以根据需要调阅、检查工作记录、工作底稿和其他相关资料。

4.10　专业机构制作、出具的文件有虚假记载、误导性陈述或者重大遗漏，致使投资者遭受损失的，应当依法与发行人承担连带赔偿责任，但是能够证明自己没有过错的除外。

4.11　本所可以对专业机构的履职情况及出具的专业意见进行核查，并可以公开核查结果。

第五章　债券持有人权益保护

第一节　偿债保障义务与措施

5.1.1　发行人应当按照规定和约定按时偿付债券本息，履行回售、利率调整、分期偿还等义务。

5.1.2　发行人无法按时偿付债券本息时，增信机构和其他具有偿付义务的机构，应当按照规定或者约定及时向债券持有人履行偿付义务。受托管理人应当协助债券持有人维护法定或者约定的权利。

5.1.3　发行人无法按时偿付债券本息时，应当对后续偿债措施作出安排，并及时通知债券持有人。后续偿债措施可以包括但不限于：

（一）部分偿付及其安排；

（二）全部偿付措施及其实现期限；

（三）由增信机构或者其他机构代为偿付的安排；

（四）重组或者破产的安排。

第二节　受托管理人

5.2.1　发行人应当根据规定为债券持有人聘请受托管理人。

5.2.2　受托管理人为履行受托管理职责，有权代表债券持有人查询债券持有人名册及相关登记信息、专项账户中募集资金的存储与划转情况。

5.2.3　受托管理人应当建立对发行人偿债能力的定期跟踪机制，监督发行人对债券募集说明书所约定义务的履行情况，对发行人的偿债能力和增信措施的有效性进行全面调查和持续关注，并至少在每年6月30日前披露上一年度受托管理事务报告。因故无法按时披露的，应当提前披露受托管理事务报告延期披露公告，说明延期披露的原因及其影响。

发行人、增信机构应当配合受托管理人履行受托管理职责，积极提供调查了解所需的资料、信息和相关情况，维护投资者合法权益。

5.2.4　发行人发生影响偿债能力的重大事项、预计或者已经不能偿还债券本息等对债券持有人权益有重大影响的事件的，受托管理人应当及时出具并披露临时受托管理事务报告，说明该重大事项的情况、产生的影响、督促发行人采取的措施等。

5.2.5　发行人信息披露文件存在虚假记载、误导性陈述或者重大遗漏，致使债券持有人遭受损失的，或者公司债券出现违约情形或风险的，受托管理人应当及时通过召开债券持有人会议等方式征集债券持有人的意见，并勤勉尽责、及时有效地采取相关措施，包括但不限于与发行人、增信机构、承销机构及其他责任主体进行谈判，提起民事诉讼，申请仲裁，参与重组或者破产的法律程序等。

第三节　债券持有人会议

5.3.1　发行人应当在债券募集说明书中约定债券持有人会议规则。债券持有人会议规则应当公平、合理。

5.3.2　受托管理人应当与发行人按照有利于保护债券持有人利益的原则制定债券持有人会议规则，明确债券持有人通过债券持有人会议行使权利的范围，债券持有人会议的召集、通知、决策机制和其他重要事项。

5.3.3　债券存续期间，出现下列情形之一的，受托管理人应当及时召集债券持有人会议：

（一）拟变更债券募集说明书的重要约定；

（二）拟修改债券持有人会议规则；

（三）拟变更债券受托管理人或者受托管理协议的主要内容；

（四）发行人不能按期支付本息；

（五）发行人减资、合并、分立、解散或者申请破产；

（六）增信机构、增信措施或者其他偿债保障措施发生重大变化且对债券持有人利益带来重大不利影响；

（七）发行人管理层不能正常履行职责，导致发行人债务清偿能力面临严重不确定性，需要依法采取行动；

（八）发行人提出债务重组方案；

（九）发行人、单独或者合计持有本期债券总额10%以上的债券持有人书面提议召开的其他情形；

（十）发生其他对债券持有人权益有重大影响的事项。

5.3.4 受托管理人应当自收到书面提议之日起5个交易日内向提议人书面回复是否召集持有人会议。同意召集会议的，受托管理人应于书面回复日起15个交易日内召开会议。受托管理人应当召集而未召集债券持有人会议的，发行人、单独或者合计持有本期债券总额10%以上的债券持有人有权自行召集债券持有人会议。

5.3.5 受托管理人或者自行召集债券持有人会议的提议人（以下简称“召集人”）应当至少于持有人会议召开日前10个交易日发布召开持有人会议的公告，公告内容包括但不限于下列事项：

（一）债券发行情况；

（二）召集人、会务负责人姓名及联系方式；

（三）会议时间和地点；

（四）会议召开形式。持有人会议可以采用现场、非现场或者两者相结合的形式；会议以网络投票方式进行的，受托管理人应披露网络投票办法、计票原则、投票方式、计票方式等信息；

（五）会议拟审议议案。议案应当属于持有人会议权限范围、有明确的决议事项，并且符合法律、法规和本规则的相关规定；

（六）会议议事程序。包括持有人会议的召集方式、表决方式、表决时间和其他相关事宜；

（七）债权登记日。应当为持有人会议召开日前的第5个交易日；

（八）提交债券账务资料以确认参会资格的截止时点：债券持有人在持有人会议召开前未向召集人证明其参会资格的，不得参加持有人会议和享有表决权；

（九）委托事项。债券持有人委托参会的，参会人员应当出具授权委托书和身份证明，在授权范围内参加持有人会议并履行受托义务。

5.3.6 受托管理人可以作为征集人，征集债券持有人委托其代为出席债券持有人会议，并代为行使表决权。

征集人应当向债券持有人客观说明债券持有人会议的议题和表决事项，不得隐瞒、误导或者以有偿方式征集。征集人代为出席债券持有人会议并代为行使表决权的，应当取得债券持有人出具的委托书。

5.3.7 发行人、债券清偿义务承继方等关联方及债券增信机构应当按照召集人的要求列席债券持有人会议。

资信评级机构可以应召集人邀请列席会议，持续跟踪债券持有人会议动向，并及时披露跟踪评级结果。

5.3.8 持有人会议应当由律师见证。见证律师原则上由为债券发行出具法律意见的律师担任。见证律师对会议的召集、召开、表决程序、出席会议人员资格和有效表决权等事项出具法律意见书。法律意见书应当与债券持有人会议决议一同披露。

5.3.9 债券持有人进行表决时，每一张未偿还的债券享有一票表决权。募集说明书、债券持有人会议规则等另有约定的，从其约定。

5.3.10 债券持有人会议对表决事项作出决议，经超过持有本期未偿还债券总额且有表决权的二分之一的债券持有人同意方可生效。募集说明书、债券持有人会议规则等另有约定的，从其约定。

5.3.11 债券持有人会议通过的决议，对所有债券持有人均有同等约束力。受托管理人依据债券持有人会议决议行事的结果由全体债券持有人承担。

前款所称债券持有人，包括所有出席会议、未出席会议、反对议案或者放弃投票权、无表决权的债券持有人，以及在相关决议通过后受让债券的持有人。

5.3.12 持有人会议应当有书面会议记录，并由出席会议的召集人代表和见证律师签名。

5.3.13 召集人应当在债券持有人会议表决截止日次一交易日披露会议决议公告，会议决议公告包括但不限于以下内容：

（一）出席会议的债券持有人所持表决权情况；

（二）会议有效性；

（三）各项议案的议题和表决结果。

第六章　停牌、复牌、暂停上市、恢复上市、终止上市

6.1　为保证信息披露的及时与公平，本所可以根据本规则以及本所其他规定、发行人的申请或实际情况，决定债券停牌与复牌事项。

发行人发生本规则规定的停牌与复牌事项，应当向本所申请对其债券停牌与复牌。本规则未有明确规定，但是发行人认为有合理理由需要停牌与复牌的，可以向本所申请对其债券停牌与复牌，本所视情况决定债券的停牌与复牌事宜。

6.2　发行人应当披露的重大信息如存在不确定性因素且预计难以保密的，或者在按规定披露前已经泄漏的，发行人应当立即向本所申请停牌，按规定披露后再申请复牌。

6.3　发行人、资信评级机构和其他相关主体在评级信息披露前，应当做好信息保密工作，发行人认为有必要时可申请债券停牌及复牌。

6.4　公共媒体中出现发行人尚未披露的信息，可能或者已经对债券价格产生实质性影响的，发行人应当向本所申请停牌。发行人未申请停牌的，本所可以对债券实施停牌。

发行人披露相关信息后，本所对债券进行复牌。

6.5　发行人发生本规则第3.3.1条规定的重大事项，未及时披露的，本所可以对债券停牌，待相关公告披露后予以复牌。

6.6　发行人出现不能按时还本付息等情形的，本所可以对其债券进行停牌，相关情形消除后予以复牌。

6.7　因发行人原因，本所失去关于发行人的有效信息来源时，本所可以对其债券进行停牌，直至上述情况消除后复牌。

6.8　停牌期间，债券的派息及到期兑付事宜按照募集说明书等的约定执行。

6.9　债券停牌期间，发行人应当定期披露未能复牌的原因和相关事件的进展情况。

6.10　发行人发生《证券法》规定的暂停上市情形的，本所对其债券停牌，并在7个交易日内决定是否暂停其债券上市交易。

暂停上市相关情形消除后，发行人可以向本所提出恢复上市的申请，本所收到申请后15个交易日内决定是否恢复其债券上市交易。

6.11　债券发生下列情形之一的，本所终止其上市交易：

（一）《证券法》规定终止债券上市交易的情形；

（二）发行人发生解散、依法被责令关闭、被宣告破产等情形；

（三）债券持有人会议同意终止债券在本所上市交易，且向本所提出申请，并经本所认可；

（四）债券到期前两个交易日或者依照募集说明书的约定终止上市；

（五）法律、行政法规、规章及本所规定的其他终止上市的情形。

6.12　发行人对本所作出的暂停上市、终止上市决定不服的，可以按照本所相关规定申请复核。

第七章　监管措施和纪律处分

7.1　发行人、增信机构、专业机构、投资者及其相关人员（以下简称“监管对象”）违反本规则、募集说明书的约定、承诺或者本所其他规定的，本所可以按照相关业务规则实施监管措施或者纪律处分。

7.2　监管对象违反本规则或者本所其他相关规定的，本所可以实施以下监管措施：

（一）口头警示；

（二）书面警示；

（三）监管谈话；

（四）要求限期改正；

（五）要求公开更正、澄清或者说明；

（六）要求公开致歉；

（七）要求限期另行聘请专业机构进行核查并发表意见；

（八）要求限期参加培训；

（九）要求限期召开债券持有人说明会；

（十）暂不受理其出具的相关文件；

（十一）本所规定的其他监管措施。

7.3　监管对象违反本规则或者本所其他相关规定，情节严重的，本所可以实施以下纪律处分：

（一）通报批评；

(二)公开谴责;

(三)本所规定的其他纪律处分。

7.4　监管措施和纪律处分可以单独或者一并适用。

7.5　监管对象出现下列情形之一的,本所可以将其记入诚信档案:

(一)未按规定或者约定履行还本付息或者代偿等义务的;

(二)不履行做出的重要承诺的;

(三)被本所实施纪律处分或者监管措施的;

(四)本所规定的其他情形。

本所根据法律、行政法规、规章、其他规范性文件及本所相关业务规则规定,可以审慎受理记入诚信档案的监管对象提交的申请或者出具的相关文件。

本所对监管对象实施的纪律处分、监管措施或者记入诚信档案的其他事项,可以予以公布。

7.6　监管措施和纪律处分按照本所规定的程序实施。

7.7　纪律处分对象不服本所纪律处分决定且符合本所规定的复核条件的,可以按照本所相关规定申请复核。复核期间,该决定不停止执行。

第八章　附　　则

8.1　本规则所称不少于、以上含本数,超过不含本数。

8.2　本规则由本所负责解释。

8.3　本规则自发布之日起实施。

延伸阅读

深圳证券交易所公司债券上市规则[①]

(2015年5月29日　深证上〔2015〕239号)

第一章　总　　则

1.1　为规范公司债券上市交易和信息披露等行为,维护债券市场秩序,促进债券市场健康发展,保护投资者合法权益,根据《中华人民共和国证券法》(以下简称"《证券法》")、中国证券监督管理委员会(以下简称"中国证监会")《公司债券发行与交易管理办法》(以下简称"《管理办法》")等有关法律、行政法规、部门规章、规范性文件及《深圳证券交易所章程》,制定本规则。

1.2　公开发行的公司债券在深圳证券交易所(以下简称"本所")的上市交易,适用本规则。

本规则所称公司债券(以下简称"债券")是指公司依照法定程序发行、约定在一定期限内还本付息的有价证券。

企业债券、境外注册公司发行的债券以及国务院授权部门核准、批准的其他债券的上市交易,参照本规则执行。

可转换公司债券的上市交易,不适用本规则。

1.3　债券在本所上市,不表明本所对发行人的经营风险、偿债风险、诉讼风险以及债券的投资风险或者收益等作出判断或者保证。债券的投资风险,由投资者自行承担。

1.4　本所对公开发行债券的上市交易实行分类管理和差异化的交易机制,并建立相应的投资者适当性管理制度。

本所对债券的认购环节和交易环节实行一致的投资者适当性安排,并根据债券资信状况的变化及时调整交易机制和投资者适当性安排。

1.5　发行人及其董事、监事、高级管理人员、控股股东、实际控制人以及承销机构、资信评级机构、受托管理人、会计师事务所、资产评估机构、律师事务所等专业机构(以下简称"专业机构")及其相关人员等信息披露义务人应当严格遵守法律、行政法规、部门规章、规范性文件、本

---

① 本法规中"第二条"已被深圳证券交易所关于发布《深圳证券交易所债券市场投资者适当性管理办法》的通知宣布不再执行。

规则和本所发布的细则、指引、通知、办法、备忘录等相关规定(以下简称“本所其他相关规定”)。

1.6　发行人及其控股股东、实际控制人应当诚实守信,控股股东及实际控制人不得滥用公司法人独立地位和股东有限责任,损害债券持有人利益。

发行人的董事、监事、高级管理人员应当勤勉尽责,维护债券持有人享有的法定权利和债券募集说明书约定的权利。

债券的增信机构应当按照相关规定和约定,履行相关义务。

1.7　为债券发行、上市、交易提供服务的专业机构及其相关人员应当严格遵守执业规范和职业道德及自律监管规则,勤勉尽责、诚实守信,按规定和约定履行义务。

1.8　本所依据有关法律、行政法规、部门规章、规范性文件、本规则和本所其他相关规定审核债券上市交易申请,安排债券上市交易,并对信息披露义务人、增信机构及其相关人员进行自律监管。

1.9　债券的登记和结算,由登记结算机构按其业务规则办理。

第二章　投资者适当性管理

2.1　债券市场投资者按照其风险识别与承受能力,分为公众投资者和合格投资者。

2.2　债券符合下列条件且面向公众投资者和合格投资者公开发行的,公众投资者和合格投资者可以参与交易:

(一)发行人最近三年无债务违约或者延迟支付本息的事实;

(二)债券信用评级达到AAA级;

(三)发行人申请上市时最近三个会计年度经审计的年均可分配利润不少于债券一年利息的1.5倍;以集合形式发行的债券,上市时所有发行人最近三个会计年度经审计的加总年均可分配利润不少于债券一年利息的1.5倍;

(四)中国证监会根据投资者保护的需要规定的其他条件。

债券不符合上述条件,或者符合上述条件但发行人自主选择仅面向合格投资者公开发行的,仅本所规定的合格投资者可以参与交易。

2.3　公众投资者可以投资的债券在存续期间发生以下情形之一的,公众投资者不得再买入,原持有债券的公众投资者可以选择持有到期或者卖出债券:

(一)债券信用评级下调,低于AAA级;

(二)发行人发生债务违约,延迟支付本息,或者其他可能对债券还本付息产生重大影响的事件;

(三)中国证监会及本所根据投资者保护的需要规定的其他情形。

2.4　发生本规则第2.3条所列情形之一的,发行人应当在提交相关事项的报告、公告当日,向本所提交债券投资者适当性安排调整公告并对外披露。

2.5　会员应当按照本规则及本所其他相关规定,对投资者实行买入交易权限管理,为符合条件的投资者开通交易权限。

债券投资者适当性安排发生调整的,会员应当按照发行人相关调整公告及本所其他相关规定,及时履行投资者适当性管理职责。

第三章　债券上市交易

第一节　债券上市申请

3.1.1　发行人申请债券在本所上市,应当符合以下基本条件:

(一)符合《证券法》规定的上市条件;

(二)债券已经有权部门核准并且已公开发行;

(三)债券持有人符合本所投资者适当性管理规定;

(四)本所规定的其他条件。

3.1.2　面向公众投资者和合格投资者公开发行的债券在本所上市,可以采取集中竞价交易和协议交易方式。仅面向合格投资者公开发行的债券在本所申请上市,且不能同时符合下列条件的,只能采取协议交易方式:

(一)债券信用评级达到AA级及以上;

(二)发行人最近一期末的资产负债率或者加权平均资产负债率(以集合形式发行债券的)不高于75%,或者发行人最近一期末的净资产不低于5亿元人民币;

(三)发行人最近三个会计年度经审计的年均可分配利润不少于债券一年利息的1.5倍,以集合形式发行的债券，所有发行人最近三个会计年度经审计的加总年均可分配利润不少于债券一年利息的1.5倍；

（四）本所规定的其他条件。

3.1.3　仅面向合格投资者公开发行的债券，其发行人应当在发行前按照相关规定向本所申请确认是否符合上市条件，并向本所提交债券发行及上市申请文件以及本所要求的其他材料。本所对债券上市申请进行预审核，并形成审核意见。

3.1.4　发行人申请其债券在本所上市，应当向本所提交以下申请文件：

（一）债券上市申请书，内容应当包括发行人关于债券上市时仍符合法定的债券发行条件的承诺；

（二）有权部门核准债券发行的文件；

（三）申请债券上市的董事会决议或者有权决策部门决议；

（四）公司章程；

（五）公司营业执照复印件；

（六）债券募集说明书及相关发行公告或者相关文件；

（七）上市公告书；

（八）债券募集资金证明文件；

（九）债券持有人名册；

（十）本所指定登记结算机构出具的登记托管证明文件；

（十一）承销机构关于债券在上市申请时是否符合上市条件发表的明确意见；

（十二）具有从事证券服务业务资格的会计师事务所出具的最近三年审计报告，或者财政主管机关的有关批复（仅适用企业债发行人）；

（十三）法律意见书；

（十四）债券资信评级报告及信用跟踪评级安排的说明；

（十五）担保文件，包括但不限于担保函、担保协议、担保物评估报告及担保人资信情况说明（如有）；

（十六）债券受托管理协议（如有）及债券终止上市后续安排的相关协议；

（十七）债券持有人会议规则；

（十八）发行人最近三年是否存在违法违规行为的说明；

（十九）本所要求的其他文件。

发行人为本所上市公司的可豁免上述第（四）、（五）、（十二）、（十八）项等内容。

根据本规则第3.1.3条规定，经本所确认符合上市条件，或者分期发行的债券，可以仅提交有更新内容的申请文件。

3.1.5　发行人、增信机构以及专业机构应当保证向本所提交的上市申请文件内容真实、准确、完整，不存在虚假记载、误导性陈述或者重大遗漏，并确保提交的电子文件、传真件、复印件等与原件一致。

发行人公告的文件存在虚假记载、误导性陈述或者重大遗漏，致使投资者遭受损失的，发行人应当承担赔偿责任；发行人的董事、监事、高级管理人员和其他直接责任人员以及承销机构，应当与发行人承担连带赔偿责任，但是能够证明自己没有过错的除外；除承销机构以外的专业机构及其直接责任人员应当就其负有责任的部分承担赔偿责任，但是能够证明自己没有过错的除外。

3.1.6　承销机构应当协助发行人申请债券上市，承诺债券上市符合本所相关规定，同时根据相关规定，对发行人债券的发行、上市相关情况进行全面核查，出具核查意见，并对其应当承担的责任作出安排和承诺。

3.1.7　专业机构及其相关人员应当及时制作工作底稿，完整保存债券发行、上市业务相关工作记录以及相关资料。本所可以根据需要调阅、检查工作记录、工作底稿和其他相关资料。

3.1.8　债券申请在本所上市的，发行人应当在发行前根据监管部门及本规则的规定，明确交易机制和投资者适当性安排。

第二节　债券上市审核

3.2.1　本所在收到完备的债券上市申请文件后，在五个交易日内作出是否同意上市的决定。

3.2.2　债券发行人在提出上市申请至其债券上市交易前，未经本所同意不得擅自披露与债券上市有关的信息。如该期间发生重大事项，发行人及承销机构应当及时报告本所。

3.2.3　债券上市申请经本所审核同意后，发行人应当与本所签订上市协议（具体格式见附件)，明确双方权利、义务和有关事项。发行人和承销机构应当按照上市通知的要求安排债券上市交易。

3.2.4 发行人应当于债券上市前通过本所网站、本所指定信息披露网站和中国证监会或者国务院授权部门指定的信息披露媒体(以下简称“指定媒体”)披露上市公告书等相关文件。

第四章 信息披露

第一节 一般规定

4.1.1 信息披露义务人应当根据法律、行政法规、部门规章、规范性文件、本规则以及本所其他相关规定，及时、公平地披露信息，并保证所披露的信息真实、准确、完整，不得有虚假记载、误导性陈述或者重大遗漏。不能保证信息披露的信息真实、准确、完整的，应当在公告中作出相应声明并说明理由。

4.1.2 信息披露义务人应当制定信息披露事务管理制度，并指定专门的信息披露联络人，负责信息披露相关事项。

4.1.3 信息披露义务人及其他知情人在信息正式披露前，应当确保将该信息的知情者控制在最小范围内，在公告前不得透露和泄漏其内容，不得进行内幕交易、操纵市场等不正当行为。

4.1.4 信息披露义务人依法披露的信息应当同时向全体投资者披露，不得提前向任何单位和个人披露、透露或者泄漏。

发行人在境内和境外市场同时发行债券的，信息披露义务人在境外市场披露的与发行人有关的信息，应当同时在境内市场披露。

4.1.5 信息披露义务人应当披露的信息包括定期报告和临时报告。信息披露义务人应当将公告文稿和相关备查文件及时报送本所，报送的公告文稿和相关备查文件应当符合本所的要求。

4.1.6 本所根据有关法律、行政法规、部门规章、规范性文件、本规则以及本所其他相关规定对信息披露义务人披露的信息进行形式审核，对其内容的真实性不承担责任。

本所对定期报告实行事前登记、事后完备性核对；对临时报告视不同情况实行事前完备性核对或者事前登记、事后完备性核对。

定期报告或者临时报告出现错误、遗漏或者误导，本所可以要求发行人作出说明并公告，信息披露义务人应当按照本所要求办理。

4.1.7 发行人所披露的信息涉及审计、法律、资产评估、信用评级等事项应当由会计师事务所、律师事务所和资产评估、资信评级机构等机构审查验证，并出具书面意见。资信评级机构、会计师事务所、资产评估机构应当具备相关监管部门认定的业务资格。

4.1.8 信息披露义务人在其他公共媒体发布重大信息的时间不得先于指定媒体，在指定媒体上公告之前不得以新闻发布或者答记者问等任何其他方式透露、泄漏未公开重大信息。

4.1.9 信息披露义务人应当关注公共媒体报道并主动求证真实情况，并在规定期限内回复本所所有问询。同时应当按照本规则的规定和本所要求及时、真实、准确、完整地就相关情况作出公告，不得以有关事项存在不确定性或者需要保密等为由不履行报告、公告和回复本所问询的义务。

4.1.10 信息披露义务人未在规定期限内回复本所问询，或者未按照本规则的规定和本所的要求进行公告，或者本所认为必要的，本所可以以交易所公告等形式，向市场说明有关情况。

4.1.11 信息披露义务人拟披露的信息存在不确定性、属于临时性商业秘密或者本所认可的其他情形的，及时披露可能会损害信息披露义务人利益或者误导投资者，且符合以下条件的，信息披露义务人可以向本所提出暂缓披露申请，说明暂缓披露的理由和期限：

(一)拟披露的信息未泄漏；

(二)有关内幕信息知情人已书面承诺保密；

(三)债券交易未发生异常。

经本所同意，信息披露义务人可以暂缓披露相关信息。暂缓披露的期限一般不超过两个月。暂缓披露申请未获本所同意、暂缓披露的原因已经消除或者暂缓披露的期限届满的，信息披露义务人应当及时披露。

4.1.12 信息披露义务人拟披露的信息属于国家机密、商业秘密或者本所认可的其他情况，按本规则披露或者履行相关义务可能导致其违反国家有关保密法律、行政法规规定或者损害信息披露义务人利益的，可以向本所申请豁免按本规则披露或者履行相关义务。

4.1.13 信息披露义务人可以自愿披露其他与投资决策有关的信息。自愿披露应当符合信息披露有关要求,遵守有关监管规定。

4.1.14 资信评级机构应当按照中国证监会有关评级的规定和本所有关规定的要求,做好评级对象的持续跟踪工作,及时出具定期和不定期跟踪评级报告,并同时向发行人和本所提交。

跟踪评级报告应当由发行人和资信评级机构及时披露,评级报告原则上在非交易时间披露。

4.1.15 发行人的控股股东、实际控制人发生损害债券持有人利益行为时,发行人应当及时向本所报告并采取措施维护债券持有人利益。

4.1.16 信息披露义务人应当在指定媒体上公告相关信息。

4.1.17 发行人为本所上市公司的,应当同时遵守本所关于上市公司信息披露的相关规定。

第二节 定期报告

4.2.1 债券存续期间发行人应当披露的定期报告包括年度报告和中期报告。

4.2.2 发行人应当在每一会计年度结束之日起四个月内,和每一会计年度的上半年结束之日起二个月内,分别向本所提交并披露至少记载以下内容的上一年度年度报告和本年度中期报告:

(一)发行人概况;

(二)发行人经营情况、上半年财务会计报告或者经具有从事证券服务业务资格的会计师事务所审计的年度财务报告;

(三)已发行的未到期债券及其变动情况,包括但不限于募集资金使用情况、信用跟踪评级情况、增信措施及其变化情况、债券本息兑付情况、偿债保障措施执行情况及是否存在偿付风险,报告期内债券持有人会议召开情况等;

(四)债券受托管理人在履行受托管理职责时可能存在的利益冲突情况及相关风险防范、解决机制(如有);

(五)涉及和可能涉及发行人的重大诉讼事项以及其他可能影响债券按期偿付的重大事项;

(六)中国证监会及本所要求的其他事项。

4.2.3 发行人应当确保定期报告按时披露,因故无法按时披露的,应当对外披露定期报告延期披露公告,说明无法按时披露的具体原因,是否存在影响债券偿付本息能力的情形及其他风险。发行集合债的,其中任意发行人不能按时披露定期报告的,该发行人应当披露定期报告延期公告。

第三节 临时报告

4.3.1 临时报告是指信息披露义务人按照法律、行政法规、部门规章、规范性文件、本规则和本所其他相关规定发布的除定期报告以外的公告。

4.3.2 债券存续期间,发行人发生可能影响其偿债能力或者债券价格的重大事项,信息披露义务人应当立即向本所报告并公告,说明事件的起因、目前的状态和可能产生的后果。重大事项包括:

(一)发行人生产经营状况(包括经营方针、经营范围、生产经营外部条件等)发生重大变化;

(二)债券信用评级发生变化;

(三)发行人主要资产被查封、扣押、冻结、抵押、质押、出售、转让、报废等;

(四)发行人发生债务违约或者延迟支付本息的;

(五)发行人当年累计新增借款或者对外提供担保超过上年末净资产的百分之二十;

(六)发行人放弃债权或者财产,超过上年末净资产的百分之十;

(七)发行人发生超过上年末净资产百分之十的重大损失;

(八)发行人作出减资、合并、分立、分拆、解散、申请破产及其他涉及发行人主体变更的决定;

(九)发行人涉及重大诉讼、仲裁事项或者受到重大行政处罚;

(十)发行人涉嫌违法行为被有关机关调查,发行人的董事、监事和高级管理人员涉嫌违法行为被有关机关调查或者被采取强制措施;

(十一)担保人、担保物或者其他偿债保障措施发生重大变化;

(十二)发行人情况发生重大变化导致可能不符合债券上市条件;

(十三)其他对投资者作出投资决策有重大影响的事项;

（十四）法律、行政法规和中国证监会、本所认定的其他事项。

4.3.3 信息披露义务人披露重大事项后，已披露的重大事项出现可能对发行人偿债能力产生较大影响的进展或者变化的，应当及时披露进展或者变化情况、可能产生的影响。

4.3.4 发行人和资信评级机构至少于年度报告披露之日起的二个月内披露上一年度的债券信用跟踪评级报告。

4.3.5 债券存续期间，发行人发生可能影响信用评级的重大事项时，应当及时告知资信评级机构。资信评级机构应当充分关注影响评级对象信用等级的所有重大因素并开展不定期跟踪评级。信用等级调整的，发行人及资信评级机构应当立即向本所报告并公告。

4.3.6 发行人应当在债权登记日前，披露债券付息或者本金兑付等有关事项。

4.3.7 债券附发行人调整票面利率选择权的，发行人应当按照募集说明书约定的日期披露票面利率调整公告，并在利率调整日前至少披露三次。

4.3.8 债券附投资者回售选择权的，发行人应当在回售申报起始日前披露回售程序、回售申报期、回售价格、回售资金到帐日等内容，并在回售申报结束日前至少披露三次。

回售完成后，发行人应当及时披露债券回售情况及其影响。

4.3.9 债券附赎回条款的，发行人应当在满足债券赎回条件时，披露是否行使赎回权。行使赎回权的，应当披露赎回程序、赎回价格、赎回资金到帐日等内容，并在赎回权行权日前至少披露三次。

赎回完成后，发行人应当及时披露债券赎回的情况及其影响。

4.3.10 受托管理人因涉嫌违法违规正在接受中国证监会调查或者出现中国证监会认定的其他不再适合担任受托管理人情形的，在发行人依法变更受托管理人之前，中国证监会临时指定中证中小投资者服务中心有限责任公司承担受托管理职责时，发行人应当及时向本所报告并公告。

第五章 债券持有人权益保护

第一节 偿债保障义务与措施

5.1.1 发行人应当按照规定和约定按时偿付债券本息，履行回售、利率调整、分期偿还等义务。

5.1.2 发行人无法按时偿付债券本息时，增信机构和其他具有偿付义务的机构，应当按照募集说明书及相关协议的约定及时向债券持有人履行偿付义务。承销机构、受托管理人均应当协助债券持有人维护法定或者约定的权利。

5.1.3 发行人无法按时偿付债券本息时，应当对后续偿债措施作出安排，并及时通知债券持有人。

第二节 受托管理人义务及职责

5.2.1 发行人应当根据规定为债券持有人聘请债券受托管理人，并订立债券受托管理协议。受托管理人应当勤勉尽责，按照规定或者协议的约定公正履行受托管理职责，保护债券持有人的利益。

5.2.2 受托管理人应当建立对发行人的回访机制，监督发行人对债券募集说明书所约定义务的执行情况，对发行人的偿债能力和增信措施的有效性进行全面调查和持续关注，在每年6月30日前出具上一年度的受托管理事务报告，向本所报告并公告。因故无法按时披露的，应当对外披露年度受托管理事务报告延期披露公告，说明无法按时披露的具体原因。

5.2.3 受托管理人为履行受托管理职责，有权代表债券持有人查询债券持有人名册及相关登记信息、专项账户中募集资金的存储与划转情况。

5.2.4 发行人出现本规则第4.3.2条规定的重大事项，或者发行人未按照募集说明书的约定履行义务，以及受托管理人与发行人发生债权债务等利害关系时，受托管理人应当督促发行人及时披露相关信息。发行人未真实、准确、完整、及时披露上述信息的，受托管理人应当及时出具受托管理事务临时报告，说明事项情况、产生的影响以及受托管理人已采取或者拟采取的应对措施等，向本所报告并公告。

5.2.5 发行人、承销机构及增信机构应当配合受托管理人履行受托管理人职责，积极提供调查了解所需的资料、信息和相关情况，维护投资者合法权益。

5.2.6 发行人信息披露文件存在虚假记载、误导性陈述或者重大遗漏，致使债券持有人遭受损失的，或者债券出现违约情形或风险的，受托管理人应当及时通过召开债券持有人会议等方式征集债券持有人的意见，并勤勉尽责、及时有效地采取相关措施，包括但不限于与发行人、增信机构及其他责任主体进行谈判，提起民事诉讼，申请仲裁，参与重组或者破产的法律程序等。

5.2.7 本规则对受托管理人规定的未尽事项应当按照中国证监会及中国证券业协会的有关规定执行。

第三节 债券持有人会议

5.3.1 发行人应当在债券募集说明书中约定债券持有人会议规则。债券持有人会议规则应当公平、合理。

5.3.2 发行人与受托管理人应当按照有利于保护债券持有人利益的原则制定债券持有人会议规则，明确债券持有人通过债券持有人会议行使权利的范围，债券持有人会议的召集、通知、决策机制和其他重要事项。

5.3.3 债券存续期间，出现下列情形之一的，受托管理人应当及时召集债券持有人会议：

（一）拟变更债券募集说明书的约定；

（二）拟修改债券持有人会议规则；

（三）拟变更债券受托管理人或者受托管理协议的主要内容；

（四）发行人不能按期支付本息；

（五）发行人减资、合并、分立、解散或者申请破产；

（六）增信机构、增信措施或者其他偿债保障措施发生重大变化且对债券持有人利益有重大不利影响；

（七）发行人、单独或者合计持有本期债券总额百分之十以上的债券持有人向受托管理人书面提议召开；

（八）发行人管理层不能正常履行职责，导致发行人债务清偿能力面临严重不确定性，需要依法采取行动的；

（九）发行人提出债务重组方案的；

（十）发生其他对债券持有人权益有重大影响的事项。

5.3.4 受托管理人应当自收到书面提议之日起五个交易日内向提议人书面回复是否召集持有人会议。同意召集会议的，受托管理人应当于书面回复日起十五个交易日内召开会议。受托管理人应当召集而未召集债券持有人会议时，发行人、单独或者合计持有本期债券总额百分之十以上的债券持有人有权自行召集债券持有人会议。

5.3.5 受托管理人或者自行召集债券持有人会议的债券持有人（以下简称“召集人”）应当至少于持有人会议召开日前十个交易日发布召开持有人会议的公告，公告内容包括但不限于下列事项：

（一）债券发行情况；

（二）受托管理人或者召集人、会务负责人姓名及联系方式；

（三）会议时间和地点；

（四）会议召开形式：持有人会议可以采用现场、非现场或者两者相结合的形式；会议以网络投票方式进行的，受托管理人应当披露网络投票办法、计票原则、投票方式、计票方式等信息；

（五）会议拟审议议案：议案应当属于持有人会议权限范围、有明确的决议事项，并且符合法律、法规和本规则的相关规定；

（六）会议议事程序：包括持有人会议的召集方式、表决方式、表决时间和其他相关事项；

（七）债权登记日：应当为持有人会议召开日前的第五个交易日；

（八）提交债券账务资料以确认参会资格的截止时点：债券持有人在持有人会议召开前未向召集人证明其参会资格的，不得参加持有人会议和享有表决权；

（九）委托事项：参会人员应当出具授权委托书和身份证明，在授权范围内参加持有人会议并履行受托义务。

5.3.6 受托管理人可以作为征集人，征集债券持有人委托其代为出席债券持有人会议，并代为行使表决权。

征集人应当向债券持有人客观说明债券持有人会议的议题和表决事项，不得隐瞒、误导或者以有偿方式征集。征集人代为出席债券持有人会议并代为行使表决权的，应当取得债券持有人出具的委托书。

5.3.7　发行人、债券清偿义务承继方等关联方及增信机构应当按照受托管理人或者召集人的要求列席债券持有人会议。资信评级机构可应受托管理人或者召集人邀请列席会议，持续跟踪债券持有人会议动向，并及时发表公开评级意见。

5.3.8　债券持有人会议应当有律师见证。见证律师对会议的召集、召开、表决程序、出席会议人员资格和有效表决权等事项出具法律意见书。法律意见书应当与债券持有人会议决议一同披露。

5.3.9　债券持有人进行表决时，每一张未偿还的债券享有一票表决权。债券持有人与债券持有人会议拟审议事项有关联关系时，应当回避表决。

5.3.10　除募集说明书另有约定外，债券持有人会议对表决事项作出决议，经超过持有本期未偿还债券总额且有表决权的二分之一的债券持有人同意方可生效。

5.3.11　债券持有人会议通过的决议，对所有债券持有人均有同等约束力。受托管理人依据债券持有人会议决议行事的结果由全体债券持有人承担。债券持有人包括所有出席会议、未出席会议、反对议案或者放弃投票权、无表决权的债券持有人，以及在相关决议通过后受让债券的持有人。

5.3.12　债券持有人会议应当有书面会议记录。债券持有人会议记录由出席会议的受托管理人或者召集人代表和见证律师签名。

5.3.13　受托管理人或者召集人应当在债券持有人会议表决截止日次一交易日披露会议决议公告，会议决议公告包括但不限于以下内容：

（一）出席会议的债券持有人所持表决权情况；

（二）会议有效性；

（三）各项议案的议题和表决结果。

第六章　停牌、复牌

6.1　为保证信息披露的及时与公平，本所可以根据本规则以及本所其他相关规定、发行人的申请或者实际情况，决定债券停牌与复牌事项。

发行人发生本规则规定的停牌与复牌事项，应当向本所申请对其债券停牌与复牌。本规则未有明确规定，但是发行人认为应当停牌与复牌的，可以向本所申请对其债券停牌与复牌，并说明理由，本所视情况决定债券的停牌与复牌事项。

6.2　发行人应当披露的重大信息如存在不确定性因素且预计难以保密的，或者在按规定披露前已经泄漏的，发行人应当立即向本所申请停牌，直至按规定披露后复牌。

6.3　发行人、资信评级机构和其他相关主体在评级信息披露前，应当做好信息保密工作，发行人认为有必要时可申请债券停牌及复牌。

6.4　媒体中出现发行人尚未披露的信息，可能或者已经导致以下情形之一的，发行人应当向本所申请停牌，直至按规定披露后复牌：

（一）信用评级发生重大变化；

（二）对债券还本付息产生重大影响；

（三）对债券交易价格产生重大影响；

（四）其他对债券持有人利益有重大影响的情形。

如发行人未申请停牌，本所可以对其债券实施停牌，直至按规定披露后复牌。

6.5　发行人发生本规则第4.3.2条规定的重大事项时，未及时披露的，本所可以对其债券实施停牌，直至按规定披露后复牌。

6.6　发行人出现不能按时还本付息等情形的，本所可以对其债券实施停牌等措施，相关情形消除后予以复牌。

6.7　因发行人原因，本所失去关于发行人的有效信息来源时，本所可以对其债券实施停牌，直至上述情况消除后复牌。

6.8　发行人在其债券停牌期间，应当定期披露未能复牌的原因和相关事件的进展情况。停牌期间，债券的派息及到期兑付等工作仍按募集说明书等的约定进行。

第七章　暂停上市、恢复上市、终止上市

7.1　债券上市交易后，发行人发生《证券法》规定暂停其债券上市情形的，本所有权决定暂停其债券上市交易。

7.2　暂停上市相关情形消除后，发行人可以

向本所提出恢复上市的申请，本所收到申请后十五个交易日内作出是否恢复上市交易的决定。

7.3 债券出现下列情形之一的，本所将终止其上市交易：

（一）发生《证券法》规定终止债券上市交易的情形；

（二）发行人发生解散、依法被责令关闭、被宣告破产等情形；

（三）债券持有人会议同意终止该债券在本所上市交易，且向本所提出申请，并经本所认可；

（四）债券到期前二个交易日或者依照募集说明书的约定终止上市；

（五）有权部门及本所认为应当终止上市的其他情形。

第八章 申请复核

8.1 发行人对本所作出的不予上市、暂停上市、终止上市决定不服的，可以在收到本所相关决定的十五个交易日内向本所申请复核。申请复核的具体程序和要求参照执行《深圳证券交易所股票上市规则（2014年修订）》或者《深圳证券交易所创业板股票上市规则（2014年修订）》的相关规定。

8.2 本所设立上诉复核委员会，对申请人的复核申请进行审议，作出独立的专业判断并形成审核意见。

第九章 监管措施和违规处分

9.1 本所对信息披露义务人、增信机构及其相关人员（以下简称“监管对象”）实施监管，具体监管措施包括：

（一）要求作出解释和说明；

（二）要求聘请中介机构核查并发表意见；

（三）书面警示（发出各种通知和函件）；

（四）约见谈话；

（五）要求限期参加培训或者考试；

（六）要求限期召开债券持有人说明会；

（七）暂不受理有关当事人出具的文件；

（八）上报中国证监会；

（九）本所规定的其他监管措施。

9.2 监管对象违反本规则、本所其他相关规定、募集说明书的约定或者其所作出的承诺的，本所视情节轻重，对其采取以下纪律处分措施：

（一）通报批评；

（二）公开谴责；

（三）本所规定的其他纪律处分措施。

本所将对监管对象实施纪律处分措施等的情况记入诚信档案，并可以审慎受理记入诚信档案的当事人提交的申请或者出具的相关文件。

9.3 本所纪律处分委员会对本规则

9.2 条规定的纪律处分事项进行审核，作出独立的专业判断并形成审核意见。

本所根据纪律处分委员会的审核意见，作出是否给予纪律处分的决定。

第十章 释 义

10.1 本规则使用但未定义的词语均具有与《深圳证券交易所股票上市规则（2014年修订）》、《深圳证券交易所创业板股票上市规则（2014年修订）》中相关表述相同的含义。

10.2 本规则所称“以上”、“不少于”均含本数，“超过”、“低于”不含本数。

第十一章 附 则

11.1 本规则经本所理事会审议通过并报中国证监会批准后生效，修改时亦同。

11.2 债券上市相关收费标准，按照本所相关规定执行。

11.3 本规则由本所负责解释。

11.4 本规则自发布之日起施行。

附件：

深圳证券交易所债券上市协议

甲方：深圳证券交易所法定代表人：

住所：广东省深圳市深南大道2012号

联系电话：

乙方：

法定代表人：

住所：

联系电话：

鉴于乙方申请其发行的债券在甲方上市，根

据国家有关法律、行政法规、部门规章、规范性文件和甲方业务规则等的相关规定，甲乙双方协商一致，签订本协议。

第一条　甲方依据有关法律、行政法规、部门规章、规范性文件、《深圳证券交易所公司债券上市规则》以及甲方发布的细则、指引、通知、办法、备忘录等相关规定（以下简称“甲方其他相关规定”）对乙方提交的债券上市申请进行审核，认为符合上市条件的，同意乙方债券在甲方上市。

本协议中上市债券的基本情况如下：

债券名称：

简称：

代码：

信用评级：

担保人（如有）：

债券面额：

期限：

利率：

发行价格：

发行总量：

交易平台：

募集资金数额：

主管机关批准文号：

第二条　乙方承诺按照债券有关募集文件的规定，按时还本付息。

第三条　甲方依照有关法律、行政法规、部门规章、规范性文件、《深圳证券交易所公司债券上市规则》及甲方其他相关规定对乙方发行上市的债券实施监管，乙方同意接受甲方的监管。

第四条　乙方及其董事、监事和高级管理人员等承诺并保证严格遵守有关法律、行政法规、部门规章、规范性文件、《深圳证券交易所公司债券上市规则》及甲方其他相关规定。

第五条　乙方向甲方缴纳的上市费用及其标准，按照甲方的有关规定执行。

经有关主管机关批准，甲方可以对上述收费标准进行调整。乙方应当按照调整后的收费标准交纳上市费用，双方不再另行签订协议。

第六条　乙方应当于上市前五个交易日内在指定媒体上披露上市公告书和甲方要求的其他文件。

第七条　乙方应当披露的信息包括定期报告和临时报告。定期报告包括年度报告和中期报告，其他报告为临时报告。

第八条　乙方必须保证信息披露内容真实、准确、完整，没有虚假记载、误导性陈述或者重大遗漏。

第九条　甲方根据有关法律、行政法规、部门规章、规范性文件、《深圳证券交易所公司债券上市规则》及甲方其他相关规定对乙方披露的信息进行形式审核，对其内容的真实性不承担责任。

第十条　乙方应当及时将债券评级机构对债券信用等级的评定情况以及债券信用跟踪评级的变动情况报告甲方。

第十一条　乙方应当聘请董事会秘书或者相应专职人员一名，负责与甲方联系，并负责信息披露工作。董事会秘书或者专职人员发生变更时，乙方应当及时通知甲方。

第十二条　本协议未尽事宜，依照有关法律、行政法规、部门规章、规范性文件、《深圳证券交易所公司债券上市规则》及甲方其他相关规定处理。

第十三条　本协议的执行与解释适用中华人民共和国法律。

第十四条　与本协议有关或者因本执行协议所发生的一切争议及纠纷，甲乙双方应当首先通过友好协商解决；若自争议发生日之后的三十日内未能通过协商解决，任何一方均可将该项争议提交华南国际经济贸易仲裁委员会按照当时适用的仲裁规则进行仲裁。仲裁裁决为最终裁决，对双方均有法律约束力。

第十五条　本协议自签字盖章之日起生效。双方可以以书面方式对本协议作出修改或者补充，经双方签字盖章有关本协议的修改协议和补充协议是本协议的组成部分，与本协议具有同等法律效力。

第十六条　本协议文本一式四份，双方各执二份。

甲方：深圳证券交易所

法定代表人：（或授权代表）

乙方：

法定代表人：（或授权代表）

年　　月　　日

延伸阅读

上海证券交易所可交换公司债券业务实施细则

（2014年6月17日上海证券交易所上证发〔2014〕41号发布，自发布之日起施行）

第一章 总 则

1.1 为规范可交换公司债券（以下简称"可交换债券"）的业务运作，维护市场秩序，保护投资者的合法权益，根据国家相关法律、法规和上海证券交易所（以下简称"本所"）有关业务规则，制定本细则。

1.2 持有上市公司股份的股东公开发行的可交换债券在本所上市交易，适用本细则。本细则未作规定的，参照适用本所公司债券相关业务规则。

可交换债券在本所发行的，同时适用《上海证券交易所证券发行上市业务指引》等规则中关于公司债券的相关规定。

1.3 投资者应当充分关注可交换债券及预备用于交换的股票的相关信息，根据自身的风险承受能力作出独立、慎重、适当的投资决策，并自行承担投资风险。

1.4 证券公司和相关中介机构为可交换债券相关业务提供服务，应当遵循平等、自愿、诚实守信的原则，严格遵守执业规范和职业道德，按规定和约定履行义务。

1.5 本所依据法律、行政法规、部门规章、本细则及本所其他有关规定对可交换债券的发行及上市交易进行监管。

第二章 上市交易

2.1 发行人申请可交换债券在本所上市，应当符合下列条件：

（一）经中国证监会核准并公开发行；

（二）债券的期限为一年以上；

（三）实际发行额不少于人民币5000万元；

（四）申请上市时仍符合法定的可交换债券发行条件；

（五）本所规定的其他条件。

2.2 发行人申请可交换债券上市，应当向本所提交下列文件：

（一）可交换债券上市申请书；

（二）中国证监会核准发行的文件；

（三）可交换债券发行申请相关文件；

（四）同意债券上市的发行人决议；

（五）发行人章程；

（六）发行人营业执照；

（七）募集说明书；

（八）债券实际募集数额的证明文件；

（九）上市公告书；

（十）发行人最近3个完整会计年度审计报告及最近一期的财务报告；

（十一）发行人出具的关于债券上市时仍符合法定的可交换债券发行条件的承诺；

（十二）本所规定的其他文件。

2.3 发行人应当保证上市相关文件内容真实、准确、完整，不存在虚假记载、误导性陈述或重大遗漏。

2.4 可交换债券实行净价交易，并实行当日回转交易。

2.5 可交换债券作为质押式回购业务质押券的标准等相关事项，由登记结算机构另行规定。

2.6 可交换债券上市交易的分类管理标准，参照适用本所公司债券相关业务规则。

可交换债券信用级别发生变化或者发行人出现其他重大风险事件时，本所可以根据市场情况，对其交易机制、投资者适当性标准等进行调整。

第三章 信息披露及持续性义务

3.1 可交换债券上市期间，发行人应当指定专项联络人，负责管理发行人信息披露义务。

3.2 可交换债券上市期间，发行人应当在《证券法》规定的期间内披露年度报告与中期报告，报告内容除需满足本所公司债券的信息披露

有关规定以外,还应当包括:

(一)换股价格历次调整或修正情况,经调整或修正后的最新换股价格;

(二)可交换债券发行后累计换股情况;

(三)期末预备用于交换的股票市值与可交换债券余额的比例;

(四)可交换债券赎回及回售情况(如有);

(五)本所规定的其他事项。

3.3 可交换债券上市期间,发行人应当按照本所公司债券相关规定履行临时信息披露义务。

出现下列情况之一时,发行人还应当及时向本所报告并履行临时信息披露义务:

(一)预备用于交换的股票的上市公司发行新股、送股、分立及其他原因引起股份变动,需要调整换股价格,或者依据募集说明书约定的修正原则修正换股价格;

(二)预备用于交换的股票发生重大变化,包括但不限于被风险警示、暂停、终止上市等;

(三)发行人预备用于交换的股票出现司法冻结、扣划或其他权利瑕疵;

(四)预备用于交换的股票市值出现重大不利变化,影响可交换债券增信效果;

(五)中国证监会和本所规定的其他情形。

3.4 持有可交换债券的投资者因行使换股权利增持上市公司股份的,或者因持有可交换债券的投资者行使换股权利导致发行人持有上市公司股份发生变化的,相关当事人应当按照《上市公司收购管理办法》和《上海证券交易所股票上市规则》等规定履行相应义务。

3.5 可交换债券信息披露义务人应当及时、公平地履行披露义务,所披露或者报送的信息必须真实、准确、完整,不得有虚假记载、误导性陈述或重大遗漏。

承销机构及受托管理人应当督促发行人建立健全信息披露制度,确保发行人知悉信息披露和履行承诺等方面的责任和义务。

3.6 受托管理人应当于每年6月30日前完成上一年度的受托管理人事务报告并对外披露。出现对可交换债券持有人权益有重大影响的事件时,受托管理人应当自其知悉该等情形之日起5个工作日内出具临时受托管理人事务报告,并对外披露。

第四章 换股、赎回、回售与本息兑付

4.1 自可交换债券发行结束之日起12个月后,债券持有人方可按照募集说明书约定选择是否交换为预备用于交换的股票。

4.2 发行人应当在可交换债券开始换股的3个交易日前披露实施换股相关事项,包括换股起止日期、当前换股价格、换股程序等。

4.3 可交换债券进入换股期后,当日买入的可交换债券,投资者当日可申报换股。

4.4 可交换债券持有人申请在本所换股的,应当向本所发出换股指令,换股指令视同为债券受托管理人与发行人认可的解除担保指令。可交换债券换股的最小单位为一张、标的股票的最小单位为一股。

换股交收完成后,换得的股票可在下一交易日进行交易。

4.5 发行人在可交换债券换股期结束的20个交易日前,应当至少进行3次提示性公告,提醒投资者可交换债券停止换股相关事项。

4.6 发行人由于按照募集说明书的约定调整或修正换股价格等原因,造成预备用于交换的股票数量少于未偿还可交换债券全部换股所需股票的,应当在换股价格调整日之前补足预备用于交换的股票,同时就该等股票设定担保。

发行人应当在募集说明书中约定,预备用于交换的股票数量少于未偿还可交换债券全部换股所需股票而发行人又无法补足的,债券持有人可以在一定期限内行使回售的权利,或者由发行人作出其他补救安排。

4.7 换股期间,预备用于交换的股票出现司法冻结、扣划或其他权利瑕疵影响投资者换股权利的,发行人应当向本所申请暂停可交换债券换股,发行人未及时申请暂停可交换债券换股的,本所可视情况暂停提供换股服务。

4.8 发行人或预备用于交换的股票出现其他影响投资者换股权利事项的,本所可视情况暂停或终止可交换债券换股。

4.9 由于发行人未及时补足预备用于交换的股票或预备用于交换的股票出现司法冻结等原因,导致投资者换股失败的,由发行人承担所有责任。

4.10 发行人应当在满足可交换债券赎回条

件的下一交易日,披露是否行使赎回权相关事项。若决定行使赎回权的,发行人应当在赎回登记日前至少进行3次赎回提示性公告。公告内容应当载明赎回程序、赎回登记日、赎回价格、付款方法、付款时间等内容。

赎回结束后,发行人应当及时披露赎回情况及其影响。

4.11　发行人应当在满足可交换债券回售条件的下一交易日,披露回售相关事项,并在回售申报期结束前至少进行3次回售提示性公告,公告内容应当载明回售程序、回售申报期、回售价格、付款方法、付款时间等内容。

回售结束后,发行人应当及时披露回售情况及其影响。

4.12　发行人应当在可交换债券约定的付息日前3－5个交易日内披露付息相关事项,在可交换债券期满后2个交易日内披露本息兑付相关事项。

第五章　停复牌、暂停上市、恢复上市及终止上市

5.1　可交换债券上市期间,预备用于交换的股票依据《上海证券交易所股票上市规则》相关规定停复牌的,本所可视情况对可交换债券停复牌。

5.2　可交换债券上市期间,预备用于交换的股票出现司法冻结、扣划或其他权利瑕疵影响投资者换股权利的,发行人应当向本所申请可交换债券停牌。发行人未及时申请的,本所可视情况对可交换债券进行停牌。

发行人明确上述事项已经消除或者不影响投资者换股权利后,向本所申请可交换债券复牌。

5.3　可交换债券发行人出现本所公司债券停复牌、暂停上市、恢复上市或终止上市列示情形的,参照适用《上海证券交易所公司债券上市规则》。

第六章　附　则

6.1　可交换债券的发行、上市及交易费用按照本所可转换公司债券的标准执行,换股按照股票交易收取相关费用。

6.2　本所对非公开发行可交换债券另有规定的,从其规定。

6.3　本细则由本所负责解释。

6.4　本细则自公布之日起施行。

6. 非交易流通公司债券转让过户业务的规则

(2006年6月13日中债字〔2006〕126号发布,自2006年7月1日起施行)

第一条　为规范不符合中国人民银行公告〔2005〕第30号(以下简称《公告》)规定交易条件的公司债券(以下称非流通债券)的转让过户行为,制定本规则。

第二条　非流通债券的转让由出让方和受让方签订书面债券转让协议,通过中央国债登记结算有限责任公司(以下简称中央结算公司)办理过户手续。

第三条　非流通债券应在初始机构投资者之间以现券方式转让过户。

第四条　受让方对所受让的债券存在的投资风险应有充分认识,并能够独立承担风险。

第五条　办理转让手续时,出让方应向中央结算公司提交书面的加盖预留印鉴的公司债券过户指令书(格式见附件),同时提供双方签署的公司债券转让协议复印件一份。

第六条　丙类结算成员的债券过户指令书应由结算代理人加盖结算代理专用章。

第七条　中央结算公司收到债券过户指令书及转让协议文件后,在两个工作日内进行审核,对通过审核的于第二个工作日办理转让过户手续。

第八条　中央结算公司办理转让过户手续时,先检查出让方债券账户中该转让债券的余额是否足额,如债券足额,即办理过户手续,并向转让双方出具债券转让过户单据;债券不足额的,中央结算公司拒绝办理债券转让过户手续,并通知出让方。

第九条 中央结算公司办理非流通债券转让过户为有偿服务，收费标准为每笔向双方各收取人民币500元，逐笔计收。

第十条 对于不符合中国人民银行有关规定和本规则要求的公司债券转让过户，中央结算公司不予办理。

第十一条 不符合《公告》规定交易条件的其他种类债券的转让过户，参照非交易流通公司债券转让过户业务有关规定执行。

第十二条 本规则由中央国债登记结算有有限责任公司负责解释。

第十三条 本规则自2006年7月1日起施行。

附件（略）

7. 财政部关于国有金融企业发行可转换公司债券有关事宜的通知

（2013年11月16日财政部财金〔2013〕116号发布，自2013年12月16日起施行）

各中央管理金融企业，各省、自治区、直辖市、计划单列市财政厅（局），新疆生产建设兵团财务局：

为规范国有金融企业发行可转换公司债券行为，促进证券市场健康发展，根据《中华人民共和国公司法》和《中华人民共和国证券法》等法律规定，现就有关事项通知如下：

一、国有金融企业发行可转换公司债券，发行主体应当为境内外上市公司，同时符合以下原则：

（一）审慎性原则。国有金融企业发行可转换公司债券，要综合考虑经济形势、产业发展前景、外部融资环境、长期发展战略等因素，分析论证各种融资方式后统筹进行决策。

（二）控制力原则。国有金融企业发行可转换公司债券，要切实维护国有出资人权益，保持国有控制力。可转换公司债券行权后，原则上国有控股地位应当保持不变。

（三）合理布局原则。国有金融企业发行可转换公司债券，要坚持以金融为主业的发展方向，募集资金投向应当符合宏观经济政策和国家产业政策，满足公司业务布局调整和优化的需要。

（四）保护投资者权益原则。国有金融企业发行可转换公司债券，应当严格遵守有关法律法规，有利于提高上市公司的核心竞争力和可持续发展能力，保障投资者的合法权益。

二、国有金融企业发行可转换公司债券，应当满足上市公司证券发行管理相关规定的要求。发行认股权和债券分离交易的可转换公司债券的，还应当同时满足以下要求：

（一）公司最近一期末经审计的净资产不低于人民币50亿元。

（二）最近3个会计年度实现的可分配利润均不低于公司发行债券1年的利息。

（三）本次发行后，累计公司债券余额不得超过最近一期末净资产额的20%，预计所附认股权全部行权后募集资金总额，不得超过本次拟发行可转换公司债券的金额。

三、国有金融企业发行可转换公司债券，应当根据国家有关产业政策规定、资本市场状况以及公司发展需要，进行充分的可行性研究，严格履行内部决策程序。

四、国有金融企业发行可转换公司债券，应当按照市场化原则，综合考虑银行贷款利率、同类债券利率以及上市公司未来发展前景等因素，合理确定债券利率和转股价格。

五、可转换公司债券转股价格应不低于债券募集说明书公告日前1个交易日、前20个交易日、前30个交易日该公司股票均价中的最高者。

六、可转换公司债券发行后，因配股、增发、送股、派息、分立及其他原因引起公司股份变动的，国有金融企业应当同时调整转股价格。

七、国有金融企业发行可转换公司债券，应当设定有条件赎回条款。在转股期内，公司股票在任何连续30个交易日中超过15个交易日（含）的收盘价格高于（含）当期转股价格的130%（含）时，国有金融企业控股股东有权通过公司治理程序，要求以约定价格赎回全部或部分未转股债券。

八、完成公司制改革的中央直接管理国有金融企业及其子公司发行可转换公司债券，按照公司治理程序进行决策，并报财政部备案；未完成公司制改革的中央直接管理国有金融企业，其子公司发行可转换公司债券，报财政部审核。

九、地方管理的国有金融企业及其子公司发行可转换公司债券，参照中央直接管理国有金融企业的做法，报省级财政部门备案或者审核。

十、国有金融企业发行可转换公司债券，须履行审核手续的，相关申请材料应在上市公司股东大会的20个工作日前报送财政部门；履行备案手续的，应在可转换公司债券发行前、上市公司股东大会召开后20个工作日内，将备案材料报送至财政部门。

十一、国有金融企业发行可转换公司债券，应当向财政部门报送以下材料：

（一）发行可转换公司债券的请示或报告，以及公司董事会关于发行可转换公司债券的决议。履行备案手续的，还需提供股东大会关于发行可转换公司债券的决议。

（二）可转换公司债券发行方案，以及国有金融企业关于上市公司发行可转换公司债券对控股股东地位、上市公司股价和资本市场影响的分析及应对预案。

（三）国有金融企业和上市公司控股股东基本情况、营业执照、公司章程、国有资产产权登记文件、认购股份情况及上一年度经会计师事务所审计的财务会计报告。

（四）公司基本情况、最近一期年度财务会计报告和中期财务会计报告，以及上市公司前次募集资金使用情况的报告及本次募集资金使用方向是否符合国家相关政策规定。

（五）上市公司发行可转换公司债券投资项目可行性报告，以及上市公司发行可转换公司债券的风险评估论证情况、还本付息的具体方案以及发生债务风险的应对预案。

（六）律师事务所出具的法律意见书，以及财政部门要求提供的其他材料。

十二、国有金融企业发行可转换公司债券，须履行审核手续的，财政部门应在20个工作日内作出答复。在召开股东大会时，国有控股股东应当按照财政部门出具的意见对方案进行表决。股东大会召开前尚未取得财政部门意见的，国有控股股东应当按照规定，提议延期召开股东大会。

十三、国有金融企业不得发行可交换公司债券。本通知所称可交换公司债券是指公司发行的在一定期限内依据约定的条件可以交换成该公司所持特定公司股份的债券。

十四、可转换公司债券行权后，国有金融企业应当按照国家有关规定及时办理国有产权变更登记手续。年度终了后3个月内，省级财政部门和中央直接管理金融企业应将上一年度国有金融企业发行可转换公司债券情况统计汇总后报财政部。

十五、本通知适用的国有金融企业，是指依法设立的国有独资及国有控股金融企业（含实业类子公司），包括政策性银行、国有商业银行、股份制商业银行、城市商业银行、农村商业银行、农村合作银行、农村信用合作社、城市信用合作社、新型农村金融机构、信托公司、金融资产管理公司、金融租赁公司、财务公司、保险类公司、证券类公司、期货公司、基金管理公司，以及金融控股公司、融资性担保公司等。其他金融类企业参照执行。

十六、本通知自公布之日起30日后施行。

财政部

2013年11月16日

（三）银行间债券市场非金融企业债务融资工具

导 读

非金融企业债务融资工具，是指具有法人资格的非金融企业在银行间债券市场发行的，约定在一定期限内还本付息的有价证券，包括短期融资券和中期票据两种。发行的对象为全国银行间债券市场机构投资者，包括银行、信用社、证券公司、保险公司、基金公司、财务公司和部分企业。

短期融资券是指具有法人资格的企业在银行间债券市场发行的，约定在1年内还本付息的债务融资工具。发行企业类型包括国企、民企及中外合资企业，其中国有成分企业发行量占到95%左右。

中期票据是指具有法人资格的企业在银行间债券市场按照计划分期发行的，约定在一定期限内还本付息的债务融资工具。中期票据的融资期限通常为3～5年。

债务融资工具发行遵循市场化发行规律，实行注册管理，强调发行人信息披露、中介机构尽职履责、机构投资者自担风险的原则。

债务融资工具发行工作主要分为五个步骤，即：内部通过、发行筹备、申请注册、承销发行及后续工作。其中发行筹备中的信用评级、申请注册及承销发行这三个环节较为关键。

1. 银行间债券市场非金融企业债务融资工具管理办法

（2008年4月9日中国人民银行令〔2008〕第1号发布，自2008年4月15日起施行）

第一条 为进一步完善银行间债券市场管理，促进非金融企业直接债务融资发展，根据《中华人民共和国中国人民银行法》及相关法律、行政法规，制定本办法。

第二条 本办法所称非金融企业债务融资工具（以下简称债务融资工具），是指具有法人资格的非金融企业（以下简称企业）在银行间债券市场发行的，约定在一定期限内还本付息的有价证券。

第三条 债务融资工具发行与交易应遵循诚信、自律原则。

第四条 企业发行债务融资工具应在中国银行间市场交易商协会（以下简称交易商协会）注册。

第五条 债务融资工具在中央国债登记结算有限责任公司（以下简称中央结算公司）登记、托管、结算。

第六条 全国银行间同业拆借中心（以下简称同业拆借中心）为债务融资工具在银行间债券市场的交易提供服务。

第七条 企业发行债务融资工具应在银行间债券市场披露信息。信息披露应遵循诚实信用原则,不得有虚假记载、误导性陈述或重大遗漏。

第八条 企业发行债务融资工具应由金融机构承销。企业可自主选择主承销商。需要组织承销团的,由主承销商组织承销团。

第九条 企业发行债务融资工具应由在中国境内注册且具备债券评级资质的评级机构进行信用评级。

第十条 为债务融资工具提供服务的承销机构、信用评级机构、注册会计师、律师等专业机构和人员应勤勉尽责,严格遵守执业规范和职业道德,按规定和约定履行义务。

上述专业机构和人员所出具的文件含有虚假记载、误导性陈述和重大遗漏的,应当就其负有责任的部分承担相应的法律责任。

第十一条 债务融资工具发行利率、发行价格和所涉费率以市场化方式确定,任何商业机构不得以欺诈、操纵市场等行为获取不正当利益。

第十二条 债务融资工具投资者应自行判断和承担投资风险。

第十三条 交易商协会依据本办法及中国人民银行相关规定对债务融资工具的发行与交易实施自律管理。交易商协会应根据本办法制定相关自律管理规则,并报中国人民银行备案。

第十四条 同业拆借中心负责债务融资工具交易的日常监测,每月汇总债务融资工具交易情况向交易商协会报送。

第十五条 中央结算公司负责债务融资工具登记、托管、结算的日常监测,每月汇总债务融资工具发行、登记、托管、结算、兑付等情况向交易商协会报送。

第十六条 交易商协会应每月向中国人民银行报告债务融资工具注册汇总情况、自律管理工作情况、市场运行情况及自律管理规则执行情况。

第十七条 交易商协会对违反自律管理规则的机构和人员,可采取警告、诫勉谈话、公开谴责等措施进行处理。

第十八条 中国人民银行依法对交易商协会、同业拆借中心和中央结算公司进行监督管理。

交易商协会、同业拆借中心和中央结算公司应按照中国人民银行的要求,及时向中国人民银行报送与债务融资工具发行和交易等有关的信息。

第十九条 对违反本办法规定的机构和人员,中国人民银行可依照《中华人民共和国中国人民银行法》第四十六条规定进行处罚,构成犯罪的,依法追究刑事责任。

第二十条 短期融资券适用本办法。

第二十一条 本办法自2008年4月15日起施行。《短期融资券管理办法》(中国人民银行令〔2005〕第2号)、《短期融资券承销规程》和《短期融资券信息披露规程》(中国人民银行公告〔2005〕第10号)同时终止执行。

五、项目融资

导 读

项目融资是为一个特定项目所安排的融资，在该融资方式下，融资的资金用途限于该特定项目的建设，以该项目未来的现金流量和收益作为偿还融资债务的资金来源，以该项目资产作为融资担保。

与传统的公司融资方式相比较，项目融资结构更为复杂，参与主体较多。项目融资的当事人一般包括：项目发起人、项目法人、贷款人（通常是多家银行组成的银团）、工程承包商、材料设备供应商、项目产品的购买者、保险人、中介机构等。

项目融资的局限性在于：贷款人的风险大，融资结构复杂、融资成本高。中小企业融资，应当考虑采取简便的、低成本的融资方式和渠道，没有必要采取这种融资结构复杂、融资成本较高的融资方式，因此，项目融资的适用领域一般限于大型项目。项目融资主要适用于发电设施、高等级公路、桥梁、隧道、城市供水厂及污水处理厂等基础设施建设项目，以及其他投资规模大、且具有长期稳定预期收入的建设项目。

项目融资的主要途径有：银行等机构贷款（大型项目多为银团贷款）、发行债券、商业票据融资、融资租赁等。

银监会2009年7月发布的《项目融资业务指引》，主要是从促进银行业金融机构项目融资业务健康发展，有效管理项目融资风险的监管角度，规定了银行业金融机构进行项目融资的操作流程。

对于国际银团贷款而言，有关银团贷款的法律一般是见于《合同法》《担保法》等民商法律和国际私法等领域的规定中。国际银团贷款中，银行方一般倾向于选择金融实践成熟的英国法或美国纽约州法律，当然，如果借款人所在国对于某项事项有强制规定的，只能适用该强制法而不能选择适用其他法律。

1. 关于进一步加强对境外投资重点项目融资支持有关问题的通知

（2005年9月25日国家发展和改革委员会、国家开发银行发改外资〔2005〕1838号发布，自发布之日起施行）

各省、自治区、直辖市及计划单列市、副省级省会城市人民政府、新疆生产建设兵团发展改革委、经委（经贸委），国务院各部门、各直属机构，各中央管理的企业：

为贯彻党的十六大关于加快实施“走出去”战略的精神，落实中央有关“加大对境外投资的金融支持”的指示，鼓励和支持国内企业进一步提高融资能力，发挥各自优势，积极参与境外重点项目的投资活动，现就有关事项通知如下：

一、根据国家境外投资发展规划，国家发展改革委和国家开发银行拟定年度境外投资重点项目融资支持计划，并由国家开发银行在每年的股本贷款规模中，专门安排一定的贷款资金（以下称“境外投资股本贷款”）用于支持国家鼓励的境外投资重点项目扩大资本金，提高融资能力。

二、境外投资股本贷款主要用于支持下列境外投资重点项目：

（一）能弥补国内资源相对不足的境外资源开发类项目；

（二）能带动国内技术、产品、设备等出口和劳务输出的境外生产型项目和基础设施项目；

（三）能利用国际先进技术、管理经验和专业人才的境外研发中心项目；

（四）能提高企业国际竞争力、加快开拓国际市场的境外企业收购和兼并项目。

三、在中华人民共和国境内注册的企业法人（以下称“境内投资主体”）均可申请境外投资股本贷款，具体程序如下：

（一）境内投资主体向国家开发银行提出股本贷款申请，由国家开发银行根据其与国家发展改革委共同拟定的年度境外投资重点项目融资支持计划，经独立审核，出具股本贷款承诺函；

（二）境内投资主体按规定向国家发展改革委或省级发展改革部门上报项目申请报告或项目备案申请，并附国家开发银行股本贷款承诺函；

（三）国家发展改革委或省级发展改革部门对项目进行审核，并将项目核准文件或备案证明文件抄送国家开发银行，国家开发银行据此就项目股本贷款条件进行最终确定。

四、国家发展改革委对获得境外投资股本贷款支持的重点项目将加强政策指导，强化必要协调，推动项目成功实施，并取得良好的经济和社会效益。

五、国家开发银行将依照有关规定，对境外投资重点项目加快贷款审查速度，并在遵循风险定价原则，使贷款利率尽可能覆盖信用风险、市场风险及国家风险等的基础上，视具体项目情况给予一定的利率优惠。

六、国家开发银行对境外投资重点项目还提供如下支持和服务：

（一）为境外投资重点项目提供大额、稳定的中长期非股本贷款支持；

（二）加强与国际金融组织或跨国公司合作，组织国际银团贷款、境外贷款等，协助落实融资方案；

（三）提供基础设施、基础产业、支柱产业领域的行业分析、风险评估等服务；

（四）提供与项目相关的信用证及国际结算等方面的配套金融服务；

（五）提供汇率、利率风险管理等金融衍生工具服务。

国家发展改革委　国家开发银行

二〇〇五年九月二十五日

2. 项目融资业务指引

（2009年7月18日中国银行业监督管理委员会银监发〔2009〕71号发布，自2009年10月18日起施行）

第一条　为促进银行业金融机构项目融资业务健康发展，有效管理项目融资风险，依据《中华人民共和国银行业监督管理法》、《中华人民共和国商业银行法》、《固定资产贷款管理暂行办法》以及其他有关法律法规，制定本指引。

第二条　中华人民共和国境内经国务院银行业监督管理机构批准设立的银行业金融机构（以下简称贷款人）开展项目融资业务，适用本指引。

第三条　本指引所称项目融资，是指符合以下特征的贷款：

（一）贷款用途通常是用于建造一个或一组大型生产装置、基础设施、房地产项目或其他项目，包括对在建或已建项目的再融资；

（二）借款人通常是为建设、经营该项目或为该项目融资而专门组建的企事业法人，包括主要从事该项目建设、经营或融资的既有企事业法人；

（三）还款资金来源主要依赖该项目产生的销售收入、补贴收入或其他收入，一般不具备其他还款来源。

第四条　贷款人从事项目融资业务，应当具备对所从事项目的风险识别和管理能力，配备业务开展所需要的专业人员，建立完善的操作流程和风险管理机制。

贷款人可以根据需要，委托或者要求借款人委托具备相关资质的独立中介机构为项目提供法律、税务、保险、技术、环保和监理等方面的专业意见或服务。

第五条　贷款人提供项目融资的项目，应当符合国家产业、土地、环保和投资管理等相关政策。

第六条　贷款人从事项目融资业务，应当充分识别和评估融资项目中存在的建设期风险和经营期风险，包括政策风险、筹资风险、完工风险、产品市场风险、超支风险、原材料风险、营运风险、汇率风险、环保风险和其他相关风险。

第七条　贷款人从事项目融资业务，应当以偿债能力分析为核心，重点从项目技术可行性、财务可行性和还款来源可靠性等方面评估项目风险，充分考虑政策变化、市场波动等不确定因素对项目的影响，审慎预测项目的未来收益和现金流。

第八条　贷款人应当按照国家关于固定资产投资项目资本金制度的有关规定，综合考虑项目风险水平和自身风险承受能力等因素，合理确定贷款金额。

第九条　贷款人应当根据项目预测现金流和投资回收期等因素，合理确定贷款期限和还款计划。

第十条　贷款人应当按照中国人民银行关于利率管理的有关规定，根据风险收益匹配原则，综合考虑项目风险、风险缓释措施等因素，合理确定贷款利率。

贷款人可以根据项目融资在不同阶段的风险特征和水平，采用不同的贷款利率。

第十一条　贷款人应当要求将符合抵质押条件的项目资产和/或项目预期收益等权利为贷款设定担保，并可以根据需要，将项目发起人持有的项目公司股权为贷款设定质押担保。

贷款人应当要求成为项目所投保商业保险的第一顺位保险金请求权人，或采取其他措施有效控制保险赔款权益。

第十二条　贷款人应当采取措施有效降低和分散融资项目在建设期和经营期的各类风险。

贷款人应当以要求借款人或者通过借款人要求项目相关方签订总承包合同、投保商业保险、建立完工保证金、提供完工担保和履约保函等方式，最大限度降低建设期风险。

贷款人可以以要求借款人签订长期供销合同、使用金融衍生工具或者发起人提供资金缺口担保等方式，有效分散经营期风险。

第十三条 贷款人可以通过为项目提供财务顾问服务，为项目设计综合金融服务方案，组合运用各种融资工具，拓宽项目资金来源渠道，有效分散风险。

第十四条 贷款人应当按照《固定资产贷款管理暂行办法》的有关规定，恰当设计账户管理、贷款资金支付、借款人承诺、财务指标控制、重大违约事项等项目融资合同条款，促进项目正常建设和运营，有效控制项目融资风险。

第十五条 贷款人应当根据项目的实际进度和资金需求，按照合同约定的条件发放贷款资金。贷款发放前，贷款人应当确认与拟发放贷款同比例的项目资本金足额到位，并与贷款配套使用。

第十六条 贷款人应当按照《固定资产贷款管理暂行办法》关于贷款发放与支付的有关规定，对贷款资金的支付实施管理和控制，必要时可以与借款人在借款合同中约定专门的贷款发放账户。

采用贷款人受托支付方式的，贷款人在必要时可以要求借款人、独立中介机构和承包商等共同检查设备建造或者工程建设进度，并根据出具的、符合合同约定条件的共同签证单，进行贷款支付。

第十七条 贷款人应当与借款人约定专门的项目收入账户，并要求所有项目收入进入约定账户，并按照事先约定的条件和方式对外支付。

贷款人应当对项目收入账户进行动态监测，当账户资金流动出现异常时，应当及时查明原因并采取相应措施。

第十八条 在贷款存续期间，贷款人应当持续监测项目的建设和经营情况，根据贷款担保、市场环境、宏观经济变动等因素，定期对项目风险进行评价，并建立贷款质量监控制度和风险预警体系。出现可能影响贷款安全情形的，应当及时采取相应措施。

第十九条 多家银行业金融机构参与同一项目融资的，原则上应当采用银团贷款方式。

第二十条 对文化创意、新技术开发等项目发放的符合项目融资特征的贷款，参照本指引执行。

第二十一条 本指引由中国银行业监督管理委员会负责解释。

第二十二条 本指引自发布之日起三个月后施行。

3. 银团贷款业务指引

（2011年8月1日银监发〔2011〕85号发布，自发布之日起施行）

第一章 总 则

第一条 为促进和规范银团贷款业务，分散授信风险，推动银行同业合作，根据《中华人民共和国银行业监督管理法》、《中华人民共和国商业银行法》等法律法规，制定本指引。

第二条 本指引适用于在中国境内依法设立并经营贷款业务的银行业金融机构（以下简称银行）。

第三条 银团贷款是指由两家或两家以上银行基于相同贷款条件，依据同一贷款合同，按约定时间和比例，通过代理行向借款人提供的本外币贷款或授信业务。

第四条 银行开办银团贷款业务，应当遵守国家有关法律法规，符合国家信贷政策，坚持平等互利、公平协商、诚实履约、风险自担的原则。

第五条 银行业协会负责维护银团贷款市场秩序，推进市场标准化建设，推动银团贷款与交易系统平台搭建，协调银团贷款与交易中发生的问题，收集和披露有关银团贷款信息，制定行业公约等行业自律工作。

第二章 银团成员

第六条 参与银团贷款的银行均为银团成员。银团成员应按照“信息共享、独立审批、自主决策、风险自担”的原则自主确定各自授信行为，并按实际承担份额享有银团贷款项下相应的权利，履行相应的义务。

第七条　按照在银团贷款中的职能和分工，银团成员通常分为牵头行、代理行和参加行等角色，也可根据实际规模与需要在银团内部增设副牵头行、联合牵头行等，并按照银团贷款合同履行相应职责。

第八条　银团贷款牵头行是指经借款人同意，负责发起组织银团、分销银团贷款份额的银行。

牵头行主要履行以下职责：

（一）发起和筹组银团贷款，分销银团贷款份额；

（二）对借款人进行贷前尽职调查，草拟银团贷款信息备忘录，并向潜在的参加行推荐；

（三）代表银团与借款人谈判确定银团贷款条件；

（四）代表银团聘请相关中介机构起草银团贷款法律文本；

（五）组织银团成员与借款人签订书面银团贷款合同；

（六）银团贷款合同确定的其他职责。

第九条　单家银行担任牵头行时，其承贷份额原则上不得少于银团融资总金额的20%；分销给其他银团成员的份额原则上不得低于50%。

第十条　按照牵头行对贷款最终安排额所承担的责任，银团牵头行分销银团贷款可以分为全额包销、部分包销和尽最大努力推销三种类型。

第十一条　银团代理行是指银团贷款合同签订后，按相关贷款条件确定的金额和进度归集资金向借款人提供贷款，并接受银团委托按银团贷款合同约定进行银团贷款事务管理和协调活动的银行。

对担保结构比较复杂的银团贷款，可以指定担保代理行，由其负责落实银团贷款的各项担保及抵（质）押物登记、管理等工作。

代理行经银团成员协商确定，可以由牵头行或者其他银行担任。银团代理行应当代表银团利益，借款人的附属机构或关联机构不得担任代理行。

第十二条　代理行应当依据银团贷款合同的约定履行代理行职责。其主要职责包括：

（一）审查、督促借款人落实贷款条件，提供贷款或办理其他授信业务；

（二）办理银团贷款的担保抵押手续，负责抵（质）押物的日常管理工作；

（三）制定账户管理方案，开立专门账户管理银团贷款资金，对专户资金的变动情况进行逐笔登记；

（四）根据约定用款日期或借款人的用款申请，按照银团贷款合同约定的承贷份额比例，通知银团成员将款项划到指定账户；

（五）划收银团贷款本息和代收相关费用，并按承贷比例和银团贷款合同约定及时划转到银团成员指定账户；

（六）根据银团贷款合同，负责银团贷款资金支付管理、贷后管理和贷款使用情况的监督检查，并定期向银团成员通报；

（七）密切关注借款人财务状况，对贷款期间发生的企业并购、股权分红、对外投资、资产转让、债务重组等影响借款人还款能力的重大事项，在借款人通知后按银团贷款合同约定尽早通知各银团成员；

（八）根据银团贷款合同，在借款人出现违约事项时，及时组织银团成员对违约贷款进行清收、保全、追偿或其他处置；

（九）根据银团贷款合同，负责组织召开银团会议，协调银团成员之间的关系；

（十）接受各银团成员不定期的咨询与核查，办理银团会议委托的其他事项等。

第十三条　代理行应当勤勉尽责。因代理行行为导致银团利益受损的，银团成员有权根据银团贷款合同约定的方式更换代理行，并要求代理行赔偿相关损失。

第十四条　参加行是指接受牵头行邀请，参加银团并按照协商确定的承贷份额向借款人提供贷款的银行。参加行应当按照约定及时足额划拨资金至代理行指定的账户，参加银团会议，做好贷后管理，了解掌握借款人日常经营与信用状况的变化情况，及时向代理行通报借款人的异常情况。

第三章　银团贷款的发起和筹组

第十五条　有下列情形之一的大额贷款，鼓励采取银团贷款方式：

（一）大型集团客户、大型项目融资和大额流动资金融资；

（二）单一企业或单一项目融资总额超过贷款行资本净额10%的；

（三）单一集团客户授信总额超过贷款行资本净额15%的；

（四）借款人以竞争性谈判选择银行业金融机构进行项目融资的。

各地银行业协会可以根据以上原则，结合本地区实际情况，组织辖内会员银行共同确定银团贷款额度的具体下限。

第十六条 银团贷款由借款人或银行发起。牵头行应当与借款人谈妥银团贷款的初步条件，并获得借款人签署的银团贷款委任书。

第十七条 牵头行应当按照授信工作尽职的相关要求，对借款人或贷款项目进行贷前尽职调查，并在此基础上与借款人进行前期谈判，商谈贷款的用途、额度、利率、期限、担保形式、提款条件、还款方式和相关费用等，并据此编制银团贷款信息备忘录。

第十八条 银团贷款信息备忘录由牵头行分发给潜在参加行，作为潜在参加行审贷和提出修改建议的重要依据。

银团贷款信息备忘录内容主要包括：银团贷款的基本条件、借款人的法律地位及概况、借款人的财务状况、项目概况及市场分析、项目财务现金流量分析、担保人和担保物介绍、风险因素及避险措施、项目的准入审批手续及有资质环保机构出具的环境影响监测评估文件等。

第十九条 牵头行在编制银团贷款信息备忘录过程中，应如实向潜在参加行披露其知悉的借款人全部真实信息。牵头行在向其他银行发送银团贷款信息备忘录前，应要求借款人审阅该银团贷款信息备忘录，并由借款人签署“对信息备忘录所载内容的真实性、完整性负责”的声明。必要时，牵头行也可以要求担保人审阅银团贷款信息备忘录并签署上述声明。

第二十条 为提高银团贷款信息备忘录等银团贷款资料的独立性、公正性和真实性，牵头行可以聘请外部中介机构如会计师事务所、资产评估事务所、律师事务所及相关技术专家负责评审编写有关信息及资料、出具意见书。

第二十一条 牵头行与借款人协商后，向潜在参加行发出银团贷款邀请函，并随附贷款条件清单、信息备忘录、保密承诺函、贷款承诺函等文件。

第二十二条 收到银团贷款邀请函的银行应按照“信息共享、独立审贷、自主决策、风险自担”的原则，在全面掌握借款人相关信息的基础上做出是否参加银团贷款的决定。银团贷款信息备忘录信息不能满足潜在参加行审批要求的，潜在参加行可要求牵头行补充提供相关信息、提出工作建议或者直接进行调查。

第二十三条 牵头行应根据潜在参加行实际反馈情况，合理确定各银团成员的贷款份额。在超额认购或认购不足的情况下，牵头行可按事先约定的条件或与借款人协商后重新确定各银团成员的承贷份额。

第二十四条 在牵头行有效委任期间，其他未获委任的银行不得与借款人就同一项目进行委任或开展融资谈判。

第四章　银团贷款合同

第二十五条 银团贷款合同是银团成员与借款人、担保人根据有关法律法规，经过协商后共同签订，主要约定银团成员与借款人、担保人之间权利义务关系的法律文本。银团贷款合同应当包括以下主要条款：

（一）当事人基本情况；

（二）定义及解释；

（三）与贷款有关的约定，包括贷款金额与币种、贷款期限、贷款利率、贷款用途、支付方式、还款方式及还款资金来源、贷款担保组合、贷款展期条件、提前还款约定等；

（四）银团各成员承诺的贷款额度及贷款划拨的时间；

（五）提款先决条件；

（六）费用条款；

（七）税务条款；

（八）财务约束条款；

（九）非财务承诺，包括资产处置限制、业务变更和信息披露等条款；

（十）违约事件及处理；

（十一）适用法律；

（十二）其他约定及附属文件。

第二十六条　银团成员之间权利义务关系可以在银团贷款合同中约定,也可以另行签订《银团内部协议》(或称为《银团贷款银行间协议》等)加以约定。银团成员间权利义务关系主要包括:银团成员内部分工、权利与义务、银团贷款额度的分配、银团贷款额度的转让;银团会议的议事规则;银团成员的退出和银团解散;违约行为及责任;解决争议的方式;银团成员认为有必要约定的其他事项。

第二十七条　银团成员应严格按照银团贷款合同的约定,及时足额划付贷款款项,履行合同规定的职责和义务。

第二十八条　借款人应严格按照银团贷款合同的约定,保证贷款用途,及时向代理行划转贷款本息,如实向银团成员提供有关情况。

第二十九条　银行开展银团贷款业务可以依据中国银行业协会制定的银团贷款合同示范文本,制定银团贷款合同。

第五章　银团贷款管理

第三十条　银团贷款的日常管理工作主要由代理行负责。代理行应在银团贷款存续期内跟踪了解项目的进展情况,及时发现银团贷款可能出现的问题,并以书面形式尽快通报银团成员。

第三十一条　银团贷款存续期间,银团会议由代理行负责定期召集,或者根据银团贷款合同的约定由一定比例的银团成员提议召开。银团会议的主要职能是讨论、协商银团贷款管理中的重大事项。

第三十二条　银团会议商议的重大事项主要包括:修改银团贷款合同、调整贷款额度、变更担保、变动利率、终止银团贷款、通报企业并购和重大关联交易、认定借款人违约事项、贷款重组和调整代理行等。

第三十三条　银团贷款出现违约风险时,代理行应当根据银团贷款合同的约定,负责及时召集银团会议,并可成立银团债权委员会,对贷款进行清收、保全、重组和处置。必要时可以申请仲裁或向人民法院提起诉讼。

第三十四条　银团贷款存续期间,银团成员原则上不得在银团之外向同一项目提供有损银团其他成员利益的贷款或其他授信。

第三十五条　银团成员在办理银团贷款业务过程中发现借款人有下列行为,经指正不改的,代理行应当根据银团贷款合同的约定,负责召集银团会议,追究其违约责任,并以书面形式通知借款人及其保证人:

(一)所提供的有关文件被证实无效;

(二)未能履行和遵守贷款合同约定的义务;

(三)未能按贷款合同规定支付利息和本金;

(四)以假破产等方式逃废银行债务;

(五)贷款合同约定的其他违约事项。

第三十六条　银团成员在开展银团贷款业务过程中有以下行为,经银团会议审核认定违约的,可以要求其承担违约责任:

(一)银团成员收到代理行按合同规定时间发出的通知后,未按合同约定时限足额划付款项的;

(二)银团成员擅自提前收回贷款或违约退出银团的;

(三)不执行银团会议决议的;

(四)借款人归还银团贷款本息而代理行未如约及时划付银团成员的;

(五)其他违反银团贷款合同、本业务指引以及法律法规的行为。

银团成员之间的上述纠纷,不影响银团与借款人所定贷款合同的执行。

第三十七条　开办银团贷款业务的银行应当定期向当地银行业协会报送银团贷款有关信息。内容包括:银团贷款一级市场的包销量及持有量、二级市场的转让量,银团贷款的利率水平、费率水平、贷款期限、担保条件、借款人信用评级等。

第三十八条　开办银团贷款业务的银行应当依据本指引,结合自身经营管理水平制定银团贷款业务管理办法,建立与银团贷款业务风险相适应的管理机制,并指定相关部门和专人负责银团贷款的日常管理工作。

第三十九条　银行向大型集团客户发放银团贷款,应当注意防范集团客户内部关联交易及关联方之间相互担保的风险。对集团客户内部关联交易频繁、互相担保严重的,应当加强对其资信的审核,并严格控制贷款发放。

第六章 银团贷款收费

第四十条 银团贷款收费是指银团成员接受借款人委托，为借款人提供银团筹组、包销安排、贷款承诺、银团事务管理等服务而收取的相关中间业务费用，纳入商业银行中间业务收费管理。

银团贷款收费应当按照“自愿协商、公平合理、质价相符”的原则由银团成员和借款人协商确定，并在银团贷款合同或费用函中载明。

第四十一条 银团贷款收费的具体项目可以包括安排费、承诺费、代理费等。银团费用仅限为借款人提供相应服务的银团成员享有。

安排费一般按银团贷款总额的一定比例一次性支付；承诺费一般按未用余额的一定比例每年根据银团贷款合同约定的方式收取；代理费可以根据代理行的工作量按年支付。

第四十二条 银团贷款的收费应当遵循“谁借款、谁付费”的原则，由借款人支付。

第四十三条 牵头行不得向银团成员提出任何不合理条件，不得以免予收费的手段，开展银团贷款业务竞争，不得借筹组银团贷款向银团成员和借款人搭售其他金融产品或收取其他费用。

第七章 银团贷款转让交易

第四十四条 银团贷款转让交易是指银团贷款项下的贷款人作为出让方，将其持有的银团贷款份额转让给作为受让方的其他贷款人或第三方，并由受让方向出让方支付转让价款的交易。

银团贷款转让交易不得违反贷款转让的相关监管规定。

第四十五条 转让交易的定价由交易双方根据转让标的、市场等情况自行协商、自主定价。

第四十六条 转让交易的出让方应当确保与转让标的相关的贷款合同及其他文件已由各方有效签署，其对转让的份额拥有合法的处分权，且转让标的之上不存在包括债务人抵销权在内的任何可能造成转让标的价值减损的其他权利。

出让方应当为转让交易之目的向受让方充分披露信息，不得提供明知为虚假或具有误导性的信息，不得隐瞒转让标的相关负面信息。

第四十七条 转让交易的受让方应当按照转让合同的约定，受让转让标的并支付转让价款，不得将出让方提供的相关信息用于任何非法目的，或违反保密义务使用该信息。

第四十八条 代理行应当按照银团贷款合同的约定及时履行转让交易相关义务；其他银团成员、担保人等相关各方应当按照银团贷款合同的约定履行相关义务，协助转让交易的顺利进行。

第八章 附 则

第四十九条 依法设立的非银行金融机构开办银团贷款业务适用本指引。

第五十条 本指引由银监会负责解释。

第五十一条 本指引自公布之日起实施。2007年8月11日印发的《银团贷款业务指引》（银监发〔2007〕68号）同时废止。

4. 固定资产贷款管理暂行办法

（2009年7月23日中国银行业监督管理委员会令2009年第2号发布，自2009年10月23日起施行）

第一章 总 则

第一条 为规范银行业金融机构固定资产贷款业务经营行为，加强固定资产贷款审慎经营管理，促进固定资产贷款业务健康发展，依据《中华人民共和国银行业监督管理法》、《中华人民共和国商业银行法》等法律法规，制定本办法。

第二条 中华人民共和国境内经国务院银

行业监督管理机构批准设立的银行业金融机构(以下简称贷款人),经营固定资产贷款业务应遵守本办法。

第三条　本办法所称固定资产贷款,是指贷款人向企(事)业法人或国家规定可以作为借款人的其他组织发放的,用于借款人固定资产投资的本外币贷款。

第四条　贷款人开展固定资产贷款业务应当遵循依法合规、审慎经营、平等自愿、公平诚信的原则。

第五条　贷款人应完善内部控制机制,实行贷款全流程管理,全面了解客户和项目信息,建立固定资产贷款风险管理制度和有效的岗位制衡机制,将贷款管理各环节的责任落实到具体部门和岗位,并建立各岗位的考核和问责机制。

第六条　贷款人应将固定资产贷款纳入对借款人及借款人所在集团客户的统一授信额度管理,并按区域、行业、贷款品种等维度建立固定资产贷款的风险限额管理制度。

第七条　贷款人应与借款人约定明确、合法的贷款用途,并按照约定检查、监督贷款的使用情况,防止贷款被挪用。

第八条　银行业监督管理机构依照本办法对贷款人固定资产贷款业务实施监督管理。

第二章　受理与调查

第九条　贷款人受理的固定资产贷款申请应具备以下条件:

(一)借款人依法经工商行政管理机关或主管机关核准登记;

(二)借款人信用状况良好,无重大不良记录;

(三)借款人为新设项目法人的,其控股股东应有良好的信用状况,无重大不良记录;

(四)国家对拟投资项目有投资主体资格和经营资质要求的,符合其要求;

(五)借款用途及还款来源明确、合法;

(六)项目符合国家的产业、土地、环保等相关政策,并按规定履行了固定资产投资项目的合法管理程序;

(七)符合国家有关投资项目资本金制度的规定;

(八)贷款人要求的其他条件。

第十条　贷款人应对借款人提供申请材料的方式和具体内容提出要求,并要求借款人恪守诚实守信原则,承诺所提供材料真实、完整、有效。

第十一条　贷款人应落实具体的责任部门和岗位,履行尽职调查并形成书面报告。尽职调查的主要内容包括:

(一)借款人及项目发起人等相关关系人的情况;

(二)贷款项目的情况;

(三)贷款担保情况;

(四)需要调查的其他内容。

尽职调查人员应当确保尽职调查报告内容的真实性、完整性和有效性。

第三章　风险评价与审批

第十二条　贷款人应落实具体的责任部门和岗位,对固定资产贷款进行全面的风险评价,并形成风险评价报告。

第十三条　贷款人应建立完善的固定资产贷款风险评价制度,设置定量或定性的指标和标准,从借款人、项目发起人、项目合规性、项目技术和财务可行性、项目产品市场、项目融资方案、还款来源可靠性、担保、保险等角度进行贷款风险评价。

第十四条　贷款人应按照审贷分离、分级审批的原则,规范固定资产贷款审批流程,明确贷款审批权限,确保审批人员按照授权独立审批贷款。

第四章　合同签订

第十五条　贷款人应与借款人及其他相关当事人签订书面借款合同、担保合同等相关合同。合同中应详细规定各方当事人的权利、义务及违约责任,避免对重要事项未约定、约定不明或约定无效。

第十六条　贷款人应在合同中与借款人约定具体的贷款金额、期限、利率、用途、支付、还贷保障及风险处置等要素和有关细节。

第十七条　贷款人应在合同中与借款人约定提款条件以及贷款资金支付接受贷款人管理和控制等与贷款使用相关的条款,提款条件应包括与贷款同比例的资本金已足额到位、项目实际进度与已投资额相匹配等要求。

第十八条 贷款人应在合同中与借款人约定对借款人相关账户实施监控，必要时可约定专门的贷款发放账户和还款准备金账户。

第十九条 贷款人应要求借款人在合同中对与贷款相关的重要内容作出承诺，承诺内容应包括：贷款项目及其借款事项符合法律法规的要求；及时向贷款人提供完整、真实、有效的材料；配合贷款人对贷款的相关检查；发生影响其偿债能力的重大不利事项及时通知贷款人；进行合并、分立、股权转让、对外投资、实质性增加债务融资等重大事项前征得贷款人同意等。

第二十条 贷款人应在合同中与借款人约定，借款人出现未按约定用途使用贷款、未按约定方式支用贷款资金、未遵守承诺事项、申贷文件信息失真、突破约定的财务指标约束等情形时借款人应承担的违约责任和贷款人可采取的措施。

第五章 发放与支付

第二十一条 贷款人应设立独立的责任部门或岗位，负责贷款发放和支付审核。

第二十二条 贷款人在发放贷款前应确认借款人满足合同约定的提款条件，并按照合同约定的方式对贷款资金的支付实施管理与控制，监督贷款资金按约定用途使用。

第二十三条 合同约定专门贷款发放账户的，贷款发放和支付应通过该账户办理。

第二十四条 贷款人应通过贷款人受托支付或借款人自主支付的方式对贷款资金的支付进行管理与控制。

贷款人受托支付是指贷款人根据借款人的提款申请和支付委托，将贷款资金支付给符合合同约定用途的借款人交易对手。

借款人自主支付是指贷款人根据借款人的提款申请将贷款资金发放至借款人账户后，由借款人自主支付给符合合同约定用途的借款人交易对手。

第二十五条 单笔金额超过项目总投资 5% 或超过 500 万元人民币的贷款资金支付，应采用贷款人受托支付方式。

第二十六条 采用贷款人受托支付的，贷款人应在贷款资金发放前审核借款人相关交易资料是否符合合同约定条件。贷款人审核同意后，将贷款资金通过借款人账户支付给借款人交易对手，并应做好有关细节的认定记录。

第二十七条 采用借款人自主支付的，贷款人应要求借款人定期汇总报告贷款资金支付情况，并通过账户分析、凭证查验、现场调查等方式核查贷款支付是否符合约定用途。

第二十八条 固定资产贷款发放和支付过程中，贷款人应确认与拟发放贷款同比例的项目资本金足额到位，并与贷款配套使用。

第二十九条 在贷款发放和支付过程中，借款人出现以下情形的，贷款人应与借款人协商补充贷款发放和支付条件，或根据合同约定停止贷款资金的发放和支付：

（一）信用状况下降；

（二）不按合同约定支付贷款资金；

（三）项目进度落后于资金使用进度；

（四）违反合同约定，以化整为零方式规避贷款人受托支付。

第六章 贷后管理

第三十条 贷款人应定期对借款人和项目发起人的履约情况及信用状况、项目的建设和运营情况、宏观经济变化和市场波动情况、贷款担保的变动情况等内容进行检查与分析，建立贷款质量监控制度和贷款风险预警体系。

出现可能影响贷款安全的不利情形时，贷款人应对贷款风险进行重新评价并采取针对性措施。

第三十一条 项目实际投资超过原定投资金额，贷款人经重新风险评价和审批决定追加贷款的，应要求项目发起人配套追加不低于项目资本金比例的投资和相应担保。

第三十二条 贷款人应对抵（质）押物的价值和担保人的担保能力建立贷后动态监测和重估制度。

第三十三条 贷款人应对固定资产投资项目的收入现金流以及借款人的整体现金流进行动态监测，对异常情况及时查明原因并采取相应措施。

第三十四条　合同约定专门还款准备金账户的，贷款人应按约定根据需要对固定资产投资项目或借款人的收入现金流进入该账户的比例和账户内的资金平均存量提出要求。

第三十五条　借款人出现违反合同约定情形的，贷款人应及时采取有效措施，必要时应依法追究借款人的违约责任。

第三十六条　固定资产贷款形成不良贷款的，贷款人应对其进行专门管理，并及时制定清收或盘活措施。

对借款人确因暂时经营困难不能按期归还贷款本息的，贷款人可与借款人协商进行贷款重组。

第三十七条　对确实无法收回的固定资产不良贷款，贷款人按照相关规定对贷款进行核销后，应继续向债务人追索或进行市场化处置。

第七章　法律责任

第三十八条　贷款人违反本办法规定经营固定资产贷款业务的，银行业监督管理机构应当责令其限期改正。贷款人有下列情形之一的，银行业监督管理机构可根据《中华人民共和国银行业监督管理法》第三十七条的规定采取监管措施：

（一）固定资产贷款业务流程有缺陷的；

（二）未按本办法要求将贷款管理各环节的责任落实到具体部门和岗位的；

（三）贷款调查、风险评价未尽职的；

（四）未按本办法规定对借款人和项目的经营情况进行持续有效监控的；

（五）对借款人违反合同约定的行为未及时采取有效措施的。

第三十九条　贷款人有下列情形之一的，银行业监督管理机构除按本办法第三十八条规定采取监管措施外，还可根据《中华人民共和国银行业监督管理法》第四十六条、第四十八条规定对其进行处罚：

（一）受理不符合条件的固定资产贷款申请并发放贷款的；

（二）与借款人串通，违法违规发放固定资产贷款的；

（三）超越、变相超越权限或不按规定流程审批贷款的；

（四）未按本办法规定签订贷款协议的；

（五）与贷款同比例的项目资本金到位前发放贷款的；

（六）未按本办法规定进行贷款资金支付管理与控制的；

（七）有其他严重违反本办法规定的行为的。

第八章　附　则

第四十条　全额保证金类质押项下的固定资产贷款参照本办法执行。

第四十一条　贷款人应依照本办法制定固定资产贷款管理细则及操作规程。

第四十二条　本办法由中国银行业监督管理委员会负责解释。

第四十三条　本办法自发布之日起三个月后施行。

5. 关于《固定资产贷款管理暂行办法》的解释口径

（2010 年 3 月 11 日中国银行业监督管理委员会发布，自发布之日起施行）

根据会领导有关批示要求，政策法规部牵头各监管部门，成立“三个办法一个指引”实施问题解答小组，准确、及时地解答“三个办法一个指引”贯彻落实过程中的问题，并在专刊不定期刊发。近期，解答小组就《固定资产贷款管理暂行办法》（以下简称“《办法》”）执行中集中反映出的问题，进行统一解答。

一、关于固定资产贷款的范围

《办法》所称固定资产贷款是指用于固定资产投资的贷款。不论贷款人内部如何界定贷款品种，只要贷款用途为固定资产投资，均属固定资产贷款。有关固定资产投资的范围参照国家统计部门《固定资产投资统计报表制度》关于固定资产投资的统计口径，指总投资在 50 万元及

50万元以上的固定资产投资项目。

二、关于贷款发放的规定

《办法》第十五条要求贷款人应与相关当事人签订相关合同，详细规定各方权利义务及违约责任。第十七条要求贷款人应在合同中与借款人约定提款条件，提款条件应包括项目实际进度与已投资额相匹配等。第二十九条规定借款人出现项目进度落后于资金使用进度的，贷款人应依约及时采取有效措施。为此，贷款人应在借款合同中合理约定提款条件，综合考虑固定资产投资项目的规模、技术复杂程度以及项目进度、原材料采购、资金结算等因素，合理判断项目的正常资金需求，科学约定提款进度安排，并要求借款人在提款时提交书面的提款申请以及证明提款申请符合提款条件的材料。

贷款人应根据《办法》第二十二条的规定，在实际发放贷款之前，通过实地检查等方式，有效监控项目建设情况，确认借款人满足合同约定的提款条件。对于投资额大、技术复杂，按照项目进度分期付款的固定资产投资项目，贷款人一般应要求借款人提供有监理、评估、质检等第三方机构参与签署的确认项目进度和质量的书面文件，包括但不限于借款人、承包商以及第三方机构共同签署的单据等。

三、关于符合合同约定用途的借款人交易对手

借贷双方应在贷款合同中约定合法、合理、明确、详细的贷款用途，即用于支付与固定资产投资项目相关的商品、服务、资金等交易的款项。借款人在上述商品、服务、资金等交易中的对手方即为《办法》第二十四条中所称的“借款人交易对手”。

四、关于贷款人受托支付的规定

《办法》第二十五条所称“单笔金额”是指支付给借款人某一交易对手单笔款项的金额。

《办法》第二十六条要求贷款人应在发放贷款前审核借款人相关交易资料是否符合合同约定条件。为此，贷款人应与借款人在合同中对借款人需提交的交易资料做出约定，具体规定与固定资产投资项目有关的商品、服务、资金等各类交易分别需要提供的交易文件或凭证，以及对于交易文件或凭证的详细要求（如交易文件或凭证记载的交易主体、签名、印章、填写规范）等内容。

贷款人原则上应在贷款发放当天，将贷款资金通过借款人账户支付给借款人交易对手。确因客观原因在贷款发放当天不能将贷款资金支付给借款人交易对手的，贷款人应在下一工作日完成受托支付。

五、关于借款人自主支付的规定

采用借款人自主支付方式的，借款人在提出提款申请时应同时提供贷款资金使用计划。在贷后管理过程中，贷款人应按照《办法》第二十七条规定，定期核查贷款支付是否符合约定用途。借款人有不按合同约定的用途和金额标准支付贷款资金，或以化整为零方式规避贷款人受托支付等《办法》第二十九条规定情形的，贷款人应按该条规定及时采取补充贷款发放和支付条件、停止贷款资金发放和支付等有效措施。

六、关于专门的贷款发放账户

专门的贷款发放账户是指为监督控制贷款资金而开立的办理贷款资金发放与支付的账户。专门的贷款发放账户并非特指《人民币结算账户管理办法》中的“专用账户”，可以是“一般结算账户”。

七、关于固定资产银团贷款

银行业金融机构参与固定资产银团贷款也应执行《办法》。银团贷款资金的支付管理与控制由代理行负责。银团贷款合同应对代理行实施支付管理与控制进行明确授权并做出具体要求。代理行应根据《办法》的要求和银团贷款合同的约定，做好贷款资金的支付管理与控制。

八、关于风险限额管理维度

《办法》第六条要求贷款人应按区域、行业、贷款品种等维度建立风险限额管理制度，银行业金融机构应根据自身的业务规模、管理需要等因素建立健全风险管理限额制度。

六、政策融资

导 读

政策融资，是指根据国家或地方的政策，由银行或专门设立的基金对一定的项目或者中小企业提供的融资或担保支持，形式包括低息甚至无息贷款、无偿资助、投资入股、提供担保等。政策融资适用于具有行业或产业优势、技术含量高、有自主知识产权或符合国家产业政策的项目，通常要求企业运行良好，且达到一定的规模、企业基础管理完善等。政策融资的优点是成本低、风险小。缺点是适用对象有条件限制，金额有一定的规模限制，一般不高于100万元，重大项目不高于200万~300万元。时间较长，环节多，申请手续繁杂。

为支持中小企业的发展，国家设立了多种专项基金，如：科技型中小企业技术创新基金、科技型中小企业创业投资引导基金、中小企业发展专项资金以及中小企业国际市场开拓资金等。另外，地方政府也设立了不同种类的扶持中小企业发展的专项基金，支持中小企业的发展。希望获取政策融资的中小企业，应根据专项基金的管理法规规定，按照一定的条件和程序进行申请。

1. 中华人民共和国中小企业促进法

（2002年6月29日第九届全国人民代表大会常务委员会第二十八次会议通过，2017年9月1日第十二届全国人民代表大会常务委员会第二十九次会议修订）

目 录

第一章 总 则

第一条 为了改善中小企业经营环境，保障中小企业公平参与市场竞争，维护中小企业合法权益，支持中小企业创业创新，促进中小企业健康发展，扩大城乡就业，发挥中小企业在国民经济和社会发展中的重要作用，制定本法。

第二条 本法所称中小企业，是指在中华人民共和国境内依法设立的，人员规模、经营规模相对较小的企业，包括中型企业、小型企业和微型企业。

中型企业、小型企业和微型企业划分标准由国务院负责中小企业促进工作综合管理的部门会同国务院有关部门，根据企业从业人员、营业收入、资产总额等指标，结合行业特点制定，报国务院批准。

第三条 国家将促进中小企业发展作为长期发展战略，坚持各类企业权利平等、机会平等、规则平等，对中小企业特别是其中的小型微型企业实行积极扶持、加强引导、完善服务、依法规范、保障权益的方针，为中小企业创立和发展创造有利的环境。

第四条 中小企业应当依法经营，遵守国家劳动用工、安全生产、职业卫生、社会保障、资源环境、质量标准、知识产权、财政税收等方面的法律、法规，遵循诚信原则，规范内部管理，提高经营管理水平；不得损害劳动者合法权益，不得损害社会公共利益。

第五条 国务院制定促进中小企业发展政策，建立中小企业促进工作协调机制，统筹全国中小企业促进工作。

国务院负责中小企业促进工作综合管理的部门组织实施促进中小企业发展政策，对中小企业促进工作进行宏观指导、综合协调和监督检查。

国务院有关部门根据国家促进中小企业发展政策，在各自职责范围内负责中小企业促进工作。

县级以上地方各级人民政府根据实际情况建立中小企业促进工作协调机制，明确相应的负责中小企业促进工作综合管理的部门，负责本行政区域内的中小企业促进工作。

第六条 国家建立中小企业统计监测制度。统计部门应当加强对中小企业的统计调查和监测分析，定期发布有关信息。

第七条 国家推进中小企业信用制度建设，建立社会化的信用信息征集与评价体系，实现中小企业信用信息查询、交流和共享的社会化。

第二章 财税支持

第八条 中央财政应当在本级预算中设立中小企业科目，安排中小企业发展专项资金。

县级以上地方各级人民政府应当根据实际情况，在本级财政预算中安排中小企业发展专项资金。

第九条 中小企业发展专项资金通过资助、购买服务、奖励等方式，重点用于支持中小企业公共服务体系和融资服务体系建设。

中小企业发展专项资金向小型微型企业倾斜，资金管理使用坚持公开、透明的原则，实行预算绩效管理。

第十条 国家设立中小企业发展基金。国家中小企业发展基金应当遵循政策性导向和市场化运作原则，主要用于引导和带动社会资金支持初创期中小企业，促进创业创新。

县级以上地方各级人民政府可以设立中小企业发展基金。

中小企业发展基金的设立和使用管理办法由国务院规定。

第十一条 国家实行有利于小型微型企业发展的税收政策，对符合条件的小型微型企业按照规定实行缓征、减征、免征企业所得税、增值税等措施，简化税收征管程序，减轻小型微型企业税收负担。

第十二条 国家对小型微型企业行政事业性收费实行减免等优惠政策，减轻小型微型企业负担。

第三章 融资促进

第十三条 金融机构应当发挥服务实体经济的功能，高效、公平地服务中小企业。

第十四条 中国人民银行应当综合运用货币政策工具，鼓励和引导金融机构加大对小型微型企业的信贷支持，改善小型微型企业融资环境。

第十五条 国务院银行业监督管理机构对金融机构开展小型微型企业金融服务应当制定差异化监管政策，采取合理提高小型微型企业不良贷款容忍度等措施，引导金融机构增加小型微型企业融资规模和比重，提高金融服务水平。

第十六条 国家鼓励各类金融机构开发和提供适合中小企业特点的金融产品和服务。

国家政策性金融机构应当在其业务经营范

围内，采取多种形式，为中小企业提供金融服务。

第十七条　国家推进和支持普惠金融体系建设，推动中小银行、非存款类放贷机构和互联网金融有序健康发展，引导银行业金融机构向县域和乡镇等小型微型企业金融服务薄弱地区延伸网点和业务。

国有大型商业银行应当设立普惠金融机构，为小型微型企业提供金融服务。国家推动其他银行业金融机构设立小型微型企业金融服务专营机构。

地区性中小银行应当积极为其所在地的小型微型企业提供金融服务，促进实体经济发展。

第十八条　国家健全多层次资本市场体系，多渠道推动股权融资，发展并规范债券市场，促进中小企业利用多种方式直接融资。

第十九条　国家完善担保融资制度，支持金融机构为中小企业提供以应收账款、知识产权、存货、机器设备等为担保品的担保融资。

第二十条　中小企业以应收账款申请担保融资时，其应收账款的付款方，应当及时确认债权债务关系，支持中小企业融资。

国家鼓励中小企业及付款方通过应收账款融资服务平台确认债权债务关系，提高融资效率，降低融资成本。

第二十一条　县级以上人民政府应当建立中小企业政策性信用担保体系，鼓励各类担保机构为中小企业融资提供信用担保。

第二十二条　国家推动保险机构开展中小企业贷款保证保险和信用保险业务，开发适应中小企业分散风险、补偿损失需求的保险产品。

第二十三条　国家支持征信机构发展针对中小企业融资的征信产品和服务，依法向政府有关部门、公用事业单位和商业机构采集信息。

国家鼓励第三方评级机构开展中小企业评级服务。

第四章　创业扶持

第二十四条　县级以上人民政府及其有关部门应当通过政府网站、宣传资料等形式，为创业人员免费提供工商、财税、金融、环境保护、安全生产、劳动用工、社会保障等方面的法律政策咨询和公共信息服务。

第二十五条　高等学校毕业生、退役军人和失业人员、残疾人员等创办小型微型企业，按照国家规定享受税收优惠和收费减免。

第二十六条　国家采取措施支持社会资金参与投资中小企业。创业投资企业和个人投资者投资初创期科技创新企业的，按照国家规定享受税收优惠。

第二十七条　国家改善企业创业环境，优化审批流程，实现中小企业行政许可便捷，降低中小企业设立成本。

第二十八条　国家鼓励建设和创办小型微型企业创业基地、孵化基地，为小型微型企业提供生产经营场地和服务。

第二十九条　地方各级人民政府应当根据中小企业发展的需要，在城乡规划中安排必要的用地和设施，为中小企业获得生产经营场所提供便利。

国家支持利用闲置的商业用房、工业厂房、企业库房和物流设施等，为创业者提供低成本生产经营场所。

第三十条　国家鼓励互联网平台向中小企业开放技术、开发、营销、推广等资源，加强资源共享与合作，为中小企业创业提供服务。

第三十一条　国家简化中小企业注销登记程序，实现中小企业市场退出便利化。

第五章　创新支持

第三十二条　国家鼓励中小企业按照市场需求，推进技术、产品、管理模式、商业模式等创新。

中小企业的固定资产由于技术进步等原因，确需加速折旧的，可以依法缩短折旧年限或者采取加速折旧方法。

国家完善中小企业研究开发费用加计扣除政策，支持中小企业技术创新。

第三十三条　国家支持中小企业在研发设计、生产制造、运营管理等环节应用互联网、云计算、大数据、人工智能等现代技术手段，创新生产方式，提高生产经营效率。

第三十四条　国家鼓励中小企业参与产业关键共性技术研究开发和利用财政资金设立的科研项目实施。

国家推动军民融合深度发展，支持中小企业参与国防科研和生产活动。

国家支持中小企业及中小企业的有关行业组织参与标准的制定。

第三十五条 国家鼓励中小企业研究开发拥有自主知识产权的技术和产品，规范内部知识产权管理，提升保护和运用知识产权的能力；鼓励中小企业投保知识产权保险；减轻中小企业申请和维持知识产权的费用等负担。

第三十六条 县级以上人民政府有关部门应当在规划、用地、财政等方面提供支持，推动建立和发展各类创新服务机构。

国家鼓励各类创新服务机构为中小企业提供技术信息、研发设计与应用、质量标准、实验试验、检验检测、技术转让、技术培训等服务，促进科技成果转化，推动企业技术、产品升级。

第三十七条 县级以上人民政府有关部门应当拓宽渠道，采取补贴、培训等措施，引导高等学校毕业生到中小企业就业，帮助中小企业引进创新人才。

国家鼓励科研机构、高等学校和大型企业等创造条件向中小企业开放试验设施，开展技术研发与合作，帮助中小企业开发新产品，培养专业人才。

国家鼓励科研机构、高等学校支持本单位的科技人员以兼职、挂职、参与项目合作等形式到中小企业从事产学研合作和科技成果转化活动，并按照国家有关规定取得相应报酬。

第六章 市场开拓

第三十八条 国家完善市场体系，实行统一的市场准入和市场监管制度，反对垄断和不正当竞争，营造中小企业公平参与竞争的市场环境。

第三十九条 国家支持大型企业与中小企业建立以市场配置资源为基础的、稳定的原材料供应、生产、销售、服务外包、技术开发和技术改造等方面的协作关系，带动和促进中小企业发展。

第四十条 国务院有关部门应当制定中小企业政府采购的相关优惠政策，通过制定采购需求标准、预留采购份额、价格评审优惠、优先采购等措施，提高中小企业在政府采购中的份额。

向中小企业预留的采购份额应当占本部门年度政府采购项目预算总额的百分之三十以上；其中，预留给小型微型企业的比例不低于百分之六十。中小企业无法提供的商品和服务除外。

政府采购不得在企业股权结构、经营年限、经营规模和财务指标等方面对中小企业实行差别待遇或者歧视待遇。

政府采购部门应当在政府采购监督管理部门指定的媒体上及时向社会公开发布采购信息，为中小企业获得政府采购合同提供指导和服务。

第四十一条 县级以上人民政府有关部门应当在法律咨询、知识产权保护、技术性贸易措施、产品认证等方面为中小企业产品和服务出口提供指导和帮助，推动对外经济技术合作与交流。

国家有关政策性金融机构应当通过开展进出口信贷、出口信用保险等业务，支持中小企业开拓境外市场。

第四十二条 县级以上人民政府有关部门应当为中小企业提供用汇、人员出入境等方面的便利，支持中小企业到境外投资，开拓国际市场。

第七章 服务措施

第四十三条 国家建立健全社会化的中小企业公共服务体系，为中小企业提供服务。

第四十四条 县级以上地方各级人民政府应当根据实际需要建立和完善中小企业公共服务机构，为中小企业提供公益性服务。

第四十五条 县级以上人民政府负责中小企业促进工作综合管理的部门应当建立跨部门的政策信息互联网发布平台，及时汇集涉及中小企业的法律法规、创业、创新、金融、市场、权益保护等各类政府服务信息，为中小企业提供便捷无偿服务。

第四十六条 国家鼓励各类服务机构为中小企业提供创业培训与辅导、知识产权保护、管理咨询、信息咨询、信用服务、市场营销、项目开发、投资融资、财会税务、产权交易、技术支持、人才引进、对外合作、展览展销、法律咨询等服务。

第四十七条 县级以上人民政府负责中小企业促进工作综合管理的部门应当安排资金，有计划地组织实施中小企业经营管理人员培训。

第四十八条 国家支持有关机构、高等学校开展针对中小企业经营管理及生产技术等方面的人员培训，提高企业营销、管理和技术水平。

国家支持高等学校、职业教育院校和各类职业技能培训机构与中小企业合作共建实习实践基地，支持职业教育院校教师和中小企业技术人才双向交流，创新中小企业人才培养模式。

第四十九条　中小企业的有关行业组织应当依法维护会员的合法权益，反映会员诉求，加强自律管理，为中小企业创业创新、开拓市场等提供服务。

第八章　权益保护

第五十条　国家保护中小企业及其出资人的财产权和其他合法权益。任何单位和个人不得侵犯中小企业财产及其合法收益。

第五十一条　县级以上人民政府负责中小企业促进工作综合管理的部门应当建立专门渠道，听取中小企业对政府相关管理工作的意见和建议，并及时向有关部门反馈，督促改进。

县级以上地方各级人民政府有关部门和有关行业组织应当公布联系方式，受理中小企业的投诉、举报，并在规定的时间内予以调查、处理。

第五十二条　地方各级人民政府应当依法实施行政许可，依法开展管理工作，不得实施没有法律、法规依据的检查，不得强制或者变相强制中小企业参加考核、评比、表彰、培训等活动。

第五十三条　国家机关、事业单位和大型企业不得违约拖欠中小企业的货物、工程、服务款项。

中小企业有权要求拖欠方支付拖欠款并要求对拖欠造成的损失进行赔偿。

第五十四条　任何单位不得违反法律、法规向中小企业收取费用，不得实施没有法律、法规依据的罚款，不得向中小企业摊派财物。中小企业对违反上述规定的行为有权拒绝和举报、控告。

第五十五条　国家建立和实施涉企行政事业性收费目录清单制度，收费目录清单及其实施情况向社会公开，接受社会监督。

任何单位不得对中小企业执行目录清单之外的行政事业性收费，不得对中小企业擅自提高收费标准、扩大收费范围；严禁以各种方式强制中小企业赞助捐赠、订购报刊、加入社团、接受指定服务；严禁行业组织依靠代行政府职能或者利用行政资源擅自设立收费项目、提高收费标准。

第五十六条　县级以上地方各级人民政府有关部门对中小企业实施监督检查应当依法进行，建立随机抽查机制。同一部门对中小企业实施的多项监督检查能够合并进行的，应当合并进行；不同部门对中小企业实施的多项监督检查能够合并完成的，由本级人民政府组织有关部门实施合并或者联合检查。

第九章　监督检查

第五十七条　县级以上人民政府定期组织对中小企业促进工作情况的监督检查；对违反本法的行为及时予以纠正，并对直接负责的主管人员和其他直接责任人员依法给予处分。

第五十八条　国务院负责中小企业促进工作综合管理的部门应当委托第三方机构定期开展中小企业发展环境评估，并向社会公布。

地方各级人民政府可以根据实际情况委托第三方机构开展中小企业发展环境评估。

第五十九条　县级以上人民政府应当定期组织开展对中小企业发展专项资金、中小企业发展基金使用效果的企业评价、社会评价和资金使用动态评估，并将评价和评估情况及时向社会公布，接受社会监督。

县级以上人民政府有关部门在各自职责范围内，对中小企业发展专项资金、中小企业发展基金的管理和使用情况进行监督，对截留、挤占、挪用、侵占、贪污中小企业发展专项资金、中小企业发展基金等行为依法进行查处，并对直接负责的主管人员和其他直接责任人员依法给予处分；构成犯罪的，依法追究刑事责任。

第六十条　县级以上地方各级人民政府有关部门在各自职责范围内，对强制或者变相强制中小企业参加考核、评比、表彰、培训等活动的行为，违法向中小企业收费、罚款、摊派财物的行为，以及其他侵犯中小企业合法权益的行为进行查处，并对直接负责的主管人员和其他直接责任人员依法给予处分。

第十章　附　则

第六十一条　本法自2018年1月1日起施行。

2. 财政部、商务部关于印发《外经贸发展专项资金管理办法》的通知

（2014年4月9日财政部、商务部财企〔2014〕36号发布，自发布之日起施行）

中央有关部门（机构），各省、自治区、直辖市、计划单列市财政厅（局）、商务主管部门，新疆生产建设兵团财务局、商务局：

为加强和规范外经贸发展专项资金管理，完善外经贸促进政策，构建开放型经济新体制，培育国际经济合作竞争新优势，财政部、商务部在清理和整合外经贸相关资金政策的基础上，对2010年印发的《外经贸发展专项资金管理办法》（财企〔2010〕114号）及有关具体管理办法（以下简称原办法）进行了修改完善，制定了新的《外经贸发展专项资金管理办法》，现印发你们，请遵照执行。

为确保工作平稳衔接，对本办法施行前已按原办法向财政部、商务部上报资金申请且尚未完成相关审核及资金拨付的，可按原办法在2014年6月30日前完成相关工作；对本办法施行前我部已按原办法下达资金，但尚未拨付至具体项目承担单位的，可按原办法规定在2014年12月31日前完成相关工作。

附件：

外经贸发展专项资金管理办法

第一章 总 则

第一条 为了加强和规范外经贸发展专项资金管理，完善外经贸促进政策，构建开放型经济新体制，培育国际经济合作竞争新优势，根据《中华人民共和国预算法》等有关规定，制定本办法。

第二条 本办法所称外经贸发展专项资金，是指中央财政安排的用于优化对外贸易结构、促进对外投资合作、改善外经贸公共服务等的专项资金。

第三条 外经贸发展专项资金的使用和管理应当遵循突出重点、科学论证、公平公正、规范有效的原则，并符合以下要求：

（一）落实国家对外开放和宏观经济政策，有利于稳定和拓展外需，促进对外贸易平衡发展。

（二）履行中国在国际贸易投资协定中的义务，有利于建立互利共赢的国际经济合作机制。

（三）坚持贸易政策与产业政策协调，有利于推动转变外贸发展方式，促进开放型经济转型升级。

（四）发挥市场主体作用，促进扩大对外投资合作，有利于国际国内资源要素有序流动、优化配置。

第四条 外经贸发展专项资金由财政部、商务部共同管理，财政部和商务部分别履行下列管理职责：

（一）财政部会同商务部制定外经贸发展专项资金管理制度；商务部会同财政部制定具体业务管理制度。

（二）商务部根据外经贸事业发展需要，建立有关重点项目库，提出外经贸发展专项资金的支持重点和年度预算建议；财政部负责审核资金支持重点，编制年度外经贸发展专项资金预算。

（三）商务部会同财政部组织项目申报和评审，提出资金支持方案，对项目实施情况进行评价和监督，并建立信息管理系统，为项目库建设、项目申报、信息反馈、监督管理、绩效评价等工作提供技术手段；财政部负责审核资金支持方案并拨付资金，会同商务部对资金的使用情况进行监督检查和绩效评价。

第五条 中央有关部门（机构），各省、自治区、直辖市、计划单列市及新疆生产建设兵团财政部门（以下简称省级财政部门）和同级商务主管部门（以下简称省级商务部门）负责组织本部门（机构）或本地区所属企业、单位外经贸发展专项资金的项目库建设、项目申报、审核、资金拨付、监督及绩效评价等工作。

第二章　资金使用方向及分配方式

第六条　外经贸发展专项资金主要用于以下方向：

（一）支持欠发达地区等外经贸发展薄弱领域提高国际化经营能力，促进外经贸协调发展。

（二）促进优化贸易结构，发展服务贸易和技术贸易，培育以技术、品牌、质量和服务等为核心的国际竞争新优势。

（三）引导有序开展境外投资、对外承包工程、对外劳务合作、境外经济贸易合作区建设等对外投资合作业务。

（四）鼓励扩大先进设备和技术、关键零部件、国内紧缺的资源性产品进口。

（五）完善贸易投资合作促进、公共商务信息等服务体系，促进优化贸易投资合作环境。

（六）其他有利于促进我国外经贸发展事项。

第七条　对于本办法第六条所规定子项，分别采取以下方式分配资金：

（一）本办法第六条（一）所规定使用方向，采取因素法分配资金。

（二）本办法第六条（二）所规定使用方向，其中：承接国际服务外包、技术出口等处于探索阶段的使用方向，采取项目法和因素法（地方改善有关公共服务）相结合方式分配资金；其他使用方向采取因素法分配资金。

（三）本办法第六条（三）所规定使用方向，其中：境外经济贸易合作区建设等处于探索阶段的使用方向，采取项目法分配资金；中央企业和单位开展的境外投资、对外承包工程、对外劳务合作业务，采取项目法分配资金；其他使用方向采取因素法分配资金。

（四）本办法第六条（四）所规定使用方向，采取项目法分配资金。

（五）本办法第六条（五）、（六）所规定使用方向，对中央企业和单位承担事项及处于探索阶段的使用方向，采取项目法分配资金；其他使用方向采取因素法分配资金。

第八条　因素法分配资金主要依据当年预算规模、各地区均衡性因素、相关工作开展情况、项目库、以前年度资金使用情况、欠发达地区倾斜因素等，结合年度工作重点确定相关因素权重，进行测算及安排资金。

第九条　项目法分配资金主要采取贷款贴息、保费补助、资本投入、事后奖补、先预拨后清算等方式，对通过合规性审核的开展相关业务的企业、单位，或通过竞争性谈判、招标等开展约定业务的受托单位、合作单位等予以支持。

第三章　资金申请、审核及下达

第十条　财政部、商务部根据本办法规定，结合年度外经贸工作重点、项目库及预算安排等，制定印发有关外经贸发展专项资金年度工作文件，明确年度资金支持重点、方向及有关具体要求。

第十一条　申请外经贸发展专项资金的企业、单位应当符合以下基本条件：

（一）在中华人民共和国境内依法登记注册，具有独立法人资格，其中按本办法第六条（三）所规定的使用方向在境外开展业务的，还应当已在项目所在国（地区）依法注册或办理合法手续，项目合同或合作协议已生效。

（二）按照有关规定已取得开展相关业务资格或已进行核准或备案。

（三）按照本办法第六条规定使用方向，已开展相关业务。

（四）近五年来无严重违法违规行为，未拖欠应缴还的财政性资金。

（五）按国家有关规定报送统计资料。

（六）其他按规定应满足的条件。

第十二条　符合规定条件的各类企业、单位，均可按规定程序通过中央有关部门（机构）或省级商务部门和省级财政部门提出申请。其中，中央企业、单位由集团公司汇总后提出申请。申请时应当提供本办法第十一条中规定条件的合法证明材料。

第十三条　采取项目法分配的资金按以下程序审核和下达：

（一）中央有关部门（机构）或省级商务部门和省级财政部门将所属企业、单位报送的申请材料按照年度工作文件明确的时间汇总上报商务部、财政部，商务部会同财政部可委托中介机构进行评审。

（二）商务部会同财政部对审核合格项目，通过互联网等媒介向社会进行公示(依照国家保密法律法规不适合公开的事项除外),并提出资金支持方案。财政部根据财政国库管理制度对经公示无异议项目审核拨付资金。

(三)对由专项转移支付资金上划中央本级执行的资金,应当符合部门预算管理工作规程有关规定,并按照中央部门预算编制的时间要求,分解细化到具体企业、单位和具体项目,直接上划列入中央本级当年预算。

(四)中央有关部门(机构)和省级财政部门收到资金(或拨款文件)后,应当在30个工作日内将资金拨付至实施企业、单位。

第十四条 采取因素法分配的资金按以下程序下达:

(一)由商务部会同财政部提出资金分配方案。财政部审核后根据财政国库管理制度将资金拨付至省级财政部门。

(二)省级财政部门、省级商务部门根据本办法及年度工作文件规定,结合本地实际组织开展所属企业、单位项目申报、审核、公示及资金拨付等工作。

第十五条 省级财政部门不得采取因素法将外经贸发展专项资金分配至下级财政部门。

第十六条 对由专项转移支付资金上划中央本级执行的资金,除特殊规定事项外不能用于中央部门自身工作经费。

第四章 监督管理

第十七条 中央有关部门(机构),省级财政部门和省级商务部门按照财政部和商务部的要求,对本单位、本地区外经贸发展专项资金的使用情况进行总结和绩效评价,形成总结报告,于每年3月底前将上年度总结报告,包括资金到位情况、支持项目明细、资金使用效果、存在问题及政策建议等,上报财政部、商务部。

第十八条 财政部、商务部对各中央有关部门(机构)、各地区外经贸发展专项资金管理使用情况进行不定期监督检查,并对实施效果开展绩效评价。

第十九条 获得外经贸发展专项资金支持的企业、单位收到资金后,应当按照国家有关财务、会计制度的规定进行账务处理,严格按照规定使用资金,并自觉接受财政、商务、审计等部门的监督检查。

第二十条 相关企业、单位应当按照国家档案管理有关规定妥善保管申请和审核材料,以备核查。

第二十一条 对违反规定使用、骗取外经贸发展专项资金的行为,依照《财政违法行为处罚处分条例》等国家有关规定进行处理。

第五章 附 则

第二十二条 本办法由财政部会同商务部负责解释。

第二十三条 省级财政部门会同省级商务主管部门应当依据本办法规定并结合本地实际制订实施细则,报财政部、商务部备案。

第二十四条 本办法自印发之日起施行。《财政部商务部关于印发〈外经贸发展专项资金管理办法〉的通知》(财企〔2010〕114号)、《财政部商务部关于印发〈外经贸区域协调发展促进资金管理暂行办法〉的通知》(财企〔2008〕118号)、《商务部财政部关于印发〈境外经济贸易合作区发展资金管理暂行办法〉的通知》(商财发〔2008〕211号)、《财政部商务部关于印发〈中小企业国际市场开拓资金管理办法〉的通知》(财企〔2010〕87号)、《财政部商务部关于印发〈进口贴息资金管理办法〉的通知》(财企〔2012〕142号)及《财政部商务部关于印发〈对外投资合作专项资金管理办法〉的通知》(财企〔2013〕124号),同时废止。

3. 科技型中小企业技术创新基金项目管理暂行办法

（2005年3月2日科学技术部、财政部国科发计字〔2005〕60号发布，自发布之日起施行）

第一章　总　则

第一条　为保证科技型中小企业技术创新基金（以下简称“创新基金”）管理工作的顺利开展，根据《中华人民共和国中小企业促进法》、《国务院办公厅转发科学技术部、财政部关于科技型中小企业技术创新基金的暂行规定的通知》（国办发〔1999〕47号）等，制定本办法。

第二条　科学技术部是创新基金的主管部门，财政部是创新基金的监管部门。科学技术部科技型中小企业技术创新基金管理中心（以下简称“管理中心”）负责具体管理工作。

第三条　创新基金的使用和管理遵守国家有关法律、行政法规和相关规章制度，遵循诚实申请、公正受理、科学管理、择优支持、公开透明、专款专用的原则。

第二章　支持条件、范围与支持方式

第四条　申请创新基金支持的项目需符合以下条件：

（一）符合国家产业、技术政策；

（二）技术含量较高，技术创新性较强；

（三）项目产品有较大的市场容量、较强的市场竞争力；

（四）无知识产权纠纷。

第五条　承担项目的企业应具备以下条件：

（一）在中国境内注册，具有独立企业法人资格；

（二）主要从事高新技术产品的研制、开发、生产和服务业务；

（三）企业管理层有较高经营管理水平，有较强的市场开拓能力；

（四）职工人数不超过500人，具有大专以上学历的科技人员占职工总数的比例不低于30%，直接从事研究开发的科技人员占职工总数的比例不低于10%；

（五）有良好的经营业绩，资产负债率合理；每年用于高新技术产品研究开发的经费不低于销售额的5%；

（六）有健全的财务管理机构，有严格的财务管理制度和合格的财务人员。

第六条　创新基金以贷款贴息、无偿资助和资本金投入的方式支持科技型中小企业的技术创新活动。

（一）贷款贴息

1. 主要用于支持产品具有一定水平、规模和效益，银行已经贷款或有贷款意向的项目；

2. 项目新增投资在3000万元以下，资金来源基本确定，投资结构合理，项目实施周期不超过3年；

3. 创新基金贴息总额一般不超过100万元，个别重大项目不超过200万元。

（二）无偿资助

1. 主要用于科技型中小企业技术创新活动中新技术、新产品研究开发及中试放大等阶段的必要补助；

2. 项目新增投资一般在1000万元以下，资金来源基本确定，投资结构合理，项目实施周期不超过2年；

3. 企业需有与申请创新基金资助数额等额以上的自有资金匹配；

4. 创新基金资助数额一般不超过100万元，个别重大项目不超过200万元。

（三）资本金投入具体办法另行制定。

第七条　在同一年度内，一个企业只能申请一个项目和一种支持方式。申请企业应根据项目所处的阶段，选择一种相应的支持方式。

第三章　项目申请与受理

第八条　科学技术部每年年初制定并发布年度《科技型中小企业技术创新基金若干重点项目指南》，明确创新基金项目年度重点支持范围。

第九条　科技型中小企业申请创新基金，应按管理中心发布的《科技型中小企业技术创新基金项目申请须知》准备和提供相应的申请材料。

第十条 企业提交的创新基金申请材料必须真实可靠，并经项目推荐单位推荐。推荐单位是指熟悉企业及项目情况的当地省级科技主管部门。推荐单位出具推荐意见之前应征求省级财政部门对项目的意见，并将推荐项目名单抄送省级财政部门备案。

第十一条 项目推荐单位和管理中心要采取公开方式受理申请，并提出审查意见。受理审查内容包括：资格审查、形式审查、内容审查。受理审查合格后，管理中心将组织有关机构和专家进行立项审查。对受理审查不合格的项目，管理中心自收到项目申请材料之日起三十日内在创新基金网站上发出《不受理通知书》。

第四章 项目立项审查

第十二条 立项审查方式包括专家评审、专家咨询、科技评估等。由管理中心根据项目特点选择相应的立项审查方式。

对技术、产品相近的项目采取专家评审的方式。对跨学科、跨领域、创新性强、技术集成、技术领域分布相对分散的个性化项目，可委托科技评估机构评估。

第十三条 创新基金项目评审专家，包括技术、经济、财务、市场和企业管理等方面的专家，由管理中心聘任或认可，并进入创新基金评审专家库。专家应具备以下条件：

（一）具有对国家和企业负责的态度，有良好的职业道德，能坚持独立、客观、公正原则；

（二）对审查项目所属的技术领域有较丰富的专业知识和实践经验，对该技术领域的发展和所涉及经济领域、市场状况有较深的了解，具有权威性；

（三）一般应具有高级专业技术职务，年龄一般在60岁以下。

第十四条 承担创新基金项目立项评估工作的评估机构须在经科学技术部和财政部认定的评估机构中选择。评估机构应具备以下条件：

（一）具有独立企业或事业法人资格，并在有关管理部门注册、登记；

（二）有相应的专业技术人员和管理人员；

（三）评估机构应从事过评估或科技咨询等工作，并具有一定经验；

（四）有良好的业绩和信誉；

（五）经过相关专业培训。

第十五条 专家应依据评审、评估工作规范和审查标准，对申请项目进行全面的审查，并提出有针对性的审查意见。在审查过程中，专家可通过管理中心要求申请企业补充有关材料或进一步说明情况，但不得与申请企业及有关人员直接联系。必要时管理中心可委托专家组到申请企业进行审查。

第十六条 为保证创新基金项目立项审查的公正性，审查工作实行回避制度。属下列情况之一时，专家应当回避：

（一）审查专家所在企业的申请项目；

（二）专家家庭成员或近亲属为所审项目申请企业的负责人；

（三）有利益关系或直接隶属关系。

第十七条 评估机构和专家对所审项目的技术、经济秘密和审查结论意见负有保密责任和义务。管理中心尊重评估机构和专家的审查结论意见并给予保密。

第十八条 管理中心根据评估机构的工作质量及行为规范情况，对评估机构实行动态管理和科技信用评价管理。管理中心于每年底向科学技术部、财政部报告有关情况并提出调整意见。

第十九条 管理中心根据项目申请资料和立项审查结论意见提出创新基金立项建议，报科学技术部、财政部审批。科学技术部、财政部可对项目进行复审。

第二十条 经科学技术部、财政部批准的项目，应在创新基金网站以及相关新闻媒体上发布立项项目公告。公告发布之日起2周内为立项项目异议期。

第二十一条 创新基金项目实行合同管理。管理中心在异议期满后应与立项项目承担企业、推荐单位签订合同，确定项目各项技术经济指标、阶段考核目标以及完成期限等条款，同时将合同抄送项目所在地省级财政部门。对于有重大异议的项目，管理中心暂不签定合同，并对项目进行复议。需撤销项目时须报科学技术部和财政部同意后执行。

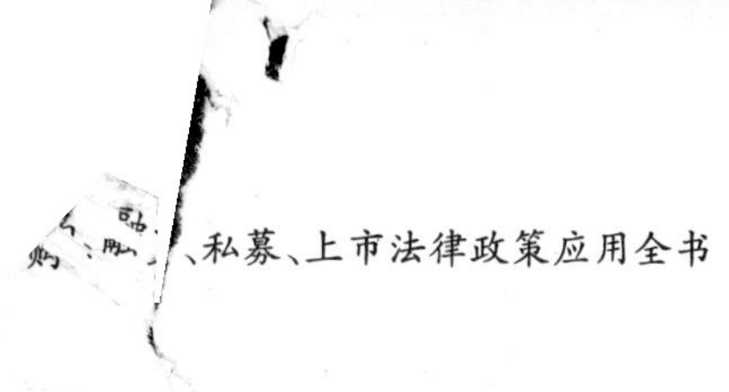

七、融资租赁

导 读

融资租赁是指出租人根据承租人对出卖人、租赁物的选择，向出卖人购买租赁物，提供给承租人使用，承租人支付租金，租赁期满后，承租人可以取得租赁物所有权的租赁方式。融资租赁是传统的租赁与金融结合的一种融资方式。出租人向承租人交付租赁物以及收取租金，这属于租赁环节；出租人为满足承租人之需而出资购买租赁物，这属于向承租人融资环节。

融资租赁实践中多适用于设备价值大，设备需方无力一次性付款购买的情形，因此，融资租赁多用于飞机、船舶、交通运输、工程机械、大型机电设备、电信设备等行业。

对于融资租赁，不仅《合同法》对相关各方的权利义务关系作出明确界定，最高人民法院也发布了《关于审理融资租赁合同纠纷案件适用法律问题的解释》以指导司法实践。国务院及相关部门也相继发布了相关监管规定，以明确各类融资租赁公司及其行为的监管边界。

1. 中华人民共和国合同法（节选分则融资租赁合同部分）

（1999年3月15日第九届全国人民代表大会第二次会议通过，1999年3月15日中华人民共和国主席令第15号公布，自1999年10月1日起施行）

第十四章　融资租赁合同

第二百三十七条　【融资租赁合同的定义】融资租赁合同是出租人根据承租人对出卖人、租赁物的选择，向出卖人购买租赁物，提供给承租人使用，承租人支付租金的合同。

第二百三十八条　【合同的主要条款及形式】融资租赁合同的内容包括租赁物名称、数量、规格、技术性能、检验方法、租赁期限、租金构成及其支付期限和方式、币种、租赁期间届满租赁物的归属等条款。

融资租赁合同应当采用书面形式。

第二百三十九条　【租赁物的购买】出租人根据承租人对出卖人、租赁物的选择订立的买卖合同，出卖人应当按照约定向承租人交付标的物，承租人享有与受领标的物有关的买受人的权利。

第二百四十条　【索赔权】出租人、出卖人、承租人可以约定，出卖人不履行买卖合同义务的，由承租人行使索赔的权利。承租人行使索赔

第二十二条 立项审查未通过或未获科学技术部、财政部批准的项目，管理中心将在创新基金网站上发出《不立项通知书》。不立项项目的申请企业当年不得再次申报项目。

第五章 项目监督管理及验收

第二十三条 省级科技主管部门负责本地区项目的日常监督管理和验收工作；省级财政部门负责对本地区创新基金的运作和使用进行监督、检查，并参与项目的验收工作；管理中心依据本办法负责制订《创新基金项目监督管理和验收工作规范》，并组织实施项目监督管理和验收工作，分析总结项目执行情况。

第二十四条 项目监督管理主要内容包括：

（一）项目资金到位与使用情况；

（二）合同计划进度执行情况；

（三）项目达到的技术、经济、质量指标情况；

（四）项目存在的主要问题和解决措施。

第二十五条 项目监督管理的主要方式：

（一）项目承担企业定期填报监理信息调查表（半年报、年报）。

（二）省级科技主管部门应实地检查项目执行情况，并提出监理意见；省级财政部门应定期抽查项目执行情况，并对创新基金使用管理情况提出报告。

（三）管理中心根据需要，对部分项目进行实地检查。

第二十六条 管理中心根据企业定期报表、地方监理意见、实地检查等，提出项目执行情况分析报告，并报科学技术部、财政部。

第二十七条 项目承担企业因客观原因需对合同目标调整时，应提出书面申请，经管理中心批准后执行；在合同执行过程中发生重大违约事件的，管理中心可按合同终止执行项目，并采取相应处理措施。

第二十八条 项目验收工作原则上在合同到期后一年内完成。需要提前或延期验收的项目，企业应提出申请报管理中心批准后执行。

第二十九条 创新基金项目验收的主要内容包括：

（一）合同计划进度执行情况；

（二）项目经济、技术指标完成情况；

（三）创新基金项目研究开发取得的成果情况；

（四）资金落实与使用情况；

（五）项目实施前后企业的整体发展变化情况。

第三十条 一般项目由省级科技主管部门组织验收；100 万元以上的项目由管理中心组织验收。管理中心依据《创新基金项目监督管理和验收工作规范》，对项目进行综合评价并分别做出验收合格、验收基本合格、验收不合格的结论意见，报科学技术部、财政部。

第六章 附 则

第三十一条 本办法自发布之日起施行，创新基金有关规定与本办法相抵触的，按本办法执行。科学技术部、财政部《关于印发〈科技型中小企业技术创新基金项目实施方案（试行）〉的通知》（国科发计字〔1999〕260 号）同时废止。

第三十二条 本办法由科学技术部会同财政部负责解释。

权利的，出租人应当协助。

第二百四十一条 【买卖合同的变更须经承租人同意】出租人根据承租人对出卖人、租赁物的选择订立的买卖合同，未经承租人同意，出租人不得变更与承租人有关的合同内容。

第二百四十二条 【租赁物所有权】出租人享有租赁物的所有权。承租人破产的，租赁物不属于破产财产。

第二百四十三条 【租金的确定】融资租赁合同的租金，除当事人另有约定的以外，应当根据购买租赁物的大部分或者全部成本以及出租人的合理利润确定。

第二百四十四条 【租赁物的瑕疵担保责任】租赁物不符合约定或者不符合使用目的的，出租人不承担责任，但承租人依赖出租人的技能确定租赁物或者出租人干预选择租赁物的除外。

第二百四十五条 【租赁物的占有和使用】出租人应当保证承租人对租赁物的占有和使用。

第二百四十六条 【租赁物造成的损害责任】承租人占有租赁物期间，租赁物造成第三人的人身伤害或者财产损害的，出租人不承担责任。

第二百四十七条 【租赁物的保管、使用、维修】承租人应当妥善保管、使用租赁物。

承租人应当履行占有租赁物期间的维修义务。

第二百四十八条 【承租人拒付租金的后果】承租人应当按照约定支付租金。承租人经催告后在合理期限内仍不支付租金的，出租人可以要求支付全部租金；也可以解除合同，收回租赁物。

第二百四十九条 【租赁物价值的部分返还权】当事人约定租赁期间届满租赁物归承租人所有，承租人已经支付大部分租金，但无力支付剩余租金，出租人因此解除合同收回租赁物的，收回的租赁物的价值超过承租人欠付的租金以及其他费用的，承租人可以要求部分返还。

第二百五十条 【租赁期满租赁物归属】出租人和承租人可以约定租赁期间届满租赁物的归属。对租赁物的归属没有约定或者约定不明确，依照本法第六十一条的规定仍不能确定的，租赁物的所有权归出租人。

2. 关于从事融资租赁业务有关问题的通知

(2004年10月22日商务部、国家税务总局商建发〔2004〕560号发布，自发布之日起施行)

各省、自治区、直辖市、计划单列市商务主管部门、国家税务局、地方税务局：

为了更好地发挥租赁业在扩大内需、促进经济发展中的作用，支持租赁业快速健康发展，现就开展融资租赁业务有关问题通知如下：

一、根据国务院办公厅下发的商务部“三定”规定，原国家经贸委、外经贸部有关租赁行业的管理职能和外商投资租赁公司管理职能划归商务部，今后凡《财政部、国家税务总局关于营业税若干政策问题的通知》(财税〔2003〕16号)中涉及原国家经贸委和外经贸部管理职能均改由商务部承担。

二、外商投资租赁公司的市场准入及行业监管工作继续按照商务部的有关规定执行。

三、商务部将对内资租赁企业开展从事融资租赁业务的试点工作。各省、自治区、直辖市、计划单列市商务主管部门可以根据本地区租赁行业发展的实际情况，推荐1-2家从事各种先进或适用的生产、通信、医疗、环保、科研等设备，工程机械及交通运输工具(包括飞机、轮船、汽车等)租赁业务的企业参与试点工作。被推荐的企业经商务部、国家税务总局联合确认后，纳入融资租赁试点范围。

四、从事融资租赁业务试点企业(以下简称融资租赁试点企业)应当同时具备下列条件：

(一)2001年8月31日(含)前设立的内资租赁企业最低注册资本金应达到4000万元，2001年9月1日至2003年12月31日期间设立的内资租赁企业最低注册资本金应达到17000万元；

(二)具有健全的内部管理制度和风险控制

制度；

（三）拥有相应的金融、贸易、法律、会计等方面的专业人员，高级管理人员应具有不少于三年的租赁业从业经验；

（四）近两年经营业绩良好，没有违法违规纪录；

（五）具有与所从事融资租赁产品相关联的行业背景；

（六）法律法规规定的其他条件。

五、省级商务主管部门推荐融资租赁试点企业除应上报推荐函以外，还应提交下列材料：

（一）企业从事融资租赁业务的申请及可行性研究报告；

（二）营业执照副本（复印件）；

（三）公司章程，企业内部管理制度及风险控制制度文件；

（四）具有资格的会计师事务所出据的近三年财务会计报告；

（五）近两年没有违法违规纪录证明；

（六）高级管理人员的名单及资历证明。

六、本通知第二、三条所列的融资租赁公司（即内资融资租赁试点企业、外商投资融资租赁公司）可按照《财政部、国家税务总局关于营业税若干政策问题的通知》（财税〔2003〕16号）的规定享受融资租赁业务的营业税政策。

七、融资租赁公司应严格按照国家有关规定按时交纳各种税款，若违反国家税收法律法规，偷逃税款，税务机关将依据《中华人民共和国税收征收管理法》及有关税收法律法规的规定予以处罚，同时取消对该企业执行的融资租赁税收政策。

融资租赁公司在向关联生产企业采购设备时，有关设备的结算价格不得低于该生产企业向任何第三方销售的价格（或同等批量设备的价格）。

八、融资租赁试点企业应严格遵守国家有关法律法规，不得从事下列业务：

（一）吸收存款或变相存款；

（二）向承租人提供租赁项下的流动资金贷款和其他贷款；

（三）有价证券投资、金融机构股权投资；

（四）同业拆借业务；

（五）未经中国银行业监督管理委员会批准的其他金融业务。

九、融资租赁试点企业的风险资产（含担保余额）不得超过资本总额的10倍。

十、融资租赁试点企业应在每季度15日前将其上一季度的经营情况上报省级商务主管部门，并抄报商务部。商务部和国家税务总局将采取定期或不定期方式，抽查试点企业经营情况。对违反有关法律法规和上述规定的企业，商务部将取消其融资租赁试点企业的资格。

十一、各地商务、税务主管部门要加强对融资租赁试点企业的监督，及时研究试点中存在的问题，发现重大问题应立刻上报商务部、国家税务总局，同时，要不断总结试点经验，采取有效措施，促进租赁业的健康发展。

二〇〇四年十月二十二日

3. 金融租赁公司管理办法

（2014年3月13日中国银行业监督管理委员会令2014年第3号发布，自发布之日起施行）

第一章　总　则

第一条　为促进融资租赁业务发展，规范金融租赁公司的经营行为，根据《中华人民共和国银行业监督管理法》、《中华人民共和国公司法》等法律法规，制定本办法。

第二条　本办法所称金融租赁公司，是指经银监会批准，以经营融资租赁业务为主的非银行金融机构。

金融租赁公司名称中应当标明“金融租赁”字样。未经银监会批准，任何单位不得在其名称中使用“金融租赁”字样。

第三条　本办法所称融资租赁，是指出租人根据承租人对租赁物和供货人的选择或认可，将其从供货人处取得的租赁物按合同约定出租给承租人占有、使用，向承租人收取租金的交易活动。

第四条 适用于融资租赁交易的租赁物为固定资产，银监会另有规定的除外。

第五条 本办法所称售后回租业务，是指承租人将自有物件出卖给出租人，同时与出租人签订融资租赁合同，再将该物件从出租人处租回的融资租赁形式。售后回租业务是承租人和供货人为同一人的融资租赁方式。

第六条 银监会及其派出机构依法对金融租赁公司实施监督管理。

第二章 机构设立、变更与终止

第七条 申请设立金融租赁公司，应当具备以下条件：

（一）有符合《中华人民共和国公司法》和银监会规定的公司章程；

（二）有符合规定条件的发起人；

（三）注册资本为一次性实缴货币资本，最低限额为1亿元人民币或等值的可自由兑换货币；

（四）有符合任职资格条件的董事、高级管理人员，并且从业人员中具有金融或融资租赁工作经历3年以上的人员应当不低于总人数的50%；

（五）建立了有效的公司治理、内部控制和风险管理体系；

（六）建立了与业务经营和监管要求相适应的信息科技架构，具有支撑业务经营的必要、安全且合规的信息系统，具备保障业务持续运营的技术与措施；

（七）有与业务经营相适应的营业场所、安全防范措施和其他设施；

（八）银监会规定的其他审慎性条件。

第八条 金融租赁公司的发起人包括在中国境内外注册的具有独立法人资格的商业银行，在中国境内注册的、主营业务为制造适合融资租赁交易产品的大型企业，在中国境外注册的融资租赁公司以及银监会认可的其他发起人。

银监会认可的其他发起人是指除符合本办法第九条至第十一条规定的发起人以外的其他境内法人机构和境外金融机构。

第九条 在中国境内外注册的具有独立法人资格的商业银行作为金融租赁公司发起人，应当具备以下条件：

（一）满足所在国家或地区监管当局的审慎监管要求；

（二）具有良好的公司治理结构、内部控制机制和健全的风险管理体系；

（三）最近1年年末总资产不低于800亿元人民币或等值的可自由兑换货币；

（四）财务状况良好，最近2个会计年度连续盈利；

（五）为拟设金融租赁公司确定了明确的发展战略和清晰的盈利模式；

（六）遵守注册地法律法规，最近2年内未发生重大案件或重大违法违规行为；

（七）境外商业银行作为发起人的，其所在国家或地区金融监管当局已经与银监会建立良好的监督管理合作机制；

（八）入股资金为自有资金，不得以委托资金、债务资金等非自有资金入股；

（九）承诺5年内不转让所持有的金融租赁公司股权、不将所持有的金融租赁公司股权进行质押或设立信托，并在拟设公司章程中载明；

（十）银监会规定的其他审慎性条件。

第十条 在中国境内注册的、主营业务为制造适合融资租赁交易产品的大型企业作为金融租赁公司发起人，应当具备以下条件：

（一）有良好的公司治理结构或有效的组织管理方式；

（二）最近1年的营业收入不低于50亿元人民币或等值的可自由兑换货币；

（三）财务状况良好，最近2个会计年度连续盈利；

（四）最近1年年末净资产不低于总资产的30%；

（五）最近1年主营业务销售收入占全部营业收入的80%以上；

（六）为拟设金融租赁公司确定了明确的发展战略和清晰的盈利模式；

（七）有良好的社会声誉、诚信记录和纳税记录；

（八）遵守国家法律法规，最近2年内未发生重大案件或重大违法违规行为；

（九）入股资金为自有资金，不得以委托资金、债务资金等非自有资金入股；

（十）承诺5年内不转让所持有的金融租赁公司股权、不将所持有的金融租赁公司股权进行质押或设立信托，并在拟设公司章程中载明；

（十一）银监会规定的其他审慎性条件。

第十一条 在中国境外注册的具有独立法人资格的融资租赁公司作为金融租赁公司发起人，应当具备以下条件：

（一）具有良好的公司治理结构、内部控制机制和健全的风险管理体系；

（二）最近1年年末总资产不低于100亿元人民币或等值的可自由兑换货币；

（三）财务状况良好，最近2个会计年度连续盈利；

（四）遵守注册地法律法规，最近2年内未发生重大案件或重大违法违规行为；

（五）所在国家或地区经济状况良好；

（六）入股资金为自有资金，不得以委托资金、债务资金等非自有资金入股；

（七）承诺5年内不转让所持有的金融租赁公司股权、不将所持有的金融租赁公司股权进行质押或设立信托，并在拟设公司章程中载明；

（八）银监会规定的其他审慎性条件。

第十二条 金融租赁公司至少应当有一名符合第九条至第十一条规定的发起人，且其出资比例不低于拟设金融租赁公司全部股本的30%。

第十三条 其他境内法人机构作为金融租赁公司发起人，应当具备以下条件：

（一）有良好的公司治理结构或有效的组织管理方式；

（二）有良好的社会声誉、诚信记录和纳税记录；

（三）经营管理良好，最近2年内无重大违法违规经营记录；

（四）财务状况良好，且最近2个会计年度连续盈利；

（五）入股资金为自有资金，不得以委托资金、债务资金等非自有资金入股；

（六）承诺5年内不转让所持有的金融租赁公司股权，不将所持有的金融租赁公司股权进行质押或设立信托，并在公司章程中载明；

（七）银监会规定的其他审慎性条件；

其他境内法人机构为非金融机构的，最近1年年末净资产不得低于总资产的30%；

其他境内法人机构为金融机构的，应当符合与该类金融机构有关的法律、法规、相关监管规定要求。

第十四条 其他境外金融机构作为金融租赁公司发起人，应当具备以下条件：

（一）满足所在国家或地区监管当局的审慎监管要求；

（二）具有良好的公司治理结构、内部控制机制和健全的风险管理体系；

（三）最近1年年末总资产原则上不低于10亿美元或等值的可自由兑换货币；

（四）财务状况良好，最近2个会计年度连续盈利；

（五）入股资金为自有资金，不得以委托资金、债务资金等非自有资金入股；

（六）承诺5年内不转让所持有的金融租赁公司股权、不将所持有的金融租赁公司股权进行质押或设立信托，并在公司章程中载明；

（七）所在国家或地区金融监管当局已经与银监会建立良好的监督管理合作机制；

（八）具有有效的反洗钱措施；

（九）所在国家或地区经济状况良好；

（十）银监会规定的其他审慎性条件。

第十五条 有以下情形之一的企业不得作为金融租赁公司的发起人：

（一）公司治理结构与机制存在明显缺陷；

（二）关联企业众多、股权关系复杂且不透明、关联交易频繁且异常；

（三）核心主业不突出且其经营范围涉及行业过多；

（四）现金流量波动受经济景气影响较大；

（五）资产负债率、财务杠杆率高于行业平均水平；

（六）其他对金融租赁公司产生重大不利影响的情况。

第十六条 金融租赁公司发起人应当在金融租赁公司章程中约定，在金融租赁公司出现支付困难时，给予流动性支持；当经营损失侵蚀资本时，及时补足资本金。

第十七条 金融租赁公司根据业务发展的需要，经银监会批准，可以设立分公司、子公司。

设立分公司、子公司的具体条件由银监会另行制定。

第十八条　金融租赁公司董事和高级管理人员实行任职资格核准制度。

第十九条　金融租赁公司有下列变更事项之一的，须报经银监会或其派出机构批准。

（一）变更公司名称；

（二）变更组织形式；

（三）调整业务范围；

（四）变更注册资本；

（五）变更股权或调整股权结构；

（六）修改公司章程；

（七）变更公司住所或营业场所；

（八）变更董事和高级管理人员；

（九）合并或分立；

（十）银监会规定的其他变更事项。

第二十条　金融租赁公司变更股权及调整股权结构，拟投资入股的出资人需符合本办法第八条至第十六条规定的新设金融租赁公司发起人条件。

第二十一条　金融租赁公司有以下情况之一的，经银监会批准可以解散：

（一）公司章程规定的营业期限届满或者公司章程规定的其他解散事由出现；

（二）股东决定或股东（大）会决议解散；

（三）因公司合并或者分立需要解散；

（四）依法被吊销营业执照、责令关闭或者被撤销；

（五）其他法定事由。

第二十二条　金融租赁公司有以下情形之一的，经银监会批准，可以向法院申请破产：

（一）不能支付到期债务，自愿或债权人要求申请破产的；

（二）因解散或被撤销而清算，清算组发现财产不足以清偿债务，应当申请破产的。

第二十三条　金融租赁公司不能清偿到期债务，并且资产不足以清偿全部债务或者明显缺乏清偿能力的，银监会可以向人民法院提出对该金融租赁公司进行重整或者破产清算的申请。

第二十四条　金融租赁公司因解散、依法被撤销或被宣告破产而终止的，其清算事宜，按照国家有关法律法规办理。

第二十五条　金融租赁公司设立、变更、终止和董事及高管人员任职资格核准的行政许可程序，按照银监会相关规定执行。

第三章　业务范围

第二十六条　经银监会批准，金融租赁公司可以经营下列部分或全部本外币业务：

（一）融资租赁业务；

（二）转让和受让融资租赁资产；

（三）固定收益类证券投资业务；

（四）接受承租人的租赁保证金；

（五）吸收非银行股东3个月（含）以上定期存款；

（六）同业拆借；

（七）向金融机构借款；

（八）境外借款；

（九）租赁物变卖及处理业务；

（十）经济咨询。

第二十七条　经银监会批准，经营状况良好、符合条件的金融租赁公司可以开办下列部分或全部本外币业务：

（一）发行债券；

（二）在境内保税地区设立项目公司开展融资租赁业务；

（三）资产证券化；

（四）为控股子公司、项目公司对外融资提供担保；

（五）银监会批准的其他业务。

金融租赁公司开办前款所列业务的具体条件和程序，按照有关规定执行。

第二十八条　金融租赁公司业务经营中涉及外汇管理事项的，需遵守国家外汇管理有关规定。

第四章　经营规则

第二十九条　金融租赁公司应当建立以股东或股东（大）会、董事会、监事（会）、高级管理层等为主体的组织架构，明确职责划分，保证相互之间独立运行、有效制衡，形成科学高效的决策、激励和约束机制。

第三十条　金融租赁公司应当按照全面、审慎、有效、独立原则，建立健全内部控制制度，防范、控制和化解风险，保障公司安全稳健运行。

第三十一条 金融租赁公司应当根据其组织架构、业务规模和复杂程度建立全面的风险管理体系，对信用风险、流动性风险、市场风险、操作风险等各类风险进行有效的识别、计量、监测和控制，同时还应当及时识别和管理与融资租赁业务相关的特定风险。

第三十二条 金融租赁公司应当合法取得租赁物的所有权。

第三十三条 租赁物属于国家法律法规规定所有权转移必须到登记部门进行登记的财产类别，金融租赁公司应当进行相关登记。租赁物不属于需要登记的财产类别，金融租赁公司应当采取有效措施保障对租赁物的合法权益。

第三十四条 售后回租业务的租赁物必须由承租人真实拥有并有权处分。金融租赁公司不得接受已设置任何抵押、权属存在争议或已被司法机关查封、扣押的财产或所有权存在瑕疵的财产作为售后回租业务的租赁物。

第三十五条 金融租赁公司应当在签订融资租赁合同或明确融资租赁业务意向的前提下，按照承租人要求购置租赁物。特殊情况下需提前购置租赁物的，应当与自身现有业务领域或业务规划保持一致，且与自身风险管理能力和专业化经营水平相符。

第三十六条 金融租赁公司应当建立健全租赁物价值评估和定价体系，根据租赁物的价值、其他成本和合理利润等确定租金水平。

售后回租业务中，金融租赁公司对租赁物的买入价格应当有合理的、不违反会计准则的定价依据作为参考，不得低值高买。

第三十七条 金融租赁公司应当重视租赁物的风险缓释作用，密切监测租赁物价值对融资租赁债权的风险覆盖水平，制定有效的风险应对措施。

第三十八条 金融租赁公司应当加强租赁物未担保余值的估值管理，定期评估未担保余值，并开展减值测试。当租赁物未担保余值出现减值迹象时，应当按照会计准则要求计提减值准备。

第三十九条 金融租赁公司应当加强未担保余值风险的限额管理，根据业务规模、业务性质、复杂程度和市场状况，对未担保余值比例较高的融资租赁资产设定风险限额。

第四十条 金融租赁公司应当加强对租赁期限届满返还或因承租人违约而取回的租赁物的风险管理，建立完善的租赁物处置制度和程序，降低租赁物持有期风险。

第四十一条 金融租赁公司应当严格按照会计准则等相关规定，真实反映融资租赁资产转让和受让业务的实质和风险状况。

第四十二条 金融租赁公司应当建立健全集中度风险管理体系，有效防范和分散经营风险。

第四十三条 金融租赁公司应当建立严格的关联交易管理制度，其关联交易应当按照商业原则，以不优于非关联方同类交易的条件进行。

第四十四条 金融租赁公司与其设立的控股子公司、项目公司之间的交易，不适用本办法对关联交易的监管要求。

第四十五条 金融租赁公司的重大关联交易应当经董事会批准。

重大关联交易是指金融租赁公司与一个关联方之间单笔交易金额占金融租赁公司资本净额5%以上，或金融租赁公司与一个关联方发生交易后金融租赁公司与该关联方的交易余额占金融租赁公司资本净额10%以上的交易。

第四十六条 金融租赁公司所开展的固定收益类证券投资业务，不得超过资本净额的20%。

第四十七条 金融租赁公司开办资产证券化业务，可以参照信贷资产证券化相关规定。

第五章 监督管理

第四十八条 金融租赁公司应当遵守以下监管指标的规定：

（一）资本充足率。金融租赁公司资本净额与风险加权资产的比例不得低于银监会的最低监管要求。

（二）单一客户融资集中度。金融租赁公司对单一承租人的全部融资租赁业务余额不得超过资本净额的30%。

（三）单一集团客户融资集中度。金融租赁公司对单一集团的全部融资租赁业务余额不得超过资本净额的50%。

（四）单一客户关联度。金融租赁公司对一

个关联方的全部融资租赁业务余额不得超过资本净额的30%。

（五）全部关联度。金融租赁公司对全部关联方的全部融资租赁业务余额不得超过资本净额的50%。

（六）单一股东关联度。对单一股东及其全部关联方的融资余额不得超过该股东在金融租赁公司的出资额，且应同时满足本办法对单一客户关联度的规定。

（七）同业拆借比例。金融租赁公司同业拆入资金余额不得超过资本净额的100%。

经银监会认可，特定行业的单一客户融资集中度和单一集团客户融资集中度要求可以适当调整。

银监会根据监管需要可以对上述指标做出适当调整。

第四十九条　金融租赁公司应当按照银监会的相关规定构建资本管理体系，合理评估资本充足状况，建立审慎、规范的资本补充、约束机制。

第五十条　金融租赁公司应当按照监管规定建立资产质量分类制度。

第五十一条　金融租赁公司应当按照相关规定建立准备金制度，在准确分类的基础上及时足额计提资产减值损失准备，增强风险抵御能力。未提足准备的，不得进行利润分配。

第五十二条　金融租赁公司应当建立健全内部审计制度，审查评价并改善经营活动、风险状况、内部控制和公司治理效果，促进合法经营和稳健发展。

第五十三条　金融租赁公司应当执行国家统一的会计准则和制度，真实记录并全面反映财务状况和经营成果等信息。

第五十四条　金融租赁公司应当按规定报送会计报表及银监会及其派出机构要求的其他报表，并对所报报表、资料的真实性、准确性和完整性负责。

第五十五条　金融租赁公司应当建立定期外部审计制度，并在每个会计年度结束后的4个月内，将经法定代表人签名确认的年度审计报告报送银监会或其派出机构。

第五十六条　金融租赁公司违反本办法有关规定的，银监会及其派出机构应当依法责令限期整改；逾期未整改的，或者其行为严重危及该金融租赁公司的稳健运行、损害客户合法权益的，可以区别情形，依照《中华人民共和国银行业监督管理法》等法律法规，采取暂停业务、限制股东权利等监管措施。

第五十七条　金融租赁公司已经或者可能发生信用危机，严重影响客户合法权益的，银监会依法对其实行托管或者督促其重组，问题严重的，有权予以撤销。

第五十八条　凡违反本办法有关规定的，银监会及其派出机构依照《中华人民共和国银行业监督管理法》等有关法律法规进行处罚。金融租赁公司对处罚决定不服的，可以依法申请行政复议或者向人民法院提起行政诉讼。

第六章　附　则

第五十九条　除特别说明外，本办法中各项财务指标要求均为合并会计报表口径。

第六十条　本办法由银监会负责解释。

第六十一条　本办法自公布之日起施行，原《金融租赁公司管理办法》（中国银行业监督管理委员会令2007年第1号）同时废止。

4. 最高人民法院关于审理融资租赁合同纠纷案件适用法律问题的解释

（2013年11月25日最高人民法院审判委员会第1597次会议通过，2014年2月24日法释〔2014〕3号发布，自2014年3月1日起施行）

为正确审理融资租赁合同纠纷案件，根据《中华人民共和国合同法》《中华人民共和国物权法》《中华人民共和国民事诉讼法》等法律的规定，结合审判实践，制定本解释。

一、融资租赁合同的认定及效力

第一条 人民法院应当根据合同法第二百三十七条的规定，结合标的物的性质、价值、租金的构成以及当事人的合同权利和义务，对是否构成融资租赁法律关系作出认定。

对名为融资租赁合同，但实际不构成融资租赁法律关系的，人民法院应按照其实际构成的法律关系处理。

第二条 承租人将其自有物出卖给出租人，再通过融资租赁合同将租赁物从出租人处租回的，人民法院不应仅以承租人和出卖人系同一人为由认定不构成融资租赁法律关系。

第三条 根据法律、行政法规规定，承租人对于租赁物的经营使用应当取得行政许可的，人民法院不应仅以出租人未取得行政许可为由认定融资租赁合同无效。

第四条 融资租赁合同被认定无效，当事人就合同无效情形下租赁物归属有约定的，从其约定；未约定或者约定不明，且当事人协商不成的，租赁物应当返还出租人。但因承租人原因导致合同无效，出租人不要求返还租赁物，或者租赁物正在使用，返还出租人后会显著降低租赁物价值和效用的，人民法院可以判决租赁物所有权归承租人，并根据合同履行情况和租金支付情况，由承租人就租赁物进行折价补偿。

二、合同的履行和租赁物的公示

第五条 出卖人违反合同约定的向承租人交付标的物的义务，承租人因下列情形之一拒绝受领租赁物的，人民法院应予支持：

（一）租赁物严重不符合约定的；

（二）出卖人未在约定的交付期间或者合理期间内交付租赁物，经承租人或者出租人催告，在催告期满后仍未交付的。

承租人拒绝受领租赁物，未及时通知出租人，或者无正当理由拒绝受领租赁物，造成出租人损失，出租人向承租人主张损害赔偿的，人民法院应予支持。

第六条 承租人对出卖人行使索赔权，不影响其履行融资租赁合同项下支付租金的义务，但承租人以依赖出租人的技能确定租赁物或者出租人干预选择租赁物为由，主张减轻或者免除相应租金支付义务的除外。

第七条 承租人占有租赁物期间，租赁物毁损、灭失的风险由承租人承担，出租人要求承租人继续支付租金的，人民法院应予支持。但当事人另有约定或者法律另有规定的除外。

第八条 出租人转让其在融资租赁合同项下的部分或者全部权利，受让方以此为由请求解除或者变更融资租赁合同的，人民法院不予支持。

第九条 承租人或者租赁物的实际使用人，未经出租人同意转让租赁物或者在租赁物上设立其他物权，第三人依据物权法第一百零六条的规定取得租赁物的所有权或者其他物权，出租人主张第三人物权权利不成立的，人民法院不予支持，但有下列情形之一的除外：

（一）出租人已在租赁物的显著位置作出标识，第三人在与承租人交易时知道或者应当知道该物为租赁物的；

（二）出租人授权承租人将租赁物抵押给出租人并在登记机关依法办理抵押权登记的；

（三）第三人与承租人交易时，未按照法律、行政法规、行业或者地区主管部门的规定在相应机构进行融资租赁交易查询的；

（四）出租人有证据证明第三人知道或者应当知道交易标的物为租赁物的其他情形。

第十条　当事人约定租赁期间届满后租赁物归出租人的，因租赁物毁损、灭失或者附合、混同于他物导致承租人不能返还，出租人要求其给予合理补偿的，人民法院应予支持。

三、合同的解除

第十一条　有下列情形之一，出租人或者承租人请求解除融资租赁合同的，人民法院应予支持：

（一）出租人与出卖人订立的买卖合同解除、被确认无效或者被撤销，且双方未能重新订立买卖合同的；

（二）租赁物因不可归责于双方的原因意外毁损、灭失，且不能修复或者确定替代物的；

（三）因出卖人的原因致使融资租赁合同的目的不能实现的。

第十二条　有下列情形之一，出租人请求解除融资租赁合同的，人民法院应予支持：

（一）承租人未经出租人同意，将租赁物转让、转租、抵押、质押、投资入股或者以其他方式处分租赁物的；

（二）承租人未按照合同约定的期限和数额支付租金，符合合同约定的解除条件，经出租人催告后在合理期限内仍不支付的；

（三）合同对于欠付租金解除合同的情形没有明确约定，但承租人欠付租金达到两期以上，或者数额达到全部租金百分之十五以上，经出租人催告后在合理期限内仍不支付的；

（四）承租人违反合同约定，致使合同目的不能实现的其他情形。

第十三条　因出租人的原因致使承租人无法占有、使用租赁物，承租人请求解除融资租赁合同的，人民法院应予支持。

第十四条　当事人在一审诉讼中仅请求解除融资租赁合同，未对租赁物的归属及损失赔偿提出主张的，人民法院可以向当事人进行释明。

第十五条　融资租赁合同因租赁物交付承租人后意外毁损、灭失等不可归责于当事人的原因而解除，出租人要求承租人按照租赁物折旧情况给予补偿的，人民法院应予支持。

第十六条　融资租赁合同因买卖合同被解除、被确认无效或者被撤销而解除，出租人根据融资租赁合同约定，或者以融资租赁合同虽未约定或约定不明，但出卖人及租赁物系由承租人选择为由，主张承租人赔偿相应损失的，人民法院应予支持。

出租人的损失已经在买卖合同被解除、被确认无效或者被撤销时获得赔偿的，应当免除承租人相应的赔偿责任。

四、违约责任

第十七条　出租人有下列情形之一，影响承租人对租赁物的占有和使用，承租人依照合同法第二百四十五条的规定，要求出租人赔偿相应损失的，人民法院应予支持：

（一）无正当理由收回租赁物；

（二）无正当理由妨碍、干扰承租人对租赁物的占有和使用；

（三）因出租人的原因导致第三人对租赁物主张权利；

（四）不当影响承租人对租赁物占有、使用的其他情形。

第十八条　出租人有下列情形之一，导致承租人对出卖人索赔逾期或者索赔失败，承租人要求出租人承担相应责任的，人民法院应予支持：

（一）明知租赁物有质量瑕疵而不告知承租人的；

（二）承租人行使索赔权时，未及时提供必要协助的；

（三）怠于行使融资租赁合同中约定的只能由出租人行使对出卖人的索赔权的；

（四）怠于行使买卖合同中约定的只能由出租人行使对出卖人的索赔权的。

第十九条　租赁物不符合融资租赁合同的约定且出租人实施了下列行为之一，承租人依照合同法第二百四十一条、第二百四十四条的规定，要求出租人承担相应责任的，人民法院应予支持：

（一）出租人在承租人选择出卖人、租赁物时，对租赁物的选定起决定作用的；

（二）出租人干预或者要求承租人按照出租

人意愿选择出卖人或者租赁物的；

（三）出租人擅自变更承租人已经选定的出卖人或者租赁物的。

承租人主张其系依赖出租人的技能确定租赁物或者出租人干预选择租赁物的，对上述事实承担举证责任。

第二十条 承租人逾期履行支付租金义务或者迟延履行其他付款义务，出租人按照融资租赁合同的约定要求承租人支付逾期利息、相应违约金的，人民法院应予支持。

第二十一条 出租人既请求承租人支付合同约定的全部未付租金又请求解除融资租赁合同的，人民法院应告知其依照合同法第二百四十八条的规定作出选择。

出租人请求承租人支付合同约定的全部未付租金，人民法院判决后承租人未予履行，出租人再行起诉请求解除融资租赁合同、收回租赁物的，人民法院应予受理。

第二十二条 出租人依照本解释第十二条的规定请求解除融资租赁合同，同时请求收回租赁物并赔偿损失的，人民法院应予支持。

前款规定的损失赔偿范围为承租人全部未付租金及其他费用与收回租赁物价值的差额。合同约定租赁期间届满后租赁物归出租人所有的，损失赔偿范围还应包括融资租赁合同到期后租赁物的残值。

第二十三条 诉讼期间承租人与出租人对租赁物的价值有争议的，人民法院可以按照融资租赁合同的约定确定租赁物价值；融资租赁合同未约定或者约定不明的，可以参照融资租赁合同约定的租赁物折旧以及合同到期后租赁物的残值确定租赁物价值。

承租人或者出租人认为依前款确定的价值严重偏离租赁物实际价值的，可以请求人民法院委托有资质的机构评估或者拍卖确定。

五、其他规定

第二十四条 出卖人与买受人因买卖合同发生纠纷，或者出租人与承租人因融资租赁合同发生纠纷，当事人仅对其中一个合同关系提起诉讼，人民法院经审查后认为另一合同关系的当事人与案件处理结果有法律上的利害关系的，可以通知其作为第三人参加诉讼。

承租人与租赁物的实际使用人不一致，融资租赁合同当事人未对租赁物的实际使用人提起诉讼，人民法院经审查后认为租赁物的实际使用人与案件处理结果有法律上的利害关系的，可以通知其作为第三人参加诉讼。

承租人基于买卖合同和融资租赁合同直接向出卖人主张受领租赁物、索赔等买卖合同权利的，人民法院应通知出租人作为第三人参加诉讼。

第二十五条 当事人因融资租赁合同租金欠付争议向人民法院请求保护其权利的诉讼时效期间为两年，自租赁期限届满之日起计算。

第二十六条 本解释自2014年3月1日起施行。《最高人民法院关于审理融资租赁合同纠纷案件若干问题的规定》（法发〔1996〕19号）同时废止。

本解释施行后尚未终审的融资租赁合同纠纷案件，适用本解释；本解释施行前已经终审，当事人申请再审或者按照审判监督程序决定再审的，不适用本解释。

第四章　公司股权融资法律政策

导　读

股权融资相对于本书第三章的债权融资而言，其优点在于不产生债务，但缺点同样显著，即股权融资前的股东的股权比例会被稀释，从而导致其对公司控制权的弱化甚至丧失。然而，有意进行股权融资的公司的股东也无需过于警惕，因为并非所有投资者对公司的控制权都表现出极大的兴趣。事实上，不同类型的投资者因其入股公司的动机不同而导致其对公司控制权的关注度各异，所以原股东应当充分了解投资者的真实意图，并以此确定是否接受其投资及以何种策略与之进行谈判和最终投资条款的订立。

一般而言，股权投资者分为两类，第一类即财务投资者，他们的关注点在于投资的中期回报，而不是最终的控制权。因此，他们一般只会在股东会的层面上参与公司影响其投资回报的重大决策，而很少参与公司日常的经营管理。当然，为确保其对公司资金使用信息的掌握，财务投资者一般会在投资协议中约定向其投资的公司派驻财务管理人。本章第1节编录私募股权融资和风险投资方面的管理规定，与这两类投资相关的投资者即属财务投资者。此类投资者本身对取得公司控制权一般并无兴趣，他们或为年轻公司有经济价值的创意、理念转变为实实在在的财富雪中送炭，或为成熟公司突破资金限制实现上一个台阶的高速发展助一臂之力，然后通过股权价值的增长取得利益，以各种方式退出公司。即便自2008年金融危机以来，出现了一些财务投资者因其与所投资公司的老股东之间的对赌协议而取得公司控制权的情形，但这仍非财务投资者的本意。

另一类投资者即战略投资者，他们和财务投资者的不同之处在于，战略投资者在相关行业往往占有一席之地，或者说至少是业内人士，其作出投资决定一般基于长期的战略性考虑，因此会密切关注所投资公司的控制权。对于来自境内的资本，目前尚无针对性的法律规范；而对于来源于境外的资本，出于对经济、产业安全等众多因素的考量，存在诸多法律规范，本章第2、3节即编录了这些法律规定。

若以是否在证券市场公开发行股票区分股权融资种类，可以分为私募和公募两类。私募即通过非公开市场募集资本，本章第1、2、3节均可谓广义上的私募；公募即在境内外证券市场公开发行股票，这也正是本章第4、5节所涉及的内容。

一、私募股权融资及风险投资

导 读

私募基金(Private Equity,简称PE),就是通过非公开募集方式募集,投资者收益共享、风险共担的资金组合。根据投资对象的不同,可分为私募证券投资基金和私募股权投资基金两类。本节所述为私募股权投资基金。

私募股权投资基金主要表现为,通过私募而非向公众募集的方式筹集资金,对非上市公司进行股权投资,取得目标公司的股权,并通过行使股东权利,介入目标公司的经营和管理,使其快速发展,实现股权的多倍甚至数十倍增值,最后通过不同的退出方式,如目标公司上市、转让股权等,转让所持有的股权获利。

风险投资(Venture Capital,简称VC),又译为风险资本,或称创业投资。是指由专业投资人提供的专门投资于快速成长并且具有很大升值潜力的新兴公司的股权,并为之提供创业管理服务,以期获取资本增值收益的一种资本。从本质上讲,风险投资是私募基金的一种,最显著的区别在于风险投资通常投资于创业型、风险较高的新型产业,其中包括投资于种子期的所谓天使投资者,而私募基金一般投资于已形成一定规模并产生稳定现金流的成熟企业。风险投资一般通过筹集资金成立风险投资基金运作,这些基金一般以有限合伙制为组织形式。但是,也有一些风险投资是产业附属投资公司,即非金融性产业公司下属的独立风险投资机构。在我国,甚至还有政府设立的创业投资基金、企业投资引导基金或者产业投资基金。

本节收录的法规主要是调整规范私募基金、创业投资企业的专门性法规,从设立条件、申请程序、投资运作、政策优惠、组织形式等方面做出规定。而作为融资公司而言,通过私募基金、风险投资基金进行融资时,包括投资谈判、尽职调查、签订协议、融入资金和工商变更登记等方面,更多的应当适用《公司法》《合同法》等方面的法律规定。

1. 中华人民共和国合伙企业法

（2006 年 8 月 27 日第十届全国人民代表大会常务委员会第二十三次会议修订通过，2006 年 8 月 27 日主席令第 55 号发布，自 2007 年 6 月 1 日起施行）

目 录

第一章 总 则

第一条 【立法目的】为了规范合伙企业的行为，保护合伙企业及其合伙人、债权人的合法权益，维护社会经济秩序，促进社会主义市场经济的发展，制定本法。

第二条 【调整范围】本法所称合伙企业，是指自然人、法人和其他组织依照本法在中国境内设立的普通合伙企业和有限合伙企业。

普通合伙企业由普通合伙人组成，合伙人对合伙企业债务承担无限连带责任。本法对普通合伙人承担责任的形式有特别规定的，从其规定。

有限合伙企业由普通合伙人和有限合伙人组成，普通合伙人对合伙企业债务承担无限连带责任，有限合伙人以其认缴的出资额为限对合伙企业债务承担责任。

第三条 【不得成为普通合伙人的主体】国有独资公司、国有企业、上市公司以及公益性的事业单位、社会团体不得成为普通合伙人。

第四条 【合伙协议】合伙协议依法由全体合伙人协商一致、以书面形式订立。

第五条 【自愿、平等、公平、诚实信用原则】订立合伙协议、设立合伙企业，应当遵循自愿、平等、公平、诚实信用原则。

第六条 【所得税的缴纳】合伙企业的生产经营所得和其他所得，按照国家有关税收规定，由合伙人分别缴纳所得税。

第七条 【合伙企业及其合伙人的义务】合伙企业及其合伙人必须遵守法律、行政法规，遵守社会公德、商业道德，承担社会责任。

第八条 【合伙企业及其合伙人的合法财产及其权益受法律保护】合伙企业及其合伙人的合法财产及其权益受法律保护。

第九条 【申请设立应提交的文件】申请设立合伙企业，应当向企业登记机关提交登记申请书、合伙协议书、合伙人身份证明等文件。

合伙企业的经营范围中有属于法律、行政法规规定在登记前须经批准的项目的，该项经营业务应当依法经过批准，并在登记时提交批准文件。

第十条 【登记程序】申请人提交的登记申请材料齐全、符合法定形式，企业登记机关能够当场登记的，应予当场登记，发给营业执照。

除前款规定情形外，企业登记机关应当自受理申请之日起二十日内，作出是否登记的决定。予以登记的，发给营业执照；不予登记的，应当给予书面答复，并说明理由。

第十一条 【成立日期】合伙企业的营业执照签发日期，为合伙企业成立日期。

合伙企业领取营业执照前，合伙人不得以合伙企业名义从事合伙业务。

第十二条 【设立分支机构】合伙企业设立分支机构，应当向分支机构所在地的企业登记机关申请登记，领取营业执照。

第十三条 【变更登记】合伙企业登记事项发生变更的，执行合伙事务的合伙人应当自作出变更决定或者发生变更事由之日起十五日内，向企业登记机关申请办理变更登记。

第二章　普通合伙企业

第一节　合伙企业设立

第十四条　【设立合伙企业应具备的条件】设立合伙企业，应当具备下列条件：

（一）有二个以上合伙人。合伙人为自然人的，应当具有完全民事行为能力；

（二）有书面合伙协议；

（三）有合伙人认缴或者实际缴付的出资；

（四）有合伙企业的名称和生产经营场所；

（五）法律、行政法规规定的其他条件。

第十五条　【名称】合伙企业名称中应当标明“普通合伙”字样。

第十六条　【出资方式】合伙人可以用货币、实物、知识产权、土地使用权或者其他财产权利出资，也可以用劳务出资。

合伙人以实物、知识产权、土地使用权或者其他财产权利出资，需要评估作价的，可以由全体合伙人协商确定，也可以由全体合伙人委托法定评估机构评估。

合伙人以劳务出资的，其评估办法由全体合伙人协商确定，并在合伙协议中载明。

第十七条　【出资义务的履行】合伙人应当按照合伙协议约定的出资方式、数额和缴付期限，履行出资义务。

以非货币财产出资的，依照法律、行政法规的规定，需要办理财产权转移手续的，应当依法办理。

第十八条　【合伙协议的内容】合伙协议应当载明下列事项：

（一）合伙企业的名称和主要经营场所的地点；

（二）合伙目的和合伙经营范围；

（三）合伙人的姓名或者名称、住所；

（四）合伙人的出资方式、数额和缴付期限；

（五）利润分配、亏损分担方式；

（六）合伙事务的执行；

（七）入伙与退伙；

（八）争议解决办法；

（九）合伙企业的解散与清算；

（十）违约责任。

第十九条　【合伙协议生效、效力和修改、补充】合伙协议经全体合伙人签名、盖章后生效。合伙人按照合伙协议享有权利，履行义务。

修改或者补充合伙协议，应当经全体合伙人一致同意；但是，合伙协议另有约定的除外。

合伙协议未约定或者约定不明确的事项，由合伙人协商决定；协商不成的，依照本法和其他有关法律、行政法规的规定处理。

第二节　合伙企业财产

第二十条　【合伙企业财产构成】合伙人的出资、以合伙企业名义取得的收益和依法取得的其他财产，均为合伙企业的财产。

第二十一条　【在合伙企业清算前不得请求分割合伙企业财产】合伙人在合伙企业清算前，不得请求分割合伙企业的财产；但是，本法另有规定的除外。

合伙人在合伙企业清算前私自转移或者处分合伙企业财产的，合伙企业不得以此对抗善意第三人。

第二十二条　【转让合伙企业中的财产份额】除合伙协议另有约定外，合伙人向合伙人以外的人转让其在合伙企业中的全部或者部分财产份额时，须经其他合伙人一致同意。

合伙人之间转让在合伙企业中的全部或者部分财产份额时，应当通知其他合伙人。

第二十三条　【优先购买权】合伙人向合伙人以外的人转让其在合伙企业中的财产份额的，在同等条件下，其他合伙人有优先购买权；但是，合伙协议另有约定的除外。

第二十四条　【受让人成为合伙人】合伙人以外的人依法受让合伙人在合伙企业中的财产份额的，经修改合伙协议即成为合伙企业的合伙人，依照本法和修改后的合伙协议享有权利，履行义务。

第二十五条　【以合伙企业财产份额出质】合伙人以其在合伙企业中的财产份额出质的，须经其他合伙人一致同意；未经其他合伙人一致同意，其行为无效，由此给善意第三人造成损失的，由行为人依法承担赔偿责任。

第三节　合伙事务执行

第二十六条　【合伙事务的执行】合伙人对执行合伙事务享有同等的权利。

按照合伙协议的约定或者经全体合伙人决定，可以委托一个或者数个合伙人对外代表合伙企业，执行合伙事务。

作为合伙人的法人、其他组织执行合伙事务的，由其委派的代表执行。

第二十七条　【不执行合伙事务的合伙人的监督权】依照本法第二十六条第二款规定委托一个或者数个合伙人执行合伙事务的，其他合伙人不再执行合伙事务。

不执行合伙事务的合伙人有权监督执行事务合伙人执行合伙事务的情况。

第二十八条　【执行事务合伙人的报告义务、权利义务承担及合伙人查阅财务资料权】由一个或者数个合伙人执行合伙事务的，执行事务合伙人应当定期向其他合伙人报告事务执行情况以及合伙企业的经营和财务状况，其执行合伙事务所产生的收益归合伙企业，所产生的费用和亏损由合伙企业承担。

合伙人为了解合伙企业的经营状况和财务状况，有权查阅合伙企业会计账簿等财务资料。

第二十九条　【提出异议权和撤销委托权】合伙人分别执行合伙事务的，执行事务合伙人可以对其他合伙人执行的事务提出异议。提出异议时，应当暂停该项事务的执行。如果发生争议，依照本法第三十条规定作出决定。

受委托执行合伙事务的合伙人不按照合伙协议或者全体合伙人的决定执行事务的，其他合伙人可以决定撤销该委托。

第三十条　【合伙企业有关事项的表决办法】合伙人对合伙企业有关事项作出决议，按照合伙协议约定的表决办法办理。合伙协议未约定或者约定不明确的，实行合伙人一人一票并经全体合伙人过半数通过的表决办法。

本法对合伙企业的表决办法另有规定的，从其规定。

第三十一条　【须经全体合伙人一致同意的事项】除合伙协议另有约定外，合伙企业的下列事项应当经全体合伙人一致同意：

（一）改变合伙企业的名称；

（二）改变合伙企业的经营范围、主要经营场所的地点；

（三）处分合伙企业的不动产；

（四）转让或者处分合伙企业的知识产权和其他财产权利；

（五）以合伙企业名义为他人提供担保；

（六）聘任合伙人以外的人担任合伙企业的经营管理人员。

第三十二条　【竞业禁止和限制合伙人同本合伙企业交易】合伙人不得自营或者同他人合作经营与本合伙企业相竞争的业务。

除合伙协议另有约定或者经全体合伙人一致同意外，合伙人不得同本合伙企业进行交易。

合伙人不得从事损害本合伙企业利益的活动。

第三十三条　【利润分配和亏损分担】合伙企业的利润分配、亏损分担，按照合伙协议的约定办理；合伙协议未约定或者约定不明确的，由合伙人协商决定；协商不成的，由合伙人按照实缴出资比例分配、分担；无法确定出资比例的，由合伙人平均分配、分担。

合伙协议不得约定将全部利润分配给部分合伙人或者由部分合伙人承担全部亏损。

第三十四条　【增加或减少对合伙企业的出资】合伙人按照合伙协议的约定或者经全体合伙人决定，可以增加或者减少对合伙企业的出资。

第三十五条　【经营管理人员】被聘任的合伙企业的经营管理人员应当在合伙企业授权范围内履行职务。

被聘任的合伙企业的经营管理人员，超越合伙企业授权范围履行职务，或者在履行职务过程中因故意或者重大过失给合伙企业造成损失的，依法承担赔偿责任。

第三十六条　【财务、会计制度】合伙企业应当依照法律、行政法规的规定建立企业财务、会计制度。

第四节　合伙企业与第三人关系

第三十七条　【保护善意第三人】合伙企业对合伙人执行合伙事务以及对外代表合伙企业权利的限制，不得对抗善意第三人。

第三十八条　【合伙企业对其债务先以其全部财产进行清偿】合伙企业对其债务，应先以其全部财产进行清偿。

第三十九条　【无限连带责任】合伙企业不能清偿到期债务的，合伙人承担无限连带责任。

第四十条　【追偿权】合伙人由于承担无限连带责任，清偿数额超过本法第三十三条第一款规定的其亏损分担比例的，有权向其他合伙人追偿。

第四十一条　【相关债权人抵销权和代位权的限制】合伙人发生与合伙企业无关的债务，相关债权人不得以其债权抵销其对合伙企业的债务；也不得代位行使合伙人在合伙企业中的权利。

第四十二条　【以合伙企业中的财产份额偿还债务】合伙人的自有财产不足清偿其与合伙企业无关的债务的，该合伙人可以以其从合伙企业中分取的收益用于清偿；债权人也可以依法请求人民法院强制执行该合伙人在合伙企业中的财产份额用于清偿。

人民法院强制执行合伙人的财产份额时，应当通知全体合伙人，其他合伙人有优先购买权；其他合伙人未购买，又不同意将该财产份额转让给他人的，依照本法第五十一条的规定为该合伙人办理退伙结算，或者办理削减该合伙人相应财产份额的结算。

第五节　入伙、退伙

第四十三条　【入伙】新合伙人入伙，除合伙协议另有约定外，应当经全体合伙人一致同意，并依法订立书面入伙协议。

订立入伙协议时，原合伙人应当向新合伙人如实告知原合伙企业的经营状况和财务状况。

第四十四条　【新合伙人的权利、责任】入伙的新合伙人与原合伙人享有同等权利，承担同等责任。入伙协议另有约定的，从其约定。

新合伙人对入伙前合伙企业的债务承担无限连带责任。

第四十五条　【约定合伙期限的退伙】合伙协议约定合伙期限的，在合伙企业存续期间，有下列情形之一的，合伙人可以退伙：

（一）合伙协议约定的退伙事由出现；

（二）经全体合伙人一致同意；

（三）发生合伙人难以继续参加合伙的事由；

（四）其他合伙人严重违反合伙协议约定的义务。

第四十六条　【未约定合伙期限的退伙】合伙协议未约定合伙期限的，合伙人在不给合伙企业事务执行造成不利影响的情况下，可以退伙，但应当提前三十日通知其他合伙人。

第四十七条　【违规退伙的法律责任】合伙人违反本法第四十五条、第四十六条的规定退伙的，应当赔偿由此给合伙企业造成的损失。

第四十八条　【当然退伙】合伙人有下列情形之一的，当然退伙：

（一）作为合伙人的自然人死亡或者被依法宣告死亡；

（二）个人丧失偿债能力；

（三）作为合伙人的法人或者其他组织依法被吊销营业执照、责令关闭、撤销，或者被宣告破产；

（四）法律规定或者合伙协议约定合伙人必须具有相关资格而丧失该资格；

（五）合伙人在合伙企业中的全部财产份额被人民法院强制执行。

合伙人被依法认定为无民事行为能力人或者限制民事行为能力人的，经其他合伙人一致同意，可以依法转为有限合伙人，普通合伙企业依法转为有限合伙企业。其他合伙人未能一致同意的，该无民事行为能力或者限制民事行为能力的合伙人退伙。

退伙事由实际发生之日为退伙生效日。

第四十九条　【除名退伙】合伙人有下列情形之一的，经其他合伙人一致同意，可以决议将其除名：

（一）未履行出资义务；

（二）因故意或者重大过失给合伙企业造成损失；

（三）执行合伙事务时有不正当行为；

（四）发生合伙协议约定的事由。

对合伙人的除名决议应当书面通知被除名人。被除名人接到除名通知之日，除名生效，被除名人退伙。

被除名人对除名决议有异议的，可以自接到除名通知之日起三十日内，向人民法院起诉。

第五十条　【合伙人死亡时财产份额的继承】合伙人死亡或者被依法宣告死亡的，对该合伙人在合伙企业中的财产份额享有合法继承权的继承人,按照合伙协议的约定或者经全体合伙人一致同意,从继承开始之日起,取得该合伙企业的合伙人资格。

有下列情形之一的,合伙企业应当向合伙人的继承人退还被继承合伙人的财产份额:

(一)继承人不愿意成为合伙人;

(二)法律规定或者合伙协议约定合伙人必须具有相关资格,而该继承人未取得该资格;

(三)合伙协议约定不能成为合伙人的其他情形。

合伙人的继承人为无民事行为能力人或者限制民事行为能力人的,经全体合伙人一致同意,可以依法成为有限合伙人,普通合伙企业依法转为有限合伙企业。全体合伙人未能一致同意的,合伙企业应当将被继承合伙人的财产份额退还该继承人。

第五十一条 【退伙结算】合伙人退伙,其他合伙人应当与该退伙人按照退伙时的合伙企业财产状况进行结算,退还退伙人的财产份额。退伙人对给合伙企业造成的损失负有赔偿责任的,相应扣减其应当赔偿的数额。

退伙时有未了结的合伙企业事务的,待该事务了结后进行结算。

第五十二条 【退伙人财产份额的退还办法】退伙人在合伙企业中财产份额的退还办法,由合伙协议约定或者由全体合伙人决定,可以退还货币,也可以退还实物。

第五十三条 【退伙人对退伙前企业债务的责任】退伙人对基于其退伙前的原因发生的合伙企业债务,承担无限连带责任。

第五十四条 【退伙时分担亏损】合伙人退伙时,合伙企业财产少于合伙企业债务的,退伙人应当依照本法第三十三条第一款的规定分担亏损。

第六节 特殊的普通合伙企业

第五十五条 【特殊普通合伙企业的设立】以专业知识和专门技能为客户提供有偿服务的专业服务机构,可以设立为特殊的普通合伙企业。

特殊的普通合伙企业是指合伙人依照本法第五十七条的规定承担责任的普通合伙企业。

特殊的普通合伙企业适用本节规定;本节未作规定的,适用本章第一节至第五节的规定。

第五十六条 【名称】特殊的普通合伙企业名称中应当标明“特殊普通合伙”字样。

第五十七条 【责任形式】一个合伙人或者数个合伙人在执业活动中因故意或者重大过失造成合伙企业债务的,应当承担无限责任或者无限连带责任,其他合伙人以其在合伙企业中的财产份额为限承担责任。

合伙人在执业活动中非因故意或者重大过失造成的合伙企业债务以及合伙企业的其他债务,由全体合伙人承担无限连带责任。

第五十八条 【合伙人过错的赔偿责任】合伙人执业活动中因故意或者重大过失造成的合伙企业债务,以合伙企业财产对外承担责任后,该合伙人应当按照合伙协议的约定对给合伙企业造成的损失承担赔偿责任。

第五十九条 【执业风险基金和职业保险】特殊的普通合伙企业应当建立执业风险基金、办理职业保险。

执业风险基金用于偿付合伙人执业活动造成的债务。执业风险基金应当单独立户管理。具体管理办法由国务院规定。

第三章 有限合伙企业

第六十条 【有限合伙企业的法律适用】有限合伙企业及其合伙人适用本章规定;本章未作规定的,适用本法第二章第一节至第五节关于普通合伙企业及其合伙人的规定。

第六十一条 【合伙人人数以及要求】有限合伙企业由二个以上五十个以下合伙人设立;但是,法律另有规定的除外。

有限合伙企业至少应当有一个普通合伙人。

第六十二条 【名称】有限合伙企业名称中应当标明“有限合伙”字样。

第六十三条 【合伙协议内容】合伙协议除符合本法第十八条的规定外,还应当载明下列事项:

(一)普通合伙人和有限合伙人的姓名或者名称、住所;

(二)执行事务合伙人应具备的条件和选择程序;

(三)执行事务合伙人权限与违约处理办法;

（四）执行事务合伙人的除名条件和更换程序；

（五）有限合伙人入伙、退伙的条件、程序以及相关责任；

（六）有限合伙人和普通合伙人相互转变程序。

第六十四条 【出资方式】有限合伙人可以用货币、实物、知识产权、土地使用权或者其他财产权利作价出资。

有限合伙人不得以劳务出资。

第六十五条 【出资义务的履行】有限合伙人应当按照合伙协议的约定按期足额缴纳出资；未按期足额缴纳的，应当承担补缴义务，并对其他合伙人承担违约责任。

第六十六条 【登记事项】有限合伙企业登记事项中应当载明有限合伙人的姓名或者名称及认缴的出资数额。

第六十七条 【合伙事务执行】有限合伙企业由普通合伙人执行合伙事务。执行事务合伙人可以要求在合伙协议中确定执行事务的报酬及报酬提取方式。

第六十八条 【合伙事务执行禁止】有限合伙人不执行合伙事务，不得对外代表有限合伙企业。

有限合伙人的下列行为，不视为执行合伙事务：

（一）参与决定普通合伙人入伙、退伙；

（二）对企业的经营管理提出建议；

（三）参与选择承办有限合伙企业审计业务的会计师事务所；

（四）获取经审计的有限合伙企业财务会计报告；

（五）对涉及自身利益的情况，查阅有限合伙企业财务会计账簿等财务资料；

（六）在有限合伙企业中的利益受到侵害时，向有责任的合伙人主张权利或者提起诉讼；

（七）执行事务合伙人怠于行使权利时，督促其行使权利或者为了本企业的利益以自己的名义提起诉讼；

（八）依法为本企业提供担保。

第六十九条 【利润分配】有限合伙企业不得将全部利润分配给部分合伙人；但是，合伙协议另有约定的除外。

第七十条 【有限合伙人与本有限合伙企业交易】有限合伙人可以同本有限合伙企业进行交易；但是，合伙协议另有约定的除外。

第七十一条 【有限合伙人经营与本有限合伙企业相竞争业务】有限合伙人可以自营或者同他人合作经营与本有限合伙企业相竞争的业务；但是，合伙协议另有约定的除外。

第七十二条 【有限合伙人财产份额的出质】有限合伙人可以将其在有限合伙企业中的财产份额出质；但是，合伙协议另有约定的除外。

第七十三条 【有限合伙人财产份额对外转让】有限合伙人可以按照合伙协议的约定向合伙人以外的人转让其在有限合伙企业中的财产份额，但应当提前三十日通知其他合伙人。

第七十四条 【有限合伙人以合伙企业中的财产份额偿还债务】有限合伙人的自有财产不足清偿其与合伙企业无关的债务的，该合伙人可以以其从有限合伙企业中分取的收益用于清偿；债权人也可以依法请求人民法院强制执行该合伙人在有限合伙企业中的财产份额用于清偿。

人民法院强制执行有限合伙人的财产份额时，应当通知全体合伙人。在同等条件下，其他合伙人有优先购买权。

第七十五条 【合伙人结构变化时的处理】有限合伙企业仅剩有限合伙人的，应当解散；有限合伙企业仅剩普通合伙人的，转为普通合伙企业。

第七十六条 【表见代理及无权代理】第三人有理由相信有限合伙人为普通合伙人并与其交易的，该有限合伙人对该笔交易承担与普通合伙人同样的责任。

有限合伙人未经授权以有限合伙企业名义与他人进行交易，给有限合伙企业或者其他合伙人造成损失的，该有限合伙人应当承担赔偿责任。

第七十七条 【新入伙有限合伙人的责任】新入伙的有限合伙人对入伙前有限合伙企业的债务，以其认缴的出资额为限承担责任。

第七十八条 【有限合伙人当然退伙】有限合伙人有本法第四十八条第一款第一项、第三项至第五项所列情形之一的，当然退伙。

第七十九条 【有限合伙人丧失民事行为能力时不得被退伙】作为有限合伙人的自然人在有

限合伙企业存续期间丧失民事行为能力的，其他合伙人不得因此要求其退伙。

第八十条　【有限合伙人死亡或者终止时的资格继受】作为有限合伙人的自然人死亡、被依法宣告死亡或者作为有限合伙人的法人及其他组织终止时，其继承人或者权利承受人可以依法取得该有限合伙人在有限合伙企业中的资格。

第八十一条　【有限合伙人退伙后的责任承担】有限合伙人退伙后，对基于其退伙前的原因发生的有限合伙企业债务，以其退伙时从有限合伙企业中取回的财产承担责任。

第八十二条　【合伙人类型转变】除合伙协议另有约定外，普通合伙人转变为有限合伙人，或者有限合伙人转变为普通合伙人，应当经全体合伙人一致同意。

第八十三条　【有限合伙人转变为普通合伙人的债务承担】有限合伙人转变为普通合伙人的，对其作为有限合伙人期间有限合伙企业发生的债务承担无限连带责任。

第八十四条　【普通合伙人转变为有限合伙人的债务承担】普通合伙人转变为有限合伙人的，对其作为普通合伙人期间合伙企业发生的债务承担无限连带责任。

第四章　合伙企业解散、清算

第八十五条　【解散的情形】合伙企业有下列情形之一的，应当解散：

（一）合伙期限届满，合伙人决定不再经营；

（二）合伙协议约定的解散事由出现；

（三）全体合伙人决定解散；

（四）合伙人已不具备法定人数满三十天；

（五）合伙协议约定的合伙目的已经实现或者无法实现；

（六）依法被吊销营业执照、责令关闭或者被撤销；

（七）法律、行政法规规定的其他原因。

第八十六条　【清算】合伙企业解散，应当由清算人进行清算。

清算人由全体合伙人担任；经全体合伙人过半数同意，可以自合伙企业解散事由出现后十五日内指定一个或者数个合伙人，或者委托第三人，担任清算人。

自合伙企业解散事由出现之日起十五日内未确定清算人的，合伙人或者其他利害关系人可以申请人民法院指定清算人。

第八十七条　【清算人在清算期间所执行的事务】清算人在清算期间执行下列事务：

（一）清理合伙企业财产，分别编制资产负债表和财产清单；

（二）处理与清算有关的合伙企业未了结事务；

（三）清缴所欠税款；

（四）清理债权、债务；

（五）处理合伙企业清偿债务后的剩余财产；

（六）代表合伙企业参加诉讼或者仲裁活动。

第八十八条　【债权申报】清算人自被确定之日起十日内将合伙企业解散事项通知债权人，并于六十日内在报纸上公告。债权人应当自接到通知书之日起三十日内，未接到通知书的自公告之日起四十五日内，向清算人申报债权。

债权人申报债权，应当说明债权的有关事项，并提供证明材料。清算人应当对债权进行登记。

清算期间，合伙企业存续，但不得开展与清算无关的经营活动。

第八十九条　【清偿顺序】合伙企业财产在支付清算费用和职工工资、社会保险费用、法定补偿金以及缴纳所欠税款、清偿债务后的剩余财产，依照本法第三十三条第一款的规定进行分配。

第九十条　【注销】清算结束，清算人应当编制清算报告，经全体合伙人签名、盖章后，在十五日内向企业登记机关报送清算报告，申请办理合伙企业注销登记。

第九十一条　【注销后原普通合伙人的责任】合伙企业注销后，原普通合伙人对合伙企业存续期间的债务仍应承担无限连带责任。

第九十二条　【破产】合伙企业不能清偿到期债务的，债权人可以依法向人民法院提出破产清算申请，也可以要求普通合伙人清偿。

合伙企业依法被宣告破产的，普通合伙人对合伙企业债务仍应承担无限连带责任。

第五章　法律责任

第九十三条　【骗取企业登记的法律责任】

违反本法规定，提交虚假文件或者采取其他欺骗手段，取得合伙企业登记的，由企业登记机关责令改正，处以五千元以上五万元以下的罚款；情节严重的，撤销企业登记，并处以五万元以上二十万元以下的罚款。

第九十四条　【名称中未标明法定字样的法律责任】违反本法规定，合伙企业未在其名称中标明“普通合伙”、“特殊普通合伙”或者“有限合伙”字样的，由企业登记机关责令限期改正，处以二千元以上一万元以下的罚款。

第九十五条　【未领取营业执照，擅自从事合伙业务及未依法办理变更登记的法律责任】违反本法规定，未领取营业执照，而以合伙企业或者合伙企业分支机构名义从事合伙业务的，由企业登记机关责令停止，处以五千元以上五万元以下的罚款。

合伙企业登记事项发生变更时，未依照本法规定办理变更登记的，由企业登记机关责令限期登记；逾期不登记的，处以二千元以上二万元以下的罚款。

合伙企业登记事项发生变更，执行合伙事务的合伙人未按期申请办理变更登记的，应当赔偿由此给合伙企业、其他合伙人或者善意第三人造成的损失。

第九十六条　【侵占合伙企业财产的法律责任】合伙人执行合伙事务，或者合伙企业从业人员利用职务上的便利，将应当归合伙企业的利益据为己有的，或者采取其他手段侵占合伙企业财产的，应当将该利益和财产退还合伙企业；给合伙企业或者其他合伙人造成损失的，依法承担赔偿责任。

第九十七条　【擅自处理合伙事务的法律责任】合伙人对本法规定或者合伙协议约定必须经全体合伙人一致同意始得执行的事务擅自处理，给合伙企业或者其他合伙人造成损失的，依法承担赔偿责任。

第九十八条　【擅自执行合伙事务的法律责任】不具有事务执行权的合伙人擅自执行合伙事务，给合伙企业或者其他合伙人造成损失的，依法承担赔偿责任。

第九十九条　【违反竞业禁止或与本合伙企业进行交易的规定的法律责任】合伙人违反本法规定或者合伙协议的约定，从事与本合伙企业相竞争的业务或者与本合伙企业进行交易的，该收益归合伙企业所有；给合伙企业或者其他合伙人造成损失的，依法承担赔偿责任。

第一百条　【未依法报送清算报告的法律责任】清算人未依照本法规定向企业登记机关报送清算报告，或者报送清算报告隐瞒重要事实，或者有重大遗漏的，由企业登记机关责令改正。由此产生的费用和损失，由清算人承担和赔偿。

第一百零一条　【清算人执行清算事务时牟取非法收入或侵占合伙企业财产的法律责任】清算人执行清算事务，牟取非法收入或者侵占合伙企业财产的，应当将该收入和侵占的财产退还合伙企业；给合伙企业或者其他合伙人造成损失的，依法承担赔偿责任。

第一百零二条　【清算人违法隐匿、转移合伙企业财产，对资产负债表或者财产清单作虚假记载，或者在未清偿债务前分配财产的法律责任】清算人违反本法规定，隐匿、转移合伙企业财产，对资产负债表或者财产清单作虚假记载，或者在未清偿债务前分配财产，损害债权人利益的，依法承担赔偿责任。

第一百零三条　【合伙人违反合伙协议的法律责任及争议解决方式】合伙人违反合伙协议的，应当依法承担违约责任。

合伙人履行合伙协议发生争议的，合伙人可以通过协商或者调解解决。不愿通过协商、调解解决或者协商、调解不成的，可以按照合伙协议约定的仲裁条款或者事后达成的书面仲裁协议，向仲裁机构申请仲裁。合伙协议中未订立仲裁条款，事后又没有达成书面仲裁协议的，可以向人民法院起诉。

第一百零四条　【行政管理机关工作人员滥用职权、徇私舞弊、收受贿赂、侵害合伙企业合法权益的法律责任】有关行政管理机关的工作人员违反本法规定，滥用职权、徇私舞弊、收受贿赂、侵害合伙企业合法权益的，依法给予行政处分。

第一百零五条　【刑事责任】违反本法规定，构成犯罪的，依法追究刑事责任。

第一百零六条　【民事赔偿责任和罚款、罚金的承担顺序】违反本法规定，应当承担民事赔偿责任和缴纳罚款、罚金，其财产不足以同时支付的，先承担民事赔偿责任。

第六章　附　则

第一百零七条　【非企业专业服务机构采取合伙制的法律适用】非企业专业服务机构依据有关法律采取合伙制的，其合伙人承担责任的形式可以适用本法关于特殊的普通合伙企业合伙人承担责任的规定。

第一百零八条　【外国企业或个人在中国境内设立合伙企业的管理办法的制定】外国企业或者个人在中国境内设立合伙企业的管理办法由国务院规定。

第一百零九条　【实施日期】本法自 2007 年 6 月 1 日起施行。

2. 外国企业或者个人在中国境内设立合伙企业管理办法

（2009 年 8 月 19 日国务院第 77 次常务会议通过，2009 年 11 月 25 日国务院令第 567 号发布，自 2010 年 3 月 1 日起施行）

第一条　为了规范外国企业或者个人在中国境内设立合伙企业的行为，便于外国企业或者个人以设立合伙企业的方式在中国境内投资，扩大对外经济合作和技术交流，根据《中华人民共和国合伙企业法》（以下称《合伙企业法》），制定本办法。

第二条　本办法所称外国企业或者个人在中国境内设立合伙企业，是指 2 个以上外国企业或者个人在中国境内设立合伙企业，以及外国企业或者个人与中国的自然人、法人和其他组织在中国境内设立合伙企业。

第三条　外国企业或者个人在中国境内设立合伙企业，应当遵守《合伙企业法》以及其他有关法律、行政法规、规章的规定，符合有关外商投资的产业政策。

外国企业或者个人在中国境内设立合伙企业，其合法权益受法律保护。

国家鼓励具有先进技术和管理经验的外国企业或者个人在中国境内设立合伙企业，促进现代服务业等产业的发展。

第四条　外国企业或者个人用于出资的货币应当是可自由兑换的外币，也可以是依法获得的人民币。

第五条　外国企业或者个人在中国境内设立合伙企业，应当由全体合伙人指定的代表或者共同委托的代理人向国务院工商行政管理部门授权的地方工商行政管理部门（以下称企业登记机关）申请设立登记。

申请设立登记，应当向企业登记机关提交《中华人民共和国合伙企业登记管理办法》规定的文件以及符合外商投资产业政策的说明。

企业登记机关予以登记的，应当同时将有关登记信息向同级商务主管部门通报。

第六条　外国企业或者个人在中国境内设立的合伙企业（以下称外商投资合伙企业）的登记事项发生变更的，应当依法向企业登记机关申请变更登记。

第七条　外商投资合伙企业解散的，应当依照《合伙企业法》的规定进行清算。清算人应当自清算结束之日起 15 日内，依法向企业登记机关办理注销登记。

第八条　外商投资合伙企业的外国合伙人全部退伙，该合伙企业继续存续的，应当依法向企业登记机关申请变更登记。

第九条　外商投资合伙企业变更登记或者注销登记的，企业登记机关应当同时将有关变更登记或者注销登记的信息向同级商务主管部门通报。

第十条　外商投资合伙企业的登记管理事宜，本办法未作规定的，依照《中华人民共和国合伙企业登记管理办法》和国家有关规定执行。

第十一条　外国企业或者个人在中国境内设立合伙企业涉及的财务会计、税务、外汇以及海关、人员出入境等事宜，依照有关法律、行政法规和国家有关规定办理。

第十二条　中国的自然人、法人和其他组织在中国境内设立的合伙企业，外国企业或者个人入伙的，应当符合本办法的有关规定，并依法向企业登记机关申请变更登记。

第十三条 外国企业或者个人在中国境内设立合伙企业涉及须经政府核准的投资项目的，依照国家有关规定办理投资项目核准手续。

第十四条 国家对外国企业或者个人在中国境内设立以投资为主要业务的合伙企业另有规定的，依照其规定。

第十五条 香港特别行政区、澳门特别行政区和台湾地区的企业或者个人在内地设立合伙企业，参照本办法的规定执行。

第十六条 本办法自2010年3月1日起施行。

3. 外商投资合伙企业登记管理规定

（2010年1月29日国家工商行政管理总局令第47号公布，根据2014年2月20日国家工商行政管理总局令第63号公布的《国家工商行政管理总局关于修改〈中华人民共和国企业法人登记管理条例施行细则〉、〈外商投资合伙企业登记管理规定〉、〈个人独资企业登记管理办法〉、〈个体工商户登记管理办法〉等规章的决定》修订，2014年2月20日国家工商行政管理总局令第63号发布，自2014年3月1日起施行）

第一章 总 则

第一条 为了规范外国企业或者个人在中国境内设立合伙企业的行为，便于外国企业或者个人以设立合伙企业的方式在中国境内投资，扩大对外经济合作和技术交流，依据《中华人民共和国合伙企业法》（以下简称《合伙企业法》）、《外国企业或者个人在中国境内设立合伙企业管理办法》和《中华人民共和国合伙企业登记管理办法》（以下简称《合伙企业登记管理办法》），制定本规定。

第二条 本规定所称外商投资合伙企业是指2个以上外国企业或者个人在中国境内设立的合伙企业，以及外国企业或者个人与中国的自然人、法人和其他组织在中国境内设立的合伙企业。

外商投资合伙企业的设立、变更、注销登记适用本规定。

申请办理外商投资合伙企业登记，申请人应当对申请材料的真实性负责。

第三条 外商投资合伙企业应当遵守《合伙企业法》以及其他有关法律、行政法规、规章的规定，应当符合外商投资的产业政策。

国家鼓励具有先进技术和管理经验的外国企业或者个人在中国境内设立合伙企业，促进现代服务业等产业的发展。

《外商投资产业指导目录》禁止类和标注“限于合资”、“限于合作”、“限于合资、合作”、“中方控股”、“中方相对控股”和有外资比例要求的项目，不得设立外商投资合伙企业。

第四条 外商投资合伙企业经依法登记，领取《外商投资合伙企业营业执照》后，方可从事经营活动。

第五条 国家工商行政管理总局主管全国的外商投资合伙企业登记管理工作。

国家工商行政管理总局授予外商投资企业核准登记权的地方工商行政管理部门（以下称企业登记机关）负责本辖区内的外商投资合伙企业登记管理。

省、自治区、直辖市及计划单列市、副省级市工商行政管理部门负责以投资为主要业务的外商投资合伙企业的登记管理。

第二章 设立登记

第六条 设立外商投资合伙企业，应当具备《合伙企业法》和《外国企业或者个人在中国境内设立合伙企业管理办法》规定的条件。

国有独资公司、国有企业、上市公司以及公益性的事业单位、社会团体不得成为普通合伙人。

第七条 外商投资合伙企业的登记事项包括：

（一）名称；

（二）主要经营场所；

（三）执行事务合伙人；

（四）经营范围；

（五）合伙企业类型；

（六）合伙人姓名或者名称、国家（地区）及住所、承担责任方式、认缴或者实际缴付的出资数额、缴付期限、出资方式和评估方式。

合伙协议约定合伙期限的，登记事项还应当包括合伙期限。

执行事务合伙人是外国企业、中国法人或者其他组织的，登记事项还应当包括外国企业、中国法人或者其他组织委派的代表（以下简称委派代表）。

第八条　外商投资合伙企业的名称应当符合国家有关企业名称登记管理的规定。

第九条　外商投资合伙企业主要经营场所只能有一个，并且应当在其企业登记机关登记管辖区域内。

第十条　合伙协议未约定或者全体普通合伙人未决定委托执行事务合伙人的，全体普通合伙人均为执行事务合伙人。

有限合伙人不得成为执行事务合伙人。

第十一条　外商投资合伙企业类型包括外商投资普通合伙企业（含特殊的普通合伙企业）和外商投资有限合伙企业。

第十二条　设立外商投资合伙企业，应当由全体合伙人指定的代表或者共同委托的代理人向企业登记机关申请设立登记。

申请设立外商投资合伙企业，应当向企业登记机关提交下列文件：

（一）全体合伙人签署的设立登记申请书；

（二）全体合伙人签署的合伙协议；

（三）全体合伙人的主体资格证明或者自然人身份证明；

（四）主要经营场所证明；

（五）全体合伙人指定代表或者共同委托代理人的委托书；

（六）全体合伙人对各合伙人认缴或者实际缴付出资的确认书；

（七）全体合伙人签署的符合外商投资产业政策的说明；

（八）与外国合伙人有业务往来的金融机构出具的资信证明；

（九）外国合伙人与境内法律文件送达接受人签署的《法律文件送达授权委托书》；

（十）本规定规定的其他相关文件。

法律、行政法规或者国务院规定设立外商投资合伙企业须经批准的，还应当提交有关批准文件。

外国合伙人的主体资格证明或者自然人身份证明和境外住所证明应当经其所在国家主管机构公证认证并经我国驻该国使（领）馆认证。香港特别行政区、澳门特别行政区和台湾地区合伙人的主体资格证明或者自然人身份证明和境外住所证明应当依照现行相关规定办理。

《法律文件送达授权委托书》应当明确授权境内被授权人代为接受法律文件送达，并载明被授权人姓名或者名称、地址及联系方式。被授权人可以是外国合伙人在中国境内设立的企业、拟设立的外商投资合伙企业（被授权人为拟设立的外商投资合伙企业的，外商投资合伙企业设立后委托生效）或者境内其他有关单位或者个人。

第十三条　外商投资合伙企业的经营范围中有属于法律、行政法规或者国务院规定在登记前须经批准的行业的，应当向企业登记机关提交批准文件。

第十四条　外国合伙人用其从中国境内依法获得的人民币出资的，应当提交外汇管理部门出具的境内人民币利润或者其他人民币合法收益再投资的资本项目外汇业务核准件等相关证明文件。

第十五条　以实物、知识产权、土地使用权或者其他财产权利出资，由全体合伙人协商作价的，应当向企业登记机关提交全体合伙人签署的协商作价确认书；由全体合伙人委托法定评估机构评估作价的，应当向企业登记机关提交中国境内法定评估机构出具的评估作价证明。

外国普通合伙人以劳务出资的，应当向企业登记机关提交外国人就业许可文件，具体程序依照国家有关规定执行。

第十六条　法律、行政法规规定设立特殊的普通合伙企业，需要提交合伙人的职业资格证明的，应当依照相关法律、行政法规规定，向企业登记机关提交有关证明。

第十七条　外商投资合伙企业营业执照的签发日期，为外商投资合伙企业成立日期。

第三章　变更登记

第十八条　外商投资合伙企业登记事项发生变更的，该合伙企业应当自作出变更决定或者发生变更事由之日起15日内，向原企业登记机关申请变更登记。

第十九条　外商投资合伙企业申请变更登记，应当向原企业登记机关提交下列文件：

（一）执行事务合伙人或者委派代表签署的变更登记申请书；

（二）全体普通合伙人签署的变更决定书或者合伙协议约定的人员签署的变更决定书；

（三）本规定规定的其他相关文件。

法律、行政法规或者国务院规定变更事项须经批准的，还应当提交有关批准文件。

变更执行事务合伙人、合伙企业类型、合伙人姓名或者名称、承担责任方式、认缴或者实际缴付的出资数额、缴付期限、出资方式和评估方式等登记事项的，有关申请文书的签名应当经过中国法定公证机构的公证。

第二十条　外商投资合伙企业变更主要经营场所的，应当申请变更登记，并提交新的主要经营场所使用证明。

外商投资合伙企业变更主要经营场所在原企业登记机关辖区外的，应当向迁入地企业登记机关申请办理变更登记；迁入地企业登记机关受理的，由原企业登记机关将企业登记档案移送迁入地企业登记机关。

第二十一条　外商投资合伙企业执行事务合伙人变更的，应当提交全体合伙人签署的修改后的合伙协议。

新任执行事务合伙人是外国企业、中国法人或者其他组织的，还应当提交其委派代表的委托书和自然人身份证明。

执行事务合伙人委派代表变更的，应当提交继任代表的委托书和自然人身份证明。

第二十二条　外商投资合伙企业变更经营范围的，应当提交符合外商投资产业政策的说明。

变更后的经营范围有属于法律、行政法规或者国务院规定在登记前须经批准的行业的，合伙企业应当自有关部门批准之日起30日内，向原企业登记机关申请变更登记。

外商投资合伙企业的经营范围中属于法律、行政法规或者国务院规定须经批准的项目被吊销、撤销许可证或者其他批准文件，或者许可证、其他批准文件有效期届满的，合伙企业应当自吊销、撤销许可证、其他批准文件或者许可证、其他批准文件有效期届满之日起30日内，向原企业登记机关申请变更登记或者注销登记。

第二十三条　外商投资合伙企业变更合伙企业类型的，应当按照拟变更企业类型的设立条件，在规定的期限内向企业登记机关申请变更登记，并依法提交有关文件。

第二十四条　外商投资合伙企业合伙人变更姓名（名称）或者住所的，应当提交姓名（名称）或者住所变更的证明文件。

外国合伙人的姓名（名称）、国家（地区）或者境外住所变更证明文件应当经其所在国家主管机构公证认证并经我国驻该国使（领）馆认证。香港特别行政区、澳门特别行政区和台湾地区合伙人的姓名（名称）、地区或者境外住所变更证明文件应当依照现行相关规定办理。

第二十五条　合伙人增加或者减少对外商投资合伙企业出资的，应当向原企业登记机关提交全体合伙人签署的或者合伙协议约定的人员签署的对该合伙人认缴或者实际缴付出资的确认书。

第二十六条　新合伙人入伙的，外商投资合伙企业应当向原登记机关申请变更登记，提交的文件参照本规定第二章的有关规定。

新合伙人通过受让原合伙人在外商投资合伙企业中的部分或者全部财产份额入伙的，应当提交财产份额转让协议。

第二十七条　外商投资合伙企业的外国合伙人全部退伙，该合伙企业继续存续的，应当依照《合伙企业登记管理办法》规定的程序申请变更登记。

第二十八条　合伙协议修改未涉及登记事项的，外商投资合伙企业应当将修改后的合伙协议或者修改合伙协议的决议送原企业登记机关备案。

第二十九条　外国合伙人变更境内法律文件送达接受人的，应当重新签署《法律文件送达授权委托书》，并向原企业登记机关备案。

第三十条　外商投资合伙企业变更登记事项涉及营业执照变更的，企业登记机关应当换发营业执照。

第四章　注销登记

第三十一条　外商投资合伙企业解散，应当依照《合伙企业法》的规定由清算人进行清算。清算人应当自被确定之日起10日内，将清算人成员名单向企业登记机关备案。

第三十二条　外商投资合伙企业解散的，清算人应当自清算结束之日起15日内，向原企业登记机关办理注销登记。

第三十三条　外商投资合伙企业办理注销登记，应当提交下列文件：

（一）清算人签署的注销登记申请书；

（二）人民法院的破产裁定、外商投资合伙企业依照《合伙企业法》作出的决定、行政机关责令关闭、外商投资合伙企业依法被吊销营业执照或者被撤销的文件；

（三）全体合伙人签名、盖章的清算报告（清算报告中应当载明已经办理完结税务、海关纳税手续的说明）。

有分支机构的外商投资合伙企业申请注销登记，还应当提交分支机构的注销登记证明。

外商投资合伙企业办理注销登记时，应当缴回营业执照。

第三十四条　经企业登记机关注销登记，外商投资合伙企业终止。

第五章　分支机构登记

第三十五条　外商投资合伙企业设立分支机构，应当向分支机构所在地的企业登记机关申请设立登记。

第三十六条　分支机构的登记事项包括：分支机构的名称、经营场所、经营范围、分支机构负责人的姓名及住所。

分支机构的经营范围不得超出外商投资合伙企业的经营范围。

外商投资合伙企业有合伙期限的，分支机构的登记事项还应当包括经营期限。分支机构的经营期限不得超过外商投资合伙企业的合伙期限。

第三十七条　外商投资合伙企业设立分支机构，应当向分支机构所在地的企业登记机关提交下列文件：

（一）分支机构设立登记申请书；

（二）全体合伙人签署的设立分支机构的决定书；

（三）加盖合伙企业印章的合伙企业营业执照复印件；

（四）全体合伙人委派执行分支机构事务负责人的委托书及其身份证明；

（五）经营场所证明；

（六）本规定规定的其他相关文件。

第三十八条　分支机构的经营范围中有属于法律、行政法规或者国务院规定在登记前须经批准的行业的，应当向分支机构所在地的企业登记机关提交批准文件。

第三十九条　外商投资合伙企业申请分支机构变更登记或者注销登记，比照本规定关于外商投资合伙企业变更登记、注销登记的规定办理。

第四十条　外商投资合伙企业应当自分支机构设立登记之日起30日内，持加盖印章的分支机构营业执照复印件，到原企业登记机关办理备案。

分支机构登记事项变更的，隶属企业应当自变更登记之日起30日内到原企业登记机关办理备案。

申请分支机构注销登记的，外商投资合伙企业应当自分支机构注销登记之日起30日内到原企业登记机关办理备案。

第四十一条　分支机构营业执照的签发日期，为外商投资合伙企业分支机构的成立日期。

第六章　登记程序

第四十二条　申请人提交的登记申请材料齐全、符合法定形式，企业登记机关能够当场登记的，应予当场登记，发给（换发）营业执照。

除前款规定情形外，企业登记机关应当自受理申请之日起20日内，作出是否登记的决定。予以登记的，发给（换发）营业执照；不予登记的，应当给予书面答复，并说明理由。

对于《外商投资产业指导目录》中没有法定

前置审批的限制类项目或者涉及有关部门职责的其他项目，企业登记机关应当自受理申请之日起5日内书面征求有关部门的意见。企业登记机关应当在接到有关部门书面意见之日起5日内，作出是否登记的决定。予以登记的，发给（换发）营业执照；不予登记的，应当给予书面答复，并说明理由。

第四十三条 外商投资合伙企业涉及须经政府核准的投资项目的，依照国家有关规定办理投资项目核准手续。

第四十四条 外商投资合伙企业设立、变更、注销的，企业登记机关应当同时将企业设立、变更或者注销登记信息向同级商务主管部门通报。

第四十五条 企业登记机关应当将登记的外商投资合伙企业登记事项记载于外商投资合伙企业登记簿上，供社会公众查阅、复制。

第四十六条 企业登记机关吊销外商投资合伙企业营业执照的，应当发布公告。

第七章 年度报告公示和证照管理

第四十七条 外商投资合伙企业应当于每年1月1日至6月30日，通过企业信用信息公示系统向企业登记机关报送上一年度年度报告，并向社会公示。

第四十八条 营业执照分为正本和副本，正本和副本具有同等法律效力。

外商投资合伙企业及其分支机构根据业务需要，可以向企业登记机关申请核发若干营业执照副本。

营业执照正本应当置放在经营场所的醒目位置。

第四十九条 任何单位和个人不得涂改、出售、出租、出借或者以其他方式转让营业执照。

营业执照遗失或者毁损的，应当在企业登记机关指定的报刊上声明作废，并向企业登记机关申请补领或者更换。

第五十条 外商投资合伙企业及其分支机构的登记文书格式和营业执照的正本、副本样式，由国家工商行政管理总局制定。

第八章 法律责任

第五十一条 未领取营业执照，而以外商投资合伙企业名义从事合伙业务的，由企业登记机关依照《合伙企业登记管理办法》第三十六条规定处罚。

从事《外商投资产业指导目录》禁止类项目的，或者未经登记从事限制类项目的，由企业登记机关和其他主管机关依照《无照经营查处取缔办法》规定处罚。法律、行政法规或者国务院另有规定的，从其规定。

第五十二条 提交虚假文件或者采取其他欺骗手段，取得外商投资合伙企业登记的，由企业登记机关依照《合伙企业登记管理办法》第三十七条规定处罚。

第五十三条 外商投资合伙企业登记事项发生变更，未依照本规定规定办理变更登记的，由企业登记机关依照《合伙企业登记管理办法》第三十八条规定处罚。

第五十四条 外商投资合伙企业在使用名称中未按照企业登记机关核准的名称标明“普通合伙”、“特殊普通合伙”或者“有限合伙”字样的，由企业登记机关依照《合伙企业登记管理办法》第三十九条规定处罚。

第五十五条 外商投资合伙企业未依照本规定办理不涉及登记事项的协议修改、分支机构及清算人成员名单备案的，由企业登记机关依照《合伙企业登记管理办法》第四十条规定处罚。

外商投资合伙企业未依照本规定办理外国合伙人《法律文件送达授权委托书》备案的，由企业登记机关责令改正；逾期未办理的，处2000元以下的罚款。

第五十六条 外商投资合伙企业的清算人未向企业登记机关报送清算报告，或者报送的清算报告隐瞒重要事实，或者有重大遗漏的，由企业登记机关依照《合伙企业登记管理办法》第四十一条规定处罚。

第五十七条 外商投资合伙企业未将其营业执照正本置放在经营场所醒目位置的，由企业登记机关依照《合伙企业登记管理办法》第四十四条规定处罚。

第五十八条 外商投资合伙企业涂改、出售、出租、出借或者以其他方式转让营业执照的，由企业登记机关依照《合伙企业登记管理办法》第四十五条规定处罚。

第五十九条 外商投资合伙企业的分支机

构有本章规定的违法行为的，适用本章有关规定。

第六十条　企业登记机关违反产业政策，对于不应当登记的予以登记，或者应当登记的不予登记的，依法追究其直接责任人或者主要负责人的行政责任。

企业登记机关的工作人员滥用职权、徇私舞弊、收受贿赂、侵害外商投资合伙企业合法权益的，依法给予处分。

第九章　附　则

第六十一条　中国的自然人、法人和其他组织在中国境内设立的合伙企业，外国企业或者个人入伙的，应当符合本规定，并依法向企业登记机关申请变更登记。

第六十二条　以投资为主要业务的外商投资合伙企业境内投资的，应当依照国家有关外商投资的法律、行政法规、规章办理。

第六十三条　外商投资的投资性公司、外商投资的创业投资企业在中国境内设立合伙企业或者加入中国自然人、法人和其他组织已经设立的合伙企业的，参照本规定。

第六十四条　外商投资合伙企业依照本规定办理相关登记手续后，应当依法办理外汇、税务、海关等手续。

第六十五条　香港特别行政区、澳门特别行政区、台湾地区的企业或者个人在内地设立合伙企业或者加入内地自然人、法人和其他组织已经设立的合伙企业的，参照本规定。

第六十六条　本规定自 2010 年 3 月 1 日起施行。

4. 中华人民共和国信托法

（2001 年 4 月 28 日第九届全国人民代表大会常务委员会第二十一次会议通过，2001 年 4 月 28 日主席令第 50 号发布，自 2001 年 10 月 1 日起施行）

目　录

第一章　总　则

第一条　为了调整信托关系，规范信托行为，保护信托当事人的合法权益，促进信托事业的健康发展，制定本法。

第二条　本法所称信托，是指委托人基于对受托人的信任，将其财产权委托给受托人，由受托人按委托人的意愿以自己的名义，为受益人的利益或者特定目的，进行管理或者处分的行为。

第三条　委托人、受托人、受益人（以下统称信托当事人）在中华人民共和国境内进行民事、营业、公益信托活动，适用本法。

第四条　受托人采取信托机构形式从事信托活动，其组织和管理由国务院制定具体办法。

第五条　信托当事人进行信托活动，必须遵守法律、行政法规，遵循自愿、公平和诚实信用原则，不得损害国家利益和社会公共利益。

第二章　信托的设立

第六条　设立信托，必须有合法的信托目的。

第七条　设立信托，必须有确定的信托财产，并且该信托财产必须是委托人合法所有的财产。

本法所称财产包括合法的财产权利。

第八条　设立信托，应当采取书面形式。

书面形式包括信托合同、遗嘱或者法律、行政法规规定的其他书面文件等。

采取信托合同形式设立信托的，信托合同签订时，信托成立。采取其他书面形式设立信托的，受托人承诺信托时，信托成立。

第九条 设立信托，其书面文件应当载明下列事项：

（一）信托目的；

（二）委托人、受托人的姓名或者名称、住所；

（三）受益人或者受益人范围；

（四）信托财产的范围、种类及状况；

（五）受益人取得信托利益的形式、方法。

除前款所列事项外，可以载明信托期限、信托财产的管理方法、受托人的报酬、新受托人的选任方式、信托终止事由等事项。

第十条 设立信托，对于信托财产，有关法律、行政法规规定应当办理登记手续的，应当依法办理信托登记。

未依照前款规定办理信托登记的，应当补办登记手续；不补办的，该信托不产生效力。

第十一条 有下列情形之一的，信托无效：

（一）信托目的违反法律、行政法规或者损害社会公共利益；

（二）信托财产不能确定；

（三）委托人以非法财产或者本法规定不得设立信托的财产设立信托；

（四）专以诉讼或者讨债为目的设立信托；

（五）受益人或者受益人范围不能确定；

（六）法律、行政法规规定的其他情形。

第十二条 委托人设立信托损害其债权人利益的，债权人有权申请人民法院撤销该信托。

人民法院依照前款规定撤销信托的，不影响善意受益人已经取得的信托利益。

本条第一款规定的申请权，自债权人知道或者应当知道撤销原因之日起一年内不行使的，归于消灭。

第十三条 设立遗嘱信托，应当遵守继承法关于遗嘱的规定。

遗嘱指定的人拒绝或者无能力担任受托人的，由受益人另行选任受托人；受益人为无民事行为能力人或者限制民事行为能力人的，依法由其监护人代行选任。遗嘱对选任受托人另有规定的，从其规定。

第三章 信托财产

第十四条 受托人因承诺信托而取得的财产是信托财产。

受托人因信托财产的管理运用、处分或者其他情形而取得的财产，也归入信托财产。

法律、行政法规禁止流通的财产，不得作为信托财产。

法律、行政法规限制流通的财产，依法经有关主管部门批准后，可以作为信托财产。

第十五条 信托财产与委托人未设立信托的其他财产相区别。设立信托后，委托人死亡或者依法解散、被依法撤销、被宣告破产时，委托人是唯一受益人的，信托终止，信托财产作为其遗产或者清算财产；委托人不是唯一受益人的，信托存续，信托财产不作为其遗产或者清算财产；但作为共同受益人的委托人死亡或者依法解散、被依法撤销、被宣告破产时，其信托受益权作为其遗产或者清算财产。

第十六条 信托财产与属于受托人所有的财产（以下简称固有财产）相区别，不得归入受托人的固有财产或者成为固有财产的一部分。

受托人死亡或者依法解散、被依法撤销、被宣告破产而终止，信托财产不属于其遗产或者清算财产。

第十七条 除因下列情形之一外，对信托财产不得强制执行：

（一）设立信托前债权人已对该信托财产享有优先受偿的权利，并依法行使该权利的；

（二）受托人处理信托事务所产生债务，债权人要求清偿该债务的；

（三）信托财产本身应担负的税款；

（四）法律规定的其他情形。

对于违反前款规定而强制执行信托财产，委托人、受托人或者受益人有权向人民法院提出异议。

第十八条 受托人管理运用、处分信托财产所产生的债权，不得与其固有财产产生的债务相抵销。

受托人管理运用、处分不同委托人的信托财产所产生的债权债务，不得相互抵销。

第四章　信托当事人

第一节　委托人

第十九条　委托人应当是具有完全民事行为能力的自然人、法人或者依法成立的其他组织。

第二十条　委托人有权了解其信托财产的管理运用、处分及收支情况，并有权要求受托人作出说明。

委托人有权查阅、抄录或者复制与其信托财产有关的信托帐目以及处理信托事务的其他文件。

第二十一条　因设立信托时未能预见的特别事由，致使信托财产的管理方法不利于实现信托目的或者不符合受益人的利益时，委托人有权要求受托人调整该信托财产的管理方法。

第二十二条　受托人违反信托目的处分信托财产或者因违背管理职责、处理信托事务不当致使信托财产受到损失的，委托人有权申请人民法院撤销该处分行为，并有权要求受托人恢复信托财产的原状或者予以赔偿；该信托财产的受让人明知是违反信托目的而接受该财产的，应当予以返还或者予以赔偿。

前款规定的申请权，自委托人知道或者应当知道撤销原因之日起一年内不行使的，归于消灭。

第二十三条　受托人违反信托目的处分信托财产或者管理运用、处分信托财产有重大过失的，委托人有权依照信托文件的规定解任受托人，或者申请人民法院解任受托人。

第二节　受托人

第二十四条　受托人应当是具有完全民事行为能力的自然人、法人。

法律、行政法规对受托人的条件另有规定的，从其规定。

第二十五条　受托人应当遵守信托文件的规定，为受益人的最大利益处理信托事务。

受托人管理信托财产，必须恪尽职守，履行诚实、信用、谨慎、有效管理的义务。

第二十六条　受托人除依照本法规定取得报酬外，不得利用信托财产为自己谋取利益。

受托人违反前款规定，利用信托财产为自己谋取利益的，所得利益归入信托财产。

第二十七条　受托人不得将信托财产转为其固有财产。受托人将信托财产转为其固有财产的，必须恢复该信托财产的原状；造成信托财产损失的，应当承担赔偿责任。

第二十八条　受托人不得将其固有财产与信托财产进行交易或者将不同委托人的信托财产进行相互交易，但信托文件另有规定或者经委托人或者受益人同意，并以公平的市场价格进行交易的除外。

受托人违反前款规定，造成信托财产损失的，应当承担赔偿责任。

第二十九条　受托人必须将信托财产与其固有财产分别管理、分别记帐，并将不同委托人的信托财产分别管理、分别记帐。

第三十条　受托人应当自己处理信托事务，但信托文件另有规定或者有不得已事由的，可以委托他人代为处理。

受托人依法将信托事务委托他人代理的，应当对他人处理信托事务的行为承担责任。

第三十一条　同一信托的受托人有两个以上的，为共同受托人。

共同受托人应当共同处理信托事务，但信托文件规定对某些具体事务由受托人分别处理的，从其规定。

共同受托人共同处理信托事务，意见不一致时，按信托文件规定处理；信托文件未规定的，由委托人、受益人或者其利害关系人决定。

第三十二条　共同受托人处理信托事务对第三人所负债务，应当承担连带清偿责任。第三人对共同受托人之一所作的意思表示，对其他受托人同样有效。

共同受托人之一违反信托目的处分信托财产或者因违背管理职责、处理信托事务不当致使信托财产受到损失的，其他受托人应当承担连带赔偿责任。

第三十三条　受托人必须保存处理信托事务的完整记录。

受托人应当每年定期将信托财产的管理运用、处分及收支情况，报告委托人和受益人。

受托人对委托人、受益人以及处理信托事务

的情况和资料负有依法保密的义务。

第三十四条 受托人以信托财产为限向受益人承担支付信托利益的义务。

第三十五条 受托人有权依照信托文件的约定取得报酬。信托文件未作事先约定的，经信托当事人协商同意，可以作出补充约定；未作事先约定和补充约定的，不得收取报酬。

约定的报酬经信托当事人协商同意，可以增减其数额。

第三十六条 受托人违反信托目的处分信托财产或者因违背管理职责、处理信托事务不当致使信托财产受到损失的，在未恢复信托财产的原状或者未予赔偿前，不得请求给付报酬。

第三十七条 受托人因处理信托事务所支出的费用、对第三人所负债务，以信托财产承担。受托人以其固有财产先行支付的，对信托财产享有优先受偿的权利。

受托人违背管理职责或者处理信托事务不当对第三人所负债务或者自己所受到的损失，以其固有财产承担。

第三十八条 设立信托后，经委托人和受益人同意，受托人可以辞任。本法对公益信托的受托人辞任另有规定的，从其规定。

受托人辞任的，在新受托人选出前仍应履行管理信托事务的职责。

第三十九条 受托人有下列情形之一的，其职责终止：

（一）死亡或者被依法宣告死亡；

（二）被依法宣告为无民事行为能力人或者限制民事行为能力人；

（三）被依法撤销或者被宣告破产；

（四）依法解散或者法定资格丧失；

（五）辞任或者被解任；

（六）法律、行政法规规定的其他情形。

受托人职责终止时，其继承人或者遗产管理人、监护人、清算人应当妥善保管信托财产，协助新受托人接管信托事务。

第四十条 受托人职责终止的，依照信托文件规定选任新受托人；信托文件未规定的，由委托人选任；委托人不指定或者无能力指定的，由受益人选任；受益人为无民事行为能力人或者限制民事行为能力人的，依法由其监护人代行选任。

原受托人处理信托事务的权利和义务，由新受托人承继。

第四十一条 受托人有本法第三十九条第一款第（三）项至第（六）项所列情形之一，职责终止的，应当作出处理信托事务的报告，并向新受托人办理信托财产和信托事务的移交手续。

前款报告经委托人或者受益人认可，原受托人就报告中所列事项解除责任。但原受托人有不正当行为的除外。

第四十二条 共同受托人之一职责终止的，信托财产由其他受托人管理和处分。

第三节 受益人

第四十三条 受益人是在信托中享有信托受益权的人。受益人可以是自然人、法人或者依法成立的其他组织。

委托人可以是受益人，也可以是同一信托的唯一受益人。

受托人可以是受益人，但不得是同一信托的唯一受益人。

第四十四条 受益人自信托生效之日起享有信托受益权。信托文件另有规定的，从其规定。

第四十五条 共同受益人按照信托文件的规定享受信托利益。信托文件对信托利益的分配比例或者分配方法未作规定的，各受益人按照均等的比例享受信托利益。

第四十六条 受益人可以放弃信托受益权。

全体受益人放弃信托受益权的，信托终止。

部分受益人放弃信托受益权的，被放弃的信托受益权按下列顺序确定归属：

（一）信托文件规定的人；

（二）其他受益人；

（三）委托人或者其继承人。

第四十七条 受益人不能清偿到期债务的，其信托受益权可以用于清偿债务，但法律、行政法规以及信托文件有限制性规定的除外。

第四十八条 受益人的信托受益权可以依法转让和继承，但信托文件有限制性规定的除外。

第四十九条 受益人可以行使本法第二十条至第二十三条规定的委托人享有的权利。受益人行使上述权利，与委托人意见不一致时，可以申请人民法院作出裁定。

受托人有本法第二十二条第一款所列行为，共同受益人之一申请人民法院撤销该处分行为的，人民法院所作出的撤销裁定，对全体共同受益人有效。

第五章　信托的变更与终止

第五十条　委托人是唯一受益人的，委托人或者其继承人可以解除信托。信托文件另有规定的，从其规定。

第五十一条　设立信托后，有下列情形之一的，委托人可以变更受益人或者处分受益人的信托受益权：

（一）受益人对委托人有重大侵权行为；

（二）受益人对其他共同受益人有重大侵权行为；

（三）经受益人同意；

（四）信托文件规定的其他情形。

有前款第（一）项、第（三）项、第（四）项所列情形之一的，委托人可以解除信托。

第五十二条　信托不因委托人或者受托人的死亡、丧失民事行为能力、依法解散、被依法撤销或者被宣告破产而终止，也不因受托人的辞任而终止。但本法或者信托文件另有规定的除外。

第五十三条　有下列情形之一的，信托终止：

（一）信托文件规定的终止事由发生；

（二）信托的存续违反信托目的；

（三）信托目的已经实现或者不能实现；

（四）信托当事人协商同意；

（五）信托被撤销；

（六）信托被解除。

第五十四条　信托终止的，信托财产归属于信托文件规定的人；信托文件未规定的，按下列顺序确定归属：

（一）受益人或者其继承人；

（二）委托人或者其继承人。

第五十五条　依照前条规定，信托财产的归属确定后，在该信托财产转移给权利归属人的过程中，信托视为存续，权利归属人视为受益人。

第五十六条　信托终止后，人民法院依据本法第十七条的规定对原信托财产进行强制执行的，以权利归属人为被执行人。

第五十七条　信托终止后，受托人依照本法规定行使请求给付报酬、从信托财产中获得补偿的权利时，可以留置信托财产或者对信托财产的权利归属人提出请求。

第五十八条　信托终止的，受托人应当作出处理信托事务的清算报告。受益人或者信托财产的权利归属人对清算报告无异议的，受托人就清算报告所列事项解除责任。但受托人有不正当行为的除外。

第六章　公益信托

第五十九条　公益信托适用本章规定。本章未规定的，适用本法及其他相关法律的规定。

第六十条　为了下列公共利益目的之一而设立的信托，属于公益信托：

（一）救济贫困；

（二）救助灾民；

（三）扶助残疾人；

（四）发展教育、科技、文化、艺术、体育事业；

（五）发展医疗卫生事业；

（六）发展环境保护事业，维护生态环境；

（七）发展其他社会公益事业。

第六十一条　国家鼓励发展公益信托。

第六十二条　公益信托的设立和确定其受托人，应当经有关公益事业的管理机构（以下简称公益事业管理机构）批准。

未经公益事业管理机构的批准，不得以公益信托的名义进行活动。

公益事业管理机构对于公益信托活动应当给予支持。

第六十三条　公益信托的信托财产及其收益，不得用于非公益目的。

第六十四条　公益信托应当设置信托监察人。

信托监察人由信托文件规定。信托文件未规定的，由公益事业管理机构指定。

第六十五条　信托监察人有权以自己的名义，为维护受益人的利益，提起诉讼或者实施其他法律行为。

第六十六条　公益信托的受托人未经公益事业管理机构批准，不得辞任。

第六十七条 公益事业管理机构应当检查受托人处理公益信托事务的情况及财产状况。

受托人应当至少每年一次作出信托事务处理情况及财产状况报告，经信托监察人认可后，报公益事业管理机构核准，并由受托人予以公告。

第六十八条 公益信托的受托人违反信托义务或者无能力履行其职责的，由公益事业管理机构变更受托人。

第六十九条 公益信托成立后，发生设立信托时不能预见的情形，公益事业管理机构可以根据信托目的，变更信托文件中的有关条款。

第七十条 公益信托终止的，受托人应当于终止事由发生之日起十五日内，将终止事由和终止日期报告公益事业管理机构。

第七十一条 公益信托终止的，受托人作出的处理信托事务的清算报告，应当经信托监察人认可后，报公益事业管理机构核准，并由受托人予以公告。

第七十二条 公益信托终止，没有信托财产权利归属人或者信托财产权利归属人是不特定的社会公众的，经公益事业管理机构批准，受托人应当将信托财产用于与原公益目的相近似的目的，或者将信托财产转移给具有近似目的的公益组织或者其他公益信托。

第七十三条 公益事业管理机构违反本法规定的，委托人、受托人或者受益人有权向人民法院起诉。

第七章 附 则

第七十四条 本法自2001年10月1日起施行。

5. 信托公司管理办法

（2007年1月23日中国银行业监督管理委员会令2007年第2号发布，自2007年3月1日起施行）

第一章 总 则

第一条 为加强对信托公司的监督管理，规范信托公司的经营行为，促进信托业的健康发展，根据《中华人民共和国信托法》、《中华人民共和国银行业监督管理法》等法律法规，制定本办法。

第二条 本办法所称信托公司，是指依照《中华人民共和国公司法》和本办法设立的主要经营信托业务的金融机构。

本办法所称信托业务，是指信托公司以营业和收取报酬为目的，以受托人身份承诺信托和处理信托事务的经营行为。

第三条 信托财产不属于信托公司的固有财产，也不属于信托公司对受益人的负债。信托公司终止时，信托财产不属于其清算财产。

第四条 信托公司从事信托活动，应当遵守法律法规的规定和信托文件的约定，不得损害国家利益、社会公共利益和受益人的合法权益。

第五条 中国银行业监督管理委员会对信托公司及其业务活动实施监督管理。

第二章 机构的设立、变更与终止

第六条 设立信托公司，应当采取有限责任公司或者股份有限公司的形式。

第七条 设立信托公司，应当经中国银行业监督管理委员会批准，并领取金融许可证。

未经中国银行业监督管理委员会批准，任何单位和个人不得经营信托业务，任何经营单位不得在其名称中使用“信托公司”字样。法律法规另有规定的除外。

第八条 设立信托公司，应当具备下列条件：

（一）有符合《中华人民共和国公司法》和中国银行业监督管理委员会规定的公司章程；

（二）有具备中国银行业监督管理委员会规定的入股资格的股东；

（三）具有本办法规定的最低限额的注册资

本；

（四）有具备中国银行业监督管理委员会规定任职资格的董事、高级管理人员和与其业务相适应的信托从业人员；

（五）具有健全的组织机构、信托业务操作规程和风险控制制度；

（六）有符合要求的营业场所、安全防范措施和与业务有关的其他设施；

（七）中国银行业监督管理委员会规定的其他条件。

第九条 中国银行业监督管理委员会依照法律法规和审慎监管原则对信托公司的设立申请进行审查，作出批准或者不予批准的决定；不予批准的，应说明理由。

第十条 信托公司注册资本最低限额为3亿元人民币或等值的可自由兑换货币，注册资本为实缴货币资本。

申请经营企业年金基金、证券承销、资产证券化等业务，应当符合相关法律法规规定的最低注册资本要求。

中国银行业监督管理委员会根据信托公司行业发展的需要，可以调整信托公司注册资本最低限额。

第十一条 未经中国银行业监督管理委员会批准，信托公司不得设立或变相设立分支机构。

第十二条 信托公司有下列情形之一的，应当经中国银行业监督管理委员会批准：

（一）变更名称；

（二）变更注册资本；

（三）变更公司住所；

（四）改变组织形式；

（五）调整业务范围；

（六）更换董事或高级管理人员；

（七）变更股东或者调整股权结构，但持有上市公司流通股份未达到公司总股份5%的除外；

（八）修改公司章程；

（九）合并或者分立；

（十）中国银行业监督管理委员会规定的其他情形。

第十三条 信托公司出现分立、合并或者公司章程规定的解散事由，申请解散的，经中国银行业监督管理委员会批准后解散，并依法组织清算组进行清算。

第十四条 信托公司不能清偿到期债务，且资产不足以清偿债务或明显缺乏清偿能力的，经中国银行业监督管理委员会同意，可向人民法院提出破产申请。

中国银行业监督管理委员会可以向人民法院直接提出对该信托公司进行重整或破产清算的申请。

第十五条 信托公司终止时，其管理信托事务的职责同时终止。清算组应当妥善保管信托财产，作出处理信托事务的报告并向新受托人办理信托财产的移交。信托文件另有约定的，从其约定。

第三章 经营范围

第十六条 信托公司可以申请经营下列部分或者全部本外币业务：

（一）资金信托；

（二）动产信托；

（三）不动产信托；

（四）有价证券信托；

（五）其他财产或财产权信托；

（六）作为投资基金或者基金管理公司的发起人从事投资基金业务；

（七）经营企业资产的重组、购并及项目融资、公司理财、财务顾问等业务；

（八）受托经营国务院有关部门批准的证券承销业务；

（九）办理居间、咨询、资信调查等业务；

（十）代保管及保管箱业务；

（十一）法律法规规定或中国银行业监督管理委员会批准的其他业务。

第十七条 信托公司可以根据《中华人民共和国信托法》等法律法规的有关规定开展公益信托活动。

第十八条 信托公司可以根据市场需要，按照信托目的、信托财产的种类或者对信托财产管理方式的不同设置信托业务品种。

第十九条 信托公司管理运用或处分信托财产时，可以依照信托文件的约定，采取投资、出售、存放同业、买入返售、租赁、贷款等方式进行。中国银行业监督管理委员会另有规定的，从其规定。

信托公司不得以卖出回购方式管理运用信托财产。

第二十条 信托公司固有业务项下可以开展存放同业、拆放同业、贷款、租赁、投资等业务。投资业务限定为金融类公司股权投资、金融产品投资和自用固定资产投资。

信托公司不得以固有财产进行实业投资，但中国银行业监督管理委员会另有规定的除外。

第二十一条 信托公司不得开展除同业拆入业务以外的其他负债业务，且同业拆入余额不得超过其净资产的20%。中国银行业监督管理委员会另有规定的除外。

第二十二条 信托公司可以开展对外担保业务，但对外担保余额不得超过其净资产的50%。

第二十三条 信托公司经营外汇信托业务，应当遵守国家外汇管理的有关规定，并接受外汇主管部门的检查、监督。

第四章 经营规则

第二十四条 信托公司管理运用或者处分信托财产，必须恪尽职守，履行诚实、信用、谨慎、有效管理的义务，维护受益人的最大利益。

第二十五条 信托公司在处理信托事务时应当避免利益冲突，在无法避免时，应向委托人、受益人予以充分的信息披露，或拒绝从事该项业务。

第二十六条 信托公司应当亲自处理信托事务。信托文件另有约定或有不得已事由时，可委托他人代为处理，但信托公司应尽足够的监督义务，并对他人处理信托事务的行为承担责任。

第二十七条 信托公司对委托人、受益人以及所处理信托事务的情况和资料负有依法保密的义务，但法律法规另有规定或者信托文件另有约定的除外。

第二十八条 信托公司应当妥善保存处理信托事务的完整记录，定期向委托人、受益人报告信托财产及其管理运用、处分及收支的情况。

委托人、受益人有权向信托公司了解对其信托财产的管理运用、处分及收支情况，并要求信托公司作出说明。

第二十九条 信托公司应当将信托财产与其固有财产分别管理、分别记账，并将不同委托人的信托财产分别管理、分别记账。

第三十条 信托公司应当依法建账，对信托业务与非信托业务分别核算，并对每项信托业务单独核算。

第三十一条 信托公司的信托业务部门应当独立于公司的其他部门，其人员不得与公司其他部门的人员相互兼职，业务信息不得与公司的其他部门共享。

第三十二条 以信托合同形式设立信托时，信托合同应当载明以下事项：

（一）信托目的；

（二）委托人、受托人的姓名或者名称、住所；

（三）受益人或者受益人范围；

（四）信托财产的范围、种类及状况；

（五）信托当事人的权利义务；

（六）信托财产管理中风险的揭示和承担；

（七）信托财产的管理方式和受托人的经营权限；

（八）信托利益的计算，向受益人交付信托利益的形式、方法；

（九）信托公司报酬的计算及支付；

（十）信托财产税费的承担和其他费用的核算；

（十一）信托期限和信托的终止；

（十二）信托终止时信托财产的归属；

（十三）信托事务的报告；

（十四）信托当事人的违约责任及纠纷解决方式；

（十五）新受托人的选任方式；

（十六）信托当事人认为需要载明的其他事项。

以信托合同以外的其他书面文件设立信托时，书面文件的载明事项按照有关法律法规规定执行。

第三十三条 信托公司开展固有业务，不得有下列行为：

（一）向关联方融出资金或转移财产；

（二）为关联方提供担保；

（三）以股东持有的本公司股权作为质押进行融资。

信托公司的关联方按照《中华人民共和国公司法》和企业会计准则的有关标准界定。

第三十四条　信托公司开展信托业务，不得有下列行为：

（一）利用受托人地位谋取不当利益；

（二）将信托财产挪用于非信托目的的用途；

（三）承诺信托财产不受损失或者保证最低收益；

（四）以信托财产提供担保；

（五）法律法规和中国银行业监督管理委员会禁止的其他行为。

第三十五条　信托公司开展关联交易，应以公平的市场价格进行，逐笔向中国银行业监督管理委员会事前报告，并按照有关规定进行信息披露。

第三十六条　信托公司经营信托业务，应依照信托文件约定以手续费或者佣金的方式收取报酬，中国银行业监督管理委员会另有规定的除外。

信托公司收取报酬，应当向受益人公开，并向受益人说明收费的具体标准。

第三十七条　信托公司违反信托目的处分信托财产，或者因违背管理职责、处理信托事务不当致使信托财产受到损失的，在恢复信托财产的原状或者予以赔偿前，信托公司不得请求给付报酬。

第三十八条　信托公司因处理信托事务而支出的费用、负担的债务，以信托财产承担，但应在信托合同中列明或明确告知受益人。信托公司以其固有财产先行支付的，对信托财产享有优先受偿的权利。因信托公司违背管理职责或者管理信托事务不当所负债务及所受到的损害，以其固有财产承担。

第三十九条　信托公司违反信托目的处分信托财产，或者管理运用、处分信托财产有重大过失的，委托人或受益人有权依照信托文件的约定解任该信托公司，或者申请人民法院解任该信托公司。

第四十条　受托人职责依法终止的，新受托人依照信托文件的约定选任；信托文件未规定的，由委托人选任；委托人不能选任的，由受益人选任；受益人为无民事行为能力人或者限制民事行为能力人的，依法由其监护人代行选任。新受托人未产生前，中国银行业监督管理委员会可以指定临时受托人。

第四十一条　信托公司经营信托业务，有下列情形之一的，信托终止：

（一）信托文件约定的终止事由发生；

（二）信托的存续违反信托目的；

（三）信托目的已经实现或者不能实现；

（四）信托当事人协商同意；

（五）信托期限届满；

（六）信托被解除；

（七）信托被撤销；

（八）全体受益人放弃信托受益权。

第四十二条　信托终止的，信托公司应当依照信托文件的约定作出处理信托事务的清算报告。受益人或者信托财产的权利归属人对清算报告无异议的，信托公司就清算报告所列事项解除责任，但信托公司有不当行为的除外。

第五章　监督管理

第四十三条　信托公司应当建立以股东（大）会、董事会、监事会、高级管理层等为主体的组织架构，明确各自的职责划分，保证相互之间独立运行、有效制衡，形成科学高效的决策、激励与约束机制。

第四十四条　信托公司应当按照职责分离的原则设立相应的工作岗位，保证公司对风险能够进行事前防范、事中控制、事后监督和纠正，形成健全的内部约束机制和监督机制。

第四十五条　信托公司应当按规定制订本公司的信托业务及其他业务规则，建立、健全本公司的各项业务管理制度和内部控制制度，并报中国银行业监督管理委员会备案。

第四十六条　信托公司应当按照国家有关规定建立、健全本公司的财务会计制度，真实记录并全面反映其业务活动和财务状况。公司年度财务会计报表应当经具有良好资质的中介机构审计。

第四十七条　中国银行业监督管理委员会可以定期或者不定期对信托公司的经营活动进行检查；必要时，可以要求信托公司提供由具有良好资质的中介机构出具的相关审计报告。

信托公司应当按照中国银行业监督管理委员会的要求提供有关业务、财务等报表和资料，并如实介绍有关业务情况。

第四十八条 中国银行业监督管理委员会对信托公司实行净资本管理。具体办法由中国银行业监督管理委员会另行制定。

第四十九条 信托公司每年应当从税后利润中提取5%作为信托赔偿准备金,但该赔偿准备金累计总额达到公司注册资本的20%时,可不再提取。

信托公司的赔偿准备金应存放于经营稳健、具有一定实力的境内商业银行,或者用于购买国债等低风险高流动性证券品种。

第五十条 中国银行业监督管理委员会对信托公司的董事、高级管理人员实行任职资格审查制度。未经中国银行业监督管理委员会任职资格审查或者审查不合格的,不得任职。

信托公司对拟离任的董事、高级管理人员,应当进行离任审计,并将审计结果报中国银行业监督管理委员会备案。信托公司的法定代表人变更时,在新的法定代表人经中国银行业监督管理委员会核准任职资格前,原法定代表人不得离任。

第五十一条 中国银行业监督管理委员会对信托公司的信托从业人员实行信托业务资格管理制度。符合条件的,颁发信托从业人员资格证书;未取得信托从业人员资格证书的,不得经办信托业务。

第五十二条 信托公司的董事、高级管理人员和信托从业人员违反法律、行政法规或中国银行业监督管理委员会有关规定的,中国银行业监督管理委员会有权取消其任职资格或者从业资格。

第五十三条 中国银行业监督管理委员会根据履行职责的需要,可以与信托公司董事、高级管理人员进行监督管理谈话,要求信托公司董事、高级管理人员就信托公司的业务活动和风险管理的重大事项作出说明。

第五十四条 信托公司违反审慎经营规则的,中国银行业监督管理委员会责令限期改正;逾期未改正的,或者其行为严重危及信托公司的稳健运行、损害受益人合法权益的,中国银行业监督管理委员会可以区别情形,依据《中华人民共和国银行业监督管理法》等法律法规的规定,采取暂停业务、限制股东权利等监管措施。

第五十五条 信托公司已经或者可能发生信用危机,严重影响受益人合法权益的,中国银行业监督管理委员会可以依法对该信托公司实行接管或者督促机构重组。

第五十六条 中国银行业监督管理委员会在批准信托公司设立、变更、终止后,发现原申请材料有隐瞒、虚假的情形,可以责令补正或者撤销批准。

第五十七条 信托公司可以加入中国信托业协会,实行行业自律。

中国信托业协会开展活动,应当接受中国银行业监督管理委员会的指导和监督。

第六章 罚 则

第五十八条 未经中国银行业监督管理委员会批准,擅自设立信托公司的,由中国银行业监督管理委员会依法予以取缔;构成犯罪的,依法追究刑事责任;尚不构成犯罪的,由中国银行业监督管理委员会没收违法所得,违法所得五十万元以上的,并处违法所得一倍以上五倍以下罚款;没有违法所得或者违法所得不足五十万元的,处五十万元以上二百万元以下罚款。

第五十九条 未经中国银行业监督管理委员会批准,信托公司擅自设立分支机构或开展本办法第十九条、第二十条、第二十一条、第二十二条、第三十三条和第三十四条禁止的业务的,由中国银行业监督管理委员会责令改正,有违法所得的,没收违法所得,违法所得五十万元以上的,并处违法所得一倍以上五倍以下罚款;没有违法所得或者违法所得不足五十万元的,处五十万元以上二百万元以下罚款;情节特别严重或者逾期不改正的,责令停业整顿或者吊销其金融许可证;构成犯罪的,依法追究刑事责任。

第六十条 信托公司违反本办法其他规定的,中国银行业监督管理委员会根据《中华人民共和国银行业监督管理法》等法律法规的规定,采取相应的处罚措施。

第六十一条 信托公司有违法经营、经营管理不善等情形,不予撤销将严重危害金融秩序、损害公众利益的,由中国银行业监督管理委员会依法予以撤销。

第六十二条 对信托公司违规负有直接责任的董事、高级管理人员和其他直接责任人员,中国银行业监督管理委员会可以区别不同情形，根据《中华人民共和国银行业监督管理法》等法律法规的规定，采取罚款、取消任职资格或从业资格等处罚措施。

第六十三条　对中国银行业监督管理委员会的处罚决定不服的，可以依法提请行政复议或者向人民法院提起行政诉讼。

第七章　附　则

第六十四条　信托公司处理信托事务不履行亲自管理职责，即不承担投资管理人职责的，其注册资本不得低于1亿元人民币或等值的可自由兑换货币。对该类信托公司的监督管理参照本办法执行。

第六十五条　本办法由中国银行业监督管理委员会负责解释。

第六十六条　本办法自2007年3月1日起施行，原《信托投资公司管理办法》（中国人民银行令〔2002〕第5号）不再适用。

6. 信托公司私人股权投资信托业务操作指引

（2008年6月25日中国银行业监督管理委员会银监发〔2008〕45号发布，自发布之日起施行）

第一条　为进一步规范信托公司私人股权投资信托业务的经营行为，保障私人股权投资信托各方当事人的合法权益，根据《信托公司管理办法》、《信托公司集合资金信托计划管理办法》等监管规章，制定本指引。

第二条　本指引所称私人股权投资信托，是指信托公司将信托计划项下资金投资于未上市企业股权、上市公司限售流通股或中国银监会批准可以投资的其他股权的信托业务。

信托公司以信托资金投资于境外未上市企业股权的，应经中国银监会及相关监管部门批准；私人股权投资信托投资于金融机构和拟上市公司股权的，应遵守相关金融监管部门的规定。

第三条　信托公司从事私人股权投资信托业务，应当符合以下规定：

（一）具有完善的公司治理结构；

（二）具有完善的内部控制制度和风险管理制度；

（三）为股权投资信托业务配备与业务相适应的信托经理及相关工作人员，负责股权投资信托的人员达到5人以上，其中至少3名具备2年以上股权投资及相关业务经验；

（四）固有资产状况和流动性良好，符合监管要求；

（五）中国银监会规定的其他条件。

第四条　信托公司应当制定私人股权投资信托业务流程和风险管理制度，经公司董事会批准后执行。

第五条　私人股权投资信托风险管理制度包括但不限于以下内容：

（一）目标企业的投资立项；

（二）目标企业的实地尽职调查；

（三）投资决策流程及限额管理；

（四）目标企业的投资实施；

（五）目标企业的管理；

（六）目标企业股权的退出机制。

第六条　信托公司应建立与私人股权投资信托业务相适应的员工约束与激励机制。

第七条　信托公司开展私人股权投资信托业务，应当遵循以下规定：

（一）遵守有关法律法规的规定，且信托目的不得损害社会公共利益；

（二）按照私人股权投资信托文件的约定处理信托事务；

（三）信托期限与股权退出安排相匹配，持股期限相对稳定，并在信托文件中明确股权退出安排；

（四）以固有资金参与私人股权投资信托计划的，应当遵守信托公司净资本管理的有关规定，且在信托存续期间不转让受益权，也不得直接或间接以该受益权为标的进行融资。

第八条　信托公司开展私人股权投资信托

业务时,应对该信托计划投资理念及策略、项目选取标准、行业价值、备选企业和风险因素分析方法等制作报告书,并经公司信托委员会通过。

第九条 信托公司运用私人股权投资信托计划项下资金进行股权投资时,应对拟投资对象的发展前景、公司治理、股权结构、管理团队、资产情况、经营情况、财务状况、法律风险等开展尽职调查。

第十条 信托公司应按照勤勉尽职的原则形成投资决策报告,按照决策流程通过后,方可正式实施。

第十一条 信托公司应当以自己的名义,按照信托文件约定亲自行使信托计划项下被投资企业的相关股东权利,不受委托人、受益人干预。

第十二条 信托公司应当通过有效行使股东权利,推进信托计划项下被投资企业治理结构的完善,提高业务体系、企业管理能力,提升企业价值。

第十三条 信托公司应当依据法律法规规定和信托文件约定,及时、准确、完整地披露私人股权投资信托计划信息。信托公司披露的信息,应当符合中国银监会及其他监管部门有关信息披露内容与格式准则的规定。

第十四条 被投资对象的股权或所发行的债券在证券市场、产权交易市场等活跃市场上报价或交易的,信托公司的信息披露应当遵守活跃市场监管机构的法律法规,依法向受益人及监管机构披露私人股权投资信托的相关信息。前款所称活跃市场,参照财政部颁布的《企业会计准则》及《企业会计准则一应用指南》中的概念和应用范围。

第十五条 信托公司在管理私人股权投资信托计划时,可以通过股权上市、协议转让、被投资企业回购、股权分配等方式,实现投资退出。

通过股权上市方式退出的,应符合相关监管部门的有关规定。

第十六条 私人股权投资信托计划项下的投资不通过公开市场实施股权退出时,股权价格应当公允,为受益人谋取最大利益。

第十七条 信托公司以固有资金参与设立私人股权投资信托的,所占份额不得超过该信托计划财产的20%;用于设立私人股权投资信托的固有资金不得超过信托公司净资产的20%。

信托公司以固有资金参与设立私人股权投资信托的,应当在信托文件中明确其所出资金数额和承担的责任等内容。

第十八条 信托公司设立私人股权投资信托,应当在信托计划成立后10个工作日内向中国银监会或其派出机构报告,报告应当包括但不限于可行性分析报告、信托文件、风险申明书、信托财产运用范围和方案、信托计划面临主要风险及风险管理说明、信托资金管理报告主要内容及格式、推介方案及主要推介内容、股权投资信托团队简介及人员简历等内容。

第十九条 信托公司管理私人股权投资信托,应按照信托文件约定将信托资金运用于股权投资,未进行股权投资的资金只能投资于债券、货币型基金和央行票据等低风险高流动性金融产品。

第二十条 信托公司管理私人股权投资信托,可收取管理费和业绩报酬,除管理费和业绩报酬外,信托公司不得收取任何其他费用;信托公司收取管理费和业绩报酬的方式和比例,须在信托文件中事先约定,但业绩报酬仅在信托计划终止且实现盈利时提取。

第二十一条 私人股权投资信托计划设立后,信托公司应亲自处理信托事务,独立自主进行投资决策和风险控制。

信托文件事先有约定的,信托公司可以聘请第三方提供投资顾问服务,但投资顾问不得代为实施投资决策。信托公司应对投资顾问的管理团队基本情况和过往业绩等开展尽职调查,并在信托文件中载明。

第二十二条 前条所称投资顾问,应满足以下条件:

(一)持有不低于该信托计划10%的信托单位;

(二)实收资本不低于2000万元人民币;

(三)有固定的营业场所和与业务相适应的软硬件设施;

(四)有健全的内部管理制度和投资立项、尽职调查及决策流程;

(五)投资顾问团队主要成员股权投资业务从业经验不少于3年,业绩记录良好;

(六)无不良从业记录;

(七)中国银监会规定的其他条件。

第二十三条　本办法所称未上市企业，应当符合但不限于下列条件：

（一）依法设立；

（二）主营业务和发展战略符合产业和环保政策；

（三）拥有核心技术或者创新型经营模式，具有高成长性；

（四）实际控制人、股东、董事及高级管理人员有良好的诚信记录，没有受到相关监管部门的处罚和处理；

（五）管理团队其有与履行职责相适应的知识、行业经验和管理能力；

（六）与信托公司及其关联人不存在直接或间接的关联关系，但按照中国银监会的规定进行事前报告并按规定进行信息披露的除外。

第二十四条　中国银监会依法对信托公司私人股权投资信托业务实施现场检查和非现场监管，并可要求信托公司提供私人股权投资信托的相关材料。

第二十五条　本指引由中国银监会负责解释。

第二十六条　本指引自印发之日起施行。

7. 信托公司集合资金信托计划管理办法

（根据2008年12月17日中国银行业监督管理委员会第78次主席会议《关于修改〈信托公司集合资金信托计划管理办法〉的决定》修订，2009年2月4日中国银行业监督管理委员会令2009年第1号发布，自发布之日起施行）

第一章　总　则

第一条　为规范信托公司集合资金信托业务的经营行为，保障集合资金信托计划各方当事人的合法权益，根据《中华人民共和国信托法》、《中华人民共和国银行业监督管理法》等法律法规，制定本办法。

第二条　在中华人民共和国境内设立集合资金信托计划（以下简称信托计划），由信托公司担任受托人，按照委托人意愿，为受益人的利益，将两个以上（含两个）委托人交付的资金进行集中管理、运用或处分的资金信托业务活动，适用本办法。

第三条　信托计划财产独立于信托公司的固有财产，信托公司不得将信托计划财产归入其固有财产；信托公司因信托计划财产的管理、运用或者其他情形而取得的财产和收益，归入信托计划财产；信托公司因依法解散、被依法撤销或者被依法宣告破产等原因进行清算的，信托计划财产不属于其清算财产。

第四条　信托公司管理、运用信托计划财产，应当恪尽职守，履行诚实信用、谨慎勤勉的义务，为受益人的最大利益服务。

第二章　信托计划的设立

第五条　信托公司设立信托计划，应当符合以下要求：

（一）委托人为合格投资者；

（二）参与信托计划的委托人为惟一受益人；

（三）单个信托计划的自然人人数不得超过50人，但单笔委托金额在300万元以上的自然人投资者和合格的机构投资者数量不受限制；

（四）信托期限不少于1年；

（五）信托资金有明确的投资方向和投资策略，且符合国家产业政策以及其他有关规定；

（六）信托受益权划分为等额份额的信托单位；

（七）信托合同应约定受托人报酬，除合理报酬外，信托公司不得以任何名义直接或间接以信托财产为自己或他人牟利；

（八）中国银行业监督管理委员会规定的其他要求。

第六条　前条所称合格投资者，是指符合下列条件之一，能够识别、判断和承担信托计划相应风险的人：

（一）投资一个信托计划的最低金额不少于100万元人民币的自然人、法人或者依法成立的其他组织；

（二）个人或家庭金融资产总计在其认购时超过100万元人民币，且能提供相关财产证明的自然人；

（三）个人收入在最近3年内每年收入超过20万元人民币或者夫妻双方合计收入在最近3年内每年收入超过30万元人民币，且能提供相关收入证明的自然人。

第七条 信托公司推介信托计划，应有规范和详尽的信息披露材料，明示信托计划的风险收益特征，充分揭示参与信托计划的风险及风险承担原则，如实披露专业团队的履历、专业培训及从业经历，不得使用任何可能影响投资者进行独立风险判断的误导性陈述。

信托公司异地推介信托计划的，应当在推介前向注册地、推介地的中国银行业监督管理委员会省级派出机构报告。

第八条 信托公司推介信托计划时，不得有以下行为：

（一）以任何方式承诺信托资金不受损失，或者以任何方式承诺信托资金的最低收益；

（二）进行公开营销宣传；

（三）委托非金融机构进行推介；

（四）推介材料含有与信托文件不符的内容，或者存在虚假记载、误导性陈述或重大遗漏等情况；

（五）对公司过去的经营业绩作夸大介绍，或者恶意贬低同行；

（六）中国银行业监督管理委员会禁止的其他行为。

第九条 信托公司设立信托计划，事前应进行尽职调查，就可行性分析、合法性、风险评估、有无关联方交易等事项出具尽职调查报告。

第十条 信托计划文件应当包含以下内容：

（一）认购风险申明书；

（二）信托计划说明书；

（三）信托合同；

（四）中国银行业监督管理委员会规定的其他内容。

第十一条 认购风险申明书至少应当包含以下内容：

（一）信托计划不承诺保本和最低收益，具有一定的投资风险，适合风险识别、评估、承受能力较强的合格投资者。

（二）委托人应当以自己合法所有的资金认购信托单位，不得非法汇集他人资金参与信托计划。

（三）信托公司依据信托计划文件管理信托财产所产生的风险，由信托财产承担。信托公司因违背信托计划文件、处理信托事务不当而造成信托财产损失的，由信托公司以固有财产赔偿；不足赔偿时，由投资者自担。

（四）委托人在认购风险申明书上签字，即表明已认真阅读并理解所有的信托计划文件，并愿意依法承担相应的信托投资风险。

认购风险申明书一式二份，注明委托人认购信托单位的数量，分别由信托公司和受益人持有。

第十二条 信托计划说明书至少应当包括以下内容：

（一）信托公司的基本情况；

（二）信托计划的名称及主要内容；

（三）信托合同的内容摘要；

（四）信托计划的推介日期、期限和信托单位价格；

（五）信托计划的推介机构名称；

（六）信托经理人员名单、履历；

（七）律师事务所出具的法律意见书；

（八）风险警示内容；

（九）中国银行业监督管理委员会规定的其他内容。

第十三条 信托合同应当载明以下事项：

（一）信托目的；

（二）受托人、保管人的姓名（或者名称）、住所；

（三）信托资金的币种和金额；

（四）信托计划的规模与期限；

（五）信托资金管理、运用和处分的具体方法或安排；

（六）信托利益的计算、向受益人交付信托利益的时间和方法；

（七）信托财产税费的承担、其他费用的核算及支付方法；

（八）受托人报酬计算方法、支付期间及方法；

（九）信托终止时信托财产的归属及分配方式；

（十）信托当事人的权利、义务；

（十一）受益人大会召集、议事及表决的程序和规则；

（十二）新受托人的选任方式；

（十三）风险揭示；

（十四）信托当事人的违约责任及纠纷解决方式；

（十五）信托当事人约定的其他事项。

第十四条 信托合同应当在首页右上方用醒目字体载明下列文字：信托公司管理信托财产应恪尽职守，履行诚实、信用、谨慎、有效管理的义务。信托公司依据本信托合同约定管理信托财产所产生的风险，由信托财产承担。信托公司因违背本信托合同、处理信托事务不当而造成信托财产损失的，由信托公司以固有财产赔偿；不足赔偿时，由投资者自担。

第十五条 委托人认购信托单位前，应当仔细阅读信托计划文件的全部内容，并在认购风险申明书中签字，申明愿意承担信托计划的投资风险。

信托公司应当提供便利，保证委托人能够查阅或者复制所有的信托计划文件，并向委托人提供信托合同文本原件。

第十六条 信托公司推介信托计划时，可与商业银行签订信托资金代理收付协议。委托人以现金方式认购信托单位，可由商业银行代理收付。信托公司委托商业银行办理信托计划收付业务时，应明确界定双方的权利义务关系，商业银行只承担代理资金收付责任，不承担信托计划的投资风险。

信托公司可委托商业银行代为向合格投资者推介信托计划。

第十七条 信托计划推介期限届满，未能满足信托文件约定的成立条件的，信托公司应当在推介期限届满后 30 日内返还委托人已缴付的款项，并加计银行同期存款利息。由此产生的相关债务和费用，由信托公司以固有财产承担。

第十八条 信托计划成立后，信托公司应当将信托计划财产存入信托财产专户，并在 5 个工作日内向委托人披露信托计划的推介、设立情况。

第三章 信托计划财产的保管

第十九条 信托计划的资金实行保管制。对非现金类的信托财产，信托当事人可约定实行第三方保管，但中国银行业监督管理委员会另有规定的，从其规定。

信托计划存续期间，信托公司应当选择经营稳健的商业银行担任保管人。信托财产的保管账户和信托财产专户应当为同一账户。

信托公司依信托计划文件约定需要运用信托资金时，应当向保管人书面提供信托合同复印件及资金用途说明。

第二十条 保管协议至少应包括以下内容：

（一）受托人、保管人的名称、住所；

（二）受托人、保管人的权利义务；

（三）信托计划财产保管的场所、内容、方法、标准；

（四）保管报告内容与格式；

（五）保管费用；

（六）保管人对信托公司的业务监督与核查；

（七）当事人约定的其他内容。

第二十一条 保管人应当履行以下职责：

（一）安全保管信托财产；

（二）对所保管的不同信托计划分别设置账户，确保信托财产的独立性；

（三）确认与执行信托公司管理运用信托财产的指令，核对信托财产交易记录、资金和财产账目；

（四）记录信托资金划拨情况，保存信托公司的资金用途说明；

（五）定期向信托公司出具保管报告；

（六）当事人约定的其他职责。

第二十二条 遇有信托公司违反法律法规和信托合同、保管协议操作时，保管人应当立即以书面形式通知信托公司纠正；当出现重大违法违规或者发生严重影响信托财产安全的事件时，保管人应及时报告中国银行业监督管理委员会。

第四章 信托计划的运营与风险管理

第二十三条 信托公司管理信托计划，应设立为信托计划服务的信托资金运用、信息处理等部门，并指定信托经理及其相关的工作人员。

每个信托计划至少配备一名信托经理。担任信托经理的人员,应当符合中国银行业监督管理委员会规定的条件。

第二十四条 信托公司对不同的信托计划,应当建立单独的会计账户分别核算、分别管理。

第二十五条 信托资金可以进行组合运用,组合运用应有明确的运用范围和投资比例。

信托公司运用信托资金进行证券投资,应当采用资产组合的方式,事先制定投资比例和投资策略,采取有效措施防范风险。

第二十六条 信托公司可以运用债权、股权、物权及其他可行方式运用信托资金。

信托公司运用信托资金,应当与信托计划文件约定的投资方向和投资策略相一致。

第二十七条 信托公司管理信托计划,应当遵守以下规定:

(一)不得向他人提供担保;

(二)向他人提供贷款不得超过其管理的所有信托计划实收余额的30%,但中国银行业监督管理委员会另有规定的除外;

(三)不得将信托资金直接或间接运用于信托公司的股东及其关联人,但信托资金全部来源于股东或其关联人的除外;

(四)不得以固有财产与信托财产进行交易;

(五)不得将不同信托财产进行相互交易;

(六)不得将同一公司管理的不同信托计划投资于同一项目。

第二十八条 信托公司管理信托计划而取得的信托收益,如果信托计划文件没有约定其他运用方式的,应当将该信托收益交由保管人保管,任何人不得挪用。

第五章 信托计划的变更、终止与清算

第二十九条 信托计划存续期间,受益人可以向合格投资者转让其持有的信托单位。信托公司应为受益人办理受益权转让的有关手续。

信托受益权进行拆分转让的,受让人不得为自然人。机构所持有的信托受益权,不得向自然人转让或拆分转让。

第三十条 有下列情形之一的,信托计划终止:

(一)信托合同期限届满;

(二)受益人大会决定终止;

(三)受托人职责终止,未能按照有关规定产生新受托人;

(四)信托计划文件约定的其他情形。

第三十一条 信托计划终止,信托公司应当于终止后10个工作日内做出处理信托事务的清算报告,经审计后向受益人披露。信托文件约定清算报告不需要审计的,信托公司可以提交未经审计的清算报告。

第三十二条 清算后的剩余信托财产,应当依照信托合同约定按受益人所持信托单位比例进行分配。分配方式可采取现金方式、维持信托终止时财产原状方式或者两者的混合方式。

采取现金方式的,信托公司应当于信托计划文件约定的分配日前或者信托期满日前变现信托财产,并将现金存入受益人账户。

采取维持信托终止时财产原状方式的,信托公司应于信托期满后的约定时间内,完成与受益人的财产转移手续。信托财产转移前,由信托公司负责保管。保管期间,信托公司不得运用该财产。保管期间的收益归属于信托财产,发生的保管费用由被保管的信托财产承担。因受益人原因导致信托财产无法转移的,信托公司可以按照有关法律法规进行处理。

第三十三条 信托公司应当用管理信托计划所产生的实际信托收益进行分配,严禁信托公司将信托收益归入其固有财产,或者挪用其他信托财产垫付信托计划的损失或收益。

第六章 信息披露与监督管理

第三十四条 信托公司应当依照法律法规的规定和信托计划文件的约定按时披露信息,并保证所披露信息的真实性、准确性和完整性。

第三十五条 受益人有权向信托公司查询与其信托财产相关的信息,信托公司应在不损害其他受益人合法权益的前提下,准确、及时、完整地提供相关信息,不得拒绝、推诿。

第三十六条 信托计划设立后,信托公司应当依信托计划的不同,按季制作信托资金管理报告、信托资金运用及收益情况表。

第三十七条 信托资金管理报告至少应包

含以下内容：

（一）信托财产专户的开立情况；

（二）信托资金管理、运用、处分和收益情况；

（三）信托经理变更情况；

（四）信托资金运用重大变动说明；

（五）涉及诉讼或者损害信托计划财产、受益人利益的情形；

（六）信托计划文件约定的其他内容。

第三十八条　信托计划发生下列情形之一的，信托公司应当在获知有关情况后3个工作日内向受益人披露，并自披露之日起7个工作日内向受益人书面提出信托公司采取的应对措施：

（一）信托财产可能遭受重大损失；

（二）信托资金使用方的财务状况严重恶化；

（三）信托计划的担保方不能继续提供有效的担保。

第三十九条　信托公司应当妥善保存管理信托计划的全部资料，保存期自信托计划结束之日起不得少于15年。

第四十条　中国银行业监督管理委员会依法对信托公司管理信托计划的情况实施现场检查和非现场监管，并要求信托公司提供管理信托计划的相关资料。

中国银行业监督管理委员会在现场检查或非现场监管中发现信托公司存在违法违规行为的，应当根据《中华人民共和国银行业监督管理法》等法律法规的规定，采取暂停业务、限制股东权利等监管措施。

第七章　受益人大会

第四十一条　受益人大会由信托计划的全体受益人组成，依照本办法规定行使职权。

第四十二条　出现以下事项而信托计划文件未有事先约定的，应当召开受益人大会审议决定：

（一）提前终止信托合同或者延长信托期限；

（二）改变信托财产运用方式；

（三）更换受托人；

（四）提高受托人的报酬标准；

（五）信托计划文件约定需要召开受益人大会的其他事项。

第四十三条　受益人大会由受托人负责召集，受托人未按规定召集或不能召集时，代表信托单位10%以上的受益人有权自行召集。

第四十四条　召集受益人大会，召集人应当至少提前10个工作日公告受益人大会的召开时间、会议形式、审议事项、议事程序和表决方式等事项。

受益人大会不得就未经公告的事项进行表决。

第四十五条　受益人大会可以采取现场方式召开，也可以采取通讯等方式召开。

每一信托单位具有一票表决权，受益人可以委托代理人出席受益人大会并行使表决权。

第四十六条　受益人大会应当有代表50%以上信托单位的受益人参加，方可召开；大会就审议事项作出决定，应当经参加大会的受益人所持表决权的2/3以上通过；但更换受托人、改变信托财产运用方式、提前终止信托合同，应当经参加大会的受益人全体通过。

受益人大会决定的事项，应当及时通知相关当事人，并向中国银行业监督管理委员会报告。

第八章　罚　则

第四十七条　信托公司设立信托计划不遵守本办法有关规定的，由中国银行业监督管理委员会责令改正；逾期不改正的，处10万元以上30万元以下罚款；情节特别严重的，可以责令停业整顿或者吊销其金融许可证。

第四十八条　信托公司推介信托计划违反本办法有关规定的，由中国银行业监督管理委员会责令停止，返还所募资金并加计银行同期存款利息，并处20万元以上50万元以下罚款；构成犯罪的，依法追究刑事责任。

第四十九条　信托公司管理信托计划违反本办法有关规定的，由中国银行业监督管理委员会责令改正；有违法所得的，没收违法所得，并处违法所得1倍以上5倍以下罚款；没有违法所得的，处20万元以上50万元以下罚款；情节特别严重或者逾期不改正的，可以责令停业整顿或者吊销其金融许可证；构成犯罪的，依法追究刑事责任。

第五十条　信托公司不依本办法进行信息披露或者披露的信息有虚假记载、误导性陈述或者重大遗漏的,由中国银行业监督管理委员会责令改正,并处20万元以上50万元以下罚款;给受益人造成损害的,依法承担赔偿责任。

第五十一条 信托公司设立、管理信托计划存在其他违法违规行为的,中国银行业监督管理委员会可以根据《中华人民共和国银行业监督管理法》等法律法规的规定,采取相应的处罚措施。

第九章 附 则

第五十二条 两个以上(含两个)单一资金信托用于同一项目的,委托人应当为符合本办法规定的合格投资者,并适用本办法规定。

第五十三条 动产信托、不动产信托以及其他财产和财产权信托进行受益权拆分转让的,应当遵守本办法的相关规定。

第五十四条 本办法由中国银行业监督管理委员会负责解释。

第五十五条 本办法自2007年3月1日起施行,原《信托投资公司资金信托管理暂行办法》(中国人民银行令〔2002〕第7号)不再适用。

8. 国务院关于鼓励和引导民间投资健康发展的若干意见

(2010年5月7日国务院国发〔2010〕13号发布,自发布之日起施行)

各省、自治区、直辖市人民政府,国务院各部委、各直属机构:

改革开放以来,我国民间投资不断发展壮大,已经成为促进经济发展、调整产业结构、繁荣城乡市场、扩大社会就业的重要力量。在毫不动摇地巩固和发展公有制经济的同时,毫不动摇地鼓励、支持和引导非公有制经济发展,进一步鼓励和引导民间投资,有利于坚持和完善我国社会主义初级阶段基本经济制度,以现代产权制度为基础发展混合所有制经济,推动各种所有制经济平等竞争、共同发展;有利于完善社会主义市场经济体制,充分发挥市场配置资源的基础性作用,建立公平竞争的市场环境;有利于激发经济增长的内生动力,稳固可持续发展的基础,促进经济长期平稳较快发展;有利于扩大社会就业,增加居民收入,拉动国内消费,促进社会和谐稳定。为此,提出以下意见:

一、进一步拓宽民间投资的领域和范围

(一)深入贯彻落实《国务院关于鼓励支持和引导个体私营等非公有制经济发展的若干意见》(国发〔2005〕3号)等一系列政策措施,鼓励和引导民间资本进入法律法规未明确禁止准入的行业和领域。规范设置投资准入门槛,创造公平竞争、平等准入的市场环境。市场准入标准和优惠扶持政策要公开透明,对各类投资主体同等对待,不得单对民间资本设置附加条件。

(二)明确界定政府投资范围。政府投资主要用于关系国家安全、市场不能有效配置资源的经济和社会领域。对于可以实行市场化运作的基础设施、市政工程和其他公共服务领域,应鼓励和支持民间资本进入。

(三)进一步调整国有经济布局和结构。国有资本要把投资重点放在不断加强和巩固关系国民经济命脉的重要行业和关键领域,在一般竞争性领域,要为民间资本营造更广阔的市场空间。

(四)积极推进医疗、教育等社会事业领域改革。将民办社会事业作为社会公共事业发展的重要补充,统筹规划,合理布局,加快培育形成政府投入为主、民间投资为辅的公共服务体系。

二、鼓励和引导民间资本进入基础产业和基础设施领域

(五)鼓励民间资本参与交通运输建设。鼓励民间资本以独资、控股、参股等方式投资建设公路、水运、港口码头、民用机场、通用航空设施等项目。抓紧研究制定铁路体制改革方案,引入市场竞争,推进投资主体多元化,鼓励民间资本参与铁路干线、铁路支线、铁路轮渡以及站场设施的建设,允许民间资本参股建设煤运通道、客运专线、城际轨道交通等项目。探索建立铁路产业投资基金,积极支持铁路企业加快股改上市,拓宽民间资本进入铁路建设领域的渠道和途径。

(六)鼓励民间资本参与水利工程建设。建立收费补偿机制,实行政府补贴,通过业主招标、承包租赁等方式，吸引民间资本投资建设农田水利、跨流域调水、水资源综合利用、水土保持等水利项目。

（七）鼓励民间资本参与电力建设。鼓励民间资本参与风能、太阳能、地热能、生物质能等新能源产业建设。支持民间资本以独资、控股或参股形式参与水电站、火电站建设，参股建设核电站。进一步放开电力市场，积极推进电价改革，加快推行竞价上网，推行项目业主招标，完善电力监管制度，为民营发电企业平等参与竞争创造良好环境。

（八）鼓励民间资本参与石油天然气建设。支持民间资本进入油气勘探开发领域，与国有石油企业合作开展油气勘探开发。支持民间资本参股建设原油、天然气、成品油的储运和管道输送设施及网络。

（九）鼓励民间资本参与电信建设。鼓励民间资本以参股方式进入基础电信运营市场。支持民间资本开展增值电信业务。加强对电信领域垄断和不正当竞争行为的监管，促进公平竞争，推动资源共享。

（十）鼓励民间资本参与土地整治和矿产资源勘探开发。积极引导民间资本通过招标投标形式参与土地整理、复垦等工程建设，鼓励和引导民间资本投资矿山地质环境恢复治理，坚持矿业权市场全面向民间资本开放。

三、鼓励和引导民间资本进入市政公用事业和政策性住房建设领域

（十一）鼓励民间资本参与市政公用事业建设。支持民间资本进入城市供水、供气、供热、污水和垃圾处理、公共交通、城市园林绿化等领域。鼓励民间资本积极参与市政公用企事业单位的改组改制，具备条件的市政公用事业项目可以采取市场化的经营方式，向民间资本转让产权或经营权。

（十二）进一步深化市政公用事业体制改革。积极引入市场竞争机制，大力推行市政公用事业的投资主体、运营主体招标制度，建立健全市政公用事业特许经营制度。改进和完善政府采购制度，建立规范的政府监管和财政补贴机制，加快推进市政公用产品价格和收费制度改革，为鼓励和引导民间资本进入市政公用事业领域创造良好的制度环境。

（十三）鼓励民间资本参与政策性住房建设。支持和引导民间资本投资建设经济适用住房、公共租赁住房等政策性住房，参与棚户区改造，享受相应的政策性住房建设政策。

四、鼓励和引导民间资本进入社会事业领域

（十四）鼓励民间资本参与发展医疗事业。支持民间资本兴办各类医院、社区卫生服务机构、疗养院、门诊部、诊所、卫生所（室）等医疗机构，参与公立医院转制改组。支持民营医疗机构承担公共卫生服务、基本医疗服务和医疗保险定点服务。切实落实非营利性医疗机构的税收政策。鼓励医疗人才资源向民营医疗机构合理流动，确保民营医疗机构在人才引进、职称评定、科研课题等方面与公立医院享受平等待遇。从医疗质量、医疗行为、收费标准等方面对各类医疗机构加强监管，促进民营医疗机构健康发展。

（十五）鼓励民间资本参与发展教育和社会培训事业。支持民间资本兴办高等学校、中小学校、幼儿园、职业教育等各类教育和社会培训机构。修改完善《中华人民共和国民办教育促进法实施条例》，落实对民办学校的人才鼓励政策和公共财政资助政策，加快制定和完善促进民办教育发展的金融、产权和社保等政策，研究建立民办学校的退出机制。

（十六）鼓励民间资本参与发展社会福利事业。通过用地保障、信贷支持和政府采购等多种形式，鼓励民间资本投资建设专业化的服务设施，兴办养（托）老服务和残疾人康复、托养服务等各类社会福利机构。

（十七）鼓励民间资本参与发展文化、旅游和体育产业。鼓励民间资本从事广告、印刷、演艺、娱乐、文化创意、文化会展、影视制作、网络文化、动漫游戏、出版物发行、文化产品数字制作与相关服务等活动，建设博物馆、图书馆、文化馆、电影院等文化设施。鼓励民间资本合理开发旅游资源，建设旅游设施，从事各种旅游休闲活动。鼓励民间资本投资生产体育用品，建设各类体育场馆及健身设施，从事体育健身、竞赛表演等活动。

五、鼓励和引导民间资本进入金融服务领域

（十八）允许民间资本兴办金融机构。在加强有效监管、促进规范经营、防范金融风险的前提下，放宽对金融机构的股比限制。支持民间资本以入股方式参与商业银行的增资扩股,参与农村信用社、城市信用社的改制工作。鼓励民间资本发起或参与设立村镇银行、贷款公司、农村资金互助社等金融机构,放宽村镇银行或社区银行中法人银行最低出资比例的限制。落实中小企业贷款税前全额拨备损失准备金政策,简化中小金融机构呆账核销审核程序。适当放宽小额贷款公司单一投资者持股比例限制,对小额贷款公司的涉农业务实行与村镇银行同等的财政补贴政策。支持民间资本发起设立信用担保公司,完善信用担保公司的风险补偿机制和风险分担机制。鼓励民间资本发起设立金融中介服务机构,参与证券、保险等金融机构的改组改制。

六、鼓励和引导民间资本进入商贸流通领域

(十九)鼓励民间资本进入商品批发零售、现代物流领域。支持民营批发、零售企业发展,鼓励民间资本投资连锁经营、电子商务等新型流通业态。引导民间资本投资第三方物流服务领域,为民营物流企业承接传统制造业、商贸业的物流业务外包创造条件,支持中小型民营商贸流通企业协作发展共同配送。加快物流业管理体制改革,鼓励物流基础设施的资源整合和充分利用,促进物流企业网络化经营,搭建便捷高效的融资平台,创造公平、规范的市场竞争环境,推进物流服务的社会化和资源利用的市场化。

七、鼓励和引导民间资本进入国防科技工业领域

(二十)鼓励民间资本进入国防科技工业投资建设领域。引导和支持民营企业有序参与军工企业的改组改制,鼓励民营企业参与军民两用高技术开发和产业化,允许民营企业按有关规定参与承担军工生产和科研任务。

八、鼓励和引导民间资本重组联合和参与国有企业改革

(二十一)引导和鼓励民营企业利用产权市场组合民间资本,促进产权合理流动,开展跨地区、跨行业兼并重组。鼓励和支持民间资本在国内合理流动,实现产业有序梯度转移,参与西部大开发、东北地区等老工业基地振兴、中部地区崛起以及新农村建设和扶贫开发。支持有条件的民营企业通过联合重组等方式做大做强,发展成为特色突出、市场竞争力强的集团化公司。

(二十二)鼓励和引导民营企业通过参股、控股、资产收购等多种形式,参与国有企业的改制重组。合理降低国有控股企业中的国有资本比例。民营企业在参与国有企业改制重组过程中,要认真执行国家有关资产处置、债务处理和社会保障等方面的政策要求,依法妥善安置职工,保证企业职工的正当权益。

九、推动民营企业加强自主创新和转型升级

(二十三)贯彻落实鼓励企业增加研发投入的税收优惠政策,鼓励民营企业增加研发投入,提高自主创新能力,掌握拥有自主知识产权的核心技术。帮助民营企业建立工程技术研究中心、技术开发中心,增加技术储备,搞好技术人才培训。支持民营企业参与国家重大科技计划项目和技术攻关,不断提高企业技术水平和研发能力。

(二十四)加快实施促进科技成果转化的鼓励政策,积极发展技术市场,完善科技成果登记制度,方便民营企业转让和购买先进技术。加快分析测试、检验检测、创业孵化、科技评估、科技咨询等科技服务机构的建设和机制创新,为民营企业的自主创新提供服务平台。积极推动信息服务外包、知识产权、技术转移和成果转化等高技术服务领域的市场竞争,支持民营企业开展技术服务活动。

(二十五)鼓励民营企业加大新产品开发力度,实现产品更新换代。开发新产品发生的研究开发费用可按规定享受加计扣除优惠政策。鼓励民营企业实施品牌发展战略,争创名牌产品,提高产品质量和服务水平。通过加速固定资产折旧等方式鼓励民营企业进行技术改造,淘汰落后产能,加快技术升级。

(二十六)鼓励和引导民营企业发展战略性新兴产业。广泛应用信息技术等高新技术改造提升传统产业,大力发展循环经济、绿色经济,投资建设节能减排、节水降耗、生物医药、信息网络、新能源、新材料、环境保护、资源综合利用等具有发展潜力的新兴产业。

十、鼓励和引导民营企业积极参与国际竞争

(二十七)鼓励民营企业"走出去",积极参与国际竞争。支持民营企业在研发、生产、营销等方面开展国际化经营,开发战略资源,建立国际销售网络。支持民营企业利用自有品牌、自主知识产权和自主营销,开拓国际市场,加快培育跨国企业和国际知名品牌。支持民营企业之间、民营企业与国有企业之间组成联合体,发挥各自优势,共同开展多种形式的境外投资。

(二十八)完善境外投资促进和保障体系。与有关国家建立鼓励和促进民间资本国际流动的政策磋商机制,开展多种形式的对话交流,发展长期稳定、互惠互利的合作关系。通过签订双边民间投资合作协定、利用多边协定体系等,为民营企业"走出去"争取有利的投资、贸易环境和更多优惠政策。健全和完善境外投资鼓励政策,在资金支持、金融保险、外汇管理、质检通关等方面,民营企业与其他企业享受同等待遇。

十一、为民间投资创造良好环境

(二十九)清理和修改不利于民间投资发展的法规政策规定,切实保护民间投资的合法权益,培育和维护平等竞争的投资环境。在制订涉及民间投资的法律、法规和政策时,要听取有关商会和民营企业的意见和建议,充分反映民营企业的合理要求。

(三十)各级人民政府有关部门安排的政府性资金,包括财政预算内投资、专项建设资金、创业投资引导资金,以及国际金融组织贷款和外国政府贷款等,要明确规则、统一标准,对包括民间投资在内的各类投资主体同等对待。支持民营企业的产品和服务进入政府采购目录。

(三十一)各类金融机构要在防范风险的基础上,创新和灵活运用多种金融工具,加大对民间投资的融资支持,加强对民间投资的金融服务。各级人民政府及有关监管部门要不断完善民间投资的融资担保制度,健全创业投资机制,发展股权投资基金,继续支持民营企业通过股票、债券市场进行融资。

(三十二)全面清理整合涉及民间投资管理的行政审批事项,简化环节、缩短时限,进一步推动管理内容、标准和程序的公开化、规范化,提高行政服务效率。进一步清理和规范涉企收费,切实减轻民营企业负担。

十二、加强对民间投资的服务、指导和规范管理

(三十三)统计部门要加强对民间投资的统计工作,准确反映民间投资的进展和分布情况。投资主管部门、行业管理部门及行业协会要切实做好民间投资的监测和分析工作,及时把握民间投资动态,合理引导民间投资。要加强投资信息平台建设,及时向社会公开发布国家产业政策、发展建设规划、市场准入标准、国内外行业动态等信息,引导民间投资者正确判断形势,减少盲目投资。

(三十四)建立健全民间投资服务体系。充分发挥商会、行业协会等自律性组织的作用,积极培育和发展为民间投资提供法律、政策、咨询、财务、金融、技术、管理和市场信息等服务的中介组织。

(三十五)在放宽市场准入的同时,切实加强监管。各级人民政府有关部门要依照有关法律法规要求,切实督促民间投资主体履行投资建设手续,严格遵守国家产业政策和环保、用地、节能以及质量、安全等规定。要建立完善企业信用体系,指导民营企业建立规范的产权、财务、用工等制度,依法经营。民间投资主体要不断提高自身素质和能力,树立诚信意识和责任意识,积极创造条件满足市场准入要求,并主动承担相应的社会责任。

(三十六)营造有利于民间投资健康发展的良好舆论氛围。大力宣传党中央、国务院关于鼓励、支持和引导非公有制经济发展的方针、政策和措施。客观、公正宣传报道民间投资在促进经济发展、调整产业结构、繁荣城乡市场和扩大社会就业等方面的积极作用。积极宣传依法经营、诚实守信、认真履行社会责任、积极参与社会公益事业的民营企业家的先进事迹。

各地区、各部门要把鼓励和引导民间投资健康发展工作摆在更加重要的位置,进一步解放思想,转变观念,深化改革,创新求实,根据本意见要求,抓紧研究制定具体实施办法,尽快将有关政策措施落到实处,努力营造有利于民间投资健康发展的政策环境和舆论氛围,切实促进民间投资持续健康发展,促进投资合理增长、结构优化、效益提高和经济社会又好又快发展。

国务院

二〇一〇年五月七日

9. 国务院办公厅关于鼓励和引导民间投资健康发展重点工作分工的通知

（2010年7月22日国办函〔2010〕120号发布，自发布之日起施行）

各省、自治区、直辖市人民政府，国务院有关部门：

为贯彻落实《国务院关于鼓励和引导民间投资健康发展的若干意见》（国发〔2010〕13号，以下简称《意见》）提出的各项政策措施，需要进一步明确部门和地方的主要工作任务，研究提出具体实施办法。经国务院同意，现将有关事项通知如下：

一、工作分工

（一）鼓励和引导民间资本进入基础产业和基础设施领域。

1. 鼓励民间资本以独资、控股、参股等方式投资建设公路、水运、港口码头、民用机场、通用航空设施等项目。（交通运输部、民航局、发展改革委、财政部负责。列在首位的为牵头部门或单位，有关部门和单位按职责分工负责，下同）

2. 抓紧研究制定铁路体制改革方案。（先由铁道部提出改革方案，发展改革委会同中央编办、铁道部、交通运输部、财政部提出意见报国务院）

3. 引入市场竞争，推进投资主体多元化，鼓励民间资本参与铁路干线、铁路支线、铁路轮渡以及站场设施的建设，允许民间资本参股建设煤运通道、客运专线、城际轨道交通等项目。（铁道部、发展改革委负责）

4. 探索建立铁路产业投资基金。（发展改革委、铁道部负责）

5. 积极支持铁路企业加快股改上市，拓宽民间资本进入铁路建设领域的渠道和途径。（铁道部、证监会、发展改革委负责）

6. 鼓励民间资本参与水利工程建设。建立收费补偿机制，实行政府补贴，通过业主招标、承包租赁等方式，吸引民间资本投资建设农田水利、跨流域调水、水资源综合利用、水土保持等水利项目。（水利部、发展改革委、财政部负责）

7. 鼓励民间资本参与电力建设。鼓励民间资本参与风能、太阳能、地热能、生物质能等新能源产业建设。支持民间资本以独资、控股或参股形式参与水电站、火电站建设，参股建设核电站。进一步放开电力市场，积极推进电价改革，加快推行竞价上网，推行项目业主招标，完善电力监管制度。（能源局、发展改革委、财政部、水利部、国土资源部、电监会、国资委负责）

8. 鼓励民间资本参与石油天然气建设。支持民间资本进入油气勘探开发领域，与国有石油企业合作开展油气勘探开发。支持民间资本参股建设原油、天然气、成品油的储运和管道输送设施及网络。（能源局、发展改革委、国土资源部、国资委负责）

9. 鼓励民间资本参与电信建设。鼓励民间资本以参股方式进入基础电信运营市场。支持民间资本开展增值电信业务。加强对电信领域垄断和不正当竞争行为的监管。（工业和信息化部、发展改革委、国资委、商务部负责）

10. 鼓励民间资本参与土地整治和矿产资源勘探开发。积极引导民间资本通过招标投标形式参与土地整理、复垦等工程建设，鼓励和引导民间资本投资矿山地质环境恢复治理，坚持矿业权市场全面向民间资本开放。（国土资源部、发展改革委负责）

（二）鼓励和引导民间资本进入市政公用事业和政策性住房建设领域。

11. 鼓励民间资本参与市政公用事业建设。支持民间资本进入城市供水、供气、供热、污水和垃圾处理、公共交通、城市园林绿化等领域。鼓励民间资本积极参与市政公用企事业单位的改组改制，具备条件的市政公用事业项目可以采取市场化的经营方式，向民间资本转让产权或经营权。（住房城乡建设部、发展改革委负责）

12. 进一步深化市政公用事业体制改革。积极引入市场竞争机制，大力推行市政公用事业的投资主体、运营主体招标制度，建立健全市政公用事业特许经营制度。改进和完善政府采购制度，建立规范的政府监管和财政补贴机制，加快推进市政公用产品价格和收费制度改革。（住房城乡建设部、发展改革委、财政部负责）

13. 鼓励民间资本参与政策性住房建设。支持和引导民间资本投资建设经济适用住房、公共租赁住房等政策性住房，参与棚户区改造，享受相应的政策性住房建设政策。（住房城乡建设部、发展改革委负责）

（三）鼓励和引导民间资本进入社会事业领域。

14. 鼓励民间资本参与发展医疗事业。支持民间资本兴办各类医院、社区卫生服务机构、疗养院、门诊部、诊所、卫生所（室）等医疗机构，参与公立医院转制改组。支持民营医疗机构承担公共卫生服务、基本医疗服务和医疗保险定点服务。切实落实非营利性医疗机构的税收政策。鼓励医疗人才资源向民营医疗机构合理流动，确保民营医疗机构在人才引进、职称评定、科研课题等方面与公立医院享受平等待遇。从医疗质量、医疗行为、收费标准等方面对各类医疗机构加强监管。（发展改革委、卫生部、民政部、财政部、人力资源社会保障部、科技部、税务总局、保监会负责）

15. 鼓励民间资本参与发展教育和社会培训事业。支持民间资本兴办高等学校、中小学校、幼儿园、职业教育等各类教育和社会培训机构。修改完善《中华人民共和国民办教育促进法实施条例》，落实对民办学校的人才鼓励政策和公共财政资助政策，加快制定和完善促进民办教育发展的金融、产权和社保等政策，研究建立民办学校的退出机制。（教育部、发展改革委、财政部、人力资源社会保障部、民政部、银监会、法制办负责）

16. 鼓励民间资本参与发展社会福利事业。通过用地保障、信贷支持和政府采购等多种形式，鼓励民间资本投资建设专业化的服务设施，兴办养（托）老服务和残疾人康复、托养服务等各类社会福利机构。（民政部、发展改革委、中国残联、财政部、国土资源部、银监会负责）

17. 鼓励民间资本从事广告、印刷、演艺、娱乐、文化创意、文化会展、影视制作、网络文化、动漫游戏、出版物发行、文化产品数字制作与相关服务等活动，建设博物馆、图书馆、文化馆、电影院等文化设施。（文化部、广电总局、新闻出版总署、发展改革委、财政部负责）

18. 鼓励民间资本合理开发旅游资源，建设旅游设施，从事各种旅游休闲活动。（旅游局、发展改革委负责）

19. 鼓励民间资本投资生产体育用品，建设各类体育场馆及健身设施，从事体育健身、竞赛表演等活动。（体育总局、发展改革委、财政部负责）

（四）鼓励和引导民间资本进入金融服务领域。

20. 允许民间资本兴办金融机构。在加强有效监管、促进规范经营、防范金融风险的前提下，放宽对金融机构的股比限制。支持民间资本以入股方式参与商业银行的增资扩股，参与农村信用社、城市信用社的改制工作。鼓励民间资本发起或参与设立村镇银行、贷款公司、农村资金互助社等金融机构，放宽村镇银行或社区银行中法人银行最低出资比例的限制。落实中小企业贷款税前全额拨备损失准备金政策，简化中小金融机构呆账核销审核程序。适当放宽小额贷款公司单一投资者持股比例限制，对小额贷款公司的涉农业务实行与村镇银行同等的财政补贴政策。支持民间资本发起设立信用担保公司，完善信用担保公司的风险补偿机制和风险分担机制。鼓励民间资本发起设立金融中介服务机构，参与证券、保险等金融机构的改组改制。（银监会、人民银行、发展改革委、财政部、税务总局、工业和信息化部、证监会、保监会负责）

（五）鼓励和引导民间资本进入商贸流通领域。

21. 鼓励民间资本进入商品批发零售、现代物流领域。支持民营批发、零售企业发展，鼓励民间资本投资连锁经营、电子商务等新型流通业态。引导民间资本投资第三方物流服务领域，为民营物流企业承接传统制造业、商贸业的物流业务外包创造条件，支持中小型民营商贸流通企业协作发展共同配送。加快物流业管理体制改革，鼓励物流基础设施的资源整合和充分利用，促进物流企业网络化经营，搭建便捷高效的融资平台。（商务部、发展改革委、银监会负责）

（六）鼓励和引导民间资本进入国防科技工

业领域。

22. 鼓励民间资本进入国防科技工业投资建设领域。引导和支持民营企业有序参与军工企业的改组改制,鼓励民营企业参与军民两用高技术开发和产业化,允许民营企业按有关规定参与承担军工生产和科研任务。(国防科工局、工业和信息化部、财政部、国资委、总装备部负责)

(七)鼓励和引导民间资本重组联合和参与国有企业改革。

23. 引导和鼓励民营企业利用产权市场组合民间资本,促进产权合理流动,开展跨地区、跨行业兼并重组。鼓励和支持民间资本在国内合理流动,实现产业有序梯度转移,参与西部大开发、东北地区等老工业基地振兴、中部地区崛起以及新农村建设和扶贫开发。支持有条件的民营企业通过联合重组等方式做大做强,发展成为特色突出、市场竞争力强的集团化公司。(各省、自治区、直辖市人民政府负责)

24. 鼓励和引导民营企业通过参股、控股、资产收购等多种形式,参与国有企业的改制重组。合理降低国有控股企业中的国有资本比例。民营企业在参与国有企业改制重组过程中,要认真执行国家有关资产处置、债务处理和社会保障等方面的政策要求,依法妥善安置职工,保证企业职工的正当权益。(国资委、人力资源社会保障部、银监会负责)

(八)推动民营企业加强自主创新和转型升级。

25. 落实鼓励企业增加研发投入的税收优惠政策,鼓励民营企业增加研发投入,提高自主创新能力,掌握拥有自主知识产权的核心技术。(财政部、发展改革委、科技部、税务总局、知识产权局负责)

26. 帮助民营企业建立工程技术研究中心、技术开发中心,增加技术储备,搞好技术人才培训。(发展改革委、科技部负责)

27. 支持民营企业参与国家重大科技计划项目和技术攻关。(科技部负责)

28. 加快实施促进科技成果转化的鼓励政策,积极发展技术市场,完善科技成果登记制度,方便民营企业转让和购买先进技术。加快分析测试、检验检测、创业孵化、科技评估、科技咨询等科技服务机构的建设和机制创新,为民营企业的自主创新提供服务平台。积极推动信息服务外包、知识产权、技术转移和成果转化等高技术服务领域的市场竞争,支持民营企业开展技术服务活动。(科技部、工业和信息化部、商务部、知识产权局负责)

29. 鼓励民营企业加大新产品开发力度,实现产品更新换代。开发新产品发生的研究开发费用可按规定享受加计扣除优惠政策。鼓励民营企业实施品牌发展战略,争创名牌产品。通过加速固定资产折旧等方式鼓励民营企业进行技术改造,淘汰落后产能,加快技术升级。(科技部、工业和信息化部、财政部、工商总局、质检总局负责)

30. 鼓励和引导民营企业发展战略性新兴产业。广泛应用信息技术等高新技术改造提升传统产业,大力发展循环经济、绿色经济,投资建设节能减排、节水降耗、生物医药、信息网络、新能源、新材料、环境保护、资源综合利用等具有发展潜力的新兴产业。(发展改革委、财政部、工业和信息化部、科技部、环境保护部、水利部、卫生部、商务部、能源局负责)

(九)鼓励和引导民营企业积极参与国际竞争。

31. 鼓励民营企业"走出去",积极参与国际竞争。支持民营企业在研发、生产、营销等方面开展国际化经营,开发战略资源,建立国际销售网络。支持民营企业利用自有品牌、自主知识产权和自主营销,开拓国际市场,加快培育跨国企业和国际知名品牌。支持民营企业之间、民营企业与国有企业之间组成联合体,发挥各自优势,共同开展多种形式的境外投资。(发展改革委、商务部、工业和信息化部、外交部、工商总局负责)

32. 完善境外投资促进和保障体系。与有关国家建立鼓励和促进民间资本国际流动的政策磋商机制,开展多种形式的对话交流,发展长期稳定、互惠互利的合作关系。通过签订双边民间投资合作协定、利用多边协定体系等,为民营企业"走出去"争取有利的投资、贸易环境和更多优惠政策。健全和完善境外投资鼓励政策,在资金支持、金融保险、外汇管理、质检通关等方面,民营企业与其他企业享受同等待遇。(发展改革委、商务部、外交部、财政部、人民银行、海关总署、质检总局、外汇局、银监会、保监会负责)

（十）为民间投资创造良好环境。

33. 清理和修改不利于民间投资发展的法规政策规定，切实保护民间投资的合法权益，培育和维护平等竞争的投资环境。在制订涉及民间投资的法律、法规和政策时，要听取有关商会和民营企业的意见和建议，充分反映民营企业的合理要求。（法制办负责）

34. 各级人民政府有关部门安排的政府性资金，包括财政预算内投资、专项建设资金、创业投资引导资金，以及国际金融组织贷款和外国政府贷款等，要明确规则、统一标准，对包括民间投资在内的各类投资主体同等对待。（发展改革委、财政部、交通运输部、铁道部、水利部、工业和信息化部、科技部、民航局、国防科工局和各省、自治区、直辖市人民政府负责）

35. 各类金融机构要在防范风险的基础上，创新和灵活运用多种金融工具，加大对民间投资的融资支持，加强对民间投资的金融服务。各级人民政府及有关监管部门要不断完善民间投资的融资担保制度，健全创业投资机制，发展股权投资基金，继续支持民营企业通过股票、债券市场进行融资。（银监会、人民银行、证监会、发展改革委和各省、自治区、直辖市人民政府负责）

36. 全面清理整合涉及民间投资管理的行政审批事项，简化环节、缩短时限，进一步推动管理内容、标准和程序的公开化、规范化。（监察部负责）

37. 进一步清理和规范涉企收费，切实减轻民营企业负担。（发展改革委、财政部、工业和信息化部负责）

（十一）加强对民间投资的服务、指导和规范管理。

38. 统计部门要加强对民间投资的统计工作，准确反映民间投资的进展和分布情况。（统计局负责）

39. 投资主管部门、行业管理部门及行业协会要切实做好民间投资的监测和分析工作，及时把握民间投资动态，合理引导民间投资。要加强投资信息平台建设，及时向社会公开发布国家产业政策、发展建设规划、市场准入标准、国内外行业动态等信息，引导民间投资者正确判断形势，减少盲目投资。（发展改革委、统计局、工业和信息化部、交通运输部、铁道部、水利部、农业部、商务部、文化部、卫生部、住房城乡建设部、能源局负责）

40. 建立健全民间投资服务体系。充分发挥商会、行业协会等自律性组织的作用，积极培育和发展为民间投资提供法律、政策、咨询、财务、金融、技术、管理和市场信息等服务的中介组织。（发展改革委等有关部门和各省、自治区、直辖市人民政府负责）

二、工作要求

（一）明确责任，加强领导。各地区、各有关部门要认真贯彻落实《意见》精神，按照上述任务分工，对涉及本地区、本部门的工作进一步分解细化，制定具体措施，认真抓好落实。

（二）密切配合，团结协作。对贯彻落实中涉及多个部门的工作，部门间要密切协作，牵头部门要加强协调，其他相关部门应当积极支持和配合。各地区在贯彻落实工作中要做好与有关部门的衔接沟通工作。

（三）督促检查，跟踪落实。发展改革委要认真做好统筹协调工作，及时跟踪各项工作的具体落实，并按年度将工作完成情况汇总报国务院。国务院办公厅将对政策措施的落实情况适时开展督促检查。

国务院办公厅

二〇一〇年七月二十二日

10. 创业投资企业管理暂行办法

(2005年11月15日国家发展和改革委员会、科学技术部、财政部、商务部、中国人民银行、国家税务总局、国家工商行政管理总局、中国银行业监督管理委员会、中国证券监督管理委员会、国家外汇管理局令第39号发布,自2006年3月1日起施行)

第一章 总 则

第一条 为促进创业投资企业发展,规范其投资运作,鼓励其投资中小企业特别是中小高新技术企业,依据《中华人民共和国公司法》、《中华人民共和国中小企业促进法》等法律法规,制定本办法。

第二条 本办法所称创业投资企业,系指在中华人民共和国境内注册设立的主要从事创业投资的企业组织。

前款所称创业投资,系指向创业企业进行股权投资,以期所投资创业企业发育成熟或相对成熟后主要通过股权转让获得资本增值收益的投资方式。

前款所称创业企业,系指在中华人民共和国境内注册设立的处于创建或重建过程中的成长性企业,但不含已经在公开市场上市的企业。

第三条 国家对创业投资企业实行备案管理。凡遵照本办法规定完成备案程序的创业投资企业,应当接受创业投资企业管理部门的监管,投资运作符合有关规定的可享受政策扶持。未遵照本办法规定完成备案程序的创业投资企业,不受创业投资企业管理部门的监管,不享受政策扶持。

第四条 创业投资企业的备案管理部门分国务院管理部门和省级(含副省级城市)管理部门两级。国务院管理部门为国家发展和改革委员会;省级(含副省级城市)管理部门由同级人民政府确定,报国务院管理部门备案后履行相应的备案管理职责,并在创业投资企业备案管理业务上接受国务院管理部门的指导。

第五条 外商投资创业投资企业适用《外商投资创业投资企业管理规定》。依法设立的外商投资创业投资企业,投资运作符合相关条件,可以享受本办法给予创业投资企业的相关政策扶持。

第二章 创业投资企业的设立与备案

第六条 创业投资企业可以以有限责任公司、股份有限公司或法律规定的其他企业组织形式设立。

以公司形式设立的创业投资企业,可以委托其他创业投资企业、创业投资管理顾问企业作为管理顾问机构,负责其投资管理业务。委托人和代理人的法律关系适用《中华人民共和国民法通则》、《中华人民共和国合同法》等有关法律法规。

第七条 申请设立创业投资企业和创业投资管理顾问企业,依法直接到工商行政管理部门注册登记。

第八条 在国家工商行政管理部门注册登记的创业投资企业,向国务院管理部门申请备案。

在省级及省级以下工商行政管理部门注册登记的创业投资企业,向所在地省级(含副省级城市)管理部门申请备案。

第九条 创业投资企业向管理部门备案应当具备下列条件:

(一)已在工商行政管理部门办理注册登记。

(二)经营范围符合本办法第十二条规定。

(三)实收资本不低于3000万元人民币,或者首期实收资本不低于1000万元人民币且全体投资者承诺在注册后的5年内补足不低于3000万元人民币实收资本。

(四)投资者不得超过200人。其中,以有限责任公司形式设立创业投资企业的,投资者人数不得超过50人。单个投资者对创业投资企业的投资不得低于100万元人民币。所有投资者应当以货币形式出资。

(五)有至少3名具备2年以上创业投资或相关业务经验的高级管理人员承担投资管理责

任。委托其他创业投资企业、创业投资管理顾问企业作为管理顾问机构负责其投资管理业务的，管理顾问机构必须有至少3名具备2年以上创业投资或相关业务经验的高级管理人员对其承担投资管理责任。

前款所称“高级管理人员”，系指担任副经理及以上职务或相当职务的管理人员。

第十条　创业投资企业向管理部门备案时，应当提交下列文件：

（一）公司章程等规范创业投资企业组织程序和行为的法律文件。

（二）工商登记文件与营业执照的复印件。

（三）投资者名单、承诺出资额和已缴出资额的证明。

（四）高级管理人员名单、简历。

由管理顾问机构受托其投资管理业务的，还应提交下列文件：

（一）管理顾问机构的公司章程等规范其组织程序和行为的法律文件。

（二）管理顾问机构的工商登记文件与营业执照的复印件。

（三）管理顾问机构的高级管理人员名单、简历。

（四）委托管理协议。

第十一条　管理部门在收到创业投资企业的备案申请后，应当在5个工作日内，审查备案申请文件是否齐全，并决定是否受理其备案申请。在受理创业投资企业的备案申请后，应当在20个工作日内，审查申请人是否符合备案条件，并向其发出“已予备案”或“不予备案”的书面通知。对“不予备案”的，应当在书面通知中说明理由。

第三章　创业投资企业的投资运作

第十二条　创业投资企业的经营范围限于：

（一）创业投资业务。

（二）代理其他创业投资企业等机构或个人的创业投资业务。

（三）创业投资咨询业务。

（四）为创业企业提供创业管理服务业务。

（五）参与设立创业投资企业与创业投资管理顾问机构。

第十三条　创业投资企业不得从事担保业务和房地产业务，但是购买自用房地产除外。

第十四条　创业投资企业可以以全额资产对外投资。其中，对企业的投资，仅限于未上市企业。但是所投资的未上市企业上市后，创业投资企业所持股份的未转让部分及其配售部分不在此限。其他资金只能存放银行、购买国债或其他固定收益类的证券。

第十五条　经与被投资企业签订投资协议，创业投资企业可以以股权和优先股、可转换优先股等准股权方式对未上市企业进行投资。

第十六条　创业投资企业对单个企业的投资不得超过创业投资企业总资产的20%。

第十七条　创业投资企业应当在章程、委托管理协议等法律文件中，明确管理运营费用或管理顾问机构的管理顾问费用的计提方式，建立管理成本约束机制。

第十八条　创业投资企业可以从已实现投资收益中提取一定比例作为对管理人员或管理顾问机构的业绩报酬，建立业绩激励机制。

第十九条　创业投资企业可以事先确定有限的存续期限，但是最短不得短于7年。

第二十条　创业投资企业可以在法律规定的范围内通过债权融资方式增强投资能力。

第二十一条　创业投资企业应当按照国家有关企业财务会计制度的规定，建立健全内部财务管理制度和会计核算办法。

第四章　对创业投资企业的政策扶持

第二十二条　国家与地方政府可以设立创业投资引导基金，通过参股和提供融资担保等方式扶持创业投资企业的设立与发展。具体管理办法另行制定。

第二十三条　国家运用税收优惠政策扶持创业投资企业发展并引导其增加对中小企业特别是中小高新技术企业的投资。具体办法由国务院财税部门会同有关部门另行制定。

第二十四条　创业投资企业可以通过股权上市转让、股权协议转让、被投资企业回购等途径，实现投资退出。国家有关部门应当积极推进多层次资本市场体系建设，完善创业投资企业的投资退出机制。

第五章　对创业投资企业的监管

第二十五条　管理部门已予备案的创业投资企业及其管理顾问机构,应当遵循本办法第二、第三章各条款的规定进行投资运作,并接受管理部门的监管。

第二十六条　管理部门已予备案的创业投资企业及其管理顾问机构,应当在每个会计年度结束后的4个月内向管理部门提交经注册会计师审计的年度财务报告与业务报告,并及时报告投资运作过程中的重大事件。

前款所称重大事件,系指:

(一)修改公司章程等重要法律文件。

(二)增减资本。

(三)分立与合并。

(四)高级管理人员或管理顾问机构变更。

(五)清算与结业。

第二十七条　管理部门应当在每个会计年度结束后的5个月内,对创业投资企业及其管理顾问机构是否遵守第二、第三章各条款规定,进行年度检查。在必要时,可在第二、第三章相关条款规定的范围内,对其投资运作进行不定期检查。

对未遵守第二、三章各条款规定进行投资运作的,管理部门应当责令其在30个工作日内改正;未改正的,应当取消备案,并在自取消备案之日起的3年内不予受理其重新备案申请。

第二十八条　省级(含副省级城市)管理部门应当及时向国务院管理部门报告所辖地区创业投资企业的备案情况,并于每个会计年度结束后的6个月内报告已纳入备案管理范围的创业投资企业的投资运作情况。

第二十九条　国务院管理部门应当加强对省级(含副省级城市)管理部门的指导。对未履行管理职责或管理不善的,应当建议其改正;造成不良后果的,应当建议其追究相关管理人员的失职责任。

第三十条　创业投资行业协会依据本办法和相关法律、法规及规章,对创业投资企业进行自律管理,并维护本行业的自身权益。

第六章　附　则

第三十一条　本办法由国家发展和改革委员会会同有关部门解释。

第三十二条　本办法自2006年3月1日起施行。

11. 外商投资创业投资企业管理规定

(2003年1月30日对外贸易经济合作部、科学技术部、国家工商行政管理总局、国家税务总局和外汇管理局令〔2003〕年第2号发布,根据2015年10月28日《商务部关于修改部分规章和规范性文件的决定》修正)

第一章　总　则

第一条　为鼓励外国公司、企业和其他经济组织或个人(以下简称外国投资者)来华从事创业投资,建立和完善中国的创业投资机制,根据《中华人民共和国中外合作经营企业法》、《中华人民共和国中外合资经营企业法》、《中华人民共和国外资企业法》、《公司法》及其他相关的法律法规,制定本规定。

第二条　本规定所称外商投资创业投资企业(以下简称创投企业)是指外国投资者或外国投资者与根据中国法律注册成立的公司、企业或其他经济组织(以下简称中国投资者),根据本规定在中国境内设立的以创业投资为经营活动的外商投资企业。

第三条　本规定所称创业投资是指主要向未上市高新技术企业(以下简称所投资企业)进行股权投资,并为之提供创业管理服务,以期获取资本增值收益的投资方式。

第四条　创投企业可以采取非法人制组织形式,也可以采取公司制组织形式。

采取非法人制组织形式的创投企业(以下简

称非法人制创投企业)的投资者对创投企业的债务承担连带责任。非法人制创投企业的投资者也可以在创投企业合同中约定在非法人制创投企业资产不足以清偿该债务时由第七条所述的必备投资者承担连带责任,其他投资者以其认缴的出资额为限承担责任。

采用公司制组织形式的创投企业(以下简称公司制创投企业)的投资者以其各自认缴的出资额为限对创投企业承担责任。

第五条　创投企业应遵守中国有关法律法规,符合外商投资产业政策,不得损害中国的社会公共利益。创投企业在中国境内的正当经营活动及合法权益受中国法律的保护。

第二章　设立与登记

第六条　设立创投企业应具备下列条件:

(一)投资者人数在 2 人以上 50 以下;且应至少拥有一个第七条所述的必备投资者;

(二)外国投资者以可自由兑换的货币出资,中国投资者以人民币出资;

(三)有明确的组织形式;

(四)有明确合法的投资方向;

(五)除了将本企业经营活动授予一家创业投资管理公司进行管理的情形外,创投企业应有三名以上具备创业投资从业经验的专业人员;

(六)法律、行政法规规定的其他条件。

第七条　必备投资者应当具备下列条件:

(一)以创业投资为主营业务;

(二)在申请前三年其管理的资本累计不低于 1 亿美元,且其中至少 5000 万美元已经用于进行创业投资。在必备投资者为中国投资者的情形下,本款业绩要求为:在申请前三年其管理的资本累计不低于 1 亿元人民币,且其中至少 5000 万元人民币已经用于进行创业投资;

(三)拥有 3 名以上具有 3 年以上创业投资从业经验的专业管理人员;

(四)如果某一投资者的关联实体满足上述条件,则该投资者可以申请成为必备投资者。本款所称关联实体是指该投资者控制的某一实体、或控制该投资者的某一实体、或与该投资者共同受控于某一实体的另一实体。本款所称控制是指控制方拥有被控制方超过 50% 的表决权;

(五)必备投资者及其上述关联实体均应未被所在国司法机关和其他相关监管机构禁止从事创业投资或投资咨询业务或以欺诈等原因进行处罚;

(六)非法人制创投企业的必备投资者,对创投企业的认缴出资及实际出资分别不低于投资者认缴出资总额及实际出资总额的 1%,且应对创投企业的债务承担连带责任;公司制创投企业的必备投资者,对创投企业的认缴出资及实际出资分别不低于投资者认缴出资总额及实际出资总额的 30%。

第八条　设立创投企业按以下程序办理:

(一)投资者须向拟设立创投企业所在地省级外经贸主管部门报送设立申请书及有关文件。

(二)省级外经贸主管部门应在收到全部上报材料后 15 天内完成初审并上报对外贸易经济合作部(以下简称审批机构)。

(三)审批机构在收到全部上报材料之日起 45 天内,经商科学技术部同意后,做出批准或不批准的书面决定。予以批准的,发给《外商投资企业批准证书》。

(四)获得批准设立的创投企业应自收到审批机构颁发的《外商投资企业批准证书》之日起一个月内,持此证书向国家工商行政管理部门或所在地具有外商投资企业登记管理权的省级工商行政管理部门(以下简称登记机关)申请办理注册登记手续。

第九条　申请设立创投企业应当向审批机构报送以下文件:

(一)必备投资者签署的设立申请书;

(二)投资各方签署的创投企业合同及章程;

(三)必备投资者书面声明(声明内容包括:投资者符合第七条规定的资格条件;所有提供的材料真实性;投资者将严格遵循本规定及中国其他有关法律法规的要求);

(四)律师事务所出具的对必备投资者合法存在及其上述声明已获得有效授权和签署的法律意见书;

(五)必备投资者的创业投资业务说明、申请前三年其管理资本的说明、其已投资资本的说明,及其拥有的创业投资专业管理人员简历;

(六)投资者的注册登记证明(复印件)、法定代表人证明(复印件);

（七）名称登记机关出具的创投企业名称预先核准通知书；

（八）如果必备投资者的资格条件是依据第七条第（四）款的规定，则还应报送其符合条件的关联实体的相关材料；

（九）审批机构要求的其他与申请设立有关的文件。

第十条 创投企业应当在名称中加注创业投资字样。除创投企业外，其他外商投资企业不得在名称中使用创业投资字样。

第十一条 申请设立创投企业应当向登记机关报送下列文件，并对其真实性、有效性负责：

（一）创投企业董事长或联合管理委员会负责人签署的设立登记申请书；

（二）合同、章程以及审批机构的批准文件和批准证书；

（三）投资者的合法开业证明或身份证明；

（四）投资者的资信证明；

（五）法定代表人的任职文件、身份证明和企业董事、经理等人员的备案文件；

（六）企业名称预先核准通知书；

（七）企业住所或营业场所证明。

申请设立非法人制创投企业，还应当提交境外必备投资者的章程或合伙协议。企业投资者中含本规定第七条第四款规定的投资者的，还应当提交关联实体为其出具的承担出资连带责任的担保函。

以上文件应使用中文。使用外文的，应提供规范的中文译本。

创投企业登记事项变更应依法向原登记机关申请办理变更登记。

第十二条 经登记机关核准的公司制创投企业，领取《企业法人营业执照》；经登记机关核准的非法人制创投企业，领取《营业执照》。

《营业执照》应载明非法人制创投企业投资者认缴的出资总额和必备投资者名称。

第三章 出资及相关变更

第十三条 非法人制创投企业的投资者的出资及相关变更应符合如下规定：

（一）投资者可以根据创业投资进度分期向创投企业注入认缴出资。各期投入资本额由创投企业根据创投企业合同及其与所投资企业签定的协议自主制定。投资者应在创投企业合同中约定投资者不如期出资的责任和相关措施。

（二）必备投资者在创投企业存续期内不得从创投企业撤出。特殊情况下确需撤出的，应获得占总出资额超过50%的其他投资者同意，并应将其权益转让给符合第七条要求的新投资者，且应当相应修改创投企业的合同和章程，并报审批机构批准。

其他投资者如转让其认缴资本额或已投入资本额，须按创投企业合同的约定进行，且受让人应符合本规定第六条的有关要求。投资各方应相应修改创投企业合同和章程，并报审批机构备案。

（三）创投企业设立后，如果有新的投资者申请加入，须符合本规定和创投企业合同的约定，经必备投资者同意，相应修改创投企业合同和章程，并报审批机构备案。

（四）创投企业出售或以其他方式处置其在所投资企业的利益而获得的收入中相当于其原出资额的部分，可以直接分配给投资各方。此类分配构成投资者减少其已投资的资本额。创投企业应当在创投企业合同中约定此类分配的具体办法，并在向其投资者作出该等分配之前至少30天内向审批机构和所在地外汇局提交一份要求相应减少投资者已投入资本额的备案说明，同时证明创投企业投资者未到位的认缴出资额及创投企业当时拥有的其他资金至少相当于创投企业当时承担的投资义务的要求。但该分配不应成为创投企业对因其违反任何投资义务所产生的诉讼请求的抗辩理由。

第十四条 非法人制创投企业向登记机关申请变更登记时，上述规定中审批机关出具的相关备案证明可替代相应的审批文件。

第十五条 非法人制创投企业投资者根据创业投资进度缴付出资后，应持相关验资报告向原登记机关申请办理出资备案手续。登记机关根据其实际出资状况在其《营业执照》出资额栏目后加注实缴出资额数目。

非法人制创投企业超过最长投资期限仍未缴付或缴清出资的，登记机关根据现行规定予以处罚。

第十六条 公司制创投企业投资者的出资

及相关变更按现行规定办理。

第四章　组织机构

第十七条　非法人制创投企业设联合管理委员会。公司制创投企业设董事会。联合管理委员会或董事会的组成由投资者在创投企业合同及章程中予以约定。联合管理委员会或董事会代表投资者管理创投企业。

第十八条　联合管理委员会或董事会下设经营管理机构,根据创投企业的合同及章程中规定的权限,负责日常经营管理工作,执行联合管理委员会或董事会的投资决策。

第十九条　经营管理机构的负责人应当符合下列条件:

(一)具有完全的民事行为能力;

(二)无犯罪记录;

(三)无不良经营记录;

(四)应具有创业投资业的从业经验,且无违规操作记录;

(五)审批机构要求的与经营管理资格有关的其他条件。

第二十条　经营管理机构应定期向联合管理委员会或董事会报告以下事项:

(一)经授权的重大投资活动;

(二)中期、年度业绩报告和财务报告;

(三)法律、法规规定的其他事项;

(四)创投企业合同及章程中规定的有关事项。

第二十一条　联合管理委员会或董事会可以不设立经营管理机构,而将该创投企业的日常经营权授予一家创业投资管理企业或另一家创投企业进行管理。该创业投资管理企业可以是内资创业投资管理企业,也可以是外商投资创业投资管理企业,或境外创业投资管理企业。在此情形下,该创投企业与该创业投资管理企业应签订管理合同,约定创投企业和创业投资管理企业的权利义务。该管理合同应经全体投资者同意并报审批机构批准后方可生效。

第二十二条　创投企业的投资者可以在创业投资合同中依据国际惯例约定内部收益分配机制和奖励机制。

第五章　创业投资管理企业

第二十三条　受托管理创投企业的创业投资管理企业应具备下列条件:

(一)以受托管理创投企业的投资业务为主营业务;

(二)拥有三名以上具有三年以上创业投资从业经验的专业管理人员;

(三)有完善的内部控制制度。

第二十四条　创业投资管理企业可以采取公司制组织形式,也可以采取合伙制组织形式。

第二十五条　同一创业投资管理企业可以受托管理不同的创投企业。

第二十六条　创业投资管理企业应定期向委托方的联合管理委员会或董事会报告第二十条所列事项。

第二十七条　设立外商投资创业投资管理企业应符合本规定第二十三条的条件,经拟设立外商投资创业投资管理公司所在地省级外经贸主管部门报审批机构批准。审批机构在收到全部上报材料之日起45天内,做出批准或不批准的书面决定。予以批准的,发给《外商投资企业批准证书》。获得批准设立的外商投资创业投资管理企业应自收到审批机构颁发的《外商投资企业批准证书》之日起一个月内,持此证书向登记机关申请办理注册登记手续。

第二十八条　申请设立外商投资创业投资管理公司应当向审批机构报送以下文件:

(一)设立申请书;

(二)外商投资创业投资管理公司合同及章程;

(三)投资者的注册登记证明(复印件)、法定代表人证明(复印件);

(四)审批机构要求的其他与申请设立有关的文件。

第二十九条　外商投资创业投资管理企业名称应当加注创业投资管理字样。除外商投资创业投资管理企业外,其他外商投资企业不得在名称中使用创业投资管理字样。

第三十条　获得批准接受创投企业委托在华从事创业投资管理业务的境外创业投资管理企业,应当自管理合同获得批准之日起30日内,向登记机关申请办理营业登记手续。

申请营业登记应报送下列文件，并对其真实性、有效性负责：

（一）境外创业投资管理企业董事长或有权签字人签署的登记申请书；

（二）经营管理合同及审批机构的批准文件；

（三）境外创业投资管理企业的章程或合伙协议；

（四）境外创业投资管理企业的合法开业证明；

（五）境外创业投资管理企业的资信证明；

（六）境外创业投资管理企业委派的中国项目负责人的授权书、简历及身份证明；

（七）境外创业投资管理企业在华营业场所证明。

以上文件应使用中文。使用外文的，应提供规范的中文译本。

第六章　经营管理

第三十一条　创投企业可以经营以下业务：

（一）以全部自有资金进行股权投资，具体投资方式包括新设企业、向已设立企业投资、接受已设立企业投资者股权转让以及国家法律法规允许的其他方式；

（二）提供创业投资咨询；

（三）为所投资企业提供管理咨询；

（四）审批机构批准的其他业务。

创投企业资金应主要用于向所投资企业进行股权投资。

第三十二条　创投企业不得从事下列活动：

（一）在国家禁止外商投资的领域投资；

（二）直接或间接投资于上市交易的股票和企业债券，但所投资企业上市后，创投企业所持股份不在此列；

（三）直接或间接投资于非自用不动产；

（四）贷款进行投资；

（五）挪用非自有资金进行投资；

（六）向他人提供贷款或担保，但创投企业对所投资企业1年以上的企业债券和可以转换为所投资企业股权的债券性质的投资不在此列（本款规定并不涉及所投资企业能否发行该等债券）；

（七）法律、法规以及创投企业合同禁止从事的其他事项。

第三十三条　投资者应在创投企业合同中约定对外投资期限。

第三十四条　创投企业主要从出售或以其他方式处置其在所投资企业的股权获得收益。创投企业出售或以其他方式处置其在所投资企业的股权时，可以依法选择适用的退出机制，包括：

（一）将其持有的所投资企业的部分股权或全部股权转让给其他投资者；

（二）与所投资企业签订股权回购协议，由所投资企业在一定条件下依法回购其所持有的股权；

（三）所投资企业在符合法律、行政法规规定的上市条件时可以申请到境内外证券市场上市。创投企业可以依法通过证券市场转让其拥有的所投资企业的股份；

（四）中国法律、行政法规允许的其他方式。

所投资企业向创投企业回购该创投企业所持股权的具体办法由审批机构会同登记机关另行制订。

第三十五条　创投企业应当依照国家税法的规定依法申报纳税。对非法人制创投企业，可以由投资各方依照国家税法的有关规定，分别申报缴纳企业所得税；也可以由非法人制创投企业提出申请，经批准后，依照税法规定统一计算缴纳企业所得税。

非法人制创投企业企业所得税的具体征收管理办法由国家税务总局另行颁布。

第三十六条　创投企业中属于外国投资者的利润等收益汇出境外的，应当凭管理委员会或董事会的分配决议，由会计师事务所出具的审计报告、外方投资者投资资金流入证明和验资报告、完税证明和税务申报单（享受减免税优惠的，应提供税务部门出具的减免税证明文件），从其外汇帐户中支付或者到外汇指定银行购汇汇出。

外国投资者回收的对创投企业的出资可依法申购外汇汇出。公司制创投企业开立和使用外汇帐户、资本变动及其他外汇收支事项，按照现行外汇管理规定办理。非法人制创投企业外汇管理规定由国家外汇管理局另行制定。

第三十七条　投资者应在合同、章程中约定创投企业的经营期限，一般不得超过12年。经营期满，经审批机构批准，可以延期。

经审批机构批准，创投企业可以提前解散，终止合同和章程。但是，如果非法人制创投企业的所有投资均已被出售或通过其他方式变卖，其债务亦已全部清偿，且其剩余财产均已被分配给投资者，则毋需上述批准即可进入解散和终止程序，但该非法人制创业投资企业应在该等解散生效前至少30天内向审批机构提交一份书面备案说明。

创投企业解散，应按有关规定进行清算。

第三十八条　创投企业应当自清算结束之日起30日内向原登记机关申请注销登记。

申请注销登记，应当提交下列文件，并对其真实性、有效性负责：

（一）董事长或联合管理委员会负责人或清算组织负责人签署的注销登记申请书；

（二）董事会或联合管理委员会的决议；

（三）清算报告；

（四）税务机关、海关出具的注销登记证明；

（五）审批机构的批准文件或备案文件；

（六）法律、行政法规规定应当提交的其他文件。

经登记机关核准注销登记，创投企业终止。

非法人制创投企业必备投资者承担的连带责任不因非法人制创投企业的终止而豁免。

第七章　审核与监管

第三十九条　创投企业境内投资比照执行《指导外商投资方向规定》和《外商投资产业指导目录》的规定。

第四十条　创投企业投资于任何鼓励类和允许类的所投资企业，应向所投资企业当地授权的外经贸部门备案。当地授权的外经贸部门应在收到备案材料后15天内完成备案审核手续并向所投资企业颁发外商投资企业批准证书。所投资企业持外商投资企业批准证书向登记机关申请办理注册登记手续。登记机关依照有关法律和行政法规规定决定准予登记或不予登记。准予登记的，颁发外商投资企业法人营业执照。

第四十一条　创投企业投资于限制类的所投资企业，应向所投资企业所在地省级外经贸主管部门提出申请，并提供下列材料：

（一）创投企业关于投资资金充足的声明；

（二）创投企业的批准证书和营业执照（复印件）；

（三）创投企业（与所投资企业其他投资者）签定的所投资企业合同与章程。

省级外经贸主管部门接到上述申请之日起45日内作出同意或不同意的书面批复。作出同意批复的，颁发外商投资企业批准证书。所投资企业持该批复文件和外商投资企业批准证书向登记机关申请登记。登记机关依照有关法律和行政法规规定决定准予登记或不予登记。准予登记的，颁发外商投资企业法人营业执照。

第四十二条　创投企业投资属于服务贸易领域逐步开放的外商投资项目，按国家有关规定审批。

第四十三条　创投企业增加或转让其在所投资企业投资等行为，按照第四十条、第四十一条和第四十二条规定的程序办理。

第四十四条　创投企业应在履行完第四十条、第四十一条、第四十二条和第四十三条规定的程序之日起一个月内向审批机构备案。

第四十五条　创投企业还应在每年3月份将上一年度的资金筹集和使用情况报审批机构备案。

审批机构在接到该备案材料起5个工作日内应出具备案登记证明。凡未按上述规定备案的，审批机构将商国务院有关部门后予以相应处罚。

第四十六条　创投企业的所投资企业注册资本中，如果创投企业投资的比例中外国投资者的实际出资比例或与其他外国投资者联合投资的比例总和不低于25%，则该所投资企业将享受外商投资企业有关优惠待遇；如果创投企业投资的比例中外国投资者的实际出资比例或与其他外国投资者联合投资的比例总和低于该所投资企业注册资本的25%，则该所投资企业将不享受外商投资企业有关优惠待遇。

第四十七条　已成立的含有境内自然人投资者的内资企业在接受创业投资企业投资变更为外商投资企业后，可以继续保留其原有境内自然人投资者的股东地位。

第四十八条　创投企业经营管理机构的负责人和创业投资管理企业的负责人如有违法操

作行为,除依法追究责任外,情节严重的,不得继续从事创业投资及相关的投资管理活动。

第八章 附 则

第四十九条 香港特别行政区、澳门特别行政区、台湾地区的投资者在大陆投资设立创投企业,参照本规定执行。

第五十条 本规定由对外贸易经济合作部、科学技术部、国家工商行政管理总局、国家税务总局和国家外汇管理局负责解释。

第五十一条 本规定自二〇〇三年三月一日起施行。对外贸易经济合作部、科学技术部和国家工商行政管理总局于二〇〇一年八月二十八日发布的《关于设立外商投资创业投资企业的暂行规定》同日废止。

二、引进外资

（一）外商投资

导 读

自1979年以来，我国为鼓励外商投资，颁布了一系列外商投资方面的法律法规。形成了以《中外合资经营企业法》《中外合作经营企业法》《外资企业法》等三个外商投资企业法为主干，相关法律法规为配套，中央与地方两级立法相结合的方式形成的我国特有的一个多层次的较为完整的外商投资法律体系。本节汇编的外商投资的一般性法律规定，构建了外商投资法律体系的主体，对于外商投资企业形式、外资审批、工商登记、外汇、税务及海关等企业设立、运营、终止等方面作出了具体规定。融资企业在引进外商投资时，或者引进私募基金、风险投资、战略投资的资金来源为境外资金时，就应适用上述法律规定。

由于特殊的历史背景，对于来自香港、澳门和台湾的投资者到内地投资，我国法律参照或比照外国投资者来华投资进行管理，即基本适用相同的投资限制，享受相同的优惠待遇，特别在相关行业投资方面更是如此。当然，由于中央政府与香港、澳门分别签署了关于建立更紧密经贸关系的安排（即CEPA），与台湾地区签署了海峡两岸经济合作框架协议（即ECFA），香港、澳门和台湾的投资者到内地投资更加便利、市场开放程度更高。

1. 中华人民共和国中外合资经营企业法

（参见本书 P64）

2. 中华人民共和国中外合资经营企业法实施条例

（1983 年 9 月 20 日国务院发布，根据 1986 年 1 月 15 日国务院《关于〈中华人民共和国中外合资经营企业法实施条例〉第一百条的修订》第一次修订，根据 1987 年 12 月 21 日《国务院关于修订〈中华人民共和国中外合资经营企业法实施条例〉第八十条第三款的通知》第二次修订，根据 2001 年 7 月 22 日《国务院关于修改〈中华人民共和国中外合资经营企业法实施条例〉的决定》第三次修订，根据 2011 年 1 月 8 日《国务院关于废止和修改部分行政法规的决定》第四次修订，根据 2014 年 2 月 19 日《国务院关于废止和修改部分行政法规的决定》第五次修订）

第一章　总　则

第一条　为了便于《中华人民共和国中外合资经营企业法》（以下简称《中外合资经营企业法》）的顺利实施，制定本条例。

第二条　依照《中外合资经营企业法》批准在中国境内设立的中外合资经营企业（以下简称合营企业）是中国的法人，受中国法律的管辖和保护。

第三条　在中国境内设立的合营企业，应当能够促进中国经济的发展和科学技术水平的提高，有利于社会主义现代化建设。

国家鼓励、允许、限制或者禁止设立合营企业的行业，按照国家指导外商投资方向的规定及外商投资产业指导目录执行。

第四条　申请设立合营企业有下列情况之一的，不予批准：

（一）有损中国主权的；

（二）违反中国法律的；

（三）不符合中国国民经济发展要求的；

（四）造成环境污染的；

（五）签订的协议、合同、章程显属不公平，损害合营一方权益的。

第五条　在中国法律、法规和合营企业协议、合同、章程规定的范围内，合营企业有权自主地进行经营管理。各有关部门应当给予支持和帮助。

第二章　设立与登记

第六条　在中国境内设立合营企业，必须经中华人民共和国对外贸易经济合作部（以下简称对外贸易经济合作部）审查批准。批准后，由对外贸易经济合作部发给批准证书。

凡具备下列条件的，国务院授权省、自治区、直辖市人民政府或者国务院有关部门审批：

（一）投资总额在国务院规定的投资审批权限以内，中国合营者的资金来源已经落实的；

（二）不需要国家增拨原材料，不影响燃料、动力、交通运输、外贸出口配额等方面的全国平衡的。

依照前款批准设立的合营企业，应当报对外贸易经济合作部备案。

对外贸易经济合作部和国务院授权的省、自治区、直辖市人民政府或者国务院有关部门，以下统称审批机构。

第七条　申请设立合营企业，由中外合营者共同向审批机构报送下列文件：

（一）设立合营企业的申请书；

（二）合营各方共同编制的可行性研究报告；

（三）由合营各方授权代表签署的合营企业协议、合同和章程；

（四）由合营各方委派的合营企业董事长、副董事长、董事人选名单；

（五）审批机构规定的其他文件。

前款所列文件必须用中文书写，其中第（二）、（三）、（四）项文件可以同时用合营各方商定的一种外文书写。两种文字书写的文件具有同等效力。

审批机构发现报送的文件有不当之处的，应当要求限期修改。

第八条　审批机构自接到本条例第七条规定的全部文件之日起，3个月内决定批准或者不批准。

第九条　申请者应当自收到批准证书之日起1个月内，按照国家有关规定，向工商行政管理机关（以下简称登记管理机构）办理登记手续。合营企业的营业执照签发日期，即为该合营企业的成立日期。

第十条　本条例所称合营企业协议，是指合营各方对设立合营企业的某些要点和原则达成一致意见而订立的文件；所称合营企业合同，是指合营各方为设立合营企业就相互权利、义务关系达成一致意见而订立的文件；所称合营企业章程，是指按照合营企业合同规定的原则，经合营各方一致同意，规定合营企业的宗旨、组织原则和经营管理方法等事项的文件。

合营企业协议与合营企业合同有抵触时，以合营企业合同为准。

经合营各方同意，也可以不订立合营企业协议而只订立合营企业合同、章程。

第十一条　合营企业合同应当包括下列主要内容：

（一）合营各方的名称、注册国家、法定地址和法定代表人的姓名、职务、国籍；

（二）合营企业名称、法定地址、宗旨、经营范围和规模；

（三）合营企业的投资总额，注册资本，合营各方的出资额、出资比例、出资方式、出资的缴付期限以及出资额欠缴、股权转让的规定；

（四）合营各方利润分配和亏损分担的比例；

（五）合营企业董事会的组成、董事名额的分配以及总经理、副总经理及其他高级管理人员的职责、权限和聘用办法；

（六）采用的主要生产设备、生产技术及其来源；

（七）原材料购买和产品销售方式；

（八）财务、会计、审计的处理原则；

（九）有关劳动管理、工资、福利、劳动保险等事项的规定；

（十）合营企业期限、解散及清算程序；

（十一）违反合同的责任；

（十二）解决合营各方之间争议的方式和程序；

（十三）合同文本采用的文字和合同生效的条件。

合营企业合同的附件，与合营企业合同具有同等效力。

第十二条　合营企业合同的订立、效力、解释、执行及其争议的解决，均应当适用中国的法律。

第十三条　合营企业章程应当包括下列主要内容：

（一）合营企业名称及法定地址；

（二）合营企业的宗旨、经营范围和合营期限；

（三）合营各方的名称、注册国家、法定地址、法定代表人的姓名、职务、国籍；

（四）合营企业的投资总额，注册资本，合营各方的出资额、出资比例、出资方式、出资缴付期限、股权转让的规定，利润分配和亏损分担的比例；

（五）董事会的组成、职权和议事规则，董事的任期，董事长、副董事长的职责；

（六）管理机构的设置，办事规则，总经理、副总经理及其他高级管理人员的职责和任免方法；

（七）财务、会计、审计制度的原则；

（八）解散和清算；

（九）章程修改的程序。

第十四条　合营企业协议、合同和章程经审批机构批准后生效，其修改时同。

第十五条　审批机构和登记管理机构对合营企业合同、章程的执行负有监督检查的责任。

第三章　组织形式与注册资本

第十六条　合营企业为有限责任公司。

合营各方对合营企业的责任以各自认缴的出资额为限。

第十七条 合营企业的投资总额(含企业借款),是指按照合营企业合同、章程规定的生产规模需要投入的基本建设资金和生产流动资金的总和。

第十八条 合营企业的注册资本,是指为设立合营企业在登记管理机构登记的资本总额,应为合营各方认缴的出资额之和。

合营企业的注册资本一般应当以人民币表示,也可以用合营各方约定的外币表示。

第十九条 合营企业在合营期内不得减少其注册资本。因投资总额和生产经营规模等发生变化,确需减少的,须经审批机构批准。

第二十条 合营一方向第三者转让其全部或者部分股权的,须经合营他方同意,并报审批机构批准,向登记管理机构办理变更登记手续。

合营一方转让其全部或者部分股权时,合营他方有优先购买权。

合营一方向第三者转让股权的条件,不得比向合营他方转让的条件优惠。

违反上述规定的,其转让无效。

第二十一条 合营企业注册资本的增加、减少,应当由董事会会议通过,并报审批机构批准,向登记管理机构办理变更登记手续。

第四章 出资方式

第二十二条 合营者可以用货币出资,也可以用建筑物、厂房、机器设备或者其他物料、工业产权、专有技术、场地使用权等作价出资。以建筑物、厂房、机器设备或者其他物料、工业产权、专有技术作为出资的,其作价由合营各方按照公平合理的原则协商确定,或者聘请合营各方同意的第三者评定。

第二十三条 外国合营者出资的外币,按缴款当日中国人民银行公布的基准汇率折算成人民币或者套算成约定的外币。

中国合营者出资的人民币现金,需要折算成外币的,按缴款当日中国人民银行公布的基准汇率折算。

第二十四条 作为外国合营者出资的机器设备或者其他物料,应当是合营企业生产所必需的。

前款所指机器设备或者其他物料的作价,不得高于同类机器设备或者其他物料当时的国际市场价格。

第二十五条 作为外国合营者出资的工业产权或者专有技术,必须符合下列条件之一:

(一)能显著改进现有产品的性能、质量,提高生产效率的;

(二)能显著节约原材料、燃料、动力的。

第二十六条 外国合营者以工业产权或者专有技术作为出资,应当提交该工业产权或者专有技术的有关资料,包括专利证书或者商标注册证书的复制件、有效状况及其技术特性、实用价值、作价的计算根据、与中国合营者签订的作价协议等有关文件,作为合营合同的附件。

第二十七条 外国合营者作为出资的机器设备或者其他物料、工业产权或者专有技术,应当报审批机构批准。

第二十八条 合营各方应当按照合同规定的期限缴清各自的出资额。逾期未缴或者未缴清的,应当按合同规定支付迟延利息或者赔偿损失。

第二十九条 合营各方缴付出资额后,应当由中国的注册会计师验证,出具验资报告后,由合营企业据以发给出资证明书。出资证明书载明下列事项:合营企业名称;合营企业成立的年、月、日;合营者名称(或者姓名)及其出资额、出资的年、月、日;发给出资证明书的年、月、日。

第五章 董事会与经营管理机构

第三十条 董事会是合营企业的最高权力机构,决定合营企业的一切重大问题。

第三十一条 董事会成员不得少于 3 人。董事名额的分配由合营各方参照出资比例协商确定。

董事的任期为 4 年,经合营各方继续委派可以连任。

第三十二条 董事会会议每年至少召开 1 次,由董事长负责召集并主持。董事长不能召集时,由董事长委托副董事长或者其他董事负责召集并主持董事会会议。经 1/3 以上董事提议,可以由董事长召开董事会临时会议。

董事会会议应当有 2/3 以上董事出席方能举行。董事不能出席的,可以出具委托书委托他人代表其出席和表决。

董事会会议一般应当在合营企业法定地址所在地举行。

第三十三条　下列事项由出席董事会会议的董事一致通过方可作出决议：

（一）合营企业章程的修改；

（二）合营企业的中止、解散；

（三）合营企业注册资本的增加、减少；

（四）合营企业的合并、分立。

其他事项，可以根据合营企业章程载明的议事规则作出决议。

第三十四条　董事长是合营企业的法定代表人。董事长不能履行职责时，应当授权副董事长或者其他董事代表合营企业。

第三十五条　合营企业设经营管理机构，负责企业的日常经营管理工作。经营管理机构设总经理1人，副总经理若干人。副总经理协助总经理工作。

第三十六条　总经理执行董事会会议的各项决议，组织领导合营企业的日常经营管理工作。在董事会授权范围内，总经理对外代表合营企业，对内任免下属人员，行使董事会授予的其他职权。

第三十七条　总经理、副总经理由合营企业董事会聘请，可以由中国公民担任，也可以由外国公民担任。

经董事会聘请，董事长、副董事长、董事可以兼任合营企业的总经理、副总经理或者其他高级管理职务。

总经理处理重要问题时，应当同副总经理协商。

总经理或者副总经理不得兼任其他经济组织的总经理或者副总经理，不得参与其他经济组织对本企业的商业竞争。

第三十八条　总经理、副总经理及其他高级管理人员有营私舞弊或者严重失职行为的，经董事会决议可以随时解聘。

第三十九条　合营企业需要在国外和港澳地区设立分支机构（含销售机构）时，应当报对外贸易经济合作部批准。

第六章　引进技术

第四十条　本条例所称引进技术，是指合营企业通过技术转让的方式，从第三者或者合营者获得所需要的技术。

第四十一条　合营企业引进的技术应当是适用的、先进的，使其产品在国内具有显著的社会经济效益或者在国际市场上具有竞争能力。

第四十二条　在订立技术转让协议时，必须维护合营企业独立进行经营管理的权利，并参照本条例第二十六条的规定，要求技术输出方提供有关的资料。

第四十三条　合营企业订立的技术转让协议，应当报审批机构批准。

技术转让协议必须符合下列规定：

（一）技术使用费应当公平合理；

（二）除双方另有协议外，技术输出方不得限制技术输入方出口其产品的地区、数量和价格；

（三）技术转让协议的期限一般不超过10年；

（四）技术转让协议期满后，技术输入方有权继续使用该项技术；

（五）订立技术转让协议双方，相互交换改进技术的条件应当对等；

（六）技术输入方有权按自己认为合适的来源购买需要的机器设备、零部件和原材料；

（七）不得含有为中国的法律、法规所禁止的不合理的限制性条款。

第七章　场地使用权及其费用

第四十四条　合营企业使用场地，必须贯彻执行节约用地的原则。所需场地，应当由合营企业向所在地的市（县）级土地主管部门提出申请，经审查批准后，通过签订合同取得场地使用权。合同应当订明场地面积、地点、用途、合同期限、场地使用权的费用（以下简称场地使用费）、双方的权利与义务、违反合同的罚则等。

第四十五条　合营企业所需场地的使用权，已为中国合营者所拥有的，中国合营者可以将其作为对合营企业的出资，其作价金额应当与取得同类场地使用权所应缴纳的使用费相同。

第四十六条　场地使用费标准应当根据该场地的用途、地理环境条件、征地拆迁安置费用和合营企业对基础设施的要求等因素，由所在地的省、自治区、直辖市人民政府规定，并向对外贸易经济合作部和国家土地主管部门备案。

第四十七条 从事农业、畜牧业的合营企业，经所在地的省、自治区、直辖市人民政府同意，可以按合营企业营业收入的百分比向所在地的土地主管部门缴纳场地使用费。

在经济不发达地区从事开发性的项目，场地使用费经所在地人民政府同意，可以给予特别优惠。

第四十八条 场地使用费在开始用地的5年内不调整。以后随着经济的发展、供需情况的变化和地理环境条件的变化需要调整时，调整的间隔期应当不少于3年。

场地使用费作为中国合营者投资的，在该合同期限内不得调整。

第四十九条 合营企业按本条例第四十四条取得的场地使用权，其场地使用费应当按合同规定的用地时间从开始时起按年缴纳，第一日历年用地时间超过半年的按半年计算；不足半年的免缴。在合同期内，场地使用费如有调整，应当自调整的年度起按新的费用标准缴纳。

第五十条 合营企业除依照本章规定取得场地使用权外，还可以按照国家有关规定取得场地使用权。

第八章 购买与销售

第五十一条 合营企业所需的机器设备、原材料、燃料、配套件、运输工具和办公用品等（以下简称物资），有权自行决定在中国购买或者向国外购买。

第五十二条 合营企业需要在中国购置的办公、生活用品，按需要量购买，不受限制。

第五十三条 中国政府鼓励合营企业向国际市场销售其产品。

第五十四条 合营企业有权自行出口其产品，也可以委托外国合营者的销售机构或者中国的外贸公司代销或者经销。

第五十五条 合营企业在合营合同规定的经营范围内，进口本企业生产所需的机器设备、零配件、原材料、燃料，凡属国家规定需要领取进口许可证的，每年编制一次计划，每半年申领一次。外国合营者作为出资的机器设备或者其他物料，可以凭审批机构的批准文件直接办理进口许可证进口。超出合营合同规定范围进口的物资，凡国家规定需要领取进口许可证的，应当另行申领。

合营企业生产的产品，可以自主经营出口，凡属国家规定需要领取出口许可证的，合营企业按照本企业的年度出口计划，每半年申领一次。

第五十六条 合营企业在国内购买物资的价格以及支付水、电、气、热、货物运输、劳务、工程设计、咨询、广告等服务的费用，享受与国内其他企业同等的待遇。

第五十七条 合营企业与中国其他经济组织之间的经济往来，按照有关的法律规定和双方订立的合同承担经济责任，解决合同争议。

第五十八条 合营企业应当依照《中华人民共和国统计法》及中国利用外资统计制度的规定，提供统计资料，报送统计报表。

第九章 税 务

第五十九条 合营企业应当按照中华人民共和国有关法律的规定，缴纳各种税款。

第六十条 合营企业的职工应当按照《中华人民共和国个人所得税法》缴纳个人所得税。

第六十一条 合营企业进口下列物资，依照中国税法的有关规定减税、免税：

（一）按照合同规定作为外国合营者出资的机器设备、零部件和其他物料（其他物料系指合营企业建厂（场）以及安装、加固机器所需材料，下同）；

（二）合营企业以投资总额以内的资金进口的机器设备、零部件和其他物料；

（三）经审批机构批准，合营企业以增加资本所进口的国内不能保证生产供应的机器设备、零部件和其他物料；

（四）合营企业为生产出口产品，从国外进口的原材料、辅料、元器件、零部件和包装物料。

上述减税、免税进口物资，经批准在中国国内转卖或者转用于在中国国内销售的产品，应当照章纳税或者补税。

第六十二条 合营企业生产的出口产品，除中国限制出口的以外，依照中国税法的有关规定减税、免税或者退税。

第十章　外汇管理

第六十三条　合营企业的一切外汇事宜，按照《中华人民共和国外汇管理条例》和有关管理办法的规定办理。

第六十四条　合营企业凭营业执照，在境内银行开立外汇账户和人民币账户，由开户银行监督收付。

第六十五条　合营企业在国外或者港澳地区的银行开立外汇账户，应当经国家外汇管理局或者其分局批准，并向国家外汇管理局或者其分局报告收付情况和提供银行对账单。

第六十六条　合营企业在国外或者港澳地区设立的分支机构，其年度资产负债表和年度利润表，应当通过合营企业报送国家外汇管理局或者其分局。

第六十七条　合营企业根据经营业务的需要，可以向境内的金融机构申请外汇贷款和人民币贷款，也可以按照国家有关规定从国外或者港澳地区的银行借入外汇资金，并向国家外汇管理局或者其分局办理登记或者备案手续。

第六十八条　合营企业的外籍职工和港澳职工的工资和其他正当收益，依法纳税后，减去在中国境内的花费，其剩余部分可以按照国家有关规定购汇汇出。

第十一章　财务与会计

第六十九条　合营企业的财务与会计制度，应当按照中国有关法律和财务会计制度的规定，结合合营企业的情况加以制定，并报当地财政部门、税务机关备案。

第七十条　合营企业设总会计师，协助总经理负责企业的财务会计工作。必要时，可以设副总会计师。

第七十一条　合营企业设审计师（小的企业可以不设），负责审查、稽核合营企业的财务收支和会计账目，向董事会、总经理提出报告。

第七十二条　合营企业会计年度采用日历年制，自公历每年1月1日起至12月31日止为一个会计年度。

第七十三条　合营企业会计采用国际通用的权责发生制和借贷记账法记账。一切自制凭证、账簿、报表必须用中文书写，也可以同时用合营各方商定的一种外文书写。

第七十四条　合营企业原则上采用人民币作为记账本位币，经合营各方商定，也可以采用某一种外国货币作为记账本位币。

第七十五条　合营企业的账目，除按记账本位币记录外，对于现金、银行存款、其他货币款项以及债权债务、收益和费用等，与记账本位币不一致时，还应当按实际收付的货币记账。

以外国货币作为记账本位币的合营企业，其编报的财务会计报告应当折算为人民币。

因汇率的差异而发生的折合记账本位币差额，作为汇兑损益列账。记账汇率变动，有关外币各账户的账面余额，于年终结账时，应当按照中国有关法律和财务会计制度的规定进行会计处理。

第七十六条　合营企业按照《中华人民共和国企业所得税法》缴纳所得税后的利润分配原则如下：

（一）提取储备基金、职工奖励及福利基金、企业发展基金，提取比例由董事会确定；

（二）储备基金除用于垫补合营企业亏损外，经审批机构批准也可以用于本企业增加资本，扩大生产；

（三）按照本条第（一）项规定提取三项基金后的可分配利润，董事会确定分配的，应当按合营各方的出资比例进行分配。

第七十七条　以前年度的亏损未弥补前不得分配利润。以前年度未分配的利润，可以并入本年度利润分配。

第七十八条　合营企业应当向合营各方、当地税务机关和财政部门报送季度和年度会计报表。

第七十九条　合营企业的下列文件、证件、报表，应当经中国的注册会计师验证和出具证明，方为有效：

（一）合营各方的出资证明书（以物料、场地使用权、工业产权、专有技术作为出资的，应当包括合营各方签字同意的财产估价清单及其协议文件）；

（二）合营企业的年度会计报表；

（三）合营企业清算的会计报表。

第十二章 职 工

第八十条 合营企业职工的招收、招聘、辞退、辞职、工资、福利、劳动保险、劳动保护、劳动纪律等事宜,按照国家有关劳动和社会保障的规定办理。

第八十一条 合营企业应当加强对职工的业务、技术培训,建立严格的考核制度,使他们在生产、管理技能方面能够适应现代化企业的要求。

第八十二条 合营企业的工资、奖励制度必须符合按劳分配、多劳多得的原则。

第八十三条 正副总经理、正副总工程师、正副总会计师、审计师等高级管理人员的工资待遇,由董事会决定。

第十三章 工 会

第八十四条 合营企业职工有权按照《中华人民共和国工会法》和《中国工会章程》的规定,建立基层工会组织,开展工会活动。

第八十五条 合营企业工会是职工利益的代表,有权代表职工同合营企业签订劳动合同,并监督合同的执行。

第八十六条 合营企业工会的基本任务是:依法维护职工的民主权利和物质利益;协助合营企业安排和合理使用福利、奖励基金;组织职工学习政治、科学、技术和业务知识,开展文艺、体育活动;教育职工遵守劳动纪律,努力完成企业的各项经济任务。

第八十七条 合营企业董事会会议讨论合营企业的发展规划、生产经营活动等重大事项时,工会的代表有权列席会议,反映职工的意见和要求。

董事会会议研究决定有关职工奖惩、工资制度、生活福利、劳动保护和保险等问题时,工会的代表有权列席会议,董事会应当听取工会的意见,取得工会的合作。

第八十八条 合营企业应当积极支持本企业工会的工作。合营企业应当按照《中华人民共和国工会法》的规定为工会组织提供必要的房屋和设备,用于办公、会议、举办职工集体福利、文化、体育事业。合营企业每月按企业职工实际工资总额的2%拨交工会经费,由本企业工会按照中华全国总工会制定的有关工会经费管理办法使用。

第十四章 期限、解散与清算

第八十九条 合营企业的合营期限,按照《中外合资经营企业合营期限暂行规定》执行。

第九十条 合营企业在下列情况下解散:

(一)合营期限届满;

(二)企业发生严重亏损,无力继续经营;

(三)合营一方不履行合营企业协议、合同、章程规定的义务,致使企业无法继续经营;

(四)因自然灾害、战争等不可抗力遭受严重损失,无法继续经营;

(五)合营企业未达到其经营目的,同时又无发展前途;

(六)合营企业合同、章程所规定的其他解散原因已经出现。

前款第(二)、(四)、(五)、(六)项情况发生的,由董事会提出解散申请书,报审批机构批准;第(三)项情况发生的,由履行合同的一方提出申请,报审批机构批准。

在本条第一款第(三)项情况下,不履行合营企业协议、合同、章程规定的义务一方,应当对合营企业由此造成的损失负赔偿责任。

第九十一条 合营企业宣告解散时,应当进行清算。合营企业应当依法成立清算委员会,由清算委员会负责清算事宜。

第九十二条 清算委员会的成员一般应当在合营企业的董事中选任。董事不能担任或者不适合担任清算委员会成员时,合营企业可以聘请中国的注册会计师、律师担任。审批机构认为必要时,可以派人进行监督。

清算费用和清算委员会成员的酬劳应当从合营企业现存财产中优先支付。

第九十三条 清算委员会的任务是对合营企业的财产、债权、债务进行全面清查,编制资产负债表和财产目录,提出财产作价和计算依据,制定清算方案,提请董事会会议通过后执行。

清算期间,清算委员会代表该合营企业起诉和应诉。

第九十四条 合营企业以其全部资产对其

债务承担责任。合营企业清偿债务后的剩余财产按照合营各方的出资比例进行分配，但合营企业协议、合同、章程另有规定的除外。

合营企业解散时，其资产净额或者剩余财产减除企业未分配利润、各项基金和清算费用后的余额，超过实缴资本的部分为清算所得，应当依法缴纳所得税。

第九十五条 合营企业的清算工作结束后，由清算委员会提出清算结束报告，提请董事会会议通过后，报告审批机构，并向登记管理机构办理注销登记手续，缴销营业执照。

第九十六条 合营企业解散后，各项账册及文件应当由原中国合营者保存。

第十五章 争议的解决

第九十七条 合营各方在解释或者履行合营企业协议、合同、章程时发生争议的，应当尽量通过友好协商或者调解解决。经过协商或者调解无效的，提请仲裁或者司法解决。

第九十八条 合营各方根据有关仲裁的书面协议，可以在中国的仲裁机构进行仲裁，也可以在其他仲裁机构仲裁。

第九十九条 合营各方之间没有有关仲裁的书面协议的，发生争议的任何一方都可以依法向人民法院起诉。

第一百条 在解决争议期间，除争议事项外，合营各方应当继续履行合营企业协议、合同、章程所规定的其他各项条款。

第十六章 附 则

第一百零一条 合营企业的外籍职工和港澳职工（包括其家属），需要经常入、出中国国境的，中国主管签证机关可以简化手续，予以方便。

第一百零二条 合营企业的中国职工，因工作需要出国（境）考察、洽谈业务、学习或者接受培训，按照国家有关规定办理出国（境）手续。

第一百零三条 合营企业的外籍职工和港澳职工，可以带进必需的交通工具和办公用品，按照中国税法的有关规定纳税。

第一百零四条 在经济特区设立的合营企业，法律、行政法规另有规定的，从其规定。

第一百零五条 本条例自公布之日起施行。

3. 中华人民共和国中外合作经营企业法

（参见本书 P66）

4. 中华人民共和国中外合作经营企业法实施细则

（1995 年 8 月 7 日国务院批准，1995 年 9 月 4 日对外贸易经济合作部令第 6 号发布，根据 2014 年 2 月 19 日《国务院关于废止和修改部分行政法规的决定》第一次修订，根据 2017 年 3 月 1 日《国务院关于修改和废止部分行政法规的决定》第二次修订）

第一章 总 则

第一条 根据《中华人民共和国中外合作经营企业法》，制定本实施细则。

第二条 在中国境内举办中外合作经营企业（以下简称合作企业），应当符合国家的发展政策和产业政策，遵守国家关于指导外商投资方向的规定。

第三条 合作企业在批准的合作企业协议、合同、章程范围内，依法自主地开展业务、进行经营管理活动，不受任何组织或者个人的干涉。

第四条 合作企业包括依法取得中国法人资格的合作企业和不具有法人资格的合作企业。

不具有法人资格的合作企业，本实施细则第九章有特别规定的，从其规定。

第五条 合作企业的主管部门为中国合作者的主管部门。合作企业有2个以上中国合作者的，由审查批准机关会同有关部门协商确定一个主管部门。但是，法律、行政法规另有规定的除外。

合作企业的主管部门对合作企业的有关事宜依法进行协调、提供协助。

第二章 合作企业的设立

第六条 设立合作企业由对外贸易经济合作部或者国务院授权的部门和地方人民政府审查批准。

设立合作企业属于下列情形的，由国务院授权的部门或者地方人民政府审查批准：

（一）投资总额在国务院规定由国务院授权的部门或者地方人民政府审批的投资限额以内的；

（二）自筹资金，并且不需要国家平衡建设、生产条件的；

（三）产品出口不需要领取国家有关主管部门发放的出口配额、许可证，或者虽需要领取，但在报送项目建议书前已征得国家有关主管部门同意的；

（四）有法律、行政法规规定由国务院授权的部门或者地方人民政府审查批准的其他情形的。

第七条 设立合作企业，应当由中国合作者向审查批准机关报送下列文件：

（一）设立合作企业的项目建议书，并附送主管部门审查同意的文件；

（二）合作各方共同编制的可行性研究报告，并附送主管部门审查同意的文件；

（三）由合作各方的法定代表人或其授权的代表签署的合作企业协议、合同、章程；

（四）合作各方的营业执照或者注册登记证明、资信证明及法定代表人的有效证明文件，外国合作者是自然人的，应当提供有关其身份、履历和资信情况的有效证明文件；

（五）合作各方协商确定的合作企业董事长、副董事长、董事或者联合管理委员会主任、副主任、委员的人选名单；

（六）审查批准机关要求报送的其他文件。

前款所列文件，除第四项中所列外国合作者提供的文件外，必须报送中文本，第二项、第三项和第五项所列文件可以同时报送合作各方商定的一种外文本。

审查批准机关应当自收到规定的全部文件之日起45天内决定批准或者不批准；审查批准机关认为报送的文件不全或者有不当之处的，有权要求合作各方在指定期间内补全或者修正。

第八条 对外贸易经济合作部和国务院授权的部门批准设立的合作企业，由对外贸易经济合作部颁发批准证书。

国务院授权的地方人民政府批准设立的合作企业，由有关地方人民政府颁发批准证书，并自批准之日起30天内将有关批准文件报送对外贸易经济合作部备案。

批准设立的合作企业应当依法向工商行政管理机关申请登记，领取营业执照。

第九条 申请设立合作企业，有下列情形之一的，不予批准：

（一）损害国家主权或者社会公共利益的；

（二）危害国家安全的；

（三）对环境造成污染损害的；

（四）有违反法律、行政法规或者国家产业政策的其他情形的。

第十条 本实施细则所称合作企业协议，是指合作各方对设立合作企业的原则和主要事项达成一致意见后形成的书面文件。

本实施细则所称合作企业合同，是指合作各方为设立合作企业就相互之间的权利、义务关系达成一致意见后形成的书面文件。

本实施细则所称合作企业章程，是指按照合作企业合同的约定，经合作各方一致同意，约定合作企业的组织原则、经营管理方法等事项的书面文件。

合作企业协议、章程的内容与合作企业合同不一致的，以合作企业合同为准。

合作各方可以不订立合作企业协议。

第十一条 合作企业协议、合同、章程自审查批准机关颁发批准证书之日起生效。在合作期限内，合作企业协议、合同、章程有重大变更的，须经审查批准机关批准。

第十二条 合作企业合同应当载明下列事项：

（一）合作各方的名称、注册地、住所及法定代表人的姓名、职务、国籍（外国合作者是自然人的，其姓名、国籍和住所）；

（二）合作企业的名称、住所、经营范围；

（三）合作企业的投资总额，注册资本，合作各方投资或者提供合作条件的方式、期限；

（四）合作各方投资或者提供的合作条件的转让；

（五）合作各方收益或者产品的分配，风险或者亏损的分担；

（六）合作企业董事会或者联合管理委员会的组成以及董事或者联合管理委员会委员名额的分配，总经理及其他高级管理人员的职责和聘任、解聘办法；

（七）采用的主要生产设备、生产技术及其来源；

（八）产品在中国境内销售和境外销售的安排；

（九）合作企业外汇收支的安排；

（十）合作企业的期限、解散和清算；

（十一）合作各方其他义务以及违反合同的责任；

（十二）财务、会计、审计的处理原则；

（十三）合作各方之间争议的处理；

（十四）合作企业合同的修改程序。

第十三条 合作企业章程应当载明下列事项：

（一）合作企业名称及住所；

（二）合作企业的经营范围和合作期限；

（三）合作各方的名称、注册地、住所及法定代表人的姓名、职务和国籍（外国合作者是自然人的，其姓名、国籍和住所）；

（四）合作企业的投资总额，注册资本，合作各方认缴出资额、投资或者提供合作条件的方式、期限；

（五）合作各方收益或者产品的分配，风险或者亏损的分担；

（六）合作企业董事会或者联合管理委员会的组成、职权和议事规则，董事会董事或者联合管理委员会委员的任期，董事长、副董事长或者联合管理委员会主任、副主任的职责；

（七）经营管理机构的设置、职权、办事规则，总经理及其他高级管理人员的职责和聘任、解聘办法；

（八）有关职工招聘、培训、劳动合同、工资、社会保险、福利、职业安全卫生等劳动管理事项的规定；

（九）合作企业财务、会计和审计制度；

（十）合作企业解散和清算办法；

（十一）合作企业章程的修改程序。

第三章 组织形式与注册资本

第十四条 合作企业依法取得中国法人资格的，为有限责任公司。除合作企业合同另有约定外，合作各方以其投资或者提供的合作条件为限对合作企业承担责任。

合作企业以其全部资产对合作企业的债务承担责任。

第十五条 合作企业的投资总额，是指按照合作企业合同、章程规定的生产经营规模，需要投入的资金总和。

第十六条 合作企业的注册资本，是指为设立合作企业，在工商行政管理机关登记的合作各方认缴的出资额之和。注册资本以人民币表示，也可以用合作各方约定的一种可自由兑换的外币表示。

合作企业注册资本在合作期限内不得减少。但是，因投资总额和生产经营规模等变化，确需减少的，须经审查批准机关批准。

第四章 投资、合作条件

第十七条 合作各方应当依照有关法律、行政法规的规定和合作企业合同的约定，向合作企业投资或者提供合作条件。

第十八条 合作各方向合作企业的投资或者提供的合作条件可以是货币，也可以是实物或者工业产权、专有技术、土地使用权等财产权利。

中国合作者的投资或者提供的合作条件，属于国有资产的，应当依照有关法律、行政法规的规定进行资产评估。

在依法取得中国法人资格的合作企业中，外国合作者的投资一般不低于合作企业注册资本的25%。在不具有法人资格的合作企业中，对合作各方向合作企业投资或者提供合作条件的具体要求，由对外贸易经济合作部规定。

第十九条 合作各方应当以其自有的财产或者财产权利作为投资或者合作条件，对该投资或者合作条件不得设置抵押权或者其他形式的担保。

第二十条 合作各方应当根据合作企业的生产经营需要，依照有关法律、行政法规的规定，在合作企业合同中约定合作各方向合作企业投资或者提供合作条件的期限。

合作各方没有按照合作企业合同约定缴纳投资或者提供合作条件的，工商行政管理机关应当限期履行；限期届满仍未履行的，审查批准机关应当撤销合作企业的批准证书，工商行政管理机关应当吊销合作企业的营业执照，并予以公告。

第二十一条 未按照合作企业合同约定缴纳投资或者提供合作条件的一方，应当向已按照合作企业合同约定缴纳投资或者提供合作条件的他方承担违约责任。

第二十二条 合作各方缴纳投资或者提供合作条件后，应当由中国注册会计师验证并出具验资报告，由合作企业据以发给合作各方出资证明书。出资证明书应当载明下列事项：

（一）合作企业名称；

（二）合作企业成立日期；

（三）合作各方名称或者姓名；

（四）合作各方投资或者提供合作条件的内容；

（五）合作各方投资或者提供合作条件的日期；

（六）出资证明书的编号和核发日期。

出资证明书应当抄送审查批准机关及工商行政管理机关。

第二十三条 合作各方之间相互转让或者合作一方向合作他方以外的他人转让属于其在合作企业合同中全部或者部分权利的，须经合作他方书面同意，并报审查批准机关批准。

审查批准机关应当自收到有关转让文件之日起30天内决定批准或者不批准。

第五章 组织机构

第二十四条 合作企业设董事会或者联合管理委员会。董事会或者联合管理委员会是合作企业的权力机构，按照合作企业章程的规定，决定合作企业的重大问题。

第二十五条 董事会或者联合管理委员会成员不得少于3人，其名额的分配由中外合作者参照其投资或者提供的合作条件协商确定。

第二十六条 董事会董事或者联合管理委员会委员由合作各方自行委派或者撤换。董事会董事长、副董事长或者联合管理委员会主任、副主任的产生办法由合作企业章程规定；中外合作者的一方担任董事长、主任的，副董事长、副主任由他方担任。

第二十七条 董事或者委员的任期由合作企业章程规定；但是，每届任期不得超过3年。董事或者委员任期届满，委派方继续委派的，可以连任。

第二十八条 董事会会议或者联合管理委员会会议每年至少召开1次，由董事长或者主任召集并主持。董事长或者主任因特殊原因不能履行职务时，由董事长或者主任指定副董事长、副主任或者其他董事、委员召集并主持。1/3以上董事或者委员可以提议召开董事会会议或者联合管理委员会会议。

董事会会议或者联合管理委员会会议应当有2/3以上董事或者委员出席方能举行，不能出席董事会会议或者联合管理委员会会议的董事或者委员应当书面委托他人代表其出席和表决。董事会会议或者联合管理委员会会议作出决议，须经全体董事或者委员的过半数通过。董事或者委员无正当理由不参加又不委托他人代表其参加董事会会议或者联合管理委员会会议的，视为出席董事会会议或者联合管理委员会会议并在表决中弃权。

召开董事会会议或者联合管理委员会会议，应当在会议召开的10天前通知全体董事或者委员。

董事会或者联合管理委员会也可以用通讯的方式作出决议。

第二十九条 下列事项由出席董事会会议或者联合管理委员会会议的董事或者委员一致通过，方可作出决议：

（一）合作企业章程的修改；

（二）合作企业注册资本的增加或者减少；

（三）合作企业的解散；

（四）合作企业的资产抵押；

（五）合作企业合并、分立和变更组织形式；

（六）合作各方约定由董事会会议或者联合管理委员会会议一致通过方可作出决议的其他事项。

第三十条 董事会或者联合管理委员会的议事方式和表决程序，除本实施细则规定的外，由合作企业章程规定。

第三十一条 董事长或者主任是合作企业的法定代表人。董事长或者主任因特殊原因不能履行职务时，应当授权副董事长、副主任或者其他董事、委员对外代表合作企业。

第三十二条 合作企业设总经理 1 人，负责合作企业的日常经营管理工作，对董事会或者联合管理委员会负责。

合作企业的总经理由董事会或者联合管理委员会聘任、解聘。

第三十三条 总经理及其他高级管理人员可以由中国公民担任，也可以由外国公民担任。

经董事会或者联合管理委员会聘任，董事或者委员可以兼任合作企业的总经理或者其他高级管理职务。

第三十四条 总经理及其他高级管理人员不胜任工作任务的，或者有营私舞弊或者严重失职行为的，经董事会或者联合管理委员会决议，可以解聘；给合作企业造成损失的，应当依法承担责任。

第三十五条 合作企业成立后委托合作各方以外的他人经营管理的，必须经董事会或者联合管理委员会一致同意，并应当与被委托人签订委托经营管理合同。

合作企业应当将董事会或者联合管理委员会的决议、签订的委托经营管理合同，连同被委托人的资信证明等文件，一并报送审查批准机关批准。审查批准机关应当自收到有关文件之日起 30 天内决定批准或者不批准。

第六章 购买物资和销售产品

第三十六条 合作企业按照经批准的经营范围和生产经营规模，自行制定生产经营计划。

政府部门不得强令合作企业执行政府部门确定的生产经营计划。

第三十七条 合作企业可以自行决定在中国境内或者境外购买本企业自用的机器设备、原材料、燃料、零部件、配套件、元器件、运输工具和办公用品等（以下简称“物资”）。

第三十八条 国家鼓励合作企业向国际市场销售其产品。合作企业可以自行向国际市场销售其产品，也可以委托国外的销售机构或者中国的外贸公司代销或者经销其产品。

合作企业销售产品的价格，由合作企业依法自行确定。

第三十九条 外国合作者作为投资进口的机器设备、零部件和其他物料以及合作企业用投资总额内的资金进口生产、经营所需的机器设备、零部件和其他物料，免征进口关税和进口环节的流转税。上述免税进口物资经批准在中国境内转卖或者转用于国内销售的，应当依法纳税或者补税。

第四十条 合作企业不得以明显低于合理的国际市场同类产品的价格出口产品，不得以高于国际市场同类产品的价格进口物资。

第四十一条 合作企业销售产品，应当按照经批准的合作企业合同的约定销售。

第四十二条 合作企业进口或者出口属于进出口许可证、配额管理的商品，应当按照国家有关规定办理申领手续。

第七章 分配收益与回收投资

第四十三条 中外合作者可以采用分配利润、分配产品或者合作各方共同商定的其他方式分配收益。

采用分配产品或者其他方式分配收益的，应当按照税法的有关规定，计算应纳税额。

第四十四条 中外合作者在合作企业合同中约定合作期限届满时，合作企业的全部固定资产无偿归中国合作者所有的，外国合作者在合作期限内，可以在按照投资或者提供合作条件进行分配的基础上，在合作企业合同中约定扩大外国合作者的收益分配比例，先行回收其投资。

外国合作者依照前款规定在合作期限内先行回收投资的，中外合作者应当依照有关法律的规定和合作企业合同的约定，对合作企业的债务承担责任。

第四十五条 合作企业的亏损未弥补前，外国合作者不得先行回收投资。

第四十六条 合作企业应当按照国家有关规定聘请中国注册会计师进行查账验证。合作各方可以共同或者单方自行委托中国注册会计师查账，所需费用由委托查账方负担。

第八章 期限和解散

第四十七条 合作企业的期限由中外合作者协商确定，并在合作企业合同中订明。

合作企业期限届满，合作各方协商同意要求延长合作期限的，应当在期限届满的180天前向审查批准机关提出申请，说明原合作企业合同执行情况，延长合作期限的原因，同时报送合作各方就延长的期限内各方的权利、义务等事项所达成的协议。审查批准机关应当自接到申请之日起30天内，决定批准或者不批准。

经批准延长合作期限的，合作企业凭批准文件向工商行政管理机关办理变更登记手续，延长的期限从期限届满后的第一天起计算。

合作企业合同约定外国合作者先行回收投资，并且投资已经回收完毕的，合作企业期限届满不再延长；但是，外国合作者增加投资的，经合作各方协商同意，可以依照本条第二款的规定向审查批准机关申请延长合作期限。

第四十八条 合作企业因下列情形之一出现时解散：

（一）合作期限届满；

（二）合作企业发生严重亏损，或者因不可抗力遭受严重损失，无力继续经营；

（三）中外合作者一方或者数方不履行合作企业合同、章程规定的义务，致使合作企业无法继续经营；

（四）合作企业合同、章程中规定的其他解散原因已经出现；

（五）合作企业违反法律、行政法规，被依法责令关闭。

前款第二项、第四项所列情形发生，应当由合作企业的董事会或者联合管理委员会做出决定，报审查批准机关批准。在前款第三项所列情形下，不履行合作企业合同、章程规定的义务的中外合作者一方或者数方，应当对履行合同的他方因此遭受的损失承担赔偿责任；履行合同的一方或者数方有权向审查批准机关提出申请，解散合作企业。

第四十九条 合作企业的清算事宜依照国家有关法律、行政法规及合作企业合同、章程的规定办理。

第九章 关于不具有法人资格的合作企业的特别规定

第五十条 不具有法人资格的合作企业及其合作各方，依照中国民事法律的有关规定，承担民事责任。

第五十一条 不具有法人资格的合作企业应当向工商行政管理机关登记合作各方的投资或者提供的合作条件。

第五十二条 不具有法人资格的合作企业的合作各方的投资或者提供的合作条件，为合作各方分别所有。经合作各方约定，也可以共有，或者部分分别所有、部分共有。合作企业经营积累的财产，归合作各方共有。

不具有法人资格的合作企业合作各方的投资或者提供的合作条件由合作企业统一管理和使用。未经合作他方同意，任何一方不得擅自处理。

第五十三条 不具有法人资格的合作企业设立联合管理机构。联合管理机构由合作各方委派的代表组成，代表合作各方共同管理合作企业。

联合管理机构决定合作企业的一切重大问题。

第五十四条 不具有法人资格的合作企业应当在合作企业所在地设置统一的会计账簿；合作各方还应当设置各自的会计账簿。

第十章 附 则

第五十五条 合作企业合同的订立、效力、解释、履行及其争议的解决，适用中国法律。

第五十六条 本实施细则未规定的事项，包括合作企业的财务、会计、审计、外汇、税务、劳动管理、工会等，适用有关法律、行政法规的规定。

第五十七条 香港、澳门、台湾地区的公司、企业和其他经济组织或者个人以及在国外居住的中国公民举办合作企业，参照本实施细则办理。

第五十八条　本实施细则自发布之日起施行。

5. 关于外商投资的公司审批登记管理法律适用若干问题的执行意见

（2006年4月24日国家工商行政管理总局、商务部、海关总署、国家外汇管理局工商外企字〔2006〕81号发布，自发布之日起施行）

为了准确适用法律，规范、便民、高效地开展外资审批和登记管理工作，促进外商投资企业健康发展，提高我国利用外资的质量和水平，现就外商投资的公司审批和登记管理如何适用《中华人民共和国公司法》（以下简称《公司法》）、《中华人民共和国公司登记管理条例》（以下简称《公司登记管理条例》）以及国家关于外商投资的法律、行政法规和政策，提出以下执行意见。

一、外商投资的公司的登记管理适用《公司法》和《公司登记管理条例》；有关外商投资企业的法律另有规定的，适用其规定；《公司法》、《公司登记管理条例》、有关外商投资企业的法律没有规定的，适用有关外商投资企业的行政法规、国务院决定和国家有关外商投资的其他规定。

二、外国公司、企业和其他经济组织或者自然人（以下简称外国投资者）可以同中国的企业、其他经济组织以中外合资、中外合作的形式依法设立公司，也可以外商合资、外商独资的形式依法设立公司。

以外商独资的形式依法设立一人有限公司的，其注册资本最低限额应当符合《公司法》关于一人有限公司的规定；外国自然人设立一人有限公司的，还应当符合《公司法》关于一人有限公司对外投资限制的规定。2006年1月1日以前已经依法设立的外商独资的公司维持不变，但其变更注册资本和对外投资时应当符合上述规定。

三、中外合资、中外合作的有限责任公司的董事会是公司的权力机构，其组织机构由公司根据《中外合资经营企业法》、《中外合作经营企业法》和《公司法》通过公司章程规定。

外商合资、外商独资的有限责任公司以及外商投资的股份有限公司的组织机构应当符合《公司法》和公司章程的规定。

四、外商投资的公司设立登记的申请期限应当符合《公司登记管理条例》规定。但是，以中外合作、外商合资、外商独资形式设立公司的，应当按照《中外合作经营企业法》和《外资企业法》的规定，自收到批准文件之日起30日内向公司登记机关申请设立登记。逾期申请设立登记的，申请人应当报审批机关确认原批准文件的效力或者另行报批。

五、申请外商投资的公司的审批和设立登记时向审批和登记机关提交的外国投资者的主体资格证明或身份证明应当经所在国家公证机关公证并经我国驻该国使（领）馆认证。香港、澳门和台湾地区投资者的主体资格证明或身份证明应当依法提供当地公证机构的公证文件。

申请外商投资的公司的审批和设立登记，除提交《公司登记管理条例》第二十条或第二十一条规定的相应文件外，还应当向审批和登记机关提交外国投资者（授权人）与境内法律文件送达接受人（被授权人）签署的《法律文件送达授权委托书》。该委托书应当明确授权境内被授权人代为接受法律文件送达，并载明被授权人地址、联系方式。被授权人可以是外国投资者设立的分支机构、拟设立的公司（被授权人为拟设立的公司的，公司设立后委托生效）或者其他境内有关单位或个人。

公司增加新的境外投资者的，也应当向审批和登记机关提交上述文件。

外商投资的公司向公司登记机关申请设立登记、股权转让变更登记时不再提交合资、合作合同和投资者的资信证明。

六、公司登记机关应当根据申请，依法将外商投资的公司类型分别登记为“有限责任公司”或“股份有限公司”，并根据其设立形式在“有限责任公司”后相应加注“（中外合资）”、“（中外合作）”、“（外商合资）”、“（外国法人独资）”、“（外国非法人经济组织独资）”、“（外国自然人独资）”、“（台港澳与外国投资者合资）”、“（台港澳与境内合资）”、“（台港澳与境内合作）”、“（台港澳合资）”、“（台港澳法人独资）”、“（台港澳非法人经济组织独资）”、“（台港澳自然人独资）”等字样，在“股份有限公司”后相应加注“（中外合资，未上市）”、“（中外合资，上市）”、“（外商合资，未上市）”、“（外商合资，上市）”、“（台港澳与外国投资者合资，未上市）”、“（台港澳与外国投资者合资，上市）”、“（台港澳与境内合资，未上市）”、“（台港澳与境内合资，上市）”、“（台港澳合资，未上市）”、“（台港澳合资，上市）”等字样。

公司登记机关可以根据国家利用外资产业政策及其相关规定，在公司类型后加注有关分类标识（如“（外资比例低于25%）”、“（A股并购）”、“（A股并购25%或以上）”等）。

对于2006年1月1日以前已经设立的外商投资的公司，公司登记机关应当在其变更登记时依上述规定做相应调整。

七、外商投资的公司设立以后，可以依法开展境内投资。公司登记机关不再出具相应的境内投资资格证明。

外商投资的公司营业执照尚未按本意见第六条载明公司详细类型，且又申请设立一人有限公司的，由公司登记机关出具“非自然人独资”的证明。

八、外商投资的公司的注册资本可以用人民币表示，也可以用其他可自由兑换的外币表示。作为公司注册资本的外币与人民币或者外币与外币之间的折算，应按发生（缴款）当日中国人民银行公布的汇率的中间价计算。

九、外商投资的有限责任公司（含一人有限公司）的股东首次出资额应当符合法律、行政法规的规定，一次性缴付全部出资的，应当在公司成立之日起六个月内缴足；分期缴付的，首次出资额不得低于其认缴出资额的百分之十五，也不得低于法定的注册资本最低限额，并应当在公司成立之日起三个月内缴足，其余部分的出资时间应符合《公司法》、有关外商投资的法律和《公司登记管理条例》的规定。其他法律、行政法规要求股东应当在公司成立时缴付全部出资的，从其规定。

外商投资的股份有限公司的出资应当符合《公司法》的规定。

十、外商投资的公司的股东的出资方式应当符合《公司法》第二十七条、《公司登记管理条例》第十四条和《公司注册资本登记管理规定》的规定。在国家工商行政管理总局会同有关部门就货币、实物、知识产权、土地使用权以外的其他财产出资作出规定以前，股东以《公司登记管理条例》第十四条第二款所列财产以外的其他财产出资的，应当经境内依法设立的评估机构评估作价，核实财产，不得高估或者低估作价。实缴出资时还必须经境内依法设立的验资机构验资并出具验资证明。

中外合资的有限责任公司的股东以《中外合资经营企业法》规定的实物（含设备）、工业产权等非货币财产（土地使用权除外）出资的，其价格可以由合营各方评议商定。

十一、外商投资的公司的股东以自己的名义通过借贷等方式筹措的资金应当视为自己所有的资金，经验资机构出具验资证明以后可以作为该股东的出资。

十二、外商投资的公司申请变更登记的期限应当符合《公司登记管理条例》的规定。法律、行政法规规定或者国务院决定公司和公司登记事项在变更登记前须经批准的，应当自审批机关批准之日起30日内申请办理变更登记。逾期申请的，申请人应当报原审批机关确认文件效力或者另行报批。

十三、外商投资的公司申请变更登记应当依照《公司登记管理条例》第二十七条、第二十九条、第三十一条、第三十二条、第三十三条、第三十四条、第三十五条规定提交相应的文件。因下列情形办理有关登记事项变更登记时还应当提交原审批机关的审批文件以及变更后的批准证书：

（一）注册资本；

（二）公司类型；

（三）经营范围；

（四）营业期限；

（五）股东或发起人认缴的出资额、出资方式；

（六）外商投资的公司合并、分立；

（七）跨审批机关管辖的地址变更；

（八）有限责任公司股权转让或股份有限公司股份转让（不涉及营业执照和批准证书载明事项的除外）。

除前款规定情形以外，外商投资的公司登记事项变更涉及公司章程修改的，应当在办理变更登记手续后30日内依法向审批机关办理变更手续。

十四、外商投资的公司迁移（跨原公司登记机关管辖的），应当向原公司登记机关申请办理迁移手续。跨审批机关管辖的，应当向迁入地审批机关提出申请。迁入地审批机关收到申请后，应当在5个工作日内征求迁出地审批机关意见；迁出地审批机关应当在收到征求意见函后的5个工作日内回复；迁入地审批机关收到意见后，应当在3个工作日内作出批复。原公司登记机关收到申请后，应当在5个工作日内征求迁入地登记机关意见；迁入地登记机关应当在5个工作日内回复；原公司登记机关根据迁入地公司登记机关和审批机关同意迁入的意见，收缴营业执照，出具迁移证明，并在10个工作日内将申请材料和公司登记档案移送迁入地的公司登记机关。申请迁移的公司凭迁移证明和审批机关的批准文件，向迁出地审批机关缴销批准证书，到迁入地审批机关领取批准证书，向迁入地的公司登记机关申请变更登记，领取营业执照。

十五、外商投资的公司增加注册资本，有限责任公司（含一人有限公司）和以发起方式设立的股份有限公司的股东应当在公司申请注册资本变更登记时缴付不低于百分之二十的新增注册资本，其余部分的出资时间应符合《公司法》、有关外商投资的法律和《公司登记管理条例》的规定。其他法律、行政法规另有规定的，从其规定。

股份有限公司为增加注册资本发行新股时，股东认购新股，依照设立股份有限公司缴纳股款的有关规定执行。

十六、申请人在下列情况下申请注册资本变更时，对于作为实物出资的进口货物按规定可以免税的，申请人应当向海关书面说明有关情况，并先凭《国家鼓励发展的内外资项目确认书》申请办理进口设备的凭保放行手续，在取得变更后的公司营业执照后，再办理相关的减免税手续：

（一）外商投资的公司增加注册资本时申请以进口实物出资并经审批机关批准的；

（二）外国投资者或者外商投资的公司并购境内企业同时增加注册资本时申请以进口实物出资并经审批机关批准的；

（三）外商投资的公司因注册资本的其他变动申请实物进口并经审批机关批准的。

十七、外汇管理部门在办理以下业务时，不再要求申请人提供变更后的公司营业执照：

（一）外商投资的公司增加注册资本时申请变更外汇登记或者开立、变更资本金账户；

（二）外国投资者或外商投资的公司并购境内企业同时增加注册资本时申请办理外汇登记或开立资本金账户；

（三）外商投资的公司减少注册资本而向外汇管理部门申请办理减资核准件；

（四）外商投资的公司因资本变动而办理其他变更外汇登记。

十八、外商投资的公司的下列事项及其变更应当向公司登记机关备案：

（一）经审批机关批准的不涉及登记事项的公司章程修正案或修改后的公司章程（含投资总额的变更）；

（二）公司董事、监事、经理；

（三）公司分公司的设立和注销；

（四）公司清算组成员、清算组负责人名单。

外商投资的公司的股东延期出资、实缴注册资本，不再办理备案手续，而应当按照《公司登记管理条例》办理相应的变更登记。

外商投资的公司办理备案事项，应当向公司登记机关提交由公司法定代表人（清算组负责人）签署的备案报告、证明备案事项发生的相关文件。备案文件齐备的，公司登记机关予以备案，并应申请人的要求，出具备案证明。

十九、外国投资者（授权人）变更境内法律文件送达接受人（被授权人）的，应当签署新的《法律文件送达授权委托书》，并及时向公司登记机关备案。被委托人名称、地址等事项发生变更的，也应当及时向公司登记机关备案。公司登记机关应当在公司登记档案中记载。

外国投资者没有办理上述备案的，公司登记机关将境内法律文件送达公司登记机关记载的被授权人,视为向外国投资者送达。

二十、外商投资的公司的股东办理股权质押备案,应当向公司登记机关提交公司出具的股权质押备案申请书、审批机关的批准文件、质押合同。公司登记机关接受备案后,应申请人的要求,可出具载明出质股东名称、出质股权占所在企业股权的比例、质权人名称或姓名、质押期限、质押合同的审批机关等事项的备案证明。在质押期间,未经质权人同意,出质股东不得转让或再质押已经出质的股权,也不得减少相应的出资额。

二十一、外商投资的公司根据《公司法》第二十二条的规定申请撤销变更登记,应当向公司登记机关提交撤销变更登记申请书和人民法院的裁判文书。涉及外资审批事项的,还应当提交审批机关的批准文件。符合《公司法》规定的,公司登记机关作出准予撤销变更登记的决定,涉及营业执照记载事项的,应当换发营业执照。

二十二、外商投资的公司解散事由出现以后,公司未在《公司法》规定的期限内成立清算组进行清算,债权人也不向人民法院申请指定清算组进行清算的,外商投资的公司的权力机构、股东、债权人可以根据《外商投资企业清算办法》的规定向审批机关申请进行特别清算。海关监管货物应当先办结海关手续,并补交相应税款。

二十三、外商投资的公司申请注销登记,应当依照《公司登记管理条例》第四十四条提交相应文件。其中,清算报告还应当附税务机关的注销证明、海关出具的办结海关手续证明或者未办理海关登记手续的证明;外商投资的公司提前终止经营活动申请注销登记的,还应当提交审批机关的批准文件(法院裁定解散、破产或行政机关责令关闭、吊销营业执照、吊销设立许可或撤销公司设立登记的除外)。

二十四、外商投资的公司设立或撤销分公司,无须原公司登记机关核转,直接向分公司所在地的外商投资的公司登记机关申请登记。

根据法律、行政法规、国务院决定或者国家有关外商投资限制类项目以及服务贸易领域的专项规定,设立和撤销分公司需经有关部门批准的,应当自批准之日起30日内申请登记。逾期申请的,申请人应当报原审批机关确认文件效力或者另行报批。

二十五、公司登记机关不再办理外商投资的公司办事机构的登记。原已登记的办事机构,不再办理变更或者延期手续。期限届满以后,应当办理注销登记或根据需要申请设立分公司。外商投资的公司的分公司可以从事公司经营范围内的联络、咨询等业务。

以办事机构名义从事经营活动的,由公司登记机关依法查处。

二十六、外商投资的公司的股东、发起人未交付或者未按期交付作为出资的货币或者非货币财产的,由公司登记机关按照《公司注册资本登记管理规定》的适用原则实施处罚。2006年1月1日以前设立的公司,其出资时间以设立登记时为准。

对于中外合作的公司,逾期不履行出资义务的,按照《中外合作经营企业法》第九条规定,由公司登记机关责令其限期履行;逾期仍不履行的,按本条第一款处理;对于外商合资或外商独资的公司,逾期不缴付的,公司登记机关除了按本条第一款处理,还可以按照《外资企业法》第九条规定,吊销其营业执照。

二十七、外商投资的公司超出核准登记的经营范围,擅自从事《外商投资产业指导目录》鼓励类、允许类项目经营活动的,公司登记机关适用《公司登记管理条例》第七十三条规定处罚。

外商投资的公司超出核准登记的经营范围,擅自从事《外商投资产业指导目录》限制类、禁止类项目经营活动的,公司登记机关可以认定为"超出核准登记的经营范围,擅自从事应当取得许可证或者其他批准文件方可从事的经营活动的违法经营行为",适用《无照经营查处取缔办法》的规定予以处罚。构成犯罪的,依法追究其刑事责任。

二十八、台湾地区、香港特别行政区、澳门特别行政区的投资者、定居在国外的中国公民(华侨)投资设立的公司,以及外商投资的投资性公司、外商投资的创业投资公司投资设立的公司,其审批登记管理参照适用本意见。

6. 关于委托审批部分外商投资企业变更事项

（2007 年 2 月 27 日商务部公告 2007 年第 11 号发布，自发布之日起施行）

为深入贯彻国务院关于行政审批改革的精神，进一步转变政府职能，规范和简化外商投资行政审批程序，现就委托省级商务主管部门审批部分外商投资企业变更事项公告如下：

一、对经商务部批准的已设立外商投资股份有限公司（不包括上市公司），委托企业所在地省级商务主管部门负责审批其变更事项（不包括公司为上市进行的变更事项），由省级人民政府换发外商投资企业批准证书，并在批复换证的同时向商务部备案。

二、对经商务部批准设立的外商投资企业，若其申请办理的变更事项属于不涉及外商投资企业批准证书记载事项的变更，委托省级商务主管部门依照法律法规进行审批并即时向商务部备案。

三、未经商务部批准，省级商务主管部门不得将上述事项的审批权限下放。

四、商务部对委托审批情况进行抽查，如存在违规审批情况，将给予警告，情节严重的，商务部将取消本通知对其委托事项。

以上事项自公告之日起执行。

商务部
二〇〇七年二月二十七日

7. 关于省级商务主管部门和国家级经济技术开发区负责审核管理部分服务业外商投资企业审批事项的通知

（2008 年 10 月 30 日商务部商资函〔2008〕64 号发布，自发布之日起施行）

各省、自治区、直辖市、计划单列市及新疆生产建设兵团商务主管部门，国家级经济技术开发区：

为进一步转变政府工作职能，改进外商投资审批工作，提高效率，根据《国务院关于投资体制改革的决定》（国发〔2004〕20 号）及《指导外商投资方向规定》（国务院令第 346 号），现就部分服务业有关外商投资审核管理事项通知如下：

一、下述行业外商投资企业的设立及变更事项由省级商务主管部门和国家级经济技术开发区依法负责审核、管理：

《外商投资产业指导目录》总投资 1 亿美元以下鼓励类、允许类及总投资 5000 万美元以下限制类的外商投资道路运输（旅客运输）、城市规划服务、进出口商品检验鉴定机构、国际船舶运输、国际船舶代理、光盘复制生产、认证培训和认证咨询。

二、原由商务部批准设立的上述范围内的外商投资企业，其变更事项由省级商务主管部门和国家级经济技术开发区依法审批。

三、省级商务主管部门和国家级经济技术开发区应严格按照国家有关法律法规规定和相关政策要求进行审批，严格把关，根据相关规定在审批中需征求国家行业主管部门意见的，应书面征得该部门同意。经审核批准，在下发批文和批准证书的同时向商务部备案。

四、本通知自发布之日起执行。

中华人民共和国商务部
二〇〇八年十月三十日

8. 外商投资准入管理指引手册

（2008年12月18日商务部外资司商资服字〔2008〕530号发布，自发布之日起施行）

前　言

近几年来，商务部加大了外商投资企业设立及变更事项行政许可事项的下放力度，将商业等审批权陆续下放省级商务主管部门和国家级经济技术开发区。

为深入贯彻国务院关于行政审批改革的精神，简化和规范全国外商投资准入管理行政许可行为，加强政务公开，根据现行有关法规规定和实践操作，我司编制了《外商投资准入管理指引手册》（2008年版），对外商投资股份公司、商业等部分服务业外资准入行政许可的申报程序、材料及审批时限等进行分类介绍，其中工商登记有关问题的解答部分由国家工商总局外资局王磊处长提供，供大家在工作中参考。

为不断完善审批管理工作，请大家将在实际工作中遇到的问题和建议及时反馈我司。

《外商投资商业等企业准入管理指引手册》目录

(一)发起设立

(二)募集设立

(三)已设立外商投资企业申请转变为股份公司

(四)内资股份有限公司通过发行B股的方式申请变更为外商投资股份有限公司

(五)内资股份有限公司通过发行境外上市外资股等方式申请变更为外商投资股份有限公司

(六)外商投资股份有限公司上市发行股票

(七)并购设立外商投资股份有限公司

(八)外商投资股份有限公司增发股份等变更事项

三、外商投资企业改制为外商投资股份公司应注意的问题

第四部分　工商登记有关问题解答

一、公司登记机关审查职责与内容

(一)内外资公司登记注册的比较

(二)公司登记机关的审查职责

(三)预先核准公司名称环节

(四)审查公司设立登记环节

(五)审查公司变更登记环节

(六)审查公司注销登记环节

(七)审查公司章程

(八)公司登记机关审查标准和责任

二、外资审批与登记衔接问题

(一)设立形式

(二)不同类型公司的组织机构

(三)注册资本的出资期限

(四)注册资本的出资方式及其比例

(五)注册资本与投资总额的比例

(六)服务类外商投资企业设分支机构的审批登记

第五部分　下放或委托审批的有关说明

一、关于下放或委托审批的说明

(一)改进审批内容,转变管理方式的问题

(二)与相关部门的协调问题

(三)文件一致性的问题

(四)对专项规定的解释

(五)对前置审批、征求意见等程序的解释

二、关于下放或委托审批事项的说明

(一)具体范围

(二)地方审批部门

(三)其他几点说明

三、关于外商投资商业企业的审批说明

四、关于制造业宏观调控行业的审批说明

五、关于并购的审批说明

(一)并购适用对象

(二)关联关系并购

(三)涉及重点行业、存在影响国家经济安全、或导致驰名商标、中华老字号实际控制权转移

(四)适用标准

(五)审核权限

(六)宏观调控行业外资并购

六、其他几个问题

(一)外商投资企业境内再投资问题

(二)现行有关外资规定与《公司法》不一致的处理原则

(三)限额以下上市公司股权变更(增资、转股等)与证监部门审核衔接问题

附件:商务部近期下放审批权限事项的有关文件

一、下放外商投资企业备案和批准证书发放管理权限、进一步简化审批程序等有关问题公告

二、商务部关于委托审批部分外商投资企业变更事项的公告

三、商务部关于进一步简化和规范外商行政许可的通知

四、商务部关于下放外商投资股份公司、企业变更、审批事项的通知

五、商务部关于下放外商投资商业企业审批事项的通知

六、商务部关于省级商务主管部门和国家级经济技术开发区负责审核管理部分服务业外商投资企业审批事项的通知

第一部分　外商投资商业企业审批指引

一、一般商品分销

(一)申报程序及审批时限

(1)新设立外商投资商业企业、并购设立外商投资商业企业、已设立外商投资企业增加分销经营范围、外商投资企业再投资设立商业企业,申请人应向外商投资企业注册地的省级商务主管部门报送申请材料;

(2)省级商务主管部门对中外合资/合作合同、章程(外资商业企业只报章程)和上报材料,以及拟设立或新开设店铺是否符合城市商业网点规划等进行审核;

(3)经营所在地与企业注册地不在同一省、自治区、直辖市、计划单列市的,企业注册地的省级商务主管部门在审核上报材料的同时,应征得企业经营所在地的省级商务主管部门的同意;其中,注册地在国家级经济技术开发区的,企业注册地所在的国家级经济技术开发区应将批复同时抄送企业注册地和经营所在地的省级商务主管部门;

(4)中央管理企业与外国投资者合资合作商业领域的,按总投资属地方审批权限内的申请,由省级商务主管部门按上述程序审批,并报商务部备案。

省级商务主管部门应在收到全部申请文件之日起3个月内做出是否批准的决定,予以批准的,颁发《外商投资企业批准证书》,不批准的,书面说明理由。

(二)申报材料

1. 新设立商业企业

(1)申请书;

(2)投资各方共同签署的可行性研究报告;

(3)合同、章程(外资商业企业只报送章程,下同)及其附件;

(4)投资各方的银行资信证明、登记注册证明(复印件)、法定代表人证明(复印件),外国投资者为个人的,应提供身份证明;

(5)投资各方经会计师事务所审计的最近一年的审计报告(成立不满1年的企业可不要求其提供审计报告);

(6)对中国投资者拟投入到中外合资、合作商业企业的国有资产的评估报告;

(7)拟设立外商投资商业企业的进出口商品目录;

(8)拟设立外商投资商业企业董事会成员名单及投资各方董事委派书;

(9)工商管理部门出具的企业名称预先核准通知书;

(10)拟开设店铺所用土地的使用权证明文件(复印件)及(或)房屋租赁协议(复印件),但开设营业面积在3000平方米以下店铺的除外(店铺营业面积不包括公司办公区域、仓储区域及公共区域,下同);

(11)拟开设店铺所在地政府商务主管部门出具的符合城市发展及城市商业发展要求的说明文件(在地市级以下城市开设店铺,不需提供符合当地商业规划的证明文件,下同)。

非法定代表人签署文件的,应当出具法定代表人委托授权书(下同)。

2. 并购境内商业企业

(1)申请书;

(2)被并购境内有限责任公司股东一致同意外国投资者股权并购的决议,或被并购境内股份有限公司同意外国投资者股权并购的股东大会决议;

(3)并购后所设外商投资企业的合同、章程(外资商业企业只报送章程,下同)及其附件;

(4)投资各方的银行资信证明、登记注册证明(复印件)、法定代表人证明(复印件),外国投资者为个人的,应提供身份证明;

(5)外国投资者购买境内公司股东股权或认购境内公司增资的协议;

(6)被并购境内公司最近财务年度的财务审计报告,投资各方经会计师事务所审计的最近一年的审计报告(成立不满1年的企业可不要求其提供审计报告);

(7)被并购境内公司有国有资产的,应提供国有资产的评估报告及备案材料;

(8)并购后企业的进出口商品目录;

(9)并购后企业董事会成员名单及投资方董事委派书;

(10)店铺所用土地的使用权证明文件(复印件)及(或)房屋租赁协议(复印件),但开设营业面积在3000平方米以下店铺的除外;

(11)店铺所在地政府商务主管部门出具的符合城市发展及城市商业发展要求的说明文件;

(12)被并购境内公司所投资企业的情况说明;

(13)被并购境内公司及其所投资企业的营业执照(副本);

(14) 被并购境内公司职工安置计划。

3. 已设立企业增加分销经营范围

(1)申请表;

(2)外商投资企业关于增加分销经营范围的

一致通过的董事会决议；

(3)外商投资企业合同章程修改协议；

(4)外商投资企业的进出口商品目录；

(5)外商投资企业批准证书、营业执照复印件；

(6)外商投资企业原合同章程复印件；

(7)法定验资机构出具的注册资本已缴足的验资报告。

4. 再投资设立商业企业

(1)申请书；

(2)投资各方的银行资信证明、登记注册证明(复印件)、法定代表人证明(复印件)，外国投资者为个人的，应提供身份证明；

(3)投资各方经会计师事务所审计的最近一年的审计报告(成立不满1年的企业可不要求其提供审计报告)；

(4)工商管理部门出具的企业名称预先核准通知书；

(5)拟开设店铺所用土地的使用权证明文件(复印件)及(或)房屋租赁协议(复印件)，但开设营业面积在3000平方米以下店铺的除外；

(6)拟开设店铺所在地政府商务主管部门出具的符合城市发展及城市商业发展要求的说明文件。

(7)外商投资企业关于投资的一致通过的董事会决议；

(8)外商投资企业的批准证书和营业执照(复印件)；

(9)法定验资机构出具的注册资本已缴足的验资报告；

(10)外商投资企业缴纳所得税或减免所得税的证明材料；

(11)被投资公司的章程；

(12)外商投资企业批准证书、营业执照复印件。

二、特殊商品分销

(一)汽车分销

1. 申报程序及审批时限

根据《汽车品牌销售管理实施办法》，外商投资企业经营范围涉及汽车分销的，包括总经销商和品牌经销商，应由省级商务主管部门在收到全部申请文件之日起3个月内，经征求同级工商管理部门意见后，做出是否批准的决定，予以批准的，颁发《外商投资企业批准证书》，不批准的，书面说明理由。

2. 申报材料

汽车品牌销售企业除符合一般商品分销所要求材料外，还需提供：

总经销商：

(1)拟设立企业所在地省级商务主管部门/国家计划单列企业集团的上报函。

(2)投资各方签署的企业设立申请书，主要包括：

i 项目概况：企业名称，公司注册地及分支机构地址，总投资、注册资本，投资各方基本情况，出资比例及方式，经营范围、规模及期限。

ii 建设及配套内容：主要设施；经营商品来源，采购、配送方式；环保、消防安全方案。

iii 专业化汽车营销能力分析：市场调研、营销策划、广告促销，网络建设及其指导，产品服务、技术培训与咨询，配件供应及物流管理的具体内容、组织机构、人员设置及构成。

其中：网络建设应明确网点建设布局、规模及进度。

(3)汽车生产企业出具的《汽车总经销商授权书》(范本见附件1，下同)。其中汽车生产企业为境外企业的，应提供企业登记注册证明(复印件)、法定代表人证明(复印件)。

(4)拟设立企业合同、章程(外资商业企业只报送章程)及其附件。

(5)投资各方的银行资信证明、登记注册证明(复印件)、法定代表人证明(复印件)，外国投资者为个人的，应提供身份证明。

投资各方经会计师事务所审计的最近一年的审计报告。

(6)对中国投资者拟投入到中外合资、合作商业企业的国有资产的评估报告。

(7)拟设立外商投资商业企业董事会成员名单及投资各方董事委派书。

(8)工商管理部门出具的企业名称预先核准通知书。

品牌经销商：

(1)拟设立企业所在地省级商务主管部门/国家计划单列企业集团的上报函。

(2)投资各方签署的企业设立申请书，主要包括：

i 项目概况：企业名称，公司注册地及分支机构地址，总投资、注册资本，投资各方基本情况，出资比例及方式，经营范围、规模及期限。

ii 建设及配套内容：设立分支机构（含店铺）数量、营业面积，新设店铺应提供地方商务主管部门出具的符合城市商业发展规划的意见；主要设施；经营商品来源，采购、配送方式；环保、消防安全方案。

iii 汽车经营范围、规模与场地、设施、专业技术人员相适应的分析说明。

（3）汽车供应商（汽车生产企业或汽车总经销商，下同）出具的《汽车品牌经销商授权书》（范本见附件2，下同）。其中经营进口汽车的，应提供其在境内的汽车总经销商出具的《汽车品牌经销商授权书》。

（4）拟设立企业合同、章程（外资商业企业只报送章程）及其附件。

（5）投资各方的银行资信证明、登记注册证明（复印件）、法定代表人证明（复印件），外国投资者为个人的，应提供身份证明。

投资各方经会计师事务所审计的最近一年的审计报告。

（6）对中国投资者拟投入到中外合资、合作商业企业的国有资产的评估报告。

（7）拟设立外商投资商业企业董事会成员名单及投资各方董事委派书。

（8）工商管理部门出具的企业名称预先核准通知书。

（9）拟开设店铺所用土地的使用权证明文件（复印件）及（或）房屋租赁协议（复印件），但开设营业面积在3000平方米以下的店铺除外。

（二）成品油分销

1. 申报程序及审批时限

外商投资企业经营范围涉及成品油分销的，由省级商务主管部门在收到全部申请文件之日起3个月内做出是否批准的决定，予以批准的，颁发《外商投资企业批准证书》，不予以批准的，应说明理由。《成品油批发经营许可证》、《成品油仓储经营许可证》、《成品油零售经营许可证》的申领等按《成品油市场管理办法》（商务部令〔2006〕第23号）的规定执行。

2. 申报材料

成品油批发企业除符合一般商品分销所要求材料外，还需提供：

（1）具有稳定的成品油供应渠道证明文件；

（2）具有全资或控股的、库容不低于4000立方米的成品油油库，油库建设符合《石油库设计规范》（GBJ74—84）证明文件；

（3）具备接卸成品油的输送管道、铁路专用线或成品油水运码头等设施证明文件；

（4）油库及其它设施符合国家安全生产、环境保护的有关规定证明文件；

（5）具备成品油检验、计量、储存、消防安全等专业技术人员证明文件；

（6）符合成品油批发网络发展规划的要求证明文件；

（7）各项管理制度文件。

成品油零售企业除符合一般商品分销所要求材料外，还需提供：

（1）具有稳定的成品油供应渠道，与具有批发经营资格的成品油经营企业签订供油协议；

（2）符合当地加油站行业发展规划证明文件；

（3）加油站的设计、施工符合相应国家标准证明文件；

（4）加油站建设符合国家土地管理、消防安全、环境保护等有关规定证明文件；

（5）具备成品油检验、计量、储存、消防安全等知识的专业技术人员证明文件；

（6）从事船用成品油供应经营的水上加油站（船），除符合上述规定外，还应当提交符合港口、水上交通安全和防止水域污染等有关规定证明文件。

（三）药品分销

1. 申报程序及审批时限

省级商务主管部门征求同级药品监督管理部门意见，或由申报企业提供药品监督管理部门出具的同意企业筹建意见书或药品经营许可证，自收到全部申请文件之日起3个月内做出是否批准的决定，予以批准的，颁发《外商投资企业批准证书》，不予以批准的，书面说明理由。

2. 申报材料

除符合一般商品分销所要求材料外，还需提供省级药品监督管理部门出具的同意意见或企业筹建同意意见书或药品经营许可证。

（四）音像制品分销（零售）

1. 申报程序及审批时限

中外合作音像制品零售企业向所在地省级文化主管部门提出申请，省级文化主管部门在30个工作日内做出批准立项或不予批准立项的决定；不予批准的，书面说明理由。

省级文化主管部门批准立项后，中外合作音像制品零售企业向省级商务主管部门提出设立企业申请，省级商务主管部门在30个工作日内做出批准或不批准的决定。经批准的，颁发《外商投资企业批准证书》；不批准的，书面说明理由。

2. 申报材料

（1）设立申请书；

（2）合作各方共同编制或认可并经省级文化主管部门批准的项目建议书或可行性研究报告；

（3）省级文化主管部门对该合作项目的立项批准文件；

（4）由合作各方授权代表签署的拟设立中外合作音像制品分销企业的合同、章程；

（5）（如果中国合作者以国有资产作为合作条件）国有资产管理部门对中国合作者拟投入的国有资产的评估报告确认文件；

（6）合作各方的营业执照或注册登记证明文件、资信证明文件及法定代表人的有效证明文件；

（7）拟设立合作经营企业名称预先核准通知书；

（8）合作各方协商确定的合作企业董事长、副董事长、董事或联合管理委员会主任、副主任、委员的人选名单；

（9）省级商务主管部门要求提供的其他材料。

三、审核要点

（一）新设立商业企业

1. 明确公司名称、经营范围、投资总额、注册资本，以及投资总额和注册资本的差额部分如何解决，经营范围应符合产业政策，企业设立符合商业网点规划；

2. 明确中外方（特别是外方）投资者背景情况（包括实际控制人、国内外投资情况等），涉及境内企业/自然人境外投资后转投境内新设立企业的，应提交境外投资的批准文件/外汇登记材料；

3. 明确出资方式和期限，外国投资者应以外汇出资，以人民币利润出资的，应由相应的利润以及相关完税证明；

4. 涉及技术转让、许可协议的，应作为合同附件一并上报审批；

5. 涉及商标、品牌、商号及同业竞争等问题的，合同章程中应约定相关内容；

6. 涉及环保、土地的，应取得相关部门批准；明确员工使用及对就业的贡献情况（人数、教育学历、农民工等成分构成）。

（二）并购境内商业企业

1. 明确公司并购前设立手续是否完备（包括环保、土地手续是否齐全），明确注册资本及出资情况、国内所投资企业情况及经营状况、市场份额、排名情况；

2. 明确公司并购后的投资总额、注册资本，及投资总额和注册资本的差额部分如何解决，经营范围应符合产业政策，需要前置审批或征求相关单位意见的，应提交相关批准文件或取得相关书面意见，且合同、章程中的上述相关内容应与其一致；

3. 明确中外并购各方的主体，特别是外国投资者背景情况（包括实际控制人、国内外投资情况及经营状况、市场份额、排名情况等），与被并购企业是否存在同一实际控制人以及关联关系；

4. 明确股权转让、认购增资或资产并购的作价依据及对价支付方式及时间，涉及国有资产转让，需评估并履行国资备案手续、进场交易，如协议转让未进场交易，原则上应省级以上国资管理部门批准；增资并购的，应明确增资用途。

5. 涉及职工安置的，是否经职工代表大会通过或当地劳动部门备案，如解雇职工，则安置方案应经当地劳动部门批准；

6. 涉及技术转让、许可协议的，应作为合同附件一并上报审批；

7. 涉及商标、品牌、商号及同业竞争等问题的，合同章程中应约定相关内容；

8. 涉及外国投资者并购上市公司股权或增持上市公司股份的，应按照战略投资的有关规定报商务部审批；

9. 了解公司社会责任履行情况，如员工使用及对就业的贡献情况（人数、教育学历、农民工等成分构成），节能减排开展情况。

（三）已设立企业增加分销经营范围

1. 明确公司投资总额、注册资本以及原出资情况、环保、土地手续是否齐全；

2. 明确经营范围变更是否涉及新增投资或资产并购等情况，需要前置审批或征求相关单位意见的，应提交相关批准文件或取得相关书面意见，且合同、章程中的上述相关内容应与其一致；

3. 涉及鼓励类变更为允许类的，应核实享受减免税优惠政策是否到期，是否存在补缴税款问题；

4. 涉及进出口配额许可证专项管理商品的，应先办理相关申请立项手续；

5. 了解公司社会责任履行情况，如员工使用及对就业的贡献情况（人数、教育学历、农民工等成分构成），节能减排开展情况。

（四）再投资设立商业企业

1. 注册资本已缴清；

2. 开始盈利；

3. 依法经营，无违法经营记录；

4. 外商投资企业境内投资比照执行《外商投资产业指导目录》；

5. 被投资公司经营范围属于限制类的，省级商务主管部门审批之前，应征求有关行业管理部门的意见；

6. 被投资公司属于外商投资企业的，按照《外商投资企业投资者股权变更的规定》办理。

7. 了解公司社会责任履行情况，如员工使用及对就业的贡献情况（人数、教育学历、农民工等成分构成），节能减排开展情况。

（五）涉及配额许可证专项管理商品分销

除一般商品分销外，企业经营范围中应注明“以上商品进出口不涉及国营贸易、进出口配额许可证、出口配额招标、出口许可证等专项管理的商品”。

从事矿产品进出口业务的外商投资商业企业在其经营范围中需加注“不含铁矿石、铝土矿”。

涉及进出口配额许可证专项管理商品的外商投资商业企业设立，须先由省级商务主管部门向商务部申请进出口配额许可证。

四、外商投资商业企业备案要求

（一）备案范围

新设外商投资商业企业及现有外商投资商业企业变更涉及信息表中由省级商务主管部门填写内容的部分，均需填写（更新）信息表。

（二）具体备案要求

外商投资商业企业备案是指省级商务主管部门按《外商投资企业审批管理系统》（以下称系统）中《商业企业信息表》（以下称信息表）的要求填写和更新相关内容。

备案工作应与省级商务主管部门批复同步进行。

现有外商投资商业企业未在系统中填写信息表的，依据现有审批权限，由企业的所在地省级商务主管部门通知企业提供相关资料完成补录工作。

外商投资商业企业关闭门店可单独向省级商务主管部门备案或在变更申请时一并备案，省级商务主管部门应及时填写和更新信息表。

外商投资商业企业经营国家有特殊规定的商品的，应在备案后按照国家有关规定办理手续，在获得相应资质后方可开展经营。

我部将在系统中定期检查和不定期抽查各地执行情况，对未按规定及时、完整备案的，将视情况在商务系统内给予通报批评、并责令限期整改，限期未改，收回审批权限。

（三）备案表及说明

商业企业信息备案表

<table>
<tr><td>企业名称</td><td colspan="3"></td></tr>
<tr><td>注册地址</td><td colspan="3"></td></tr>
<tr><td>投资总额</td><td></td><td>注册资本</td><td></td></tr>
<tr><td>股权结构</td><td colspan="3">中方：（出资额）（占比）
外方：（出资额）（占比）</td></tr>
</table>

续表

<table>
<tr><td colspan="2">经营范围</td><td colspan="7"></td></tr>
<tr><td colspan="2">经营期限</td><td colspan="3"></td><td colspan="2">法人代表</td><td colspan="2"></td></tr>
<tr><td colspan="9">（以上内容由系统根据存根内容自动生成，以下内容由商务主管部门填写）</td></tr>
<tr><td colspan="2">外方实际出资人</td><td colspan="7"></td></tr>
<tr><td colspan="2">重点商品（多选）</td><td colspan="7"></td></tr>
<tr><td colspan="2">分销方式（多选）</td><td colspan="7"></td></tr>
<tr><td colspan="2">店铺数量及投资额</td><td colspan="3"></td><td colspan="2">加油站数量及投资额</td><td colspan="2"></td></tr>
<tr><td colspan="9">店铺/加油站明细表</td></tr>
<tr><td>序号</td><td colspan="2">门店名称</td><td colspan="3">地址</td><td colspan="3">面积（平方米）</td></tr>
<tr><td>1</td><td colspan="2"></td><td colspan="3"></td><td colspan="3"></td></tr>
<tr><td>2</td><td colspan="2"></td><td colspan="3"></td><td colspan="3"></td></tr>
<tr><td>…</td><td colspan="2"></td><td colspan="3"></td><td colspan="3"></td></tr>
<tr><td>填报人</td><td></td><td colspan="2">填报时间</td><td colspan="2"></td><td colspan="2">填报原因（多选）</td><td></td></tr>
</table>

说明：

1. 以上内容将根据情况不断完善和修改。

2. 注明多选填报的内容，由系统以下拉框的形式提供选项，其中：

重点商品包括：钢材、贵金属、铁矿石、燃料油、天然橡胶、图书、报纸、杂志、汽车、药品、农药、农膜、化肥、原油、成品油、粮食、植物油、食糖、棉花

分销方式包括：批发、零售等

经营业态包括：食杂店、便利店、折扣店、超市、大型超市、仓储会员店、百货店、专业店、专卖店、家居建材店、购物中心、厂家直销中心、电视购物、邮购、网上商店、自动售货亭、电话购物等17种业态。涉及汽车品牌销售的，应在店铺/加油站明细表中说明授权企业名称、授权销售的汽车品牌、授权使用的店铺名称。

填报原因包括：新设、变更经营范围、新设店铺、新设加油站、变更股权结构、外方实际出资人及关闭店铺等。

3. 外方实际出资人：要求企业披露其投资方的实际控制人。

五、其它

（一）关于保税区外商投资企业申报分销业务

保税区外商投资企业可依法申请分销权。经批准取得分销权后，该企业可自行办理报关及外汇核销等手续，并以对外贸易经营者身份将货物分销至境内区外。

经商务主管部门批准，保税区外商投资企业可以在区外设立经营性分支机构。

保税区外商投资企业向原审批机关提出注册地点变更（区外）申请，需对原经营范围进行相应的调整，删去按规定只允许在保税区内开展的相关业务。经原审批机关征求区外拟变更注册地商务主管部门的意见并获得同意后，企业可依法将注册地迁出保税区。

（二）关于特许经营备案

1. 关于备案部门及权限

省级商务主管部门备案权限：

在省、自治区、直辖市范围内从事特许经营活动的，向所在地省级商务主管部门备案。

商务部备案权限：跨省、自治区、直辖市范围内从事特许经营活动的，向商务部备案。

2. 备案程序、时限

特许人应当自首次订立特许经营合同之日起15日内向有权的商务主管部门备案。

商务主管部门自收到特许人提交的符合《商

业特许经营管理条例》规定的文件、资料之日内予以备案。特许人提交的文件、资料不完备的，商务主管部门可以要求其在7日内补充提交。

3. 申请条件

特许人拥有注册商标、企业标志、专利、专有技术等经营资源。拥有成熟的经营模式，具备违背特许人持续提供经营指导、技术支持和业务培训等服务的能力。应当拥有至少2个直营店，并且经营时间超过1年。外商投资企业作为特许人，其经营范围中应有特许经营的内容。

第二部分　外商投资道路运输等部分行业审批指引

一、外商投资道路运输（旅客运输）

（一）申报程序及审批时限

申请人应先向公司注册地交通主管部门申请，在收到国务院交通主管部门颁发的外商投资道路运输业立项批件或者变更批件后30日内，由公司注册地商务主管部门对申请材料初核后，向省级商务主管部门申请颁发或者变更外商投资企业批准证书；省级商务主管部负责审批。

省级商务主管部门应在收到全部申请文件之日起30个工作日内做出是否批准的决定，予以批准的，颁发《外商投资企业批准证书》，不予以批准的，书面说明理由。

（二）申请条件：

外商投资道路旅客运输业应当符合国务院交通主管部门制定的道路运输业发展政策和企业资质条件，并符合拟设立外商投资道路运输企业所在地的交通主管部门制定的道路运输业发展规划的要求；投资各方应当以自有资产投资并具有良好的信誉。

外商投资从事道路旅客运输业务，还应符合以下条件：

主要投资者中至少一方必须是在中国境内从事5年以上道路旅客运输业务的企业；

外资股份比例不得多于49%；

企业注册资本的50%用于客运基础设施的建设与改造；

投放的车辆应当是中级及以上的客车。

（三）申请材料

1. 国务院交通主管部门颁发的外商投资道路运输业立项批件或者变更批件；

2. 申请书；

3. 可行性研究报告；

4. 合同、章程（外商独资道路运输企业只需提供章程）；

5. 董事会成员及主要管理人员名单及简历；

6. 工商行政管理部门出具的企业名称预核准通知书；

7. 投资者所在国或地区的法律证明文件及资信证明文件；

8. 审批机关要求的其他材料。

二、城市规划服务

（一）申报程序及审批时限

申请人向拟设立企业所在地省、自治区、直辖市人民政府商务主管部门，提出设立外商投资城市规划服务企业申请；省级商务主管部门在接到经初审的申请材料之日起10日内，将申请材料送建设行政主管部门征求意见。建设行政主管部门收到申请材料之日起30日内提出意见，由省级商务主管部门审批。

省级商务主管部门在收到建设行政主管部门书面意见之日起30日内做出批准或者不批准的决定。予以批准的，发给外商投资企业批准证书；不予批准的，书面说明理由。

（二）申请条件：

外方是在其所在国或者地区从事城市规划服务的企业或者专业技术人员；

具有城市规划、建筑、道路交通、园林绿化及相关工程等方面的专业技术人员20人以上，其中外籍专业技术人员占全部专业技术人员比例不低于25%，城市规划、建筑、道路交通、园林绿化专业的外籍专业技术人员分别不少于1人；

有符合国家规定的技术装备和固定的工作场所；

具备其他中国有关外商投资企业法律法规规定的条件。

（三）申报材料

1. 投资方法定代表人签署的外商投资企业设立申请书；

2. 二、投资方编制或者认可的可行性研究报告、项目建议书及企业设立方案（包括专业人员配备、技术装备计划和工作场所面积等）；

3. 投资方法定代表人签署的外商投资企业

合同和章程(其中外资企业只需提供章程);

4. 企业名称预先核准通知书;

5. 投资方法人登记注册证明、投资方银行资信证明;

6. 投资方拟派出的董事长、董事会成员、经理、工程技术负责人等任职文件及证明文件;

7. 经注册会计师或者会计师事务所审计的投资方最近三年的资产负债表和损益表;

8. 外方投资者所在国家或者地区从事城市规划服务的企业注册登记证明、银行资信证明;

9. 外方投资者所在国家或者地区政府主管部门或者行业协会、学会、公证机构出具的从事城市规划服务经历及业绩的证明。

三、进出口商品检验鉴定机构

(一)申报程序及审批时限

申请人向所在地直属检验检疫局提出申请,质检部门在90个工作日内完成审核,并做出许可或不许可的决定。申请人凭质检部门的许可文件,向商务部门提出设立申请,由省级商务主管部门审批。

省级商务主管部门自受理申请之日起90日内做出批准或不批准的决定。予以批准的,颁发外商投资企业批准证书,不予以批准的,书面说明理由。

(二)申请条件

申请设立外商投资进出口商品检验鉴定机构应当符合下列条件:

外商投资进出口商品检验鉴定机构的外方投资者应当是在本国独立注册从事检验鉴定业务3年以上的合法机构;

中外合资、中外合作进出口商品检验鉴定机构的中方投资者或投资一方应当是以第三方身份,在国内专门从事检验鉴定业务3年以上的独立机构;

注册资本不少于35万美元;

具有与从事检验鉴定业务相适应的检测条件和技术资源;具有固定的住所办公地点、检测场所和跨国经营能力;

具有符合相关通用要求的质量管理体系;

从事检验鉴定的专业技术人员应当按照国家质检总局相关规定取得从业资格,且取得从业资格的人数不少于机构总人数的2/3;

法律、行政法规规定的其他条件。

(三)申报材料

1. 国家质检总局对设立外商投资进出口商品检验鉴定机构的许可文件;

2. 设立进出口商品检验鉴定机构申请文件;

3. 地方商务主管部门或者大型企业的国务院主管部门同意申请设立外商投资进出口商品检验鉴定机构的意见;

4. 董事会成员名单及任命书;

5. 申请设立外商投资进出口商品检验鉴定机构的项目建议书;

6. 投资各方的资信证明、注册登记证明(复印件)、法定代表人身份证明(复印件);

7. 投资各方签署的可行性研究报告、合同和章程;

8. 法律法规规定的其他文件。

四、国际船舶运输、代理

(一)申报程序及审批时限

申请人向交通管理部门提出申请,经交通管理部门许可后,申请人应根据国家外商投资法律、行政法规的规定,凭交通管理部门的许可文件向商务主管部门提交相关申请,由省级商务主管部门审批。

省级商务主管部门自受理申请之日起90日内做出批准或不批准的决定。予以批准的,颁发外商投资企业批准证书,不予以批准的,书面说明理由。

(二)申请条件

高级业务管理人员中至少2人具有3年以上从事国际海上运输经营活动的经历。高级业务管理人员是指具有中级或中级以上职称、在国际海运企业或者国际海运辅助企业任部门经理以上职务的中国公民;

有固定的营业场所和必要的营业设施,包括具有同港口和海关等部门进行电子数据交换的能力;

以中外合资或中外合作企业形式设立,外商出资比例不得超过49%;

法律、行政法规规定的其他条件。

(三)申报材料

1. 申请书;

2. 交通部的许可文件;

3. 可行性研究报告;

4. 合营合同和合营公司章程(独资企业只报

送章程)；

5. 投资者注册登记证明文件及资信证明文件；

6. 拟设立企业董事长和总经理的身份证明；

7. 法律、行政法规要求的其他文件。

五、光盘复制生产

(一)申报程序及审批时限

申请人向新闻出版管理部门提出申请，经新闻出版管理部门许可后，申请人应根据国家外商投资法律、行政法规的规定，凭新闻出版管理部门的许可文件向商务主管部门提交相关申请，由省级商务主管部门审批。

省级商务主管部门自受理申请之日起90日内做出批准或不批准的决定。予以批准的，颁发外商投资企业批准证书，不予以批准的，书面说明理由。

(二)申请条件

允许设立外商投资可记录类光盘生产企业；

允许设立中外合资、中外合作只读类光盘复制单位，但中方必须控股或占主导地位；禁止设立外商独资只读类光盘复制单位；

设立只读类光盘复制单位的，已由新闻出版总署审批；

设立可录类光盘生产单位，已由所在地省、自治区、直辖市新闻出版行政部门审批，报新闻出版总署备案。

(三)申报材料

1.《光盘复制经营许可证》

2. 设立合营企业的申请书；

3. 合营各方共同编制的可行性研究报告，并附送主管部门审查同意的文件；

4. 由合营各方授权代表签署的合营企业协议、合同和章程；

5. 合营各方的营业执照或者注册登记证明、资信证明及法定代表人的有效证明文件，外国合作者是自然人的，应当提供有关其身份、履历和资信情况的有效证明文件。(外国投资者的主体资格证明或身份证明应当经所在国家公证机关公证并经我国驻该国使(领)馆认证。香港、澳门和台湾地区投资者的主体资格证明或身份证明应当依法提供当地公证机构的公证文件。)

6. 由合营各方委派的合营企业董事长、副董事长、董事人选名单；

7. 外国投资者(授权人)与境内法律文件送达接受人(被授权人)签署《法律文件送达授权委托书》的，应明确授权境内被授权人代为接受法律文件送达，并载明被授权人地址、联系方式。被授权人可以是外国投资者设立的分支机构、拟设立的公司(被授权人为拟设立的公司的，公司设立后委托生效)或者其他境内有关单位或个人。

8. 审批机构规定的其他文件。

六、认证机构及认证培训、认证咨询

(一)申报程序及审批时限

申请人向拟设立公司所在地检验检疫部门提出申请，经检验检疫部门(国家认监委)许可后，申请人应根据国家外商投资法律、行政法规的规定，凭检验检疫部门(国家认监委)的许可文件向商务主管部门提交相关申请，由省级商务主管部门审批。

省级商务主管部门自受理申请之日起90日内做出批准或不批准的决定。予以批准的，颁发外商投资企业批准证书，不予以批准的，书面说明理由。

(二)申请条件

有固定的经营场所；

有与其从事业务相适应的注册资本(金)、办公条件、人力资源和技术资源；

符合有关认证机构、认证培训机构、认证咨询机构要求的质量管理体系文件；

法律规定及国家认监委等依法规定的其他条件。

(三)申请材料

1. 国家认监委的许可文件；

2. 公司申请书；

3. 董事会成员名单及任命书；

4. 投资各方的资信证明、注册登记证明(复印件)、法定代表人身份证明(复印件)；

5. 投资各方签署的可行性研究报告、合同和章程；

6. 法律法规规定的其他文件。

第三部分 外商投资股份有限公司审批指引

一、审批部门及权限

(一)省级商务管理部门

注册资本折合1亿美元以下鼓励类、允许类及注册资本折合5000万美元以下限制类的（公司转制按照评估后的净资产计算）企业设立（含增资）、变更由省级商务部门审核。

（二）商务部

注册资本折合1亿美元以上鼓励类、允许类及注册资本折合5000万美元以上限制类的（公司转制按照评估后的净资产计算）企业设立（含增资）、变更由省级商务部门上报商务部审核。

二、申请材料

（一）发起设立

1. 下级商务部门的转报文；

2. 发起人签署的申请书（委托中介机构办理应有委托书）；

3. 投资方签署的发起人协议、章程；

4. 投资者主体资格证明（包括法定代表人证明）或身份证明，其中外国投资者的主体资格证明（包括法定代表人证明）或身份证明文件应经所在国家公证机关公证并经我国驻该国使（领）馆认证；资信证明文件；

5. 企业名称预先核准通知书；

6. 注册地址使用证明；

7. 如属于实业投资类，应提交发改部门项目核准批复、土地管理部门、环保部门意见；

8. 涉及委托授权签字的应提供委托授权书；

9. 申请人按要求提交的文件清单及联系人（电话、传真、手机号码及电子邮箱地址）。

（二）募集设立

1. 下级商务部门的转报文；

2. 投资方签署的申请书（委托中介机构办理的应有委托书）；

3. 投资方签署的发起人协议、章程、招股说明书；

4. 投资者主体资格证明（包括法定代表人证明）或身份证明，其中外国投资者的主体资格证明（包括法定代表人证明）或身份证明文件应经所在国家公证机关公证并经我国驻该国使（领）馆认证；资信证明文件；

5. 中国发起人应提供其近3年经合法审计的财务会计报告，外国发起人应提供经其居所地注册会计师审计的财务报告；

6. 企业名称预先核准通知书；

7. 注册地址使用证明；

8. 如属于实业投资类，应提交发改部门项目核准批复、土地管理部门、环保部门意见；

9. 涉及委托授权签字的应提供委托授权书；

10. 申请人按要求提交的文件清单及联系人（电话、传真、手机号码及电子邮箱地址）。

（三）已设立外商投资企业申请转变为股份公司

1. 下级商务部门的转报文；

2. 设立公司的申请书（委托中介机构办理的应有委托书）；

3. 原外商投资企业董事会关于企业改组的决议；

4. 原外商投资企业投资者关于终止原合同、章程的决议；

5. 发起人（包括但不限于原外商投资企业投资者）协议；

6. 股份公司章程；

7. 原外商投资企业资产评估报告；

8. 公司验资报告、最近连续3年的财务报告；

9. 原外商投资企业的合同、章程；

10. 原外商投资企业的营业执照、批准证书；

11. 发起人的资信证明；

12. 设立股份公司可行性研究报告。

13. 申请人按要求提交的文件清单及联系人（电话、传真、手机号码及电子邮箱地址）。

（四）内资股份有限公司通过发行B股的方式申请变更为外商投资股份有限公司

1. 下级商务部门的转报文；

2. 申请转变为外商投资股份有限公司的申请书；

3. 股东大会对转变为外商投资股份有限公司的决议、董事会决议；

4. 原股份有限公司资产评估报告；

5. 股份有限公司重订章程；

6. 证券管理部门批准公开发行人民币特种股票（B股）的文件；

7. 公司验资报告、营业执照；

8. 申请人按要求提交的文件清单及联系人（电话、传真、手机号码及电子邮箱地址）。

（五）内资股份有限公司通过发行境外上市外资股等方式申请变更为外商投资股份有限公司

1. 下级商务部门的转报文；

2. 申请转变为外商投资股份有限公司的申请书；

3. 股东大会对转变为外商投资股份有限公司的决议、董事会决议；

4. 原股份有限公司资产评估报告；

5. 股份有限公司重订章程；

6. 证券管理部门批准境外上市的文件；

7. 境外证券机构批准原股份有限公司股票上市的文件；

8. 境外上市的原股份有限公司股票交易情况；

9. 公司验资报告、营业执照；

10. 申请人按要求提交的文件清单及联系人(电话、传真、手机号码及电子邮箱地址)。

(六)外商投资股份有限公司上市发行股票

1. 下级商务部门的转报文；

2. 公司申请书；

3. 证券管理部门批准其上市发行股票的文件；

4. 董事会、股东大会关于本次发行的决议；

5. 验资报告；

6. 批准证书、营业执照复印件；

7. 上市募集资金用途的情况说明，涉及增加产能和实业投资的，提供项目核准、土地、环保批准文件；

8. 股份有限公司重订章程；

9. 外商投资股份有限公司为申请上市发行股票向证券管理部门提交的申请文件；

10. 申请人按要求提交的文件清单及联系人(电话、传真、手机号码及电子邮箱地址)。

(七)并购设立外商投资股份有限公司参见《外国投资者并购境内企业许可办事指南》及相关法律法规、规定提交材料

1. 下级商务部门的转报文；

2. 被并购境内公司变更设立外商投资股份制企业的申请书；

3. 被并购境内有限责任公司股东一致同意外国投资者股权并购的决议，或被并购境内股份有限公司同意外国投资者股权并购的股东大会决议；

4. 外国投资者购买境内公司股东股权或认购境内公司增资的协议；

5. 并购后所设外商投资企业的章程；

6. 被并购境内公司上一财务年度的财务审计报告；

7. 经公证和依法认证的投资者的身份证明文件或注册登记证明及资信证明文件；

8. 被并购境内公司所投资企业的情况说明；

9. 被并购境内公司及其所投资企业的营业执照(副本)；

10. 被并购境内公司职工安置计划；

11. 外国投资者、被并购境内企业、债权人及其他当事人对被并购境内企业的债权债务处置协议；

12. 外国投资者并购境内企业，涉及国有资产的国资管理部门批准文件；

13. 并购各方是否存在关联关系说明；

14. 申请人按要求提交的文件清单及联系人(电话、传真、手机号码及电子邮箱地址)。

(八)外商投资股份有限公司增发股份等变更事项参照《限额以上及涉及专项规定行业外商投资企业设立及变更许可办事指南》及相关法律法规、规定提交材料

1. 下级商务部门的转报文；

2. 公司申请书；

3. 董事会、股东大会关于本次增发的决议；

4. 验资报告、审计报告；

5. 批准证书、营业执照复印件；

6. 增发资金用途的情况说明，涉及增加产能和实业投资的，提供项目核准、土地、环保批准文件；

7. 股份有限公司重订章程；

8. 各股东签订的增发协议书；

9. 申请人按要求提交的文件清单及联系人(电话、传真、手机号码及电子邮箱地址)。

申报材料中涉及合同章程、董事会或股东大会决议形式审查、文件签署效力、关联关系或同一实际控制人说明等，可提交合伙人律师署名的法律意见书。

三、外商投资企业改制为股份公司应注意的问题

外商投资股份有限公司是依《关于设立外商投资股份有限公司若干问题的暂行规定》设立的，全部资本由等额股份构成，股东以其所认购的股份对公司承担责任，公司以全部财产对公司

债务承担责任，中外股东共同持有公司股份的企业法人。

根据《关于设立外商投资股份有限公司若干问题的暂行规定》和《关于上市公司涉及外商投资有关问题的若干意见》的规定，改制为外商投资股份有限公司应特别注意以下事项：

（一）以发起方式设立外商投资股份有限公司，注册资本最低限额为人民币 3 千万元，在股份公司设立批准证书签发之日起 90 日内，发起人应一次缴足其认购的股份。

（二）已设立的中外合资经营企业，中外合作经营企业、外资企业等外商投资企业，如果有最近连续 3 年的盈利记录，可申请变更为外商投资股份有限公司。但其减免税等优惠期限，不再重新计算。

（三）已设立的国有企业、集体所有制企业，如果营业时间超过 5 年、有最近连续 3 年的盈利记录，外国股东以可自由兑换的外币购买并持有该企业的股份占该企业注册资本的 25% 以上，企业的经营范围符合外商投资企业产业政策，也可申请转变为外商投资股份有限公司。

（四）已设立的股份有限公司，可通过增资扩股、转股、发行境内上市外资股或境外上市外资股等方式，变更为外商投资股份有限公司。

（五）一般情况下，外商投资股份有限公司的中方发起人不得为自然人。但如中方自然人原属于境内内资公司的股东，因外国投资者并购境内公司的原因导致中方自然人成为中外合资经营企业的中方投资者的，该中方投资者的股东身份可以保留。

（六）外商投资股份有限公司中的外国股东可以是“外国的公司、企业和其他经济组织或个人”，包括国外有限合伙制企业以及其他非公司性质的组织。

第四部分　工商登记有关问题解答
——国家工商总局外资局王磊处长提供

一、公司登记机关审查职责与内容

（一）内外资公司登记注册的比较

	外资公司	内资公司
投资主体	外方公司、企业、自然人（+）中国公司、企业、其他经济组织（不含自然人）	中国公司、企业、其他经济组织、自然人
设立程序	章程审批→登记	直接登记
登记机关	总局和授权的地方工商局（348）	县级以上各级工商局（2200）
组织机构	中外合资、中外合作的公司董事会是权力机构；外商独资的公司股东/会是权力机构	有限责任公司的股东/会和股份有限公司的股东大会是权力机构
投资方向	产业政策限制（限制类、禁止类）	无产业政策限制
注册资本	认缴制（设立时零首付）	实缴 + 认缴制（设立时交付 20% 以上）

（二）公司登记机关的审查职责

预先核准公司名称－设立公司应当申请名称预先核准，公司名称应当符合国家有关规定，经公司登记机关核准登记的名称受法律保护（条例第11、17条）。

审查公司设立登记－设立公司，应当依法向公司登记机关申请设立登记，…由公司登记机关发给营业执照，公司营业执照签发日期为公司成立日期（公司法第6、7条）。

审查公司变更登记－公司登记事项发生变更的，应当依法办理变更登记，由公司登记机关换发营业执照（公司法第7条）

审查公司注销登记－公司清算结束后，…并报送公司登记机关，申请注销公司登记，公告公司终止（公司法第189条）

审查公司章程－设立公司必须依法制定公司章程。公司章程有违反法律、行政法规的内容的，公司登记机关有权要求公司作相应修改（公司法第11条，条例第23条）。

法律责任－对不符合条件的登记申请予以登记或者对符合条件的不予等的，依法给予行政处分（公司法第209条）。

（三）预先核准公司名称环节

名称组成是否符合规范（行政区划＋字号＋行业特点＋组织形式）。

名称中是否含有禁用语言（损害国家利益、党政机关名称、同行业他人注册的字号等）。

是否使用已经被注销、吊销营业执照一定期限的名称。

在名称中间使用"（中国）"的是否属于外商独资企业或外方控股企业的外方字号。

使用不含行政区划的名称是否符合规定条件。

名称中不使用行业表述的，是否符合规定条件。

（四）审查公司设立登记环节

1. 是否有预先核准的公司名称。

2. 是否已经外资审批并在收到批准证书之日起90日内到登记机关申请。

3. 经营范围中有法律、行政法规和国务院决定规定必须在登记前报经批准的项目，是否已经相应审批机关批准。

4. 投资者的主体资格证明和身份证明是否符合规定。

5. 法定代表人、董事、监事和经理的产生应符合法律、行政法规和公司章程的规定。

6. 公司住所证明是否符合规定。

7. 公司经营范围是否符合规定。

8. 公司注册资本是否符合规定。

（五）审查公司变更登记环节

1. 变更名称的，是否符合名称管理的相关规定。

2. 变更公司住所的，其住所证明是否符合相关规定；跨审批机关管辖区域的，是否已经审批的批准。

3. 变更法定代表人的，新法定代表人的产生是否符合法律、行政法规和公司章程的规定。

4. 拟变更经营范围中有法律、行政法规和国务院决定规定必须在登记前批准的项目，是否经相应审批机关批准。

5. 变更注册资本；公司类型；经营范围；营业期限；股东或发起人认缴的出资额、出资方式；外商投资的公司合并、分立；跨审批机关管辖的地址变更；有限责任公司股权转让或股份有限公司股份转让的，其章程修改是否经过原审批机关批准并在收到批准证书之日起30日内到申请登记。

6. 新进入公司的投资者的主体资格证明和身份证明是否符合规定。

（六）审查公司注销登记环节

1. 是否由公司清算组负责人签署，

清算报告是否依法经公司董事会或者人民法院备案、确认。

2. 因营业期限届满而解散注销的，是否有公司依法作出的决议或决定。

3. 因法院裁定解散、破产的，是否有裁判文书。

4. 因违法被行政机关责令关闭、吊销营业执照、吊销设立许可或撤销公司设立登记的，是否有相应的法律文件。

5. 因经营期限未届满而提前解散的，是否有原审批机关批准其提前解散的文件。

6. 是否有公司清算组在报纸上公告通知债权人的证明。

有分公司的，是否有分公司已经注销的证明

（七）审查公司章程

1. 公司章程的概念及意义

公司章程作为公司内部的“宪法”，不仅是公司组织和活动的基本规则，而且是规范公司与股东之间、股东与股东之间法律关系的主要文件，同时亦是社会公众了解公司和国家监管公司的重要依据。公司法规定，设立公司必须制定公司章程，公司章程对公司、股东、董事、监事、高级管理人员有约束力。

2. 公司登记机关审查公司章程的法律依据

公司章程有违反、行政法规的内容的，公司登记机关有权要求公司作相应修改；申请人拒绝修改的，应驳回公司登记申请。（条例第23条）

3. 公司登记机关审查公司章程的情形

一是公司设立登记时，必须提交公司章程（公司法第11条）。公司章程是公司设立不可缺少的文件。二是公司变更登记事项涉及修改公司章程的，必须提交修改后的公司章程或者修正案（条例第9条）。三是修改公司章程不涉及公司登记事项的，必须送交修改后的公司章程或者公司章程修正案备案（条例第37条）。

4. 公司登记机关审查公司章程的原则

根据公司章程记载事项所具有的不同法律效力，确定审查的强度：绝对必要记载事项是公司登记机关必须严格审查的重点内容；相对必要记载事项是一般审查的内容；任意记载事项是附带审查的内容。

5. 绝对必要记载事项的审查

绝对必记载事项是指《公司法》规定公司章程中必须一一载明的事项；缺少其中任何一项或者任何一项记载不合法，整个公司章程可能归于无效。根据《公司法》第25条和第82条规定，有限责任公司章程的绝对必要记载事项7项，分别是：

1）名称和住所；

2）经营范围；

3）注册资本；

4）股东的名称或姓名；

5）股东的出资方式、出资额和出资时间；

6）公司的机构及其产生办法；

7）公司法定代表人。

股份有限公司章程的绝对必要记载事项11项，分别是：

1）名称和住所；

2）经营范围；

3）股份总额和注册资本；

4）设立方式；

5）发起人的名称或姓名、出资方式、出资额和出资时间；

6）董事会的组成、职权和规则；

7）公司法定代表人；

8）监事会的组成、职权和规则；

9）利润分配；

10）解散事由与清算办法；

11）通知或公告办法。

公司登记机关审查公司不仅要严格审查公司章程是否具备必要记载事项，同时还需审查必要记载事项的内容是否违背《公司法》、《公司登记管理条例》等法律、行政法规的强制性规定。

6. 相对必要记载事项的审查

相对必要记载事项是指《公司法》已经列举但并未强制规定必须在公司章程中予以明确记载、而是由股东协商一致后同意载入公司章程的有关公司组织和行为的事项。例如，公司向其他企业投资或者为他人提供担保事项（第16条）、股东会行使的其他职权事项（第38条）、自然人股东死亡后股东资格继承事项（第76条）。

由于相对必要记载事项不合法并不导致整个公司章程无效；因此，主要审查相对记载事项是否违背《公司法》、《公司登记管理条例》及是否明显违反其他法律、行政法规规定。

7. 任意记载事项的审查

任意记载事项是指《公司法》并未列举，由股东在不违反法律、行政法规规定和公序良俗原则下共同制定的与公司活动有关的事项。例如，对公司董事长、总经理等高级管理人员的薪酬，股东大会或者董事会会议的地址。

任意记载事项不属于法律明确列举的内容，其本意是贯彻公司自治原则；同时，任意记载事项并不影响整个公司章程的法律效力，不影响公司登记行为的合法性，因此公司登记机关主要附带审查任意记载事项是否明显违反《公司法》、《公司登记管理条例》等法律、行政法规。

（八）公司登记机关审查标准和责任

实质审查与形式审查：《行政许可法》确定，公司登记机关对于公司设立登记申请，以实施形式审查和当场登记为原则。但绝对记载事项所记载的内容是否符合《公司法》、《公司登记管理条例》规定不仅是形式审查的问题。

合法性审查与合理性审查：对公司章程的合法性进行审查，主要是两个方面：一是公司章程的形式要符合法定要求，一般指公司章程是否有公司股东或者发起人的签名、盖章；公司章程中的绝对必要记载事项是否完整、齐全；公司章程是否经过外资审批等。二是公司章程所记载的内容要符合法定要求。合理性审查指公司登记机关一般履行合理注意义务即可，不宜过多干预。

公司登记机关法律责任：在公司登记申请中，申请人有义务提交合法的公司章程，否则可依据《公司法》规定以提交虚假材料或者以其他欺诈手段隐瞒重要事实取得公司登记进行处罚。但同时必须清醒地认识，申请人依法应当履行的义务并不免除公司登记机关审查公司章程合法性的义务。因此，公司登记机关应当依法履行审查义务以保证相关公司登记行为的合法性；对于明显未履行审查义务导致公司登记行为违法的，应当依法追究执法过错责任。

二、外资审批与登记衔接问题

根据外资三法的规定，外商投资的公司的章程须经外资审批机关批准后方可发生法律效力。公司登记机关在对已经审批的章程条款，特别是对章程中的绝对必要记载事项进行审查过程中发现有违反法律、行政法规内容，不符合公司设立条件的，有权要求公司修改章程，否则不予受理。公司根据公司登记机关要求所做的修改不涉及审批机关批准证书载明事项的，可以不必申请重新审批，涉及审批机关批准证书载明事项的，还应当申请重新审批。

涉及较多的有：设立方式；组织结构；出资时间；投资总额与注册资本的比例；经营范围（产业政策\用语规范）等。

（一）设立形式

——外国公司、企业和其他经济组织或者自然人（以下简称外国投资者）可以同中国的企业、其他经济组织以中外合资、中外合作的形式依法设立公司，也可以外商合资、外商独资的形式依法设立公司。

——以外商独资的形式依法设立一人有限公司的，其注册资本最低限额应当符合《公司法》关于一人有限公司的规定；外国自然人设立一人有限公司的，还应当符合《公司法》关于一人有限公司对外投资限制的规定（不得再设立一人有限公司）。2006年1月1日以前已经依法设立的外商独资的公司维持不变，但其变更注册资本和对外投资时应当符合上述规定。

（二）不同类型公司的组织机构

——中外合资、中外合作的有限责任公司：董事会是公司的权力机构，其组织机构（法定代表人、董事、经理、监事的产生办法）由公司根据《中外合资经营企业法》、《中外合作经营企业法》、《公司法》通过公司章程规定。

——外商合资、外商独资的有限责任公司：股东会或者股东是公司的权力机构，其他机构由章程规定。

——外商投资的股份有限公司：股东大会是公司权力机构，其他机构由公司根据《公司法》通过公司章程规定。

（三）注册资本的出资期限

设立时：外商投资的有限责任公司（含一人有限公司）的股东一次性缴付全部出资的，应当在公司成立之日起六个月内缴足；分期缴付的，首次出资额不得低于其认缴出资额的百分之十五，也不得低于法定的注册资本最低限额，并应当在公司成立之日起三个月内缴足，其余部分的出资时间应符合《公司法》的规定。其他法律、行政法规要求股东应当在公司成立时缴付全部出资的，从其规定。外商投资的股份有限公司的出资应当符合《公司法》的规定（发起设立与募集设立要求不同）

增资时：外商投资的公司增加注册资本，有限责任公司（含一人有限公司）和以发起方式设立的股份有限公司的股东应当在公司申请注册资本变更登记时缴付不低于百分之二十的新增注册资本，其余部分的出资时间应符合《公司法》的规定。其他法律、行政法规另有规定的，从其规定。

股份有限公司为增加注册资本发行新股时，股东认购新股，依照设立股份有限公司缴纳股款的有关规定执行。

（四）注册资本的出资方式及其比例

股东的出资方式应当符合《公司法》第二十七条、《公司登记管理条例》第十四条和《公司注册资本登记管理规定》的规定。在国家工商行政管理总局会同有关部门就货币、实物、知识产权、土地使用权以外的其他财产出资作出规定以前，股东以货币、实物、知识产权、土地使用权以外的其他财产出资的，应当经境内依法设立的评估机构评估作价，核实财产，不得高估或者低估作价。实缴出资时还必须经境内依法设立的验资机构验资并出具验资证明。

中外合资的有限责任公司的股东以《中外合资经营企业法》规定的实物(含设备)、工业产权等非货币财产出资的，其价格可以由合营各方评议商定。(§5)

全体股东的货币出资金额不得低于公司注册资本的百分之三十(§27)。

(五)注册资本与投资总额的比例

投资总额在300万美元以下(含300万美元)的，其注册 资本至少应占投资总额的7/10。

投资总额在300万美元以上至1000万美元(含1000万美元)的，其注册资本至少应占投资总额的二分之一，其中投资总额在420万美元以下的，注册资本不得低于210万美元。

投资总额在1000万美元以上至3000万美元(含3000万美元)的，其注册资本至少应占投资总额的五分之二，其中投资总额在1250万美元以下的，注册资本不得低于500万美元。

投资总额在3000万美元以上的，其注册资本至少应占投资总额的三分之一，其中投资总额在3600万美元以下的，注册资本不得低于1200万美元。

特定行业的比例按有关规定执行(如房地产\化学等)

(六)服务类外商投资企业分公司下设分支机构的审批登记

简化外商投资服务业企业多级分支机构登记程序，企业申请在分公司下设营业性分支机构的，除有特殊规定外，无须提交商务主管部门的批准文件，由企业或经其授权的分公司直接向分支机构所在地有外商投资企业核准登记权的工商行政管理机关申请登记，并向分公司登记机关备案。《国家工商总局关于促进服务业发展的若干意见》(工商企字〔2008〕150号)

第五部分 下放或委托审批的有关说明

一、关于下放或委托审批的说明

为改进外商投资审批工作，2008年商务部将23类服务业行政许可事项(附表1)按权限明确下放或委托地方(含上市的股份公司)。

(一)改进审批内容，转变管理方式的问题

审批指引中列出了一些审核要点，增加了体现科学发展观的审批内容，将环保、土地作为准入条件，也将企业劳动用工、自主创新、节能减排及其他社会责任情况作为需了解掌握的内容，符合今后转变外资管理方式，符合科学发展观的要求。同时，也要求发挥中介机构的作用，就合同章程、同一控制人等审查出具法律意见书，包括研究推进格式化合同章程审批等。

(二)与相关部门的协调问题

近年来，为推动尽快下放审批权限，部分行业下放审批是在与相关部门协调难以达成一致的情况下先下放的。例如，建筑、汽车销售等。这种自主下放的方式虽然给地方管理部门造成一定的压力，但从总体上讲对行政审批改革是一种促进。请各地加强与相关行业部门的沟通协作。需要说明的是，并非所有列为限制类的行业准入都需有行业部门前置审批，例如融资租赁、房地产经纪、市场调查。如果涉及其他相关行业部门职能，请各级商务主管部门注意加强沟通并依法行政。

(三)文件一致性的问题

今年商资函21号中商务部批准设立的企业的非实质性变更委托省级商务主管部门审批，批复和批准证书复印件报商务部备案，与2005年59号公告中在省级商务主管部门直接备案发证似有矛盾。如涉及投资性公司、专项规定行业、特定产业、宏观调控行业范围。请按商资函21号执行。

(四)对专项规定的解释

服务业是根据我国加入世界贸易组织承诺对外商投资逐步开放的行业。在开放过程中，我部会同行业主管部门先后出台了40多个服务领域利用外资的规定。近年来，我部通过下放或委托方式将23类服务业行政许可事项交由地方办理，提高了审批效率。目前，仍有部分事项由商务部负责，这些即专项规定的行业(附表2)。鉴于部分行业管理日趋成熟，为加快改进外商投资管理工作的进程，我司将继续下放剩余的大部分服务业审批事项(见附表2中加星号事项)，请各地加强研究，提前做好准备。

（五）对前置审批、征求意见等程序的解释

目前，下放审批的行业大多数存在行业主管部门的前置审批或事后发放资质证书。需要前置审批的，省级商务主管部门和国家级经济技术开发区应严格按照国家有关法律法规规定和相关政策要求进行审批，将行业主管部门的前置审批文件作为企业申报材料。个别行业，如汽车品牌销售、城市规划服务等，根据相关规定在审批中需征求国家行业主管部门意见，应书面征得该部门同意。指引手册中对地方审批下放行业参照相关规定提出了征求意见的具体时限，各地可根据行政许可法和地方实际情况予以参照掌握，提高工作效率。有后续资质证书管理的，与地方行业主管部门进行沟通达成一致后，可以研究简化征求意见环节。

二、关于下放或委托审批事项的说明

（一）具体范围

1. 一般事项。

1）原商务部批准设立的限额以上企业，单次增资不到限额和非实质性变更事项。（11号公告第二条，21号通知第一条）

主要是单次增资不到限额、不涉及批准证书变更的事项和企业地址变更、投资者名称变更、公司名称变更、董事人数变更、经营期限变更（不包括因公司原投资者对外转让股权发生的名称变更）事项。对于合并增资不到限额以及减资和分立事项，也由省级商务部门办理，并及时向商务部备案。

2）原由商务部批准设立的限额以下企业，所有后续变更事项。（21号通知第二条）

主要是指股份公司（单此增资超过限额的、涉及专项规定、特定产业政策的除外）。投资性公司设立和变更事项目前仍均由商务部审批，非实质性变更商务部实行简易审核程序。涉及宏观调控政策的应按54号通知报商务部备案。

3）原由商务部批准设立的限上企业，其审批权限原则上仍归部里，目前采取个案下放（委托）处理方式。

2. 股份公司。

1）限额以下股份公司新设（包括转制）和后续所有变更事项。（50号通知第二条）

限额以注册资本计算。鼓励和允许类1亿美元，限制类5000万美元。转制时按股本总额对应的净资产计算（以公司评估报告为准）。

除单次增资超过限额的和战略投资以外，均由省级商务主管部门办理。（包括上市增资、转股、增营等）

2）原由商务部批准的限额以下的股份公司（含上市公司）变更事项。（11号公告第一条、50号通知第二条）

除单次增资超过限额的和战略投资以外，均由省级商务主管部门和国家级开发区办理。（包括上市增资、转股、增营等）

3）原由商务部批准的限额以上的股份公司（含上市公司）变更事项。（11号公告第一条、50号通知第一条）

主要是不超过限额的单次增资和非实质性变更事项。其他事项仍由商务部审批。

4）股份公司上市前的最后一次变更事项。（11号公告第一条、50号通知第二条）

原由商务部批准的限上股份公司转股和超过限额增资的、原由商务部批准的限下股份公司和原由省级商务部门批准的股份公司超过限额增资的，需由商务部审批。除此之外的，由省级商务部门审批报商务部备案。

3. 制造业特定产业和宏观调控行业范围

1）特定产业：指由国务院或国家发改委发布产业政策或发展规划的产业。目前主要有汽车、钢铁、水泥、电解铝、造纸、造船、煤化工、油脂加工等行业。这些特定产业政策均明确了审批权限（从投资额度、生产经营规模上均明确了核准部门）和外商投资准入政策（持股比例、生产规模等）。

2）宏观调控行业：主要指钢铁、水泥、电解铝、造船和房地产行业。

（二）地方审批部门

除省级商务主管部门外，还包括国家级经济技术开发区和国家及边境合作区。各省级商务主管部门根据行政许可法，结合本省市外资审批管理的实际现状，可将所承接的下放和委托审核事项适时适量下放或委托至地市级商务主管部门和省级技术开发区办理。各省可相应制定本区内的下放或委托管理办法及指导监督机制，报商务部备案。

（三）其他几点说明

1. 转制设立股份公司时盈利年限要求。新的《公司法》对此没有明确规定。95 年 1 号令规定要连续三年盈利,此规定继续执行。

2. 已设立的股份公司原股东转让股权年限要求。新的《公司法》规定一年,95 年 1 号令为 3 年。现按 1 年执行。

三、关于外商投资商业企业的审批说明

根据 2007 年《国务院关于第四批取消和调整行政审批项目的决定》(国发〔2007〕33 号,以下简称 33 号文),目前商务部已将除部分特殊商品和特殊销售方式外的外商投资商业企业由委托改为下放审批。

(一)考虑到外商投资商业企业通过电视、电话、邮购、互联网、自动售货机等无店铺方式销售涉及电信、广播电视及邮政管理权限问题,也可能引发传销等问题,较为敏感,国家尚未制订明确法律对其进行规制,外商投资无店铺销售领域暂时继续由我部负责审批监管,待制订完善有关规定后,逐步下放。

(二)涉及配额、许可证的粮食、成品油等商品,按照《指导外商投资方向规定》(国务院令第 346 号),由省级商务主管部门先向商务部申请进出口配额许可证(见指引手册)。对于要求备案的粮棉油等特殊商品,要在批准证书中具体列明商品名称,不应泛泛表述为农产品等。

(三)涉及成品油零售的外商投资加油站项目,要征求同级内贸管理部门意见,按照《成品油管理办法》提交成品油供应协议等文件,需要注意的是设立加油站超过 30 家的,按照《外商投资产业指导目录》应由中方控股。批准增加加油站数量,但不涉及换发批准证书的,也要按照指引手册要求进行备案,以便统计掌握加油站数量等情况。

(四)涉及汽车品牌销售下放地方审批,国家工商总局已通知地方工商局,由省级商务主管部门征求同级工商局意见,目前我部市场体系建设司正研究起草《汽车品牌销售管理实施办法补充规定》,对下放后的审批程序将做出规定。

(五)外商投资生产企业申请商业经营范围不必再限定于与公司生产的同类商品,可以从事非同类商品的贸易。

四、关于制造业宏观调控行业的审批说明

(一)具体范围

炼铁、炼钢、轧钢新建项目或新增生产能力;电解铝新增生产能力、氧化铝新建扩建项目;水泥新建和扩建项目;造船新建或扩建项目。

(二)审批权限

必须经相应发改部门核准,且用地、环评手续齐全。按照相应投资总额确定外资审批部门(限上为商务部,限下为省级商务主管部门)。不是上述行业所有项目均由商务部审批。省级商务部门审批后及时按照 54 号通知向商务部备案。

(三)备案审核

按照 54 号通知要求。省级商务部门于每月 5 日前,向商务部备案。填写《备案表》并加盖省级商务本公章。暂不要求加盖省级人民政府办公厅公章。没有备案的,一律不予统计。

五、关于并购的审批说明

(一)并购适用对象

外国投资者购买境内非外商投资企业股东股权或认购公司增资,或外国投资者购买境内非外商投资企业资产并以该资产设立外商投资企业运营;或外国投资者设立外商投资企业协议购买境内非外商投资企业资产运营。

上述外商投资企业应界定为:外国投资者及外商投资性公司在我国境内依法设立并取得外商投资企业批准证书和营业执照的企业,不论外资比例是否达到 25%。

已设立的外商投资企业中方向外方转让股权,不参照并购规定。不论中外方之间是否存在关联关系,也不论外方是原有股东还是新进投资者。并购的标的公司只包括内资企业。但股份公司中方转让股权的,必须以持有该部分股权 1 年以上。

(二)关联关系并购

境内公司、企业或自然人以其在境外合法设立或控制的公司名义并购与其有关联关系的境内公司,应报商务部审批。目前受理范围仅限于境外公司为上市公司,或经批准在境外设立且已实际运行并以利润返程投资的。

(三)涉及重点行业、存在影响国家经济安全、或导致驰名商标、中华老字号实际控制权转移(第十二条)

1. 涉及上述情况的,由当事企业(主要是指境内被并购企业)通过省级商务主管部门向商务部申报。

2. 向商务部申报不等于全部由商务部审批。

经商务部有关部门审查后通过的，按照审核权限向应由商务部或省及商务主管们审批。

（四）适用标准

对于外资占被并购企业多少比例才算并购，对此国际国内都没有明确的说法，《并购规定》对此也没有给予界定。建议可参照OECD、国际货币基金组织等将10%以上列为外国直接投资的统计惯例和我国上市公司战略投资规定，外国投资者或外商投资企业占被并购境内公司10%及以上的，严格按并购规定审核程序；低于10%的，审核程序上可适当简化。

（五）审核权限

除第十一条、第十二条和特殊目的公司并购明确由商务部受理（申报）之外，按照并购交易额或投资总额确定审核权限，即并购交易价格或并购后公司投资总额有一项达到限额（鼓励类和允许类1亿美元及上、限制类5000万美元及以上）的，需报商务部审批。

（六）宏观调控行业外资并购

不是所有的宏观调控行业外资并购均需由商务部审批，建议仍参照上述权限、范围、标准确定审批部门。属省级商务部门审批的，必须按照54号通知及时向商务部备案。

六、其他几个问题

（一）外商投资企业境内再投资问题

新的公司法取消了企业对外投资额度不得超过到该公司净资产50%的限制，外商投资企业再投资的相关规定没有修改，目前正在协商。

（二）现行外资法规有关规定与《公司法》不一致的处理原则

《公司法》有明确规定的，适用于《公司法》；《公司法》没有明确规定的，仍按照现行外资法规及规范性文件审核办理。如，公司法对有限责任公司最低注册资本的要求（3万元人民币），股份公司设立人数最低两人要求、最低注册资本500万元人民币、分立合并减资45天一次性公告（从公司董事会决议之日起即可刊登公告，不用等商务部门的原则性批复）等。

（三）限额以下上市公司股权变更（增资、转股等）与证监部门审核衔接问题

战略投资、回购股份减资有明确规定，先由商务部门出具原则性意见，经证监部门批准后，商务部门正式批复。其他事项，商务部门可先征求证监部门意见，如无异议，再进行批准。

附表1：

服务业地方审批行业汇总

序号	行业	程序	审批依据
1	城市规划	征求行业部门意见	外商投资城市规划服务企业管理规定
2	建筑业	征求行业部门意见	外商投资建筑业企业管理规定
3	建设工程设计	征求行业部门意见	外商投资建设工程设计企业管理规定
4	道路运输（旅客运输）	行业前置审批	外商投资道路运输业管理规定
5	国际船舶运输、代理	行业前置审批	外商投资国际海运业管理规定
6	国际货物运输代理		外商投资国际货物运输代理企业管理办法
7	无船承运		关于委托省级商务主管部门审核管理外商投资无船承运企业的通知
8	商业	征求行业部门意见	外商投资商业领域管理办法 汽车品牌销售管理办法

续表

序号	行业	程序	审批依据
9	认证	行业前置审批	认证机构及认证培训、咨询机构审批登记与监督管理办法
10	进出口商品检验	行业前置审批	进出口商品检验鉴定机构管理办法
11	光盘复制生产	行业前置审批	关于进一步加强光盘复制管理的通知
12	广告	行业前置审批	外商投资广告企业管理规定
13	会展		设立外商投资会议展览公司暂行规定
14	职业介绍机构	行业前置审批	中外合资中外合作职业介绍机构设立管理暂行规定
15	人才中介机构	行业前置审批	中外合资人才中介机构管理暂行规定
16	资产评估机构	行业前置审批	外商投资资产评估机构若干暂行规定
17	印刷	行业前置审批	设立外商投资印刷企业暂行规定
18	增值电信(限于省内)	行业前置审批	外商投资电信企业管理规定
19	非油气矿产勘查(不含限制类)	征求行业部门意见	外商投资矿产勘查企业管理办法
20	租赁(不含融资租赁)		外商投资租赁业管理办法
21	电影院	行业前置审批	外商投资电影院暂行规定
22	基础设施(限额以下)	行业前置审批	城市市政公用事业利用外资暂行规定
23	农作物种子企业	行业前置审批	关于设立外商投资农作物种子企业审批和登记管理的规定

附表 2:

服务业涉及专项规定商务部现行审批行业汇总

序号	行业	程序	审批依据
1 *	融资租赁		外商投资租赁业管理办法
2	电信	行业前置审批	外商投资电信企业管理规定
3 *	非油气矿产勘查(限制类)、开采	征求行业部门意见 行业前置审批	外商投资矿产勘查企业管理办法 关于进一步鼓励外商投资勘查开采非油气矿产资源的若干意见
4 *	电影制作	征求行业部门意见	电影企业经营资格准入暂行规定
5 *	基础设施(限额以上)	行业前置审批	城市市政公用事业利用外资暂行规定
6 *	国际快递		外商投资国际货物运输代理企业管理办法

续表

序号	行业	程序	审批依据
7 *	独资船务公司	征求行业部门意见	外商独资船务公司审批管理暂行办法
8	航空	行业前置审批	外商投资民用航空业规定
9 *	铁路货物运输	行业前置审批	外商投资铁路货物运输审批与管理暂行办法
10 *	会计师事务所	行业前置审批	注册会计师法、中外合作会计师事务所管理暂行办法
11 *	旅行社	行业前置审批	旅行社管理条例、设立外商控股、外商独资旅行社暂行规定
12 *	直销	征求行业部门意见	直销管理条例
13 *	营业性演出经纪	行业前置审批	营业性演出管理条例
14	医疗	行业前置审批	关于中外合资、合作医疗机构管理暂行办法
15	油气(煤层气)开采	行业前置审批	对外合作开采海洋石油资源条例 对外合作开采陆上石油资源条例 关于进一步扩大煤层气开采对外合作有关事项的通知
17	资产处置	行业前置审批	金融资产管理公司吸收外资参与资产重组与处置暂行规定
18 *	拍卖	征求行业部门意见	拍卖管理办法
19 *	图书、报纸、期刊、音像制品分销	行业前置审批	外商投资图书、报纸、期刊分销企业管理办法、中外合作音像制品分销企业管理办法
20	创业投资企业	征求行业部门意见	外商投资创业投资企业管理规定

附件：

商务部近期下放审批事项的有关文件

一、下放外商投资企业备案和批准证书发放管理权限、进一步简化审批程序等有关问题公告(略)

二、关于委托审批部分外商投资企业变更事项(略)

三、商务部关于进一步简化和规范外商投资行政许可的通知(略)

四、商务部关于下放外商投资股份公司、企业变更、审批事项的通知(略)

五、商务部关于下放外商投资商业企业审批事项的通知(略)

六、商务部关于省级商务主管部门和国家级经济技术开发区负责审核管理部分服务业外商投资企业审批事项的通知(略)

9. 关于进一步改进外商投资审批工作的通知

(2009 年 3 月 5 日商务部商资函〔2009〕7 号发布,自发布之日起施行)

各省、自治区、直辖市、计划单列市,哈尔滨、长春、沈阳、济南、南京、杭州、广州、武汉、成都、西安、新疆建设兵团商务主管部门,国家级经济技术开发区,国家级边境经济合作区:

为深入贯彻落实科学发展观,按照党的十七届二中全会和国务院关于推进行政审批体制改革建设服务型政府的重要精神要求,立足扩大内需保持我国经济平稳较快增长,商务部决定继续深化外资审批管理体制改革,进一步扩大地方商务主管部门和国家级经济技术开发区外资审批管理权限。现就有关事项通知如下:

一、取消对外商投资企业进口设备提前解除监管的审批许可,对外商投资企业设立境内分公司(专项规定明确需审批的除外)改为备案管理,由企业向注册地地方商务主管部门直接办理备案手续。

二、原在商务部审核权限内的鼓励类且不需要国家综合平衡的外商投资企业(含股份公司)设立、增资、合同/章程及其变更事项,均由省、自治区、直辖市、计划单列市、新疆生产建设兵团、副省级城市(包括哈尔滨、长春、沈阳、济南、南京、杭州、广州、武汉、成都、西安)商务主管部门(以下称省级商务主管部门)和国家级经济技术开发区审核。外商投资企业设立境外分支机构的,由企业注册地省级商务主管部门或省人民政府授权的地市级商务主管部门审核,并应征得我驻外使(领)馆经商处(室)的书面同意。

三、参照《汽车产业发展政策》相关规定,现有外商投资汽车、农用运输车和车用发动机生产企业因扩大同类别产品生产能力和增加品种(包括异地新建同类别产品的非独立法人生产单位)增资的、现有外商投资摩托车生产企业扩大摩托车及其发动机生产能力增资的、现有外商投资汽车、农用运输车和摩托车零部件生产企业扩大零部件生产能力而增资的、外商投资新设摩托车生产企业或新设汽车、农用运输车和摩托车零部件生产企业的,由地方商务主管部门审核。地方商务主管部门批准前,地方人民政府相应部门应完成项目核准或备案手续。

四、经商务部批准设立的外商投资企业,除由国家发展改革委核准的限额以上增资事项和控股权由中方向外方发生转移的股权转让事项外,其他变更事项均由地方商务主管部门审核。

五、外国投资者和外商投资企业并购境内企业的,鼓励类、允许类并购交易额 1 亿美元及以下、限制类交易额 5000 万美元及以下的,由地方商务主管部门会同工商、税务、外汇等相关部门根据相关法律法规规定和《关于外国投资者并购境内企业的规定》审核。如境内企业为上市公司的,应征得证监会同意;境内企业为国有企业或涉及国有资产的,应按相关规定办理并征得国有资产管理部门同意;涉及反垄断审查的,按照相关法律法规规定办理。

六、外商投资有专项规定的行业、特定产业政策、宏观调控行业继续按现行规定办理(商务部专项下文授权或委托省级商务主管部门审核的除外)。外国投资者对上市公司进行战略投资仍按有关规定报商务部审批。

七、以上由商务部调整至地方商务主管部门负责审核的外商投资事项,地方商务主管部门应严格按照国家法律法规的要求进行审核,批准同时即在"外商投资企业审批管理系统"中填写《外商投资企业审批备案表》和《限额以上鼓励类外商投资企业审批备案表》(见附件),与批准文件、批准证书(复印件)一并上报商务部(外资司)备案。

八、商务部此前下放至省级商务主管部门的审批管理事项,

自本通知下发之日起,副省级城市商务主管部门和国家级经济技术开发区亦享有同等审批管理权限。

九、国家级边境经济合作区应按照原外经贸部《关于外商投资企业和台港澳侨投资企业批准证书发放工作管理办法》相关要求,尽快建立完

善“外商投资企业审批管理系统”和“全国外商投资企业网上联合年检系统”，经省级商务主管部门业务指导、培训、验收合格后，报商务部（外资司）备案，为审批权限下放至国家级边境经济合作区创造条件。

十、工作要求

（一）做好组织规划，提升利用外资质量。地方商务部门要高度重视此次外资审批管理权限调整的重要意义，以科学发展观统领本行政区域利用外资和外资审批管理工作全局，做好利用外资中长期发展规划，着力提升利用外资质量。

（二）依法审批管理，提高外资管理水平。地方商务部门要加大对审批管理人员业务培训力度，完善审批流程，规范审批行为，切实依法履行好外资审批管理职责。在外资审批管理工作中深入贯彻落实科学发展观，严格执行国家法律法规、产业政策和外资准入政策，将自主创新、节能环保、资源综合集约利用、保障和促进就业等纳入外资审批管理重点范畴，在批准文件中体现相关要求，提高外资审批效率和管理水平。

（三）加强备案监管，充实服务内容。地方商务部门对于本行政区域批准的重大外商投资项目，应通过“外商投资企业审批管理系统”填报信息备案表，定期向商务部（外资司）备案；地方商务部门要努力创新对外商投资企业的服务方式，拓宽服务内容，提高服务效率；地方商务部门对于在执行过程中遇到的各类问题，应及时向商务部（外资司）反馈。

特此通知。

附件：1. 外商投资企业审批备案表（略）

2. 限额以上鼓励类外商投资企业备案审核表（略）

商务部

二〇〇九年三月五日

10. 关于进一步做好利用外资工作的若干意见

（2010年4月6日国务院国发〔2010〕9号发布，自发布之日起施行）

各省、自治区、直辖市人民政府，国务院各部委、各直属机构：

利用外资是我国对外开放基本国策的重要内容。改革开放以来，我国积极吸引外商投资，促进了产业升级和技术进步，外商投资企业已成为国民经济的重要组成部分。目前，我国利用外资的优势依然明显。为提高利用外资质量和水平，更好地发挥利用外资在推动科技创新、产业升级、区域协调发展等方面的积极作用，现提出如下意见：

一、优化利用外资结构

（一）根据我国经济发展需要，结合国家产业调整和振兴规划要求，修订《外商投资产业指导目录》，扩大开放领域，鼓励外资投向高端制造业、高新技术产业、现代服务业、新能源和节能环保产业。严格限制“两高一资”和低水平、过剩产能扩张类项目。

（二）国家产业调整和振兴规划中的政策措施同等适用于符合条件的外商投资企业。

（三）对用地集约的国家鼓励类外商投资项目优先供应土地，在确定土地出让底价时可按不低于所在地土地等别相对应《全国工业用地出让最低价标准》的70%执行。

（四）鼓励外商投资高新技术企业发展，改进并完善高新技术企业认定工作。

（五）鼓励中外企业加强研发合作，支持符合条件的外商投资企业与内资企业、研究机构合作申请国家科技开发项目、创新能力建设项目等，申请设立国家级技术中心认定。

（六）鼓励跨国公司在华设立地区总部、研发中心、采购中心、财务管理中心、结算中心以及成本和利润核算中心等功能性机构。在2010年12月31日以前，对符合规定条件的外资研发中心确需进口的科技开发用品免征进口关税和进口环节增值税、消费税。

（七）落实和完善支持政策，鼓励外商投资服务外包产业，引入先进技术和管理经验，提高我国服务外包国际竞争力。

二、引导外资向中西部地区转移和增加投资

（八）根据《外商投资产业指导目录》修订情况，补充修订《中西部地区外商投资优势产业目录》,增加劳动密集型项目条目,鼓励外商在中西部地区发展符合环保要求的劳动密集型产业。

(九)对符合条件的西部地区内外资企业继续实行企业所得税优惠政策,保持西部地区吸收外商投资好的发展势头。

(十)对东部地区外商投资企业向中西部地区转移,要加大政策开放和技术资金配套支持力度,同时完善行政服务,在办理工商、税务、外汇、社会保险等手续时提供便利。鼓励和引导外资银行到中西部地区设立机构和开办业务。

(十一)鼓励东部地区与中西部地区以市场为导向,通过委托管理、投资合作等多种方式,按照优势互补、产业联动、利益共享的原则共建开发区。

三、促进利用外资方式多样化

(十二)鼓励外资以参股、并购等方式参与国内企业改组改造和兼并重组。支持A股上市公司引入境内外战略投资者。规范外资参与境内证券投资和企业并购。依法实施反垄断审查,并加快建立外资并购安全审查制度。

(十三)利用好境外资本市场,继续支持符合条件的企业根据国家发展战略及自身发展需要到境外上市,充分利用两个市场、两种资源,不断提高竞争力。

(十四)加快推进利用外资设立中小企业担保公司试点工作。鼓励外商投资设立创业投资企业,积极利用私募股权投资基金,完善退出机制。

(十五)支持符合条件的外商投资企业境内公开发行股票、发行企业债和中期票据,拓宽融资渠道,引导金融机构继续加大对外商投资企业的信贷支持。稳步扩大在境内发行人民币债券的境外主体范围。

四、深化外商投资管理体制改革

(十六)《外商投资产业指导目录》中总投资(包括增资)3亿美元以下的鼓励类、允许类项目,除《政府核准的投资项目目录》规定需由国务院有关部门核准之外,由地方政府有关部门核准。除法律法规明确规定由国务院有关部门审批外,在加强监管的前提下,国务院有关部门可将本部门负责的审批事项下放地方政府审批,服务业领域外商投资企业的设立(金融、电信服务除外)由地方政府按照有关规定进行审批。

(十七)调整审批内容,简化审批程序,最大限度缩小审批、核准范围,增强审批透明度。全面清理涉及外商投资的审批事项,缩短审批时间。改进审批方式,在试点并总结经验的基础上,逐步在全国推行外商投资企业合同、章程格式化审批,大力推行在线行政许可,规范行政行为。

五、营造良好的投资环境

(十八)规范和促进开发区发展,发挥开发区在体制创新、科技引领、产业集聚、土地集约方面的载体和平台作用。支持符合条件的省级开发区升级,支持具备条件的国家级、省级开发区扩区和调整区位,制定加快边境经济合作区建设的支持政策措施。

(十九)进一步完善外商投资企业外汇管理,简化外商投资企业外汇资本金结汇手续。对依法经营、资金紧张暂时无法按时出资的外商投资企业,允许延长出资期限。

(二十)加强投资促进,针对重点国家和地区、重点行业加大引资推介力度,广泛宣传我国利用外资政策。积极参与多双边投资合作,把"引进来"和"走出去"相结合,推动跨国投资政策环境不断改善。

国务院各有关部门、地方各级人民政府要统一认识,坚持积极有效利用外资的方针,坚持以我为主、择优选资,促进"引资"与"引智"相结合,不断提高利用外资质量。要总结改革开放经验,结合新形势、新要求,进一步加大改革创新力度,提高便利化程度,创造更加开放、更加优化的投资环境,全面提高利用外资工作水平。

国务院

二〇一〇年四月六日

11. 关于加强外商投资企业审批、登记、外汇及税收管理有关问题的通知

（2002年12月30日对外贸易经济合作部、国家税务总局、国家工商行政管理总局、国家外汇管理局外经贸法发〔2002〕575号发布，自2003年1月1日起施行）

为了适应吸收外商投资工作面临的新形势，规范对外商投资企业的管理，保证外商投资企业的健康发展，维护中外投资者的合法权益，根据中外合资经营企业法、中外合作经营企业法、外资企业法、公司法、合同法、外汇管理条例及其他有关法律、法规的规定，现就加强外商投资企业审批、登记、外汇及税收管理有关问题通知如下：

一、设立外商投资企业及其合同、章程（包括合同、章程的修改）应按照国家有关法律、法规的规定，依照现行的外商投资企业审批程序进行审批。

二、根据现行外商投资有关法律、法规的规定，中外合资、中外合作外商投资企业的注册资本中外国投资者的出资比例一般不低于25%。外国投资者的出资比例低于25%的，除法律、行政法规另有规定外，均应按照现行设立外商投资企业的审批登记程序进行审批和登记。通过审批的，颁发加注“外资比例低于25%”字样的外商投资企业批准证书；取得登记的，颁发在“企业类型”后加注“外资比例低于25%”字样的外商投资企业营业执照。

三、外国投资者出资比例低于25%的外商投资企业，除法律、行政法规另有规定外，其投资总额项下进口自用设备、物品不享受税收减免待遇，其它税收不享受外商投资企业待遇。

已享受外商投资企业待遇的外商投资股份有限公司，增资扩股或向外国投资者转让股权后，仍可按有关规定享受外商投资企业待遇。

四、外国投资者出资比例低于25%的外商投资企业，投资者以现金出资的，应自企业领取营业执照之日起三个月内缴清全部出资；投资者以实物、工业产权等出资的，应自企业领取营业执照之日起六个月内缴清出资。

五、外国投资者收购境内各种性质、类型企业的股权，该境内企业应当按照国家有关法律、法规的规定，依现行的外商投资企业审批程序，经审批机关批准后变更设立为外商投资企业，并应符合外商投资产业政策。批准后，由审批机关颁发外商投资企业批准证书，工商行政管理机关颁发外商投资企业营业执照。

原境内公司中国自然人股东在原公司享有股东地位一年以上的，经批准，可继续作为变更后所设外商投资企业的中方投资者。

暂不允许境内中国自然人以新设或收购方式与外国的公司、企业、其他经济组织或个人成立外商投资企业。

六、外国投资者收购境内企业股权应自外商投资企业营业执照颁发之日起3个月内支付全部购买金。对特殊情况需延长支付者，经审批机关批准后，应自营业执照颁发之日起6个月内支付购买总金额的60%以上，在1年内付清全部购买金，并按实际已缴付出资额所占比例分配收益。控股投资者在付清全部购买金之前，不得取得企业决策权，不得将其在企业中的权益、资产以合并报表的方式纳入该投资者的财务报表。股权出让方所在地的外汇管理部门出具外资外汇登记证明是证明外国投资者购买金到位的有效文件。

外国投资者收购境内企业股权，股权转让双方应在签定的股权转让协议中规定外国投资者支付股权购买金的期限。协议中未规定有关期限的，审批机关不予批准。

七、外商投资企业凭外商投资企业批准证书和外商投资企业营业执照向注册地外汇管理部门申请办理外汇登记手续。

审批机关在批准外国投资者收购境内企业股权时，应将有关股权转让的批复同时抄送境内企业所在地及股权出让方所在地外汇管理部门，由股权出让方所在地外汇管理部门监督收汇。

八、各地审批机关、工商登记机关及外汇管理部门应严格执行本通知的规定。自本通知施行之日起，凡未按照本通知规定履行审批手续的，不予审批、不予办理工商登记和外汇登记。

本通知施行前已设立的外资比例低于25%的企业,应当在本通知施行之日起半年内补办审批登记手续。未按规定补办的,工商登记机关责令其限期办理。逾期仍不办理的,由工商登记机关依照《公司登记管理条例》第六十三条规定予以处罚。对处罚后仍不办理相关手续的企业,不予通过本年度年检。

各地工商登记管理部门应根据本通知规定,做好相关企业的统计、登记管辖调整及企业档案移交工作。补办审批后的企业变更登记,一律由企业所在地具有外商投资企业登记权的登记机关管辖。

九、此前发布的规定与本通知规定不一致的,以本通知规定为准。

十、台湾、香港和澳门地区的投资者在大陆投资举办外商投资企业的,准用本通知。

十一、本通知自2003年1月1日起施行。

对外贸易经济合作部
国家税务总局
国家工商行政管理总局
国家外汇管理局
二〇〇二年十二月三十日

12. 商务部办公厅关于依法做好外商投资企业解散和清算工作的指导意见

(2008年5月5日商务部商法字〔2008〕31号发布,自发布之日起施行)

各省、自治区、直辖市、计划单列市、新疆生产建设兵团商务主管部门:

《外商投资企业清算办法》(以下简称《办法》)自1996年实施以来,对于保障外商投资企业清算工作的顺利进行起到了积极作用。随着我国法律制度的逐步完善,对内外资企业的管理趋于一致,国务院于2008年1月15日废止了该《办法》。现将《办法》废止后有关做好外商投资企业解散和清算工作的意见通知如下:

一、今后外商投资企业的解散和清算工作应按照公司法和外商投资法律、行政法规的相关规定办理。外商投资法律和行政法规有特别规定而公司法未做详细规定的,适用特别规定。

二、外商投资企业根据《中外合资经营企业法实施条例》第九十条第一款第(二)、(四)、(五)、(六)项,《中外合作经营企业法实施细则》第四十八条第一款第(二)、(四)、(五)项,或《外资企业法实施细则》第七十二条第一款第(二)、(三)、(六)项的规定终止的,须向审批机关报送提前解散申请书、企业权力机构(董事会、股东会或股东大会,下同)关于提前解散企业的决议以及企业的批准证书和营业执照。

中外合资、合作企业投资者按照《中外合资经营企业法实施条例》第九十条第一款第(三)项或《中外合作经营企业法实施细则》第四十八条第一款第(三)项的规定单方提出解散申请的,应当向审批机关报送提前解散申请书,并提供有管辖权的人民法院或仲裁机构作出的生效判决或裁决,判决或裁决中应明确判定或裁定存在上述两项中所规定的情形。

审批机关收到解散申请书和相关材料后,于10个工作日内作出批准企业解散的批件,并在全国外商投资企业审批管理系统中增加批准企业解散的信息。企业应在批准解散之日起15日内成立清算组,依法开始清算。

三、外商投资企业部分股东按照《中华人民共和国公司法》第一百八十三条规定请求解散公司的,应直接向有管辖权的人民法院提出。

四、清算组应在清算期内缴清企业各项税款。清算结束后,清算组应制作清算报告,经企业权力机构确认后,报送审批机关,同时向审批机关缴销批准证书。审批机关收到清算报告和批准证书后,在全国外商投资企业审批管理系统中完成企业终止相关信息的录入和操作,并由系统自动生成回执,企业凭回执向税务、海关、外汇等部门办理注销手续,并向公司登记机关申请注销登记。

五、《办法》废止前,特别清算已经开始的,特别清算程序可继续进行,清算委员会依法作出的清算报告具有法律效力。

商务部办公厅
二〇〇八年五月五日

13. 外国投资者境内直接投资外汇管理规定

（2013年5月11日国家外汇管理局汇发〔2013〕21号发布，自2013年5月13日起施行）

第一章 总 则

第一条 为促进和便利外国投资者境内直接投资，规范外国投资者境内直接投资外汇管理，根据《中华人民共和国外汇管理条例》等相关法律法规，制定本规定。

第二条 本规定所称外国投资者境内直接投资（以下简称境内直接投资），是指外国投资者（包括境外机构和个人）通过新设、并购等方式在境内设立外商投资企业或项目（以下简称外商投资企业），并取得所有权、控制权、经营管理权等权益的行为。

第三条 境内直接投资实行登记管理。境内直接投资活动所涉机构与个人应在国家外汇管理局及其分支机构（以下简称外汇局）办理登记。银行应依据外汇局登记信息办理境内直接投资相关业务。

第四条 外汇局对境内直接投资登记、账户开立与变动、资金收付及结售汇等实施监督管理。

第二章 登记、账户及结售汇管理

第五条 外国投资者为筹建外商投资企业需汇入前期费用等相关资金的，应在外汇局办理登记。

第六条 外商投资企业依法设立后，应在外汇局办理登记。外国投资者以货币资金、股权、实物资产、无形资产等（含境内合法所得）向外商投资企业出资，或者收购境内企业中方股权支付对价，外商投资企业应就外国投资者出资及权益情况在外汇局办理登记。

外商投资企业后续发生增资、减资、股权转让等资本变动事项的，应在外汇局办理登记变更。外商投资企业注销或转为非外商投资企业的，应在外汇局办理登记注销。

第七条 境内外机构及个人需办理境内直接投资所涉的股权转让、境内再投资等其他相关业务的，应在外汇局办理登记。

第八条 境内直接投资所涉主体办理登记后，可根据实际需要到银行开立前期费用账户、资本金账户及资产变现账户等境内直接投资账户。

境内直接投资账户内资金使用完毕后，银行可为开户主体办理关户。

第九条 外商投资企业资本金结汇及使用应符合外汇管理相关规定。外商投资企业外汇资本金及其结汇所得人民币资金，应在企业经营范围内使用，并符合真实自用原则。

前期费用账户等其他境内直接投资账户资金结汇参照资本金结汇有关规定办理。

第十条 因减资、清算、先行回收投资、利润分配等需向境外汇出资金的，外商投资企业在办理相应登记后，可在银行办理购汇及对外支付。

因受让外国投资者所持外商投资企业股权需向境外汇出资金的，境内股权受让方在外商投资企业办理相应登记后，可在银行办理购汇及对外支付。

第十一条 外汇局根据国家相关规定对外商投资企业实行年检。

第三章 监督管理

第十二条 银行为境内直接投资所涉主体办理账户开立、资金入账、结售汇、境内划转以及对外支付等业务前，应确认其已按本规定在外汇局办理相应登记。

银行应按外汇管理规定对境内直接投资所涉主体提交的材料进行真实性、一致性审核，并通过外汇局指定业务系统办理相关业务。

银行应按外汇管理规定为境内直接投资所涉主体开立相应账户，并将账户开立与变动、资金收付及结售汇等信息按规定及时、完整、准确地向外汇局报送。

第十三条 境内直接投资应按照有关规定办理国际收支统计申报。

第十四条 外汇局通过登记、银行报送、年检及抽样调查等方式对境内直接投资所涉跨境收支、结售汇以及外国投资者权益变动等情况进行统计监测。

第十五条　外汇局对银行办理境内直接投资业务的合规性及相关信息的报送情况实施核查或检查；对境内直接投资中存在异常或可疑情况的机构或个人实施核查或检查。

核查包括非现场核查和现场核查。现场核查的方式包括但不限于：要求被核查主体提交相关书面材料；约见被核查主体法定代表人、负责人或其授权人；现场查阅、复制被核查主体相关资料等。

相关主体应当配合外汇局的监督检查，如实说明情况，提供有关文件、资料，不得拒绝、阻碍和隐瞒。

第十六条　境内直接投资所涉主体违反本规定的，外汇局根据《中华人民共和国外汇管理条例》及相关规定进行处罚。

第四章　附　则

第十七条　外国投资者通过新设、并购等方式在境内设立金融机构的，参照本规定办理登记。

第十八条　香港特别行政区、澳门特别行政区和台湾地区的投资者境内直接投资参照本规定管理。

第十九条　国家外汇管理局负责本规定的解释，并依据本规定制定操作指引。

第二十条　本规定自2013年5月13日起实施。此前规定与本规定不一致的，以本规定为准。

（二）外商投资行业性规定

导　读

我国原则上鼓励外商来华投资，但是，基于国家安全、社会公共利益、环境保护、国家产业政策等方面的考虑，并非所有项目都欢迎外商投资。《外商投资产业指导目录》和《中西部地区外商投资优势产业目录》是审批外商投资项目和适用外商投资企业有关政策的依据。因此，在计划引进外资前，应该根据最新的《外商投资产业指导目录》和《中西部地区外商投资优势产业目录》确定公司经营的业务是否允许外商投资。

我国将外商投资项目分为鼓励、允许、限制及禁止四类。鼓励类、限制类和禁止类的外商投资项目列入《外商投资产业指导目录》。不属于鼓励类、限制类和禁止类的外商投资项目，为允许类外商投资项目。允许类外商投资项目不列入《外商投资产业指导目录》。

除了上述《外商投资产业指导目录》和《中西部地区外商投资优势产业目录》外，我国政府相关主管部门还对于外商投资的具体行业，如商业、道路运输业、房地产业、电信业等行业，制定了具体的管理规定。因此，在引进外资时，不仅要查阅《外商投资产业指导目录》，确定拟引进外资的项目是属于哪一类别的，还要了解该项目所属行业的具体管理规定以及有关产业发展政策，以明确项目审批的具体要求和条件。本节编录了常见行业的管理规定，其他行业的管理规定只列举了目录，供相关行业引进外资时参考。

2. 指导外商投资方向规定

(2002年2月11日国务院令第346号发布，自2002年4月1日起施行)

第一条 为了指导外商投资方向，使外商投资方向与我国国民经济和社会发展规划相适应，并有利于保护投资者的合法权益，根据国家有关外商投资的法律规定和产业政策要求，制定本规定。

第二条 本规定适用于在我国境内投资举办中外合资经营企业、中外合作经营企业和外资企业(以下简称外商投资企业)的项目以及其他形式的外商投资项目(以下简称外商投资项目)。

第三条 《外商投资产业指导目录》和《中西部地区外商投资优势产业目录》由国家发展计划委员会、国家经济贸易委员会、对外贸易经济合作部会同国务院有关部门制订，经国务院批准后公布；根据实际情况，需要对《外商投资产业指导目录》和《中西部地区外商投资优势产业目录》进行部分调整时，由国家经济贸易委员会、国家发展计划委员会、对外贸易经济合作部会同国务院有关部门适时修订并公布。

《外商投资产业指导目录》和《中西部地区外商投资优势产业目录》是指导审批外商投资项目和外商投资企业适用有关政策的依据。

第四条 外商投资项目分为鼓励、允许、限制和禁止四类。

鼓励类、限制类和禁止类的外商投资项目，列入《外商投资产业指导目录》。不属于鼓励类、限制类和禁止类的外商投资项目，为允许类外商投资项目。允许类外商投资项目不列入《外商投资产业指导目录》。

第五条 属于下列情形之一的，列为鼓励类外商投资项目：

(一)属于农业新技术、农业综合开发和能源、交通、重要原材料工业的；

(二)属于高新技术、先进适用技术，能够改进产品性能、提高企业技术经济效益或者生产国内生产能力不足的新设备、新材料的；

(三)适应市场需求，能够提高产品档次、开拓新兴市场或者增加产品国际竞争能力的；

(四)属于新技术、新设备，能够节约能源和原材料、综合利用资源和再生资源以及防治环境污染的；

(五)能够发挥中西部地区的人力和资源优势，并符合国家产业政策的；

(六)法律、行政法规规定的其他情形。

第六条 属于下列情形之一的，列为限制类外商投资项目：

(一)技术水平落后的；

(二)不利于节约资源和改善生态环境的；

(三)从事国家规定实行保护性开采的特定矿种勘探、开采的；

(四)属于国家逐步开放的产业的；

(五)法律、行政法规规定的其他情形。

第七条 属于下列情形之一的，列为禁止类外商投资项目：

(一)危害国家安全或者损害社会公共利益的；

(二)对环境造成污染损害，破坏自然资源或者损害人体健康的；

(三)占用大量耕地，不利于保护、开发土地资源的；

(四)危害军事设施安全和使用效能的；

(五)运用我国特有工艺或者技术生产产品的；

(六)法律、行政法规规定的其他情形。

第八条 《外商投资产业指导目录》可以对外商投资项目规定"限于合资、合作"、"中方控股"或者"中方相对控股"。

限于合资、合作，是指仅允许中外合资经营、中外合作经营；中方控股，是指中方投资者在外商投资项目中的投资比例之和为51%及以上；中方相对控股，是指中方投资者在外商投资项目中的投资比例之和大于任何一方外国投资者的投资比例。

第九条 鼓励类外商投资项目，除依照有关法律、行政法规的规定享受优惠待遇外，从事投资额大、回收期长的能源、交通、城市基础设施(煤炭、石油、天然气、电力、铁路、公路、港口、机场、城市道路、污水处理、垃圾处理等)建设、经营的,经批准,可以扩大与其相关的经营范围。

第十条　产品全部直接出口的允许类外商投资项目,视为鼓励类外商投资项目;产品出口销售额占其产品销售总额70%以上的限制类外商投资项目,经省、自治区、直辖市及计划单列市人民政府或者国务院主管部门批准,可以视为允许类外商投资项目。

第十一条　对于确能发挥中西部地区优势的允许类和限制类外商投资项目,可以适当放宽条件;其中,列入《中西部地区外商投资优势产业目录》的,可以享受鼓励类外商投资项目优惠政策。

第十二条　根据现行审批权限,外商投资项目按照项目性质分别由发展计划部门和经贸部门审批、备案;外商投资企业的合同、章程由外经贸部门审批、备案。其中,限制类限额以下的外商投资项目由省、自治区、直辖市及计划单列市人民政府的相应主管部门审批,同时报上级主管部门和行业主管部门备案,此类项目的审批权不得下放。属于服务贸易领域逐步开放的外商投资项目,按照国家有关规定审批。

涉及配额、许可证的外商投资项目,须先向外经贸部门申请配额、许可证。

法律、行政法规对外商投资项目的审批程序和办法另有规定的,依照其规定。

第十三条　对违反本规定审批的外商投资项目,上级审批机关应当自收到该项目的备案文件之日起30个工作日内予以撤销,其合同、章程无效,企业登记机关不予注册登记,海关不予办理进出口手续。

第十四条　外商投资项目申请人以欺骗等不正当手段,骗取项目批准的,根据情节轻重,依法追究法律责任;审批机关应当撤销对该项目的批准,并由有关主管机关依法作出相应的处理。

第十五条　审批机关工作人员滥用职权、玩忽职守的,依照刑法关于滥用职权罪、玩忽职守罪的规定,依法追究刑事责任;尚不够刑事处罚的,依法给予记大过以上的行政处分。

第十六条　华侨和香港特别行政区、澳门特别行政区、台湾地区的投资者举办的投资项目,比照本规定执行。

第十七条　本规定自2002年4月1日起施行。1995年6月7日国务院批准,1995年6月20日国家计划委员会、国家经济贸易委员会、对外贸易经济合作部发布的《指导外商投资方向暂行规定》同时废止。

3. 商务部办公厅关于进一步明确外商投资商业企业申报和审批程序的通知

(商资字[2004]84号)

《外商投资商业领域管理办法》(以下简称《办法》)颁布后,一些地方商务主管部门向我部询问,在省(自治区、直辖市及计划单列市)外经贸委(厅、局)未与经贸委(商委、商业局、内贸办等)合并的情况下,如何申报外商投资商业企业的相关申请。为明确上述问题,现就有关问题通知如下:

按照《办法》的规定,由商务部审批设立的申请,由省(自治区、直辖市及计划单列市)外经贸委(厅、局)归口受理,征求同级经贸委(商委、商业局、内贸办等)对可行性研究报告的同意意见后,报商务部审批。商务部对可行性研究报告和企业设立下发一个批准文件,并颁发外商投资企业批准证书。涉及在多个省级区域开设分店的申请,由商务部征求分店所在地外经贸委(厅、局)意见,后者在征求同级经贸委(商委、商业局、内贸办等)同意意见后,于收到商务部征求意见函一个月内答复。

按照《办法》,由省级商务部门审批设立的企业申请,由省(自治区、直辖市及计划单列市)外经贸委(厅、局)归口受理,征求同级经贸委(商委、商业局、内贸办等)对可行性研究报告的同意意见后进行审批,下发一个批准文件,会签同级经贸委(商委、商业局、内贸办等)后由外经贸厅(局)颁发外商投资企业批准证书。涉及在多个省级区域开设分店的申请,由企业注册地外经贸委(厅、局)征求分店所在地外经贸委(厅、局)意见,后者在征求同级经贸委(商委、商业局、内贸办等)同意意见后,于收到征求意见函一个月内答复。

遇有问题,请及时与我部(外资司、市场建设司)联系。

商务部办公厅

二〇〇四年十一月十二日

4. 关于下放外商投资商业企业审批事项的通知

(2008年9月12日商资函〔2008〕51号发布,自发布之日起施行)

为贯彻落实党的十七届二中全会精神,进一步转变政府工作职能,改进外商投资审批工作,根据《国务院关于第四批取消和调整行政审批项目的决定》(国发〔2007〕33号),现就有关事项通知如下:

一、外商投资设立商业企业及已设立的外商投资商业企业的变更由省级商务主管部门审核(第二条涉及事项除外)。

二、通过电视、电话、邮购、互联网、自动售货机等无店铺方式销售的企业或从事音像制品批发,图书、报纸、期刊销售的企业继续由商务部负责审批。

三、省级商务主管部门应严格按照国家有关法律法规规定和相关产业政策审核外商投资商业企业,并及时将有关批复报商务部备案。

四、本通知自发布之日起执行。

商务部

二〇〇八年九月十二日

5. 关于规范房地产市场外资准入和管理的意见

(2006年7月11日建住房〔2006〕171号发布,自发布之日起施行)

今年以来,我国房地产领域外商投资增长较快,境外机构和个人在境内购买房地产也比较活跃。为促进房地产市场健康发展,经国务院同意,现就规范房地产市场外资准入和管理提出以下意见:

一、规范外商投资房地产市场准入

(一)境外机构和个人在境内投资购买非自用房地产,应当遵循商业存在的原则,按照外商投资房地产的有关规定,申请设立外商投资企业;经有关部门批准并办理有关登记后,方可按照核准的经营范围从事相关业务。

(二)外商投资设立房地产企业,投资总额超过1000万美元(含1000万美元)的,注册资本金不得低于投资总额的50%。投资总额低于1000万美元的,注册资本金仍按现行规定执行。

(三)设立外商投资房地产企业,由商务主管部门和工商行政管理机关依法批准设立和办理注册登记手续,颁发一年期《外商投资企业批准证书》和《营业执照》。企业付清土地使用权出让金后,凭上述证照到土地管理部门申办《国有土地使用证》,根据《国有土地使用证》到商务主管部门换发正式的《外商投资企业批准证书》,再到工商行政管理机关换发与《外商投资企业批准证书》经营期限一致的《营业执照》,到税务机关办理税务登记。

(四)外商投资房地产企业的股权和项目转

让,以及境外投资者并购境内房地产企业,由商务主管等部门严格按照有关法律法规和政策规定进行审批。投资者应提交履行《国有土地使用权出让合同》、《建设用地规划许可证》、《建设工程规划许可证》等的保证函,《国有土地使用证》,建设(房地产)主管部门的变更备案证明,以及税务机关出具的相关纳税证明材料。

(五)境外投资者通过股权转让及其他方式并购境内房地产企业,或收购合资企业中方股权的,须妥善安置职工、处理银行债务、并以自有资金一次性支付全部转让金。对有不良记录的境外投资者,不允许其在境内进行上述活动。

二、加强外商投资企业房地产开发经营管理

(六)对投资房地产未取得《外商投资企业批准证书》和《营业执照》的境外投资者,不得进行房地产开发和经营活动。

(七)外商投资房地产企业注册资本金未全部缴付的,未取得《国有土地使用证》的,或开发项目资本金未达到项目投资总额35%的,不得办理境内、境外贷款,外汇管理部门不予批准该企业的外汇借款结汇。

(八)外商投资房地产企业的中外投资各方,不得以任何形式在合同、章程、股权转让协议以及其他文件中,订立保证任何一方固定回报或变相固定回报的条款。

(九)外商投资房地产企业应当遵守房地产有关法律法规和政策规定,严格执行土地出让合同约定及规划许可批准的期限和条件。有关部门要加强对外商投资房地产企业开发、销售等经营活动的监管,发现囤积土地和房源、哄抬房价等违法违规行为的,要根据国办发〔2006〕37号文件及其他有关规定严肃查处。

三、严格境外机构和个人购房管理

(十)境外机构在境内设立的分支、代表机构(经批准从事经营房地产业的企业除外)和在境内工作、学习时间超过一年的境外个人可以购买符合实际需要的自用、自住商品房,不得购买非自用、非自住商品房。在境内没有设立分支、代表机构的境外机构和在境内工作、学习时间一年以下的境外个人,不得购买商品房。港澳台地区居民和华侨因生活需要,可在境内限购一定面积的自住商品房。

(十一)符合规定的境外机构和个人购买自用、自住商品房必须采取实名制,并持有效证明(境外机构应持我政府有关部门批准设立驻境内机构的证明,境外个人应持其来境内工作、学习,经我方批准的证明,下同)到土地和房地产主管部门办理相应的土地使用权及房屋产权登记手续。房地产产权登记部门必须严格按照自用、自住原则办理境外机构和个人的产权登记,对不符合条件的不予登记。

(十二)外汇管理部门要严格按照有关规定和本意见的要求审核外商投资企业、境外机构和个人购房的资金汇入和结汇,符合条件的允许汇入并结汇;相关房产转让所得人民币资金经合规性审核并确认按规定办理纳税等手续后,方允许购汇汇出。

四、进一步强化和落实监管责任

(十三)各地区、特别是城市人民政府要切实负起责任,高度重视当前外资进入房地产市场可能引发的问题,进一步加强领导,落实监管责任。各地不得擅自出台对外商投资房地产企业的优惠政策,已经出台的要清理整顿并予以纠正。建设部、商务部、发展改革委、国土资源部、人民银行、税务总局、工商总局、银监会、外汇局等有关部门要及时制定有关操作细则,加强对各地落实规范房地产市场外资准入和管理政策的指导和监督检查,对擅自降低企业注册资本金和项目资本金比例,以及管理不到位出现其他违法违规行为的,要依法查处。同时,要进一步加大对房地产违规跨境交易和汇兑违法违规行为的查处力度。

(十四)完善市场监测分析工作机制。建设部、商务部、统计局、国土资源部、人民银行、税务总局、工商总局、外汇局等有关部门要建立健全外资进入房地产市场信息监测系统,完善外资房地产信息网络。有关部门要加强协调配合,强化对跨境资本流动的监测,尽快实现外资房地产统计数据的信息共享。

中华人民共和国建设部
中华人民共和国商务部
中华人民共和国国家发展和改革委员会
中国人民银行
中华人民共和国国家工商行政管理总局
国家外汇管理局
二〇〇六年七月十一日

6. 关于进一步加强、规范外商直接投资房地产业审批和监管的通知

(2007年5月23日商资函〔2007〕50号发布,根据2015年10月28日《商务部关于修改部分规章和规范性文件的决定》修订)

各省、自治区、直辖市、计划单列市及新疆生产建设兵团商务主管部门、外汇管理部门:

为规范房地产市场外资准入和管理,国务院六部门联合下发了《关于规范房地产市场外资准入和管理的意见》(建住房〔2006〕171号,以下称《意见》)。各地、各部门认真执行《意见》的各项规定和要求,取得一定的实效。但少数地区仍存在一些问题。根据外商投资法律法规和《意见》的有关规定,现就进一步加强、规范外商投资房地产审批、备案和监管相关事宜通知如下:

一、各地商务主管部门要严格执行《意见》和《商务部办公厅关于贯彻落实〈关于规范房地产市场外资准入和管理的通知〉有关问题的通知》(商资字〔2006〕192号),依法加强外商投资房地产企业的审批和监管,严格控制外商投资高档房地产。

二、外商投资从事房地产开发、经营,应遵循项目公司原则

(一)申请设立房地产公司,应先取得土地使用权、房地产建筑物所有权,或已与土地管理部门、土地开发商/房地产建筑物所有人签订土地使用权或房产权的预约出让/购买协议。未达到上述要求,审批部门不予批准。

(二)已设立外商投资企业新增地产开发或经营业务,以及外商投资房地产企业从事新的房地产项目开发经营,应按照外商投资有关法律法规向审批部门申请办理增加经营范围或扩大经营规模的相关手续。

三、严格控制以返程投资方式(包括同一实际控制人)并购或投资境内房地产企业。境外投资者不得以变更境内房地产企业实际控制人的方式,规避外商投资房地产审批。外汇管理部门一经发现以采取蓄意规避、虚假陈述等手段违规设立的外商投资房地产企业,将对其擅自汇出资本及附生收益的行为追究其逃骗汇责任。

四、境外投资者在境内从事房地产开发或经营业务,应当遵守商业存在原则,依法申请设立外商投资房地产企业,按核准的经营范围从事相关业务。外商投资房地产企业的中外投资各方,不得以任何形式订立保证任何一方固定回报或变相固定回报的条款。

五、地方审批部门批准设立外商投资房地产企业,应即时依法向商务部备案。

六、外汇管理部门、外汇指定银行对未完成商务部备案手续的外商投资房地产企业,不予办理资本项目结售汇手续。

七、对地方审批部门违规审批外商投资房地产企业,商务部将予以查处纠正,外汇管理部门对违规设立的外商投资房地产企业不予办理外汇登记等手续。

二〇〇七年五月二十三日

7. 外商投资道路运输业管理规定

(2001年11月20日交通部、外贸部发布,根据2014年1月11日交通运输部、商务部《关于修改〈外商投资道路运输业管理规定〉的决定》修正,2014年1月11日交通运输部、商务部令2014年第4号发布,自发布之日起施行)

第一条 为促进道路运输业的对外开放和健康发展,规范外商投资道路运输业的审批管理,根据《中华人民共和国中外合资经营企业法》、《中华人民共和国中外合作经营企业法》、

《中华人民共和国外资企业法》以及有关法律、行政法规的规定，制定本规定。

第二条　外商在中华人民共和国境内投资道路运输业适用本规定。

本规定所称道路运输业包括道路旅客运输、道路货物运输、道路货物搬运装卸、道路货物仓储和其他与道路运输相关的辅助性服务及车辆维修。

第三条　允许外商采用以下形式投资经营道路运输业：

（一）采用中外合资形式投资经营道路旅客运输；

（二）采用中外合资、中外合作形式投资经营道路货物运输、道路货物搬运装卸、道路货物仓储和其他与道路运输相关的辅助性服务及车辆维修。

（三）采用独资形式投资经营道路货物运输、道路货物搬运装卸、道路货物仓储和其他与道路运输相关的辅助性服务及车辆维修。

本条第（三）项所列道路运输业务对外开放时间由国务院商务主管部门和交通运输主管部门另行公布。

第四条　外商投资道路运输业的立项及相关事项应当经省级交通运输主管部门批准。

外商投资设立道路运输企业的合同和章程应当经省级商务主管部门批准。

第五条　外商投资道路运输业应当符合国务院交通运输主管部门制定的道路运输发展政策和企业资质条件，并符合拟设立外商投资道路运输企业所在地的交通运输主管部门制定的道路运输业发展规划的要求。

投资各方应当以自有资产投资并具有良好的信誉。

第六条　外商投资从事道路旅客运输业务，还应当符合以下条件：

（一）主要投资者中至少一方必须是在中国境内从事5年以上道路旅客运输业务的企业；

（二）外资股份比例不得多于49%；

（三）企业注册资本的50%用于客运基础设施的建设与改造；

（四）投放的车辆应当是中级及以上的客车。

第七条　设立外商投资道路运输企业，应当向拟设企业所在地的市（设区的市，下同）级交通运输主管部门提出立项申请，并提交以下材料：

（一）申请书，内容包括投资总额、注册资本和经营范围、规模、期限等；

（二）项目建议书；

（三）投资者的法律证明文件；

（四）投资者资信证明；

（五）投资者以土地使用权、设施和设备等投资的，应提供有效的资产评估证明；

（六）审批机关要求的其他材料；

拟设立中外合资、中外合作企业，除应当提交上述材料以外，还应当提交合作意向书；

提交的外文资料须同时附中文翻译件。

第八条　外商投资企业扩大经营范围从事道路运输业，外商投资道路运输企业扩大经营范围或者扩大经营规模超出原核定标准的，外商投资道路运输企业拟合并、分立、迁移和变更投资主体、注册资本、投资股比，应由该企业向其所在地的市级交通运输主管部门提出变更申请并提交以下材料：

（一）申请书；

（二）企业法人营业执照复印件；

（三）外商投资企业批准证书复印件；

（四）外商投资企业立项批件复印件；

（五）资信证明。

第九条　交通运输主管部门按下列程序对外商投资道路运输业立项和变更申请进行审核和审批：

（一）市级交通运输主管部门自收到申请材料之日起15个工作日内，依据本规定提出初审意见，并将初审意见和申请材料报省级交通运输主管部门；

（二）省级交通运输主管部门自收到前项材料之日起30个工作日内，对申请材料进行审核。符合规定的，颁发立项批件或者变更批件；不符合规定的，退回申请，书面通知申请人并说明理由。

第十条　申请人收到批件后，应当在30日内持批件和以下材料向省级商务主管部门申请颁发或者变更外商投资企业批准证书：

（一）申请书；

（二）可行性研究报告；

（三）合同、章程（外商独资道路运输企业只需提供章程）；

（四）董事会成员及主要管理人员名单及简历；

（五）工商行政管理部门出具的企业名称预核准通知书；

（六）投资者所在国或地区的法律证明文件及资信证明文件；

（七）审批机关要求的其他材料。

第十一条 省级商务主管部门收到申请材料后，在45日内作出是否批准的书面决定。符合规定的，颁发或者变更外商投资企业批准证书；不符合规定的，退回申请，书面通知申请人并说明理由。

第十二条 申请人在收到外商投资企业批准证书后，应当在30日内持立项批件和批准证书向拟设立企业所在地省级交通运输主管部门申请领取道路运输经营许可证，并依法办理工商登记后，方可按核定的经营范围从事道路运输经营活动。

第十三条 申请人收到变更的外商投资企业批准证书后，应当在30日内持变更批件、变更的外商投资企业批准证书和其他相关的申请材料向省级交通运输主管部门和工商行政管理部门办理相应的变更手续。

第十四条 申请人在办理完有关手续后，应将企业法人营业执照、外商投资企业批准证书以及道路运输经营许可证影印件报省级交通运输主管部门备案。

第十五条 取得外商投资道路运输业立项批件后18个月内未完成工商注册登记手续的，立项批件自行失效。

第十六条 外商投资道路运输企业的经营期限一般不超过12年。但投资额中有50%以上的资金用于客货运输站场基础设施建设的，经营期限可为20年。

经营业务符合道路运输产业政策和发展规划，并且经营资质（质量信誉）考核合格的外商投资道路运输企业，经原审批机关批准，可以申请延长经营期限，每次延长的经营期限不超过20年。

第十七条 申请延长经营期限的外商投资道路运输企业，应当在经营期满6个月前向企业所在地的省级交通运输主管部门提出申请，并上报企业经营资质（质量信誉）考核记录等有关材料，由省级交通运输主管部门商商务主管部门后批复。

第十八条 外商投资道路运输企业停业、歇业或终止，应当及时到省级交通运输主管部门、商务主管部门和工商行政管理部门办理相关手续。

第十九条 香港特别行政区、澳门特别行政区和台湾省的投资者以及海外华侨在中国内地投资道路运输业参照适用本规定。

第二十条 省级交通运输主管部门应当于每年3月31日前将本省上年度外商投资审批情况报交通运输部。

第二十一条 本规定自2001年11月20日起施行。交通部1993年颁布的《中华人民共和国交通部外商投资道路运输业立项审批暂行规定》（交运发〔1993〕1178号）同时废止。

8. 关于《外商投资道路运输业管理规定》的补充规定

（2003年12月31日交通部、商务部2003年第12号令发布，自2004年1月1日起施行）

为了促进香港、澳门与内地建立更紧密的经贸关系，鼓励香港服务提供者和澳门服务提供者在内地设立从事道路业务的企业，根据国务院批准的《内地与香港关于建立更紧密经贸关系的安排》和《内地与澳门关于建立更紧密经贸关系的安排》，现对《外商投资道路运输业管理规定》（交通部、对外贸易经济合作部，2001年第9号令）作出如下补充规定：

一、自2004年1月1日起，允许香港服务提供者和澳门服务提供者在内地西部提供地区设立独资企业经营道路客运业务。

二、自2004年1月1日起，允许香港服务提供者和澳门服务提供者在内地设立独资企业经营道路货运业务。

三、自2004年1月1日起，允许香港服务提供者和澳门服务提供者经营香港、澳门至内地各省、市、自治区的货运“直通车”业务。

四、香港服务提供者和澳门服务提供者在内地从事货运“直通车”业务须在内地设立独资、合资或合作企业，并取得道路运输经营许可。

五、本规定中的香港服务提供者和澳门服务提供者应分别符合《内地与香港关于建立更紧密经贸关系的安排》和《内地与澳门关于建立更紧密经贸关系的安排》中关于“服务提供者”定义及相关规定要求。

六、除上述条款外，其他事项按照《外商投资道路运输业管理规定》执行。

七、本补充规定由交通部会同商务部负责解释。

八、本补充规定自2004年1月1日起施行。

9.《外商投资道路运输业管理规定》补充规定二

（2004年12月28日交通部、商务部公告第35号发布，自发布之日起施行）

根据我国加入世界贸易组织的有关承诺、《内地与香港关于建立更紧密经贸关系的安排》补充协议和《内地与澳门关于建立更紧密经贸关系的安排》补充协议，现对《外商投资道路运输业管理规定》（交通部、对外贸易经济合作部令2001年第9号）作出如下补充规定：

一、允许世界贸易组织成员的企业、其他经济组织或个人采用独资形式（包括并购形式）在我国境内设立道路运输企业，从事道路货物运输经营、道路货物运输站（场）经营以及机动车维修经营。

在我国境内已经依法设立的其他外商独资企业、中外合资企业，注册资本已经全部缴齐满1年的，允许其申请从事上述道路运输经营活动。

二、自2005年1月1日起，允许香港、澳门地区经营专营公共汽车（巴士）的客动公司和经营粤港或粤澳客运“直通车”业务的非专营公共汽车（巴士）公司，在广东、广西、湖南、海南、福建、江西、云南、贵州和四川省（自治区）设立合资企业，从事香港或澳门与该九省之间的道路客动“直通车”业务；允许香港、澳门地区经营专营公共汽车（巴士）的客动公司在内地市级城市设立独资企业，从事城市公共汽车客动和出租车客运业务。

此项服务的提供应满足《内地与香港关于建立更紧密经贸关系的安排》及《内地与澳门关于建立更紧密经贸关系的安排》关于“服务提供者”的定义，取得《香港服务提供者证明书》或《澳门服务提供者证明书》。

三、上述外商独资企业和中外合资企业应符合我国相关法律、行政法规、行政规章的规定，申请程序按照《外商投资道路运输业管理规定》相关规定办理。

10. 外商投资国际货物运输代理企业管理办法

（2005年12月1日商务部令2005年第19号发布，根据2015年10月28日《商务部关于修改部分规章和规范性文件的决定》修订）

第一条 为促进中国国际货运代理业的健康发展，规范外商投资国际货物运输代理企业的设立及经营行为，根据有关外商投资企业法律、法规和《中华人民共和国国际货物运输代理业管理规定》，制定本办法。

第二条 本办法所称的外商投资国际运输代理企业是指外国投资者以中外合资、中外合作以及外商独资形式设立的接受进口货物收货人、发货人的委托，以委托人的名义或者以自己的名义，为委托人办理国际货物运输及相关业务并收取服务报酬的外商投资企业(以下简称外商投资国际货运代理企业)。

第三条 外商投资设立经营国际快递业务的国际货运代理企业由商务部负责审批和管理;外商投资设立经营其它业务的国际货运代理企业由各省、自治区、直辖市、计划单列市及新疆生产建设兵团商务主管部门(以下简称省级商务主管部门)负责审批和管理。

本办法实施前已设立的外商投资国际货运代理企业,如不从事国际快递业务,其变更等事项由注册地省级商务主管部门负责代理。

第四条 外商投资国际货运代理企业应遵守中华人民共和国法律、行政法规及相关规章,其正当经营活动及合法权益受中国法规律的保护。

第五条 外商投资者可以合资、合作方式在中国境内设立外商投资国际货运代理企业。

自2005年12月11日起,允许设立外商独资国际货运代理企业。

外国投资者可以收购股权方式收购已设立的国际货运代理企业,但股权比例以及投资者资质须符合本规定要求,涉及国有资产须按有关法律、法规的规定办理。

第六条 经批准,外商投资国际货运代理企业可经营下列部分或全部业务:

(一)订舱(船租、包机、包舱)、托运、仓储、包装;

(二)货运的监装、监卸、集装箱拼装拆装、分拨、中转及相关的短途运输服务;

(三)代理报关、报验、报检、保险;

(四)缮制有关单证、交付运费、结算及交付杂费;

(五)国际展品、私人物品及过境货物运输代理;

(六)国际多式联运、集运(含集装箱拼箱)

(七)国际快递(不含私人信函和县级以上党政机关公文的寄递业务)

(八)咨询及其他国际货运代理业务。

第七条 从事信件和信件性质物品(不含私人信函和县级以上党政军机关公文的寄递业务)国际快递业务的企业经商务主管部门批准后应向邮政部门办理邮政委托手续。

第八条 设立外商投资国际货运代理企业就按国家现行的有关外商投资企业的法律、法规所规定的程序,向省级商务主管部门呈报第十条规定的文件。

省级商务主管部门自收到全部申报文件30日内,作出同意或不同意的决定,经审查的批准的,颁发《外商投资企业批准证书》;不予批准的,书面说明理由。根据本规定第三条及其他外商投资法律法规超过省级商务主管部门审批权限的,省级商务主管部门应在对报送文件进行初审后,自收到全部申请文件之日起15日内上报商务部。

商务部应收到全部申报文件60日内,作出同意或不同意的决定,经审查批准的,颁发《外商投资企业批准证书》;不予批准的,书面说明理由。

第九条 设立外商投资国际货运代理企业需提供如下文件:

(一)申请书;

(二)项目可行性研究报告;

(三)设立外商投资国际货运代理企业的合同、章程,外商独资设立国际货运借企业仅需提供章程;

(四)董事会成员名单及各方董事委派书;

(五)工商部门出具的企业名称预核准通知书;

(六)投资者所在国或地区的注册登记证明文件及资信证明文件。

第十条 分公司的经营范围应在其总公司的经营范围之内。分公司民事责任由总公司承担。

第十一条 申请设立分公司,应向总公司所在地省级商务主管部门提出申请,由总公司所在地省级商务主管部门在征得拟设立分公司所在地省级商务主管部门同意意见后批准。根据本规定的第三条及其他外商投资法律法规超过省级商务主管部门审批权限的,省级商务主管部门应在初审后将全部申请材料及拟设立分公司所在地商务主管部门的同意意见函上报商务部,由商务部负责审批。审批程序时限同第九条。

第十二条 外商投资国际货运代理企业设立分公司需提供以下文件:

(一)申请书;

(二)董事会决议;

(三)如增资,需提交有关增资的董事会决议及增资事项对合营合同、章程的修改协议，外商独资国际货运代理企业仅需提交章程修改协议。

第十三条　鼓励外商投资国际货运代理企业参加中国国际货代协会、中国外商投资企业协会等民间团体及同业行会，自觉接受同业监督和指导。

第十四条　香港、台湾、澳门地区的公司、企业、其他经济组织和个人在大陆投资设立国际货运代理企业，参照本规定办理。

第十五条　外商投资企业申请增加国际货物运输代理业务的，参照本规定办理。

第十六条　外商投资国际货运代理企业的备案工作由商务部统一负责，具体事宜由商务部另行通知。

第十七条　本办法由商务部负责解释。

第十八条　本办法自2005年12月11日施行，原《外商投资国际货物运输代理企业管理办法》（对外贸易经济合作部令〔2002〕第36号）和《〈外商投资国际货物运输代理企业管理办法〉补充规定》（商务部令〔2003〕第12号）一并废止。

附件：

为了促进香港、澳门与内地建立更紧密经贸关系，鼓励香港服务提供者和澳门服务提供者在内地设立从事国际货运代理业务的企业，根据国务院批准的《内地与香港关于建立更紧密经贸关系的安排》及其补充协议和《内地与澳门关于建立更紧密经贸关系的安排》及其补充协议，现就香港和澳门投资者投资国际货物运输代理业作如下补充规定：

一、允许香港服务提供者和澳门服务提供者在内地以合资、合作、独资的形式设立国际货运代理企业。

二、符合条件的香港服务提供者和澳门服务提供者在内地投资设立国际货运代理企业的注册资本最低限额应当符合下列要求：

（一）经营海上国际货物运输代理业务的，注册资本最低限额为500万元人民币；

（二）经营航空国际货物运输代理业务的，注册资本最低限额为300万元人民币；

（三）经营陆路国际货物运输代理业务的，注册资本最低限额为200万元人民币。

经营前款两项以上业务的，注册资本最低限额为其中最高一项的限额。

三、香港服务提供者和澳门服务提供者在内地投资设立的国际货运代理企业在缴齐全部注册资本后，可申请在国内其他地方设立分公司。每设立一个分公司，应当增加注册资50万元。如果企业注册资本已超过最低限额，则超过部分，可作为设立分公司的增加资本。

四、本办法中香港服务提供者和澳门服务提供者应分别符合《内地与香港关于建立更紧密经贸关系的安排》和《内地与澳门关于建立更紧密经贸关系的安排》中关于“服务提供者”定义及相关规定的要求。

五、香港服务提供者和澳门服务提供者申请设立国际货运代理企业的其他规定，仍按本办法执行。

11. 外商投资电信企业管理规定

（2008年9月10日国务院令第534号发布，根据2016年2月6日《国务院关于修改部分行政法规的决定》修订）

第一条　为了适应电信业对外开放的需要，促进电信业的发展，根据有关外商投资的法律、行政法规和《中华人民共和国电信条例》（以下简称电信条例），制定本规定。

第二条　外商投资电信企业，是指外国投资者同中国投资者在中华人民共和国境内依法以中外合资经营形式，共同投资设立的经营电信业务的企业。

第三条　外商投资电信企业从事电信业务经营活动，除必须遵守本规定外，还必须遵守电信条例和其他有关法律、行政法规的规定。

第四条　外商投资电信企业可以经营基础

电信业务、增值电信业务,具体业务分类依照电信条例的规定执行。

外商投资电信企业经营业务的地域范围,由国务院工业和信息化主管部门按照有关规定确定。

第五条 外商投资电信企业的注册资本应当符合下列规定:

(一)经营全国的或者跨省、自治区、直辖市范围的基础电信业务的,其注册资本最低限额为10亿元人民币;经营增值电信业务的,其注册资本最低限额为1000万元人民币;

(二)经营省、自治区、直辖市范围内的基础电信业务的,其注册资本最低限额为1亿元人民币;经营增值电信业务的,其注册资本最低限额为100万元人民币。

第六条 经营基础电信业务(无线寻呼业务除外)的外商投资电信企业的外方投资者在企业中的出资比例,最终不得超过49%。

经营增值电信业务(包括基础电信业务中的无线寻呼业务)的外商投资电信企业的外方投资者在企业中的出资比例,最终不得超过50%。

外商投资电信企业的中方投资者和外方投资者在不同时期的出资比例,由国务院工业和信息化主管部门按照有关规定确定。

第七条 外商投资电信企业经营电信业务,除应当符合本规定第四条、第五条、第六条规定的条件外,还应当符合电信条例规定的经营基础电信业务或者经营增值电信业务应当具备的条件。

第八条 经营基础电信业务的外商投资电信企业的中方主要投资者应当符合下列条件:

(一)是依法设立的公司;

(二)有与从事经营活动相适应的资金和专业人员;

(三)符合国务院工业和信息化主管部门规定的审慎的和特定行业的要求。

前款所称外商投资电信企业的中方主要投资者,是指在全体中方投资者中出资数额最多且占中方全体投资者出资总额的30%以上的出资者。

第九条 经营基础电信业务的外商投资电信企业的外方主要投资者应当符合下列条件:

(一)具有企业法人资格;

(二)在注册的国家或者地区取得基础电信业务经营许可证;

(三)有与从事经营活动相适应的资金和专业人员;

(四)有从事基础电信业务的良好业绩和运营经验。

前款所称外商投资电信企业的外方主要投资者,是指在外方全体投资者中出资数额最多且占全体外方投资者出资总额的30%以上的出资者。

第十条 经营增值电信业务的外商投资电信企业的外方主要投资者应当具有经营增值电信业务的良好业绩和运营经验。

第十一条 设立经营基础电信业务或者跨省、自治区、直辖市范围增值电信业务的外商投资电信企业,由中方主要投资者向国务院工业和信息化主管部门提出申请并报送下列文件:

(一)项目申请报告;

(二)本规定第八条、第九条、第十条规定的合营各方投资者的资格证明或者有关确认文件;

(三)电信条例规定的经营基础电信业务或者增值电信业务应当具备的其他条件的证明或者确认文件。

国务院工业和信息化主管部门应当自收到申请之日起对前款规定的有关文件进行审查。属于基础电信业务的,应当在180日内审查完毕,作出批准或者不予批准的决定;属于增值电信业务的,应当在90日内审查完毕,作出批准或者不予批准的决定。予以批准的,颁发《外商投资经营电信业务审定意见书》;不予批准的,应当书面通知申请人并说明理由。

第十二条 设立外商投资电信企业经营省、自治区、直辖市范围内增值电信业务,由中方主要投资者向省、自治区、直辖市电信管理机构提出申请并报送下列文件:

(一)本规定第十条规定的资格证明或者有关确认文件;

(二)电信条例规定的经营增值电信业务应当具备的其他条件的证明或者确认文件。

省、自治区、直辖市电信管理机构应当自收到申请之日起60日内签署意见。同意的,转报国务院工业和信息化主管部门;不同意的,应当书面通知申请人并说明理由。

国务院工业和信息化主管部门应当自收到省、自治区、直辖市电信管理机构签署同意的申请文件之日起30日内审查完毕，作出批准或者不予批准的决定。予以批准的，颁发《外商投资经营电信业务审定意见书》；不予批准的，应当书面通知申请人并说明理由。

第十三条 外商投资电信企业项目申请报告的主要内容包括：合营各方的名称和基本情况、拟设立企业的投资总额、注册资本、各方出资比例、申请经营的业务种类、合营期限等。

第十四条 设立外商投资电信企业，按照国家有关规定，其投资项目需要经国务院发展改革部门核准的，国务院工业和信息化主管部门应当在颁发《外商投资经营电信业务审定意见书》前，将申请材料转送国务院发展改革部门核准。转送国务院发展改革部门核准的，本规定第十一条、第十二条规定的审批期限可以延长30日。

第十五条 设立外商投资电信企业，属于经营基础电信业务或者跨省、自治区、直辖市范围增值电信业务的，由中方主要投资者凭《外商投资经营电信业务审定意见书》向国务院商务主管部门报送拟设立外商投资电信企业的合同、章程；属于经营省、自治区、直辖市范围内增值电信业务的，由中方主要投资者凭《外商投资经营电信业务审定意见书》向省、自治区、直辖市人民政府商务主管部门报送拟设立外商投资电信企业的合同、章程。

国务院商务主管部门和省、自治区、直辖市人民政府商务主管部门应当自收到报送的拟设立外商投资电信企业的合同、章程之日起90日内审查完毕，作出批准或者不予批准的决定。予以批准的，颁发《外商投资企业批准证书》；不予批准的，应当书面通知申请人并说明理由。

第十六条 外商投资电信企业的中方主要投资者凭《外商投资企业批准证书》向工商行政管理机关申请企业注册登记后，凭《外商投资企业批准证书》和营业执照向国务院工业和信息化主管部门申请电信业务经营许可。

第十七条 外商投资电信企业经营跨境电信业务，必须经国务院工业和信息化主管部门批准，并通过国务院工业和信息化主管部门批准设立的国际电信出入口局进行。

第十八条 违反本规定第六条规定的，由国务院工业和信息化主管部门责令限期改正，并处10万元以上50万元以下的罚款；逾期不改正的，由国务院工业和信息化主管部门吊销《电信业务经营许可证》，并由原颁发《外商投资企业批准证书》的商务主管部门撤销其《外商投资企业批准证书》。

第十九条 违反本规定第十七条规定的，由国务院工业和信息化主管部门责令限期改正，并处20万元以上100万元以下的罚款；逾期不改正的，由国务院工业和信息化主管部门吊销《电信业务经营许可证》，并由原颁发《外商投资企业批准证书》的商务主管部门撤销其《外商投资企业批准证书》。

第二十条 申请设立外商投资电信企业，提供虚假、伪造的资格证明或者确认文件骗取批准的，批准无效，由国务院工业和信息化主管部门处20万元以上100万元以下的罚款，吊销《电信业务经营许可证》，并由原颁发《外商投资企业批准证书》的商务主管部门撤销其《外商投资企业批准证书》。

第二十一条 外商投资电信企业经营电信业务，违反电信条例和其他有关法律、行政法规规定的，由有关机关依法给予处罚。

第二十二条 香港特别行政区、澳门特别行政区和台湾地区的公司、企业在内地投资经营电信业务，比照适用本规定。

第二十三条 本规定自2002年1月1日起施行。

12. 证券投资基金管理公司管理办法

（2012年9月20日中国证券监督管理委员会令第84号发布，自2012年11月1日起施行）

第一章　总　则

第一条　为了加强对证券投资基金管理公司的监督管理，规范证券投资基金管理公司的行为，保护基金份额持有人及相关当事人的合法权益，根据《证券投资基金法》、《公司法》和其他有关法律、行政法规，制定本办法。

第二条　本办法所称证券投资基金管理公司（以下简称基金管理公司），是指经中国证券监督管理委员会（以下简称中国证监会）批准，在中华人民共和国境内设立，从事证券投资基金管理业务和中国证监会许可的其他业务的企业法人。

第三条　基金管理公司应当遵守法律、行政法规、中国证监会的规定和中国证券投资基金业协会的自律规则，恪守诚信，审慎勤勉，忠实尽责，为基金份额持有人的利益管理和运用基金财产。

第四条　中国证监会及其派出机构依照《证券投资基金法》、《公司法》等法律、行政法规、中国证监会的规定和审慎监管原则，对基金管理公司及其业务活动实施监督管理。

第五条　中国证券投资基金业协会依据法律、行政法规、中国证监会的规定和自律规则，对基金管理公司及其业务活动进行自律管理。

第二章　基金管理公司的设立

第六条　设立基金管理公司，应当具备下列条件：

（一）股东符合《证券投资基金法》和本办法的规定；

（二）有符合《证券投资基金法》、《公司法》以及中国证监会规定的章程；

（三）注册资本不低于1亿元人民币，且股东必须以货币资金实缴，境外股东应当以可自由兑换货币出资；

（四）有符合法律、行政法规和中国证监会规定的拟任高级管理人员以及从事研究、投资、估值、营销等业务的人员，拟任高级管理人员、业务人员不少于15人，并应当取得基金从业资格；

（五）有符合要求的营业场所、安全防范设施和与业务有关的其他设施；

（六）设置了分工合理、职责清晰的组织机构和工作岗位；

（七）有符合中国证监会规定的监察稽核、风险控制等内部监控制度；

（八）经国务院批准的中国证监会规定的其他条件。

第七条　申请设立基金管理公司，出资或者持有股份占基金管理公司注册资本的比例（以下简称持股比例）在5%以上的股东，应当具备下列条件：

（一）注册资本、净资产不低于1亿元人民币，资产质量良好；

（二）持续经营3个以上完整的会计年度，公司治理健全，内部监控制度完善；

（三）最近3年没有因违法违规行为受到行政处罚或者刑事处罚；

（四）没有挪用客户资产等损害客户利益的行为；

（五）没有因违法违规行为正在被监管机构调查，或者正处于整改期间；

（六）具有良好的社会信誉，最近3年在金融监管、税务、工商等行政机关，以及自律管理、商业银行等机构无不良记录。

第八条　基金管理公司的主要股东是指持有基金管理公司股权比例最高且不低于25%的股东。

主要股东除应当符合本办法第七条规定的条件外，还应当具备下列条件：

（一）从事证券经营、证券投资咨询、信托资产管理或者其他金融资产管理业务；

（二）注册资本不低于3亿元人民币；

（三）具有较好的经营业绩，资产质量良好。

第九条 中外合资基金管理公司中，持股比例最高的境内股东应当具备本办法第八条规定的主要股东的条件，其他持股比例在5%以上的境内股东应当具备本办法第七条规定的条件。

中外合资基金管理公司的境外股东应当具备下列条件：

（一）为依其所在国家或者地区法律设立，合法存续并具有金融资产管理经验的金融机构，财务稳健，资信良好，最近3年没有受到监管机构或者司法机关的处罚；

（二）所在国家或者地区具有完善的证券法律和监管制度，其证券监管机构已与中国证监会或者中国证监会认可的其他机构签订证券监管合作谅解备忘录，并保持着有效的监管合作关系；

（三）实缴资本不少于3亿元人民币的等值可自由兑换货币；

（四）经国务院批准的中国证监会规定的其他条件。

香港特别行政区、澳门特别行政区和台湾地区的投资机构比照适用前款规定。

第十条 基金管理公司股东的持股比例应当符合中国证监会的规定。中外合资基金管理公司外资持股比例或者拥有权益的比例，累计（包括直接持有和间接持有）不得超过我国证券业对外开放所做的承诺。

第十一条 一家机构或者受同一实际控制人控制的多家机构参股基金管理公司的数量不得超过2家，其中控股基金管理公司的数量不得超过1家。

第十二条 申请设立基金管理公司，申请人应当按照中国证监会的规定报送设立申请材料。

主要股东应当组织、协调设立基金管理公司的相关事宜，对申请材料的真实性、完整性负主要责任。

第十三条 申请期间申请材料涉及的事项发生重大变化的，申请人应当自变化发生之日起5个工作日内向中国证监会提交更新材料；股东发生变动的，应当重新报送申请材料。

第十四条 中国证监会依照《行政许可法》和《证券投资基金法》的规定，受理基金管理公司设立申请，并进行审查，做出决定。

第十五条 中国证监会审查基金管理公司设立申请，可以采取下列方式：

（一）征求相关机构和部门关于股东条件等方面的意见；

（二）采取专家评审、核查等方式对申请材料的内容进行审查；

（三）自受理之日起5个月内现场检查基金管理公司设立准备情况。

第十六条 中国证监会批准设立基金管理公司的，申请人应当自收到批准文件之日起30日内向工商行政管理机关办理注册登记手续；凭工商行政管理机关核发的《企业法人营业执照》向中国证监会领取《基金管理资格证书》。

中外合资基金管理公司还应当按照法律、行政法规的规定，申领《外商投资企业批准证书》，并开设外汇资本金账户。

基金管理公司应当自工商注册登记手续办理完毕之日起10日内，在中国证监会指定的报刊上将公司成立事项予以公告。

第三章 基金管理公司的变更、解散

第十七条 基金管理公司变更下列重大事项，应当报中国证监会批准：

（一）变更持股5%以上的股东；

（二）变更持股不足5%但对公司治理有重大影响的股东；

（三）变更股东的持股比例超过5%；

（四）修改公司章程重要条款；

（五）中国证监会规定的其他重大事项。

第十八条 基金管理公司变更股东、注册资本、股东持股比例后，股东的条件、股东的持股比例、股东参股基金管理公司的数量、注册资本等应当符合中国证监会的规定。

第十九条 基金管理公司的股东处分其股权，应当遵守下列规定：

（一）股东转让股权应当诚实守信，遵守在认购、受让股权时所做的承诺，不得损害基金份额持有人的合法权益；

（二）股东转让股权应当遵守《公司法》的规定，不得采取虚报转让价格等不正当手段损害其他股东的合法权益；

（三）股东与受让方应当就转让期间的有关事宜明确约定，确保不损害基金管理公司和基金份额持有人的合法权益，股东及受让方不得通过股权代持、股权托管、信托合同、秘密协议等形式处分其股权；

（四）相关的变更股东事项未经中国证监会批准并履行相关法律程序，转让方应当继续履行股东义务，承担相应责任，受让方不得以任何形式行使股东权利；

（五）法律、行政法规和公司章程的其他规定。

第二十条 基金管理公司增加的注册资本，股东必须以货币资金实缴。

第二十一条 基金管理公司变更重大事项，应当自董事会或者股东（大）会做出决议之日起60日内按照中国证监会的规定提出变更申请；涉及股东股权转让的，基金管理公司未按照规定提出申请时，相关股东可以直接提出申请。

第二十二条 中国证监会依照《行政许可法》和《证券投资基金法》的规定，受理基金管理公司变更重大事项的申请，并进行审查，做出决定。

第二十三条 中国证监会可以采取约请相关人员谈话、专家评审、核查等方式，审查基金管理公司变更重大事项的申请。

涉及变更基金管理公司主要股东、合计持股比例超过50%以上的股东，或者提名董事人数最多的股东的，中国证监会比照本办法关于基金管理公司设立的规定进行审查。

第二十四条 基金管理公司的重大变更事项涉及变更工商登记的，基金管理公司应当自收到批准文件之日起30日内向工商行政管理机关办理变更登记手续。

基金管理公司变更为中外合资的，还应当按照有关规定申领《外商投资企业批准证书》，并开设外汇资本金账户。

第二十五条 基金管理公司高级管理人员的选任或者改任，应当按照法律、行政法规和中国证监会的规定办理。

第二十六条 基金管理公司的重大变更事项涉及《基金管理资格证书》内容变更的，基金管理公司应当向中国证监会换领《基金管理资格证书》。

第二十七条 基金管理公司应当按照法律、行政法规和中国证监会的规定将重大变更事项予以公告。

第二十八条 基金管理公司的解散，应当在中国证监会取消其基金管理资格后进行。

基金管理公司的解散应当按照《公司法》等法律、行政法规的规定办理。

第四章 基金管理公司子公司及分支机构的设立、变更、撤销

第二十九条 基金管理公司可以根据专业化经营管理的需要，设立子公司、分公司或者中国证监会规定的其他形式的分支机构。

子公司可以从事特定客户资产管理、基金销售以及中国证监会许可的其他业务。分公司或者中国证监会规定的其他形式的分支机构，可以从事基金品种开发、基金销售以及基金管理公司授权的其他业务。

基金管理公司应当结合自身实际，合理审慎构建和完善经营管理组织模式，设立子公司、分支机构应当进行充分的评估论证，并履行必要的内部决策程序。

第三十条 基金管理公司子公司应当由基金管理公司控股，从事相关业务应当符合有关法律法规的规定。基金管理公司与子公司及各子公司之间应当建立必要的隔离墙制度，防止可能出现的风险传递和利益冲突。

基金管理公司应当建立有效的监督管理制度，加强对子公司、分支机构的业务、人员、财务等的监督和日常管理，分支机构不得以承包、租赁、托管、合作等方式经营。

基金管理公司可以设立办事处，办事处不得从事经营性活动。

第三十一条 基金管理公司设立子公司、分支机构，应当具备下列条件：

（一）公司治理健全，内部监控完善，经营稳定，有较强的持续经营能力；

（二）公司最近1年内没有因违法违规行为受到行政处罚或者刑事处罚；

（三）公司没有因违法违规行为正在被监管机构调查，或者正处于整改期间；

（四）拟设立的子公司、分支机构有符合规定的名称、办公场所、业务人员、安全防范设施和与

业务有关的其他设施；

（五）拟设立的子公司、分支机构有明确的职责和完善的管理制度；

（六）中国证监会规定的其他条件。

第三十二条　基金管理公司设立子公司、分支机构，应当自董事会或者股东（大）会做出决议之日起60日内，按照中国证监会的规定报送申请材料。

第三十三条　中国证监会依照《行政许可法》和《证券投资基金法》的规定，受理基金管理公司设立子公司、分支机构的申请，并进行审查，做出决定。

中国证监会可以对拟设立的子公司、分支机构进行现场检查。

第三十四条　基金管理公司变更、撤销分支机构，应当自变更、撤销之日起15日内向中国证监会和所在地中国证监会派出机构报告。

基金管理公司设立、变更或者撤销办事处，应当自设立、变更或者撤销之日起15日内向中国证监会和所在地中国证监会派出机构报告。

第三十五条　基金管理公司设立分支机构，应当自收到批准文件之日起30日内向工商行政管理机关办理登记注册手续。

基金管理公司变更、撤销分支机构，应当按照有关规定向工商行政管理机关办理有关手续。

第三十六条　基金管理公司应当按照法律、行政法规和中国证监会的规定将子公司、分支机构的设立、变更或者撤销事项予以公告。

第五章　基金管理公司的治理和经营

第三十七条　基金管理公司应当按照《公司法》等法律、行政法规和中国证监会的规定，建立组织机构健全、职责划分清晰、制衡监督有效、激励约束合理的治理结构，保持公司规范运作，维护基金份额持有人的利益。

公司治理应当遵循基金份额持有人利益优先的基本原则。基金管理公司及其股东和公司员工的利益与基金份额持有人的利益发生冲突时，应当优先保障基金份额持有人的利益。

第三十八条　基金管理公司的股东应当履行法定义务，不得虚假出资、抽逃或者变相抽逃出资。

基金管理公司的股东不得为其他机构或者个人代持基金管理公司的股权，不得委托其他机构或者个人代持股权。基金管理公司的股东及其实际控制人不得以任何形式占有或者转移基金管理公司资产。

基金管理公司的主要股东应当秉承长期投资理念，并书面承诺持有基金管理公司股权不少于3年。

第三十九条　基金管理公司应当明确股东（大）会的职权范围和议事规则。

基金管理公司应当建立与股东之间的业务和客户关键信息隔离制度。基金管理公司的股东及其实际控制人应当通过股东（大）会依法行使权利，不得越过股东（大）会、董事会任免基金管理公司的董事、监事、高级管理人员，或者直接干预基金管理公司的经营管理、基金财产的投资运作；不得在证券承销、证券投资等业务活动中要求基金管理公司为其提供配合，损害基金份额持有人和其他当事人的合法权益。

基金管理公司的单个股东或者有关联关系的股东合计持股比例在50%以上的，上述股东及其控制的机构不得经营公募或者类似公募的证券资产管理业务。

第四十条　基金管理公司的主要股东在公司不能正常经营时，应当召集其他股东及有关当事人，按照有利于保护基金份额持有人利益的原则妥善处理有关事宜。

第四十一条　基金管理公司应当明确董事会的职权范围和议事规则。董事会应当按照法律、行政法规和公司章程的规定，制定公司基本制度，决策有关重大事项，监督、奖惩经营管理人员。董事会会议由董事长召集和主持，董事会和董事长不得越权干预经营管理人员的具体经营活动。

董事会对经营管理人员的考核，应当关注基金长期投资业绩、公司合规和风险控制等维护基金份额持有人利益的情况，不得以短期的基金管理规模、盈利增长等为主要考核标准。

基金管理公司的总经理应当为董事会成员。基金管理公司的单个股东或者有关联关系的股东合计持股比例在50%以上的，与上述股东有关联关系的董事不得超过董事会人数的1/3。

第四十二条　基金管理公司应当建立健全

独立董事制度，独立董事人数不得少于 3 人，且不得少于董事会人数的 1/3。

独立董事应当独立于基金管理公司及其股东，以基金份额持有人利益最大化为出发点，勤勉尽责，依法对基金财产和公司运作的重大事项独立作出客观、公正的专业判断。

第四十三条 基金管理公司的董事会审议下列事项，应当经过 2/3 以上的独立董事通过：

（一）公司及基金投资运作中的重大关联交易；

（二）公司和基金审计事务，聘请或者更换会计师事务所；

（三）公司管理的基金的半年度报告和年度报告；

（四）法律、行政法规和公司章程规定的其他事项。

第四十四条 基金管理公司应当建立健全督察长制度，督察长由董事会聘任，对董事会负责，对公司经营运作的合法合规性进行监察和稽核。

督察长发现公司存在重大风险或者有违法违规行为，应当告知总经理和其他有关高级管理人员，并向董事会、中国证监会和公司所在地中国证监会派出机构报告。

第四十五条 基金管理公司应当加强监事会或者执行监事对公司财务、董事会履行职责的监督作用，维护股东合法利益。

监事会应当包括股东代表和公司职工代表，其中职工代表的比例不得少于监事会人数的 1/2。不设监事会的，执行监事中至少有 1 名职工代表。

监事会和监事会主席、执行监事不得越权干预经营管理人员的具体经营活动。

第四十六条 基金管理公司的总经理负责公司的经营管理。基金管理公司的高级管理人员及其他工作人员应当忠实、勤勉地履行职责，不得为股东、本人或者他人谋取不正当利益。

第四十七条 基金管理公司的董事、监事、高级管理人员、股东及有关各方，在基金管理公司主要股东不能正常经营或者基金管理公司股权转让期间，应当依法履行职责，恪尽职守，做好风险防范的安排，保证公司正常经营，基金份额持有人利益不受损害。

第四十八条 基金管理公司应当坚持稳健经营理念，管理资产规模应当与自身的人员储备、投研和客户服务能力、信息技术系统承受度、风险管理和内部监控水平相匹配，切实维护基金份额持有人的长远利益。

第四十九条 基金管理公司应当按照中国证监会的规定，建立科学合理、控制严密、运行高效的内部监控体系，制定科学完善的内部监控制度，保持经营运作合法、合规，保持公司内部监控健全、有效。

第五十条 基金管理公司应当建立健全由授权、研究、决策、执行和评估等环节构成的投资管理系统，公平对待其管理的不同基金财产和客户资产。

第五十一条 基金管理公司应当建立完善的基金财务核算与基金资产估值系统，严格遵守国家有关规定，及时、准确和完整地反映基金财产的状况。

第五十二条 基金管理公司应当遵守相关法律法规、行业监管要求、行业技术标准，遵循安全性、实用性、可操作性原则，建立与公司发展战略和业务操作相适应的信息技术系统。

第五十三条 基金管理公司应当建立健全人力资源管理制度，规范岗位职责，强化员工培训，建立与公司发展相适应的激励约束机制、基金从业人员与基金份额持有人的利益绑定机制，为公司经营管理和持续发展提供人力资源支持。

第五十四条 基金管理公司应当建立和完善客户服务标准，加强销售管理，规范基金宣传推介，不得有不正当销售或者不正当竞争的行为。

第五十五条 基金管理公司应当保持良好的财务状况，满足公司运营、业务发展和风险防范的需要。

基金管理公司应当建立健全财务管理制度，严格执行国家财经法律法规，相关资金或者资产必须列入符合规定的本单位会计账簿。

第五十六条 基金管理公司按照审慎经营原则和业务发展需要，可以相应增加注册资本。

基金管理公司应当按照规定提取风险准备金。

第五十七条 基金管理公司应当按照中国证监会的规定，管理和运用固有资金。

基金管理公司管理、运用固有资金，应当保持公司的正常运营，不得损害基金份额持有人的合法权益。

第五十八条 基金管理公司应当建立突发事件处理预案制度，对发生严重影响基金份额持有人利益、可能引起系统性风险、严重影响社会稳定的突发事件，按照预案妥善处理。

第五十九条 基金管理公司可以根据自身发展战略的需要，委托资质良好的基金服务机构代为办理基金份额登记、核算、估值以及信息技术系统开发维护等业务，但基金管理公司依法应当承担的责任并不因委托而免除。

委托基金服务机构代为办理部分业务的，基金管理公司应当进行充分的评估论证，履行必要的内部决策程序，审慎确定委托办理业务的范围、内容以及受托基金服务机构，并制定委托办理业务的风险管理和应急处理制度，加强对受托基金服务机构的评价和约束，确保业务信息的保密性和安全性，维护基金份额持有人的合法权益以及公司的商业秘密等。

第六十条 基金管理公司与基金服务机构签署委托协议后10日内，应当向中国证监会和所在地中国证监会派出机构报告委托办理业务的范围、内容、受托基金服务机构的基本情况和业务准备情况、主要风险及相应的风险防范措施等。基金管理公司应当在基金招募说明书、基金合同、基金年度报告、基金半年度报告以及基金管理公司年度报告中披露委托办理业务的有关情况。

开展受托业务的基金服务机构应当具有健全的治理结构，经营运作规范，财务状况良好，有与受托办理业务相适应的专业人才队伍、营业场所、安全防范设施和技术设施等，并具有完善的内部控制、风险管理、应急处理制度和业务操作流程等。基金服务机构及其从业人员开展相关受托业务应当恪尽职守、诚实守信、谨慎勤勉，确保受托业务运作安全有效，并保守商业秘密，不得泄露或者利用受托业务知悉的非公开信息牟利，不得损害基金份额持有人的合法权益。

第六章 监督管理

第六十一条 基金管理公司、基金管理公司的股东申请批准有关事项，隐瞒有关情况或者提供虚假材料的，中国证监会不予受理；已经受理的，不予批准。

第六十二条 中国证监会依照法律、行政法规、中国证监会规定和审慎监管原则对基金管理公司的公司治理、内部监控、经营运作、风险状况，以及相关业务活动进行非现场检查和现场检查。

第六十三条 非现场检查主要以审阅基金管理公司报送材料的方式进行。

基金管理公司应当向中国证监会和所在地中国证监会派出机构报送下列材料：

（一）经具有证券相关业务资格的会计师事务所审计的基金管理公司年度报告；

（二）由具有证券相关业务资格的会计师事务所出具的基金管理公司内部监控情况的年度评价报告；

（三）监察稽核季度报告和年度报告；

（四）中国证监会根据审慎监管原则要求报送的其他材料。

第六十四条 基金管理公司应当自年度结束之日起3个月内报送基金管理公司年度报告和年度评价报告；自季度结束之日起15日内报送监察稽核季度报告，自年度结束之日起30日内报送监察稽核年度报告。

第六十五条 基金管理公司发生下列情形之一的，应当在5日内向中国证监会和所在地中国证监会派出机构报告：

（一）变更持股5%以下的股东；

（二）变更股东的持股比例不超过5%；

（三）变更名称、住所；

（四）股东同比例增减注册资本；

（五）修改公司章程一般条款；

（六）公司及其董事、高级管理人员、基金经理受到刑事、行政处罚；

（七）公司及其董事、高级管理人员、基金经理被监管机构或者司法机关调查；

（八）公司财务状况发生重大不利变化；

（九）因公司过失遭受重大投诉；

（十）面临重大诉讼；

（十一）对公司经营产生重大影响的其他事项。

发生前款第（六）项至第（十一）项规定事项的，基金管理公司应当书面通知全体股东。

基金管理公司发生本办法第五十八条规定的突发事件的,应当立即向中国证监会和所在地中国证监会派出机构报告。

第六十六条 基金管理公司股东发生下列情形之一的,应当书面通知公司,并在5日内向中国证监会和公司所在地中国证监会派出机构报告:

(一)名称、住所变更;

(二)控股股东或者实际控制人变更;

(三)主要股东连续3年亏损;

(四)所持股权被司法机关采取诉讼保全等措施;

(五)决定处分其股权;

(六)发生合并、分立或者进行重大资产、债务重组;

(七)被监管机构或者司法机关立案调查;

(八)被采取责令停业整顿、指定托管、接管或者撤销等监管措施或者进入破产清算程序;

(九)对公司运作产生重大影响的其他事项。

第六十七条 中外合资基金管理公司的境外股东,其注册地或者主要经营活动所在地的主管当局对境外投资有备案要求的,该境外股东在依法取得中国证监会的批准文件后,如向其注册地或者主要经营活动所在地的主管当局提交有关备案材料,应当同时将副本报送中国证监会。

第六十八条 中国证监会可以采取下列措施对基金管理公司进行现场检查,并根据日常监管情况确定现场检查的对象、内容和频率:

(一)进入基金管理公司及其子公司、分支机构进行检查;

(二)要求基金管理公司提供与检查事项有关的文件、会议记录、报表、凭证和其他资料;

(三)询问基金管理公司的工作人员,要求其对有关检查事项做出说明;

(四)查阅、复制基金管理公司与检查事项有关的文件、资料,对可能被转移、隐匿或者毁损的文件、资料予以封存;

(五)检查基金管理公司的信息技术系统;

(六)中国证监会规定的其他措施。

第六十九条 中国证监会对基金管理公司进行现场检查时,检查人员不得少于2人,并应当出示合法证件;检查人员少于2人或者未出示合法证件的,基金管理公司有权拒绝检查。

中国证监会可以聘请注册会计师、律师等专业人员为检查工作提供专业服务。

第七十条 基金管理公司及有关人员应当配合中国证监会进行检查,不得以任何理由拒绝、拖延提供有关资料,或者提供不真实、不准确、不完整的资料。

第七十一条 中国证监会对基金管理公司进行现场检查后,应当向被检查的基金管理公司出具检查结论。

第七十二条 中国证监会可以根据监管需要,建立基金管理公司风险控制指标监控体系和监管综合评价体系。对于相关风险控制指标、监管综合评价指标不符合规定的,中国证监会可以责令公司限期改正,并可以采取要求公司增加注册资本金、提高风险准备金提取比例、暂停部分或者全部业务等行政监管措施。

第七十三条 违反本办法的规定,有下列情形之一的,中国证监会责令改正,给予警告,并处3万元以下的罚款,对直接负责的主管人员和其他直接责任人员给予警告,撤销任职资格或者基金从业资格,并处3万元以下的罚款:

(一)未经批准持有基金管理公司5%以上股权,或者通过提供虚假申请材料等方式成为基金管理公司股东;

(二)委托他人或者接受他人委托持有基金管理公司的股权;

(三)基金管理公司的股东及其实际控制人占有或者转移基金管理公司资产;

(四)基金管理公司的股东及其实际控制人在证券承销、证券投资等业务活动中,强令、指使、接受基金管理公司为其提供配合,损害基金份额持有人和其他当事人的合法权益。

第七十四条 违反本办法的规定,有下列情形之一的,中国证监会责令改正,并对负有责任的股东、实际控制人、董事、监事、高级管理人员以及直接责任人员等可以采取监管谈话、出具警示函、暂停履行职务等行政监管措施:

(一)基金管理公司的股东、实际控制人越过股东(大)会、董事会任免基金管理公司的董事、监事、高级管理人员;

(二)基金管理公司的股东、实际控制人越过股东(大)会、董事会直接干预基金管理公司的经营管理或者基金财产的投资运作;

（三）基金管理公司及其股东、实际控制人未及时履行报告义务；

（四）基金管理公司董事会对经营管理人员的考核不符合规定。

第七十五条　基金管理公司出现下列情形之一的，中国证监会责令其限期整改，整改期间可以暂停受理及审核其基金产品募集申请或者其他业务申请，并对负有责任的董事、监事、高级管理人员以及直接责任人员可以采取监管谈话、出具警示函、暂停履行职务等行政监管措施：

（一）公司治理不健全，严重影响公司的独立性、完整性和统一性；

（二）公司内部控制制度不完善，相关制度不能有效执行，存在重大风险隐患或者发生较大风险事件；

（三）对子公司、分支机构管理松懈，或者选聘的基金服务机构不具备基本的资质条件，存在重大风险隐患或者发生较大风险事件；

（四）发生重大违法违规行为。

基金管理公司逾期未完成整改的，中国证监会可以停止批准其增设子公司或者分支机构；限制分配红利，限制其向负有责任的董事、监事、高级管理人员支付报酬、提供福利；责令其更换负有责任的董事、监事、高级管理人员或者限制权利。情节特别严重的，中国证监会可以采取指定其他机构托管、接管或者撤销等监管措施，对负有责任的董事、监事、高级管理人员以及直接责任人员给予警告，并处3万元以下的罚款。

第七十六条　基金管理公司的净资产低于4000万元人民币，或者现金、银行存款、国债等可运用的流动资产低于2000万元人民币且低于公司上一会计年度营业支出的，中国证监会可以暂停受理及审核其基金产品募集申请或者其他业务申请，并限期要求改善财务流动性。财务状况持续恶化的，中国证监会责令其进行停业整顿。

被责令停业整顿的，基金管理公司应当在规定的期限内将其管理的基金资产委托给中国证监会认可的基金管理公司进行管理。逾期未按照要求委托管理的，中国证监会可以指定其他机构对其基金管理业务进行托管。

第七十七条　基金服务机构违反本办法的规定，泄露或者利用受托业务知悉的非公开信息牟利，损害基金份额持有人合法权益的，责令改正，给予警告，并处3万元以下的罚款。对直接负责的主管人员和其他直接责任人员给予警告，并处3万元以下的罚款。

第七十八条　基金管理公司、基金管理公司的股东及实际控制人、基金服务机构及其直接负责的主管人员和其他直接责任人员违反本办法以及其他相关规定，依法应予行政处罚的，依照有关规定进行行政处罚；涉嫌犯罪的，依法移送司法机关，追究其刑事责任。

第七章　附　则

第七十九条　本办法所称中外合资基金管理公司，包括境外股东与境内股东共同出资设立的基金管理公司和境外股东受让、认购境内基金管理公司股权而变更的基金管理公司。

第八十条　基金管理公司设立子公司的具体管理办法，由中国证监会另行规定。

第八十一条　本办法自2012年11月1日起施行。《证券投资基金管理公司管理办法》（证监会令第22号）同时废止。

13. 外商投资建筑业企业管理规定

（2002年9月27日建设部、对外贸易经济合作部令第113号发布，自2002年12月1日起施行）

第一章　总　则

第一条　为进一步扩大对外开放，规范对外商投资建筑业企业的管理，根据《中华人民共和国建筑法》、《中华人民共和国招标投标法》、《中华人民共和国中外合资经营企业法》、《中华人民共和国中外合作经营企业法》、《中华人民共和国外资企业法》、《建设工程质量管理条例》等法律、行政法规,制定本规定。

第二条 在中华人民共和国境内设立外商投资建筑业企业,申请建筑业企业资质,实施对外商投资建筑业企业监督管理,适用本规定。

本规定所称外商投资建筑业企业,是指根据中国法律、法规的规定,在中华人民共和国境内投资设立的外资建筑业企业、中外合资经营建筑业企业以及中外合作经营建筑业企业。

第三条 外国投资者在中华人民共和国境内设立外商投资建筑业企业,并从事建筑活动,应当依法取得对外贸易经济行政主管部门颁发的外商投资企业批准证书,在国家工商行政管理总局或者其授权的地方工商行政管理局注册登记,并取得建设行政主管部门颁发的建筑业企业资质证书。

第四条 外商投资建筑业企业在中华人民共和国境内从事建筑活动,应当遵守中国的法律、法规、规章。

外商投资建筑业企业在中华人民共和国境内的合法经营活动及合法权益受中国法律、法规、规章的保护。

第五条 国务院对外贸易经济行政主管部门负责外商投资建筑业企业设立的管理工作;国务院建设行政主管部门负责外商投资建筑业企业资质的管理工作。

省、自治区、直辖市人民政府对外贸易经济行政主管部门在授权范围内负责外商投资建筑业企业设立的管理工作;省、自治区、直辖市人民政府建设行政主管部门按照本规定负责本行政区域内的外商投资建筑业企业资质的管理工作。

第二章 企业设立与资质的申请和审批

第六条 外商投资建筑业企业设立与资质的申请和审批,实行分级、分类管理。

申请设立施工总承包序列特级和一级、专业承包序列一级资质外商投资建筑业企业的,其设立由国务院对外贸易经济行政主管部门审批,其资质由国务院建设行政主管部门审批;申请设立施工总承包序列和专业承包序列二级及二级以下、劳务分包序列资质的,其设立由省、自治区、直辖市人民政府对外贸易经济行政主管部门审批,其资质由省、自治区、直辖市人民政府建设行政主管部门审批。

中外合资经营建筑业企业、中外合作经营建筑业企业的中方投资者为中央管理企业的,其设立由国务院对外贸易经济行政主管部门审批,其资质由国务院建设行政主管部门审批。

第七条 设立外商投资建筑业企业,申请施工总承包序列特级和一级、专业承包序列一级资质的程序:

(一)申请者向拟设立企业所在地的省、自治区、直辖市人民政府对外贸易经济行政主管部门提出设立申请。

(二)省、自治区、直辖市人民政府对外贸易经济行政主管部门在受理申请之日起30日内完成初审,初审同意后,报国务院对外贸易经济行政主管部门。

(三)国务院对外贸易经济行政主管部门在收到初审材料之日起10日内将申请材料送国务院建设行政主管部门征求意见。国务院建设行政主管部门在收到征求意见函之日起30日内提出意见。国务院对外贸易经济行政主管部门在收到国务院建设行政主管部门书面意见之日起30日内作出批准或者不批准的书面决定。予以批准的,发给外商投资企业批准证书;不予批准的,书面说明理由。

(四)取得外商投资企业批准证书的,应当在30日内到登记主管机关办理企业登记注册。

(五)取得企业法人营业执照后,申请建筑业企业资质的,按照建筑业企业资质管理规定办理。

第八条 设立外商投资建筑业企业,申请施工总承包序列和专业承包序列二级及二级以下、劳务分包序列资质的程序,由各省、自治区、直辖市人民政府建设行政主管部门和对外贸易经济行政主管部门,结合本地区实际情况,参照本规定第七条以及建筑业企业资质管理规定执行。

省、自治区、直辖市人民政府建设行政主管部门审批的外商投资建筑业企业资质,应当在批准之日起30日内报国务院建设行政主管部门备案。

第九条 外商投资建筑业企业申请晋升资质等级或者增加主项以外资质的,应当依照有关规定到建设行政主管部门办理相关手续。

第十条 申请设立外商投资建筑业企业应当向对外贸易经济行政主管部门提交下列资料：

（一）投资方法定代表人签署的外商投资建筑业企业设立申请书；

（二）投资方编制或者认可的可行性研究报告；

（三）投资方法定代表人签署的外商投资建筑业企业合同和章程（其中，设立外资建筑业企业的只需提供章程）；

（四）企业名称预先核准通知书；

（五）投资方法人登记注册证明、投资方银行资信证明；

（六）投资方拟派出的董事长、董事会成员、经理、工程技术负责人等的任职文件及证明文件；

（七）经注册会计师或者会计事务所审计的投资方最近三年的资产负债表和损益表。

第十一条 申请外商投资建筑业企业资质应当向建设行政主管部门提交下列资料：

（一）外商投资建筑业企业资质申请表；

（二）外商投资企业批准证书；

（三）企业法人营业执照；

（四）投资方的银行资信证明；

（五）投资方拟派出的董事长、董事会成员、企业财务负责人、经营负责人、工程技术负责人等的任职文件及证明文件；

（六）经注册会计师或者会计师事务所审计的投资方最近三年的资产负债表和损益表；

（七）建筑业企业资质管理规定要求提交的资料。

第十二条 中外合资经营建筑业企业、中外合作经营建筑业企业中方合营者的出资总额不得低于注册资本的25%。

第十三条 本规定实施前，已经设立的中外合资经营建筑业企业、中外合作经营建筑业企业，应当按照本规定和建筑业企业资质管理规定重新核定资质等级。

第十四条 本规定中要求申请者提交的资料应当使用中文，证明文件原件是外文的，应当提供中文译本。

第三章 工程承包范围

第十五条 外资建筑业企业只允许在其资质等级许可的范围内承包下列工程：

（一）全部由外国投资、外国赠款、外国投资及赠款建设的工程；

（二）由国际金融机构资助并通过根据贷款条款进行的国际招标授予的建设项目；

（三）外资等于或者超过50%的中外联合建设项目及外资少于50%，但因技术困难而不能由中国建筑企业独立实施，经省、自治区、直辖市人民政府建设行政主管部门批准的中外联合建设项目；

（四）由中国投资，但因技术困难而不能由中国建筑企业独立实施的建设项目，经省、自治区、直辖市人民政府建设行政主管部门批准，可以由中外建筑企业联合承揽。

第十六条 中外合资经营建筑业企业、中外合作经营建筑业企业应当在其资质等级许可的范围内承包工程。

第四章 监督管理

第十七条 外商投资建筑业企业的资质等级标准执行国务院建设行政主管部门颁发的建筑业企业资质等级标准。

第十八条 承揽施工总承包工程的外商投资建筑业企业，建筑工程主体结构的施工必须由其自行完成。

第十九条 外商投资建筑业企业与其他建筑业企业联合承包，应当按照资质等级低的企业的业务许可范围承包工程。

第二十条 外资建筑业企业违反本规定第十五条，超越资质许可的业务范围承包工程的，处工程合同价款2%以上4%以下的罚款；可以责令停业整顿，降低资质等级；情节严重的，吊销资质证书；有违法所得的，予以没收。

第二十一条 外商投资建筑业企业从事建筑活动，违反《中华人民共和国建筑法》、《中华人民共和国招标投标法》、《建设工程质量管理条例》、《建筑业企业资质管理规定》等有关法律、法规、规章的，依照有关规定处罚。

第五章 附 则

第二十二条 本规定实施前已经取得《外国企业承包工程资质证》的外国企业投资设立外商投资建筑业企业，可以根据其在中华人民共和国境内承包工程业绩等申请相应等级的建筑业企业资质。

根据本条第一款规定已经在中华人民共和国境内设立外商投资建筑业企业的外国企业，设立新的外商投资建筑业企业，其资质等级按照建筑业企业资质管理规定核定。

第二十三条 香港特别行政区、澳门特别行政区和台湾地区投资者在其他省、自治区、直辖市投资设立建筑业企业，从事建筑活动的，参照本规定执行。法律、法规、国务院另有规定的除外。

第二十四条 本规定由国务院建设行政主管部门和国务院对外贸易经济行政主管部门按照各自职责负责解释。

第二十五条 本规定自2002年12月1日起施行。

第二十六条 自2003年10月1日起，1994年3月22日建设部颁布的《在中国境内承包工程的外国企业资质管理暂行办法》（建设部令第32号）废止。

第二十七条 自2002年12月1日起，建设部和对外贸易经济合作部联合颁布的《关于设立外商投资建筑业企业的若干规定》（建建〔1995〕533号）废止。

14. 外商投资建设工程设计企业管理规定

（2002年9月27日建设部、对外贸易经济合作部令第114号发布，自2002年12月1日起施行）

第一条 为进一步扩大对外开放，规范对外商投资建设工程设计企业的管理，根据《中华人民共和国建筑法》、《中华人民共和国中外合资经营企业法》、《中华人民共和国中外合作经营企业法》、《中华人民共和国外资企业法》、《建设工程质量管理条例》、《建设工程勘察设计管理条例》等法律、行政法规，制定本规定。

第二条 在中华人民共和国境内设立外商投资建设工程设计企业，申请建设工程设计企业资质，实施对外商投资建设工程设计企业监督管理，适用本规定。

本规定所称外商投资建设工程设计企业，是指根据中国法律、法规的规定，在中华人民共和国境内投资设立的外资建设工程设计企业、中外合资经营建设工程设计企业以及中外合作经营建设工程设计企业。

第三条 外国投资者在中华人民共和国境内设立外商投资建设工程设计企业，并从事建设工程设计活动，应当依法取得对外贸易经济行政主管部门颁发的外商投资企业批准证书，在国家工商行政管理总局或者其授权的地方工商行政管理局注册登记，并取得建设行政主管部门颁发的建设工程设计企业资质证书。

第四条 外商投资建设工程设计企业在中华人民共和国境内从事建设工程设计活动，应当遵守中国的法律、法规、规章。

外商投资建设工程设计企业在中华人民共和国境内的合法经营活动及合法权益受中国法律、法规、规章的保护。

第五条 国务院对外贸易经济合作行政主管部门负责外商投资建设工程设计企业设立的管理工作；国务院建设行政主管部门负责外商投资建设工程设计企业资质的管理工作。

省、自治区、直辖市人民政府对外贸易经济行政主管部门在授权范围内负责外商投资建设工程设计企业设立的管理工作；省、自治区、直辖市人民政府建设行政主管部门按照本规定负责本行政区域内的外商投资建设工程设计企业资质的管理工作。

第六条 外商投资建设工程设计企业设立与资质的申请和审批，实行分级、分类管理。

申请设立建筑工程设计甲级资质及其他建

设工程设计甲、乙级资质外商投资建设工程设计企业的，其设立由国务院对外贸易经济行政主管部门审批，其资质由国务院建设行政主管部门审批；申请设立建筑工程设乙级资质、其他建设工程设计丙级及以下等级资质外商投资建设工程设计企业的，其设立由省、自治区、直辖市人民政府对外贸易经济行政主管部门审批，其资质由省、自治区、直辖市人民政府建设行政主管部门审批。

第七条　设立外商投资建设工程设计企业，申请建筑工程设计甲级资质及其他建设工程设计甲、乙级资质的程序：

（一）申请者向拟设立企业所在地的省、自治区、直辖市人民政府对外贸易经济行政主管部门提出设立申请。

（二）省、自治区、直辖市人民政府对外贸易经济行政主管部门在受理申请之日起30日内完成初审；初审同意后，报国务院对外贸易经济行政主管部门。

（三）国务院对外贸易经济行政主管部门在收到初审材料之日起10日内将申请材料送国务院建设行政主管部门征求意见。国务院建设行政主管部门在收到征求意见函之日起30日内提出意见。国务院对外贸易经济行政主管部门在收到国务院建设行政主管部门书面意见之日起30日内作出批准或者不批准的书面决定。予以批准的，发给外商投资企业批准证书；不予批准的，书面说明理由。

（四）取得外商投资企业批准证书的，应当在30日内到登记主管机关办理企业登记注册。

（五）取得企业法人营业执照后，申请建设工程设计企业资质的，按照建设工程设计企业资质管理规定办理。

第八条　设立外商投资建设工程设计企业，申请建筑工程乙级资质和其他建设工程设计丙级及以下等级资质的程序，由各省、自治区、直辖市人民政府建设行政主管部门和对外贸易经济行政主管部门，结合本地区实际情况，参照本规定第七条以及建设工程设计企业资质管理规定执行。

省、自治区、直辖市人民政府建设行政主管部门审批的外商投资建设工程设计企业资质，应当在批准之日起30日内报国务院建设行政主管部门备案。

第九条　外商投资建设工程设计企业申请晋升资质等级或者申请增加其他建设工程设计企业资质，应当依照有关规定到建设行政主管部门办理相关手续。

第十条　申请设立外商投资建设工程设计企业应当向对外贸易经济行政主管部门提交下列资料：

（一）投资方法定代表人签署的外商投资建设工程设计企业设立申请书；

（二）投资方编制或者认可的可行性研究报告；

（三）投资方法定代表人签署的外商投资建设工程设计企业合同和章程（其中，设立外资建设工程设计企业只需提供章程）；

（四）企业名称预先核准通知书；

（五）投资方所在国或者地区从事建设工程设计的企业注册登记证明、银行资信证明；

（六）投资方拟派出的董事长、董事会成员、经理、程技术负责人等的任职文件及证明文件；

（七）经注册会计师或者会计师事务所审计的投资方最近三年的资产负债表和损益表。

第十一条　申请外商投资建设工程设计企业资质应当向建设行政主管部门提交下列资料：

（一）外商投资建设工程设计企业资质申报表；

（二）外商投资企业批准证书；

（三）企业法人营业执照；

（四）外方投资者所在国或者地区从事建设工程设计的企业注册登记证明、银行资信证明；

（五）外国服务提供者所在国或者地区的个人执业资格证明以及由所在国或者地区政府主管部门或者行业学会、协会、公证机构出具的个人、企业建设工程设计业绩、信誉证明；

（六）建设工程设计企业资质管理规定要求提供的其他资料。

第十二条　本规定中要求申请者提交的资料应当使用中文，证明文件原件是外文的，应当提供中文译本。

第十三条　外商投资建设工程设计企业的外方投资者及外国服务提供者应当是在其本国从事建设工程设计的企业或者注册建筑师、注册工程师。

第十四条 中外合资经营建设工程设计企业、中外合作经营建设工程设计企业中方合营者的出资总额不得低于注册资本的25%。

第十五条 外商投资建设工程设计企业申请建设工程设计企业资质，应当符合建设工程设计企业资质分级标准要求的条件。

外资建设工程设计企业申请建设工程设计企业资质，其取得中国注册建筑师、注册工程师资格的外国服务提供者人数应当各不少于资质分级标准规定的注册执业人员总数的1/4；具有相关专业设计经历的外国服务提供者人数应当不少于资质分级标准规定的技术骨干总人数的1/4。

中外合资经营、中外合作经营建设工程设计企业申请建设工程设计企业资质，其取得中国注册建筑师、注册工程师资格的外国服务提供者人数应当各不少于资质分级标准规定的注册执业人员总数的1/8；具有相关专业设计经历的外国服务提供者人数应当不少于资质分级标准规定的技术骨干总人数的1/8。

第十六条 外商投资建设工程设计企业中，外国服务提供者在中国注册的建筑师、工程师及技术骨干，每人每年在中华人民共和国境内累计居住时间应当不少于6个月。

第十七条 外商投资建设工程设计企业在中国境内从事建设工程设计活动，违反《中华人民共和国建筑法》及《建设工程质量管理条例》、《建设工程勘察设计管理条例》、《建设工程勘察设计企业资质管理规定》等有关法律、法规、规章的，依照有关规定处罚。

第十八条 香港特别行政区、澳门特别行政区和台湾地区的投资者在其他省、自治区、直辖市内投资设立建设工程设计企业，从事建设工程设计活动，参照本规定执行。法律、法规、国务院另有规定的除外。

第十九条 受理设立外资建设工程设计企业申请的时间由国务院建设行政主管部门和国务院对外贸易经济行政主管部门决定。

第二十条 本规定由国务院建设行政主管部门和国务院对外贸易经济行政主管部门按照各自职责负责解释。

第二十一条 本规定自2002年12月1日起施行，《成立中外合营工程设计机构审批管理规定》（建设〔1992〕180号）同时废止。

15.《外商投资建设工程设计企业管理规定》的补充规定

（2003年12月19日建设部、商务部令第122号发布，自2004年1月1日起施行）

为了促进内地与香港、澳门经贸关系的发展，鼓励香港服务提供者和澳门服务提供者在内地设立建设工程设计企业，根据国务院批准的《内地与香港关于建立更紧密经贸关系的安排》和《内地与澳门关于建立更紧密经贸关系的安排》，现就《外商投资建设工程设计企业管理规定》（建设部、对外贸易经济合作部令第114号）做如下补充规定：

一、自2004年1月1日起，允许香港服务提供者和澳门服务提供者在内地以独资形式设立建设工程设计企业。

二、香港服务提供者和澳门服务提供者在内地投资设立建设工程设计企业以及申请资质，按照《外商投资建设工程设计企业管理规定》以及有关的建设工程设计企业资质管理规定执行。

三、本规定中的香港服务提供者和澳门服务提供者应分别符合《内地与香港关于建立更紧密经贸关系的安排》和《内地与澳门关于建立更紧密经贸关系的安排》中关于“服务提供者”定义及相关规定的要求。

四、本补充规定由建设部和商务部按照各自职责负责解释。

五、本补充规定自2004年1月1日起实施。

16. 外商投资建设工程设计企业管理规定实施细则

（2007年1月5日建设部、商务部建市〔2007〕18号发布，自发布之日起施行）

为实施《外商投资建设工程设计企业管理规定》（建设部、对外贸易经济合作部令第114号）（以下简称《规定》），制定本实施细则。

一、外商投资建设工程设计企业资质申请、受理和审批程序

外商投资建设工程设计企业，取得企业法人营业执照后，首次申请建设工程设计企业资质，或取得工程设计资质后的资质升级、降级、增项、变更、注销等，其申请、受理及审批的程序和审查标准，按照《规定》第七条、建设工程设计资质管理规定和本实施细则办理。

二、外商投资建设工程设计企业资质核定条件

外商投资建设工程设计企业资质按照建设工程设计资质标准进行核定，并符合下列要求：

（一）外国服务提供者应当是在其所在国或地区从事建设工程设计的企业或取得相关注册执业资格的自然人。其中外国企业应当具有在其所在国或地区从事建设工程设计的企业业绩；自然人应当是在其所在国或地区从事建设工程设计的注册建筑师或注册工程师。

（二）外商投资建设工程设计企业，首次申请工程设计资质，其外国服务提供者（外国投资方）应提供两项及以上在中国境外完成的工程设计业绩，其中至少一项工程设计业绩是在其所在国或地区完成的；申请资质升级，应提供取得工程设计资质后在中国境内或境外完成的工程设计业绩，其中至少有两项工程设计业绩是在中国境内完成的。

（三）外商投资建设工程设计企业聘用外国注册建筑师、注册工程师，并将其作为本企业申请建设工程设计资质的主要专业技术人员，在资质审查时不考核其专业技术职称条件，只考核其学历、从事工程设计实践年限、在国外的注册资格、工程设计业绩及信誉。同时要求其只能受聘于一个工程设计企业，并应取得中国政府有关部门发放的《中华人民共和国外国人就业证》，台湾、香港、澳门服务提供者应取得《台港澳人员就业证》。其外国的注册资格应经建设部执业资格注册中心核实。其中，学历应为大学本科及以上，具有10年及以上工程设计实践经验，所学专业应符合《工程设计资质标准》中对相应主要专业技术人员的专业要求；个人业绩，在企业首次申请资质时，考核其在中国境外完成的工程设计业绩。

（四）外商投资建设工程设计企业暂不满足《规定》第十五条要求时，可以聘用中国注册建筑师、注册工程师以满足《规定》对取得中国注册建筑师、注册工程师资格的外国服务提供者人数的要求；对《规定》中具有相关专业设计经历的外国服务提供者人数的要求，可以聘用具有中国国籍的专业技术人员代替。

（五）对外国服务提供者暂时不能满足《规定》第十六条关于居住时限要求的，可以不予考核。

（六）外商投资建设工程设计企业，不得申请涉及中国国家安全、保密等特殊行业、专业或专项工程设计资质。

三、外商投资建设工程设计企业资质申报材料

外商投资建设工程设计企业资质申报材料按照《规定》第十一条、十二条规定提供，其中第六款：建设工程设计企业资质管理规定要求的其他资料，除符合建设工程设计资质标准要求外，同时还需满足以下要求：

（一）外国服务提供者在中国境外完成的业绩材料

1. 外国企业提供的工程设计业绩，应是以本企业名义与业主签订合同并负责实施，已经竣工、质量合格的工程项目。工程项目内容应包括工程名称、工程所在地、工程规模等，并附实物照片及有关的证明文件。证明文件具体要求见附件一。

2. 注册建筑师、注册工程师的工程设计业绩,应是其主持完成,或担任项目技术负责人,或项目某个专业负责人,并已经竣工、质量合格的工程项目。工程项目内容应包括工程名称、工程所在地、工程规模等,并附实物照片及有关的证明文件。证明文件具体要求见附件二。

(二)注册建筑师、注册工程师个人注册资格有关材料

1. 有效的学历证书;

2. 注册建筑师或注册工程师注册证书;

3. 注册建筑师或注册工程师所在学会(协会、注册管理机构等)出具的其遵守职业道德的证明;

4.《中华人民共和国外国人就业证》或《台港澳人员就业证》。

四、其他

香港特别行政区、澳门特别行政区和台湾地区的投资者在其他省、自治区、直辖市内投资设立建设工程设计企业,参照本实施细则执行。

本细则自发布之日起施行。

附件一:外国服务提供者(企业)在中国境外完成的业绩证明(略)

附件二:外国服务提供者(个人)在中国境外完成的业绩证明(略)

17. 外商投资建设工程服务企业管理规定

(2007年1月22日建设部、商务部令第155号发布,自2007年3月26日起施行)

第一条 为进一步扩大对外开放,规范对外商投资建设工程服务企业的管理,根据《中华人民共和国建筑法》、《中华人民共和国招标投标法》、《中华人民共和国中外合资经营企业法》、《中华人民共和国中外合作经营企业法》、《中华人民共和国外资企业法》、《建设工程质量管理条例》等法律、行政法规,制定本规定。

第二条 在中华人民共和国境内设立外商投资建设工程服务企业,申请外商投资建设工程服务企业资质,实施对外商投资建设工程服务企业的监督管理,适用本规定。

第三条 本规定所称外商投资建设工程服务企业,是指在中华人民共和国境内依法设立,并取得相应资质的中外合资经营建设工程服务企业、中外合作经营建设工程服务企业和外资建设工程服务企业。

本规定所称建设工程服务,包括建设工程监理、工程招标代理和工程造价咨询。

第四条 外国投资者在中华人民共和国境内设立外商投资建设工程服务企业,从事建设工程服务活动,应当依法取得商务主管部门颁发的外商投资企业批准证书,经工商行政管理部门注册登记,并取得建设主管部门颁发的相应建设工程服务企业资质证书。

第五条 外商投资建设工程服务企业从事建设工程服务活动,应当遵守中华人民共和国法律、法规、规章。

外商投资建设工程服务企业在中华人民共和国境内的合法经营活动及合法权益受中华人民共和国法律、法规、规章的保护。

第六条 国务院商务主管部门及其依法授权的省、自治区、直辖市人民政府商务主管部门负责外商投资建设工程服务企业设立的管理工作。

国务院建设主管部门负责外商投资建设工程服务企业资质的管理工作;省、自治区、直辖市人民政府建设主管部门按照本规定负责本行政区域内外商投资建设工程服务企业资质的管理工作。

第七条 外商投资建设工程服务企业的设立由国务院商务主管部门授权的省、自治区、直辖市人民政府商务主管部门审批。

申请外商投资建设工程服务企业甲级资质的,由国务院建设主管部门审批;申请外商投资建设工程服务企业乙级或者乙级以下资质的,由省、自治区、直辖市人民政府建设主管部门审批。

第八条 设立外商投资建设工程服务企业,申请外商投资建设工程服务企业资质的程序:

(一)申请者向拟设立企业所在地的省、自治区、直辖市人民政府商务主管部门提出设立申

请；

（二）省、自治区、直辖市人民政府商务主管部门在受理申请之日起5日内将申请材料送省、自治区、直辖市人民政府建设主管部门征求意见；

（三）省、自治区、直辖市人民政府建设主管部门在收到征求意见函之日起10日内提出书面意见。省、自治区、直辖市人民政府商务主管部门在收到建设主管部门书面意见之日起30日内作出批准或者不予批准的书面决定。予以批准的，发给外商投资企业批准证书；不予批准的，书面说明理由；

（四）取得外商投资企业批准证书的，应当在30日内到登记主管机关办理企业登记注册；

（五）取得企业法人营业执照后，申请外商投资建设工程服务企业资质的，按照有关资质管理规定办理。

第九条　省、自治区、直辖市人民政府建设主管部门审批的外商投资建设工程服务企业资质，应当在批准之日起30日内报国务院建设主管部门备案。

第十条　申请设立外商投资建设工程服务企业应当向省、自治区、直辖市人民政府商务主管部门提交以下资料：

（一）外商投资建设工程服务企业设立申请书；

（二）外商投资建设工程服务企业合同和章程（其中，设立外资建设工程服务企业的只提供章程）；

（三）企业名称预先核准通知书；

（四）投资方注册（登记）证明、投资方银行资信证明；

（五）投资方拟派出的董事长、董事会成员、经理、工程技术负责人等任职文件及证明文件；

（六）经注册会计师审计或者会计事务所审计的投资方最近三年的资产负债表和损益表，投资方成立不满三年的，按照其实际成立年份提供相应的资产负债表和损益表。

第十一条　申请外商投资建设工程服务企业资质，应当向建设主管部门提交以下资料：

（一）外商投资建设工程服务企业资质申请表；

（二）外商投资企业批准证书；

（三）企业法人营业执照；

（四）投资方在其所在国或者地区的注册（登记）证明、相关业绩证明、银行资信证明；

（五）经注册会计师或者会计师事务所审计的投资方最近三年的资产负债表和损益表，投资方成立不满三年的，按照其成立年限提供相应的资产负债表和损益表；

（六）建设工程监理、工程招标代理或工程造价咨询企业资质管理规定要求提交的其他资料。

第十二条　本规定要求申请者提交的主要资料应当使用中文，证明文件原件是外文的，应当提供中文译本。

第十三条　申请设立外商投资建设工程服务企业的外方投资者，应当是在其所在国从事相应工程服务的企业、其他经济组织或者注册专业技术人员。

第十四条　申请外商投资建设工程服务企业资质，应当符合相应的建设工程监理、工程招标代理和工程造价咨询企业资质标准要求的条件。

第十五条　外商投资建设工程服务企业申请晋升资质等级或者申请增加其他建设工程服务企业资质，应当依照有关规定到建设主管部门办理相关手续。

第十六条　外商投资建设工程服务企业变更合同、章程条款的，应当到省、自治区、直辖市人民政府商务主管部门办理相关手续。

第十七条　外商投资建设工程服务企业在中华人民共和国境内从事建设工程服务活动，违反《中华人民共和国建筑法》、《中华人民共和国招标投标法》、《建设工程质量管理条例》等有关法律、法规和相关资质管理规定的，依照有关规定进行处罚。

第十八条　香港特别行政区、澳门特别行政区和台湾地区的投资者在其他省、自治区、直辖市内投资设立建设工程服务企业，从事建设工程服务活动，参照本规定执行，法律、法规、国务院另有规定的除外。

第十九条　本规定由国务院建设主管部门和国务院商务主管部门负责解释。

第二十条　本规定自2007年3月26日起施行。

(三)外资并购

导 读

根据目前已出台的相关法规,外资并购主要有以下几种方式:通过收购目标企业的母公司或控股公司来间接收购目标企业(间接收购);外国投资者购买境内企业股东的股权(股权并购)或认购境内企业的增资(认购增资);外国投资者设立外商投资企业,并通过该企业协议购买境内企业资产且运营该资产,外国投资者协议购买境内企业资产,并以该资产投资设立外商投资企业运营该资产(资产并购);外国投资者通过境内已经设立的外商投资企业收购境内企业(通过境内外资企业收购)等。关于外资并购的法律适用,主要有以下几种情形:

1. 外国投资者购买境内非外商投资企业股东的股权或认购境内公司增资,使该境内公司变更为外商投资企业(即内转外)适用《商务部关于外国投资者并购境内企业的规定》。该规定适用的前提在于目标企业为"境内非外商投资企业";

2. 外国投资者认购已经在中国设立的外商投资企业的股东的股权或对该企业增资(即外转外),首先适用《外商投资企业投资者股权变更的若干规定》;

3. 外国投资者新设外商投资企业,并通过该企业协议购买境内企业资产且运营该资产或外国投资者协议购买境内企业资产,并以该资产投资设立外商投资企业运营该资产适用《商务部关于外国投资者并购境内企业的规定》;

4. 外国投资者通过其在中国设立的外商投资企业并购境内企业的,适用《关于外商投资企业合并与分立的规定》及《外商投资企业境内投资暂行规定》,在公司合并或分立过程中发生股权转让的,依照有关法律、法规和外商投资企业投资者股权变更的规定办理;

5. 外国投资者并购境内有限责任公司并将其改制为股份有限公司,或被并购的境内公司是股份有限公司的,首先适用关于设立外商股份有限公司的规定;

6. 外国投资者并购上市公司的应适用《关于上市公司涉及外商投资有关问题的若干意见》等规定;

7. 外国投资者在中国境内依法设立的投资性公司并购境内企业,适用《商务部关于外国投资者并购境内企业的规定》;

8. 外国投资者通过收购目标企业的境外母公司或控股公司来间接收购目标企业,并不需要经过中国政府主管部门的审批,但是,股权转让方应当就股权转让收益向中国税务主管部门依法纳税。

1. 商务部关于外国投资者并购境内企业的规定

（2006年8月8日商务部、国务院国有资产监督管理委员会、国家税务总局、国家工商行政管理总局、中国证券监督管理委员会、国家外汇管理局令第10号公布，根据2009年6月22日《商务部关于修改〈关于外国投资者并购境内企业的规定〉的决定》修订）

第一章　总　则

第一条　为了促进和规范外国投资者来华投资，引进国外的先进技术和管理经验，提高利用外资的水平，实现资源的合理配置，保证就业、维护公平竞争和国家经济安全，依据外商投资企业的法律、行政法规及《公司法》和其他相关法律、行政法规，制定本规定。

第二条　本规定所称外国投资者并购境内企业，系指外国投资者购买境内非外商投资企业（以下称“境内公司”）股东的股权或认购境内公司增资，使该境内公司变更设立为外商投资企业（以下称“股权并购”）；或者，外国投资者设立外商投资企业，并通过该企业协议购买境内企业资产且运营该资产；或，外国投资者协议购买境内企业资产，并以该资产投资设立外商投资企业运营该资产（以下称“资产并购”）。

第三条　外国投资者并购境内企业应遵守中国的法律、行政法规和规章，遵循公平合理、等价有偿、诚实信用的原则，不得造成过度集中、排除或限制竞争，不得扰乱社会经济秩序和损害社会公共利益，不得导致国有资产流失。

第四条　外国投资者并购境内企业，应符合中国法律、行政法规和规章对投资者资格的要求及产业、土地、环保等政策。

依照《外商投资产业指导目录》不允许外国投资者独资经营的产业，并购不得导致外国投资者持有企业的全部股权；需由中方控股或相对控股的产业，该产业的企业被并购后，仍应由中方在企业中占控股或相对控股地位；禁止外国投资者经营的产业，外国投资者不得并购从事该产业的企业。

被并购境内企业原有所投资企业的经营范围应符合有关外商投资产业政策的要求；不符合要求的，应进行调整。

第五条　外国投资者并购境内企业涉及企业国有产权转让和上市公司国有股权管理事宜的，应当遵守国有资产管理的相关规定。

第六条　外国投资者并购境内企业设立外商投资企业，应依照本规定经审批机关批准，向登记管理机关办理变更登记或设立登记。

如果被并购企业为境内上市公司，还应根据《外国投资者对上市公司战略投资管理办法》，向国务院证券监督管理机构办理相关手续。

第七条　外国投资者并购境内企业所涉及的各方当事人应当按照中国税法规定纳税，接受税务机关的监督。

第八条　外国投资者并购境内企业所涉及的各方当事人应遵守中国有关外汇管理的法律和行政法规，及时向外汇管理机关办理各项外汇核准、登记、备案及变更手续。

第二章　基本制度

第九条　外国投资者在并购后所设外商投资企业注册资本中的出资比例高于25%的，该企业享受外商投资企业待遇。

外国投资者在并购后所设外商投资企业注册资本中的出资比例低于25%的，除法律和行政法规另有规定外，该企业不享受外商投资企业待遇，其举借外债按照境内非外商投资企业举借外债的有关规定办理。审批机关向其颁发加注“外资比例低于25%”字样的外商投资企业批准证书（以下称“批准证书”）。登记管理机关、外汇管理机关分别向其颁发加注“外资比例低于25%”字样的外商投资企业营业执照和外汇登记证。

境内公司、企业或自然人以其在境外合法设立或控制的公司名义并购与其有关联关系的境内公司，所设立的外商投资企业不享受外商投资企业待遇，但该境外公司认购境内公司增资，或者该境外公司向并购后所设企业增资，增资额占所设企业注册资本比例达到25%以上的除外。根据该款所述方式设立的外商投资企业,其实际控制人以外的外国投资者在企业注册资本中的出资比例高于25%的,享受外商投资企业待遇。

外国投资者并购境内上市公司后所设外商投资企业的待遇,按照国家有关规定办理。

第十条 本规定所称的审批机关为中华人民共和国商务部或省级商务主管部门(以下称"省级审批机关"),登记管理机关为中华人民共和国国家工商行政管理总局或其授权的地方工商行政管理局,外汇管理机关为中华人民共和国国家外汇管理局或其分支机构。

并购后所设外商投资企业,根据法律、行政法规和规章的规定,属于应由商务部审批的特定类型或行业的外商投资企业的,省级审批机关应将申请文件转报商务部审批,商务部依法决定批准或不批准。

第十一条 境内公司、企业或自然人以其在境外合法设立或控制的公司名义并购与其有关联关系的境内的公司,应报商务部审批。

当事人不得以外商投资企业境内投资或其他方式规避前述要求。

第十二条 外国投资者并购境内企业并取得实际控制权,涉及重点行业、存在影响或可能影响国家经济安全因素或者导致拥有驰名商标或中华老字号的境内企业实际控制权转移的,当事人应就此向商务部进行申报。

当事人未予申报,但其并购行为对国家经济安全造成或可能造成重大影响的,商务部可以会同相关部门要求当事人终止交易或采取转让相关股权、资产或其他有效措施,以消除并购行为对国家经济安全的影响。

第十三条 外国投资者股权并购的,并购后所设外商投资企业承继被并购境内公司的债权和债务。

外国投资者资产并购的,出售资产的境内企业承担其原有的债权和债务。

外国投资者、被并购境内企业、债权人及其他当事人可以对被并购境内企业的债权债务的处置另行达成协议,但是该协议不得损害第三人利益和社会公共利益。债权债务的处置协议应报送审批机关。

出售资产的境内企业应当在投资者向审批机关报送申请文件之前至少15日,向债权人发出通知书,并在全国发行的省级以上报纸上发布公告。

第十四条 并购当事人应以资产评估机构对拟转让的股权价值或拟出售资产的评估结果作为确定交易价格的依据。并购当事人可以约定在中国境内依法设立的资产评估机构。资产评估应采用国际通行的评估方法。禁止以明显低于评估结果的价格转让股权或出售资产,变相向境外转移资本。

外国投资者并购境内企业,导致以国有资产投资形成的股权变更或国有资产产权转移时,应当符合国有资产管理的有关规定。

第十五条 并购当事人应对并购各方是否存在关联关系进行说明,如果有两方属于同一个实际控制人,则当事人应向审批机关披露其实际控制人,并就并购目的和评估结果是否符合市场公允价值进行解释。当事人不得以信托、代持或其他方式规避前述要求。

第十六条 外国投资者并购境内企业设立外商投资企业,外国投资者应自外商投资企业营业执照颁发之日起3个月内向转让股权的股东,或出售资产的境内企业支付全部对价。对特殊情况需要延长者,经审批机关批准后,应自外商投资企业营业执照颁发之日起6个月内支付全部对价的60%以上,1年内付清全部对价,并按实际缴付的出资比例分配收益。

外国投资者认购境内公司增资,有限责任公司和以发起方式设立的境内股份有限公司的股东应当在公司申请外商投资企业营业执照时缴付不低于20%的新增注册资本,其余部分的出资时间应符合《公司法》、有关外商投资的法律和《公司登记管理条例》的规定。其他法律和行政法规另有规定的,从其规定。股份有限公司为增加注册资本发行新股时,股东认购新股,依照设立股份有限公司缴纳股款的有关规定执行。

外国投资者资产并购的,投资者应在拟设立的外商投资企业合同、章程中规定出资期限。设立外商投资企业,并通过该企业协议购买境内企业资产且运营该资产的,对与资产对价等额部分的出资,投资者应在本条第一款规定的对价支付期限内缴付;其余部分的出资应符合设立外商投资企业出资的相关规定。

外国投资者并购境内企业设立外商投资企业，如果外国投资者出资比例低于企业注册资本25%，投资者以现金出资的，应自外商投资企业营业执照颁发之日起3个月内缴清；投资者以实物、工业产权等出资的，应自外商投资企业营业执照颁发之日起6个月内缴清。

第十七条　作为并购对价的支付手段，应符合国家有关法律和行政法规的规定。外国投资者以其合法拥有的人民币资产作为支付手段的，应经外汇管理机关核准。外国投资者以其拥有处置权的股权作为支付手段的，按照本规定第四章办理。

第十八条　外国投资者协议购买境内公司股东的股权，境内公司变更设立为外商投资企业后，该外商投资企业的注册资本为原境内公司注册资本，外国投资者的出资比例为其所购买股权在原注册资本中所占比例。

外国投资者认购境内有限责任公司增资的，并购后所设外商投资企业的注册资本为原境内公司注册资本与增资额之和。外国投资者与被并购境内公司原其他股东，在境内公司资产评估的基础上，确定各自在外商投资企业注册资本中的出资比例。

外国投资者认购境内股份有限公司增资的，按照《公司法》有关规定确定注册资本。

第十九条　外国投资者股权并购的，除国家另有规定外，对并购后所设外商投资企业应按照以下比例确定投资总额的上限：

（一）注册资本在210万美元以下的，投资总额不得超过注册资本的10/7；

（二）注册资本在210万美元以上至500万美元的，投资总额不得超过注册资本的2倍；

（三）注册资本在500万美元以上至1200万美元的，投资总额不得超过注册资本的2.5倍；

（四）注册资本在1200万美元以上的，投资总额不得超过注册资本的3倍。

第二十条　外国投资者资产并购的，应根据购买资产的交易价格和实际生产经营规模确定拟设立的外商投资企业的投资总额。拟设立的外商投资企业的注册资本与投资总额的比例应符合有关规定。

第三章　审批与登记

第二十一条　外国投资者股权并购的，投资者应根据并购后所设外商投资企业的投资总额、企业类型及所从事的行业，依照设立外商投资企业的法律、行政法规和规章的规定，向具有相应审批权限的审批机关报送下列文件：

（一）被并购境内有限责任公司股东一致同意外国投资者股权并购的决议，或被并购境内股份有限公司同意外国投资者股权并购的股东大会决议；

（二）被并购境内公司依法变更设立为外商投资企业的申请书；

（三）并购后所设外商投资企业的合同、章程；

（四）外国投资者购买境内公司股东股权或认购境内公司增资的协议；

（五）被并购境内公司上一财务年度的财务审计报告；

（六）经公证和依法认证的投资者的身份证明文件或注册登记证明及资信证明文件；

（七）被并购境内公司所投资企业的情况说明；

（八）被并购境内公司及其所投资企业的营业执照（副本）；

（九）被并购境内公司职工安置计划；

（十）本规定第十三条、第十四条、第十五条要求报送的文件。

并购后所设外商投资企业的经营范围、规模、土地使用权的取得等，涉及其他相关政府部门许可的，有关的许可文件应一并报送。

第二十二条　股权购买协议、境内公司增资协议应适用中国法律，并包括以下主要内容：

（一）协议各方的状况，包括名称（姓名），住所，法定代表人姓名、职务、国籍等；

（二）购买股权或认购增资的份额和价款；

（三）协议的履行期限、履行方式；

（四）协议各方的权利、义务；

（五）违约责任、争议解决；

（六）协议签署的时间、地点。

第二十三条　外国投资者资产并购的，投资者应根据拟设立的外商投资企业的投资总额、企业类型及所从事的行业，依照设立外商投资企业的法律、行政法规和规章的规定，向具有相应审批权限的审批机关报送下列文件：

（一）境内企业产权持有人或权力机构同意出售资产的决议；

（二）外商投资企业设立申请书；

（三）拟设立的外商投资企业的合同、章程；

（四）拟设立的外商投资企业与境内企业签署的资产购买协议，或外国投资者与境内企业签署的资产购买协议；

（五）被并购境内企业的章程、营业执照（副本）；

（六）被并购境内企业通知、公告债权人的证明以及债权人是否提出异议的说明；

（七）经公证和依法认证的投资者的身份证明文件或开业证明、有关资信证明文件；

（八）被并购境内企业职工安置计划；

（九）本规定第十三条、第十四条、第十五条要求报送的文件。

依照前款的规定购买并运营境内企业的资产，涉及其他相关政府部门许可的，有关的许可文件应一并报送。

外国投资者协议购买境内企业资产并以该资产投资设立外商投资企业的，在外商投资企业成立之前，不得以该资产开展经营活动。

第二十四条 资产购买协议应适用中国法律，并包括以下主要内容：

（一）协议各方的状况，包括名称（姓名），住所，法定代表人姓名、职务、国籍等；

（二）拟购买资产的清单、价格；

（三）协议的履行期限、履行方式；

（四）协议各方的权利、义务；

（五）违约责任、争议解决；

（六）协议签署的时间、地点。

第二十五条 外国投资者并购境内企业设立外商投资企业，除本规定另有规定外，审批机关应自收到规定报送的全部文件之日起30日内，依法决定批准或不批准。决定批准的，由审批机关颁发批准证书。

外国投资者协议购买境内公司股东股权，审批机关决定批准的，应同时将有关批准文件分别抄送股权转让方、境内公司所在地外汇管理机关。股权转让方所在地外汇管理机关为其办理转股收汇外资外汇登记并出具相关证明，转股收汇外资外汇登记证明是证明外方已缴付的股权收购对价已到位的有效文件。

第二十六条 外国投资者资产并购的，投资者应自收到批准证书之日起30日内，向登记管理机关申请办理设立登记，领取外商投资企业营业执照。

外国投资者股权并购的，被并购境内公司应依照本规定向原登记管理机关申请变更登记，领取外商投资企业营业执照。原登记管理机关没有登记管辖权的，应自收到申请文件之日起10日内转送有管辖权的登记管理机关办理，同时附送该境内公司的登记档案。被并购境内公司在申请变更登记时，应提交以下文件，并对其真实性和有效性负责：

（一）变更登记申请书；

（二）外国投资者购买境内公司股东股权或认购境内公司增资的协议；

（三）修改后的公司章程或原章程的修正案和依法需要提交的外商投资企业合同；

（四）外商投资企业批准证书；

（五）外国投资者的主体资格证明或者自然人身份证明；

（六）修改后的董事会名单，记载新增董事姓名、住所的文件和新增董事的任职文件；

（七）国家工商行政管理总局规定的其他有关文件和证件。

投资者自收到外商投资企业营业执照之日起30日内，到税务、海关、土地管理和外汇管理等有关部门办理登记手续。

第四章 外国投资者以股权作为支付手段并购境内公司

第一节 以股权并购的条件

第二十七条 本章所称外国投资者以股权作为支付手段并购境内公司，系指境外公司的股东以其持有的境外公司股权，或者境外公司以其增发的股份，作为支付手段，购买境内公司股东的股权或者境内公司增发股份的行为。

第二十八条 本章所称的境外公司应合法设立并且其注册地具有完善的公司法律制度，且公司及其管理层最近3年未受到监管机构的处罚;除本章第三节所规定的特殊目的公司外,境外公司应为上市公司,其上市所在地应具有完善的证券交易制度。

第二十九条　外国投资者以股权并购境内公司所涉及的境内外公司的股权,应符合以下条件:

(一)股东合法持有并依法可以转让;

(二)无所有权争议且没有设定质押及任何其他权利限制;

(三)境外公司的股权应在境外公开合法证券交易市场(柜台交易市场除外)挂牌交易;

(四)境外公司的股权最近1年交易价格稳定。

前款第(三)、(四)项不适用于本章第三节所规定的特殊目的公司。

第三十条　外国投资者以股权并购境内公司,境内公司或其股东应当聘请在中国注册登记的中介机构担任顾问(以下称"并购顾问")。并购顾问应就并购申请文件的真实性、境外公司的财务状况以及并购是否符合本规定第十四条、第二十八条和第二十九条的要求作尽职调查,并出具并购顾问报告,就前述内容逐项发表明确的专业意见。

第三十一条　并购顾问应符合以下条件:

(一)信誉良好且有相关从业经验;

(二)无重大违法违规记录;

(三)应有调查并分析境外公司注册地和上市所在地法律制度与境外公司财务状况的能力。

第二节　申报文件与程序

第三十二条　外国投资者以股权并购境内公司应报送商务部审批,境内公司除报送本规定第三章所要求的文件外,另须报送以下文件:

(一)境内公司最近1年股权变动和重大资产变动情况的说明;

(二)并购顾问报告;

(三)所涉及的境内外公司及其股东的开业证明或身份证明文件;

(四)境外公司的股东持股情况说明和持有境外公司5%以上股权的股东名录;

(五)境外公司的章程和对外担保的情况说明;

(六)境外公司最近年度经审计的财务报告和最近半年的股票交易情况报告。

第三十三条　商务部自收到规定报送的全部文件之日起30日内对并购申请进行审核,符合条件的,颁发批准证书,并在批准证书上加注"外国投资者以股权并购境内公司,自营业执照颁发之日起6个月内有效"。

第三十四条　境内公司应自收到加注的批准证书之日起30日内,向登记管理机关、外汇管理机关办理变更登记,由登记管理机关、外汇管理机关分别向其颁发加注"自颁发之日起8个月内有效"字样的外商投资企业营业执照和外汇登记证。

境内公司向登记管理机关办理变更登记时,应当预先提交旨在恢复股权结构的境内公司法定代表人签署的股权变更申请书、公司章程修正案、股权转让协议等文件。

第三十五条　自营业执照颁发之日起6个月内,境内公司或其股东应就其持有境外公司股权事项,向商务部、外汇管理机关申请办理境外投资开办企业核准、登记手续。

当事人除向商务部报送《关于境外投资开办企业核准事项的规定》所要求的文件外,另须报送加注的外商投资企业批准证书和加注的外商投资企业营业执照。商务部在核准境内公司或其股东持有境外公司的股权后,颁发中国企业境外投资批准证书,并换发无加注的外商投资企业批准证书。

境内公司取得无加注的外商投资企业批准证书后,应在30日内向登记管理机关、外汇管理机关申请换发无加注的外商投资企业营业执照、外汇登记证。

第三十六条　自营业执照颁发之日起6个月内,如果境内外公司没有完成其股权变更手续,则加注的批准证书和中国企业境外投资批准证书自动失效。登记管理机关根据境内公司预先提交的股权变更登记申请文件核准变更登记,使境内公司股权结构恢复到股权并购之前的状态。

并购境内公司增发股份而未实现的,在登记管理机关根据前款予以核准变更登记之前,境内公司还应当按照《公司法》的规定,减少相应的注册资本并在报纸上公告。

境内公司未按照前款规定办理相应的登记

手续的，由登记管理机关按照《公司登记管理条例》的有关规定处理。

第三十七条 境内公司取得无加注的外商投资企业批准证书、外汇登记证之前，不得向股东分配利润或向有关联关系的公司提供担保，不得对外支付转股、减资、清算等资本项目款项。

第三十八条 境内公司或其股东凭商务部和登记管理机关颁发的无加注批准证书和营业执照，到税务机关办理税务变更登记。

第三节 对于特殊目的公司的特别规定

第三十九条 特殊目的公司系指中国境内公司或自然人为实现以其实际拥有的境内公司权益在境外上市而直接或间接控制的境外公司。

特殊目的公司为实现在境外上市，其股东以其所持公司股权，或者特殊目的公司以其增发的股份，作为支付手段，购买境内公司股东的股权或者境内公司增发的股份的，适用本节规定。

当事人以持有特殊目的公司权益的境外公司作为境外上市主体的，该境外公司应符合本节对于特殊目的公司的相关要求。

第四十条 特殊目的公司境外上市交易，应经国务院证券监督管理机构批准。

特殊目的公司境外上市所在国家或者地区应有完善的法律和监管制度，其证券监管机构已与国务院证券监督管理机构签订监管合作谅解备忘录，并保持着有效的监管合作关系。

第四十一条 本节所述的权益在境外上市的境内公司应符合下列条件：

（一）产权明晰，不存在产权争议或潜在产权争议；

（二）有完整的业务体系和良好的持续经营能力；

（三）有健全的公司治理结构和内部管理制度；

（四）公司及其主要股东近3年无重大违法违规记录。

第四十二条 境内公司在境外设立特殊目的公司，应向商务部申请办理核准手续。办理核准手续时，境内公司除向商务部报送《关于境外投资开办企业核准事项的规定》要求的文件外，另须报送以下文件：

（一）特殊目的公司实际控制人的身份证明文件；

（二）特殊目的公司境外上市商业计划书；

（三）并购顾问就特殊目的公司未来境外上市的股票发行价格所作的评估报告。

获得中国企业境外投资批准证书后，设立人或控制人应向所在地外汇管理机关申请办理相应的境外投资外汇登记手续。

第四十三条 特殊目的公司境外上市的股票发行价总值，不得低于其所对应的经中国有关资产评估机构评估的被并购境内公司股权的价值。

第四十四条 特殊目的公司以股权并购境内公司的，境内公司除向商务部报送本规定第三十二条所要求的文件外，另须报送以下文件：

（一）设立特殊目的公司时的境外投资开办企业批准文件和证书；

（二）特殊目的公司境外投资外汇登记表；

（三）特殊目的公司实际控制人的身份证明文件或开业证明、章程；

（四）特殊目的公司境外上市商业计划书；

（五）并购顾问就特殊目的公司未来境外上市的股票发行价格所作的评估报告。

如果以持有特殊目的公司权益的境外公司作为境外上市主体，境内公司还须报送以下文件：

（一）该境外公司的开业证明和章程；

（二）特殊目的公司与该境外公司之间就被并购的境内公司股权所作的交易安排和折价方法的详细说明。

第四十五条 商务部对本规定第四十四条所规定的文件初审同意的，出具原则批复函，境内公司凭该批复函向国务院证券监督管理机构报送申请上市的文件。国务院证券监督管理机构于20个工作日内决定是否核准。

境内公司获得核准后，向商务部申领批准证书。商务部向其颁发加注“境外特殊目的公司持股，自营业执照颁发之日起1年内有效”字样的批准证书。

并购导致特殊目的公司股权等事项变更的，持有特殊目的公司股权的境内公司或自然人，凭加注的外商投资企业批准证书，向商务部就特殊目的公司相关事项办理境外投资开办企业变更核准手续，并向所在地外汇管理机关申请办理境外投资外汇登记变更。

第四十六条　境内公司应自收到加注的批准证书之日起30日内，向登记管理机关、外汇管理机关办理变更登记，由登记管理机关、外汇管理机关分别向其颁发加注“自颁发之日起14个月内有效”字样的外商投资企业营业执照和外汇登记证。

境内公司向登记管理机关办理变更登记时，应当预先提交旨在恢复股权结构的境内公司法定代表人签署的股权变更申请书、公司章程修正案、股权转让协议等文件。

第四十七条　境内公司应自特殊目的公司或与特殊目的公司有关联关系的境外公司完成境外上市之日起30日内，向商务部报告境外上市情况和融资收入调回计划，并申请换发无加注的外商投资企业批准证书。同时，境内公司应自完成境外上市之日起30日内，向国务院证券监督管理机构报告境外上市情况并提供相关的备案文件。境内公司还应向外汇管理机关报送融资收入调回计划，由外汇管理机关监督实施。境内公司取得无加注的批准证书后，应在30日内向登记管理机关、外汇管理机关申请换发无加注的外商投资企业营业执照、外汇登记证。

如果境内公司在前述期限内未向商务部报告，境内公司加注的批准证书自动失效，境内公司股权结构恢复到股权并购之前的状态，并应按本规定第三十六条办理变更登记手续。

第四十八条　特殊目的公司的境外上市融资收入，应按照报送外汇管理机关备案的调回计划，根据现行外汇管理规定调回境内使用。融资收入可采取以下方式调回境内：

（一）向境内公司提供商业贷款；

（二）在境内新设外商投资企业；

（三）并购境内企业。

在上述情形下调回特殊目的公司境外融资收入，应遵守中国有关外商投资及外债管理的法律和行政法规。如果调回特殊目的公司境外融资收入，导致境内公司和自然人增持特殊目的公司权益或特殊目的公司净资产增加，当事人应如实披露并报批，在完成审批手续后办理相应的外资外汇登记和境外投资登记变更。

境内公司及自然人从特殊目的公司获得的利润、红利及资本变动所得外汇收入，应自获得之日起6个月内调回境内。利润或红利可以进入经常项目外汇帐户或者结汇。资本变动外汇收入经外汇管理机关核准，可以开立资本项目专用帐户保留，也可经外汇管理机关核准后结汇。

第四十九条　自营业执照颁发之日起1年内，如果境内公司不能取得无加注批准证书，则加注的批准证书自动失效，并应按本规定第三十六条办理变更登记手续。

第五十条　特殊目的公司完成境外上市且境内公司取得无加注的批准证书和营业执照后，当事人继续以该公司股份作为支付手段并购境内公司的，适用本章第一节和第二节的规定。

第五章　附　则

第五十一条　依据《反垄断法》的规定，外国投资者并购境内企业达到《国务院关于经营者集中申报标准的规定》规定的申报标准的，应当事先向商务部申报，未申报不得实施交易。

第五十二条　外国投资者在中国境内依法设立的投资性公司并购境内企业，适用本规定。

外国投资者购买境内外商投资企业股东的股权或认购境内外商投资企业增资的，适用现行外商投资企业法律、行政法规和外商投资企业投资者股权变更的相关规定，其中没有规定的，参照本规定办理。

外国投资者通过其在中国设立的外商投资企业合并或收购境内企业的，适用关于外商投资企业合并与分立的相关规定和关于外商投资企业境内投资的相关规定，其中没有规定的，参照本规定办理。

外国投资者并购境内有限责任公司并将其改制为股份有限公司的，或者境内公司为股份有限公司的，适用关于设立外商投资股份有限公司的相关规定，其中没有规定的，适用本规定。

第五十三条　申请人或申报人报送文件，应依照本规定对文件进行分类，并附文件目录。规定报送的全部文件应用中文表述。

第五十四条　被股权并购境内公司的中国自然人股东，经批准，可继续作为变更后所设外商投资企业的中方投资者。

第五十五条　境内公司的自然人股东变更国籍的，不改变该公司的企业性质。

第五十六条 相关政府机构工作人员必须忠于职守、依法履行职责,不得利用职务之便谋取不正当利益,并对知悉的商业秘密负有保密义务。

第五十七条 香港特别行政区、澳门特别行政区和台湾地区的投资者并购境内其他地区的企业,参照本规定办理。

第五十八条 本规定自公布之日起施行。

2. 国务院办公厅关于建立外国投资者并购境内企业安全审查制度的通知

(2011年2月3日国务院办公厅国办发〔2011〕6号发布,自2011年3月3日起施行)

各省、自治区、直辖市人民政府,国务院各部委、各直属机构:

近年来,随着经济全球化的深入发展和我国对外开放的进一步扩大,外国投资者以并购方式进行的投资逐步增多,促进了我国利用外资方式多样化,在优化资源配置、推动技术进步、提高企业管理水平等方面发挥了积极作用。为引导外国投资者并购境内企业有序发展,维护国家安全,经国务院同意,现就建立外国投资者并购境内企业安全审查(以下简称并购安全审查)制度有关事项通知如下:

一、并购安全审查范围

(一)并购安全审查的范围为:外国投资者并购境内军工及军工配套企业,重点、敏感军事设施周边企业,以及关系国防安全的其他单位;外国投资者并购境内关系国家安全的重要农产品、重要能源和资源、重要基础设施、重要运输服务、关键技术、重大装备制造等企业,且实际控制权可能被外国投资者取得。

(二)外国投资者并购境内企业,是指下列情形:

1. 外国投资者购买境内非外商投资企业的股权或认购境内非外商投资企业增资,使该境内企业变更设立为外商投资企业。

2. 外国投资者购买境内外商投资企业中方股东的股权,或认购境内外商投资企业增资。

3. 外国投资者设立外商投资企业,并通过该外商投资企业协议购买境内企业资产并且运营该资产,或通过该外商投资企业购买境内企业股权。

4. 外国投资者直接购买境内企业资产,并以该资产投资设立外商投资企业运营该资产。

(三)外国投资者取得实际控制权,是指外国投资者通过并购成为境内企业的控股股东或实际控制人。包括下列情形:

1. 外国投资者及其控股母公司、控股子公司在并购后持有的股份总额在50%以上。

2. 数个外国投资者在并购后持有的股份总额合计在50%以上。

3. 外国投资者在并购后所持有的股份总额不足50%,但依其持有的股份所享有的表决权已足以对股东会或股东大会、董事会的决议产生重大影响。

4. 其他导致境内企业的经营决策、财务、人事、技术等实际控制权转移给外国投资者的情形。

二、并购安全审查内容

(一)并购交易对国防安全,包括对国防需要的国内产品生产能力、国内服务提供能力和有关设备设施的影响。

(二)并购交易对国家经济稳定运行的影响。

(三)并购交易对社会基本生活秩序的影响。

(四)并购交易对涉及国家安全关键技术研发能力的影响。

三、并购安全审查工作机制

(一)建立外国投资者并购境内企业安全审查部际联席会议(以下简称联席会议)制度,具体承担并购安全审查工作。

(二)联席会议在国务院领导下,由发展改革委、商务部牵头,根据外资并购所涉及的行业和领域,会同相关部门开展并购安全审查。

(三)联席会议的主要职责是:分析外国投资者并购境内企业对国家安全的影响;研究、协调外国投资者并购境内企业安全审查工作中的重大问题;对需要进行安全审查的外国投资者并购境内企业交易进行安全审查并作出决定。

四、并购安全审查程序

(一)外国投资者并购境内企业,应按照本通知规定,由投资者向商务部提出申请。对属于安全审查范围内的并购交易,商务部应在5个工作日内提请联席会议进行审查。

(二)外国投资者并购境内企业,国务院有关部门、全国性行业协会、同业企业及上下游企业认为需要进行并购安全审查的,可以通过商务部提出进行并购安全审查的建议。联席会议认为确有必要进行并购安全审查的,可以决定进行审查。

(三)联席会议对商务部提请安全审查的并购交易,首先进行一般性审查,对未能通过一般性审查的,进行特别审查。并购交易当事人应配合联席会议的安全审查工作,提供安全审查需要的材料、信息,接受有关询问。

一般性审查采取书面征求意见的方式进行。联席会议收到商务部提请安全审查的并购交易申请后,在5个工作日内,书面征求有关部门的意见。有关部门在收到书面征求意见函后,应在20个工作日内提出书面意见。如有关部门均认为并购交易不影响国家安全,则不再进行特别审查,由联席会议在收到全部书面意见后5个工作日内提出审查意见,并书面通知商务部。

如有部门认为并购交易可能对国家安全造成影响,联席会议应在收到书面意见后5个工作日内启动特别审查程序。启动特别审查程序后,联席会议组织对并购交易的安全评估,并结合评估意见对并购交易进行审查,意见基本一致的,由联席会议提出审查意见;存在重大分歧的,由联席会议报请国务院决定。联席会议自启动特别审查程序之日起60个工作日内完成特别审查,或报请国务院决定。审查意见由联席会议书面通知商务部。

(四)在并购安全审查过程中,申请人可向商务部申请修改交易方案或撤销并购交易。

(五)并购安全审查意见由商务部书面通知申请人。

(六)外国投资者并购境内企业行为对国家安全已经造成或可能造成重大影响的,联席会议应要求商务部会同有关部门终止当事人的交易,或采取转让相关股权、资产或其他有效措施,消除该并购行为对国家安全的影响。

五、其他规定

(一)有关部门和单位要树立全局观念,增强责任意识,保守国家秘密和商业秘密,提高工作效率,在扩大对外开放和提高利用外资水平的同时,推动外资并购健康发展,切实维护国家安全。

(二)外国投资者并购境内企业涉及新增固定资产投资的,按国家固定资产投资管理规定办理项目核准。

(三)外国投资者并购境内企业涉及国有产权变更的,按国家国有资产管理的有关规定办理。

(四)外国投资者并购境内金融机构的安全审查另行规定。

(五)香港特别行政区、澳门特别行政区、台湾地区的投资者进行并购,参照本通知的规定执行。

(六)并购安全审查制度自本通知发布之日起30日后实施。

国务院办公厅

二○一一年二月三日

3. 商务部实施外国投资者并购境内企业安全审查制度的规定

(2011年8月25日商务部公告2011年第53号发布,自2011年9月1日起实施)

第一条 外国投资者并购境内企业,属于《国务院办公厅关于建立外国投资者并购境内企业安全审查制度的通知》明确的并购安全审查范围的,外国投资者应向商务部提出并购安全审查申请。

两个或者两个以上外国投资者共同并购的,可以共同或确定一个外国投资者(以下简称申请人)向商务部提出并购安全审查申请。

第二条 地方商务主管部门在按照《关于外国投资者并购境内企业的规定》、《外商投资企业投资者股权变更的若干规定》、《关于外商投资企业境内投资的暂行规定》等有关规定受理并购交易申请时，对于属于并购安全审查范围，但申请人未向商务部提出并购安全审查申请的，应暂停办理，并在5个工作日内书面要求申请人向商务部提交并购安全审查申请，同时将有关情况报商务部。

第三条 外国投资者并购境内企业，国务院有关部门、全国性行业协会、同业企业及上下游企业认为需要进行并购安全审查的，可向商务部提出进行并购安全审查的建议，并提交有关情况的说明（包括并购交易基本情况、对国家安全的具体影响等），商务部可要求利益相关方提交有关说明。属于并购安全审查范围的，商务部应在5个工作日内将建议提交联席会议。联席会议认为确有必要进行并购安全审查的，商务部根据联席会议决定，要求外国投资者按本规定提交并购安全审查申请。

第四条 在向商务部提出并购安全审查正式申请前，申请人可就其并购境内企业的程序性问题向商务部提出商谈申请，提前沟通有关情况。该预约商谈不是提交正式申请的必经程序，商谈情况不具有约束力和法律效力，不作为提交正式申请的依据。

第五条 在向商务部提出并购安全审查正式申请时，申请人应提交下列文件：

（一）经申请人的法定代表人或其授权代表签署的并购安全审查申请书和交易情况说明；

（二）经公证和依法认证的外国投资者身份证明或注册登记证明及资信证明文件；法定代表人身份证明或外国投资者的授权代表委托书、授权代表身份证明；

（三）外国投资者及关联企业（包括其实际控制人、一致行动人）的情况说明，与相关国家政府的关系说明；

（四）被并购境内企业的情况说明、章程、营业执照（复印件）、上一年度经审计的财务报表、并购前后组织架构图、所投资企业的情况说明和营业执照（复印件）；

（五）并购后拟设立的外商投资企业的合同、章程或合伙协议以及拟由股东各方委任的董事会成员、聘用的总经理或合伙人等高级管理人员名单；

（六）为股权并购交易的，应提交股权转让协议或者外国投资者认购境内企业增资的协议、被并购境内企业股东决议、股东大会决议，以及相应资产评估报告；

（七）为资产并购交易的，应提交境内企业的权力机构或产权持有人同意出售资产的决议、资产购买协议（包括拟购买资产的清单、状况）、协议各方情况，以及相应资产评估报告；

（八）关于外国投资者在并购后所享有的表决权对股东会或股东大会、董事会决议、合伙事务执行的影响说明，其他导致境内企业的经营决策、财务、人事、技术等实际控制权转移给外国投资者或其境内外关联企业的情况说明，以及与上述情况相关的协议或文件；

（九）商务部要求的其他文件。

第六条 申请人所提交的并购安全审查申请文件完备且符合法定要求的，商务部应书面通知申请人受理申请。

属于并购安全审查范围的，商务部在15个工作日内书面告知申请人，并在其后5个工作日内提请外国投资者并购境内企业安全审查部际联席会议（以下简称联席会议）进行审查。

自书面通知申请人受理申请之日起的15个工作日内，申请人不得实施并购交易，地方商务主管部门不得审批并购交易。15个工作日后，商务部未书面告知申请人的，申请人可按照国家有关法律法规办理相关手续。

第七条 商务部收到联席会议书面审查意见后，在5个工作日内将审查意见书面通知申请人（或当事人），以及负责并购交易管理的地方商务主管部门。

（一）对不影响国家安全的，申请人可按照《关于外国投资者并购境内企业的规定》、《外商投资企业投资者股权变更的若干规定》、《关于外商投资企业境内投资的暂行规定》等有关规定，到具有相应管理权限的相关主管部门办理并购交易手续。

（二）对可能影响国家安全且并购交易尚未实施的，当事人应当终止交易。申请人未经调整并购交易、修改申报文件并经重新审查，不得申请并实施并购交易。

（三）外国投资者并购境内企业行为对国家安全已经造成或可能造成重大影响的，根据联席会议审查意见，商务部会同有关部门终止当事人的交易，或采取转让相关股权、资产或其他有效措施，以消除该并购行为对国家安全的影响。

第八条　在商务部向联席会议提交审查后，申请人修改申报文件、撤销并购交易或应联席会议要求补交、修改材料的，应向商务部提交相关文件。商务部在收到申请报告及有关文件后，于5个工作日内提交联席会议。

第九条　对于外国投资者并购境内企业，应从交易的实质内容和实际影响来判断并购交易是否属于并购安全审查的范围；外国投资者不得以任何方式实质规避并购安全审查，包括但不限于代持、信托、多层次再投资、租赁、贷款、协议控制、境外交易等方式。

第十条　外国投资者并购境内企业未被提交联席会议审查，或联席会议经审查认为不影响国家安全的，若此后发生调整并购交易、修改有关协议文件、改变经营活动以及其他变化（包括境外实际控制人的变化等），导致该并购交易属于《国务院办公厅关于建立外国投资者并购境内企业安全审查制度的通知》明确的并购安全审查范围的，当事人应当停止有关交易和活动，由外国投资者按照本规定向商务部提交并购安全审查申请。

第十一条　参与并购安全审查的商务主管部门、相关单位和人员应对并购安全审查中的国家秘密、商业秘密及其他需要保密的信息承担保密义务。

第十二条　本规定自2011年9月1日起实施。

4. 关于外商投资企业合并与分立的规定

（2001年11月22日外经贸部、国家工商行政管理局令第8号发布，根据2015年10月28日《商务部关于修改部分规章和规范性文件的决定》修订）

第一条　为了规范涉及外商投资企业合并与分立的行为，保护企业投资者和债权人的合法权益，根据《中华人民共和国公司法》和有关外商投资企业的法律和行政法规，制定本规定。

第二条　本规定适用于依照中国法律在中国境内设立的中外合资经营企业、具有法人资格的中外合作经营企业、外资企业、外商投资股份有限公司（以下统称公司）之间合并或分立。

公司与中国内资企业合并，参照有关法律、法规和本规定办理。

第三条　本规定所称合并，是指两个以上公司依照公司法有关规定，通过订立协议而归并成为一个公司。

公司合并可以采取吸收合并和新设合并两种形式。

吸收合并，是指公司接纳其他公司加入本公司，接纳方继续存在，加入方解散。

新设合并，是指两个以上公司合并设立一个新的公司，合并各方解散。

第四条　本规定所称分立，是指一个公司依照公司法有关规定，通过公司最高权力机构决议分成两个以上的公司。

公司分立可以采取存续分立和解散分立两种形式。

存续分立，是指一个公司分离成两个以上公司，本公司继续存在并设立一个以上新的公司。

解散分立，是指一个公司分解为两个以上公司，本公司解散并设立两个以上新的公司。

第五条　公司合并或分立，应当遵守中国的法律、法规和本规定，遵循自愿、平等和公平竞争的原则，不得损害社会公共利益和债权人的合法权益。

公司合并或分立，应符合《指导外商投资方向暂行规定》和《外商投资产业指导目录》的规定，不得导致外国投资者在不允许外商独资、控股或占主导地位的产业的公司中独资控股或占主导地位。

公司因合并或分立而导致其所从事的行业或经营范围发生变更的，应符合有关法律、法规及国家产业政策的规定并办理必要的审批手续。

第六条 公司合并或分立，应当符合海关、税务和外汇管理等有关部门颁布的规定。合并或分立后存续或新设的公司，经审批机关、海关和税务等机关核定，继续享受原公司所享受的各项外商投资企业待遇。

第七条 公司合并或分立，须经公司原审批机关批准并到登记机关办理有关公司设立、变更或注销登记。

拟合并公司的原审批机关或登记机关有两个以上的，由合并后公司住所地对外经济贸易主管部门和国家工商行政管理总局（以下简称国家工商总局）授权的登记机关作为审批和登记机关。

拟合并公司的投资总额之和超过公司原审批机关或合并后公司住所地审批机关审批权限的，由具有相应权限的审批机关审批。

拟合并的公司至少有一家为股份有限公司的，由中华人民共和国对外贸易经济合作部（以下简称外经贸部）审批。

第八条 因公司合并或分立而解散原公司或新设异地公司，须征求拟解散或拟设立公司的所在地审批机关的意见。

第九条 有限责任公司之间合并后为有限责任公司。股份有限公司之间合并后为股份有限公司。

上市的股份有限公司与有限责任公司合并后为股份有限公司。非上市的股份有限公司与有限责任公司合并后可以是股份有限公司，也可以是有限责任公司。

第十条 股份有限公司之间合并或者公司合并后为有限责任公司的，合并后公司的注册资本为原公司注册资本额之和。

有限责任公司与股份有限公司合并后为股份有限公司的，合并后公司的注册资本为原有限责任公司净资产额根据拟合并的股份有限公司每股所含净资产额折成的股份额与原股份有限公司股份总额之和。

第十一条 根据本规定第十一条第一款合并的，各方投资者在合并后的公司中的股权比例，根据国家有关规定，由投资者之间协商或根据资产评估机构对其在原公司股权价值的评估结果，在合并后的公司合同、章程中确定，但外国投资者的股权比例不得低于合并后公司注册资本的百分之二十五。

第十二条 分立后公司的注册资本额，由分立前公司的最高权力机构，依照有关外商投资企业法律、法规和登记机关的有关规定确定，但分立后各公司的注册资本额之和应为分立前公司的注册资本额。

第十三条 各方投资者在分立后的公司中的股权比例，由投资者在分立后的公司合同、章程中确定，但外国投资者的股权比例不得低于分立后公司注册资本的百分之二十五。

第十四条 公司合并，采取吸收合并形式的，接纳方公司的成立日期为合并后公司的成立日期；采取新设合并形式的，登记机关核准设立登记并签发营业执照的日期为合并后公司的成立日期。

因公司分立而设立新公司的，登记机关核准设立登记并签发营业执照的日期为分立后公司的成立日期。

第十五条 涉及上市的股份有限公司合并或分立的，应当符合有关法律、法规和国务院证券监督管理部门对上市公司的规定并办理必要的审批手续。

第十六条 公司与中国内资企业合并必须符合我国利用外资的法律、法规规定和产业政策要求并具备以下条件：

（一）拟合并的中国内资企业是依照《中华人民共和国公司法》规范组建的有限责任公司或股份有限公司；

（二）投资者符合法律、法规和部门规章对合并后公司所从事有关产业的投资者资格要求；

（三）外国投资者的股权比例不得低于合并后公司注册资本的百分之二十五；

（四）合并协议各方保证拟合并公司的原有职工充分就业或给予合理安置。

第十七条 公司与中国内资企业合并后为外商投资企业，其投资总额为原公司的投资总额与中国内资企业财务审计报告所记载的企业资产总额之和，注册资本为原公司的注册资本额与中国内资企业的注册资本额之和。合并后的公司注册资本与投资总额比例，应当符合国家工商总局《关于中外合资经营企业注册资本与投资总额比例的暂行规定》；在特殊情况下，不能执行该规定的，须经外经贸部会同国家工商总局批准。

第十八条　与公司合并的中国内资企业已经投资设立的企业，成为合并后公司所持股的企业，应当符合中国利用外资的产业政策要求和《关于外商投资企业境内投资的暂行规定》。合并后的公司不得在禁止外商投资产业的企业中持有股权。

第十九条　公司吸收合并，由接纳方公司作为申请人，公司新设合并，由合并各方协商确定一个申请人。

申请人应向审批机关报送下列文件：

（一）各公司法定代表人签署的关于公司合并的申请书和公司合并协议；

（二）各公司最高权力机构关于公司合并的决议；

（三）各公司合同、章程；

（四）各公司的批准证书和营业执照复印件；

（五）各公司的资产负债表及财产清单；

（六）各公司上一年度的审计报告；

（七）各公司的债权人名单；

（八）合并后的公司合同、章程；

（九）合并后的公司最高权力机构成员名单；

（十）审批机关要求报送的其他文件。

公司与中国内资企业合并的，申请人还应向审批机关报送拟合并的中国内资企业已投资设立企业的营业执照复印件。

第二十条　公司合并协议应包括下列主要内容：

（一）合并协议各方的名称、住所、法定代表人；

（二）合并后公司的名称、住所、法定代表人；

（三）合并后公司的投资总额和注册资本；

（四）合并形式；

（五）合并协议各方债权、债务的承继方案；

（六）职工安置办法；

（七）违约责任；

（八）解决争议的方式；

（九）签约日期、地点；

（十）合并协议各方认为需要规定的其他事项。

第二十一条　拟合并的公司有两个以上原审批机关的，拟解散的公司应当在依照本规定第十八条向审批机关报送有关文件之前，向其原审批机关提交因公司合并而解散的申请。

原审批机关应自接到前款有关解散申请之日起十五日内做出是否同意解散的批复。超过十五日，原审批机关未作批复的，视作原审批机关同意该公司解散。

如果原审批机关在前款规定期限内，作出不同意有关公司解散的批复，拟解散公司可将有关解散申请提交原审批机关与公司合并的审批机关共同的上一级对外经济贸易主管部门，该部门应自接到有关公司解散申请之日起三十日内作出裁决。

如果审批机关不同意或不批准公司合并，则有关公司解散的批复自行失效。

第二十二条　拟分立的公司应向审批机关报送下列文件：

（一）公司法定代表人签署的关于公司分立的申请书；

（二）公司最高权力机构关于公司分立的决议；

（三）因公司分立而拟存续、新设的公司（以下统称分立协议各方）签订的公司分立协议；

（四）公司合同、章程；

（五）公司的批准证书和营业执照复印件；

（六）公司的资产负债表及财产清单；

（七）公司的债权人名单；

（八）分立后的各公司合同、章程；

（九）分立后的各公司最高权力机构成员名单；

（十）审批机关要求报送的其他文件。

因公司分立而在异地新设公司的，公司还必须向审批机关报送拟设立公司的所在地审批机关对因分立而新设公司签署的意见。

第二十三条　公司分立协议应包括下列主要内容：

（一）分立协议各方拟定的名称、住所、法定代表人；

（二）分立后公司的投资总额和注册资本；

（三）分立形式；

（四）分立协议各方对拟分立公司财产的分割方案；

（五）分立协议各方对拟分立公司债权、债务的承继方案；

（六）职工安置办法；

（七）违约责任；

（八）解决争议的方式；

（九）签约日期、地点；

（十）分立协议各方认为需要规定的其他事项。

第二十四条 合并后存续的公司或者新设的公司全部承继因合并而解散的公司的债权、债务。

分立后的公司按照分立协议承继原公司的债权、债务。

第二十五条 审批机关应自接到本规定第十八条或第二十一条规定报送的有关文件之日起四十五日内，以书面形式作出是否同意合并或分立的初步批复。

公司合并的审批机关为外经贸部的，如果外经贸部认为公司合并具有行业垄断的趋势或者可能形成就某种特定商品或服务的市场控制地位而妨碍公平竞争，可于接到前款所述有关文件后，召集有关部门和机构，对拟合并的公司进行听证并对该公司及其相关市场进行调查。前款所述审批期限可延长至一百八十天。

第二十六条 拟合并或分立的公司应当自审批机关就同意公司合并或分立作出初步批复之日起十日内，向债权人发出通知书，并于三十日内在全国发行的省级以上报纸上至少公告三次。

公司应在上述通知书和公告中说明对现有公司债务的承继方案。

第二十七条 公司债权人自接到本规定第二十五条所述通知书之日起三十日内、未接到通知书的债权人自第一次公告之日起九十日内，有权要求公司对其债务承继方案进行修改，或者要求公司清偿债务或提供相应的担保。

如果公司债权人未在前款规定期限内行使有关权利，视为债权人同意拟合并或分立公司的债权、债务承继方案，该债权人的主张不得影响公司的合并或分立进程。

第二十八条 拟合并或分立的公司自第一次公告之日起九十日后，公司债权人无异议的，拟合并公司的申请人或拟分立的公司应向审批机关提交下列文件：

（一）公司在报纸上三次登载公司合并或分立公告的证明；

（二）公司通知其债权人的证明；

（三）公司就其有关债权、债务处理情况的说明；

（四）审批机关要求提交的其他文件。

第二十九条 审批机关应自接到本规定第二十七条所列文件之日起三十日内，决定是否批准公司合并或分立。

第三十条 公司采取吸收合并形式的，接纳方公司应到原审批机关办理外商投资企业批准证书变更手续并到登记机关办理公司变更登记；加入方公司应到原审批机关缴销外商投资企业批准证书并到登记机关办理公司注销登记。

公司采取新设合并形式的，合并各方公司应到原审批机关缴销外商投资企业批准证书并到登记机关办理公司注销登记；新设立的公司应通过申请人到审批机关领取外商投资企业批准证书并到登记机关办理公司设立登记。

公司采取存续分立形式的，存续的公司应到审批机关办理外商投资企业批准证书变更手续并到登记机关办理公司变更登记；新设立的公司应到审批机关领取外商投资企业批准证书并到登记机关办理公司设立登记。

公司采取解散分立形式的，原公司应到原审批机关缴销外商投资企业批准证书并到登记机关办理公司注销登记；新设立的公司应到审批机关领取外商投资企业批准证书并到登记机关办理公司设立登记。

公司与中国内资企业合并的仅由公司办理有关外商投资企业批准证书手续。

第三十一条 公司合并的申请人或拟分立的公司，应自审批机关批准合并或分立之日起三十日内，就因合并或分立而解散、存续或新设公司的事宜，到相应的审批机关办理有关缴销、变更或领取外商投资企业批准证书手续。

第三十二条 公司应自缴销、变更或领取外商投资企业批准证书之日起，依照《中华人民共和国企业法人登记管理条例》和《中华人民共和国公司登记管理条例》等有关规定，到登记机关办理有关注销、变更或设立登记手续。

设立登记应当在有关公司变更、注销登记办理完结后进行。

公司合并或分立协议中载明的有关公司财产处置方案及债权、债务承继方案和审批机关批准公司合并或分立的文件，视为注销登记所需提交的清算报告。

第三十三条　公司为新设合并或分立办理注销、变更登记后，当事人不依法办理有关公司设立登记的，应承担相应的法律责任。

第三十四条　公司投资者因公司合并或分立而签署的修改后的公司合同、章程自审批机关变更或核发外商投资企业批准证书之日起生效。

第三十五条　合并或分立后存续或新设的公司应自变更或领取营业执照之日起三十日内，向因合并或分立而解散的公司之债权人和债务人发出变更债务人和债权人的通知并在全国发行的省级以上报纸上公告。

第三十六条　合并或分立后存续或新设的公司应自换发或领取营业执照之日起三十日内。到税务、海关、土地管理和外汇管理等有关机关办理相应的登记手续。

公司与中国内资企业合并的，存续或新设的公司，还应根据有关外商投资企业的规定，到税务、海关、土地管理和外汇管理等机关，办理相关的审核手续。

第三十七条　在公司合并或分立过程中发生股权转让的，依照有关法律、法规和外商投资企业投资者股权变更的规定办理。

在公司与中国内资企业合并过程中，外国投资者购买内资企业股东股权的，其股权购买金的支付条件，依照《〈中外合资经营企业合营各方出资的若干规定〉的补充规定》执行。

第三十八条　香港、澳门、台湾地区的投资者在中国其他地区投资举办的公司合并或分立，参照本规定办理。

第三十九条　本规定由外经贸部和国家工商总局负责解释。

第四十条　本规定自发布之日起执行。

5. 关于上市公司涉及外商投资有关问题的若干意见

（2001 年 10 月 8 日对外贸易经济合作部、中国证券监督管理委员会外经贸部资发〔2001〕538 号发布，自发布之日起施行）

为了推动境内股票市场的健康发展，规范外商投资股份有限公司上市发行股票和外商投资企业进入股票市场的行为，现提出以下意见：

一、关于外商投资股份有限公司设立。

设立外商投资股份有限公司或现有的外商投资有限责任公司申请转为外商投资股份有限公司，须符合《关于设立外商投资股份有限公司若干问题的暂行规定》（外经贸部令 1995 年第 1 号）的要求并按规定程序报外经贸部审批。

二、关于外商投资股份有限公司上市发行股票。

（一）外商投资股份有限公司在境内发行股票（A 股与 B 股）必须符合外商投资产业政策及上市发行股票的要求；

（二）首次公开发行股票并上市的外商投资股份有限公司，除符合《公司法》等法律、法规及中国证监会的有关规定外，还应符合下列条件：

1. 申请上市前三年均已通过外商投资企业联合年检；

2. 经营范围符合《指导外商投资方向暂行规定》与《外商投资产业指导目录》的要求；

3. 上市发行股票后，其外资股占总股本的比例不低于 10%；

4. 按规定需由中方控股（包括相对控股）或对中方持股比例有特殊规定的外商投资股份有限公司，上市后应按有关规定的要求继续保持中方控股地位或持股比例；

5. 符合发行上市股票有关法规要求的其他条件。

（三）外商投资股份有限公司首次公开发行股票并上市，除向中国证监会提交规定的材料外，还应提供通过联合年检的外商投资股份有限公司的批准证书和营业执照；

（四）外商投资股份有限公司首次发行股票后，其增发股票及配股，应符合本条上述第（二）款规定的条件以及增发股票与配股的有关规定；

（五）外商投资股份有限公司首次发行股票及增发或配、送股票完成后，应到外经贸部办理法律文件变更手续。

三、含有 B 股的外商投资股份有限公司，申请其非上市外资股在 B 股市场上流通，应在获得外经贸部同意后，向中国证监会报送非上市外资股上市流通的申请方案。

申请非上市外资股上市流通应符合下列条件：

（一）拟上市流通的非上市外资股的持有人持有该非上市外资股的期限超过一年；

（二）非上市外资股转为流通股后，其原持有人继续持有的期限须超过一年；

（三）非上市外资股原持有人依照公司章程、股东协议及其它法律文件对公司的特殊承诺和法律、法规有要求承担特殊义务和责任的，按其承诺或义务执行；

（四）符合上市发行股票有关法规要求的其他条件。

四、外商投资企业（包括外商投资股份有限公司）受让境内上市公司非流通股，应按《外商投资企业境内投资的暂行规定》规定的程序和要求办理有关手续。

暂不允许外商投资性公司受让上市公司非流通股。

五、外商投资股份有限公司境内上市发行股票后外资比例低于总股本 25% 的，应缴回外商投资企业批准证书，并按规定办理有关变更手续。

外商投资企业受让上市公司的非流通股，导致上市公司（持有外商投资企业批准证书的公司）外资比例低于总股本 25% 的，该上市公司应缴回外商投资企业批准证书，并按规定办理有关变更手续。

六、符合条件的外商投资企业可以在境外发行股票。

三、战略投资

导　读

所谓战略投资，是指为谋求战略发展利益而收购并长期持有目标公司的较多股份，并积极参与目标公司的公司治理的法人投资行为。对于目标公司而言，战略投资者通常不仅具有资金、技术、管理、市场、人才优势，能够促进企业产业结构升级改造，增强企业核心竞争力和创新能力，拓展企业产品市场占有率，而且在改善公司治理结构，以及在新技术、新专利的研发方面能够提供丰富的管理经验。战略投资者相对更偏向于长期投资，不会像财务投资者那样以退出套现为目标，他们在投资时也不会过多地考虑退出的方式、时机等因素。

不同于财务投资者通常以增资方式为目标公司注入现金，战略投资者的投资方式则基于融资双方的不同考虑，会选择不同的方式，包括向目标公司注入现金、技术和资产；向目标公司股东支付现金收购股份；向目标公司股东提供股权或股票，通过换股安排实现对目标公司的持股。

从公司融资的角度看，战略投资者注入现金当然是融资公司最优先的选择。融资双方通过对目标公司资产进行估值，协议确定战略投资者投入的现金金额以及相应持有的目标公司的股权比例，战略投资者据此向目标公司投资。这样，目标公司获得了融资，实现了融资目标。

对于引进战略投资所适用的法律规范，更多的散见于《合同法》《公司法》等法律中。因此，在引进战略投资者时，融资公司应该借助财务顾问、律师等专业人士的力量来协助自己做出准确的判断，降低法律风险，保障交易的顺利实施。

1. 外国投资者对上市公司战略投资管理办法

(2005年12月31日商务部、中国证券监督管理委员会、国家税务总局、国家工商总局、国家外汇管理局令2005年第28号发布,根据2015年10月28日《商务部关于修改部分规章和规范性文件的决定》修订)

第一条 为了规范股权分置改革后外国投资者对A股上市公司(以下简称上市公司)进行战略投资,维护证券市场秩序,引进境外先进管理经验、技术和资金,改善上市公司治理结构,保护上市公司和股东的合法权益,按照《关于上市公司股权分置改革的指导意见》的要求,根据国家有关外商投资、上市公司监管的法律法规以及《外国投资者并购境内企业暂行规定》,制定本办法。

第二条 本办法适用于外国投资者(以下简称投资者)对已完成股权分置改革的上市公司和股权分置改革后新上市公司通过具有一定规模的中长期战略性并购投资(以下简称战略投资),取得该公司A股股份的行为。

第三条 经商务部批准,投资者可以根据本办法对上市公司进行战略投资。

第四条 战略投资应遵循以下原则:

(一)遵守国家法律、法规及相关产业政策,不得危害国家经济安全和社会公共利益;

(二)坚持公开、公正、公平的原则,维护上市公司及其股东的合法权益,接受政府、社会公众的监督及中国的司法和仲裁管辖;

(三)鼓励中长期投资,维护证券市场的正常秩序,不得炒作;

(四)不得妨碍公平竞争,不得造成中国境内相关产品市场过度集中、排除或限制竞争。

第五条 投资者进行战略投资应符合以下要求:

(一)以协议转让、上市公司定向发行新股方式以及国家法律法规规定的其他方式取得上市公司A股股份;

(二)投资可分期进行,首次投资完成后取得的股份比例不低于该公司已发行股份的百分之十,但特殊行业有特别规定或经相关主管部门批准的除外;

(三)取得的上市公司A股股份三年内不得转让;

(四)法律法规对外商投资持股比例有明确规定的行业,投资者持有上述行业股份比例应符合相关规定;属法律法规禁止外商投资的领域,投资者不得对上述领域的上市公司进行投资;

(五)涉及上市公司国有股股东的,应符合国有资产管理的相关规定。

第六条 投资者应符合以下要求:

(一)依法设立、经营的外国法人或其他组织,财务稳健、资信良好且具有成熟的管理经验;

(二)境外实有资产总额不低于1亿美元或管理的境外实有资产总额不低于5亿美元;或其母公司境外实有资产总额不低于1亿美元或管理的境外实有资产总额不低于5亿美元;

(三)有健全的治理结构和良好的内控制度,经营行为规范;

(四)近三年内未受到境内外监管机构的重大处罚(包括其母公司)。

第七条 通过上市公司定向发行方式进行战略投资的,按以下程序办理:

(一)上市公司董事会通过向投资者定向发行新股及公司章程修改草案的决议;

(二)上市公司股东大会通过向投资者定向发行新股及修改公司章程的决议;

(三)上市公司与投资者签订定向发行的合同;

(四)上市公司根据本办法第十二条向商务部报送相关申请文件,有特殊规定的从其规定;

(五)定向发行完成后,上市公司到商务部领取外商投资企业批准证书,并凭该批准证书到工商行政管理部门办理变更登记。

第八条 通过协议转让方式进行战略投资的,按以下程序办理:

(一)上市公司董事会通过投资者以协议转

让方式进行战略投资的决议；

（二）上市公司股东大会通过投资者以协议转让方式进行战略投资的决议；

（三）转让方与投资者签订股份转让协议；

（四）投资者根据本办法第十二条向商务部报送相关申请文件，有特殊规定的从其规定；

（五）投资者参股上市公司的，获得前述批准后向证券交易所办理股份转让确认手续、向证券登记结算机构申请办理登记过户手续，并报中国证监会备案；

（六）协议转让完成后，上市公司到商务部领取外商投资企业批准证书，并凭该批准证书到工商行政管理部门办理变更登记。

第九条 投资者拟通过协议转让方式构成对上市公司的实际控制，按照第八条第（一）、（二）、（三）、（四）项的程序获得批准后，向中国证监会报送上市公司收购报告书及相关文件，经中国证监会审核无异议后向证券交易所办理股份转让确认手续、向证券登记结算机构申请办理登记过户手续。完成上述手续后，按照第八条第（六）项办理。

第十条 投资者对上市公司进行战略投资，应按《证券法》和中国证监会的相关规定履行报告、公告及其他法定义务。

第十一条 投资者对其已持有股份的上市公司继续进行战略投资的，需按本办法规定的方式和程序办理。

第十二条 上市公司或投资者应向商务部报送以下文件：

（一）战略投资申请书（格式见附件1）；

（二）战略投资方案（格式见附件2）；

（三）定向发行合同或股份转让协议；

（四）保荐机构意见书（涉及定向发行）或法律意见书；

（五）投资者持续持股的承诺函；

（六）投资者三年内未受到境内外监管机构重大处罚的声明，以及是否受到其他非重大处罚的说明；

（七）经依法公证、认证的投资者的注册登记证明、法定代表人（或授权代表）身份证明；

（八）经注册会计师审计的该投资者近三年来的资产负债表；

（九）上述（一）、（二）、（三）、（五）、（六）项中规定提交的文件均需经投资者法定代表人或其授权代表签署，由授权代表签署的还应提交经法定代表人签署的授权书及相应的公证、认证文件；

（十）商务部规定的其他文件。

前款所列文件，除第七项、第八项所列文件外，必须报送中文本原件，第七项、第八项所列文件应报送原件及中文译件。

商务部收到上述全部文件后应在30日内作出原则批复，原则批复有效期180日。

第十三条 符合本办法第六条规定的外国公司（“母公司”）可以通过其全资拥有的境外子公司（“投资者”）进行战略投资，投资者除提交本办法第十二条所列文件外，还应向商务部提交其母公司对投资者投资行为承担连带责任的不可撤销的承诺函。

第十四条 投资者应在商务部原则批复之日起15日内根据外商投资并购的相关规定开立外汇账户。投资者从境外汇入的用于战略投资的外汇资金，应当根据外汇管理的有关规定，到上市公司注册所在地外汇局申请开立外国投资者专用外汇账户（收购类），账户内资金的结汇及账户注销手续参照相关外汇管理规定办理。

第十五条 投资者可以持商务部对该投资者对上市公司进行战略投资的批准文件和有效身份证明，向证券登记结算机构办理相关手续。

对于投资者在上市公司股权分置改革前持有的非流通股份或在上市公司首次公开发行前持有的股份，证券登记结算机构可以根据投资者申请为其开立证券账户。

证券登记结算机构应根据本管理办法制定相应规定。

第十六条 投资者应在资金结汇之日起15日内启动战略投资行为，并在原则批复之日起180日内完成战略投资。

投资者未能在规定时间内按战略投资方案完成战略投资的，审批机关的原则批复自动失效。投资者应在原则批复失效之日起45日内，经外汇局核准后将结汇所得人民币资金购汇并汇出境外。

第十七条 战略投资完成后，上市公司应于10日内凭以下文件到商务部领取外商投资企业批准证书：

（一）申请书；

（二）商务部原则批复函；

（三）证券登记结算机构出具的股份持有证明；

（四）上市公司营业执照和法定代表人身份证明；

（五）上市公司章程。

商务部在收到上述全部文件之日起5日内颁发外商投资企业批准证书，加注“外商投资股份公司（A股并购）”。

如投资者取得单一上市公司25%或以上股份并承诺在10年内持续持股不低于25%，商务部在颁发的外商投资企业批准证书上加注“外商投资股份公司（A股并购25%或以上）”。

第十八条 上市公司应自外商投资企业批准证书签发之日起30日内，向工商行政管理机关申请办理公司类型变更登记，并提交下列文件：

（一）公司法定代表人签署的申请变更申请书；

（二）外商投资企业批准证书；

（三）证券登记结算机构出具的股份持有证明；

（四）经公证、认证的投资者的合法开业证明；

（五）国家工商行政管理总局规定应提交的其他文件。

经核准变更的，工商行政管理机关在营业执照企业类型栏目中加注“外商投资股份公司（A股并购）”字样，其中，投资者进行战略投资取得单一上市公司25%或以上股份并承诺在10年内持续持股不低于25%的，加注“外商投资股份公司（A股并购25%或以上）”。

第十九条 上市公司应自外商投资企业营业执照签发之日起30日内，到税务、海关、外汇管理等有关部门办理相关手续。外汇管理部门在所颁发的外汇登记证上加注“外商投资股份公司（A股并购）”。如投资者进行战略投资取得单一上市公司25%或以上股份并承诺在10年内持续持股不低于25%的，外汇管理部门在外汇登记证上加注“外商投资股份公司（A股并购25%或以上）”。

第二十条 除以下情形外，投资者不得进行证券买卖（B股除外）：

（一）投资者进行战略投资所持上市公司A股股份，在其承诺的持股期限届满后可以出售；

（二）投资者根据《证券法》相关规定须以要约方式进行收购的，在要约期间可以收购上市公司A股股东出售的股份；

（三）投资者在上市公司股权分置改革前持有的非流通股份，在股权分置改革完成且限售期满后可以出售；

（四）投资者在上市公司首次公开发行前持有的股份，在限售期满后可以出售；

（五）投资者承诺的持股期限届满前，因其破产、清算、抵押等特殊原因需转让其股份的，经商务部批准可以转让。

第二十一条 投资者减持股份使上市公司外资股比低于25%，上市公司应在10日内向商务部备案并办理变更外商投资企业批准证书的相关手续。

投资者减持股份使上市公司外资股比低于10%，且该投资者非为单一最大股东，上市公司应在10日内向审批机关备案并办理注销外商投资企业批准证书的相关手续。

第二十二条 投资者减持股份使上市公司外资股比低于25%，上市公司应自外商投资企业批准证书变更之日起30日内到工商行政管理机关办理变更登记，工商行政管理机关在营业执照上企业类型调整为“外商投资股份公司（A股并购）”。上市公司应自营业执照变更之日起30日内到外汇管理部门办理变更外汇登记，外汇管理部门在外汇登记证上加注“外商投资股份公司（A股并购）”。

投资者减持股份使上市公司外资股比低于10%，且投资者非为单一最大股东，上市公司自外商投资企业批准证书注销之日起30日内到工商行政管理机关办理变更登记，企业类型变更为股份有限公司。上市公司应自营业执照变更之日起30日内到外汇管理部门办理外汇登记注销手续。

第二十三条 母公司通过其全资拥有的境外子公司进行战略投资并已按期完成的，母公司转让上述境外子公司前应向商务部报告，并根据本办法所列程序提出申请。新的受让方仍应符合本办法所规定的条件，承担母公司及其子公司在上市公司中的全部权利和义务，并依法履行向中国证监会报告、公告及其他法定义务。

第二十四条 投资者通过A股市场将所持上市公司股份出让的,可凭以下文件向上市公司注册所在地外汇局申请购汇汇出:

(一)书面申请;

(二)为战略投资目的所开立的外国投资者专用外汇账户(收购类)内资金经外汇局核准结汇的核准件;

(三)证券经纪机构出具的有关证券交易证明文件。

第二十五条 投资者持股比例低于25%的上市公司,其举借外债按照境内中资企业举借外债的有关规定办理。

第二十六条 相关政府机构工作人员必须忠于职守、依法履行职责,不得利用职务便利牟取不正当利益,并对知悉的商业秘密负有保密义务。

第二十七条 香港特别行政区、澳门特别行政区、台湾地区的投资者进行战略投资,参照本办法办理。

第二十八条 本办法自发布之日起30日后施行。

附件1:战略投资申请书(略)

附件2:战略投资方案(略)

2. 关于外国战略投资者开立A股证券账户等有关问题的通知

(2006年2月14日中国证券登记结算有限责任公司发布,自发布之日起施行)

为了落实商务部、中国证监会、国家税务总局、国家工商行政管理总局、国家外汇管理局联合发布的《外国投资者对上市公司战略投资管理办法》的有关规定,现就外国投资者以及我国香港特别行政区、澳门特别行政区、台湾地区的投资者(以下简称"投资者")对上市公司进行战略投资取得A股股份,办理A股证券账户(以下简称"证券账户")开立及股份登记等事项通知如下:

一、投资者因合法持有上市公司A股股份,应当直接向本公司上海、深圳分公司申请开立证券账户。投资者申请开户应当提交以下材料:

1. 投资者的有效商业注册登记证明文件及复印件或其他与商业注册登记文件具有同等法律效力的可证明其机构设立的文件及复印件;

2. 投资者董事会或者其董事、主要股东及其他有权人士对经办人的授权委托书,能够证明授权人有权授权的文件,授权人的有效身份证明文件复印件;

3. 经办人有效身份证明文件及复印件;

4. 商务部和中国证监会出具的同意投资者对上市公司进行战略投资的相关批准文件及复印件或者上市公司出具的持股证明;

5. 证券账户注册申请表;

6. 证券账户自律管理承诺书(格式见附件)。

在上市公司首次公开发行上市前持有公司股份的投资者为自然人的,除提供有效身份证明文件及复印件外,还需提供本条第一款第4、5、6项规定的材料。

上述文件以外文提供的,需提供中文译本。

二、前条所指批准文件和持股证明包括以下几种情形:

1. 通过上市公司定向发行方式进行投资的,投资者需提供商务部同意投资者对上市公司进行战略投资的批准文件以及中国证监会的定向发行核准文件;

2. 通过协议转让方式进行投资的,投资者需提供商务部的批准文件,涉及上市公司收购的还需提供中国证监会的核准文件;

3. 对于上市公司首次公开发行上市前持有股份的投资者,需提供上市公司出具的首次公开发行前持有股份的证明;

4. 国家法律、法规以及中国证监会规定的其他情形。

三、投资者开立证券账户后,本公司根据投资者合法持有上市公司A股股份的证明文件,按照股份登记的有关业务规则为其办理股份登记;并根据相关规定对投资者持有的A股股份进行限售处理。

四、投资者持有 A 股股份限售期满，由投资者通过上市公司提交股份解除限售申请，经证券交易所核查后，本公司根据证券交易所的确认文件办理 A 股股份解除限售手续。

五、投资者持有 A 股股份限售期满前，因其破产、清算、质押等特殊原因需要转让其股份的，需提供商务部等有权机关出具的批准文件，并按照股份转让的有关规定办理过户登记手续。

六、投资者已开立证券账户的，不得重复开立证券账户。国家法律、法规以及中国证监会另有规定的除外。

七、本通知未规定的事项，按照本公司证券账户管理、股份登记等有关业务规定办理。

八、本通知所指投资者不包括合格境外机构投资者，合格境外机构投资者申请开立证券账户等事项按照合格境外机构投资者相关规定办理。

九、本通知自发布之日起执行。

中国证券登记结算有限责任公司

二〇〇六年二月十四日

附件：证券账户自律管理承诺书（略）

四、境内上市

导　读

上市融资应该是很多公司都希望选择的一种融资方式。上市融资不仅募集资金数量大、速度快，而且上市融入的资金作为股权融资，无需归还，也不用支付利息，可以大幅度降低企业财务成本。同时，上市还能推动企业完善公司治理结构，提升公司形象，提高公司公信力及知名度等。但是，由于证券法规及证券交易所对于公司上市都有一定的条件要求，包括公司净资产、营业额、利润额、连续盈利要求、公司治理结构、内部控制制度等条件，因此，能够上市融资的仅是少数企业。

境内上市指的是公司面向境内投资者发行股票并选择在我国的上海证券交易所和深圳证券交易所上市交易。上海证券交易所属于主板市场，深证证券交易所除了开设主板市场外，还开通了中小板市场和创业板市场，适合于不同规模和类型的企业上市融资。

公司上市有两种方式，一是通过股票首次发行上市(IPO)，二是通过收购上市公司取得上市公司控制权而间接上市。收购上市可以收购上市公司的控股股东所持有的上市公司股权，也可以收购上市公司的控股股东从而间接控制上市公司，还可以通过认购上市公司定向增发的股份而实现控制上市公司的目的。有关上市公司收购请参考本书第二章第三节第二部分“上市公司收购”的相关法律规定。

根据公司法、证券法、中国证券监督管理委员会和证券交易所的有关规定，公司公开发行股份并在境内上市的，一般要经过以下程序：股份制改造，上市准备，中国证监会审核发行申请，路演、询价、定价、发行及股票上市。本节收录的法律及规范性文件涵盖股票发行上市的上述程序，内容包括上市公司、保荐人及承销商等中介组织、监管机构及证券交易所等主体在公司股票发行上市过程中的各个方面。而上市公司监管、信息披露、再融资等方面的法律法规则不在本节收录之列。

1. 公司法（节选）

第二十一条至一百二十四条、第一百四十一条、第一百四十四条、第一百四十五条。

2. 证券法（节选）

第四十八条至第七十二条。

3. 首次公开发行股票并上市管理办法

（2006年5月17日中国证券监督管理委员会第180次主席办公会议审议通过，根据2015年12月30日中国证券监督管理委员会《关于修改〈首次公开发行股票并上市管理办法〉的决定》修正）

第一章　总　则

第一条　为了规范首次公开发行股票并上市的行为，保护投资者的合法权益和社会公共利益，根据《证券法》、《公司法》，制定本办法。

第二条　在中华人民共和国境内首次公开发行股票并上市，适用本办法。

境内公司股票以外币认购和交易的，不适用本办法。

第三条　首次公开发行股票并上市，应当符合《证券法》、《公司法》和本办法规定的发行条件。

第四条　发行人依法披露的信息，必须真实、准确、完整，不得有虚假记载、误导性陈述或者重大遗漏。

第五条　保荐人及其保荐代表人应当遵循勤勉尽责、诚实守信的原则，认真履行审慎核查和辅导义务，并对其所出具的发行保荐书的真实性、准确性、完整性负责。

第六条　为证券发行出具有关文件的证券服务机构和人员，应当按照本行业公认的业务标准和道德规范，严格履行法定职责，并对其所出具文件的真实性、准确性和完整性负责。

第七条　中国证券监督管理委员会（以下简称"中国证监会"）对发行人首次公开发行股票的核准，不表明其对该股票的投资价值或者投资者的收益作出实质性判断或者保证。股票依法发行后，因发行人经营与收益的变化引致的投资风险，由投资者自行负责。

第二章　发行条件

第一节　主体资格

第八条　发行人应当是依法设立且合法存续的股份有限公司。

经国务院批准，有限责任公司在依法变更为股份有限公司时，可以采取募集设立方式公开发行股票。

第九条　发行人自股份有限公司成立后，持续经营时间应当在3年以上，但经国务院批准的除外。

有限责任公司按原账面净资产值折股整体变更为股份有限公司的，持续经营时间可以从有限责任公司成立之日起计算。

第十条　发行人的注册资本已足额缴纳，发起人或者股东用作出资的资产的财产权转移手续已办理完毕，发行人的主要资产不存在重大权属纠纷。

第十一条　发行人的生产经营符合法律、行政法规和公司章程的规定，符合国家产业政策。

第十二条　发行人最近3年内主营业务和董事、高级管理人员没有发生重大变化，实际控制人没有发生变更。

第十三条　发行人的股权清晰，控股股东和受控股股东、实际控制人支配的股东持有的发行人股份不存在重大权属纠纷。

第二节　规范运行

第十四条　发行人已经依法建立健全股东大会、董事会、监事会、独立董事、董事会秘书制度，相关机构和人员能够依法履行职责。

第十五条　发行人的董事、监事和高级管理人员已经了解与股票发行上市有关的法律法规，知悉上市公司及其董事、监事和高级管理人员的法定义务和责任。

第十六条　发行人的董事、监事和高级管理人员符合法律、行政法规和规章规定的任职资格，且不得有下列情形：

（一）被中国证监会采取证券市场禁入措施尚在禁入期的；

（二）最近36个月内受到中国证监会行政处罚，或者最近12个月内受到证券交易所公开谴责；

（三）因涉嫌犯罪被司法机关立案侦查或者涉嫌违法违规被中国证监会立案调查，尚未有明确结论意见。

第十七条　发行人的内部控制制度健全且被有效执行，能够合理保证财务报告的可靠性、生产经营的合法性、营运的效率与效果。

第十八条　发行人不得有下列情形：

（一）最近36个月内未经法定机关核准，擅自公开或者变相公开发行过证券；或者有关违法行为虽然发生在36个月前，但目前仍处于持续状态；

（二）最近36个月内违反工商、税收、土地、环保、海关以及其他法律、行政法规，受到行政处罚，且情节严重；

（三）最近36个月内曾向中国证监会提出发行申请，但报送的发行申请文件有虚假记载、误导性陈述或重大遗漏；或者不符合发行条件以欺骗手段骗取发行核准；或者以不正当手段干扰中国证监会及其发行审核委员会审核工作；或者伪造、变造发行人或其董事、监事、高级管理人员的签字、盖章；

（四）本次报送的发行申请文件有虚假记载、误导性陈述或者重大遗漏；

（五）涉嫌犯罪被司法机关立案侦查，尚未有明确结论意见；

（六）严重损害投资者合法权益和社会公共利益的其他情形。

第十九条　发行人的公司章程中已明确对外担保的审批权限和审议程序，不存在为控股股东、实际控制人及其控制的其他企业进行违规担保的情形。

第二十条　发行人有严格的资金管理制度，不得有资金被控股股东、实际控制人及其控制的其他企业以借款、代偿债务、代垫款项或者其他方式占用的情形。

第三节　财务与会计

第二十一条　发行人资产质量良好，资产负债结构合理，盈利能力较强，现金流量正常。

第二十二条　发行人的内部控制在所有重大方面是有效的，并由注册会计师出具了无保留结论的内部控制鉴证报告。

第二十三条　发行人会计基础工作规范，财务报表的编制符合企业会计准则和相关会计制度的规定，在所有重大方面公允地反映了发行人的财务状况、经营成果和现金流量，并由注册会计师出具了无保留意见的审计报告。

第二十四条　发行人编制财务报表应以实际发生的交易或者事项为依据；在进行会计确认、计量和报告时应当保持应有的谨慎；对相同或者相似的经济业务，应选用一致的会计政策，不得随意变更。

第二十五条　发行人应完整披露关联方关系并按重要性原则恰当披露关联交易。关联交易价格公允，不存在通过关联交易操纵利润的情形。

第二十六条　发行人应当符合下列条件：

（一）最近3个会计年度净利润均为正数且累计超过人民币3000万元，净利润以扣除非经常性损益前后较低者为计算依据；

（二）最近3个会计年度经营活动产生的现金流量净额累计超过人民币5000万元；或者最近3个会计年度营业收入累计超过人民币3亿元；

（三）发行前股本总额不少于人民币3000万元；

（四）最近一期末无形资产（扣除土地使用权、水面养殖权和采矿权等后）占净资产的比例不高于20%；

（五）最近一期末不存在未弥补亏损。

第二十七条 发行人依法纳税，各项税收优惠符合相关法律法规的规定。发行人的经营成果对税收优惠不存在严重依赖。

第二十八条 发行人不存在重大偿债风险，不存在影响持续经营的担保、诉讼以及仲裁等重大或有事项。

第二十九条 发行人申报文件中不得有下列情形：

（一）故意遗漏或虚构交易、事项或者其他重要信息；

（二）滥用会计政策或者会计估计；

（三）操纵、伪造或篡改编制财务报表所依据的会计记录或者相关凭证。

第三十条 发行人不得有下列影响持续盈利能力的情形：

（一）发行人的经营模式、产品或服务的品种结构已经或者将发生重大变化，并对发行人的持续盈利能力构成重大不利影响；

（二）发行人的行业地位或发行人所处行业的经营环境已经或者将发生重大变化，并对发行人的持续盈利能力构成重大不利影响；

（三）发行人最近1个会计年度的营业收入或净利润对关联方或者存在重大不确定性的客户存在重大依赖；

（四）发行人最近1个会计年度的净利润主要来自合并财务报表范围以外的投资收益；

（五）发行人在用的商标、专利、专有技术以及特许经营权等重要资产或技术的取得或者使用存在重大不利变化的风险；

（六）其他可能对发行人持续盈利能力构成重大不利影响的情形。

第三章 发行程序

第三十一条 发行人董事会应当依法就本次股票发行的具体方案、本次募集资金使用的可行性及其他必须明确的事项作出决议，并提请股东大会批准。

第三十二条 发行人股东大会就本次发行股票作出的决议，至少应当包括下列事项：

（一）本次发行股票的种类和数量；

（二）发行对象；

（三）价格区间或者定价方式；

（四）募集资金用途；

（五）发行前滚存利润的分配方案；

（六）决议的有效期；

（七）对董事会办理本次发行具体事宜的授权；

（八）其他必须明确的事项。

第三十三条 发行人应当按照中国证监会的有关规定制作申请文件，由保荐人保荐并向中国证监会申报。

特定行业的发行人应当提供管理部门的相关意见。

第三十四条 中国证监会收到申请文件后，在5个工作日内作出是否受理的决定。

第三十五条 中国证监会受理申请文件后，由相关职能部门对发行人的申请文件进行初审，并由发行审核委员会审核。

第三十六条 中国证监会在初审过程中，将征求发行人注册地省级人民政府是否同意发行人发行股票的意见。

第三十七条 中国证监会依照法定条件对发行人的发行申请作出予以核准或者不予核准的决定，并出具相关文件。

自中国证监会核准发行之日起，发行人应在6个月内发行股票；超过6个月未发行的，核准文件失效，须重新经中国证监会核准后方可发行。

第三十八条 发行申请核准后、股票发行结束前，发行人发生重大事项的，应当暂缓或者暂停发行，并及时报告中国证监会，同时履行信息披露义务。影响发行条件的，应当重新履行核准程序。

第三十九条 股票发行申请未获核准的，自中国证监会作出不予核准决定之日起6个月后，发行人可再次提出股票发行申请。

第四章 信息披露

第四十条 发行人应当按照中国证监会的有关规定编制和披露招股说明书。

第四十一条 招股说明书内容与格式准则

是信息披露的最低要求。不论准则是否有明确规定,凡是对投资者作出投资决策有重大影响的信息,均应当予以披露。

第四十二条　发行人应当在招股说明书中披露已达到发行监管对公司独立性的基本要求。

第四十三条　发行人及其全体董事、监事和高级管理人员应当在招股说明书上签字、盖章,保证招股说明书的内容真实、准确、完整。保荐人及其保荐代表人应当对招股说明书的真实性、准确性、完整性进行核查,并在核查意见上签字、盖章。

第四十四条　招股说明书中引用的财务报表在其最近一期截止日后6个月内有效。特别情况下发行人可申请适当延长,但至多不超过1个月。财务报表应当以年度末、半年度末或者季度末为截止日。

第四十五条　招股说明书的有效期为6个月,自中国证监会核准发行申请前招股说明书最后一次签署之日起计算。

第四十六条　申请文件受理后、发行审核委员会审核前,发行人应当将招股说明书(申报稿)在中国证监会网站(www.csrc.gov.cn)预先披露。发行人可以将招股说明书(申报稿)刊登于其企业网站,但披露内容应当完全一致,且不得早于在中国证监会网站的披露时间。

第四十七条　发行人及其全体董事、监事和高级管理人员应当保证预先披露的招股说明书(申报稿)的内容真实、准确、完整。

第四十八条　预先披露的招股说明书(申报稿)不是发行人发行股票的正式文件,不能含有价格信息,发行人不得据此发行股票。

发行人应当在预先披露的招股说明书(申报稿)的显要位置声明:“本公司的发行申请尚未得到中国证监会核准。本招股说明书(申报稿)不具有据以发行股票的法律效力,仅供预先披露之用。投资者应当以正式公告的招股说明书全文作为作出投资决定的依据。”

第四十九条　发行人应当在发行前将招股说明书摘要刊登于至少一种中国证监会指定的报刊,同时将招股说明书全文刊登于中国证监会指定的网站,并将招股说明书全文置备于发行人住所、拟上市证券交易所、保荐人、主承销商和其他承销机构的住所,以备公众查阅。

第五十条　保荐人出具的发行保荐书、证券服务机构出具的有关文件应当作为招股说明书的备查文件,在中国证监会指定的网站上披露,并置备于发行人住所、拟上市证券交易所、保荐人、主承销商和其他承销机构的住所,以备公众查阅。

第五十一条　发行人可以将招股说明书摘要、招股说明书全文、有关备查文件刊登于其他报刊和网站,但披露内容应当完全一致,且不得早于在中国证监会指定报刊和网站的披露时间。

第五章　监管和处罚

第五十二条　发行人向中国证监会报送的发行申请文件有虚假记载、误导性陈述或者重大遗漏的,发行人不符合发行条件以欺骗手段骗取发行核准的,发行人以不正当手段干扰中国证监会及其发行审核委员会审核工作的,发行人或其董事、监事、高级管理人员的签字、盖章系伪造或者变造的,除依照《证券法》的有关规定处罚外,中国证监会将采取终止审核并在36个月内不受理发行人的股票发行申请的监管措施。

第五十三条　保荐人出具有虚假记载、误导性陈述或者重大遗漏的发行保荐书,保荐人以不正当手段干扰中国证监会及其发行审核委员会审核工作的,保荐人或其相关签字人员的签字、盖章系伪造或变造的,或者不履行其他法定职责的,依照《证券法》和保荐制度的有关规定处理。

第五十四条　证券服务机构未勤勉尽责,所制作、出具的文件有虚假记载、误导性陈述或者重大遗漏的,除依照《证券法》及其他相关法律、行政法规和规章的规定处罚外,中国证监会将采取12个月内不接受相关机构出具的证券发行专项文件,36个月内不接受相关签字人员出具的证券发行专项文件的监管措施。

第五十五条　发行人、保荐人或证券服务机构制作或者出具的文件不符合要求,擅自改动已提交的文件,或者拒绝答复中国证监会审核中提出的相关问题的,中国证监会将视情节轻重,对相关机构和责任人员采取监管谈话、责令改正等监管措施,记入诚信档案并公布;情节特别严重的,给予警告。

第五十六条　发行人披露盈利预测的,利润实现数如未达到盈利预测的80%，除因不可抗力外，其法定代表人、盈利预测审核报告签字注册会计师应当在股东大会及中国证监会指定报刊上公开作出解释并道歉；中国证监会可以对法定代表人处以警告。

利润实现数未达到盈利预测的50%的，除因不可抗力外，中国证监会在36个月内不受理该公司的公开发行证券申请。

第六章　附　则

第五十七条　在中华人民共和国境内，首次公开发行股票且不上市的管理办法，由中国证监会另行规定。

第五十八条　本办法自2006年5月18日起施行。《关于股票发行工作若干规定的通知》（证监[1996]12号）、《关于做好1997年股票发行工作的通知》（证监[1997]13号）、《关于股票发行工作若干问题的补充通知》（证监[1998]8号）、《关于对拟发行上市企业改制情况进行调查的通知》（证监发字[1998]259号）、《关于对拟公开发行股票公司改制运行情况进行调查的通知》（证监发[1999]4号）、《关于拟发行股票公司聘请审计机构等问题的通知》（证监发行字[2000]131号）和《关于进一步规范股票首次发行上市有关工作的通知》（证监发行字[2003]116号）同时废止。

4. 首次公开发行股票并在创业板上市管理办法

（2014年2月11日中国证券监督管理委员会第26次主席办公会议审议通过，根据2015年12月30日中国证券监督管理委员会《关于修改〈首次公开发行股票并在创业板上市管理办法〉的决定》修正）

第一章　总　则

第一条　为了规范首次公开发行股票并在创业板上市的行为，促进自主创新企业及其他成长型创业企业的发展，保护投资者的合法权益，维护社会公共利益，根据《证券法》、《公司法》，制定本办法。

第二条　在中华人民共和国境内首次公开发行股票并在创业板上市，适用本办法。

第三条　发行人申请首次公开发行股票并在创业板上市，应当符合《证券法》、《公司法》和本办法规定的发行条件。

第四条　发行人依法披露的信息，必须真实、准确、完整、及时，不得有虚假记载、误导性陈述或者重大遗漏。

发行人作为信息披露第一责任人，应当及时向保荐人、证券服务机构提供真实、准确、完整的财务会计资料和其他资料，全面配合保荐人、证券服务机构开展尽职调查。

第五条　发行人的控股股东、实际控制人、董事、监事、高级管理人员等责任主体应当诚实守信，全面履行公开承诺事项，不得在发行上市中损害投资者的合法权益。

第六条　保荐人及其保荐代表人应当严格履行法定职责，遵守业务规则和行业规范，对发行人的申请文件和信息披露资料进行审慎核查，督导发行人规范运行，对证券服务机构出具的专业意见进行核查，对发行人是否具备持续盈利能力、是否符合法定发行条件作出专业判断，并确保发行人的申请文件和招股说明书等信息披露资料真实、准确、完整、及时。

第七条　为股票发行出具文件的证券服务机构和人员，应当严格履行法定职责，遵守本行业的业务标准和执业规范，对发行人的相关业务资料进行核查验证，确保所出具的相关专业文件真实、准确、完整、及时。

第八条　中国证券监督管理委员会（以下简称中国证监会）依法对发行人申请文件的合法合规性进行审核，依法核准发行人的首次公开发行股票申请，并对发行人股票发行进行监督管理。

证券交易所依法制定业务规则，创造公开、公平、公正的市场环境，保障创业板市场的正常运行。

第九条　中国证监会依据发行人提供的申请文件核准发行人首次公开发行股票申请，不对发行人的盈利能力、投资价值或者投资者的收益作出实质性判断或者保证。

投资者自主判断发行人的投资价值，自主作出投资决策，自行承担股票依法发行后因发行人经营与收益变化或者股票价格变动引致的投资风险。

第十条　创业板市场应当建立健全与投资者风险承受能力相适应的投资者准入制度，向投资者充分提示投资风险，注重投资者需求，切实保护投资者特别是中小投资者的合法权益。

第二章　发行条件

第十一条　发行人申请首次公开发行股票应当符合下列条件：

（一）发行人是依法设立且持续经营三年以上的股份有限公司。有限责任公司按原账面净资产值折股整体变更为股份有限公司的，持续经营时间可以从有限责任公司成立之日起计算；

（二）最近两年连续盈利，最近两年净利润累计不少于一千万元；或者最近一年盈利，最近一年营业收入不少于五千万元。净利润以扣除非经常性损益前后孰低者为计算依据；

（三）最近一期末净资产不少于二千万元，且不存在未弥补亏损；

（四）发行后股本总额不少于三千万元。

第十二条　发行人的注册资本已足额缴纳，发起人或者股东用作出资的资产的财产权转移手续已办理完毕。发行人的主要资产不存在重大权属纠纷。

第十三条　发行人应当主要经营一种业务，其生产经营活动符合法律、行政法规和公司章程的规定，符合国家产业政策及环境保护政策。

第十四条　发行人最近两年内主营业务和董事、高级管理人员均没有发生重大变化，实际控制人没有发生变更。

第十五条　发行人的股权清晰，控股股东和受控股股东、实际控制人支配的股东所持发行人的股份不存在重大权属纠纷。

第十六条　发行人具有完善的公司治理结构，依法建立健全股东大会、董事会、监事会以及独立董事、董事会秘书、审计委员会制度，相关机构和人员能够依法履行职责。

发行人应当建立健全股东投票计票制度，建立发行人与股东之间的多元化纠纷解决机制，切实保障投资者依法行使收益权、知情权、参与权、监督权、求偿权等股东权利。

第十七条　发行人会计基础工作规范，财务报表的编制和披露符合企业会计准则和相关信息披露规则的规定，在所有重大方面公允地反映了发行人的财务状况、经营成果和现金流量，并由注册会计师出具无保留意见的审计报告。

第十八条　发行人内部控制制度健全且被有效执行，能够合理保证公司运行效率、合法合规和财务报告的可靠性，并由注册会计师出具无保留结论的内部控制鉴证报告。

第十九条　发行人的董事、监事和高级管理人员应当忠实、勤勉，具备法律、行政法规和规章规定的资格，且不存在下列情形：

（一）被中国证监会采取证券市场禁入措施尚在禁入期的；

（二）最近三年内受到中国证监会行政处罚，或者最近一年内受到证券交易所公开谴责的；

（三）因涉嫌犯罪被司法机关立案侦查或者涉嫌违法违规被中国证监会立案调查，尚未有明确结论意见的。

第二十条　发行人及其控股股东、实际控制人最近三年内不存在损害投资者合法权益和社会公共利益的重大违法行为。

发行人及其控股股东、实际控制人最近三年内不存在未经法定机关核准，擅自公开或者变相公开发行证券，或者有关违法行为虽然发生在三年前，但目前仍处于持续状态的情形。

第三章　发行程序

第二十一条　发行人董事会应当依法就本次发行股票的具体方案、本次募集资金使用的可行性及其他必须明确的事项作出决议，并提请股东大会批准。

本次发行股票时发行人股东公开发售股份的，发行人董事会还应当依法合理制定股东公开发售股份的具体方案并提请股东大会批准。

第二十二条　发行人股东大会应当就本次

发行股票作出决议,决议至少应当包括下列事项:

(一)股票的种类和数量;

(二)发行对象;

(三)发行方式;

(四)价格区间或者定价方式;

(五)募集资金用途;

(六)发行前滚存利润的分配方案;

(七)决议的有效期;

(八)对董事会办理本次发行具体事宜的授权;

(九)其他必须明确的事项。

第二十三条 发行人应当按照中国证监会有关规定制作申请文件,由保荐人保荐并向中国证监会申报。

第二十四条 保荐人保荐发行人发行股票并在创业板上市,应当对发行人的成长性进行尽职调查和审慎判断并出具专项意见。发行人为自主创新企业的,还应当在专项意见中说明发行人的自主创新能力,并分析其对成长性的影响。

第二十五条 中国证监会收到申请文件后,在五个工作日内作出是否受理的决定。

第二十六条 中国证监会受理申请文件后,由相关职能部门对发行人的申请文件进行初审,由创业板发行审核委员会审核,并建立健全对保荐人、证券服务机构工作底稿的检查制度。

第二十七条 中国证监会自申请文件受理之日起三个月内,依法对发行人的发行申请作出予以核准、中止审核、终止审核、不予核准的决定,并出具相关文件。发行人根据要求补充、修改发行申请文件的时间不计算在内。

发行人应当自中国证监会核准之日起十二个月内发行股票,发行时点由发行人自主选择;超过十二个月未发行的,核准文件失效,须重新经中国证监会核准后方可发行。

第二十八条 发行申请核准后至股票发行结束前,发行人应当及时更新信息披露文件内容,财务报表过期的,发行人还应当补充财务会计报告等文件;保荐人及证券服务机构应当持续履行尽职调查职责;其间发生重大事项的,发行人应当暂缓或者暂停发行,并及时报告中国证监会,同时履行信息披露义务;出现不符合发行条件事项的,中国证监会撤回核准决定。

第二十九条 股票发行申请未获核准的,发行人可自中国证监会作出不予核准决定之日起六个月后再次提出股票发行申请。

第四章 信息披露

第三十条 发行人应当以投资者的决策需要为导向,按照中国证监会的有关规定编制和披露招股说明书,内容简明易懂,语言浅白平实,便于中小投资者阅读。

第三十一条 中国证监会制定的创业板招股说明书内容与格式准则是信息披露的最低要求。不论准则是否有明确规定,凡是对投资者作出投资决策有重大影响的信息,均应当予以披露。

第三十二条 发行人应当在招股说明书显要位置作如下提示:"本次股票发行后拟在创业板市场上市,该市场具有较高的投资风险。创业板公司具有业绩不稳定、经营风险高、退市风险大等特点,投资者面临较大的市场风险。投资者应充分了解创业板市场的投资风险及本公司所披露的风险因素,审慎作出投资决定。"

第三十三条 发行人应当在招股说明书中分析并完整披露对其持续盈利能力产生重大不利影响的所有因素,充分揭示相关风险,并披露保荐人对发行人是否具备持续盈利能力的核查结论意见。

第三十四条 发行人应当在招股说明书中披露已达到发行监管对公司独立性的基本要求。

第三十五条 发行人应当在招股说明书中披露相关责任主体以及保荐人、证券服务机构及相关人员作出的承诺事项、承诺履行情况以及对未能履行承诺采取的约束措施,包括但不限于:

(一)本次发行前股东所持股份的限售安排、自愿锁定股份、延长锁定期限或者相关股东减持意向的承诺;

(二)稳定股价预案;

(三)依法承担赔偿或者补偿责任的承诺;

(四)填补被摊薄即期回报的措施及承诺;

(五)利润分配政策(包括现金分红政策)的安排及承诺。

第三十六条 发行人及其全体董事、监事和高级管理人员应当在招股说明书上签名、盖章,保证招股说明书内容真实、准确、完整、及时。保荐人及其保荐代表人应当对招股说明书的真实性、准确性、完整性、及时性进行核查，并在核查意见上签名、盖章。

发行人的控股股东、实际控制人应当对招股说明书出具确认意见，并签名、盖章。

第三十七条　招股说明书引用的财务报表在其最近一期截止日后六个月内有效。特别情况下发行人可申请适当延长，但至多不超过一个月。财务报表应当以年度末、半年度末或者季度末为截止日。

第三十八条　招股说明书的有效期为六个月，自公开发行前招股说明书最后一次签署之日起计算。

第三十九条　发行人申请文件受理后，应当及时在中国证监会网站预先披露招股说明书（申报稿）。发行人可在公司网站刊登招股说明书（申报稿），所披露的内容应当一致，且不得早于在中国证监会网站披露的时间。

第四十条　发行人及保荐人应当对预先披露的招股说明书（申报稿）负责，一经申报及预披露，不得随意更改，并确保不存在故意隐瞒及重大差错。

第四十一条　预先披露的招股说明书（申报稿）不能含有股票发行价格信息。

发行人应当在预先披露的招股说明书（申报稿）的显要位置作如下声明："本公司的发行申请尚未得到中国证监会核准。本招股说明书（申报稿）不具有据以发行股票的法律效力，仅供预先披露之用。投资者应当以正式公告的招股说明书作为投资决定的依据。"

第四十二条　发行人及其全体董事、监事和高级管理人员应当保证预先披露的招股说明书（申报稿）的内容真实、准确、完整、及时。

第四十三条　发行人股票发行前应当在中国证监会指定网站全文刊登招股说明书，同时在中国证监会指定报刊刊登提示性公告，告知投资者网上刊登的地址及获取文件的途径。

发行人应当将招股说明书披露于公司网站，时间不得早于前款规定的刊登时间。

第四十四条　保荐人出具的发行保荐书、证券服务机构出具的文件及其他与发行有关的重要文件应当作为招股说明书备查文件，在中国证监会指定网站和公司网站披露。

第四十五条　发行人应当将招股说明书及备查文件置备于发行人、拟上市证券交易所、保荐人、主承销商和其他承销机构的住所，以备公众查阅。

第四十六条　申请文件受理后至发行人发行申请经中国证监会核准、依法刊登招股说明书前，发行人及与本次发行有关的当事人不得以广告、说明会等方式为公开发行股票进行宣传。

第五章　监督管理和法律责任

第四十七条　证券交易所应当建立适合创业板特点的上市、交易、退市等制度，加强对相关当事人履行公开承诺行为的监督和约束，督促保荐人履行持续督导义务，对违反有关法律、法规、交易所业务规则以及不履行承诺的行为，及时采取相应的监管措施。

第四十八条　证券交易所应当建立适合创业板特点的市场风险警示及投资者持续教育的制度，督促发行人建立健全保护投资者合法权益的制度以及防范和纠正违法违规行为的内部控制体系。

第四十九条　自申请文件受理之日起，发行人及其控股股东、实际控制人、董事、监事、高级管理人员以及保荐人、证券服务机构及相关人员即对发行申请文件的真实性、准确性、完整性、及时性承担相应的法律责任。

发行人的发行申请文件和信息披露文件存在自相矛盾或者同一事实表述不一致且有实质性差异的，中国证监会将中止审核并自确认之日起十二个月内不受理相关保荐代表人推荐的发行申请。

第五十条　发行人向中国证监会报送的发行申请文件有虚假记载、误导性陈述或者重大遗漏的，中国证监会将终止审核并自确认之日起三十六个月内不受理发行人的发行申请，并依照《证券法》的有关规定进行处罚；致使投资者在证券交易中遭受损失的，发行人及其控股股东、实际控制人、董事、监事、高级管理人员以及保荐人、证券服务机构应当依法承担赔偿责任。

第五十一条　发行人不符合发行条件以欺骗手段骗取发行核准的，发行人以不正当手段干扰中国证监会及其发行审核委员会审核工作的，发行人或其董事、监事、高级管理人员、控股股东、实际控制人的签名、盖章系伪造或者变造的，发行人及与本次发行有关的当事人违反本办法规定为公开发行股票进行宣传的，中国证监会将终止审核并自确认之日起三十六个月内不受理发行人的发行申请，并依照《证券法》的有关规定进行处罚。

第五十二条 保荐人出具有虚假记载、误导性陈述或者重大遗漏的发行保荐书的，保荐人以不正当手段干扰中国证监会及其发行审核委员会审核工作的，保荐人或其相关签名人员的签名、盖章系伪造或变造的，或者不履行其他法定职责的，依照《证券法》和保荐制度的有关规定处理。

第五十三条 证券服务机构未勤勉尽责，所制作、出具的文件有虚假记载、误导性陈述或者重大遗漏的，中国证监会将自确认之日起十二个月内不接受相关机构出具的证券发行专项文件，三十六个月内不接受相关签名人员出具的证券发行专项文件，并依照《证券法》及其他相关法律、行政法规和规章的规定进行处罚；给他人造成损失的，应当依法承担赔偿责任。

第五十四条 发行人、保荐人或证券服务机构制作或者出具文件不符合要求，擅自改动招股说明书或者其他已提交文件的，或者拒绝答复中国证监会审核提出的相关问题的，中国证监会将视情节轻重，对相关机构和责任人员采取监管谈话、责令改正等监管措施，记入诚信档案并公布；情节严重的，给予警告等行政处罚。

第五十五条 发行人披露盈利预测，利润实现数如未达到盈利预测的百分之八十的，除因不可抗力外，其法定代表人、财务负责人应当在股东大会及中国证监会指定网站、报刊上公开作出解释并道歉；情节严重的，中国证监会给予警告等行政处罚。

利润实现数未达到盈利预测的百分之五十的，除因不可抗力外，中国证监会还可以自确认之日起三十六个月内不受理该公司的公开发行证券申请。

注册会计师为上述盈利预测出具审核报告的过程中未勤勉尽责的，中国证监会将视情节轻重，对相关机构和责任人员采取监管谈话等监管措施，记入诚信档案并公布；情节严重的，给予警告等行政处罚。

第六章　附　则

第五十六条 本办法自公布之日起施行。《首次公开发行股票并在创业板上市管理暂行办法》（证监会令第61号）、《关于进一步做好创业板推荐工作的指引》（证监会公告〔2010〕8号）同时废止。

5. 证券发行与承销管理办法

（2013年10月8日中国证券监督管理委员会令第95号公布，根据2014年3月21日、2015年12月30日、2017年9月7日中国证券监督管理委员会《关于修改〈证券发行与承销管理办法〉的决定》修正）

第一章　总　则

第一条 为规范证券发行与承销行为，保护投资者合法权益，根据《证券法》和《公司法》，制定本办法。

第二条 发行人在境内发行股票或者可转换公司债券（以下统称证券）、证券公司在境内承销证券以及投资者认购境内发行的证券，适用本办法。

首次公开发行股票时公司股东公开发售其所持股份（以下简称老股转让）的，还应当符合中国证券监督管理委员会（以下简称中国证监会）的相关规定。

第三条 中国证监会依法对证券发行与承销行为进行监督管理。证券交易所、证券登记结算机构和中国证券业协会应当制定相关业务规则(以下简称相关规则),规范证券发行与承销行为。证券公司承销证券,应当依据本办法以及中国证监会有关风险控制和内部控制等相关规定,制定严格的风险管理制度和内部控制制度,加强定价和配售过程管理,落实承销责任。

为证券发行出具相关文件的证券服务机构和人员,应当按照本行业公认的业务标准和道德规范,严格履行法定职责,对其所出具文件的真实性、准确性和完整性承担责任。

第二章　定价与配售

第四条　首次公开发行股票,可以通过向网下投资者询价的方式确定股票发行价格,也可以通过发行人与主承销商自主协商直接定价等其他合法可行的方式确定发行价格。公开发行股票数量在2000万股(含)以下且无老股转让计划的,应当通过直接定价的方式确定发行价格。发行人和主承销商应当在招股意向书(或招股说明书,下同)和发行公告中披露本次发行股票的定价方式。上市公司发行证券的定价,应当符合中国证监会关于上市公司证券发行的有关规定。

第五条　首次公开发行股票,网下投资者须具备丰富的投资经验和良好的定价能力,应当接受中国证券业协会的自律管理,遵守中国证券业协会的自律规则。

网下投资者参与报价时,应当持有一定金额的非限售股份。发行人和主承销商可以根据自律规则,设置网下投资者的具体条件,并在发行公告中预先披露。主承销商应当对网下投资者是否符合预先披露的条件进行核查,对不符合条件的投资者,应当拒绝或剔除其报价。

第六条　首次公开发行股票采用询价方式定价的,符合条件的网下机构和个人投资者可以自主决定是否报价,主承销商无正当理由不得拒绝。网下投资者应当遵循独立、客观、诚信的原则合理报价,不得协商报价或者故意压低、抬高价格。

网下投资者报价应当包含每股价格和该价格对应的拟申购股数,且只能有一个报价。非个人投资者应当以机构为单位进行报价。首次公开发行股票价格(或发行价格区间)确定后,提供有效报价的投资者方可参与申购。

第七条　首次公开发行股票采用询价方式的,网下投资者报价后,发行人和主承销商应当剔除拟申购总量中报价最高的部分,剔除部分不得低于所有网下投资者拟申购总量的10%,然后根据剩余报价及拟申购数量协商确定发行价格。剔除部分不得参与网下申购。

公开发行股票数量在4亿股(含)以下的,有效报价投资者的数量不少于10家;公开发行股票数量在4亿股以上的,有效报价投资者的数量不少于20家。剔除最高报价部分后有效报价投资者数量不足的,应当中止发行。

第八条　首次公开发行股票时,发行人和主承销商可以自主协商确定参与网下询价投资者的条件、有效报价条件、配售原则和配售方式,并按照事先确定的配售原则在有效申购的网下投资者中选择配售股票的对象。

第九条　首次公开发行股票采用直接定价方式的,全部向网上投资者发行,不进行网下询价和配售。

首次公开发行股票采用询价方式的,公开发行股票后总股本4亿股(含)以下的,网下初始发行比例不低于本次公开发行股票数量的60%;发行后总股本超过4亿股的,网下初始发行比例不低于本次公开发行股票数量的70%。其中,应当安排不低于本次网下发行股票数量的40%优先向通过公开募集方式设立的证券投资基金(以下简称公募基金)、全国社会保障基金(以下简称社保基金)和基本养老保险基金(以下简称养老金)配售,安排一定比例的股票向根据《企业年金基金管理办法》设立的企业年金基金和符合《保险资金运用管理暂行办法》等相关规定的保险资金(以下简称保险资金)配售。公募基金、社保基金、养老金、企业年金基金和保险资金有效申购不足安排数量的,发行人和主承销商可以向其他符合条件的网下投资者配售剩余部分。

对网下投资者进行分类配售的,同类投资者获得配售的比例应当相同。公募基金、社保基金、养老金、企业年金基金和保险资金的配售比例应当不低于其他投资者。

安排向战略投资者配售股票的,应当扣除向战略投资者配售部分后确定网下网上发行比例。

网下投资者可与发行人和主承销商自主约

定网下配售股票的持有期限并公开披露。

第十条 首次公开发行股票网下投资者申购数量低于网下初始发行量的，发行人和主承销商不得将网下发行部分向网上回拨，应当中止发行。

网上投资者有效申购倍数超过50倍、低于100倍（含）的，应当从网下向网上回拨，回拨比例为本次公开发行股票数量的20%；网上投资者有效申购倍数超过100倍的，回拨比例为本次公开发行股票数量的40%；网上投资者有效申购倍数超过150倍的，回拨后网下发行比例不超过本次公开发行股票数量的10%。本款所指公开发行股票数量应按照扣除设定12个月及以上限售期的股票数量计算。

网上投资者申购数量不足网上初始发行量的，可回拨给网下投资者。

第十一条 首次公开发行股票，持有一定数量非限售股份的投资者才能参与网上申购。网上投资者应当自主表达申购意向，不得全权委托证券公司进行新股申购。采用其他方式进行网上申购和配售的，应当符合中国证监会的有关规定。

第十二条 首次公开发行股票的网下发行应和网上发行同时进行，网下和网上投资者在申购时无需缴付申购资金。投资者应当自行选择参与网下或网上发行，不得同时参与。

发行人股东拟进行老股转让的，发行人和主承销商应于网下网上申购前协商确定发行价格、发行数量和老股转让数量。采用询价方式且无老股转让计划的，发行人和主承销商可以通过网下询价确定发行价格或发行价格区间。网上投资者申购时仅公告发行价格区间、未确定发行价格的，主承销商应当安排投资者按价格区间上限申购。

第十三条 网下和网上投资者申购新股、可转换公司债券、可交换公司债券获得配售后，应当按时足额缴付认购资金。网上投资者连续12个月内累计出现3次中签后未足额缴款的情形时，6个月内不得参与新股、可转换公司债券、可交换公司债券申购。

网下和网上投资者缴款认购的新股或可转换公司债券数量合计不足本次公开发行数量的70%时，可以中止发行。

除本办法规定的中止发行情形外，发行人和主承销商还可以约定中止发行的其他具体情形并事先披露。中止发行后，在核准文件有效期内，经向中国证监会备案，可重新启动发行。

第十四条 首次公开发行股票数量在4亿股以上的，可以向战略投资者配售股票。发行人应当与战略投资者事先签署配售协议。

发行人和主承销商应当在发行公告中披露战略投资者的选择标准、向战略投资者配售的股票总量、占本次发行股票的比例以及持有期限等。

战略投资者不参与网下询价，且应当承诺获得本次配售的股票持有期限不少于12个月，持有期自本次公开发行的股票上市之日起计算。

第十五条 首次公开发行股票数量在4亿股以上的，发行人和主承销商可以在发行方案中采用超额配售选择权。超额配售选择权的实施应当遵守中国证监会、证券交易所、证券登记结算机构和中国证券业协会的规定。

第十六条 首次公开发行股票网下配售时，发行人和主承销商不得向下列对象配售股票：

（一）发行人及其股东、实际控制人、董事、监事、高级管理人员和其他员工；发行人及其股东、实际控制人、董事、监事、高级管理人员能够直接或间接实施控制、共同控制或施加重大影响的公司，以及该公司控股股东、控股子公司和控股股东控制的其他子公司；

（二）主承销商及其持股比例5%以上的股东，主承销商的董事、监事、高级管理人员和其他员工；主承销商及其持股比例5%以上的股东、董事、监事、高级管理人员能够直接或间接实施控制、共同控制或施加重大影响的公司，以及该公司控股股东、控股子公司和控股股东控制的其他子公司；

（三）承销商及其控股股东、董事、监事、高级管理人员和其他员工；

（四）本条第（一）、（二）、（三）项所述人士的关系密切的家庭成员，包括配偶、子女及其配偶、父母及配偶的父母、兄弟姐妹及其配偶、配偶的兄弟姐妹、子女配偶的父母；

（五）过去6个月内与主承销商存在保荐、承销业务关系的公司及其持股5%以上的股东、实际控制人、董事、监事、高级管理人员，或已与主承销商签署保荐、承销业务合同或达成相关意向的公司及其持股5%以上的股东、实际控制人、董事、监事、高级管理人员；

（六）通过配售可能导致不当行为或不正当利益的其他自然人、法人和组织。

本条第（二）、（三）项规定的禁止配售对象管理的公募基金不受前款规定的限制，但应符合中国证监会的有关规定。

第十七条　发行人和承销商及相关人员不得泄露询价和定价信息；不得以任何方式操纵发行定价；不得劝诱网下投资者抬高报价，不得干扰网下投资者正常报价和申购；不得以提供透支、回扣或者中国证监会认定的其他不正当手段诱使他人申购股票；不得以代持、信托持股等方式谋取不正当利益或向其他相关利益主体输送利益；不得直接或通过其利益相关方向参与认购的投资者提供财务资助或者补偿；不得以自有资金或者变相通过自有资金参与网下配售；不得与网下投资者互相串通，协商报价和配售；不得收取网下投资者回扣或其他相关利益。

第十八条　上市公司发行证券，存在利润分配方案、公积金转增股本方案尚未提交股东大会表决或者虽经股东大会表决通过但未实施的，应当在方案实施后发行。相关方案实施前，主承销商不得承销上市公司发行的证券。

第十九条　上市公司向原股东配售股票（以下简称配股），应当向股权登记日登记在册的股东配售，且配售比例应当相同。

上市公司向不特定对象公开募集股份（以下简称增发）或者发行可转换公司债券，可以全部或者部分向原股东优先配售，优先配售比例应当在发行公告中披露。

网上投资者在申购可转换公司债券时无需缴付申购资金。

第二十条　上市公司增发或者发行可转换公司债券，主承销商可以对参与网下配售的机构投资者进行分类，对不同类别的机构投资者设定不同的配售比例，对同一类别的机构投资者应当按相同的比例进行配售。主承销商应当在发行公告中明确机构投资者的分类标准。

主承销商未对机构投资者进行分类的，应当在网下配售和网上发行之间建立回拨机制，回拨后两者的获配比例应当一致。

第二十一条　上市公司非公开发行证券的，发行对象及其数量的选择应当符合中国证监会关于上市公司证券发行的相关规定。

第三章　证券承销

第二十二条　发行人和主承销商应当签订承销协议，在承销协议中界定双方的权利义务关系，约定明确的承销基数。采用包销方式的，应当明确包销责任；采用代销方式的，应当约定发行失败后的处理措施。

证券发行依照法律、行政法规的规定应由承销团承销的，组成承销团的承销商应当签订承销团协议，由主承销商负责组织承销工作。证券发行由两家以上证券公司联合主承销的，所有担任主承销商的证券公司应当共同承担主承销责任，履行相关义务。承销团由3家以上承销商组成的，可以设副主承销商，协助主承销商组织承销活动。

承销团成员应当按照承销团协议及承销协议的规定进行承销活动，不得进行虚假承销。

第二十三条　证券公司承销证券，应当依照《证券法》第二十八条的规定采用包销或者代销方式。上市公司非公开发行股票未采用自行销售方式或者上市公司配股的，应当采用代销方式。

第二十四条　股票发行采用代销方式的，应当在发行公告（或认购邀请书）中披露发行失败后的处理措施。股票发行失败后，主承销商应当协助发行人按照发行价并加算银行同期存款利息返还股票认购人。

第二十五条　证券公司实施承销前，应当向中国证监会报送发行与承销方案。

第二十六条　上市公司发行证券期间相关证券的停复牌安排，应当遵守证券交易所的相关规则。

主承销商应当按有关规定及时划付申购资金冻结利息。

第二十七条　投资者申购缴款结束后，发行人和主承销商应当聘请具有证券、期货相关业务资格的会计师事务所对申购和募集资金进行验证，并出具验资报告；还应当聘请律师事务所对网下发行过程、配售行为、参与定价和配售的投资者资质条件及其与发行人和承销商的关联关系、资金划拨等事项进行见证，并出具专项法律意见书。证券上市后10日内，主承销商应当将验资报告、专项法律意见随同承销总结报告等文件一并报中国证监会。

第四章 信息披露

第二十八条 发行人和主承销商在发行过程中，应当按照中国证监会规定的要求编制信息披露文件，履行信息披露义务。发行人和承销商在发行过程中披露的信息，应当真实、准确、完整、及时，不得有虚假记载、误导性陈述或者重大遗漏。

第二十九条 首次公开发行股票申请文件受理后至发行人发行申请经中国证监会核准、依法刊登招股意向书前，发行人及与本次发行有关的当事人不得采取任何公开方式或变相公开方式进行与股票发行相关的推介活动，也不得通过其他利益关联方或委托他人等方式进行相关活动。

第三十条 首次公开发行股票招股意向书刊登后，发行人和主承销商可以向网下投资者进行推介和询价，并通过互联网等方式向公众投资者进行推介。

发行人和主承销商向公众投资者进行推介时，向公众投资者提供的发行人信息的内容及完整性应与向网下投资者提供的信息保持一致。

第三十一条 发行人和主承销商在推介过程中不得夸大宣传，或以虚假广告等不正当手段诱导、误导投资者，不得披露除招股意向书等公开信息以外的发行人其他信息。

承销商应当保留推介、定价、配售等承销过程中的相关资料至少三年并存档备查，包括推介宣传材料、路演现场录音等，如实、全面反映询价、定价和配售过程。

第三十二条 发行人和主承销商应当将发行过程中披露的信息刊登在至少一种中国证监会指定的报刊，同时将其刊登在中国证监会指定的互联网网站，并置备于中国证监会指定的场所，供公众查阅。

第三十三条 发行人披露的招股意向书除不含发行价格、筹资金额以外，其内容与格式应当与招股说明书一致，并与招股说明书具有同等法律效力。

第三十四条 首次公开发行股票的发行人和主承销商应当在发行和承销过程中公开披露以下信息：

（一）招股意向书刊登首日在发行公告中披露发行定价方式、定价程序、参与网下询价投资者条件、股票配售原则、配售方式、有效报价的确定方式、中止发行安排、发行时间安排和路演推介相关安排等信息；发行人股东拟老股转让的，还应披露预计老股转让的数量上限，老股转让股东名称及各自转让老股数量，并明确新股发行与老股转让数量的调整机制。

（二）网上申购前披露每位网下投资者的详细报价情况，包括投资者名称、申购价格及对应的拟申购数量；剔除最高报价有关情况；剔除最高报价部分后网下投资者报价的中位数和加权平均数以及公募基金报价的中位数和加权平均数；有效报价和发行价格（或发行价格区间）的确定过程；发行价格（或发行价格区间）及对应的市盈率；网下网上的发行方式和发行数量；回拨机制；中止发行安排；申购缴款要求等。已公告老股转让方案的，还应披露老股转让和新股发行的确定数量，老股转让股东名称及各自转让老股数量，并应提示投资者关注，发行人将不会获得老股转让部分所得资金。按照发行价格计算的预计募集资金总额低于拟以本次募集资金投资的项目金额的，还应披露相关投资风险。

（三）如公告的发行价格（或发行价格区间上限）市盈率高于同行业上市公司二级市场平均市盈率，发行人和主承销商应当在披露发行价格的同时，在投资风险特别公告中明示该定价可能存在估值过高给投资者带来损失的风险，提醒投资者关注。内容至少包括：

1. 比较分析发行人与同行业上市公司的差异及该差异对估值的影响；提请投资者关注发行价格与网下投资者报价之间存在的差异。

2. 提请投资者关注投资风险，审慎研判发行定价的合理性，理性做出投资决策。

（四）在发行结果公告中披露获配机构投资者名称、个人投资者个人信息以及每个获配投资者的报价、申购数量和获配数量等，并明确说明自主配售的结果是否符合事先公布的配售原则；

对于提供有效报价但未参与申购，或实际申购数量明显少于报价时拟申购量的投资者应列表公示并着重说明；缴款后的发行结果公告中披露网上、网下投资者获配未缴款金额以及主承销商的包销比例，列表公示获得配售但未足额缴款的网下投资者；发行后还应披露保荐费用、承销费用、其他中介费用等发行费用信息。

（五）向战略投资者配售股票的，应当在网下配售结果公告中披露战略投资者的名称、认购数量及持有期限等情况。

第三十五条　发行人和主承销商在披露发行市盈率时，应同时披露发行市盈率的计算方式。在进行行业市盈率比较分析时，应当按照中国证监会有关上市公司行业分类指引中制定的行业分类标准确定发行人行业归属，并分析说明行业归属的依据。存在多个市盈率口径时，应当充分列示可供选择的比较基准，并应当按照审慎、充分提示风险的原则选取和披露行业平均市盈率。发行人还可以同时披露市净率等反映发行人所在行业特点的估值指标。

第五章　监管和处罚

第三十六条　中国证监会对证券发行承销过程实施事中事后监管，发现涉嫌违法违规或者存在异常情形的，可责令发行人和承销商暂停或中止发行，对相关事项进行调查处理。

第三十七条　中国证券业协会应当建立对承销商询价、定价、配售行为和网下投资者报价行为的日常监管制度，加强相关行为的监督检查，发现违规情形的，应当及时采取自律监管措施。中国证券业协会还应当建立对网下投资者和承销商的跟踪分析和评价体系，并根据评价结果采取奖惩措施。

第三十八条　发行人、证券公司、证券服务机构、投资者及其直接负责的主管人员和其他直接责任人员有失诚信、违反法律、行政法规或者本办法规定的，中国证监会可以视情节轻重采取责令改正、监管谈话、出具警示函、责令公开说明、认定为不适当人选等监管措施，或者采取市场禁入措施，并记入诚信档案；依法应予行政处罚的，依照有关规定进行处罚；涉嫌犯罪的，依法移送司法机关，追究其刑事责任。

第三十九条　证券公司承销未经核准擅自公开发行的证券的，依照《证券法》第一百九十条的规定处罚。

证券公司承销证券有前款所述情形的，中国证监会可以采取12至36个月暂不受理其证券承销业务有关文件的监管措施。

第四十条　证券公司及其直接负责的主管人员和其他直接责任人员在承销证券过程中，有下列行为之一的，中国证监会可以采取本办法第三十八条规定的监管措施；情节比较严重的，还可以采取3至12个月暂不受理其证券承销业务有关文件的监管措施；依法应予行政处罚的，依照《证券法》第一百九十一条的规定予以处罚：

（一）夸大宣传，或以虚假广告等不正当手段诱导、误导投资者；

（二）以不正当竞争手段招揽承销业务；

（三）从事本办法第十七条规定禁止的行为；

（四）向不符合本办法第五条规定的网下投资者配售股票，或向本办法第十六条规定禁止配售的对象配售股票；

（五）未按本办法要求披露有关文件；

（六）未按照事先披露的原则和方式配售股票，或其他未依照披露文件实施的行为；

（七）向投资者提供除招股意向书等公开信息以外的发行人其他信息；

（八）未按照本办法要求保留推介、定价、配售等承销过程中相关资料；

（九）其他违反证券承销业务规定的行为。

第四十一条　发行人及其直接负责的主管人员和其他直接责任人员有下列行为之一的，中国证监会可以采取本办法第三十八条规定的监管措施；构成违反《证券法》相关规定的，依法进行行政处罚：

（一）从事本办法第十七条规定禁止的行为；

（二）夸大宣传，或以虚假广告等不正当手段诱导、误导投资者；

（三）向投资者提供除招股意向书等公开信息以外的发行人信息；

（四）中国证监会认定的其他情形。

第六章　附　则

第四十二条　其他证券的发行与承销比照

本办法执行。中国证监会另有规定的，从其规定。

第四十三条 本办法自2013年12月13日起施行。2006年9月17日发布并于2010年10月11日、2012年5月18日修改的《证券发行与承销管理办法》同时废止。

6. 关于加强对通过发审会的拟发行证券的公司会后事项监管的通知

（2002年2月3日证监发行字〔2002〕15号发布，自发布之日起施行）

各具有主承销资格的证券公司（资产管理公司）、具有证券相关业务资格的律师事务所和会计师事务所：

为加强对通过发审会的申请首发、增发、配股公司会后事项的监管，确保拟发行公司符合发行上市条件，督促其切实按照《证券法》、《公司法》及信息披露准则的规定，做到信息披露的真实、准确、完整、充分和及时，降低发行风险，现对主承销商、律师事务所及会计师事务所提出如下工作要求：

一、对通过发审会的拟发行公司，在获准上市前，主承销商和相关专业中介机构仍应遵循勤勉尽责、诚实信用的原则，继续认真履行尽职调查义务，对拟发行公司是否发生重大事项给予持续、必要的关注。

所谓重大事项是指可能影响本次发行上市及对投资者做出投资决策有重大影响的应予披露的事项。

二、拟发行公司在发审会后至招股说明书或招股意向书刊登日之前发生重大事项的，应于该事项发生后2个工作日内向中国证监会书面说明并对招股说明书或招股意向书作出修改或进行补充披露，主承销商及相关专业中介机构应对重大事项发表专业意见。

中国证监会在收到上述补充材料和说明后，将按审核程序决定是否需要重新提交发审会讨论。

三、在对拟发行公司的申请文件进行封卷时，拟发行公司应提供经中国证监会审核、根据发审委意见修改并经全体董事签署的招股说明书或招股意向书（封卷稿），其中发行价格、发行时间及发行方案待定。

四、拟发行公司在刊登招股说明书或招股意向书的前一工作日，应向中国证监会说明拟刊登的招股说明书或招股意向书与招股说明书或招股意向书（封卷稿）之间是否存在差异，主承销商及相关专业中介机构应出具声明和承诺。发行人律师还应出具补充法律意见书，说明已对所有与本次发行上市有关的事项进行了充分的核查验证，保证不存在虚假记载、误导性陈述及重大遗漏。中国证监会同时将上述文件归档。

五、招股说明书或招股意向书刊登后至获准上市前，拟发行公司发生重大事项的，应于该事项发生后第一个工作日向中国证监会提交书面说明，主承销商和相关专业中介机构应出具专业意见。

如发生重大事项导致拟发行公司不符合发行上市条件的，中国证监会将依照有关法律、法规及前述第二条第二款执行。

如发生重大事项后拟发行公司仍符合发行上市条件的，拟发行公司应在报告中国证监会后第二日刊登补充公告。

六、申请直接上市及发行可转换公司债券的公司的会后事项处理参照本规定执行。

七、本通知自发布之日起实施。

五、境外上市

导　读

境外上市一般是指境内企业为了募集发展资本，向境外证券市场投资者公开发行股票，并在境外证券交易所上市交易。鉴于境外上市地不同，所在地的法律规定不同，对公司的管理、股票发行和交易的要求也不相同。本节编录的仅仅是我国现行的对于选择境外上市的境内企业进行规范的国内法规和规范性文件，并不包括境外关于企业上市的相关法律规定。计划境外上市的公司需通过与中介机构密切配合，探讨出同时符合境内、外法规及交易所要求的上市方案。

我国企业境外上市有直接上市与间接上市两种模式。

境外直接上市即直接以境内公司的名义向国外证券主管部门申请发行的登记注册，并发行股票（或其他衍生金融工具），向当地证券交易所申请挂牌上市交易。即我们通常说的H股（境内企业香港联合交易所发行股票并上市）、N股（境内企业在纽约交易所发行股票并上市）等。境外直接上市的工作主要包括两大部分：国内重组、审批和境外申请上市。

境外间接上市是指境内企业境外注册特殊目的公司，境外公司以收购、股权置换等方式取得国内资产的控制权，然后将境外公司拿到境外交易所上市，即红筹股模式。间接上市主要有两种形式：买壳上市和造壳上市。其本质都是通过将境内资产注入壳公司的方式，达到将境内资产境外上市的目的，壳公司可以是上市公司，也可以是拟上市公司。

1. 证券法(节选)

第二百三十八条。

2. 关于外国投资者并购境内企业的规定(节选)

(2006年8月8日商务部、国务院国有资产监督管理委员会、国家税务总局、国家工商行政管理总局、中国证券监督管理委员会、国家外汇管理局令第10号公布,根据2009年6月22日《商务部关于修改〈关于外国投资者并购境内企业的规定〉的决定》修订)

第十一条 境内公司、企业或自然人以其在境外合法设立或控制的公司名义并购与其有关联关系的境内的公司,应报商务部审批。

当事人不得以外商投资企业境内投资或其他方式规避前述要求。

第三十九条 特殊目的公司系指中国境内公司或自然人为实现以其实际拥有的境内公司权益在境外上市而直接或间接控制的境外公司。

特殊目的公司为实现在境外上市,其股东以其所持公司股权,或者特殊目的公司以其增发的股份,作为支付手段,购买境内公司股东的股权或者境内公司增发的股份的,适用本节规定。

当事人以持有特殊目的公司权益的境外公司作为境外上市主体的,该境外公司应符合本节对于特殊目的公司的相关要求。

第四十条 特殊目的公司境外上市交易,应经国务院证券监督管理机构批准。

特殊目的公司境外上市所在国家或者地区应有完善的法律和监管制度,其证券监管机构已与国务院证券监督管理机构签订监管合作谅解备忘录,并保持着有效的监管合作关系。

第四十一条 本节所述的权益在境外上市的境内公司应符合下列条件:

(一)产权明晰,不存在产权争议或潜在产权争议;

(二)有完整的业务体系和良好的持续经营能力;

(三)有健全的公司治理结构和内部管理制度;

(四)公司及其主要股东近3年无重大违法违规记录。

第四十二条 境内公司在境外设立特殊目的的公司,应向商务部申请办理核准手续。办理核准手续时,境内公司除向商务部报送《关于境外投资开办企业核准事项的规定》要求的文件外,另须报送以下文件:

(一)特殊目的公司实际控制人的身份证明文件;

(二)特殊目的公司境外上市商业计划书;

(三)并购顾问就特殊目的公司未来境外上市的股票发行价格所作的评估报告。

获得中国企业境外投资批准证书后,设立人或控制人应向所在地外汇管理机关申请办理相应的境外投资外汇登记手续。

第四十三条 特殊目的公司境外上市的股票发行价总值,不得低于其所对应的经中国有关资产评估机构评估的被并购境内公司股权的价值。

第四十四条 特殊目的公司以股权并购境内公司的,境内公司除向商务部报送本规定第三十二条所要求的文件外,另须报送以下文件:

(一)设立特殊目的公司时的境外投资开办企业批准文件和证书;

(二)特殊目的公司境外投资外汇登记表;

(三)特殊目的公司实际控制人的身份证明文件或开业证明、章程;

(四)特殊目的公司境外上市商业计划书;

(五)并购顾问就特殊目的公司未来境外上市的股票发行价格所作的评估报告。

如果以持有特殊目的公司权益的境外公司作为境外上市主体,境内公司还须报送以下文件:

（一）该境外公司的开业证明和章程；

（二）特殊目的公司与该境外公司之间就被并购的境内公司股权所作的交易安排和折价方法的详细说明。

第四十五条　商务部对本规定第四十四条所规定的文件初审同意的，出具原则批复函，境内公司凭该批复函向国务院证券监督管理机构报送申请上市的文件。国务院证券监督管理机构于20个工作日内决定是否核准。

境内公司获得核准后，向商务部申领批准证书。商务部向其颁发加注“境外特殊目的公司持股，自营业执照颁发之日起1年内有效”字样的批准证书。

并购导致特殊目的公司股权等事项变更的，持有特殊目的公司股权的境内公司或自然人，凭加注的外商投资企业批准证书，向商务部就特殊目的公司相关事项办理境外投资开办企业变更核准手续，并向所在地外汇管理机关申请办理境外投资外汇登记变更。

第四十六条　境内公司应自收到加注的批准证书之日起30日内，向登记管理机关、外汇管理机关办理变更登记，由登记管理机关、外汇管理机关分别向其颁发加注“自颁发之日起14个月内有效”字样的外商投资企业营业执照和外汇登记证。

境内公司向登记管理机关办理变更登记时，应当预先提交旨在恢复股权结构的境内公司法定代表人签署的股权变更申请书、公司章程修正案、股权转让协议等文件。

第四十七条　境内公司应自特殊目的公司或与特殊目的公司有关联关系的境外公司完成境外上市之日起30日内，向商务部报告境外上市情况和融资收入调回计划，并申请换发无加注的外商投资企业批准证书。同时，境内公司应自完成境外上市之日起30日内，向国务院证券监督管理机构报告境外上市情况并提供相关的备案文件。境内公司还应向外汇管理机关报送融资收入调回计划，由外汇管理机关监督实施。境内公司取得无加注的批准证书后，应在30日内向登记管理机关、外汇管理机关申请换发无加注的外商投资企业营业执照、外汇登记证。

如果境内公司在前述期限内未向商务部报告，境内公司加注的批准证书自动失效，境内公司股权结构恢复到股权并购之前的状态，并应按本规定第三十六条办理变更登记手续。

第四十八条　特殊目的公司的境外上市融资收入，应按照报送外汇管理机关备案的调回计划，根据现行外汇管理规定调回境内使用。融资收入可采取以下方式调回境内：

（一）向境内公司提供商业贷款；

（二）在境内新设外商投资企业；

（三）并购境内企业。

在上述情形下调回特殊目的公司境外融资收入，应遵守中国有关外商投资及外债管理的法律和行政法规。如果调回特殊目的公司境外融资收入，导致境内公司和自然人增持特殊目的公司权益或特殊目的公司净资产增加，当事人应如实披露并报批，在完成审批手续后办理相应的外资外汇登记和境外投资登记变更。

境内公司及自然人从特殊目的公司获得的利润、红利及资本变动所得外汇收入，应自获得之日起6个月内调回境内。利润或红利可以进入经常项目外汇账户或者结汇。资本变动外汇收入经外汇管理机关核准，可以开立资本项目专用账户保留，也可经外汇管理机关核准后结汇。

第四十九条　自营业执照颁发之日起1年内，如果境内公司不能取得无加注批准证书，则加注的批准证书自动失效，并应按本规定第三十六条办理变更登记手续。

第五十条　特殊目的公司完成境外上市且境内公司取得无加注的批准证书和营业执照后，当事人继续以该公司股份作为支付手段并购境内公司的，适用本章第一节和第二节的规定。

3. 国务院关于进一步加强在境外发行股票和上市管理的通知

(1997 年 6 月 20 日国务院国发〔1997〕21 号发布,自发布之日起施行)

各省、自治区、直辖市人民政府,国务院各部委、各直属机构:

1992 年以来,国务院和国务院证券主管部门在一系列法规和文件中,对在境外发行股票和上市的有关政策作了明确规定。但最近一个时期,一些机构和企业违反规定,未经批准,擅自将境内资产以各种形式转移到境外上市,造成了不良影响。在境外发行股票和上市是一项政策性很强的工作,必须依照国家有关规定有组织、有步骤地进行。针对目前境外上市中存在的问题,为进一步加强管理,保证境外发行股票和上市工作有序进行,现将有关规定通知如下:

一、在境外注册、中资控股(包括中资为最大股东,下同)的境外上市公司(以下称境外中资控股上市公司),进行分拆上市、增发股份等活动,受当地证券监管机构监管,但其中资控股股东的境内股权持有单位应当事后将有关情况报中国证监会备案,并加强对股权的监督管理。

二、在境外注册的中资非上市公司和中资控股的上市公司,以其拥有的境外资产和由其境外资产在境内投资形成并实际拥有三年以上的境内资产,在境外申请发行股票和上市,依照当地法律进行,但其境内股权持有单位应当按照隶属关系事先征得省级人民政府或者国务院有关主管部门同意;其不满三年的境内资产,不得在境外申请发行股票和上市,如有特殊需要的,报中国证监会审核后,由国务院证券委审批。上市活动结束后,境内股权持有单位应当将有关情况报中国证监会备案。

三、凡将境内企业资产通过收购、换股、划转以及其他任何形式转移到境外中资非上市公司或者境外中资控股上市公司在境外上市,以及将境内资产通过先转移到境外中资非上市公司再注入境外中资控股上市公司在境外上市,境内企业或者中资控股股东的境内股权持有单位应当按照隶属关系事先经省级人民政府或者国务院有关主管部门同意,并报中国证监会审核后,由国务院证券委按国家产业政策、国务院有关规定和年度总规模审批。

四、重申《国务院关于暂停收购境外企业和进一步加强境外投资管理的通知》(国发〈1993〉69 号)规定的精神,禁止境内机构和企业通过购买境外上市公司控股股权的方式,进行买壳上市。

五、对违反上述规定的,以擅自发行股票论处,对负有责任的主管部门领导,由有关部门给予行政处分;对当事单位的主管人员和直接责任人员由该单位上级主管部门给予撤职直至开除的处分;对构成犯罪的,移交司法机关依法追究刑事责任;对当事单位和有关中介机构及责任人员由中国证监会按照《股票发行与交易管理暂行条例》等有关规定,给以处罚。

各地方、各部门要严格执行本通知的规定,采取切实有效措施,监督所属企业认真遵守国家有关法规和政策。境内企业到境外证券市场融资应主要采取直接上市的方式,国务院证券委要继续指导好这项工作,选择符合国家产业政策和境外上市条件的国有企业到境外直接上市。

本通知自发布之日起施行。

4. 关于规范境内上市公司所属企业到境外上市有关问题的通知

（2004年7月21日中国证券监督管理委员会证监发〔2004〕67号发布，自发布之日起施行）

各上市公司：

根据《公司法》、《证券法》、《国务院关于股份有限公司境外募集股份及上市的特别规定》等法律、行政法规的规定，现就规范境内上市公司（以下简称“上市公司”）所属企业到境外上市有关问题通知如下：

一、上市公司所属企业到境外上市，是指上市公司有控制权的所属企业（以下简称“所属企业”）到境外证券市场公开发行股票并上市的行为。

二、所属企业申请到境外上市，上市公司应当符合下列条件：

（一）上市公司在最近三年连续盈利。

（二）上市公司最近三个会计年度内发行股份及募集资金投向的业务和资产不得作为对所属企业的出资申请境外上市。

（三）上市公司最近一个会计年度合并报表中按权益享有的所属企业的净利润不得超过上市公司合并报表净利润的50%。

（四）上市公司最近一个会计年度合并报表中按权益享有的所属企业净资产不得超过上市公司合并报表净资产的30%。

（五）上市公司与所属企业不存在同业竞争，且资产、财务独立，经理人员不存在交叉任职。

（六）上市公司及所属企业董事、高级管理人员及其关联人员持有所属企业的股份，不得超过所属企业到境外上市前总股本的10%。

（七）上市公司不存在资金、资产被具有实际控制权的个人、法人或其他组织及其关联人占用的情形，或其他损害公司利益的重大关联交易。

（八）上市公司最近三年无重大违法违规行为。

三、所属企业到境外上市事项，上市公司应当按照本通知的要求，依法就下列事项做出决议：

（一）董事会应当就所属企业到境外上市是否符合本通知、所属企业到境外上市方案、上市公司维持独立上市地位承诺及持续盈利能力的说明与前景做出决议，并提请股东大会批准。

（二）股东大会应当就董事会提案中有关所属企业境外上市方案、上市公司维持独立上市地位及持续盈利能力的说明与前景进行逐项审议并表决。

（三）上市公司董事、高级管理人员在所属企业安排持股计划的，独立董事应当就该事项向流通股（社会公众股）股东征集投票权，该事项独立表决并须获得出席股东大会的流通股（社会公众股）股东所持表决权的半数以上通过。

四、上市公司应当聘请经中国证监会注册登记并列入保荐机构名单的证券经营机构担任其维持持续上市地位的财务顾问（以下简称“财务顾问”）。财务顾问承担以下职责：

（一）财务顾问应当按照本通知，对上市公司所属企业到境外上市申请文件进行尽职调查、审慎核查，出具财务顾问报告，承诺有充分理由确信上市公司申请文件不存在虚假记载、误导性陈述或者重大遗漏，确信上市公司在所属企业到境外上市后仍然具备独立的持续上市地位、保留的核心资产与业务具有持续经营能力。

（二）财务顾问应当在所属企业到境外上市当年剩余时间及其后一个完整会计年度，持续督导上市公司维持独立上市地位，并承担下列工作：

1. 持续关注上市公司核心资产与业务的独立经营状况、持续经营能力等情况；

2. 针对所属企业发生的对上市公司权益有重要影响的资产、财务状况变化，以及其他影响上市公司股票价格的重要信息，督导上市公司依法履行信息披露义务；

3. 财务顾问应当自持续督导工作结束后十

个工作日内向中国证监会、证券交易所报送“持续上市总结报告书”。

五、所属企业到境外上市，上市公司应当在下述事件发生后次日履行信息披露义务：

（一）所属企业到境外上市的董事会、股东大会决议。

（二）所属企业向中国证监会提交的境外上市申请获得受理。

（三）所属企业获准境外发行上市。

（四）上市公司应当及时向境内投资者披露所属企业向境外投资者披露的任何可能引起股价异常波动的重大事件。上市公司应当在年度报告的重大事项中就所属企业业务发展情况予以说明。

六、财务顾问应当参照《证券发行上市保荐制度暂行办法》的规定，遵守法律、行政法规、中国证监会的规定和行业规范，诚实守信，勤勉尽责，尽职出具相关财务顾问报告，持续督导上市公司维持独立上市地位。中国证监会比照《证券发行上市保荐制度暂行办法》对财务顾问执业情况实施监管。

七、上市公司所属企业申请到境外上市，应当按照中国证监会的要求编制并报送申请文件及相关材料。中国证监会对上市公司所属企业到境外上市申请实施行政许可。

八、同时发行境内上市内资股和境内上市外资股的上市公司不适用本通知。

5. 关于股份有限公司境外发行股票和上市申报文件及审核程序的监管指引

（2012年12月20日中国证券监督管理委员会公告〔2012〕45号发布，自2013年1月1日起施行）

为更好地适应境内企业特别是中小企业的融资需求，服务实体经济发展，中国证券监督管理委员会（以下简称中国证监会）将进一步放宽境内企业境外发行股票和上市的条件，简化审核程序，提高监管效率。依照《中华人民共和国公司法》设立的股份有限公司在符合境外上市地上市条件的基础上，可自主向中国证监会提出境外发行股票和上市申请。根据《中华人民共和国证券法》和《国务院关于股份有限公司境外募集股份及上市的特别规定》等法律法规，制定本指引。

一、申报文件

公司申请境外发行股票和上市应提交下列文件：

（一）申请报告，内容包括：公司演变及业务概况、股本结构、公司治理结构、财务状况与经营业绩、经营风险分析、发展战略、筹资用途、符合境外上市地上市条件的说明、发行上市方案；

（二）股东大会及董事会相关决议；

（三）公司章程；

（四）公司营业执照、特殊许可行业的业务许可证明（如适用）；

（五）行业监管部门出具的监管意见书（如适用）；

（六）国有资产管理部门关于国有股权设置以及国有股减（转）持的相关批复文件（如适用）；

（七）募集资金投资项目的审批、核准或备案文件（如适用）；

（八）纳税证明文件；

（九）环保证明文件；

（十）法律意见书；

（十一）财务报表及审计报告；

（十二）招股说明书（草稿）；

（十三）中国证监会规定的其他文件。

二、申请及审核程序

（一）公司申请境外发行股票和上市的，应向中国证监会报送本通知第一部分列明的行政许可申请文件。

（二）中国证监会依照《中国证券监督管理委员会行政许可实施程序规定》（证监会令第66号），对公司提交的行政许可申请文件进行受理、审查，作出行政许可决定。

（三）中国证监会在收到公司申请文件后，可就涉及的产业政策、利用外资政策和固定资产投资管理规定等事宜征求有关部门意见。

(四)公司收到中国证监会的受理通知后,可向境外证券监管机构或交易所提交发行上市初步申请;收到中国证监会行政许可核准文件后,可向境外证券监管机构或交易所提交发行上市正式申请。

(五)公司应在完成境外发行股票和上市后15个工作日内,就境外发行上市的有关情况向中国证监会提交书面报告。

(六)中国证监会关于公司境外发行股票和上市的核准文件有效期为12个月。

(七)境外上市公司在同一境外交易所转板上市的,应在完成转板上市后15个工作日内,就转板上市的有关情况向中国证监会提交书面报告。

本指引自2013年1月1日起施行。中国证监会1999年7月14日发布的《关于企业申请境外上市有关问题的通知》(证监发行字〔1999〕83号)同时废止。

6. 国家外汇管理局关于境外上市外汇管理有关问题的通知

(2014年12月26日　汇发〔2014〕54号)

国家外汇管理局各省、自治区、直辖市分局、外汇管理部,深圳、大连、青岛、厦门、宁波市分局,各中资外汇指定银行总行:

为规范和完善境外上市外汇管理,根据《中华人民共和国外汇管理条例》等相关法规,现就有关事项通知如下:

一、本通知所称的境外上市,是指在境内注册的股份有限公司(以下简称境内公司)经中国证券监督管理委员会(以下简称中国证监会)许可,在境外发行股票(含优先股及股票派生形式证券)、可转换为股票的公司债券等法律、法规允许的证券(以下简称境外股份),并在境外证券交易所公开上市流通的行为。

二、国家外汇管理局及其分支局、外汇管理部(以下简称外汇局)对境内公司境外上市涉及的业务登记、账户开立与使用、跨境收支、资金汇兑等行为实施监督、管理与检查。

三、境内公司应在境外上市发行结束之日起15个工作日内,持下列材料到其注册所在地外汇局(以下简称所在地外汇局)办理境外上市登记:

(一)书面申请,并附《境外上市登记表》(见附件1);

(二)中国证监会许可境内公司境外上市的证明文件;

(三)境外发行结束的公告文件;

(四)前述材料内容不一致或不能说明交易真实性时,要求提供的补充材料。

所在地外汇局审核上述材料无误后,在资本项目信息系统(以下简称系统)为境内公司办理登记,并通过系统打印业务登记凭证,加盖业务印章后交境内公司。境内公司凭此登记凭证办理境外上市开户及相关业务。

四、境内公司境外上市后,其境内股东根据有关规定拟增持或减持境外上市公司股份的,应在拟增持或减持前20个工作日内,持下列材料到境内股东所在地外汇局办理境外持股登记:

(一)书面申请,并附《境外持股登记表》(见附件2);

(二)关于增持或减持事项的董事会或股东大会决议(如有);

(三)需经财政部门、国有资产管理部门等相关部门批准的,应提供相关部门的批准文件;

(四)前述材料内容不一致或不能说明交易真实性时,要求提供的补充材料。

所在地外汇局审核上述材料无误后,在系统为境内股东办理登记,并通过系统打印业务登记凭证,加盖业务印章后交境内股东。境内股东凭此登记凭证到银行办理增持或减持境外上市公司股份开户及相关业务。

五、境内公司(银行类金融机构除外)应当凭境外上市业务登记凭证,针对其首发(或增发)、回购业务,在境内银行开立"境内公司境外上市专用外汇账户"(以下简称"境内公司境外上市专户"),办理相关业务的资金汇兑与划转(账户类型、收支范围及注意事项见附件3)。

六、境内公司(银行类金融机构除外)应在其境外上市专户开户银行开立一一对应的结汇待支付账户(人民币账户,以下简称待支付账户),用于存放境外上市专户资金结汇所得的人民币资金、以人民币形式调回的境外上市募集资金,以及以人民币形式汇出的用于回购境外股份的资金和调回回购剩余资金(账户收支范围见附件3)。

七、境外上市公司的境内股东应当凭境外持股业务登记凭证,针对其增持、减持或转让境外上市公司股份等业务,在境内银行开立"境内股东境外持股专用账户"(以下简称"境内股东境外持股专户"),办理相关业务的资金汇兑与划转(账户类型、收支范围及注意事项见附件3)。

八、境内公司及其境内股东因办理境外上市相关业务需要,可在境外开立相应的专用账户(以下简称"境外专户")。境外专户的收支范围应当符合附件3的相关要求。

九、境内公司境外上市募集资金可调回境内或存放境外,资金用途应与招股说明文件或公司债券募集说明文件、股东通函、董事会或股东大会决议等公开披露的文件(以下简称公开披露文件)所列相关内容一致。

境内公司发行可转换为股票的公司债券所募集资金拟调回境内的,应汇入其境内外债专户并按外债管理有关规定办理相关手续;发行其他形式证券所募集资金拟调回境内的,应汇入其境外上市专户(外汇)或待支付账户(人民币)。

十、境内公司回购其境外股份,可以使用符合有关规定的境外资金和境内资金。境内公司需使用并汇出境内资金的,应凭在所在地外汇局登记回购相关信息(含变更)后取得的境外上市业务登记凭证(回购相关信息未登记的,需在拟回购前20个工作日内办理登记,取得相应业务登记凭证)及回购相关情况说明或证明性材料,到开户银行通过境外上市专户(外汇)或待支付账户(人民币)办理相关资金汇划手续。

回购结束后,由境内汇出境外用于回购的资金如有剩余,应汇回境内公司境外上市专户(外汇)或待支付账户(人民币)。

十一、境内公司根据需要,可持境外上市业务登记凭证向开户银行申请将境外上市专户资金境内划转或支付,或结汇划往待支付账户。

十二、境内公司申请将待支付账户资金境内划转或支付的,应向开户银行提供境外上市公开披露文件中有关资金用途与调回及结汇资金用途是否一致的证明材料,资金用途与公开披露文件中有关资金用途不一致或公开披露文件未予明确的,应提供关于变更或明确对应资金用途的董事会或股东大会决议。其中,境内公司回购境外股份调回的剩余资金可在境内直接划转或支付。

开户银行应在对境内公司境外上市专户或待支付账户资金用途进行严格审核后,为境内公司办理有关账户资金划转及支付手续。

十三、境内股东依据有关规定增持境内公司境外股份,可以使用符合有关规定的境外资金和境内资金。境内股东需使用并汇出境内资金的,应凭境外持股业务登记凭证及增持相关情况说明或证明性材料,到开户银行通过境内股东境外持股专户办理资金汇兑手续。

增持结束后,由境内汇出境外用于增持的资金如有剩余,应汇回境内股东境外持股专户。境内股东可凭境外持股业务登记凭证到银行办理相关资金境内划转或结汇手续。

十四、境内股东因减持、转让境内公司境外股份或境内公司从境外证券市场退市等原因所得的资本项下收入,可留存境外或调回汇入境内股东境外持股专户。调回境内的,境内股东可凭境外持股业务登记凭证到银行办理相关资金境内划转或结汇手续。

十五、境内公司若发生如下变更情形,应在变更之日起15个工作日内持书面申请、最新填写的《境外上市登记表》及相关交易真实性证明材料,到所在地外汇局办理境外上市登记变更。需经主管部门审批或备案的变更事项,另需提供主管部门关于变更事项的批复或备案文件。

(一)境外上市公司名称、注册地址、主要股东信息等发生变更;

(二)增发(含超额配售)股份或资本公积、盈余公积、未分配利润转增股本等资本变动;

(三)回购境外股份;

(四)将可转换债券转为股票(需提供外债登记变更或注销凭证);

(五)境内股东增持、减持、转让、受让境外股份计划实施完毕使得境外上市公司股权结构发生变化；

（六）原登记的境外募集资金使用计划和用途发生变更；

（七）其他登记有关内容的变更。

十六、境内公司的国有股东按照《减持国有股筹集社会保障资金管理暂行办法》（国发〔2001〕22 号）有关规定需将减持收入上缴全国社会保障基金（以下简称社保基金）的，应当由该境内公司代为办理，并通过该境内公司境外上市专户及待支付账户办理相应的资金汇兑与划转。

境内公司应持国有股东需上缴社保基金的减持收入情况说明（包括减持应得资金测算说明和应缴、拟缴资金数额等）、境外上市业务登记凭证等材料，向其境外上市专户及待支付账户开户银行申请将国有股东减持收入直接划转（或结汇至待支付账户后划转）至财政部在境内银行开立的对应账户。

十七、境内公司向境外的监管部门、交易所、承销机构、律师、会计师等境外机构支付与其境外上市相关的合理费用，原则上应从境外上市募集资金中扣减，确需从境内汇出（含购汇汇出）的，应持下列材料向银行申请办理：

（一）境外上市业务登记凭证；

（二）能够说明汇出（含购汇汇出）境外金额及对应事项的境外上市费用支付清单及相关证明材料；

（三）有关境外机构应向境内税务部门完税的，另需提供代扣境外企业或个人税款等相关税务证明。

十八、境内公司从境外证券市场退市的，应在退市之日起 15 个工作日内持主管部门相关批复复印件、退市公告等真实性证明材料及境外上市业务登记凭证、相关账户和资金处理情况说明到所在地外汇局办理境外上市登记注销。所在地外汇局同时收回该境内公司境外上市业务登记凭证。

十九、境内公司及境内股东的开户银行，应在境内公司及境内股东相关境内账户开立、变更或关闭后，按《国家外汇管理局关于发布〈金融机构外汇业务数据采集规范（1.0 版）〉的通知》（汇发〔2014〕18 号）要求报送账户信息。

二十、境内公司、境内股东及相关境内银行应当按照有关规定及时办理国际收支统计申报。

二十一、境内公司、境内股东及相关境内银行等违反本通知的，外汇局可依法采取相应的监管措施，并依据《中华人民共和国外汇管理条例》相应条款进行行政处罚。

二十二、境内金融机构境外上市外汇管理相关事宜应按照本通知办理，对银行类和保险类金融机构境外上市募集资金调回结汇等另有规定的除外。

二十三、本通知发布前已办理境外上市登记的境内公司，按以下原则办理：

（一）已开立相关账户，资金尚未全部调回及结汇，或发生配股、增发等涉及资金跨境及结购汇行为的，应凭业务登记凭证在开户银行开立相应的待支付账户，按本通知办理后续业务。

（二）未开立相关账户的，按本通知办理。

二十四、本通知要求报送的相关申请及登记备案材料均需提供具有法律效力的中文文本。具有中文及其他文字等多种文本的，以具有法律效力的中文文本为准。

二十五、本通知由国家外汇管理局负责解释。

二十六、本通知自发布之日起实施。《国家外汇管理局关于境外上市外汇管理有关问题的通知》（汇发〔2013〕5 号）同时废止。其他相关外汇管理规定与本通知不一致的，以本通知为准。

各分局收到本通知后，应尽快转发辖内中心支局、支局、城市商业银行及外资银行。各中资外汇指定银行收到本通知后，应尽快转发所辖分支行。执行中如遇问题，请及时向国家外汇管理局资本项目管理司反馈。

附件：1. 境外上市登记表（略）

2. 境外持股登记表（略）

3. 境外上市相关账户管理一览表（略）

国家外汇管理局

2014 年 12 月 26 日

7. 关于境内个人参与境外上市公司股权激励计划外汇管理有关问题的通知

（2012年2月15日汇发〔2012〕7号发布，自发布之日起施行）

国家外汇管理局各省、自治区、直辖市分局、外汇管理部，深圳、大连、青岛、厦门、宁波市分局；各中资外汇指定银行：

为规范和完善境内个人参与境外上市公司股权激励计划外汇管理，根据《中华人民共和国外汇管理条例》、《个人外汇管理办法》（中国人民银行令〔2006〕第3号）等相关法规及规定，现就有关事项通知如下：

一、本通知所称"境外上市公司"是指在境外（含港、澳、台）证券交易场所上市的公司。

"股权激励计划"是指境外上市公司以本公司股票为标的，对境内公司的董事、监事、高级管理人员、其他员工等与公司具有雇佣或劳务关系的个人进行权益激励的计划，包括员工持股计划、股票期权计划等法律、法规允许的股权激励方式。

"境内公司"是在境内注册的境外上市公司、境外上市公司在境内的分支机构（含代表处）以及与境外上市公司有控股关系或实际控制关系的境内各级母、子公司或合伙企业等境内机构。

"境内个人"（以下简称个人）是指符合《中华人民共和国外汇管理条例》第五十二条规定的境内公司董事、监事、高级管理人员及其他员工，包括中国公民（含港澳台籍）及外籍个人。

二、参与同一项境外上市公司股权激励计划的个人，应通过所属境内公司集中委托一家境内代理机构（以下简称境内代理机构）统一办理外汇登记、账户开立及资金划转与汇兑等有关事项，并应由一家境外机构（以下简称境外受托机构）统一负责办理个人行权、购买与出售对应股票或权益以及相应资金划转等事项。

境内代理机构应是参与该股权激励计划的一家境内公司或由境内公司依法选定的可办理资产托管业务的其他境内机构。

三、境内代理机构应持下列材料，到国家外汇管理局所在地分局或外汇管理部（以下简称所在地外汇局）统一办理个人参与股权激励计划的外汇登记：

（一）书面申请，并附《境内个人参与境外上市公司股权激励计划外汇登记表》（见附表1，以下简称《外汇登记表》）；

（二）境外上市公司相关公告等能够证明股权激励计划真实性的证明材料（涉及国有企业等需经主管部门批准的，另需出具有关主管部门的认可文件）；

（三）境内公司授权境内代理机构统一办理个人参与股权激励计划的授权书或协议；

（四）境内公司出具的个人与其雇佣或劳务关系属实的承诺函（附个人名单、身份证件号码、所涉股权激励类型等）；

（五）前述材料内容不一致或不能说明交易真实性时，要求提供的补充材料。

所在地外汇局审核上述材料无误后，为境内代理机构出具相应的股权激励计划外汇登记证明。

四、个人可以其个人外汇储蓄账户中自有外汇或人民币等境内合法资金参与股权激励计划。以自有外汇资金参与的，银行应凭加盖了境内代理机构公章的股权激励计划外汇登记证明复印件、个人与境内公司雇佣及劳务关系说明等材料办理相应的资金划转手续。以人民币资金参与的，个人应将人民币资金划转至境内代理机构的账户，由境内代理机构按照本通知第五条规定统一办理有关购付汇手续。

五、境内代理机构为个人参与股权激励计划需从境内汇出资金的，应按年度持书面申请、股权激励计划外汇登记证明（在最初办理股权激励计划外汇登记的同时一并申请付汇额度的无需提供）、最新填写的《外汇登记表》等材料向所在地外汇局申请付汇额度。

所在地外汇局审核上述材料无误后，为境内代理机构出具载有对应付汇额度的股权激励计划外汇登记证明，银行凭此在付汇额度内为境内代理机构办理相应的购汇及付汇手续。

六、境内代理机构应凭股权激励计划外汇登记证明，在银行开立一个境内专用外汇账户。该账户的收入范围是：从个人外汇储蓄账户划入的外汇资金，境内代理机构为个人统一购汇所得的外汇资金，个人出售股权激励计划项下股票或权益后汇回的本金及收益，汇回的分红资金，以及经所在地外汇局核准的其他收入。支出范围是：向境外支付参与股权激励计划所需资金、境外汇回资金结汇或向个人外汇储蓄账户划转的资金，以及经所在地外汇局核准的其他支出。

七、个人参与股权激励计划所得外汇收入调回后，境内代理机构应凭相关书面申请、股权激励计划外汇登记证明、境外交易凭证等材料，由银行将资金从境内代理机构境内专用外汇账户分别划入对应的个人外汇储蓄账户，并按照个人外汇储蓄账户的有关规定管理和使用。

调回资金中与原本金购汇部分对应的资金及所有收益，也可由境内代理机构凭上述材料在银行统一为个人办理结汇，并将结汇所得资金分别划入对应的个人境内人民币账户。

八、境内代理机构应在境外上市公司股权激励计划发生重大变更（如原计划关键条款的修订及增加新计划，境外上市公司或境内公司并购重组等重大事项导致原计划发生变化等）、境内代理机构或境外受托机构变更等情况发生后的三个月内，持书面申请、原股权激励计划外汇登记证明、最新填写的《外汇登记表》及相关交易真实性证明材料，到所在地外汇局办理变更登记。

九、因股权激励计划到期，或因境外上市公司在境外证券市场退市、境内公司并购重组等重大事项导致股权激励计划终止的，境内代理机构应在计划终止后的20个工作日内，持书面申请、原股权激励计划登记证明和其他相关证明材料到所在地外汇局办理股权激励计划外汇登记注销。

所在地外汇局审核上述材料无误后，办理相应的股权激励计划外汇登记注销手续，境内代理机构凭此办理后续的账户清理及资金汇兑事宜。

十、境内代理机构应于每季度初三个工作日内向所在地外汇局报送《境内个人参与境外上市公司股权激励计划情况备案表》（见附表2）。境内代理机构的开户银行应于每月初三个工作日内向所在地外汇局报送《境内个人参与境外上市公司股权激励计划境内专用外汇账户开立及关闭情况表》（见附表3）、《境内个人参与境外上市公司股权激励计划境内专用外汇账户收支情况表》（见附表4）。

所在地外汇局应于每月初五个工作日内将对应报表审核汇总后上报国家外汇管理局。

十一、个人参与境外上市公司股权激励计划并通过境内代理机构开立的境内专用外汇账户进行涉外收付款时，境内代理机构应按规定办理国际收支统计间接申报。

十二、国家外汇管理局及其分支机构对个人参与境外上市公司所涉外汇业务实施监督、管理和检查。个人、境内公司、境内代理机构及银行等违反本通知的，国家外汇管理局及其分支机构可依法采取相应的监管措施和行政处罚。

十三、本通知要求报送的相关申请及登记备案材料均需提供具有法律效力的中文文本；具有中文及其他文字等多种文本的，以具有法律效力的中文文本为准。

十四、本通知自发布之日起实施。《国家外汇管理局综合司关于印发〈境内个人参与境外上市公司员工持股计划和认股期权计划等外汇管理操作规程〉的通知》（汇综发〔2007〕78号）和《国家外汇管理局综合司关于下放境内个人参与境外上市公司员工持股计划首次购付汇额度及开立外汇账户审批权限的通知》（汇综发〔2008〕2号）同时废止。

各分局、外汇管理部收到本通知后，应尽快转发辖内中心支局、支局和外资银行。各中资外汇指定银行收到本通知后，应尽快转发分支行。执行中如遇问题，请及时向国家外汇管理局资本项目管理司反馈。

附表：

1. 境内个人参与境外上市公司股权激励计划外汇登记表（略）

2. 境内个人参与境外上市公司股权激励计划情况备案表（略）

3. 境内个人参与境外上市公司股权激励计划境内专用外汇账户开立及关闭情况表（略）

4. 境内个人参与境外上市公司股权激励计划境内专用外汇账户收支情况表（略）

图书在版编目（CIP）数据

完胜资本.1，公司投资、并购、融资、私募、上市法律政策应用全书／杨春宝，杨贵永编.—增订4版.—北京：中国法制出版社，2018.7

ISBN 978-7-5093-3587-1

Ⅰ.①完… Ⅱ.①杨… ②杨… Ⅲ.①公司法-基本知识-中国 Ⅳ.①D922.291.91

中国版本图书馆CIP数据核字（2018）第142130号

责任编辑：李小草　张海洋（zhanghaiy604@163.com）　　封面设计：周黎明

完胜资本.1——公司投资、并购、融资、私募、上市法律政策应用全书（增订4版）

WANSHENGZIBEN. 1——GONGSITOUZI、BINGGOU、RONGZI、SIMU、SHANGSHI FALU ZHENGCE YINGYONG QUANSHU（ZENGDING 4 BAN）

编者/杨春宝　杨贵永
经销/新华书店
印刷/三河市紫恒印装有限公司
开本/730×1030毫米　16开　　印张/39.5　字数/912千
版次/2018年7月第4版　　2018年7月第1次印刷

中国法制出版社出版
书号ISBN 978-7-5093-3587-1　　定价：118.00元

北京西单横二条2号
邮政编码100031　　传真：66031119
网址：http：//www.zgfzs.com　　**编辑部电话：66010405**
市场营销部电话：66033393　　**邮购部电话：66033288**

（如有印装质量问题，请与本社印务部联系调换。电话：010-66032926）